RECHT WIRTSCHAFT STEUERN

Kommentar
ArbZG

von

Rudolf Anzinger
Staatssekretär a. D.
Bundesministerium für Arbeit und Soziales

und

Wolfgang Koberski
Ministerialdirektor a. D.
Bundesministerium für Arbeit und Soziales

5., überarbeitete Auflage 2020

Fachmedien Recht und Wirtschaft | dfv Mediengruppe | Frankfurt am Main

Bibliografische Information der Deutschen Nationalbibliothek

Die Deutsche Nationalbibliothek verzeichnet diese Publikation in der Deutschen Nationalbibliografie; detaillierte bibliografische Daten sind im Internet über http://dnb.d-nb.de abrufbar.

ISBN: 978-3-8005-1736-7

www.ruw.de

Satzkonvertierung: Lichtsatz Michael Glaese GmbH, 69502 Hemsbach

Druck und Verarbeitung: Beltz Bad Langensalza GmbH, 99974 Bad Langensalza

Gedruckt auf säurefreiem, alterungsbeständigem Papier, hergestellt aus chlorfrei gebleichtem Zellstoff (TCF-Norm)

Printed in Germany

Vorwort zur fünften Auflage

Fast sechs Jahre sind seit der letzten Auflage des Kommentars vergangen. Der Gesetzgeber blieb in dieser Zeit weitgehend untätig. Die „Arbeitswelt 4.0" ist – auch im Bereich Arbeitszeit – über das Stadium der Ankündigungen nicht hinausgekommen. Die Gerichte dagegen haben in dieser Zeit eine Reihe von richtungsweisenden Entscheidungen getroffen: der EuGH zur Arbeitszeiterfassung, das BVerwG zum Sonntagsverkauf und das BAG zu den Nachtarbeitszuschlägen. Gerichtsentscheidungen bilden demzufolge auch den Schwerpunkt der vorliegenden Neukommentierung!

Rechtsprechung und Literatur wurden bis einschließlich Februar 2020 ausgewertet.

März 2020 *Rudolf Anzinger & Wolfgang Koberski*

Vorwort zur vierten Auflage

Auch in den vier Jahren seit der Vorauflage des Kommentars im Jahr 2009 ist das Arbeitszeitgesetz nicht vor Änderungen verschont geblieben. Neben kleineren Änderungen und Ergänzungen durch das Gesetz zur Änderung des Vierten Buches Sozialgesetzbuch und das Gesetz zur Begleitung der Reform der Bundeswehr gab es nennenswerte materielle Ergänzungen durch das Gesetz zur Umsetzung des Seearbeitsübereinkommens vom 20. April 2013. Durch dieses Gesetz ist vor allem der Anwendungsbereich des Arbeitszeitgesetzes über das Territorium der Bundesrepublik Deutschland hinaus auf die sog. ausschließliche Wirtschaftszone ausgedehnt und eine Rechtsverordnungsermächtigung für Offshore-Tätigkeiten aufgenommen worden. Gestützt auf diese Ermächtigung ist die Verordnung über die Arbeitszeit bei Offshore-Tätigkeiten erlassen worden.

Rechtsprechung und Literatur wurden bis einschließlich Juni 2013 ausgewertet.

Kurz nach Abschluss des Gesetzgebungsverfahrens zum Seearbeitsgesetz ist der dafür im Bundesministerium für Arbeit und Soziales zuständige Referatsleiter, unser Freund und Kollege Dr. Christopher Müller überraschend und unerwartet im Alter von nur 55 Jahren verstorben. Die 4. Auflage des Kommentars ist seinem Andenken gewidmet.

Berlin und Wiesbaden, im Oktober 2013 *Rudolf Anzinger & Wolfgang Koberski*

Inhaltsverzeichnis

Teil D: Anhang

Europäische Arbeitszeitregelungen

Sonn- und Feiertagsschutz

Arbeitszeitregelungen für bestimmte Personengruppen

Straßenverkehr

Binnenschifffahrt

Seeschifffahrt und Offshore-Tätigkeiten

Luftfahrt

Einzelhandel

Öffentlicher Dienst des Bundes

Abkürzungsverzeichnis

aA	anderer Ansicht
aaO	am angegebenen Ort
ABl.	Amtsblatt
ABl. EG	Amtsblatt der Europäischen Gemeinschaft
Abs.	Absatz
abw.	abweichend
AEntG	Arbeitnehmer-Entsendegesetz
AETR	Europäisches Übereinkommen über die Arbeit des im internationalen Straßenverkehr beschäftigten Fahrpersonals
AEUV	Vertrag über die Arbeitsweise der Europäischen Union
AFG	Arbeitsförderungsgesetz
AGG	Allgemeines Gleichbehandlungsgesetz
aF	alte Fassung
AiB	Arbeitsrecht im Betrieb (Zeitschrift)
allgM	allgemeine Meinung
Anh.	Anhang
Anm.	Anmerkung
AO	Anordnung
AP	Arbeitsrechtliche Praxis, Nachschlagewerk des Bundesarbeitsgerichts
ArbG	Arbeitsgericht
ArbGeb	Der Arbeitgeber (Zeitschrift)
ArbGegw	Arbeitsrecht der Gegenwart (Zeitschrift)
ArbGG	Arbeitsgerichtsgesetz
ArbPlSchG	Arbeitsplatzschutzgesetz
ArbSch	Arbeitsschutz, Fachbeilage des BArbBl. (bis 1978)
ArbSchG	Arbeitsschutzgesetz
ArbStättV	Arbeitsstättenverordnung
ArbZG	Arbeitszeitgesetz
ArbZRG	Arbeitszeitrechtsgesetz
AR-Blattei	Arbeitsrechts-Blattei, Handbuch für die Praxis
ARS	Arbeitsrechtssammlung, Entscheidungen des Reichsarbeitsgerichts, der Landesarbeitsgerichte und Arbeitsgerichte, früher Bensheimer Sammlung (1928–1944)
ARSt	Arbeitsrecht in Stichworten (Entscheidungssammlung)
Art.	Artikel
ASiG	Arbeitssicherheitsgesetz
AtG	Altersteilzeitgesetz
AuA	Arbeit und Arbeitsrecht (Zeitschrift)
Aufl.	Auflage
AuR	Arbeit und Recht (Zeitschrift)
ausf.	ausführlich

AÜG	Arbeitnehmerüberlassungsgesetz
AV	Ausführungsverordnung
AVAZO 1938	Ausführungsverordnung zur Arbeitszeitordnung aus dem Jahr 1938
AWZ	ausschließliche Wirtschaftszone
Az	Aktenzeichen
AZO 1938	Arbeitszeitordnung aus dem Jahr 1938
AZOKr	Verordnung über die Arbeitszeit in Krankenpflegestätten
AZV	Arbeitszeitverordnung (für Bundesbeamte)
BA	Bundesagentur für Arbeit
BAfAM	Bundesanstalt für Arbeitsmedizin
BAG	Bundesarbeitsgericht
BAGE	Amtliche Sammlung der Entscheidungen des Bundesarbeitsgerichtes
BAnz.	Bundesanzeiger
BArbBl.	Bundesarbeitsblatt
BAT	Bundesangestelltentarifvertrag
BAU	Bundesanstalt für Arbeitsschutz
Bay	Bayern
BayObLG	Bayerisches Oberstes Landesgericht
BayVGH	Bayerischer Verwaltungsgerichtshof
BAZG	Bäckerarbeitszeitgesetz
BB	Betriebs-Berater (Zeitschrift)
BBergG	Bundesberggesetz
BBG	Bundesbeamtengesetz
BBiG	Berufsbildungsgesetz
BDA	Bundesvereinigung der Deutschen Arbeitgeberverbände
Bd. (Bde.)	Band (Bände)
BDSG	Bundesdatenschutzgesetz
Beil.	Beilage
Berl	Berlin
BErzGG	Bundeserziehungsgeldgesetz
BeschFG 1985	Beschäftigungsförderungsgesetz 1985
betr.	betreffend, betreffs
BetrVG	Betriebsverfassungsgesetz
BG	Die Berufsgenossenschaft (Zeitschrift)
BGB	Bürgerliches Gesetzbuch
BGBl.	Bundesgesetzblatt
BGH	Bundesgerichtshof
BGHSt	Entscheidungen des Bundesgerichtshofes in Strafsachen
BGHZ	Entscheidungen des Bundesgerichtshofes in Zivilsachen
BHO	Bundeshaushaltsordnung
BinSchArbZV	Verordnung über die Arbeitszeit in der Binnenschifffahrt
BinSchG	Binnenschifffahrtsgesetz
BinSchUO	Binnenschifffahrts-Untersuchungsordnung
BMA	Bundesministerium für Arbeit und Sozialordnung (bis 9/2002)

BMAS	Bundesministerium für Arbeit und Soziales (ab 10/2005)
BMF	Bundesministerium der Finanzen
BMG	Bundesministerium für Gesundheit (bis 9/2002)
BMGS	Bundesministerium für Gesundheit und Soziale Sicherung
BMI	Bundesministerium des Innern
BMV	Bundesministerium für Verkehr
BMVg	Bundesministerium der Verteidigung
BMWA	Bundesministerium für Wirtschaft und Arbeit (ab 10/2002 bis 9/2005)
BMWI	Bundesministerium für Wirtschaft und Technologie
BPersVG	Bundespersonalvertretungsgesetz
Brand	Brandenburg
BR	Bundesrat
BR-Drucks.	Bundesrats-Drucksache
BR-Prot.	Bundesrats-Protokoll
BReg	Bundesregierung
Brem	Bremen
BRRG	Beamtenrechtsrahmengesetz
BSG	Bundessozialgericht
BSGE	Amtliche Sammlung der Entscheidungen des Bundessozialgerichtes
BT	Deutscher Bundestag
BT-Drucks.	Bundestags-Drucksache
BT-Prot.	Bundestags-Protokoll
Buchst.	Buchstabe
BUrlG	Bundesurlaubsgesetz
BuW	Betrieb und Wirtschaft (Zeitschrift)
BVerfG	Bundesverfassungsgericht
BVerfGE	Entscheidungen des Bundesverfassungsgerichtes
BVerwG	Bundesverwaltungsgericht
BVerwGE	Entscheidungen des Bundesverwaltungsgerichtes
BW	Baden-Württemberg
bzw	beziehungsweise
ca.	circa
ChemG	Chemikaliengesetz
CR	Computer und Recht (Zeitschrift)
DAG	Deutsche Angestellten-Gewerkschaft
DAV	Deutscher Anwaltsverein
DB	Der Betrieb (Zeitschrift)
ders.	derselbe
DGB	Deutscher Gewerkschaftsbund
dh	das heißt
DIN	Deutsches Institut für Normung
DIHT	Deutscher Industrie- und Handelstag
Diss.	Dissertation
DöV	Die öffentliche Verwaltung (Zeitschrift)

DRK	Deutsches Rotes Kreuz
Drucks.	Drucksache
DVBl.	Deutsches Verwaltungsblatt (Zeitschrift)
DV	DurchführungsVerordnung
EBU	Europäische Binnenschifffahrts-Union
EFZG	Entgeltfortzahlungsgesetz
EG	Europäische Gemeinschaft
EGBGB	Einführungsgesetz zum Bürgerlichen Gesetzbuch
EGV	EG-Vertrag (idF des Vertrages von Nizza)
Einf.	Einführung
EinhZeitG	Einheiten- und Zeitgesetz
Entw.	Entwurf
EP	Europäisches Parlament
ESO	Europäische Schifferorganisation
EStR	Einkommensteuer-Richtlinien
ETF	Europäische Transportarbeiter-Föderation
EU	Europäische Union
EuR	Europarecht (Zeitschrift)
EU-RL	Richtlinie der Europäischen Union
EuGH	Europäischer Gerichtshof
EuGHE	Entscheidungssammlung des Europäischen Gerichtshofs
EuGRZ	Europäische Grundrechte Zeitschrift
EuroEG	Euro-Einführungsgesetz
EuZW	Europäische Zeitschrift für Wirtschaftsrecht
EVertr.	Einigungsvertrag
eV	eingetragener Verein
evtl.	eventuell
EWG	Europäische Wirtschaftsgemeinschaft
EWG-Vertr.	Vertrag zur Gründung der Europäischen Wirtschaftsgemeinschaft
EzA	Entscheidungssammlung zum Arbeitsrecht
f, ff	folgend(e)
FamRZ	Zeitschrift für das gesamte Familienrecht
Fn	Fußnote
FPersG	Fahrpersonalgesetz
FPersV	Fahrpersonalverordnung
FS	Festschrift
FSJG	Gesetz über das Freiwillige Soziale Jahr
FTG	Feiertagsgesetz
GastG	Gaststättengesetz
GBl.	Gesetzblatt
GefStoffV	Gefahrstoffverordnung
GewA	Gewerbe-Archiv (Zeitschrift)
GewO	Gewerbeordnung
GG	Grundgesetz
ggf.	gegebenenfalls

GmbH	Gesellschaft mit beschränkter Haftung
GMBl.	Gemeinsames Ministerialblatt
GO	Geschäftsordnung
GOBReg	Geschäftsordnung der Bundesregierung
GSG	Gerätesicherheitsgesetz
GVBl.	Gesetz- und Verordnungsblatt
GVG	Gerichtsverfassungsgesetz
HAG	Heimarbeitsgesetz
Halbs.	Halbsatz
Hamb	Hamburg
HATG	Hausarbeitstagsgesetz
Hess	Hessen
HessVGH	Hessischer Verwaltungsgerichtshof
HGB	Handelsgesetzbuch
hL	herrschende Lehre
hM	herrschende Meinung
IAO	Internationale Arbeitsorganisation
idF	in der Fassung
idR	in der Regel
idS	in diesem Sinne
IG	Industriegewerkschaft
IHK	Industrie- und Handelskammer
insbes.	insbesondere
iSd	im Sinne des (der)
iSv	im Sinne von
iVm	in Verbindung mit
iwS	im weiteren Sinne
JArbSchG	Jugendarbeitsschutzgesetz
JZ	Juristenzeitung (Zeitschrift)
Kap.	Kapitel
KG	Kammergericht, Kommanditgesellschaft
Komm.	Kommission
KRAZO	Verordnung über die Arbeitszeit in Krankenpflegeanstalten
KSchG	Kündigungsschutzgesetz
L:	Hinweis auf Literatur
LAA	Landesarbeitsamt
LAG	Landesarbeitsgericht
LAGE	Entscheidungssammlung der Landesarbeitsgerichte
LG	Landgericht
Lit.	Literatur
LohnFG	Lohnfortzahlungsgesetz
LPersVG	Landespersonalvertretungsgesetz
LSchlG	Ladenschlussgesetz
LSG	Landessozialgericht
LuftBO	Betriebsordnung für Luftfahrtgerät

2. DVLuftBO	Zweite Durchführungsverordnung zur Betriebsordnung für Luftfahrtgerät
MDR	Monatsschrift für Deutsches Recht (Zeitschrift)
mE	meines Erachtens
Meckl-Vorp	Mecklenburg-Vorpommern
Mio	Million(en)
Mitbest.	Die Mitbestimmung (Zeitschrift)
MTV	Manteltarifvertrag
MuSchG	Mutterschutzgesetz
mwN	mit weiteren Nachweisen
mzN	mit zahlreichen Nachweisen
NachwG	Nachweisgesetz
Nds	Niedersachsen
nF	neue Fassung
NJW	Neue Juristische Wochenschrift
NJW-RR	NJW-Rechtsprechungs-Report
Nr.	Nummer
NW	Nordrhein-Westfalen
nv	nicht veröffentlicht
NVwZ	Neue Zeitschrift für Verwaltungsrecht
NZA	Neue Zeitschrift für Arbeitsrecht
NZA-RR	NZA-Rechtsprechungs-Report
oa	oben angegeben
öAT	Zeitschrift für das öffentliche Arbeits- und Tarifrecht
Offshore-ArbZV	Offshore-Arbeitszeitverordnung
OHG	Offene Handelsgesellschaft
OLG	Oberlandesgericht
ÖTV	Gewerkschaft Öffentliche Dienste, Transport und Verkehr
OVG	Oberverwaltungsgericht
OWiG	Gesetz über Ordnungswidrigkeiten
PersRat	Der Personalrat (Zeitschrift)
PersVG	Personalvertretungsgesetz
PflegeVG	Pflege-Versicherungsgesetz
Prot.	Protokoll
PrOVG	Preußisches Oberverwaltungsgericht
PrOVGE	Entscheidungen des Preußischen Oberverwaltungsgerichts, Bde. 1 bis 106, 1877 bis 1941
R:	Hinweis auf Rechtsprechung
RABl.	Reichsarbeitsblatt
RAG	Reichsarbeitsgericht
RAM	Reichsarbeitsministerium
rd.	rund
RdA	Recht der Arbeit (Zeitschrift)
RDV	Recht der Datenverarbeitung (Zeitschrift)
RheinschiffsUO	Rheinschiffs-Untersuchungsordnung
RheinSchPersVo	Schiffspersonalverordnung Rhein

Rh-P	Rheinland-Pfalz
RiA	Recht im Amt (Zeitschrift)
RIW	Recht der internationalen Wirtschaft (Zeitschrift)
RL	Richtlinie
Rn	Randnummer
RöV	Röntgenverordnung
Rs	Rechtssache
Rspr.	Rechtsprechung
RV	Rechtsverordnung
RVO	Reichsversicherungsordnung
S.	Seite, Satz
s.	siehe
Saarl	Saarland
Sa	Sachsen
SaAnh	Sachsen-Anhalt
SAE	Sammlung arbeitsrechtlicher Entscheidungen (Zeitschrift)
SGB	Sozialgesetzbuch
SGB I	Erstes Buch – Allgemeiner Teil
SGB II	Zweites Buch – Grundsicherung für Arbeitsuchende
SGB III	Drittes Buch – Arbeitsförderung
SGB IV	Viertes Buch – Gemeinsame Vorschriften über die Sozialversicherung
SGB V	Fünftes Buch – Gesetzliche Krankenversicherung
SGB VI	Sechstes Buch – Gesetzliche Rentenversicherung
SGB VII	Siebtes Buch – Gesetzliche Unfallversicherung
SGB VIII	Achtes Buch – Kinder- und Jugendhilfe
SGB IX	Neuntes Buch – Rehabilitation und Teilhabe behinderter Menschen
SGB X	Zehntes Buch – Sozialverwaltungsverfahren und Sozialdatenschutz
SGB XI	Elftes Buch – Soziale Pflegeversicherung
SGB XII	Zwölftes Buch – Sozialhilfe
SeeArbG	Seearbeitsgesetz
SeemG	Seemannsgesetz
SH	Schleswig-Holstein
SiS	Sicher ist Sicher (Zeitschrift)
SKrfArbZG	Gesetz zur Regelung der Arbeitszeit von selbständigen Kraftfahrern
Slg.	Sammlung
sog.	so genannt
SR	Soziales Recht (Zeitschrift)
StGB	Strafgesetzbuch
StPO	Strafprozessordnung
StVG	Straßenverkehrsgesetz
StVO	Straßenverkehrsordnung
StVZO	Straßenverkehrszulassungsordnung

StrlSchV	Strahlenschutzverordnung
st	ständig
str.	streitig
stRspr.	ständige Rechtsprechung
Thür	Thüringen
TV	Tarifvertrag
TVG	Tarifvertragsgesetz
TVöD	Tarifvertrag für den öffentlichen Dienst
TzBfG	Teilzeit- und Befristungsgesetz
ua	unter anderem, und andere
uä	und ähnliche(s)
unstr.	unstreitig
usw	und so weiter
uU	unter Umständen
UWG	Gesetz gegen den unlauteren Wettbewerb
UZwG	Gesetz über den unmittelbaren Zwang bei Ausübung öffentlicher Gewalt durch Vollzugsbeamte des Bundes
v.	vom, von
VA	Verwaltungsakt
VermA	Vermittlungsausschuss
VG	Verwaltungsgericht
VGH	Verwaltungsgerichtshof
vgl.	vergleiche
VkBl.	Verkehrsblatt
VN	Vereinte Nationen
VO	Verordnung
Vorbem.	Vorbemerkung
VSSAR	Vierteljahresschrift für Sozial- und Arbeitsrecht
VwGO	Verwaltungsgerichtsordnung
VwVfG	Verwaltungsverfahrensgesetz
VwVG	Verwaltungs-Vollstreckungsgesetz
WissZeitVG	Wissenschaftszeitvertragsgesetz
WRP	Wettbewerb in Recht und Praxis (Zeitschrift)
WRV	Weimarer Reichsverfassung
WV	Weimarer Verfassung
WSI	Mitteilungen des Wirtschafts- und Sozialwissenschaftlichen Instituts des Deutschen Gewerkschaftsbundes (Zeitschrift)
zB	zum Beispiel
ZBR	Zeitschrift für Beamtenrecht
ZfA	Zeitschrift für Arbeitsrecht
ZfS	Zeitschrift für Sozialreform
ZPO	Zivilprozessordnung
ZRP	Zeitschrift für Rechtspolitik
zT	zum Teil
ZTR	Zeitschrift für Tarif-, Arbeits- und Sozialrecht des öffentlichen Dienstes

zust.	zustimmend
zutr.	zutreffend
zZ	zur Zeit

Literaturverzeichnis

Anzinger/Bieneck	Kommentar zum Arbeitssicherheitsgesetz, 1998
Baeck/Deutsch/Winzer	Kommentar zum Arbeitszeitgesetz, 4. Auflage 2020
Bauer/Groß/Lehmann/Munz	Arbeitszeit 2003. Arbeitszeitgestaltung, Arbeitsorganisation und Tätigkeitsprofile, 2004
Benda	Probleme der industriellen Sonntagsarbeit, Rechtsgutachten im Auftrag des Ministers für Arbeit, Gesundheit und Soziales des Landes NRW, 1990
Bobrowski/Gaul	Das Arbeitsrecht im Betrieb, 8. Auflage 1986
Bubenzer/Noltin/Peetz/Mallach	Seearbeitsgesetz. Kommentar, 1. Auflage 2015
Buschmann/Ulber	Arbeitszeitgesetz, Basiskommentar, 8. Auflage 2015
Däubler	Sonntagsarbeit aus technischen und wirtschaftlichen Gründen, DB 1988, Beilage Nr. 7
Däubler/Autor	Tarifvertragsrecht, 4. Auflage 2016
Deinert/Autor	Arbeitsrecht. Handbuch für die Praxis, 10. Auflage 2019
Dobberahn	Das neue Arbeitszeitgesetz in der Praxis, 2. Auflage 1997
Dütz/Thüsing	Arbeitsrecht, 23. Auflage 2018
ErfK/*Autor*	Erfurter Kommentar zum Arbeitsrecht, 20. Auflage 2020
Fauth	Arbeitszeitrecht, 1963
Fechner	Probleme der Arbeitsbereitschaft (Forschungsbericht), 1963
Fiedler/Schelter	Arbeitszeitrecht für die Praxis, 2. Auflage 1995
Fitting	Fitting/Engels/Schmidt/Trebinger/Linsenmaier, Handkommentar zum Betriebsverfassungsgesetz, 29. Auflage 2018
Frey	Arbeitsbereitschaft, Rufbereitschaft, Bereitschaftsdienst im Arbeitszeitrecht und Lohnrecht, 1960
Göhler	Kommentar zum Ordnungswidrigkeitengesetz, 16. Auflage 2012
Gröninger/Marienhagen/Pulte	Arbeitszeitschutz, 1989

Häberle	Feiertagsgarantien als kulturelle Identitätselemente des Verfassungsstaates, 1987
Hahn	Nacht- und Schichtarbeit I, 3. Auflage 1987
Hanau/Steinmeyer/Wank	Handbuch des europäischen Arbeits- und Sozialrechts, 2002
HBStR/*Autor*	Handbuch des Staatskirchenrechts, 2.Auflage
Hueck/Nipperdey	Lehrbuch des Arbeitsrechts, 1. Bd., 7. Auflage 1963, 2. Bd., 7. Auflage 1970
Janicki	Aktuelle arbeitszeitrechtliche Probleme und der Entwurf eines Arbeitszeitgesetzes, Diss. 1992
Junker	Brennpunkte des Arbeitszeitgesetzes (Aufsatz in ZfA 1998, 105)
Kaiser/Dunkl/Hold/Kleinsorge	Entgeltfortzahlungsgesetz, Kommentar, 5. Auflage 2000
KH/Autor	Kasseler Handbuch zum Arbeitsrecht, 2. Auflage 2000
Kempen/Zachert	Kommentar zum Tarifvertragsgesetz, 5. Auflage 2014
Kerwer	Das europäische Gemeinschaftsrecht und die Rechtsprechung der deutschen Arbeitsgerichte, 2003
Kilz/Reh	Die Neugestaltung der Arbeitszeit als Gegenstand des betrieblichen Innovationsmanagements, 1996
Knauth	Schichtarbeit und Nachtarbeit, 3. Auflage 1989
Koberski/Asshoff/Winkler/Eustrup	Arbeitnehmer-Entsendegesetz, Kommentar, 3. Auflage 2010
Kopp/Ramsauer	Verwaltungsverfahrensgesetz, 20. Auflage 2019
Kopp/Schenke	Verwaltungsgerichtsordnung, 25. Auflage 2019
Kraegeloh	Arbeitszeitgesetz, Kommentierte Ausgabe, 1995
Kutscher/Weidinger/Hoff	Flexible Arbeitszeitgestaltung – Praxis-Handbuch, 1996
Linnenkohl/Kilz/Rauschenberg/Reh	Arbeitszeitflexibilisierung – 140 Unternehmen und ihre Modelle, 4. Auflage 2001
Linnenkohl/Rauschenberg	Arbeitszeitgesetz, Taschenkommentar, 2. Auflage, 2004
Löwisch/Kaiser	Betriebsverfassungsgesetz, Kommentar, 7. Auflage 2017
Löwisch/Rieble	Kommentar zum Tarifvertragsgesetz, 4. Auflage 2017

Loritz	Möglichkeiten und Grenzen der Sonntagsarbeit, Rechtsgutachten im Auftrag der BDA, 1989
Mainzer	Zeit – Von der Urzeit zur Computerzeit, 1995
Mattner	Sonn- und Feiertagsrecht, 2. Auflage 1991
Maunz/Dürig	Loseblatt-Kommentar zum Grundgesetz
Meier-Koll	Chronobiologie – Zeitstrukturen des Lebens, 1995
Meisel/Hiersemann	Arbeitszeitordnung, 2. Auflage 1977
Molitor/Volmer/Germelmann	Kommentar zum Jugendarbeitsschutzgesetz, 3. Auflage 1986
MünchArbR/Autor	Münchener Handbuch zum Arbeitsrecht, 4. Auflage 2018
MünchKomm/Autor	Münchener Kommentar zum BGB, 4. Auflage 2018
Nagel	Arbeitszeitschutz in der Binnenschifffahrt, Diss. 1996
Neumann	Ladenschlussrecht, 5. Auflage 2008
Neumann/Biebl	Arbeitszeitgesetz, Kommentar, 16. Auflage 2013
Palandt/Autor	Kommentar zum BGB
Pieper	Arbeitsschutzrecht, 6. Auflage 2017
Reinders	Das neue Arbeitszeitrecht, 1994
Richardi	Grenzen industrieller Sonntagsarbeit, Rechtsgutachten im Auftrag der IG Metall, 1988
Richardi/Annuß	Sonn- und Feiertagsarbeit unter der Geltung des Arbeitszeitgesetzes, 1999
Rinderspacher	Am Ende der Woche – Die soziale und kulturelle Bedeutung des Wochenendes, 1987
Roggendorff	Erläuterungen zum Arbeitszeitgesetz, 1994
Rutenfranz/Beermann/ Löwenthal	Nachtarbeit für Frauen, 1987
Rutenfranz/Knauth	Schichtarbeit und Nachtarbeit, 2. Auflage 1987
Schaub	Arbeitsrechtshandbuch, 18. Auflage 2019
Schliemann	Arbeitszeitgesetz, Kommentar, 3. Auflage 2017
Schmatz/Nöthlichs	Sicherheitstechnik, Bd. IX „Sozialer Arbeitsschutz“
Schmidt/Koberski/ Tiemann/ Wascher	Kommentar zum Heimarbeitsgesetz, 1998
Schnieders	Sonntagsarbeit nach dem Arbeitszeitgesetz und tarifliche Regelung der Sonntagsarbeit, Diss. 1996
Schütt/Schulte	Arbeitszeitgesetz 2005
Tietje	Grundfragen des Arbeitszeitrechts, Diss. 2000

Vogtherr	Zeitrechnung – Von den Sumerern bis zur Swatch, 2001
Wank	Kommentar zum technischen Arbeitsschutz, 1999
Wiedemann/Autor	Kommentar zum Tarifvertragsgesetz, 8. Auflage 2019
Wlotzke	Betriebsverfassungsgesetz, 2. Auflage 1992
Wolter	Das neue Arbeitszeitrecht, 1995
Zmarzlik/Anzinger	Kommentar zum Jugendarbeitsschutzgesetz, 5. Auflage 1998
Zmarzlik AZO	Kommentar zur Arbeitszeitordnung, 1967
Zmarzlik BAZG	Erläuterungen zum Bäckerarbeitszeitgesetz, 2. Auflage 1978
Zmarzlik/Roggendorff	Taschenkommentar zum Ladenschlussgesetz, 2. Auflage 1997
Zmarzlik/Zipperer/Viethen	Kommentar zum Mutterschutzgesetz, 8. Auflage 1999

Teil A: Gesetzestext
Arbeitszeitgesetz (ArbZG)

vom 6. Juni 1994 (BGBl. I S. 1170),
zuletzt geändert durch Gesetz vom 11.11.2016 (BGBl. I S. 2005)

Erster Abschnitt:
Allgemeine Vorschriften

§ 1
Zweck des Gesetzes

Zweck des Gesetzes ist es,

1. die Sicherheit und den Gesundheitsschutz der Arbeitnehmer in der Bundesrepublik Deutschland und in der ausschließlichen Wirtschaftszone bei der Arbeitszeitgestaltung zu gewährleisten und die Rahmenbedingungen für flexible Arbeitszeiten zu verbessern sowie
2. den Sonntag und die staatlich anerkannten Feiertage als Tage der Arbeitsruhe und der seelischen Erhebung der Arbeitnehmer zu schützen.

§ 2
Begriffsbestimmungen

(1) Arbeitszeit im Sinne dieses Gesetzes ist die Zeit vom Beginn bis zum Ende der Arbeit ohne die Ruhepausen; Arbeitszeiten bei mehreren Arbeitgebern sind zusammenzurechnen. Im Bergbau unter Tage zählen die Ruhepausen zur Arbeitszeit.

(2) Arbeitnehmer im Sinne dieses Gesetzes sind Arbeiter und Angestellte sowie die zu ihrer Berufsbildung Beschäftigten.

(3) Nachtzeit im Sinne dieses Gesetzes ist die Zeit von 23 bis 6 Uhr, in Bäckereien und Konditoreien die Zeit von 22 bis 5 Uhr.

(4) Nachtarbeit im Sinne dieses Gesetzes ist jede Arbeit, die mehr als 2 Stunden der Nachtzeit umfasst.

(5) Nachtarbeitnehmer im Sinne dieses Gesetzes sind Arbeitnehmer, die

1. aufgrund ihrer Arbeitszeitgestaltung normalerweise Nachtarbeit in Wechselschicht zu leisten haben oder
2. Nachtarbeit an mindestens 48 Tagen im Kalenderjahr leisten.

Zweiter Abschnitt: Werktägliche Arbeitszeit und arbeitsfreie Zeiten

§ 3 Arbeitszeit der Arbeitnehmer

Die werktägliche Arbeitszeit der Arbeitnehmer darf acht Stunden nicht überschreiten. Sie kann auf bis zu zehn Stunden nur verlängert werden, wenn innerhalb von sechs Kalendermonaten oder innerhalb von 24 Wochen im Durchschnitt acht Stunden werktäglich nicht überschritten werden.

§ 4 Ruhepausen

Die Arbeit ist durch im Voraus feststehende Ruhepausen von mindestens 30 Minuten bei einer Arbeitszeit von mehr als sechs bis zu neun Stunden und 45 Minuten bei einer Arbeitszeit von mehr als neun Stunden insgesamt zu unterbrechen. Die Ruhepausen nach Satz 1 können in Zeitabschnitte von jeweils mindestens 15 Minuten aufgeteilt werden. Länger als sechs Stunden hintereinander dürfen Arbeitnehmer nicht ohne Ruhepause beschäftigt werden.

§ 5 Ruhezeit

(1) Die Arbeitnehmer müssen nach Beendigung der täglichen Arbeitszeit eine ununterbrochene Ruhezeit von mindestens elf Stunden haben.

(2) Die Dauer der Ruhezeit des Abs. 1 kann in Krankenhäusern und anderen Einrichtungen zur Behandlung, Pflege und Betreuung von Personen, in Gaststätten und anderen Einrichtungen zur Bewirtung und Beherbergung, in Verkehrsbetrieben, beim Rundfunk sowie in der Landwirtschaft und in der Tierhaltung um bis zu eine Stunde verkürzt werden, wenn jede Verkürzung der Ruhezeit innerhalb eines Kalendermonats oder innerhalb von vier Wochen durch Verlängerung einer anderen Ruhezeit auf mindestens zwölf Stunden ausgeglichen wird.

(3) Abweichend von Abs. 1 können in Krankenhäusern und anderen Einrichtungen zur Behandlung, Pflege und Betreuung von Personen Kürzungen der Ruhezeit durch Inanspruchnahmen während der Rufbereitschaft, die nicht mehr als die Hälfte der Ruhezeit betragen, zu anderen Zeiten ausgeglichen werden.

§ 6
Nacht- und Schichtarbeit

(1) Die Arbeitszeit der Nacht- und Schichtarbeitnehmer ist nach den gesicherten arbeitswissenschaftlichen Erkenntnissen über die menschengerechte Gestaltung der Arbeit festzulegen.

(2) Die werktägliche Arbeitszeit der Nachtarbeitnehmer darf acht Stunden nicht überschreiten. Sie kann auf bis zu zehn Stunden nur verlängert werden, wenn abweichend von § 3 innerhalb von einem Kalendermonat oder innerhalb von vier Wochen im Durchschnitt acht Stunden werktäglich nicht überschritten werden. Für Zeiträume, in denen Nachtarbeitnehmer im Sinne des § 2 Abs. 5 Nr. 2 nicht zur Nachtarbeit herangezogen werden, findet § 3 Satz 2 Anwendung.

(3) Nachtarbeitnehmer sind berechtigt, sich vor Beginn der Beschäftigung und danach in regelmäßigen Zeitabständen von nicht weniger als drei Jahren arbeitsmedizinisch untersuchen zu lassen. Nach Vollendung des 50. Lebensjahres steht Nachtarbeitnehmern dieses Recht in Zeitabständen von einem Jahr zu. Die Kosten der Untersuchungen hat der Arbeitgeber zu tragen, sofern er die Untersuchungen den Nachtarbeitnehmern nicht kostenlos durch einen Betriebsarzt oder einen überbetrieblichen Dienst von Betriebsärzten anbietet.

(4) Der Arbeitgeber hat den Nachtarbeitnehmer auf dessen Verlangen auf einen für ihn geeigneten Tagesarbeitsplatz umzusetzen, wenn

a) nach arbeitsmedizinischer Feststellung die weitere Verrichtung von Nachtarbeit den Arbeitnehmer in seiner Gesundheit gefährdet oder
b) im Haushalt des Arbeitnehmers ein Kind unter zwölf Jahren lebt, das nicht von einer anderen im Haushalt lebenden Person betreut werden kann, oder
c) der Arbeitnehmer einen schwerpflegebedürftigen Angehörigen zu versorgen hat, der nicht von einem anderen im Haushalt lebenden Angehörigen versorgt werden kann,

sofern dem nicht dringende betriebliche Erfordernisse entgegenstehen. Stehen der Umsetzung des Nachtarbeitnehmers auf einen für ihn geeigneten Tagesarbeitsplatz nach Auffassung des Arbeitgebers dringende betriebliche Erfordernisse entgegen, so ist der Betriebs- oder Personalrat zu hören. Der Betriebs- oder Personalrat kann dem Arbeitgeber Vorschläge für eine Umsetzung unterbreiten.

(5) Soweit keine tarifvertraglichen Ausgleichsregelungen bestehen, hat der Arbeitgeber dem Nachtarbeitnehmer für die während der Nachtzeit geleisteten Arbeitsstunden eine angemessene Zahl bezahlter freier Tage oder einen angemessenen Zuschlag auf das ihm hierfür zustehende Bruttoarbeitsentgelt zu gewähren.

(6) Es ist sicherzustellen, dass Nachtarbeitnehmer den gleichen Zugang zur betrieblichen Weiterbildung und zu aufstiegsfördernden Maßnahmen haben wie die übrigen Arbeitnehmer.

§ 7
Abweichende Regelungen

(1) In einem Tarifvertrag oder aufgrund eines Tarifvertrags in einer Betriebs- oder Dienstvereinbarung kann zugelassen werden,

1. abweichend von § 3
   a) die Arbeitszeit über zehn Stunden werktäglich zu verlängern, wenn in die Arbeitszeit regelmäßig und in erheblichem Umfang Arbeitsbereitschaft oder Bereitschaftsdienst fällt,
   b) einen anderen Ausgleichszeitraum festzulegen,
2. abweichend von § 4 Satz 2 die Gesamtdauer der Ruhepausen in Schichtbetrieben und Verkehrsbetrieben auf Kurzpausen von angemessener Dauer aufzuteilen,
3. abweichend von § 5 Abs. 1 die Ruhezeit um bis zu zwei Stunden zu kürzen, wenn die Art der Arbeit dies erfordert und die Kürzung der Ruhezeit innerhalb eines festzulegenden Ausgleichszeitraums ausgeglichen wird,
4. abweichend von § 6 Abs. 2
   a) die Arbeitszeit über zehn Stunden werktäglich hinaus zu verlängern, wenn in die Arbeitszeit regelmäßig und in erheblichem Umfang Arbeitsbereitschaft oder Bereitschaftsdienst fällt,
   b) einen anderen Ausgleichszeitraum festzulegen,
5. den Beginn des siebenstündigen Nachtzeitraums des § 2 Abs. 3 auf die Zeit zwischen 22 und 24 Uhr festzulegen.

(2) Sofern der Gesundheitsschutz der Arbeitnehmer durch einen entsprechenden Zeitausgleich gewährleistet wird, kann in einem Tarifvertrag oder aufgrund eines Tarifvertrags in einer Betriebs- oder Dienstvereinbarung ferner zugelassen werden,

1. abweichend von § 5 Abs. 1 die Ruhezeiten bei Rufbereitschaft den Besonderheiten dieses Dienstes anzupassen, insbesondere Kürzungen der Ruhezeit infolge von Inanspruchnahmen während dieses Dienstes zu anderen Zeiten auszugleichen,
2. die Regelungen der §§ 3, 5 Abs. 1 und § 6 Abs. 2 in der Landwirtschaft der Bestellungs- und Erntezeit sowie den Witterungseinflüssen anzupassen,
3. die Regelungen der §§ 3, 4, 5 Abs. 1 und § 6 Abs. 2 bei der Behandlung, Pflege und Betreuung von Personen der Eigenart dieser Tätigkeit und dem Wohl dieser Personen entsprechend anzupassen,
4. die Regelungen der §§ 3, 4, 5 Abs. 1 und § 6 Abs. 2 bei Verwaltungen und Betrieben des Bundes, der Länder, der Gemeinden und sonstigen Körperschaften, Anstalten und Stiftungen des öffentlichen Rechts sowie bei anderen Arbeitgebern, die der Tarifbindung eines für den öffentlichen Dienst geltenden oder eines im Wesentlichen inhaltsgleichen Tarifvertrags unterliegen, der Eigenart der Tätigkeit bei diesen Stellen anzupassen.

(2a) In einem Tarifvertrag oder aufgrund eines Tarifvertrags in einer Betriebs- oder Dienstvereinbarung kann abweichend von den §§ 3, 5 Abs. 1 und § 6 Abs. 2 zugelassen werden, die werktägliche Arbeitszeit auch ohne Ausgleich über acht Stunden zu verlängern, wenn in die Arbeitszeit regelmäßig und in erheblichem Umfang Arbeitsbereitschaft oder Bereitschaftsdienst fällt und durch besondere Regelungen sichergestellt wird, dass die Gesundheit der Arbeitnehmer nicht gefährdet wird.

(3) Im Geltungsbereich eines Tarifvertrags nach Abs. 1, 2 oder 2a können abweichende tarifvertragliche Regelungen im Betrieb eines nicht tarifgebundenen Arbeitgebers durch Betriebs- oder Dienstvereinbarung oder, wenn ein Betriebs- oder Personalrat nicht besteht, durch schriftliche Vereinbarung zwischen dem Arbeitgeber und dem Arbeitnehmer übernommen werden. Können aufgrund eines solchen Tarifvertrags abweichende Regelungen in einer Betriebs- oder Dienstvereinbarung getroffen werden, kann auch in Betrieben eines nicht tarifgebundenen Arbeitgebers davon Gebrauch gemacht werden. Eine nach Abs. 2 Nr. 4 getroffene abweichende tarifvertragliche Regelung hat zwischen nicht tarifgebundenen Arbeitgebern und Arbeitnehmern Geltung, wenn zwischen ihnen die Anwendung der für den öffentlichen Dienst geltenden tarifvertraglichen Bestimmungen vereinbart ist und die Arbeitgeber die Kosten des Betriebs überwiegend mit Zuwendungen im Sinne des Haushaltsrechts decken.

(4) Die Kirchen und die öffentlich-rechtlichen Religionsgesellschaften können die in Abs. 1, 2 oder 2a genannten Abweichungen in ihren Regelungen vorsehen.

(5) In einem Bereich, in dem Regelungen durch Tarifvertrag üblicherweise nicht getroffen werden, können Ausnahmen im Rahmen des Abs. 1, 2 oder 2a durch die Aufsichtsbehörde bewilligt werden, wenn dies aus betrieblichen Gründen erforderlich ist und die Gesundheit der Arbeitnehmer nicht gefährdet wird.

(6) Die Bundesregierung kann durch Rechtsverordnung mit Zustimmung des Bundesrates Ausnahmen im Rahmen des Abs. 1 oder 2 zulassen, sofern dies aus betrieblichen Gründen erforderlich ist und die Gesundheit der Arbeitnehmer nicht gefährdet wird.

(7) Auf Grund einer Regelung nach Abs. 2a oder den Absätzen 3 bis 5 jeweils in Verbindung mit Abs. 2a darf die Arbeitszeit nur verlängert werden, wenn der Arbeitnehmer schriftlich eingewilligt hat. Der Arbeitnehmer kann die Einwilligung mit einer Frist von sechs Monaten schriftlich widerrufen. Der Arbeitgeber darf einen Arbeitnehmer nicht benachteiligen, weil dieser die Einwilligung zur Verlängerung der Arbeitszeit nicht erklärt oder die Einwilligung widerrufen hat.

(8) Werden Regelungen nach Abs. 1 Nr. 1 und 4, Abs. 2 Nr. 2 bis 4 oder solche Regelungen aufgrund der Abs. 3 und 4 zugelassen, darf die Arbeitszeit 48 Stunden wöchentlich im Durchschnitt von zwölf Kalendermonaten nicht überschreiten. Erfolgt die Zulassung aufgrund des Abs. 5, darf die Arbeitszeit 48 Stunden wöchentlich im Durchschnitt von sechs Kalendermonaten oder 24 Wochen nicht überschreiten.

(9) Wird die werktägliche Arbeitzeit über zwölf Stunden hinaus verlängert, muss im unmittelbaren Anschluss an die Beendigung der Arbeitszeit eine Ruhezeit von mindestens elf Stunden gewährt werden.

§ 8
Gefährliche Arbeiten

Die Bundesregierung kann durch Rechtsverordnung mit Zustimmung des Bundesrates für einzelne Beschäftigungsbereiche, für bestimmte Arbeiten oder für bestimmte Arbeitnehmergruppen, bei denen besondere Gefahren für die Gesundheit der Arbeitnehmer zu erwarten sind, die Arbeitszeit über § 3 hinaus beschränken, die Ruhepausen und Ruhezeiten über die §§ 4 und 5 hinaus ausdehnen, die Regelungen zum Schutz der Nacht- und Schichtarbeitnehmer in § 6 erweitern und die Abweichungsmöglichkeiten nach § 7 beschränken, soweit dies zum Schutz der Gesundheit der Arbeitnehmer erforderlich ist. Satz 1 gilt nicht für Beschäftigungsbereiche und Arbeiten in Betrieben, die der Bergaufsicht unterliegen.

Dritter Abschnitt:
Sonn- und Feiertagsruhe

§ 9
Sonn- und Feiertagsruhe

(1) Arbeitnehmer dürfen an Sonn- und gesetzlichen Feiertagen von 0 bis 24 Uhr nicht beschäftigt werden.

(2) In mehrschichtigen Betrieben mit regelmäßiger Tag- und Nachtschicht kann Beginn oder Ende der Sonn- und Feiertagsruhe um bis zu sechs Stunden vor- oder zurückverlegt werden, wenn für die auf den Beginn der Ruhezeit folgenden 24 Stunden der Betrieb ruht.

(3) Für Kraftfahrer und Beifahrer kann der Beginn der 24-stündigen Sonn- und Feiertagsruhe um bis zu zwei Stunden vorverlegt werden.

§ 10
Sonn- und Feiertagsbeschäftigung

(1) Sofern die Arbeiten nicht an Werktagen vorgenommen werden können, dürfen Arbeitnehmer an Sonn- und Feiertagen abweichend von § 9 beschäftigt werden

1. in Not- und Rettungsdiensten sowie bei der Feuerwehr,
2. zur Aufrechterhaltung der öffentlichen Sicherheit und Ordnung sowie der Funktionsfähigkeit von Gerichten und Behörden und für Zwecke der Verteidigung,
3. in Krankenhäusern und anderen Einrichtungen zur Behandlung, Pflege und Betreuung von Personen,
4. in Gaststätten und anderen Einrichtungen zur Bewirtung und Beherbergung sowie im Haushalt,

5. bei Musikaufführungen, Theatervorstellungen, Filmvorführungen, Schaustellungen, Darbietungen und anderen ähnlichen Veranstaltungen,
6. bei nichtgewerblichen Aktionen und Veranstaltungen der Kirchen, Religionsgesellschaften, Verbände, Vereine, Parteien und anderer ähnlicher Vereinigungen,
7. beim Sport und in Freizeit-, Erholungs- und Vergnügungseinrichtungen, beim Fremdenverkehr sowie in Museen und wissenschaftlichen Präsenzbibliotheken,
8. beim Rundfunk, bei der Tages- und Sportpresse, bei Nachrichtenagenturen sowie bei den der Tagesaktualität dienenden Tätigkeiten für andere Presseerzeugnisse einschließlich des Austragens, bei der Herstellung von Satz, Filmen und Druckformen für tagesaktuelle Nachrichten und Bilder, bei tagesaktuellen Aufnahmen auf Ton- und Bildträger sowie beim Transport und Kommissionieren von Presseerzeugnissen, deren Ersterscheinungstag am Montag oder am Tag nach einem Feiertag liegt,
9. bei Messen, Ausstellungen und Märkten im Sinne des Titels IV der Gewerbeordnung sowie bei Volksfesten,
10. in Verkehrsbetrieben sowie beim Transport und Kommissionieren von leichtverderblichen Waren im Sinne des § 30 Abs. 3 Nr. 2 der Straßenverkehrsordnung,
11. in den Energie- und Wasserversorgungsbetrieben sowie in Abfall- und Abwasserentsorgungsbetrieben,
12. in der Landwirtschaft und in der Tierhaltung sowie in Einrichtungen zur Behandlung und Pflege von Tieren,
13. im Bewachungsgewerbe und bei der Bewachung von Betriebsanlagen,
14. bei der Reinigung und Instandhaltung von Betriebseinrichtungen, soweit hierdurch der regelmäßige Fortgang des eigenen oder eines fremden Betriebs bedingt ist, bei der Vorbereitung der Wiederaufnahme des vollen werktägigen Betriebs sowie bei der Aufrechterhaltung der Funktionsfähigkeit von Datennetzen und Rechnersystemen,
15. zur Verhütung des Verderbens von Naturerzeugnissen oder Rohstoffen oder des Misslingens von Arbeitsergebnissen sowie bei kontinuierlich durchzuführenden Forschungsarbeiten,
16. zur Vermeidung einer Zerstörung oder erheblichen Beschädigung der Produktionseinrichtungen.

(2) Abweichend von § 9 dürfen Arbeitnehmer an Sonn- und Feiertagen mit den Produktionsarbeiten beschäftigt werden, wenn die infolge der Unterbrechung der Produktion nach Abs. 1 Nr. 14 zulässigen Arbeiten den Einsatz von mehr Arbeitnehmern als bei durchgehender Produktion erfordern.

(3) Abweichend von § 9 dürfen Arbeitnehmer an Sonn- und Feiertagen in Bäckereien und Konditoreien für bis zu drei Stunden mit der Herstellung und dem Austragen oder Ausfahren von Konditorwaren und an diesem Tag zum Verkauf kommenden Bäckerwaren beschäftigt werden.

(4) Sofern die Arbeiten nicht an Werktagen vorgenommen werden können, dürfen Arbeitnehmer zur Durchführung des Eil- und Großbetragszahlungsverkehrs und

des Geld-, Devisen-, Wertpapier- und Derivatehandels abweichend von § 9 Abs. 1 an den auf einen Werktag fallenden Feiertagen beschäftigt werden, die nicht in allen Mitgliedstaaten der Europäischen Union Feiertage sind.

§ 11
Ausgleich für Sonn- und Feiertagsbeschäftigung

(1) Mindestens 15 Sonntage im Jahr müssen beschäftigungsfrei bleiben.

(2) Für die Beschäftigung an Sonn- und Feiertagen gelten die §§ 3 bis 8 entsprechend, jedoch dürfen durch die Arbeitszeit an Sonn- und Feiertagen die in den §§ 3, 6 Abs. 2, §§ 7 und 21a Abs. 4 bestimmten Höchstarbeitszeiten und Ausgleichszeiträume nicht überschritten werden.

(3) Werden Arbeitnehmer an einem Sonntag beschäftigt, müssen sie einen Ersatzruhetag haben, der innerhalb eines den Beschäftigungstag einschließenden Zeitraums von zwei Wochen zu gewähren ist. Werden Arbeitnehmer an einem auf einen Werktag fallenden Feiertag beschäftigt, müssen sie einen Ersatzruhetag haben, der innerhalb eines den Beschäftigungstag einschließenden Zeitraums von acht Wochen zu gewähren ist.

(4) Die Sonn- oder Feiertagsruhe des § 9 oder der Ersatzruhetag des Abs. 3 ist den Arbeitnehmern unmittelbar in Verbindung mit einer Ruhezeit nach § 5 zu gewähren, soweit dem technische oder arbeitsorganisatorische Gründe nicht entgegenstehen.

§ 12
Abweichende Regelungen

In einem Tarifvertrag oder aufgrund eines Tarifvertrags in einer Betriebs- oder Dienstvereinbarung kann zugelassen werden,

1. abweichend von § 11 Abs. 1 die Anzahl der beschäftigungsfreien Sonntage in den Einrichtungen des § 10 Abs. 1 Nr. 2, 3, 4 und 10 auf mindestens zehn Sonntage, im Rundfunk, in Theaterbetrieben, Orchestern sowie bei Schaustellungen auf mindestens acht Sonntage, in Filmtheatern und in der Tierhaltung auf mindestens sechs Sonntage im Jahr zu verringern,
2. abweichend von § 11 Abs. 3 den Wegfall von Ersatzruhetagen für auf Werktage fallende Feiertage zu vereinbaren oder Arbeitnehmer innerhalb eines festzulegenden Ausgleichszeitraums beschäftigungsfrei zu stellen,
3. abweichend von § 11 Abs. 1 bis 3 in der Seeschifffahrt die den Arbeitnehmern nach diesen Vorschriften zustehenden freien Tage zusammenhängend zu geben,
4. abweichend von § 11 Abs. 2 die Arbeitszeit in vollkontinuierlichen Schichtbetrieben an Sonn- und Feiertagen auf bis zu zwölf Stunden zu verlängern, wenn dadurch zusätzliche freie Schichten an Sonn- und Feiertagen erreicht werden.

§ 7 Abs. 3 bis 6 findet Anwendung.

§ 13
Ermächtigung, Anordnung, Bewilligung

(1) Die Bundesregierung kann durch Rechtsverordnung mit Zustimmung des Bundesrates zur Vermeidung erheblicher Schäden unter Berücksichtigung des Schutzes der Arbeitnehmer und der Sonn- und Feiertagsruhe

1. die Bereiche mit Sonn- und Feiertagsbeschäftigung nach § 10 sowie die dort zugelassenen Arbeiten näher bestimmen,
2. über die Ausnahmen nach § 10 hinaus weitere Ausnahmen abweichend von § 9
   a) für Betriebe, in denen die Beschäftigung von Arbeitnehmern an Sonn- oder Feiertagen zur Befriedigung täglicher oder an diesen Tagen besonders hervortretender Bedürfnisse der Bevölkerung erforderlich ist,
   b) für Betriebe, in denen Arbeiten vorkommen, deren Unterbrechung oder Aufschub
      aa) nach dem Stand der Technik ihrer Art nach nicht oder nur mit erheblichen Schwierigkeiten möglich ist,
      bb) besondere Gefahren für Leben oder Gesundheit der Arbeitnehmer zur Folge hätte,
      cc) zu erheblichen Belastungen der Umwelt oder der Energie- oder Wasserversorgung führen würden,
   c) aus Gründen des Gemeinwohls, insbesondere auch zur Sicherung der Beschäftigung,

   zulassen und die zum Schutz der Arbeitnehmer und der Sonn- und Feiertagsruhe notwendigen Bedingungen bestimmen.

(2) Soweit die Bundesregierung von der Ermächtigung des Abs. 1 Nr. 2 Buchstabe a keinen Gebrauch gemacht hat, können die Landesregierungen durch Rechtsverordnung entsprechende Bestimmungen erlassen. Die Landesregierungen können diese Ermächtigung durch Rechtsverordnung auf oberste Landesbehörden übertragen.

(3) Die Aufsichtsbehörde kann

1. feststellen, ob eine Beschäftigung nach § 10 zulässig ist,
2. abweichend von § 9 bewilligen, Arbeitnehmer zu beschäftigen
   a) im Handelsgewerbe an bis zu zehn Sonn- und Feiertagen im Jahr, an denen besondere Verhältnisse einen erweiterten Geschäftsverkehr erforderlich machen,
   b) an bis zu fünf Sonn- und Feiertagen im Jahr, wenn besondere Verhältnisse zur Verhütung eines unverhältnismäßigen Schadens dies erfordern,
   c) an einem Sonntag im Jahr zur Durchführung einer gesetzlich vorgeschriebenen Inventur,

   und Anordnungen über die Beschäftigungszeit unter Berücksichtigung der für den öffentlichen Gottesdienst bestimmten Zeit treffen.

(4) Die Aufsichtsbehörde soll abweichend von § 9 bewilligen, dass Arbeitnehmer an Sonn- und Feiertagen mit Arbeiten beschäftigt werden, die aus chemischen, bio-

logischen, technischen oder physikalischen Gründen einen ununterbrochenen Fortgang auch an Sonn- und Feiertagen erfordern.

(5) Die Aufsichtsbehörde hat abweichend von § 9 die Beschäftigung von Arbeitnehmern an Sonn- und Feiertagen zu bewilligen, wenn bei einer weitgehenden Ausnutzung der gesetzlich zulässigen wöchentlichen Betriebszeiten und bei längeren Betriebszeiten im Ausland die Konkurrenzfähigkeit unzumutbar beeinträchtigt ist und durch die Genehmigung von Sonn- und Feiertagsarbeit die Beschäftigung gesichert werden kann.

Vierter Abschnitt:
Ausnahmen in besonderen Fällen

§ 14
Außergewöhnliche Fälle

(1) Von den §§ 3 bis 5, 6 Abs. 2, §§ 7, 9 bis 11 darf abgewichen werden bei vorübergehenden Arbeiten in Notfällen und in außergewöhnlichen Fällen, die unabhängig vom Willen der Betroffenen eintreten und deren Folgen nicht auf andere Weise zu beseitigen sind, besonders wenn Rohstoffe oder Lebensmittel zu verderben oder Arbeitsergebnisse zu misslingen drohen.

(2) Von den §§ 3 bis 5, 6 Abs. 2, §§ 7, 11 Abs. 1 bis 3 und § 12 darf ferner abgewichen werden,

1. wenn eine verhältnismäßig geringe Zahl von Arbeitnehmern vorübergehend mit Arbeiten beschäftigt wird, deren Nichterledigung das Ergebnis der Arbeiten gefährden oder einen unverhältnismäßigen Schaden zur Folge haben würden,
2. bei Forschung und Lehre, bei unaufschiebbaren Vor- und Abschlussarbeiten sowie bei unaufschiebbaren Arbeiten zur Behandlung, Pflege und Betreuung von Personen oder zur Behandlung und Pflege von Tieren an einzelnen Tagen,

wenn dem Arbeitgeber andere Vorkehrungen nicht zugemutet werden können.

(3) Wird von den Befugnissen nach Abs. 1 oder 2 Gebrauch gemacht, darf die Arbeitszeit 48 Stunden wöchentlich im Durchschnitt von sechs Kalendermonaten oder 24 Wochen nicht überschreiten.

§ 15
Bewilligung, Ermächtigung

(1) Die Aufsichtsbehörde kann

1. eine von den §§ 3, 6 Abs. 2 und § 11 Abs. 2 abweichende längere tägliche Arbeitszeit bewilligen
   a) für kontinuierliche Schichtbetriebe zur Erreichung zusätzlicher Freischichten,
   b) für Bau- und Montagestellen,

2. eine von den §§ 3, 6 Abs. 2 und § 11 Abs. 2 abweichende längere tägliche Arbeitszeit für Saison- und Kampagnebetriebe für die Zeit der Saison oder Kampagne bewilligen, wenn die Verlängerung der Arbeitszeit über acht Stunden werktäglich durch eine entsprechende Verkürzung der Arbeitszeit zu anderen Zeiten ausgeglichen wird,
3. eine von den §§ 5 und 11 Abs. 2 abweichende Dauer und Lage der Ruhezeit bei Arbeitsbereitschaft, Bereitschaftsdienst und Rufbereitschaft den Besonderheiten dieser Inanspruchnahmen im öffentlichen Dienst entsprechend bewilligen,
4. eine von den §§ 5 und 11 Abs. 2 abweichende Ruhezeit zur Herbeiführung eines regelmäßigen wöchentlichen Schichtwechsels zweimal innerhalb eines Zeitraums von drei Wochen bewilligen.

(2) Die Aufsichtsbehörde kann über die in diesem Gesetz vorgesehenen Ausnahmen hinaus weitergehende Ausnahmen zulassen, soweit sie im öffentlichen Interesse dringend nötig werden.

(2a) Die Bundesregierung kann durch Rechtsverordnung mit Zustimmung des Bundesrates

1. Ausnahmen von den §§ 3, 4, 5 und 6 Abs. 2 sowie von den §§ 9 und 11 für Arbeitnehmer, die besondere Tätigkeiten zur Errichtung, zur Änderung oder zum Betrieb von Bauwerken, künstlichen Inseln oder sonstigen Anlagen auf See (Offshore-Tätigkeiten) durchführen, zulassen und
2. die zum Schutz der in Nummer 1 genannten Arbeitnehmer sowie der Sonn- und Feiertagsruhe notwendigen Bedingungen bestimmen.

(3) Das Bundesministerium der Verteidigung kann in seinem Geschäftsbereich durch Rechtsverordnung mit Zustimmung des Bundesministeriums für Arbeit und Soziales aus zwingenden Gründen der Verteidigung Arbeitnehmer verpflichten, über die in diesem Gesetz und in den aufgrund dieses Gesetzes erlassenen Rechtsverordnungen und Tarifverträgen festgelegten Arbeitszeitgrenzen und -beschränkungen hinaus Arbeit zu leisten.

(3a) Das Bundesministerium der Verteidigung kann in seinem Geschäftsbereich durch Rechtsverordnung im Einvernehmen mit dem Bundesministerium für Arbeit und Soziales für besondere Tätigkeiten der Arbeitnehmer bei den Streitkräften Abweichungen von in diesem Gesetz sowie von in den auf Grund dieses Gesetzes erlassenen Rechtsverordnungen bestimmten Arbeitszeitgrenzen und -beschränkungen zulassen, soweit die Abweichungen aus zwingenden Gründen erforderlich sind und die größtmögliche Sicherheit und der bestmögliche Gesundheitsschutz der Arbeitnehmer gewährleistet werden.

(4) Werden Ausnahmen nach Abs. 1 oder 2 zugelassen, darf die Arbeitszeit 48 Stunden wöchentlich im Durchschnitt von sechs Kalendermonaten oder 24 Wochen nicht überschreiten.

Fünfter Abschnitt: Durchführung des Gesetzes

§ 16 Aushang und Arbeitszeitnachweise

(1) Der Arbeitgeber ist verpflichtet, einen Abdruck dieses Gesetzes, der aufgrund dieses Gesetzes erlassenen, für den Betrieb geltenden Rechtsverordnungen und der für den Betrieb geltenden Tarifverträge und Betriebs- oder Dienstvereinbarungen im Sinne des § 7 Abs. 1 bis 3, §§ 12 und 21a Abs. 6 an geeigneter Stelle im Betrieb zur Einsichtnahme auszulegen oder auszuhängen.

(2) Der Arbeitgeber ist verpflichtet, die über die werktägliche Arbeitszeit des § 3 Satz 1 hinausgehende Arbeitszeit der Arbeitnehmer aufzuzeichnen und ein Verzeichnis der Arbeitnehmer zu führen, die in eine Verlängerung der Arbeitszeit gemäß § 7 Abs. 7 eingewilligt haben. Die Nachweise sind mindestens zwei Jahre aufzubewahren.

§ 17 Aufsichtsbehörde

(1) Die Einhaltung dieses Gesetzes und der aufgrund dieses Gesetzes erlassenen Rechtsverordnungen wird von den nach Landesrecht zuständigen Behörden (Aufsichtsbehörden) überwacht.

(2) Die Aufsichtsbehörde kann die erforderlichen Maßnahmen anordnen, die der Arbeitgeber zur Erfüllung der sich aus diesem Gesetz und den aufgrund dieses Gesetzes erlassenen Rechtsverordnungen ergebenden Pflichten zu treffen hat.

(3) Für den öffentlichen Dienst des Bundes sowie für die bundesunmittelbaren Körperschaften, Anstalten und Stiftungen des öffentlichen Rechts werden die Aufgaben und Befugnisse der Aufsichtsbehörde vom zuständigen Bundesministerium oder den von ihm bestimmten Stellen wahrgenommen; das Gleiche gilt für die Befugnisse nach § 15 Abs. 1 und 2.

(4) Die Aufsichtsbehörde kann vom Arbeitgeber die für die Durchführung dieses Gesetzes und der aufgrund dieses Gesetzes erlassenen Rechtsverordnungen erforderlichen Auskünfte verlangen. Sie kann ferner vom Arbeitgeber verlangen, die Arbeitszeitnachweise und Tarifverträge oder Betriebs- oder Dienstvereinbarungen im Sinne des § 7 Abs. 1 bis 3, §§ 12 und 21a Abs. 6 vorzulegen oder zur Einsicht einzusenden.

(5) Die Beauftragten der Aufsichtsbehörde sind berechtigt, die Arbeitsstätten während der Betriebs- und Arbeitszeit zu betreten und zu besichtigen; außerhalb dieser Zeit oder wenn sich die Arbeitsstätten in einer Wohnung befinden, dürfen sie ohne Einverständnis des Inhabers nur zur Verhütung von dringenden Gefahren für die öf-

fentliche Sicherheit und Ordnung betreten und besichtigt werden. Der Arbeitgeber hat das Betreten und Besichtigen der Arbeitsstätten zu gestatten. Das Grundrecht der Unverletzlichkeit der Wohnung (Art. 13 des Grundgesetzes) wird insoweit eingeschränkt.

(6) Der zur Auskunft Verpflichtete kann die Auskunft auf solche Fragen verweigern, deren Beantwortung ihn selbst oder einen der in § 383 Abs. 1 Nr. 1 bis 3 der Zivilprozessordnung bezeichneten Angehörigen der Gefahr strafgerichtlicher Verfolgung oder eines Verfahrens nach dem Gesetz über Ordnungswidrigkeiten aussetzen würde.

Sechster Abschnitt:
Sonderregelungen

§ 18
Nichtanwendung des Gesetzes

(1) Dieses Gesetz ist nicht anzuwenden auf

1. leitende Angestellte im Sinne des § 5 Abs. 3 des Betriebsverfassungsgesetzes sowie Chefärzte,
2. Leiter von öffentlichen Dienststellen und deren Vertreter sowie Arbeitnehmer im öffentlichen Dienst, die zu selbstständigen Entscheidungen in Personalangelegenheiten befugt sind,
3. Arbeitnehmer, die in häuslicher Gemeinschaft mit den ihnen anvertrauten Personen zusammenleben und sie eigenverantwortlich erziehen, pflegen oder betreuen,
4. den liturgischen Bereich der Kirchen und der Religionsgemeinschaften

(2) Für die Beschäftigung von Personen unter 18 Jahren gilt anstelle dieses Gesetzes das Jugendarbeitsschutzgesetz.

(3) Für die Beschäftigung von Arbeitnehmern als Besatzungsmitglieder auf Kauffahrteischiffen im Sinne des § 3 des Seearbeitsgesetzes gilt anstelle dieses Gesetzes das Seearbeitsgesetz.

§ 19
Beschäftigung im öffentlichen Dienst

Bei der Wahrnehmung hoheitlicher Aufgaben im öffentlichen Dienst können, soweit keine tarifvertragliche Regelung besteht, durch die zuständige Dienstbehörde die für Beamte geltenden Bestimmungen über die Arbeitszeit auf die Arbeitnehmer übertragen werden; insoweit finden die §§ 3 bis 13 keine Anwendung.

§ 20
Beschäftigung in der Luftfahrt

Für die Beschäftigung von Arbeitnehmern als Besatzungsmitglieder von Luftfahrzeugen gelten anstelle der Vorschriften dieses Gesetzes über Arbeits- und Ruhezeiten die Vorschriften über Flug-, Flugdienst- und Ruhezeiten der Zweiten Durchführungsverordnung zur Betriebsordnung für Luftfahrtgerät in der jeweils geltenden Fassung.

§ 21
Beschäftigung in der Binnenschifffahrt

(1) Die Bundesregierng kann durch Rechtsverordnung mit Zustimmung des Bundesrates, auch zur Umsetzung zwischenstaatlicher Vereinbarungen oder Rechtsakten der Europäischen Union, abweichend von den Vorschriften dieses Gesetzes die Bedingungen für die Arbeitszeitgestaltung von Arbeitnehmern, die als Mitglied der Besatzung oder des Bordpersonals an Bod eines Fahrzeugs in der Binnenschifffahrt beschäftigt sind, regeln, soweit dies erforderlich ist, um den besonderen Bedingungen an Bord von Binnenschiffen Rechnung zu tragen. Insbesondere können in diesen Rechtsverordnungen die notwendigen Bedingungen für die Sicherheit und den Gesundheitsschutz im Sinne des § 1, einschließlich gesundheitlicher Untersuchungen hinsichtlich der Auswirkungen der Arbeitszeitbedingungen auf einem Schiff in der Binnenschifffahrt, sowie die notwendigen Bedingungen für den Schutz der Sonn- und Feiertagsruhe bestimmt werden. In Rechtsverordnungen nach Satz 1 kann ferner bestimmt werden, dass von den Vorschriften der Rechtsverordnung durch Tarifvertrag abgewichen werden kann.

(2) Soweit die Bundesregierung von der Ermächtigung des Absatzes 1 keinen Gebrauch macht, gelten die Vorschriften dieses Gesetzes für das Fahrpersonal auf Binnenschiffen, es sei denn, binnenschifffahrtsrechtliche Vorschriften über Ruhezeiten stehen dem entgegen. Bei Anwendung des Satzes 1 kann durch Tarifvertrag von den Vorschriften dieses Gesetzes abgewichen werden, um der Eigenart der Binnenschifffahrt Rechnung zu tragen.

§ 21a
Beschäftigung im Straßentransport

(1) Für die Beschäftigung von Arbeitnehmern als Fahrer oder Beifahrer bei Straßenverkehrstätigkeiten im Sinne der Verordnung (EG) Nr. 561/2006 des Europäischen Parlaments und des Rates vom 15. März 2006 zur Harmonisierung bestimmter Sozialvorschriften im Straßenverkehr und zur Änderung der Verordnungen (EWG) Nr. 3821/85 und (EG) Nr. 2135/98 des Rates sowie zur Aufhebung der Verordnung (EWG) Nr. 3820/85 des Rates (ABl. EG Nr. L 102 S. 1) oder des Europäischen Übereinkommens über die Arbeit des im internationalen Straßenverkehr beschäftigten Fahrpersonals (AETR) vom 1. Juli 1970 (BGBl. II 1974 S. 1473) in ihren jeweiligen Fassungen gelten die Vorschriften dieses Gesetzes, soweit nicht die

folgenden Absätze abweichende Regelungen enthalten. Die Vorschriften der Verordnung (EG) Nr. 561/ 2006 und des AETR bleiben unberührt.

(2) Eine Woche im Sinne dieser Vorschriften ist der Zeitraum von Montag 0 Uhr bis Sonntag 24 Uhr.

(3) Abweichend von § 2 Abs. 1 ist keine Arbeitszeit:

1. die Zeit, während derer sich ein Arbeitnehmer am Arbeitsplatz bereithalten muss, um seine Tätigkeit aufzunehmen,
2. die Zeit, während derer sich ein Arbeitnehmer bereithalten muss, um seine Tätigkeit auf Anweisung aufnehmen zu können, ohne sich an seinem Arbeitsplatz aufhalten zu müssen;
3. für Arbeitnehmer, die sich beim Fahren abwechseln, die während der Fahrt neben dem Fahrer oder in einer Schlafkabine verbrachte Zeit.

Für die Zeiten nach Satz 1 Nr. 1 und 2 gilt dies nur, wenn der Zeitraum und dessen voraussichtliche Dauer im Voraus, spätestens unmittelbar vor Beginn des betreffenden Zeitraums bekannt ist. Die in Satz 1 genannten Zeiten sind keine Ruhezeiten. Die in Satz 1 Nr. 1 und 2 genannten Zeiten sind keine Ruhepausen.

(4) Die Arbeitszeit darf 48 Stunden wöchentlich nicht überschreiten. Sie kann auf bis zu 60 Stunden verlängert werden, wenn innerhalb von vier Kalendermonaten oder 16 Wochen im Durchschnitt 48 Stunden wöchentlich nicht überschritten werden.

(5) Die Ruhezeiten bestimmen sich nach den Vorschriften der Europäischen Gemeinschaften für Kraftfahrer und Beifahrer sowie nach dem AETR. Dies gilt auch für Auszubildende und Praktikanten.

(6) In einem Tarifvertrag oder aufgrund eines Tarifvertrags in einer Betriebs- oder Dienstvereinbarung kann zugelassen werden,

1. nähere Einzelheiten zu den in Absatz 3 Satz 1 Nr. 1, 2 und Satz 2 genannten Voraussetzungen zu regeln,
2. abweichend von Abs. 4 sowie den §§ 3 und 6 Abs. 2 die Arbeitszeit festzulegen, wenn objektive, technische oder arbeitszeitorganisatorische Gründe vorliegen. Dabei darf die Arbeitszeit 48 Stunden wöchentlich im Durchschnitt von sechs Kalendermonaten nicht überschreiten.

§ 7 Abs. 1 Nr. 2 und Abs. 2a gilt nicht. § 7 Abs. 3 gilt entsprechend.

(7) Der Arbeitgeber ist verpflichtet, die Arbeitszeit der Arbeitnehmer aufzuzeichnen. Die Aufzeichnungen sind mindestens zwei Jahre aufzubewahren. Der Arbeitgeber hat dem Arbeitnehmer auf Verlangen eine Kopie der Aufzeichnungen seiner Arbeitszeit auszuhändigen.

(8) Zur Berechnung der Arbeitszeit fordert der Arbeitgeber den Arbeitnehmer schriftlich auf, ihm eine Aufstellung der bei einem anderen Arbeitgeber geleisteten Arbeitszeit vorzulegen. Der Arbeitnehmer legt diese Angaben schriftlich vor.

Siebter Abschnitt:
Straf- und Bußgeldvorschriften

§ 22
Bußgeldvorschriften

(1) Ordnungswidrig handelt, wer als Arbeitgeber vorsätzlich oder fahrlässig

1. entgegen §§ 3, 6 Abs. 2 oder § 21a Abs. 4, jeweils auch in Verbindung mit § 11 Abs. 2, einen Arbeitnehmer über die Grenzen der Arbeitszeit hinaus beschäftigt,
2. entgegen § 4 Ruhepausen nicht, nicht mit der vorgeschriebenen Mindestdauer oder nicht rechtzeitig gewährt,
3. entgegen § 5 Abs. 1 die Mindestruhezeit nicht gewährt oder entgegen § 5 Abs. 2 die Verkürzung der Ruhezeit durch Verlängerung einer anderen Ruhezeit nicht oder nicht rechtzeitig ausgleicht,
4. einer Rechtsverordnung nach § 8 Satz 1, § 13 Abs. 1 oder 2, § 15 Abs. 2a Nr. 2 oder § 24 zuwiderhandelt, soweit sie für einen bestimmten Tatbestand auf diese Bußgeldvorschrift verweist,
5. entgegen § 9 Abs. 1 einen Arbeitnehmer an Sonn- oder Feiertagen beschäftigt,
6. entgegen § 11 Abs. 1 einen Arbeitnehmer an allen Sonntagen beschäftigt oder entgegen § 11 Abs. 3 einen Ersatzruhetag nicht oder nicht rechtzeitig gewährt,
7. einer vollziehbaren Anordnung nach § 13 Abs. 3 Nr. 2 zuwiderhandelt,
8. entgegen § 16 Abs. 1 die dort bezeichnete Auslage oder den dort bezeichneten Aushang nicht vornimmt,
9. entgegen § 16 Abs. 2 oder § 21a Abs. 4 Aufzeichnungen nicht oder nicht richtig erstellt oder nicht für die vorgeschriebene Dauer aufbewahrt oder
10. entgegen § 17 Abs. 4 eine Auskunft nicht, nicht richtig oder nicht vollständig erteilt, Unterlagen nicht oder nicht vollständig vorlegt oder nicht einsendet oder entgegen § 17 Abs. 5 Satz 2 eine Maßnahme nicht gestattet.

(2) Die Ordnungswidrigkeit kann in den Fällen des Abs. 1 Nr. 1 bis 7, 9 und 10 mit einer Geldbuße bis zu 15.000 Euro, in den Fällen des Abs. 1 Nr. 8 mit einer Geldbuße bis zu 2.500 Euro geahndet werden.

§ 23
Strafvorschriften

(1) Wer eine der in § 22 Abs. 1 Nr. 1 bis 3, 5 bis 7 bezeichneten Handlungen

1. vorsätzlich begeht und dadurch Gesundheit oder Arbeitskraft eines Arbeitnehmers gefährdet oder
2. beharrlich wiederholt,

wird mit Freiheitsstrafe bis zu einem Jahr oder mit Geldstrafe bestraft.

(2) Wer in den Fällen des Abs. 1 Nr. 1 die Gefahr fahrlässig verursacht, wird mit Freiheitsstrafe bis zu sechs Monaten oder mit Geldstrafe bis zu 180 Tagessätzen bestraft.

Achter Abschnitt: Schlussvorschriften

§ 24 Umsetzung von zwischenstaatlichen Vereinbarungen und Rechtsakten der EG

Die Bundesregierung kann mit Zustimmung des Bundesrates zur Erfüllung von Verpflichtungen aus zwischenstaatlichen Vereinbarungen oder zur Umsetzung von Rechtsakten des Rates oder der Kommission der Europäischen Gemeinschaften, die Sachbereiche dieses Gesetzes betreffen, Rechtsverordnungen nach diesem Gesetz erlassen.

§ 25 Übergangsregelung für Tarifverträge

Enthält ein am 1. Januar 2004 bestehender oder nachwirkender Tarifvertrag abweichende Regelungen nach § 7 Abs. 1 oder 2 oder § 12 Satz 1, die den in diesen Vorschriften festgelegten Höchstrahmen überschreiten, bleiben diese tarifvertraglichen Bestimmungen bis zum 31. Dezember 2006 unberührt. Tarifverträgen nach Satz 1 stehen durch Tarifvertrag zugelassene Betriebsvereinbarungen sowie Regelungen nach § 7 Abs. 4 gleich.

§ 26
(aufgehoben)

Teil B: Einführung

Übersicht

I. Aufgabe des Arbeitszeit- und Frauenarbeitsschutzes

1. Arbeitszeitschutz, Sonn- und Feiertagsruhe. – Es ist eine elementare Erfahrung, dass der Mensch nicht ohne Unterbrechung arbeiten kann. Ihm sind bestimmte Leistungsgrenzen gesetzt. Überschreitet er diese, dann fällt seine Leistung ab. Wiederholte **Überschreitungen der Leistungsgrenzen** schädigen den Organismus. Die Folgen sind auf Dauer gesehen: vorzeitige Erschöpfung, Krankheit, Frühinvalidität. 1

Aufgabe des Arbeitszeitschutzes ist es, den Arbeitnehmer vor diesen Gefahren, insbes. vor einer Schädigung seiner Arbeitskraft und Gesundheit durch zeitliche Überforderung, in seinem Interesse und im Interesse der Erhaltung der allgemeinen Arbeitskraft **zu schützen**. Der Arbeitszeitschutz hat zugleich die Aufgabe, dem Arbeitnehmer im Interesse seiner Menschenwürde und der Erhaltung seiner 2

Persönlichkeit ausreichend **Freizeit sicherzustellen**, damit er seine persönlichen Interessen pflegen sowie am Familienleben, am öffentlichen Leben, am Vereinsleben, am Sport, an gewerkschaftlichen Aufgaben, am politischen Geschehen in Gemeinde und Partei, am Zeitgeschehen, am kulturellen und religiösen Leben teilnehmen kann. Die gemeinsame Unterbrechung der Arbeit am Sonntag soll dem menschlichen Bedürfnis nach innerer Ruhe und Selbstfindung Rechnung tragen. Andererseits muss im wohlverstandenen Interesse des Gemeinwohls den berechtigten Bedürfnissen der Wirtschaft und der Verwaltung sowie der Funktionsfähigkeit der Betriebe und Verwaltungen Rechnung getragen werden.

3 **Mittel des Arbeitszeitschutzes**: Begrenzung der Arbeitszeitdauer zur Vermeidung von Übermüdung und Überlastung; Festsetzung von Ruhepausen, Ruhezeiten und Ruhetagen zur Erholung, Entspannung und Freizeitgestaltung. Die Regelung ist öffentlich-rechtlicher Natur. Durch sie wird der Arbeitgeber dem Staat gegenüber öffentlich-rechtlich verpflichtet, Arbeitnehmer nicht über die im Gesetz festgesetzten Grenzen hinaus zu beschäftigen. Dagegen enthält sie **keine Verpflichtung für Arbeitnehmer**, während der zulässigen gesetzlichen Höchstarbeitszeiten Arbeit zu leisten, weder privatrechtlich noch öffentlich-rechtlich. Der zeitliche Umfang der privatrechtlichen Verpflichtung der Arbeitnehmer zur Arbeitsleistung wird durch Tarifvertrag, Betriebs- oder Dienstvereinbarung und/oder Einzelarbeitsvertrag festgelegt.

4 Der Gefahr der Überforderung durch eine zu lange Arbeitsdauer begegnet das ArbZG durch Begrenzung der **Dauer der Arbeitszeit** auf 8 Stunden pro Tag, bei anderer Verteilung der Arbeitszeit auf höchstens 10 Stunden pro Tag mit Ausgleich der über 8 Stunden hinausgehenden Arbeitszeit an anderen Tagen in einem bestimmten Zeitraum (§ 3, § 11 Abs. 2). Eine vorzeitige Ermüdung während des einzelnen Arbeitstages soll durch Unterbrechung der Arbeit in Form von **Ruhepausen** in angemessener Dauer und Lage verhindert werden (§ 4, § 11 Abs. 2). Der Erholung von der Tagesarbeit zur Wiederherstellung der Kräfte dient die **Mindestruhezeit** von 11 Stunden zwischen zwei Arbeitsschichten (§ 5, § 11 Abs. 2). Der Gefahr der Überforderung durch zu viele aufeinanderfolgende Arbeitstage begegnet das ArbZG durch die Festsetzung eines **Ruhetages in der Woche** (§ 9, § 11 Abs. 1) und dient damit der Erholung von der Wochenarbeit. Mit der Mindestruhezeit zwischen zwei Arbeitsschichten und dem Mindestruhetag in der Woche wird zugleich Raum für Freizeit und Muße sichergestellt (vgl. § 1 Rn 4 ff).

5 Durch die Vorschriften über das Verbot der Beschäftigung von Arbeitnehmern an Sonn- und Feiertagen (§ 9 Abs. 1) wird das verfassungsrechtliche Gebot der **Arbeitsruhe an Sonn- und Feiertagen** (Art. 140 GG i.V.m. Art. 139 WRV) konkretisiert. Die Vorschriften begnügen sich nicht mit einer Regelung der Dauer der Arbeitszeit, der Ruhepausen und Ruhezeiten, sondern verbieten die Beschäftigung von Arbeitnehmern an Sonn- und Feiertagen wegen der besonderen kulturellen und religiösen Bedeutung dieser Tage und bilden deswegen einen besonderen Abschnitt im ArbZG (vgl. § 1 Rn 11 ff).

Den berechtigten **Bedürfnissen der Wirtschaft und Verwaltung** nach ausreichend langen und flexiblen Arbeitszeiten wird Rechnung getragen: Durch den für Frauen und Männer einheitlichen Arbeitszeitrahmen von bis zu 10 Stunden pro Tag (§ 3), durch abweichende Regelungen durch Tarifvertrag und Betriebsvereinbarung (§§ 7 und 8), durch Ausnahmen durch Rechtsverordnung und behördliche Bewilligung, soweit dies durch Tarifvertrag oder Betriebsvereinbarung nicht möglich ist (§ 7 Abs. 5, § 15), durch Ausnahmen in außergewöhnlichen Fällen (§ 14). Im Interesse der Allgemeinheit und der Funktionsfähigkeit bestimmter Betriebe und Verwaltungen werden Ausnahmen vom Sonn- und Feiertagsbeschäftigungsverbot in einem gesetzlichen Ausnahmekatalog (§ 10), in außergewöhnlichen Einzelfällen (§ 14) sowie durch Rechtsverordnung und Ausnahmebewilligung (§ 13) zugelassen. 6

2. Frauenarbeitsschutz. – In der Vergangenheit hatte der Frauenarbeitszeitschutz eine besondere Aufgabenstellung. Im Hinblick auf den Grundsatz der Gleichbehandlung von Frauen und Männern des Art. 3 GG ist der Frauenarbeitszeitschutz durch für Frauen und Männer **einheitliche** Arbeitszeit-, Pausen-, Ruhezeiten- sowie Nacht- und Schichtarbeitsregelungen ersetzt (§§ 3 bis 6). 7

Weitere Schutzmaßnahmen werden durch Rechtsverordnung erlassen, soweit nicht schon ausreichende Spezialregelungen, zB in der Gefahrstoffverordnung, Röntgenverordnung oder Strahlenschutzverordnung bestehen. Im Übrigen gilt für Frauen als Sonderregelung nach wie vor das MuSchG. 8

II. Geschichtliche Entwicklung

1. Geschichte des Arbeitszeitschutzes. – a) Entwicklung bis 1918. – Die Geschichte des Arbeitszeitschutzes beginnt mit dem preußischen **Regulativ** über die Beschäftigung jugendlicher Arbeiter in Fabriken vom **9.3.1839** (Gesetzessammlung S. 156). Es war veranlasst durch einen Bericht des Generalleutnants *von Horn*, dass „wohl infolge der Nachtarbeit der Fabrikkinder“ die Industriebezirke Preußens nicht mehr den notwendigen Rekrutennachwuchs stellen könnten. Das Regulativ verbot in Preußen die Fabrikarbeit der Kinder unter 9 Jahren und beschränkte die Arbeit der Jugendlichen unter 16 Jahren auf 10 Stunden täglich. Die Durchführung dieses Gesetzes litt allerdings darunter, dass eine Gewerbeaufsicht bis zum Jahre 1853 überhaupt nicht bestand und auch von da an nur für einzelne, besonders industriereiche Bezirke eingeführt wurde. 9

Das Jahr 1853 brachte einen weiteren Fortschritt. Das Schutzalter der Kinder für die Fabrikarbeit wurde von 9 auf 12 Jahre erhöht (vgl. das preußische Gesetz vom 16.5.1853, Gesetzessammlung S. 225). Bald folgten die meisten deutschen Einzelstaaten dem Beispiel Preußens. Im Jahre 1869 wurden die bis dahin getrennten Arbeiterschutzbestimmungen in der Gewerbeordnung vom 21.6.1869 (BGBl. des Norddeutschen Bundes S. 245) zusammengefasst. 10

11 Das Anwachsen der Industrie und die damit verbundene Zunahme der Zahl der jugendlichen und weiblichen Arbeiter führte im Jahre **1878** zur ersten Vorschrift zum Schutze der **Arbeiterinnen** (vgl. die Novelle zur Gewerbeordnung vom 17.7.1878, RGBl. S. 199). Sie beschränkte sich allerdings darauf, dem Bundesrat die Befugnis zu geben, die Arbeitszeit der Arbeiterinnen in gewissen Industriezweigen zu verkürzen.

12 Die häufig als „**Arbeiterschutzgesetz**" bezeichnete Novelle zur Gewerbeordnung vom 1.6.1891 (RGBl. S. 261), erweitert durch die Novelle vom 28.12.1908 (RGBl. S. 667), brachte zum ersten Mal die Festsetzung eines Höchstarbeitstages auch für erwachsene Arbeiter, wenn auch zunächst nur für die Frauen. Die in vielen Betrieben übliche oder notwendige Zusammenarbeit der Frauen mit Männern führte aber dazu, dass auch diese vielfach den Vorteil der gesetzlichen Regelung mit genossen. Der Höchstarbeitstag betrug 10 Stunden. Die Nachtarbeit für Arbeiterinnen wurde untersagt und eine Ruhezeit von 11 Stunden sowie eine Mittagspause von einer Stunde vorgeschrieben. Der Arbeitszeitschutz für Frauen, Kinder und Jugendliche war zu dieser Zeit ausschließlich oder überwiegend Gesundheitsschutz. Arbeitszeitbeschränkungen für erwachsene männliche Arbeitnehmer bestanden, abgesehen vom Sonntagsarbeitsverbot und vom Ladenschluss, grundsätzlich nicht. Nur in besonders gesundheitsschädlichen Gewerbegebieten war auch für männliche Arbeiter ein Höchstarbeitstag festgesetzt.

13 **b) Entwicklung ab 1918.** – Die entscheidende Wandlung trat nach dem 1. Weltkrieg ein. Entsprechend der Ankündigung des Rates der Volksbeauftragten vom 12.11.1918 (RGBl. S. 1303) wurde durch die **Demobilmachungsverordnungen über die Arbeitszeit** der gewerblichen Arbeiter vom 23.11. und 17.12.1918 (RGBl. S. 1334 und 1436) und der Angestellten vom 18.3.1919 (RGBl. S. 315) für alle gewerblichen Arbeiter und für alle Angestellten ohne Unterschied des Alters, des Geschlechts und der Betriebsgröße die 8-stündige Arbeitszeit verbindlich festgelegt.

14 Der 8-Stunden-Tag der Verordnungen aus den Jahren 1918 und 1919 konnte, wie sich bald zeigte, in dieser Form nicht durchgeführt werden. Es fehlten ausreichende Ausnahmen. Insbes. war es nicht möglich, den wechselnden Verhältnissen der Wirtschaft gerecht zu werden. Im Hinblick auf die damalige Wirtschaftskrise wurde aufgrund des Ermächtigungsgesetzes vom 8.12.1923 (RGBl. I S. 1179) die **Verordnung über die Arbeitszeit** vom 21.12.1923 (RGBl. I S. 1249) erlassen. Darin wurde zwar der Grundsatz des 8-Stunden-Tages beibehalten, es wurden jedoch weitgehende Ausnahmen von diesem Grundsatz zugelassen, insbes. auch eine andere Verteilung der Arbeitszeit.

15 Die wichtigste Ausnahme bestand in der Möglichkeit zur allgemeinen Verlängerung der Arbeitszeit durch Tarifvertrag und durch Genehmigung des Gewerbeaufsichtsamtes. Außerdem konnte der Arbeitgeber die Arbeitszeit an 30 Tagen im Jahr sowie zur Vornahme von Vor- und Abschlussarbeiten verlängern. Die Duldung oder

Annahme freiwilliger Mehrarbeit war in bestimmten Fällen nicht strafbar. Dies führte in den folgenden Jahren dazu, dass nicht der 8-Stunden-Tag, sondern der 10-Stunden-Tag zur Regel wurde. Andererseits stieg zu dieser Zeit die Arbeitslosigkeit gewaltig an. Die Möglichkeiten zur Arbeitszeitverlängerung mussten daher entsprechend begrenzt werden. Dies erfolgte in dem Gesetz zur Abänderung der **Arbeitszeitordnung** vom 14.4.1927 (RGBl. I S. 109), in dem insbes. die Straflosigkeit freiwilliger Mehrarbeit beseitigt und ein Zuschlag von 25% für jede Mehrarbeitsstunde eingeführt wurde.

c) Entwicklung ab 1933. – Die Verordnung über die Arbeitszeit in der Fassung der 16
Bekanntmachung vom 14.4.1927 (RGBl. I S. 110) wurde durch § 68 des aufgrund des Ermächtigungsgesetzes vom 24.3.1933 (RGBl. I S. 141) erlassenen **Gesetzes zur Ordnung der nationalen Arbeit** vom 20.1.1934 (RGBl. I S. 45) geändert. Die Änderungen erfolgten, weil die Arbeitgeber- und Arbeitnehmervereinigungen beseitigt, das Rechtsinstitut des Tarifvertrags durch das der Tarifordnung ersetzt, das Betriebsratsgesetz aufgehoben und das damals geschaffene Amt des Treuhänders der Arbeit neu geschaffen worden sind.

Aufgrund des § 64 Abs. 2 und des § 68 Abs. 3 des Gesetzes zur Ordnung der natio- 17
nalen Arbeit und des § 25 Abs. 2 des Gesetzes zur Ordnung der Arbeit in öffentlichen Verwaltungen und Betrieben vom 23.3.1934 (RGBl. I S. 220) erließ der Reichsarbeitsminister die Verordnung über die neue Fassung der **Arbeitszeitverordnung** vom 26.7.1934 (RGBl. I S. 803). In der als Anlage zu dieser Verordnung abgedruckten Arbeitszeitverordnung (RGBl. I S. 804) waren die früheren Arbeitszeitverordnungen und die Bestimmungen der Gewerbeordnung über die werktägliche Arbeitszeit, insbes. der jugendlichen Arbeiter und der Frauen, sowie die sich aus dem Gesetz zur Ordnung der nationalen Arbeit ergebenden Änderungen zusammengefasst.

Im Jahre 1938 wurde der Arbeitsschutz der Jugendlichen und der der erwachsenen 18
Arbeitnehmer wieder getrennt geregelt. Für Jugendliche wurde das Jugendschutzgesetz vom 30.4.1938 (RGBl. I S. 437) erlassen. Für die erwachsenen Arbeitnehmer erließ der Reichsarbeitsminister aufgrund des § 30 Abs. 10 des Jugendschutzgesetzes die Verordnung über die neue Fassung der Arbeitszeitordnung und über andere arbeitszeitrechtliche Vorschriften vom 30.4.1938 (RGBl. I S. 446). Im Anschluss an diese Verordnung wurde die **Arbeitszeitordnung** vom 30.4.**1938** im Reichsgesetzblatt veröffentlicht (RGBl. I S. 447).

Die Arbeitszeitordnung galt für Gefolgschaftsmitglieder (Arbeitnehmer) in Betrie- 19
ben und Verwaltungen; nicht dagegen in der Landwirtschaft, Seeschifffahrt, Luftfahrt, in Bäckereien und Krankenhäusern. Die regelmäßige **werktägliche Arbeitszeit** durfte **8 Stunden** nicht überschreiten; die Arbeitszeit an Sonn- und Feiertagen war nicht begrenzt. Wurde die Arbeitszeit an einzelnen Werktagen regelmäßig verkürzt, konnte die ausfallende Arbeitszeit auf die übrigen Werktage derselben sowie der vorhergehenden oder der folgenden Woche **bis zu 10 Stunden** täglich verteilt

werden. Bei Vor- und Abschlussarbeiten sowie an 30 Tagen im Jahr konnte der Betriebsführer (Arbeitgeber) die Arbeitszeit bis zu 10 Stunden täglich verlängern. Eine Verlängerung der Arbeitszeit bis zu 10 Stunden täglich war ferner generell durch **Tarifordnung** des Reichstreuhänders für Arbeit, in Einzelfällen durch **Ausnahmegenehmigung** des Gewerbeaufsichtsamtes zulässig, bei Arbeitsbereitschaft und aus Gründen des Gemeinwohls auch darüber hinaus.

20 Während der Arbeitszeit waren den männlichen Gefolgschaftsmitgliedern eine halb- oder zwei viertelstündige **Ruhepausen** zu gewähren. Nach Beendigung der täglichen Arbeitszeit war ihnen eine ununterbrochene **Ruhezeit von 11 Stunden**, in Gaststätten und im Verkehrswesen von 10 Stunden zu gewähren. Das Gewerbeaufsichtsamt konnte weitergehende Ausnahmen zulassen. Für weibliche Gefolgschaftsmitglieder galten kürzere Arbeitszeiten und längere Ruhepausen, für Arbeiterinnen ein Nachtarbeitsverbot von grundsätzlich 20 bis 6 Uhr. Die Arbeitszeitordnung war während des 2. Weltkrieges weitgehend außer Kraft gesetzt; danach wurde sie bis zur Außerkraftsetzung im Jahr 1994 durch das ArbZG nur geringfügig geändert.

21 **d) Das Arbeitszeitgesetz von 1994.** – Dieses Gesetz befreite die öffentlich-rechtlichen Arbeitszeitvorschriften von der **NS-Terminologie**, fasste die Vorschriften bis auf die Arbeitszeitvorschriften des Jugendarbeitsschutzgesetzes, des Seemannsgesetzes und des Bäckerarbeitszeitgesetzes zusammen und dehnte ihre Geltung auf **alle Beschäftigungsbereiche** aus, auch auf die Landwirtschaft und die Krankenhäuser, und bezog die Arbeitszeit an Sonn- und Feiertagen mit ein.

22 Nach dem ArbZG darf die **tägliche Arbeitszeit 8 Stunden** nicht überschreiten; sie kann an einigen Tagen **bis zu 10 Stunden verlängert** werden, wenn die Verlängerung an anderen Tagen ausgeglichen wird. Innerhalb von 6 Kalendermonaten oder von 24 Wochen darf ein Arbeitszeitrahmen von $6 \times 8 = 48$ Stunden in der Woche nicht überschritten werden, auch nicht bei Sonn- und Feiertagsarbeit (§§ 3 und 11 Abs. 2). Die Arbeit ist durch **Ruhepausen** von mindestens 30 Minuten bei einer Arbeitszeit von mehr als 6 bis zu 9 Stunden, von mindestens 45 Minuten bei einer Arbeitszeit von mehr als 9 Stunden zu unterbrechen (§§ 4 und 11 Abs. 2).

23 Nach Beendigung der täglichen Arbeitszeit müssen Arbeitnehmer eine ununterbrochene **Ruhezeit** von mindestens grundsätzlich **11 Stunden** haben. In einem **Tarifvertrag** oder in einer Betriebs- oder Dienstvereinbarung kann die Regelung der Arbeitszeit, der Ruhepausen und der Ruhezeit an die unterschiedlichen Erfordernisse in den einzelnen Beschäftigungsbereichen innerhalb der im Gesetz festgesetzten Grenzen **angepasst** werden (§§ 7 und 12 Abs. 2). **Ausnahmen** sind durch Rechtsverordnung (§§ 7 Abs. 6 und 11 Abs. 2), durch behördliche Bewilligung (§ 7 Abs. 5, § 11 Abs. 2, § 15) und kraft Gesetzes in außergewöhnlichen Fällen (§ 14) möglich (**L:** vgl. ausf. *Anzinger* FS Wlotzke 427 ff; *ders.* BB 1994, 1492 mwN).

24 **2. Geschichte der Arbeitsruhe an Sonn- und Feiertagen. – a) Entwicklung bis 1918.** – Ursprünglich beruhte die Sonn- und Feiertagsruhe auf religiösen Vorschriften. Ende des ausgehenden 18. Jahrhunderts sind die ersten staatlichen Vorschriften über Sonn- und Feiertagsarbeit erlassen worden. So gebot das **Preußische Allgemeine Landrecht** von **1794** in § 358 Abs. 2 Satz 8 den Gesellen, die Arbeit an Sonn- und Feiertagen zu unterlassen. Das erste öffentlich-rechtliche Verbot der Sonn- und Feiertagsarbeit enthielt das **Preußische Regulativ** über die Beschäftigung jugendlicher Arbeiter in Fabriken vom 9.3.**1839** (GS S. 156), allerdings nur für Jugendliche (**L:** ausf. zur Entstehungsgeschichte der historische Abriss des Sonntagsschutzes bei *Richardi*, Sonn- und Feiertagsruhe im Arbeitsleben, AuR 2006, 379, 382).

Für Erwachsene brachte das sog. Arbeiterschutzgesetz vom 1.6.1891 (RGBl. 25
S. 261) die **erste Sonn- und Feiertagsregelung** in den §§ 105a bis 105i der Gewerbeordnung (GewO). § 105a Abs. 1 GewO bestimmte, dass die Gewerbetreibenden die Arbeiter zum Arbeiten an Sonn- und Feiertagen nicht verpflichten können. § 105b Abs. 1 GewO enthielt das grundsätzliche Verbot der Beschäftigung von Arbeitern in gewerblichen Betrieben und Fabriken. § 105b Abs. 2 GewO traf eine Regelung der Sonn- und Feiertagsarbeit für das Handelsgewerbe. § 105c GewO enthielt Ausnahmen kraft Gesetzes, insbes. für Arbeiten zur Reinigung und Instandhaltung und zur Verhütung des Verderbens von Rohstoffen oder des Misslingens von Arbeitserzeugnissen. Nach § 105i GewO fanden die Vorschriften über das Verbot der Beschäftigung von Arbeitern an Sonn- und Feiertagen auf Gast- und Schankwirtschaften, Musikaufführungen, Schaustellungen, theatralische Vorstellungen oder sonstige Lustbarkeiten sowie auf das Verkehrsgewerbe keine Anwendung.

Nach § 105d GewO konnten für bestimmte Gewerbe, insbes. für Betriebe, in denen 26
Arbeiten vorkommen, welche ihrer Natur nach eine Unterbrechung oder einen Aufschub nicht gestatten, Ausnahmen durch Rechtsverordnung zugelassen werden. Aufgrund dieser Vorschrift wurde die **Bekanntmachung** betreffend Ausnahmen von dem Verbot der Sonntagsarbeit im Gewerbebetriebe vom 5.2.**1895** (RGBl. S. 12), zuletzt geändert am 25.6.1914 (RGBl. S. 234), erlassen. In ihr wurden die Gewerbezweige und die dort an Sonn- und Feiertagen zugelassenen Arbeiten enumerativ entsprechend dem damaligen Stand der Technik aufgeführt.

Für Gewerbe, deren vollständige oder teilweise Ausübung an Sonn- und Feiertagen 27
zur Befriedigung täglicher oder an diesen Tagen besonders hervortretender **Bedürfnisse der Bevölkerung** erforderlich ist, konnten durch Verfügung der zuständigen Aufsichtsbehörde Ausnahmen nach § 105c GewO zugelassen werden. Nach § 105f GewO konnte ferner die Aufsichtsbehörde Ausnahmen in Einzelfällen zur Verhütung eines unverhältnismäßigen Schadens zulassen. Aufgrund des § 105e Abs. 2 GewO wurde die Bekanntmachung vom 3.4.1901 betreffend Ausnahmen von den Bestimmungen über die Sonntagsruhe gemäß § 105e Abs. 1 GewO erlassen (RGBl. S. 117).

b) Entwicklung ab 1918. – Durch die Verordnung über die Sonntagsruhe im Han- 28
delsgewerbe und in Apotheken vom 5.2.1919 (RGBl. I S. 176) wurde § 105b

Abs. 2 bis 4 GewO neu gefasst bzw eingefügt. Die Sonn- und Feiertagsarbeit der Arbeiter im Handelsgewerbe, im Speditions-, Schiffsmakler- und sonstigen Güterabfertigungsgewerbe sowie in Konsum- und anderen Vereinen wurde grundsätzlich verboten, jedoch eine Ermächtigung für die Zulassung von Ausnahmen durch die zuständige Behörde für bis zu zehn Sonn- und Feiertage im Jahr geschaffen.

29 Das **Verbot** der Beschäftigung von Arbeitern an Sonn- und Feiertagen gemäß § 105b Abs. 2 und 3 GewO wurde mit den Ausnahmen in der Verordnung über die Regelung der Arbeitszeit der Angestellten während der Zeit der wirtschaftlichen Demobilmachung vom 18.3.1919 (RGBl. S. 315) **auf Angestellte ausgedehnt** und durch die Verordnung vom 26. 7. **1934** (RGBl. I S. 803) als § 105b Abs. 5 in die GewO eingefügt. Zu § 105e GewO wurden die **Richtlinien** für Ausnahmen von der Sonntagsruhe **in den Bedürfnisgewerben** vom 6.12.1934 (RArbBl. AT 1934 S. 281) erlassen.

30 Für Jugendliche sowie **schwangere und stillende Mütter** wurde die Beschäftigung an Sonn- und Feiertagen in besonderen Gesetzen grundsätzlich verboten, und zwar im Jugendschutzgesetz vom 30.4.1938 (RGBl. I S. 437) und im Mutterschutzgesetz vom 17.5.1942 (RGBl. I S. 321). Diese Verbote gelten mehrfach geändert und verschärft in §§ 17 und 18 Jugendarbeitsschutzgesetz und in § 8 Mutterschutzgesetz fort. Frauen mit Kindern unter 14 Jahren erhielten durch § 3 Abs. 1 der Freizeitanordnung vom 22.10.1941 (RABl. III S. 325) einen Anspruch auf Freistellung von Sonn- und Feiertagsarbeit.

31 Für einige Bereiche wurden **Sonderregelungen** der Sonn- und Feiertagsarbeit geschaffen, so für Bäckereien und Konditoreien vom 23.11.1918 (RGBl. II S. 1329), danach in § 6 über die Sonn- und Feiertagsruhe und § 7 über die Herstellung von leicht verderblichen Waren am Sonntag in dem Gesetz über die Arbeitszeit in Bäckereien und Konditoreien vom 29.6.1936 (RGBl. I S. 521). Für Kauffahrteischiffe gilt die Arbeitszeitregelung in den §§ 84 ff des Seemannsgesetzes vom 26.7.1957 (BGBl. II S. 713), die auch die Sonn- und Feiertagsarbeit einschließt.

32 Der Deutsche Bundestag hat in der eingehenden Debatte über die Große Anfrage der Fraktion der CDU/CSU zur Sonntagsarbeit am 10.4.1957 (Plenarprotokoll über die 203. Sitzung des Deutschen Bundestages, 2. Wahlperiode, S. 11508 C – 11545 D) eine Überprüfung der Vorschriften über die Sonn- und Feiertagsarbeit für notwendig gehalten. Die Überprüfung hat der Bundesminister für Arbeit und Sozialordnung eingeleitet und zunächst die Verordnung über Ausnahmen vom Verbot der Beschäftigung von Arbeitnehmern an Sonn- und Feiertagen in der **Eisen- und Stahlindustrie** vom 7.7.1961 (BGBl. I S. 900) erlassen, die am 31.7.1968 (BGBl. I S. 885) neu bekannt gemacht wurde. Als zweite Maßnahme wurde die Verordnung über Ausnahmen vom Verbot der Beschäftigung von Arbeitnehmern an Sonn- und Feiertagen in der **Papierindustrie** vom 20.7.1963 (BGBl. I S. 491) erlassen.

33 Nach der Entscheidung des Bayerischen Obersten Landesgerichts vom 10.1.1963 (**R:** BayObLG 10.1.1963 BArbBl. ArbSch 1963, 248 = BB 1963, 315), das die kontinuierliche Sonn- und Feiertagsarbeit in der Hohlglasindustrie aufgrund des § 105c Abs. 1 Nr. 4 GewO für zulässig erklärte, sind auch andere Industriezweige zur kontinuierlichen Sonn- und Feiertagsarbeit unter Berufung auf § 105c Abs. 1 Nr. 4 GewO übergegangen, so die chemische Industrie, die keramische Industrie, die Zementindustrie, die Industrie der Steine und Erden, die Ölmühlenindustrie, die Kaffeepulverindustrie.

c) Das Arbeitszeitgesetz von 1994. – Das bisherige Verbot der Beschäftigung von Arbeitern an Sonn- und Feiertagen in Gewerbebetrieben wurde auf alle Arbeitnehmer in allen Beschäftigungsbereichen **ausgedehnt** (§ 9 Abs. 1). Sonn- und Feiertagsarbeit in Bereichen, in denen sie bisher zugelassen oder nicht verboten war, ist weiterhin aufgrund eines in Form von **Generalklauseln** gefassten Ausnahmekatalogs möglich (§ 10). Zweifel bei der Auslegung und Anwendung des Ausnahmekatalogs können durch die Gerichte, aber auch durch Rechtsverordnung der Bundesregierung und durch Verwaltungsakt der Aufsichtsbehörde geklärt werden (§ 13 Abs. 1 Nr. 1 und Abs. 3 Nr. 1). 34

Weitere Ausnahmen können zur Befriedigung täglicher oder an Sonn- und Feiertagen besonders hervortretender Bedürfnisse der Bevölkerung und aus Gründen des Gemeinwohls durch Rechtsverordnung zugelassen werden, ferner für Betriebe, in denen Arbeiten vorkommen, die eine Unterbrechung oder einen Aufschub nicht gestatten (§ 9 Abs. 1 Nr. 2 und Abs. 2). Für das Handelsgewerbe können bis zu zehn Sonn- und Feiertage im Jahr freigegeben werden; in allen Bereichen können von der zuständigen Behörde **Einzelausnahmen** zur Verhütung eines unverhältnismäßigen Schadens sowie im öffentlichen Interesse bewilligt werden (§ 13 Abs. 3 und § 15 Abs. 2). Neu ist die Ausnahme zur **Sicherung des Industriestandorts Deutschland** des § 13 Abs. 5 (**L:** vgl. ausf. *Anzinger* FS Wlotzke 427 ff; *ders.* BB 1994, 1427 mwN; *Heenen* FS Wlotzke 445 ff mwN). 35

Mindestens **15 Sonntage** im Jahr muss jeder Arbeitnehmer von der Beschäftigung freigestellt werden. An den Beschäftigungssonntagen darf er nicht länger als an Werktagen beschäftigt werden (§ 11 Abs. 2). Für die Beschäftigung an einem Sonn- oder Feiertag ist dem Arbeitnehmer grundsätzlich ein **Ersatzruhetag** zu gewähren (§ 11 Abs. 3). Durch Tarifvertrag oder Betriebsvereinbarung können diese Arbeitsbedingungen in bestimmten Fällen den betrieblichen Erfordernissen angepasst werden (§ 12). 36

3. Geschichte des Frauenarbeitsschutzes. – a) Entwicklung bis 1918. – Ein besonderer, über den Mutterschutz hinausgehender Frauenarbeitsschutz hat sich seit der Einführung der §§ 139a und 154 in die GewO durch das Gesetz betreffend die Abänderung der GewO vom 17. 7. 1878 (RGBl. S. 199) entwickelt. Danach konnte für Arbeiterinnen **Nachtarbeit** und die „Verwendung in gewissen Fabrikationszweigen“, welche mit **besonderen Gefahren** für Gesundheit oder Sittlichkeit verbunden waren, untersagt werden. Die Beschäftigung von Arbeiterinnen in **Bergwerken** wurde generell verboten. 37

38 Das sog. **Arbeiterschutzgesetz** vom 1. 6. **1891** (RGBl. S. 261) führte für Arbeiterinnen ein generelles **Nachtarbeitsverbot** von 20.30 bis 5.30 Uhr, ein Beschäftigungsverbot an den unmittelbar vor einem Sonn- und Feiertag liegenden Tag ab 17.30 Uhr sowie eine Mittagspause von einer Stunde ein und beschränkte die tägliche **Höchstarbeitszeit** auf 11 Stunden, vor Sonn- und Feiertagen auf 10 Stunden.

39 Durch das Gesetz zur Abänderung der Gewerbeordnung vom 28. 12. 1908 (RGBl. S. 667) wurde das Nachtarbeitsverbot auf die Zeit von 20 bis 6 Uhr und das Beschäftigungsverbot vor Sonn- und Feiertagen auf die Zeit nach 17 Uhr festgesetzt. Die tägliche Höchstarbeitszeit wurde von 11 auf 10 Stunden, vor Sonn- und Feiertagen von 10 auf 8 Stunden herabgesetzt. Zwischen 2 Arbeitsschichten wurde eine ununterbrochene **Mindestruhezeit** von **11 Stunden** eingeführt. Außerdem wurde die Beschäftigung von Arbeiterinnen in **Kokereien** und beim Transport von Materialien auf **Bauten** verboten. Aufgrund des § 139a GewO wurde eine Reihe von Beschäftigungsverboten und -beschränkungen erlassen, zB beim Umgang mit Blei, Alkali-Chromaten, Zichorie und Zink sowie in Steinbrüchen und Steinhauereien (**L:** vgl. im Einzelnen *Zmarzlik* BB 1980, 1802).

40 **b) Entwicklung ab 1918.** – Die Vorschriften über die Höchstarbeitszeiten sowie über die Mindestruhepausen und Mindestruhezeiten für Arbeiterinnen gingen bis auf einige Ausnahmen inhaltlich in den Arbeitszeitverordnungen von 1918 und 1923 weitgehend auf (vgl. Rn 13 und 15). In der neuen Fassung der **Arbeitszeitverordnung** vom 26. 7. 1934 (RGBl. S. 100) wurden die Frauenarbeitsschutzvorschriften aus der GewO herausgenommen und in den §§ 16 bis 21 dieser Verordnung zusammengefasst.

41 Die zuletzt geltende Fassung enthielt die Frauenarbeitsschutzvorschriften in den §§ 16 bis 21 der **Arbeitszeitordnung** (AZO) vom 30. 4. 1938 (RGBl. I S. 447) und in der zugehörigen Ausführungsverordnung vom 12. 12. 1938 (RGBl. I S. 1799). Aufgrund der Ermächtigung in § 16 Abs. 3 AZO wurde eine Reihe von **Beschäftigungsverboten** und -beschränkungen erlassen, insbes. beim Umgang mit gefährlichen Arbeitsstoffen und Strahlen sowie auf Bauten und auf Fahrzeugen, ferner die Vorschriften über den **Hausarbeitstag** (**L:** vgl. im Einzelnen *Zmarzlik* BB 1980, 1802).

42 Mit dem in Art. 3 GG verankerten Grundsatz der Gleichberechtigung von Männern und Frauen setzte allmählich eine gegenläufige Bewegung ein. Die Beschäftigungsverbote und -beschränkungen wurden immer häufiger mehr als Diskriminierung denn als Schutz empfunden. Seit etwa 1970 wurde eine ganze Reihe von Beschäftigungsverboten und -beschränkungen für Frauen aufgehoben, jedoch weitgehend durch einen individuellen, für Frauen und Männer in gleicher Weise geltenden Arbeitsschutz ersetzt, zB in der Verordnung über gefährliche Arbeitsstoffe und in der Arbeitsstättenverordnung (**L:** vgl. im Einzelnen *Zmarzlik* BB 1980, 1802).

43 **c) Das Arbeitszeitgesetz von 1994.** – Die bisherigen Beschäftigungsverbote und -beschränkungen für Frauen, auch das Nachtarbeitsverbot für Arbeiterinnen in § 19

AZO 1938 und die Hausarbeitstagsregelungen, wurden aus Gründen der Gleichbehandlung von Frauen und Männern **aufgehoben** und durch einen für Frauen und Männer einheitlichen Arbeitsschutz ersetzt, insbes. durch einheitliche Arbeitszeit-, Pausen- und Ruhezeitvorschriften (§§ 3 bis 5) sowie den einheitlichen Arbeitsschutz bei Nacht- und Schichtarbeit in § 6 ArbZG (**L:** vgl. ausf. *Anzinger* FS Wlotzke 427, 437 mwN).

Das bisherige Beschäftigungsverbot für Frauen im **Bergbau** in § 16 Abs. 1 AZO 1938 wurde durch Art. 6 ArbZRG dem IAO-Übereinkommen Nr. 45 über die Beschäftigung von Frauen bei Untertagearbeiten in Bergwerken vom 21. 6. 1935 entsprechend gefasst und als § 64a in das Bundesberggesetz eingefügt. Mit Urteil vom 1. 2. 2005 in der Rs C-203/03 (Kommission gegen Österreich) hat der EuGH festgestellt, dass die Verpflichtungen, die aus dem IAO-Übereinkommen Nr. 45 entstehen, nämlich ein Verbot der Beschäftigung von Frauen unter Tage, mit den Art. 2 und 3 der Richtlinie 76/207/EWG (Gleichbehandlungsprinzip hinsichtlich des Zugangs zur Beschäftigung, zur Berufsbildung, zum beruflichen Aufstieg sowie in Bezug auf die Arbeitsbedingungen) **unvereinbar** sind (**R:** EuGH 1. 2. 2005 Rs C-203/03). Die EU-Kommission hat die Mitgliedstaaten, die das IAO-Übereinkommen Nr. 45 über die Beschäftigung von Frauen bei Untertagearbeiten in Bergwerken jeder Art aus dem Jahr 1935 ratifiziert haben, aufgefordert, dieses zum nächstmöglichen Termin zu kündigen. Deutschland ist dieser Aufforderung und der EuGH-Entscheidung nachgekommen und hat das **IAO-Übereinkommen Nr. 45** am 25. 4. 2008 **gekündigt**. Folgerichtig ist § 64a Bundesberggesetz aufgehoben worden (vgl. ausf. Art. 7 ArbZRG). 44

4. Entwicklung des Arbeitszeitschutzes seit 1994. – a) Das Änderungsgesetz von 1996. – Durch das **Gesetz zur Änderung des Gesetzes über den Ladenschluss und zur Neuregelung der Arbeitszeit in Bäckereien und Konditoreien – ÄndG 1996** (vom 30. 7. 1996, BGBl. I S. 1186) ist das Ladenschlussrecht reformiert und gleichzeitig das Gesetz über die Arbeitszeit in Bäckereien und Konditoreien (Bäckerarbeitszeitgesetz) sowie die hierzu ergangene Durchführungsverordnung mit Wirkung zum 1. 11. 1996 außer Kraft gesetzt worden (**L:** ausf. *Anzinger* BuW 1996, 831). Seit diesem Zeitpunkt gilt auch für Arbeitnehmer, die in Bäckereien und Konditoreien beschäftigt werden, das ArbZG; als Nachtzeit ist für Bäckereien und Konditoreien die Zeit von 22 bis 5 Uhr festgelegt worden (vgl. § 2 Abs. 3 Halbs. 2). Durch Art. 2 Nr. 2 des ÄndG 1996 ist § 10 um einen neuen Abs. 3 ergänzt worden, wonach abweichend von § 9 Arbeitnehmer an Sonn- und Feiertagen in Bäckereien und Konditoreien für bis zu **3 Stunden** mit der Herstellung und dem Austragen oder Ausfahren von Konditorwaren und an diesem Tag zum Verkauf kommenden Backwaren beschäftigt werden dürfen (vgl. § 10 Rn 247). 45

b) Das Änderungsgesetz von 1998. – In den parlamentarischen Beratungen des **Euro-Einführungsgesetzes – EuroEG** vom 9. 6. 1998 (BGBl. I S. 1242) ist eine weitere Ergänzung des ArbZG beschlossen worden (vgl. Art. 14a EuroEG), die nach Art. 16 Satz 2 EuroEG am 1. 1. 1999 in Kraft getreten ist (**L:** ausf. *Anzinger* 46

NZA 1998, 845). Aufgrund des neu eingefügten § 10 Abs. 4 dürfen Arbeitnehmer zur **Durchführung des Eil- und Großbetragszahlungsverkehrs und des Geld-, Devisen-, Wertpapier- und Derivatehandels** abweichend von § 9 Abs. 1 an den auf einen Werktag fallenden Feiertagen beschäftigt werden, die nicht in allen Mitgliedstaaten der EU Feiertage sind, sofern die Arbeiten nicht an Werktagen vorgenommen werden können (vgl. § 10 Rn 248).

47 **c) Die Änderungen in den Jahren 2000 und 2003.** – Durch Art. 35 des Gesetzes zur Einführung des Euro im Sozial- und Arbeitsrecht sowie zur Änderung anderer Vorschriften (**4. Euro-Einführungsgesetz**) vom 21.12.2000 (BGBl. I S. 1963, 2011) ist die Höhe der Geldbuße in § 22 Abs. 2 von Deutsche Mark auf Euro umgestellt worden, und zwar im **Verhältnis 2 zu 1** (vgl. auch § 22 Rn 15). Der Betrag von 30.000 DM ist durch 15.000 Euro und der Betrag von 5.000 DM durch 2.500 Euro ersetzt worden. Durch Art. 180 der **Achten Zuständigkeitsanpassungsverordnung** vom 25.11.2003 (BGBl. I S. 2304, 2325) ist der Zusammenlegung von Arbeits- und Wirtschaftsministerium entsprechend in § 15 Abs. 3 die Bezeichnung „Bundesministerium für Arbeit und Sozialordnung“ durch die damals aktuelle Bezeichnung „Bundesministerium für Wirtschaft und Arbeit“ ersetzt worden.

48 **d) Das Änderungsgesetz von 2003.** – Nach der Rechtsprechung des EuGH war die Behandlung des **Bereitschaftsdienstes** nicht mit der EU-Arbeitszeit-Richtlinie vereinbar (**R:** vgl. ausf. BAG 18.2.2003 BB 2003, 2071 = DB 2003, 1378 = ZTR 2003, 389 = AuR 2003, 298). Durch das Gesetz zu Reformen am Arbeitsmarkt vom 24.12.2003 (BGBl. I S. 3002), das am 1.1.2004 in Kraft trat, ist diese **europarechtswidrige Rechtslage** (vgl. ausf. § 2 Rn 37 ff) korrigiert worden. Der Gesetzgeber hat die Bezugnahmen auf den Bereitschaftsdienst in § 5 Abs. 3 und § 7 Abs. 2 Nr. 1 gestrichen und damit klargestellt, dass auch der Bereitschaftsdienst in vollem Umfange auf die gesetzliche Höchstarbeitszeit angerechnet wird (BT-Drucks. 15/1587 S. 29).

49 Mit dem Änderungsgesetz ist zudem erstmals in das deutsche Arbeitszeitrecht die Möglichkeit eingeführt worden, mit dem **einzelnen Arbeitnehmer** die Verlängerung seiner Arbeitszeit über den gesetzlichen Rahmen von 48 Stunden in der Woche hinaus zu vereinbaren (**L:** *Bermig* BB 2004, 101). Die Zustimmung des Arbeitnehmers muss schriftlich erfolgen, kann jedoch jederzeit widerrufen werden, wobei allerdings eine Frist von 6 Monaten einzuhalten ist. Das Änderungsgesetz hat den Beteiligten eine Übergangsfrist bis zum **31.12.2005** zugestanden, um sich in dieser Zeit auf das neue Recht einzustellen und die notwendigen Umstellungen vorzunehmen (**L:** krit. hierzu *Deinert/Kittner* RdA 2009, 265, 277). Durch Art. 5 des Fünften Gesetzes zur Änderung des Dritten Buches Sozialgesetzbuch und anderer Gesetze vom 22.12.2005 (BGBl. I S. 3676, 3678) ist die Übergangsfrist um ein weiteres Jahr auf den **31.12.2006** verlängert worden.

50 **e) Die Änderungen im Jahr 2006.** – Eine weitere Änderung des ArbZG erfolgte durch Art. 5 des **Gesetzes zur Änderung personenbeförderungsrechtlicher Vor-**

schriften und arbeitszeitrechtlicher Vorschriften für Fahrpersonal vom 14.8.2006 (BGBl. I S. 1962, 1964), mit dem der neue § 21a ArbZG (Beschäftigung im Straßentransport) in das ArbZG eingefügt wurde. Der neue § 21a ArbZG sieht für das Fahrpersonal mit Arbeitnehmereigenschaft eine Regelung der wöchentlichen Höchstarbeitszeit und die Verantwortung des Arbeitgebers für die Aufzeichnung der gesamten Arbeitszeit der als Fahrpersonal tätigen Beschäftigten vor. Geregelt wird auch die Verpflichtung des Arbeitgebers, vom Fahrpersonal schriftliche Auskunft über in einem anderen Arbeitsverhältnis geleistete Arbeitszeiten zu verlangen, sowie die Pflicht des Arbeitnehmers, die Angaben schriftlich vorzulegen (**L:** vgl. *Didier* NZA 2007, 120 mwN).

Durch Art. 229 der **Neunten Zuständigkeitsanpassungsverordnung** vom 31.10.2006 (BGBl. I S. 2407) ist nach der Trennung von Arbeits- und Wirtschaftsministerium in § 15 Abs. 3 die Bezeichnung „Bundesministerium für Wirtschaft und Arbeit“ wieder ersetzt worden durch die Bezeichnung „Bundesministerium für Arbeit und Soziales“. **51**

f) Änderungen ab dem Jahr 2009. – Durch Art. 7 des **Gesetzes zur Änderung des Vierten Buches Sozialgesetzbuch**, zur Errichtung einer Versorgungsausgleichskasse und anderer Gesetze vom 15.7.2009 (BGBl. I S. 1939, 1946) ist § 21 geändert worden. Nach Aufhebung der Rheinschiffs-Untersuchungsordnung gehen nur noch die Vorschriften über Ruhezeiten der **Binnenschiffsuntersuchungsordnung** den Vorschriften des ArbZG vor, die ansonsten auch für die Beschäftigung von Fahrpersonal in der Binnenschifffahrt gelten. **51a**

Durch Art. 15 des **Gesetzes zur Begleitung der Reform der Bundeswehr** vom 21.7.2012 (BGBl. I S. 1583, 1599) ist § 15 des ArbZG um einen neuen Absatz 3a ergänzt worden. Der neue § 15 Abs. 3a enthält eine Rechtsverordnungsermächtigung, wonach das BMVg im Einvernehmen mit dem BMAS Abweichungen von den Vorschriften des ArbZG bereits aus „zwingenden Gründen“ zulassen können, sofern die größtmögliche Sicherheit und der bestmögliche Gesundheitsschutz der Arbeitnehmer gewährleistet werden. **51b**

Eine etwas umfassendere Änderung hat das ArbZG durch das **Gesetz zur Umsetzung des Seearbeitsübereinkommens 2006 der Internationalen Arbeitsorganisation** vom 20.4.2013 (BGBl. I S. 868, 914) erfahren: Durch die Ergänzung in § 1 Nr. 1 wird klargestellt, dass das ArbZG im Rahmen der Vorgaben des Seerechtsübereinkommens der Vereinten Nationen vom 10.12.1982 (BGBl. 1994 II S. 1799) auch in der ausschließlichen Wirtschaftszone zur Anwendung kommt (vgl. § 1 Rn 2a). Durch eine Ergänzung in § 15 wird die Möglichkeit eröffnet, durch Rechtsverordnung die Regelungen des ArbZG an die besonderen Verhältnisse im Zusammenhang mit Offshore-Tätigkeiten anzupassen. **51c**

Die Bundesregierung hat von der Ermächtigung in § 15 Abs. 3a direkt Gebrauch gemacht und am 24.4.2013 die **Verordnung über die Arbeitszeit bei Offshore-Tätigkeiten** (Offshore-Arbeitszeitverordnung – Offshore-ArbZV) beschlossen. Die **51d**

Verordnung vom 5.7.2013 ist nach Zustimmung des Bundesrates am 1.8.2013 in Kraft getreten (BGBl. I S. 2228; vgl. auch ausf. § 1 Rn 2d und § 15 Rn 37ff). Die Offshore-Arbeitszeitverordnung ist abgedruckt in Teil D Anh. 19 (**L:** zur Problematik der Arbeitszeit auf Offshore-Windenergieanlagen vgl. auch *Bayreuther* RIW 2011, 446).

51e Durch Artikel 12a des 6. Gesetzes zur Änderung des Vierten Buches Sozialgesetzbuch vom 11.11.2016 (BGBl. I S. 2005) ist § 21 vollständig neu gefasst und die Bundesregierung ermächtigt worden, mit Zustimmung des Bundesrates die Arbeitszeitgestaltung der Arbeitnehmer in der Binnenschifffahrt durch Rechtsverordnung neu zu regeln. Die Bundesregierung hat von der Ermächtigung in § 21 Gebrauch gemacht und am 19.7.2017 die **Verordnung über die Arbeitszeit in der Binnenschifffahrt** (BinSchArbZV) beschlossen. Die Verordnung ist am 1.8.2017 in Kraft getreten (BGBl. I S. 2659). Die BinSchArbZV ist abgedruckt in Teil D Anh. 17a.

III. Europäische Arbeitszeitregelungen

52 **1. EU-Entschließung zur Anpassung der Arbeitszeit.** – Der Rat der EU hat am 18.12.1979 eine Entschließung über die Anpassung der Arbeitszeit angenommen (vgl. ABl. EG Nr. C 2 S. 1 vom 4.1.1980), in der die EU-Kommission ua ersucht wurde, gemeinsam mit den Sozialpartnern zu prüfen, unter welchen Bedingungen gemeinschaftliche Gesichtspunkte für die Verringerung des jährlichen Arbeitsvolumens entwickelt werden könnten. Die EU-Kommission hat daraufhin im Jahr 1983 dem Rat der EU den Entwurf einer Empfehlung zur Verkürzung und Neugestaltung der Arbeitszeit unterbreitet.

53 Im Rahmen der Bekämpfung der Arbeitslosigkeit sollen die Mitgliedstaaten die Verkürzung und Neugestaltung der individuellen Arbeitszeit unter Wahrung der Wettbewerbsfähigkeit der Unternehmen und der grundlegenden sozialen Rechte der Arbeitnehmer fördern und zum Abbau systematisch geleisteter Überstunden beitragen. Eine bestimmte Form der Arbeitszeitverkürzung ist nicht empfohlen worden, insofern blieb die Wahlfreiheit der Mitgliedstaaten gewährleistet. Der Rat der EU hat auf seiner Tagung am 7.6.1984 über diesen Entwurf beraten, konnte jedoch zu keiner Einigung kommen. Die von deutscher Seite unterstützte Verabschiedung der Empfehlung scheiterte am Widerspruch eines Mitgliedstaates. Danach wurde das Thema auf Ratsebene nicht wieder erörtert.

54 **2. EU-Sozialcharta.** – Auf der Tagung des Europäischen Rates in Straßburg am 9.12.1989 haben die Staats- bzw Regierungschefs von 11 EU-Mitgliedstaaten die **Gemeinschaftscharta der sozialen Grundrechte der Arbeitnehmer** (vgl. BR-Drucks. 555/89) angenommen, in deren Titel 1 Nrn. 7 und 8 hervorgehoben wird: „Die Verwirklichung des Binnenmarktes muss zu einer Verbesserung der Lebens- und Arbeitsbedingungen der Arbeitnehmer in der EU führen. Dieser Prozess erfolgt durch eine Angleichung dieser Bedingungen auf dem Wege des Fortschritts und betrifft namentlich die Arbeitszeit und die Arbeitszeitgestaltung sowie andere Arbeitsformen als das unbefristete Arbeitsverhältnis, wie das befristete Arbeitsverhältnis, Teilzeitarbeit, Leiharbeit und Saisonarbeit. Jeder Arbeitnehmer der EU hat Anspruch auf die wöchentliche Ruhezeit und auf einen bezahlten Jahresurlaub, deren Dauer gemäß den einzelstaatlichen Gepflogenheiten auf dem Wege des Fortschritts in den einzelnen Staaten einander anzunähern ist.“ (**L:** vgl. ausf. *Hanau/Steinmeyer/Wank* § 18 Rn 292 ff).

3. Aktionsprogramm der EU-Kommission. – In der „**Mitteilung über das Aktionsprogramm zur Anwendung der Gemeinschaftscharta der sozialen Grundrechte**“ (vom 29. 11. 1989, Kom (83) endg.) kündigte die EU-Kommission die Erarbeitung einer Richtlinie zur Anpassung der Arbeitszeit an. Nach Auffassung der EU-Kommission sollten auf Gemeinschaftsebene Vorschriften über die Höchstarbeitszeit, die Ruhezeit, den Urlaub, die Nachtarbeit, die Wochenendarbeit und die systematische Mehrarbeit vorgesehen werden. Dabei geht es der EU-Kommission darum, in diesem Bereich Mindestvorschriften vorzuschlagen, ohne jedoch die Anwendung im Einzelnen zu regeln. 55

4. Die EU-Arbeitszeit-Richtlinie 93/104/EG. – Im September 1990 hat die EU-Kommission den angekündigten Richtlinienvorschlag vorgelegt (ABl. EG Nr. C 254 vom 9. 10. 1990; auch abgedruckt in BT-Drucks. 12/315 vom 25. 3. 1991; **L:** ausf. zum Richtlinienvorschlag: *Günther* BArbBl. 10/1993 S. 17 ff). Durch den auf Art. 138 EGV gestützten Richtlinienvorschlag werden gemäß der Gemeinschaftscharta der sozialen Grundrechte der Arbeitnehmer und dem Aktionsprogramm der Kommission der EU zur Anwendung dieser Charta bestimmte, die Gesundheit und Sicherheit der Arbeitnehmer am Arbeitsplatz gewährleistende Aspekte der Arbeitszeitgestaltung, wie zB tägliche und wöchentliche Mindestruhezeiten, bezahlter Mindestjahresurlaub, EU-einheitlich geregelt (**L:** vgl. ausf. *Hanau/Steinmeyer/Wank* § 18 Rn 297 ff). Die vorgeschlagenen Vorschriften können als Mindeststandards durch für die Arbeitnehmer günstigere Regelungen der Mitgliedstaaten ergänzt werden. 56

Die Richtlinie findet auf **alle privaten und öffentlichen Tätigkeitsbereiche** Anwendung, ausgenommen bestimmte spezifische Tätigkeiten im öffentlichen Dienst. Sie vervollständigt die Richtlinie des Rates vom 12. 6. 1989 über die Durchführung von Maßnahmen zur Verbesserung der Sicherheit und des Gesundheitsschutzes der Arbeitnehmer bei der Arbeit – Rahmenrichtlinie 89/391/EWG (ABl. EG Nr. L 183 vom 29. 6. 1989 S. 1; **L:** ausf. *Weyand/Kröll* AiB 1991, 357). 57

Die EU-Richtlinie beinhaltet im Einzelnen folgende **Festlegungen**: 58

- tägliche Mindestruhezeit von 11 zusammenhängenden Stunden innerhalb eines 24-Stunden-Zeitraums (Art. 3),
- wöchentliche Mindestruhezeit von einem Ruhetag im Anschluss an eine tägliche Mindestruhezeit innerhalb eines 7-Tage-Zeitraums (Art. 5),
- bezahlter Mindestjahresurlaub von 4 Wochen (Art. 7),
- Begrenzung der höchstzulässigen wöchentlichen Arbeitszeit auf 48 Stunden innerhalb eines Ausgleichszeitraums von 4 Monaten (Art. 6 und Art. 16 Nr. 2),

- Begrenzung der Dauer der Arbeitszeit für Nachtarbeitnehmer auf täglich 8 Stunden (Art. 8),
- Anspruch auf eine unentgeltliche arbeitsmedizinische Betreuung bei Nachtarbeit (Art. 9),
- Anspruch auf Umsetzung in Tagesschicht bei gesundheitlichen Problemen des Nachtarbeitnehmers (Art. 9),
- Anzeigepflicht gegenüber der zuständigen Aufsichtsbehörde bei Inanspruchnahme von Nachtarbeit (Art. 11),
- Tariföffnungsklausel (Art. 17).

59 Der Rat der Arbeits- und Sozialminister der EU hat nach Abschluss der Zweiten Lesung im EP am 23.11.1993 den Richtlinienvorschlag endgültig verabschiedet. Die Richtlinie ist am 13.12.1993 im Amtsblatt der EU verkündet worden (ABl. EG Nr. L 307 vom 13.12.1993 S. 18). Von diesem Zeitpunkt an hatten die Mitgliedstaaten nach Art. 18 Abs. 1 der Richtlinie eine Frist von **3 Jahren**, die zur Umsetzung der Richtlinie erforderlichen Rechts- und Verwaltungsvorschriften in Kraft zu setzen. Kommt der Mitgliedstaat innerhalb dieser Frist seiner Umsetzungsverpflichtung nicht nach, so kann die EU-Kommission gestützt auf Art. 226 EGV ein Vertragsverletzungsverfahren einleiten. Alle Mitgliedstaaten der EU sind inzwischen ihrer Umsetzungsverpflichtung nachgekommen, die Bundesrepublik Deutschland durch Verabschiedung des ArbZG.

60 Die von Großbritannien gegen die EU-Arbeitszeit-Richtlinie erhobene **Nichtigkeitsklage** wegen der unzutreffenden Rechtsgrundlage ist vom EuGH (**R:** EuGH 12.11.1996 NZA 1997, 23 = DB 1997, 175 = AuR 1996, 500) zurückgewiesen worden: Nach Art. 138 EGV verfügt die Gemeinschaft über eine Rechtsetzungskompetenz auf dem Gebiet des Sozialrechts, die weit auszulegen ist. Die Ermächtigung, Mindestvorschriften zu erlassen, beschränkt das Tätigwerden der Gemeinschaft nicht auf den kleinsten gemeinsamen Nenner, er bedeutet nur, dass die EU-Mitgliedstaaten weitergehende Maßnahmen treffen können (**L:** vgl. ausf. *Hanau/ Steinmeyer/Wank* § 18 Rn 293).

61 Art. 5 Abs. 2 der EU-Richtlinie ist vom EuGH für **nichtig** erklärt worden, weil der Ministerrat nicht dargelegt hat, „warum der Sonntag als wöchentlicher Ruhetag in engerem Zusammenhang mit der Gesundheit und der Sicherheit der Arbeitnehmer stehen solle als ein anderer Wochentag“. Im Übrigen kann im Rahmen des Art. 138 EGV, in dem der Gemeinschaftsgesetzgeber sozialpolitische Entscheidungen zu treffen und komplexe Abwägungen vorzunehmen hat, eine Regelung gerichtlich nur daraufhin überprüft werden, ob ein **offensichtlicher Irrtum** oder ein **Ermessensmissbrauch** vorliegt oder ob das erlassende Organ die **Grenzen des Ermessens** offenkundig überschritten hat (**R:** EuGH 12.11.1996 NZA 1997, 23 = DB 1997, 175 = AuR 1996, 500).

62 Mit dem **SIMAP-Urteil** vom 3.10.2000 (spanische Ärztegewerkschaft *SIMAP* gegen die Gesundheitsverwaltung der Provinz Valencia) hat der EuGH den Bereitschaftsdienst, den Ärzte in einem Team zur medizinischen Grundversorgung in Form persönlicher Anwesenheit in einer Gesundheitseinrichtung leisten, insgesamt als Arbeitszeit i. S. d. EU-Arbeitszeit-Richtlinie gewertet (**R:** EuGH 3. 10. 2000 NZA 2000, 1227 = AiB 2001 mit Anm. *Hamm*; **L:** vgl. hierzu auch *Ebener/Schmalz* DB 2001, 813; *Heinze* ZTR 2002, 102; *Karthaus* AuR 2001, 485; *Rapatinski* RdA 2003, 328; *Trägner* NZA 2002, 126). Das Urteil betraf spanisches Recht und wirkte zunächst nur zwischen den beteiligten Parteien; eine **unmittelbare Rechtswirkung** hatte es damit für die Bundesrepublik Deutschland **nicht**, zumal es an einer den deutschen Maßstäben genügenden Begründung im Urteil des EuGH mangelte (**L:** ebenso *Tietje* NZA 2001, 241).

Mit dem **Jäger-Urteil** hat der EuGH entschieden, dass der Bereitschaftsdienst, den ein Arzt in Form persönlicher Anwesenheit im Krankenhaus leistet, in vollem Umfang Arbeitszeit i. S. d. EU-Arbeitszeit-Richtlinie darstellt, auch wenn es den Betroffenen in Zeiten, in denen er nicht in Anspruch genommen wird, gestattet ist, an seiner Arbeitsstelle auszuruhen (**R:** EuGH 9. 9. 2003 BB 2003, 2063 = NJW 2003, 2971). Hat der nationale Gesetzgeber eine europäische Richtlinie aber nicht ordnungsgemäß umgesetzt, so kommt eine unmittelbare Geltung und ein darauf beruhender Anwendungsvorrang der EU-Richtlinie **nur vertikal** im Verhältnis zwischen Bürgern und öffentlichen Stellen, nicht auch horizontal im Verhältnis Privater untereinander in Betracht (**R:** BAG 18. 2. 2003 BB 2003, 2071 = DB 2003, 1378 = ZTR 2003, 389 = AuR 2003, 298; **L:** vgl. auch *Abele* BB 2004, 555; *Linnenkohl* AuR 2002, 211). Mit der Entscheidung in der Rechtssache *Pfeiffer* (**R:** EuGH 5. 10. 2004 (verbundene Rs C-397/01 bis C-403/01 BB 2004, 2353 mit Anm. *Meinel*)) hat der EuGH seine Rspr. zur unmittelbaren Wirkung von EU-Richtlinien nicht ausgeweitet. In einem Rechtsstreit zwischen Privaten muss allerdings das nationale Gericht das innerstaatliche Recht so weit wie möglich richtlinienkonform auslegen, um dem Ziel der Richtlinie Geltung zu verschaffen. 63

Kommt ein Mitgliedstaat seiner Pflicht zur Umsetzung von EU-Richtlinien nicht, nur unvollständig oder nicht innerhalb der in der Regel in der Richtlinie vorgeschriebenen Umsetzungsfrist nach, so kann die Richtlinie nach der Rspr. des EuGH gleichwohl Wirkungen entfalten (**L:** vgl. hierzu ausf. MünchArbR/*Oetker* § 12 Rn 25 ff). Der EuGH vertritt seit 1986 in ständiger Rspr. die Auffassung, dass Richtlinien keine horizontale Wirkung begründen, sie also selbst **keine unmittelbare Wirkung zwischen Privatleuten** entfalten (**R:** EuGH 26. 2. 1986 (*Marshall)* Slg. 1986, 723; vgl. auch BAG 23. 6. 1994 AuR 1994, 307; **L:** *Kerwer* S. 641 ff). Allerdings kann eine nicht fristgerechte Umsetzung einer Richtlinie zu Schadensersatzansprüchen führen. 64

Etwas anderes gilt nur im Verhältnis zum Staat, und zwar unabhängig davon, ob der Staat als Hoheitsträger oder privatrechtlich als Arbeitgeber handelt: Im Verhältnis Staat zu Privatperson sind arbeitsrechtliche Richtlinien unmittelbar anwendbar (**R:** LAG Hamm 27. 7. 1995 ZTR 1995, 511 zur EU-Nachweisrichtlinie). Es muss nämlich verhindert werden, dass der Staat – gleich in welcher Funktion er auch han- 65 delt – aus der Nichtbeachtung des Gemeinschaftsrechts Nutzen ziehen kann (**R:** EuGH 12.7.1990 EuGHE 1990, 3313). Der Vorrang des Gemeinschaftsrechts vor dem nationalen Recht besteht nicht nur gegenüber staatlich gesetztem Recht, sondern auch gegenüber Tarifnormen (**R:** EuGH 7.2.1991 – Rs C-184/89). Ist eine Norm des nationalen Rechts mit Gemeinschaftsrecht unvereinbar, so führt das zu deren Unanwendbarkeit, nicht zu ihrer Nichtigkeit (**R:** BAG 18.2.2003 – Az: 6 AZR 287/04 –; BAG 21.4.2005 – Az: 6 AZR 291/04).

66 **5. Die Änderungs-Richtlinie 2000/34/EG.** – Zum Schutz der Gesundheit und Sicherheit derjenigen Beschäftigten, die bisher noch vom Anwendungsbereich der Arbeitszeit-Richtlinie ausgeschlossen waren, hat die EU-Kommission am 24.11.1998 (ABl. EG C 43 S. 1) dem Rat der EU einen Vorschlag zur Änderung der Arbeitszeit-Richtlinie vorgelegt. Der Rat hat am 22.6.2000 die Richtlinie 2000/34/EG des EP und des Rates zur Änderung der Richtlinie 93/104/EG des Rates über bestimmte Aspekte der Arbeitszeitgestaltung hinsichtlich der Sektoren und Tätigkeitsbereiche, die von jener Richtlinie ausgeschlossen sind, endgültig verabschiedet (ABl. EG L 195 S. 41). Die Richtlinie ist von den Mitgliedstaaten nach Art. 2 der Änderungs-Richtlinie **bis spätestens zum 1.8.2003** in nationales Recht umzusetzen. Den Vorgaben der Änderungs-Richtlinie ist durch das ArbZG, das grundsätzlich für alle Arbeitnehmer Anwendung findet, bereits Rechnung getragen worden (**L:** vgl. ausf. *Hanau/Steinmeyer/ Wank* § 18 Rn 351 bis 353).

67 **6. Die EU-Arbeitszeit-Richtlinie 2003/88/EG.** – Am 2.8.2004 ist die neue EU-Arbeitszeit-Richtlinie 2003/88/EG (RL vom 4.11.2003 – ABl. EG 2003 Nr. L 299/9 vom 18.11.2003) in Kraft getreten. Mit dieser Richtlinie wurden die RL 93/104/EG und die Änderungs-RL 2000/34/EG **zusammengefasst** (Die EU-Arbeitszeit-Richtlinie ist abgedruckt in Teil D Anh. 1).

68 **7. Die Änderungsvorschläge zur Arbeitszeit-Richtlinie.** – Die **Kommission** der EU hat – entsprechend ihrer Ankündigung vom Frühjahr des Jahres 2004 – eine Änderung der EU-Arbeitszeit-Richtlinie vorgeschlagen. Nach der Stellungnahme des Europäischen Parlaments hat die Kommission den Vorschlag überarbeitet und am 31.5.2005 eine geänderte Fassung vorgelegt (**L:** vgl. hierzu auch *Wahlers* ZTR 2005, 515).

69 Der **Rat** der Beschäftigungsminister hat in seiner Sitzung am 9./10.6.2008 eine **politische Einigung** über den Kommissions-Vorschlag in der Fassung eines Kompromissvorschlages der slowenischen Präsidentschaft erzielt. Die Mitgliedstaaten sollen künftig den Bereitschaftsdienst in eine **aktive** und **eine inaktive Phase** aufteilen können. Dabei soll nur die aktive Phase (Zeit, in der der Arbeitnehmer tatsächlich in Anspruch genommen wird) zur Arbeitszeit zählen. Die inaktive Zeit wird nicht als Arbeitszeit angesehen, sofern nicht in nationalen Rechtsvorschriften oder in Tarifverträgen anders lautende Bestimmungen vorgesehen sind. Die inaktive Zeit wird auch nicht auf die Ruhezeit angerechnet, es sei denn Tarifverträge

oder Rechtsvorschriften sehen etwas anderes vor. Die Berechnung von aktiver und inaktiver Zeit kann pauschal auf der Grundlage von Erfahrungswerten erfolgen.

Bei der **Verkürzung einer Ruhezeit** muss innerhalb einer angemessenen Frist ein Ausgleich durch eine gleichwertige Ruhezeit gewahrt werden. **70**

Wird die Arbeitszeit vorübergehend über 48 Stunden pro Woche hinaus verlängert, muss dies innerhalb eines bestimmten Zeitraums ausgeglichen werden. Künftig soll der nationale Gesetzgeber einen **Ausgleichszeitraum bis zu 12 Monaten** festlegen können. **71**

Das **Opt-out** (Arbeitszeitverlängerung ohne Ausgleich mit Zustimmung der Arbeitnehmerin bzw des Arbeitnehmers) soll als Flexibilisierungsinstrument in der Richtlinie erhalten bleiben; das Opt-out wird aber als Ausnahme gekennzeichnet. Die Zustimmung des Arbeitnehmers zur Arbeitszeitverlängerung gilt jeweils **für ein Jahr** und kann **verlängert** werden. Eine Erklärung bei Abschluss des Vertrags oder in den ersten 4 Wochen der Beschäftigung ist unwirksam. Bis zu 3 Monaten nach Beendigung der Probezeit, mindestens aber in den ersten 6 Monaten nach Unterzeichnung der Opt-out-Vereinbarung kann die Zustimmung mit sofortiger Wirkung **widerrufen** werden, danach mit einer Ankündigungsfrist von bis zu 2 Monaten. **72**

Eingeführt wird eine höchstzulässige Arbeitszeit von **durchschnittlich 60 Stunden** im 3-Monats-Zeitraum. Wird beim Bereitschaftsdienst die inaktive Zeit als Arbeitszeit gewertet, so soll die Höchstarbeitsgrenze 65 Stunden betragen. Die Tarifvertragsparteien haben in beiden Fällen die Möglichkeit, abweichende Regelungen zu vereinbaren. **73**

Zur Vermeidung von Gesundheits- und Sicherheitsrisiken wird den Mitgliedstaaten ein **Wahlrecht** zwischen Nutzung des Opt-out und der Verlängerung des Ausgleichszeitraums auf zwölf Monate durch Gesetz eingeräumt. Damit wird eine kumulative Anwendung der Flexibilitätsbestimmungen eingeschränkt. Den Sozialpartnern bleibt es unbenommen, neben Opt-out auch einen zwölfmonatigen Ausgleichszeitraum bei vorübergehender Arbeitszeitverlängerung vorzusehen. **74**

Die Mitgliedstaaten sollen auf die **Sozialpartner** einwirken, dass diese die bessere Vereinbarkeit von Beruf und Familienleben fördern. Die Arbeitgeber müssen zudem die Arbeitnehmerinnen und Arbeitnehmer über wichtige Änderungen von Arbeitszeitmodell oder Organisation ihrer Arbeitszeit rechtzeitig in Kenntnis setzen. **75**

Das EP hat im Verfahren ein **volles Mitentscheidungsrecht**. Es hat am 17.12.2008 mit absoluter Mehrheit Änderungen zum Gemeinsamen Standpunkt des Rates der EU beschlossen. Vor allem fordert das EP im Sinne der Rspr. des EuGH die Beibehaltung des Grundsatzes „Bereitschaftszeit ist Arbeitszeit" und ein Auslaufen der Opt-Out-Regelung in der Richtlinie. Im bisherigen Vermittlungsverfahren konnte zwischen diesen beiden konträren Positionen noch kein Kompromiss gefunden werden. Im April 2009 sind die Verhandlungen endgültig gescheitert. Es bleibt damit **76** bei der derzeit geltenden EU-Arbeitszeit-Richtlinie (vgl. Teil D Anh. 1; **L:** zu den europäischen Entwicklungen bis zum Jahr 2009 vgl. auch *Runggaldier* RdA 2009, 40).

76a In einem vielbeachteten Urteil vom 14.5.2019 hat der EuGH (**R:** Rs C-55/18 BB 2019, 1978) entschieden, dass die Mitgliedstaaten die Arbeitgeber verpflichten müssen, ein objektives, verlässliches und zugängliches System einzurichten, „mit dem die von einem jeden Arbeitnehmer geleistete **tägliche Arbeitszeit gemessen** werden kann" (**L:** *Bayreuther* EuZW 2019, 446; *Heuschmid* NJW 2019, 1853; *Schrader* NZA 2019, 1035; *Ubber* BB 2019, 1984; *Ulber* NZA 2019, 677).

IV. Internationale Arbeitsorganisation (IAO)

77 Die Allgemeine Konferenz der IAO hat am 26.6.1990 das Übereinkommen Nr. 171 über Nachtarbeit angenommen. In ihm sind geschlechtsneutrale Vorschriften zum Schutz der Nachtarbeitnehmer festgelegt worden, die in erster Linie die Bedingungen betreffen, unter denen Nachtarbeit zu leisten ist. Das Übereinkommen ist bislang von keinem Mitgliedstaat der EU ratifiziert worden. Eine Verpflichtung hierzu besteht nicht (**L:** ErfK/*Preis* § 611a BGB Rn 201). Das EP hat im Rahmen der Beratungen des Richtlinienvorschlags zur Arbeitszeit die Aufnahme eines zusätzlichen Erwägungsgrundes vorgeschlagen, wonach die Mitgliedstaaten der EU in ihrer nationalen Gesetzgebung die IAO-Normsetzung insbes. zur Nachtarbeit berücksichtigen sollen (vgl. ABl. EG Nr. C 72 vom 18.3.1991).

78 Durch das ArbZG wird den Regelungen des IAO-Übereinkommens entsprochen. Das Ratifikationsverfahren ist bislang nicht eingeleitet worden. Schon in der 12. Legislaturperiode (1990 bis 1994) hatte der Deutsche Bundestag in einer Entschließung zur Nachtarbeit vom 16.2.1993 der Bundesregierung empfohlen, im ArbZG solche Schutzvorschriften bei Nachtarbeit für Frauen und Männer vorzusehen, die die Ratifikation des IAO-Übereinkommens Nr. 171 ermöglichen (vgl. BT-Drucks. 12/4380 S. 3). Nach Art. 59 Abs. 2 GG bedarf die Ratifikation der Zustimmung bzw Mitwirkung der jeweils für die Bundesgesetzgebung zuständigen Körperschaften in Form eines Bundesgesetzes (vgl. ausf. § 24 Rn 6).

Teil C: Erläuterungen

Arbeitszeitgesetz (ArbZG) vom 6. Juni 1994 (BGBl. I S. 1170),
geändert durch Gesetz vom 30. Juli 1996 (BGBl. I S. 1186),
geändert durch Gesetz vom 9. Juni 1998 (BGBl. I S. 1242),
geändert durch Gesetz vom 21. Dezember 2000 (BGBl. I S. 1983),
geändert durch Verordnung vom 25. November 2003 (BGBl. I S. 2304),
geändert durch Gesetz vom 24. Dezember 2003 (BGBl. I S. 3002),
geändert durch Gesetz vom 22. 12. 2005 (BGBl. I S. 3676),
geändert durch Gesetz vom 14. 8. 2006 (BGBl. I S. 1962),
geändert durch Verordnung vom 31. 10. 2006 (BGBl. I S. 2407),
geändert durch Gesetz vom 15. 7. 2009 (BGBl. I S. 1939),
geändert durch Gesetz vom 21. 7. 2012 (BGBl. I S. 1583),
geändert durch Gesetz vom 20. 4. 2013 (BGBl. I S. 868),
geändert durch Gesetz vom 11. 11. 2016 (BGBl. I S. 2005).

Erster Abschnitt:
Allgemeine Vorschriften

§ 1
Zweck des Gesetzes

Zweck des Gesetzes ist es,

1. **die Sicherheit und den Gesundheitsschutz der Arbeitnehmer in der Bundesrepublik Deutschland und in der ausschließlichen Wirtschaftszone bei der Arbeitszeitgestaltung zu gewährleisten und die Rahmenbedingungen für flexible Arbeitszeiten zu verbessern sowie**
2. **den Sonntag und die staatlich anerkannten Feiertage als Tage der Arbeitsruhe und der seelischen Erhebung der Arbeitnehmer zu schützen.**

Übersicht

I. Allgemeines

1 § 1 enthält die Zweckbestimmung des Gesetzes. Anders als in den klassischen arbeitsrechtlichen Gesetzen, wie dem Lohnfortzahlungsgesetz, dem Kündigungsschutzgesetz oder auch dem Betriebsverfassungsgesetz, ist es im Bereich des Gesundheits-, Umwelt- und Arbeitsschutzes seit Jahren üblich, den Zweck des Gesetzes – und damit die Schutzziele des Gesetzes – **plakativ hervorzuheben**, so zB in § 1 Bundesberggesetz, § 1 Chemikaliengesetz, § 1 Arzneimittelgesetz und § 1 Bundes-Immissionsschutzgesetz.

2 In Fortführung dieser Entwicklung hat sich der Gesetzgeber auch im Bereich des sozialen Arbeitsschutzes – anders als noch in den Gesetzentwürfen der 10. und 11. Legislaturperiode (vgl. BT-Drucks. 10/2706 und 11/360) – zur Aufnahme einer Zweckbestimmung in das ArbZG entschieden, nicht zuletzt auch zur Unterscheidung von arbeitsmarktpolitisch orientierten Gesetzentwürfen der Opposition im Deutschen Bundestag von SPD (vgl. BT-Drucks. 11/1617 und 12/5282) und Die Grünen (vgl. BT-Drucks. 11/1188). Die im Gesetzentwurf der Bundesregierung vorgeschlagene Zweckbestimmung (BT-Drucks. 12/5888 S. 5) ist im federführenden Bundestagsausschuss für Arbeit und Sozialordnung akzeptiert und dem Wortlaut des Art. 139 WRV angepasst worden (vgl. BT-Drucks. 12/6990 S. 7 und 43).

2a Das ArbZG als öffentlich-rechtliches Arbeitsschutzrecht erstreckt sich auf das gesamte Hoheitsgebiet der Bundesrepublik Deutschland (sog. **Territorialitätsprinzip**). Durch die im Jahr 2013 erfolgte Ergänzung in § 1 Nr. 1 (vgl. Einf. Rn 51c) ist nunmehr klargestellt worden, dass das ArbZG nicht nur für das Territorium der Bundesrepublik Deutschland (einschließlich deutscher Schiffe und Luftfahrzeuge) Geltung hat, sondern auch in der **ausschließlichen Wirtschaftszone** (AWZ) Anwendung findet (**L:** vgl. hierzu *Bayreuther* RIW 2011, 446; *Eckstein* NZA 2013, 1060).

2b Nach Art. 55 des Seerechtsübereinkommens der Vereinten Nationen ist die AWZ ein jenseits des Küstenmeeres gelegenes und an dieses angrenzendes Gebiet, das der in Teil V des Seerechtsübereinkommens festgelegten besonderen Rechtsordnung unterliegt. In der AWZ hat der Küstenstaat insbes. **souveräne Rechte** zum Zweck der Erforschung und Ausbeutung, Erhaltung und Bewirtschaftung der lebenden und nicht lebenden natürlichen Ressourcen der Gewässer über dem Meeresboden, des Meeresbodens und seines Untergrundes sowie hinsichtlich anderer Tätigkeiten zur wirtschaftlichen Erforschung und Ausbeutung der Zone wie der Energieerzeugung aus Wasser, Strömung und Wind (Art 56 Nr. 1 Buchst. b Seerechtsübereinkommen). Der Küstenstaat hat ferner Hoheitsbefugnisse – wie in den diesbezüglichen Bestimmungen des Übereinkommens vorgesehen – im Hinblick auf die Errichtung und Nutzung von künstlichen Inseln, von Anlagen und Bauwerken, die wissenschaftliche Meeresforschung und den Schutz und die Bewahrung der Meeresumwelt (Art 56 Nr. 1 Buchst. b Seerechtsübereinkommen). Die AWZ darf sich nicht weiter als **200 Seemeilen** = (200 x 1,852 km) **370,40 Kilometer** von den Basislinien erstrecken, von denen aus die Breite des Küstenmeeres (höchstens 12 Seemeilen = 22,2 Kilometer) gemessen wird (Art. 57 Seerechtsübereinkommen).

Die Bundesrepublik Deutschland hat mit Wirkung vom 1.1.1995 in der Nordsee und in der Ostsee vor der seewärtigen Grenze ihres Küstenmeeres eine AWZ errichtet (vgl. Teil I der Proklamation vom 25.11.1994 (BGBl. II S. 3770)). Die **AWZ in der Nordsee** ist in der **Seegrenzkarte 2929** (Hrsg. Bundesamt für Seeschifffahrt und Hydrographie, Sitz in Hamburg) veröffentlicht worden, die **AWZ in der Ostsee** in der **Seegrenzkarte 2921**. **2c**

Das Bundeskabinett hat bereits am 24.4.2013 gestützt auf den neu in das ArbZG eingefügten § 15 Abs. 2a für Offshore-Tätigkeiten, das sind besondere Tätigkeiten zur Errichtung, zur Änderung oder zum Betrieb von Bauwerken, künstlichen Inseln oder sonstiger Anlagen auf See (Küstenmeer und AWZ), die **Verordnung über die Arbeitszeit bei Offshore-Tätigkeiten** (Offshore-Arbeitszeitverordnung – Offshore-ArbZV) beschlossen. Der Bundesrat hat in seiner 910. Sitzung am 7.6.2013 der Verordnung gem. Art. 80 Abs. 2 GG zugestimmt, und zwar lediglich mit der Maßgabe, die Verordnung nach 3 Jahren zu evaluieren (vgl. BR-Drucks. 326/13, 326/1/13 und 326/13 (Beschluss)). Die Offshore-ArbZV ist am 12.7.2013 im Bundesgesetzblatt (BGBl. I S. 2228) verkündet worden und am 1.8.2013 in Kraft getreten; sie ist in Teil D **Anh. 19** abgedruckt. **2d**

Anders als nach dem ArbZG darf die Arbeitszeit bei Offshore-Tätigkeiten auf bis zu **12 Stunden** täglich (= 84 Stunden wöchentlich) verlängert werden (§ 3 Abs. 1 Offshore-ArbZV), an Tagen mit Transportzeiten, die an dem vom Arbeitgeber festgelegten Sammelpunkt (zB Hafen oder Helikopter-Landeplatz) beginnt, sogar auf bis zu **14 Stunden** täglich (§ 9 Abs. 2 Offshore-ArbZV; vgl. ausf. § 15 Rn 41 f). **2e**

II. Zweckbestimmung

In der Vorschrift des § 1 über den Zweck des Gesetzes werden die Schutzziele des Gesetzgebers bei Erlass des ArbZG für jeden Rechtsunterworfenen nachvollziehbar **3** hervorgehoben, ohne damit Rechte und Pflichten für den einzelnen zu begründen. Die Zweckbestimmung des Gesetzes ist bei der Anwendung und Auslegung der einzelnen Vorschriften des ArbZG zu Grunde zu legen, ohne selbst im Einzelfall als eigenständige Rechtsgrundlage für behördliche Entscheidungen in Betracht zu kommen. Die in § 1 Nr. 1 und 2 genannten Schutzziele stehen **gleichrangig** nebeneinander (**L:** *Schliemann* § 1 Rn 14; *Dobberahn* Rn 26; *Baeck/Deutsch/Winzer* § 1 Rn 10, *Neumann/Biebl* § 1 Rn 8, die die kollidierenden Schutzziele von Fall zu Fall unter Beachtung der speziellen Regelungen gegeneinander abgewogen wissen wollen; ebenso Junker ZfA 1998, 105, 106).

4 **1. Sicherheit und Gesundheitsschutz der Arbeitnehmer (Nummer 1).** – An erster Stelle der Zweckbestimmung in § 1 Nr. 1 steht das **Schutzziel**, die Sicherheit und den Gesundheitsschutz der Arbeitnehmer bei der Arbeitszeitgestaltung zu gewährleisten. Die Vorschriften des Arbeitszeitschutzes dienen dem Gesundheitsschutz der im Arbeitsleben stehenden Bevölkerung (**R:** BayObLG 24.2.1994 GewA 1994, 193) und haben den Zweck, die Arbeitnehmer vor den Folgen einer gesundheitsschädlichen Arbeitszeitgestaltung zu schützen. Solche Regelungen sind notwendig, um insbes. dem objektiven Gehalt des Grundrechts auf körperliche Unversehrtheit des Art. 2 Abs. 2 Satz 1 GG Genüge zu tun (vgl. Einf. Rn 2 ff). Nach ständiger Rspr. des BVerfG besteht eine Schutzpflicht des Staates gerade im Hinblick auf dieses Grundrecht (**R:** BVerfG 29.10.1987 BVerfGE 77, 170, 214 mwN; BayObLG 24.2.1994 GewA 1994, 193).

5 Die Vorschriften des Arbeitszeitschutzes sind Teil des **öffentlich-rechtlichen Arbeitsschutzes**, die für Personen, insbes. für Arbeitgeber, Pflichten gegenüber dem Staat begründen, damit die Sicherheit und der Gesundheitsschutz der Arbeitnehmer bei der Arbeit gewährleistet ist (vgl. BT-Drucks. 12/6752 S. 28). Der öffentlich-rechtliche Arbeitsschutz wird üblicherweise in die Bereiche des **technischen Arbeitsschutzes** (Betriebs- oder Gefahrenschutz, Arbeitssicherheit) und des sozialen Arbeitsschutzes unterteilt (**L:** MünchArbR/*Kohte* § 174 Rn 1, 3), auch wenn nicht immer eine exakte Grenzziehung möglich ist.

6 Zum **sozialen Arbeitsschutz** zählen die Vorschriften des Arbeitszeitschutzes sowie Vorschriften zum Schutz besonders schutzbedürftiger Personengruppen, also über den allgemeinen Arbeitsschutz hinausgehende Schutzvorschriften für Frauen, werdende Mütter, Wöchnerinnen, Jugendliche, Schwerbehinderte und Heimarbeiter; dies sind vor allem das Mutterschutzgesetz, das Jugendarbeitsschutzgesetz und die Kinderarbeitsschutzverordnung sowie das Schwerbehindertengesetz. Unter dem Begriff des **Arbeitszeitschutzes** sind alle Vorschriften zur Begrenzung der Dauer der täglichen Arbeitszeit, zur Regelung von Pausen während der Arbeit, zur Regelung von arbeitsfreien Zeiten nach Beendigung der täglichen Arbeitszeit und zur Festlegung der zeitlichen Lage der Arbeitszeit während eines Tages sowie den dabei einzuhaltenden Arbeitsbedingungen zu verstehen (**L:** vgl. ausf. MünchArbR/*Koberski* § 181 Rn 1).

Die **Dauer der Arbeitszeit** ist neben der physischen und psychischen Schwere der Arbeit der zentrale Belastungsfaktor für die Erbringung der Arbeitsleistung. Zu lange tägliche Arbeitszeiten und zu kurze Ruhepausen führen zu Überforderung und Überbeanspruchung der Gesundheit des Arbeitnehmers. Sie haben kurzfristig aufgrund einer mit langen Arbeitszeiten einhergehenden Ermüdung eine Erhöhung des Unfallrisikos am Arbeitsplatz und langfristig eine übermäßige Aus- und Abnutzung (Verschleiß) der menschlichen Arbeitskraft zur Folge (vgl. Einf. Rn 2 ff). **7**

Dem Gesundheitsschutz der Arbeitnehmer dienen auch die Vorschriften zur zeitlichen **Lage der Arbeitszeit**. Arbeitsleistungen, die entgegen dem biologischen, physiologischen und sozialen Tagesrhythmus erbracht werden müssen, führen zu gesundheitlichen Beeinträchtigungen. Der Grad der menschlichen Leistungsbereitschaft ist im Verlauf des Tages nicht unerheblichen Schwankungen unterworfen, wobei insbes. die Zeit von 1 bis 4 Uhr morgens durch ein ausgeprägtes Leistungstief gekennzeichnet ist (vgl. ausf. § 2 Rn 82). **8**

Erst an zweiter Stelle der Zweckbestimmung in § 1 Nr. 1 steht das Schutzziel einer Verbesserung der Rahmenbedingungen für **flexible Arbeitszeiten**. Die Reihenfolge ist nicht zufällig, sondern gewollt vom Gesetzgeber so festgelegt worden. Flexibilität ist gegenüber dem Gesundheitsschutz der Arbeitnehmer stets **nachrangig** (**L:** Deinert/*Heuschmid* § 28 Rn 10; *Schliemann* § 1 Rn 14; aA *Baeck/Deutsch/Winzer* § 1 Rn 10, Erfk/Wank § 1 ArbZG Rn 9 und *Junker* ZfA 1998, 105, 106, wonach die Abwägung von Arbeitnehmerschutz und Flexibilisierungserfordernissen nicht generell, sondern nur von Fall zu Fall vorzunehmen ist). **9**

Die **Rahmenbedingungen** für flexible Arbeitszeitmodelle (**L:** vgl. auch *Lohbeck* ZTR 2001, 342) werden in erster Linie durch die Verlängerung des Ausgleichszeitraums zur Einhaltung des 8-Stunden-Tages von bisher 2 Wochen (§ 4 Abs. 1 AZO 1938) auf 6 Monate (§ 3 ArbZG) verbessert (vgl. ausf. hierzu § 3 Rn 27 ff), was aus Gründen des Gesundheitsschutzes unbedenklich erscheint. In zweiter Linie werden die Gestaltungsmöglichkeiten der Tarifvertragsparteien und Betriebspartner gegenüber den bisherigen Befugnissen nach § 7 AZO 1938 erweitert. Anders als noch in früheren Entwürfen aus der 10. und 11. Legislaturperiode wird den Tarifvertragsparteien und Betriebspartnern für ihre abweichenden Regelungen entweder ein gesundheitlich vertretbarer Rahmen vorgegeben (so § 7 Abs. 1) oder der Vorbehalt auferlegt, dass der Gesundheitsschutz der Arbeitnehmer durch einen entsprechenden Zeitausgleich gewährleistet wird (so § 7 Abs. 2). **10**

2. Schutz der Sonn- und Feiertage (Nummer 2). – In § 1 Nr. 2 wird die Sonn- und Feiertagsruhe als zweites gleichrangiges Schutzziel des ArbZG hervorgehoben. In Art. 139 WRV ist der Gesetzgeber verpflichtet worden, den Sonntag und die staatlich anerkannten Feiertage als Tage der Arbeitsruhe und der seelischen Erhebung zu schützen. Die durch Art. 140 GG inkorporierten Artikel der WRV sind vollgültiges **Verfassungsrecht** der Bundesrepublik Deutschland und stehen gegenüber den anderen grundgesetzlichen Bestimmungen nicht auf einer Stufe minderen Ranges **11**

(**R:** BVerfG 9.6.2004 GewArch 2004, 289ff; BVerfG 14.12.1965 BVerfGE 19, 206, 219).

12 Art. 139 iVm Art. 140 GG enthalten eine sog. **institutionelle Garantie** des Sonn- und Feiertages (**L:** *Benda* S. 21; *Loritz* S. 19; *Richardi* S. 43, *ders.* AuR 2006, 379 mwN), die nicht zur Disposition des Gesetzgebers steht und diesen verpflichtet, einen für alle Beteiligten verbindlichen Rahmen vorzugeben. Ein fester Bestand an gesetzlichen Feiertagen wird mit dieser institutionellen Garantie allerdings nicht gewährleistet (**R:** zur Streichung des Buß- und Bettages als staatlicher Feiertag: BVerfG 18.9.1995 NJW 1995, 3378; BerlVerfGH 16.8.1995 NJW 1995, 3379). Art. 139 WRV iVm Art. 140 GG enthalten allerdings keine Verhaltensgebote oder -verbote, sondern Normativbestimmungen für die Gesetzgebung von Bund und Ländern. Erst diese Gesetzgebung setzt die für den Bürger unmittelbar verbindlichen Gebote, Verbote, Freiräume, Ausnahmen oder Gestattungen.

13 Das Gebot des gesetzlichen Sonntagsschutzes ist ein verfassungsgesetzlich vorgeschriebenes **Gestaltungselement** der gesetzlichen Ordnung von Lebensbereichen und daher nach Maßgabe der verfassungsgesetzlichen Kompetenzordnung von demjenigen Gesetzgeber zu berücksichtigen, der zur Ordnung des jeweiligen Lebensbereichs berufen ist (**R:** BVerwG 5.3.1988 NJW 1988, 2254). Das verfassungsrechtlich vorgeschriebene Gestaltungselement des Sonn- und Feiertagsschutzes ist allerdings mit anderen bedeutsamen Regelungselementen zum Ausgleich zu bringen. Letztendlich sind daher Art, Umfang, Intensität und nähere inhaltliche Ausgestaltung des gesetzlichen Sonn- und Feiertagsschutzes der spezifischen Regelungsmacht des Gesetzgebers überantwortet und unterliegen seinem gesetzgeberischen Ermessen (**R:** HessVGH 24.11.1993 GewA 1994, 160). Dieses findet seine Grenzen darin, dass einerseits die durch das Grundgesetz festgelegte besondere Zweckbestimmung des Sonntags hinreichend gewährleistet und dadurch der Sonntag als Institution hinreichend geschützt sein muss, und dass andererseits die zum Schutz des Sonntags getroffenen Regelungen nicht unverhältnismäßig sein dürfen (**R:** BVerwG 5.3.1988 NJW1988, 2254).

14 Die durch die Verfassung vorgegebene besondere Zweckbestimmung der Sonn- und Feiertage wird in § 1 Nr. 2 als **Grundelement der Ordnung des Arbeitslebens** bezogen auf den Schutz der in erster Linie von möglicher Sonn- und Feiertagsarbeit betroffenen Arbeitnehmer herausgestellt. Auch wenn dieser besonderen Zweckbestimmung im Hinblick auf die verfassungskräftigen Vorgaben insoweit nur eine deklaratorische Wirkung zukommen mag, hat sie in Bezug auf die Arbeitnehmerschaft als Auslegungs- und Ermessensrichtlinie durchaus eine eigenständige, verstärkende Funktion (**L:** vgl. auch *Zmarzlik* DB 1994, 1082). Innerhalb der EU fehlt ein vergleichbarer Schutz der Sonn- und Feiertage. Die Einbeziehung des Sonntags in die wöchentliche Ruhezeit, wie sie Art. 5 Abs. 2 EU-Arbeitszeit-Richtlinie 93/104/EG vorgesehen hatte, ist vom EuGH für nichtig erklärt worden, da vom Rat der EU nicht dargetan worden sei, „warum der Sonntag als wöchentlicher Ruhetag in engerem Zusammenhang mit der Gesundheit und der Sicherheit der Arbeitnehmer

stehen solle als ein anderer Wochentag“ (**R:** EuGH 12.11.1996 NZA 1997, 23, 26 = DB 1997, 175, 176).

15 Das in § 1 Nr. 2 vorgegebene Schutzziel wird im ArbZG durch ein grundsätzliches Verbot der Beschäftigung von Arbeitnehmern an Sonn- und Feiertagen realisiert (vgl. § 9 Rn 4 ff). Die Ausnahmen vom Beschäftigungsverbot werden – anders als nach der Konzeption der Gewerbeordnung, die auf dem Enumerationsprinzip beruhte – in einem Katalog von **16 Generalklauseln** zusammengefasst (vgl. § 10 Rn 28 ff). Bei Auslegungszweifeln über Inhalt und Umfang der Generalklauseln sind Klarstellungen durch Rechtsverordnung (vgl. § 13 Rn 6 ff) oder Verwaltungsakt (vgl. § 13 Rn 28 ff) vorgesehen. Weitere Ausnahmen vom Verbot der Beschäftigung von Arbeitnehmern an Sonn- und Feiertagen sind vorgesehen in den §§ 13, 14 und 15. Die von Sonn- und Feiertagsarbeit betroffenen Arbeitnehmer erhalten mit öffentlich-rechtlicher Wirkung einen Ausgleich (vgl. § 11 Rn 22 ff).

16 Insgesamt gesehen beinhalten die Sonn- und Feiertagsruhebestimmungen des ArbZG einen **angemessenen Ausgleich** zwischen den unterschiedlichen Gestaltungselementen der Verfassung. Hinsichtlich Art. 12 GG (Freiheit der Berufswahl) sind sie eine bloße Berufsausübungsregelung, die durch vernünftige Erwägungen des Gemeinwohls gerechtfertigt sind (**R:** BVerfG 9.6.2004 GewA 2004, 289, 290; BVerfG 11.6.1958 AP GG Art. 12 Nr. 13). Die dadurch bewirkten Beschränkungen des Rechts am eingerichteten und ausgeübten Gewerbebetrieb iSd Art. 14 GG konkretisieren die Sozialpflichtigkeit des Eigentums (**R:** BVerwG 15.3.1988 DB 1988, 972). Auch ein Verstoß gegen die allgemeine Handlungsfreiheit des Art. 2 Abs. 1 GG liegt nicht vor.

III. Bedeutung der Zweckbestimmung

17 Aus der Zweckbestimmung des § 1 können weder Arbeitgeber noch Arbeitnehmer eigenständige Rechte oder Pflichten für sich selbst oder die andere Seite herleiten (**L:** *Baeck/Deutsch/Winzer* § 1 Rn 6; *Schliemann* § 1 Rn 4; *Neumann/Biebl* § 1 Rn 8; ErfK/*Wank* § 1 ArbZG Rn 4). Die Zweckbestimmung enthält **kein materielles Recht**; sie ist auch nicht abschließend (**L:** so *Kraegeloh* § 1 Rn 1), da eine strenge Bindung des Rechtsanwenders an die gesetzlich normierten Normzwecke dem deutschen Recht fremd wären (**L:** *Junker* ZfA 1998, 105, 107). Eine Bußgeldbewehrung fehlt.

18 **1. Bei Auslegung der Vorschriften des ArbZG.** – Die Zweckbestimmung des § 1 ist bei der vielfach erforderlichen Auslegung der Vorschriften des ArbZG heranzuziehen, insbes. bei der Auslegung der unbestimmten Rechtsbegriffe des Gesetzes, wie sie zB in § 13 Abs. 1 Nr. 2 Buchst. c (Gründe des Gemeinwohls) oder in § 15 Abs. 2 (öffentliches Interesse) enthalten sind. Die Zweckbestimmung enthält die vom Gesetzgeber ausdrücklich normierte **ratio legis**, die ansonsten anhand der allgemein anerkannten Auslegungsregeln ermittelt werden müsste. **Erlasse** eines öffentlichen Arbeitgebers sind interne Verwaltungsanweisungen und können somit nicht zur Auslegung eines Gesetzes herangezogen werden; dies gilt erst recht, wenn

es um einen landesrechtlichen Erlass geht, der ein Bundesgesetz – wie das ArbZG – betrifft (**R:** LAG Düsseldorf 12.2.2004 ZTR 2004, 349).

19 **2. Bei Ausübung des Ermessens durch Aufsichtsbehörden.** – Die Vorschriften des ArbZG sehen in zahlreichen Vorschriften vor, dass die zuständige Aufsichtsbehörde Ausnahmen in begründeten Einzelfällen bewilligen darf, und zwar in § 7 Abs. 5, § 12 Satz 2, § 13 Abs. 3 bis 5 und § 15 Abs. 1 und 2. Abgesehen von den Fällen des § 13 Abs. 4 und 5 sind die Ausnahmebewilligungstatbestände als sog. Kann-Vorschriften ausgestaltet worden, was zur Folge hat, dass die Behörde im Rahmen des ihr eingeräumten pflichtgemäßen Ermessens zu entscheiden hat. Bei dieser Ermessensausübung sind die in der Zweckbestimmung zum Ausdruck gekommenen gesetzgeberischen Wertungen zu beachten. Insoweit geht die Zweckbestimmung über eine reine Interpretationshilfe hinaus, da sie eine vom Gesetzgeber vorgegebene Wertentscheidung für die Ausübung des Ermessens festlegt. Die Zweckbestimmung des Gesetzes ist damit die **maßgebende Richtschnur** für die zuständige Aufsichtsbehörde bei allen Auslegungs- und Ermessensentscheidungen.

IV. Auswirkungen des ArbZG

20 **1. Öffentlich-rechtliche Wirkungen.** – Das ArbZG enthält Vorschriften, die Pflichten gegenüber dem Staat festlegen, damit die in § 1 vorgegebenen Schutzziele des Gesetzes verwirklicht werden können. Sie sind **öffentlich-rechtlicher Natur**. Sie dienen zum einen dem grundgesetzlich gewährleisteten Recht auf körperliche Unversehrtheit des Art. 2 Abs. 2 Satz 2 GG (**R:** BayObLG 24.2.1994 GewA 1994, 193) und zum anderen der Garantie der Sonn- und Feiertagsruhe und damit einem verfassungsrechtlich vorgegebenen Gestaltungselement (Art. 140 GG iVm Art. 139 WRV), die jede für sich genommen eine **Schutzpflicht des Staates** auslöst (**R:** BVerfG 28.1.1992 BB 1992, Beil. 3; BVerfG 13.11.1993 GewA 1993, 151).

21 Die Erfüllung der mit öffentlich-rechtlicher Wirkung festgelegten Pflichten wird durch **staatliche Aufsichtsbehörden** überwacht (vgl. § 17 Abs. 1), das sind in der Regel die Gewerbeaufsichtsämter oder Ämter für Arbeitsschutz der Länder. Die Einhaltung der Pflichten wird durch **Verwaltungszwang** (vgl. § 17 Abs. 2) und die Androhung von **Bußgeld oder Strafe** gesichert (vgl. §§ 22 und 23).

22 **Normadressat** der gegenüber dem Staat bestehenden Pflichten ist der **Arbeitgeber**, nicht der einzelne Arbeitnehmer. Dies gilt auch für die Fälle, in denen das ArbZG Rechte der Arbeitnehmer normiert, wie zB in § 6 Abs. 3 und 4, da mit diesen Rechten der Arbeitnehmer jeweils die Verpflichtung des Arbeitgebers korrespondiert, die Ausübung des Rechts durch den Arbeitnehmer nicht zu erschweren bzw auszuschließen. Es ist Aufgabe des Arbeitgebers, durch geeignete Maßnahmen für ein dem ArbZG entsprechendes Verhalten der Arbeitnehmer zu sorgen (**L:** MünchArbR/*Kohte* § 175 Rn 10ff). Der Arbeitgeber trägt die **verwaltungsrechtliche Verantwortung**. Sowohl Anordnungen als auch Zwangsmaßnahmen zur Durchsetzung der Vorschriften des ArbZG sind an ihn zu richten.

Der Arbeitgeber trägt des Weiteren die **bußgeld- und strafrechtliche Verantwortung**. In den Straf- und Bußgeldvorschriften der §§ 22 und 23 ist ausdrücklich klargestellt, dass die mit Bußgeld oder Strafe bedrohten Tatbestände nur von Personen realisiert werden können, die als Arbeitgeber vorsätzlich oder fahrlässig handeln. Anders als in den Vorschriften des technischen Arbeitsschutzes oder in Unfallverhütungsvorschriften normieren die Vorschriften des ArbZG **keine Verhaltenspflichten der Arbeitnehmer**, weshalb weder eine verwaltungsrechtliche noch bußgeld- oder strafrechtliche Verantwortung dieses Personenkreises gegeben ist. **Arbeitgeber** iSd ArbZG ist jede natürliche oder juristische Person oder Gesamthandgemeinschaft, also insbes. eine BGB-Gesellschaft, OHG oder KG, die Arbeitnehmer (zum Arbeitnehmerbegriff vgl. § 2 Rn 61 ff) beschäftigt oder ausbildet (**L:** ausf. hierzu MünchArbR/*Richter* § 23). Im Bereich des öffentlichen Dienstes von Bund und Ländern ist jeweils die oberste Dienstbehörde Arbeitgeber iSd ArbZG. 23

Aus dem öffentlich-rechtlichen Charakter der Vorschriften des ArbZG folgt, dass Arbeitgeber und Arbeitnehmer von ihnen nicht abweichen können, es sei denn, Tarifvertrag oder Betriebsvereinbarung lassen eine Abweichung nach §§ 7 oder 12 zu. Die Vorschriften des ArbZG sind für die am Arbeitsprozess Beteiligten **nicht disponibel** (**R:** BayObLG 24.2.1994 GewA 1994, 193), weshalb auch die Arbeitnehmer auf die Einhaltung der Vorschriften nicht verzichten können, weder vor noch nach einem Verstoß gegen eine Vorschrift des ArbZG. Ebenso ist es rechtlich unerheblich, ob ein Arbeitnehmer mit der gesetzeswidrigen Beschäftigung einverstanden ist oder sie sogar wünscht (**R:** BAG 28.10.1971 DB 1972, 489; OLG Karlsruhe 11.7.1963 AP AZO 1938 § 25 Nr. 6). 24

Aus dem öffentlich-rechtlichen Charakter der Vorschriften des ArbZG folgt ferner, dass aus ihnen **keine privatrechtliche Verpflichtung für die Arbeitnehmer** hergeleitet werden kann, zB bis zur Höchstarbeitszeitgrenze des § 3 oder § 6 Abs. 2 Arbeit zu leisten. Der zeitliche Umfang der privatrechtlichen Verpflichtung zur Arbeitsleistung wird wie die übrigen Arbeitsbedingungen, insbes. das Arbeitsentgelt, grundsätzlich durch Tarifvertrag, Betriebsvereinbarung und Einzelarbeits- oder Ausbildungsvertrag bestimmt (vgl. BT-Drucks. 12/5888 S. 20). Aus diesen Rechtsquellen ergibt sich im Einzelfall, wie viele Arbeitsstunden ein Arbeitnehmer zu erbringen hat. 25

Allgemein üblich sind tarifvertragliche Vereinbarungen über die Dauer der Arbeitszeit, weshalb in diesen Fällen eine Regelung der Dauer der Arbeitszeit durch Betriebsvereinbarung nicht möglich ist (§ 77 Abs. 3 Satz 1 BetrVG), es sei denn, der Tarifvertrag lässt den Abschluss ergänzender Betriebsvereinbarungen ausdrücklich zu (§ 77 Abs. 3 Satz 2 BetrVG). Die einzelvertragliche Vereinbarung längerer Arbeitszeiten als durch Tarifvertrag oder Betriebsvereinbarung zugelassen, ist umstritten (**L:** MünchArbR/*Reichold* § 40 Rn 94 ff). Sind die Vereinbarungen der Vertragsparteien auslegungsbedürftig, so dürfen die gesetzlichen Arbeitszeitregelungen nicht außer Betracht bleiben (**R:** BAG 5.7.1976 AP AZO 1938 § 12 Nr. 10). 26

27 Haben die Vertragsparteien keine ausdrückliche Vereinbarung über Dauer und Lage der Arbeitszeit getroffen, ergibt die Auslegung des mutmaßlichen Willens der Parteien (§ 157 BGB) im Zweifel, dass die **betriebsübliche Arbeitszeit** als vereinbart gilt, was grundsätzlich auch für außertarifliche Angestellte Geltung hat (**R:** BAG 15.5.2013 BB 2013, 1332). Ggf. ist auch die orts- bzw branchenübliche Arbeitszeit als vereinbart anzusehen (**R:** BAG 21.12.1954 BB 1955, 869). Im Rahmen der vereinbarten oder üblichen Arbeitszeit kann der Arbeitgeber – vorbehaltlich der betriebsverfassungsrechtlichen und personalvertretungsrechtlichen Mitbestimmungsrechte – kraft seines **Direktionsrechtes** eine Leistungsbestimmung vornehmen, also grundsätzlich einseitig die Verteilung der Arbeitszeit auf die einzelnen Wochentage regeln, Beginn und Ende der täglichen Arbeitszeit sowie die Lage der Ruhepausen festlegen (**R:** BAG 25.10.1989 AP BGB § 611 Nr. 36 Direktionsrecht) oder auch dem Arbeitnehmer andere Arbeitsschichten zuweisen (**R:** LAG Köln 14.2.1997 NZA-RR 1997, 391); auch bei einem langjährigen Verzicht des Arbeitgebers auf Ausübung seines Direktionsrechtes kann der Arbeitnehmer (im öffentlichen Dienst) ohne besondere Anhaltspunkte nicht darauf vertrauen, dass diese Übung Vertragsinhalt geworden ist und unbefristet weiter fortbesteht (**R:** BAG 26.10.1996 DB 1996, 835).

28 Regelt der Arbeitgeber die Lage der Arbeitszeit, so muss er dabei, wie stets bei der Ausübung seines Direktionsrechtes, die **Grundsätze billigen Ermessens** (§ 315 Abs. 1 BGB) wahren (**R:** BAG 27.3.1980 AP BGB § 611 Nr. 26 Direktionsrecht; BAG 19.5.1992 AP VerfBW Art. 70 Nr. 1 = NZA 1992, 978; BAG 11.10.1995 AP BGB § 611 Nr. 9 Arbeitszeit = NZA 1996, 718; LAG Köln 14.2.1997 NZA-RR 1997, 391; LAG Düsseldorf 28.9.2006 ZTR 2007, 155). Eine Leistungsbestimmung entspricht billigem Ermessen, wenn sie die wesentlichen Umstände des Falles abgewogen und die **beiderseitigen Interessen** angemessen berücksichtigt hat (**R:** BAG 28.9.1977 AP TVG § 1 Nr. 4 Tarifverträge: Rundfunk; BAG 4.3.2004 ZTR 2004, 479; BAG 23.9.2004 DB 2005, 559; BAG 27.7.2005 ZTR 2006, 94). Der Arbeitgeber darf bei Ausübung seines Direktionsrechtes Umstände, die für die Ermessensentscheidung von Bedeutung sind, nicht fortgesetzt völlig außer Acht lassen oder grundsätzlich falsch beurteilen (**R:** LAG Köln 26.5.1997 ZTR 1997, 522). Das Direktionsrecht findet seine Grenzen ua in den Vorschriften des ArbZG. Die Ausübung des Direktionsrechtes nach § 315 Abs. 3 Satz 2 BGB unterliegt der gerichtlichen Kontrolle. Betrieblich nicht zwingende Anordnungen, die die Vereinbarkeit von Familie und Beruf behindern, darf der Arbeitgeber nicht treffen (**R:** LAG Hamburg 4.12.1995 BB 1996, 1668; BAG 23.9.2004 AuR 2004, 392).

29 Die Entscheidung des Arbeitgebers ist auch in der Revisionsinstanz unbeschränkt nachprüfbar (**R:** BAG 19.6.1985 AP BAT § 4 Nr. 11). Ist die Lage der Arbeitszeit eindeutig im Arbeitsvertrag festgelegt, so ist insoweit eine einseitige Änderung durch den Arbeitgeber kraft seines Direktionsrechtes ausgeschlossen (**R:** LAG Berlin 26.7.1993 AuR 1994, 198). Der Arbeitgeber ist in solchen Fällen gehalten, die Lage der Arbeitszeit im Einvernehmen mit dem Arbeitnehmer zu verändern oder

dem Arbeitnehmer ein Änderungsangebot zur Lage der Arbeitszeit zu unterbreiten. Lehnt der Arbeitnehmer das neue Angebot ab, so kann der Arbeitgeber das neue Angebot im Wege einer betriebsbedingten Änderungskündigung durchsetzen. Das Änderungsangebot des Arbeitgebers ist daran zu messen, ob dringende betriebliche Erfordernisse vorliegen und ob der Arbeitgeber sich bei einem anerkennenswerten Anlass zur Änderungskündigung darauf beschränkt hat, nur solche Änderungen vorzuschlagen, die der Arbeitnehmer billigerweise hinnehmen muss (**R:** BAG 15.3.1991 AP KSchG 1969 § 2 Nr. 28; BAG 24.4.1997 BB 1997, 1950).

2. Privatrechtliche Auswirkungen. – Die Vorschriften des ArbZG enthalten an den Arbeitgeber adressierte Gebote und Verbote. Sie verbieten dem Arbeitgeber, zB die gesetzlich zulässigen Höchstarbeitszeiten zu überschreiten, die vorgeschriebenen Mindestruhepausen und Mindestruhezeiten zu unterschreiten oder Arbeitnehmer an Sonn- und Feiertagen zu beschäftigen. Diese Gebote und Verbote haben Auswirkungen auf die privatrechtlichen Beziehungen der Vertragsparteien, da es **gesetzliche Verbote** iSd § 134 BGB sind, und zwar unabhängig davon, ob sie in der jeweiligen Vorschrift des ArbZG als Verbot oder Gebot formuliert sind. Sie beschränken dementsprechend sowohl den Inhalt arbeitsvertraglicher Vereinbarungen als auch den Umfang des Weisungsrechts des Arbeitgebers. Sie setzen zudem Schranken für die Vereinbarungen der Tarifvertragsparteien und der Betriebspartner (**L:** ausf. hierzu *Wlotzke* FS Hilger/Stumpf S. 723, 727). 30

a) Nach § 134 BGB (Nichtigkeit). – Vereinbarungen der Arbeitsvertragsparteien, zB über die höchstzulässige tägliche Arbeitszeit von 10 Stunden oder länger als 6 Stunden ohne Ruhepausen zu arbeiten, verstoßen gegen ein im ArbZG enthaltenes gesetzliches Verbot und sind daher nach § 134 BGB **nichtig** (**R:** BAG 28.1.1971 DB 1972, 489). Das Gleiche gilt für entsprechende gesetzeswidrige Weisungen des Arbeitgebers. Die Anwendung der Teilnichtigkeitsregel des § 139 BGB, wonach im Zweifel das ganze Rechtsgeschäft nichtig ist, wenn ein Teil des Rechtsgeschäfts nichtig ist, würde allerdings dem Schutzzweck des ArbZG zuwiderlaufen, den Arbeitnehmer zu schützen. Da bei Vereinbarungen der Arbeitsvertragsparteien, die gegen die Vorschriften des ArbZG verstoßen, in der Regel angenommen werden kann, dass die vertragliche Vereinbarung auch ohne den nichtigen Teil abgeschlossen worden wäre, treten an die Stelle der nichtigen Abrede die von Anfang an zu beachtenden Vorschriften des ArbZG (**R:** BAG 24.8.2016 BB 2016, 3124 = NZA 2017, 58). 31

Lediglich in Ausnahmefällen dürfte die Teilnichtigkeit zur vollen Nichtigkeit der vertraglichen Vereinbarungen führen, nämlich immer dann, wenn im Einzelfall die Vertragsparteien den Vertrag von der Bestimmung abhängig machen wollten, die sich nachträglich als nichtig herausgestellt hat. Wird zB bei einem Doppelarbeitsverhältnis im zweiten Arbeitsverhältnis unter Berücksichtigung der im ersten Arbeitsverhältnis vereinbarten Arbeitszeiten die gesetzlich zulässige Höchstarbeitszeit **sehr erheblich** überschritten, so ist das zweite Arbeitsverhältnis im vollen Umfang nichtig (**R:** BAG 19.6.1959 AP BGB § 611 Nr. 1 Doppelarbeitsverhältnis). 32

Die Nichtigkeit kann allerdings regelmäßig nicht für die Vergangenheit geltend gemacht werden, so dass der Arbeitnehmer den Vergütungs- und Urlaubsanspruch behält.

33 Die Nichtigkeit des gesamten Vertrags ist nach § 139 BGB ferner anzunehmen, wenn in ihm überwiegend eine nach § 9 unzulässige Sonn- und Feiertagsarbeit vereinbart wird. In einem solchen Fall wird der Arbeitgeber allerdings zu prüfen haben, ob er den Arbeitnehmer im Betrieb nicht mit anderen zulässigen Arbeiten und mit einem diesen Arbeiten entsprechenden Lohn beschäftigen kann, bevor er sich vom nichtigen Arbeitsvertrag lossagen kann (**R:** BAG 27.11.1956 AP MuSchG § 4 Nr. 2). Diese Verpflichtung ergibt sich für den Arbeitgeber aus der Rechtsfigur der **culpa in contrahendo** (§§ 307 bis 309 BGB), da der Arbeitgeber die Unzulässigkeit der vereinbarten Leistung zumindest hätte kennen müssen (**L:** *Wlotzke* FS Hilger/Stumpf S. 723, 729).

34 **b) Nach § 823 BGB (Schutzgesetz).** – Die Vorschriften des ArbZG sollen die Arbeitnehmer vor einer Verletzung des Lebens oder der Gesundheit schützen. Sie sind damit **Schutzgesetze iSd § 823 Abs. 2 BGB**. Schutzgesetzcharakter ist vor allem anzunehmen für die §§ 3, 4, 5, 6, 9, 10, 11. Keine Schutzgesetze sind die Ordnungsvorschriften des § 16. Verletzt der Arbeitgeber rechtswidrig und schuldhaft diese Vorschriften, so ist er zum Ersatz des daraus entstehenden Schadens, ggf. auch zur Zahlung eines Schmerzensgeldes verpflichtet (**L:** ausf. hierzu *Herschel* RdA 1964, 7ff und 44ff; *ders.* RdA 1978, 69ff). Bedient sich der Arbeitgeber zur Erfüllung seiner Aufgaben eines Verrichtungsgehilfens, so kann er sich von der Verpflichtung zum Ersatz des Schadens befreien, wenn er nachweist, dass er bei Auswahl und Bestellung dieser Person die im Verkehr erforderliche Sorgfalt beachtet hat oder dass der Schaden auch bei Anwendung dieser Sorgfalt entstanden sein würde (§ 831 BGB).

35 Der Umfang des Schadensersatzes bestimmt sich nach den §§ 249ff und 842ff BGB. Als Schadensersatz kommt eine Geldrente oder Abfindung in Kapital (§ 843 BGB) sowie die Zahlung eines Schmerzensgeldes (§ 847 BGB) in Betracht. Für die Anwendung des Deliktrechts bei **Arbeitsunfällen** bleibt allerdings kaum noch Raum, da die Schadensersatzansprüche der Arbeitnehmer und der Hinterbliebenen nach den §§ 104ff SGB VII durch öffentlich-rechtliche Ansprüche gegen die Träger der gesetzlichen Unfallversicherung (Berufsgenossenschaften) abgelöst worden sind.

36 **c) Nach § 1 UWG (gute Sitten).** – Dauernde und planmäßige Verstöße gegen die Vorschriften des ArbZG sind – ausgehend von der bisherigen Rspr. zum LSchlG (**R:** KG Berlin 27.10.1981 GewA 1982, 169) und zum BAZG (**R:** OLG Köln 7.12.1984 GewA 1985, 242; OLG Hamm 24.1.1991 GewA 1991, 240) – auch als Verstöße gegen die **guten Sitten iSd § 1 UWG** anzusehen. Durch derartige Zuwiderhandlungen, zB durch fortgesetzte Verstöße gegen das Verbot der Sonn- und Feiertagsbeschäftigung des § 9 Abs. 1 oder durch Tätigkeiten am Sonn- oder Feiertag (hier das Verteilen von Anzeigenblättern), für die eine Ausnahmegenehmigung nicht erteilt ist, wird regelmäßig ein wettbewerbswidriger Vorsprung gegenüber den anderen Gewerbetreibenden, die die Vorschriften des ArbZG beachten, erreicht (**R:** BGH 26.11.1987 NJW 1988, 2243). Der konkurrierende Gewerbetreibende kann den zuwiderhandelnden Arbeitgeber auf Unterlassung und Schadensersatz in Anspruch nehmen, und zwar vor den Gerichten für Wettbewerbsstreitsachen; das sind in der Regel die Kammern für Handelssachen (§ 27 UWG).

3. Privatrechtliche Pflichten. – Die Vorschriften des ArbZG konkretisieren den privatrechtlichen Inhalt der dem Arbeitgeber aus dem Arbeitsverhältnis gegenüber dem Arbeitnehmer obliegenden allgemeinen **Fürsorgepflicht**, wenn sie ausgehend von dem Gedanken der Geeignetheit von den Parteien des Arbeitsvertrags als Arbeitsbedingungen hätten vereinbart werden können. Abgesehen von den Vorschriften, die dem Arbeitgeber Pflichten auferlegen, die ihm allein gegenüber der zuständigen Aufsichtsbehörde obliegen, wie zB die Pflicht, nach § 16 Abs. 2 Arbeitsnachweise zu führen und aufzubewahren oder die Pflicht, nach § 17 Abs. 4 alle erforderlichen Auskünfte zu erteilen, sind alle Vorschriften des ArbZG, die an den Arbeitgeber adressierte Gebote und Verbote enthalten, geeignet, arbeitsvertraglich vereinbart zu werden. Sie begründen somit zugleich die privatrechtliche Pflicht des Arbeitgebers, zB den Arbeitnehmer nicht über die Höchstarbeitszeitgrenzen des § 3 zu beschäftigen, ihm die in § 4 vorgeschriebenen Mindestruhepausen und in § 5 vorgeschriebenen Mindestruhezeiten zu gewähren, ihn nicht entgegen den §§ 9 und 11 zu beschäftigen. 37

Eine **ausdrückliche Transformationsvorschrift**, wie sie in § 6 JArbSchG 1960 aF (›Die Pflichten, die nach diesem Gesetz und den aufgrund dieses Gesetzes erlassenen Vorschriften dem Arbeitgeber obliegen, gelten zugleich als seine Pflichten gegenüber dem Beschäftigten aus dem Arbeitsverhältnis, soweit sie geeignet sind, den Gegenstand einer arbeitsvertraglichen Vereinbarung zu bilden.‹) noch vorgesehen war, **fehlt im ArbZG**, da dieser Grundsatz nach der heute herrschenden Rechtsauffassung (**L:** *Herschel* RdA 1978, 69, 72) allgemein anerkannt ist. 38

Der Arbeitgeber erfüllt seine Fürsorgepflicht nicht in allen Fällen schon dann, wenn er die gesetzlichen Höchstarbeitszeitgrenzen, Mindestruhepausen und Mindestruhezeiten einhält. **Bei einer besonderen Art oder Schwere der Arbeit**, bei älteren oder behinderten Arbeitnehmern muss er prüfen, ob nicht in diesen Fällen aus Gründen des Schutzes der Arbeitnehmer kürzere Arbeitszeiten und längere Ruhepausen und Ruhezeiten geboten sind, insbes. bei den sog. gefährlichen Arbeiten, und zwar unabhängig vom Erlass einer Rechtsverordnung nach § 8 durch die Bundesregierung. **Schwerbehinderte** sind bereits nach § 207 SGB IX auf ihr Verlangen von Mehrarbeit über die normale gesetzliche Arbeitszeit von 8 Stunden werktäglich hinaus freizustellen (**R:** BAG 8.11.1989 BB 1990, 560; BAG 3.12.2002 DB 2004, 1621. 39

40 **a) Anspruch auf Erfüllung.** – Der Arbeitnehmer hat grundsätzlich gegenüber dem Arbeitgeber, der die öffentlich-rechtlichen Vorschriften des ArbZG nicht beachtet und damit zugleich seine vertraglichen Pflichten aus dem Arbeitsverhältnis verletzt, einen Anspruch auf Erfüllung aus **§ 618 BGB**, den er mit einer **Leistungsklage** durchsetzen kann (**R:** BAG 10.3.1976 AP BGB § 618 Nr. 17; BAG 18.8.1982 BGB § 618 Nr. 18; BAG 21.8.1985 AP BGB § 618 Nr. 19). Der Arbeitnehmer kann demzufolge vom Arbeitgeber im Wege einer Leistungsklage verlangen, dass ihm zB die in §§ 4 und 5 vorgeschriebenen Mindestruhepausen oder Mindestruhezeiten gewährt werden, dass die in § 6 vorgesehenen Schutzmaßnahmen eingehalten werden und dass ihm desgleichen die in § 11 vorgesehenen Ausgleichsregelungen bei Sonn- und Feiertagsarbeit nicht verwehrt werden. Die dem Arbeitgeber obliegenden Verpflichtungen können nach § 619 BGB nicht im Voraus durch Vertrag aufgehoben oder beschränkt werden.

41 Ein Erfüllungsanspruch, bis zu den Höchstgrenzen der §§ 3 und 6 Abs. 2 beschäftigt zu werden, bzw bei Vorliegen eines Ausnahmetatbestandes des § 10 Abs. 1 an Sonn- und Feiertagen zum Einsatz zu kommen, besteht nicht. Der Anspruch des Arbeitnehmers, während einer bestimmten Zeit oder an bestimmten Tagen beschäftigt zu werden, bestimmt sich grundsätzlich nach dem Tarifvertrag, einer Betriebs- oder Dienstvereinbarung sowie dem Arbeitsvertrag (**L:** MünchArbR/*Reichold* § 40 Rn 87). Tarifvertraglich kann darüber hinaus bestimmt werden, dass der Arbeitnehmer nicht nur verpflichtet ist, die festgelegte Arbeitszeit zu leisten, sondern auch einen Anspruch auf die Leistung dieser Arbeitszeit hat (**R:** LAG Hamm 15.1.1985 LAGE AZO 1938 § 7 Nr. 1); im Zweifel ist der Tarifvertrag wie ein Gesetz nach der objektiven Methode (Wortlaut, Systematik, Entstehungsgeschichte und Zweck) auszulegen (**R:** zum Anspruch auf Teilzeitarbeit zuletzt BAG 18.2.2003 BB 2003, 2629 = NJW 2004, 386 = AuR 2004, 66).

42 **b) Recht auf Arbeitseinstellung.** – Neben dem Erfüllungsanspruch hat der Arbeitnehmer das wirksame und in der Regel schneller zu realisierende Recht auf Arbeitseinstellung, wenn zB der Arbeitgeber die Leistung von Arbeit über die Höchstgrenzen der §§ 3 und 6 Abs. 2 sowie § 11 Abs. 2 verlangt. Er kann daher die Leistung von Arbeit über die Höchstarbeitszeitgrenzen hinaus unter Berufung auf das **Zurückbehaltungsrecht** nach § 273 Abs. 1 BGB verweigern. Der Arbeitnehmer gerät dadurch nicht in Leistungsverzug. Verweigert der Arbeitgeber seinerseits die Beschäftigung zu den vereinbarten erlaubten Arbeitszeiten, so kommt er in Annahmeverzug und muss den Lohn nach § 615 BGB zahlen.

43 In der berechtigten Arbeitsverweigerung von gesetzwidrigen Arbeitszeiten liegt keine Pflichtverletzung, kein Arbeitsvertragsbruch (**R:** vgl. ArbG Mosbach 24.11.1955 AP AZO 1938 § 15 Nr. 2; LAG Düsseldorf 14.11.1968 DB 1969, 178; LAG BW 26.11.1968 DB 1969, 709). Entsprechendes gilt von der berechtigten Verweigerung unzulässiger Sonn- und Feiertagsarbeit. Eine Feststellungsklage, dass keine arbeitsvertragliche Verpflichtung zur Arbeitsleistung besteht, beinhaltet nicht gleichzeitig die Geltendmachung eines Leistungsverweigerungsrechts wegen

Nichteinhaltung von Arbeitszeitvorschriften (**R:** BAG 8.6.1967 AP BGB § 611 Nr. 1 Arbeitsleistung).

c) Anspruch auf Unterlassung. – Neben dem Recht zur Arbeitseinstellung hat der Arbeitnehmer gegen den Arbeitgeber einen privatrechtlichen Anspruch auf Unterlassung einer unzulässigen bzw verbotswidrigen Beschäftigung. Diesen Anspruch kann er auch mit einer vorbeugenden Unterlassungsklage geltend machen, wenn eine unzulässige bzw verbotswidrige Beschäftigung ernsthaft droht. 44

d) Anspruch auf Schadensersatz. – Bei schuldhafter Verletzung der Vorschriften des ArbZG steht dem Arbeitnehmer ein vertraglicher Schadensersatzanspruch aus dem Gesichtspunkt der **positiven Vertragsverletzung** zu, weil die öffentlich-rechtliche Pflicht des Arbeitgebers zur Beachtung dieser Vorschriften zugleich eine privatrechtliche Pflicht des Arbeitgebers gegenüber dem Arbeitnehmer darstellt. Sofern der Haftungsausschluss nach den §§ 104 ff SGB VII nicht eintritt (vgl. Rn 35), haftet der Arbeitgeber für seine Erfüllungsgehilfen ohne die Entlastungsmöglichkeit nach § 831 BGB aufgrund des § 278 BGB. Der Umfang der Schadensersatzpflicht richtet sich nach den §§ 249 ff BGB. Ein **Mitverschulden des Arbeitnehmers** nach § 254 BGB scheidet in der Regel aus, da nicht er, sondern der Arbeitgeber für die Einhaltung der Vorschriften des ArbZG verantwortlich ist. 45

Ein Arbeitnehmer, der als Feuerwehrmann in einem zum **öffentlichen Sektor** gehörenden Einsatzdienst beschäftigt ist, und über die – aus dem EU-Recht folgenden – Arbeitszeitgrenzen hinaus beschäftigt wird, kann Ersatz des Schadens verlangen, ohne zuvor einen Antrag auf Einhaltung der gesetzlichen Bestimmungen bei seinem Arbeitgeber stellen zu müssen (**R:** EuGH 25.11.2010 – C-429/09 – NZA 2011, 53; **L:** vgl. auch ErfK/*Wank* § 1 ArbZG Rn 10). 45a

e) Recht zur Kündigung. – Die ständige und erhebliche **Überschreitung der Höchstarbeitszeitgrenzen** der §§ 3, 6 Abs. 2 und 11 Abs. 2 oder ständige und erhebliche Verstöße gegen andere Schutzvorschriften des ArbZG können dem Arbeitnehmer einen **wichtigen Grund** zur **fristlosen Kündigung** (**L:** *Wlotzke* FS Hilger/Stumpf 1983, 723, 750) mit der Folge des § 628 Abs. 2 BGB geben, und zwar auch dann, wenn er zunächst bereit war, die verbotswidrige Arbeit zu verrichten. Vor Ausspruch der fristlosen Kündigung ist im Allgemeinen eine vorherige vergebliche **Abmahnung** notwendig; zumindest sollte der Arbeitnehmer einen Versuch unternehmen, die arbeitsrechtliche Situation (hier die wesentlichen Unterschreitungen der Ruhezeiten) zu bereinigen, da ihm ansonsten Sperrzeiten beim Bezug von Arbeitslosengeld drohen (**R:** BSG 6.2.2003 AuR 2003, 314). Sie kann unterbleiben, wenn der Arbeitnehmer aus dem Verhalten des Arbeitgebers schließen kann, dass dieser auch nach Abmahnung nicht bereit ist, die Schutzvorschriften des ArbZG zu beachten (**R:** BAG 28.10.1971 DB 1972, 489; zur Kündigung durch den Arbeitgeber bei fortgesetztem Arbeitszeitbetrug vgl. LAG Mainz 6.5.2010 BB 2010, 2248). 46

47 Ist ein Arbeitsvertrag insgesamt nichtig (vgl. Rn 31 ff), so kann – selbst wenn die Arbeit aufgenommen wird – nur ein sog. faktisches Beschäftigungsverhältnis entstehen. In einem solchen Falle können sich sowohl Arbeitnehmer wie Arbeitgeber jederzeit und ohne Einhaltung von Fristen vom nichtigen Vertrag **lossagen** (**R:** BAG 27.11.1956 AP MuSchG § 4 Nr. 2). Die berechtigte Verweigerung gesetzwidriger Arbeit durch den Arbeitnehmer gibt dem Arbeitgeber keinen ausreichenden Grund zur Kündigung (**R:** LAG Rh-P 25.5.2007 BB 2008, 59), allerdings rechtfertigt ein **Arbeitszeitbetrug** verbunden mit dem dringenden Verdacht langfristiger Gleitzeitmanipulationen die außerordentliche Kündigung, und zwar auch eines ordentlich unkündbaren Arbeitsverhältnisses (**R:** LAG Köln 22.3.2003 ZTR 2003, 623).

48 **f) Recht zur Einschaltung der Aufsichtsbehörde.** – Das ArbZG wird als Bundesgesetz nach Art. 83 GG von den Ländern als eigene Angelegenheit ausgeführt. Sie bestimmen nach § 17 die für die Überwachung der Einhaltung der Vorschriften des ArbZG und der aufgrund des ArbZG erlassenen Rechtsverordnungen zuständigen Landesbehörden (vgl. § 17 Rn 3). Die nach Landesrecht zuständige Behörde (Aufsichtsbehörde) kann alle erforderlichen Maßnahmen anordnen, die der Arbeitgeber zur Erfüllung der sich aus dem ArbZG und der aufgrund des ArbZG erlassenen Rechtsverordnungen ergebenden Pflichten zu treffen hat (§ 17 Abs. 2).

49 Es ist **kein Verstoß** gegen die dem Arbeitnehmer obliegende **Treuepflicht**, wenn sich der Arbeitnehmer bei Nichteinhaltung der Vorschriften des ArbZG durch den Arbeitgeber an die für den Betrieb zuständige Aufsichtsbehörde wendet, damit von dort aus der gesundheitsschutzwidrige Zustand durch geeignete Anordnungen behoben wird. Der Arbeitnehmer ist allerdings verpflichtet, zuvor beim Arbeitgeber um Abhilfe nachzusuchen (vgl. § 17 Abs. 2 Satz 1 ArbSchG; vgl. auch BT-Drucks. 12/6752 S. 10, 41).

50 Durch die Inanspruchnahme des außerbetrieblichen Beschwerderechts dürfen den Beschäftigten nach § 17 Abs. 2 Satz 2 ArbSchG **keine Nachteile** entstehen (**L:** vgl. *Pieper* § 17 Rn 8; *Wank* § 17 Rn 4 ff). Eine wegen einer Beschwerde an die Aufsichtsbehörde ausgesprochene **Kündigung** durch den Arbeitgeber ist in aller Regel **nichtig** (**R:** LAG Köln 10.7.2003 ZTR 2003, 583). Dies muss auch dann gelten, wenn der Arbeitnehmer wegen schwerwiegender Vorwürfe Strafanzeige gegen den Arbeitgeber erstattet. Er kann dann nicht auf den Versuch einer innerbetrieblichen Klärung verwiesen werden (**R:** BAG 7.12.2006 DB 2007, 808).

51 **g) Vertragliche Pflichten des Arbeitnehmers.** – Die in den Vorschriften des ArbZG enthaltenen öffentlich-rechtlichen Pflichten gegenüber dem Staat obliegen dem Arbeitgeber (vgl. Rn 20 ff), nicht dem Arbeitnehmer. Begründen die Vorschriften keine öffentlich-rechtlichen Pflichten für die Arbeitnehmer, so scheidet in aller Regel eine Transformation in ihre vertraglichen Pflichten aus. Der Arbeitnehmer ist allerdings aufgrund der ihm obliegenden ergänzenden **leistungsbezogenen Nebenpflichten**, die aus § 242 BGB (Der Schuldner ist verpflichtet, die Leistung so

zu bewirken, wie Treu und Glaube mit Rücksicht auf die Verkehrssitte es erfordern.) hergeleitet werden (früher: Treuepflicht), grundsätzlich vertraglich verpflichtet, die Arbeitsleistung in Einklang mit den Vorschriften des ArbZG zu erbringen, zB die Ruhepausen in Anspruch zu nehmen, die vom Arbeitgeber zur Erfüllung seiner gesetzlichen Verpflichtung eingeräumt werden.

V. Aufgaben des Betriebs- und Personalrats

1. Überwachung des ArbZG. – Nach § 80 Abs. 1 Nr. 1 BetrVG hat der Betriebsrat **darüber zu wachen**, dass die zugunsten der Arbeitnehmer bestehenden Gesetze, Rechtsverordnungen, Unfallverhütungsvorschriften, Tarifverträge und Betriebsvereinbarungen, wozu unstreitig alle Arbeitsschutzgesetze und damit auch das ArbZG und gestützt auf das ArbZG erlassene Rechtsverordnungen zählen, vom Arbeitgeber durchgeführt werden. Mit dem Überwachungsrecht des Betriebsrats korrespondiert die Pflicht des Arbeitgebers, dem Betriebsrat die einschlägigen Gesetzestexte zur Verfügung zu stellen, ggf. auch kommentierte Ausgaben (**L:** *Fitting* § 40 Rn 119, 121). Entsprechende Vorschriften für den Personalrat sind in § 68 BPersVG und den Landespersonalvertretungsgesetzen enthalten. **52**

Aufgrund dieses Überwachungsrechts ist der Betriebsrat berechtigt und verpflichtet, sich über die Einhaltung des ArbZG zu informieren. Mit dem Überwachungsrecht des Betriebsrats korrespondiert eine **Informationspflicht des Arbeitgebers**. Nach § 80 Abs. 2 BetrVG ist der Betriebsrat zur Durchführung seiner Aufgaben rechtzeitig und umfassend vom Arbeitgeber zu unterrichten. Auf Verlangen sind ihm jederzeit die zur Durchführung seiner Aufgaben erforderlichen Unterlagen zur Verfügung zu stellen; so kann der Betriebsrat insbes. Informationen über Beginn und Ende der täglichen Arbeitszeit an jedem Arbeitstag verlangen, um die Einhaltung der täglichen Ruhezeit überprüfen zu können (**R:** BAG 6.5.2003 ZTR 2004, 101 = BB 2003, 2692); der Arbeitgeber kann die Auskunft hierüber nicht mit der Begründung verweigern, er wolle die tatsächliche Arbeitszeit der Arbeitnehmer wegen einer im Betrieb eingeführten „Vertrauensarbeitszeit" bewusst nicht erfassen (**R:** BAG 6.5.2003 ZTR 2004, 101 = BB 2003, 2692). **53**

Der Arbeitgeber hat dem Betriebsrat ebenfalls auf Verlangen die nach § 16 Abs. 2 vorgeschriebenen Arbeitszeitnachweise zur Einsichtnahme vorzulegen, sogar Listen über die Einsatzzeiten der einzelnen Arbeitnehmer, die von Fremdfirmen im Betrieb des Arbeitgebers beschäftigt werden (**R:** BAG 31.1.1989 AP BetrVG 1972 § 80 Nr. 33); hierzu zählt auch die Auskunft über die Beschäftigung freier Mitarbeiter und die Vorlage von Unterlagen – soweit vorhanden – über die festgelegten Arbeitszeiten (**R:** BAG 15.12.1998, AiB 1999, 408). Der Betriebsrat kann insbes. verlangen, dass ihm eine zeitbezogene Aufstellung über monatlich erfasste **Anwesenheitszeiten** und monatlich bezahlte Arbeitszeiten für jeden einzelnen Arbeitnehmer – ausgenommen die leitenden Angestellten – zur Verfügung gestellt wird (**R:** ArbG Stuttgart 4.8.1993 AuR 1994, 201; LAG BW 21.2.1994 BB 1994, 1352). Anwesen- **54** heitszeiten sind zwar nicht gleichbedeutend mit Arbeitszeiten iSd ArbZG, geben jedoch in der Regel einen hinreichenden Aufschluss über diese.

55 Ebenfalls vorzulegen sind Anträge des Arbeitgebers auf Erteilung einer Ausnahmegenehmigung, zB nach § 7 Abs. 5, § 13 Abs. 3 bis 5 und § 15. In den Dienstanweisungen der Länder ist zudem in der Regel vorgeschrieben, dass der Arbeitgeber bei Antragstellung eine Stellungnahme der Betriebsvertretung, die in die Entscheidung einzubeziehen ist, vorzulegen hat. Die Unterrichtungspflicht des Arbeitgebers umfasst somit die Vorlage **aller Unterlagen**, die der Betriebsrat benötigt, um seiner Kontrollpflicht genügen zu können, und zwar im Original, in Durchschrift oder in Fotokopie (**L:** *Löwisch* § 80 Rn 36). Der Betriebsrat kann allerdings vom Arbeitgeber nur die Überlassung vorhandener oder jederzeit erstellbarer Unterlagen verlangen (**R:** BAG 7.8.1986 AP BetrVG 1972 § 80 Nr. 25).

56 Bei der Durchführung seiner Aufgaben kann der Betriebsrat nach § 80 Abs. 3 BetrVG **Sachverständige** hinzuziehen, zB einen Arbeitsmediziner oder Arbeitswissenschaftler zur Beurteilung eines Schichtplanes, oder zB eine andere sachkundige Person zum Zwecke einer interessengebundenen Beratung, ggf. auch einen Rechtsanwalt (**R:** BAG 26.2.1992 AP BetrVG 1972 § 80 Nr. 48). Beides bedarf allerdings einer näheren Vereinbarung mit dem Arbeitgeber. In dieser Vereinbarung sind das Thema, zu dessen Klärung der Sachverständige hinzugezogen werden soll, die voraussichtlichen Kosten seiner Hinzuziehung und insbes. die Person des Sachverständigen festzulegen (**R:** BAG 19.4.1989 AP BetrVG 1972 § 80 Nr. 35).

57 Die Hinzuziehung **betriebsfremder** Sachverständiger kommt grundsätzlich erst dann in Betracht, wenn die betriebsinternen Informationsquellen ausgeschöpft sind (**R:** BAG 4.6.1987 AP BetrVG 1972 § 80 Nr. 30). Es ist nicht erforderlich, dass der hinzugezogene Sachverständige ein schriftliches Gutachten erstattet (**R:** BAG 25.4.1978 AP BetrVG 1972 § 80 Nr. 11). Die entstehenden Kosten hat der Arbeitgeber nach § 40 Abs. 1 BetrVG zu tragen (**R:** BAG 26.2.1992 DB 1992, 2245).

58 Der Betriebsrat hat zur Erfüllung seiner Überwachungsaufgaben nach § 80 Abs. 1 Nr. 1 BetrVG ein eigenes, von der Zustimmung des Arbeitgebers unabhängiges – im einstweiligen Verfügungsverfahren durchsetzbares – **Zugangsrecht zum Arbeitsplatz** der Arbeitnehmer (**R:** BAG 13.6.1989 NZA 1989, 934; ArbG Hamburg 6.5.1997 AiB 1997, 611), zB um sich vor Ort von der Einhaltung der Vorschriften des ArbZG ein Bild zu machen. Auf Verlangen des Arbeitgebers ist der Betriebsrat allerdings verpflichtet, sich vor Ausübung seines Zugangsrechts anzumelden und grob den Grund anzugeben (**R:** LAG Nürnberg 18.10.1993 NZA 1994, 378). Sucht der Betriebsrat im Rahmen seiner Aufgaben um gewerkschaftliche Unterstützung nach, so haben auch die Gewerkschaftsbeauftragten ein Zugangsrecht zum Betrieb (**R:** ArbG Elmshorn 28.5.1999 AiB 1999, 521), das auch im Wege einer einstweiligen Verfügung durchgesetzt werden kann.

59 Bei Meinungsverschiedenheiten zwischen Arbeitgeber und Betriebsrat über den Umfang der Aufgaben des Betriebsrats nach § 80 Abs. 1 Nr. 1 BetrVG, über die Informationspflichten des Arbeitgebers nach § 80 Abs. 2 BetrVG sowie über die Erforderlichkeit der Hinzuziehung von Sachverständigen nach § 80 Abs. 4 BetrVG entscheidet das zuständige ArbG im **Beschlussverfahren** (§ 2a ArbGG).

2. Unterstützung der Aufsichtsbehörden. – Der Betriebsrat hat nach § 89 Abs. 1 BetrVG die Pflicht, die für den Arbeitsschutz zuständigen Behörden durch Anregung, Beratung und Auskunft zu unterstützen. Diese Verpflichtung berechtigt ihn aber nicht stets und einschränkungslos, den Aufsichtsbehörden die vom Arbeitgeber elektronisch erfassten tatsächlich geleisteten Arbeitszeiten der Arbeitnehmer namensbezogen mitzuteilen; vielmehr muss er im Einzelfall aus Gründen des Datenschutzes die Erforderlichkeit der Datenweitergabe prüfen und hierbei die Interessen der betroffenen Arbeitnehmer berücksichtigen (**R:** BAG 3.6.2003 DB 2003, 2496 = ZTR 2004, 107 = AiB 2004, 184 mit Anm. *Bergmann*). **60**

3. Mitbestimmung. – a) Bei Beginn und Ende der täglichen Arbeitszeit. – Nach §87 Abs. 1 Nr. 2 BetrVG hat der Betriebsrat über **Beginn und Ende der täglichen Arbeitszeit einschließlich der Pausen** sowie über die **Verteilung der Arbeitszeit auf die einzelnen Wochentage** mitzubestimmen, soweit eine gesetzliche oder tarifliche Regelung nicht besteht (**L:** vgl. ausf. zur Mitbestimmung des Betriebsrats bei Arbeitszeitfragen: *Bepler* NZA Beil. 1/2006, 45; *Gutzeit* BB 1996, 106; *Richardi* NZA 1994, 593; *Senne* BB 1996, 1609). **61**

Der **Arbeitszeitbegriff in § 87 Abs. 1 Nr. 2 BetrVG** ist nicht deckungsgleich mit dem Begriff der vergütungsrechtlichen Arbeitszeit und dem des ArbZG; vielmehr bestimmt sich der Arbeitszeitbegriff in § 87 Abs. 1 Nr. 2 BetrVG nach dem Zweck des Mitbestimmungsrechts, der darin besteht, die Interessen der Arbeitnehmer an der Lage ihrer Arbeitszeit und damit zugleich ihrer freien und für die Gestaltung ihres Privatlebens nutzbaren Zeit zur Geltung zu bringen (**R:** BAG 10.11.2009 DB 2010, 454 = NZA-RR 2010, 301). **61a**

Das Mitbestimmungsrecht nach § 87 Abs. 1 Nr. 2 BetrVG umfasst zB die Aufstellung von **Dienstplänen** sowie das Abweichen von bereits aufgestellten Plänen (**R:** BAG 28.5.2002 BB 2002, 2508 = NZA 2003, 1352 = DB 2002, 2385), sowie die Zuordnung der einzelnen Arbeitnehmer zu diesem Dienstplan (**R:** BAG 22.8.2017 BB 2018, 1021), nicht jedoch die Ausweisung von Tagesdauerarbeitsposten, die abstrakt gemäß bestimmter Anweisungen (hier bei der Deutschen Post AG) berechnet werden (**R:** BAG 25.9.2012 NZA 2013, 159). **61b**

Das Mitbestimmungsrecht umfasst auch die Einführung und Ausgestaltung einer **flexiblen Arbeitszeit** einschließlich der Einzelheiten eines derartigen Arbeitszeitsystems, wozu auch Regelungen zur Führung von Arbeitszeitkonten gehören (**R:** LAG Hamm 10.9.2007 BB 2008, 340). Enthält der maßgebende Tarifvertrag eine Regelung der **Dauer der wöchentlichen Arbeitszeit**, so hat der Betriebsrat hierüber nicht mitzubestimmen (**R:** BAG 13.1.1987 AP BetrVG 1972 § 87 Nr. 22 Arbeitszeit), es sei denn, die Tarifvertragsparteien lassen ergänzende Betriebsverein- **61c** barungen nach § 77 Abs. 3 Satz 2 BetrVG ausdrücklich zu (**R:** BAG 18.8.1987 AP BetrVG 1972 § 87 Nr. 25 Arbeitszeit).

62 Der Spruch der Einigungsstelle ist unwirksam, soweit er Regelungen über den Umfang der wöchentlichen Höchstarbeitszeit beinhaltet (**R:** BAG 22.7.2003 AuR 2003, 298 = BB 2004, 500). Eine Erhöhung der tarifüblichen Arbeitszeit durch eine Betriebsvereinbarung ist wegen Verstoßes gegen § 77 Abs. 3 BetrVG unwirksam (**R:** LAG BW 16.1.1997 NZA-RR 1997, 387). Eine Tarifbestimmung, die das einseitige Bestimmungsrecht des Arbeitgebers wiederherstellt, ist **keine Tarifnorm** iSd § 87 Abs. 1 Eingangssatz BetrVG, so dass das Mitbestimmungsrecht des Betriebsrats in diesem Fall bestehen bleibt (**R:** BAG 18.4.1989 AP BetrVG 1972 § 87 Nr. 37 Arbeitszeit). Entsprechende Vorschriften für den Personalrat sind in § 75 Abs. 3 Nr. 1 BPersVG und den Landespersonalvertretungsgesetzen enthalten.

63 Lage und Verteilung der Arbeitszeit der Arbeitnehmer im Betrieb kann wirksam nur mit Zustimmung des Betriebsrats festgelegt werden, auch in **Eilfällen** (**R:** BAG 5.3.1974 DB 1974, 1389; BAG 2.3.1982 AP BetrVG 1972 § 87 Nr. 6 Arbeitszeit), allerdings kann der Betriebsrat bei gleichliegenden, immer wieder auftretenden Eilfällen seine Zustimmung auch im Voraus erteilen (**R:** BAG 2.3.1982 AP BetrVG 1972 § 87 Nr. 6 Arbeitszeit). Die Beteiligung des Betriebsrats ist auch in **Tendenzbetrieben** (§ 118 BetrVG) nicht von vornherein ausgeschlossen, sondern in jedem Einzelfall mit Blick auf die konkreten Auswirkungen für die Tendenzverwirklichung zu entscheiden (**R:** BVerfG 15.12.1999 AuR 2000, 143 zur Vorverlegung der Sollandruckzeit; BVerfG 15.12.1999 NJW 2000, 1711 zur Festlegung des Endes der regelmäßigen täglichen Arbeitszeit der Rundfunkredakteure in der Frühschicht). Beim Vorliegen eines **Notfalles** (zum Begriff vgl. § 14 Rn 3 ff) ist der Arbeitgeber allerdings zu einseitigen Regelungen befugt (**R:** BAG 19.2.1991 DB 1991, 2043).

64 Das Mitbestimmungsrecht des Betriebsrats besteht für **teilzeitbeschäftigte Arbeitnehmer** in demselben Umfang wie bei der Regelung der Arbeitszeit vollzeitbeschäftigter Arbeitnehmer (**R:** BAG 13.10.1987 AP BetrVG 1972 § 87 Nr. 24 Arbeitszeit; BAG 16.7.1991 AP BetrVG 1972 § 87 Nr. 44 Arbeitszeit; BAG 23.7.1996 AP BetrVG 1972 § 87 Nr. 68 Arbeitszeit). Das Mitbestimmungsrecht umfasst die Festlegung der Mindestdauer der täglichen Arbeitszeit, die Festlegung der Höchstzahl von Arbeitstagen in der Woche, die Festlegung der Mindestzahl arbeitsfreier Samstage sowie die Festlegung der Dauer der Pausen. Der Betriebsrat hat nach § 87 Abs. 1 Nr. 2 BetrVG auch über die Frage mitzubestimmen, ob Teilzeitkräfte zu festen Zeiten oder nach Bedarf beschäftigt werden sollen (**R:** BAG 28.9.1988 AP BetrVG 1972 § 87 Nr. 29 Arbeitszeit).

65 Der **Mitbestimmung entzogen** ist lediglich die **Dauer** der von den teilzeitbeschäftigten Arbeitnehmern geschuldeten wöchentlichen Arbeitszeit (**R:** BAG 18.8.1987 AP BetrVG 1972 § 77 Nr. 23), ebenso die Dauer der wöchentlichen Arbeitszeit der vollzeitbeschäftigten Arbeitnehmer (**R:** BAG 21.11.1978 AP BetrVG 1972 § 87

Nr. 2 Arbeitszeit), und zwar verstanden als Umfang des vom Arbeitnehmer vertraglich geschuldeten Arbeitszeitvolumens (**R:** BAG 22.7.2003 ZTR 2004, 380).

Leiharbeitnehmer sind in betriebsverfassungsrechtlicher Hinsicht zwar grundsätzlich dem Verleihbetrieb zugeordnet, das Mitbestimmungsrecht bei der Festlegung von Beginn und Ende der Arbeitszeit steht allerdings dem Betriebsrat des Entleiherbetriebs zu (**R:** BAG 15.12.1992 AP BetrVG 1972 § 87 Nr. 57 Arbeitszeit = NZA 1993, 513); ebenso das Mitbestimmungsrecht bei Anordnung oder Duldung von Überstunden (**R:** LAG Köln 21.10.1994 BB 1995, 568). **66**

Mitbestimmungspflichtige Fälle nach § 87 Abs. 1 Nr. 2 BetrVG sind zB die **Verteilung** der in § 3 Satz 1 und § 6 Abs. 2 zugelassenen werktäglichen Arbeitszeit von 8 Stunden auf den Tag (vgl. § 3 Rn 81 ff und § 6 Rn 97 und 98) und auf die Woche (vgl. § 3 Rn 81 ff), die Verteilung der nach § 3 Satz 2 und § 6 Abs. 2 verlängerten Arbeitszeit von 10 Stunden auf den Tag und auf die Woche, die Wahl und Änderung des Ausgleichszeitraums sowie die Durchführung des Arbeitszeitausgleichs nach § 3 Satz 2 und § 6 Abs. 2. **67**

Mitbestimmungspflichtig ist die Einführung einer $4^1/_2$- oder 4-Tage-Woche, die Einführung oder Änderung von **Gleitzeitsystemen** mit und ohne Zeitausgleich, die Regelung des Vor- und Nacharbeitens der vor und nach Feiertagen ausfallenden Arbeitszeit (**R:** BAG 9.5.1985 AP LohnFG § 1 Nr. 58), die Ausgestaltung der 5-Tage-Woche in Betrieben, die an allen 6 Werktagen geöffnet sind, also ein sog. rollierendes System praktizieren (**R:** BAG 31.1.1989 AP BetrVG 1972 § 87 Nr. 31 Arbeitszeit; BAG 31.1.1989 AP BetrVG 1972 § 87 Nr. 32 Arbeitszeit). **68**

Der Betriebsrat hat auch mitzubestimmen, wenn der Arbeitgeber seine Arbeitnehmer anweist, außerhalb ihrer durch Arbeitseinsatzplanung festgelegten Arbeitszeit die arbeitgeberseitig zur Verfügung gestellte **Firmenkleidung** an- und auszuziehen; das „fremdnützige" An- und Ablegen der Firmenkleidung zählt zur Arbeitszeit iSd § 87 Abs. 1 Nr. 2 BetrVG (**R:** BAG 10.11.2009 DB 2010, 454 = NZA-RR 2010, 301; BAG 17.11.2015 BB 2016, 371). **68a**

Mitbestimmungspflichtig ist ferner die **Einrichtung von Arbeitsbereitschaft, Bereitschaftsdienst und Rufbereitschaft** (**R:** BAG 21.12.1982 AP BetrVG 1972 § 87 Nr. 9 Arbeitszeit; LAG Berlin 18.3.1996 AiB 1996, 558: Mitbestimmung bei der Anordnung von Rufbereitschaft bei der Deutschen Post AG; BAG 29.2.2000 NZA 2000, 1243: Durchführung des Bereitschaftsdienstes in Rettungswachen). **Nicht mitzubestimmen** hat aber der Betriebsrat, wie Zeiten von Arbeitsbereitschaft oder Bereitschaftsdienst arbeitszeitrechtlich zu qualifizieren sind. Dies ist eine von den Gerichten zu entscheidende Frage der Auslegung arbeitszeitrechtlicher Vorschriften (**R:** BAG 22.7.2003 ZTR 2004, 380). Nicht mitzubestimmen hat der Betriebsrat bei der Anordnung einer Dienstreise, während derer der Arbeitnehmer keine Arbeitsleistung zu erbringen hat (**R:** BAG 14.11.2006 NZA 2007, 458). **69**

Zwar unterliegt die Dauer der **Betriebsnutzungszeit** nicht der Mitbestimmung des Betriebsrats (**R:** BAG 18.12.1990 AP BetrVG 1972 § 87 Nr. 46 Arbeitszeit), doch **70** hat der Betriebsrat umfangreiche Mitbestimmungsrechte bei der Einführung von **Schicht- und Nachtarbeit** (**L:** *Richardi* NZA 1994, 593, 595). Nach § 87 Abs. 1 Nr. 2 BetrVG hat der Betriebsrat mitzubestimmen, ob im Betrieb überhaupt in mehreren Schichten gearbeitet werden soll (**R:** BAG 28.10.1986 AP BetrVG 1972 § 87 Nr. 20 Arbeitszeit), wann die einzelnen Schichten beginnen und enden sollen und wie lange die Dauer der einzelnen Schicht betragen soll (**R:** BAG 26.3.1991 AP BetrVG 1972 § 87 Nr. 43 Arbeitszeit).

71 Nach § 87 Abs. 1 Nr. 2 BetrVG hat der Betriebsrat ferner mitzubestimmen, welche Arbeitnehmer in welcher Schicht zu arbeiten haben (**R:** BAG 31.1.1989 AP BetrVG 1972 § 87 Nr. 31 Arbeitszeit), ob und unter welchen Voraussetzungen Arbeitnehmer von einer Schicht in eine andere Schicht wechseln sollen (**R:** BAG 27.6.1989 AP BetrVG 1972 § 87 Nr. 35 Arbeitszeit; BAG 29.9.2004 AuR 2004, 426), wie der einzelne Schichtplan hinsichtlich aller dabei auftretender Fragen auszugestalten ist (**R:** BAG 21.12.1982 AP BetrVG 1972 § 87 Nr. 9 Arbeitszeit). **Schichtpläne** werden üblicherweise auf kollektiver Ebene geregelt, die Festlegung eines bestimmten Schichtsystems durch betriebliche Übung kann daher nur ausnahmsweise in Betracht kommen (**R:** BAG 21.1.1997 NZA 1997, 1009 = AiB 1998, 45).

72 Bei der Festlegung von Beginn und Ende der **Ruhepausen** des § 4 hat der Betriebsrat ein erzwingbares Mitbestimmungsrecht nach § 87 Abs. 1 Nr. 2 BetrVG, ebenso bei der Festlegung einer Zeitspanne, in der die Ruhepausen nach § 4 in Anspruch zu nehmen sind (**R:** BAG 27.2.1992 DB 1992, 2247). Wegen der Einführung von zusätzlichen, durch große Hitze verursachten Pausen kann der Betriebsrat nach § 87 Abs. 1 Nr. 7 BetrVG initiativ werden (**L:** *Grimm* DB 2004, 1666; *Rieble/Jochums* BB 2003, 1897; zur Mitbestimmungspflicht von vergütungspflichtigen **Kurzpausen** vgl. § 4 Rn 52 ff).

73 Voraussetzung für das Eingreifen des Mitbestimmungsrechts des Betriebsrats ist das Vorliegen eines **Kollektivfalles**, was sich nicht nach quantitativen Gesichtspunkten bestimmt. Entscheidend ist vielmehr, ob ein Regelungsbedürfnis aus der individuellen Sphäre des Arbeitnehmers oder aus der betrieblichen Sphäre resultiert. Ein kollektiver Fall, der das Mitbestimmungsrecht auslöst, liegt deshalb immer dann vor, wenn betriebliche Gegebenheiten eine Regelung erfordern, selbst dann, wenn nur ein einziger Arbeitnehmer betroffen ist (**R:** BAG 21.12.1982 AP BetrVG 1972 § 87 Nr. 9 Arbeitszeit); die Anzahl der betroffenen Arbeitnehmer ist allenfalls ein **Indiz** für das Vorliegen eines kollektiven Tatbestandes (**R:** BAG 3.12.1991 BB 1992, 1418).

74 Will allerdings der Arbeitgeber ausschließlich dem **individuellen Bedürfnis** eines einzelnen Arbeitnehmers Rechnung tragen, zB durch eine besondere Arbeitszeitregelung, damit der Arbeitnehmer sein Kind vom Kindergarten abholen kann, so entfällt der kollektive Bezug und damit das Mitbestimmungsrecht des Betriebsrats (**R:** BAG 16.7.1991 BB 1991, 2156); nicht jedoch, wenn zwar auf Wunsch eines Arbeitnehmers zB ein Rufbereitschaftsplan aufgestellt wird, dieser aber nicht individuellen Besonderheiten, sondern einem betrieblichen Regelungsbedürfnis Rechnung tragen soll (**R:** BAG 21.12.1982 AP BetrVG 1972 § 87 Nr. 9 Arbeitszeit). Die kollektiven Interessen der im Betrieb beschäftigten Arbeitnehmer sind aber regelmäßig berührt, wenn es wegen der abweichenden Arbeitszeit eines einzelnen Arbeitnehmers zu Arbeitsverdichtung oder Mehrarbeit kommt oder wenn andere Arbeitnehmer ungünstigere Arbeitszeiten hinnehmen müssen (**R:** BAG 16.3.2004 ZTR 2004, 645).

b) Bei vorübergehenden Veränderungen der betriebsüblichen Arbeitszeit. – 75
Nach § 87 Abs. 1 Nr. 3 BetrVG hat der Betriebsrat bei einer **vorübergehenden Verlängerung oder Verkürzung der betriebsüblichen Arbeitszeit** mitzubestimmen, soweit eine gesetzliche oder tarifliche Regelung nicht besteht; und zwar auch dann, wenn die Maßnahme **eilbedürftig** ist (**R:** stRspr. BAG 17.11.1998 NZA 1999, 662). Dieses Mitbestimmungsrecht kann der Betriebsrat auch dadurch ausüben, dass er eine für mehrere Jahre unkündbare Betriebsvereinbarung zu Überstunden abschließt, vorausgesetzt die darin vorgesehenen Verlängerungen der betriebsüblichen Arbeitszeit sind jeweils nur vorübergehender Natur (**R:** BAG 3.6.2003 AiB 2005, 48). **Schutzzweck** der Mitbestimmung in den Fällen einer Verlängerung der Arbeitszeit durch Überstunden ist es, eine psychische und physische Überbeanspruchung sowie unzumutbare Freizeitverluste als Folge dieser Maßnahme zu verhindern (**R:** BVerwG 6.10.1992 AP BetrVG 1972 § 87 Nr. 56 Arbeitszeit).

Mitbestimmungspflichtig ist nur die **vorübergehende** Veränderung der betriebsüb- 76
lichen Arbeitszeit, dh eine Arbeitszeitveränderung für zeitlich begrenzte, überschaubare Zeiträume durch generelle betriebliche Regelungen wegen eines vorübergehenden zusätzlichen Arbeitsbedarfs, wobei es auf die Zahl der betroffenen Arbeitnehmer nicht entscheidend ankommt (**R:** BAG 18.11.1980 AP BetrVG 1972 § 87 Nr. 3 Arbeitszeit).

Mitbestimmungspflichtig ist auch die Entscheidung der Frage, ob dem vorüberge- 77
hend auftretenden Bedarf an Arbeitsleistung überhaupt durch **Einführung von Überstunden** oder auf anderem Wege Rechnung getragen werden soll (**R:** BAG 29.2.2000 NZA 2000, 1243, 1245), und zwar auch dann, wenn die Überstunden im Rahmen eines Bereitschaftsdienstes geleistet werden sollen (Bereitschaftsdienst ist nach der Rspr. des BAG im Kern eine grundsätzlich zulässige, vorsorgliche Regelung zur Leistung von Überstunden).

Der Mitbestimmungstatbestand des § 87 Abs. 1 Nr. 3 BetrVG erfasst grundsätzlich 78
jeden Einzelfall, in dem die Frage zu regeln ist, **ob und in welchem Umfang** und **durch welche Arbeitnehmer** Überstunden im Betrieb zu leisten sind (**R:** BAG 8.6.1982 AP BetrVG 1972 § 87 Nr. 7 Arbeitszeit), wobei nicht nur die Anordnung, sondern auch die **Duldung von Überstunden** (Entgegennahme und Bezahlung) das Mitbestimmungsrecht nach § 87 Abs. 1 Nr. 3 BetrVG auslöst, sofern ein kollek-

tiver Fall (vgl. Rn 73) vorliegt (**R:** BAG 27.11.1990 AP BetrVG 1972 § 87 Nr. 41 Arbeitszeit).

79 Die Einlegung von **Sonderschichten** ist mitbestimmungspflichtig (**L:** *Fitting* § 87 Rn 133), ebenso die vorübergehende Verlängerung der betriebsüblichen Arbeitszeit von **Teilzeitbeschäftigten** (**R:** BAG 24.4.2007 NZA 2007, 818, BAG 16.7.1991 AP BetrVG 1972 § 87 Nr. 44 Arbeitszeit; BAG 23.7.1996 BB 1997, 472 = DB 1997, 378 = AuR 1997, 171 = AiB 1997, 354; LAG Berlin 22.1.1996 NZA-RR 1996, 458; **L:** MünchArbR/*Schüren* § 48, § 52 Rn 38 ff). Betriebsübliche Arbeitszeit iSv § 87 Abs. 1 Nr. 3 BetrVG ist bei Teilzeitbeschäftigten ihre regelmäßige individuelle Arbeitszeit.

80 Auch die Durchführung einer **Mitarbeiterversammlung** außerhalb der betriebsüblichen Arbeitszeit ist als vorübergehende Veränderung der Arbeitszeit nach § 87 Abs. 1 Nr. 3 BetrVG mitbestimmungspflichtig, wenn der Arbeitgeber die Teilnahme Kraft seines Direktionsrechtes anordnen kann oder wenn eine anderweitige Verpflichtung der Arbeitnehmer zur Teilnahme gegenüber dem Arbeitgeber besteht (**R:** BAG 13.3.2001 NZA 2001, 976); das Gleiche hat für regelmäßig stattfindende Dienstbesprechungen zu gelten (**R:** ArbG Nürnberg 31.10.1995 AiB 1997, 176).

81 Der Betriebsrat hat mitzubestimmen über Veränderungen der **betriebsüblichen Arbeitszeit**, worunter die regelmäßige betriebliche Arbeitszeit für bestimmte Arbeitsplätze und Arbeitnehmergruppen zu verstehen ist (**R:** BAG 21.11.1978 AP BetrVG 1972 § 87 Nr. 2 Arbeitszeit; BAG 13.6.1989 AP BetrVG 1972 § 87 Nr. 36 Arbeitszeit), weshalb es in einem Betrieb mehrere betriebsübliche Arbeitszeiten geben kann.

82 Werden in einem Betrieb über einen längeren Zeitraum hinweg Überstunden geleistet, dann ändert sich hierdurch die regelmäßige Arbeitszeit nicht, der Fortfall dieser Überstunden unterliegt **nicht** dem Mitbestimmungsrecht des Betriebsrats gemäß § 87 Abs. 1 Nr. 3 BetrVG (**R:** BAG 25.10.1977 AP BetrVG 1972 § 87 Nr. 1 Arbeitszeit). Auch der Abbau der mit dem Betriebsrat vereinbarten vorübergehenden **Kurzarbeit** unterliegt nicht dem Mitbestimmungsrecht des Betriebsrats nach § 87 Abs. 1 Nr. 3 BetrVG, da insoweit nicht die „betriebsübliche Arbeitszeit“, sondern die vorübergehend festgelegte „Ausnahme-Arbeitszeit“ verändert wird (**R:** BAG 21.11.1978 AP BetrVG 1972 § 87 Nr. 2 Arbeitszeit).

83 Mitbestimmungspflichtig nach § 87 Abs. 1 Nr. 3 BetrVG ist bereits die Heranziehung eines **einzelnen Arbeitnehmers** zu Überstunden, zB wenn in einem Betrieb zur Beseitigung bestimmter, immer wieder auftretender technischer Störungen an den Betriebsanlagen aus einer Gruppe von Störungselektrikern jeweils einer dieser Arbeitnehmer ohne Rücksicht auf individuelle Besonderheiten herangezogen wird (**R:** BAG 2.3.1982 AP BetrVG 1972 § 87 Nr. 6 Arbeitszeit); das Mitbestimmungsrecht des Betriebsrats entfällt auch nicht deswegen, weil der Arbeitnehmer aus eigener Entschließung „freiwillig“ länger arbeitet (**R:** BAG 22.2.1983 AP BetrVG 1972 § 87 Nr. 10 Arbeitszeit; BAG 10.6.1986 AP BetrVG 1972 § 87 Nr. 18 Arbeitszeit). Auch der Anlass für die betriebsbedingten Überstunden lässt das Mitbestimmungsrecht nicht entfallen, weshalb der Betriebsrat mitbestimmt, wenn der Arbeitgeber Überstunden anordnen will, um die mit Dritten vereinbarten Leistungen termingerecht erbringen zu können (**R:** BAG 11.11.1986 AP BetrVG 1972 § 87 Nr. 21 Arbeitszeit).

Der Arbeitgeber kann das Mitbestimmungsrecht auch nicht dadurch umgehen, dass er – bei Fehlen der Zustimmung des Betriebsrats zur Anordnung von Überstunden – die Arbeiten auf eine geschäftlich nicht tätige Firma „überträgt“, die von den Geschäftsführern des Arbeitgebers geführt wird und die die Arbeiten im Betrieb des Arbeitgebers, auf seinen Betriebsanlagen sowie gerade mit den Arbeitnehmern ausführt, die vom Arbeitgeber zu den Überstunden herangezogen werden sollten (**R:** BAG 22.10.1991 AP BetrVG 1972 § 87 Nr. 48 Arbeitszeit). Eine für die Dauer von mehr als einem Monat vorgesehene Erhöhung der Arbeitszeit eines Arbeitnehmers von mindestens 10 Stunden pro Woche ist eine nach § 99 Abs. 1 Satz 1 BetrVG mitbestimmungspflichtige Einstellung (**R:** BAG 9.12.2008 BB 2009, 605). Die vom BAG in stRspr. vertretenen Grundsätze zu § 87 Abs. 1 Nr. 3 BetrVG gelten auch für eine vorübergehende Verlängerung der betriebsüblichen Arbeitszeit im Rahmen der nach §§ 3, 6 Abs. 2 und 11 Abs. 2 zugelassenen Höchstarbeitszeit. **84**

c) Initiativrecht des Betriebsrats. – Der Betriebsrat hat in den Fällen des § 87 Abs. 1 Nr. 2 und 3 BetrVG – ebenso wie in allen anderen Fällen des § 87 Abs. 1 BetrVG – ein **echtes Initiativrecht**, dh dass er das Zustandekommen einer Betriebsvereinbarung oder einer Regelungsabrede in diesen Fällen erzwingen kann (**R:** zur Erzwingung der Einführung von Kurzarbeit: BAG 4.3.1986 AP BetrVG 1972 § 87 Nr. 16 Arbeitszeit). Das Mitbestimmungsrecht des Betriebsrats steht auch nicht unter dem allgemeinen Vorbehalt, dass dadurch nicht in die unternehmerische Entscheidungsfreiheit eingegriffen werden dürfe (**R:** BAG 31.8.1982 AP BetrVG 1972 § 87 Nr. 8 Arbeitszeit; BVerfG 18.12.1985 AP BetrVG 1972 § 87 Nr. 15 Arbeitszeit; **L:** krit. *Lieb* DB 1981, Beil. 17; zust. *Anzinger/Koberski* NZA 1989, 737). **85**

Kommt es zwischen Arbeitgeber und Betriebsrat zu keiner Einigung (Regelungsstreitigkeit), so entscheidet die Einigungsstelle (§ 87 Abs. 2 Satz 1 BetrVG). Jede Seite kann die Einigungsstelle anrufen (vgl. hierzu § 87 BetrVG). Der Einigungsstellenspruch ersetzt die Einigung (§ 87 Abs. 2 Satz 2 BetrVG); ihre Sprüche unterliegen der Rechtskontrolle durch das ArbG, das eine Ermessenskontrolle vornimmt (**R:** zur Wirksamkeit eines Spruchs der Einigungsstelle zur Arbeitszeit vgl. BAG 9.11.2010 DB 2011, 1454 = NZA-RR 2011, 354). Ob ein Spruch der Einigungsstelle die Grenzen des Ermessens wahrt, ist davon abhängig, ob die getroffene Regelung die Belange des Betriebs und der betroffenen Arbeitnehmer angemessen berücksichtigt und **billigem Ermessen** entspricht (**R:** BAG 31.8.1982 AP BetrVG 1972 § 87 Nr. 8 Arbeitszeit). Hält sich die Entscheidung der Einigungsstelle im Rahmen des den Betriebspartnern eingeräumten Gestaltungsspielraums, so liegt ein **86**

Ermessensfehler iSv § 76 Abs. 5 Satz 4 BetrVG regelmäßig nicht vor (**R:** BAG 9.11.2010 BB 2011, 819 = DB 2011, 1454).

87 d) **Rechtsstreitigkeiten.** – Können sich Arbeitgeber und Betriebsrat über die Frage des Bestehens oder Nichtbestehens eines Mitbestimmungsrechts nach § 87 Abs. 1 Nr. 2 und 3 BetrVG nicht einigen, so liegt keine Regelungsstreitigkeit, sondern eine **Rechtsstreitigkeit** vor (**L:** *Fitting* § 87 Rn 608 mwN), über die das ArbG im Beschlussverfahren nach § 2a Nr. 1 ArbGG entscheidet. Besteht zB zwischen Arbeitgeber und Betriebsrat im Hinblick auf eine vom Arbeitgeber angestrebte vorübergehende Verlängerung der betriebsüblichen Arbeitszeit **Streit über die arbeitszeitrechtliche Zulässigkeit** dieser Überstunden, so ist dieser Streit, der ein zwischen Betriebsrat und Arbeitgeber bestehendes Rechtsverhältnis betrifft, im arbeitsgerichtlichen **Beschlussverfahren** auszutragen (**R:** BAG 28.7.1981 AP BetrVG 1972 § 87 Nr. 4 Arbeitszeit). **Antragsberechtigt** sind nur die Betriebsverfassungsorgane (**L:** *Fitting* § 87 Rn 609).

88 Voraussetzung für einen Feststellungsantrag ist das Bestehen eines **Rechtsschutzinteresses**. Dieses besteht für den Arbeitgeber, wenn der Betriebsrat sich ernsthaft eines Mitbestimmungsrechts berühmt (**R:** BAG 13.10.1987 AP BetrVG 1972 § 87 Nr. 24 Arbeitszeit), es fehlt in aller Regel, wenn der Spruch der Einigungsstelle die Regelungsvorstellungen des Betriebsrats nicht aufgegriffen hat. Für einen Antrag des Betriebsrats auf Feststellung seines Mitbestimmungsrechts bei der Anordnung von Überstunden fehlt es am Feststellungsinteresse, wenn die Betriebspartner die Beteiligung des Betriebsrats bei diesen Überstunden bereits in einer Betriebsvereinbarung geregelt haben (**R:** BAG 12.1.1988 AP BetrVG 1972 § 87 Nr. 26 Arbeitszeit). Es fehlt auch dann an einem Feststellungsinteresse, wenn der Arbeitgeber das Mitbestimmungsrecht des Betriebsrats ohne jede Einschränkung anerkennt, der Betriebsrat jedoch die Rechtsgrundlage hierfür festgestellt wissen will (**R:** BAG 15.4.2008 – Az: 1 ABR 44/07 nv).

89 Arbeitszeitmaßnahmen ohne Zustimmung des Betriebsrats nach § 87 Abs. 1 Nr. 2 und 3 BetrVG sind **rechtsunwirksam**. Die Arbeitnehmer brauchen während der durch solche Maßnahmen angeordneten Arbeitszeit nicht zu arbeiten bzw können zB die Überstunden verweigern. Auf die öffentlich-rechtliche Zulässigkeit oder **Strafbarkeit** der Maßnahmen wirkt sich das Fehlen der Zustimmung des Betriebsrats jedoch nicht aus. Anders ist die Rechtslage zu beurteilen, wenn das ArbZG das Vorliegen einer Betriebsvereinbarung zur Tatbestands- und damit Wirksamkeitsvoraussetzung einer Arbeitszeitverlängerung mit öffentlich-rechtlicher Wirkung macht, so in § 7 Abs. 1 und 2, § 7 Abs. 3 Satz 1 und 2 und in § 12. Eine Verlängerung der Arbeitszeit über § 3 hinaus ist in solchen Fällen unzulässig und strafbar, solange der Betriebsrat die notwendige Zustimmung nicht erteilt hat, zB zu einer Übernahmevereinbarung nach § 7 Abs. 3 Satz 1 und 2.

90 Zur Verhinderung einseitiger Anordnungen des Arbeitgebers, die das Mitbestimmungsrecht des Betriebsrats nach § 87 Abs. 1 BetrVG verletzen, hat der Betriebsrat

einen **allgemeinen Unterlassungsanspruch**, der im arbeitsgerichtlichen Beschlussverfahren geltend gemacht werden kann und der **keine grobe Pflichtverletzung** voraussetzt (**R:** BAG 3.5.1994 AP BetrVG 1972 § 23 Nr. 23 = AiB 1995, 116 unter Aufgabe der bis dahin vertretenen gegenteiligen Auffassung). Der auf Kritik gestoßene Beschluss des BAG ist durch Beschluss vom 23.7.1997 ausdrücklich bestätigt worden: Der allgemeine Unterlassungsanspruch bei Verletzung der Mitbestimmungsrechte des Betriebsrats nach § 87 Abs. 1 BetrVG ist ein **Nebenleistungsanspruch**, der sich aus dem durch die einzelnen Mitwirkungstatbestände konkretisierten und einem gesetzlichen Dauerschuldverhältnis ähnlichen Betriebsverhältnis ergibt (**R:** BAG 23.7.1996 BB 1997, 472 = DB 1997, 378 = AuR 1997, 171 = AiB 1997, 354).

Verstößt der Arbeitgeber immer wieder gegen die Mitbestimmungsrechte des Betriebsrats, so kann der Betriebsrat seinen Anspruch (hier die Untersagung künftiger Überstunden, die unter Verstoß gegen das Mitbestimmungsrecht angeordnet werden) auch im Wege des **einstweiligen Rechtsschutzes** durchsetzen (**R:** LAG Hamm 6.2.2001 AiB 2001, 488 mit Anm. von *Teuber*). Hat der Arbeitgeber die zu beanstandenden Maßnahmen bereits getroffen, so hat der Betriebsrat auch einen Anspruch darauf, dass die Maßnahmen **rückgängig gemacht** werden (**R:** BAG 16.6.1998 BB 1999, 55 = AP BetrVG 1972 § 87 Nr. 7 Arbeitszeit; **L:** *Fitting* § 87 Rn 597). **91**

Neben dem allgemeinen Unterlassungsanspruch (vgl. Rn 90) enthält § 23 Abs. 3 BetrVG einen eigenständigen Unterlassungsanspruch, der immer dann in Betracht kommt, wenn der Betriebsrat vom Arbeitgeber bei regelungspflichtigen Tatbeständen, zB bei der Anordnung von Überstunden, übergangen worden ist und er diesen zur künftigen Beachtung anhalten will (**R:** BAG 18.4.1985 AP BetrVG 1972 § 87 Nr. 14 Arbeitszeit). Ein Antrag nach § 23 Abs. 3 BetrVG kommt bei **groben Verstößen** des Arbeitgebers gegen seine gesetzlichen Verpflichtungen in Betracht. Ein grober Verstoß liegt jedenfalls immer dann vor, wenn der Arbeitgeber **mehrfach** die erzwingbaren Mitbestimmungsrechte des Betriebsrats übergangen hat; ob auch ein einmaliger Verstoß ausreicht, ist bislang vom BAG ausdrücklich nicht entschieden worden (**R:** BAG 18.4.1985 AP BetrVG 1972 § 87 Nr. 14 Arbeitszeit). **92**

Der Anspruch ist bei objektiver Pflichtwidrigkeit gegeben; auf ein Verschulden des Arbeitgebers kommt es nicht an, ebenso nicht auf eine Wiederholungsgefahr. **Antragsberechtigt** sind der Betriebsrat oder eine im Betrieb des Arbeitgebers vertretene Gewerkschaft (**L:** zum arbeitsgerichtlichen Vollstreckungsverfahren nach § 23 Abs. 3 Satz 2 und 3 BetrVG vgl. *Fitting* § 23 Rn 77 ff). **93**

4. Einzelfälle aus dem öffentlichen Dienst. – Die Einführung neuer Arbeitszeitmodelle und eines **elektronischen Zeiterfassungssystems** unterliegt gemäß § 72 Abs. 3 und Abs. 4 S. 1 Nr. 1 Landespersonalvertretungsgesetz NRW (LPersVG NRW) der Mitbestimmung des Personalrats, und zwar auch dann, wenn dies probeweise und befristet erfolgen soll (§ 72 Abs. 5 LPersVG NRW) und den Beschäftig- **94**

ten die Teilnahme während der Testphase freigestellt ist (**R:** OVG Münster 30.10.1996 RDV 1997, 181).

95 Die Ausgestaltung von **Rufbereitschaftsdiensten** in einer Dienststelle ist als eine die Dienstdauer beeinflussende allgemeine Regelung nach § 74 Abs. 1 Nr. 9 HessPersVG mitbestimmungspflichtig (**R:** BVerwG 30.1.1996 ZTR 1996, 572). Der Arbeitgeber ist berechtigt, im Rahmen der tariflichen Rufbereitschaft **Höchstwegezeiten** für die Fahrt vom Aufenthaltsort zum Arbeitsort festzusetzen, wobei die Grundsätze billigen Ermessens zu berücksichtigen sind (**R:** ArbG Marburg 4.11.2003 DB 2004, 1563); im Fall des Arztes einer Reha-Klinik erscheint es sachgerecht und angemessen, diese Höchstdauer der Wegezeit auf **45 Minuten** zu begrenzen. Da die Festlegung dieser Höchstwegezeiten geeignet ist, die Dienstdauer der Rufbereitschaften zu beeinflussen, unterliegt sie gemäß § 74 Abs. 1 Nr. 9 HessPersVG der Mitbestimmung des Personalrats (**R:** ArbG Marburg 4.11.2003 DB 2004, 1563).

96 Die Personalvertretung hat nach § 75 Abs. 4 BPersVG mitzubestimmen hinsichtlich der Grundsätze für die Aufstellung der **Dienstpläne bei Rufbereitschaft** (**R:** BAG 23.1.2001 NZA 2001, 741 = BB 2001, 1477 = DB 2001, 1371 = ZTR 2001, 379); dagegen ist die Einrichtung eines Rufbereitschaftsdienstes nach § 79 Abs. 1 S. 1 Nr. 1 LPVG BW nicht mitbestimmungspflichtig (**R:** VGH Mannheim 16.9.2003 ZTR 2004, 100). Der Mitbestimmungstatbestand des § 76 Abs. 2 Satz 1 Nr. 5 BPersVG Hebung der Arbeitsleistung erfasst nicht die Anordnung von **Überstunden** (**R:** BVerwG 23.1.1996 ZTR 1996, 284). Das mehrfache Übergehen von Mitbestimmungsrechten des Personalrats stellt stets einen groben Verstoß dar, der Nachweis einer **Wiederholungsgefahr** ist nicht erforderlich (**R:** VG Frankfurt 5.2.1996 PersRat 1996, 204).

97 Die **Anordnung von Bereitschaftsdienst** ist als Anordnung von Überstunden (hier: Umwandlung von Schichtdiensten in Bereitschaftsdienste unter Vergütung der Überstunden) nach § 86 Abs. 1 Nr. 1 HambPersVG mitbestimmungspflichtig (**R:** BVerwG 28.3.2001 ZTR 2001, 376), da es hier um die Frage geht, mit welchem Instrument des tariflichen Arbeitszeitrechts die Aufgabe erfüllt werden soll und die Erfüllung der Aufgabe (hier: Krankentransporte rund um die Uhr) nicht in Frage gestellt wird (**R:** BVerwG 28.3.2001 ZTR 2001, 376).

98 Aus § 75 Abs. 3 Nr. 1 BPersVG ergibt sich kein Mitbestimmungsrecht des Personalrates bei der Einführung von Kurzarbeit, da das Mitbestimmungsrecht sich nicht auf das Arbeitszeitvolumen erstreckt (**R:** BAG 10.10.2006 ZTR 2007, 407).

§ 2
Begriffsbestimmungen

(1) Arbeitszeit im Sinne dieses Gesetzes ist die Zeit vom Beginn bis zum Ende der Arbeit ohne die Ruhepausen; Arbeitszeiten bei mehreren Arbeitgebern sind zusammenzurechnen. Im Bergbau unter Tage zählen die Ruhepausen zur Arbeitszeit.

(2) Arbeitnehmer im Sinne dieses Gesetzes sind Arbeiter und Angestellte sowie die zu ihrer Berufsbildung Beschäftigten.

(3) Nachtzeit im Sinne dieses Gesetzes ist die Zeit von 23 bis 6 Uhr, in Bäckereien und Konditoreien die Zeit von 22 bis 5 Uhr.

(4) Nachtarbeit im Sinne dieses Gesetzes ist jede Arbeit, die mehr als 2 Stunden der Nachtzeit umfasst.

(5) Nachtarbeitnehmer im Sinne dieses Gesetzes sind Arbeitnehmer, die

1. aufgrund ihrer Arbeitszeitgestaltung normalerweise Nachtarbeit in Wechselschicht zu leisten haben oder

2. Nachtarbeit an mindestens 48 Tagen im Kalenderjahr leisten.

Übersicht

I. Arbeitszeit (Absatz 1)

1 **1. Allgemeines.** – Der Begriff der **Arbeitszeit** in § 2 Abs. 1 Satz 1 Halbs. 1 stimmt mit § 2 Abs. 1 AZO 1938 wörtlich überein; ebenso wie mit § 2 Abs. 1 Nr. 1 des österreichischen ArbZG (**L:** *Buschmann* FS Hanau (1999) S. 197, 200). Die Bestimmung des § 2 Abs. 3 Satz 1 AZO 1938, dass Arbeitszeit auch die Zeit ist, während der ein im Übrigen im Betrieb Beschäftigter in seiner eigenen Wohnung oder Werkstätte oder sonst außerhalb des Betriebs beschäftigt wird, ist nicht übernommen worden, weil dies heute selbstverständlich ist (vgl. die gleichartige Vorschrift des § 4 Abs. 1 JArbSchG; BT-Drucks. 3/317 S. 20). § 2 Abs. 1 Halbs. 2 über die **Zusammenrechnung** der Arbeitszeiten bei mehreren Arbeitgebern entspricht inhaltlich § 2 Abs. 3 Satz 2 AZO 1938 und § 4 Abs. 5. JArbSchG.

2 Die Arbeitszeitdefinition in § 2 Abs. 1 hat den **Zweck**, Inanspruchnahmen des Arbeitnehmers durch den Arbeitgeber, für die die zeitlichen Beschränkungen in den §§ 3 und 6 Abs. 2, § 9 sowie § 11 Abs. 2 gelten, von anderen Inanspruchnahmen abzugrenzen. Dabei ist vorrangige Zielsetzung, Arbeitnehmer vor zeitlicher Überbeanspruchung ihrer Arbeitskraft und Gesundheit zu schützen (vgl. § 3 Rn 2). Dies ist auch das entscheidende Kriterium für die Abgrenzung, weniger der Wunsch des Arbeitnehmers nach Freizeit (vgl. § 3 Rn 2; § 5 Rn 3). Zu berücksichtigen ist ferner, dass das ArbZG den Betrieben einen – soweit gesundheitlich vertretbar – ausreichenden Arbeitszeitrahmen zur betrieblichen Arbeitszeitregelung zur Verfügung stellen will (vgl. § 3 Rn 1 ff).

3 **a) Gesetzliche Zeit.** – Datum und Uhrzeit werden im amtlichen und geschäftlichen Verkehr nach der **gesetzlichen Zeit** verwendet. Nach § 4 Abs. 2 des Gesetzes über die Einheiten im Messwesen und die Zeitbestimmung (Einheiten- und Zeitgesetz – EinhZeitG vom 3.7.2008, BGBl. I S. 1185) ist in der Bundesrepublik Deutschland gesetzliche Zeit die mitteleuropäische Zeit, die durch die koordinierte **Weltzeit unter Hinzufügung einer Stunde** bestimmt wird.

4 **b) Sommerzeit.** – Die Bundesregierung hat zur besseren Ausnutzung der Tageshelligkeit und zur Angleichung der Zeitzählung an diejenige benachbarter Staaten durch Verordnung über die Einführung der mitteleuropäischen Sommerzeit ab dem Jahr 2002 (Sommerzeitverordnung – SoZV) vom 12.7.2001 (BGBl. I S. 1591) die mitteleuropäische Sommerzeit (koordinierte Weltzeit unter Hinzufügung zweier Stunden – § 4 Abs. 2 EinhZeitG) **auf unbestimmte Zeit** eingeführt.

5 Die mitteleuropäische Sommerzeit beginnt jeweils am letzten Sonntag im März um **2 Uhr** mitteleuropäische Zeit. Im Zeitpunkt des Beginns der Sommerzeit wird die

Stundenzählung um eine Stunde von 2 Uhr auf 3 Uhr vorgestellt (§ 2 Abs. 1 SoZV). Sie endet jeweils am letzten Sonntag im Oktober um **3 Uhr** mitteleuropäische Zeit. Im Zeitpunkt des Endes der Sommerzeit wird die Stundenzählung um eine Stunde von 3 Uhr auf 2 Uhr zurückgestellt (§ 2 Abs. 2 SoZV). Von der am Ende der Sommerzeit doppelt erscheinenden Stunde von 2 bis 3 Uhr werden die erste Stunde als 2 A und die zweite Stunde als 2 B bezeichnet. Die beim Übergang von mitteleuropäischer Zeit zu mitteleuropäischer Sommerzeit sonntags ausfallende Stunde ist nicht als Ausfallzeit zu bezahlen (**R:** BAG 11.9.1985 AP BGB § 615 Nr. 38; **L:** *Zilius* AuR 1980, 236).

c) DIN-Norm „Zeit". – Die zur weiteren Zeitbestimmung im Arbeitsrecht erforderlichen Begriffe, wie Kalenderjahr, Kalendermonat, Kalenderwoche und Kalendertag, sind in der **DIN-Norm 1355 Blatt I** vom März 1975 genormt worden. Die DIN-Norm enthält den sachlichen Inhalt der von der International Organization for Standardization (ISO) herausgegebenen Empfehlung ISO/R 2015-1971. Das Kalenderjahr wird in 12 Kalendermonate und in 52 bzw 53 Kalenderwochen unterteilt. Die erste Kalenderwoche eines Kalenderjahres ist diejenige, die den ersten Donnerstag des Kalenderjahres enthält und dem beginnenden Jahr deshalb mehr als zur Hälfte angehört. 6

Die **Kalenderwoche** hat 7 Wochentage, wobei abweichend von der in der Bundesrepublik Deutschland bis 1975 üblichen Praxis nicht der Sonntag sondern der **Montag** – wie international seit langem üblich – zu Nummerierungszwecken als der **erste Tag** der Kalenderwoche gilt. Damit ist nicht der Mittwoch, sondern der Donnerstag der mittlere Tag der Kalenderwoche (**L:** vgl. ausf. zur Zeitrechnung *Vogtherr* S. 59 ff). 7

2. Begriffe. – a) Arbeitszeit. – § 2 Abs. 1 Halbs. 1 definiert die **Arbeitszeit** nicht etwa als die Zeit, in der gearbeitet wird, sondern als die **Zeit vom Beginn bis zum Ende der Arbeit ohne die Ruhepausen**. Damit wird nicht nur gesagt, wie lange die Arbeitszeit an einem Arbeitstag (vgl. § 3 Rn 10 ff, § 5 Rn 10) dauert und was nicht zur Arbeitszeit gehört, sondern auch, was Arbeitszeit ist, nämlich die Summe der Zeit zwischen zwei, im Einzelfall zu ermittelnden Zeitpunkten, die § 2 Abs. 1 mit den Worten „vom Beginn bis zum Ende der Arbeit" umschreibt. Hervorzuheben ist, dass in § 2 Abs. 1 Halbs. 1 im Unterschied zu § 4 Abs. 1 JArbSchG das Wort Arbeit benutzt wird. Es genügt also nicht wie im JArbSchG, dass der Arbeitnehmer vom Arbeitgeber beschäftigt wird, gleich in welcher Weise (**L:** vgl. *Zmarzlik/Anzinger* § 4 Rn 9; ausf. *Ricken* DB 2016, 1255). 8

Der Arbeitnehmer muss nach dem ArbZG zumindest am Anfang und am Ende der Arbeitszeit mit einer abhängigen Arbeit im wirtschaftlichen Sinne beschäftigt werden; dabei ist unter **Arbeit** jede Tätigkeit zu verstehen, die der Befriedigung eines fremden Bedürfnisses dient (**R:** BAG 25.4.1962 AP BGB § 611 Nr. 6 Mehrarbeitsvergütung = BB 1962, 71; **L:** zur Bedeutung der Zeit in Geschichte und Kultur vgl. *Mainzer* S. 110 ff). Die Arbeit kann körperlicher oder geistiger Natur sein. Der Be- 9 griff der Arbeitszeit umfasst auch die Zeiten, während derer der Arbeitnehmer dem Arbeitgeber die geschuldete Arbeitsleistung anbietet, dieser sie jedoch nicht annimmt. (**L:** *Baeck/Lösler* NZA 2005, 247 ff; *Baeck/Deutsch/Winzer* § 2 Rn 4 ff; *Schliemann* § 2 Rn 13 ff). Damit steht der Begriff der Arbeitszeit auch im Einklang mit Art. 2 Nr. 1 der EU-Arbeitszeit-Richtlinie (vgl. Teil D Anh. 1). Davon zu unterscheiden ist der Arbeitszeitbegriff des § 87 Abs. 1 Nr. 2 BetrVG. Danach ist Arbeitszeit die Zeit, während derer der Arbeitnehmer die von ihm in einem zeitlich bestimmten Umfang vertraglich geschuldete Leistung tatsächlich erbringen soll (**R:** BAG 14.11.2006 NZA 2007, 458).

10 Beginn und Ende der betrieblichen bzw bezahlten Arbeitszeit stimmen in der Regel mit dem Betreten und Verlassen der Arbeitsstätte überein. Die gesetzlich zulässige **Arbeitszeit des § 3 dagegen beginnt bzw endet zu dem Zeitpunkt, in dem** der Arbeitnehmer die Arbeit aufnimmt bzw beendet oder in dem er dem Arbeitgeber zur Arbeitsleistung zur Verfügung steht bzw nicht mehr zur Verfügung steht (vgl. ausf. § 3 Rn 15 ff). Dies ist der Fall, wenn sich der Arbeitnehmer am Arbeitsplatz persönlich arbeitsfertig bereithält bzw nicht mehr bereithält; denn schon ein solches Bereithalten ist abhängige Arbeit im wirtschaftlichen Sinne. Die Arbeitseinteilung durch den Arbeitgeber, die Material- und Werkzeugausgabe sowie deren Rückgabe, das Säubern des Arbeitsplatzes uÄ gehören ebenfalls zur gesetzlichen Arbeitszeit.

11 Die Zeit **zwischen Beginn und Ende der Arbeit** ist Arbeitszeit, unabhängig davon, ob und in welcher Form der Arbeitgeber von der ihm während dieser Zeit zur Verfügung stehenden Arbeitskraft Gebrauch macht, ob der Arbeitnehmer tatsächlich arbeitet, ob er auf Material, Werkzeug oder Zuweisung weiterer Arbeit wartet, ob er sich zur Aufnahme einer Arbeit bereithält, ob er die Arbeit unterbricht (vgl. § 4 Rn 4). Unterbrechungen der Arbeit gelten nach der ausdrücklichen Regelung des § 2 Abs. 1 nur dann nicht als Arbeitszeit, wenn sie **Ruhepausen** iSd § 4 sind. Nach dem Wortlaut des § 2 Abs. 1 sind nur sie von der Summe der Zeit zwischen Beginn und Ende der täglichen Arbeitszeit **abzuziehen**. Nach dem Sinn der Regelung können aber auch etwaige Wege-, Warte- und Reinigungszeiten wegen der Ruhepausen abgezogen werden (vgl. § 4 Rn 5), ferner auch Fehlzeiten des Arbeitnehmers (zum Bereitschaftsdienst vgl. § 7 Rn 19 ff).

11a Nach § 44 Abs. 1 Satz 2 BetrVG ist den Arbeitnehmern die Zeit der Teilnahme an einer **Betriebsversammlung** einschließlich der zusätzlichen Wegezeiten wie Arbeitszeit zu vergüten. Die Teilnahme ist also wie Arbeitszeiten zu vergüten, aber keine Arbeitszeit im Sinne des § 2 Abs. 1 (**L:** *Fitting* § 44 Rn 32, 33 aA *Tonikidis* AuR 2018, 284).

12 **b) Zusammenrechnungspflicht.** – Nach § 2 Abs. 1 Halbs. 2, der inhaltlich § 2 Abs. 3 Satz 2 AZO 1938 entspricht, sind Arbeitszeiten bei mehreren Arbeitgebern zusammenzurechnen. Für die Beachtung der aus Gründen des Gesundheitsschutzes festgelegten 10-Stunden-Grenze ist es unerheblich, in wie vielen Arbeitsverhältnissen der einzelne Arbeitnehmer bis zur Höchstgrenze beschäftigt wird. Das ArbZG will ebenso wie die AZO 1938 die **tatsächliche Beschäftigung** über den gesetzlichen Höchstrahmen hinaus verhindern, ohne aber zeitlich nicht kollidierende Arbeitsverhältnisse mit mehreren Arbeitgebern zu erschweren (**R:** vgl. BAG 19.6. 1959 AP BGB § 611 Nr. 1 Doppelarbeitsverhältnis).

Aus der Zusammenrechnungspflicht folgt, dass bei Doppelarbeitsverhältnissen **beide Arbeitgeber** für die Beachtung des § 2 Abs. 1 Halbs. 2 verantwortlich sind, in erster Linie jedoch der Arbeitgeber, bei dem das zeitlich gesehen zweite Arbeitsverhältnis besteht, da in diesem Arbeitsverhältnis am ehesten die Gefahr einer Überschreitung der 10-Stunden-Grenze gegeben ist. Diesen Arbeitgeber trifft die Pflicht zu klären, ob wegen einer anderweitigen Haupttätigkeit des einzustellenden Arbeitnehmers die Gefahr einer Überschreitung der für die Hauptbeschäftigung geltenden Höchstarbeitszeit besteht, und eine Beschäftigung über die gesetzlich zulässige Höchstarbeitszeit hinaus zu vermeiden (**R:** BVerwG 4.7.1989 GewA 1990, 25, 26). Für den nach § 3 Satz 2 vorzunehmenden Ausgleich sind beide Arbeitgeber in vollem Umfang nebeneinander verantwortlich (zur erheblichen Überschreitung der gesetzlich zulässigen Höchstarbeitszeit im Zweitarbeitsverhältnis vgl. § 1 Rn 32; zur Arbeitszeit im Bergbau vgl. § 8 Rn 7). 13

Mit der Ermittlungspflicht der Arbeitgeber korrespondiert die **Auskunftspflicht des Arbeitnehmers** (**L:** vgl. ausf. *Hunold* NZA 1995, 558) über das jeweils andere Arbeitsverhältnis, da nur bei entsprechenden Auskünften der Arbeitgeber seinen gesetzlichen Pflichten aufgrund des ArbZG nachkommen kann (**R:** zur vertraglichen Verpflichtung des Arbeitnehmers zur Auskunft über Nebentätigkeiten: BAG 23.1.1992 AuR 1992, 91; BAG 18.1.1996 DB 1996, 2182; BAG 26.6.2001 AuR 2002, 38; zum fehlenden Auskunftsanspruch des Betriebsrats an den Arbeitgeber über Nebentätigkeiten der Arbeitnehmer: LAG Köln 11.1.1995 NZA 1995, 443). 14

c) Schichtzeit. – Im arbeitszeitrechtlichen Sinn ist als **Schichtzeit** (auch Arbeitsschicht oder Schicht) die tägliche Arbeitszeit des einzelnen Arbeitnehmers unter Hinzurechnung der gesetzlich vorgeschriebenen Ruhepausen anzusehen (**R:** BAG 23.9.1960 AP AZO 1938 § 2 Nr. 4; BayObLG 30.4.1959 AP AZO 1938 § 7 Nr. 6); diesen Entscheidungen entsprechend ist die Schichtzeitdefinition in § 4 Abs. 2 JArbSchG vorgenommen worden. Schichtzeit ist also die Zeitspanne, die der einzelne Arbeitnehmer im Betrieb anwesend sein muss, idR **nicht ununterbrochen**, da der Arbeitnehmer abhängig von den jeweiligen betrieblichen Verhältnissen während der gesetzlich vorgeschriebenen Ruhepausen das Betriebsgelände verlassen darf. Hauptkriterium des Begriffs Schichtzeit ist demzufolge die **individuelle Anwesenheitszeit** (Arbeitszeit und Ruhepausen) des einzelnen Arbeitnehmers, weshalb es zur Ermittlung der Schichtzeit im Einzelfall unerheblich ist, ob der Betrieb ein- oder mehrschichtig arbeitet. 15

d) Wegezeiten, Reisezeiten. – Weder der Begriff der Wegezeit noch der Begriff der Reisezeit ist **gesetzlich definiert** (**L:** hierzu ausf. *Preis* VSSAR 2019, 267). Das ArbZG enthält für Wegezeiten auch keinen Hinweis, wie Wegezeiten im ArbZG zu bewerten sind, insbes. keinen Hinweis zu der Frage, ob Wegezeiten wie die Arbeits- 16 bereitschaft als Arbeitszeit oder wie die Rufbereitschaft als Ruhezeit zu behandeln sind (vgl. Rn 30 ff). Auch die Gesetzesmaterialien erwähnen Wegezeiten nicht. Nach der rein formalen Definition des § 2 Abs. 1 Halbs. 1 wird lediglich fingiert, dass Wegezeiten ebenso wie andere Zeiten, die die Arbeit nach ihrem Beginn unterbrechen mit Ausnahme der Ruhepausen, als Arbeitszeit gelten, auch wenn sie keine Arbeitszeiten sind (vgl. Rn 8 ff).

16a Bei Wegezeiten und Reisezeiten ist wie stets anhand der von Rechtsprechung und Schrifttum entwickelten Abgrenzungskriterien zwischen der **vergütungsrechtlichen** und der **arbeitsschutzrechtlichen**, teilweise auch der **betriebsverfassungsrechtlichen** Behandlung zu unterscheiden (**R:** BAG 23.7.1996 BB 1996, 206). Die Qualifikation einer bestimmten Zeitspanne als Arbeitszeit iSd gesetzlichen Arbeitszeitschutzrechts führt nicht zwingend zu einer Vergütungspflicht, wie umgekehrt die Herausnahme bestimmter Zeiten aus der Arbeitszeit nicht die Vergütungspflicht ausschließen muss (**R:** BAG 20.4.2011 NZA 2011, 917 = DB 2011, 1639; BAG 16.5.2012 NZA 2012, 939 = DB 2012, 1752; BAG 12.12.2012 BB 2013, 1204 = DB 2013, 759)

17 Eine gesetzliche Definition der **Geschäftsreise** findet sich im Steuerrecht; dort wird in § 119 Abs. 2 Satz 1 EStR die Geschäftsreise als eine vorübergehende Tätigkeit aus betrieblichen, beruflichen oder dienstlichen Gründen in einer Entfernung von mindestens 15 km von der regelmäßigen Betriebsstätte definiert. In Anlehnung an diese steuerrechtliche Definition sind nach der hier vertretenen Auffassung **Wegezeiten** alle während der Arbeitszeit, also nach Beginn und vor Ende der Arbeitszeit (vgl. Rn 8 ff), innerhalb oder außerhalb des Betriebsgeländes aus betrieblichem Anlass unternommenen Wege eines Arbeitnehmers innerhalb der Gemeindegrenze des Betriebsortes.

18 **Reisezeiten** sind demgegenüber alle unabhängig von Beginn und Ende der regelmäßigen betrieblichen Arbeitszeit des Arbeitnehmers auf Anordnung des Arbeitgebers unternommenen Wege bzw Reisen außerhalb der Gemeindegrenzen des Betriebsortes (**L:** *Els* DB 1986, 2192; *Zmarzlik* DB 1967, 1266). Hierzu zählen auch auf Veranlassung des Arbeitgebers durchgeführte Reisen ins **Ausland** (**R:** BAG 17.10.2018 BB 2019, 1277; **L:** vgl. hierzu ausf. *Freyler* BB 2019, 1397). **Dienstreisen** iSd § 2 Abs. 2 Landesreisekostengesetz NRW sind Reisen zur Erledigung von Dienstgeschäften außerhalb des Dienstortes (**R:** BAG 23.7.1996 AP BetrVG 1972 § 87 Nr. 26 Ordnung des Betriebes; BAG 1.12.1994 ZTR 1995, 414).

19 Die Zeiten, die der Arbeitnehmer aufwendet, um von seiner **Wohnung zum Betrieb** und wieder zurückzugelangen, sind dagegen **keine Wegezeit**; sie zählen zur privaten Lebensführung und sind daher keine Arbeitszeit, und zwar weder vergütungsrechtlich (**R:** BAG 8.12.1960 AP BGB § 611 Nr. 1 Wegezeit; BAG 26.8.1960 AP BGB § 611 Nr. 2 Wegezeit) noch arbeitsschutzrechtlich (**L:** *Baeck/Deutsch/Winzer* § 2 Rn 71; *Neumann/Biebl* § 2 Rn 14; *Buschmann/Ulber* § 2 Rn 27; *Schliemann* § 2 Rn 37). Beim unmittelbaren Weg des Arbeitnehmers von der Wohnung zur außerhalb des

Betriebs gelegenen Arbeitsstelle wird allerdings die Wegezeit als Arbeitszeit vergütet, die über die Wegezeit von der Wohnung zum Betrieb hinausgeht (**R:** so zur bezahlten Arbeitszeit BAG 8.12.1960 BB 1961, 214 = DB 1961, 242; BAG 28.3.1963 BB 1963, 687 = DB 1963, 870; BAG 14.11.1973 DB 1976, 877). Dagegen zählt die Fahrtätigkeit bei **Außendienstmitarbeitern**, Vertretern und ähnlichen Arbeitnehmern zu den vertraglichen Hauptleistungspflichten, weshalb die Fahrt von der Wohnung zum ersten Kunden und vom letzten Kunden zurück zur Wohnung zur gesamten Reisetätigkeit gehört mit Folgen für die Vergütungspflicht (**R:** BAG 22.4.2009 BB 2010, 642 = DB 2009, 1602 = NZA-RR 2010, 231; BAG 25.4.2018 BB 2018, 1907).

Arbeitszeit iSd ArbZG sind dagegen alle **betriebsbedingten Wegezeiten** vom Betrieb zu den außerhalb des Betriebs gelegenen Arbeitsstellen, zB vom Bauhof, von der Installateur-, Maler- oder Schreinerwerkstatt uä zur Bau- oder Montagestelle, von Kunde zu Kunde (**R:** vgl. OLG Hamm 31.8.1956 ArbSch 1957, 213; BayObLG 23.3.1992 NZA 1992, 811: Wegezeiten für die Beförderung von Arbeitnehmern in betriebseigenen Beförderungsmitteln von der Betriebsstätte zu einer auswärtigen Arbeitsstätte und zurück sind Arbeitszeit). Abweichende arbeitsvertragliche oder tarifvertragliche Vereinbarungen sind zulässig. 20

Die **Reisezeit** ist **arbeitsschutzrechtlich** als Arbeitszeit zu werten, wenn der Arbeitnehmer durch die Reise selbst seine vertraglichen Verpflichtungen, zB als Taxifahrer, als Lastkraftwagenfahrer oder Reiseleiter, erfüllt oder während der Reise die Hauptleistung seiner vertraglichen Verpflichtung erbringt, zB während einer Zugfahrt die mitgeführten Akten bearbeitet oder als Sekretärin während einer Zugfahrt ein Diktat des Vorgesetzten aufnimmt (**L:** *Neumann/Biebl* § 2 Rn 15; *Heins/Leder* NZA 2007, 249; *Hunold* NZA Beil. I/2006, 38; *Loritz/Koch* DB 1987, 1106; *Loritz* NZA 1997, 1188, 1192; *Zwanziger* DB 2007, 1356; *Zmarzlik* DB 1967, 1267; **R:** BAG 11.7.2006 BB 2007, 272). Bei Durchführung solcher Reisen sind die Höchstgrenzen des ArbZG zu beachten. 21

Wird der Arbeitnehmer während der Reise oder Fahrt durch Vollarbeit nur teilweise oder geringer in Anspruch genommen, beispielsweise dann, wenn er bei Reisen oder Fahrten zu außerhalb des Betriebs gelegenen Arbeitsorten ein Kraftfahrzeug selbst führt (**R:** zur Verpflichtung im öffentlichen Dienst einen Dienstwagen selbst zu führen und Kollegen mitzunehmen: BAG 29.8.1991 DB 1992, 147) oder wenn sich die Vorgaben des Arbeitgebers auf die Nutzung eines öffentlichen Verkehrsmittels beschränkt, der Arbeitnehmer in der Nutzung seiner Zeit aber völlig frei bleibt (**R:** BAG 11.7.2006 BB 2007, 272), wird im Schrifttum – wie bei der Arbeitsbereitschaft – eine Verlängerung der Arbeitszeit über die 10-Stunden-Grenze hinaus für möglich gehalten, auch wenn Reisezeiten nach dem allgemeinen Sprachgebrauch wohl eher nicht als Zeiten der Arbeitsbereitschaft anzusehen sind (**L:** *Bobrowski/Gaul* D III Rn 9; *Gitter* DB 1964, 443; *Hunold* NZA 1993, 10; *Zmarzlik* DB 1967, 1267). Nach der wohl überwiegend im Schrifttum vertretenen Auffassung sind Reisezeiten arbeitsschutzrechtlich nicht als Arbeitszeit zu werten (**L:** 22

Neumann/Biebl § 2 Rn 15; *Meisel/Hiersemann* § 2 Rn 64; *Fauth* S. 17; *Schlessmann* DB 1963, 1607; *Loritz/Koch* DB 1987, 1106; aA *Buschmann/Ulber* § 2 Rn 29 ff), so dass die Vorschriften des ArbZG einer über die 10-Stunden-Grenze hinausgehenden Reise nicht entgegenstehen.

23 Die im Auftrag des Arbeitgebers **während der üblichen Arbeitszeit** verbrachten Wege- und Reisezeiten sind nach der ganz überwiegenden Auffassung in Rechtsprechung und Schrifttum grundsätzlich als Arbeitszeit **zu vergüten**, auch wenn eine ausdrückliche Vereinbarung der Parteien fehlt (**R:** BAG 8.12.1960 AP BGB § 611 Nr. 1 Wegezeit; BAG 28.3.1963 AP BGB § 611 Nr. 3 Wegezeit = DB 1963, 836). Durch die Anweisung des Arbeitgebers, eine im betrieblichen Interesse liegende Reise zu unternehmen, wird der Arbeitnehmer daran gehindert, seine vertraglichen Hauptpflichten aus dem Arbeitsverhältnis zu erfüllen (**L:** *Hunold* DB 1977, 1509; *Bobrowski/Gaul* D III Rn 8). Abweichende arbeitsvertragliche oder tarifvertragliche Vereinbarungen sind zulässig (**R:** BAG 8.12.1960 AP BGB § 611 Nr. 1 Wegezeit; BAG 28.3.1960 AP BGB § 611 Nr. 3 Wegezeit = DB 1963, 836).

24 Die im Auftrag des Arbeitgebers **außerhalb der üblichen Arbeitszeit** verbrachten Wege- und Reisezeiten waren nach der Rechtsprechung des BAG (**R:** BAG 28.3.1963 AP BGB § 611 Nr. 3 Wegezeit = DB 1963, 836) idR als entgeltfähige Arbeitsleistungen vergütungspflichtig. Sofern aus der Entscheidung des Jahres 1963 ein derartiger Rechtssatz zu entnehmen war, so wird vom BAG an dieser Rechtsprechung nicht mehr festgehalten (**R:** BAG 3.9.1997 DB 1998, 264; BAG 21.6.2006 ZTR 2007, 166). § 612 Abs. 1 BGB lässt eine solche grundsätzliche Aussage mit einem so weitreichenden Inhalt nicht zu. Solche Reisezeiten hat der Arbeitgeber als Arbeitszeit nur **zu vergüten, wenn das vereinbart oder eine Vergütung „den Umständen nach" zu erwarten ist** (§ 612 Abs. 1 BGB), wobei dem Tatsachengericht bei der Prüfung der Umstände im Einzelfall ein Beurteilungsspielraum zusteht (**R:** BAG 3.9.1997 DB 1998, 264; **L:** krit. hierzu *Buschmann* FS Hanau S. 197, 208). Einen Rechtssatz, dass solche Reisezeiten stets oder regelmäßig zu vergüten seien, gibt es nicht. Abweichende arbeitsvertragliche oder tarifvertragliche Vereinbarungen sind zulässig. Danach richtet sich auch, ob für die Reisetätigkeit außerhalb der üblichen Arbeitszeit eine zusätzliche Vergütung zu zahlen ist.

25 Von dem Begriff der vergütungspflichtigen Arbeitszeit und der Arbeitszeit iSd Arbeitszeitschutzes ist der **betriebsverfassungsrechtliche** Begriff der Arbeitszeit iSd § 87 Abs. 1 Nr. 2 und Nr. 3 BetrVG zu unterscheiden, der sich nach dem Zweck dieser Mitbestimmungsrechte bestimmt (**R:** BAG 23.7.1996 BB 1997, 206 = DB 1997, 380 = AuA 1997, 280 = AiB 1997, 351 mit Anm. *Gosch*). Zweck des Mitbestimmungsrechts bei der Verlängerung der betriebsüblichen Arbeitszeit nach § 87 Abs. 1 Nr. 3 BetrVG ist es, „die Interessen der Arbeitnehmer bei der Anordnung zusätzlicher Arbeitsleistungen zur Geltung zu bringen", wozu insbes. eine gerechte Verteilung der mit der Leistung von Überstunden verbundenen Belastungen und Vorteile gehört (**L:** ausf. MünchArbR/*Salamon* § 322 Rn 3). Angesichts dieser Zwecksetzung kann die Anordnung einer außerplanmäßigen Reise außerhalb der normalen Arbeitszeit nicht als mitbestimmungspflichtige Verlängerung der betriebsüblichen Arbeitszeit iSd § 87 Abs. 1 Nr. 3 BetrVG angesehen werden, insbes. dann nicht, wenn während der Reisezeit keine Arbeitsleistungen zu erbringen sind (**R:** BAG 14.11.2006 NZA 2007, 458; BAG 23.7.1996 BB 1997, 206 = DB 1997, 380 = AuA 1997, 280 = AiB 1997, 351). Werden in einer Betriebsvereinbarung bestimmte Fahrtzeiten eines Außendienstmitarbeiters als Arbeitszeit eingestuft, so ergibt sich daraus weder eine Vergütungsregelung noch eine Regelung über die Dauer der regelmäßigen wöchentlichen Arbeitszeit (**R:** BAG 10.10.2006 DB 2007, 751).

e) Umkleidezeit, Waschzeit. – Umkleidezeit ist die Zeit, die der Arbeitnehmer 26
benötigt, um die Arbeits- bzw Dienstkleidung oder aber auch die gesetzlich vorgeschriebene Schutzkleidung, die zur Erbringung der geschuldeten Arbeitsleistung erforderlich ist, anzulegen bzw abzulegen. Als Waschzeit ist die Zeit anzusehen, die der Arbeitnehmer zur körperlichen Reinigung vor bzw nach der Arbeit aufwenden muss (**L:** hierzu ausf. *Preis* VSSAR 2019, 267). **Umkleide- und Waschzeiten** zählen üblicherweise **nicht** zur Arbeitszeit (**R:** BAG 11.10.2000 NZA 2001, 458; LAG Berlin 16.6.1986 LAGE Nr. 24 zu § 76 BetrVG 1972); entscheidend sind aber immer die Verhältnisse im Einzelfall (**R:** BAG 22.3.1995 BB 1995, 1692 = ZTR 1995, 421 = DB 1995, 2073). Den Arbeitnehmern ist grundsätzlich nicht zuzumuten, die Arbeitskleidung auf dem Weg von und zur Arbeit zu tragen. Der Arbeitgeber hat geeignete Umkleidemöglichkeiten zur Verfügung zu stellen. **Toilettenräume** dienen anderen Zwecken und sind im Hinblick auf die hygienischen Zustände und die räumliche Enge keine geeigneten Umkleideräume (**R:** BAG 17.1.2012 BB 2012, 1280 = NZA 2012, 687 = DB 2012, 2290).

Arbeitszeitschutzrechtlich ist die Zeit für das Umkleiden und Waschen vor und 27
nach der Arbeit grundsätzlich keine Arbeitszeit iSd § 2 Abs. 1 und § 3, und zwar auch dann nicht, wenn sie bezahlt werden (**R:** BAG 25.4.1962 BB 1962, 715 = AP BGB § 611 Nr. 6 Mehrarbeitsvergütung). Umkleide- und Waschzeiten sind dann zur Arbeitszeit iSd ArbZG zu zählen, wenn sie aus **gesundheitlichen** oder **hygienischen** Gründen (**R:** ArbG Stralsund 6.4.1998 AiB 1998, 477 mit Anm. *Heilmann*) ausdrücklich im staatlichen Arbeitsschutzrecht, wie zB in § 19 GefStoffV, oder im autonomen Arbeitsschutzrecht der gesetzlichen Unfallversicherungsträger, wie zB in § 24 Abs. 5 UVV „Umgang mit krebserzeugenden Gefahrstoffen" (VBG 113), vorgeschrieben werden (**R:** LAG BW 12.2.1987 AiB 1987, 246); zu den Umkleidezeiten beim Flugpersonal: LAG Berlin 16.6.1986 LAGE Nr. 24 zu § 76 BetrVG 1972; zur Mitbestimmung des Betriebsrats bei der Regelung von Wege- und Umkleidezeiten teilzeitbeschäftigter Arbeitnehmer: BAG 13.10.1987 AP ArbGG 1979 § 81 Nr. 7 und LAG Rh-P 13.1.1986 NZA 1986, 618). Ist das Tragen von Arbeitskleidung aus gesundheitlichen oder hygienischen Gründen vorgeschrieben, so hat der Arbeitgeber die **Kosten der Reinigung** der Arbeitskleidung zu tragen (**R:** LAG Düsseldorf 26.4.2001 AuR 2002, 274).

Gesetzlich vorgeschriebene Umkleide- und Waschzeiten sind **vergütungspflichtig**, 28
da der Arbeitgeber den Arbeitnehmer ohne die entsprechende Schutzkleidung oder

die vorgesehene Reinigung gar nicht beschäftigen darf; eine Vergütungserwartung iSd § 612 Abs. 1 BGB ist in diesen Fällen nicht mehr erforderlich (**R:** so aber wohl BAG 11.10.2000 BB 2001, 473). Abweichende einzel- oder kollektivvertragliche Vereinbarungen sind unzulässig, da die Rechtsvorschriften des Arbeitsschutzes insoweit einen Gestaltungsspielraum nicht eröffnen. Ansonsten gilt der Grundsatz, dass die Zeiten des Umkleidens und Waschens – selbst während der Schicht (**R:** BAG 3.12.2016 BB 2017, 762) – in der Regel keine Hauptleistungspflichten des Arbeitnehmers darstellen und der Arbeitgeber hierfür ein Entgelt nach § 611 BGB nicht zu gewähren hat (**L:** ebenso *Busch* BB 1995, 1690; aA *Adam* AuR 2001, 481), es sei denn, Tarifvertrag oder Betriebsvereinbarung sehen abweichende Festlegungen vor (**R:** BAG 11.10.2000 BB 2001, 473); auch eine Vergütungspflicht nach § 612 Abs. 1 BGB scheidet aus, da eine objektive Vergütungserwartung für Umkleide- und Waschzeiten in der Regel nicht angenommen werden kann (**R:** BAG 11.10.2000 BB 2001, 473, 474).

29 Gehört bei bestimmten Tätigkeiten das Umkleiden zum Inhalt der Arbeitsleistung, zB die Tätigkeit als Modell auf Modenschauen, so sind diese Zeiten Arbeitszeit iSd ArbZG und **vergütungspflichtig** (**R:** BAG 22.3.1995 BB 1995, 1692 = DB 1995, 2073 = ZTR 1995, 421). Vergütungspflicht besteht auch dann, wenn die Arbeitsvertragsparteien ausdrücklich eine Vereinbarung darüber getroffen haben, dass die Umkleide- und Waschzeit wie die Arbeitszeit zu vergüten sind. Hat der Arbeitgeber die Arbeit aber so organisiert, dass das Umkleiden als arbeitsvertragliche Verpflichtung anzusehen ist, die nicht irgendwann und irgendwo, sondern nur unmittelbar vor Erreichen des Arbeitsplatzes an Ort und Stelle zu erfüllen ist, so rechnet die Zeit des Umkleidens und der Weg zur und von der Station zum Umkleideraum zur Arbeitszeit (**R:** BAG 28.7.1994 NZA 1995, 437 = BB 1995, 202 = DB 1995, 434) und ist ebenfalls zu vergüten. Auf Veranlassung des Arbeitgebers entstandene Umkleide- und Wegezeiten können erforderlichenfalls **geschätzt** werden (**R:** BAG 26.10.2016 BB 2017, 435 = NZA 2017, 323).

29a Schreibt der Arbeitgeber das Tragen einer bestimmten Kleidung (hier Dienst- und Schutzkleidung im OP-Bereich) vor und muss das Umkleiden im Betrieb erfolgen, so zählt das **Umkleiden** zur vergütungspflichtigen Arbeitszeit (**R:** BAG 19.9.2012 BB 2012, 3135 = NZA-RR 2013, 63); das Gleiche gilt bei besonders auffälliger Dienstkleidung (**R:** BAG 6.9.2017 BB 2018, 180; **L:** vgl. ausf. *Bettinghausen* BB 2019, 2613). Richtet der Arbeitgeber eine vom Arbeitsplatz getrennte Umkleidestelle ein, die der Arbeitnehmer zwingend zu benutzen hat, so zählen auch die durch das Umkleiden veranlassten **innerbetrieblichen Wegezeiten** zur vergütungspflichtigen Arbeitszeit (**R:** BAG 19.9.2012 BB 2012, 3135 = NZA-RR 2013, 63; **L:** vgl. auch *Berger* BB 2013, 448). Der Arbeitnehmer darf seine Leistungspflicht allerdings nicht willkürlich selbst bestimmen, er muss vielmehr unter Ausschöpfung seiner persönlichen Leistungsfähigkeit arbeiten (**R:** BAG 11.12.2003 BB 2004, 1682 = NZA 2004, 784); dieser Maßstab gilt demzufolge auch für das Anlegen der Dienstkleidung und das Zurücklegen des Weges von der Umkleidestelle zum Arbeitsplatz (**R:** BAG 19.9.2012 BB 2012, 3135 = NZA-RR 2013, 63). Da das Tragen der OP-Kleidung aus gesundheitlichen und hygienischen Gründen vorgeschrieben wird, ist die hierdurch veranlasste (vergütungspflichtige) Arbeitszeit auch als Arbeitszeit iSd ArbZG anzusehen (vgl. ausf. Rn 27).

f) Bereitschaftsdienste. – Zwischen den beiden **Eckpunkten des ArbZG**, nämlich der **Arbeitszeit** der §§ 2 und 3 und der **Ruhezeit** des § 5, gibt es in der betrieblichen Praxis fließende Übergänge, die sich im Hinblick auf den Grad der Inanspruchnahme des Arbeitnehmers unterscheiden. Die Grenzziehung im Einzelfall ist schwierig und unabhängig von der von den Arbeitsvertragsparteien gewählten Bezeichnung anhand der jeweiligen Umstände des konkreten Einzelfalles vorzunehmen. 30

In Rechtsprechung und Schrifttum haben sich für diese Sonderformen des Bereithaltens zur Arbeit (= Bereitschaftsdienste), die in unterschiedlicher Intensität zwischen der Vollarbeit (Vollarbeit = höchste Stufe der Inanspruchnahme) und der Ruhezeit (Freizeit = keine Inanspruchnahme) liegen, die Begriffe „**Arbeitsbereitschaft**", „**Bereitschaftsdienst**" und „**Rufbereitschaft**" herauskristallisiert. Einhelligkeit besteht jedoch nur im Hinblick auf die für diese Dienste gefundene Bezeichnung, nicht jedoch im Hinblick auf die anzuwendenden Unterscheidungskriterien, und schon gar nicht, seit dem sich auch der EuGH (vgl. Rn 37 f) des Themas angenommen hat. 31

Auch im ArbZG von 1994 ist die schwierige Materie der **Bereitschaftsdienste**, trotz der zwischenzeitlich erreichten beachtlichen wissenschaftlichen Ergebnisse (**L:** vgl. *Fechner* S. 63; *Gitter* ZfA 1983, 375 ff), nicht grundlegend neu geregelt worden; auf eine gesetzliche Definition der Begriffe im ArbZG ist – trotz einschlägiger Forderungen im Gesetzgebungsverfahren – verzichtet worden (auch in der AZO 1938 fehlten entsprechende Begriffsbestimmungen). 32

In § 7 Abs. 1 Nr. 1 Buchst. a ist die Befugnis zur Regelung der Arbeitszeit bei Arbeitsbereitschaft durch die Tarifvertragsparteien und die Betriebspartner im Wesentlichen aus § 7 Abs. 2 AZO 1938 übernommen worden. In § 7 Abs. 2 Nr. 1 sind zunächst neben dem Begriff der Arbeitsbereitschaft erstmals die Begriffe Bereitschaftsdienst und Rufbereitschaft in den gesetzlichen Arbeitszeitschutz eingeführt worden. Damit sollte klargestellt werden, dass ihnen im Hinblick auf die Regelung der Ruhezeit in § 5 eine besondere arbeitsschutzrechtliche Bedeutung zukommt. 33

Bereitschaftsdienst und Rufbereitschaft waren demzufolge als **Dienste eigener Art** anzusehen, die den Arbeitnehmer in seiner Freizeitgestaltung deutlich einschränken, auch wenn – je nach Ausgestaltung im Einzelfall – der Eingriff in die Privatsphäre gering ausfallen mag. Durch das Änderungsgesetz 2003 ist in Umsetzung der EuGH-Rspr. der Bereitschaftsdienst der Arbeitsbereitschaft **gleichgesetzt** worden (**L:** *Bermig* BB 2004, 101; *Boerner* NJW 2004, 1559; *Reim* DB 2004, 186; *Schliemann* NZA 2004, 513). 34

Aus der Befugnis zur Verlängerung der Arbeitszeit bei Arbeitsbereitschaft über 10 Stunden werktäglich hinaus (§ 7 Abs. 1 Nr. 1 Buchst. a) folgte bisher, dass die **Zeit** 35

der Arbeitsbereitschaft im ArbZG **als Arbeitszeit** gewertet wird (**R:** hM: BVerwG 19.1.1988 BB 1988, 1046; NZA 1988, 881; **L:** vgl. statt vieler *Junker* ZfA 1998, 105, 108). Aus dem Fehlen einer solchen Befugnis bei **Bereitschaftsdienst** und **Rufbereitschaft** folgte bisher ebenfalls, dass diese beiden Dienste **keine Arbeitszeit** iSd ArbZG waren, wenn und solange die Arbeitnehmer während dieser Dienste nicht zu Arbeitsleistungen herangezogen wurden. Schon bisher waren und sind unstreitig Zeiten einer Inanspruchnahme während dieser beiden Dienste als Arbeitszeit zu werten.

36 Eine andere arbeitszeitrechtliche Qualifizierung von Bereitschaftsdienst und Rufbereitschaft ist nur dann möglich, wenn der Gesetzgeber auch bei diesen Diensten eine Möglichkeit zur Verlängerung der Arbeitszeit vorsieht. Dies hat der Gesetzgeber mit dem **Änderungsgesetz 2003** getan und den Bereitschaftsdienst mit der Arbeitsbereitschaft gleichgesetzt, was zur Folge hat, dass unabhängig von Inanspruchnahmen während des Dienstes die gesamte Zeit des Bereitschaftsdienstes als Arbeitszeit zu bewerten ist.

37 Das **Änderungsgesetz 2003** geht zurück auf das **SIMAP-Urteil** des **EuGH** vom 3.10.2000 (spanische Ärztegewerkschaft SIMAP gegen die Gesundheitsverwaltung der Provinz Valencia), wonach der Bereitschaftsdienst, den Ärzte in einem Team zur medizinischen Grundversorgung in Form persönlicher Anwesenheit in einer Gesundheitseinrichtung leisten, insgesamt als Arbeitszeit iSd EU-Arbeitszeit-Richtlinie anzusehen ist (**R:** EuGH 3.10.2000 NZA 2000, 1227 = AiB 2001, 246 mit Anm. *Hamm*; **L:** vgl. hierzu auch *Ebener/Schmalz* DB 2001, 813; *Heinze* ZTR 2002, 102; *Karthaus* AuR 2001, 485; *Rapatinski* RdA 2003, 328; *Trägner* NZA 2002, 126). Das Urteil betraf spanisches Recht und wirkte zunächst nur zwischen den beteiligten Parteien; eine **unmittelbare Rechtswirkung** hatte es damit für die Bundesrepublik Deutschland **nicht**, zumal es an einer – deutschen Maßstäben genügenden – Begründung im Urteil des EuGH mangelte (**L:** ebenso *Tietje* NZA 2001, 241).

38 Etwa ein Jahr nach der SIMAP-Entscheidung des EuGH kam das ArbG Kiel zu dem Ergebnis, dass die Ausgangssituation in der SIMAP-Entscheidung mit der in Deutschland vergleichbar ist und entschied, dass die Arbeitszeit iSd ArbZG auch Bereitschaftsdienste in Form persönlicher Anwesenheit an einem vom Arbeitgeber bestimmten Ort beinhaltet (**R:** ArbG Kiel 8.11.2001 BB 2002, 152 = NZA 2002, 150); auch andere Arbeitsgerichte trafen die Entscheidung, dass Bereitschaftsdienst als Arbeitszeit anzusehen ist (**R:** ArbG Gotha 3.4.2001 AuR 2001, 513 = AiB 2001, 486; ArbG Lörrach 26.9.2001 AuR 2002, 114; ArbG Herne 11.12.2001 AuR 2002, 114; LAG Hamburg 13.2.2002 DB 2002, 691 = NZA 2002, 507 = AuR 2002, 114).

39 Auf die Berufung gegen das Urteil des ArbG Kiel (vgl. Rn 38) hat das LAG Schleswig-Holstein dem EuGH Fragen zur Vorabentscheidung zum Bereitschaftsdienst, den ein Arbeitnehmer in einem Krankenhaus ableistet, vorgelegt (**R:** LAG SH

12.3.2002 BB 2002, 1206 = NZA 2002, 621 = DB 2002, 1057 = AuR 2002, 232). In dem mit Spannung erwarteten Urteil hat der EuGH entschieden, dass der Bereitschaftsdienst, den ein Arzt in Form persönlicher Anwesenheit im Krankenhaus leistet, in vollem Umfang Arbeitszeit iSd EU-Arbeitszeit-Richtlinie darstellt, auch wenn es dem Betroffenen in Zeiten, in denen er nicht in Anspruch genommen wird, gestattet ist, an seiner Arbeitsstelle auszuruhen (**R:** EuGH 9.9.2003 (*Jaeger*) BB 2003, 2063 = NJW 2003, 2971). Hat der nationale Gesetzgeber eine europäische Richtlinie aber nicht ordnungsgemäß umgesetzt, so kommt eine unmittelbare Geltung und ein darauf beruhender Anwendungsvorrang der EU-Richtlinie **nur vertikal** im Verhältnis zwischen Bürgern und öffentlichen Stellen, nicht auch horizontal im Verhältnis Privater untereinander in Betracht (**R:** BAG 18.2.2003 BB 2003, 2071 = DB 2003, 1378 = ZTR 2003, 389 = AuR 2003, 298; zur Arbeitsbereitschaft im Rettungsdienst (DRK) vgl. auch EuGH 5.10.2004 (*Pfeiffer*) BB 2004, 2353 und Einf. Rn 63; zur Arbeitsbereitschaft in sozialen und medizinisch-sozialen Einrichtungen vgl. EuGH 1.12.2005 DB 2006, 51; **L:** vgl. auch *Abele* BB 2004, 555; *Linnenkohl* AuR 2002, 211; *Litschen* ZTR 2004, 619).

aa) Arbeitsbereitschaft. – Der Begriff der **Arbeitsbereitschaft** ist nach wie vor **umstritten** (**L:** vgl. *Gitter* ZfA 1983, 375 ff). In seinen ersten Entscheidungen hat das 40 **RAG** (**R:** RAG 3.11.1928 ARS 4, 411; RAG 25.1.1930 ARS 8, 337; RAG 22.8.1936 ARS 28, 345) Arbeitsbereitschaft als **Zeit wacher Achtsamkeit im Zustand der Entspannung** definiert. Wache Achtsamkeit lag danach vor, wenn sich der Arbeitnehmer noch in einer gewissen, gegenüber seiner vollen Arbeitstätigkeit geringeren, allein seine geistigen Kräfte in Anspruch nehmenden Anspannung befindet (sog. geistige Arbeitsbereitschaft). Die bloße körperliche Anwesenheit für Zwecke des Betriebs (sog. körperliche Arbeitsbereitschaft) wurde als Bereitschaftsdienst eingestuft. In einer Entscheidung aus dem Jahr 1939 ist das RAG (**R:** RAG 20.12.1939 ARS 38, 23) von dieser Unterscheidung abgegangen und hat auch die rein körperliche Anwesenheit für Zwecke des Betriebs als Arbeitsbereitschaft gewertet.

Das **BAG** ist in seinen ersten Entscheidungen (**R:** BAG 20.9.1956 AP AZO 1938 § 7 41 Nr. 2; BAG 26.2.1958 AP AZO 1938 § 7 Nr. 3; BAG 10.6.1959 AP AZO 1938 § 7 Nr. 5) der RAG-Rechtsprechung gefolgt und hat ebenfalls die reine Präsenz am Ort der möglichen Arbeitsaufnahme genügen lassen. In späteren Entscheidungen (**R:** BAG 8.7.1959 AP AZO 1938 § 13 Nr. 1; BAG 14.4.1966 AP AZO 1938 § 13 Nr. 2; BAG 24.1.1962 AP AZO 1938 § 7 Nr. 8) ist das BAG, ebenso wie weite Teile des Schrifttums (**L:** *Meisel/Hiersemann* § 2 Rn 29; *Galperin* DB 1960, 723; *Frey* S. 12 ff; *Hueck/Nipperdey* Bd. I S. 36), dazu übergegangen, Arbeitsbereitschaft von der vertraglich geschuldeten Leistung her, die den Wesensgehalt des Arbeitsverhältnisses ausmacht und ihm das Gepräge gibt, zu erfassen und abzugrenzen (sog. **Dienstleistungstheorie**). Zwischenzeitlich verwendet das BAG zunehmend wieder die Formel der wachen Achtsamkeit im Zustand der Entspannung (**R:** BAG 18.2.2003 DB 2003, 1387; BAG 9.3.2005 ZTR 2005, 379; BAG 11.7.2006 BB 2007, 272).

42 Die Dienstleistungstheorie führt zu praktikablen Ergebnissen aus **vergütungsrechtlicher Sicht**. Arbeitsbereitschaft wird dieser Theorie zufolge danach bestimmt, welche Arbeit im Einzelfall vom Arbeitnehmer geschuldet wird. Gegenüber der arbeitsvertraglich geschuldeten Tätigkeit stellt die Arbeitsbereitschaft eine **mindere Arbeitsleistung** dar. Sie unterscheidet sich von der Vollarbeit dadurch, dass vom Arbeitnehmer eine geringere Stufe sowohl der geistigen als auch der körperlichen Leistungsbereitschaft erwartet wird, allerdings nur dann, wenn der Arbeitnehmer die Phasen einer minderen Arbeitsleistung kennt oder zumindest aus seiner eigenen Betriebserfahrung und dem gewöhnlichen Lauf seiner Tätigkeit erkennen kann, also nur solche Tätigkeiten, die planmäßig mit ihrem individuellen Anfang und ihrem Ende in die Schichtzeit eingeplant sind (**R:** BAG 14.4.1966 AP AZO 1938 § 13 Nr. 3).

43 Für **Vollarbeit** und die ihr gleichzustellende Arbeitsbereitschaft ist grundsätzlich das vereinbarte Arbeitsentgelt in voller Höhe zu entrichten, es sei denn, dass einzelvertraglich oder tarifvertraglich Abschläge oder Pauschalabgeltungen vereinbart worden sind, was nach der Rspr. des BAG ausdrücklich zulässig ist (**R:** BAG 6.10.1969 AP MTB II § 19 Nr. 1; BAG 28.11.1973 AP MTB II § 19 Nr. 2).

44 Die aus vergütungsrechtlicher Sicht entwickelten Abgrenzungskriterien sind aus arbeitsschutzrechtlicher Sicht unzulänglich: Eine gegenüber der arbeitsvertraglich geschuldeten Tätigkeit mindere Arbeitsleistung kann nämlich den Arbeitnehmer immer noch derart in Anspruch nehmen, dass eine über 10 Stunden werktäglich hinausgehende Arbeitszeit aus Gründen des Gesundheitsschutzes **unzumutbar** ist. Die Höchstgrenzen des ArbZG für die tägliche Arbeitszeit von 10 Stunden dienen dem Schutz der Arbeitskraft und der Gesundheit des Arbeitnehmers vor einer übermäßigen Beanspruchung.

45 Eine Überschreitung der 10-Stunden-Grenze kann daher grundsätzlich nur möglich sein, wenn in die Arbeitszeit regelmäßig und in erheblichem Umfang Arbeitsbereitschaft fällt, wenn also der **Grad der Inanspruchnahme** während dieser Zeit deutlich geringer ist als bei der Vollarbeit. Maßgebend kann daher aus arbeitsschutzrechtlicher Sicht nur sein (**L:** *Fechner* S. 58 f; ebenso *Söllner* AuR 1967, 353, 362): Grad der geforderten Aufmerksamkeit, Häufigkeit der Inanspruchnahme durch Vollarbeit, Regelmäßigkeit der Unterbrechungen, Verantwortlichkeit im Hinblick auf die Schwere der Folgen bei Säumnis rechtzeitigen Eingreifens, Grad der Bequemlichkeit bzw Unbequemlichkeit während der Bereitschaftszeiten, Belastung durch Störfaktoren wie Lärm, Geräusche und Erschütterungen (**R:** so auch BVerwG 19.1.1988 BB 1988, 1046).

46 **Beispiele:** Das Abhören der Funkkanäle und das Überwachen der Kontrolleinrichtungen der Leitstelle für den Feuerschutz sind als Vollarbeit und nicht als Arbeitsbereitschaft anzusehen (**R:** LAG Hamm 22.4.1988 DB 1988, 1856). Arbeitsbereitschaft liegt vor, wenn der Arbeitgeber den Arbeitnehmer dadurch in der freien Wahl des Aufenthaltsortes beschränkt, dass er die Zeit zwischen Abruf und Aufnahme der Arbeit

genau vorgibt (**R:** BAG 19.12.1991 NZA 1992, 560; zur Vorgabe „innerhalb von 8 Minuten am Arbeitsplatz" zu erscheinen vgl. EuGH 21.2.2018 BB 2018, 1079 mit **L:** Anm. von *Lipinski/Kaindl* BB 2018, 1084; ausf. *Stähler* BB 2019, 2548). Wartezeiten von Rettungssanitätern von mindestens 10-minütiger Dauer zwischen den Einsätzen sind Arbeitsbereitschaft (**R:** BAG 24.9.1992 NZA 1993, 517). **Standzeiten** von angestellten Taxifahrern sind Bereitschaftsdienst (**R:** ArbG Berlin 10.8.2017 BB 2017, 2229; LAG Berlin-Brandenburg 30.8.2018 NZA-RR 2019, 14). Der Arbeitgeber muss konkret nachweisen, worin sich die Zeiten der Bereitschaft von den Zeiten der eigentlichen Arbeitsleistung unterscheiden, eine ständige Beobachtungsaufgabe schließt Bereitschaftsdienst aus (**R:** LAG Rh-P 2.11.1995 ZTR 1996, 409; bestätigt durch BAG 19.6.1997 – Az: 6 AZR 173/96 nv –).

bb) Bereitschaftsdienst. – Als weitere Stufe zwischen Arbeitsbereitschaft und Ruhezeit ist von der deutschen Rechtsprechung und dem Schrifttum der Begriff des Bereitschaftsdienstes entwickelt worden. Nach Ansicht des BAG lag Bereitschaftsdienst vor, wenn der Arbeitnehmer sich für Zwecke des Betriebs lediglich an einer vom Arbeitgeber bestimmten Stelle innerhalb oder außerhalb des Betriebs aufzuhalten hat, um erforderlichenfalls seine **volle Arbeitstätigkeit unverzüglich aufnehmen zu können** (**R:** BAG 10.6.1959 AP AZO 1938 § 7 Nr. 5; BAG 13.11.1986 AP BGB § 242 Nr. 27 Betriebliche Übung; BAG 26.1.1989 ZTR 1989, 318; BAG 10.1.1991 NZA 1991, 516; BAG 16.3.2004 ZTR 2004, 541; BAG 11.7.2006 BB 2007, 272; BAG 18.2.2003 NZA 2003, 1387). **47**

Bereitschaftsdienst war damit eine ihrem Wesen nach von der vereinbarten Dienstleistung verschiedene Leistung des Arbeitnehmers und demzufolge weiter nichts als eine im Rahmen und für Zwecke des Arbeitsverhältnisses erfolgende **Aufenthaltsbeschränkung**, die mit der Verpflichtung verbunden ist, bei Bedarf sofort tätig zu werden (**L:** so *Galperin* DB 1960, 723, 725). Der Arbeitnehmer kann in dieser Zeit also tun, was er will, auch schlafen; er muss nur bei Abruf unverzüglich arbeitsbereit und arbeitsfähig sein. **48**

Arbeitsschutzrechtlich war der Bereitschaftsdienst als **Dienst eigener Art** (vgl. Rn 34) dann der Ruhezeit zuzurechnen, wenn der Arbeitnehmer in der Verwendung dieser Zeit, von der Beschränkung des Aufenthaltsortes abgesehen, vollkommen frei und auch nicht in geringem Umfang zur Achtsamkeit verpflichtet war. Eine wie auch immer geartete Verpflichtung zur Achtsamkeit oder zur Beobachtung bestimmter Vorgänge hatte zwingend zur Folge, dass unabhängig von der von den Parteien gewählten Bezeichnung nicht Bereitschaftsdienst sondern Arbeitsbereitschaft vorlag, da in solchen Fällen auf den Grad oder die Intensität der Inanspruchnahme abzustellen war. Durch das **Änderungsgesetz 2003** ist der Bereitschaftsdienst nunmehr der Arbeitsbereitschaft gleichgesetzt worden (vgl. ausf. Rn 37). Der Bereitschaftsdienst ist bei der Bestimmung der Dauer der gesetzlichen Ruhepausen nach § 4 als Arbeitszeit zu berücksichtigen, inaktive Zeiten während des Bereitschaftsdienstes sind keine Ruhepausen iSd § 4 (**R:** BAG 16.12.2009 NZA 2010, 505 = DB 2010, 680). **49**

50 **Vergütungsrechtlich** ist der Bereitschaftsdienst als eine andere, zusätzliche Leistung des Arbeitnehmers angemessen zu vergüten, und zwar selbst dann, wenn der Arbeitnehmer während des Bereitschaftsdienstes durch Arbeitsleistungen überhaupt nicht in Anspruch genommen wird. Fehlt eine ausrückliche arbeitsvertragliche oder tarifvertragliche Vereinbarung, so ergibt sich der Vergütungsanspruch aus § 612 BGB, dabei darf der Mindestlohn nicht unterschritten werden (**R:** BAG 29.6.2016 BB 2016, 2877 = DB 2016, 2548; BAG 8.7.1959 AP AZO 1938 § 13 Nr. 1; zur Vergütung für Bereitschaftsdienst in Krankenhäusern: BAG 21.11.1991 NZA 1992, 545; zur Überstundenvergütung für Ärzte im Universitätsklinikum: HessLAG 29.10.1992 DB 1994, 382; zur Abgrenzung von Bereitschaftsdienst und Überstunden: BAG 25.4.2007 NZA 2007, 1108; zur Vergütung von – wegen Krankheit – ausgefallenen Bereitschaftsdiensten: LAG Nds 14.11.2006 ZTR 2007, 144; zur Vergütung von Bereitschaftszeiten von Rettungssanitätern: BAG 24.9.2008 – 10 AZR 669/07).

51 **Pauschalabgeltungen** sind zulässig (**R:** BAG 10.6.1959 AP AZO 1938 § 7 Nr. 5; BAG 8.7.1959 AP AZO 1938 § 13 Nr. 1; BAG 9.8.1978 AP BAT § 17 Nr. 5; so auch BVerwG 19.1.1988 BB 1988, 1046). Aus der arbeitszeitrechtlichen Gleichstellung des Bereitschaftsdienstes mit Vollarbeit folgt nicht automatisch auch eine vergütungsrechtliche Gleichstellung, weshalb die Tarifvertragsparteien Bereitschaftsdienst und Vollarbeit unterschiedlichen Vergütungsordnungen unterwerfen dürfen (**R:** BAG 5.6.2003 DB 2004, 138) und es weiterhin angemessen ist, wenn Bereitschaftsdienst mit 68 % der Vergütung der regulären Arbeitszeit bezahlt wird (**R:** BAG 28.1.2004 DB 2004, 2051 = BB 2004, 1796; **L:** vgl. auch *Bauer/Krieger* BB 2004, 549). Zu vergüten ist der gesamte Bereitschaftsdienst und nicht nur die darin enthaltene Vollarbeit, wobei nach dem voraussichtlichen Grad der Heranziehung zur Vollarbeit die Vergütung des Bereitschaftsdienstes – unter Beachtung der Regelungen des **Mindestlohnes** (**R:** BAG 29.6.2016 BB 2016, 2877 = DB 2016, 2548; BAG 11.10.2017 BB 2017, 2996) – pauschaliert werden kann (**R:** BAG 28.1.2004 ZTR 2004, 416). In seiner *Vorel*-Entscheidung hat auch der EuGH bestätigt, dass bei der Vergütung von Arbeitnehmern, die Bereitschaftsdienst leisten, zwischen Zeiten der Leistung und Zeiten der Nichtleistung unterschieden werden könne (**R:** EuGH 11.1.2007 Rs. C-437/05 (*Vorel*); **L:** *Linneweber* RdA 2008, 47).

52 **cc) Rufbereitschaft.** – Als letzte Stufe vor der völligen Arbeitsruhe ist von Rechtsprechung und Schrifttum der Begriff der Rufbereitschaft entwickelt worden. Rufbereitschaft liegt vor, wenn der Arbeitnehmer verpflichtet ist, sich in der eigenen Wohnung oder einem anderen, dem Arbeitgeber anzuzeigenden Ort aufzuhalten, um **auf Abruf die Arbeit aufnehmen** zu können (**R:** BAG 26.2.1958 AP AZO 1938 § 7 Nr. 3; BAG 10.6.1959 AP AZO 1938 § 7 Nr. 5; BAG 24.10.2000 ZTR 2001, 274; BAG 29.10.2002 DB 2003 S. 2014; BAG 11.7.2006 DB 2007, 115, zur Rufbereitschaft bei Einsatz von Euro-Piepsern vgl. ArbG Lübeck 11.5.1989 NZA 1990, 481).

53 Der Arbeitnehmer ist in der Wahl seines Aufenthaltsortes frei, wenn er seine jederzeitige **Erreichbarkeit** durch den Arbeitgeber gewährleisten kann (**R:** BAG

22.1.2004 ZTR 2005, 27). Ist der Arbeitgeber aus betrieblichen Gründen darauf angewiesen, dass der Arbeitnehmer – zB in Notfällen – spätestens innerhalb einer bestimmten Frist (hier von 20 Minuten) die Arbeit aufnimmt, muss er andere, besser geeignete Arbeitszeitregelungen, wie Schichtdienst oder Bereitschaftsdienst, einführen (**R:** BAG 31.1.2002 AuR 2002, 113 = NZA 2002, 871). Eine Zeitvorgabe von 45 Minuten führt nicht dazu, dass statt Rufbereitschaft Arbeitsbereitschaft vorliegt. Diese Zeitvorgabe ist nicht so strikt, dass dem Arbeitnehmer die Gestaltung seiner arbeitsfreien Zeit entzogen wird (**R:** BAG 22.1.2004 ZTR 2005, 27). Eine Zeitvorgabe von 8 Minuten ist dagegen eine so weitgehende Beschränkung der persönlichen und sozialen Interessen des Arbeitnehmers, dass nicht mehr Rufbereitschaft, sondern vergütungspflichtiger Bereitschaftsdienst vorliegt (**R:** EuGH 21.2.2018 BB 2018, 1079).

Die Aufenthaltsbeschränkung ist bei der Rufbereitschaft bedeutend lockerer als beim Bereitschaftsdienst. Gleichwohl darf die Entfernung des Arbeitnehmers vom Arbeitsort nicht dem Zweck der Rufbereitschaft zuwider laufen; eine **Anfahrtszeit** von mehr als einer Stunde nach Abruf muss der Arbeitgeber nicht akzeptieren (**R:** ArbG Marburg 4.11.2003 DB 2004,1563); die Festlegung einer Maximal-Anfahrtszeit ist aber mitbestimmungspflichtig nach § 74 Abs. 1 Nr. 9 HessPersVG (vgl. § 1 Rn 97). 54

Zeiten der Rufbereitschaft sind keine Arbeitszeit iSd ArbZG; sie werden allgemein der **Ruhezeit zugerechnet** (**R:** BAG 12.2.1969 AP TV AL II § 9 Nr. 1; BAG 18.2.2003 ZTR 2003, 389; BAG 11.7.2006 ZTR 2007, 137; OLG Karlsruhe 29.4.1981 AP BGB § 611 Nr. 7 Arbeitsbereitschaft; VGH Kassel 22.4.1985 NZA 1985, 782). Wird der Arbeitnehmer während der Rufbereitschaft zur Arbeitsleistung herangezogen, so wird dadurch die Ruhezeit unterbrochen. Dem Arbeitnehmer ist im Anschluss an den Arbeitseinsatz während der Rufbereitschaft erneut eine ununterbrochene Ruhezeit nach § 5 Abs. 1 (vormals: § 12 Abs. 1 AZO 1938) zu gewähren. 55

Soll die normale tägliche Arbeitszeit vor Ablauf dieser Ruhezeit beginnen, so ist sie entsprechend zu **verschieben** (**R:** BAG 5.7.1976 AP AZO 1938 § 12 Nr. 10; OLG Karlsruhe 29.4.1981 AP BGB § 611 Nr. 7 Arbeitsbereitschaft). Tätigkeiten, wie zB das Abschließen der Türen oder das Ein- und Ausschalten der Beleuchtung, sind keine nennenswerten Arbeitsleistungen in diesem Sinne (**R:** BAG 26.1.1989 ZTR 1989, 318); solche als geringfügige Arbeitsleistung einzustufenden Tätigkeiten unterbrechen den Dienst als solchen nicht, weshalb sich eine neue Ruhezeit von 11 Stunden nicht anschließen muss. 56

Kann infolge der während der Rufbereitschaft geleisteten Vollarbeit die nachfolgende normale tägliche Arbeitszeit wegen der zwingenden Ruhezeit nach § 5 Abs. 1 nicht rechtzeitig aufgenommen werden, so ist die hierdurch ausfallende Arbeit **nicht zu vergüten**. Es handelt sich um eine von keiner Seite zu vertretende Unmöglichkeit, bei der nach § 323 Abs. 1 BGB der Anspruch auf die Gegenleis- 57 tung (Lohnzahlung) entfällt (**R:** BAG 13.12.2007 BB 2008, 1169; BAG 5.7.1976 AP AZO 1938 § 21 Nr. 10). Die sich aus dieser Rechtsprechung ergebenden Konsequenzen bei Arbeitsleistungen während der Rufbereitschaft können – seit Inkrafttreten des ArbZG – tarifvertraglich korrigiert werden. Nach § 7 Abs. 1 Nr. 1 ArbZG kann in einem Tarifvertrag (oder aufgrund eines Tarifvertrags in einer Betriebsvereinbarung) die Ruhezeit (§ 5 Abs. 1) sowohl bei Bereitschaftsdienst als auch bei Rufbereitschaft den Besonderheiten dieser Dienste angepasst werden, dabei können insbes. Kürzungen der Ruhezeit infolge von Arbeitsleistungen während dieser Dienste zu anderen Zeiten ausgeglichen werden.

58 Die Rufbereitschaft ist als eine aus dem Arbeitsverhältnis abgeleitete Nebenleistung grundsätzlich **angemessen zu vergüten**, sie ist ein Dienst iSd § 611 BGB (**R:** BAG 20.6.2000 DB 2001, 489). Und zwar hat der Arbeitnehmer sowohl einen Vergütungsanspruch für die gesamte Zeitspanne der Rufbereitschaft als auch für Zeiten der tatsächlichen Arbeitsleistung während der insgesamt angeordneten Rufbereitschaft (**R:** BAG 9.10.2003 NZA 2004, 393; zur Aufrundung angefangener Stunden: LAG Rh-P 14.6.2007 ZTR 2007; LAG Nds 26.7.2007 ZTR 2007, 549). Auch tarifwidrig angeordnete Rufbereitschaft (Anordnung von Rufbereitschaft anstelle von Feiertagsarbeit) ist nach den Grundsätzen tarifgerecht angeordneter Rufbereitschaft zu vergüten (**R:** BAG 9.10.2003 NZA 2004, 390 = DB 2004, 1153; zur Vergütung einer stundenweisen Rufbereitschaft im Geltungsbereich des Tarifvertrags für den öffentlichen Dienst vgl. auch BAG 5.2.2009 NZA 2009, 559).

59 Die Rufbereitschaftsvergütung (= zeitabhängiger variabler Bestandteil des monatlichen Arbeitsentgelts) ist bei Vorliegen einer entsprechenden vertraglichen Grundlage **für die Dauer des Urlaubs weiterzuzahlen** (**R:** BAG 20.6.2000 DB 2001, 489). Pauschalabgeltungen sind wie beim Bereitschaftsdienst zulässig (**R:** BAG 28.7.1994 NZA 1995, 999). Ein Angestellter des öffentlichen Dienstes, der verpflichtet ist, außerhalb seiner regelmäßigen Arbeitszeit ein **Funktelefon** mitzuführen, um auf telefonischen Abruf Arbeit zu erbringen, leistet während der Dauer dieser Verpflichtung Rufbereitschaft iSd BAT (**R:** BAG 29.6.2000 NZA 2000, 165; zur stundenweisen Rufbereitschaft: BAG 5.2.2009 BB 2009, 381).

60 Aus **betriebsverfassungsrechtlicher** Sicht (vgl. ausf. § 1 Rn 61 ff) ist jede Form des Bereitschaftsdienstes oder der Rufbereitschaft der Arbeitszeit iSd § 87 Abs. 1 Nr. 2 BetrVG gleichzustellen, so dass der Betriebsrat bei der Aufstellung von Bereitschaftsdienst- oder Rufbereitschaftsplänen ein erzwingbares Mitbestimmungsrecht hat (**R:** BAG 21.12.1982 AP BetrVG 1972 § 87 Nr. 9 Arbeitszeit). Aus **personalvertretungsrechtlicher** Sicht ist die Anordnung von Rufbereitschaft für die betroffenen Beschäftigten keine Festlegung von Beginn und Ende der Arbeitszeit iSd § 75 Abs. 3 Nr. 1 BPersVG und unterliegt daher nicht der Mitbestimmung des Personalrats (**R:** BVerwG 1.6.1987 ZBR 1987, 346; OVG NRW 29.1.1996 ZTR 1996, 424).

II. Arbeitnehmer (Absatz 2)

1. Allgemeines. – Der **Arbeitnehmerbegriff** in § 2 Abs. 2 ist **aus § 5 Abs. 1 BetrVG übernommen** worden. Der in § 5 Abs. 1 BetrVG enthaltene Begriff der Berufsausbildung ist durch den Begriff der Berufsbildung ersetzt worden, wie er in allen neueren arbeitsrechtlichen Gesetzen, zB in § 1 Abs. 2 Nr. 2 BeschFG und § 2 Abs. 1 Nr. 3 BErzGG, enthalten ist. Durch diese Änderung werden auch die Berufsbildungsverhältnisse erfasst, die weder Ausbildungsverhältnisse noch Arbeitsverhältnisse sind (vgl. BT-Drucks. 12/5888 S. 23). Rechtsprechung und Schrifttum zu § 5 Abs. 1 BetrVG können gleichwohl auch hier herangezogen werden. Der Begriff des leitenden Angestellten iSd **§ 5 Abs. 3 BetrVG** wird in § 18 Abs. 1 Nr. 1 zum Ausschluss dieses Personenkreises aus dem Anwendungsbereich des ArbZG verwendet (vgl. § 18 Rn 5). Die Einschränkung des Arbeitnehmerbegriffs in **§ 5 Abs. 2 BetrVG** hat das ArbZG nicht übernommen. 61

§ 2 Abs. 2 verfolgt den **Zweck**, den persönlichen Geltungsbereich des ArbZG im Einklang mit dem allgemeinen Arbeitnehmerbegriff, insbes. soweit er zu § 5 Abs. 1 BetrVG entwickelt worden ist, abzugrenzen. Aus der Nichtübernahme der Einschränkung des Arbeitnehmerbegriffs in § 5 Abs. 2 BetrVG ergibt sich, dass das ArbZG über den Arbeitnehmerbegriff des BetrVG hinaus den insoweit weitergehenden allgemeinen arbeitsrechtlichen Begriff des Arbeitnehmers benutzt. Außerdem ist die Zielsetzung des ArbZG zu berücksichtigen, den Arbeitszeit- und Sonntagsarbeitsschutz erstmalig auf **alle Arbeitnehmer** in allen Beschäftigungsbereichen in der Bundesrepublik auszudehnen (BT-Drucks. 12/5888 S. 1, 16; vgl. Einf. Rn 24 ff). 62

Im ArbZG kommt dies dadurch zum Ausdruck, dass es im Unterschied zu bisherigen Arbeitszeitgesetzen und zu anderen vergleichbaren Gesetzen keine Vorschrift über den Geltungsbereich enthält, also für alle Arbeitnehmer gilt, und in den §§ 18 bis 20 lediglich die Anwendung des Gesetzes für bestimmte Personengruppen oder Beschäftigungsbereiche ausschließt; in der Hauptsache nur für solche bzw nur in dem Umfang, für die bzw für den ein ausreichender Schutz besteht (vgl. § 18 Abs. 2 bis 3, §§ 19 und 20). Andererseits ist festzuhalten, dass das ArbZG die Arbeitszeit und Sonn- und Feiertagsarbeit, wie insbes. aus § 22 Abs. 1 zu erkennen ist, nur bei einer **Beschäftigung durch einen Arbeitgeber** beschränkt, nicht dagegen bei anderen Betätigungen, zB nicht bei der Freizeitbetätigung und auch nicht bei der ehrenamtlichen Betätigung in einer Gewerkschaft, in einer Partei oder in einer anderen Gemeinschaft, ferner nicht bei der Religionsausübung usw (vgl. § 9 Rn 6). 63

2. Begriff. – **Arbeitnehmer** ist, wer aufgrund eines Arbeitsverhältnisses beschäftigt wird, bzw wer aufgrund eines privatrechtlichen Vertrags im Dienste eines anderen zur Leistung fremdbestimmter Arbeit in persönlicher Abhängigkeit verpflichtet ist. **Persönliche Abhängigkeit** erfordert die Übernahme fremd geplanter, fremdnütziger und von fremder Risikobereitschaft getragener Arbeit und die Eingliederung in einen fremden Betrieb mit der damit verbundenen Unterordnung unter das Weisungsrecht des Arbeitgebers in Bezug auf Zeit, Dauer, Ort und Art der 64

Arbeitsausführung. Die Klärung der Frage, ob diese persönliche Abhängigkeit vorliegt, ist durch eine **Gesamtwürdigung aller Umstände** des Einzelfalles vorzunehmen (**R:** stRspr. BAG 28.2.1962, BAG 8.6.1967, BAG 28.6.1973, BAG 25.8.1982 und BAG 13.1.1983 AP BGB § 611 Nr. 1, 6, 10, 38 und 43 Abhängigkeit; BAG 3.6.1975 AP BetrVG 1972 § 5 Nr. 1 Rotes Kreuz).

65 Unerheblich ist, ob die Arbeit entgeltlich oder unentgeltlich, haupt- oder nebenberuflich, befristet oder unbefristet, in Voll- oder Teilzeitarbeit erfolgt. Auch bei **Telearbeit** sind die Anforderungen des ArbZG zu beachten (**L:** vgl. ausf. *Boemke* BB 2000, 147, 150; *Schmidt/Koberski/Tiemann/Wascher* § 2 Rn 87 f), es sei denn, Telearbeit wird im Heimarbeitsverhältnis iSd HAG ausgeübt (vgl. Rn 73). Die Rechtsgültigkeit oder die Art des Arbeitsverhältnisses ist ebenfalls ohne Bedeutung. Das ArbZG gilt auch für das sog. faktische Arbeitsverhältnis, für das Probe-, Aushilfs- und **Leiharbeitsverhältnis** sowie für das mittelbare Arbeitsverhältnis. Das ArbZG gilt auch für **arbeitnehmerähnliche Personen**, wenn sie wirtschaftlich abhängig und einem Arbeitnehmer vergleichbar schutzbedürftig sind (**R:** zum Status eines **Franchisenehmers**: BAG 16.7.1997 NJW 1997, 2973 = DB 1997, 1524).

66 Keine Rolle spielt ferner, ob der Vertrag als Arbeitsvertrag bezeichnet wird. Der Status des Beschäftigten richtet sich danach, wie die Vertragsbeziehung nach ihrem Geschäftsinhalt objektiv einzuordnen ist (**R:** BAG 9.6.1993 DB 1994, 787). Liegt zB kein einleuchtender Grund für den Abschluss eines Dienstvertrags als **freier Mitarbeiter** uä vor, ist dieser als Arbeitsvertrag zu behandeln, wenn bei der tatsächlichen Durchführung die Merkmale eines Arbeitsverhältnisses zum Vorschein kommen (**R:** BAG 14.2.1974 AP BGB § 611 Nr. 12 Abhängigkeit; BAG 17.5.1978 AP BGB § 611 Nr. 26 Abhängigkeit). Ein typisches Abgrenzungsmerkmal enthält § 84 Abs. 1 Satz 2 HGB, wonach derjenige selbstständig ist, der im Wesentlichen frei seine Tätigkeit gestalten und seine Arbeitszeit bestimmen kann. Über ihren unmittelbaren Anwendungsbereich hinaus enthält diese Bestimmung eine allgemeine gesetzgeberische Wertung, die bei der Abgrenzung des Dienstvertrags vom Arbeitsvertrag zu beachten ist.

67 Arbeitnehmer iSd § 2 Abs. 2 sind auch die sog. **außertariflichen Angestellten**, die kraft ihrer Tätigkeit nicht mehr unter den persönlichen Geltungsbereich des einschlägigen Tarifvertrags fallen, andererseits aber noch nicht zum Personenkreis der leitenden Angestellten (vgl. § 18 Rn 5) gehören (**R:** BAG 18.9.1973 AP BetrVG 1972 § 80 Nr. 3); unerheblich ist, ob die Tarifbindung mangels Zugehörigkeit zu einer Gewerkschaft entfällt (**R:** BAG 28.5.1974 AP BetrVG 1972 § 80 Nr. 6). Arbeitnehmer iSd § 2 Abs. 2 sind auch die sog. **Dienstordnungs-Angestellten**, die von Trägern der gesetzlichen Sozialversicherung beschäftigt werden; nach § 358 RVO durften neue Verträge ab dem 1. Januar 1993 nicht mehr abgeschlossen werden (**L:** MünchArbR/*Germelmann* § 156 Rn 13).

68 Nach § 2 Abs. 2 sind Arbeitnehmer auch **die zu ihrer Berufsbildung Beschäftigten** über 18 Jahre (vgl. § 18 Abs. 3), insbes. die Auszubildenden (§ 3 Abs. 1 BBiG), selbst dann, wenn Vertragszweck nicht die Arbeitsleistung, sondern ausschließlich die Ausbildung ist, allerdings nur, soweit die Berufsbildung im Rahmen der betrieblichen Ausbildung oder in Bildungseinrichtungen außerhalb der Schul- oder Hochschulausbildung erfolgt. Dabei macht es auch keinen Unterschied, ob diese Personen nach der Ausbildung in einem Arbeitsverhältnis oder als freie Mitarbeiter weiterbeschäftigt werden sollen (**R:** BAG 20.4.1993 AP BetrVG 1972 § 5 Nr. 7 Ausbildung).

Zur Berufsbildung in diesem Sinne gehört auch die betriebliche Ausbildung in Heil- und Heilhilfsberufen (§ 107 Abs. 1 BBiG), zB als Schwesternschülerin; der Erwerb beruflicher Kenntnisse, Fertigkeiten oder Erfahrungen in Betrieben (§ 19 BBiG), zB als **Volontär** (**R:** LAG Hamm 19.3.1993 NZA 1994, 127) oder Praktikant; die Vorbereitung auf weiterführende Bildungsgänge (§ 28 Abs. 2 BBiG), zB als Fachhochschüler; die berufspraktische Tätigkeit iSd § 11 Abs. 3 Nr. 2 BBiG (**R:** aA aber nur für privatrechtliche Ansprüche BAG 19.6.1974 BB 1974, 1920; ähnlich wie hier § 5 Abs. 2 Nr. 2 JArbSchG); die Ausbildung in Teil- und Vollzeitlehrgängen, soweit sie den Berufsschulunterricht nicht ersetzen, sondern die betriebliche Berufsbildung nur ergänzen und vertiefen, zB die der **Sozialversicherungsfachangestellten**. 69

Zur Berufsbildung gehört ferner die berufliche Ausbildung und Umschulung im Betrieb (§ 1 Abs. 3 und 4 BBiG), auch im Rahmen der von der BA nach § 59 SGB III geförderten Maßnahmen. Schließlich gehört dazu die Ausbildung in Berufsbildungs- und Berufsförderungswerken sowie in Werkstätten für Behinderte (**R:** BAG 13.5.1992 AP BetrVG 1972 § 5 Nr. 4 Ausbildung). Auch dort ist der Arbeitszeitschutz notwendig. **Studenten**, die im Rahmen eines Studiums ein vorgeschriebenes Praktikum ableisten, sind dann Arbeitnehmer, wenn sie während des Praktikums in einer privatrechtlichen Vertragsbeziehung zum Betriebsinhaber stehen (**R:** BAG 30.10.1991 AP BetrVG § 5 Nr. 2 Ausbildung). **Praktikanten** und **Volontäre** sind Arbeitnehmer mit besonderen Rechten und Pflichten (**L:** ErfK/*Preis* § 611 BGB Rn 179; ausf. zu den in der Praxis verwendeten Beschäftigungsformen *Maties* RdA 2007, 135; *Orlowski* RdA 2009, 38, *Krimphove* BB 2014, 564). 70

Keine Arbeitnehmer sind die arbeitgeberähnlichen Personen, wie die **Organmitglieder** juristischer Personen, zB Vorstandsmitglieder von Aktiengesellschaften (§ 78 Abs. 1 AktG) und Geschäftsführer von Gesellschaften mit beschränkter Haftung (§ 35 Abs. 1 GmbHG); nicht aber **Gesamtprokuristen** einer Kommanditgesellschaft (**R:** BAG 13.7.1995 DB 1995, 2271). Keine Arbeitnehmer sind ferner Personen, die freiberuflich Dienstleistungen erbringen, wie **Ärzte, Rechtsanwälte** (**R:** vgl. aber HessLAG 1.6.1995 AuR 1996, 415) oder **Steuerberater** sowie andere selbstständige Gewerbetreibende, wie zB **Handelsvertreter** (**R:** vgl. zum **Einfirmen-Versicherungsvertreter** ArbG Lübeck 26.10.1995 BB 1996, 177; zum Arbeitnehmerstatus einer **Versicherungsvermittlerin** vgl. aber ArbG Nürnberg 31.7.1996 AuR 1996, 417). 71

72 Keine Arbeitnehmer sind auch **freie Mitarbeiter**, wie zB Reporter, Künstler, nebenamtliche Lehrkräfte (**R:** BAG 26.1.1977; BAG 23.9.1981 und BAG 25.8.1982 AP BGB § 611 Nr. 13, 22 und 32 Lehrer, Dozenten). Maßgebend für die Abgrenzung ist nicht die Bezeichnung, sondern die tatsächliche Ausgestaltung des Vertragsverhältnisses bzw die tatsächliche Durchführung (**R:** BAG 14.2.1974 AP BGB § 611 Nr. 12 Abhängigkeit). Die Integration von Mitarbeitern in Dienstpläne, die ohne vorherige Absprache mit ihnen erstellt werden, ist ein starkes Indiz für ihre Arbeitnehmereigenschaft (**R:** zum Arbeitnehmerstatus von **Rundfunkmitarbeitern**: BAG 16.2.1994 NZA 1995, 21 = DB 1994, 2504; BAG 20.7.1994 DB 1994, 2502 = NZA 1995, 161; BAG 30.11.1994 DB 1995, 1767; BAG 19.1.2000 RdA 2000, 360; **L:** vgl. *Bruns* RdA 2008, 135; zum Status einer **Lehrerin an einer Volkshochschule**: BAG 26.7.1995 BB 1996, 60; zum Arbeitnehmerstatus von **Co-Piloten**: BAG 16.3.1994 DB 1994, 2504; zum Arbeitnehmerstatus von **Frachtführern**: BAG 19.11.1997 DB 1998, 624; BAG 30.9.1998 BB 1999, 587; zum Status von **Propagandistinnen**: LAG Köln 30.6.1995 AuR 1996, 413; zur Arbeitnehmereigenschaft von **Zeitungszustellern**: LAG Düsseldorf 5.3.1996 DB 1996, 1285).

73 Keine Arbeitnehmer sind die in **Heimarbeit Beschäftigten**, da insoweit eine § 1 Nr. 2 MuschG oder § 1 Abs. 1 Nr. 2 und 3 JArbSchG vergleichbare Erstreckung auf diesen Personenkreis fehlt; es gehört zum Charakter der Heimarbeit, sich die Arbeitszeit selbst einzuteilen (**R:** BAG 25.3.1992 AP BetrVG 1972 § 5 Nr. 48).

74 Keine Arbeitnehmer sind die aufgrund eines **öffentlich-rechtlichen Dienstverhältnisses** beschäftigten Personen wie Beamte, Beamtenanwärter, Richter, Hochschullehrer, Soldaten, Zivildienstleistende, Entwicklungshelfer, Fürsorgezöglinge, Strafgefangene. Arbeitszeitrechtliche Regelungen sind für **Bundesbeamte** in der Verordnung über die Arbeitszeit der Beamtinnen und Beamten des Bundes (vgl. Teil D Anh. 23) enthalten, für **Landesbeamte** in den entsprechenden Verordnungen der Bundesländer. Für die Beamten der früheren **Deutschen Bundespost** gilt die Telekom-Arbeitszeitverordnung vom 25.3.2004 (BGBl. I S. 461), wonach die regelmäßige Arbeitszeit im Durchschnitt 34 Stunden in der Woche beträgt (**L:** vgl. auch *Maneke* ZTR 2001, 300).

75 Für Richter, Hochschullehrer und Soldaten fehlen ausdrückliche Dienstzeit- oder Arbeitszeitregelungen, woraus sich jedoch keine zeitlich unbegrenzte Dienstverpflichtung dieses Personenkreises ergibt. Ein **Richter** ist nur verpflichtet, einen Arbeitserfolg zu erbringen, der von einem vergleichbaren Richter in einer 40-Stunden-Woche erbracht werden kann (**R:** BVerwG 21.9.1982 DöV 1983, 897). Für **Soldaten** werden im täglichen Dienstbetrieb die Arbeitszeitgrundnormen des ArbZG eingehalten, soweit Ausbildungssituation und militärischer Einsatzauftrag dies zulassen (vgl. BT-Drucks. 10/2861 S. 36).

76 Die Arbeitszeit des **Zivildienstleistenden** richtet sich nach den Vorschriften, die an den ihm zugewiesenen Arbeitsplatz für vergleichbare Beschäftigte gelten (§ 32 Zivildienstgesetz). **Entwicklungshelfer** sind keine Arbeitnehmer (§ 1 Abs. 1 Nr. 1

Entwicklungshilfegesetz), ebenso wenig **Strafgefangene, Untersuchungsgefangene** oder **Heiminsassen**, auch wenn sie Arbeitsleistungen erbringen (**L:** ausf. MünchArbR/*Schneider* § 19 Rn 60). Auch Gefangene, die aufgrund ihres besonderen öffentlich-rechtlichen Gewaltverhältnisses in einem Privatbetrieb arbeiten, sind keine Arbeitnehmer dieses Betriebes (**R:** BAG 3.10.1978 AP BetrVG 1972 § 5 Nr. 18, **L:** ausf. zur Dienstzeitbegrenzung im öffentlichen Dienst: *von Maydell* RiA 1983, 248). **Familienhelferinnen** nach § 31 SGB VIII sind regelmäßig Arbeitnehmer (**R:** BAG 6.5.1998 NZA 1998, 873).

Keine Arbeitnehmer sind ferner Personen **in karitativer oder religiöser Tätigkeit** 77
als Angehörige geistlicher Orden oder Gemeinschaften oder des Roten Kreuzes in einem DRK-Krankenhaus (**R:** BAG 3.6.1975 AP BetrVG 1972 § 5 Nr. 1 Rotes Kreuz) im Unterschied zu den aufgrund eines Arbeitsvertrags eingestellten freien Schwestern, Helferinnen, Kindergärtnerinnen. Die Mitglieder einer DRK-Schwesternschaft sind auch dann keine Arbeitnehmer, wenn sie nicht in einem von der Schwesternschaft selbst getragenen, sondern aufgrund eines Gestellungsvertrags in einem von einem Dritten betriebenen Krankenhaus tätig sind (**R:** BAG 20.2.1986 AP BetrVG 1972 § 5 Nr. 2 Rotes Kreuz). **Helfer im freiwilligen sozialen Jahr** sind weder Arbeitnehmer noch zu ihrer Berufsbildung Beschäftigte sind (**R:** BAG 12.2.1992 AP BetrVG 1972 § 5 Nr 52); nach § 15 FSJG findet das ArbZG aber Anwendung.

III. Nachtzeit (Absatz 3)

1. Allgemeines. – Eine einheitliche gesetzliche Festlegung des Nachtzeitraums 78
fehlt. In der Vergangenheit wurde in Arbeitsschutzgesetzen überwiegend die Zeitspanne zwischen 20 und 6 Uhr als Nachtzeit bestimmt, so zB in § 19 Abs. 1 AZO 1938, § 8 Abs. 1 MuSchG, § 14 Abs. 1 JArbSchG, aber auch die Zeitspanne zwischen 22 und 6 Uhr, so zB in § 3 Abs. 3 Freizeitanordnung. Tarifvertraglich ist überwiegend als Nachtzeit die Zeit zwischen 19.30 bzw 20 und 6 Uhr festgelegt, was in der Regel zur Folge hat, dass für Arbeitsleistungen in dieser Zeitspanne ein Lohnzuschlag von durchschnittlich 30% zu zahlen ist.

Die Festlegung einer gesetzlichen Nachtzeit hat anders als die tarifvertraglichen 79
Festlegungen den **Zweck**, verbindlich den Zeitraum festzulegen, während dem nach den vorliegenden arbeitsmedizinischen und arbeitswissenschaftlichen Erkenntnissen die menschliche Leistungsbereitschaft in Abhängigkeit von der Tagesrhythmik der Organfunktionen unterdurchschnittlich ist. Schon früh ist nachgewiesen worden (**L:** *Graf* BB 1955, 357), dass der Grad der Leistungsbereitschaft des Menschen im Verlauf des Tages erheblichen Schwankungen unterworfen ist. Die Zeit der höchsten Leistungsbereitschaft fällt in die Frühschicht (6 bis 14 Uhr). In der Spätschicht (14 bis 22 Uhr) sinkt die Leistungsbereitschaft gegenüber der Frühschicht deutlich ab, um in der Nachtschicht (22 bis 6 Uhr) zwischen 3 und 4 Uhr morgens ihr absolutes Tief zu erreichen (**L:** *Hahn* S. 64).

80 Die Nachtzeitdefinition in § 2 Abs. 3 entspricht den Festlegungen in Art. 1 Buchst. a des IAO-Übereinkommens 171 über Nachtarbeit vom 26.6.1990 und Art. 2 Nr. 3 der EU-Arbeitszeit-Richtlinie (vgl. Teil D Anh. 1), wonach die Nachtzeit eine Zeitspanne von mindestens 7 Stunden umfassen muss, die auf jeden Fall die Zeit zwischen 24 und 5 Uhr einschließt. Zur Festlegung in den einzelstaatlichen Rechtsvorschriften kommt demzufolge die Zeit von 22 bis 5 Uhr, 23 bis 6 Uhr oder 24 bis 7 Uhr in Betracht. Durch das Änderungsgesetz von 1996 ist die Nachtzeit für Bäckereien und Konditoreien um eine Stunde auf die Zeit von 22 bis 5 Uhr vorverlegt worden. Damit leisten Arbeitnehmer, die – wie im Bäckerhandwerk üblich – ihre Tätigkeit bereits um 4 Uhr morgens aufnehmen, **keine** Nachtarbeit iSd § 2 Abs. 4; abweichende Tarifverträge sind zulässig (vgl. § 7 Abs. 1 Nr. 5). Der Gesetzgeber darf beim Arbeitszeit- und Nachtarbeitsschutz zwischen unterschiedlichen Wirtschaftszweigen differenzieren (**R:** BVerfG 9.6.2004 DB 2004, 1504).

81 **2. Begriff.** – Nach allgemeinem Sprachgebrauch ist Nachtzeit ein in Abhängigkeit von den Jahreszeiten variabler Zeitraum zwischen Untergang und Aufgang der Sonne, der in Mittel- und Westeuropa maximal 15 Stunden im Winter und minimal 7 Stunden im Sommer beträgt. Eine gesetzliche Definition in Anlehnung an den allgemeinen Sprachgebrauch ist wegen dieser jahreszeitlich bedingten Schwankungen hinsichtlich der Länge der Nacht nicht in Betracht gekommen. Der Gesetzgeber musste sich insoweit einer generalisierenden Betrachtungsweise bedienen.

82 Der in § 2 Abs. 3 festgelegte Nachtzeitraum umfasst die arbeitsmedizinisch bedeutsame Zeitspanne, die arbeitsmedizinischen Erkenntnissen zufolge **zwischen 1 und 4 Uhr** liegt. Bei Schlafbeginn bis 2 Uhr können noch hinreichend lange Schlafzeiten erwartet werden (**L:** *Rutenfranz/Beermann/Löwenthal* S. 16). Dies ist auch dann gewährleistet, wenn die Tarifvertragsparteien gemäß § 7 Abs. 1 Nr. 5 den 7-stündigen Nachtzeitraum auf die Zeit von 22 bis 5 Uhr oder 24 bis 7 Uhr festlegen.

IV. Nachtarbeit (Absatz 4)

83 **1. Allgemeines.** – Eine gesetzliche Definition des Begriffs Nachtarbeit fehlt. Die Begriffsbestimmung des § 2 Abs. 4 orientiert sich an den Festlegungen in Art. 1 Buchst. b des IAO-Übereinkommens 171 über Nachtarbeit vom 26.6.1990 und Art. 2 Nr. 4 der EU-Arbeitszeit-Richtlinie (vgl. Teil D Anh. 1). **Zweck** dieser Begriffsbestimmung ist es, einerseits dem nicht zu leugnenden Schutzbedürfnis der Arbeitnehmer, die während der Nachtzeit Arbeitsleistungen zu erbringen haben, sachgerecht Rechnung zu tragen, andererseits aber Arbeitsleistungen, die nur zu einem geringen Teil während der Nachtzeit erbracht werden, auszugrenzen. Nur typische Nachtarbeit soll erfasst und dem Regelungsinstrumentarium des § 6 unterzogen werden.

84 **2. Begriff.** – Nachtarbeit führt zu erheblichen Störungen im Befinden des Arbeitnehmers, der Nachtarbeit leistet. Sie führt insbes. zu Schlafstörungen, Appetitlosigkeit und Magenbeschwerden. Die vom Geschlecht unabhängige objektive Belas-

tung bei Nachtarbeit besteht darin, dass zeitverschoben zur Tagesperiodik von wesentlichen Körperfunktionen (Schlafbedürfnis, Thermoregulation, Kreislaufregulation, hormonelle Regulation) gearbeitet werden muss (**L:** *Rutenfranz/Beermann/Löwenthal* S. 16). Wahrnehmungsleistung, Konzentrationsfähigkeit, Psychomotorik und Intelligenzleistungen erreichen im Laufe der Nacht ihr Minimum (**L:** *Hahn* S. 64). Auch Nachtarbeit über längere Zeiträume hin führt zu keiner Anpassung, zu keiner Umkehrung des Biorhythmus.

Nach Auffassung des BVerfG (**R:** BVerfG 28.1.1992 BB 1992, Beil. 3 = DB 1992, **85**
377) ist Nachtarbeit grundsätzlich für jeden Menschen schädlich. So richtig das in dieser generellen Form sein mag, so wenig hilfreich ist dies bei der Festlegung genereller Abgrenzungskriterien. Orientiert an den Erkenntnissen der Nacht- und Schichtarbeitsforschung, wonach die arbeitsmedizinisch kritischen Zeiten für den Biorhythmus zwischen 1 und 4 Uhr liegen, hat sich der Gesetzgeber dafür entschieden, dass Nachtarbeit iSd ArbZG nur dann vorliegt, wenn mehr als 2 Stunden während der Nachtzeit von 23 bis 6 Uhr bzw 22 bis 5 Uhr gearbeitet wird. Bestimmte Arbeitnehmergruppen, wie zB Kellnerinnen und Köche im Gastgewerbe, die regelmäßig bis 1 Uhr nachts arbeiten, leisten demzufolge keine Nachtarbeit. Auch Beschäftigte in Bäckereien, die ihre Arbeit um 4 Uhr morgens aufnehmen, leisten keine Nachtarbeit. Diese Grenzziehung ist gerechtfertigt, da in diesen Fällen regelmäßig noch hinreichende Schlafzeiten erwartet werden können (zur Verschiebung des Beginns der Nachtzeit vgl. § 7 Rn 39).

V. Nachtarbeitnehmer (Absatz 5)

1. Allgemeines. – Eine gesetzliche Definition des Begriffs Nachtarbeitnehmer fehl- **86**
te in der Vergangenheit. Die nunmehr vorgenommene Begriffsbestimmung des § 2 Abs. 5 entspricht inhaltlich der Definition des Nachtarbeiters in Art. 1 Buchst. b des IAO-Übereinkommens 171 über Nachtarbeit vom 26.6.1990 (vgl. Rn 80), wonach „Nachtarbeiter" jeder Arbeitnehmer ist, dessen Arbeit die Leistung einer erheblichen Anzahl von Nachtarbeitsstunden erfordert, die eine bestimmte Grenze überschreitet. Diese Grenze ist von der zuständigen Stelle nach Anhörung der maßgebenden Verbände der Arbeitgeber und der Arbeitnehmer oder durch Gesamtarbeitsverträge festzulegen. Sie steht ferner in Einklang mit der Begriffsbestimmung Nachtarbeiter in Art. 2 Nr. 4 der EU-Arbeitszeit-Richtlinie (vgl. Teil D Anh. 1). Nachtarbeitnehmer ist danach einerseits jeder Arbeitnehmer, der während der Nachtzeit normalerweise mindestens 3 Stunden seiner täglichen Arbeitszeit verrichtet und andererseits jeder Arbeitnehmer, der während der Nachtzeit ggf. einen bestimmten Teil seiner jährlichen Arbeitszeit verrichtet.

Die Begriffsbestimmung des § 2 Abs. 5 verfolgt den **Zweck**, die nur gelegentlich **87**
ausgeübte, also geringfügige Arbeitsleistung von solcher Nachtarbeit abzugrenzen, die die in § 6 geregelten Rechte und Pflichten auslösen. Anders als bei der Begriffs-

bestimmung des § 2 Abs. 4 ist Bezugszeitraum nicht der 24-Stunden-Zeitraum, sondern das Kalenderjahr.

88 **2. Begriff.** – Die Begriffsbestimmungen in § 2 Abs. 3 bis 5 sind schrittweise aufeinander aufgebaut (**L:** *Junker* ZfA 1998, 105, 109: spricht zutreffend von einer **Definitionskaskade**). In einem ersten Schritt wird in § 2 Abs. 3 ein bestimmter Tagesabschnitt als Nachtzeit (23 bis 6 Uhr bzw 22 bis 5 Uhr) gesetzlich festgelegt. In einem weiteren Schritt wird in § 2 Abs. 4 gesetzlich festgelegt, wie viel Arbeitsstunden in der Nachtzeit des § 2 Abs. 3 erbracht werden müssen, damit von Nachtarbeit gesprochen werden kann (mehr als 2 Stunden).

89 Diese Festlegungen reichen aber für eine praxisgerechte Grenzziehung nicht aus, da diese Voraussetzungen bereits innerhalb einer sehr kurzen Zeitspanne von nahezu jedem Erwerbstätigen in der Bundesrepublik Deutschland erfüllt werden dürften. IAO-Übereinkommen und EU-Arbeitszeit-Richtlinie überlassen die notwendigen weiteren Begrenzungen dem nationalen Gesetzgeber durch die Verwendung von Formulierungen, wie „erhebliche Anzahl von Nachtarbeitsstunden“ oder „einen bestimmten Teil seiner jährlichen Arbeitszeit“. Der bundesdeutsche Gesetzgeber präzisiert die unbestimmten Vorgaben von IAO und EU durch einen dritten Schritt in § 2 Abs. 5 durch eine weitere Grenzziehung, wobei zwei Alternativen zur Verfügung gestellt werden. § 2 Abs. 5 Nr. 1 betrifft sog. wechselnde Schichtsysteme, § 2 Abs. 5 Nr. 2 so genannte permanente Schichtsysteme.

90 **a) Nachtarbeit in Wechselschicht (Nummer 1).** – Nachtarbeitnehmer sind solche Arbeitnehmer, die aufgrund ihrer Arbeitszeitgestaltung **normalerweise** Nachtarbeit iSd § 2 Abs. 4 in Wechselschicht zu leisten haben. Die ursprünglich im Regierungsentwurf vorgesehene Formulierung „regelmäßig wiederkehrend in Wechselschichtarbeit Nachtarbeit zu leisten haben“ ist verändert worden, um auszuschließen, dass Arbeitnehmer, die nur ausnahmsweise Nachtarbeit in Wechselschicht zu leisten haben (zB einmal im Monat), als Nachtarbeitnehmer iSd ArbZG anzusehen sind (vgl. BT-Drucks. 12/6990 S. 43). Entscheidendes Kriterium zur Erfüllung der Voraussetzungen der Nr. 1 ist nicht die Ableistung von Nachtarbeit in einem Schichtsystem (zum Begriff der Schichtarbeit vgl. § 6 Rn 18 ff), sondern die Ableistung von Nachtarbeit in Wechselschicht.

91 Unter **Wechselschicht** ist eine Form der Arbeitszeitorganisation zu verstehen, bei der die Arbeitnehmer ihre Arbeit zu wechselnden Zeiten zu erbringen haben, bei der sich also die Arbeitnehmer einer Schichtbelegschaft regelmäßig oder unregelmäßig in der Schichtenfolge abwechseln (Schichtwechselzyklus oder Schichtwechselperiodik). Unerheblich ist, ob das Wechselschichtsystem ohne Wochenendarbeit (sog. diskontinuierliche Arbeitsweise) oder mit Wochenendarbeit (sog. kontinuierliche Arbeitsweise) praktiziert wird. Unerheblich ist auch, ob der Wechsel regelmäßig oder unregelmäßig, vorwärts rollierend oder rückwärts rollierend erfolgt. Wechselschicht ist bereits dann gegeben, wenn jede Schicht nur aus einem Arbeitnehmer besteht (**R:** BAG 23. 9. 1960 AP AZO 1938 § 2 Nr. 4).

Sieht die Arbeitszeitgestaltung, dies ist in der Regel der Schichtplan, des Arbeitnehmers einen regelmäßigen oder unregelmäßigen Wechsel bezüglich der Lage der Arbeitszeit vor, so muss dieses Wechselschichtsystem **normalerweise** mit der Ableistung von Nachtarbeit verbunden sein. Auf eine exakte zahlenmäßige Festlegung der in Wechselschicht zu erbringende Nachtarbeit ist verzichtet worden, da bereits in der Erbringung von Arbeitsleistungen zu wechselnden Zeiten eine gravierende Störung der biologischen Rhythmik zu sehen ist, die die Arbeitsleistung, die Gesundheit sowie das familiäre und soziale Leben des Wechselschichtarbeiters beeinträchtigen. Durch die Verwendung des Wortes „normalerweise" soll vielmehr zum Ausdruck gebracht werden, dass sporadisch, also nur gelegentlich eingestreute Nachtschichten, die ausnahmsweise zB in Zwei-Schicht-Systemen (zB 2 Schichten von 8 Stunden Dauer, die meist als Frühschicht von 6 bis 14 Uhr und Spätschicht von 14 bis 22 Uhr ausgestaltet sind) praktiziert werden, nicht ausreichen, um Nachtarbeitnehmer iSd § 2 Abs. 5 Nr. 1 zu werden. (**L:** ebenso *Dobberahn* Rn 76). Als Faustregel für nur gelegentliche Nachtarbeit in Wechselschicht sind wohl bis zu 12 Nachtarbeitsperioden im Kalenderjahr, also eine pro Monat (vgl. auch BT-Drucks. 12/6990 S. 43) anzusehen. 92

Durch die Verwendung der Worte „… **zu leisten haben**," wird zum Ausdruck gebracht, dass im Einzelfall die geplante, in der Arbeitszeitgestaltung vorgesehene Nachtarbeit, nicht die tatsächliche Ableistung der Nachtarbeit maßgebend ist (**L:** *Junker* ZfA 1998, 105, 110; ebenso *Baeck/Deutsch/Winzer* § 2 Rn 108; *Neumann/Biebl* § 2 Rn 28; *Roggendorff* § 2 Rn 64; ErfK/*Wank* § 2 ArbZG Rn 19; *Schliemann* § 2 Rn 143). Arbeitnehmer, die normalerweise Nachtarbeit in Wechselschicht zu verrichten haben, über längere Zeiträume aber tatsächlich keine Nachtarbeit, zB wegen urlaubs- oder krankheitsbedingter Abwesenheit, erbringen, verlieren hierdurch nicht ihren Status als Nachtarbeitnehmer. Es ist also durchaus möglich, dass in Wechselschichtsystemen eingesetzte Arbeitnehmer in einzelnen Kalenderjahren weniger als die normalerweise vorgesehenen (11 × 7 =) 77 Nachtschichten, teilweise sogar weniger als 12 Nachtschichten verrichten und ihnen gleichwohl die Rechte nach § 6 zustehen. 93

b) Nachtarbeit an 48 Tagen (Nummer 2). – Unabhängig von der jeweiligen Arbeitszeitgestaltung ist nach § 2 Abs. 5 Nr. 2 Nachtarbeitnehmer, wer an mindestens 48 Tagen im Kalenderjahr mehr als 2 Stunden in der Nachtzeit von 23 bis 6 Uhr bzw 22 bis 5 Uhr arbeitet. Ob diese Arbeitsleistung in permanenten Schichtsystemen mit Dauernachtschichten oder in wechselnden Schichtsystemen mit wechselnden Nachtschichten oder außerhalb von Schichtsystemen erbracht werden, ist unerheblich. Auch die Regelmäßigkeit der Nachtarbeit spielt keine Rolle. Wer also die 48-Tage-Voraussetzung bereits in den ersten Monaten des Jahres erfüllt und danach keine Nachtarbeit mehr verrichtet, ist für das gesamte Kalenderjahr als Nachtarbeitnehmer anzusehen. 94

Lediglich in Bezug auf den einzuhaltenden Ausgleichzeitraum sieht § 6 Abs. 2 Satz 3 eine Sonderregelung vor (vgl. § 6 Rn 35 bis 37). Auch ein Wechsel des Ar- 95 beitsverhältnisses verändert den erreichten Status als Nachtarbeitnehmer nicht. Wer zB im ersten Arbeitsverhältnis die Voraussetzungen des § 2 Abs. 5 Nr. 2 erfüllt, ist auch im neuen Arbeitsverhältnis für den Rest des Kalenderjahres Nachtarbeitnehmer iSd ArbZG, und zwar auch dann, wenn im neuen Arbeitsverhältnis keine Nachtarbeit mehr zu erbringen ist. Maßgebend ist der **Arbeitstag** und nicht der Kalendertag: Fällt nämlich die Nachtarbeitszeit auf zwei Kalendertage (Beispiel: Nachtschicht von 22 bis 6 Uhr), so wird Nachtarbeit nur an einem und nicht an zwei Tagen geleistet (**L:** *Junker* ZfA 1998, 105, 110; *Linnenkohl/Rauschenberg* § 2 Rn 43; *Schliemann* § 2 Rn 146).

96 Für Arbeitsverhältnisse, die im Laufe des Kalenderjahres neu begründet werden, ist die vorgeschriebene Mindestzahl von 48 Tagen entsprechend zu kürzen. Wer also am 1. Mai des Jahres ein Arbeitsverhältnis mit Nachtarbeit beginnt, ist Nachtarbeitnehmer iSd § 2 Abs. 5 Nr. 2, wenn er an (8 × [48 : 12 =] 4 =) 32 Tagen Nachtarbeit nach § 2 Abs. 4 leistet. Wer am 1. August ein Arbeitsverhältnis mit Nachtarbeit beginnt, ist Nachtarbeitnehmer iSd § 2 Abs. 5 Nr. 2, wenn er an (5 × 4 =) 20 Tagen Nachtarbeit nach § 2 Abs. 4 leistet. Anders als nach § 2 Abs. 5 Nr. 1 ist die **tatsächliche Ableistung** von Nachtarbeit maßgebend, wer zwar für beispielsweise 60 Nachtarbeitsperioden im Kalenderjahr vorgesehen ist, tatsächlich aber aufgrund urlaubs- oder krankheitsbedingter Abwesenheit nur 47 Nachtarbeitsperioden im Kalenderjahr ableistet, ist kein Nachtarbeitnehmer iSd § 2 Abs. 5 Nr. 2. (**L:** ebenso *Roggendorff* § 2 Rn 65; *Baeck/Deutsch/Winzer* § 2 Rn 113; *Junker* ZfA 1998, 105, 110; *Schliemann* § 2 Rn 145; aA *Neumann/Biebl* § 2 Rn 30, 33).

VI. Arbeitszeitflexibilisierung

97 **1. Allgemeines.** – Unter Flexibilisierung der Arbeitszeit sind zum einen Veränderungen des **Umfangs des Arbeitszeitvolumens** (sog. chronometrischer Faktor) und zum anderen Veränderungen bei der **Verteilung des Arbeitszeitvolumens** (sog. chronologischer Faktor) zu verstehen (**L:** vgl. ausf. *Kilz/Reh* S. 94 ff). Das Interesse der Arbeitnehmer an flexiblen Arbeitszeiten liegt vor allem in der Stärkung der Zeitsouveränität, insbes. durch eine Verbesserung der Vereinbarkeit von Familie und Beruf, und in der Sicherung der vorhandenen Arbeitsplätze bzw Schaffung neuer Arbeitsplätze. Demgegenüber liegt das Interesse der Arbeitgeber in einer Verbesserung der Wettbewerbsfähigkeit durch die Möglichkeit einer besseren Kapazitätsauslastung und in einer Anpassung der Betriebs- und Arbeitszeiten an konjunkturelle Schwankungen in der Auftragslage.

97a Klauseln zur Flexibilisierung des Umfangs der Arbeitszeit müssen klar und verständlich sein (**Transparenzgebot**), weshalb eine Klausel, die eine Durchschnittsarbeitszeit von 150 Stunden im monatlichen Durchschnitt festlegt, ohne den für die Ermittlung des Durchschnitts maßgeblichen Zeitraum festzulegen, nicht transparent und daher unwirksam ist (**R:** BAG 21.6.2011 NZA 2011, 1274 = DB 2011,

2441 = NJW 2012, 1023; **L:** vgl. auch die Urteilsbesprechung von *Uffmann* RdA 2012, 113 und *Preis* RdA 2012, 101).

2. Begriffe. – a) Flexibilisierung der Arbeitszeitdauer. – aa) Kurzarbeit. – Eine vorübergehende Flexibilisierung der Dauer der Arbeitszeit mit dem Ziel der Verkürzung der Betriebszeit bei gleichzeitiger entsprechender Minderung des Arbeitsentgelts ist die **Kurzarbeit**. Sie erfolgt in der betrieblichen Praxis regelmäßig für eine absehbare Zeitspanne, etwa bei Auftragsmangel (**L:** zur Kurzarbeit als Antwort auf kurzfristig auftretende Konjunkturschwächen vgl. *Cohnen/Röger* BB 2009, 46; vgl. auch *Lindemann/Simon* BB 2008, 2795; *Bauer/Günther* BB 2009, 662) oder schlechten Witterungsverhältnissen. Unerheblich ist dabei, ob einzelne Stunden, ganze Tage oder sogar ganze Wochen ausfallen sollen. Die Einführung von Kurzarbeit ist nach § 87 Abs. 1 Nr. 3 BetrVG **mitbestimmungspflichtig** (**L:** ausf. MünchArbR/*Salamon* § 322 Rn 35 ff; *Reichold* NZA 1998, 393; ausf. zu flexiblen Arbeitzeitmodellen in der Praxis: *Bährle* BuW 1998, 474); demgegenüber hat der Personalrat nach § 75 Abs. 3 Nr. 1 BPersVG kein Mitbestimmungsrecht bei der Einführung von Kurzarbeit (**R:** BAG 10.10.2006 ZTR 2007, 407). 98

bb) Überstundenarbeit. – Eine vorübergehende Flexibilisierung der Dauer der Arbeitszeit mit dem Ziel der Verlängerung der Betriebszeit ist die **Überstundenarbeit**. Mit der Überstundenarbeit wird in aller Regel kurzfristig auf konjunkturelle oder saisonale Schwankungen in der Auftrags- und Geschäftslage des Unternehmens reagiert, sie ist ebenso wie die Kurzarbeit in erster Linie arbeitgeberorientiert. Die Anordnung von Überstundenarbeit ist nach § 87 Abs. 1 Nr. 3 BetrVG **mitbestimmungspflichtig** (**L:** ausf. MünchArbR/*Salamon* § 322 Rn 13 ff), und zwar auch dann, wenn die Arbeitnehmer freiwillig bereit sind, angeordnete Mehrarbeit zu leisten (**R:** BAG 8.6.1982 AP BetrVG 1972 § 87 Nr. 7 Arbeitszeit) oder aus eigenem Antrieb Überstunden leisten (**R:** BAG 27.11.1990 AP BetrVG 1972 § 87 Nr. 41 Arbeitszeit; vgl. ausf. § 1 Rn 75 ff). Ein Mitbestimmungsrecht des Betriebsrats nach § 99 Abs. 1 Satz 1 BetrVG kann ebenfalls in Betracht kommen (vgl. Rn 84). 99

Ein Anspruch des Arbeitnehmers auf Vergütung der von ihm geleisteten Überstunden ist nicht zwingend. Einen allgemeinen Rechtsgrundsatz, dass jede Mehrarbeitszeit oder jede dienstliche Anwesenheit über die vereinbarte Arbeitszeit hinaus zu vergüten ist, gibt es – gerade bei Diensten höherer Art – nicht (**R:** BAG 17.8.2011 NZA 2011, 1335 = DB 2011, 2550 = NJW 2012, 552); **L:** vgl. auch die Urteilsbesprechung von *Bauer/Merten* RdA 2012, 178). Eine die **pauschale Vergütung** von Überstunden regelnde Klausel muss klar und verständlich sein, dh aus dem Arbeitsvertrag selbst muss sich ergeben, welche Arbeitsleistungen in welchem zeitlichen Umfang erfasst werden sollen. Bereits bei Vertragsschluss muss der Arbeitnehmer erkennen können, was ggf. „auf ihn zukommt und welche Leistung er für die vereinbarte Vergütung maximal erbringen muss" (**R:** BAG 1.9.2010 BB 2011, 1406 = DB 2011, 61 = NZA 2011, 575; BAG 20.4.2011 NZA 2011, 917; BAG 17.8.2011 NZA 2011, 1335 = DB 2011, 2550 = NJW 2012 552). Dies gilt auch für pauschale Abgeltungsregelungen in (Gesamt-)Betriebsvereinbarungen (**R:** BAG 26.6.2019 99a

BB 2019, 2683; **L:** vgl. auch zustimmende Anm. *Jesgarzewski* BB 2019, 2688; *Bettinghausen* BB 2019, 2740).

100 **cc) Teilzeitarbeit/Rechtsanspruch.** – Typischer Fall einer dauerhaften Flexibilisierung der Dauer der Arbeitszeit durch Verkürzung des Arbeitszeitvolumens ist die **Teilzeitarbeit**. Die Reduzierung des Arbeitszeitvolumens durch die Vereinbarung von Teilzeitarbeit liegt überwiegend im Interesse des Arbeitnehmers, vor allem zur Herbeiführung einer besseren Vereinbarkeit von beruflichen und familiären Pflichten sowie beim Übergang in den Ruhestand. Die Teilzeitquote im Jahr 2003 betrug 24% (**L:** *Bauer/Groß/Lehmann/Munz* Arbeitszeit 2003, S. 52). Seit dem 1.1.2001 hat ein Arbeitnehmer, dessen Arbeitsverhältnis länger als 6 Monate bestanden hat, gemäß § 8 Abs. 1 des Gesetzes über Teilzeitarbeit und befristete Arbeitsverträge einen gesetzlichen Anspruch auf Verringerung seiner vertraglich vereinbarten Arbeitszeit (**L:** vgl. ausf. *Dassau* ZTR 2001, 64; *Hromadka* BB 2001, 621; *Hromadka* NJW 2001, 400; *Hold* BuW 2001, 253).

101 Der Arbeitgeber muss dem Wunsch des Arbeitnehmers entsprechen, soweit **betriebliche Gründe** dem nicht entgegenstehen. Solche betrieblichen Gründe liegen nach § 8 Abs. 4 Satz 2 des Teilzeitarbeitsgesetzes vor, wenn die Verringerung der Wochenarbeitszeit die Organisation, den Arbeitsablauf oder die Sicherheit im Betrieb wesentlich beeinträchtigt oder unverhältnismäßig hohe Kosten (**R:** vgl. LAG Nds 18.11.2002 DB 2003, 1064) verursacht (**L:** ausf. hierzu *Richardi/Annuß* BB 2000, 2201). Die Fokussierung der öffentlichen Diskussion auf den Rechtsanspruch auf Teilzeitarbeit und die überwiegend kritischen Stimmen in der Literatur übersehen geflissentlich, dass auch der Arbeitgeber eine Teilzeitbeschäftigung zur besseren Ausnutzung des betrieblichen Personaleinsatzes, zur Verlängerung der Betriebsnutzungszeiten und zur Fehlzeitenüberbrückung sinnvoll nutzen kann (zur **Mitbestimmung** des Betriebsrats vgl. § 1 Rn 64 und 65; **L:** ausf. *Schüren* AuR 2001, 321; *Engels* AuR 2009, 65, 67). Die Diskussion übersieht auch die Möglichkeiten für befristete Arbeitszeiterhöhungen für Teilzeitbeschäftigte zB zur Vertretung (sachlicher Grund erforderlich), jedoch keine Schriftform (**R:** BAG 14.1.2004 ZTR 2005, 52, 53; BAG 3.9.2003 ZTR 2005, 53).

102 **dd) Altersteilzeitarbeit.** – Ein besonderer Unterfall der Teilzeitarbeit ist die **Altersteilzeitarbeit** (vgl. das am 1.8.1996 in Kraft getretene Altersteilzeitgesetz – AtG). Mit der Ermöglichung von Altersteilzeit soll älteren Arbeitnehmern ein gleitender Übergang vom Erwerbsleben in die Altersrente eröffnet werden. Liegen die im AtG festgelegten Voraussetzungen vor, so wird Altersteilzeit durch Leistungen der BA finanziell gefördert (**L:** ausf. hierzu *Adamy* AiB 1996, 518; *Diel* DB 1996, 1518; *von Einem* BB 1996, 1883; *Kerschbaumer/Tiefenbacher* AuR 1998, 58; *Moderegger* DB 2000, 90; *Müll* ZTR 1997, 305; *Schümann* DB 1997, 1330; *Stindt* DB 1996, 2281; *Weidinger* AuA 1996, 369).

103 **ee) Job-Sharing.** – Ein weiterer Unterfall der Teilzeitarbeit ist das **Job-Sharing** (= Arbeitsplatzteilung). Job-Sharing liegt vor, wenn sich zwei (Job-Sharing) oder auch mehrere (Job-Splitting) Arbeitnehmer einen Arbeitsplatz bzw die an diesem Arbeitsplatz zu leistende Arbeitszeit teilen (§ 5 BeschFG 1985). Job-Sharing eröffnet den betroffenen Arbeitnehmern eine hohe Zeitsouveränität. Dieses Arbeitszeitmodell ist daher als arbeitnehmerorientiert einzustufen.

Weitere Formen sind das **Job-Pairing** (die Arbeitnehmer bilden eine Eigengruppe, regelmäßig als BGB-Gesellschaft nach § 705 BGB, und schulden dem Arbeitgeber eine gemeinsame Arbeitsleistung, zB Bauarbeitergruppe, Hausmeisterehepaar, Musikkapelle), das Ausbildungsplatz-Sharing und Partner-Sharing (**L:** vgl. ausf. *Kilz/Reh* S. 58). Die Frage, ob Job-Sharing oder Job-Pairing im Betrieb ermöglicht werden soll, unterliegt nicht der Mitbestimmung des Betriebsrats (**L:** MünchArbR/*Salamon* § 321 Rn 49); **mitbestimmungspflichtig** ist dagegen die Festlegung von Beginn und Ende der Arbeitszeit des Arbeitsplatzes, den sich die Arbeitnehmer teilen wollen. **104**

ff) Arbeitszeitkorridor. – Typischer Fall einer dauerhaften Flexibilisierung mit dem Ziel einer Verlängerung des Arbeitszeitvolumens ist die Ausnutzung des tarifvertraglich festgelegten **Arbeitszeitkorridors**, wonach die Betriebspartner für bestimmte Betriebsteile bzw für bestimmte Arbeitnehmergruppen eine Ausdehnung des Arbeitszeitvolumens vereinbaren können. Tarifvertragliche Beispiele: In der Metallindustrie kann durch Betriebsvereinbarung die Möglichkeit geschaffen werden, dass der Arbeitgeber je nach Tarifgebiet mit 13% bzw 18% der Arbeitnehmer anstelle der Regelarbeitszeit von 35 Stunden auf Dauer eine Arbeitszeit von 40 Stunden vereinbart. In der chemischen Industrie überlässt es der Tarifvertrag den Betriebspartnern, die Regelarbeitszeit von 37,5 Stunden innerhalb eines Arbeitszeitkorridors zwischen 35 und 40 Stunden auf Dauer anders festzulegen, ohne dass die Regelarbeitszeit im Durchschnitt erreicht werden muss. **105**

b) Flexibilisierung der Arbeitszeitlage. – Die typischen Fälle einer regelmäßig auf Dauer angelegten **Flexibilisierung der Lage der Arbeitszeit** sind Schicht- und Nachtarbeit (vgl. § 6; zur Mitbestimmung des Betriebsrats vgl. § 1 Rn 61 ff) sowie Samstagsarbeit und Sonn- und Feiertagsarbeit (vgl. §§ 9 ff). Diese Arbeitszeitformen bieten selten Raum für die Wahrnehmung von Flexibilisierungsoptionen durch die Beschäftigten; sie bezwecken in erster Linie eine Ausweitung der Betriebsnutzungszeiten (= Maschinenlaufzeiten) und sind deshalb eindeutig arbeitgeberorientiert. 32% der Arbeitnehmer leistet regelmäßig, also mindestens ein- bis zweimal im Monat Samstagsarbeit (**L:** *Bauer/Groß/Lehmann/Munz* S. 69). **106**

Die **Arbeit an Samstagen** unterliegt aus Sicht des öffentlich-rechtlichen Arbeitszeitschutzes grundsätzlich keinen zeitlichen Beschränkungen. Der Samstag ist insofern ein ganz normaler Werktag. Auch tarifvertragliche Regelungen verbieten idR weder die Einbeziehung des Samstages in die Verteilung der Regelarbeitszeit noch die Ableistung von Überstunden an Samstagen. Besteht – wie zB in der Metallindustrie – der tarifvertragliche Grundsatz, die Regelarbeitszeit auf die Tage von Montag bis Freitag zu verteilen, kann aufgrund tariflicher Öffnungsklauseln eine **107** andere Verteilung in Betriebsvereinbarungen zwischen Arbeitgeber und Betriebsrat vereinbart werden. Ist Samstagsarbeit in einer Branche üblich, können bestimmte Tätigkeiten durch Tarifvertrag von der Zahlung der **Zuschläge** für Samstagsarbeit ausgenommen werden (**R:** BAG 5.11.2008 BB 2009, 157).

108 **aa) Gleitende Arbeitszeit.** – Der in der betrieblichen Praxis am weitesten verbreitete Fall einer auf Dauer angelegten Flexibilisierung der Lage der Arbeitszeit ist die **gleitende Arbeitszeit**. Unter diesem Begriff werden verschiedene Arbeitszeitformen verstanden, die es dem Arbeitnehmer innerhalb bestimmter Grenzen ermöglichen sollen, entweder Lage, also Beginn und Ende, der täglichen Arbeitszeit (einfache gleitende Arbeitszeit) oder Lage und Dauer der täglichen Arbeitszeit (gleitende Arbeitszeit mit Zeitausgleich) selbst zu bestimmen (**L:** vgl. ausf. *Garbers* DB 1972, 1871; *Hillert* BB 1970, 216; *Josten* BB 1973, 96; *Neumann* RdA 1971, 106; *Schmidt* DB 1971, 46; *Schudt* BB 1972, 755; *Schultz* DB 1971, 249; *Kock/Ulber* AiB 1986, 31). Dies wird in der Arbeitsmedizin allgemein als sinnvoll angesehen, da mit der gleitenden Arbeitszeit „den circadianrhythmisch bedingten, individuell unterschiedlichen Voraussetzungen“ (Lerchen- und Eulentypen) zumindest teilweise Rechnung getragen werden kann (**L:** *Hildebrandt/Pöllmann* ArbGegw. Bd. 26 (1989), 49, 61).

109 Bei der **einfachen gleitenden Arbeitszeit** wird dem Arbeitnehmer lediglich eine Verschiebung von Beginn und Ende der täglichen Arbeitszeit innerhalb bestimmter Grenzen (sog. Gleitspannen) ermöglicht. Der Arbeitnehmer kann selbst bestimmen, wann er innerhalb dieser Gleitspannen am Morgen, zB zwischen 7 und 9 Uhr, die Arbeit aufnimmt und wann er entsprechend des Arbeitsbeginns am Morgen nach idR 8 Stunden die Arbeit innerhalb der Gleitspanne am Abend, zB zwischen 16 und 18 Uhr, wieder beendet.

110 Das heutzutage fast ausschließlich in der betrieblichen Praxis gebräuchliche Arbeitszeitmodell der **gleitenden Arbeitszeit mit Zeitausgleich** räumt dem Arbeitnehmer neben der Selbstbestimmung von Beginn und Ende der täglichen Arbeitszeit innerhalb der Gleitspannen auch eine weitgehende Selbstbestimmung über die tägliche Dauer der Arbeitszeit ein (**L:** ausf. hierzu *Schüren* AuR 1996, 381; **R:** zur Verpflichtung des Arbeitgebers, Überschreitungen des Gleitzeitrahmens zu verhindern vgl. BAG 29.4.2004 DB 2004, 2220). Der Arbeitnehmer ist idR verpflichtet, während der Kernarbeitszeit, die bestimmt wird durch das Ende der Gleitspanne am Morgen und dem Anfang der Gleitspanne am Abend, anwesend zu sein. Das durch die Selbstbestimmung der täglichen Dauer der Arbeitszeit entstehende Zeitdefizit oder Zeitguthaben ist idR innerhalb eines festgelegten Ausgleichszeitraums (Woche, Doppelwoche, Kalendermonat) auszugleichen. Zusätzlich ist idR vorgesehen, eine bestimmte Anzahl von vorgearbeiteten oder nachzuarbeitenden Stunden in den folgenden Ausgleichszeitraum übertragen zu können.

111 Die einfache gleitende Arbeitszeit ist ein Fall der dauerhaften Flexibilisierung der Lage der Arbeitszeit bei gleich bleibendem Arbeitszeitvolumen pro Arbeitstag. Die gleitende Arbeitszeit mit Zeitausgleich ist demgegenüber ein Fall der dauerhaften Flexibilisierung von Lage und Dauer der täglichen Arbeitszeit, bei der das vereinbarte Arbeitszeitvolumen innerhalb eines festgelegten Ausgleichszeitraums erbracht werden muss. Beide Gleitzeitmodelle eröffnen dem Arbeitnehmer ein (unterschiedlich) hohes Maß an Zeitsouveränität. Beide Modelle überlassen ausschließlich dem Arbeitnehmer die Wahl darüber, ob er die eingeräumten Flexibilisierungsmöglichkeiten in Anspruch nimmt oder nicht; beide Gleitzeitformen sind damit arbeitnehmerorientiert. Die Einführung von Gleitzeitarbeit ist **mitbestimmungspflichtig** nach § 87 Abs. 1 Nr. 2 BetrVG (einfache gleitende Arbeitszeit) und zusätzlich nach § 87 Abs. 1 Nr. 3 BetrVG (gleitende Arbeitszeit mit Zeitausgleich).

bb) Variable Arbeitszeit. – Eine konsequente Weiterentwicklung der bislang prak- **112**
tizierten Gleitzeitformen ist die **Variable Arbeitszeit**. Bei der Variablen Arbeitszeit wird auf die Festlegung einer Kernarbeitszeit verzichtet. Der einzelne Arbeitnehmer kann demzufolge seine tägliche Arbeitszeit zwischen 0 und 10 Stunden (Grenze für die höchstzulässige tägliche Arbeitszeit) variieren, was dem Arbeitnehmer ein Höchstmaß an Zeitsouveränität erlaubt.

Die Arbeitgeberinteressen werden durch die Festlegung einer sog. **Funktionszeit** **113**
(= Öffnungszeit, Betriebszeit, Servicezeit) gewahrt, die oftmals wesentlich länger ist als die von einem Mitarbeiter abdeckbare Zeitspanne (zB 6 bis 18 Uhr). Während der festgelegten Funktionszeit muss die jeweilige Betriebseinheit entsprechend den betrieblichen Bedürfnissen qualifiziert ansprechbar sein. Dies wird in aller Regel durch Absprache zwischen den Arbeitnehmern geregelt, ggf. auch durch Vorgabe einer Mindestbesetzungsstärke. Mit der gesteigerten Zeitsouveränität der Arbeitnehmer korrespondiert ein höheres Maß an gemeinschaftlich wahrzunehmender Verantwortung. Die Einführung einer variablen Arbeitszeit ist ebenso wie die anderen Gleitzeitformen **mitbestimmungspflichtig** (vgl. § 1 Rn 68).

cc) Kapovaz. – Bei der **Kapazitätsorientierten Variablen Arbeitszeit (Kapovaz)** **114**
wird die Arbeitszeit des Arbeitnehmers von den schwankenden betrieblichen Bedürfnissen abhängig gemacht. Mit dem Arbeitnehmer wird ein bestimmtes Arbeitsdeputat fest vereinbart, dh die jährlich, vierteljährlich, monatlich oder wöchentlich zu leistende Arbeitszeit wird im Voraus einvernehmlich zwischen Arbeitgeber und Arbeitnehmer festgesetzt. Der Arbeitgeber ist dann lediglich dazu berechtigt, innerhalb des festgelegten Bezugszeitraums die Arbeitsleistung bedarfsorientiert bis zur Ausschöpfung des Gesamtdeputats abzurufen. Kapovaz-Verträge können sowohl mit Vollzeitbeschäftigten als auch mit Teilzeitbeschäftigten abgeschlossen werden. Der Betriebsrat hat nach § 87 Abs. 1 Nr. 2 BetrVG auch über die Frage mitzubestimmen, ob Arbeitnehmer (Teilzeitkräfte oder Vollzeitkräfte) zu festen Zeiten oder **nach Bedarf** beschäftigt werden sollen (**R:** BAG 28.9.1988 AP BetrVG 1972 § 87 Nr. 29 Arbeitszeit; **L:** vgl. auch *Ostermeier* RdA 2008, 86; zur Mitbestimmung des Betriebsrats vgl. auch *Engels* AuR 2009, 65, 68).

115 dd) **Arbeitszeitkonten.** – Als ein mögliches Modell der Arbeitszeitflexibilisierung wird in der jüngeren Vergangenheit das sog. **Arbeitszeitkonten-Modell** propagiert (**L:** vgl. *Engelhardt* AiB 2000, 466); im Jahr 2003 wurde für 41 % der Arbeitnehmer ein Arbeitszeitkonto geführt (**L:** *Bauer/Groß/Lehmann/Munz* S. 117). Die einvernehmliche Einrichtung eines Arbeitszeitkontos enthält die konkludente Abrede, dass das Konto spätestens mit Beendigung des Arbeitsverhältnisses auszugleichen ist. Ein **negatives Guthaben** stellt einen Lohn- oder Gehaltsvorschuss des Arbeitgebers dar, den dieser mit Vergütungsansprüchen des Arbeitnehmers verrechnen darf (**R:** BAG 13.12.2000 NZA 2002, 390).

115a Aufbau und Abbau eines Arbeitszeitkontos können jeweils eigenen Regeln folgen (**R:** BAG 17.3.2010 BB 2010, 1735). Die Belastung des Arbeitszeitkontos mit **Minusstunden** setzt aber voraus, dass der Arbeitgeber diese Minusstunden bereits im Rahmen einer verstetigten Vergütung entlohnt hat und der Arbeitnehmer zur Nachleistung verpflichtet ist, weil er die in Minusstunden ausgedrückte Arbeitszeit schon vorschussweise vergütet erhalten hat (**R:** BAG 26.1.2011 BB 2011, 1792 = NJW 2011, 1693 = DB 2011, 1227 = NZA 2011, 640). Zu einem Vergütungsvorschuss kommt es aber nicht, wenn der Arbeitnehmer aufgrund eines Entgeltfortzahlungstatbestandes Vergütung **ohne** Arbeitsleistung beanspruchen kann (**R:** BAG 26.1.2011 BB 2011, 1792 = NJW 2011, 1693 = DB 2011, 1227 = NZA 2011, 640); der Arbeitnehmer hat einen Anspruch darauf, dass der Arbeitgeber ein Arbeitszeitkonto entsprechend den vereinbarten Vorgaben führt (**R:** vgl. zur Kürzung von Zeitguthaben BAG 21.3.2012 BB 2012, 1728 = NZA 2012, 1119).

116 Ist der an sich vorrangige Zeitausgleich bei einem **positiven Guthaben** auf dem Arbeitszeitkonto nicht mehr möglich, hat ein finanzieller Ausgleich zu Gunsten des Arbeitnehmers jedenfalls dann zu erfolgen, wenn der Zeitausgleich aus Gründen unterblieben ist, die vom Arbeitnehmer nicht zu vertreten sind (**R:** BAG 13.2.2002 BB 2002, 1489 = NZA 2002, 683). Unter dem Begriff Arbeitszeitkonto (**L:** zur Ausbreitung von Arbeitszeitkonten vgl. *Seifert* WSI 2001, 84; zur Insolvenzsicherung vgl. *Podewin* RdA 2005, 295) werden dabei die verschiedensten Arbeitszeitmodelle diskutiert, wobei sich folgende zwei Grundtypen unterscheiden lassen:

117 Bei den Jahresarbeitszeitmodellen (= **Kurzzeitkonto** = Jahresarbeitszeitkonto) wird hinsichtlich des vertraglich vereinbarten Arbeitszeitvolumens in aller Regel der herkömmliche Wochenbezug durch einen Jahresbezug ersetzt. Dies erfolgt mit der Zielsetzung, die Arbeitszeit entsprechend dem Arbeitsanfall flexibel auf einen Jahreszeitraum zu verteilen. Eine Tarifregelung, die dem Arbeitgeber das Recht einräumt, für jeden Tag der Entgeltfortzahlung im Krankheitsfall von einem Arbeitszeitkonto 1,5 Stunden in Abzug zu bringen, weicht zuungunsten der Arbeitnehmer von § 4 Abs. 1 EFZG ab und ist deshalb nach § 12 EFZG und § 134 BGB unwirksam (**R:** BAG 26.9.2001 BB 2002, 732 = NJW 2002, 1819).

118 Bei Ansparkonten (= **Langzeitkonto** = Lebensarbeitszeitkonto) geht es demgegenüber regelmäßig um das Ansparen von über die Regelarbeitszeit hinaus geleisteten

Arbeitsstunden (Zeitguthaben) durch den Arbeitnehmer mit dem Ziel eines zeitweiligen Ausstiegs aus dem Berufsleben, wie zB bei Sabbatical, Langzeiturlaub sowie der Durchführung von Weiterbildungsmaßnahmen (**L:** vgl. zu Lebensarbeitskonten *Klemm* NZA 2006, 946; zur Portabilität bei Arbeitgeberwechsel vgl. *Wellisch/Moog* BB 2005, 1790), oder dem vorzeitigen Voll- oder Teilruhestand bei verstetigtem Einkommen (**L:** zur steuerlichen Behandlung von Arbeitszeitkonten vgl. *Tausch* ArbGeb. 1998, 236; vgl. auch *Märkle/Petri* AuR 2000, 443; zum Einsatz von Arbeitszeitkonten in der Finanz- und Wirtschaftskrise vgl. auch *Lindemann/Simon* BB 2008, 2795).

c) Betriebszeit, Maschinenlaufzeit, Entkoppelung. – aa) Betriebszeit. – Von den anhand individueller Kriterien zu ermittelnden Begriffen wie Arbeitszeit und Schichtzeit zu unterscheiden ist die – ebenfalls nicht gesetzlich definierte – **Betriebszeit**. Als Betriebszeit ist nach dem allgemeinen Sprachgebrauch die idR im Voraus durch Beginn und Ende festgelegte Zeitspanne zu verstehen, während der Arbeitnehmer in einem Betrieb bzw einer Betriebsabteilung beschäftigt werden. Zur Ermittlung der Betriebszeit im produzierenden Gewerbe werden neben der eigentlichen Produktionszeit auch Reparatur- und Instandhaltungsarbeiten, Wartungszeiten und Reinigungsarbeiten sowie Um- und Einrichtungsarbeiten herangezogen, aber auch die Zeiten, die zB durch die Gewährung kollektiver Pausen als Produktionszeit ungenutzt bleiben. Bei Dienstleistungstätigkeiten, zB im Einzelhandel, zählen zur Betriebszeit nicht nur die Öffnungszeiten, sondern auch die Zeiten, in denen Arbeitnehmer mit Vorbereitungs- und Abschlussarbeiten beschäftigt werden. 119

bb) Maschinenlaufzeit. – Von der derart umschriebenen Betriebszeit ist im produzierenden Gewerbe die **Maschinenlaufzeit** zu unterscheiden, worunter die Dauer der tatsächlichen Produktionszeit bzw die Betriebsnutzungszeit zu verstehen ist. Sie ist geringer als die Betriebszeit, da Maschinen umgerüstet und repariert werden müssen, auftretende Störungen zu beheben sind oder die Maschinen aufgrund schlechter Auftragslage nicht voll ausgelastet werden können. Verlassen die Arbeitnehmer während der Ruhepause ihren Arbeitsplatz und suchen den Pausenraum auf, zB im nicht-kontinuierlichen Drei-Schicht-Betrieb, so verkürzt sich die Betriebsnutzungszeit um diesen Zeitraum. Betriebsnutzungszeit ist also nur die Zeit, in der die betrieblichen Anlagen und Einrichtungen dadurch genutzt werden, dass die Arbeitnehmer an ihnen tatsächlich arbeiten (**R:** BAG 18.12.1990 DB 1991, 1076). 120

Im klassischen Ein-Schicht-Betrieb mit einer 40-Stunden-Woche bei 30-minütiger kollektiver gewährter Pause und ohne Betriebsurlaub beträgt die jährliche Betriebszeit (52 × 42 1/2 =) 2210 Stunden, die jährliche Maschinenlaufzeit (= Betriebsnutzungszeit) idR weniger als (52 × 40 =) 2080 Stunden. Theoretisch könnte bei einem ununterbrochenen Fortgang der Arbeiten die Betriebszeit jährlich auf maximal (365 × 24 =) 8760 Stunden ausgedehnt werden. 121

Die jährlich theoretisch zur Verfügung stehende Betriebszeit wird gesetzlich eingeschränkt durch das grundsätzliche Verbot der Beschäftigung von Arbeitnehmern an 122

Sonn- und Feiertagen (vgl. §§ 9 ff). Darüber hinaus wird durch Arbeitszeitschutzvorschriften die Beschäftigung bestimmter Personengruppen während bestimmter Tageszeiten ausgeschlossen, so dürfen zB Jugendliche und werdende und stillende Mütter grundsätzlich nicht zwischen 20 und 6 Uhr beschäftigt werden. Diese Vorschriften schränken die Verwendbarkeit dieser Personengruppen in bestimmten atypischen Arbeitszeitformen ein.

123 **cc) Entkoppelung.** – Die Arbeitszeiten der Arbeitnehmer waren schon seit jeher in verschiedenen Bereichen nicht mit der Betriebszeit identisch, wofür hauptsächlich technische (Unterbrechung der Produktion nicht oder nur mit erheblichen Kostenbelastungen möglich) oder soziale (soziale und kulturelle Lebensgewohnheiten, Aufrechterhaltung der öffentlichen Sicherheit und Ordnung usw) Gründe ursächlich waren. Steigende Kapitalintensivität in der produzierenden Industrie und die parallel hierzu von den Gewerkschaften vorangetriebene Politik der Arbeitszeitverkürzung haben die Notwendigkeit zu einer weiteren **Entkoppelung** von Arbeits- und Betriebszeit, insbes. seit Mitte der 80er Jahre erhöht. Neben den klassischen Formen der Entkoppelung, wozu Schicht-, Nacht-, Samstags-, Sonn- und Feiertagsarbeit zählen, kommen weitere zusätzliche Formen der Entkoppelung in Frage, wie zB Pausendurchlauf (Wegfall der kollektiv bewährten Pausen), versetzte Arbeitszeiten, Mehrfachbesetzungssysteme, Kombination von Vollzeitschichten mit Teilzeitschichten, Verzicht auf jährliche Stillstandszeiten wie Betriebs- und Weihnachtsurlaub.

124 Die EU-Kommission hat Ende des Jahres 1989 einen **internationalen Vergleich** über die Betriebsnutzungszeiten im Verarbeitenden Gewerbe vorgelegt (**L:** Europäische Wirtschaft, Beiheft B, Nr. 11/1989; vgl. auch *Berié/Hofmann* BArbBl. 4/1992, 18; *Bosch* WSI 1989, 631; *ders.* WSI 1991, 337). Der vorgenommene Vergleich basiert auf einer von der EU-Kommission durchgeführten Ad-hoc-Arbeitsmarktumfrage bei den Unternehmen in der Industrie. Danach ergibt sich bei der durchschnittlichen Nutzungsdauer der Anlagen (Betriebszeiten) ein **Gemeinschaftsdurchschnitt von 66 Stunden pro Woche**.

125 Die Spanne liegt zwischen 53 Stunden pro Woche in der Bundesrepublik Deutschland und 77 Stunden pro Woche in Belgien. Ähnlich hohe Betriebszeiten wie in Belgien werden im Vereinigten Königreich (76 Stunden), den Niederlanden (74 Stunden) und in Italien (73 Stunden) erreicht, ähnlich niedrige Betriebszeiten wie in der Bundesrepublik Deutschland liegen nur noch in Portugal (54 Stunden), Irland (61 Stunden) und Griechenland (64 Stunden) vor. Die Betriebszeiten sind der Umfrage zufolge per saldo in den letzten 5 Jahren in der EU zurückgegangen. Unter den drei wichtigsten Gründen, die längeren Betriebszeiten entgegenstehen, werden tarifvertragliche Regelungen, unzureichende Nachfrageentwicklung und gesetzliche Regelungen genannt.

126 Nach Umfragen des Ifo-Instituts aus den Jahren 1984 und 1989 ergibt sich dagegen ein Anstieg der durchschnittlichen Gesamtbetriebszeit im verarbeitenden Gewerbe

von 60,6 Stunden pro Woche im Jahr 1984 auf **63,6 Stunden pro Woche im Jahr 1989** (gewichtet mit der Zahl der Beschäftigten). Die seit 1984 betriebene Verkürzung der tariflichen Arbeitszeit der Arbeitnehmer hat diesen Umfragen zufolge im Durchschnitt des verarbeitenden Gewerbes zu einem Rückgang der Betriebszeit im Ein-Schicht-Betrieb um 1,7 auf 38,7 Stunden pro Woche im Jahr 1989 geführt. Dagegen ergab sich in Mehrschichtbetrieben im Durchschnitt des verarbeitenden Gewerbes ein Plus von 5,1 Stunden auf 96,3 Stunden pro Woche im Jahr 1989.

d) Flexi-Gesetz. – Mit dem Gesetz zur sozialrechtlichen Absicherung flexibler Ar- 127
beitszeitregelungen vom 6.4.1998 (BGBl. I S. 688) ist die Attraktivität von flexiblen Arbeitszeitmodellen, insbes. von Langzeitarbeitszeitkonten und Altersteilzeitvereinbarungen, durch verschiedene Ergänzungen des **SGB IV** erhöht worden. Durch die Ergänzung des § 7 Abs. 1a SGB IV ist eine allgemeine sozialversicherungsrechtliche Regelung geschaffen worden, die auch Unterbrechungen des Arbeitslebens, zB durch ein Sabbatical, zulässt, ohne den Sozialversicherungsschutz der beteiligten Arbeitnehmer zu beseitigen.

Durch § 7 Abs. 1b SGB IV wird der Arbeitnehmer davor geschützt, dass die Mög- 128
lichkeit zur Vereinbarung flexibler Arbeitszeiten als eine die **Kündigung** des Arbeitsverhältnisses durch den Arbeitgeber begründende Tatsache iSd § 1 Abs. 2 Satz 1 KSchG herangezogen wird (**L:** krit. hierzu *Diller* BB 1998, 844). Durch § 23b SGB IV wird die Fälligkeit der Sozialversicherungsbeiträge für angesparte Arbeitsentgelte auf den Freistellungszeitraum verschoben, in dem zwar keine Arbeitsleistung erbracht, jedoch das Arbeitsentgelt geleistet wird.

Durch § 7d SGB IV wird der **Insolvenzschutz** für Wertguthaben bei Arbeitszeit- 129
konten-Modellen geregelt (**L:** vgl. *Podewin* RdA 2005, 295). Danach besteht eine gesetzliche Verpflichtung der Vertragsparteien, bei der Vereinbarung von Arbeitszeitkonten Vorkehrungen zu treffen, die der Erfüllung der Wertguthaben einschließlich des auf sie entfallenden Arbeitgeberanteils am Gesamtsozialversicherungsbeitrag bei Zahlungsunfähigkeit des Arbeitgebers dienen.

Ein **Sicherungsbedürfnis besteht nicht**, wenn der Arbeitnehmer einen Anspruch 130
auf Insolvenzgeld hat (§ 7d Abs. 1 Nr. 1 SGB IV). Ein Sicherungsbedürfnis besteht ferner nicht, wenn das Wertguthaben des Arbeitnehmers einen Betrag in Höhe des Dreifachen der monatlichen Bezugsgröße (7.560 Euro/West, 6.405 Euro/Ost im Jahr 2009) und der Zeitraum, in dem das Wertguthaben vereinbarungsgemäß auszugleichen ist, 27 Kalendermonate nach der ersten Gutschrift nicht überschreitet (**L:** ausf. hierzu *Diller* NZA 1998, 792; *Gaul* BB 1998, 1634; *Wonneberger* DB 1998, 982). Auch um den Insolvenzschutz zu verbessern, hat das Bundeskabinett am 13.8.2008 einen Gesetzentwurf zur Verbesserung der Rahmenbedingungen für die Absicherung flexibler Arbeitszeitregelungen (Flexi II) beschlossen; das Gesetz ist grundsätzlich am 1.1.2009 in Kraft getreten (Gesetz vom 21.12.2008, BGBl. I S. 2940). Schwerpunkt des Gesetzes ist die Änderung der gesetzlichen **Insolvenzsi-**

cherungspflicht für Wertguthaben (**L:** *Cisch/Ulbrich* BB 2009, 550; *Haßlöcher* BB 2009, 440).

131 **e) Starre Arbeitszeitsysteme.** – Als starre Arbeitszeitsysteme sind nur noch solche Systeme anzusehen, in denen unter dem klassischen Arbeitszeitsystem der **Normalarbeitszeit** gearbeitet wird, worunter eine Vollzeitbeschäftigung zwischen 35 und 40 Stunden zu verstehen ist, die an 5 Wochentagen, idR montags bis freitags während des Tages ausgeübt wird und in denen von vornherein sowohl die Lage als auch die Dauer der Arbeitszeit grundsätzlich als nicht veränderbar angesehen wird.

Zweiter Abschnitt:
Werktägliche Arbeitszeit und arbeitsfreie Zeiten

§ 3
Arbeitszeit der Arbeitnehmer

Die werktägliche Arbeitszeit der Arbeitnehmer darf acht Stunden nicht überschreiten. Sie kann auf bis zu zehn Stunden nur verlängert werden, wenn innerhalb von sechs Kalendermonaten oder innerhalb von 24 Wochen im Durchschnitt acht Stunden werktäglich nicht überschritten werden.

Übersicht

I. Allgemeines, Geltung

In § 3 wurde der seit 1918 geltende **Grundsatz** des **8-Stunden-Tages** aus § 3 AZO **1**
1938 übernommen und mit dem Prinzip der anderen Verteilung der Arbeitszeit aus § 4 AZO 1938 kombiniert: Begrenzung der gesetzlich zulässigen Arbeitszeit auf 8 Stunden werktäglich mit der Möglichkeit der Verlängerung auf bis zu 10 Stunden, gleich aus welchen Gründen, jedoch mit entsprechender Ausgleichsverpflichtung auf einen Durchschnitt von 8 Stunden pro Werktag im Ausgleichszeitraum von 6 Kalendermonaten oder 24 Wochen. Damit wurde eine über § 4 AZO 1938 hinausgehende Arbeitszeitflexibilisierung unter Wahrung des Grundsatzes des 8-Stunden-

Tages – wenn auch nur im Durchschnitt – ermöglicht (zur geschichtlichen Entwicklung vgl. Einf. Rn 9ff; zum ArbZG insgesamt vgl. BT-Drucks. 12/5888 S. 24; **L:** vgl. auch *Halder* GewA 2009, 189 mit einem Überblick zum Arbeitszeitschutz in Deutschland; einen Blick über die Grenzen gewährt *Le Goff* RIW 2009, 777, der das neue Recht der Arbeitszeit in Frankreich darstellt).

2 § 3 verfolgt den **Zweck**, Arbeitnehmer vor übermäßiger Beanspruchung ihrer Arbeitskraft durch zu lange Arbeitszeiten – unter Berücksichtigung der berechtigten Bedürfnisse der Betriebe und Verwaltungen – zu schützen und damit der **Erhaltung der Arbeitskraft** und Gesundheit der Arbeitnehmer sowie der Funktionsfähigkeit der Betriebe und Verwaltungen zu dienen (vgl. Einf. Rn 1 ff). Zur Erreichung dieses Zieles hält der Gesetzgeber eine gesetzliche Begrenzung der Dauer der täglichen Arbeitszeit auf 8 Stunden werktäglich mit der Möglichkeit der anderen Verteilung der Arbeitszeit auf bis zu 10 Stunden für notwendig, aber auch zur Flexibilisierung der betrieblichen Arbeitszeit für ausreichend. Dabei stützt er sich auf arbeitswissenschaftliche und arbeitsmedizinische Erkenntnisse und Erfahrungen, nach denen die gesetzliche Regelung der täglichen Höchstarbeitszeit zum Schutz der Gesundheit der Arbeitnehmer im Regelfall genügt.

3 Für Sonderfälle ist in § 8 die Möglichkeit vorgesehen, die tägliche Arbeitszeit des § 3 und die Wochenarbeitszeit zu beschränken (vgl. BT-Drucks. 12/5888 S. 24). Den besonderen **Bedürfnissen der Betriebe** und Verwaltungen nach einer flexiblen Arbeitszeitgestaltung kann durch Abweichungen und Ausnahmen von § 3, insbes. nach den §§ 7, 12, 14, 15 und 19, Rechnung getragen werden (vgl. Einf. Rn 6). Aufgabe des ArbZG ist es dagegen nicht, die Einhaltung der tariflich, betrieblich oder einzelvertraglich vereinbarten Arbeitszeit zu sichern (vgl. Rn 8). Für diese Zwecke hat das ArbZG aber einen weiten und flexiblen Arbeitszeitrahmen geschaffen.

4 Die **Beschränkung** der Dauer der **Arbeitszeit** greift in die durch Art. 12 Abs. 1 GG garantierte Freiheit der Berufsausübung ein. Der Eingriff ist jedoch **verfassungsgemäß**, da er auf vernünftigen Erwägungen des Gemeinwohls (Erhaltung der Arbeitskraft und Gesundheit der Arbeitnehmer) beruht und weder Arbeitgeber noch Arbeitnehmer übermäßig oder unzumutbar belastet (**R:** vgl. BVerfG 3.5.1967 BVerfGE 22, 1, 21). Der Arbeitszeitrahmen des § 3 reicht, wie die langjährigen Erfahrungen mit dem vergleichbaren Arbeitszeitrahmen der §§ 3 und 4 AZO 1938 gezeigt haben, für den Regelfall aus.

5 Für besondere Fälle sind ausreichende Möglichkeiten für Abweichungen in § 7 Abs. 1 bis 4 und für Ausnahmen in § 7 Abs. 5 und 6 sowie in §§ 14 und 15 vorgesehen. Da jede gesetzliche Regelung generalisieren muss, darf der Gesetzgeber die Rechtsfolgen an ein typisches Erscheinungsbild des Regelungsgegenstandes anknüpfen und dabei in Kauf nehmen, dass er nicht jeder Besonderheit gerecht wird, solange Verständlichkeit und Praktikabilität der Normen gewahrt werden (**R:** BVerfG 27.1.1998 DB 1998, 829). Durch die gesetzliche Regelung höchstzu-

lässiger täglicher Arbeitszeiten erfolgt auch keine grundrechtsrelevante Beschränkung der Pressefreiheit nach Art. 5 GG (**R:** so noch zu § 3 AZO 1938: BayVGH 28.10.1993 GewA 1994, 192).

Die Begrenzung der täglichen Arbeitszeit in § 3 gilt für **alle Arbeitnehmer über 18 Jahre** (§ 18 Abs. 2) bei der Beschäftigung **in der Bundesrepublik** durch einen privaten oder öffentlichen Arbeitgeber (§ 22 Abs. 1 Nr. 1), unabhängig von der Staatsangehörigkeit oder dem Wohnsitz des Arbeitgebers oder des Arbeitnehmers, unabhängig von den Eigentumsverhältnissen, oder dem Sitz des Unternehmens, unabhängig von der Dauer der Beschäftigung, also auch bei einer vorübergehenden Tätigkeit auf einer Bau- oder Montagestelle oder beim grenzüberschreitenden Verkehr. Die Begrenzung gilt auch für die Einsatzkräfte einer staatlichen Feuerwehr (**R:** EuGH 14.7.2005 NZA 2005, 921). 6

§ 3 gilt auch für die Beschäftigung von ausländischen **Grenzgängern** und **Gastarbeitnehmern**, ob durch inländische oder ausländische Arbeitgeber, durch fremde diplomatische Vertretungen oder durch die Stationierungsstreitkräfte in der Bundesrepublik. Die Geltung der Vorschrift beruht auf dem **Territorialitätsprinzip**. Sie ist anzuwenden, sofern ihre Anwendung nicht durch die §§ 18 bis 21 ausnahmsweise ausgeschlossen ist und der Arbeitnehmer in der Bundesrepublik beschäftigt wird. Außerhalb der Bundesrepublik kann das ArbZG allenfalls aufgrund privatrechtlicher Vereinbarung gelten (zur Geltung auf dem Festlandssockel vgl. § 2 Nr. 3, § 66 Nr. 4a, § 68 Abs. 2 Nr. 2 und Abs. 3 Nr. 1 BBergG). 7

Moderne Informations- und Kommunikationstechnologien: Die Vorschriften des ArbZG werden durch die modernen Informations- und Kommunikationstechnologien (Notebook, Laptop, Smartphone usw) nicht außer Kraft gesetzt. Der in § 3 dem Arbeitgeber zur Verfügung gestellte Arbeitszeitrahmen von (6 × 8 =) 48 Stunden in der Woche ist demzufolge auch bei intensiver Nutzung der vom Arbeitgeber zur Verfügung gestellten modernen Kommunikationsmittel einzuhalten. Wie auch sonst im öffentlich-rechtlichen Arbeitszeitschutz ist der **Arbeitgeber** für die Einhaltung der in § 3 festgelegten Grenzen im Interesse seiner Arbeitnehmer verantwortlich; und er wird sich dieser Verantwortung nicht mit einem Hinweis auf die „Freiwilligkeit" der Nutzung moderner IT-Systeme entledigen können (**L:** so aber *Neumann/Biebl* § 7 Rn 13a, die in solchen Tätigkeiten bei fehlender Weisung des Arbeitgebers eher keine Arbeitszeit als gegeben ansehen wollen; ebenso *von Steinau-Steinrück* NJW-Spezial 2012, 178). Doch auch bei der „freiwilligen" Arbeitsaufnahme für eine nur geringfügige Zeit handelt es sich nach der hier vertretenen Auffassung um Arbeitszeit iSd ArbZG (**L:** so auch *Falder* NZA 2010, 1150, 1154). Vom Arbeitgeber kann erwartet werden, dass er sich aktiv und gestaltend bei seinen Arbeitnehmern für die Einhaltung der gesetzlichen Arbeitszeitvorschriften einsetzt, indem er zB die Einhaltung der Arbeitszeitgrenzen regelmäßig kontrolliert oder aber die Nutzung der arbeitgeberseitig zur Verfügung gestellten IT-Systeme zu dienstlichen Zwecken außerhalb der üblichen Arbeitszeit strikt reglementiert (**L:** ebenso *Falder* NZA 2010, 1150, 1154). 7a

7b Teilweise wird im Schrifttum eine Unterbrechung der Ruhezeit des § 5 durch das Versenden einer **kurzen E-Mail** oder durch ein **kurzes dienstliches Telefonat** nicht als Aufnahme einer Arbeit iSd ArbZG gewertet, weshalb in diesen Fällen auch die gesetzliche 11-stündige Ruhezeit nicht erneut in Gang gesetzt werde (**L:** *Bissels/Domke/Wisskirchen* DB 2010, 2052). Die Auffassung wird praktischen Bedürfnissen durchaus gerecht, ist allerdings mit der jetzigen Gesetzeslage nur schwer in Einklang zu bringen und kommt daher allenfalls für nicht nennenswerte Arbeitsleistungen (vgl. § 5 Rn 14) in Betracht (**L:** ausf. zu dieser Thematik *Bissels/Domke/Wisskirchen* DB 2010, 2052; *Falder* NZA 2010, 1150; *Göpfert/Wilke* NZA 2012, 765; *Rudolph* AiB 2012, 378; *Stoppkotte/Stiel* AiB 2011, 423; *von Steinau-Steinrück* NJW-Spezial 2012, 178; Deinert/*Heuschmid* § 28 Rn 48).

II. Arbeitszeit bis zu 8 Stunden

8 **1. Grundregel.** – § 3 verbietet dem Arbeitgeber, die dort bestimmte **Arbeitszeitgrenze** von 8 Stunden an einem Werktag (zum Sonn- oder Feiertag vgl. § 11 Abs. 2) zu überschreiten, und gestattet ihm nur, einen Arbeitnehmer bis zu dieser Grenze straffrei zu beschäftigen. Die Vorschrift regelt dagegen **nicht**, wie lange der Arbeitnehmer arbeiten soll, wie viel Stunden die **betriebliche** oder **tarifliche Arbeitszeit** beträgt oder betragen soll und ob der Arbeitgeber privatrechtlich berechtigt ist, den Arbeitnehmer zu beschäftigen. Dies wird der Vereinbarung durch Tarifvertrag, Betriebsvereinbarung oder Einzelarbeitsvertrag überlassen (vgl. BT-Drucks. 12/5888 S. 20). Wird der Arbeitnehmer vom Arbeitgeber auch über eine längere Zeit über die vertraglich vorgesehene Arbeitszeit hinaus eingesetzt, folgt daraus noch keine Vertragsänderung (**R:** BAG 25.4.2007 NZA 2007, 801). Zur Bestimmung der vertraglich vereinbarten Arbeitszeit kann auch auf ein anderes Regelwerk (hier: AZV für Beamte) Bezug genommen werden (**R:** BAG 14.3.2007 DB 2007, 1645). Für die zu vereinbarende und tatsächlich zu leistende und zu bezahlende Arbeitszeit legt § 3 den zeitlich zulässigen Rahmen fest, der nicht überschritten werden darf, und zwar weder regelmäßig noch gelegentlich.

9 Der **Arbeitszeitrahmen** beträgt für alle Werktage 8 Stunden, sofern nicht von § 3 Satz 2 Gebrauch gemacht wird oder eine Abweichung nach § 7 oder eine Ausnahme nach §§ 14 oder 15 zugelassen ist. Mit der Beschränkung der Arbeitszeit auf 8 Stunden werktäglich wird diese zugleich auf 6 Werktage in der Woche begrenzt, bei in die Woche fallenden Feiertagen (vgl. § 3 Rn 16) entsprechend weniger (zum Begriff „Arbeitszeit" vgl. § 2 Rn 8 ff; zum Direktionsrecht des Arbeitgebers vgl. § 1 Rn 27 bis 29; zur Vergütungspflicht vgl. § 2 Rn 23, 28, 42, 50, 58).

10 **2. Werktägliche Arbeitszeit.** – Werktäglich heißt **an jedem Werktag**, dh an jedem Tag, der nicht ein Sonn- oder gesetzlicher Feiertag ist. Werktag ist in der Regel ein Tag von Montag bis Samstag, auch dann, wenn er der übliche arbeitsfreie Tag des einzelnen Arbeitnehmers oder aller Arbeitnehmer eines Betriebs oder der sog. Betriebsruhetag ist; es sei denn, dass auf ihn ein gesetzlicher Feiertag fällt. Die **Lage**

des Werktages iSd § 3 ist nicht mit der Lage des Kalendertages identisch. Er wird nicht wie der Kalendertag ab 0 Uhr, sondern vom Beginn der üblichen Arbeitszeit des einzelnen Arbeitnehmers ab gezählt und endet dementsprechend 24 Stunden später (**L:** hM *Baeck/Deutsch* § 3 Rn 16; *Frey* S. 256). Beginnt zB die Arbeitszeit des Arbeitnehmers üblicherweise um 7 Uhr, dann umfasst sein Werktag iSd § 3 jeweils die Zeit von 7 Uhr des einen Kalendertages bis 7 Uhr des nächsten Kalendertages. Dies folgt aus der Vorschrift des § 5, wonach die Gewährung der Ruhezeit nicht innerhalb des jeweiligen Kalendertages, sondern nach Beendigung der täglichen Arbeitszeit des einzelnen Arbeitnehmers zu erfolgen hat (vgl. § 5 Rn 10). Das ArbZG ermöglicht damit jedem Arbeitnehmer einen individuellen Werktag.

Arbeitet der Arbeitnehmer in **Schichtarbeit**, so umfasst sein individueller Werktag 11
die Zeit vom Beginn der Schicht an einem Kalendertag bis zum Beginn der Schicht am nächsten Kalendertag (**R:** vgl. BAG 17.4.1958 AP AZO 1938 § 3 Nr. 1). Leistet er zB die Nachtschicht von 22 bis 6 Uhr, dann umfasst sein individueller Werktag die Zeit von 22 Uhr an dem einen Kalendertag bis 22 Uhr am nächsten Kalendertag. Vom Ende der 8stündigen Schicht um 6 Uhr bis zum Beginn der nächsten Schicht um 22 Uhr darf der Arbeitnehmer nach § 3 nicht beschäftigt werden, da die höchstzulässige Arbeitszeit von 8 Stunden bereits verbraucht ist; es sei denn, es handelt sich um den üblichen Schichtwechsel (vgl. § 2 Rn 90).

Wechselt der Beginn der Arbeitszeit regelmäßig, dann wechseln damit auch Be- 12
ginn und Ende des individuellen Werktags des einzelnen Arbeitnehmers. Zu diesem Ergebnis muss man kommen, um dem Zweck des § 3, innerhalb von 24 Stunden grundsätzlich nur eine Arbeitszeit von 8 Stunden zuzulassen, gerecht zu werden. Beginnt zB die Arbeitszeit am Montag bis Mittwoch jeweils um 6 Uhr und am Donnerstag bis Samstag jeweils um 10 Uhr, dann umfassen die Werktage Montag, Dienstag, Mittwoch jeweils die Zeit von 6 bis 6 Uhr und die Werktage Donnerstag, Freitag und Sonnabend jeweils die Zeit von 10 bis 10 Uhr. Der Arbeitnehmer kann also zB am Freitag nicht vor 10 Uhr beschäftigt werden, wenn die Arbeitszeit von 8 Stunden für seinen von 10 Uhr am Donnerstag bis 10 Uhr am Freitag dauernden **individuellen Werktag** „Donnerstag" bereits verbraucht ist und Abweichungen bzw Ausnahmen vom Grundsatz des 8-Stunden-Tags nicht zum Zuge kommen. Wechselt der Beginn der Arbeitszeit innerhalb der Woche nur ausnahmsweise, dann wird es in der Regel nicht gegen den Zweck des § 3 verstoßen, wenn man alle individuellen Werktage des Arbeitnehmers in dieser Woche nach dem Beginn der Arbeitszeit am Wochenbeginn berechnet.

3. Dauer und Lage der Arbeitszeit. – Nach § 3 Satz 1 darf die werktägliche Ar- 13
beitszeit des Arbeitnehmers **8 Stunden** nicht überschreiten. Der Arbeitgeber kann also einen Arbeitnehmer nur bis zu 8 Stunden innerhalb seines 24-stündigen individuellen Werktags (vgl. Rn 12) beschäftigen, sofern er sich nicht auf § 3 Satz 2, auf eine Abweichung nach § 7 oder auf eine Ausnahme nach §§ 14 oder 15 berufen kann. Unter Stunden sind **Zeitstunden** von 60 Minuten (DIN-Norm 1355 Blatt I) zu verstehen. Bei einer angefangenen Stunde brauchen nur die tatsächlich geleiste-

ten Arbeitsminuten hinzugezählt zu werden. Unterbrechungen der Arbeit, die Ruhepausen iSd § 4 sind, brauchen auf die zulässige Arbeitszeit von 8 Stunden nicht angerechnet zu werden (§ 2 Abs. 1). Andere nicht als Arbeitszeit geltende Zeiten (§ 2 Rn 35) brauchen ebenfalls nicht mitgezählt zu werden.

14 **Die Lage der Arbeitszeit** an Werktagen ist nach Aufhebung des Nachtarbeitsverbots für Arbeiterinnen (vgl. BT-Drucks. 12/5888 S. 21) im ArbZG nicht mehr geregelt (zum Sonn- und Feiertag vgl. §§ 9 ff). Männliche und weibliche Arbeitnehmer können an Werktagen zu jeder Tageszeit beschäftigt werden. Dabei ist es den tariflichen, betrieblichen und einzelvertraglichen Vereinbarungen überlassen, ob die Arbeitszeit zusammenhängend oder geteilt (zB 4 Stunden am Vormittag und 4 Stunden am Abend) innerhalb des 24stündigen individuellen Werktags geleistet wird. Es müssen aber die Vorschriften des § 4 über Ruhepausen und des § 5 über die Ruhezeit beachtet werden; für Sonn- und Feiertage gilt § 9 über die Sonn- und Feiertagsruhe. Bei der Bestimmung der Lage der Arbeitszeit (Beginn und Ende) hat der **Betriebsrat** nach § 87 Abs. 1 Nr. 2 BetrVG mitzubestimmen (vgl. ausf. § 1 Rn 61 bis 74). Ist kein Betriebsrat vorhanden, kann der Arbeitgeber die Lage der Arbeitszeit kraft seines Direktionsrechtes festlegen, wenn er dabei die Grundsätze billigen Ermessens beachtet (vgl. ausf. § 1 Rn 27 bis 29).

15 **4. Beginn und Ende der Arbeitszeit.** – Die zulässige Dauer der gesetzlichen Arbeitszeit an einem Werktag wird vom Beginn bis zum Ende der Arbeitszeit an diesem Werktag ohne die Ruhepausen berechnet (vgl. hierzu § 2 Rn 8). Die Zeitpunkte für Beginn und Ende der gesetzlichen Arbeitszeit sind dem § 2 Abs. 1 sowie dem Zweck und dem Charakter der gesetzlichen Arbeitszeitregelung entsprechend nach den Zeitpunkten für **Beginn** und **Ende** der tatsächlichen **Arbeitsleistung** des betroffenen Arbeitnehmers an dem fraglichen **Arbeitsplatz** zu ermitteln. Der Arbeitsleistung kann das Bereithalten des Arbeitnehmers zur Arbeit am Arbeitsplatz auf Weisung des Arbeitgebers gleichzusetzen sein (**L:** ausf. *Buschmann* FS Hanau S. 197 ff).

16 Die Zeitpunkte für Beginn und Ende der täglichen gesetzlichen Arbeitszeit brauchen nicht mit den Zeitpunkten für Beginn und Ende der täglichen tariflichen oder **betrieblichen Arbeitszeit** zusammenzufallen, da die Vereinbarung günstigerer tariflicher oder betrieblicher Zeitpunkte ebenso möglich ist wie die Vereinbarung günstigerer tariflicher oder betrieblicher Arbeitszeiten. Für die Ermittlung dieser Zeitpunkte ist der Inhalt des jeweiligen Tarifvertrags, der jeweiligen Betriebsvereinbarung oder des jeweiligen Arbeitsvertrags maßgebend.

17 Im **öffentlichen Dienst** beginnt und endet die Arbeitszeit an der **Arbeitsstelle**, bei wechselnden Arbeitsstellen an der jeweils vorgeschriebenen Arbeitsstelle oder am Sammelplatz. Der Begriff der Arbeitsstelle ist weiter als der Begriff des Arbeitsplatzes. Er umfasst zB den Verwaltungsbereich bzw Betriebsbereich in dem Gebäude oder Gebäudeteil, in dem der Angestellte arbeitet. Wegezeiten zwischen Pforte und Arbeitsbereich können nicht als Arbeitszeit gewertet werden, dagegen alle

Wegezeiten nach Betreten des Arbeitsbereichs und alle im Arbeitsbereich erbrachten Dienstleistungen (**R:** vgl. BAG 15.7.1993 NZA 1994, 137; vor dem Änderungstarifvertrag mussten Wegezeiten zwischen Pforte und Arbeitsbereich als Arbeitszeit gewertet und bezahlt werden: BAG 18.1.1990 BB 1990, 1775 = NZA 1990, 890).

Im **Krankenhaus** beginnt und endet die Arbeitszeit im zur Krankenstation gehörigen Umkleidezimmer (**R:** BAG 28.7.1994 BB 1995, 202). Bei der Frage der Strafbarkeit nach § 23 ist dagegen wie in der privaten Wirtschaft – abgesehen von den Wegezeiten (vgl. § 2 Rn 16 ff) – der Beginn der Arbeitsleistung bzw das Bereithalten zur Arbeit am Arbeitsplatz maßgebend. Bei der Strafbarkeit stehen nicht Fragen der Entlohnung, sondern Fragen des Gesundheitsschutzes im Vordergrund. **18**

5. Wochenarbeitszeit. – § 3 Satz 1 legt im Unterschied zu § 8 Abs. 1 JArbSchG ausdrücklich nur die höchstzulässige werktägliche Arbeitszeit, nicht aber die höchstzulässige Wochenarbeitszeit fest. Aus den §§ 3 und 11 Abs. 2 folgt jedoch mittelbar, dass dem ArbZG die 48-Stunden-Woche zugrunde liegt. Indem § 3 Satz 1 die mögliche Arbeitszeit für jeden Werktag auf 8 Stunden begrenzt und an dieser Grenze auch bei der Verlängerungsmöglichkeit des § 3 Satz 2 festhält, ergibt sich bei 6 Werktagen einer Woche ein Arbeitszeitrahmen von (6 × 8 =) **48 Stunden pro Woche** und damit eine mögliche Wochenarbeitszeit von 48 Stunden, zumindest im Durchschnitt von 6 Kalendermonaten bzw von 24 Wochen. Durch Sonn- oder Feiertagsarbeit kann dieser Arbeitszeitrahmen nicht erweitert werden, da weder die höchstzulässige Arbeitszeit des § 3 noch die zulässige Arbeitszeit von (6 × 8 =) 48 Stunden in der Woche aufgrund von § 11 Abs. 2 überschritten werden darf. Durch einen Wochenfeiertag (vgl. Rn 33) verringert sich der Arbeitszeitrahmen um 8 Stunden (vgl. Rn 46). **19**

§ 3 beschränkt im Unterschied zu § 15 JArbSchG nicht die Zahl der Arbeitstage in der Woche. Aus dem Arbeitszeitrahmen des § 3 von 8 Stunden an 6 Tagen in der Woche, aus dem Festhalten an diesem Arbeitszeitrahmen in § 11 Abs. 2 und aus der Anordnung eines Ersatzruhetages für Sonntagsarbeit in § 11 Abs. 3 folgt, dass dem ArbZG die **6-Tage-Woche** zugrunde liegt. Dies bedeutet, dass ein Betrieb auch dann auf den sechsten Tag der Woche zurückgreifen darf, wenn in ihm die 5- oder 4 1/2-Tage-Woche üblich ist. **20**

Die **Tarifvertragsparteien**, **Betriebspartner** und **Arbeitsvertragsparteien** sind an den Arbeitszeitrahmen von 48 Stunden an 6 Arbeitstagen in der Woche grundsätzlich gebunden. Von diesem Arbeitszeitrahmen kann zum Nachteil der Arbeitnehmer nur abgewichen werden, wenn eine entsprechende Regelung nach den §§ 7 und 12 vorliegt oder aufgrund dieser Vorschriften gleichzeitig vereinbart wird. Eine Überschreitung der 48-Stunden-Woche oder der 6-Tage-Woche als solcher kann jedoch straf- oder bußgeldrechtlich nicht geahndet werden, da die §§ 22 und 23 keine Straf- oder Bußgeldvorschrift dieser Art enthalten. **21**

III. Arbeitszeit bis zu 10 Stunden

22 **1. Verlängerungsmöglichkeit.** – Nach § 3 Satz 2 kann die 8-stündige werktägliche Arbeitszeit des § 3 Satz 1 auf bis zu 10 Stunden verlängert werden. „Werktäglich" heißt „an jedem Werktag" (vgl. Rn 10ff). „Auf bis zu 10 Stunden" bedeutet „bis auf maximal 10 Stunden". Eine Verlängerung der Arbeitszeit über 8 Stunden hinaus ist damit an jedem Werktag möglich, jedoch nur bis auf 10 Stunden. „Bis zu" weist ferner auf eine Spannbreite hin, und zwar von 8 bis zu 10 Stunden. Eine Verlängerung ist also nicht nur um volle Stunden sondern auch um Stundenteile oder Minuten möglich, und zwar auch für jeden Werktag unterschiedlich.

23 **Zwingend** ist nur die **10-Stunden-Grenze**. Sie darf auf keinen Fall überschritten werden, auch nicht bei Arbeitsbereitschaft, es sei denn, dass eine abweichende Regelung nach § 7 Abs. 1 Nr. 1 Buchst. a oder eine Ausnahme nach § 7 Abs. 4 oder 5 oder nach den §§ 14 oder 15 in Betracht kommt. Eine Überschreitung ist auch bei extrem kurzen Wochenarbeitszeiten nicht zulässig. So ist zB die Aufteilung einer Wochenarbeitszeit von 24 Stunden auf nur 2 Tage in der Woche zu je 12 Stunden nicht zulässig.

24 Dem Arbeitgeber ist es demnach gestattet, Arbeitnehmer **an jedem Werktag** von Montag bis Samstag jeweils **bis zu 10 Stunden** zu beschäftigen, woraus sich eine höchstzulässige Wochenarbeitszeit von (6 × 10 =) **60 Stunden** ergibt. Nach § 11 Abs. 2 gilt die Verlängerungsmöglichkeit auch für die Beschäftigung von Arbeitnehmern an Sonn- und Feiertagen. Voraussetzung ist in allen Fällen, dass die **8-Stunden-Durchschnitts-Grenze** des § 3 Satz 2 nicht überschritten wird, auch nicht durch Sonntagsarbeit. Der Verlängerung der Arbeitszeit über 8 Stunden hinaus muss eine entsprechende Verkürzung gegenüberstehen, und zwar entweder in derselben Woche, also zB an 5 Tagen eine Arbeitszeit von 9,6 Stunden, was (5 × 9,6 =) 48 Stunden ergibt, wobei dann der sechste Tag arbeitsfrei sein muss, oder innerhalb des längeren Ausgleichszeitraums des § 3 Satz 2. Der Durchschnitt von 8 Stunden pro Werktag, also von (6 × 8 =) **48 Stunden** pro Woche, muss eingehalten werden.

25 Auf die Gründe, die Voraussehbarkeit oder die Regelmäßigkeit der Verlängerung oder Verkürzung der Arbeitszeit kommt es – im Unterschied zur bisherigen Regelung in § 4 AZO 1938 und im Unterschied zur Regelung in § 8 Abs. 2 und 2a JArbSchG – nicht an. Von der Möglichkeit zur **Verlängerung** der täglichen Arbeitszeit auf bis zu 10 Stunden kann somit nicht nur wie bisher bei regelmäßiger Verkürzung der Arbeitszeit, bei Saison- und Kampagnebetrieben, bei Betriebsfeiern, Volksfesten, Veranstaltungen oder aus Anlass von Feiertagen Gebrauch gemacht werden, sondern **aus jedem Grund oder Anlass**. Dabei spielt es keine Rolle, ob die Ursache im Betrieb, in der Person des Arbeitgebers oder Arbeitnehmers oder in anderen Gründen zu suchen ist. Auch ein Nacharbeiten bei vom Arbeitgeber oder Arbeitnehmer zu vertretenen Arbeitsausfällen ist nach der neuen Regelung zulässig.

In Betracht kommt eine Verlängerung der täglichen Arbeitszeit insbes. beim Herausarbeiten eines **verlängerten Wochenendes**, zB bei der 4½-Tage-Woche (vgl. Rn 41 und 42), bei der **gleitenden Arbeitszeit** (vgl. Rn 49 und 50), beim Vor- und Nacharbeiten der **aus Anlass von Feiertagen** ausfallenden Arbeitszeit (vgl. Rn 51 bis 56). Die Möglichkeit des § 3 Satz 2 kann auch bei **Kurzarbeit** oder **Teilzeitarbeit** genutzt werden, zB bei der Aufteilung von 30 Stunden pro Woche auf 3 Tage zu je 10 Stunden, nicht jedoch für eine Aufteilung über 10 Stunden pro Tag. **26**

2. Ausgleich der Verlängerung. – a) Ausgleichszeitraum. – Für den Ausgleich der Verlängerung der Arbeitszeit durch eine entsprechende Verkürzung stellt § 3 Satz 2 **zwei Ausgleichszeiträume zur Wahl**: **6 Kalendermonate** (nicht 6 Zeitmonate iSd § 188 BGB) oder **24 Wochen**. Dies ist **kein Formulierungsfehler** (**L:** so aber *Schliemann* § 3 Rn 32ff), sondern eine bewusste Entscheidung des Gesetzgebers, der den Arbeitgebern insoweit eine wirkliche Wahlmöglichkeit eröffnen wollte; der Gesetzeswortlaut ist eindeutig und nicht auslegungsfähig (**L:** ebenso *Baeck/Deutsch/Winzer* § 3 Rn 28). **27**

Der Arbeitgeber ist an eine einmal getroffene Wahl **nicht gebunden**. Ist eine Verlängerung voll ausgeglichen worden, kann zu einem anderen Ausgleichszeitraum übergegangen werden, auch wenn der erste Ausgleichszeitraum noch nicht abgelaufen ist. Wählt der Betrieb nicht um, gilt der zunächst gewählte Zeitraum weiter. Trifft der Betrieb überhaupt keine Wahl, macht er jedoch von der Verlängerungsmöglichkeit Gebrauch, kann die Aufsichtsbehörde aus Gründen der besseren Überprüfung den gesetzlichen Ausgleichszeitraum von 6 Kalendermonaten, beginnend am 1. Januar, oder von 24 Wochen (vgl. hierzu Rn 41 und 42) zugrunde legen. **28**

Kalendermonat im Ausgleichszeitraum ist einer der 12 Monate des jeweiligen Kalenderjahres. Er beginnt mit dem ersten und endet mit dem letzten im Kalender ablesbaren Tag des betreffenden Monats. Von den 12 Kalendermonaten können jeweils **höchstens 6** als Ausgleichszeitraum gewählt werden, so dass sich pro Jahr **maximal zwei Ausgleichszeiträume** ergeben können, zB Januar bis Juni und Juli bis Dezember. Der Arbeitgeber ist jedoch nicht an das Kalenderjahr gebunden, er kann auch zwei andere Ausgleichszeiträume wählen, zB Oktober bis März und April bis September 8 (**L:** hM *Baeck/Deutsch/Winzer* § 3 Rn 29; ErfK/*Wank* § 3 ArbZG Rn 8). **29**

Möglich sind auch drei Ausgleichszeiträume, zB November bis Februar, März bis Juni und Juli bis Oktober; die Aufteilung kann auch innerhalb eines Jahres geändert werden. Der Ausgleichszeitraum kann aber nur aus miteinander **zusammenhängenden** Kalendermonaten bestehen. Dies folgt aus dem Wortlaut der Regelung „innerhalb von 6 Kalendermonaten", dem Arbeitsschutzzweck und der Notwendigkeit der Überwachung durch die Aufsichtsbehörde. Wählt der Betrieb den Beginn des Ausgleichszeitraums nicht selbst aus, beginnt der erste Ausgleichszeitraum aus Gründen der Durchführung des Gesetzes mit dem 1. Januar. **30**

31 Die **Woche** iSd ArbZG muss nicht mit der Kalenderwoche von Montag bis Sonntag identisch sein. Als Woche kann jeder Zeitraum von 7 aufeinanderfolgenden Tagen gewählt werden, natürlich auch die Kalenderwoche von Montag bis Sonntag (vgl. zur Kalenderwoche DIN-Norm „Zeit" Nr. 1355 Blatt I). Für die Berechnung findet § 188 Abs. 2 BGB Anwendung. Wird als Beginn der ersten Woche des **Ausgleichszeitraums** von 24 Wochen zB ein Mittwoch gewählt, so umfasst die erste Woche den Zeitraum von Mittwoch dieser Woche bis Dienstag der nächsten Woche. Die anderen 23 Wochen des Ausgleichszeitraums haben sich unmittelbar und aufeinanderfolgend anzuschließen.

32 Der Arbeitgeber kann sich nicht **beliebige 24 Wochen** aus den 52 bzw 53 Wochen des Jahres aussuchen. Dies folgt aus dem Wortlaut der Regelung „innerhalb von 24 Wochen", dem Schutzzweck und der Notwendigkeit der Überwachung durch die Aufsichtsbehörde. Wählt der Arbeitgeber als Beginn des 24-wöchigen Ausgleichszeitraums zB Mittwoch, den 5. Juli 1995, so endet dieser am Dienstag, den 19. Dezember 1995. Jeder weitere Ausgleichszeitraum von 24 Wochen schließt sich jeweils unmittelbar aufeinanderfolgend an, solange der Ausgleichszeitraum nicht verändert oder zum Ausgleichszeitraum von 6 Kalendermonaten übergegangen wird, was nach einem vollständigen Ausgleich der verlängerten Arbeitszeit jederzeit möglich ist.

33 Für die Wahl des Ausgleichszeitraums ist es gleichgültig, ob die Tage mit längerer oder kürzerer Arbeitszeit am Anfang, am Ende oder in der Mitte des Ausgleichszeitraums liegen (**L:** hM vgl. ausf. *Anzinger* FS Wlotzke S. 427; *Baeck/Deutsch/Winzer* § 3 Rn 35; *Dobberahn* Rn 32; *Erasmy* NZA 1994, 1105, 1106; *Junker* ZfA 1998, 105, 112 ff). Im einen Fall wird **vorgearbeitet**, im anderen Fall wird **nachgearbeitet**.

34 Bei der Wahl und Änderung des Ausgleichszeitraums hat der **Betriebsrat** nach § 87 Abs. 1 Nr. 2 BetrVG mitzubestimmen (**R:** BAG 26. 9. 2017 BB 2018, 244). Ist kein Betriebsrat vorhanden, kann der Arbeitgeber den Ausgleichszeitraum im Rahmen der einzel- oder kollektivvertraglichen Vereinbarungen aufgrund seiner Weisungsbefugnis wählen. Hat er dies vorbehaltlos getan und ist ein bestimmter Ausgleichszeitraum betriebsüblich geworden, so bedarf es zu wesentlichen Änderungen der Zustimmung der betroffenen Arbeitnehmer oder einer entsprechenden Änderungskündigung. Schweigen auf eine durch Aushang bekannt gemachte Änderung kann allenfalls dann als Zustimmung gewertet werden, wenn im Aushang zum Widerspruch aufgefordert wurde (**R:** vgl. LAG Düsseldorf 26. 4. 1972 DB 1972, 1537, 1538).

35 6 Kalendermonate bzw 24 Wochen ist der längste in § 3 zugelassene Ausgleichszeitraum. Der Arbeitgeber kann nur einen **kürzeren, keinen längeren Arbeitszeitausgleich wählen**, solange in ihm im Durchschnitt 8 Stunden werktäglich nicht überschritten werden und die 10-Stunden-Grenze am jeweiligen Arbeitstag eingehalten wird. Der Ausgleichszeitraum kann betriebs- oder abteilungsbezogen oder einheitlich für bestimmte Arbeitnehmergruppen festgelegt werden, was nach den

für den Betrieb geltenden individual- und kollektivrechtlichen Regelungen zu beurteilen ist.

Ein **längerer Ausgleichszeitraum** oder ein Ausgleichszeitraum anderer Art kann durch Tarifvertrag oder Betriebsvereinbarung nach § 7 Abs. 1 Nr. 1 Buchst. b zugelassen werden. Ein **Ausgleichszeitraum** anderer Art ist zB ein Zeitraum **von 6 Monaten** iSd §§ 188 ff BGB (= Zeitmonate). Dieser Zeitraum ist weder mit den 6 Kalendermonaten noch mit den 24 Wochen des ArbZG identisch. Er kann diesen Zeiträumen gegenüber auch nicht als der kürzere und damit schon kraft Gesetzes zulässige Zeitraum angesehen werden. **36**

b) Durchführung des Ausgleichs. – Der Ausgleich einer Arbeitszeitverlängerung über 8 Stunden muss nach § 3 Satz 2 so erfolgen, dass im Durchschnitt 8 Stunden werktäglich innerhalb des maßgebenden Ausgleichszeitraums nicht überschritten werden. Diese Voraussetzung ist erfüllt, wenn die **Summe der** vom einzelnen Arbeitnehmer im Ausgleichszeitraum tatsächlich geleisteten **Arbeitsstunden** die Summe der für diesen Zeitraum zulässigen Arbeitszeit nicht überschreitet. Zugelassen ist nach § 3 Satz 2 eine Arbeitszeit von 8 Stunden an jedem Werktag im Ausgleichszeitraum. Die gesetzlich **zulässige Gesamtarbeitszeit** ergibt sich aus der Summe der in den Ausgleichszeitraum fallenden Werktage, multipliziert mit der Zahl 8, der Stundenzahl der für jeden Werktag zugelassenen Arbeitszeit (zu Urlaub, Krankheit ua vgl. Rn 61 bis 65). **37**

Werktag iSd § 3 Satz 2 ist – wie nach § 3 Satz 1 – jeder Kalendertag, der kein Sonntag oder gesetzlicher Feiertag ist (vgl. Rn 10 ff). Ob ein Tag ein **gesetzlicher Feiertag** ist, richtet sich – bis auf den 3. Oktober – nach der Sonn- und Feiertagsregelung des Bundeslandes, die für den Beschäftigungsort des Arbeitnehmers maßgebend ist (vgl. § 9 Rn 18). **Kirchliche Feiertage**, die nicht zugleich gesetzliche Feiertage sind, werden als Werktage gezählt. Ob ein Werktag für den Betrieb oder den betreffenden Arbeitnehmer ein **Arbeitstag** ist, ist bei der Ermittlung der in den Ausgleichszeitraum fallenden Werktage gleichgültig. Jeder Werktag wird mitgezählt, auch dann, wenn er ein – regelmäßig oder gelegentlich – arbeitsfreier Tag ist. **38**

Wie die vom ArbZG zugelassene **Gesamtarbeitszeit** auf die einzelnen Arbeitstage im Ausgleichszeitraum **verteilt** wird, ist dem einzelnen Betrieb überlassen. Zu beachten ist lediglich, dass an keinem der Arbeitstage die 10-Stunden-Grenze des § 3 Satz 2 überschritten wird. In einem Ausgleichszeitraum nicht verbrauchte gesetzlich zulässige Arbeitszeit, kann nicht auf den nächsten Ausgleichszeitraum übertragen werden; es sei denn, dass dies in einem Tarifvertrag oder in einer Betriebsvereinbarung nach § 7 Abs. 1 Nr. 1 Buchst. b zugelassen ist. Der Betriebsrat hat bei der Verteilung der Gesamtarbeitszeit auf die einzelnen Arbeitstage nach § 87 Abs. 1 Nr. 2 BetrVG mitzubestimmen (vgl. § 1 Rn 61 ff). **39**

Beispiel bei 4 Kalendermonaten: Ist für den Arbeitnehmer zB die Zeit von Januar bis April der maßgebende Ausgleichszeitraum, so sind von den 120 Kalendertagen dieses Zeitraums in der Regel 17 Sonntage und 3 gesetzliche Feiertage (1. Januar, **40**

Karfreitag, Ostermontag) abzuziehen. Die Samstage, auch der Karsamstag, sind als Werktag selbst dann mitzuzählen, wenn der Samstag im Betrieb immer ein arbeitsfreier Tag ist. Für den Zeitraum Januar bis April ergeben sich somit in der Regel (120 – 20 =) 100 Werktage. Bei der für jeden Werktag zugelassenen Arbeitszeit von 8 Stunden beträgt die für den Ausgleichszeitraum Januar bis April zulässige Gesamtarbeitszeit **800 Stunden**. Im Extremfall kann diese Arbeitszeit auf 80 Werktage zu je 10 Stunden verteilt werden. 20 Werktage müssten dann völlig arbeitsfrei bleiben. Es ist aber auch jede andere Aufteilung der Gesamtarbeitszeit von 800 Stunden auf die 100 Werktage oder einen Teil von ihnen zulässig, immer aber unter Einhaltung der 10-Stunden-Grenze am jeweiligen Arbeitstag.

41 **Beispiel bei 16 Wochen:** Bei einer Woche ohne gesetzlichen Feiertag und einer pro Werktag zugelassenen Arbeitszeit von 8 Stunden ergibt sich eine zulässige Wochenarbeitszeit (vgl. Rn 19 bis 21) von (6 × 8 =) 48 Stunden. Bei einem Ausgleichszeitraum von 16 Wochen darf an (16 × 6 =) 96 Werktagen bis zu einer Gesamtarbeitszeit von (96 x 8 bzw 16 × 48 =) **768 Stunden** gearbeitet werden. Im Extremfall kann diese Gesamtarbeitszeit auf 76 Werktage zu je 10 Stunden (760 Stunden) und einen Werktag zu 8 Stunden verteilt werden. Es ist aber auch jede andere Aufteilung der Gesamtarbeitszeit von 768 Stunden auf die 96 Werktage oder einen Teil dieser Werktage zulässig, immer aber unter Einhaltung der 10-Stunden-Grenze am jeweiligen Arbeitstag. Fallen in den 16-wöchigen-Ausgleichszeitraum gesetzliche Feiertage (vgl. § 9 Rn 7), sind von der zulässigen Gesamtarbeitszeit 8 Stunden pro Feiertag abzuziehen. Andere arbeitsfreie Tage – gleich aus welchen Gründen und wie oft arbeitsfrei – brauchen von der zulässigen Gesamtarbeitszeit nicht abgezogen zu werden.

42 **Beispiel bei 24 Wochen:** Bei einem Ausgleichszeitraum von 24 Wochen ergibt sich eine höchstzulässige Gesamtarbeitszeit von (6 × 8 = 48 × 24 =) **1152 Stunden**, die auf insgesamt 144 Werktage verteilt werden kann. Im Extremfall kann diese Gesamtarbeitszeit auf 116 Werktage (115 Werktage zu 10 Stunden, ein Werktag zu 2 Stunden) verteilt werden; die restlichen 28 Werktage müssen dann arbeitsfrei bleiben.

43 **3. 4½-Tage-Woche.** – Bei der 4½-Tage-Woche wird die einzel- oder kollektivvertraglich vereinbarte Wochenarbeitszeit von beispielsweise 40 Stunden idR auf 8½ Stunden von Montag bis Donnerstag und auf 6 Stunden am Freitag verteilt. Diese und ähnliche **Arbeitszeitverteilungen**, auch zB auf 4 Tage in der Woche, sind nach § 3 Satz 2 zulässig. Diese Vorschrift gestattet es, die werktägliche Arbeitszeit auf bis zu 10 Stunden zu verlängern, gleich aus welchen Gründen, sofern die 8-stündige werktägliche Arbeitszeit im Durchschnitt des Ausgleichszeitraums nicht überschritten wird (vgl. Rn 22 ff).

44 Ob und inwieweit der Arbeitgeber von der einzel- oder kollektivvertraglich vereinbarten Verteilung der Wochenarbeitszeit abweichen kann, ergibt sich aus der jeweils maßgebenden Vereinbarung. Öffentlich-rechtlich ist er nicht gehindert, den

in § 3 zur Verfügung gestellten **Arbeitszeitrahmen** von 6 × 8 = 48 Stunden in der Woche jederzeit unabhängig von seiner sonst üblichen Arbeitsweise **voll auszuschöpfen**, regelmäßig oder gelegentlich (vgl. Rn 19). § 3 hat nicht den Zweck, Arbeitszeitvereinbarungen abzusichern, sondern allgemeine Höchstarbeitszeitgrenzen zum Schutz der Arbeitnehmer vor übermäßiger Beanspruchung ihrer Arbeitskraft festzulegen (vgl. Rn 2). § 3 befreit aber auch nicht von der privatrechtlichen Pflicht zur Einhaltung einzel- oder kollektivvertraglicher Arbeitszeitvereinbarungen, auch nicht von der Pflicht nach § 87 Abs. 1 Nr. 2 und Nr. 3 BetrVG, die Zustimmung des Betriebsrats einzuholen (**R:** so im Ergebnis zu §§ 3, 4, und 6 AZO 1938: BAG 28.7.1981 DB 1982, 117).

Wird in einem Tarifvertrag die Dauer des jährlichen Erholungsurlaubs auf 30 Arbeitstage festgelegt, so ist davon auszugehen, dass dem die Verteilung der Wochenarbeitszeit auf 5 Tage zugrunde liegt. Verteilt sich die regelmäßige Arbeitszeit auf mehr oder weniger als 5 Arbeitstage in der Woche, so erhöht oder vermindert sich die Urlaubsdauer entsprechend (**R:** BAG 20.6.2000 DB 2001, 651). Bei einem Wechsel von der 5-Tage-Woche zur **$4^1/_2$-Tage-Woche** ist folgende Berechnung vorzunehmen: 30 Urlaubstage × $4^1/_2$ Arbeitstage : 5 Arbeitstage. Der jährliche Erholungsurlaub beträgt in diesen Fällen dann 27 Arbeitstage. Bei einem Wechsel von der 5-Tage-Woche zur **4-Tage-Woche** beträgt der jährliche Erholungsurlaub dann 24 Arbeitstage. 45

4. Gleitende Arbeitszeit. – a) Begriff. – Gleitende Arbeitszeit ist die betriebliche Arbeitszeitform, bei der die Arbeitnehmer abweichend von der betrieblichen Regelarbeitszeit Beginn und Ende ihrer **individuellen Arbeitszeit** innerhalb bestimmter Grenzen unter Einhaltung der tarif- oder einzelvertraglich vereinbarten Wochenarbeitszeit innerhalb eines bestimmten Abrechnungszeitraums **selbst bestimmen** können (zum Begriff der gleitenden Arbeitszeit vgl. ausf. § 2 Rn 108 bis 111). 46

Bei **Urlaub**, bei **Erkrankungen**, bei durch Mutterschutz bedingten Fehlzeiten und für Wochenfeiertage sowie bei Arbeits- und **Dienstbefreiungen** mit ganztätiger Abwesenheit wird die für den jeweiligen Tag maßgebende betriebliche Regelarbeitszeit zugrunde gelegt. Nicht ganztägige Arbeits- und Dienstbefreiungen werden innerhalb der Regelarbeitszeit als Arbeitszeit gewertet. 47

Persönliche Angelegenheiten sind in der Gleitzeit zu erledigen, wenn nicht besondere Gründe etwas anderes erfordern, zB ein Arzttermin nur während der Kernzeit möglich ist. Fällt die Ausübung öffentlicher **Ehrenämter** in die Gleitzeit, hat der Arbeitnehmer keinen Anspruch auf Arbeitsbefreiung zur Ausübung dieser Ämter (**R:** BAG 16.12.1993 BB 1994, 1356 = DB 1994, 2034 = NZA 1994, 854). Kann der Arbeitnehmer im Rahmen der Gleitzeitvereinbarung allein darüber bestimmen, ob er weniger als die regelmäßige wöchentliche Arbeitszeit arbeitet und besteht dann bei einem Ausscheiden des Arbeitnehmers ein **negativer Kontostand**, so ist dieser vom Arbeitnehmer wie ein Vergütungsvorschuss des Arbeitgebers finanziell auszugleichen (**R:** BAG 13.12.2000 DB 2000, 2608). 48

49 **b) Zeitlicher Rahmen.** – Die gleitende Arbeitszeit ist im ArbZG nicht ausdrücklich geregelt. Da jedoch die Möglichkeit zur Verlängerung der täglichen Arbeitszeit des § 3 Satz 2 nicht auf bestimmte Fälle beschränkt ist (vgl. Rn 13), kann sie auch für die gleitende Arbeitszeit genutzt werden. Als Abrechnungszeitraum kann der Zeitraum des § 3 Satz 2 bis zu 6 Kalendermonaten oder 24 Wochen (vgl. Rn 27 ff) genommen werden. Wird er voll ausgeschöpft, ist eine Übertragung von Zeitguthaben in den nächsten Abrechungszeitraum nicht zulässig, da § 3 Satz 2 dies nicht vorsieht (vgl. Rn 35 und 39). Die Arbeitszeit am einzelnen Arbeitstag darf die 10-Stunden-Grenze des § 3 Satz 2 nicht überschreiten (vgl. Rn 22). Die Summe der tatsächlich geleisteten Arbeitszeit im Abrechnungszeitraum muss sich im Rahmen der kraft Gesetzes für diesen Zeitraum zugelassenen Gesamtarbeitszeit (vgl. Rn 37) halten. Die über 8 Stunden hinausgehende Arbeitszeit ist nach § 16 Abs. 2 aufzeichnungspflichtig, auch bei gleitender Arbeitszeit (vgl. ausf. § 16 Rn 10 ff).

50 Die gleitende Arbeitszeit kann nur mit Zustimmung des **Betriebsrats** nach § 87 Abs. 1 Nr. 2 BetrVG eingeführt und geändert werden. Bei einer dahingehenden Betriebsvereinbarung ist nicht nur § 3 über die Arbeitszeit, sondern auch § 4 über **Ruhepausen** und § 5 über **Ruhezeiten** zu beachten. Für werdende und stillende Mütter sind in § 8 MuSchG (**L:** vgl. *Zmarzlik/Zipperer/Viethen* § 8 Rn 2 ff) und für Jugendliche in den §§ 8 ff JArbSchG (**L:** vgl. *Zmarzlik/Anzinger* § 8 Rn 9 und 10) zusätzliche Beschränkungen vorgesehen. In Betrieben ohne Betriebsrat kann der Arbeitgeber die gleitende Arbeitszeit einführen, jedoch nicht ohne Weiteres ändern (vgl. Rn 33). Zur Mitbestimmung bei **Schalteröffnungszeiten und Gleitzeit**: **R:** vgl. LAG Rh-P 20.3.1997 NZA 1997, 390; zur Verrechnung von **Gleitzeitguthaben mit Streikzeit**: **R:** vgl. BAG 30.8.1994 BB 1995, 99 = NJW 1995, 613 = NZA 1995, 32; LAG SH 25.8.1993 BB 1994, 579; BAG 30.8.1994 BB 1995, 99; zur **Überwachung der Gleitzeitkonten** durch den Betriebsrat **R:** vgl. LAG BW 21.2.1994 BB 1994, 1352.

51 **5. Arbeitszeit vor und nach Feiertagen.** – Das ArbZG regelt den Ausgleich der Arbeitszeit, die in Verbindung mit Feiertagen an Werktagen ausfällt, im Unterschied zu § 4 Abs. 2 Satz 2 AZO 1938 nicht ausdrücklich. Da jedoch die Möglichkeit zur Verlängerung der täglichen Arbeitszeit des § 3 Satz 2 nicht auf bestimmte Fälle beschränkt ist (vgl. Rn 25), kann sie auch in diesem Falle in Anspruch genommen werden, zumal der Ausgleichszeitraum von 5 auf 24 Wochen erweitert worden ist.

52 **Ausgeglichen** werden kann jede **Arbeitsstunde, die** an Werktagen **ausfällt**, nicht dagegen die Arbeitszeit, die an gesetzlichen Feiertagen (vgl. § 9 Rn 7) infolge des Feiertags ausfällt, da der Arbeitnehmer hierfür eine Entgeltausfallvergütung nach dem Entgeltfortzahlungsgesetz erhält und es, wie aus § 2 Abs. 1 EFZG zu ersehen ist, Sinn des Arbeitsverbots an Feiertagen ist, dem Arbeitnehmer einen zusätzlichen freien Tag zu geben. Der Arbeitsausfall an kirchlichen Feiertagen, die nicht zugleich gesetzliche Feiertage sind, kann wie jeder andere Arbeitszeitausfall an Werktagen, zB auch der am **Rosenmontag**, ausgeglichen werden (**R:** zur Freistellung an

Heiligabend, Silvester und am Rosenmontag ohne Ausgleich: BAG 6.9.1994 BB 1994, 1863 = DB 1994, 1931; BAG 12.1.1994 DB 1994, 2034; **L:** zur Mitbestimmung des Betriebsrats bei Verlegung der Arbeitszeit an Brückentagen vgl. *Wirges* DB 1997, 2488).

Fehlt dem Betrieb die infolge eines gesetzlichen Wochenfeiertags ausfallende Arbeitszeit und hat er den ihm für jede Woche von § 3 Satz 1 zur Verfügung gestellten Arbeitszeitrahmen von (6 × 8 =) 48 Stunden, abzüglich des Feiertages, noch nicht voll ausgeschöpft, zB bei einer tarif- oder betrieblichen 5-Tage- und 40-Stunden-Woche, kann er **an den verbleibenden 5 Werktagen** der Feiertagswoche den zulässigen Arbeitszeitrahmen ganz ausschöpfen, gleich wie er sonst arbeitet. Der Betrieb kann auch an den verbleibenden 5 Werktagen der Feiertagswoche von § 3 Satz 2 Gebrauch machen und jeweils 10 Stunden arbeiten lassen – mit der Maßgabe einen Arbeitszeitausgleich innerhalb von 6 Kalendermonaten oder 24 Wochen durchzuführen. Er muss allerdings diese Arbeitszeit in beiden Fällen zusätzlich zur gesetzlichen Entgeltausfallvergütung bezahlen (**R:** vgl. BAG 26.3.1966 BB 1966, 742; BAG 7.10.1966 BB 1967, 118). 53

Für die **Verteilung der** aus Anlass von Feiertagen ausfallenden **Arbeitszeit** steht ein Ausgleichszeitraum bis zu 6 Kalendermonaten oder 24 Wochen (vgl. Rn 27 ff) zur Verfügung. Er muss zusammenhängend sein und den oder die Tage, an denen die Arbeitszeit ausfällt, einschließen. Ob die Ausfalltage am Anfang, am Ende oder in der Mitte des Ausgleichszeitraums liegen, ist ohne Bedeutung. Ein Nachweis, dass ein Ausfall an Arbeitsstunden mit dem Feiertag zusammenhängt, braucht nicht mehr geführt zu werden. 54

Für den Arbeitszeitausfall vor **Weihnachten** und zwischen Weihnachten und **Neujahr** können zwei Ausgleichszeiträume von je 24 Wochen gewählt werden, der erste zB bis zum 24. Dezember, der zweite ab dem 25. Dezember; es sei denn, dass der Betrieb bereits an einen anderen Ausgleichszeitraum gebunden ist (vgl. Rn 27). Zwei Ausgleichszeiträume von je 6 Kalendermonaten, von denen der erste bis zum 31. Dezember reicht, kann der Betrieb wählen, wenn auch der erste Werktag im Januar arbeitsfrei ist. Im zweiten Ausgleichszeitraum, der mit dem 1. Januar beginnt, kann dann jedoch nur der Arbeitszeitausfall vom Januar, nicht vom Dezember ausgeglichen werden, da eine Übertragung von Arbeitszeitausfällen von einem Zeitraum in den anderen in § 3 nicht vorgesehen ist (vgl. Rn 29, 35 und 39). 55

Die Arbeitszeit am einzelnen Werktag darf die 10-Stunden-Grenze des § 3 Satz 2 nicht überschreiten (vgl. Rn 22). Die Summe der Arbeitszeiten, die in einem Ausgleichszeitraum tatsächlich geleistet werden, muss sich im **Rahmen** der für diesen Zeitraum kraft Gesetzes zugelassenen Gesamtarbeitszeit halten (vgl. Rn 37). Die andere Verteilung der Arbeitszeit aus Anlass von Feiertagen ist nach § 87 Abs. 1 Nr. 2 BetrVG **mitbestimmungspflichtig** (vgl. § 1 Rn 61 ff). 56

6. Wochenarbeitszeit bei Verlängerung. – § 3 Satz 2 regelt wie § 3 Satz 1 ausdrücklich nur die höchstzulässige werktägliche Arbeitszeit, nicht die höchstzulässi- 57 ge Wochenarbeitszeit (vgl. Rn 19). Da die Vorschrift die Verlängerung der Arbeitszeit auf 10 Stunden pro Werktag begrenzt, ergibt sich bei einer Woche mit 6 Werktagen ein **Arbeitszeitrahmen** von (6 × 10 =) **60 Stunden**, bei einer Woche mit einem gesetzlichen Feiertag ein Arbeitszeitrahmen von (5 × 10 =) **50 Stunden** (vgl. Rn 52). Durch Sonn- oder Feiertagsarbeit kann der Arbeitszeitrahmen nicht erweitert werden (§ 11 Abs. 2 Halbs. 2).

58 Da § 3 Satz 2 die höchstzulässige Arbeitszeit innerhalb des Ausgleichszeitraums auf durchschnittlich 8 Stunden werktäglich beschränkt kann der Arbeitszeitrahmen von 60 bzw 50 Stunden **in so vielen Wochen** ausgeschöpft werden, **wie** es die **zulässige Gesamtarbeitszeit** für diesen Zeitraum gestattet (vgl. Rn 37ff). Die anderen Wochen des Ausgleichszeitraums müssen dementsprechend ganz oder teilweise arbeitsfrei sein. Von dieser Beschränkung kann nur durch Tarifvertrag oder Betriebsvereinbarung nach § 7 Abs. 1 Nr. 4 abgewichen werden (vgl. Rn 20 und 21); zur behördlichen Genehmigung vgl. § 15.

59 **7. Mehrarbeit.** – Die in § 3 Satz 2 bis zu 10 Stunden täglich zugelassene, im Durchschnitt des Ausgleichszeitraums auf 8 Stunden werktäglich begrenzte Arbeitszeit, ist die gesetzliche Höchstarbeitszeit für den Regelfall. Eine darüber hinausgehende **längere Arbeitszeit** ist nur in den Fällen des § 4, § 7 Abs. 3 Satz 2 sowie in den Fällen der §§ 13, 14 und 19 möglich. Das ArbZG verwendet den Begriff der Mehrarbeit für diese Fälle nicht, es regelt weder den **Freizeitausgleich** noch die **Vergütung** für die verlängerte Arbeitszeit.

59a Das ArbZG überlässt den Tarifvertragsparteien, den Betriebspartnern und den Arbeitsvertragsparteien die Vereinbarung, von welcher Arbeitsstunde ab eine Arbeit als Mehrarbeit oder Überstunde gilt (**R:** BAG 16.6.2004 ZTR 2004, 526), welcher Freizeitausgleich zu gewähren und welche Mehrarbeits- oder Überstundenzuschläge zu zahlen sind, jedoch nur mit tarif-, betriebs- oder einzelvertraglicher Wirkung. Liegt dem Mehrarbeitszuschlag zB eine tarifvertragliche Bestimmung zugrunde, die den Anspruch allein davon abhängig macht, dass über ein bestimmtes Monatssoll hinaus gearbeitet wird, so bleiben Urlaubszeiten bei der Berechnung der Mehrarbeitszuschläge unberücksichtigt. Denn Urlaubszeiten erfüllen grundsätzlich nicht das Erfordernis der geleisteten Arbeit (**R:** BAG 11.6.2008 BB 2008, 1785). Leistet ein Arbeitnehmer auf Anforderung des Arbeitgebers Mehrarbeit die über die gesetzliche Höchstarbeitszeit hinausgeht, entfällt für diese nach § 3 an sich unzulässige Mehrarbeit nicht der Vergütungsanspruch; bei fehlender Vergütungsabrede ist die übliche Vergütung anzusetzen (**R:** BAG 28.9.2005 BB 2006, 327). Eine, die pauschale Vergütung von Überstunden regelnde Klausel ist nur dann klar und verständlich, wenn sich aus dem Arbeitsvertrag selbst ergibt, welche Arbeitsleistungen in welchem zeitlichen Umfang erfasst werden sollen (**R:** BAG 22.2.2012 BB 2012, 2316); eine arbeitsvertragliche Regelung, nach der der Arbeitnehmer für Mehrarbeit keine gesonderte Vergütung erhält, ist nicht klar und verständlich und daher unwirksam (**R:** BAG 22.2.2012 BB 2012, 2316; **L:** vgl. zu Fragen von Überstunden im Fokus der jüngeren Rechtsprechung auch *Salamon/Hoppe/Rogge* BB 2013, 1720).

Die gesetzliche **Entgeltfortzahlung** im Krankheitsfall umfasst nicht (tariflich geregelte) Zuschläge für Über- oder Mehrarbeit (**R:** BAG 21.11.2001 BB 2002, 836). Die Aufsichtsbehörde kann die Bewilligung einer Ausnahme von einem angemessenen Freizeitausgleich mit öffentlich-rechtlicher Wirkung abhängig machen. Mehrarbeit iSd § 124 SGB IX ist diejenige Arbeit, die über die normale gesetzliche Arbeitszeit von acht Stunden werktäglich hinausgeht. Da der Bereitschaftsdienst Arbeitszeit iSd § 2 Abs. 1 Satz 1 ist (vgl. § 2 Rn 30 ff), ist dieser auf die gesetzliche Höchstarbeitszeit anzurechnen. **Schwerbehinderte** Arbeitnehmer haben nach § 124 SGB IX Anspruch darauf, von Mehrarbeit freigestellt zu werden (**R:** BAG 21.11.2006 DB 2007, 1359). **59b**

Obwohl eine Verlängerung der für den Regelfall zugelassenen gesetzlichen Höchstarbeitszeit von bis zu 10 Stunden nur noch in wenigen Ausnahmefällen möglich ist, haben die Betriebe mit der Regelung in § 3 mehr Möglichkeiten zur **Arbeitszeitflexibilisierung** (vgl. ausf. § 2 Rn 97 ff) als bisher. Sofern sie eine Arbeitszeit von 8 Stunden werktäglich und 48 Stunden wöchentlich im Durchschnitt des Ausgleichszeitraums nicht überschreiten, können sie in diesem Rahmen alle Arbeitszeitmöglichkeiten bis zu 10 Stunden werktäglich und 60 Stunden wöchentlich ausschöpfen (vgl. Rn 22 ff). Dabei können sie für Teile des Betriebs, für Gruppen von Arbeitnehmern und auch für einzelne Arbeitnehmer unterschiedliche Kombinationen der Umverteilung der Arbeitszeit und des Freizeitausgleichs vereinbaren. **60**

8. Urlaubstage, Krankheitstage und Tage sonstiger Arbeitsbefreiung. – Ob und inwieweit Urlaubstage, Krankheitstage und Tage sonstiger Arbeitsbefreiung in die Berechnung des Ausgleichs einbezogen werden können oder nicht, hat der Gesetzgeber im ArbZG nicht entschieden. Durch den gesetzlichen Mindesturlaub soll der Arbeitnehmer zumindest einmal im Jahr über einen längeren Zeitraum die Möglichkeit erhalten, sich von der Arbeitsleistung zu erholen und neue Kräfte zu gewinnen. Die Möglichkeit, diese Urlaubstage im vor- oder nachhinein als Ausgleichstage für erbrachte oder noch zu erbringende Arbeitsleistungen in Anrechnung zu bringen, widerspräche dieser Zwecksetzung. **61**

Urlaubstage einschließlich der zusätzlichen Urlaubstage für Schwerbehinderte sind daher bei der Ausgleichsregelung des § 3 Satz 2 als Tage mit einer Regelarbeitszeit von 8 Stunden zu berücksichtigen oder aber bei der Ermittlung der Zahl der ausgleichsfähigen Arbeitstage in Abzug zu bringen; sie kommen als Ausgleichstage nicht in Betracht (**R:** BVerwG 9.5.2018 BB 2018, 1267 = NZA-RR 2018, 608; **L:** ebenso *Junker* ZfA 1998, 105, 112; *Roggendorff* § 3 Rn 11; *Schliemann* § 3 Rn 88). Diese Auslegung entspricht auch Art. 16 Nr. 2 Satz 2 der EU-Arbeitszeit-Richtlinie (vgl. Teil D Anh. 1), wonach bei der Berechnung des Durchschnitts Zeiten des bezahlten Jahresurlaubs sowie Krankheitstage unberücksichtigt bleiben. **62**

63 **Krankheitstage** sind ebenso wie gesetzlich vorgeschriebene Urlaubstage bei der Ausgleichsregelung des § 3 Satz 2 als Tage mit einer Regelarbeitszeit von 8 Stunden zu berücksichtigen oder aber bei der Ermittlung der Zahl der ausgleichsfähigen Arbeitstage in Abzug zu bringen; sie kommen als Ausgleichstage ebenfalls nicht in Betracht (**L:** ebenso *Junker* ZfA 1998, 105, 112; *Roggendorff* § 3 Rn 11; *Schliemann* § 3 Rn 88). Eine Verlängerung des Ausgleichszeitraums ist statthaft, wenn in der Person des Arbeitnehmers liegende zwingende Gründe, zB eine lang anhaltende Krankheit, dies erforderlich machen; der Ausgleich ist dann unverzüglich nach Wiederaufnahme der Arbeit durchzuführen (**L:** ebenso *Junker* ZfA 1998, 105, 112; *Reinders* Rn 93).

64 **Tage sonstiger Arbeitsbefreiung**, zB unbezahlter Sonderurlaub, oder **Tage des unberechtigten Fernbleibens von der Arbeit** können als Ausgleichstage herangezogen werden (**L:** ebenso *Baeck/Deutsch* § 3 Rn 45; *Junker* ZfA 1998, 105, 112; aA Deinert/*Heuschmid* § 28 Rn 81).

65 Die über die vertraglich vereinbarte Wochenarbeitszeit hinausgehenden **Überstunden**, derzeit etwa die 36. bis 48. Wochenarbeitsstunde (**L:** zur tariflichen Regelarbeitszeit vgl. *Clasen* BArbBl. 3/2004, 19), müssen nicht aufgrund des ArbZG ausgeglichen werden, allenfalls aufgrund vertraglicher Verpflichtung. Das ArbZG erlaubt bei 4 Wochen Jahresurlaub (48 × 48 =) ca. **2.300 Arbeitsstunden im Jahr**. Die Tarifverträge erlauben bei 6 Wochen Jahresurlaub demgegenüber durchschnittlich nur (46 × 37,41 =) 1.721 Arbeitsstunden im Jahr. Damit verbleibt ein aufgrund des ArbZG nicht auszugleichendes Überstundenvolumen von etwa 580 Stunden pro Kalenderjahr.

IV. Besondere Inanspruchnahmen bei Bereitschaftsdiensten

66 Arbeitsbereitschaft (zum Begriff vgl. § 2 Rn 40 ff) und Bereitschaftsdienst (zum Begriff vgl. § 2 Rn 47 ff) sind aufgrund des § 7 Abs. 1 Nr. 1 Buchst. a als gesetzliche **Arbeitszeit** zu behandeln, der Bereitschaftsdienst aber erst seit dem Änderungsgesetz 2003 (vgl. § 2 Rn 37 bis 39). Die Rufbereitschaft (zum Begriff vgl. § 2 Rn 52 ff) zählt dagegen zur Ruhezeit, wenn und solange der Arbeitnehmer zu Arbeitsleistungen nicht abberufen wird.

67 Arbeitsbereitschaft und Bereitschaftsdienst sind bei der täglichen Arbeitszeiteinteilung im **Arbeitszeitrahmen des § 3** – also Arbeitszeit einschließlich Arbeitsbereitschaft bis zu höchstens 10 Stunden täglich mit Ausgleichsverpflichtung innerhalb des Ausgleichszeitraums von 6 Kalendermonaten oder 24 Wochen – zulässig. Die Zulässigkeit einer Arbeitszeit mit Arbeitsbereitschaft oder Bereitschaftsdienst von mehr als 10 Stunden täglich setzt einen Tarifvertrag (**R:** zur Arbeitszeit von Hausmeistern vgl. LAG Düsseldorf 12.2.2004 ZTR 2004, 349) bzw eine Betriebsvereinbarung nach § 7 Abs. 2a (neu eingefügt durch das Änderungsgesetz 2003) oder eine Ausnahmebewilligung nach § 7 Abs. 5 voraus. Anderenfalls handelt der Arbeit-

geber ordnungswidrig iSd § 22 Abs. 1 Nr. 1 (zur vergütungsrechtlichen Sicht der Arbeitsbereitschaft vgl. § 2 Rn 42).

Die Zulässigkeit der Rufbereitschaft wird dagegen durch den Arbeitszeitrahmen des § 3 nicht beschränkt, da dieser Dienst keine Arbeitszeit ist (vgl. § 2 Rn 52 ff; zur arbeitsvertraglichen und betriebsverfassungsrechtlichen Bewertung der Rufbereitschaft vgl. § 2 Rn 57 und 60). **68**

V. Arbeitszeit bei mehreren Arbeitgebern

Wird der Arbeitnehmer von mehreren Arbeitgebern beschäftigt, so dürfen dessen Arbeitszeiten weder einzeln noch zusammen genommen die nach § 3 zulässige Höchstarbeitszeit überschreiten (zur Zusammenrechnungspflicht und zur Verantwortlichkeit der Arbeitgeber vgl. § 2 Rn 12 bis 14). Ob mehrere Arbeitsverhältnisse vorliegen, ist idR der Lohnsteuerkarte zu entnehmen. Wird keine Lohnsteuerkarte vorgelegt, hat der Arbeitgeber die Pflicht zu klären, ob wegen des Bestehens eines anderen Arbeitsverhältnisses des einzustellenden Arbeitnehmers die Gefahr einer Arbeitszeitüberschreitung besteht (**R:** vgl. BVerwG 4. 7. 1989 GewA 1990, 25). **69**

Wird die gesetzlich zulässige Höchstarbeitszeit im zweiten Arbeitsverhältnis unter Berücksichtigung der im ersten Arbeitsverhältnis vereinbarten Arbeitszeit erheblich überschritten, so ist das zweite Arbeitsverhältnis nach § 139 BGB in vollem Umfang nichtig (**R:** BAG 19. 6. 1959 AP BGB § 611 Nr. 1 Doppelarbeitsverhältnis; LAG Nürnberg 19. 9. 1995 NZA 1996, 882; vgl. auch § 1 Rn 30 und 47). Wird die gesetzlich zulässige Höchstarbeitszeit durch das zweite Arbeitsverhältnis nur geringfügig überschritten, so besteht hinsichtlich der über die Grenzen des ArbZG hinausgehenden Arbeitszeit ein Beschäftigungsverbot und damit korrespondierend ein Leistungsverweigerungsrecht des Arbeitnehmers (vgl. ausf. § 1 Rn 42 und 43). Erbringt der Arbeitnehmer unter Missachtung der Grenzen des ArbZG gleichwohl seine Arbeitsleistung, so steht ihm ein Anspruch auf Bezahlung zu, da insoweit ein faktisches Arbeitsverhältnis besteht, das abzuwickeln ist (**R:** BAG 14. 12. 1967 AP AZO 1938 § 1 Nr. 2). **70**

VI. Abweichungen durch Tarifvertrag

Die Tarifvertragsparteien und aufgrund eines Tarifvertrags die Partner einer Betriebs- oder Dienstvereinbarung können bei Arbeitsbereitschaft und Bereitschaftsdienst die Arbeitszeit abweichend von § 3 auch ohne Ausgleich über 8 Stunden werktäglich verlängern (vgl. § 7 Abs. 2a), wenn durch besondere Regelungen sichergestellt wird, dass die Gesundheit der Arbeitnehmer nicht gefährdet wird (neu eingefügt durch das Änderungsgesetz 2003). Die Arbeitszeit darf bei Vorliegen der tarifvertraglichen besonderen Regelungen gleichwohl nur individuell für den einzelnen Arbeitnehmer verlängert werden und setzt zusätzlich nach § 7 Abs. 7 voraus, **71** dass der jeweilige Arbeitnehmer **schriftlich einwilligt** (**L:** vgl. hierzu ausf. *Bermig* BB 2004, 101, 103).

72 Die Tarifvertragsparteien und aufgrund eines Tarifvertrags die Partner einer Betriebs- oder Dienstvereinbarung können ferner abweichend von § 3 den Ausgleichszeitraum auf **bis zu 12 Monate** verlängern (§ 7 Abs. 1 Nr. 1 Buchst. b und Nr. 4 Buchst. b). Die bislang für die Tarifvertragsparteien in § 7 Abs. 1 Nr. 1 Buchst. c vorgesehene Möglichkeit, abweichend von § 3 die Arbeitszeit an höchstens 60 Tagen im Jahr ganz ohne Ausgleich zu verlängern, ist durch das Änderungsgesetz 2003 ersatzlos gestrichen worden.

73 Möglichkeiten zur Verlängerung der Arbeitszeit über 10 Stunden täglich sind nur in wenigen, im ArbZG im Einzelnen bestimmten Fällen vorgesehen (vgl. § 14 und § 15 Abs. 1 Nr. 1 und Nr. 2 sowie Abs. 2 und Abs. 3). Für die Tarifvertragsparteien können sich Möglichkeiten hierzu allenfalls im Rahmen einer Anpassung aus § 7 Abs. 2 Nr. 2 bis 4 ergeben. Diesbezügliche Wünsche nach Möglichkeiten zur Verlängerung der Arbeitszeit auf bis zu 12 Stunden täglich kraft Gesetzes, zB bei Wochenarbeitszeiten unter 28 Stunden, sind aus Gründen des Gesundheitsschutzes abgelehnt worden (vgl. BT-Drucks. 11/360 S. 30 und 38).

VII. Sonderregelungen

74 **1. Gefährliche Arbeiten.** – Die Bundesregierung kann gemäß § 8 durch Rechtsverordnung für einzelne Beschäftigungsbereiche, für bestimmte Arbeiten oder für bestimmte Arbeitnehmergruppen, bei denen besondere Gefahren für die Gesundheit der Arbeitnehmer zu erwarten sind, die Arbeitszeiten über § 3 hinaus beschränken und die Abweichungsmöglichkeiten nach § 7 einschränken, soweit dies zum Schutz der Gesundheit der Arbeitnehmer erforderlich ist (vgl. § 8 Rn 5 ff).

75 **2. Kraftfahrer und Beifahrer.** Mit Artikel 5 des Gesetzes zur Änderung personenbeförderungsrechtlicher Vorschriften und arbeitszeitrechtlicher Vorschriften vom 14.8.2006 (BGBl. I. 1962) ist ein neuer § 21a in das ArbZG eingefügt worden. § 21a enthält Sonderregelungen der Arbeitszeit für Kraftfahrer und Beifahrer und setzt damit die Richtlinie zur Regelung der Arbeitszeit von Personen, die Fahrtätigkeiten im Bereich des Straßentransports ausüben (RL 2002/15/EG vom 11.3.2002 (ABl. EG Nr. L 80 S. 35) – EU-Arbeitszeit-Richtlinie Straßentransport (vgl. Teil D Anh. 2) in nationales Recht um. Fahrpersonal, das von § 21a nicht erfasst wird (vgl. § 21a Rn 4 ff) unterliegt weiterhin dem § 3 über die Arbeitszeit der Arbeitnehmer und den Abweichungsmöglichkeiten des § 7 Abs. 1 Nr. 1. In den Bereichen, die nicht der VO-EWG Nr. 3820/85 unterliegen, zB im Bereich der Müllabfuhr, bleiben die Mitgliedstaaten für den Erlass von Regelungen über die Lenkzeit zuständig (**R:** EuGH 21.3.1996 EuZW 1996, 443).

76 **3. Jugendliche.** – Für die Arbeitszeit der Jugendlichen gilt – anstelle des § 3 (vgl. § 18 Rn 26 f) – die Sonderregelung in den §§ 7 bis 10 JArbSchG. Nach § 8 Abs. 1

JArbSchG dürfen Jugendliche grundsätzlich nicht mehr als **8 Stunden täglich**, nicht mehr als **40 Stunden wöchentlich** und grundsätzlich nur an 5 Tagen in der Woche (§ 15 JArbSchG) beschäftigt werden. Nach § 8 Abs. 2 Buchst. a JArbSchG kann die gesetzlich zulässige Arbeitszeit der Jugendlichen von 40 Stunden in der Woche statt auf je 8 Stunden täglich auf bis zu $8^1/_2$ Stunden täglich verteilt werden, bei einer $4^1/_2$-Tage-Woche zB von Montag bis Donnerstag auf je $8^1/_2$ Stunden und am Freitag auf 6 Stunden (**L:** vgl. im Einzelnen *Zmarzlik/Anzinger* § 8 Rn 29 f). Eine Angleichung dieser Regelung an die der Erwachsenen ist selbst bei Zusammenarbeit von Erwachsenen und Jugendlichen nicht möglich, weder durch Tarifvertrag oder Betriebsvereinbarung noch durch Ausnahmebewilligung oder Rechtsverordnung (**L:** vgl. ausf. *Zmarzlik/Anzinger* § 8 Rn 11, § 21a Rn 14 und § 21b Rn 5).

Die Möglichkeit der Verteilung der Arbeitszeit **vor und nach Feiertagen** zur Erzie- 77
lung längerer zusammenhängender Freizeiten ist durch die Begrenzung der zulässigen täglichen Arbeitszeit der Jugendlichen auf $8^1/_2$ Stunden in einem Ausgleichszeitraum von nur 5 Wochen (§ 8 Abs. 2 JArbSchG) im Unterschied zu den Möglichkeiten bei erwachsenen Arbeitnehmern mit ihrer zulässigen täglichen Arbeitszeit bis zu 10 Stunden in einem Ausgleichszeitraum von bis zu 24 Wochen erheblich beschränkt (**L:** vgl. im Einzelnen *Zmarzlik/Anzinger* § 8 Rn 16 ff).

Weitere Besonderheiten ergeben sich aus dem **Berufsschulbesuch** Jugendlicher so- 78
wie aus ihrer Teilnahme an Prüfungen und **Ausbildungsmaßnahmen**. Mindestens die Unterrichtszeiten in der Berufsschule (§ 9 Abs. 2 JArbSchG), die Prüfungszeiten, der freie Arbeitstag vor der schriftlichen Abschlussprüfung sowie die Zeit der Teilnahme an Ausbildungsmaßnahmen (§ 10 Abs. 2 JArbSchG) sind auf die Arbeitszeit anzurechnen (**L:** vgl. im Einzelnen *Zmarzlik/Anzinger* § 9 Rn 38 ff und § 10 Rn 22 ff). Arbeitszeit ist hier die höchstzulässige gesetzliche Arbeitszeit, insbes. die in § 8 JArbSchG begrenzte gesetzliche Arbeitszeit von in der Regel bis zu 8 Stunden täglich und bis zu 40 Stunden wöchentlich, nicht dagegen die kürzere tarifliche oder betriebliche Arbeitszeit von zB 37 Stunden in der Woche (**R:** BAG 27.5.1992 DB 1993, 330 = NZA 1993, 453).

4. Frauen, Mütter. – Das ArbZG enthält keine Sonderregelung der Arbeitszeiten 79
für Frauen. § 17 AZO 1938 über die gegenüber Männern verkürzte Höchstarbeitszeit für Frauen ist mit dem Inkrafttreten des ArbZG am 1.7.1994 aufgehoben worden (vgl. Art. 21 Nr. 1 ArbZRG). Die Freizeitanordnung mit dem Anspruch von Frauen mit Kindern auf Befreiung von Nachtarbeit ist seit diesem Tag ebenfalls außer Kraft (vgl. Art. 21 Nr. 9 ArbZRG). Außer Kraft getreten sind auch die Hausarbeitstagsregelungen des Bundes und der Länder (vgl. Art. 19 ArbZRG).

Sonderregelungen für **Mütter** sind in § 8 Abs. 1 und Abs. 2 MuSchG enthalten. Da- 80
nach dürfen werdende und stillende Mütter nicht mit Mehrarbeit beschäftigt werden. Mehrarbeit in diesem Sinn ist jede Arbeit, die von Frauen unter 18 Jahren über 8 Stunden täglich oder 80 Stunden in der Doppelwoche, von sonstigen Frauen über

8½ Stunden täglich oder 90 Stunden in der Doppelwoche geleistet werden (**L:** zum Verbot der Mehrarbeit des § 8 MuSchG vgl. im Einzelnen *Zmarzlik/Zipperer/Viethen* § 8 Rn 18 ff). Im Einzelfall kann sich darüber hinaus eine besondere Arbeitszeitregelung aus dem **individuellen Beschäftigungsverbot** des § 3 Abs. 1 MuSchG ergeben, wenn und soweit die in § 3 bestimmten Arbeitszeiten und die Vorschriften des § 8 Abs. 1 und Abs. 2 MuSchG nach ärztlichem Zeugnis nicht ausreichen, um Leben oder Gesundheit von Mutter oder Kind bei Fortdauer der Beschäftigung zu schützen.

VIII. Beteiligung des Betriebsrats

81 Nach § 87 Abs. 1 Nr. 2 BetrVG (§ 75 Abs. 3 Nr. 1 BPersVG) hat der Betriebsrat (Personalrat) über Beginn und Ende der täglichen Arbeitszeit sowie über die Verteilung der Arbeitszeit auf die einzelnen Wochentage mitzubestimmen. Dies bedeutet, dass **Lage und Verteilung der Arbeitszeit** der Arbeitnehmer im Betrieb wirksam nur mit Zustimmung des Betriebsrats festgelegt werden können; auch in Einzelfällen (**R:** BAG 5.3.1974 DB 1974, 1389; BAG 2.3.1982 DB 1982, 1115), nicht nur bei Dauerregelungen, sondern auch im Einzelfall (**R:** BAG 17.9.1956 DB 1957, 166).

82 Auf die **Dauer** der wöchentlichen Arbeitszeit erstreckt sich die Mitbestimmung nicht (**R:** BAG 21.11.1978 AP BetrVG 1972 § 87 Nr. 2 Arbeitszeit; vgl. auch BAG 13.1.1987 DB 1987, 892); es sei denn, dass es sich um eine andere Verteilung der im Ausgleichszeitraum des § 3 Satz 2 zugelassenen Gesamtarbeitszeit handelt. § 87 Abs. 1 Nr. 2 BetrVG betrifft außerdem nur generelle betriebliche Regelungen über Lage und Verteilung der Arbeitszeit, nicht deren Festlegung für den einzelnen Arbeitnehmer (**R:** BAG 2.3.1980 DB 1982, 1115; für Betriebe ohne Betriebsrat vgl. Rn 34).

83 **Mitbestimmungspflichtige Fälle** nach § 87 Abs. 1 **Nr. 2** BetrVG sind zB die Verteilung der in § 3 Satz 1 zugelassenen werktäglichen Arbeitszeit von 8 Stunden auf den Tag (vgl. Rn 14) und auf die Woche (vgl. Rn 20), bei der Wahl und Änderung des Ausgleichszeitraums (vgl. Rn 33) sowie bei der Durchführung des Arbeitszeitausgleichs nach § 3 Satz 2 (vgl. Rn 37 ff), bei der Einführung oder Änderung der 4½-Tage-Woche oder ähnlicher Arbeitszeitverteilungen im Rahmen des § 3 Satz 2 (vgl. Rn 43 bis 45), bei der Einführung oder Änderung der gleitenden Arbeitszeit, bei der Regelung des Vor- und Nacharbeitens der vor und nach Feiertagen ausfallenden Arbeitszeit (vgl. ausf. § 1 Rn 61 ff).

84 Nach § 87 Abs. 1 **Nr. 3** BetrVG hat der Betriebsrat **bei einer vorübergehenden Verlängerung der** betriebsüblichen **Arbeitszeit** mitzubestimmen, dh bei Arbeitszeitverlängerungen für zeitlich begrenzte, überschaubare Zeiträume durch generelle betriebliche Regelungen wegen eines voraussehbaren, vorübergehenden, zusätzlichen Arbeitsbedarfs der gesamten Belegschaft oder einer Gruppe von Arbeitnehmern (**R:** BAG 18.11.1980 DB 1981, 946). Das Mitbestimmungsrecht des

Betriebsrates besteht auch dann, wenn der Arbeitgeber Mehrarbeit gegenüber allen Arbeitnehmern zur Aufarbeitung streikbedingter Arbeitsrückstände nach Beendigung der Arbeitskampfmaßnahme anordnet (**R:** BAG 20.3.2018 BB 2018, 3002).

Auch der Arbeitgeber wird im Umfang der gesetzlichen Mindestpausen von der Verpflichtung entbunden, die Arbeitsleistung des Arbeitnehmers anzunehmen (**R:** BAG 25.2.2015 BB 2015, 756).

Das BAG kommt jüngst zu dem Ergebnis, dass sich aus der Gesetzbegründung zum ArbZG keine Anhaltspunkte herleiten lassen, Beginn und Dauer der Ruhepausen **bereits vor** Beginn der täglichen Arbeitszeit festzulegen; es genüge vielmehr, wenn dem Arbeitnehmer Beginn und Dauer der Ruhepause **zu** Beginn der täglichen Arbeitszeit mitgeteilt werden (**R:** BAG 5.2.2015 NZA 2015, 442 = DB 2015, 991). Mitbestimmungspflichtig ist auch die Heranziehung jeweils eines Arbeitnehmers aus einer Arbeitsgruppe zur Beseitigung bestimmter, immer wieder auftretender technischer Störungen, zB aus einer Gruppe von Störungs-Elektrikern (**R:** BAG 2.3.1982 DB 1982, 1115).

Mitbestimmungsfrei sind dagegen Arbeitszeitverlängerungen für einzelne, individuell bestimmte Arbeitnehmer aus dringenden, nicht vorhersehbaren betrieblichen Gründen ohne Rücksicht auf deren eventuelle Gruppenzugehörigkeit. Mitbestimmungsfrei ist ferner die auf Dauer angelegte generelle Wiederherstellung der betrieblichen Arbeitszeit, zB durch Abbau von Überstunden (**R:** BAG 25.10.1977 AP BetrVG 1972 § 87 Nr. 1 Arbeitszeit; BAG 21.11.1978 AP BetrVG 1972 § 87 Nr. 2 Arbeitszeit; BAG 4.5.1982 AP BetrVG 1972 § 87 Nr. 6 Altersversorgung). Diese Grundsätze zu § 87 Abs 1 Nr. 3 BetrVG gelten auch für eine Verlängerung der betriebsüblichen Arbeitszeit von zB 40 Stunden im Rahmen der in § 3 zugelassenen Höchstarbeitszeit. 85

Arbeitszeitmaßnahmen **ohne Zustimmung** des Betriebsrats nach § 87 Abs. 1 Nr. 2 und Nr. 3 BetrVG sind **unwirksam**; die Arbeitnehmer brauchen während der durch solche Maßnahmen angeordneten Arbeitszeit nicht zu arbeiten. Auf die öffentlich-rechtliche Zulässigkeit oder Strafbarkeit der Maßnahmen nach § 22 wirkt sich das Fehlen der Zustimmung des Betriebsrats jedoch nicht aus. Anders ist die Rechtslage zu beurteilen, wenn das ArbZG das Vorliegen einer Betriebsvereinbarung zur Tatbestandsvoraussetzung und damit zur Wirksamkeitsvoraussetzung einer Arbeitszeitverlängerung mit öffentlich-rechtlicher Wirkung macht, so in § 7 Abs. 1 und Abs. 2 und § 12. Eine Verlängerung der Arbeitszeit über § 3 hinaus ist in solchen Fällen unzulässig und strafbar, solange der Betriebsrat die notwendige Zustimmung nicht erteilt hat, zB eine Übernahmevereinbarung nach § 7 Abs. 3 Satz 1 abgeschlossen hat. 86

Streiten Arbeitgeber und Betriebsrat über die öffentlich-rechtliche Zulässigkeit einer Verlängerung der betriebsüblichen Arbeitszeit, so ist dieser Streit im arbeitsgerichtlichen **Beschlussverfahren** auszutragen (**R:** BAG 28.7.1981 DB 1982, 117; 87

vgl. ferner den Überblick über die Aufgaben des Betriebs- und Personalrats in § 1 Rn 52 bis 97).

IX. Verstöße

88 Ein Arbeitgeber, der vorsätzlich oder fahrlässig entgegen § 3 Arbeitnehmer über die Grenzen der werktäglichen Arbeitszeit hinaus beschäftigt, handelt ordnungswidrig nach § 22 Abs. 1 Nr. 1. Geahndet wird die Überschreitung der in § 3 zugelassenen werktäglichen Arbeitszeit von 8 bzw 10 Stunden, des in § 3 zugelassenen Ausgleichszeitraums (vgl. Rn 27 ff), des 8-Stunden-Durchschnitts (vgl. Rn 10 und 44), der zulässigen Gesamtarbeitszeit im Ausgleichszeitraum (vgl. § 1 Rn 37 ff); es sei denn, dass eine abweichende Regelung nach § 7 oder eine Ausnahme in besonderen Fällen nach §§ 14 oder 15 vorliegt.

89 Ein Verstoß ist nicht nur zu ahnden, wenn der Arbeitgeber eine Überschreitung ausdrücklich anordnet, sondern auch dann, wenn er sie stillschweigend duldet oder die Einhaltung des § 3 nicht überwacht (**R:** vgl. OLG Hamm 30.8.1956 AP AZO 1938 § 12 Nr. 2). Der **Irrtum** über das Vorliegen einer abweichenden Regelung ist wie der Irrtum über das Vorliegen einer Ausnahme nach den Grundsätzen des Verbotsirrtums (**R:** vgl. OLG Karlsruhe 14.1.1983 AP JArbSchG § 16 Nr. 1) zu behandeln. Bei einer Gefährdung der Gesundheit oder Arbeitskraft des Arbeitnehmers oder bei einer beharrlichen Wiederholung des Verstoßes ist mit einer Freiheitsstrafe nach § 23 Abs. 1 zu rechnen.

90 Ein Verstoß gegen § 3 ist auch dann rechtswidrig, wenn der **Arbeitnehmer** mit der gesetzeswidrigen Beschäftigung **einverstanden** ist (vgl. § 1 Rn 24). Über § 3 hinausgehende Abreden sind mit Ausnahme der abweichenden Regelungen nach § 7 unwirksam (vgl. § 1 Rn 30 ff). Gesetzeswidrige Arbeiten kann der Arbeitnehmer **verweigern** (vgl. § 1 Rn 42 und 43) und das Arbeitsverhältnis ggf. auch kündigen (vgl. § 1 Rn 46 und 47). Erleidet er einen Schaden, steht ihm ein **Schadensersatzanspruch** zu (vgl. § 1 Rn 35 und 45).

§ 4
Ruhepausen

Die Arbeit ist durch im Voraus feststehende Ruhepausen von mindestens 30 Minuten bei einer Arbeitszeit von mehr als sechs bis zu neun Stunden und 45 Minuten bei einer Arbeitszeit von mehr als neun Stunden insgesamt zu unterbrechen. Die Ruhepausen nach Satz 1 können in Zeitabschnitte von jeweils mindestens 15 Minuten aufgeteilt werden. Länger als sechs Stunden hintereinander dürfen Arbeitnehmer nicht ohne Ruhepause beschäftigt werden.

Übersicht

I. Allgemeines

1 In § 4 wurden die bisher **unterschiedlichen Pausenregelungen** für Frauen und Männer der § 12 Abs. 2 AZO 1938 und § 18 AZO 1938 aus Gründen der Gleichbehandlung und zur Vermeidung von Schwierigkeiten in der betrieblichen Praxis **vereinheitlicht**. § 4 Satz 1 entspricht mit seinen Worten „im Voraus feststehende Ruhepausen" § 18 Abs. 1 Satz 1 AZO 1938 sowie der Rechtsprechung des BAG (**R:** BAG 27.2.1992 BB 1993, 1086). Die Dauer der Ruhepause von „30 Minuten" in § 4 Satz 1 entspricht § 12 Abs. 2 Satz 1 AZO 1938. Die Dauer der Ruhepause von „45 Minuten" in § 4 Satz 1 entspricht § 18 Abs. 1 Satz 2 letzter Halbs. AZO 1938. § 4 Satz 2 über die Mindestdauer einer Pause (15 Minuten) ist aus § 18 Abs. 2 AZO 1938 übernommen worden. Bei der Vereinheitlichung der Pausendauer wurden einerseits gesundheitliche Erfordernisse, andererseits die Wünsche der Arbeitnehmer, die Anwesenheitszeit im Betrieb durch lange Pausen nicht über Gebühr auszudehnen, berücksichtigt (vgl. BT-Drucks. 12/5888 S. 24).

2 **Zweck:** Ruhepausen sollen Gelegenheit für die Nahrungsaufnahme während der täglichen Arbeitszeit bieten, Zeit zur kurzzeitigen Erholung geben, Ermüdungen und Leistungsminderungen während der täglichen Arbeitszeit vorbeugen und eine Übermüdung der Arbeitnehmer verhindern. Ruhepausen dienen damit der Erhaltung der Arbeitskraft und der Gesundheit der Arbeitnehmer und wirken den auf Er-

müdung beruhenden Unfallgefahren entgegen. Bei der Festsetzung von Pausen sollte zur Erzielung optimaler Wirkungen das **Ermüdungs-Erholungs-Gleichgewicht** beachtet werden, dh Dauer und Lage der einzelnen Pausen sollten in einer arbeitsphysiologisch sinnvollen Relation zu der nach Art und Dauer der Arbeit unterschiedlichen Leistungskurve stehen.

II. Ruhepausen

3 **1. Begriff, Formen.** – Der Begriff der Ruhepause wird im ArbZG nicht definiert; es enthält jedoch einige Hinweise. Nach § 2 Abs. 1 sind Ruhepausen keine Arbeitszeit. Nach § 4 sind Ruhepausen Arbeitsunterbrechungen. Durch den Wortlaut des § 4 Satz 1, dass die Arbeit durch in Voraus feststehende Ruhepausen zu unterbrechen ist, und dem Zweck dieser Vorschrift wird deutlich, dass eine Ruhepause mehr als eine bloße Arbeitsunterbrechung sein muss. Dieses „Mehr" ergibt sich aus dem besonderen Erholungswert der Ruhepause, der erfahrungsgemäß durch zeitliche Voraussehbarkeit, freie Verfügbarkeit und zeitliche Lage während der Arbeitszeit entscheidend gesteigert wird.

4 Ruhepausen sind demzufolge **in Voraus feststehende Unterbrechungen der Arbeit** mit einer bestimmten Mindestlänge (Dauer der Pause) **zur Erholung** während der täglichen Arbeitszeit (Lage der Pause), in denen der Arbeitnehmer von jeder Arbeit freigestellt ist und selbst darüber entscheiden kann, wie er die arbeitsfreie Zeit zur Erholung verwenden will.

5 Das **BAG** hat den Begriff der Ruhepause in ständiger Rechtsprechung (zur AZO 1938 und zur KrAZO 1938) wie folgt **definiert:** Ruhepausen sind in Voraus festliegende Unterbrechungen der Arbeitszeit, in denen der Arbeitnehmer weder Arbeit zu leisten noch sich dafür bereit zu halten braucht, sondern freie Verfügung darüber hat, wo und wie er diese Ruhezeit verbringen will. Entscheidendes Kriterium für die Pause ist die Freistellung des Arbeitnehmers von jeder Dienstverpflichtung und auch von jeder Verpflichtung, sich zum Dienst bereitzuhalten (**R:** stRspr.: BAG 5.5.1988 BB 1988, 2111; BAG 27.2.1992 BB 1993, 1086 = DB 1992, 2247; BAG 23.9.1992 NZA 1993, 752; BAG 27.4.2000 NZA 2001, 274; LAG BW 14.10.1998 ZTR 1999, 365). Auch der Arbeitgeber wird im Umfang der gesetzlichen Mindestpausen von der Verpflichtung entbunden, die Arbeitsleistung des Arbeitnehmers anzunehmen (**R:** BAG 25.2.2015 BB 2015, 756).

6 Für die Ruhepause des § 4 ArbZG sind **4 Begriffsmerkmale** wesentlich:

- Unterbrechung der Arbeit einschließlich etwaiger Arbeitsbereitschaft,
- in Voraus feststehende Arbeitsunterbrechung,
- vorgeschriebene Dauer und angemessene Lage der Unterbrechung der Arbeit (spätestens nach 6 Stunden Arbeit),
- freie und den jeweiligen Verhältnissen entsprechende Verfügbarkeit des Arbeitnehmers über die Arbeitsunterbrechung.

2. Arten. – **Betriebspausen**, also Unterbrechungen des Betriebsablaufs, insbes. aus technisch bedingten Gründen, zB durch Maschinenschaden oder Stromausfall, sind keine Ruhepausen, sondern Arbeitszeiten, wenn der Arbeitnehmer während der Betriebspause zur Arbeitsleistung verpflichtet bleibt und diese Zeit nicht nach freiem Belieben verwenden kann (**R:** BAG 23.11.1960 AP AZO 1938 § 12 Nr. 6). Das Gleiche gilt für die arbeitsablaufbedingten **Wartezeiten**, zB Warten auf das Erhitzen, Abkühlen oder Trocknen eines Rohstoffes oder Arbeitserzeugnisses, Warten auf Arbeitseinteilung, Warten auf die Ausgabe von Arbeitsstoffen oder Werkzeugen. Diese Zeiten können als Ruhepausen nur dann anerkannt werden, wenn sie alle 4 Begriffsmerkmale einer Ruhepause erfüllen. 7

Verschnaufpausen, zB Erholungszeiten bei Akkordarbeit, sind keine Ruhepause iSd § 4, allein schon wegen ihrer regelmäßig unter 15 Minuten liegenden Dauer (**R:** BAG 23.11.1960 AP AZO 1938 § 12 Nr. 6). **Be- und Entladezeiten**, während derer der Kraftfahrer sein Fahrzeug und das Betriebsgelände zwar verlassen darf, einem Arbeitsaufruf aber umgehend nachzukommen hat, sind keine Ruhepausen (**R:** BAG 29.10.2002 DB 2003, 2014). 8

Auch **Kurzpausen** von angemessener Dauer (so früher § 12 Abs. 2 S 3 AZO 1938) sind als Pausen von weniger als 15 Minuten Dauer keine Ruhepausen iSd § 4 (vgl. ausf. Rn 29); sie unterbrechen die Arbeitszeit nicht, sondern gehören zur Arbeitszeit und sind in aller Regel auch zu vergüten (**R:** BAG 30.3.1989 ZTR 1989, 443; BAG 16.5.1990 NZA 1990, 286; BAG 27.4.2000 NZA 2001, 274; BAG 1.7.2003 ZTR 2004, 383; BAG 24.5.2007 NZA 2007, 1175 mwN) und als bezahlte Ausfallzeiten idR auch bei Abwesenheitszeiten, die der Arbeit gleichstehen (zB Urlaub, Krankheit), als Arbeitszeit zu berücksichtigen (**R:** BAG 24.5.2007 NZA 2007, 1175). 9

Ruhepausen können die **Wende- und Überlagerzeiten** sowie die Stillagen sein, die an den Wendepunkten einer Fahrstrecke zwischen Beendigung der Hinfahrt und Beginn der Rückfahrt eines Fahrzeugs entstehen, ferner die **Fahrgastfahrten** und **Kabinenzeiten** (**R:** BAG 23.11.1960 AP AZO 1938 § 12 Nr. 6; BAG 14.4.1966 AP AZO 1938 § 13 Nr. 2; BVerwG 8.3.1967 AP AZO 1938 § 13 Nr. 4; BayObLG 30.4.1959 AP AZO 1938 § 7 Nr. 6). Auch die fahrplanmäßigen Wartezeiten können als Ruhepausen anerkannt werden (**R:** BAG 26.6.1988 AP BGB § 242 Nr. 33 Betriebliche Übung), wenn sie alle 4 Begriffsmerkmale einer Ruhepause erfüllen (vgl. Rn 6). 10

Lärmpausen, die den Arbeitnehmern aufgrund besonderer Arbeitsschutz- und Unfallverhütungsvorschriften als Lärmverminderungsmaßnahmen zu gewähren sind, sind ebenfalls keine Ruhepausen iSd § 4, sondern Arbeitszeit (**R:** BAG 27.7.1981 DB 1982, 386), ebenso wie die ggf. bei Bildschirmarbeit zu gewährenden Pausen; diese bezahlten Kurzpausen unterfallen nicht dem Pausenbegriff, weshalb dann auch das Mitbestimmungsrecht nach § 75 Abs. 3 Nr. 1 BPersVG nicht zum Zuge kommen kann (**R:** BVerwG 8.1.2001 NZA 2001, 570). 11

12 **Wegezeiten** und Reinigungszeiten sind ebenfalls keine Ruhepausen iSd § 4; sie können Arbeitszeiten sein (vgl. § 2 Rn 16ff und 26ff). Der Arbeitgeber ist dagegen nicht verpflichtet, durch Art. 4 Abs. 2 GG geschützte **Gebetspausen** des muslimischen Arbeitnehmers während der Arbeitszeit hinzunehmen, wenn hierdurch betriebliche Störungen verursacht werden (**R:** LAG Hamm 18.1.2002 NZA 2002, 675; LAG Hamm 26.2.2002 AuR 2002, 317).

13 **3. Dauer der Ruhepausen.** – Nach arbeitsmedizinischen Erkenntnissen tritt der wesentliche Erholungswert einer Pause in den ersten 3 bis 5 Minuten ein (Kurzpausen). Zu der während der Arbeitszeit notwendigen Nahrungsaufnahme reicht jedoch eine so kurze Zeit in der Regel nicht aus. § 4 Satz 2 schreibt daher als **Mindestdauer** einer Ruhepause eine Pausenzeit von 15 Minuten vor, in dem er die Aufteilungsmöglichkeit der Gesamtpausenzeit auf höchstens jeweils 15 Minuten beschränkt. Eine Arbeitsunterbrechung von weniger als 15 Minuten ist aufgrund des § 4 Satz 2 auch dann keine Ruhepause iSd ArbZG, wenn sie alle übrigen an eine Ruhepause zu stellenden Anforderungen erfüllt. Andererseits bedeutet die öffentlich-rechtliche Festlegung einer Ruhepause auf mindestens 15 Minuten nicht, dass der Arbeitgeber privatrechtlich berechtigt wäre, eine Ruhepause in allen Fällen auf 15 Minuten zu beschränken. Aufgrund der ihm obliegenden Fürsorgepflicht ist er gehalten, insbes. die Pause zur Einnahme des Mittagessens über 15 Minuten hinaus auf die Zeit auszudehnen, die hierzu einschließlich etwaiger Wege-, Warte- und Reinigungszeiten erforderlich ist.

14 Die **Mindestgesamtdauer** aller Ruhepausen pro Arbeitstag ist in § 4 Satz 1 nach der Dauer der Arbeitszeit gestaffelt. Sie müssen bei einer Arbeitszeit von mehr als 6 bis zu 9 Stunden mindestens 30 Minuten betragen; bei einer Arbeitszeit von mehr als 9 Stunden sind Ruhepausen von insgesamt mindestens 45 Minuten zu gewähren. Bei der Bestimmung der Dauer der gesetzlichen Ruhepausen ist der Bereitschaftsdienst als Arbeitszeit zu berücksichtigen (**R:** BAG 16.12.2009 NZA 2010, 505 = DB 2010, 680). Unverzichtbar für eine Ruhepause iSd Arbeitsrechts ist, dass jedenfalls bei ihrem Beginn auch die Dauer der Pause bekannt sein muss. Eine Arbeitsunterbrechung, bei deren Beginn der Arbeitnehmer nicht weiß, wie lange sie dauern wird, ist keine Ruhepause (**R:** BAG 29.10.2002 DB 2003, 2014). Zeiten des **Bereitschaftsdienstes** sind bei der Bestimmung der Mindestdauer gesetzlicher Ruhepausen nach § 4 Satz 1 zu berücksichtigen (**R:** BAG 16.12.2009 BB 2010, 696 = DB 2010, 680 = NZA 2010, 505).

15 Beträgt die werktägliche Arbeitszeit **6 bzw weniger als 6 Stunden**, so ist nach § 4 eine Ruhepause nicht vorgeschrieben. Betroffen sind hiervon insbes. Teilzeitkräfte, deren Arbeitszeit idR weniger als 6 Stunden pro Arbeitstag beträgt. Für sie kann sich allenfalls eine Verpflichtung zur Gewährung von Ruhepausen aus der Fürsorgepflicht des Arbeitgebers ergeben; allerdings nur mit privatrechtlicher, nicht mit öffentlich-rechtlicher Wirkung. Hat der Arbeitnehmer mehrere Arbeitsstellen an einem Arbeitstag und überschreitet er mit der Arbeitszeit an der zweiten Arbeitsstelle

die 6-Stunden-Grenze des § 4, so hat ihm der zweite Arbeitgeber die nach § 4 gebotene Pause zu gewähren; es sei denn, dass die Zeit zwischen dem Ende der Arbeitszeit an der ersten Arbeitsstelle und dem Beginn der Arbeitszeit an der zweiten Arbeitsstelle als ausreichende Ruhepause gewertet werden kann.

Für **Arbeitszeiten über 10 Stunden**, die nach § 7 Abs. 1 Nr. 1 Buchst. a und § 15 **16**
Abs. 1 Nr. 1 möglich sind, ist in § 4 eine über 45 Minuten hinausgehende Pausenzeit nicht angeordnet. Eine der jeweiligen Dauer der Arbeitszeit angemessene Ruhepause sollte im Tarifvertrag bzw in der Ausnahmebewilligung festgesetzt werden, ggf. als Voraussetzung oder Bedingung der Arbeitszeitverlängerung.

Aufteilung der Ruhepausen: Die Ruhepause von 30 Minuten in § 4 Satz 1 kann **17**
als eine Ruhepause von 30 Minuten gewährt oder auf zwei Ruhepausen von jeweils 15 Minuten aufgeteilt werden (wegen der Mittagspause vgl. jedoch Rn 13). Die Ruhepause von 45 Minuten in § 4 Satz 1 kann zB als eine Ruhepause von 45 Minuten, als zwei Ruhepausen von einmal 30 und einmal 15 Minuten, als zwei Ruhepausen von einmal 25 und einmal 20 Minuten, aber auch als drei Ruhepausen von jeweils 15 Minuten gewährt werden. Gerechnet wird die Zeit von Beginn bis zum Ende der Pause. Bei einer Unterbrechung der Pause vor Ablauf von 15 Minuten durch Abruf des Arbeitgebers oder durch einen Arbeitseinsatz, kann die bis dahin gewährte Pause nicht auf die Mindestpausenzeit des § 4 angerechnet werden, selbst wenn die Zusammenrechnung aller Pausenzeiten erheblich mehr als die vorgeschriebene Mindestpausenzeit ergibt.

Die gesetzlichen Mindestpausenzeiten sind für alle Arbeiten gleich lang. Damit **18**
kommt zum Ausdruck, dass schon leichte Arbeiten von einer gewissen Dauer entsprechende Pausen erfordern. Umso mehr muss man eine Verpflichtung des Arbeitgebers bejahen, bei schweren und gefährlichen Arbeiten, bei Arbeiten mit hohen Konzentrationsanforderungen und bei anderen besonders belastenden Arbeiten **zusätzliche Pausen** von der der jeweiligen Belastung angemessenen Zahl und Dauer zu gewähren. Diese Verpflichtung ergibt sich nicht aus dem ArbZG und ist nicht – wie die Verpflichtung zur Gewährung der Mindestpausenzeiten – öffentlich-rechtlicher Natur. Die Verpflichtung zur Gewährung zusätzlicher Pausen resultiert aus der dem Arbeitgeber obliegenden Fürsorgepflicht; sie ist privatrechtlicher Natur und gilt unabhängig davon, ob eine öffentlich-rechtliche Pausenregelung nach § 8 erlassen wird.

§ 4 schreibt nur die Mindestdauer, nicht aber die **Höchstdauer** der Ruhepausen vor. **19**
Diese ergibt sich auch nicht – wie in § 12 JArbSchG – aus einer Begrenzung der Schichtzeit (vgl. hierzu § 2 Rn 15), da eine solche Regelung im ArbZG fehlt. Das ArbZG stellt damit dem Arbeitgeber einen weiten Spielraum zur Regelung der Ruhepausen zur Verfügung. Die in § 4 geregelten Ruhepausen stellen ein Mindestmaß dar und verwehren es dem Arbeitgeber nicht, kraft seines Weisungsrechts **längere Pausen** vorzusehen (**R:** BAG 16.12.2009 NZA 2010, 505 = DB 2010, 680). Der Arbeitgeber kann jedoch von dieser Möglichkeit privatrechtlich nicht in beliebigem

Umfang Gebrauch machen. Er ist aufgrund seiner Fürsorgepflicht gehalten, Ruhepausen, die über 60 Minuten pro Schicht hinausgehen, nur aus wohlerwogenen Gründen vorzusehen. Durch überlange Ruhepausen wird die Anwesenheit der Arbeitnehmer im Betrieb verlängert und die zusammenhängende Ruhezeit zwischen den Schichten verkürzt, was der Gesetzgeber mit seiner Pausenregelung verhindern wollte (vgl. BT-Drucks. 12/5888 S. 24). Vertretbar erscheinen längere Ruhepausen bei branchenüblichen Unterbrechungs- bzw Schließungszeiten, zB im Gaststättengewerbe oder im Einzelhandel, wenn eine andere Regelung für den Betrieb nicht vertretbar ist.

20 **4. Lage der Ruhepausen.** – § 4 trifft im Unterschied zu § 11 Abs. 2 JArbSchG keine ausdrückliche Regelung zur Lage der Ruhepausen. Mittelbar ergibt sich jedoch eine solche Regelung aus der Bestimmung des § 4 Satz 1, wonach die **Arbeit** durch Ruhepausen zu **unterbrechen** ist. Dies hat zur Folge, dass die Arbeit weder mit einer Ruhepause beginnen noch mit einer Ruhepause enden darf. Die Ruhepause setzt vielmehr Arbeit, die sie unterbrechen soll, voraus. Die Arbeit muss vor der Ruhepause beginnen, eine gewisse Zeit dauern und nach der Pause wieder aufgenommen und für eine gewisse Zeit fortgesetzt werden, wenn sie als Ruhepause iSd § 4 gewertet werden soll. Eine Ruhepause vor oder mit Beginn der Arbeit oder zum oder nach dem Ende der Arbeit genügt den Anforderungen des § 4 Satz 1 nicht. Dagegen können die zu Kurzpausen zusammengefassten tariflichen Erholungszeiten jeweils am Ende einer Arbeitsschicht dergestalt gewährt werden, dass die Arbeitnehmer ihren Arbeitsplatz entsprechend früher verlassen können (**R:** zum Mitbestimmungsrecht des Betriebsrats vgl. BAG 1.7.2003 ZTR 2004, 383).

21 Eine weitere und noch deutlichere Regelung zur Lage der Ruhepausen folgt aus § 4 Satz 3. Danach dürfen Arbeitnehmer nicht länger als 6 Stunden hintereinander ohne Ruhepause beschäftigt werden. Dies bedeutet, dass eine Ruhepause **spätestens nach einer Arbeitszeit von 6 Stunden** zu gewähren ist (ebenso Art. 4 EU-Arbeitszeit-Richtlinie – vgl. Teil D Anh. 1). Dabei kommt es für die Verpflichtung zur Gewährung einer Ruhepause nicht darauf an, wie lange die Arbeitszeit über 6 Stunden hinaus dauern soll. Diese Frage spielt nur für die Frage eine Rolle, ob nach § 4 Satz 1 eine Ruhepause von 30 oder 45 Minuten zu gewähren ist.

22 Der Wert einer Ruhepause für den Arbeitnehmer hängt erfahrungsgemäß von ihrer Lage während der Arbeitszeit ab. Ruhepausen bei oder kurz nach Beginn oder bei oder kurz nach dem Ende der Arbeit würden ihren Sinn und **Zweck** verlieren, der Nahrungsaufnahme und der Erholung während der Arbeitszeit sowie dem Ermüdungs-Erholungs-Gleichgewicht während der Arbeitszeit zu dienen (vgl. Rn 2).

23 § 4 Satz 3 gibt im Unterschied zu § 11 Abs. 2 JArbSchG keine Richtschnur für die angemessene zeitliche Lage der Ruhepausen. Diese ist daher aus dem Zweck der jeweiligen Ruhepause zu bestimmen. Die Ruhepause zur **Nahrungsaufnahme** ist zu dem Zeitpunkt angemessen, zu dem der Wunsch der Arbeitnehmer danach erfah-

rungsgemäß besteht, zB bei einer Arbeitszeit von 8 und mehr Stunden nach etwa 4 Stunden, bei einschichtiger Tagesarbeit ab 8 Uhr etwa in der Zeit von 12 bis 13 Uhr.

Die Lage der Ruhepause zur **Erholung** ist angemessen, wenn sie dem Erholungsbedürfnis des Arbeitnehmers während der Arbeit entspricht. Die Ruhepause muss während der täglichen Arbeitszeit so eingeplant sein, dass sie geeignet ist, einer Ermüdung vorzubeugen bzw eine Regenerierung rechtzeitig zu ermöglichen. Die Gewährung der (ersten) Ruhepause erst nach einer Arbeitszeit von 6 Stunden würde diesem Erfordernis in der Regel nicht genügen. Zumindest ist der Arbeitgeber aufgrund seiner Fürsorgepflicht gehalten, auf die Lebensgewohnheiten seiner Arbeitnehmer, insbes. auf die hergebrachten Zeiten der Einnahme von Mahlzeiten und Erfrischungen sowie auf den Tagesrhythmus unter Beachtung der betrieblichen Erfordernisse, Rücksicht zu nehmen. 24

Wird die in § 4 Satz 1 vorgeschriebene Mindestpausenzeit von 30 bzw 45 Minuten vollständig in die Mittagspause gelegt, ist damit die öffentlich-rechtliche Verpflichtung aus dieser Vorschrift zumindest formal erfüllt (vgl. Rn 17). Darüber hinaus ist jedoch zu prüfen, ob damit auch dem Erfordernis der angemessenen zeitlichen Lage der Ruhepausen sowie der Fürsorgepflicht des Arbeitgebers Genüge getan ist. Zumindest bei einer Arbeitszeit von mehr als 9 Stunden dürfte sich eine **zusätzliche Pause** zwischen Beginn der Arbeit und der Mittagspause oder zwischen Mittagspause und Ende der Arbeit empfehlen. Ist mit der Mittagspause die in § 4 Satz 1 vorgeschriebene Gesamtpausenzeit gewährt, braucht die zusätzliche Pause die Mindestzeit von 15 Minuten des § 4 Satz 2 nicht zu erreichen, da diese Vorschrift nur für die Mindestpausen des § 4 Satz 1 gilt. Auf jeden Fall ist der Arbeitgeber aufgrund der ihm obliegenden Fürsorgepflicht gehalten, Pausen ihrem Zweck entsprechend arbeitsphysiologisch sinnvoll verteilt während der täglichen Arbeitszeit zu gewähren, ggf. in Form zusätzlicher Kurzpausen. 25

Die Ausführungen zur Dauer und Lage der Ruhepausen gelten auch bei **gleitender Arbeitszeit**. Wegen des Erfordernisses der angemessenen zeitlichen Lage sollte in einer Betriebsvereinbarung zur gleitenden Arbeitszeit (vgl. § 2 Rn 108 ff) zumindest eine Gleitspanne für die Mittagspause angegeben werden, zB Mittagspause von 30 Minuten in der Zeit von 11.30 bis 13.30 Uhr. Darüber hinaus empfiehlt es sich, den Arbeitnehmern vorzuschreiben, die erste Ruhepause von mindestens 15 Minuten spätestens nach einer Arbeitszeit von $4^1/_2$ Stunden zu nehmen, damit die in § 4 Satz 1 vorgeschriebene Gesamtpausenzeit eingehalten werden kann. 26

5. Sonderregelungen. – Die Vorschriften des § 4 über Dauer und Lage der Ruhepausen gelten nach § 11 Abs. 2 auch bei der Beschäftigung an Sonn- und Feiertagen. Abweichend von der Mindestpausenzeit des § 4 Satz 2 kann nach § 7 Abs. 1 Nr. 2 durch Tarifvertrag oder Betriebsvereinbarung zugelassen werden, die Gesamtdauer der Ruhepausen in **Schichtbetrieben** und in **Verkehrsbetrieben** auf **Kurzpausen** aufzuteilen; ggf. auch durch die Aufsichtsbehörde nach § 7 Abs. 5. Eine 27

Verkürzung der Gesamtdauer der Ruhepausen ist, abgesehen von den außergewöhnlichen Fällen des § 14, im ArbZG nicht vorgesehen.

28 Möglich ist dagegen eine Verlängerung der Ruhepausen durch Tarifvertrag, Betriebsvereinbarung oder Arbeitsvertrag. Bei **gefährlichen Arbeiten** ist eine Verlängerung der Ruhepausen sogar geboten (vgl. Rn 18), nach § 8 auch durch Rechtsverordnung. Für **Kraftfahrer** sind besondere **Lenkzeitunterbrechungen** ergänzend in Art. 7 der VO-EWG Nr. 561/2006 (vgl. Teil D Anh. 13), in Art. 8 des AETR und in § 15a der StVZO vorgeschrieben (**L:** vgl. *Zmarzlik* BB 1986, 2328).

29 **Kurzpausen:** Der Bundesrat hat im Gesetzgebungsverfahren neben den Ruhepausen des § 4 die gesetzliche Einführung zusätzlicher, bezahlter Arbeitsunterbrechungen von mindestens **5 Minuten je Stunde** Arbeitszeit bei Arbeiten mit besonderen Belastungen vorgeschlagen, insbes. bei Unfallgefahren, beim Umgang mit chemischen Stoffen, bei Lärm, Erschütterungen, Hitze, Kälte, Druckluft, Strahlen, bei monotonen und einseitig belastenden Arbeitsabläufen, bei hohem Arbeitstempo ua Zur Begründung hat er ausgeführt: Besondere Belastungen haben eine schnellere Ermüdung der Beschäftigten zur Folge und erfordern zur Entlastung und zur Vorbeugung der Ermüdung zusätzliche Arbeitsunterbrechungen von mindestens 5 Minuten je Stunde (vgl. BT-Drucks. 12/5888 S. 38 f).

29a Bundesregierung und Bundestag stellten die Notwendigkeit solcher Arbeitsunterbrechungen nicht in Frage. Sie waren jedoch der Auffassung, derartige Arbeitsunterbrechungen sollten unter Berücksichtigung der Bedürfnisse der Praxis von den **Tarifvertragsparteien** und **Betriebspartnern** vereinbart werden, die besser als der Gesetzgeber die in den Betrieben zu leistende Arbeit und die damit verbundenen Belastungen der Arbeitnehmer beurteilen können (vgl. BT-Drucks. 12/5888 S. 51 zu Nr. 10). So ist beispielsweise nicht zu beanstanden, wenn in einem Tarifvertrag (hier: Tarifvertrag zur Regelung der Arbeitsbedingungen bei den Nahverkehrsbetrieben im Land Berlin) **Lenkzeitunterbrechungen** bei Straßenbahnfahrern, während derer der Arbeitnehmer keine Arbeitsleistung zu erbringen hat, keine Arbeitsbereitschaft verlangt wird und die mindestens **8 Minuten** betragen, nicht als Arbeitszeit sondern als Ruhepausen iSd §§ 4 und 7 Abs. 1 Nr. 2 gewertet werden (**R:** BAG 13. 10. 2009 NZA-RR 2010, 623 = MDR 2010, 579).

30 Die Ruhepausen der **Jugendlichen** müssen in Voraus feststehen und bei einer Arbeitszeit von mehr als $4^1/_2$ bis zu 6 Stunden 30 Minuten, bei einer Arbeitszeit von mehr als 6 Stunden 60 Minuten betragen (§ 11 Abs. 1 JArbSchG). Sie dürfen frühestens eine Stunde nach Beginn der Arbeitszeit und müssen spätestens eine Stunde vor Ende der Arbeitszeit gewährt werden; länger als $4^1/_2$ Stunden hintereinander dürfen Jugendliche nicht ohne Ruhepause beschäftigt werden (§ 11 Abs. 2 JArbSchG). Durch Tarifvertrag kann die Ruhepause von 30 auf 15 Minuten und die Ruhepause von 60 auf 45 Minuten verkürzt und die Lage der Ruhepausen besonders bestimmt werden (§ 21a Abs. 1 Nr. 2 JArbSchG), insbes. zur Angleichung an die Pausenregelung für Erwachsene (vgl. **L:** ausf. *Zmarzlik/Anzinger* § 21a Rn 19).

6. Festlegung der Ruhepausen. – Die Ruhepausen müssen nach § 4 Satz 1 **im Voraus** feststehen. Im Einklang mit der bisherigen Rechtsprechung (**R:** BAG 27.2.1992 BB 1993, 1086 = DB 1992, 2247) bedeutet dies nach der amtlichen Begründung zum ArbZG (vgl. BT-Drucks. 12/5888 S. 24), dass zu Beginn der täglichen Arbeitszeit zumindest ein bestimmter zeitlicher Rahmen feststehen muss, innerhalb dessen der Arbeitnehmer – ggf. in Absprache mit anderen Arbeitnehmern – seine Ruhepause in Anspruch nehmen kann. 31

Die zum Begriff einer Ruhepause gehörende Vorhersehbarkeit (vgl. Rn 3) wird nicht dadurch aufgehoben, dass für die Pause nur ein zeitlicher Rahmen, zB von 2 Stunden, festgelegt wird (**R:** BAG 28.9.1972 AP AZO 1938 § 12 Nr. 9; BAG 23.9.1992 AP KrAZO § 3 Nr. 6; **L:** inzwischen hM: *Dobberahn* Rn 53; *Erasmy* NZA 1994, 1105; *Junker* ZfA 1998, 105, 115; *Kraegeloh* § 4 Rn 1; *Linnenkohl/Rauschenberg* § 4 Rn 5; *Neumann/Biebl* § 4 Rn 3; *Roggendorff* § 4 Rn 15; *Schliemann* § 4 Rn 18; ErfK/*Wank* § 4 ArbZG Rn 4; aA *Buschmann/Ulber* § 4 Rn 11 und 12). Es ist im Lichte des Merkmals „in Voraus feststehend“ zulässig, die Leistungsbestimmung in Form der **Festlegung einer Zeitspanne** (hier: Pause für den Nachtdienst in der Zeit von 23.30 bis 2.30 Uhr) vorzunehmen (**R:** LAG BW 14.10.1998 ZTR 1999, 365). 32

Nach Sinn und Zweck der Vorschrift des § 4 (vgl. Rn 2) ist eine vorherige Festlegung der Ruhepausen erst unmittelbar vor oder zu Beginn der täglichen Arbeitszeit allerdings nur dann vertretbar, wenn eine **frühere** und **präzisere Festlegung** wegen der besonderen Art der Arbeit oder des Arbeitsablaufs oder aus anderen ähnlich zwingenden Gründen nicht möglich ist. Nach den Erkenntnissen der Arbeitsmedizin erhöht die vorherige prazise Festlegung der Ruhepausen deren Erholungswert, insbes. deswegen, weil der Arbeitnehmer sich auf die Ruhepause besser einstellen kann. Ein zusätzlicher Erholungseffekt liegt in der Regelmäßigkeit der Ruhepausen. Der Arbeitgeber ist daher zumindest aufgrund der ihm obliegenden Fürsorgepflicht verpflichtet, die Ruhepausen – insbes. bei normalem Betriebsablauf – möglichst langfristig und möglichst präzise im Voraus festzulegen. In diesen Fällen dürfte sich auch ein Aushang oder eine entsprechende Bekanntgabe empfehlen, auch wenn ein Pausenaushang im ArbZG nicht mehr vorgesehen ist (vgl. § 16). Das BAG kommt jüngst zu dem Ergebnis, dass sich aus der Gesetzesbegründung zum ArbZG keine Anhaltspunkte herleiten lassen, Beginn und Dauer der Ruhepausen **bereits vor** Beginn der täglichen Arbeitszeit festzulegen; es genüge vielmehr, wenn dem Arbeitnehmer Beginn und Dauer der Ruhepause **zu** Beginn der täglichen Arbeitszeit mitgeteilt werden (**R:** BAG 25.2.2015 NZA 2015, 442 = DB 2015, 991). 33

Bei **gleitender Arbeitszeit** genügt es, wenn für Beginn und Ende der Ruhepause eine dem Beginn und Ende der täglichen Arbeitszeit entsprechende Gleitspanne festgelegt wird, innerhalb derer der Arbeitnehmer die Ruhepause zu nehmen hat, für die Mittagspause zB die Zeit von 11 bis 14 Uhr. Bei der Festlegung der Gleitspanne für den Antritt der Mittagspause muss allerdings § 4 Satz 3 Rechnung getra- 34 gen werden, wonach Arbeitnehmer nicht länger als 6 Stunden ohne Ruhepause beschäftigt werden dürfen (vgl. auch § 2 Rn 108 ff).

35 Zur **Festlegung** der im ArbZG vorgeschriebenen Ruhepausen ist im Einklang mit den gesetzlichen Anforderungen der **Arbeitgeber** verpflichtet (vgl. § 22 Abs. 1 Nr. 2). Dem Arbeitgeber steht insoweit ein Leistungsbestimmungsrecht zu, wobei er allerdings die Grundsätze billigen Ermessens zu beachten hat. Der Arbeitgeber **verletzt** seine Pflicht zur Gewährung und Festlegung der Ruhepausen, wenn er sich darauf beschränkt, einer Gruppe von Arbeitnehmern zu überlassen, einvernehmlich die Ruhepausen zu regeln, die Arbeitnehmer aber eine Regelung, aus der sich für den einzelnen eine im Voraus festliegende Unterbrechung der Arbeit ergibt, nicht getroffen haben oder eine von ihnen getroffene Regelung nicht durchführen (**R:** BAG 27.2.1992 BB 1993, 1086 = DB 1992, 2247; **L:** ausf. zu den Auswirkungen im Krankenhausbereich: *Anzinger/Roggendorff* ZTR 1996, 52, 54).

36 Der Arbeitgeber **erfüllt seine Pflicht** zur Gewährung und Festlegung der Ruhepausen, wenn er eine Pausenregelung schafft, die den Arbeitnehmern ermöglicht, die Ruhepausen wie vorgeschrieben zu nehmen. Eine Pausenregelung genügt dann nicht den gesetzlichen Anforderungen, wenn den Arbeitnehmern zwar gestattet wird, Pausen zu nehmen, dies ihnen aber aus tatsächlichen oder rechtlichen Gründen unmöglich ist (**R:** BAG 23.9.1992 DB 1993, 1194 = NZA 1993, 752).

37 Die **Darlegungslast** im arbeitsgerichtlichen Verfahren trifft den Arbeitnehmer; er hat im Streitfall die Tatsache darzulegen, aus denen sich ergibt, dass die Pausenregelung des Arbeitgebers den gesetzlichen Anforderungen nicht genügt. Der allgemeine Vortrag des Arbeitnehmers, die Pausenregelung sei „rechtswidrig“, reicht allerdings nicht aus, um darzutun, er habe die Pausen nicht einhalten können. Der Vortrag des Arbeitnehmers, er habe in bestimmten außergewöhnlichen Fällen auch während der vorgesehenen Pausenzeiten gearbeitet, reicht für sich allein ebenfalls nicht aus, da nach § 14 die Vorschriften über die Pausen in außergewöhnlichen Fällen nicht zur Anwendung kommen (**R:** BAG 23.9.1992 DB 1993, 1194 = NZA 1993, 752; **L:** ausf. zu den Auswirkungen im Krankenhausbereich: *Anzinger/Roggendorff* ZTR 1996, 52, 54).

38 **7. Abgeltung und Bezahlung der Ruhepausen.** – In der Rechtsprechung ist anerkannt, dass einem Arbeitnehmer, dem der Urlaub oder eine andere bezahlte Freizeit nicht mehr gewährt werden kann, hierfür eine finanzielle Abgeltung verlangen kann. Dieser Rechtsgedanke kann auf die Ruhepausen des § 4 nicht übertragen werden, weil Ruhepausen keine bezahlte Freizeit sind. Nicht gewährte Ruhepausen können daher **nicht durch Geld abgegolten werden**, es sei denn, dass dies besonders vereinbart ist (**R:** BAG 28.9.1972 DB 1972, 2404).

39 Der Anspruch auf Gewährung von Ruhepausen kann im Hinblick auf die besondere Zweckbestimmung auch nicht in einen Anspruch auf **Ersatzfreizeit** umgewandelt werden. Eine Regelung in einer Betriebsvereinbarung, wonach die Arbeitnehmer entgegen § 4 keine Ruhepausen erhalten sollen, sondern diese durch die Gewäh-

rung von freien Tagen abgegolten werden sollen, ist wegen Verstoßes gegen § 4 rechtswidrig (**R:** LAG Rh-P 4.10.1999 ZTR 2000, 230).

Bei Nichtgewährung von Ruhepausen ist ein **Schadensersatzanspruch** des Arbeitnehmers aus positiver Vertragsverletzung und aus unerlaubter Handlung möglich (vgl. § 1 Rn 34 und 45), falls die Nichtgewährung von Ruhepausen seine Arbeitskraft oder Gesundheit tatsächlich schädigt. Der Verlust an bloßer Freizeit stellt keinen Schaden iSd §§ 249 ff BGB dar (**R:** BAG 28.9.1972 DB 1972, 2404). **40**

§ 4 schreibt nur die Mindestdauer und Lage der Unterbrechung der Arbeit durch Ruhepausen vor, nicht aber deren Bezahlung. Grundsätzlich sind die Ruhepausen des § 4 **nicht vergütungspflichtig**, weshalb die Frage, ob und inwieweit ein Anspruch auf Bezahlung von Pausen besteht, nach den einzel- bzw kollektivvertraglichen Vereinbarungen zu beurteilen ist. Enthält beispielsweise der maßgebende Tarifvertrag eine Regelung, wonach „Arbeitspausen, ausgenommen bei Wechselschichten, in die regelmäßige Arbeitszeit nicht eingerechnet werden", so sind bei Vorliegen von Wechselschichtarbeit **alle Arbeitspausen**, also auch die Ruhepausen des § 4, zu bezahlen (**R:** BAG 27.4.2000 NZA 2001, 274 = BB 2001, 681). **41**

Die Bezahlung oder Nichtbezahlung einer Arbeitsunterbrechung ist kein Kriterium zur Entscheidung der Frage, ob eine Arbeitsunterbrechung der Arbeitszeit oder der Ruhepause zuzurechnen ist. Eine Arbeitsunterbrechung kann aber als Ruhepause iSd § 4 nur bewertet werden, wenn sie mindestens 15 Minuten dauert und die 4 Begriffsmerkmale (vgl. Rn 6) aufweist. Zählen Ruhepausen zur Arbeitszeit, zB die Kurzpausen, werden sie bei der Entgeltberechnung mitgezählt (**R:** BAG 7.12.1988 NZA 1989, 553). **42**

Bestimmt eine tarifliche Regelung, dass Arbeitnehmern im Dreischichtbetrieb eine Pause von mindestens 30 Minuten ohne Lohnabzug zu gewähren ist, sie mithin Lohn für eine Zeit ohne Arbeitsleistung erhalten, so ist dieser Lohn als Arbeitsverdienst auch in die Bemessung des tariflichen Urlaubsentgelts einzubeziehen (**R:** BAG 23.1.2001 BB 2001,1536; zur Einbeziehung der nach § 4 vorgeschriebenen Ruhepausen in die Bezahlung vgl. auch BAG 27.4.2000 NZA 2001, 274); ebenso können die Tarifvertragsparteien bestimmen, dass ein Teil der gesetzlichen Pause (hier: 12 Minuten je Schicht) als Arbeitszeit zu bezahlen ist (**R:** BAG 24.11.1999 DB 2000, 881). **43**

III. Aufenthalt während der Ruhepausen

1. Freie Verfügbarkeit. – Das ArbZG schreibt dem Arbeitnehmer nicht vor, wo und wie er die ihm zustehenden **Ruhepausen verbringen** soll. Dies steht grundsätzlich in seinem Ermessen, da er während der Ruhepause von jeder Arbeitsleistung freigestellt ist und die freie Verfügbarkeit über die Ruhepause zu deren Wesen gehört (vgl. Rn 3 und 6). Aufgrund der ihm obliegenden **Treuepflicht** und im Hinblick auf den Zweck der Ruhepause muss er diese jedoch zu seiner Erholung ver- **44**

wenden. Inhalt und Umfang der Treuepflicht richten sich nach den besonderen Umständen des Arbeitsverhältnisses und der betrieblichen Ordnung. So kann der Arbeitnehmer während der Ruhepause lesen und Radio hören, sofern er nicht andere Arbeitnehmer stört und bei Besuchern, Kunden ua keinen falschen Eindruck über die Arbeitsmoral des Betriebs erweckt.

45 Der Arbeitnehmer kann während der Ruhepausen den **Arbeitsraum verlassen.** Er sollte dies auch tun, weil der Ortswechsel in der Regel den Erholungswert der Pause erhöht. Wenn die Arbeit im Arbeitsraum während der Ruhepause nicht eingestellt wird oder die Erholung durch andere Umstände beeinträchtigt wird, zB durch Hitze, Kälte, Lärm, Erschütterungen ua, ist der Arbeitgeber berechtigt, aufgrund seiner Fürsorgepflicht auch verpflichtet, dem Arbeitnehmer den Aufenthalt im Arbeitsraum zu untersagen. In einem solchen Fall ist die Einschränkung der freien Verfügbarkeit über die Ruhepause nicht nur gerechtfertigt, sondern geboten. Andererseits kann der Arbeitgeber vom Arbeitnehmer verlangen, die Ruhepause im Arbeitsraum zu verbringen, wenn ein Verlassen des Arbeitsraums nicht oder nur unter erheblichen Schwierigkeiten möglich ist, zB vom Beifahrer in der Kabine des rollenden Fahrzeugs, vom Pförtner im Bereitschaftsraum, von jedem Arbeitnehmer in besonders eiligen Fällen.

46 Nutzt der Arbeitnehmer die Ruhepause zur Erholung, kann er auch das **Betriebsgelände verlassen**, soweit dies nach dem Umständen möglich ist, soweit dies mit der Art der Arbeit vereinbar ist und eine Betriebsordnung iSd § 87 Abs. 1 Nr. 1 BetrVG nicht entgegensteht. Verlässt der Arbeitnehmer während der Ruhepause das Betriebsgelände zu einem Spaziergang, so ist ein dabei erlittener Unfall nur dann ein Arbeitsunfall iSd § 8 Abs. 1 Satz 1 SGB VII, wenn der Arbeitnehmer aufgrund **besonderer Belastungen** durch die bisher verrichtete betriebliche Tätigkeit zur Durchführung des Spaziergangs veranlasst war (**R:** HessLSG 14.6.2019 BB 2019, 1913). Kommt der Arbeitnehmer nach der Ruhepause nicht rechtzeitig an seinen Arbeitsplatz zurück, so ist sein Verhalten nach den allgemeinen Vorschriften und Grundsätzen, die die Folgen der Verletzung von Pflichten aus dem Arbeitsverhältnis regeln, zu beurteilen.

47 Die Frage des Verlassens des Betriebsgeländes während der Ruhepause ist nicht gesetzlich geregelt. Sie ist für die Ruhepause auch nicht begriffswesentlich. Sofern diese Frage auch durch Tarifvertrag nicht geregelt ist, ist es den Betriebspartnern überlassen, die Frage des Verlassens des Betriebsgeländes während der Ruhepause durch Betriebsvereinbarung zu regeln. Vom Mitbestimmungsrecht des Betriebsrats nach § 87 Abs. 1 Nr. 1 BetrVG (betriebliche Ordnung) ist zB eine **Betriebsvereinbarung** gedeckt, durch die den Arbeitnehmern verboten wird, während der gesetzlich vorgeschriebenen Ruhepausen den Betrieb zu verlassen (**R:** vgl. BAG 21.8.1990 BB 1991, 71 = NZA 1991, 154).

48 **2. Pausenräume.** – Nach § 6 Abs. 3 Satz 1 Arbeitsstättenverordnung (ArbStättV) vom 12.8.2004 (BGBl. I S. 2179) ist den Arbeitnehmern ein Pausenraum zur Verfügung zu stellen, wenn regelmäßig mehr als **10 Arbeitnehmer** in der Arbeitsstätte beschäftigt sind. In Betrieben mit 10 und weniger als 10 Arbeitnehmern muss ein Pausenraum dann zur Verfügung gestellt werden, wenn gesundheitliche Gründe, zB Hitze, Kälte, Nässe, Staub, Gerüche, Lärm, gefährliche Stoffe, oder die Art der ausgeübten Tätigkeit, zB schwere körperliche Arbeit, stark schmutzende Tätigkeit, starker Kundenverkehr, einen besonderen Pausenraum erfordern. Ein Pausenraum braucht auch bei mehr als 10 Arbeitnehmern nicht zur Verfügung gestellt zu werden, wenn diese in Büroräumen oder in vergleichbaren Arbeitsräumen beschäftigt werden und dort eine gleichwertige Erholung möglich ist, dort insbes. die Arbeit während der Pause ruht (§ 6 Abs. 3 Satz 2 ArbStättV). Besondere Pausenräume für **Jugendliche** sind nach Streichung des § 11 Abs. 3 JArbSchG in der ursprünglichen Fassung nicht mehr vorgeschrieben.

Fällt in die Arbeitszeit regelmäßig und in erheblichem Umfang Arbeitsbereitschaft **49**
und stehen keine Pausenräume bereit, so sind für den Aufenthalt der Arbeitnehmer **Bereitschaftsräume** zur Verfügung zu stellen (§ 6 Abs. 3 Satz 3 ArbStättV). Werdenden und stillenden Müttern ist während der Pause ein geeigneter Raum mit einer Liege zur Verfügung zu stellen. Auch in Pausen-, Bereitschafts- und Liegeräumen hat der Arbeitgeber dafür Sorge zu tragen, dass geeignete Maßnahmen zum Schutz der Nichtraucher vor Belästigungen durch Tabakrauch getroffen werden (§ 5 Abs. 1 ArbStättV).

IV. Beteiligung des Betriebsrats

Bei der Festlegung von Beginn und Ende der Ruhepausen des § 4 hat der **Betriebs-** **50**
rat ein erzwingbares Mitbestimmungsrecht nach § 87 Abs. 1 Nr. 2 BetrVG (**L:** ausf. zur Mitbestimmung des Betriebsrats bei der Festlegung von Ruhepausen *Bepler* NZA Beilage 1/2006, 45, 49), weshalb die Betriebsparteien Lage und Dauer von Pausen innerhalb der Arbeitszeit mit normativer Wirkung für die Betriebsangehörigen festlegen können; der rechtliche Begriff der Pause selbst ist den Betriebsparteien allerdings in § 87 Abs. 1 Nr. 2 BetrVG vorgegeben und durch die Betriebsparteien nicht veränderbar (**R:** BAG 29.10.2002 DB 2003, 2014).

Ordnet der Arbeitgeber an, dass die Arbeitnehmer während der Pausenzeiten, die in **50a**
einem Dienstplan unter Beteiligung des Betriebsrates festgelegt worden sind, zu arbeiten haben, so kann der Betriebsrat nach § 23 Abs. 3 iVm § 87 Abs. 1 Nr. 2 BetrVG verlangen, diese Anordnungen künftig zu unterlassen (**R:** BAG 7.2.2012 BB 2012, 1342 = NZA-RR 2012, 359 = DB 2012, 1575); der Unterlassungsanspruch steht dem Betriebsrat auch zu, wenn der Arbeitgeber **duldet**, dass Arbeitnehmer während der dienstplanmäßig festgelegten Pausenzeiten arbeiten (**R:** BAG 7.2.2012 BB 2012, 1342 = NZA-RR 2012, 359 = DB 2012, 1575). Es ist Sache des Arbeitgebers, die nach den konkreten Umständen erforderlichen und geeigneten Maßnahmen zu ergreifen (**R:** BAG 29.4.2004 BB 2004, 1964 = DB 2004, 2220 = NZA 2004, 670).

50b Wegen der Einführung von zusätzlichen, durch große **Hitze** verursachten Pausen kann der Betriebsrat nach § 87 Abs. 1 Nr. 7 BetrVG initiativ werden (**L:** *Grimm* DB 2004, 1666; *Rieble/Jochums* BB 2003, 1897).

51 Ist der Betriebsrat wegen der Art der Arbeit oder des Arbeitsablaufs außer Stande die zeitliche Lage oder zumindest die zeitliche Bandbreite für die Ruhepausen im Voraus festzulegen, so kann er den Arbeitgeber hierzu in einer Betriebsvereinbarung ermächtigen. Von der Einhaltung der Vorschriften über die Dauer der Ruhepausen kann der Betriebsrat den Arbeitgeber allerdings nicht befreien, auch nicht zum Teil; es sei denn, dass eine abweichende Regelung nach § 7 Abs. 1 Nr. 2 vorliegt. In Betrieben ohne Betriebsrat kann der Arbeitgeber die Ruhepausen im Rahmen der einzel- oder kollektivvertraglichen Vereinbarungen aufgrund seiner Weisungsbefugnis festlegen (vgl. § 3 Rn 27).

52 Der Betriebsrat hat nach § 87 Abs. 1 Nr. 2 BetrVG auch mitzubestimmen, wenn die zeitliche Lage von vergütungspflichtigen tariflichen **Kurzpausen** festgelegt werden soll (**R:** BAG 1.7.2003 ZTR 2004, 383); für die Frage der Mitbestimmungspflichtigkeit kommt es nämlich nicht darauf an, ob die in Rede stehenden Pausen zu bezahlen oder nicht zu bezahlen (so die Ruhepausen des ArbZG) sind. Ein Mitbestimmungsrecht des Betriebs- bzw Personalrats besteht nicht, wenn bezahlte Pausen unter Anrechnung auf die Arbeitszeit, zB bezahlte Lärmpausen, eingeführt werden sollen (**R:** BAG 28.7.1981 DB 1982, 386).

53 Ein vergleichbares Mitbestimmungsrecht ist in § 75 Abs. 3 Nr. 1 BPersVG und in allen Landespersonalvertretungsgesetzen der Länder für den **Personalrat** vorgesehen (**L:** vgl. zur baden-württembergischen Mittagspausenregelung *Hammer* AuR 1993, 275). Der Begriff der Ruhepause des Arbeitszeitrechts und der Begriff der Pause des Beamtenrechts stimmen überein. Bei den in diesen Vorschriften angesprochenen Pausen handelt es sich um Ruhepausen iSd ArbZG, also um Pausen, durch die die Arbeitszeit unterbrochen wird und die nicht selbst zur Arbeitszeit zählt (**R:** BAG 7.12.1962 AP BetrVG 1972 § 56 Nr. 3 Akkord; **L:** vgl. auch *Gutzeit* BB 1996, 106).

V. Verstöße

54 Ein Arbeitgeber, der vorsätzlich oder fahrlässig entgegen § 4 Ruhepausen nicht, nicht mit der vorgeschriebenen Mindestdauer oder nicht rechtzeitig gewährt, handelt ordnungswidrig nach § 22 Abs. 1 Nr. 2. Er kann je nach der Schwere seiner Tat mit einer **Geldbuße** bis zu **15.000 Euro** belegt (§ 22 Abs. 2) oder mit **Freiheitsstrafe** oder **Geldstrafe** bestraft werden (§ 23). Ein bußgeld- oder strafrechtlicher Verstoß des Arbeitgebers kann auch vorliegen, wenn der Arbeitgeber die Einhaltung der vorgeschriebenen Pausen durch die Arbeitnehmer vorsätzlich oder fahrlässig nicht überwacht, selbst dann, wenn die Arbeitnehmer mit der Nicht- oder teilweisen Nichtgewährung der Pausen einverstanden sind. Wenn 25 % der Arbeitnehmer Klage darüber führen, dass es häufig zu einem **Pausenausfall** komme (**L:** so

Sasse in einem Beitrag zum Burn-out in BB 2013, 1717, 1720), so ist dies nur ein Beleg dafür, dass sich wohl viele Arbeitgeber ihrer arbeitszeitschutzrechtlichen Verantwortung nicht bewusst sind.

Ein **Arbeitgeber gewährt** Ruhepausen entgegen § 4 **nicht**, wenn er Ruhepausen überhaupt nicht oder teilweise nicht gewährt oder wenn er die Ruhepausen entgegen § 4 Satz 1 nicht im Voraus festsetzt. Ein Arbeitgeber gewährt Ruhepausen entgegen § 4 Satz 1 nicht mit der vorgeschriebenen Mindestdauer, wenn die von ihm gewährten Ruhepausen bei einer Arbeitszeit von mehr als 6 bis zu 9 Stunden insgesamt weniger als 30 Minuten betragen, bei einer Arbeitszeit von mehr als 9 Stunden insgesamt weniger als 45 Minuten betragen. Ein Arbeitgeber gewährt Ruhepausen entgegen § 4 Satz 2 nicht mit der vorgeschriebenen Mindestdauer, wenn er die vorgeschriebene Gesamtdauer der Ruhepausen ganz oder teilweise auf weniger als 15 Minuten aufteilt. Ein Arbeitgeber gewährt Ruhepausen entgegen § 4 nicht rechtzeitig, wenn er Arbeitnehmer entgegen § 4 Satz 3 länger als 6 Stunden hintereinander beschäftigt. **55**

Der Arbeitnehmer kann die Arbeitsleistung während der ihm zustehenden Dauer und Lage der Ruhepausen **verweigern** (vgl. § 1 Rn 42; zur Abgeltung von Ruhepausen und zur Gewährung von Schadensersatz vgl. Rn 38 ff), es sei denn, es handelt sich um Notfälle oder außergewöhnliche Fälle nach § 14 Abs. 1 oder um Fälle des § 14 Abs. 2 (vgl. ausf. § 14 Rn 3 ff, 6 ff). **56**

§ 5
Ruhezeit

(1) Die Arbeitnehmer müssen nach Beendigung der täglichen Arbeitszeit eine ununterbrochene Ruhezeit von mindestens elf Stunden haben.

(2) Die Dauer der Ruhezeit des Abs. 1 kann in Krankenhäusern und anderen Einrichtungen zur Behandlung, Pflege und Betreuung von Personen, in Gaststätten und anderen Einrichtungen zur Bewirtung und Beherbergung, in Verkehrsbetrieben, beim Rundfunk sowie in der Landwirtschaft und in der Tierhaltung um bis zu eine Stunde verkürzt werden, wenn jede Verkürzung der Ruhezeit innerhalb eines Kalendermonats oder innerhalb von vier Wochen durch Verlängerung einer anderen Ruhezeit auf mindestens zwölf Stunden ausgeglichen wird.

(3) Abweichend von Abs. 1 können in Krankenhäusern und anderen Einrichtungen zur Behandlung, Pflege und Betreuung von Personen Kürzungen der Ruhezeit durch Inanspruchnahmen während der Rufbereitschaft, die nicht mehr als die Hälfte der Ruhezeit betragen, zu anderen Zeiten ausgeglichen werden.

Übersicht

I. Allgemeines

1 **Geschichte: § 5 Abs. 1** über die ununterbrochene elfstündige Ruhezeit ist aus § 12 Abs. 1 AZO 1938 übernommen worden. **§ 5 Abs. 2** über die Möglichkeit, die elf-

stündige Ruhezeit um bis zu eine Stunde zu verkürzen, entspricht für Gaststätten und Verkehrsbetriebe bis auf die Verpflichtung zum Ruhezeitausgleich § 12 Abs. 1 Satz 2 AZO 1938. Die Einbeziehung des Krankenpflegebereichs sowie der Landwirtschaft und der Tierhaltung in diese Kürzungsmöglichkeit ist auf die Ausdehnung des Geltungsbereichs des ArbZG (vgl. § 18) auf diese Beschäftigungsbereiche und die Besonderheiten in diesen Bereichen zurückzuführen (vgl. BT-Drucks. 12/5888 S. 24). Die Einbeziehung des Rundfunks in die Kürzungsmöglichkeit des § 5 Abs. 2 beruht auf der Entwicklung des Rundfunks in den letzten Jahrzehnten und den in diesem Bereich seit 1938 üblich gewordenen Arbeitsbedingungen. Die Ausnahme für Krankenhäuser und den übrigen Krankenpflegebereich in § 5 Abs. 3 ist auf die Ausdehnung des Geltungsbereichs des ArbZG (vgl. § 18) auf diesen Beschäftigungsbereich und die besondere Eigenart des Dienstes in diesem Bereich zurückzuführen (vgl. BT-Drucks. 12/5888 S. 25, 39, 51, vgl. ferner Rn 62 ff).

Die bisherige Befugnis der **Aufsichtsbehörden** zur Erteilung von weitergehenden 2
Ausnahmen beim Nachweis eines dringenden Bedürfnisses in § 12 Abs. 1 Satz 3 AZO 1938 ist in dieser Form entfallen. Stattdessen dürfen die **Tarifvertragsparteien** wegen ihrer größeren Sachnähe nach § 7 Abs. 1 Nr. 3 Abweichungen von der elfstündigen Ruhezeit des § 5 Abs. 1 zulassen (vgl. BT-Drucks. 12/5888 5. 25). Weitere Ausnahmen von den Vorschriften über die Ruhezeit sind aufgrund eines Tarifvertrags nach § 7 Abs. 2 Nr. 1 bis Nr. 4 möglich. In tariffreien Bereichen können diese Ausnahmen nach § 7 Abs. 5 durch die zuständige Aufsichtsbehörde zugelassen werden. Die Ausnahme von den Vorschriften über die Ruhezeit in außergewöhnlichen Fällen des § 14 AZO 1938 ist in § 14 ArbZG übernommen und der Entwicklung angepasst worden. Weitere Ausnahmen können nach § 15 Abs. 1 Nr. 3 und Nr. 4 sowie Abs. 2 durch die Aufsichtsbehörde zugelassen werden (zu den Ausnahmen im Verteidigungsfall vgl. § 15 Abs. 3).

Zweck: Die Ruhezeit des § 5 soll den Arbeitnehmern nach der täglichen Arbeits- 3
zeit Gelegenheit zur Ruhe und Erholung von der Arbeit, zur Regenerierung ihrer durch die tägliche Arbeit verbrauchten Kräfte und zur Beseitigung der durch die Tagesarbeit eingetretenen Ermüdung geben. Eine Mindestruhezeit nach Beendigung der täglichen Arbeitszeit ist daher für den Gesundheitsschutz der Arbeitnehmer von ganz besonderer Bedeutung (vgl. BT-Drucks. 12/5888 S. 24), insbes. wegen der täglich notwendigen Regenerierung durch Schlafen und Essen. Außerdem soll die Ruhezeit den Arbeitnehmern ermöglichen, persönliche Angelegenheiten in einem zeitlich beschränkten Rahmen (im Grundsatz 11 Stunden) innerhalb der Arbeitswoche zu erledigen. Zusammen mit anderen freien Zeiten, insbes. den freien Zeiten, die sich aus der Begrenzung der Arbeitszeit sowie aus dem Sonn- und Feiertagsarbeitsverbot bzw den Ersatzruhezeiten für Sonn- und Feiertagsarbeit ergeben, ermöglicht die Ruhezeit den Arbeitnehmern ferner, ihren persönlichen Interessen auch von längerer Dauer nachzugehen, sich ihrer Familie zu widmen, am gesellschaftlichen, politischen, gewerkschaftlichen, kulturellen und religiösen Leben teilzunehmen (vgl. Einf. Rn 2). Insgesamt gesehen soll die Ruhezeit der Erhaltung der

Gesundheit und Arbeitskraft sowie der Erhaltung der Arbeits- und Lebensfreude der Arbeitnehmer dienen.

3a **Moderne Informations- und Kommunikationstechnologien:** Die Vorschriften des ArbZG werden durch die modernen Informations- und Kommunikationstechnologien (Notebook, Laptop, Smartphone usw) nicht außer Kraft gesetzt. Der in § 3 dem Arbeitgeber zur Verfügung gestellte Arbeitszeitrahmen von (6 x 8 =) 48 Stunden in der Woche ist demzufolge auch bei intensiver Nutzung der vom Arbeitgeber zur Verfügung gestellten modernen Kommunikationsmittel einzuhalten. Wie auch sonst im öffentlich-rechtlichen Arbeitszeitschutz ist der **Arbeitgeber** für die Einhaltung der in § 3 festgelegten Grenzen im Interesse seiner Arbeitnehmer verantwortlich; und er wird sich dieser Verantwortung nicht mit einem Hinweis auf die „Freiwilligkeit" der Nutzung moderner IT-Systeme entledigen können (**L:** so aber wohl *Neumann/Biebl* § 7 Rn 13a, die in solchen Tätigkeiten bei fehlender Weisung des Arbeitgebers eher keine Arbeitszeit als gegeben ansehen wollen; ebenso *von Steinau-Steinrück* NJW-Spezial 2012, 178). Doch auch bei der „freiwilligen" Arbeitsaufnahme für eine nur geringfügige Zeit handelt es sich nach der hier vertretenen Auffassung um Arbeitszeit iSd ArbZG (**L:** so auch *Falder* NZA 2010, 1150, 1154). Vom Arbeitgeber kann erwartet werden, dass er sich aktiv und gestaltend bei seinen Arbeitnehmern für die Einhaltung der gesetzlichen Arbeitszeitvorschriften einsetzt, indem er zB die Einhaltung der Arbeitszeitgrenzen regelmäßig kontrolliert oder aber die Nutzung der arbeitgeberseitig zur Verfügung gestellten IT-Systeme zu dienstlichen Zwecken außerhalb der üblichen Arbeitszeit strikt reglementiert (**L:** ebenso *Falder* NZA 2010, 1150, 1154).

3b Teilweise wird im Schrifttum eine Unterbrechung der Ruhezeit des § 5 durch das Versenden einer **kurzen E-Mail** oder durch ein **kurzes dienstliches Telefonat** nicht als Aufnahme einer Arbeit iSd ArbZG gewertet, weshalb in diesen Fällen auch die gesetzliche 11-stündige Ruhezeit nicht erneut in Gang gesetzt werde (**L:** *Bissels/Domke/Wisskirchen* DB 2010, 2052). Die Auffassung wird praktischen Bedürfnissen durchaus gerecht, ist allerdings mit der jetzigen Gesetzeslage nur schwer in Einklang zu bringen und kommt daher allenfalls für nicht nennenswerte Arbeitsleistungen (vgl. § 5 Rn 14) in Betracht (**L:** ausf. zu dieser Thematik *Bissels/Domke/Wisskirchen* DB 2010, 2052; *Falder* NZA 2010, 1150; *Göpfert/Wilke* NZA 2012, 765; *Rudolph* AiB 2012, 378; *Stoppkotte/Stiel* AiB 2011, 423; *von Steinau-Steinrück* NJW-Spezial 2012, 178). **Intensives abendliches Studium** von dienstlich veranlassten E-Mails führt dazu, dass dem Arbeitnehmer im Anschluss an diese Tätigkeit erneut eine ununterbrochene Ruhezeit von 11 Stunden zu gewähren ist (vgl. Rn 12). Wer also erst um 23:00 Uhr seine Arbeit am dienstlichen Laptop einstellt, darf am darauffolgenden Tag erst wieder um 10:00 Uhr seine Arbeit aufnehmen.

II. Ruhezeit

1. Begriff der Ruhezeit. – Der Begriff Ruhezeit ist im ArbZG im Unterschied zum Begriff Arbeitszeit (vgl. § 2 Abs. 1) gesetzlich nicht definiert worden. Die Ruhezeit wird im ArbZG neben der Grundnorm Arbeitszeit (§ 3) und der Grundnorm Ruhepausen (§ 4) in der besonderen Grundnorm Ruhezeit (§ 5) geregelt. Die Ruhezeit des ArbZG kann schon deswegen weder der Arbeitszeit noch den Ruhepausen zugeordnet werden. Ruhezeit ist im ArbZG auch nicht nur das Gegenteil von Arbeitszeit. Die Ruhezeit wird im ArbZG nicht nur in einer eigenständigen Grundnorm, sondern auch in einer Reihe weiterer diese Grundnorm ausfüllender und ergänzender Vorschriften (vgl. insbes. § 5 Abs. 2 bis 3, § 7 Abs. 1 Nr. 3 und Abs. 2, § 15 Abs. 1 Nr. 3 und 4) geregelt. Der Begriff Ruhezeit hat nicht zuletzt deswegen eine von den Begriffen Arbeitszeit und Ruhepause unabhängige und eigenständige Bedeutung. Mit der Überschrift des zweiten Abschnitts Arbeitsfreie Zeiten, die ohnehin nur eine Ordnungsfunktion hat, werden die Begriffe Ruhepause und Ruhezeit nicht definiert, sondern unter dem Oberbegriff Arbeitsfreie Zeiten zusammengefasst. 4

Nach dem Wortlaut des § 5 Abs. 1 ist die Ruhezeit des ArbZG im Unterschied zur Ruhepause des § 4 keine bloße Unterbrechung der täglichen Arbeit, sie ist auch nicht nur die Zeit nach der Arbeit, sondern die Zeit nach Beendigung der täglichen Arbeitszeit. Die nächste, auf die Ruhezeit folgende tägliche Arbeitszeit darf wegen des Wortlauts „ununterbrochene Ruhezeit von mindestens 11 Stunden" erst nach Ablauf eines zusammenhängenden Zeitraums von 11 Stunden beginnen. Formal gesehen ist demnach Ruhezeit die Zeit zwischen dem Ende der Arbeitszeit eines Arbeitstages und ihrem Wiederbeginn am nächsten Arbeitstag, bei Schichtarbeitnehmern die Zeit zwischen 2 Arbeitsschichten (**R:** BAG 23.11.1960 AP AZO 1938 § 12 Nr. 6; BAG 5.7.1976 AP AZO 1938 § 12 Nr. 10; BAG 13.2.1992 AP AZO 1938 § 12 Nr. 13). 5

Materiell gesehen ist Ruhezeit die Zeit der Ruhe und Erholung, die Zeit der Regenerierung der durch die Arbeit verbrauchten Kräfte, insbes. durch ununterbrochenen Schlaf. Der Erholungswert der Ruhezeit hängt entscheidend von der freien Verfügbarkeit des Arbeitnehmers über diese Zeit ab, insbes. von der Gewissheit des Arbeitnehmers, während der Ruhezeit, also insbes. während des Schlafens, nicht zur Arbeit abberufen zu werden. 6

Verbindet man das formale mit dem materiellen Element, so kann der Begriff Ruhezeit wie folgt definiert werden: Ruhezeit ist die für den Arbeitnehmer **frei verfügbare Zeit** zur Ruhe und Erholung von der täglichen Arbeit, zur Regenerierung der durch die tägliche Arbeit verbrauchten Kräfte, insbes. durch ununterbrochenen Schlaf, zwischen der Beendigung der täglichen Arbeitszeit und ihrem Wiederbeginn am nächsten Arbeitstag. Die Ruhezeit ermöglicht dem Arbeitnehmer ferner, einen Teil der persönlichen Angelegenheiten während der Woche zu erledigen (zur Freizeitbetätigung des Arbeitnehmers vgl. Rn 16). 7

8 **2. Ruhezeit und Rufbereitschaft.** – Bereitschaftsdienst und Rufbereitschaft sind nach ihren Wortsinn Dienste eigener Art; sie sind mit dem Wort Ruhezeit nicht gleichbedeutend. Nach ihrem Sinn und Zweck sind Bereitschaftsdienst und Rufbereitschaft unterschiedliche Formen des Bereithaltens zur Arbeit (vgl. § 2 Rn 30 ff). Die Ruhezeit ist dagegen nach ihrem Zweck kein Bereithalten zur Arbeit (vgl. Rn 3). Ein wesentliches Merkmal des Begriffs Ruhezeit ist die freie Verfügbarkeit über diese Zeit. Ein wesentliches Merkmal des Begriffs Bereitschaftsdienst ist dagegen die Bindung an einen bestimmten Ort, der vom Arbeitgeber vorgegeben ist. Diese starke Arbeitgeberorientierung hat in der Folge der Rechtsprechung des EuGH dazu geführt, dass der Bereitschaftsdienst seit dem Änderungsgesetz 2003 arbeitsschutzrechtlich als Arbeitszeit zu werten ist.

9 Bei der Rufbereitschaft ist die Aufenthaltsbeschränkung des Arbeitnehmers bedeutend **lockerer** als beim Bereitschaftsdienst, jedoch ist die freie Verfügbarkeit des Arbeitnehmers während der Rufbereitschaft nicht mit der während der Ruhezeit identisch. Während der Rufbereitschaft muss der Arbeitnehmer mit einem Abruf zur Arbeit rechnen, während der Ruhezeit dagegen nicht.

10 **3. Dauer der Ruhezeit.** – Nach § 5 Abs. 1 müssen die Arbeitnehmer nach Beendigung der täglichen Arbeitszeit eine ununterbrochene Ruhezeit von mindestens 11 Stunden haben. Die 11 Stunden werden vom Ende der Arbeitszeit des einen bis zum Wiederbeginn der Arbeitszeit am nächsten Arbeitstag gerechnet (vgl. Rn 18). In der täglichen Praxis dauert die Ruhezeit je nach der Dauer der Arbeitszeit (vgl. § 3) damit idR zwischen 14 bis 16 Stunden innerhalb eines Zeitraums von 24 Stunden (24 Stunden eines Tages abzüglich 8 bis 10 Stunden Arbeitszeit).

11 Kürzere Ruhezeiten als 11 Stunden innerhalb eines Zeitraums von 24 Stunden sind in bestimmten Ausnahmefällen in § 5 Abs. 2 und Abs. 3, in § 7 Abs. 1 Nr. 3 und Abs. 2 Nr. 1 bis Nr. 4, in § 14 Abs. 1 und Abs. 2, in § 15 Abs. 1 Nr. 3 und Nr. 4 sowie in § 15 Abs. 2 zugelassen. Längere Ruhezeiten sind, da es sich um eine Mindestregelung handelt, jederzeit zulässig und in der Praxis idR auch üblich. Bei besonders belastenden Arbeiten oder Arbeitsumständen ist der Arbeitgeber aufgrund seiner Fürsorgepflicht gehalten, längere Ruhezeiten zu gewähren, und zwar unabhängig davon, ob eine öffentlich-rechtliche Ruhezeitenregelung durch Rechtsverordnung aufgrund des § 8 erfolgt ist oder nicht. Personen unter 18 Jahren haben Anspruch auf eine ununterbrochene Ruhezeit von 12 Stunden (§ 13 JArbSchG), die nach § 14 JArbSchG grundsätzlich. in der Zeit von 20 bis 6 Uhr zu gewähren ist.

12 Die elfstündige Ruhezeit muss **ununterbrochen** sein. Sie muss einen zusammenhängenden Zeitraum von 11 Stunden umfassen, darf nicht in Zeitabschnitte von weniger als 11 Stunden aufgeteilt und nicht durch Inanspruchnahmen des Arbeitgebers unterbrochen werden. Während der elfstündigen Ruhezeit darf der Arbeitgeber den Arbeitnehmer nicht beschäftigen; er darf auch freiwillig angebotene Arbeitsleistungen des Arbeitnehmers weder annehmen noch dulden. Jede Tätigkeit des Arbeitnehmers für den Arbeitgeber unterbricht die Ruhezeit. Selbst kurzzeitige,

geringfügige Tätigkeiten, auch kurzzeitige, geringfügige Zwischenarbeiten unterbrechen die Ruhezeit. Nach der Unterbrechung muss eine neue ununterbrochene Ruhezeit von mindestens 11 Stunden beginnen. Dies gilt selbst dann, wenn der Arbeitnehmer aufgrund des § 14 zu Notfallarbeiten herangezogen wird. § 14 befreit den Arbeitgeber zwar von dem Verbot, den Arbeitnehmer während der Ruhezeit zu beschäftigen, nicht aber von dem Gebot, dem Arbeitnehmer nach Beendigung der Notfallarbeiten die in § 5 vorgeschriebene Ruhezeit zu gewähren, nicht zuletzt wegen des für den Arbeitnehmer notwendigen Schlafs.

Die in Art. 5 EU-Arbeitszeit-Richtlinie festgelegte **wöchentliche** Ruhezeit von 24 **12a**
Stunden bezogen auf einen Siebentageszeitraum (zur Auslegung vgl. **R:** EuGH 9.11.2017 BB 2017, 2803; vgl. auch § 11 Rn 32 und 35) wird im deutschen Recht durch das Gebot der Sonntagsruhe und im Falle ausnahmsweise erlaubter Sonntagsarbeit durch die Verpflichtung zur Gewährung eines Ersatzruhetages umgesetzt. Nach § 11 Abs. 4 ist die Sonntagsruhe des § 9 oder der Ersatzruhetag des § 11 Abs. 3 unmittelbar in Verbindung mit einer elfstündigen Ruhezeit gemäß § 5 zu gewähren, woraus sich eine Gesamtruhezeit von **35 Stunden** ergibt.

Verboten ist während der Ruhezeit grundsätzlich **jede Inanspruchnahme** des Ar- **13**
beitnehmers durch den Arbeitgeber, die Wesen und Zweck der Ruhezeit zuwiderläuft (vgl. Rn 3 ff). Wesen und Zweck der Ruhezeit widersprechen auch nur kurze Zeit andauernde Inanspruchnahmen oder ganz leichte Tätigkeiten für den Arbeitgeber während der Ruhezeit. Dies gilt auch für die Teilnahme an Betriebsratssitzungen (**R:** BAG 18.1.2017 BB 2017, 1533). Lediglich nicht nennenswerte Arbeitsleistungen, zB eine telefonische Auskunft gegenüber dem Arbeitgeber oder gegenüber Kollegen während der Ruhezeit, stören den Charakter der Ruhezeit nicht (**L:** so zutreffend *Baeck/Deutsch/Winzer* § 5 Rn 14; aA Deinert/*Heuschmid* § 28 Rn. 114, 121: „eine Bagatellgrenze für kurze Arbeitsunterbrechungen gibt es nicht").

Tätigkeiten, wie zB das Abschließen der Türen oder das Ein- und Ausschalten der **14**
Beleuchtung, sind keine **nennenswerten Arbeitsleistungen** und gehen nicht über das hinaus, was auch jeder Bereitschaftsdienstleistende zu tun hat, wenn er den Bereitschaftsdienst nicht in seiner Wohnung, sondern an einem anderen vom Arbeitgeber bestimmten Ort leistet (**R:** BAG 26.1.1989 ZTR 1989, 318). Solche Arbeitsleistungen sind keine Unterbrechung der Ruhezeit bzw des Bereitschaftsdienstes, so dass sich eine neue Ruhezeit von 11 Stunden an solche nicht nennenswerten Unterbrechungen nicht anschließen muss (**L:** MünchArbR/*Koberski* § 183 Rn 3).

Eine Rufbereitschaft steht grundsätzlich in Widerspruch zu Wesen und Zweck der **15**
Ruhezeit, da der Arbeitnehmer während eines solchen Dienstes jederzeit mit einem Abruf zur Arbeit rechnen muss. Dieser Dienst darf aber in die Ruhezeit gelegt, die Ruhezeit darf durch ihn verkürzt oder in der Lage verändert werden, wenn dies durch § 5 Abs. 2 und 3 durch einen Tarifvertrag nach § 7 Abs. 1 Nr. 3 oder Abs. 2 oder durch eine Ausnahmegenehmigung nach § 7 Abs. 5 oder § 15 Abs. 1 Nr. 3

oder Nr. 4 oder § 15 Abs. 2 zugelassen ist. In nicht schwerwiegenden Einzelfällen kann die Aufsichtsbehörde den Verhältnismäßigkeitsgrundsatz anwenden.

16 Möglich ist während der Ruhezeit jede Form der **Freizeitbetätigung** des Arbeitnehmers. § 5 wendet sich mit seinen Ge- und Verboten, wie aus § 22 Abs. 1 Nr. 3 zu ersehen ist, an den Arbeitgeber. § 5 verbietet es anderen Personen nicht, den Arbeitnehmer während seiner Ruhezeit zu beschäftigen, solange diese Beschäftigung freizeitgemäß erfolgt und ein Arbeitsverhältnis hierdurch nicht begründet wird. Zulässig ist zB eine Tätigkeit im Rahmen der Nachbarschaftshilfe oder als Mitglied in einem Verein oder Verband, ebenso eine Tätigkeit im Rahmen einer karitativen oder religiösen Zwecksetzung (**L:** *Zmarzlik/Anzinger* § 1 Rn 8, 21, 46 ff, vgl. auch § 13 Rn 5, 7). Der Arbeitnehmer ist allerdings aufgrund seiner arbeitsvertraglichen Treuepflicht auch gehalten, die ihm gewährte Ruhezeit zweckentsprechend zu verwenden. Luftfahrtunternehmen sind ausdrücklich verpflichtet, die Besatzungsmitglieder schriftlich anzuweisen, während der Ruhezeit Tätigkeiten zu unterlassen, die dem Zweck der Ruhezeit entgegenstehen (vgl. § 9 Abs. 6 der 2. DVLuftBO).

17 Möglich ist während der Ruhezeit auch **jede andere Form der Tätigkeit zu Erwerbszwecken**, die nicht im Rahmen eines weiteren Arbeitsverhältnisses erfolgt. Ein zweites oder auch drittes Arbeitsverhältnis unterliegt ebenfalls den Grundnormen des ArbZG (zur Zusammenrechnungspflicht der Arbeitszeit bei mehreren Arbeitgebern vgl. § 2 Rn 12 bis 14). Nach dem **Präventionsprinzip** (**L:** vgl. ausf. *Hunold* NZA 1995, 558, 559) greift das Beschäftigungsverbot, sobald die tägliche Höchstarbeitszeit von 10 Stunden überschritten wird, und zwar unabhängig davon, ob dies im ersten, zweiten oder möglicherweise auch dritten Arbeitsverhältnis geschieht. Da das ArbZG allerdings nur für die Tätigkeit als Arbeitnehmer gilt, sind Nebentätigkeiten in Form einer selbstständigen Tätigkeit möglich. Der Arbeitgeber kann solche selbstständige Tätigkeiten nur dann, und zwar auf privatrechtlicher Basis, untersagen, wenn die ordnungsgemäße Erfüllung der Pflichten aus dem Arbeitsverhältnis, zB wegen Übermüdung, gefährdet wird.

18 **4. Lage der Ruhezeit**. – Nach § 5 Abs. 1 müssen die Arbeitnehmer die vorgeschriebene Ruhezeit nach Beendigung der täglichen Arbeitszeit haben. In der täglichen Praxis bedeutet dies nicht, dass die Ruhezeit des § 5 Abs. 1 an jedem Tag gewährt werden muss, auch nicht, dass sie – wie bei einem Kraftfahrer nach Art. 8 Abs. 2 EG VO Nr. 561/2006 – innerhalb eines Zeitraums von 24 Stunden gewährt werden muss. Die Fassung des § 5 Abs. 1 besagt nur, dass eine elfstündige Ruhezeit zu gewähren ist, wenn die tägliche Arbeitszeit beendet ist. Wann und wie oft Ruhezeit nach dem ArbZG zu gewähren ist, hängt somit von der Dauer und dem Ende der täglichen Arbeitszeit des einzelnen Arbeitnehmers ab.

19 **Beispiele:** Dauert die Arbeitszeit nach § 3 an einem Tag $8^1/_2$ Stunden, dann ist die Ruhezeit nach Ablauf dieser $8^1/_2$ Stunden zu gewähren. Dauert die Arbeitszeit zB aufgrund einer abweichenden Regelung nach § 7 Abs. 1 Nr. 1 Buchst. a im Extremfall den ganzen Tag, also 24 Stunden, dann ist die Ruhezeit nach Beendigung dieser

den ganzen Tag dauernden Arbeitszeit zu gewähren (**L:** *Meisel/Hiersemann* § 12 Rn 4). Wird die höchstzulässige Arbeitszeit des § 3 von bis zu 10 Stunden auf mehrere Arbeitszeitabschnitte am Tag aufgeteilt, dann ist die Ruhezeit des § 5 Abs. 1 nach Ablauf des letzten Arbeitszeitabschnittes zu gewähren.

Unter **täglicher** Arbeitszeit ist nicht die kalendertägliche sondern die Arbeitszeit des Arbeitstages des einzelnen Arbeitnehmers zu verstehen. Dieser individuelle Arbeitstag wird nicht wie der Kalendertag ab 0 Uhr sondern vom Beginn der üblichen Arbeitszeit des einzelnen Arbeitnehmers ab gezählt und endet 24 Stunden später (vgl. § 3 Rn 10 ff). Der Zeitpunkt der Beendigung der täglichen Arbeitszeit des § 5 Abs. 1 fällt im Regelfall mit dem Zeitpunkt der Beendigung der tariflichen oder betrieblichen Arbeitszeit zusammen, zwingend ist dies jedoch nicht. **20**

Unter **Arbeitszeit** iSd § 5 Abs. 1 ist die höchstzulässige gesetzliche Arbeitszeit des § 3 von 8 bis zu 10 Stunden zu verstehen, ggf. die von § 3 abweichende, aufgrund der § 7 oder 15 verlängerte Arbeitszeit. Dies folgt aus der Systematik und dem Sinn und Zweck des ArbZG, ferner aus der Stellung des § 5 hinter § 3, der mit dem Wort Arbeitszeit die davor in § 3 geregelte gesetzliche Arbeitszeit meint, nicht etwa die tarifliche oder betriebliche Arbeitszeit. **21**

Nach Beendigung der täglichen Arbeitszeit bedeutet nicht unmittelbar im Anschluss an die tägliche Arbeitszeit, erst recht nicht unmittelbar im Anschluss an die Arbeit. Zwischen der Beendigung der Arbeitszeit und dem Beginn der Ruhezeit können andere Zeiten liegen, zB Wegezeiten. Es dürfen aber keine Arbeitszeiten sein. Das Gebot, Arbeitnehmern nach Beendigung der täglichen Arbeitszeit eine ununterbrochene Ruhezeit von mindestens 11 Stunden zu gewähren, erfordert vom Arbeitgeber eine **Arbeitszeitgestaltung**, bei der die Einhaltung des Gebots der Gewährung der elfstündigen Ruhezeit sichergestellt wird. Insbes. muss bei jeder Arbeitszeitgestaltung sichergestellt werden, dass der Zeitraum von 11 Stunden zwischen zwei Schichten arbeitsfrei bleibt (**R:** BAG 13.2.1992 BB 1992, 1354 = DB 1992, 1890 = NZA 1992, 891), und zwar unabhängig davon, wie lange die einzelne Schicht dauert. **22**

Die zeitliche Lage der Ruhezeit wird über die Worte nach Beendigung der täglichen Arbeitszeit hinaus im ArbZG nicht vorgeschrieben. Eine **mittelbare Beschränkung** der zeitlichen Lage der Ruhezeit ergibt sich für Arbeitnehmer in Verkaufsstellen aus den Ladenschlusszeiten des LSchlG des Bundes bzw der Länder. Die bisherige mittelbare Beschränkung der zeitlichen Lage der Ruhezeit durch das Nachtarbeitsverbot für Arbeiterinnen in § 19 AZO 1938 ist durch Art. 21 Nr. 1 ArbZRG aufgehoben worden. **23**

5. Zusammenlegung der Ruhezeit mit anderen Freizeiten. – Der Arbeitgeber muss die Arbeitszeit so regeln, dass die durch § 5 Abs. 1 im Interesse der Gesundheit vorgeschriebene Ruhezeit gesichert ist. Durch welche arbeitsvertragliche Gestaltung er die Einhaltung der Ruhezeit tatsächlich erreicht, wird ihm durch § 5 Abs. 1 nicht vorgeschrieben. Die Einhaltung der Ruhezeit kann sich mithin aufgrund unterschied- **24**

licher Formen der **Freistellung** des Arbeitnehmers von seiner Arbeitspflicht ergeben (**R:** BAG 13.2.1992 BB 1992, 1354; BAG 19.11.2009 NZA 2010, 472 (Ls.); BAG 22.7.2010 BB 2011, 1920 = NZA 2010, 1194 = DB 2010, 2058). Der Arbeitgeber kann jedoch die Ruhezeit nur in solche Zeiten legen, deren Wesen und Zweck der Ruhezeit nicht zuwiderlaufen (**L:** vgl. ausf. zum Freizeitausgleich für Bereitschaftsdienst *Schlottfeldt/Kutscher* NZA 2009, 697; vgl. auch Rn 3 ff).

25 Die Voraussetzungen der Ruhezeit erfüllen idR auch Zeiten eines Urlaubs, unter Umständen auch andere Zeiten einer Freistellung von der Arbeit. Ist einem Arbeitnehmer zB ein Urlaubstag gewährt worden und wird er in einer am Vortage beginnenden Nachtschicht eingesetzt, so wird weder die Urlaubserteilung unwirksam noch liegt ein Verstoß gegen § 5 Abs. 1 vor, wenn die Ruhezeit in den Urlaubstag gelegt wird (**R:** BAG 13.2.1992 BB 1992, 1354). Die Sonn- und Feiertagsruhe des § 9 und der Ersatzruhetag des § 11 Abs. 3 erfüllen zwar die Voraussetzungen einer Ruhezeit des § 5 Abs. 1, dabei ist jedoch zu beachten, dass nach § 11 Abs. 4 die Sonn- und Feiertagsruhe des § 9 und der Ersatzruhetag des § 11 Abs. 3 unmittelbar in Verbindung mit einer Ruhezeit des § 5 Abs. 1 zu gewähren ist.

26 **6. Ruhezeit bei mehreren Arbeitgebern**. – Nach § 22 Abs. 1 Nr. 3 muss ein Arbeitgeber dem Arbeitnehmer die Mindestruhezeit des § 5 Abs. 1 gewähren. Eine dem § 2 Abs. 1 Satz 1 Halbs. 2 über die Zusammenrechnung von Arbeitszeiten bei mehreren Arbeitgebern entsprechende Vorschrift für Ruhezeiten fehlt im ArbZG. Andererseits ist es vom Zweck des § 5 Abs. 1 (vgl. Rn 2 ff) nicht geboten, dem Arbeitnehmer am Tag zweimal eine Ruhezeit von 11 Stunden zu gewähren; eine Ruhezeit von 11 Stunden dürfte genügen. Es wäre aber auch zweckwidrig und mit dem Wortlaut des § 5 Abs. 1 nicht zu vereinbaren, die ununterbrochene elfstündige Ruhezeit zwischen den Arbeitgebern aufzuteilen. Schließlich wäre es aber auch nicht gerechtfertigt, einen der Arbeitgeber von der Einhaltung des § 5 Abs. 1 zu befreien. Bei der Beschäftigung eines Arbeitnehmers durch mehrere Arbeitgeber ist daher grundsätzlich **jeder** der **Arbeitgeber** für die Einhaltung der elfstündigen Mindestruhezeit des § 5 Abs. 1 verantwortlich. Grundsätzlich ist zu verlangen, dass sich mehrere Arbeitgeber untereinander abstimmen. Andernfalls ist eine Umgehung des § 5 Abs. 1 nicht auszuschließen.

27 In der Praxis führt die Verantwortung mehrerer Arbeitgeber für die Einhaltung einer Arbeitsschutzvorschrift zu Schwierigkeiten. Die Aufsichtsbehörde sollte sich daher zunächst an den Arbeitgeber wenden, der die Übertretungen am meisten verursacht, andernfalls an den Arbeitgeber, der den Arbeitnehmer **am Tage als Letzter** beschäftigt, weil dieser über den zurückliegenden Arbeitstag den besten Überblick hat bzw haben müsste. Auf jeden Falle handelt ein Arbeitgeber schon dann fahrlässig, wenn er weiß oder wissen müsste, dass der Arbeitnehmer auch noch von einem anderen Arbeitgeber beschäftigt wird und er trotzdem nichts unternimmt.

28 Auf eine **Ausnahme** von § 5 Abs. 1 kann sich grundsätzlich nur der Arbeitgeber berufen, der die Voraussetzungen der Ausnahme erfüllt.

III. Kürzung der Ruhezeit

1. Umfang und Voraussetzungen der Kürzung. – Die Dauer der ununterbrochenen Ruhezeit von 11 Stunden des § 5 Abs. 1 kann nach § 5 Abs. 2 in den dort aufgezählten Bereichen **um bis zu eine Stunde** verkürzt werden (Möglichkeit). Um bis zu eine Stunde bedeutet, dass die Ruhezeit um maximal 60 Minuten verkürzt werden kann. Bis zu eine Stunde weist zugleich auf eine Spannbreite der Kürzungsmöglichkeiten hin, dh von 0 bis 60 Minuten. Eine Verkürzung der Ruhezeit von 11 Stunden ist somit nicht nur um 60 Minuten, sondern um beliebig viele Minuten innerhalb der Spannbreite von 0 bis 60 Minuten möglich, und zwar auch wechselnd bei den einzelnen Ruhezeiten. Nach § 11 Abs. 2 kann die Ruhezeit auch an Sonn- und Feiertagen verkürzt werden. 29

Auf die **Gründe**, die Voraussehbarkeit oder Häufigkeit der Verkürzung kommt es nicht an. Die Verkürzung ist in den in § 5 Abs. 2 aufgezählten Beschäftigungsbereichen aus jedem Grund und aus jedem Anlass zulässig. Dabei spielt es keine Rolle, ob der Grund oder Anlass im Betrieb, in der Person des Arbeitgebers oder Arbeitnehmers oder anderweitig zu suchen ist. Entscheidend ist allein, dass der Betrieb zu den in § 5 Abs. 2 aufgezählten Beschäftigungsbereichen gehört. 30

Voraussetzung für jede Kürzung der Ruhezeit ist der Ausgleich innerhalb eines Kalendermonats oder innerhalb von 4 Wochen durch Verlängerung einer anderen Ruhezeit auf mindestens 12 Stunden. Dabei kommt es nicht darauf an, ob die Ruhezeit um eine volle Stunde oder nur um einige Minuten gekürzt worden ist. Jede Verkürzung einer Ruhezeit – gleich welcher Dauer – ist durch Verlängerung einer anderen Ruhezeit auf mindestens 12 Stunden auszugleichen (**L:** ebenso *Fiedler/Schelter* § 5 Rn 3; *Baeck/Deutsch/Winzer* § 5 Rn 21; *Erasmy* NZA 1994, 1105, 1108; *Junker* ZfA 1998, 105, 119; *Roggendorff* 5 Rn 19; *Schliemann* § 5 Rn 19; aA *Neumann/Biebl* § 5 Rn 5; *Linnenkohl* § 5 Rn 15; ErfK/*Wank* § 5 ArbZG Rn 5). 31

Ausgleichszeitraum: Für den Ausgleich der um höchstens eine Stunde verkürzten Ruhezeit durch eine auf mindestens 12 Stunden verlängerte Ruhezeit stellt § 5 Abs. 2 zwei Ausgleichszeiträume zur Wahl: einen Kalendermonat oder 4 Wochen. Unter Kalendermonat ist der Monat des Kalenders gemeint, in dem die Ruhezeit verkürzt wurde bzw verkürzt werden soll, gleich, ob am Anfang, in der Mitte oder am Ende des Kalendermonats. Unter 4 Wochen ist jeder Zeitraum von 4 zusammenhängenden Wochen mit jeweils 7 aufeinanderfolgenden Tagen gemeint, in dem die Ruhezeit verkürzt wurde bzw verkürzt werden soll, gleich, ob am Anfang, in der Mitte oder am Ende des vom Betrieb gewählten Ausgleichszeitraums (vgl. ferner § 3 Rn 27 ff, die hier entsprechend zu verstehen sind). 32

Andere Ruhezeit: Unter der anderen Ruhezeit, die nach § 5 Abs. 2 auf 12 Stunden zu verlängern ist, ist eine der elfstündigen Ruhezeiten gemeint, die gemäß § 5 Abs. 1 in dem in Betracht kommenden Ausgleichszeitraum zu gewähren ist. 33

34 **2. Bereiche mit Kürzungsmöglichkeit.** – In § 5 Abs. 2 werden die Beschäftigungsbereiche, in denen die elfstündige Ruhezeit des § 5 Abs. 1 um bis zu eine Stunde verkürzt werden kann, enumerativ aufgeführt. Betriebe aus anderen Beschäftigungsbereichen können sich auf die Kürzungsmöglichkeit nicht berufen. An erster Stelle werden Krankenhäuser und andere Einrichtungen zur Behandlung, Pflege und Betreuung von Personen genannt. Das ArbZG gilt für diesen Bereich ab dem 1.1.1996 (vgl. Art. 1 § 26 ArbZRG).

35 **a) Krankenhäuser, Pflegeeinrichtungen. – Krankenhäuser** sind die in § 107 Abs. 1 SGB V definierten Einrichtungen. Danach sind Krankenhäuser Einrichtungen, in denen vorwiegend durch ärztliche und pflegerische Hilfeleistung insbes. Krankheiten erkannt und geheilt werden sollen oder Geburtshilfe geleistet wird und in denen die Patienten untergebracht und verpflegt werden können. Unter die Ausnahme des § 5 Abs. 2 fallen ferner die in § 107 Abs. 2 SGB V im Einzelnen bezeichneten Vorsorge- oder Rehabilitationseinrichtungen (vgl. auch § 10 Rn 34 ff).

36 **Andere Einrichtungen** als Krankenhäuser, die die verkürzte Ruhezeit in Anspruch nehmen können, sind Einrichtungen zur Behandlung, Pflege und Betreuung von Personen, also Einrichtungen, die die Aufgabe haben, Menschen zu behandeln, zu pflegen und zu betreuen. Die Behandlung, Pflege und Betreuung von Personen muss im Vordergrund dieser Einrichtungen stehen und ihnen das Gepräge geben. Die Erfüllung einer dieser Aufgaben (Funktionen) genügt für die Inanspruchnahme dieser umfassend zu verstehenden Ausnahme.

37 Wegen der weiten Fassung „und andere Einrichtungen“, nicht etwa „und andere ähnliche Einrichtungen“, braucht die Einrichtung nicht mit einem Krankenhaus oder mit einer Vorsorge- oder Rehabilitationseinrichtung vergleichbar zu sein. Es muss sich auch nicht um eine stationäre Einrichtung handeln. Es kann auch eine mobile Einrichtung sein. Als **Beispiele** für andere Einrichtungen zur Behandlung, Pflege und Betreuung von Personen sind Altenheime, Pflegeheime, Säuglingsheime, Kinderheime, Jugendheime, Einrichtungen der Jugendhilfe, Einrichtungen zur Eingliederung Behinderter, Einrichtungen der Wohlfahrtspflege, Frauenhäuser, Heime für Nichtsesshafte oder Drogenabhängige zu nennen.

38 Voraussetzung für die Inanspruchnahme der Ausnahme ist nur, dass es sich um eine Einrichtung handelt, dass diese Einrichtung die **auf Dauer angelegte Aufgabe** hat, Menschen zu behandeln, zu pflegen und zu betreuen, dass die Einrichtung diese Aufgabe auch wahrnimmt, dass die Wahrnehmung dieser Aufgabe im Vordergrund der Einrichtung steht und ihr das Gepräge einer Einrichtung zur Behandlung, Pflege und Betreuung von Personen gibt.

39 Handelt es sich bei der Einrichtung um ein Krankenhaus oder um eine andere Einrichtung zur Behandlung, Pflege und Betreuung von Personen kann der Arbeitgeber die Ausnahme nicht nur auf Ärzte und das Pflegepersonal anwenden. Der **persönliche Geltungsbereich** der Ausnahme erstreckt sich auf alle Arbeitnehmer, die in dem betreffenden Krankenhaus oder in der betreffenden anderen Pflegeeinrichtung

beschäftigt werden und in § 18 nicht ausgenommen sind. Die KrAZO mit ihrer auf das Pflegepersonal beschränkten Geltung ist aufgehoben worden (vgl. § 21 Nr. 3 ArbZRG).

b) Gaststätten, Bewirtung, Beherbergung. – Gaststätten sind Einrichtungen, die Getränke und/oder zubereitete Speisen an Ort und Stelle an jedermann oder an bestimmte Personenkreise verabreichen und/oder Gäste beherbergen. Dabei kommt es nicht darauf an, ob sie dies gewerblich tun, da in § 5 Abs. 2 nicht das Wort Gaststättengewerbe des § 1 GastG, sondern der allgemeine Ausdruck Gaststätten benutzt wird. Dies zeigt ferner die weite Fassung der Ausnahme „und andere Einrichtungen zur Bewirtung und Beherbergung", gleich, ob gewerblich oder nicht. Gaststätten sind zB Hotels, Gasthöfe, Pensionen, Restaurants, Speisewirtschaften, Kantinen, Trink- und Imbissstuben, Kioske mit Getränkeausschank und/oder Speisenabgabe. **40**

Andere Einrichtungen als Gaststätten, die die verkürzte Ruhezeit in Anspruch nehmen können, sind Einrichtungen zur Bewirtung und Beherbergung von Personen, dh Einrichtungen, die die Aufgabe haben, Menschen zu bewirten und zu beherbergen. Die Bewirtung und Beherbergung muss im Vordergrund dieser Einrichtungen stehen und ihnen das Gepräge geben. Die Erfüllung einer dieser Aufgaben (Funktionen) genügt für die Inanspruchnahme dieser umfassend gemeinten Ausnahme. **41**

Wegen der weiten Fassung „und andere Einrichtungen", nicht etwa „und andere ähnliche Einrichtungen", braucht die Einrichtung nicht mit einer Gaststätte vergleichbar zu sein. Es muss sich auch nicht um eine mit dem Grund und Boden fest verbundene Einrichtung handeln. Es kann eine mobile Einrichtung zur Bewirtung und Beherbergung sein, zB Speisewagen der Eisenbahn, Speiseeiswagen, Essen auf Rädern, Wohnwagen. Allerdings muss es sich bei dieser Einrichtung um eine Einrichtung zur Bewirtung und Beherbergung von Personen handeln. Nach dem allgemeinen Sprachgebrauch werden nur **Personen** bewirtet und beherbergt. Wenn das ArbZG auch Tiere meint, wird dies im Gesetzestext ausdrücklich gesagt (vgl. zB § 10 Abs. 1 Nr. 12). Hundehotels, Hundepensionen und dergleichen können sich daher auf die Ausnahme des § 5 Abs. 2 nicht berufen (vgl. aber hierzu auch Rn 58 und 59). **42**

Zu den Voraussetzungen und zum Geltungsbereich der Ausnahme, die hier entsprechend gelten, vgl. Rn 38 und 39. **43**

Drittbetriebe: Die Geltung der Ausnahme in § 5 Abs. 2 ist nicht auf bestimmte Betriebe beschränkt. Sie gelten nach ihrem Wortlaut für die Beschäftigungsbereiche als solche, nicht nur für Betriebe, die üblicherweise dem jeweiligen Beschäftigungsbereich zugeordnet werden, sondern auch für Drittbetriebe (Drittunternehmen), die regelmäßig Arbeiten in Betrieben durchführen, die zu dem von der Ausnahme begünstigten Beschäftigungsbereich gehören. Dies muss in einer arbeitstei- **44**

ligen Volkswirtschaft insbes. dann gelten, wenn die Arbeiten in einem oder für einen von der Ausnahme direkt begünstigten Betrieb von einem an sich branchenfremden „Hilfs- oder Nebenbetrieb“ durchgeführt werden und das Ruhen des „Hilfs- oder Nebenbetriebs“ den branchenzugehörigen Betrieb erheblich behindern, erheblich stören oder seinen Ertrag erheblich mindern würde.

45 **Beispiele:** Kartoffelschälbetrieb oder Automatenaufstellbetrieb im Verhältnis zum Gaststättenbetrieb (**R:** BVerwG 7.10.1965 GewA 1966, 34); Reinigungsbetrieb im Verhältnis zum Krankenhaus (**R:** LAG Nds. 10.10.1989 NZA 1990, 568; aA wohl BAG 12.12.1990 NZA 1991, 505 = DB 1991, 2143, ohne allerdings die Frage abschließend zu entscheiden); Reparaturbetrieb im Verhältnis zum Verkehrsbetrieb (**R:** OVG Berlin 31.7.1961 AP AZO 1938 § 19 Nr. 1; OLG Karlsruhe 14.1.1983 AP JArbSchG § 16 Nr. 1; VG Arnsberg 3.7.1980 GewA 1981, 63). Die Ausnahmen sind wegen der besonderen Schwierigkeiten dieser Betriebe geschaffen worden und um die Funktionsfähigkeit dieser Betriebe, die zu dem in der Ausnahme genannten Beschäftigungsbereich gehören, als solche aufrechterhalten zu können.

46 **c) Verkehrsbetriebe. – Verkehrsbetriebe** sind alle öffentlichen und privaten Betriebe, deren Zweck unmittelbar auf die Beförderung von Personen, Gütern oder Nachrichten für andere gerichtet ist und die dazugehörigen selbstständigen und unselbstständigen Hilfs- und Nebenbetriebe (**R:** BVerwG 25.11.1981 GewA 1982, 171; vgl. auch BT-Drucks. 12/5888 5. 25). Die Beförderung braucht aber nicht der alleinige Zweck des Verkehrsbetriebes zu sein, auch nicht sein Hauptzweck. Die Beförderung von Personen, Gütern oder Nachrichten muss jedoch dem Betrieb das Gepräge als Verkehrsbetrieb geben. Ob der Verkehrsbetrieb gewerblich betrieben wird, ist nicht entscheidend. Der engere Begriff Verkehrsgewerbe (vgl. früher § 105i aF GewO) wurde der Erweiterung des Geltungsbereichs des ArbZG (vgl. § 18) entsprechend durch den weiteren Begriff Verkehrsbetrieb ersetzt; der unbestimmtere Begriff Verkehrswesen des § 12 Abs. 1 AZO 1938 durch den bestimmteren Begriff Verkehrsbetrieb (zur Luftfahrt vgl. § 20 Rn 2 ff).

47 **Beispiele:** Bundesbahn, städtische und gemeindliche Verkehrsbetriebe, Eisenbahn-, Straßenbahn- und Omnibusunternehmen, Gütertransportbetriebe, Speditions- und Schiffsmaklerbetriebe, Taxis, Taxi-Funkzentralen, Mietwagenbetriebe, Reisebüros (Hilfs- und Nebenbetriebe). Der **Werksverkehr** als solcher ist, obwohl er Personen, Güter oder Nachrichten befördert, kein Verkehrsbetrieb; er ist Teil eines idR auf andere Zwecke gerichteten Betriebs. Zu den Verkehrsbetrieben gehören dagegen die Telekom und der Postdienst, weil sie Nachrichten, Personen oder Güter befördern; Bank-, nicht Verkehrsbetrieb ist die Postbank. Beim Rundfunk gehört der Sendebereich, insbes. wegen seiner Informationsvermittlungsaufgabe, zu den Verkehrsbetrieben, nicht dagegen der Verwaltungsbereich. Zu den Verkehrsbetrieben gehört auch der Zeitungs- und Zeitschriftenvertrieb (Beförderung von Nachrichten), insbes. das Befördern, Austragen, Kommissionieren, Vertriebsfähigmachen von Zeitungen und Zeitschriften (**R:** BVerwG 25.11.1981 GewA 1982, 171; BVerwG

7.4.1983 GewA 1983, 225). Anzeigenblätter und andere Werbeschriften sind weder Zeitungen noch Zeitschriften; auch deren Verteilung gehört nicht zu den Verkehrsbetrieben (**R:** OLG Hamm 29.3.1984 WRP 1984, 499).

Hilfs- und Nebenbetriebe gehören zu den Verkehrsbetrieben, wenn und soweit deren Ruhen den Hauptbetrieb erheblich stören bzw beeinträchtigen oder dessen Ertrag erheblich mindern würde (**R:** OLG Karlsruhe 14.1.1983 AP JArbSchG § 16 Nr. 1); zB Autobahn- und Garagenbetriebe, Tankstellen und Reparaturwerkstätten von Verkehrsbetrieben, Schlaf- und Speisewagen der Eisenbahnen. Für Verkehrsbetriebe eigentümlich sind auch Tätigkeiten von Fremdbetrieben im Verkehrsbetrieb, die zwar selbst kein Verkehrsbetrieb und auch kein Hilfs- und Nebenbetrieb des Verkehrsbetriebes sind, die jedoch zum reibungslosen Ablauf des Verkehrsbetriebes erforderlich sind und deren Beziehung zum Verkehrsbetrieb auf eine gewisse Dauer angelegt ist (**R:** OLG Karlsruhe 14.1.1983 AP JArbSchG § 16 Nr. 1), zB die Reparaturnothilfe in Kfz-Reparaturwerkstätten, die Reinigung auf einem Flughafen durch ein betriebsfremdes Reinigungsunternehmen zur Sicherstellung eines reibungslosen Ablaufs des Flugverkehrs (**R:** OVG Berlin 31.7.1961 AP AZO 1938 § 19 Nr. 1). Der Begriff des Verkehrsbetriebs umfasst die mit dem Verkehrsablauf notwendigerweise zusammenhängenden Tätigkeiten ohne Rücksicht darauf, welchem Betrieb diese Tätigkeiten zuzuordnen sind (**R:** BVerwG 7.3.1983 GewA 1983, 225; zu den Drittbetrieben vgl. ferner Rn 44 und 45). **48**

Zu den Voraussetzungen und zum Geltungsbereich der Ausnahme, die hier entsprechend gelten, vgl. Rn 38 und 39. **49**

d) Rundfunk. – Die Ausnahme für den Rundfunk in § 5 Abs. 2 ist schon vom Wortlaut her umfassend. Mit dem Begriff Rundfunk ist der **Hörfunk** und das **Fernsehen** gemeint, der öffentlich-rechtlichen und der privatrechtlichen Rundfunkanstalten mit ihrem Sende- und ihrem Verwaltungsbereich. Die vielfältigen Programmaufgaben des Hörfunks und des Fernsehens, insbes. der öffentlich- rechtlichen Rundfunkanstalten, erfordern eine 7-Tage-Betriebswoche rund um die Uhr und oft nicht voraussehbare Kürzungen der Ruhezeit zwischen den Schichten, gerade bei aktuellen Produktionen, bei Reisetätigkeit uÄ. Nach *Neumann/Biebl* (**L:** *Neumann/Biebl* § 5 Rn 13) soll die Verkürzungsmöglichkeit nicht in Frage kommen für sog. **Vorratsproduktionen**. Orientiert man sich allein an der Informationsvermittlungsaufgabe des Rundfunks, so kann eine derartige Beschränkung durchaus gerechtfertigt werden, allerdings findet sie keine Entsprechung im Wortlaut der Norm (**L:** vgl. *Baeck/Deutsch/Winzer* § 5 Rn 35; *Schliemann* § 5 Rn 41). **50**

Die Ausnahme für den Rundfunk in § 5 Abs. 2 ist erst vom Ausschuss für Arbeit und Sozialordnung des Deutschen Bundestages eingefügt worden, und zwar mit der Begründung, dass damit der Informationsvermittlungsaufgabe des Rundfunks Rechnung getragen werde (vgl. BT-Drucks. 12/6990 5. 9 und 43). Der Wortlaut der Ausnahme ist jedoch auf diese Aufgabe nicht beschränkt worden, auch nicht dieser Aufgabe entsprechend auf den Sendebereich des Rundfunks begrenzt worden, ob- **51** wohl bekannt war, dass der Rundfunk, insbes. wegen seiner Informationsvermittlungsaufgabe, zu den Verkehrsbetrieben zählt und damit für ihn bereits insoweit in § 5 Abs. 2 eine Ausnahme vorgesehen war. Es ist daher anzunehmen, dass mit der Einfügung der Worte „beim Rundfunk" in § 5 Abs. 2 gegenüber dem bisherigen § 12 Abs. 1 eine neue, eigenständige Ausnahme für den Rundfunk geschaffen werden sollte und die Informationsvermittlungsaufgabe des Rundfunks lediglich der Anlass für die Einfügung war.

52 Zu den Voraussetzungen und zum Geltungsbereich der Ausnahme, die hier entsprechend gelten, vgl. Rn 38 und 39 (zu den Drittbetrieben vgl. Rn 44 und 45, zu den Hilfs- und Nebenbetrieben vgl. Rn 48).

53 **e) Landwirtschaft, Tierhaltung**. – Der Begriff der Landwirtschaft ist im ArbZG nicht definiert. Zur Auslegung des Begriffs ist auf die im Arbeits- und Wirtschaftsleben geltenden Begriffsinhalte abzustellen, wobei auch auf die allgemeine Gesetzesentwicklung zurückgegriffen werden kann (**R:** BAG 25.4.1995 NZA 1995, 1205, 1206). Unter **Landwirtschaft** wird die planmäßige Nutzung des Bodens und die mit der Bodennutzung verbundene Tierhaltung zur Gewinnung pflanzlicher und tierischer Erzeugnisse (Urproduktion) verstanden. Als notwendiger Bestandteil gehört dazu auch die Verwertung, vor allem der Absatz der Erzeugnisse. Wesensmerkmal landwirtschaftlicher Tätigkeit ist es, dass der landwirtschaftliche Unternehmer über Grund und Boden verfügt, der mit dem Ziel bearbeitet wird, organische Naturprodukte zu erzeugen (**R:** BAG 25.4.1995 NZA 1995, 1205, 1207). Zur Landwirtschaft gehören kraft Herkommens der Ackerbau, der Obst- und Gemüsebau, der Weinbau, der Anbau von Tabak und Hopfen, die Wiesen- und Weidewirtschaft, die Saatzucht, die Tierhaltung und Tierzucht in Verbindung mit der Bodenbewirtschaftung, also mit Futtermitteln, die im Wesentlichen aus der eigenen Landwirtschaft herrühren. Zur Landwirtschaft zählt auch die Imkerei, die Forstwirtschaft, die Fischzucht, die Teichwirtschaft und die Binnenfischerei (Seen-, Bach- und Flussfischerei) sowie die den Zielen des Natur- und Umweltschutzes dienende Landschaftspflege (vgl. § 123 Abs. 1 Nr. 1 SGB VII); auch die Forstwirtschaft wird jetzt allgemein zur Landwirtschaft gerechnet.

54 Zur Landwirtschaft gehört auch der **Gartenbau**. Als besonders intensive landwirtschaftliche Bodennutzung, vor allem unter Verwendung besonderer technischer Einrichtungen (Gewächshäuser, Bewässerungsanlagen uÄ), der auf die Gewinnung hochwertiger pflanzlicher Bodenerzeugnisse, wie Gemüse, Obst, Blumen, Samen, Sträucher, junge Bäume, gerichtet ist, zählen zur Landwirtschaft auch Gemüsebauern, Obstbauern, Gärtnereien und Baumschulen. Ein Gartenbaubetrieb mit einem Handelsgeschäft für Erzeugnisse des Gartenbaubetriebs ist als Gewerbebetrieb zu behandeln, wenn in dem Handelsgeschäft mehr als 50% eigene Erzeugnisse verwertet werden. Ist das Handelsgeschäft nach § 14 GewO angemeldet, ist bis zum Beweis des Gegenteils zu vermuten, dass der gesamte Betrieb ein Gewerbebetrieb ist.

Nach der amtlichen Begründung zum ArbZG (vgl. BT-Drucks. 12/5 888 5. 27) gehören zur Landwirtschaft auch die **Unternehmen**, die der **landwirtschaftlichen Unfallversicherung** unterliegen. Das sind nach **§ 123 SGB VII** im Wesentlichen: 55

1. Unternehmen der Land- und Forstwirtschaft (vgl. Rn 53 und 54),
2. Unternehmen, in denen ohne Bodenbewirtschaftung Nutz- oder Zuchttiere zum Zwecke der Aufzucht, der Mast oder der Gewinnung tierischer Produkte gehalten werden,
3. land- und forstwirtschaftliche Lohnunternehmen,
4. Park- und Gartenpflege sowie Friedhöfe,
5. Jagden,
6. die Landwirtschaftskammern und die Berufsverbände der Landwirtschaft,
7. Unternehmen, die unmittelbar der Sicherung, Überwachung oder Förderung der Landwirtschaft überwiegend dienen,
8. die Träger der landwirtschaftlichen Sozialversicherung.

Zur Landwirtschaft zählen auch **die landwirtschaftlichen Nebenbetriebe**. Hierunter sind selbstständige Einrichtungen zur Verfolgung eines technischen Zwecks zu verstehen, der mit dem landwirtschaftlichen Zweck des Hauptbetriebes zwar nicht zusammenfällt, aber der Förderung dieses Hauptzweckes zu dienen bestimmt sind. Hierzu gehören insbes. organisatorisch verselbstständigte Produktionseinheiten, in denen die im Hauptbetrieb gewonnenen Erzeugnisse verarbeitet oder sonst verwertet werden, wie zB Käsereien, Brennereien, Marmeladefabriken und Keltereien (**R:** BAG 25.4.1995 NZA 1995, 1205, 1207); ebenso Obstmostereien, Trocknungs- und Konservierungsanlagen für Obst und Gemüse, Fischräuchereien, Getreidemühlen, Ölmühlen, Blumen- und Kranzbindereien, Steinbrüche, Sand-, Kies- und Tongruben. Inhaber des landwirtschaftlichen Hauptbetriebes und des landwirtschaftlichen Nebenbetriebes müssen aber identisch sein. Schließen sich mehrere Landwirte zur Bearbeitung oder Verwertung ihrer landwirtschaftlichen Produkte zu einer Genossenschaft zusammen, so handelt es sich dabei nicht um einen landwirtschaftlichen Nebenbetrieb, weil die Identität des Betriebsinhabers nicht gegeben ist (**R:** BAG 25.4.1995 NZA 1995, 1205, 1207). Verarbeiten und veräußern derartige Nebenbetriebe nicht nur gelegentlich und in nicht nur unwesentlichem Umfang auch Erzeugnisse anderer landwirtschaftlicher Betriebe, so kommt die Ausnahme nicht zur Anwendung. 56

Landmaschinenfachbetriebe sind als Dienstleistungsbetriebe der Landwirtschaft landwirtschaftliche Hilfsbetriebe, auf die § 5 Abs. 2 Anwendung findet, soweit ohne diese Anwendung die Arbeit im landwirtschaftlichen Betrieb während der Erntezeit erheblich gestört oder ihr Ertrag erheblich gemindert würde. 57

Mit dem Begriff **Tierhaltung** in § 5 Abs. 2 ist die Tierhaltung außerhalb der Landwirtschaft gemeint, dh die Tierhaltung, die nicht auf eigener landwirtschaftlicher 58

Futtergrundlage beruht. Zu ihr gehören die gewerbliche Tierhaltung zur Fleisch- und Eierversorgung sowie die sonstige Haltung von Tieren, insbes. zu sportlichen (zB Rennpferde), wissenschaftlichen (Versuchstiere), bildenden (Zoo, Tierpark) oder unterhaltenden Zwecken (Zirkus).

59 Neu ist die Verwendung des Wortes „**Tierhaltung**" für sich **allein** in § 12 Abs. 1 Nr. 1. Der Grund ist darin zu sehen, dass Tiere innerhalb und außerhalb der Landwirtschaft jeden Sonntag gefüttert und gepflegt werden müssen. Daher steht das Wort Tierhaltung in § 12 Abs. 1 Nr. 1 für die Tierhaltung sowohl innerhalb als auch außerhalb der Landwirtschaft.

60 Neu ist ferner die Einführung des Begriffs **Einrichtungen zur Behandlung und Pflege von Tieren** in § 10 Abs. 1 Nr. 12 neben den Begriffen Landwirtschaft und Tierhaltung. Auffällig ist ferner die Verwendung der Worte **Behandlung** und Pflege von Tieren für sich **allein** in § 14 Abs. 2 Nr. 2, dagegen nicht in § 5 Abs. 2 oder 3, auch nicht in § 7 Abs. 2 Nr. 2 oder in § 12 Abs. 1 Nr. 1. Reicht daher die Behandlung eines Tieres im Hause oder in der Stallung aus, kann sie unter Zuhilfenahme der Ausnahme bzw Abweichung für die Landwirtschaft, für die Tierhaltung oder für die Einrichtung erfolgen, schon wegen der Dringlichkeit.

61 Zum **Geltungsbereich** der Ausnahme für die Landwirtschaft, die Tierhaltung und die Einrichtungen vgl. die Ausführungen in Rn 38 und 39, die hier entsprechend gelten (zu den Drittbetrieben vgl. Rn 44 und 45; zu den Hilfs- und Nebenbetrieben vgl. Rn 48).

IV. Spezielle Ausnahmen

62 **1. Krankenhäuser, Pflegeeinrichtungen. – a) Entstehung und Grund der Ausnahme**. – § 5 Abs. 3 enthält eine krankenhausspezifische Ausnahmeregelung (zum Begriff Krankenhaus vgl. Rn 35) und ihr folgend auch eine solche für den übrigen Pflegebereich (zum Begriff Pflegebereich vgl. Rn 36 und 37). Damit sollte den Besonderheiten des Bereitschaftsdienstes und der Rufbereitschaft in Krankenhäusern und den anderen Pflegeeinrichtungen Rechnung getragen werden (**L:** vgl. ausf. *Anzinger/Roggendorff* ZTR 1996, 52 57; *Jobs/Zimmer* ZTR 1995 483; *Kempter* NZA 1996 1190; *Weiß* PersRat 1996, 196).

63 Durch das **Änderungsgesetz 2003** sind die Worte „des Bereitschaftsdienstes oder" gestrichen worden, so dass die Ausnahmeregelung des § 5 Abs. 3 nur noch bei einer **Rufbereitschaft** zur Anwendung kommen kann. Die praktische Bedeutung der Regelung wird damit wohl gegen Null tendieren.

64 **b) Inhalt und Grenzen der Ausnahme.** – Die einleitenden Worte „abweichend von Abs. 1" in § 5 Abs. 3 stellen klar, dass es sich bei der Regelung in § 5 Abs. 3 um eine Ausnahme von den Grundnormen in § 5 Abs. 1 handelt, und zwar nur von dieser, nicht auch etwa von den Grundnormen in den §§ 3 und 4. Andererseits stel-

len die einleitenden Worte klar, dass die Regelung in § 5 Abs. 3 in mehrfacher Hinsicht von der Grundnorm in § 5 Abs. 1 abweicht.

§ 5 Abs. 3 bedeutet: 1. Eine Rufbereitschaft ist **im Anschluss** an die normale tägliche Arbeitszeit abweichend von § 5 Abs. 1 im Krankenhaus und im übrigen Pflegebereich nach wie vor zulässig. Sie wird im Unterschied zu den anderen Beschäftigungsbereichen vom ArbZG in dem sich aus § 5 Abs. 3 ergebenden Umfang abweichend von § 5 Abs. 1 als Ruhezeit angesehen. **65**

2. Die in § 5 Abs. 1 bestimmte **Mindestruhezeit von 11 Stunden** aufgrund des § 5 Abs. 3 kann durch Inanspruchnahmen während der Rufbereitschaft im Krankenhaus und im übrigen Pflegebereich nach wie vor **verkürzt** werden, allerdings nur noch auf bis zu **$5^1/_2$ Stunden** während einer Rufbereitschaft. Dies folgt aus dem Wortlaut der Vorschrift „Inanspruchnahmen …, die nicht mehr als die Hälfte der Ruhezeit betragen". Die Hälfte der Ruhezeit von 11 Stunden gemäß § 5 Abs. 1 sind $5^1/_2$ Stunden. Der Bezug auf die 11 Stunden des § 5 Abs. 1 folgt aus den einleitenden Worten „Abweichend von Abs. 1" in § 5 Abs. 3. **66**

3. Die **Kürzung** der Ruhezeit von 11 Stunden auf bis zu $5^1/_2$ Stunden ist wie nach § 5 Abs. 2 zu anderen Zeiten **auszugleichen**, allerdings nicht wie dort auf mindestens 12 Stunden, sondern hier auf **mindestens 11 Stunden** in einem vom jeweiligen Betrieb zu bestimmenden Ausgleichszeitraum. Auch die Form des Ausgleichs ist dem jeweiligen Betrieb überlassen. Nach § 5 Abs. 2 ist der Ausgleich durch Verlängerung einer anderen Ruhezeit vorzunehmen. **67**

4. Betragen die **Inanspruchnahmen** während der Rufbereitschaft im Krankenhaus bzw im übrigen Pflegebereich mehr als die Hälfte der Ruhezeit des § 5 Abs. 1, dh **mehr als $5^1/_2$ Stunden**, ist der betroffene Arbeitnehmer vom nachfolgenden Tagesdienst ganz freizustellen. Er darf frühestens nach einer ununterbrochenen Ruhezeit von mindestens 11 Stunden erneut beschäftigt werden. **68**

Die gesetzliche Regelung des § 5 Abs. 3 besagt nicht, dass die **Inanspruchnahmen** während der Rufbereitschaft nicht als Arbeitszeit zu werten sind. Sie sind wie auch sonst Arbeitsleistungen und als solche auf die gesetzlich zulässige Höchstarbeitszeit des § 3 anzurechnen. Ist die höchstzulässige **Arbeitszeit** (10 Stunden täglich, 60 Stunden wöchentlich, vgl. § 2 Rn 8 ff, § 3 Rn 8 ff) bereits ausgeschöpft, so muss für weitere Inanspruchnahmen eine abweichende Regelung nach § 7 vorliegen. **69**

§ 5 Abs. 3 enthält keine Befreiung von den Ruhepausenvorschriften des § 4. Während der Inanspruchnahmen sind die dort vorgeschriebenen **Ruhepausen** zu gewähren. Die Arbeitszeiten aus der Tagesarbeit und die Inanspruchnahmen während der Rufbereitschaft sind für die Errechnung der Mindestdauer der Ruhepausen zusammenzurechnen. Für die Leistung der Rufbereitschaft brauchen Ruhepausen nicht gewährt zu werden, da sie keine Arbeitszeiten sind (vgl. § 2 Rn 52). Andererseits ist es zulässig, Ruhepausen in die Zeit der Rufbereitschaft zu legen (vgl. § 4 Rn 5), es sei denn, dass § 4 Satz 3 dem entgegensteht. **70**

71 **2. Kraftfahrer und Beifahrer.** – Die Ausnahme für Kraftfahrer und Beifahrer in § 5 Abs. 4 ist mit Art. 5 des Gesetzes zur Änderung personenbeförderungsrechtlicher Vorschriften und arbeitszeitrechtlicher Vorschriften vom 14.8.2006 (BGBl. I S. 1962) aufgehoben worden. § 21a enthält nunmehr Sonderregelungen für die Arbeitszeit für Fahrer oder Beifahrer bei Straßenverkehrstätigkeiten (vgl. § 21a Rn 5ff).

V. Abweichungen durch Tarifvertrag

72 Die Tarifvertragsparteien und aufgrund eines Tarifvertrags die Partner einer Betriebs- oder Dienstvereinbarung können abweichend von § 5 Abs. 1 die Ruhezeit um bis zu 2 Stunden kürzen, wenn die Art der Arbeit dies erfordert und die Kürzung der Ruhezeit ausgeglichen wird (§ 7 Abs. 1 Nr. 3). Damit ist eine Kürzung der Ruhezeit von 11 bis auf 9 Stunden möglich.

73 Bei der Rufbereitschaft sind Anpassungen der Ruhezeiten an die Besonderheiten dieses Dienstes aufgrund eines Tarifvertrags zulässig (§ 7 Abs. 2 Nr. 1). Weitere Abweichungen sind aufgrund eines Tarifvertrags nach § 7 Abs. 2 Nr. 2 bis 4 in der Landwirtschaft, im Pflegebereich und im öffentlichen Dienst möglich.

VI. Sonderregelungen

74 **1. Gefährliche Arbeiten.** – Die Bundesregierung kann durch Rechtsverordnung für bestimmte Beschäftigungsbereiche, Arbeiten oder Arbeitnehmergruppen, bei denen besondere Gefahren für die Arbeitnehmer zu erwarten sind, die Ruhezeiten über den § 5 hinaus ausdehnen und die Abweichungsmöglichkeiten nach § 7 beschränken, soweit dies zum Schutz der Gesundheit der Arbeitnehmer erforderlich ist (vgl. § 8). Schon heute sieht § 21 Abs. 3 Druckluftverordnung (vgl. Teil D Anh. 9) vor, dass zwischen 2 Arbeitsschichten eine arbeitsfreie Zeit von mindestens **12 Stunden** liegen muss.

75 **2. Jugendliche.** – Für die Ruhezeiten der Jugendlichen gilt anstelle des § 5 die Sonderregelung des § 13 JArbSchG (vgl. § 18 Rn 26 und 27). Danach dürfen Jugendliche nach Beendigung der täglichen Arbeitszeit nicht vor Ablauf einer ununterbrochenen Freizeit von mindestens 12 Stunden beschäftigt werden (**L:** vgl. im Einzelnen *Zmarzlik/Anzinger* § 13 Rn 6ff). Eine Angleichung dieser Regelung an die der Erwachsenen ist selbst bei Zusammenarbeit von Erwachsenen und Jugendlichen nicht möglich, weder durch Tarifvertrag, Betriebsvereinbarung, Ausnahmebewilligung noch durch Rechtsverordnung (**L:** vgl. im Einzelnen *Zmarzlik/Anzinger* § 21a Rn 14 und § 21b Rn 5).

76 Im JArbSchG wird ferner im Unterschied zum ArbZG statt des Begriffs Ruhezeit der umfassendere Begriff **Freizeit** verwandt und hierdurch die besondere Bedeutung dieser Zeit gerade für Jugendliche unterstrichen (**L:** vgl. im Einzelnen *Zmarz-*

lik/Anzinger § 13 Rn 4 f). Zusätzlich wird zur Absicherung der Freizeit bzw Ruhezeit der Jugendlichen in § 14 JArbSchG für die Zeit von 6 bis 22 Uhr ein Nachtarbeitsverbot für Jugendliche verfügt.

3. Frauen, Mütter. – Das ArbZG enthält **keine Sonderregelung** der Ruhezeiten für Frauen. § 19 AZO 1938 über die Nachtruhe und den Frühschluss vor Sonn- und Feiertagen von Arbeiterinnen ist aufgehoben worden (vgl. Art. 21 Nr. 1 ArbZRG). Die Freizeitanordnung mit dem Anspruch von Frauen mit Kindern auf Befreiung von Nachtarbeit ist ebenfalls aufgehoben worden (vgl. Art. 21 Nr. 9 ArbZRG). Ebenfalls aufgehoben wurden die Hausarbeitstagsregelungen in Bund und Ländern (vgl. Art. 19 ArbZRG). Nacht- und Schichtarbeit ist in § 6 neu für Frauen und Männer einheitlich geregelt worden. Nach § 6 Abs. 4 hat der Arbeitgeber den Nachtarbeitnehmer auf dessen Verlangen auf einen für ihn geeigneten **Tagesarbeitsplatz umzusetzen**, wenn im Haushalt des Arbeitnehmers ein Kind unter 12 Jahren lebt, das nicht von einer anderen im Haushalt lebenden Person betreut werden kann. 77

Sonderregelungen für Mütter sind im **MuSchG** enthalten. Der hier in Betracht kommende § 8 MuSchG enthält keine gegenüber § 5 besondere Ruhezeitregelung für Mütter. Diese Vorschrift verbietet aber jedem Arbeitgeber, werdende und stillende Mütter in der Nacht zwischen 20 und 6 Uhr zu beschäftigen (**L:** zum Verbot der Nachtarbeit des § 8 MuSchG und seinen Ausnahmen vgl. im Einzelnen *Zmarzlik/Zipperer/Viethen* § 8 Rn 23 ff). Im Einzelfall kann sich darüber hinaus eine besondere Ruhezeitenregelung aus dem **individuellen Beschäftigungsverbot** des § 3 Abs. 1 MuSchG ergeben, wenn und soweit die in § 5 bestimmten Ruhezeiten nach ärztlichem Zeugnis nicht ausreichen, um Leben oder Gesundheit von Mutter oder Kind bei Fortdauer der Beschäftigung zu schützen. 78

VII. Verstöße

Ein Arbeitgeber, der vorsätzlich oder fahrlässig entgegen § 5 Abs. 1 die Mindestruhezeit nicht oder nicht mit der vorgeschriebenen Mindestdauer von 11 Stunden gewährt, die Ruhezeit durch einen Arbeitseinsatz unterbricht, den Arbeitnehmer zum Bereitschaftsdienst während der Ruhezeit einteilt, ihm Arbeit mit nach Hause gibt ua (vgl. Rn 4 ff), handelt ordnungswidrig nach § 22 Abs. 1 Nr. 3, es sei denn, dass eine Ausnahme nach § 5 Abs. 2 oder 3, eine abweichende Regelung nach § 7 Abs. 1 Nr. 3 oder Abs. 2, ein außergewöhnlicher Fall nach § 14 oder eine Ausnahmebewilligung nach § 15 Abs. 1 Nr. 3 oder Nr. 4 vorliegt. Der Arbeitgeber verstößt auch dann gegen § 22 Abs. 1 Nr. 3 iVm § 5 Abs. 1, wenn er die ordnungsgemäße Einhaltung der vorgeschriebenen Mindestruhezeit schuldhaft nicht überwacht, selbst wenn der Arbeitnehmer mit der Nicht- oder teilweisen Nichtgewährung der Ruhezeit oder deren Unterbrechung einverstanden ist (vgl. § 1 Rn 24). Ein Arbeitgeber, der zB einen Arbeitnehmer auf erneute Fernfahrt schickt, ohne sich davon zu überzeugen, ob dieser die vorgeschriebene Ruhezeit seit der Rückkunft von der letzten Fahrt gehabt hat, handelt ordnungswidrig, selbst wenn der Arbeitnehmer mit der er- 79 neuten Fernfahrt einverstanden ist (**R:** vgl. OLG Hamm 30.8.1956 AP AZO 1938 § 12 Nr. 2). Ein Arbeitgeber handelt ebenso ordnungswidrig, wenn er vorsätzlich oder fahrlässig **entgegen § 5 Abs. 2** die Verkürzung der Ruhezeit nicht oder nicht rechtzeitig durch Verlängerung einer anderen Ruhezeit ausgleicht (§ 22 Abs. 1 Nr. 3 Halbs. 2; zu Straftaten vgl. § 23).

80 Der Arbeitnehmer kann, abgesehen von außergewöhnlichen Fällen, die Arbeitsleistung **verweigern**, solange ihm der Arbeitgeber die vorgeschriebene Ruhezeit nicht oder nicht vollständig gewährt (**R:** LAG Düsseldorf 19.4.1967 BB 1967, 992; vgl. ferner § 1 Rn 30). Erleidet der Arbeitnehmer einen Schaden, kann er einen **Schadensersatzanspruch** geltend machen (vgl. § 1 Rn 34 und 45). Der Verlust an bloßer Freizeit reicht allerdings für den Schadensersatzanspruch nicht aus (vgl. § 4 Rn 39). Eine nach § 5 zustehende, aber nicht gewährte Ruhezeit kann nicht durch Geld abgegolten werden (vgl. § 4 Rn 37). Durch eine Ersatzfreizeit wird der Straf- bzw Bußgeldanspruch des Staates gegen den Arbeitgeber nicht beseitigt. Wird ein zur Rufbereitschaft eingeteilter Arbeitnehmer in der Nacht zu Reparaturarbeiten herangezogen und muss – wegen der elfstündigen Mindestruhezeit – deshalb für ihn am folgenden Tag die regelmäßige Tagesschicht ausfallen, so kann er für die ausgefallenen Stunden der Tagesschicht keine Bezahlung verlangen, es sei denn, dass die Bezahlung einzel- oder kollektivvertraglich vereinbart ist (**R:** BAG 5.7.1976 BB 1976, 1223).

§ 6
Nacht- und Schichtarbeit

(1) Die Arbeitszeit der Nacht- und Schichtarbeitnehmer ist nach den gesicherten arbeitswissenschaftlichen Erkenntnissen über die menschengerechte Gestaltung der Arbeit festzulegen.

(2) Die werktägliche Arbeitszeit der Nachtarbeitnehmer darf acht Stunden nicht überschreiten. Sie kann auf bis zu zehn Stunden nur verlängert werden, wenn abweichend von § 3 innerhalb von einem Kalendermonat oder innerhalb von vier Wochen im Durchschnitt acht Stunden werktäglich nicht überschritten werden. Für Zeiträume, in denen Nachtarbeitnehmer im Sinne des § 2 Abs. 5 Nr. 2 nicht zur Nachtarbeit herangezogen werden, findet § 3 Satz 2 Anwendung.

(3) Nachtarbeitnehmer sind berechtigt, sich vor Beginn der Beschäftigung und danach in regelmäßigen Zeitabständen von nicht weniger als drei Jahren arbeitsmedizinisch untersuchen zu lassen. Nach Vollendung des 50. Lebensjahres steht Nachtarbeitnehmern dieses Recht in Zeitabständen von einem Jahr zu. Die Kosten der Untersuchungen hat der Arbeitgeber zu tragen, sofern er die Untersuchungen den Nachtarbeitnehmern nicht kostenlos durch einen Betriebsarzt oder einen überbetrieblichen Dienst von Betriebsärzten anbietet.

(4) Der Arbeitgeber hat den Nachtarbeitnehmer auf dessen Verlangen auf einen für ihn geeigneten Tagesarbeitsplatz umzusetzen, wenn

a) nach arbeitsmedizinischer Feststellung die weitere Verrichtung von Nachtarbeit den Arbeitnehmer in seiner Gesundheit gefährdet oder

b) im Haushalt des Arbeitnehmers ein Kind unter zwölf Jahren lebt, das nicht von einer anderen im Haushalt lebenden Person betreut werden kann, oder

c) der Arbeitnehmer einen schwerpflegebedürftigen Angehörigen zu versorgen hat, der nicht von einem anderen im Haushalt lebenden Angehörigen versorgt werden kann,

sofern dem nicht dringende betriebliche Erfordernisse entgegenstehen. Stehen der Umsetzung des Nachtarbeitnehmers auf einen für ihn geeigneten Tagesarbeitsplatz nach Auffassung des Arbeitgebers dringende betriebliche Erfordernisse entgegen, so ist der Betriebs- oder Personalrat zu hören. Der Betriebs- oder Personalrat kann dem Arbeitgeber Vorschläge für eine Umsetzung unterbreiten.

(5) Soweit keine tarifvertraglichen Ausgleichsregelungen bestehen, hat der Arbeitgeber dem Nachtarbeitnehmer für die während der Nachtzeit geleisteten Arbeitsstunden eine angemessene Zahl bezahlter freier Tage oder einen angemessenen Zuschlag auf das ihm hierfür zustehende Bruttoarbeitsentgelt zu gewähren.

(6) Es ist sicherzustellen, dass Nachtarbeitnehmer den gleichen Zugang zur betrieblichen Weiterbildung und zu aufstiegsfördernden Maßnahmen haben wie die übrigen Arbeitnehmer.

Übersicht

I. Allgemeines

1 **Geschichte:** Nachtarbeit ist schädlich. Auf diese Kurzformel bringt das BVerfG (**R:** BVerfG 28.1.1992 BB 1992, Beil. 3; BVerfG 9.6.2004 DB 2004, 1504) die Erkenntnisse, die seit Jahrzehnten von Wissenschaft und Praxis (**L:** *Elsner* S. 111; *Hahn* S. 78 ff; *Nachreiner/Streich/Wettberg* S. 917 ff; *Rutenfranz/Beermann/Löwenthal* S. 27 ff; *Rutenfranz/Knauth* S. 28 ff) zusammengetragen wurden zu **Arbeitsleistungen, die entgegen dem normalen Tag/Nacht-Rhythmus der Menschen geleistet werden** müssen. Die vermeintliche Notwendigkeit, Arbeitskräfte auch nachts einsetzen zu müssen, hat sich parallel mit dem um das Jahr 1800 insbes. in Preußen einsetzenden Wandel von einer bäuer- und handwerklich strukturierten Gesellschaft hin zur industriellen Produktionsweise ergeben.

2 Der im Bereich des Gesundheitsschutzes immer mit gewissen zeitlichen Verzögerungen reagierende Staat betrieb zunächst Schadensbegrenzung, indem er für die besonders schutzbedürftigen Kinder und Jugendlichen Schutzvorschriften erlässt, so zB das Regulativ über die Beschäftigung jugendlicher Arbeiter in Fabriken (vgl.

Einf. Rn 9) im Jahr 1839, das ua Arbeitsleistungen von Jugendlichen unter 16 Jahren während der Nachtzeit von 21 bis 5 Uhr verbietet. So gesehen ist die Geschichte des Arbeitsschutzes jeweils auch die Geschichte des Versuchs, Arbeitsleistungen während der Nacht, wenn nicht zu verbieten, so doch zu begrenzen (**L:** vgl. ausf. zur geschichtlichen Entwicklung *Ayaß* ZfS 2000, 189).

Ein Nachtarbeitsverbot für Arbeiterinnen gab es **seit 1891**. Es bestand zunächst für die Zeit von 20.30 bis 5.30 Uhr und wurde seit 1908 infolge des sog. **Berner Abkommens** (in Kraft seit dem 14.1.1912 – RGBl. 1911 Nr. 2 S. 16; außer Kraft getreten mit Wirkung zum 24.6.1993, Bek. vom 15.10.1992, BGBl. II S. 1118) auf die Zeit von 20 bis 6 Uhr ausgedehnt, zuletzt in § 19 AZO 1938 (vgl. Einf. Rn 38 und 40). Eine Ausdehnung des Nachtarbeitsverbots auf weibliche Angestellte ist mehrfach geplant (so nach der amtlichen Begründung zur Neufassung der AZO 1938, RABl. 1938 III S. 126; zuletzt in § 21 des Gesetzentwurfs der Länder Bremen, Hamburg, Hessen und NRW, BR-Drucks. 368/83 S. 14, vgl. auch BR-Plenarprotokoll 541 S. 397 B), doch nie realisiert worden. Die von der Bundesregierung in der 10. und 11. Legislaturperiode vorgelegten Arbeitszeitgesetzentwürfe (BT-Drucks. 10/2706 und 11/360) verzichteten zwar auf eine Ausdehnung des Nachtarbeitsverbots auf weibliche Angestellte, sahen aber die Beibehaltung des Nachtarbeitsverbots für Arbeiterinnen vor, und zwar reduziert auf die Nachtzeit von 22 bis 6 Uhr (**L:** *Anzinger* DB 1985, 2352). 3

Rechtsprechung: In zwei Entscheidungen aus den Jahren 1953 und 1956 hatte das **BVerfG** (**R:** BVerfG 18.12.1953 BB 1954, 38; BVerfG 25.5.1956 AP GG Art. 103 Nr. 1) entschieden, dass das Nachtarbeitsverbot des § 19 AZO 1938 der biologischen Besonderheit der Frau im Rahmen ihres Arbeitsverhältnisses schützend Rechnung trage und deshalb vom Differenzierungsverbot des Art. 3 Abs. 2 und 3 GG unberührt bleibe und diese Entscheidung noch im Jahr 1979 bestätigt (**R:** BVerfG 13.11.1979 AP HATG-NRW § 1 Nr. 28). Im Jahr 1992 hat sich das BVerfG (**R:** BVerfG 28.1.1992 BB 1992, Beil. 3) den kritischen Stimmen in der Literatur (**L:** *Dobberthien* ZRP 1976, 105; *Gaul* BB 1987, 1662; *Karasch* Soz.Fort. 1985, 210; *Loddenkemper* ZRP 1983, 299; *Loritz* ZfA 1991, 607) angeschlossen und festgestellt, dass § 19 Abs. 1, 1. Alt. AZO 1938 gegen Art. 3 Abs. 1 und 3 GG verstößt. 4

Vom Zeitpunkt der Verkündung dieser Entscheidung bis zum formellen Außerkrafttreten der AZO durch Art. 21 Nr. 1 ArbZRG bestand eine **Anwendungssperre**, wonach das Nachtarbeitsverbot des § 19 AZO 1938 von allen staatlichen Stellen, insbes. also von den Gerichten und Verwaltungsbehörden, nicht mehr angewendet werden durfte (**L:** ausf. zum Nachtarbeits-Urteil des BVerfG: *Blanke/Diederich* AuR 1992, 165; *Colneric* NZA 1992, 393; *Elsner* AiB 1992, 194; *Kehrmann* SozSich 1992, 97; *Krug-Ortmann/Ortmann* BetrR. Beil. 1/1992, 1; *Küfner-Schmitt* ZTR 1992, 97; *Peez/Großjohann* DB 1993, 633; *Zmarzlik* DB 1992, 680). 5

Das BVerfG hatte mit Rücksicht auf die Gestaltungsmöglichkeiten des Gesetzgebers von einer Nichtigkeitserklärung (§ 78 Satz 1 BVerfGG) des § 19 AZO 1938 6 abgesehen und lediglich die Unvereinbarkeit mit der Verfassung festgestellt. Mit der Unvereinbarkeitsfeststellung hatte es die **Aufforderung an den Gesetzgeber** verbunden, den Schutz der Arbeitnehmer vor den schädlichen Folgen der Nachtarbeit neu zu regeln. Eine solche Regelung sei notwendig, um dem objektiven Gehalt der Grundrechte, insbes. des Rechts auf körperliche Unversehrtheit (Art. 2 Abs. 2 Satz 1 GG), Genüge zu tun.

7 Eine **Schutzpflicht des Staates** bestehe gerade im Hinblick auf dieses Grundrecht. Dem Gesetzgeber komme bei der Erfüllung dieser Schutzpflicht zwar ein weiter Einschätzungs-, Wertungs- und Gestaltungsspielraum zu, der auch Raum für die Berücksichtigung konkurrierender öffentlicher und privater Interessen lasse. Die von ihm getroffenen Maßnahmen dürften aber zur Wahrung des Grundrechtsschutzes nicht gänzlich ungeeignet sein. Daran müsse sich auch die Neuregelung des Arbeitnehmerschutzes vor den gesundheitlichen Folgen der Nachtarbeit messen lassen (**R:** BVerfG 28.1.1992 BB 1992, Beil. 3).

8 In Urteilen aus den Jahren 1991 und 1997 hat der **EuGH** festgestellt, dass das französische Verbot der Nachtarbeit von Frauen in Art. L 213 Abs. 1 code du travail mit der EG-Richtlinie des Rates 76/207 v. 9.2.1976 zur Verwirklichung des Grundsatzes der Gleichberechtigung von Männern und Frauen hinsichtlich des Zugangs zur Beschäftigung, zur Berufsbildung und zum beruflichen Aufstieg sowie in Bezug auf die Arbeitsbedingungen (ABl. EG L 39 v. 14.2.1976 S. 40) nicht in Einklang steht. Der ursprünglich mit einem Nachtarbeitsverbot für Frauen verbundene Schutzgedanke sei nicht mehr begründet, da sich außer im Fall von Schwangerschaft und Mutterschaft die Gefahren, denen Frauen durch Nachtarbeit ausgesetzt seien, ihrem Wesen nach nicht von denen für Männer unterschieden (**R:** EuGH 25.7.1991 EuZW 1991, 666 = EuGRZ 1991, 421; EuGH 13.3.1997 NZA 1997, 481 = EuZW 1997, 511). Aufgrund dieses Urteils sind die Mitgliedstaaten der EU nach Art. 5 der EG-Gleichbehandlungsrichtlinie verpflichtet, ein Verbot der Nachtarbeit von Frauen – auch wenn davon Ausnahmen bestehen – nicht als gesetzlichen Grundsatz aufzustellen, wenn und solange es kein Verbot der Nachtarbeit von Männern gibt. Besteht ein allgemeines Nachtarbeitsverbot, wie zB in Belgien, so sind selbst Ausnahmen von diesem grundsätzlichen Verbot einheitlich für Frauen und Männer auszugestalten, es sei denn, dass bestimmte Ausnahmen für Frauen im Hinblick auf Schwangerschaft und Mutterschaft geboten sind (**R:** EuGH 3.2.1994 EuZW 1994, 253 = AuR 1994, 199; vgl. aber auch EuGH 5.5.1994 NZA 1994, 609 = NJW 1994, 2077).

9 Mit der Vorschrift des § 6 sind die **Vorgaben** aus der Rspr. von EuGH und BVerfG aufgegriffen und **erfüllt** worden. Im Sinne der Rspr. des EuGH zur EG-Gleichbehandlungsrichtlinie gelten die Regelungen des § 6 **einheitlich für Frauen und Männer**. Die an das Geschlecht anknüpfenden Sonderregelungen der AZO 1938 (vgl. Art. 21 Nr. 1 ArbZRG), der AVAZO (vgl. Art. 21 Nr. 2 ArbZRG), der Freizeitanordnung vom 22.10.1943 (vgl. Art. 19 Abs. 1 Nr. 1 und Art. 21 Nr. 9 ArbZRG) und des BAZG (vgl. Art. 9 Nr. 4 ArbZRG) sind ersatzlos aufgehoben worden. Das

nach **§ 8 MuSchG** für werdende und stillende Mütter fortgeltende Nachtarbeitsverbot für die Zeit zwischen 20 und 6 Uhr ist eine der besonderen körperlichen Verfassung der Frau in Zusammenhang mit Schwangerschaft und Mutterschaft Rechnung tragende Norm und ist von daher nach Art. 2 Abs. 3 EG-Gleichbehandlungsrichtlinie gerechtfertigt.

Die einheitliche Geltung der Vorschrift für Frauen und Männer realisiert den Regelungsgehalt des Art. 3 Abs. 2 GG, der ein **Gleichberechtigungsgebot** aufstellt. Der Satz „Männer und Frauen sind gleichberechtigt" will nicht nur Rechtsnormen beseitigen, die Vor- oder Nachteile an Geschlechtsmerkmale anknüpfen, sondern für die Zukunft die Gleichberechtigung der Geschlechter durchsetzen. Er zielt auf die Angleichung der Lebensverhältnisse. So müssen Frauen insbes. die gleichen Erwerbschancen haben wie Männer. Überkommene Rollenverteilungen, die zu einer höheren Belastung oder sonstigen Nachteilen für Frauen führen, dürfen durch staatliche Maßnahmen nicht verfestigt werden (**R:** BVerfG 28.1.1992 BB 1992, Beil. 3). **10**

Mit der Vorschrift des § 6 wird dem Auftrag des BVerfG an den Gesetzgeber (vgl. Rn 6) entsprochen. Nachtarbeit wird arbeitsmedizinisch und sozialpolitisch flankiert, nicht aber grundsätzlich verboten. Damit hat sich der Gesetzgeber für **eine von zwei Möglichkeiten** entschieden, die das BVerfG ihm ausdrücklich zur Wahl gestellt hat. Nach Auffassung des BVerfG kann nämlich der beabsichtigte Schutz vor den gesundheitlichen Folgen von Nachtarbeit zum einen durch geschlechtsneutrale Beschränkung ihrer Zulässigkeit und zum anderen durch die Begründung besonderer Schutz- und Fürsorgepflichten verwirklicht werden. Die Möglichkeit, dass der Gesetzgeber den mit dem Nachtarbeitsverbot verfolgten Schutzgedanken aufgibt und auf eine Regelung gänzlich verzichtet, hat das BVerfG von vornherein und – wie die Regelungen des § 6 deutlich zeigen – zutreffend ausgeschlossen. Auch die vom BVerfG statuierte, sich aus dem objektiven Gehalt von Grundrechten ergebende Pflicht zu weitergehender gesetzgeberischer Vorsorge ist aufgegriffen worden. Der besonderen Schutzbedürftigkeit von Arbeitnehmerfamilien mit kleinen Kindern und/oder schwerpflegebedürftigen Angehörigen ist durch die Regelungen in § 6 Abs. 4 Satz 1 Buchst. b und c Rechnung getragen worden (**L:** vgl. kritisch zu dieser Vorschrift *Buschmann/Ulber* § 6 Rn 3; *Berg* AiB 1994, 578, 580; *Diller* NJW 1994, 1726, 1728). **11**

Mit der Vorschrift des § 6 werden die Art. 8 bis 13 und 16 der Richtlinie 2003/88/EG vom 4.11.2003 über bestimmte Aspekte der Arbeitszeitgestaltung (ABl. EG Nr. L 299 vom 18.11.2003 S. 9) **in nationales Recht umgesetzt**. Sollten weitere Regelungen zur Umsetzung erforderlich werden, so können diese gestützt auf die §§ 8 und 24 durch Rechtsverordnung der Bundesregierung mit Zustimmung des Bundesrates erlassen werden (vgl. § 8 Rn 13f und § 24 Rn 12f). Die Festlegung einer normalen im Durchschnitt 8 Stunden betragenden Arbeitszeit für Nachtarbeitnehmer in Art. 8 der EU-Richtlinie wird umgesetzt durch § 6 Abs. 2; der dort normierte Ausgleichszeitraum von einem Kalendermonat bzw 4 Wochen steht in Einklang mit Art. 16 Buchst. b der EU-Richtlinie. Aufgabe der Tarifvertragsparteien **12** ist es, die Arbeitszeit der Nachtarbeitnehmer entsprechend Art. 8 der EU-Richtlinie auf 8 Stunden zu begrenzen, wenn die Arbeit mit besonderen Gefahren oder einer erheblichen körperlichen und geistigen Anspannung verbunden ist. Derartige Regelungen können erforderlichenfalls auch durch Rechtsverordnung nach § 8 getroffen werden.

13 Die Pflicht zur Untersuchung des Gesundheitszustandes von Nachtarbeitnehmern und zur Versetzung auf Arbeitsstellen mit Tagesarbeit nach Art. 9 der EU-Richtlinie ist in nationales Recht umgesetzt durch § 6 Abs. 3 und Abs. 4 Satz 1 Buchst. a. Die in Art. 10 der EU-Richtlinie enthaltene Ermächtigung, die Arbeit bestimmter Gruppen von bestimmten Garantien abhängig zu machen, findet ihre Entsprechung in § 8. Die Bestimmung des Art. 11 der EU-Richtlinie wird umgesetzt durch § 17 Abs. 4, wonach die Aufsichtsbehörde vom Arbeitgeber alle zur Durchführung des ArbZG erforderlichen Auskünfte, demzufolge auch Auskünfte zur Inanspruchnahme von Nachtarbeitnehmern, verlangen kann. Nachtarbeitnehmern werden durch die deutschen Arbeitsschutzgesetze, insbes. ASiG, ArbStättV und GefStoffV, wie die übrigen während des Tages beschäftigten Arbeitnehmer geschützt, weshalb es zur Umsetzung von Art. 12 der EU-Richtlinie eines weiteren Umsetzungsaktes nicht bedarf. Schließlich wird Art. 13 der EU-Richtlinie umfassend durch § 6 Abs. 1, der zur Beachtung der gesicherten arbeitswissenschaftlichen Erkenntnisse über die menschengerechte Gestaltung der Arbeit verpflichtet (vgl. Rn 23), in nationales Recht umgesetzt.

14 Mit den Vorschriften der §§ 2 Abs. 3 bis 5 und § 6 sind darüber hinaus die Voraussetzungen geschaffen worden, damit die Bundesrepublik das **IAO-Übereinkommen** Nr. 171 über Nachtarbeit v. 26.6.1990 ratifizieren kann. Die Nacht- und Schichtarbeitsregelungen des ArbZG realisieren darüber hinaus zahlreiche Vorschläge der IAO-Empfehlung betreffend Nachtarbeit v. 26.6.1990, die das IAO-Übereinkommen (vgl. Einf. Rn 68 f) ergänzt. Das IAO-Übereinkommen ist bislang von keinem EU-Mitgliedstaat ratifiziert worden; eine Verpflichtung hierzu besteht freilich nicht. Schon in der 12. Legislaturperiode (1990 bis 1994) hatte der Deutsche Bundestag in einer Entschließung zur Nachtarbeit (v. 16.2.1993) der Bundesregierung empfohlen, im ArbZG solche Schutzvorschriften bei Nachtarbeit für Frauen und Männer vorzusehen, die die Ratifikation des IAO-Übereinkommens Nr. 171 ermöglichen (vgl. BT-Drucks. 12/4380 S. 3). Das Ratifikationsverfahren ist zwischenzeitlich eingeleitet worden und soll noch im Jahr 2009 abgeschlossen werden. Nach Art. 59 Abs. 2 GG bedarf die Ratifikation der Zustimmung bzw Mitwirkung der jeweils für die Bundesgesetzgebung zuständigen Körperschaften in der Form eines Bundesgesetzes. Das **Berner Abkommen** (vgl. Rn 3) ist von der Bundesrepublik mit Wirkung zum 24.6.1993 gekündigt worden.

15 **Zweck** der Vorschrift des § 6 ist es, Männer und Frauen, die Arbeitsleistungen zeitverschoben zur Tagesperiodik von wesentlichen Körperfunktionen zu erbringen haben, vor einer Beeinträchtigung ihrer Gesundheit zu schützen (vgl. § 2 Rn 84). Dies geschieht in erster Linie durch präventive Maßnahmen, wie sie in den Absätzen 1 bis 3 sowie 5 vorgeschrieben werden. Kommt es trotz dieser präventiven Maßnahmen zu gesundheitlichen Beeinträchtigungen, dann soll durch die Maßnahmen des Abs. 4 sichergestellt werden, dass der Arbeitnehmer aus der Nachtarbeit herausgenommen wird. Auch wenn Nachtarbeit durchweg aufgrund freiwilliger Vereinbarungen verrichtet wird, kann auf einen besonderen gesetzlichen Schutz nicht verzichtet werden.

„Das dem Vertragsrecht zugrunde liegende Prinzip der Privatautonomie kann hin- 16
reichenden Schutz nur gewährleisten, soweit die Bedingungen freier Selbstbestimmung gegeben sind. Wo es an einem annähernden Kräftegleichgewicht der Beteiligten fehlt, ist mit den Mitteln des Vertragsrechts allein kein sachgerechter Ausgleich der Interessen zu gewährleisten. Das ist bei Abschluss von Arbeitsverträgen typischerweise der Fall. In einer solche Lage sind die objektiven Grundentscheidungen der Verfassung im Grundrechtsabschnitt und im Sozialstaatsgebot durch gesetzliche Vorschriften, die sozialem und wirtschaftlichem Ungleichgewicht entgegenwirken, zu verwirklichen" (**R:** BVerfG 28.1.1992 BB 1992, Beil. 3).

II. Schutz der Nacht- und Schichtarbeitnehmer

1. Arbeitszeitfestlegung. – a) Nachtarbeitnehmer. – Der Begriff des Nachtarbeit- 17
nehmers ist in § 2 Abs. 5 gesetzlich definiert (vgl. § 2 Rn 88 ff), nicht jedoch der Begriff des Schichtarbeitnehmers. Auf eine gesetzliche Definition ist verzichtet worden, weil dieser Begriff an keiner weiteren Stelle im ArbZG Verwendung findet und durch die Rspr. des BAG eine ausreichende Präzisierung gefunden hat.

b) Schichtarbeitnehmer. – Schichtarbeit liegt vor, wenn sich die Arbeitsleistungen 18
mehrerer Arbeitnehmer an einem Arbeitsplatz derart ablösen, dass der Arbeitsplatz nicht nur während der Arbeitszeit eines Arbeitnehmers, sondern nacheinander von mehreren Arbeitnehmern für eine die Arbeitszeit des einzelnen Arbeitnehmers übersteigende Zeitspanne besetzt ist (**R:** BAG 23.9.1960 AP AZO 1938 § 2 Nr. 4; BAG 20.6.1990 NZA 1990, 861; BAG 12.11.1997 ZTR 1998, 181; BAG 21.10.2009 NZA 2010, 349), wobei es hinsichtlich der Schichtbesetzung als ausreichend angesehen wird, wenn in jeder Schicht nur ein Arbeitnehmer zum Einsatz kommt (**R:** BAG 4.2.1988 BB 1988, 1467 = DB 1988, 1855). Der Schichtarbeitnehmer hat keinen Anspruch darauf, dass er künftig nur noch in einer bestimmten Schicht eingesetzt wird (**R:** LAG Rh-P 23.2.2006 ZTR 2007, 158). Die vom BAG entwickelte Definition des Begriffs Schichtarbeit ist weitestgehend deckungsgleich mit der in Art. 2 Nr. 5 der EU-Richtlinie enthaltenen Definition, wonach Schichtarbeit jede Form der Arbeitszeitgestaltung kontinuierlicher oder nicht kontinuierlicher Art mit Belegschaften ist, bei der Arbeitnehmer nach einem bestimmten Zeitplan, auch im Rotationsturnus, sukzessive an den gleichen Arbeitsstellen eingesetzt werden, so dass sie ihre Arbeit innerhalb eines Tages oder Wochen umfassenden Zeitraums zu unterschiedlichen Zeiten verrichten müssen.

19 Anders als in den USA, wo permanente Schichtsysteme bevorzugt werden, überwiegen in Europa und in der Bundesrepublik die sog. **Wechselschichtsysteme**, bei denen sich die Arbeitnehmer einer Schichtbelegschaft im Schichtzyklus abwechseln; was in der Vergangenheit zumeist regelmäßig wochenweise geschah, seit Jahren jedoch zunehmend auch unregelmäßig mit unterschiedlich langen Schichtblöcken. **Wechselschichtarbeit** liegt demzufolge vor, wenn mindestens zwei Arbeitnehmer ein und dieselbe (übereinstimmende) Arbeitsaufgabe erfüllen, in dem sie sich nach einem feststehenden und für sie überschaubaren Plan ablösen, so dass der eine Arbeitnehmer arbeitet, während der andere arbeitsfreie Zeit hat, ohne dass der jeweils abgelöste Arbeitsplatz identisch sein muss, wenn nur die jeweils betroffenen Arbeitnehmer gegenseitig untereinander austauschbar sind (**R:** BAG 4.2.1988 BB 1988, 1467 = DB 1988, 1855; BAG 18.7.1990 NZA 1991, 23).

20 Die in den Betrieben praktizierten Schichtarbeitsmodelle variieren hinsichtlich Schichtart, Schichtdauer, Schichtwechselzeiten, Schichtkontinuität, Schichtzyklus und Schichtbelegschaften. Entsprechend der Rspr. des BAG liegt Wechselschichtarbeit bereits vor im Zwei-Schicht-System (zB Frühschicht von 6 bis 14 Uhr und Spätschicht von 14 bis 22 Uhr), wobei eine dieser beiden Schichten auch als Teilzeitschicht ausgestaltet sein kann (zB Frühschicht (Vollzeit) von 7 bis 15 Uhr und Spätschicht von 17 bis 19 oder 20 Uhr); im Drei-Schicht-System (zB Frühschicht von 6 bis 14 Uhr, Spätschicht von 14 bis 22 Uhr, Nachtschicht von 22 bis 6 Uhr). Unerheblich ist, ob die Kontinuität der Schichtarbeit bezogen auf den Tag (rund um die Uhr oder mit Unterbrechung) oder bezogen auf die Woche (rund um die Woche oder mit Unterbrechung am Wochenende) unterbrochen wird. Keine Rolle spielt auch die Zahl der jeweils im Schichtsystem eingesetzten Schichtbelegschaften. Diese ergibt sich zwingend aus der Betriebsnutzungszeit, wobei bei **vollkontinuierlicher Schichtarbeit** (rund um die Uhr an 7 Tagen der Woche) Systeme mit 4 Schichtbelegschaften (Arbeitszeit pro Schichtbelegschaft: 168 : 4 = 42 Stunden) aufgrund tariflich verkürzter Arbeitszeit von Systemen mit 5 Schichtbelegschaften (Arbeitszeit pro Schichtbelegschaft: 168 : 5 = 33,6 Stunden) allmählich in den Hintergrund gedrängt werden.

21 **Keine Schichtarbeit** ist die gleitende Arbeitszeit (vgl. § 2 Rn 108 ff). In Gleitzeitsystemen eingesetzte Arbeitnehmer variieren zwar Beginn und Ende ihrer individuellen Arbeitszeit, wodurch vielfach eine Verlängerung der Ansprechzeit im Betrieb stattfindet, doch fehlt die für Schichtarbeit typische gegenseitige Ablösung. Findet zwar eine gegenseitige Ablösung unter den Arbeitnehmern statt, wie zB beim Job-Sharing oder bei der Aufteilung eines Vollzeitarbeitsplatzes in zwei oder mehrere Teilzeitarbeitsplätze, so dürfte Schichtarbeit in der Regel nicht vorliegen, da diese Arbeitszeitformen im Allgemeinen von der Einhaltung der Regelarbeitszeit (etwa die Zeit von 7 bis 17 Uhr) nicht abweichen.

22 **Schichtarbeitnehmer** ist demzufolge jeder Arbeitnehmer, der in einem der zuvor beschriebenen (vgl. Rn 18 bis 20) Schichtarbeitsmodellen zum Einsatz kommt (so auch Art. 2 Nr. 6 der EU-Richtlinie, wonach Schichtarbeiter jeder in einem Schichtarbeitsplatz eingesetzte Arbeitnehmer ist). Bei Abgrenzungsschwierigkeiten im Einzelfall ist anhand der mit dem Arbeitszeitsystem verbundenen Beanspruchung des Arbeitnehmers durch das jeweils gewählte Schichtsystem zu entscheiden, da insbes. Arbeiten in Wechselschicht auch zu einer gewissen Gegenläufigkeit von biorhythmisch bedingter Leistungsbereitschaft und der Lage der Arbeitszeit führen (**L:** ausf. zu den gesundheitlichen Belastungen durch Wechselschicht: *Hahn* S. 7 ff; *Rutenfranz/Knauth* S. 21 ff).

c) Gesicherte arbeitswissenschaftliche Erkenntnisse. – Die Arbeitszeit der Nachtarbeitnehmer (vgl. § 2 Rn 86 ff) und der Schichtarbeitnehmer (vgl. Rn 18 bis 22) ist nach den gesicherten arbeitswissenschaftlichen Erkenntnissen über die menschengerechte Gestaltung der Arbeit festzulegen (§ 6 Abs. 1). Auch wenn eine Bußgeldbewehrung dieser Verpflichtung fehlt, so ist auch dies eine öffentlich-rechtliche Pflicht, deren Erfüllung dem Arbeitgeber gegenüber dem Staat obliegt (**R:** vgl. auch BAG 11.2.1998 DB 1998, 2325). Erforderlichenfalls kann die Aufsichtsbehörde diejenigen Maßnahmen nach § 17 Abs. 2 anordnen, die zur Erfüllung der Pflicht nach § 6 Abs. 1 notwendig sind (vgl. § 17 Rn 10 ff), es handelt sich bei dieser Bestimmung um **eine lex imperfecta** (**L:** hM: *Diller* NJW 1994, 2726, 2727; *Dobberahn* Rn 78; *Erasmy* NZA 1994, 1105, 1108; *Linnenkohl* § 6 Rn 8; *Roggendorff* § 6 Rn 13; ErfK/*Wank* § 6 ArbZG Rn 3). 23

In der Literatur **umstritten** ist die Frage, ob § 6 Abs. 1 dem einzelnen Arbeitnehmer ein **subjektives Recht** auf menschengerechte Gestaltung der Arbeitszeit bei Nacht- und Schichtarbeit einräumt (**L:** bejahend: *Buschmann/Ulber* § 6 Rn 8; verneinend: *Junker* ZfA 1998, 105, 120 mwN). Die Vorschriften des ArbZG konkretisieren den privatrechtlichen Inhalt der dem Arbeitgeber aus dem Arbeitsverhältnis gegenüber dem Arbeitnehmer obliegenden allgemeinen Fürsorgepflicht, wenn sie ausgehend von dem Gedanken der Geeignetheit von den Parteien des Arbeitsvertrags als Arbeitsbedingungen hätten vereinbart werden können (vgl. ausf. § 1 Rn 37 ff). Stellt man darauf ab, dass die jeweils in Betracht kommende Regelung für eine vertragliche Vereinbarung geeignet sein muss, dann ist die Ausgangsfrage wohl zu bejahen. Auch das BAG hat in einem Verfahren, in dem es um die Klärung der Frage ging, ob die Klägerin mehr als 4 Nachtwachen in Folge zu leisten berechtigt ist, sowohl den Feststellungsantrag (§ 256 Abs. 1 ZPO) als auch die Leistungsklage für zulässig erachtet (**R:** BAG 11.2.1998 BB 1998, 1368 = DB 1998, 2325). 24

Die Beachtung der gesicherten arbeitswissenschaftlichen Erkenntnisse soll die menschengerechte Gestaltung der Arbeit gewährleisten (**L:** vgl. *Beermann* AuA 1997, 37 mwN und mit Hinweisen auf die Sonderausgabe 1996 der Amtlichen Mitteilungen der BAU „Bilanzierung arbeitswissenschaftlicher Erkenntnisse zur Nacht- und Schichtarbeit"). Die **menschengerechte Gestaltung der Arbeit** geht über den klassischen Bereich des Gesundheitsschutzes, der allgemein als Schutz vor arbeitsbedingten Unfall- und Gesundheitsgefahren verstanden wird (**L:** MünchArbR/*Kohte* § 172 Rn 5), hinaus. Eine Arbeit ist menschengerecht gestaltet, wenn die Menschenwürde der Arbeitnehmer geachtet und sowohl die körperliche als 25 auch geistig-seelische Gesundheit sowie die Arbeitsfähigkeit über ein normales Erwerbsleben hindurch gewährleistet ist. Diese Arbeitsfähigkeit über ein normales Erwerbsleben wird beeinträchtigt, wenn permanent gegen eine selbsttätig laufende, innere Uhr gearbeitet wird (**L:** vgl. ausf. *Meier-Koll* S. 60 ff).

26 Die **Menschenwürde** der Arbeitnehmer wird geachtet, wenn sich die Persönlichkeit des Arbeitnehmers bei der Arbeit entfalten kann, die übertragene Arbeitsaufgabe also seinem Leistungsvermögen entspricht und er diese Aufgabe möglichst selbstverantwortlich erfüllen kann. Der Schutz der körperlichen und geistig-seelischen Gesundheit umfasst in erster Linie die Vermeidung von Fehlbeanspruchungen während der Arbeit, die kurzfristig zu Erkrankungen und langfristig zu gesundheitlichen Spätschäden führen kann; in zweiter Linie umfasst er Maßnahmen zur Sicherung des Wohlbefindens während der Arbeit; so jedenfalls lautet der Gesundheitsbegriff der Weltgesundheitsorganisation (WHO), wonach Gesundheit ein Zustand völligen körperlichen, seelischen und sozialen Wohlbefindens und nicht nur das Freisein von Krankheit und von Gebrechen ist (BGBl. II 1974 S. 45). Die Erhaltung der Arbeitsfähigkeit des Arbeitnehmers ist zur Bewahrung der Arbeitskraft des Arbeitnehmers und zur Vermeidung frühzeitiger Verschleißerscheinungen unverzichtbar.

27 Die menschengerechte Gestaltung der Arbeit ist durch die Berücksichtigung der **gesicherten arbeitswissenschaftlichen Erkenntnisse** sicherzustellen. Eine Bezugnahme auf diese Erkenntnisse ist nicht neu; sie erfolgte erstmals im Jahr 1972 in § 90 BetrVG und daran anschließend in einer Reihe von Arbeitsschutzvorschriften, ua in § 28 Abs. 1 Satz 2 JArbSchG, § 3 Abs. 1 Nr. 1 ArbStättV, § 17 Abs. 1 Satz 2 GefStoffV und § 95 Abs. 1 SeemG. Die rechtspolitische Kritik, wonach Aussagen wie in § 6 Abs. 1 „besser in Programmen zur Hebung der allgemeinen Wohlfahrt als in einem arbeitsrechtlichen Gesetz stehen" sollten (**L:** *Junker* ZfA 1998, 105, 121), negiert eine besonders im Bereich des Arbeitsschutzes der letzten 30 Jahre festzustellende Entwicklung, die in dieser Form wohl nur von Juristen geteilt wird, nicht jedoch von den Arbeitswissenschaftlern, deren Aufgabe es ist, diese Erkenntnisse zur Verbesserung des Gesundheitsschutzes der Arbeitnehmer zu ermitteln.

28 Die **Arbeitswissenschaft** (**L:** vgl. ausf. *Anzinger/Bieneck* § 3 Rn 28 ff) ist bislang keine eigenständige, fest abgrenzbare Wissenschaft, sondern eine interdisziplinäre, auf verschiedenen Teildisziplinen aufbauende Methode zur Ermittlung von Erkenntnissen, die sich auf die Erbringung menschlicher Arbeit bezieht. Arbeitswissenschaftliche **Erkenntnisse** werden aus wissenschaftlichen Untersuchungen gewonnen, insbes. aus den Bereichen Arbeitsmedizin, Arbeitspädagogik, Arbeitsphysiologie, Arbeitspsychologie, Arbeitstechnologie, Betriebssoziologie, Ergonomie und Wirtschaftswissenschaften (**L:** MünchArbR/*Kohte* § 172 Rn 5; *Zmarzlik/Anzinger* § 28 Rn 8). Sie sind vorwiegend in Forschungsberichten und sonstigen Fachveröffentlichungen zu finden, insbes. in den Forschungsberichten des seit 1974 von der Bundesregierung geförderten Forschungsprogramms „Humanisierung des Arbeitslebens", das unter dem Namen „Arbeit und Technik" fortgesetzt wird (**L:** ausf.

hierzu *Fitting* § 90 Rn 1 ff). Die Ergebnisse der Forschungsprojekte werden regelmäßig veröffentlicht, im Bereich des Arbeitsschutzes durch die BAU, die im Bereich der Nacht- und Schichtarbeitsforschung über umfangreiches Dokumentationsmaterial verfügt.

Als **gesichert** sind arbeitswissenschaftliche Erkenntnisse zur Nacht- und Schichtarbeit dann anzusehen, wenn sie **empirisch**, insbes. methodisch und ggf. statistisch, **nachgewiesen** sind (**R:** LAG BW 18.2.1981 DB 1981, 1781), die **Mehrheit der Fachleute** von ihrer Zweckmäßigkeit **überzeugt** ist und sie sich auch in der **betrieblichen Praxis bewährt** haben (**L:** *Opfermann/Streit* ArbStättV § 3 Rn 45; *Zmarzlik/Anzinger* § 28 Rn 8). Der Verzicht auf das Erfordernis einer praktischen Bewährung (**R:** so OVG Lüneburg 19.4.1984 GewA 1984, 128) ist für den Bereich der Nacht- und Schichtarbeit abzulehnen. Die Beachtung arbeitswissenschaftlicher Erkenntnisse kann im Rahmen des § 6 Abs. 1 bei Wahrung des Grundsatzes der Verhältnismäßigkeit nur verlangt werden, wenn zumindest eine praktische Erprobung stattgefunden hat (**L:** ausf. *Fuchs* Die gesicherten arbeitswissenschaftlichen Erkenntnisse als Rechtsbegriff, Diss. 1981; *Mertens* Die allgemein anerkannten Regeln der Technik und die gesicherten arbeitswissenschaftlichen Erkenntnisse, SiS 1978, 130, 170). 29

Die Arbeitswissenschaft ist sich darin einig, dass es **kein optimales Schichtsystem** gibt, das für alle Arbeitsformen geeignet ist. Gleichwohl haben die intensiven Forschungen und Studien im Bereich der Nacht- und Schichtarbeit Erkenntnisse zu Tage gebracht, die als Leitlinien zur Humanisierung von Schichtsystemen herangezogen werden können. Sie sind 1991 von der Europäischen Stiftung zur Verbesserung der Lebens- und Arbeitsbedingungen mit Sitz in Dublin wie folgt zusammengefasst worden (**L:** *Wedderburn* Leitlinien für Schichtarbeiter, BEST-Bulletin of European Shift work Topics, Nr. 3/1991): 30

- Keine dauerhafte Nachtschicht, nur in besonderen Ausnahmefällen (Die Schichtarbeitsforscher sind sich weitgehend darin einig, dass eine Anpassung des Arbeitnehmers an Nachtarbeit in der Regel nicht stattfindet).
  Möglichst kurze Nachtschichtfolge, in der Regel nicht mehr als 2 bis 4 Nachtschichten in Folge.
- Ausreichende Ruhezeiten zwischen 2 Schichten.
- Regelmäßige freie Wochenenden in kontinuierlichen Schichtsystemen.
- Keine Arbeitsperioden von 8 oder mehr Arbeitstagen in Folge.
- Koppelung der Schichtlänge an die körperliche und geistige Beanspruchung durch die Arbeit.
- Nachtschichten sollten grundsätzlich kürzer sein als Früh- und Spätschichten. Bei Nachtarbeit mit geringerer Belastung kann die Nachtschicht allerdings auch verlängert werden, so dass insgesamt weniger Nachtschichten anfallen.
- Ein Vorwärtswechsel der Schichten bei kontinuierlichen Schichtsystemen (erst Früh-, dann Spät-, dann Nachtschicht) begünstigen Schlaf und allgemeines Wohlbefinden.

- Die Frühschicht sollte nicht zu früh beginnen, um Kürzungen des Nachtschlafs zu vermeiden. (Ein Beginn der Frühschicht um 7 Uhr ist besser als ein Beginn um 6 Uhr).
- Flexibilität bei den Übergabezeiten.
- Regelmäßigkeit in der Schichtenfolge.
- Spielraum für individuelle Wünsche der Arbeitnehmer.
- Rechtzeitige Information der Arbeitnehmer über den Schichtplan.

31 Ob die in Rn 30 dargestellten Leitlinien zur Humanisierung von Schichtsystemen als gesicherte arbeitswissenschaftliche Erkenntnisse anzusehen sind, wird die Diskussion der Fachleute in den nächsten Jahren zeigen. Die BAU hat die gesicherten arbeitswissenschaftlichen Erkenntnissen bilanziert und **Handlungsempfehlungen** formuliert (**L:** *Beermann*, AuA 1998, 37, 40). Da es jedoch kein optimales Schichtsystem gibt und auf absehbare Zeit auch nicht geben wird, ist jedes Schichtsystem der betrieblichen Praxis einer zusammenfassenden, globalen Betrachtung zu unterziehen. Oftmals werden sich Vor- und Nachteile die Waage halten, weshalb es in der Regel ausgeschlossen sein dürfte, singuläre Erkenntnisse, auch wenn sie als gesichert gelten können, mit ordnungsbehördlichen Mitteln durchzusetzen.

32 Auch wenn grundsätzlich der **Vorwärtswechsel** der Schichten einem Rückwärtswechsel vorzuziehen ist, kann dies in einem Schichtsystem, das im Übrigen vielen arbeitswissenschaftlichen Erkenntnissen entspricht, im Interesse der Arbeitnehmer durchaus weiter praktiziert werden und von den Aufsichtsbehörden im Rahmen des Opportunitätsprinzips weiterhin unbeanstandet bleiben. Ebenfalls ist es nicht zwingend geboten, die nächtliche Arbeitszeit auf unter 8 Stunden zu verkürzen (**L:** so aber *Oppolzer* AuR 1994, 41, 46). Je nach Art und Schwere der Arbeit ist im Gegenteil eine Verlängerung der nächtlichen Arbeitszeit sinnvoll, um zusätzliche freie Tage zu erreichen (**L:** zu den 12-Stunden-Schichten in der chemischen Industrie vgl. *Kaupp* Die Zwölf-Stunden-Schicht, 1983).

33 **2. Arbeitszeitbegrenzung.** – Nach § 6 Abs. 2 darf die werktägliche Arbeitszeit (vgl. hierzu § 3 Rn 10 ff) der Nachtarbeitnehmer ebenso wie die der übrigen Arbeitnehmer 8 Stunden nicht überschreiten (§ 6 Abs. 2 Satz 1). Auch die Verlängerung der werktäglichen Arbeitszeit der Nachtarbeitnehmer auf 10 Stunden ist zulässig (§ 6 Abs. 2 Satz 2 Halbs. 1), sie ist allerdings anders als bei den übrigen Arbeitnehmern (§ 3 Satz 2 Halbs. 2) schon innerhalb eines Zeitraums von **einem Kalendermonat bzw 4 Wochen** auf durchschnittlich 8 Stunden auszugleichen (§ 6 Abs. 2 Satz 2 Halbs. 2). Der verkürzte Ausgleichszeitraum gilt für Nachtarbeitnehmer, nicht jedoch für Schichtarbeitnehmer, die zB in Zwei-Schicht-Systemen mit Früh- und Spätschicht eingesetzt werden. Für diese Arbeitnehmer findet der allgemeine Ausgleichszeitraum des § 3 Satz 2 Halbs. 2 von 6 Kalendermonaten bzw 24 Wochen Anwendung; der verkürzte Ausgleichszeitraum gilt nur dann für Schichtarbeitnehmer, wenn sie normalerweise auch Nachtarbeit in Wechselschicht zu leisten haben (vgl. § 2 Rn 90 bis 93). Zu den Begriffen „werktägliche Arbeitszeit“,

„Verlängerungsmöglichkeit auf 10 Stunden" und „Ausgleichszeitraum" vgl. die Erläuterungen zu § 3 Rn 10 ff.

Der gegenüber § 3 Satz 2 Halbs. 2 verkürzte Ausgleichszeitraum von einem Kalendermonat bzw 4 Wochen ist einzuhalten in Bezug auf die **gesamte werktägliche Arbeitszeit des Nachtarbeitnehmers** (**L:** *Neumann/Biebl* § 6 Rn 12; *Schliemann* § 6 Rn 36; ErfK/*Wank* § 6 ArbZG Rn 6), also nicht nur hinsichtlich der nächtlichen Arbeitszeit, sondern auch hinsichtlich der Arbeitszeit zu anderen Tageszeiten, zB in der Früh- oder Spätschicht. Der Betrieb kann einen kürzeren Ausgleichszeitraum wählen, nicht jedoch einen längeren Ausgleichszeitraum. Die Verlängerung des Ausgleichszeitraums kann ausschließlich nur durch Tarifvertrag oder Betriebsvereinbarung nach § 7 Abs. 1 Nr. 4 Buchst. b erfolgen (vgl. § 7 Rn 37). Auch bei einer zulässigen Beschäftigung an Sonn- und Feiertagen darf nach § 11 Abs. 2 die in § 6 Abs. 2 Satz 2 Halbs. 1 festgelegte Höchstarbeitszeit von 10 Stunden am Sonn- oder Feiertag und der in § 6 Abs. 2 Satz 2 Halbs. 2 festgelegte Ausgleichszeitraum von einem Kalendermonat bzw 4 Wochen nicht überschritten werden (vgl. § 11 Rn 19). **34**

Der gegenüber § 3 Satz 2 Halbs. 2 verkürzte Ausgleichszeitraum gilt uneingeschränkt nur für Nachtarbeitnehmer, die normalerweise Nachtarbeit in Wechselschicht (vgl. § 2 Rn 90) zu leisten haben, und zwar auch für Zeiträume, in denen sie zB aufgrund urlaubs- oder krankheitsbedingter Abwesenheit keine Nachtarbeit leisten (**L:** *Neumann/Biebl* § 6 Rn 12; ErfK/*Wank* § 6 ArbZG Rn 6; vgl. auch § 2 Rn 93). Für Arbeitnehmer, die außerhalb eines Wechselschichtsystems Nachtarbeit an mindestens 48 Tagen im Kalenderjahr leisten (vgl. § 2 Rn 94) ist in den parlamentarischen Beratungen des ArbZG (vgl. BT-Drucks. 12/6990 S. 43) eine Einschränkung beschlossen worden. **35**

Nach § 6 Abs. 2 Satz 3 findet der 6-monatige Ausgleichszeitraum des § 3 Satz 2 Halbs. 2 wieder Anwendung, wenn diese Nachtarbeitnehmer für längere Zeiträume nicht zur Nachtarbeit herangezogen werden. Ein längerer Zeitraum ohne Nachtarbeit dürfte dann vorliegen, wenn dieser Zeitraum deutlich länger ist als der Zeitraum, in dem Nachtarbeit geleistet wurde. Wer also die 48-Tage-Voraussetzung des § 2 Abs. 5 Nr. 2 bereits in den ersten Kalendermonaten eines Jahres erfüllt, dann aber für den Rest des Jahres aus welchen Gründen auch immer, zB Arbeitsplatzwechsel, keine Nachtarbeit mehr verrichtet, verliert zwar für dieses Jahr nicht den Status eines Nachtarbeitnehmers, kann aber für den Rest des Jahres nach den Kriterien des § 3 Satz 2 Halbs. 2 beschäftigt werden. **36**

Wechseln sich dagegen Perioden mit und ohne Nachtarbeit über das Jahr gesehen in loser Folge ab, zB 2 Monate mit Nachtarbeit, 2 Monate ohne Nachtarbeit usw oder 2 Monate mit Nachtarbeit, 3 Monate ohne Nachtarbeit usw, so bleibt für die Anwendung des § 6 Abs. 2 Satz 3 nach Sinn und Zweck des Gesetzes (vgl. § 1 Rn 7) kein Raum. Es bleibt für die gesamte Zeitspanne beim verkürzten Ausgleichszeit- **37** raum des § 6 Abs. 2 Satz 2 von einem Kalendermonat bzw 4 Wochen (**L:** ebenso *Roggendorff* § 6 Rn 18).

38 **3. Arbeitsmedizinische Untersuchung.** – In der betrieblichen Praxis werden seit Jahrzehnten Nachtarbeitnehmer auf ihren Gesundheitszustand hin untersucht, ohne dass hierzu eine rechtliche Verpflichtung besteht, allenfalls aufgrund des § 3 Abs. 1 Satz 2 Nr. 2 ASiG, wonach es ua zu den gesetzlichen Aufgaben des Betriebsarztes gehört, die Arbeitnehmer zu untersuchen, arbeitsmedizinisch zu beurteilen und zu beraten. Sowohl von arbeitsmedizinischer als auch von arbeitswissenschaftlicher Seite werden daher seit Jahren regelmäßige ärztliche Untersuchungen als dringend erforderlich gehalten (**L:** *Hahn* S. 94; *Rutenfranz/Beermann/Löwenthal* S. 62; *Rutenfranz/Knauth* S. 44, 46), überwiegend jedoch in Form von so genannten arbeitsmedizinischen Vorsorgeuntersuchungen (Erst- und Nachuntersuchungen), die beim Vorliegen bestimmter Voraussetzungen vom Arbeitgeber zu veranlassen sind und in der Regel von ermächtigten Ärzten durchgeführt werden (**L:** *Küpper/Stolz-Willig/Zwingmann* AiB 1992, 261, 264).

39 Der Gesetzgeber hat sich in Kenntnis dieser Forderungen von Arbeitsmedizin und Arbeitswissenschaft **gegen** die gesetzliche Festschreibung von speziellen arbeitsmedizinischen Vorsorgeuntersuchungen mit verpflichtendem Charakter, wie sie im Bereich des technischen Arbeitsschutzes weit verbreitet sind (vgl. §§ 28 ff GefStoffV, §§ 67 ff StrlSchV, §§ 10 ff Druckluftverordnung, §§ 37 Röntgenverordnung usw) und **für** die Normierung des **Rechts auf arbeitsmedizinische Untersuchung** bei Nachtarbeit entschieden; so auch ausdrücklich Art. 4 des IAO-Übereinkommens Nr. 171 über Nachtarbeit (**L:** vgl. krit. zu arbeitsmedizinischen Vorsorgeuntersuchungen der traditionellen Art: *Elsner* AiB 1994, 21). Eine Kündigung des Arbeitsverhältnisses wegen Nichtteilnahme an der Untersuchung ist – anders als bei vorgeschriebenen Vorsorgeuntersuchungen (**R:** LAG Düsseldorf 31.5.1996 BB 1996, 2099) – ausgeschlossen.

40 **a) Untersuchung vor Beginn der Beschäftigung.** – Vor Aufnahme einer mit Nachtarbeit verbundenen Tätigkeit kann sich jeder Arbeitnehmer nach § 6 Abs. 3 Satz 1 arbeitsmedizinisch untersuchen lassen. Im Gesetzestext heißt es zwar, dass „Nachtarbeitnehmer" berechtigt sind, sich vor Beginn der Beschäftigung untersuchen zu lassen, da aber zu Beginn der Beschäftigung der Status des Nachtarbeitnehmers iSd § 2 Abs. 5 naturgemäß noch nicht erreicht sein kann, allenfalls aufgrund vorheriger Beschäftigungsverhältnisse mit Nachtarbeit, steht dieses Recht auf arbeitsmedizinische Untersuchung dem Arbeitnehmer immer dann zu, wenn die neu aufzunehmende Tätigkeit mit Arbeiten während der gesetzlich festgelegten Nachtarbeit von 23 bis 6 Uhr verbunden ist, und zwar auch dann, wenn sich im Fall des § 2 Abs. 5 Nr. 2 die exakte Zahl der Nachtarbeitstage noch nicht beziffern lässt.

41 Die Untersuchung **vor Beginn der Beschäftigung** kann unabhängig von der Begründung eines Arbeitsverhältnisses in Anspruch genommen werden, so zB auch dann, wenn ein Arbeitnehmer innerhalb eines Unternehmens von einem Arbeitsplatz ohne Nachtarbeit auf einen Arbeitsplatz mit Nachtarbeit wechseln soll. Bei einem solchen Wechsel ist der Arbeitnehmer immer berechtigt, sich arbeitsmedizinisch untersuchen zu lassen, und zwar unabhängig davon, ob dieser Wechsel von Tag- zu Nachtarbeit vom Arbeitgeber im Wege einer einseitigen Leistungsbestimmung im Rahmen seines Direktionsrechtes oder im Wege einer Änderungskündigung vorgenommen wird.

Der Arbeitnehmer ist bei der Wahl des Arztes grundsätzlich frei. Eine Einschränkung ergibt sich jedoch insoweit, als der Arbeitnehmer nur den Ersatz der **Kosten einer arbeitsmedizinischen Untersuchung** vom Arbeitgeber verlangen kann (vgl. Rn 47). Zur Durchführung arbeitsmedizinischer Untersuchungen sind aber in der Regel nur Ärzte mit einer **arbeitsmedizinischen Fachkunde** (Arbeitsmediziner) qualifiziert, nicht Hausärzte oder sonstige Mediziner. Die Kosten für die Untersuchung durch andere Ärzte muss der Arbeitgeber nicht tragen (**L:** *Reinders* Rn 183). Die fachkundigen Ärzte bestimmen kraft ihrer Fachkunde Form und Inhalt der arbeitsmedizinischen Untersuchung. Die Untersuchung vor Beginn der Beschäftigung und die ärztliche Beratung sollten dem einzelnen Arbeitnehmer aufgrund seines Gesundheitszustandes (Kriterien: zB Epilepsie, Diabetes, Überfunktion der Schilddrüsen, Nachtblindheit, Magen-Darm-Beschwerden, Schlafstörungen) eine hinlängliche Prognose über die Auswirkungen zukünftiger Nachtarbeit ermöglichen. **42**

Sowohl der Untersuchungsbefund als auch die sich daraus ergebende arbeitsmedizinische Beurteilung unterliegen der **Verschwiegenheitsverpflichtung** des Arztes (§ 203 Abs. 1 Satz 1 StGB, Berufsordnungen der Ärztekammern). Anders als bei speziellen arbeitsmedizinischen Vorsorgeuntersuchungen aufgrund besonderer Rechtsvorschriften ist dem Arbeitgeber auch keine Bescheinigung über das Untersuchungsergebnis zu erteilen. Die Entscheidung der Frage, ob und inwieweit Erkenntnisse aus der arbeitsmedizinischen Untersuchung an den Arbeitgeber weitergegeben werden, obliegt allein dem untersuchten Arbeitnehmer. **43**

b) Untersuchung in Zeitabständen von drei Jahren. – Nach Ablauf von mindestens drei Jahren seit der Untersuchung vor Beginn der Beschäftigung und danach jeweils in Zeitabständen von mindestens drei Jahren kann jeder Nachtarbeitnehmer erneut eine arbeitsmedizinische Untersuchung vornehmen lassen (§ 6 Abs. 3 Satz 1). Die Berechnung der Frist erfolgt nach § 187 Abs. 1 BGB. Auch diese Wiederholungsuntersuchungen sind unabhängig vom Bestand des jeweiligen Arbeitsverhältnisses (vgl. Rn 41). Hat der Arbeitnehmer seit der letzten Untersuchung den Arbeitsplatz gewechselt und wird er weiterhin in Nachtarbeit beschäftigt, so verlängert sich keinesfalls die Untersuchungsfrist. Maßgebend ist allein die Zeitspanne, während der Nachtarbeit geleistet wird, ob in einem oder mehreren Arbeitsverhältnissen spielt dabei keine Rolle. **44**

Anders als die Untersuchungen vor Beginn der Beschäftigung dienen die **Wiederholungsuntersuchungen** dem Zweck, mögliche gesundheitliche Veränderungen **45** aufgrund der abgeleisteten Nachtarbeit festzustellen. Durch diese Untersuchung und die arbeitsmedizinische Beratung soll der Nachtarbeitnehmer in die Lage versetzt werden, eigenverantwortlich die möglichen Veränderungen seines Gesundheitszustandes aufgrund der zurückliegenden Nachtarbeit zu beurteilen und mögliche gesundheitliche Risiken bei Fortsetzung der Nachtarbeit abzuschätzen. Der untersuchende Arzt hat eine Beratungsfunktion, über die Fortsetzung der Nachtarbeit, selbst bei gesundheitlichen Bedenken des Arztes, entscheidet allein der Arbeitnehmer (im Übrigen vgl. Rn 42).

46 **c) Untersuchung nach Vollendung des 50. Lebensjahres.** – Nach Vollendung des 50. Lebensjahres, also ab dem 50. Geburtstag, sind Nachtarbeitnehmer nach § 6 Abs. 3 Satz 2 berechtigt, sich **jedes Jahr** arbeitsmedizinisch untersuchen zu lassen. Nachtarbeitnehmer tragen ein höheres Risiko als Tagarbeitnehmer, an Herzstörungen oder Beeinträchtigungen der Verdauungsorgane zu erkranken. Dieses Risiko nimmt mit zunehmendem Alter zu, auch wenn die Nacht- und Schichtarbeitsforschung schon vor Jahren auf das Phänomen hingewiesen hat, **dass Nachtarbeitnehmer** oftmals gesünder sind als Gleichaltrige, was überwiegend wohl auf individuelle Veranlagungen zurückzuführen ist. Wer Nachtarbeit nicht verträgt, scheidet frühzeitig aus der Nachtarbeit aus. Gleichwohl ist eine Verkürzung der Frist, nach der eine erneute Untersuchung durchgeführt werden kann, angesichts vorliegender empirischer Erkenntnisse, wonach ein Großteil der in Nachtarbeit beschäftigten Arbeitnehmer die normale Altersruhegeldgrenze nicht erreicht (**L:** vgl. ausf. *Elsner* Wenn andere schlafen – Nachtschichtarbeit in Druckereien, 1994 S. 40ff mwN), geboten (im Übrigen vgl. Rn 42).

47 **d) Kosten der Untersuchung.** – Nach § 6 Abs. 3 Satz 3 Halbs. 1 hat der Arbeitgeber die Kosten der arbeitsmedizinischen Untersuchung des Nachtarbeitnehmers zu tragen. Bietet der Arbeitgeber dem Nachtarbeitnehmer die Durchführung der arbeitsmedizinischen Untersuchung durch einen Betriebsarzt oder einen überbetrieblichen Dienst von Betriebsärzten an, so entfällt die Kostentragungspflicht nach § 6 Abs. 3 Satz 3 Halbs. 2, wenn sich der Arbeitnehmer dessen ungeachtet für die Durchführung der Untersuchung durch einen anderen Arzt entscheidet. Das Recht des Arbeitnehmers, den Arzt frei zu wählen, bleibt durch diese Regelung unberührt, der Arbeitgeber wird lediglich befreit, die Kosten für diese Untersuchungen zu erstatten, zumal er bereits die mit dem Einsatz von Betriebsärzten verbundenen Kosten zu tragen hat. Die für die Durchführung der Untersuchungen nach § 6 Abs. 3 Satz 1 und 2 aufgewandte Zeit kann bei der Ermittlung der Einsatzzeit der Betriebsärzte Berücksichtigung finden.

48 **e) Freistellung für die Untersuchung.** – Der Arbeitnehmer ist für die Zeit, die zur Vornahme der arbeitsmedizinischen Untersuchungen nach § 6 Abs. 3 Satz 1 und 2 erforderlich ist, von der Pflicht zur Arbeitsleistung freizustellen. Das Aufsuchen des Arztes zu einer arbeitsmedizinischen Untersuchung ist auch dann erforderlich, wenn der Arbeitnehmer nicht verpflichtet ist, sich der Untersuchung zu unterziehen (**R:** vgl. auch BAG 22.1.1986 AP TVG § 1 Nr. 69 Tarifverträge: Bau), sondern le-

diglich das gesetzlich festgelegte Recht auf Untersuchung wahrnimmt. Bei gleitender Arbeitszeit besteht ein Freistellungsanspruch lediglich in Bezug auf die Kernarbeitszeit (**R:** s. hierzu BAG 16.12.1993 BB 1994, 1356, zum Anspruch auf Arbeitsbefreiung bei gleitender Arbeitszeit zur Ausübung öffentlicher Ehrenämter).

Hinsichtlich der Gleitzeit ist es letztlich unmöglich, den Arbeitnehmer von der zeitlichen Lage der Arbeitspflicht zu befreien, da er die zeitliche Lage der Arbeitsleistung selbst bestimmt. Die Dauer der Freistellung umfasst die Zeit, die der Arzt zur Durchführung der Untersuchung benötigt. Sie umfasst auch die Wartezeiten in der Arztpraxis und die Wegezeiten des Arbeitnehmers. Die Lage der Freistellung ist nach den Umständen des Einzelfalles zu bestimmen. Der Arbeitnehmer hat auf die Belange des Betriebs Rücksicht zu nehmen, insbes. ist der **Termin der arbeitsmedizinischen Untersuchung** mit dem Arbeitgeber abzustimmen. Der Arbeitnehmer behält in aller Regel seinen Anspruch auf Fortzahlung der Vergütung nach § 616 Abs. 1 BGB, insbes. wenn er auf die Terminbestimmung des Arztes keinen Einfluss nehmen kann (**R:** BAG 22.1.1986 AP BGB § 616 Nr. 72; BAG 7.3.1990 AP BGB § 616 Nr. 83). **49**

4. Umsetzung auf Tagesarbeitsplatz. – In der betrieblichen Praxis ist es durchaus verbreitet, Nachtarbeitnehmer beim Auftreten gesundheitlicher Probleme auf einen Tagesarbeitsplatz umzusetzen bzw in kontinuierlichen Wechselschichtsystemen auf Tätigkeiten in der Früh- und Spätschicht zu beschränken. Überwiegend erfolgt die Umsetzung aufgrund tarifvertraglicher Regelungen. In bestimmten Fällen kann die Verpflichtung des Arbeitgebers, den Arbeitnehmer auf einen anderen für ihn geeigneten Arbeitsplatz ohne Nachtarbeit umzusetzen, auch aus der vertraglichen Fürsorgepflicht resultieren, denn auch in der Vergangenheit war es nicht ohne Weiteres möglich, bei derartigen gesundheitlichen Problemen des Arbeitnehmers das Arbeitsverhältnis aufzulösen (**R:** BAG 25.3.1959 AP BGB § 611 Nr. 27 Fürsorgepflicht). **50**

Mit der Regelung des § 6 Abs. 4 hat der Gesetzgeber den aus Gründen des Gesundheitsschutzes gebotenen Gedanken einer Umsetzungsverpflichtung des Arbeitgebers entsprechend internationalen Empfehlungen (vgl. Art. 6 des IAO-Übereinkommens Nr. 171 über Nachtarbeit) und in Umsetzung von Art. 9 Abs. 1 Buchst. b der EU-Arbeitszeit-Richtlinie aufgegriffen und Umsetzungsansprüche für **drei Fallgestaltungen** normiert. **51**

Nach § 6 Abs. 4 hat der Arbeitgeber den Nachtarbeitnehmer beim Vorliegen bestimmter tatbestandsrechtlicher Voraussetzungen (vgl. Rn 69 ff) auf einen für den Nachtarbeitnehmer geeigneten Tagesarbeitsplatz umzusetzen, wenn der Nachtarbeitnehmer dies **verlangt**. Nur in besonderen Ausnahmefällen kann eine entsprechende ärztliche Empfehlung den Arbeitgeber verpflichten, eine anderweitige Beschäftigung des Arbeitnehmers zu prüfen (**R:** BAG 17.2.1998 BB 1998, 2477). Voraussetzung für ein Tätigwerden des Arbeitgebers ist in allen drei Fallgestaltungen das Verlangen des Nachtarbeitnehmers, das mündlich oder schriftlich gegenüber **52** dem Arbeitgeber oder einer verantwortlichen Person zu erklären ist. (**L:** *Linnenkohl/Rauschenberg* § 6 Rn 21; ErfK/*Wank* § 6 ArbZG Rn 9). Zu Dokumentationszwecken, insbes. gegenüber der zuständigen Aufsichtsbehörde, empfiehlt sich die schriftliche Fixierung des vom Nachtarbeitnehmer erklärten Verlangens.

53 Werden dem Arbeitgeber Tatsachen bekannt, die eine Fortführung der bisherigen Tätigkeiten in Nachtarbeit ausgeschlossen erscheinen lassen – dies dürften vor allem gravierende Änderungen des Gesundheitsschutzes des Nachtarbeitnehmers sein –, stellt der Nachtarbeitnehmer aber aus welchen Gründen auch immer **kein Umsetzungsverlangen**, so kann eine öffentlich-rechtliche Verpflichtung des Arbeitgebers zur Umsetzung nicht zum Zuge kommen. Der Arbeitgeber ist allenfalls aufgrund seiner vertraglichen Fürsorgepflicht zur Prüfung verpflichtet, ob im jeweiligen Einzelfall die Veränderungen des Gesundheitszustandes derart gravierend sind, dass eine Versetzung des Arbeitnehmers aus der Nachtarbeit unerlässlich ist.

54 Der Begriff des Tagesarbeitsplatzes ist gesetzlich nicht definiert worden. Als **Tagesarbeitsplatz** ist jeder Arbeitsplatz anzusehen, bei dem die Arbeitsleistungen normalerweise außerhalb der gesetzlich festgelegten Nachtzeit von 23 bis 6 Uhr (§ 2 Abs. 3) zu erbringen sind. Als Tagesarbeit ist demzufolge auch die Arbeit im Zwei-Schicht-System mit regelmäßiger Früh- und Spätschicht, zB 6 bis 14 und 14 bis 22 Uhr, anzusehen. Durch ein gelegentliches „Hineinarbeiten" in die Nachtzeit, zB bis 1 Uhr, oder ein gelegentliches „Herausarbeiten" aus der Nachschicht, zB ab 4 Uhr, verliert der Arbeitsplatz nicht seinen Charakter als Tagesarbeitsplatz.

55 Der Tagesarbeitsplatz muss **für den Nachtarbeitnehmer geeignet** sein. Ob dies der Fall ist, bestimmt sich in erster Linie nach den aufgrund des Arbeitsvertrags versprochenen Diensten (§ 611 Abs. 1 BGB). Mangels einer ausdrücklichen Regelung im Arbeitsvertrag ist die Natur der versprochenen Dienste im Hinblick auf hergebrachte Berufsbilder (zB Drucker, Chemiefacharbeiter, Krankenschwester, Altenpfleger usw) auszulegen. Auch die tarifvertragliche Eingruppierung nach Lohn- und Gehaltsgruppen mit den dazugehörigen Tätigkeitsmerkmalen (**L:** MünchArbR/*Krause* § 60 Rn 55 ff) kann herangezogen werden.

56 **Geeignet** ist jeder Arbeitsplatz, bei dem sich – abgesehen von der Lage der Arbeitszeit – das Gesamtbild der Tätigkeit nicht ändert. Dies dürfte immer dann der Fall sein, wenn dem Nachtarbeitnehmer anstelle der bisherigen Beschäftigung in Früh-, Spät- und Nachtschicht eine Beschäftigung lediglich in Früh- und Spätschicht angeboten wird. In der betrieblichen Praxis wird sich allerdings vielfach ein geeigneter Tagesarbeitsplatz nicht allein durch eine Veränderung der Lage der Arbeitszeit finden lassen. Geeignet kann demzufolge auch ein Tagesarbeitsplatz sein, bei dem sich der Arbeitsbereich verändert oder sich die Umstände ändern, unter denen die Arbeit zu leisten ist. Für eine im Nachtdienst beschäftigte Krankenschwester kann demzufolge auch eine Weiterbeschäftigung außerhalb der Krankenpflege geeignet sein, wenn diese Tätigkeit mit dem Berufsbild einer Krankenschwester in Einklang steht.

Ist ein geeigneter Tagesarbeitsplatz im Unternehmen des Arbeitgebers vorhanden, so ist der Nachtarbeitnehmer auf diesen Arbeitsplatz **umzusetzen**. Auch wenn eine Bußgeldbewehrung fehlt, so ist diese Pflicht zur Umsetzung eine öffentlich-rechtliche Pflicht (vgl. § 1 Rn 20 ff), die dem Arbeitgeber gegenüber dem Staat obliegt und deren Einhaltung von den zuständigen Aufsichtsbehörden überwacht wird (vgl. § 17 Abs. 1). Ob die Umsetzung auf den Tagesarbeitsplatz im Einzelfall als Umsetzung, Versetzung oder Zuweisung eines neuen Arbeitsbereichs anzusehen ist, ist hinsichtlich dieser öffentlich-rechtlichen Verpflichtung des Arbeitgebers unerheblich, allerdings sind im Einzelfall sowohl die individualrechtlichen als auch die mitbestimmungsrechtlichen Voraussetzungen zu beachten (vgl. Rn 90 ff). 57

Die Umsetzung des Nachtarbeitnehmers auf einen geeigneten Tagesarbeitsplatz kann unterbleiben, wenn der Umsetzung **dringende betriebliche Erfordernisse** entgegenstehen. Dieses Tatbestandsmerkmal ist **nicht** in Anlehnung an die von der Rspr. zu § 1 Abs. 2 KSchG entwickelten Grundsätze (**L:** vgl. hierzu ErfK/*Wank* § 6 ArbZG Rn 12; MünchArbR/*Koberski* § 184 Rn 38) zu interpretieren, da sich die Ausgangslage grundlegend unterscheidet (**L:** so aber *Diller* NJW 1994, 2726, 2727). Bei § 1 Abs. 2 KSchG geht es um den Wegfall des Arbeitsplatzes und dadurch bedingte Kündigungen, wobei in aller Regel die unternehmerische Entscheidungsfreiheit mit dem Interesse des Arbeitnehmers am Erhalt seines Arbeitsplatzes abzuwägen ist. Bei § 6 Abs. 4 geht es dagegen um die Frage, ob dem Arbeitnehmer aus betrieblichen Gründen ein Verbleiben in der Nachtarbeit zuzumuten ist. Diese Ausgangslage ist eher vergleichbar mit den dringenden betrieblichen Belangen iSd § 7 Abs. 1 BUrlG. Betriebliche Erfordernisse stehen einer Umsetzung entgegen, wenn zwar ein geeigneter Tagesarbeitsplatz vorhanden ist, zur Realisierung der Umsetzung aber umfangreiche betriebsorganisatorische oder personelle Maßnahmen hinsichtlich anderer Arbeitnehmer durchgeführt werden müssten. Die Umsetzungsverpflichtung des Arbeitgebers besteht lediglich „im Rahmen der objektiven Weiterbeschäftigungsmöglichkeiten“ (so ausdrücklich die amtliche Begründung in BT-Drucks. 12/5888 S. 26). 58

Ebenso wie bei § 1 Abs. 2 KSchG sind aber solche Arbeitsplätze in die Beurteilung einzubeziehen, bei denen zum Zeitpunkt des Arbeitnehmerverlangens bereits feststeht, dass sie in absehbarer Zeit frei werden, sofern die Überbrückung dieses Zeitraumes dem Arbeitgeber zumutbar ist; zumutbar ist jedenfalls ein Zeitraum, den ein anderer Stellenbewerber zur Einarbeitung benötigen würde (**R:** BAG 15.12. 1994 DB 1995, 979). 59

Die einer Umsetzung entgegenstehenden betrieblichen Erfordernisse müssen **dringend** sein. Durch die Aufnahme dieses Tatbestandsmerkmals hat der Gesetzgeber zum Ausdruck gebracht, dass nicht jedes betriebliche Erfordernis einer Umsetzung entgegengehalten werden kann, der Arbeitgeber also nicht von vornherein jede betriebsorganisatorische Veränderung zur Realisierung des Umsetzungsverlangens ausschließen kann. Je nach den Umständen des Einzelfalles kann es daher angebracht sein, zB einen jüngeren Arbeitnehmer in den Nachtdienst zu versetzen, da- 60 mit ein älterer Nachtarbeitnehmer mit einer arbeitsmedizinisch festgestellten Gesundheitsgefährdung auf dessen Tagesarbeitsplatz weiterbeschäftigt werden kann (**L:** ebenso *Roggendorff* § 6 Rn 36).

61 Bei Prüfung der Umsetzungsmöglichkeiten hat der Arbeitgeber immer die Grundsätze **billigen Ermessens** (§ 315 Abs. 1 BGB) zu beachten. Die Prüfung entspricht billigem Ermessen, wenn die wesentlichen Umstände des Falles abgewogen und die beiderseitigen Interessen angemessen berücksichtigt worden sind. Je größer die Schutzbedürftigkeit des Arbeitnehmers ist, umso gravierender müssen die entgegenstehenden betrieblichen Erfordernisse sein.

62 Ergibt die Prüfung des Arbeitgebers, dass der vom Nachtarbeitnehmer verlangten Umsetzung auf einen Tagesarbeitsplatz dringende betriebliche Erfordernisse entgegenstehen, so ist der **Betriebsrat oder Personalrat zu hören** (§ 6 Abs. 4 Satz 2). Diese Verpflichtung zur Anhörung besteht unabhängig von betriebsverfassungsrechtlichen oder personalvertretungsrechtlichen Mitbestimmungsrechten, die bei Durchführung der Umsetzung zum Zuge kommen können (vgl. Rn 90 ff). Die Anhörung des Betriebs- oder Personalrats in diesem frühen Stadium der Prüfung eines Umsetzungsverlangens stellt sicher, dass der Arbeitnehmer nicht auf sich selbst gestellt ist, wenn er das Vorhandensein eines freien, für ihn geeigneten Tagesarbeitsplatzes nachweisen und die entgegenstehenden dringenden betrieblichen Erfordernisse bestreiten will. Der Betriebs- oder Personalrat verfügt in der Regel über einen besseren Überblick über die betrieblichen Verhältnisse, insbes. in den Fällen, in denen das Unternehmen des Arbeitgebers aus mehreren Betrieben besteht und der Nachtarbeitnehmer eine Tagesbeschäftigung in einem anderen Betrieb dem Verbleiben in der Nachtarbeit vorzieht. Die Anhörung des Betriebs- oder Personalrats ist eine Voraussetzung um das Verlangen des Arbeitnehmers auf Umsetzung wirksam ablehnen zu können (**L:** MünchArbR/*Koberski* § 184 Rn 39; *Neumann/Biebl* § 6 Rn 23; *Linnenkohl/Rauschenberg* § 6 Rn 25; ErfK/*Wank* § 6 ArbZG Rn 13).

63 Die Umsetzung auf einen Tagesarbeitsplatz ist – wie bei Prüfung der Weiterbeschäftigungsmöglichkeit im Falle einer betriebsbedingten Kündigung nach dem KSchG (**R:** BAG 20.5.1988 BB 1990, 207) – **unternehmensbezogen** und nicht betriebsbezogen zu prüfen. Ohne Mithilfe des Betriebs- oder Personalrats wäre der einzelne Arbeitnehmer zu einer Überprüfung der Auffassung des Arbeitgebers und zur Unterbreitung eigener Vorschläge außer Stande. Mit dem Anhörungsrecht des Betriebs- oder Personalrats korrespondiert die Informationspflicht des Arbeitgebers (vgl. § 1 Rn 53). Der Arbeitgeber hat demzufolge den Betriebs- und Personalrat über das Umsetzungsverlangen des Nachtarbeitnehmers und über seine Auffassung bezüglich dieses Umsetzungsverlangens so umfassend zu unterrichten, damit er seiner Unterstützungsaufgabe des Arbeitnehmers gerecht werden kann. Schriftliche Unterlagen, die bereits vorhanden sind, sind dem Betriebs- oder Personalrat zur Verfügung zu stellen (vgl. § 1 Rn 53); einen Anspruch, schriftliche Unterlagen zu erstellen, hat der Betriebs- oder Personalrat allerdings nicht (**R:** BAG 7.8.1986 BB 1987, 195).

64 Nach § 6 Abs. 4 Satz 3 ist der Betriebs- oder Personalrat berechtigt, dem Arbeitgeber **Vorschläge** für eine Umsetzung des Nachtarbeitnehmers zu unterbreiten. Der Arbeitgeber ist nicht verpflichtet, den Vorschlägen des Betriebs- oder Personalrats Folge zu leisten. Aus dem Grundsatz der vertrauensvollen Zusammenarbeit (§§ 74 Abs. 1 iVm § 2 Abs. 1 BetrVG) folgt jedoch, dass der Arbeitgeber gehalten ist, die Vorschläge des Betriebs- oder Personalrats mit diesem eingehend und mit dem Ziel einer Einigung zu erörtern.

65 Der Arbeitgeber ist verpflichtet, den Nachtarbeitnehmer bezüglich der Entscheidung über sein Umsetzungsverlangen zu **unterrichten**. Schriftform ist nicht erforderlich; sie empfiehlt sich jedoch zu Dokumentationszwecken, insbes. gegenüber der zuständigen Aufsichtsbehörde.

66 Ist der Arbeitgeber bereit, dem Umsetzungsverlangen des Nachtarbeitnehmers zu entsprechen, so hat er dies unter Bezeichnung des Tagesarbeitsplatzes dem Nachtarbeitnehmer mitzuteilen. Der Nachtarbeitnehmer kann den angebotenen Tagesarbeitsplatz **ablehnen**. Im Umsetzungsverlangen des Nachtarbeitnehmers ist nicht die Zustimmung zur individualrechtlichen Umsetzung zu sehen. Er kann die Beschäftigung auf einem anderen Tagesarbeitsplatz verlangen oder aber angesichts des angebotenen Tagesarbeitsplatzes sein Umsetzungsverlangen zurückziehen. Stimmt der Nachtarbeitnehmer der Umsetzung auf den angebotenen Tagesarbeitsplatz zu, so ist die Umsetzung individualrechtlich wirksam zustande gekommen. Beteiligungsrechte des Betriebs- oder Personalrats (vgl. Rn 90 ff) bleiben davon unberührt.

67 Ist der Arbeitgeber – auch nach Anhörung des Betriebs- oder Personalrats gemäß § 6 Abs. 4 Satz 2 und 3 – nicht bereit, dem Umsetzungsverlangen des Nachtarbeitnehmers zu entsprechen, weil der Umsetzung dringende betriebliche Erfordernisse entgegenstehen, so hat er dies ebenfalls dem Nachtarbeitnehmer mitzuteilen. Die Mitteilung hat eine abweichende Auffassung des Betriebs- oder Personalrats mit zu umfassen. Es ist Sache des Arbeitnehmers, aus der Weigerung des Arbeitgebers individualrechtliche Konsequenzen zu ziehen und die Entscheidung im arbeitsgerichtlichen Verfahren überprüfen zu lassen. Die Einschaltung der zuständigen Aufsichtsbehörde durch den Arbeitnehmer (vgl. § 1 Rn 48) ist in diesem Fall nicht ausgeschlossen.

68 § 6 Abs. 4 sieht insgesamt drei Fallgestaltungen vor, bei deren Vorliegen der Nachtarbeitnehmer ein Umsetzungsverlangen gegenüber dem Arbeitgeber erklären kann. Alle drei Fallgestaltungen resultieren aus der **Sphäre des Arbeitnehmers**, so dass den Arbeitnehmer die **Darlegungs- und Beweislast** für das Vorliegen der Voraussetzungen trifft.

69 **a) Gesundheitsgefährdung.** – Nach § 6 Abs. 4 Satz 1 Buchst. a ist tatbestandliche Voraussetzung für das Umsetzungsverlangen des Arbeitnehmers, dass nach arbeitsmedizinischer Feststellung die weitere Verrichtung von Nachtarbeit ihn in seiner Gesundheit gefährdet. Die Feststellung muss von einem **Arbeitsmediziner** getroffen werden. Die im Regierungsentwurf enthaltene Formulierung „nach ärztlicher

Feststellung“ (vgl. BT-Drucks. 12/5888 S. 6 und 26) ist in den parlamentarischen Beratungen des Gesetzentwurfs durch die Formulierung „nach arbeitsmedizinischer Feststellung“ ersetzt worden (vgl. BT-Drucks. 12/6990 S. 43).

70 Die abschließende Beurteilung der Folgen weiterer Nachtarbeit ist nach Auffassung des Gesetzgebers angesichts der damit verbundenen Konsequenzen von einem Arbeitsmediziner und keinem anderen Arzt vorzunehmen (zur arbeitsmedizinischen Untersuchung vgl. Rn 38 ff). Die weitere Verrichtung von Nachtarbeit führt zu einer Gefährdung der Gesundheit, wenn aufgrund der bei der Untersuchung erhobenen Befunde über die generelle gesundheitliche Gefährdung durch Nachtarbeit hinaus **konkrete Anhaltspunkte** dafür bestehen, dass bei einer weiteren Verrichtung von Nachtarbeit mit hinreichender Wahrscheinlichkeit die Gesundheit des Arbeitnehmers gefährdet wird (**L:** vgl. *Roggendorff* § 6 Rn 28; *Schliemann* § 6 Rn 65; ErfK/*Wank* § 6 ArbZG Rn 11; aA *Neumann/Biebl* § 6 Rn 19). Untersuchungsbefund und arbeitsmedizinische Beurteilung unterliegen der Verschwiegenheitsverpflichtung des Arztes (vgl. Rn 43).

71 Verlangt der Arbeitnehmer, gestützt auf eine arbeitsmedizinische Feststellung, die Umsetzung auf einen Tagesarbeitsplatz, so ist die arbeitsmedizinische Beurteilung, nicht der Untersuchungsbefund, dem Arbeitgeber mitzuteilen, da andernfalls die Berechtigung des Verlangens vom Arbeitgeber nicht beurteilt werden kann. Der Arbeitnehmer hat insoweit den Arzt von seiner Verschwiegenheitspflicht zu entbinden. Das auf eine arbeitsmedizinische Feststellung gestützte Umsetzungsverlangen kann **jederzeit** erklärt werden, nicht etwa nur in Zusammenhang mit einer Untersuchung nach § 6 Abs. 3. Durch die Streichung des noch im Regierungsentwurf enthaltenen Verweises auf § 6 Abs. 3 (vgl. BT-Drucks. 12/5888 S. 6) ist dies – unter Zustimmung zu einem Änderungsantrag des Bundesrates (vgl. BT-Drucks. 12/5888 S. 40 und 52) – ausdrücklich klargestellt worden.

72 **b) Kinderbetreuung.** – Nach § 6 Abs. 4 Satz 1 Buchst. b kann der Nachtarbeitnehmer ein Umsetzungsverlangen erklären, wenn in seinem Haushalt ein Kind unter 12 Jahren lebt, das nicht von einer anderen im Haushalt lebenden Person betreut werden kann. Ein **Haushalt** wird von Personen gebildet, die **gemeinsam wohnen und wirtschaften**. Der Haushalt kann sich in einem Gebäude mit Wohnraum aber auch in anderen bewohnten Unterkünften (zB Campingmobil) befinden. Wer mit mehreren in einer Wohnung zusammenlebt, aber allein wirtschaftet, bildet einen eigenen Haushalt (vgl. hierzu auch das Wohnungsstatistikgesetz vom 18.3.1993 – BGBl. I S. 337). Die Altersgrenze für das im Haushalt lebende Kind ist aus § 45 Abs. 1 SGB V entnommen worden. Dem Nachtarbeitnehmer muss die Personensorge für das Kind obliegen, ein Verwandtschaftsverhältnis (**L:** MünchArbR/*Koberski* § 184 Rn 42; *Schliemann* § 6 Rn 68; ErfK/*Wank* § 6 ArbZG Rn 11) ist nicht erforderlich. Zur Darlegungs- und Beweislast vgl. Rn 68.

73 **c) Versorgung von schwerpflegebedürftigen Angehörigen.** – Nach § 6 Abs. 4 Satz 1 Buchst. c kann der Nachtarbeitnehmer ein Umsetzungsverlangen erklären, wenn er einen schwerpflegebedürftigen Angehörigen zu versorgen hat, der nicht von einem anderen im Haushalt lebenden Angehörigen versorgt werden kann. Der Begriff der Pflegebedürftigkeit wird in **§ 14 Sozialgesetzbuch – Elftes Buch** (SGB IX) – Soziale Pflegeversicherung gesetzlich definiert: Danach sind Personen **pflegebedürftig**, die gesundheitlich bedingte Beeinträchtigungen der Selbstständigkeit oder der Fähigkeiten aufweisen und deshalb der Hilfe durch andere bedürfen (§ 14 Abs. 1 Satz 1 SGB IX). Dabei muss es sich um Personen handeln, die körperliche, kognitive oder psychische Beeinträchtigungen oder gesundheitlich bedingte Belastungen oder Anforderungen nicht selbstständig kompensieren oder bewältigen können (§ 14 Abs. 1 Satz 2 SGB XI). Die Pflegebedürftigkeit muss auf Dauer, voraussichtlich für mindestens sechs Monate, und mit mindestens der in § 15 SGB XI festgelegten **Schwere** bestehen.

Nach § 15 Abs. 1 SGB XI erhalten Pflegebedürftige einen Grad der Pflegebedürftigkeit **(Pflegegrad)**. Dieser Pflegegrad wird mit Hilfe eines pflegefachlich begründeten Begutachtungsinstruments ermittelt, das in § 15 Abs. 2 SGB XI ausführlich niedergelegt wird. Insgesamt können aufgrund des festgelegten Begutachtungsinstruments 5 Pflegegrade vergeben werden, die sich stufenartig nach dem Grad der Beeinträchtigung aufbauen: **Pflegegrad 1** (geringe Beeinträchigungen), **Pflegegrad 2** (erhebliche Beeinträchtigungen), **Pflegegrad 3** (schwere Beeinträchtigungen), **Pflegegrad 4** (schwerste Beeinträchtigungen), **Pflegegrad 5** (schwerste Beeinträchtigungen mit besonderen Anforderungen an die pflegerische Versorgung). Das Umsetzungsverlangen nach Absatz 4 Buchst. c kann bei Versorgung eines schwerpflegebedürftigen Angehörigen gestellt werden. Eine Anpassung dieses Begriffes im ArbZG ist unterblieben. Es ist daher davon auszugehen, dass das Umsetzungsverlangen in allen Fällen einer festgestellten Pflegebedürftigkeit gestellt werden kann und es daher auf den zuerteilten Pflegegrad im Einzelfall nicht ankommt. 74

Der Pflegebedürftige muss **Angehöriger** des Nachtarbeitnehmers sein. Der Begriff Angehöriger geht weiter als der Begriff Familie; er umfasst Verwandte und Verschwägerte gerader Linie, Ehegatten, Verlobte, Geschwister, Ehegatten der Geschwister, Geschwister der Ehegatten, Personen, die miteinander durch Annahme an Kindes Statt verbunden sind sowie Pflegeeltern und Pflegekinder (vgl. § 11 Abs. 1 Nr. 1 StGB). 75

Nicht erforderlich ist, dass der Pflegebedürftige **im Haushalt des Nachtarbeitnehmers** (vgl. Rn 72) lebt. Anders als bei der Kinderbetreuung nach § 6 Abs. 4 Satz 1 Buchst. b ist auf das Erfordernis eines gemeinsames Wohnens und Wirtschaftens im Haushalt des Nachtarbeitnehmers verzichtet worden, um keinen Anreiz zu schaffen, den Pflegebedürftigen aus seinem gewohnten Umfeld herauszunehmen und in den Haushalt des Nachtarbeitnehmers zu integrieren. Stattdessen ist als weiteres Tatbestandsmerkmal das Erfordernis aufgenommen worden, dass der Pflegebedürftige nicht von einem anderen im Haushalt des Pflegebedürftigen lebenden Angehörigen (vgl. Rn 73) versorgt werden kann. Zur Darlegungs- und Beweislast vgl. Rn 68. 76

77 **Rechtsmissbrauch:** Die drei Fallgestaltungen des § 6 Abs. 4 Satz 1, bei deren Vorliegen der Nachtarbeitnehmer ein Umsetzungsverlangen gegenüber dem Arbeitgeber erklären kann, sind unabhängig vom zeitlichen Bestand des Arbeitsverhältnisses. Bewirbt sich ein Arbeitnehmer auf einen mit Nachtarbeit verbundenen Arbeitsplatz, erklärt aber, sobald er die Stelle innehat, ein Umsetzungsverlangen, so kann die Geltendmachung je nach den Umständen des Einzelfalles gegen den Grundsatz von Treu und Glauben (§ 242 BGB) verstoßen, der eine allen Rechten, Rechtslagen und Rechtsnormen immanente Inhaltsbegrenzung darstellt (**R:** BAG 23.6.1994 BB 1994, 1353 = DB 1994, 1380). Insoweit ist die Geltendmachung des Umsetzungsanspruchs rechtsmissbräuchlich, wenn nicht besondere Umstände im Einzelfall dies rechtfertigen.

78 **5. Ausgleich.** – Durch § 6 Abs. 5 wird gesetzlich festgestellt, dass Nachtarbeitnehmern ein **Ausgleich** für die mit Nachtarbeit verbundenen Beeinträchtigungen zu gewähren ist (vgl. BT-Drucks. 12/5888 S. 26), ohne dass gesetzliche Vorgaben zum Umfang des Ausgleichs getroffen werden (**L:** krit. hierzu *Polzin* SR 2019, 303). Der Arbeitgeber ist zu diesem Ausgleich nur verpflichtet, wenn und soweit tarifvertragliche Ausgleichsregelungen, die er zu beachten hat, nicht bestehen, insbes. bei fehlender Tarifgebundenheit des Arbeitgebers (vgl. § 7 Rn 73 f).

78a **Nächtlicher Bereitschaftsdienst** ist Arbeitszeit und damit ausgleichspflichtige Nachtarbeit (**R:** BAG 15.07.2009 NZA 2009, 1366 = DB 2009, 2788; BAG 23.2.2011 NZA 2011, 1176 = DB 2011, 1114; BAG 23.3.2011 NZA 2011, 1000 = DB 2011, 1984; BAG 12.12.2012 BB 2013, 1204).

79 In den parlamentarischen Beratungen des ArbZG ist ausdrücklich hervorgehoben worden, dass als tarifvertragliche Ausgleichsregelung iSd § 6 Abs. 5 auch **bereits bestehende Tarifverträge** in Betracht kommen, in denen der Ausgleich der besonderen Arbeitsbedingungen einer Branche unter Einschluss von Nachtarbeit zB bereits in der tariflichen Grundentgeltfindung oder in einem Freizeitausgleich erfolgt (vgl. BT-Drucks. 12/6990 S. 43). Eine tarifvertragliche Ausgleichsregelung iSd § 6 Abs. 5 kann auch dann vorliegen, wenn sich aus dem Tarifwerk ergibt, dass nach der erkennbaren Vorstellung der Tarifvertragsparteien durch die Gewährung anderer Leistungen und Vergünstigungen auch die durch Nachtarbeit verursachten Belastungen ausgeglichen werden sollen (**R:** LAG Düsseldorf 19.2.1997 – Az: 12 TaBV 97/96 –).

79a Den allgemeinen tariflichen Arbeitsbedingungen kann eine **stillschweigende Ausgleichsregelung** aber nur dann entnommen werden, wenn entweder der Tarifvertrag selbst entsprechende Hinweise enthält oder sich dafür aus der Tarifgeschichte oder aus Besonderheiten des Geltungsbereichs Anhaltspunkte ergeben (**R:** BAG 26.4.2005 DB 2005, 2030 = NZA 2005, 884). Fehlen solche Anhaltspunkte, die sich beispielsweise auch aus Tätigkeitsbeispielen zu einzelnen Tarifgruppen entnehmen lassen, so bleibt der Anspruch auf angemessenen Ausgleich nach § 6 Abs. 5 bestehen (**R:** BAG 18.5.2011 BB 2011, 1972 = NZA-RR 2011, 581; BAG

13. 12. 2018 BB 2019, 563). Wird der gesetzliche Anspruch des Nachtarbeitnehmers aus § 6 Abs. 5 auf Ausgleich für Nachtarbeit dagegen tarifvertraglich ganz oder teilweise **ausgeschlossen**, ohne dass tarifvertraglich selbst ein Ausgleich für geleistete Nachtarbeit festgelegt wird, so verstößt dies gegen § 6 Abs. 5 (**R:** BAG 12. 12. 2012 BB 2013, 1204).

Fehlt eine tarifliche Regelung oder ist der Arbeitgeber nicht tarifgebunden, so ist ein **angemessener** Ausgleich zu gewähren. Ein Ausgleich ist angemessen, wenn zwischen der mit Nachtarbeit verbundenen Erschwernis und dem vorgesehenen Ausgleich ein in sich stimmiges Verhältnis besteht. Mangels konkreter Anhaltspunkte kann auf die Branchenüblichkeit abgestellt werden und – falls dies nicht weiterhilft – auf die Üblichkeit in anderen, vergleichbaren Branchen oder in der Gesamtwirtschaft generell. So liegen die tarifvertraglich für Nachtarbeit in der Bundesrepublik gezahlten Zuschläge zwischen 10 und 40% (durchschnittlich: 25%) bezogen auf das Bruttoarbeitsentgelt. Zuschläge, die sich in diesem Rahmen bewegen, dürften somit als angemessen angesehen werden können. Solche Zuschläge sind als übliche Erschwerniszuschläge iSv § 850a Nr. 3 ZPO unpfändbar (**R:** BAG 23. 8. 2017 BB 2017, 2675; **L:** *Deinert/Heuschmid/Zwanziger* § 47 Rn. 55 iVm § 34 Rn 14). Da § 6 Abs. 5 nur dann anzuwenden ist, wenn eine tarifliche Ausgleichsregelung fehlt, ist schon nach der Konzeption des Gesetzes im Regelfall nicht auf die Höhe des im einschlägigen Tarifvertrag festgelegten Zuschlags abzustellen (**R:** BAG 5. 9. 2002 BB 2003, 1072 = DB 2003, 1175 = AuR 2003, 467). Die tariflichen Festlegungen können aber als Orientierung dienen. Sieht ein Tarifvertrag Zuschläge für Nachtarbeit vor, so sind diese Zuschläge für **Pausen während der Nachtarbeit** nicht zu zahlen (**R:** BAG 18. 11. 2009 BB 2010, 308 = NZA 2010, 599 (Ls.)). Die Nachtarbeitszuschläge haben bei der Berechnung des Mindestlohnes unberücksichtigt zu bleiben (**R:** LAG Berlin-Brandenburg 12. 1. 2016 BB 2016, 308; BAG 25. 5. 2016 BB 2016, 2621 = NZA 2016, 1327; BAG 20. 9. 2017 BB 2017, 2931; BAG 20. 9. 2017 BB 2018, 121). Vollständig freigestellte Mitglieder des Betriebsrates erhalten Nachtarbeitszuschläge nur dann, wenn sie ohne ihre Freistellung Nachtarbeit zu leisten hätten (**R:** BAG 18. 5. 2016 BB 2016, 2355 = DB 2016, 2552). 80

Hinsichtlich tarifvertraglich vorgesehener bezahlter freier Tage ist eine Üblichkeit derzeit nicht zu ermitteln. Angemessenheit dürfte hier vorliegen, wenn dem Nachtarbeitnehmer für etwa 90 während der Nachtzeit geleistete Arbeitsstunden ein bezahlter freier Tag gewährt wird. Geht man davon aus, dass ein in vollkontinuierlicher Wechselschichtarbeit eingesetzter Arbeitnehmer etwa ein Viertel seines Jahrespensums von ca. 1.750 Stunden während der Nachtzeit ableistet, müssten **zwischen 4 und 5 zusätzliche bezahlte freie Tage** als angemessener Ausgleich anzusehen sein. Die Bestimmung der Angemessenheit der Kompensation nach § 6 Abs. 5 ist trotz der hierbei bestehenden Spielräume letztlich eine Rechtsfrage, bei welcher der Betriebsrat nach § 87 Abs. 1 BetrVG nicht mitzubestimmen hat (**R:** BAG 26. 8. 1997 BB 1998, 845 = AuR 1998, 338 = NZA 1998, 441). 81

82 Arbeitet der Arbeitnehmer im Dreischichtbetrieb und leistet er jede dritte Woche Nachtarbeit, ist regelmäßig ein **Zuschlag** von **25 %** des Stundenlohnes angemessen iSv § 6 Abs. 5; er entspricht auch dem, was weitgehend üblich ist (**R:** BAG 27.5.2003 ZTR 2004, 212). Bei Dauernachtschicht kann der Zuschlag mit **30 %** des Stundenlohnes höher bemessen werden (**R:** BAG 5.9.2002 BB 2003, 1072 = DB 2003, 1175 = AuR 2003, 467; BAG 9.12.2015 BB 2016, 563 = NZA 2016, 426 = NJW 2016, 1406). Ein Aufschlag um die Hälfte des Grundlohns verliert aber den Charakter des Zuschlags als „zusätzlich" geschuldete Leistung; Entgelt und Zuschlag sind bei **50 %** in sich unausgewogen (**R:** BAG 5.9.2002 BB 2003, 1072 = DB 2003, 1175 = AuR 2003, 467). Die Höhe der Zuschläge für Nachtarbeit im Schichtdienst und für Nachtarbeit außerhalb von Schichtsystemen müssen sich in etwa entsprechen, ansonsten liegt eine gleichheitswidrige Differenzierung vor (**R:** BAG 21.3.2018 BB 2018, 2362).

82a Für Angehörige von **Rettungsdiensten** hat das BAG einen Nachtzuschlag von **10 %** als angemessen angesehen, wobei es berücksichtigt hat, dass im Rettungsdienst in erheblichem Umfang Arbeitsbereitschaft und damit Zeiten der Entspannung anfallen (**R:** BAG 31.8.2005 BB 2006, 443 = DB 2006, 1273); auch bei **Wachmännern** (**R:** BAG 11.2.2009 NZA 2009, 1440 [Ls.]) kann ein Zuschlag von **10 %** bzw **12 %** als angemessen angesehen werden. Erfolgt die **Zeitungszustellung** dauerhaft in Nachtarbeit iSd ArbZG, so ist ein Nachtarbeitszuschlag in Höhe von 30 % des Mindestlohnes angemessen, sofern nicht eine höhere Vergütung vereinbart ist (**R:** BAG 25.4.2018 BB 2019, 1147). Zulässig ist es, statt einer gesonderten Zuschlagsregelung in Form eines Prozentsatzes des Stundenlohnes den Grundlohn entsprechend zu erhöhen (**R:** BAG 27.5.2003 ZTR 2004, 212; BAG 24.2.1999 BAGE 91, 63). Das LAG Baden-Württemberg hält einen Zuschlag von insgesamt 20 % für eine Dauernachtwache in einem Pflegeheim für angemessen (**R:** LAG Baden-Württemberg 11.1.2019 – 9 Sa 60/18). Angesichts der Belastungssituation in Alten- und Pflegeheimen erscheint dies fragwürdig (**L:** so auch *Horstmeier* BB 2019, 2551), weshalb ein Zuschlag von mindestens 30 % als angemessen erscheint (**R:** LAG Rheinland-Pfalz 7.6.2018 – 5 Sa 446/17).

82b Eine tariflich vorgesehene **arbeitszeitanteilige Zahlung** der Wechselschichtzulage an Teilzeitbeschäftigte ist sachlich gerechtfertigt und mit § 4 Abs. 1 TzBfG vereinbar (**R:** LAG Hamm 10.5.2007 ZTR 2007, 543). Das LAG SH (**R:** LAG SH 27.3.2007 ZTR 2007, 545) sieht die anteilige Kürzung der Zulagenpauschale jedoch als Verstoß gegen § 4 Abs. 1 TzBfG an. Die Frage nach der Zahlung der Zulagenpauschale sei allein danach zu entscheiden, ob der Arbeitnehmer „ständig Schichtarbeit" leiste. Darauf, ob Teilzeit- oder Vollzeitarbeit vorliege, stelle die Norm gerade nicht ab.

83 Der Arbeitgeber schuldet entweder angemessene Zuschläge **oder** eine angemessene Zahl bezahlter freier Tage; diese Verpflichtung des Arbeitgebers ist eine **Wahlschuld** (**R:** LAG SH 21.1.1997 NZA-RR 1998, 200). Werden aber mehrere Leistungen in der Weise geschuldet, dass nur die eine **oder** die andere zu bewirken ist, so steht das Wahlrecht im Zweifel nach § 262 BGB dem Arbeitgeber als Schuldner der Leistung zu. Solange der Arbeitgeber sein Wahlrecht nicht ausgeübt hat, muss ihn der Arbeitnehmer bei einer gerichtlichen Verfolgung **alternativ** auf Gewährung freier Tage oder auf Zahlung in Anspruch nehmen (**R:** BAG 5.9.2002 BB 2003, 1072 = DB 2003, 1175 = AuR 2003, 467). Der Ausgleich kann auch in Form einer Kombination von Zuschlägen und bezahlten freien Tagen erfolgen (**R:** BAG 1.2.2006 NZA 2006, 494; BAG 13.1.2016 BB 2016, 1075). Aus arbeitsmedizinischer Sicht sind bezahlte freie Tage den Nachtarbeitszuschlägen vorzuziehen.

§ 6 Abs. 5 ist auch auf Arbeitsverhältnisse anzuwenden, die vor dem Inkrafttreten des ArbZG am 1.7.1994 begründet worden sind (**R:** LAG SH 21.1.1997 NZA-RR 1998, 200). Den Zeitpunkt der bezahlten freien Tage legt der Arbeitgeber fest; sie hat nach billigem Ermessen zu erfolgen (§ 315 BGB). Die Gewährung der freien Tage muss daher dem Arbeitnehmer so rechtzeitig mitgeteilt werden, dass er sich noch ausreichend auf die zusätzliche Freizeit einstellen kann (**R:** zur Abgeltung von Mehrarbeit vgl. BAG 17.1.1995 DB 1995, 1413). **84**

6. Betriebliche Weiterbildung/Aufstieg. – Durch die Regelung des § 6 Abs. 6 wird der allgemeine arbeitsrechtliche Gleichbehandlungsgrundsatz für den Bereich der Nachtarbeit gesetzlich konkretisiert. Anders als § 2 Abs. 1 BeschFG für den Bereich der Teilzeitarbeit erstreckt sich die Konkretisierung des arbeitsrechtlichen Gleichbehandlungsgrundsatzes nach § 6 Abs. 6 auf die bei Ableistung von Nachtarbeit problematischen Bereiche des Zugangs zur betrieblichen Weiterbildung und zu aufstiegsfördernden Maßnahmen. Die Konkretisierung des arbeitsrechtlichen Gleichbehandlungsgrundsatzes geht zurück auf einen Ergänzungsvorschlag des Bundesrates, dem die Bundesregierung in abgewandelter Form zugestimmt hat (vgl. BT-Drucks. 12/5888 S. 41 und 52) und der in den parlamentarischen Beratungen übernommen worden ist (vgl. BT-Drucks. 12/6990 S. 10 und 43). Das Verbot einer Ungleichbehandlung ohne sachliche Rechtfertigung findet allerdings nicht erst seit dem Inkrafttreten des ArbZG auf Nachtarbeitnehmer Anwendung, insofern präzisiert § 6 Abs. 6 lediglich bereits geltendes Recht. **85**

Der **Gleichbehandlungsgrundsatz** gebietet dem Arbeitgeber, seine Arbeitnehmer oder Gruppen seiner Arbeitnehmer, die sich in vergleichbarer Lage befinden, gleich zu behandeln (**R:** BAG 27.7.1988 AP BGB § 242 Nr. 83 Gleichbehandlung; **L:** ausf. MünchArbR/*Fischinger* § 14 mwN). Er verbietet nicht nur die willkürliche Schlechterstellung einzelner Arbeitnehmer innerhalb einer Gruppe, sondern auch eine sachfremde Gruppenbildung (**R:** BAG 19.8.1992 AP BGB § 242 Nr. 102 Gleichbehandlung). Im Bereich der Vergütung ist die Anwendung des Gleichbehandlungsgrundsatzes allerdings beschränkt, da der Grundsatz der Vertragsfreiheit, zumindest für individuell vereinbarte Löhne und Gehälter, Vorrang hat (**R:** BAG 19.8.1992 AP BGB § 242 Nr. 102 Gleichbehandlung). Geht es um die Vergütung, so befinden sich regelmäßig nur solche Arbeitnehmer in vergleichbarer Lage, die von ihrer Tätigkeit her vergleichbar sind (**R:** vgl. auch BAG 9.2.1989 AP BeschFG 1985 § 2 Nr. 4). **86**

87 Die Tätigkeit zu unterschiedlichen Zeiten des Tages dürfte allerdings ein hinlänglicher **Differenzierungsgrund** sein. Arbeiten die Männer einer Betriebsabteilung in Dauernachtschicht, die Frauen hingegen in Früh- und Spätschicht, so kann der Arbeitgeber darin einen leistungsbezogenen Ansatzpunkt für eine höhere Entlohnung der Männer sehen (**R:** LAG Rh-P 1.5.1979 LAGE Nr. 4 zu § 242 BGB Gleichbehandlung). Tarifvertragliche Regelungen, die bestimmte Wechselschicht leistende Berufsgruppen, wie Pförtner oder Wächter, von Wechselschicht- und Schichtzuschlägen ausnehmen, die aber anderen Arbeitnehmern, die Wechselschichtdienst leisten, gewährt werden, bedürfen eines sachlichen Grundes. Fehlt dieser, liegt ein Verstoß gegen den arbeitsrechtlichen Gleichbehandlungsgrundsatz vor (**R:** ArbG Mannheim 5.11.1992 NZA 1993, 282).

88 § 6 Abs. 6 ist begrenzt auf den gleichen Zugang zur **betrieblichen** Weiterbildung und zu aufstiegsfördernden Maßnahmen, weil der Arbeitgeber nur bezogen auf seinen Betrieb bzw sein Unternehmen als Normadressat einer öffentlich-rechtlichen Pflicht herangezogen werden kann. Der betrieblichen Weiterbildung sind demzufolge alle betrieblichen Maßnahmen zuzurechnen, die es den Arbeitnehmern ermöglichen sollen, die beruflichen Kenntnisse und Fertigkeiten zu erhalten, zu erweitern, der technischen Entwicklung anzupassen oder beruflich aufzusteigen (so auch § 1 Abs. 3 BBiG). Zu diesen Maßnahmen gehören zB Lehrgänge, die den Arbeitnehmern die für die Ausfüllung ihres Arbeitsplatzes notwendigen Kenntnisse und Fähigkeiten verschaffen sollen (**R:** BAG 5.11.1985 AP BetrVG 1972 § 80 Nr. 24). Hierzu zählen nicht solche Maßnahmen, mit denen die Arbeitnehmer in ihre vertraglich geschuldeten Tätigkeiten gezielt eingewiesen werden (**R:** BAG 5.11.1985 AP BetrVG 1972 § 98 Nr. 2).

89 Die Pflicht zur Sicherstellung des gleichen Zugangs bedeutet im Einzelfall, dass betriebliche Weiterbildungsmaßnahmen und aufstiegsfördernde Maßnahmen vom Arbeitgeber so **terminiert** werden müssen, dass Nachtarbeitnehmer ohne schichtplanbedingte Unterbrechungen kontinuierlich an diesen Maßnahmen teilnehmen können. Ggf. ist für Nachtarbeitnehmer, die zu derartigen Maßnahmen ausgewählt worden sind, ein vorübergehender Wechsel in Tagesarbeit angezeigt. In Betracht kommen auch Maßnahmen für Gruppen von Nacht- und Schichtarbeitnehmern.

III. Beteiligung des Betriebs- oder Personalrats

90 Nach § 87 Abs. 1 Nr. 2 BetrVG hat der Betriebsrat über Beginn und Ende der täglichen Arbeitszeit einschließlich der Pausen sowie über die Verteilung der Arbeitszeit auf die einzelnen Wochentage mitzubestimmen, soweit eine gesetzliche oder tarifliche Regelung nicht besteht (vgl. ausf. § 1 Rn 61 ff). Entsprechende Vorschriften sind in § 75 Abs. 3 Nr. 1 BPersVG und in den Landespersonalvertretungsgesetzen enthalten. Die Rspr. des BAG hat in zutreffender Ausfüllung dieses Mitbestimmungstatbestandes ein **lückenloses Instrumentarium** hinsichtlich der Einführung und Ausgestaltung von Schicht- (und Nacht-)arbeit für den Betriebsrat entwickelt.

Dem Mitbestimmungsrecht des § 87 Abs. 1 Nr. 2 BetrVG unterfällt zunächst die Frage, **ob im Betrieb überhaupt in mehreren Schichten gearbeitet werden soll** (**R:** BAG 28. 10. 1986 AP BetrVG 1972 § 87 Nr. 19 Arbeitszeit), wodurch die Entscheidung der Frage einer Ausdehnung der Maschinenlaufzeiten bzw der Betriebsnutzungszeiten der alleinigen Entscheidung des Arbeitgebers entzogen ist. Trotz vereinzelter Kritik (**L:** *Rath-Glawatz* Anm. zu AP Nr. 19 zu § 87 BetrVG 1972 Arbeitszeit mwN) wird diese Auffassung des BAG im Schrifttum überwiegend geteilt (**L:** *Fitting* § 87 Rn 120 ff; *Löwisch/Kaiser* § 87 Rn 61; MünchArbR/*Salamon* § 321 Rn 57 ff). Lehnt der Betriebsrat die Einführung von Schichtarbeit oder die Ausdehnung von einem Zwei-Schicht-System auf ein Drei-Schicht-System mit regelmäßiger Nachtschicht ab, so hat nach § 87 Abs. 2 BetrVG die Einigungsstelle zu entscheiden, deren Spruch die Einigung zwischen Arbeitgeber und Betriebsrat ersetzt. Zum Initiativrecht des Betriebsrats vgl. § 1 Rn 85 und 86; zu den Regelungs- und Rechtsstreitigkeiten vgl. § 1 Rn 87 ff. 91

1. Bei Berücksichtigung der gesicherten arbeitswissenschaftlichen Erkenntnisse. – Ist die Frage des „Ob" von Schichtarbeit zwischen Arbeitgeber und Betriebsrat unstrittig, so hat nach der Rspr. des BAG der Betriebsrat **in allen Fragen der Schichtarbeit** mitzubestimmen (**R:** BAG 28. 10. 1986 AP BetrVG 1972 § 87 Nr. 19 Arbeitszeit), was im Einzelfall bedeutet, dass der gesamte Komplex der Schichtarbeit zwischen Arbeitgeber und Betriebsrat zu regeln ist. Dabei können sie den Schichtplan in allen Einzelheiten vereinbaren, sie können aber auch Grundsätze und Kriterien bestimmen, die bei Aufstellung des Schichtplans durch den Arbeitgeber zu beachten sind. Eine gesetzliche Grenze der Regelungsbefugnis der Betriebspartner ergibt sich in Zukunft aus § 6 Abs. 1. Ein Schichtplan darf den gesicherten arbeitswissenschaftlichen Erkenntnissen nicht widersprechen, und zwar auch dann nicht, wenn sich Arbeitgeber und Betriebsrat auf einen solchen Schichtplan geeinigt haben. Die öffentlich-rechtliche Verpflichtung des Arbeitgebers hat insoweit Vorrang. 92

2. Bei Festlegung der Arbeitszeit. – Dem Mitbestimmungsrecht des Betriebsrats nach § 87 Abs. 1 Nr. 2 BetrVG und des Personalrats nach § 75 Abs. 3 Nr. 1 BPersVG unterfällt die Frage, wie die in § 6 Abs. 2 Satz 1 und 2 zugelassene Arbeitszeit von 8 bzw 10 Stunden auf den Tag und auf die Woche verteilt werden soll. Daraus folgt, dass der Betriebsrat sowohl darüber mitbestimmt, wann jeweils die einzelne Schicht – also auch die Nachtschicht – beginnen und enden soll, als auch darüber, wie lange die einzelne Schicht dauern soll (**R:** zur Mitbestimmung bei Dauer der Tagesschichten vgl. BAG 26. 3. 1991 AP BPersVG § 75 Nr. 3 = AP BetrVG 1972 § 87 Nr. 43 Arbeitszeit). Betriebs- und Personalrat haben ferner über die Wahl und Änderung des Ausgleichszeitraums nach § 6 Abs. 2 Satz 2 mitzubestimmen; der gesetzliche Rahmen kann allerdings nur bei tarifvertraglicher Zulassung verlängert werden; im Übrigen vgl. hierzu die ausführliche Darstellung in § 1 Rn 61 ff. 93

3. Bei Durchführung der arbeitsmedizinischen Untersuchungen. – Die Frage, ob und durch wen sich ein Nachtarbeitnehmer untersuchen lässt, unterliegt **nicht** 94 der Mitbestimmung des Betriebs- oder Personalrats. Die Nachtarbeitnehmer können auch nicht durch Betriebs- oder Dienstvereinbarung zur Teilnahme an Untersuchungen nach § 6 Abs. 3 verpflichtet werden; Betriebs- oder Dienstvereinbarungen über ärztliche Untersuchungen nach § 6 Abs. 3 auf freiwilliger Basis sind dagegen wohl möglich.

95 **4. Bei Umsetzung auf einen Tagesarbeitsplatz.** – Will der Arbeitgeber einem Umsetzungsverlangen des Nachtarbeitnehmers entsprechen und ihn auf einen Tagesarbeitsplatz umsetzen (vgl. Rn 50ff), so kommt ein Mitbestimmungsrecht nach § 87 Abs. 1 Nr. 2 BetrVG bzw § 75 Abs. 1 Nr. 1 BPersVG nicht in Betracht, da nicht betriebliche Gegebenheiten, sondern **persönliche Gründe** des Nachtarbeitnehmers eine Regelung erfordern, es insoweit an einem Kollektivfall fehlt (**R:** BAG 21.12.1982 AP BetrVG 1972 § 87 Nr. 9 Arbeitszeit). Erfüllt die Umsetzung des Nachtarbeitnehmers auf einen Tagesarbeitsplatz die Voraussetzungen einer Versetzung (vgl. § 95 Abs. 3 BetrVG), so bedarf sie nach § 99 Abs. 1 BetrVG bzw § 76 Abs. 2 Nr. 8 BPersVG der vorherigen Zustimmung des Betriebs- oder Personalrats (**R:** LAG München 30.12.1986 LAGE Nr. 3 zu § 95 BetrVG). Die Umsetzung eines Arbeitnehmers von der Tagschicht in die Nachtschicht – und umgekehrt – ist allerdings keine zustimmungspflichtige Versetzung, wenn sich dadurch lediglich die Lage der Arbeitszeit des betroffenen Arbeitnehmers ändert (**R:** BAG 23.11.1993 BB 1994, 935 = DB 1994, 735 = AiB 1994, 316).

96 Durch die Umsetzung eines Nachtarbeitnehmers auf einen Tagesarbeitsplatz wird sich in einem Betrieb immer wieder die Situation ergeben, dass die Nachtschicht unterbesetzt ist und andere Arbeitnehmer in die Nachtschicht überwechseln müssen. Derartige Schichtwechsel – ausgelöst durch die Realisierung eines individuellen Umsetzungsverlangens – sind zwar keine Versetzungen, aber Schichtumsetzungen aus betrieblichem Anlass, die kollektive Interessen der Arbeitnehmer des Betriebs berühren. Die Regelung der Frage, welcher Arbeitnehmer von einer Schicht in die andere Schicht umgesetzt werden soll, unterliegt dann dem Mitbestimmungsrecht nach § 87 Abs. 1 Nr. 2 BetrVG (**R:** BAG 27.6.1989 AP BetrVG 1972 § 87 Nr. 35 Arbeitszeit) bzw § 75 Abs. 3 Nr. 1 BPersVG. Soll ein Arbeitnehmer von einer Tätigkeit im Einschichtbetrieb zu einer Tätigkeit in der Wechselschicht wechseln, so liegt hierin auch eine mitbestimmungspflichtige **Versetzung** iSd § 95 Abs. 3 BetrVG, da sich hierdurch die Umstände, unter denen die Arbeit zu leisten ist, erheblich verändern (**R:** LAG Hamm 21.11.1989 LAGE Nr. 10 zu § 95 BetrVG).

97 **5. Bei Festlegung des Ausgleichs.** – Fehlt für den Betrieb eine tarifvertragliche Ausgleichsregelung iSd § 6 Abs. 5, so hat der Betriebsrat nach § 87 Abs. 1 Nr. 10 BetrVG bei der Festlegung des angemessenen Ausgleichs ein Mitbestimmungsrecht, da es sich insoweit um eine Frage der betrieblichen Lohngestaltung handelt (**L:** ausf. MünchArbR/*Salamon* § 328 mwN). Darüber hinaus ergibt sich das Mitbestimmungsrecht des Betriebsrats bei der Auswahlentscheidung auch aus § 87 Abs. 1 Nr. 7 BetrVG, da § 6 Abs. 5 wie gefordert eine **Rahmenvorschrift** ist. Er macht noch betriebliche Regelungen notwendig, die festlegen, ob das im ArbZG vorgesehene Ziel des Ausgleichs für Nachtarbeit durch bezahlte Freizeit, durch einen Lohnzuschlag oder durch eine Kombination aus beidem erreicht werden soll (**R:** BAG 26.8.1997 BB 1998, 845 = NZA 1998, 441 = AiB 1999, 162 mit Anm. *Hess-Grunewald* = AuR 1998, 338 mit Anm. *Ulber*; BAG 17.1.2012 NZA 2012, 513 = DB 2012, 868). Haben die Tarifvertragsparteien einen Ausgleich nach § 6 Abs. 5 festgelegt, so entfällt die gesetzliche Verpflichtung des Arbeitgebers, selbst eine solche Regelung zu schaffen. Es fehlt insoweit „an der durch eine arbeitsschutzrechtliche Rahmenvorschrift begründeten Pflichtenstellung des Arbeitgebers, von deren Ausübung das Mitbestimmungsrecht des Betriebsrates aus § 87 Abs. 1 Nr. 7 BetrVG abhängt" (**R:** BAG 17.1.2012 NZA 2012, 513 = DB 2012, 868). Das Mitbestimmungsrecht aus § 87 Abs. 1 Nr. 7 BetrVG umfasst auch die Frage der Ausgestaltung des Ausgleichs (**R:** BAG 26.4.2005 DB 2005, 2030). Eine tarifliche Regelung, die die Gewährung eines Nachtarbeitszuschlages ausschließt, entfaltet keine Sperrwirkung für die Regelung von Freizeitausgleich. Bei der Ausgestaltung des Freizeitausgleiches hat der Betriebsrat mitzubestimmen.

Das Mitbestimmungsrecht kommt auch dann zum Zuge, wenn die tarifliche Regelung selbst ihre weitere Ausgestaltung und Konkretisierung durch die Betriebspartner vorsieht (**R:** BAG 21.9.1993 BB 1994, 500 = DB 1994, 1193 = NZA 1994, 427 = AiB 1994, 312). Eine entsprechende Vorschrift für den Personalrat ist in § 75 Abs. 3 Nr. 4 BPersVG enthalten. Die Entscheidung darüber, wie viele bezahlte freie Tage oder in welcher Höhe Entgeltzuschläge nach § 6 Abs. 5 zu beanspruchen sein sollen, ist nach § 87 Abs. 1 Eingangshalbsatz BetrVG mitbestimmungsfrei, da es sich insoweit um eine Rechtsfrage der Billigkeit handelt (**R:** BAG 26.8.1997 BB 1998, 845). **98**

6. Bei Sicherstellung des Zugangs zur betrieblichen Weiterbildung. – Nach § 98 BetrVG hat der Betriebsrat bei Maßnahmen zur betrieblichen Weiterbildung ein erzwingbares Mitbestimmungsrecht, nach § 98 Abs. 3 BetrVG auch in Bezug auf die Auswahl der Arbeitnehmer oder Gruppen von Arbeitnehmern (**L:** ausf. MünchArbR/*Salamon* § 339 Rn 12, 24). Im Streitfall entscheidet nach § 98 Abs. 4 BetrVG die Einigungsstelle, deren Spruch einer umfassenden Rechtskontrolle unterliegt. Die öffentlich-rechtliche Verpflichtung des Arbeitgebers nach § 6 Abs. 6 beschränkt die Ausübung des Ermessens. Entsprechende Vorschriften für den Personalrat sind in § 75 Abs. 3 Nr. 6 und 7 sowie § 76 Abs. 2 Nr. 1 und 6 BPersVG vorgesehen. **99**

IV. Verstöße/Durchführung

Ein Arbeitgeber, der vorsätzlich oder fahrlässig entgegen § 6 Abs. 2 Nachtarbeitnehmer an Werktagen oder entgegen § 6 Abs. 2 iVm § 11 Abs. 2 Nachtarbeitnehmer an Sonn- und Feiertagen über die zulässigen Grenzen der Arbeitszeit hinaus beschäftigt, handelt ordnungswidrig nach § 22 Abs. 1 Nr. 1. Je nach Schwere der Tat kann dies mit einer Geldbuße bis zu 15.000 Euro (§ 22 Abs. 2) oder mit Freiheitsstrafe bis zu einem Jahr oder Geldstrafe (§ 23) geahndet werden. **100**

101 Auf eine Bußgeldbewehrung der Regelungen des § 6 Abs. 1 und Abs. 3 bis 6 ist verzichtet worden. Durch diesen Verzicht auf eine Bußgeldbewehrung wird der Charakter der Regelungen als öffentlich-rechtliche Pflichten, die dem Arbeitgeber gegenüber dem Staat obliegen, nicht verändert. Der Staat verzichtet insoweit lediglich bei einer Missachtung dieser öffentlich-rechtlichen Pflichten auf eine Sanktionierung für die Vergangenheit, er begnügt sich mit einer Durchsetzungsmöglichkeit für die Zukunft, die sich aus § 17 Abs. 2 ergibt (vgl. § 17 Rn 10 ff).

§ 7
Abweichende Regelungen

(1) In einem Tarifvertrag oder auf Grund eines Tarifvertrags in einer Betriebs- oder Dienstvereinbarung kann zugelassen werden,

1. abweichend von § 3
   a) die Arbeitszeit über zehn Stunden werktäglich zu verlängern, wenn in die Arbeitszeit regelmäßig und in erheblichem Umfang Arbeitsbereitschaft oder Bereitschaftsdienst fällt,
   b) einen anderen Ausgleichszeitraum festzulegen,
2. abweichend von § 4 Satz 2 die Gesamtdauer der Ruhepausen in Schichtbetrieben und Verkehrsbetrieben auf Kurzpausen von angemessener Dauer aufzuteilen,
3. abweichend von § 5 Abs. 1 die Ruhezeit um bis zu zwei Stunden zu kürzen, wenn die Art der Arbeit dies erfordert und die Kürzung der Ruhezeit innerhalb eines festzulegenden Ausgleichszeitraums ausgeglichen wird,
4. abweichend von § 6 Abs. 2
   a) die Arbeitszeit über zehn Stunden werktäglich hinaus zu verlängern, wenn in die Arbeitszeit regelmäßig und in erheblichem Umfang Arbeitsbereitschaft oder Bereitschaftsdienst fällt,
   b) einen anderen Ausgleichszeitraum festzulegen,
5. den Beginn des siebenstündigen Nachtzeitraums des § 2 Abs. 3 auf die Zeit zwischen 22 und 24 Uhr festzulegen.

(2) Sofern der Gesundheitsschutz der Arbeitnehmer durch einen entsprechenden Zeitausgleich gewährleistet wird, kann in einem Tarifvertrag oder auf Grund eines Tarifvertrags in einer Betriebs- oder Dienstvereinbarung ferner zugelassen werden,

1. abweichend von § 5 Abs. 1 die Ruhezeiten bei Rufbereitschaft den Besonderheiten dieses Dienstes anzupassen, insbesondere Kürzungen der Ruhezeit infolge von Inanspruchnahmen während dieses Dienstes zu anderen Zeiten auszugleichen,
2. die Regelungen der §§ 3, 5 Abs. 1 und § 6 Abs. 2 in der Landwirtschaft der Bestellungs- und Erntezeit sowie den Witterungseinflüssen anzupassen,
3. die Regelungen der §§ 3, 4, 5 Abs. 1 und § 6 Abs. 2 bei der Behandlung, Pflege und Betreuung von Personen der Eigenart dieser Tätigkeit und dem Wohl dieser Personen entsprechend anzupassen,
4. die Regelungen der §§ 3, 4, 5 Abs. 1 und § 6 Abs. 2 bei Verwaltungen und Betrieben des Bundes, der Länder, der Gemeinden und sonstigen Körperschaften, Anstalten und Stiftungen des öffentlichen Rechts sowie bei anderen Arbeitgebern, die der Tarifbindung eines für den öffentlichen Dienst geltenden oder eines im wesentlichen inhaltsgleichen Tarifvertrags unterliegen, der Eigenart der Tätigkeit bei diesen Stellen anzupassen.

(2a) In einem Tarifvertrag oder auf Grund eines Tarifvertrags in einer Betriebs- oder Dienstvereinbarung kann abweichend von den §§ 3, 5 Abs. 1 und § 6 Abs. 2 zugelassen werden, die werktägliche Arbeitszeit auch ohne Ausgleich über acht Stunden zu verlängern, wenn in die Arbeitszeit regelmäßig und in erheblichem Umfang Arbeitsbereitschaft oder Bereitschaftsdienst fällt und durch besondere Regelungen sichergestellt wird, dass die Gesundheit der Arbeitnehmer nicht gefährdet wird.

(3) Im Geltungsbereich eines Tarifvertrags nach Absatz 1, 2 oder 2a können abweichende tarifvertragliche Regelungen im Betrieb eines nicht tarifgebundenen Arbeitgebers durch Betriebs- oder Dienstvereinbarung oder, wenn ein Betriebs- oder Personalrat nicht besteht, durch schriftliche Vereinbarung zwischen dem Arbeitgeber und dem Arbeitnehmer übernommen werden. Können auf Grund eines solchen Tarifvertrags abweichende Regelungen in einer Betriebs- oder Dienstvereinbarung getroffen werden, kann auch in Betrieben eines nicht tarifgebundenen Arbeitgebers davon Gebrauch gemacht werden. Eine nach Absatz 2 Nr. 4 getroffene abweichende tarifvertragliche Regelung hat zwischen nicht tarifgebundenen Arbeitgebern und Arbeitnehmern Geltung, wenn zwischen ihnen die Anwendung der für den öffentlichen Dienst geltenden tarifvertraglichen Bestimmungen vereinbart ist und die Arbeitgeber die Kosten des Betriebs überwiegend mit Zuwendungen im Sinne des Haushaltsrechts decken.

(4) Die Kirchen und die öffentlich-rechtlichen Religionsgesellschaften können die in Absatz 1, 2 oder 2a genannten Abweichungen in ihren Regelungen vorsehen.

(5) In einem Bereich, in dem Regelungen durch Tarifvertrag üblicherweise nicht getroffen werden, können Ausnahmen im Rahmen des Absatzes 1, 2 oder 2a durch die Aufsichtsbehörde bewilligt werden, wenn dies aus betrieblichen Gründen erforderlich ist und die Gesundheit der Arbeitnehmer nicht gefährdet wird.

(6) Die Bundesregierung kann durch Rechtsverordnung mit Zustimmung des Bundesrates Ausnahmen im Rahmen des Absatzes 1 oder 2 zulassen, sofern dies aus betrieblichen Gründen erforderlich ist und die Gesundheit der Arbeitnehmer nicht gefährdet wird.

(7) Auf Grund einer Regelung nach Absatz 2a oder den Absätzen 3 bis 5 jeweils in Verbindung mit Absatz 2a darf die Arbeitszeit nur verlängert werden, wenn der Arbeitnehmer schriftlich eingewilligt hat. Der Arbeitnehmer kann die Einwilligung mit einer Frist von sechs Monaten schriftlich widerrufen. Der Arbeitgeber darf einen Arbeitnehmer nicht benachteiligen, weil dieser die Einwilligung zur Verlängerung der Arbeitszeit nicht erklärt oder die Einwilligung widerrufen hat.

(8) Werden Regelungen nach Absatz 1 Nr. 1 und 4, Absatz 2 Nr. 2 bis 4 oder solche Regelungen auf Grund der Absätze 3 und 4 zugelassen, darf die Arbeits-

zeit 48 Stunden wöchentlich im Durchschnitt von zwölf Kalendermonaten nicht überschreiten. Erfolgt die Zulassung auf Grund des Absatzes 5, darf die Arbeitszeit 48 Stunden wöchentlich im Durchschnitt von sechs Kalendermonaten oder 24 Wochen nicht überschreiten.

(9) Wird die werktägliche Arbeitzeit über zwölf Stunden hinaus verlängert, muss im unmittelbaren Anschluss an die Beendigung der Arbeitszeit eine Ruhezeit von mindestens elf Stunden gewährt werden.

Übersicht

I. Allgemeines

1 **1. Entstehung, Zweck.** – § 7 Abs. 1 Nr. 1 entspricht in seiner ursprünglichen Fassung § 7 AZO 1938 und ersetzt weitgehend § 5 Abs. 1 und 2, § 6 und § 8 AZO 1938. Abs. 1 Nr. 2 ersetzt § 12 Abs. 1 Satz 3 und 4. Abs. 1 Nr. 3 und 4 ersetzt § 12 Abs. 1 Satz 2 und 3 AZO 1938. Abs. 1 Nr. 4 und 5 beruht auf der neu eingefügten Regelung über Nacht- und Schichtarbeit in § 6. Abs. 2 Nr. 2 ist wegen der Einbeziehung der Landwirtschaft in das ArbZG eingefügt worden. Abs. 2 Nr. 3 ist wegen der Einbeziehung der Krankenhäuser und Ärzte in das ArbZG eingefügt worden und trägt der Entwicklung in der Heimerziehung Rechnung. Abs. 2 Nr. 4 gibt den Tarifvertragsparteien des öffentlichen Dienstes wegen dessen Eigenart über § 7 AZO 1938 hinausgehende Befugnisse.

2 Neu im Arbeitszeitschutz ist insbes. die Ausdehnung des Umfangs der Abweichungsbefugnisse der Tarifvertragsparteien, die Einbeziehung der Betriebspartner in dieses System und die **Vorrangstellung der Tarifvertragsparteien** und der Betriebspartner bei den Abweichungen vor staatlichen Genehmigungsbehörden und dem Verordnungsgeber (vgl. § 7 Abs. 5 und 6). Neu im Arbeitszeitschutz ist ferner die Möglichkeit zur Übernahme abweichender tarifvertraglicher Regelungen in Betrieben nicht tarifgebundener Arbeitgeber § 7 Abs. 3 und die Anerkennung eigenständiger kirchlicher Regelungen in § 7 Abs. 4. Der Umfang dieser sog. Zulassungsklausel in § 7 und seine Stellung unmittelbar hinter den Grundnormen am Anfang des Gesetzes unterstreichen ihre Bedeutung (**L:** ausf. *Kohte* AuR 2019, 402). Zulassungsklauseln enthalten, wenn auch nicht immer von gleicher Bedeutung, ferner: § 49 SeeArbG, § 21a JArbSchG, § 17 Abs. 3 Gesetz zur Verbesserung der betrieblichen Alterversorgung, §§ 12 Abs. 3, 13 Abs. 4, 14 Abs. 2 und 15 Abs. 3 TzBfG, § 13 BUrlG, § 4 Abs. 4 EFZG, § 622 Abs. 4 BGB, § 4 Abs. 3 Stahl-VO, § 6 Papier-VO (**L:** zur Geschichte der Zulassungsklausel vgl. *Zmarzlik/Anzinger* § 21a Rn 1; zur Zulässigkeit vgl. ferner MünchArbR/*Fischinger* § 3 Rn 39 ff; *Däubler/Ulber* TVG, Einleitung Rn 473 ff).

3 Der in den §§ 3 bis 6 zugelassene Beschäftigungsrahmen reicht für die Bedürfnisse der Betriebe und Verwaltungen im Regelfall aus, nicht aber bei besonderem Arbeitsbedarf, bei bestimmten Beschäftigungsformen und in bestimmten Beschäftigungsbereichen. Dem wird im Interesse des Gemeinwohls und der Funktionsfähigkeit der Betriebe und Verwaltungen, soweit der Staat direkt gefordert ist, durch die Ausnahmen in §§ 13 und 14 Rechnung getragen.

4 § 7 ist mit Wirkung vom 1. 1. 2004 durch die Novellierung des Arbeitszeitgesetzes im Rahmen des Gesetzes zu Reformen am Arbeitsmarkt vom 24. 12. 2003 (BGBl. I

S. 3002) neu gefasst worden. § 7 Abs. 1 und 2 tragen nunmehr dem Umstand Rechnung, dass Arbeitsbereitschaft und Bereitschaftsdienst als Arbeitszeit zu bewerten sind. § 7 Abs. 2a ist neu eingefügt worden und erlaubt den Tarifvertragsparteien, die Arbeitszeit auch ohne Zeitausgleich werktäglich über 8 Stunden hinaus zu verlängern, sofern sichergestellt ist, dass die Gesundheit der Arbeitnehmer nicht gefährdet wird. In diesem Zusammenhang verlangt der ebenfalls neu eingefügte § 7 Abs. 7 die Einwilligung des Arbeitnehmers in die Verlängerung der Arbeitszeit. Neu aufgenommen sind schließlich auch § 7 Abs. 8 und 9. Nach § 7 Abs. 8 dürfen alle Arbeitszeitverlängerungen – mit Ausnahme des § 7 Abs. 2a – grundsätzlich 48 Stunden wöchentlich im Durchschnitt von 12 Kalendermonaten nicht überschreiten. § 7 Abs. 9 schreibt für Arbeitszeitverlängerungen über 12 Stunden hinaus vor, dass sich nach Arbeitsende eine elfstündige Ruhezeit anschließen muss (**L:** zu den am 1. 1. 2004 in Kraft getretenen Neuregelungen im ArbZG insgesamt vgl. *Bermig* BB 2004, 101; *Boerner* NJW 2004, 1559; *Reim* DB 2004, 186; *Schliemann* NZA 2004, 513).

§ 7 verfolgt den Zweck, den darüber hinausgehenden Bedürfnissen der Betriebe und Verwaltungen, Arbeitnehmer abweichend von §§ 3 bis 6 zu beschäftigen, insbes. durch die Übertragung entsprechender Befugnisse auf die Tarifvertragsparteien und die Betriebspartner praxisnah, sachgerecht und effektiv gerecht zu werden. Dabei geht der Gesetzgeber davon aus, dass die Tarifvertragsparteien und die Betriebspartner hierzu am besten in der Lage sind. Sie kennen die in den Betrieben zu leistende Arbeit und die für Arbeitnehmer entstehenden zeitlichen Belastungen (größere Sachnähe der Tarifvertragsparteien und Betriebspartner). Sie können daher viel stärker differenzieren, ihre Regelungen den Erfordernissen des einzelnen Beschäftigungsbereichs anpassen und regionalen Besonderheiten Rechnung tragen. Ihr verantwortungsbewusstes Handeln und ihre idR entgegengesetzten Interessen bieten zugleich die Gewähr für ausgewogene und sachgerechte Lösungen (**L:** *Neumann/Biebl* § 7 Rn 1). Sachlich unbegründete Forderungen rufen den Widerspruch der Gegenseite hervor. So bleibt die Frage der Sachgemäßheit ständig in der Diskussion. Außerdem achten sie selbst auf die Einhaltung ihrer Vereinbarungen (BT-Drucks. 12/5888 S. 20, 26, 52 zu Nr. 24; aA Bundesrat auf S. 41 zu Nr. 24 in BT-Drucks. 12/5888). 5

2. Verfassungsmäßigkeit. – Tarifdispositives Gesetzesrecht, so wie es in § 7 geschaffen ist, begegnet grundsätzlich keinen rechtlichen Bedenken (**L:** zur Zulässigkeit vgl. MünchArbR/*Fischinger* § 3 Rn 41; *Löwisch/Rieble* § 1 Rn 1068; *Kempen/Zachert* Grundlagen Rn 149 ff; *Wiedemann/Thüsing* § 1 Rn 287 ff; *Däubler/Ulber* TVG, Einleitung Rn 478 ff; *Baeck/Deutsch/Winzer* § 7 Rn 17, 18). Die Vorschrift des § 7 ist mit **Art. 9 Abs. 3 GG** vereinbar, da sie die Bestimmungen der §§ 3 bis 6 lediglich in ihrer Sozial- und nicht in ihrer Schutzfunktion zur Disposition der Tarifvertragsparteien und Betriebspartner stellt (**L:** vgl. *Peters/Ossenbühl* Die Übertragung von öffentlich-rechtlichen Befugnissen auf die Sozialpartner unter besonderer Berücksichtigung des Arbeitszeitschutzes S. 49 ff). Dies folgt daraus, dass 6 den einzelnen Abweichungsmöglichkeiten des § 7 Abs. 1, 2 und 2a spezielle, ihnen angepasste Grenzen gezogen sind, gegen die gesundheitliche Bedenken nicht bestehen (**L:** vgl. *Baeck/Deutsch/Winzer* § 7 Rn 18). Soweit dennoch gesundheitliche Gefährdungen der Arbeitnehmer zu befürchten sind, kann aufgrund des § 8 der Umfang des dispositiven Gesetzesrechts beschränkt werden. Aus den gleichen Gründen liegt kein Verstoß gegen das **Sozialstaatsprinzip** (Art. 20 Abs. 1 und Art. 28 Abs. 1 Satz 1 GG) vor (**L:** zur Verfassungsmäßigkeit vgl. ferner *Zmarzlik/Anzinger* § 21a Rn 4 f).

7 Durch § 7 wird auch kein nach Art. 9 Abs. 3 GG unzulässiger **Tarifabschlusszwang** oder **Koalitionszwang** ausgeübt. Es liegt im Ermessen des Gesetzgebers, die Inanspruchnahme einer der in § 7 Abs. 1, 2 und 2a normierten Abweichungsmöglichkeiten vom Vorliegen eines Tarifvertrages abhängig zu machen. Diese Entscheidung geht auf den Gedanken zurück, dass von den Tarifvertragsparteien aufgrund ihrer Sachnähe der gerechteste und zweckmäßigste Interessenausgleich zu erwarten ist. Im Ermessen des Gesetzgebers liegt es auch, Betrieben eines nicht tarifgebundenen Arbeitgebers zu ermöglichen, unter bestimmten sachlichen Voraussetzungen die strafbefreiende Wirkung solcher Tarifverträge in Anspruch zu nehmen. Die Eröffnung dieser Möglichkeit widerspricht auch nicht dem aus Art. 9 Abs. 3 GG hergeleiteten in § 77 Abs. 3 BetrVG zum Ausdruck gekommenen Prinzip des **Vorrangs des Tarifvertrags** vor der Betriebsvereinbarung, da eine von den §§ 3 bis 6 abweichende Betriebsvereinbarung keine sonst übliche Arbeitsbedingung regelt, sondern aufgrund der gesetzgeberischen Entscheidung ein strafbefreiendes Tatbestandsmerkmal im Sinne des § 22 Abs. 1 Nr. 1 bis 3 bildet (**L:** aA *Hagemeier* AuR 1985, 144, 148).

8 Verfassungsrechtliche Bedenken gegen die Norm des § 7 Abs. 1, 2 und 2a sind auch nicht unter dem Gesichtspunkt der in Art. 9 Abs. 3 GG gewährleisteten **negativen Koalitionsfreiheit** zu erheben, weil sich nicht organisierte Arbeitnehmer einer durch Tarifvertrag zugelassenen abweichenden Betriebsvereinbarung nicht entziehen könnten (**L:** so *Fenski* NZA 1994, 406). Die Rechtsstellung dieser Arbeitnehmer wird durch den Tarifvertrag nicht tangiert; denn sie werden von den Normen des Tarifvertrags nicht erfasst. Nur durch die Betriebsvereinbarung werden ihre Rechtsverhältnisse gestaltet, die wie jede Betriebsvereinbarung unmittelbar und zwingend gilt. Die Betriebspartner machen insoweit nur von einer Befugnis Gebrauch, die, im Falle der Delegation durch die Tarifvertragsparteien, kraft Gesetzes besteht (**R:** vgl. BAG 18.8. 1987 AP BetrVG 1972 § 77 Nr. 23; **L:** *Fitting* § 77 Rn 117 ff aA ErfK/*Wank* § 7 ArbZG Rn 3).

9 Es liegt auch keine Verletzung des allgemeinen Gleichheitssatzes des **Artikel 3 Abs. 1 GG** vor. Kritiker sehen durch § 7 Abs. 3 tarifungebundene Arbeitgeber sachlich ungerechtfertigt begünstigt, weil die Vorschrift die Chance eröffne, die Übernahme der abweichenden Tarifregelung auf die Arbeitnehmer schlechter stellenden Abreden zu beschränken, ohne einen etwaigen tarifvertraglichen Ausgleich gewähren zu müssen (**L:** *Kapischke/Arens* NZA 1988, 239 ff). Diese Meinung übersieht, dass allein die Schaffung dieser Übernahmemöglichkeit noch keine Schlechterstellung der tarifgebundenen Arbeitgeber gegenüber nicht organisierten Arbeitgebern begründet. Vielmehr muss eine Vereinbarung hinzukommen, die sich nur auf den verschlechternden Teil des Tarifvertrags bezieht. Es liegt mithin in der Hand der Vertragsparteien, ob und mit welchen Inhalten sie zu einer entsprechenden Vereinbarung kommen.

II. Befugnis für Abweichungen, Übersicht

Nach § 7 Abs. 1, 2 und 2a können in einem **Tarifvertrag** die dort genannten Ab- 10
weichungen von den Grundnormen in den §§ 3 bis 6 zur Anpassung an die konkreten betrieblichen Erfordernisse innerhalb eines bestimmten, gesundheitlich vertretbaren Rahmens unter Beachtung der Zweckbestimmung des § 1 Nr. 1 zugelassen werden (vgl. Rn 17 ff). Die Tarifvertragsparteien brauchen eine abweichende Regelung nicht selbst zu treffen. Sie können auch vereinbaren, dass bestimmte Abweichungen im Rahmen des § 7 Abs. 1, 2 oder 2a in einer Betriebs- oder Dienstvereinbarung zugelassen werden können (vgl. BT-Drucks. 12/5888 S. 26 und BT-Drucks. 15/1587 S. 30; vgl. auch Rn 86).

Nach dem Einleitungssatz von § 7 Abs. 1, 2 und 2 a können Abweichungen auch in 11
einer **Betriebs- oder Dienstvereinbarung** zugelassen werden, allerdings nur „auf Grund eines Tarifvertrags", dh ein Tarifvertrag muss diese Möglichkeit für die Betriebs- oder Dienstvereinbarung klar und deutlich eröffnen (**R:** vgl. BAG 14.12. 1966 AP BetrVG 52 § 59 Nr. 27). Die Betriebspartner haben keine eigene Befugnis für die Zulassung von Abweichungen, sondern nur eine von den Tarifparteien delegierte Abweichungsbefugnis, je nach dem Wortlaut der Delegation eine inhaltlich freie oder eine inhaltlich gebundene Abweichungsbefugnis (**L:** vgl. zu dem insoweit gleichlautenden § 21a JArbSchG *Zmarzlik/Anzinger* § 21a Rn 6; vgl. auch Rn 72 ff).

Die **Arbeitsvertragsparteien** haben weder eine eigene noch eine delegierte Ab- 12
weichungsbefugnis. Sie können tarifvertragliche Abweichungen in einer schriftlichen Vereinbarung im Rahmen des § 7 Abs. 3 Satz 1 lediglich übernehmen (vgl. Rn 84 f). Abweichende Regelungen können auch nicht einseitig vom Arbeitgeber vorgegeben werden.

Die **Kirchen** können nach § 7 Abs. 4 Abweichungen im Rahmen des Abs. 1, 2 oder 13
2a in ihren Regelungen zulassen (vgl. Rn 95 ff).

Die **Aufsichtsbehörde** kann nach § 7 Abs. 5 Ausnahmen durch Verwaltungsakt im 14
Rahmen des § 7 Abs. 1, 2 oder 2a zulassen, allerdings nur in einem Bereich, in dem Regelungen durch Tarifvertrag üblicherweise nicht getroffen werden (vgl. Rn 102 ff).

Die **Bundesregierung** kann nach § 7 Abs. 6 Ausnahmen durch Rechtsverordnung 15
im Rahmen des Abs. 1, 2 oder 2a zulassen, sofern dies aus betrieblichen Gründen erforderlich ist (vgl. Rn 105 ff).

16 Die **Ausübung der Befugnis**, Abweichungen von den §§ 3 bis 6 zuzulassen, steht **im Ermessen** der nach § 7 jeweils zuständigen Stelle, auch im Ermessen der Tarifvertragsparteien bzw Betriebspartner („kann"). Weder die Arbeitnehmer noch die Arbeitgeber haben einen gerichtlich erzwingbaren Anspruch darauf, dass die Tarifvertragsparteien bzw die Betriebspartner von ihrer Befugnis Gebrauch machen (**L:** *Baeck/Deutsch* § 7 Rn 20). Auch eine Tarifvertragspartei bzw ein Betriebspartner kann von der anderen bzw den anderen den Abschluss eines Tarifvertrags bzw einer Betriebs- oder Dienstvereinbarung iSd § 7 Abs. 1, 2 oder 2a nicht gerichtlich erzwingen. Jeder Partei bzw jedem Partner stehen nur die auch sonst üblichen Mittel zur Verfügung, die Gegenpartei bzw den anderen Partner zum Abschluss eines Tarifvertrages bzw einer Betriebs- oder Dienstvereinbarung zu bewegen. Für die Betriebspartner gilt dies, weil wegen einer Betriebs- oder Dienstvereinbarung iSd § 7 Abs. 1, 2 oder 2a weder eine Anrufung der Einigungsstelle noch eine Anrufung des Arbeits- oder Verwaltungsgerichts vorgesehen ist, weder im BetrVG bzw BPersVG noch im ArbZG. Bei der delegierten Befugnis zum Abschluss einer Betriebs- oder Dienstvereinbarung iSd § 7 Abs. 1, 2 oder 2a handelt es sich zudem um eine über das BetrVG und BPersVG hinausgehende Möglichkeit.

III. Abweichungen mit Ausgleich (Absatz 1)

17 Nach dem Einleitungssatz von § 7 Abs. 1, 2 und 2a können Abweichungen von den §§ 3 bis 6 in einem **Tarifvertrag** oder aufgrund eines Tarifvertrags in einer Betriebs- oder Dienstvereinbarung zugelassen werden. Durch die Aufnahme der Dienstvereinbarung in den Gesetzeswortlaut zum 1.1.2004 sind – entgegen früherem Recht – nunmehr Abweichungen von den Grundnormen nicht nur im Rahmen von Betriebsvereinbarungen, sondern auch im Wege der im öffentlichen Dienst üblichen Dienstvereinbarung möglich (BT-Drucks. 15/1587 S. 30). Trotz der Formulierung „oder" handelt es sich nicht um eine Wahlmöglichkeit zwischen Tarifvertrag und Betriebs- oder Dienstvereinbarung. Eine eigene, originäre Zuständigkeit haben nur die Tarifvertragsparteien. Die Betriebspartner haben lediglich eine von den Tarifvertragsparteien delegierte Befugnis. Dies zeigen die Worte „aufgrund eines Tarifvertrags". Gegenüber der Zuständigkeit der Aufsichtsbehörde und der Bundesregierung in § 7 Abs. 5 und 6 haben die Tarifvertragsparteien einen grundsätzlichen **Vorrang**.

18 Die Voraussetzung „auf Grund eines Tarifvertrages" ist erfüllt, wenn ein entsprechender Tarifvertrag vorliegt. Der Tarifvertrag muss wirksam, dh von tariffähigen Parteien abgeschlossen sein. Die Voraussetzungen der Tariffähigkeit wurden von Rechtsprechung und Rechtslehre aus Art. 9 Abs. 3 GG entwickelt (**R:** BVerfG 19.10.66 und 20.10.81 – BVerfG 20, 312; 58, 233; BAG 15.3.77 – AP Nr. 24 zu Art. 9 GG und 14.3.78 – AP Nr. 30 zu § 2 TVG; 14.12.2004, BAGE 113, 82; 28.3.2006, BAGE 117, 308). Hieran anknüpfend hat das BAG zuletzt der Gewerkschaft für das Kunststoffgewerbe und Holzverarbeitung (GKH) die Tariffähigkeit wegen

fehlender sozialer Mächtigkeit und unzureichender organisatorischer Leistungsfähigkeit abgesprochen (**R:** BAG 5.10.2010 NZA 2011, 300) Auch die Tariffähigkeit der Tarifgemeinschaft christlicher Gewerkschaften für Zeitarbeit und Personalserviceagenturen (CGZP) ist in mehreren arbeitsgerichtlichen Verfahren – auch für die Vergangenheit – verneint worden (**R:** vgl. BAG 14.12.2010 BB 2011, 827; LAG Berlin-Brandenburg 9.1.2012 – 24 TaBV 1285/11 ua; BAG 22.5.2012 – 1 ABN 27/12 – 23.5.2012 – 1 AZB 67/11). Aus dem Tarifvertrag muss sich dann ergeben, dass und in welchem Umfang die Tarifvertragsparteien ihre Befugnis zur Zulassung von Abweichungen auf die Betriebspartner delegiert haben. Haben die Tarifvertragsparteien den Umfang der Delegation nicht bestimmt oder ist diese zweifelhaft, können die **Betriebspartner aufgrund** der Tatsache der **Delegation** annehmen, dass die Tarifvertragsparteien ihnen ihre Befugnis übertragen wollten, soweit sie diese nicht selbst in Anspruch genommen haben. Wenn und soweit die Tarifvertragsparteien ihre Befugnis auf die Betriebspartner delegiert haben, sind diese zur Ausgestaltung der Abweichungen inhaltlich frei. Die delegierte Befugnis kann von den Betriebspartnern eines Betriebs eines tarifgebundenen Arbeitgebers nach § 7 Abs. 1, 2 und 2a in Anspruch genommen werden, von den Betriebspartnern eines Betriebs eines nicht tarifgebundenen Arbeitgebers dagegen nur nach § 7 Abs. 3. Betriebs- und Dienstvereinbarungen unterliegen nach § 17 Abs. 4 der Kontrolle durch die zuständigen Aufsichtsbehörden, denen sie auf Verlangen vorzulegen sind.

1. Arbeitszeit (Nummer 1) – a) Verlängerung bei Arbeitsbereitschaft oder Bereitschaftsdienst. – Nach § 7 Abs. 1 Nr. 1a kann die Arbeitszeit **über 10 Stunden** werktäglich **verlängert** werden, wenn in die Arbeitszeit regelmäßig und in erheblichem Umfang Arbeitsbereitschaft oder Bereitschaftsdienst fällt, dh wenn die Arbeitszeit nicht nur aus Arbeitstätigkeit, Verschnaufpausen, Arbeitsunterbrechungen uä (vgl. § 4 Rn 8) besteht. Arbeitsbereitschaft und Bereitschaftsdienst sind Sonderformen der Arbeitszeit, die jedoch begrifflich vom ArbZG nicht näher definiert werden (zu den Begriffen vgl. § 2 Rn 30 ff). Sie sind nach der neueren Rechtsprechung des EuGH voll als Arbeitszeit iSd EG-Arbeitszeit-Richtlinie zu berücksichtigen. Dieser Auffassung hat sich der Gesetzgeber ausdrücklich angeschlossen und das ArbZG durch Art. 4 b des Gesetzes zu Reformen am Arbeitsmarkt (BGBl. I 2003 S. 3002) mit Wirkung vom 1.1.2004 entsprechend geändert (vgl. BT-Drucks. 15/1587 S. 29 ff). Demzufolge gelten Arbeitsbereitschaft und Bereitschaftsdienst nunmehr als Arbeitszeit, wobei die neuen Bestimmungen jedoch für beide Dienste hinsichtlich der Dauer der Arbeitszeit eine Reihe von Besonderheiten vorsehen, weil sowohl die Arbeitsbereitschaft als auch der Bereitschaftsdienst gegenüber der Vollarbeit mit geringeren gesundheitlichen Belastungen verbunden sind (vgl. BT-Drucks. 15/1587 S. 29 f). 19

Für den Bereitschaftsdienst nach deutschem Recht hat der EuGH mit seinem Urteil vom 9.9.2003 (**R:** vgl. Rs C-151/02 (*Jaeger*) BB 2003, 2063) entschieden, dass Bereitschaftsdienst als Arbeitszeit anzusehen ist. Eingeleitet wurde diese Rechtsprechung bereits drei Jahre zuvor, als der EuGH mit Urteil vom 3.10.2000 zum spani- 20 schen Recht feststellte, dass Bereitschaftszeiten als Arbeitszeiten zu qualifizieren sind (**R:** vgl. Rs C-303/98 (*Simap*) DB 2001, 818). Beide Richtersprüche sind zwar nur zum Gesundheitswesen ergangen, der EuGH stellte aber mit Beschluss vom 3.7.2001 klar, dass seine Rechtsprechung auch vergleichbare Formen der Arbeitszeitorganisation in anderen Wirtschaftsbereichen erfasst (**R:** vgl. Rs C-241/99 (*CIG/Sergas*)). Da der EuGH in seinen Entscheidungen ferner zu dem Ergebnis kam, dass jede Anwesenheit am Arbeitsort auf Veranlassung des Arbeitgebers als Arbeitszeit aufzufassen ist, hat der Gesetzgeber aufgrund dieser Rspr. auch für die Sonderformen der Arbeitsbereitschaft entsprechend Änderungsbedarf gesehen. Denn Arbeitsbereitschaft liegt immer dann vor, wenn der Arbeitnehmer dem Arbeitgeber am Arbeitsplatz zur Verfügung stehen und sich ständig bereithalten muss, um im Bedarfsfall von sich aus tätig werden zu können. Infolgedessen wurde das geltende ArbZG, obschon es die Arbeitsbereitschaft bereits als Arbeitszeit wertete, dahingehend korrigiert, dass die Arbeitsbereitschaft mit ihrer vollen Zeitdauer in die Ermittlung der täglichen und wöchentlichen Höchstarbeitszeit einzubeziehen ist (**L:** zur Entwicklung der europäischen Rechtsprechung und den darauf gründenden Änderungen des ArbZG im Bereich des Bereitschaftsdienstes und der Arbeitsbereitschaft vgl. *Bermig* BB 2004, 101; *Schliemann* NZA 2004, 513; *ders.* NZA 2006, 1009; vgl. auch BT-Drucks. 15/1587 S. 29). Infolgedessen ist den Tarifvertragsparteien bzw Betriebspartnern seit dem 1.1.2004 eine Verlängerung der werktäglichen Arbeitszeit bei Arbeitsbereitschaft oder Bereitschaftsdienst nur noch dann gestattet, wenn ein Zeitausgleich vorgesehen ist. Die Modalitäten dieses Zeitausgleichs sind in dem neu eingefügten Abs. 8 (vgl. Rn 120) geregelt. Nach Abs. 1 Nr. 1 aF war die Festlegung eines Ausgleichszeitraums nicht erforderlich.

21 Die **zeitliche Lage** der Arbeitsbereitschaft oder des Bereitschaftsdienstes innerhalb der Arbeitszeit wird in § 7 Abs. 1 Nr. 1a nicht ausdrücklich bestimmt, nach dem Sinn der Regelung muss sie aber erholungswirksam sein. Sollen bloße Arbeitsunterbrechungen als Arbeitsbereitschaft oder Bereitschaftsdienst gewertet werden, müssen sie eine Dauer erreichen, die nicht nur Gelegenheit zum kurzen Verschnaufen, sondern zur echten Entspannung geben können, da dies zum Wesen der beiden Dienste im Unterschied zur Vollarbeit gehört. Arbeitsunterbrechungen unter 5 Minuten sind hierfür nicht geeignet (**R:** vgl. BAG 14.4.1966 AP AZO 1938 § 13 Nr. 3). Sie können daher bei der Ermittlung des Umfangs der Arbeitsbereitschaft oder des Bereitschaftsdienstes nicht mitgezählt werden.

22 **Regelmäßig** fällt Arbeitsbereitschaft oder Bereitschaftsdienst an, wenn dies die Regel ist, wenn dies zur Eigenart einer Berufstätigkeit gehört, insbes., wenn der regelmäßige Anfall von Arbeitsbereitschaft oder Bereitschaftsdienst dem Berufsbild das Gepräge gibt, zumindest aber, wenn das Berufsbild dadurch mitgeprägt wird, dass Zeiten der Vollarbeit mit Zeiten der Arbeitsbereitschaft oder des Bereitschaftsdienstes wechseln und mit einem solchen Wechsel nach dem gewöhnlichen Lauf der Dinge zu rechnen ist. Voraussetzung ist, dass die Dienste spätestens bei ihrem Beginn als solche erkennbar werden, damit der ihnen eigentümliche Entspannungseffekt eintreten kann. Es reicht aber aus, wenn der Arbeitnehmer aus eigener Betriebserfahrung erkennen kann, dass von ihm von einem bestimmten Zeitpunkt ab, keine Vollarbeit sondern lediglich Arbeitsbereitschaft bzw Bereitschaftsdienst erwartet wird (**R:** vgl. BAG 14.4.1966 AP AZO 1938 § 13 Nr. 3).

Von Arbeitsbereitschaft oder Bereitschaftsdienst **in erheblichem Umfang** kann zumindest dann gesprochen werden, wenn der Anteil des jeweiligen Dienstes an der täglichen Arbeitszeit den der Vollarbeit überwiegt. Es genügt aber auch, wenn dieser Anteil so deutlich hervortritt, dass eine Verlängerung der täglichen Arbeitszeit über 10 Stunden bei objektiver Würdigung gesundheitlich unbedenklich erscheint. Dies dürfte zB der Fall sein, wenn die Arbeitszeit, die über 8 Stunden werktäglich im Durchschnitt hinausgeht, aus Arbeitsbereitschaft besteht und die Vollarbeit nicht besonders schwer ist. Bei den 12-Stunden-Schichten in der chemischen Industrie zB sollte der Anteil der Arbeitsbereitschaft oder des Bereitschaftsdienstes an der Gesamtarbeitszeit **mindestens 30 %** erreichen (**L:** vgl. *Rutenfranz* § 2 Rn 18; *Neumann/Biebl* § 7 Rn 18; differenzierend *Baeck/Deutsch/Winzer* § 7 Rn 51; *Buschmann/Ulber* befürworten eine Grenze von 50 %, § 7 Rn 19). Das BAG (**R:** BAG 18.2.1970 AP MTB II § 21 Nr. 1, BAG 18.2.2003 DB 2003, 1387) sieht dieses Tatbestandsmerkmal bei einem Anteil der Arbeitsbereitschaft an der Gesamtarbeitszeit von 35 % bzw 31 % als erfüllt an. Faustregel bei einer 12-Stunden-Schicht: 8 Stunden Vollarbeit, 3 Stunden Arbeitsbereitschaft, 1 Stunde Pause. **23**

Fallen in einer Schicht **mehrere** Arbeitsbereitschaften oder Bereitschaftsdienste an, können sie zusammengezählt werden (**L:** *Baeck/Deutsch/Winzer* § 7 Rn 52). Als Arbeitsbereitschaft oder Bereitschaftsdienst können allerdings nur solche Zeiten wachen Bereithaltens gewertet werden, die eine für eine Entspannung geeignete Mindestdauer erreichen. Geht man davon aus, dass § 4 Satz 2 für eine Ruhepause eine Mindestdauer von 15 Minuten verlangt, damit deren Zweck erfüllt wird, wird man auch für die einzelne Arbeitsbereitschaft oder den Bereitschaftsdienst eine solche Mindestdauer verlangen müssen, zumal bei ihr die Anspannung zur Achtsamkeit einer arbeitsschutzrechtlich relevanten Entspannung entgegenwirkt. **24**

§ 7 Abs. 1 Nr. 1a verlangt nur, dass der Anteil der Arbeitsbereitschaft oder des Bereitschaftsdienstes an der Arbeitszeit einen erheblichen Unfang hat. Er schreibt eine bestimmte **obere zeitliche Grenze** für die Zeit der Vollarbeit nicht vor, auch nicht für die Verlängerung der Arbeitszeit über 10 Stunden. Für diese ergibt sich eine äußere zeitliche Grenze von 24 Stunden aus § 5 (Ruhezeit nach 24 Stunden, vgl. § 5 Rn 6f; **L:** *Baeck/Deutsch/Winzer* § 7 Rn 55). Die zulässige Dauer einer Arbeitszeitverlängerung nach § 7 Abs. 1 Nr. 1a im einzelnen Regelungsfall hängt letztlich von der Gesamtbelastung des Arbeitnehmers während der gesamten Arbeitszeit ab: Art, Schwere und Dauer der Vollarbeit und der Arbeitsbereitschaft; Häufigkeit, Regelmäßigkeit und Voraussehbarkeit des Wechsels von Vollarbeit und Arbeitsbereitschaft oder Bereitschaftsdienst; Gewöhnung an diese Art der Beschäftigung, Art des Arbeits- und Bereitschaftsraumes, Belastung durch Umwelteinflüsse wie Hitze, Kälte, Nässe, Lärm, Geräusche, Erschütterungen, Möglichkeit **25** zur Erledigung persönlicher Angelegenheiten ua Die obere zeitliche Grenze müssen die Tarif- bzw Betriebspartner **im Tarifvertrag bzw in der Betriebs- oder Dienstvereinbarung** wegen der Bußgeldvorschriften in § 22 Abs. 1 Nr. 1 bis 3 **mit hinreichender Bestimmtheit festlegen**, und zwar auf den Tag, nicht nur auf die Woche bezogen (**L:** vgl. *Baeck/Deutsch/Winzer* § 7 Rn 55). Lässt sich eine bestimmte Tagesgrenze auch durch Auslegung nicht ermitteln, kann die Bestimmung wegen mangelnder Bestimmtheit unwirksam mit der Folge sein, dass nur eine Arbeitszeit bis zu 10 Stunden täglich zulässig ist.

26 **b) Anderer Ausgleichszeitraum.** – Nach § 3 dürfen Arbeitnehmer bis zu 10 Stunden täglich beschäftigt werden, wenn die Überschreitung der Arbeitszeit von 8 Stunden an einem Tag an anderen Tagen ausgeglichen wird. Für den Ausgleich stellt § 3 einen Ausgleichszeitraum von 6 Kalendermonaten oder 24 Wochen alternativ zur Verfügung (vgl. § 3 Rn 27 ff). Nach § 7 Abs. 1 Nr. 1b kann hiervon in einem Tarifvertrag, unter bestimmten Voraussetzungen auch in einer Betriebs- oder Dienstvereinbarung abgewichen und ein anderer Ausgleichszeitraum zugelassen werden. Öffentlich-rechtliche Bedeutung hat nur ein über § 3 hinausgehender Ausgleichszeitraum.

27 § 7 Abs. 1 Nr. 1b erlaubt den Tarifvertragsparteien bzw den Betriebspartnern eine von § 3 abweichende, eigenständige Vereinbarung über den Ausgleichszeitraum für die Verlängerung der werktäglichen Arbeitszeit von 8 auf bis zu 10 Stunden. Die **Art und Dauer des Ausgleichszeitraums**, den die Tarifvertragsparteien bzw Betriebspartner zulassen können, ist in § 7 Abs. 1 Nr. 1b im Unterschied zum früheren Recht beschränkt. Die Bemessung dieses Ausgleichszeitraums richtet sich nach den Regelungen des neu eingefügten Abs. 8, der den Bezugszeitraum des Art. 17 Abs. 4 der EG-Arbeitszeit-Richtlinie übernommen hat. Die Tarifvertragsparteien bzw Betriebspartner sind daher in der Vereinbarung der Art und Dauer des Ausgleichszeitraums nur im Rahmen der durch Abs. 8 gezogenen Grenzen frei, sie können demzufolge sowohl einen längeren als auch einen kürzeren Ausgleichszeitraum vereinbaren. Sie müssen dies jedoch unter Respektierung des § 1 Nr. 1 verantwortungsbewusst und sachgerecht unter Wahrung des Gesundheitsschutzes tun und wegen der Bußgeldvorschrift in § 22 Abs. 1 Nr. 1 einen Ausgleichszeitraum von bestimmter Art und Dauer festlegen. Lässt sich ein bestimmter Ausgleichszeitraum auch durch Auslegung nicht ermitteln, kann die Tarifbestimmung wegen mangelnder Bestimmtheit unwirksam werden mit der Folge, dass nur der in § 3 genannte Ausgleichszeitraum zulässig ist.

28 **c) Arbeitszeit an 60 Tagen im Jahr (aufgehoben).** – § 7 Abs. 1 Nr. 1c aF gab den Tarifvertragsparteien bzw den Betriebspartnern abweichend von § 3 die Befugnis, die Arbeitzeit an 60 Tagen im Jahr bis zu 10 Stunden werktäglich auch ohne Zeitausgleich zu verlängern. Infolgedessen waren Arbeitszeitvereinbarungen von wöchentlich über 48 Stunden möglich. Da seit dem 1. 1. 2004 infolge der europäischen Rechtsprechung (vgl. Rn 19 und 20) in Abs. 8 grundsätzlich für alle Fälle der Arbeitszeitverlängerung normiert ist, dass die Arbeitszeit 48 Stunden wöchentlich im

Durchschnitt von 12 Kalendermonaten nicht überschreiten darf, musste die Nr. 1c gestrichen werden (vgl. BT-Drucks. 15/1587 S. 30).

2. Kurzpausen (Nummer 2). – Nach § 7 Abs. 1 Nr. 2 kann die in § 4 Satz 1 festgesetzte Gesamtdauer der Ruhepausen von 30 und 45 Minuten auf Kurzpausen aufgeteilt werden, und zwar abweichend von § 4 Satz 2 auf Pausen von weniger als 15 Minuten. Andererseits muss die **Dauer der einzelnen Kurzpause** angemessen sein, also zumindest eine kurzzeitige Erholung von der Arbeit ermöglichen. I.d.R. sind hierzu Arbeitsunterbrechungen von mindestens 5 Minuten erforderlich (**R:** BAG 13.10.2009 AP Nr. 4 zu § 2 ArbZG verlangt 8 Minuten; **L:** mindestens 5 Minuten verlangen; *Neumann/Biebl* § 7 Rn 24; ErfK/*Wank* § 7 ArbZG Rn 9; zu Sinn und Zweck tariflich geregelter Kurzpausen vgl. ausführlich *Oppolzer* WSI-Mitteilungen 2006, 321; **R:** BAG 13. 10.2009 NZA-RR 2010, 623 = MDR 2010, 579, wonach Lenkzeitunterbrechungen bei Straßenbahnfahrern von 8 Minuten unter bestimmten Bedingungen als Kurzpausen angesehen werden können). Außerdem muss die Arbeitsunterbrechung, abgesehen von ihrer Dauer, alle Merkmale einer Pause aufweisen (vgl. § 4 Rn 6). Zumindest eine dieser Unterbrechungen muss so lang sein, dass sie die notwendige Nahrungsaufnahme in einer der Gesundheit dienenden Weise ermöglicht. 29

Zulässig ist nur eine von § 4 Satz 2 abweichende Aufteilung der Pausen. Die in § 4 Satz 1 vorgeschriebene Gesamtdauer der Ruhepausen (vgl. § 4 Rn 14) darf nicht verkürzt werden. Die **Gesamtdauer der Kurzpausen** bei einer Arbeitszeit von mehr als 6 bis zu 9 Stunden muss deshalb mindestens 30 Minuten, bei einer Arbeitszeit von mehr als 9 Stunden mindestens 45 Minuten betragen (**L:** *Baeck/Deutsch/Winzer* § 7 Rn 65) Bei der Aufteilung der Ruhepausen auf Kurzpausen muss auch ihre in § 4 Satz 3 vorgeschriebene **zeitliche Lage** (vgl. § 4 Rn 20 ff) eingehalten werden. Sie müssen insbes. so während der Arbeitszeit verteilt werden, dass sie der Erholung des Arbeitnehmers tatsächlich dienen können. Die Frage der **Bezahlung** der Kurzpausen ist eine Angelegenheit der Tarif- und Arbeitsvertragsparteien (vgl. § 4 Rn 41). Kurzpausen können somit Arbeitszeit sein und müssen dann auch bezahlt werden (**R:** BAG 24.5.2007, AP Nr. 24 zu § 1 TVG Tarifverträge: DRK), andererseits können sie auch nicht zur Arbeitszeit gezählt werden und müssen dann auch nicht bezahlt werden (**R:** BAG 16.12.2009; 13.10.2009, AP Nr. 4 zu § 2 ArbZG, Nr. 3 zu § 4 ArbZG). 30

Die Möglichkeit der Aufteilung der Ruhepausen auf Kurzpausen besteht für **Schichtbetriebe,** dh für Betriebe, in denen die Belegschaft, zumindest aber ein bedeutender Teil der Belegschaft in mehreren Gruppen von Arbeitnehmern arbeitet und diese Gruppen sich gegenseitig an ihren Arbeitsplätzen in zeitlicher Reihenfolge nacheinander ablösen, zB Früh-, Mittag- und Nachtschicht, um die betrieblichen Einrichtungen besser auszunutzen oder das Arbeitsergebnis zu erhöhen (**L:** vgl. MünchArbR/*Koberski* § 184 Rn 8 ff). Nach dem Wortlaut gilt die Abweichungsmöglichkeit anders als die frühere Regelung in § 12 Abs. 2 Satz 3 AZO ohne Beschränkung auf eine bestimmte Zahl der Schichten oder der Art des Betriebsablaufs 31

(**L:** *Baeck/Deutsch/Winzer* § 7 Rn 68). Sie gilt ferner für den ganzen Schichtbetrieb, also nicht nur für die mehr als zweischichtig, sondern auch für die ein- und zweischichtig fahrenden Abteilungen des Schichtbetriebes. Es ist Aufgabe der Tarif- und Betriebspartner, die einerseits durch die Gesundheit der Arbeitnehmer und die andererseits durch den reibungslosen Betriebsablauf gebotene Grenze zu ziehen.

32 Die Möglichkeit der Aufteilung der Gesamtdauer der Ruhepausen statt auf jeweils 15 Minuten auf Kurzpausen von angemessener Dauer besteht nach § 7 Abs. 1 Nr. 2 ferner für **Verkehrsbetriebe** (zum Begriff vgl. § 5 Rn 46ff). Die Möglichkeit ist nicht auf bestimmte Bereiche eines Verkehrsbetriebes beschränkt (**L:** *Baeck/Deutsch/Winzer* § 7 Rn 67). Sie gilt jedoch nicht für Fahrer oder Beifahrer bei Straßenverkehrstätigkeiten. Hier gelten die Regelungen des § 21 a. Eine Beschränkung kann jedoch im Tarifvertrag bzw in der Betriebs- oder Dienstvereinbarung erfolgen, auch mit öffentlich-rechtlicher Wirkung (**R:** zu den fahrplanmäßigen Wartezeiten im Personenverkehr vgl. BAG 26.8.1988 AP BGB § 242 Nr. 33 Betriebliche Übung).

33 **3. Kürzung der Ruhezeit (Nummer 3).** – Nach § 7 Abs. 1 Nr. 3 kann in einem Tarifvertrag oder aufgrund eines Tarifvertrages in einer Betriebs- oder Dienstvereinbarung zugelassen werden, die Ruhezeit des § 5 Abs. 1 von 11 Stunden um bis zu 2 Stunden zu **kürzen,** dh von 11 auf bis zu 9 Stunden. Weitere Veränderungen der Ruhezeit des § 5 Abs. 1 sind nicht zugelassen. Die gekürzte Ruhezeit muss ununterbrochen sein und nach Beendigung der täglichen Arbeitszeit gewährt werden (**L:** *Baeck/Deutsch/Winzer* § 7 Rn 72). Die Kürzung ist nur bei Vorliegen von zwei Voraussetzungen zulässig.

34 **Erste Voraussetzung** ist, dass die Art der Arbeit die Kürzung erfordert, dh die Arbeit, wegen der die Kürzung erfolgen soll, muss so beschaffen sein, dass diese ohne Kürzung der Ruhezeit nicht oder nicht zufriedenstellend durchgeführt werden kann. Für die Ausfüllung dieser Voraussetzung können sowohl arbeitsorganisatorische als auch branchenspezifische Gegebenheiten von Bedeutung sein (**L:** *Baeck/Deutsch/Winzer* § 7 Rn 74). Im Rahmen der Prüfung der Erforderlichkeit ist den Tarifvertragsparteien bzw Betriebspartnern ein weiter Beurteilungsspielraum zuzuerkennen (**L:** *Baeck/Deutsch/Winzer* § 7 Rn 74; ErfK/*Wank* § 7 ArbZG Rn 10; *Neumann/Biebl* § 7 Rn 27). In Theaterbetrieben und bei Orchestern zB kann es vorkommen, dass zwischen dem Ende der Aufführung am Abend und dem Beginn der Probe am nächsten Vormittag nur 10 oder 9 Stunden liegen, eine ununterbrochene Ruhezeit von 11 Stunden nach Beendigung der täglichen Arbeitszeit (§ 5 Abs. 1) deshalb nicht eingehalten werden kann.

35 **Zweite Voraussetzung** ist, dass die Kürzung der Ruhezeit ausgeglichen wird. Der hierfür notwendige Ausgleichszeitraum ist im ArbZG nicht bestimmt. Es ist Aufgabe der Tarifparteien bzw der Betriebspartner den Ausgleichszeitraum im Tarifvertrag bzw in der Betriebsvereinbarung festzulegen und mit Blick auf die gesundheitlichen Belange der Arbeitnehmer entsprechend zu begrenzen.

4. Arbeitszeit der Nachtarbeitnehmer (Nummer 4). – a) Verlängerung bei Arbeitsbereitschaft und Bereitschaftsdienst. – § 7 Abs. 1 Nr. 4 a ist mit Wirkung vom 1. 1. 2004 neu gefasst worden. Die Vorschrift gestattet, die Arbeitzeit der Nachtarbeitnehmer (zum Begriff vgl. § 2 Rn 88 ff) – ebenso wie die der Tagesarbeitnehmer nach § 7 Abs. 1 Nr. 1a (vgl. Rn 19 ff) – durch Tarifvertrag bzw Betriebs- oder Dienstvereinbarung über 10 Stunden werktäglich zu verlängern, wenn in die Arbeitszeit regelmäßig (vgl. Rn 22) und in erheblichem Umfang (vgl. Rn 23) Arbeitsbereitschaft oder Bereitschaftsdienst fällt. Bei der Vereinbarung der Arbeitszeitverlängerungen haben die Tarifvertragsparteien bzw Betriebspartner die Gesamtbelastung der Arbeitnehmer und die gesundheitsbeeinträchtigende Wirkung von Nachtarbeit in besonderer Weise zu berücksichtigen. § 7 Abs. 1 Nr. 4a entspricht nahezu wörtlich dem § 7 Abs. 1 Nr. 1a. Daher wird auf die Kommentierung zu § 7 Abs. 1 Nr. 1a (vgl. Rn 19 ff) verwiesen. 36

b) Anderer Ausgleichszeitraum. – Nach § 6 Abs. 2 Satz 2 darf die werktägliche Arbeitszeit (vgl. § 6 Rn 33 ff) der Nachtarbeitnehmer (zum Begriff vgl. § 2 Rn 88 ff) – ebenso wie die der Tagarbeitnehmer (vgl. § 3 Satz 2) – durch Tarifvertrag bzw Betriebs- oder Dienstvereinbarung auf bis zu 10 Stunden verlängert werden, wenn die an einem Tag über 8 Stunden hinausgehende Arbeitszeit an anderen Tagen ausgeglichen wird. Der hierfür zur Verfügung stehende Ausgleichszeitraum ist für Nachtarbeitnehmer wesentlich **kürzer** als für die übrigen Arbeitnehmer; er darf kraft Gesetzes einen Kalendermonat bzw 4 Wochen nicht überschreiten. Hiervon können lediglich die Tarifvertragsparteien und unter bestimmten Voraussetzungen auch die Betriebspartner nach § 7 Abs. 1 Nr. 4b abweichen und einen **anderen** Ausgleichszeitraum festlegen. 37

Ein anderer Ausgleichszeitraum ist jeder **längere**, im Tarifvertrag bzw der Betriebs- oder Dienstvereinbarung festgelegte Zeitraum. Allerdings haben die Tarifvertragsparteien bzw die Betriebspartner bei der Festlegung des Ausgleichszeitraums die Grenzen des § 7 Abs. 8 zu beachten, der seit dem 1. 1. 2004 die zuvor unbegrenzten Möglichkeiten der Tarif- bzw Betriebspartner limitiert (vgl. Rn 120 ff). 38

5. Verlegung des Nachtzeitraums (Nummer 5). – Nach § 7 Abs. 1 Nr. 5 kann der Beginn des 7-stündigen Nachtzeitraums (vgl. § 2 Rn 78 ff) durch die Tarifvertragsparteien und unter bestimmten Voraussetzungen auch durch die Betriebspartner **variabel** auf die Zeit zwischen 22 und 24 Uhr festgesetzt werden. Sie werden damit in die Lage versetzt, ihren jeweiligen branchenspezifischen Bedürfnissen (vgl. hierzu BT-Drucks. 12/5888 S. 27) angemessen Rechnung zu tragen. Der im Unterschied zu § 2 Abs. 3 neu gewählte Zeitraum ist im Tarifvertrag bzw der Betriebs- oder Dienstvereinbarung exakt festzulegen. Frühester Beginn des Nachtzeitraums ist 22 Uhr. Die sich daran anschließende Nachtzeit endet dementsprechend um 5 Uhr. Spätester Beginn des Nachtzeitraums ist 24 Uhr. Die sich daran anschließende Nachtzeit endet dementsprechend um 7 Uhr. Weitere Variationen zwischen 22 und 24 Uhr sind zulässig. Die Abweichungsbefugnis des § 7 Abs. 1 Nr. 5 steht in 39

Einklang mit Art. 1a des IAO-Übereinkommens 171 über Nachtarbeit, da bei jeder zulässigen Variation des Nachtzeitraums die Zeit zwischen Mitternacht und 5 Uhr eingeschlossen bleibt.

IV. Abweichungen mit Ausgleich (Absatz 2)

40 § 7 Abs. 2 eröffnet den Tarifvertragsparteien bzw Betriebspartnern weitere Abweichungsmöglichkeiten in der Weise, dass Arbeitszeitverlängerungen auch bei Vollarbeit verwirklicht werden können. Diese sind durch die Hinzufügung des Begriffs der Dienstvereinbarung nunmehr nicht nur aufgrund von Betriebsvereinbarungen, sondern auch im Wege der im öffentlichen Dienst üblichen Dienstvereinbarung möglich. Im Unterschied zu § 7 Abs. 1 stehen allerdings alle Fallalternativen nach dem Einleitungssatz des § 7 Abs. 2 ausdrücklich unter der Bedingung, dass der Gesundheitsschutz der Arbeitnehmer durch einen entsprechenden **Zeitausgleich** gewährleistet ist. Dies hat zur Folge, dass eine Verlängerung der Arbeitszeit über §§ 3 oder 6 Abs. 2 hinaus durch eine Kürzung der Arbeitszeit zu anderen Zeiten sowie eine Kürzung der Ruhepausen oder Ruhezeiten über §§ 4 oder 5 Abs. 1 hinaus durch eine Verlängerung der Ruhepausen bzw Ruhezeiten zu anderen Zeiten auszugleichen ist. Die Kürzung der Arbeitszeit bzw die Verlängerung der Ruhepausen und Ruhezeiten muss entsprechend sein, dh Dauer und Lage des Zeitausgleichs müssen so bemessen sein, dass hierdurch der Gesundheitsschutz der betroffenen Arbeitnehmer gewährleistet wird (**L:** *Baeck/Deutsch/Winzer* § 7 Rn 83; *Neumann/Biebl* § 7 Rn 32). Nach dem Verständnis des ArbZG ist der Gesundheitsschutz der Arbeitnehmer idR gewährleistet, wenn die Grundnormen der §§ 3 und 4 sowie des § 5 Abs. 1 und des § 6 Abs. 2 erfüllt werden, zumindest über den Zeitraum eines Jahres gesehen. Der Zeitausgleich ist für alle Fallgestaltungen des § 7 Abs. 2 zwingend vorgeschrieben und kann nicht durch Geld oder andere Leistungen abgegolten werden (**L:** *Baeck/Deutsch/Winzer* § 7 Rn 82; *Neumann/Biebl* § 7 Rn 32). Der Umfang des erforderlichen Zeitausgleichs muss im Tarifvertrag bzw in der Betriebs- oder Dienstvereinbarung selbst im Einzelnen bestimmt sein (**L:** *Baeck/Deutsch/Winzer* § 7 Rn 82). Für die Art und Weise des Zeitausgleichs ist hinsichtlich der Tatbestände des § 7 Abs. 2 Nr. 2 bis 4 der neu eingefügte § 7 Abs. 8 zu beachten, wonach die Arbeitszeit von 48 Stunden wöchentlich im Durchschnitt von 12 Kalendermonaten nicht überschritten werden darf.

41 **1. Ruhezeit bei Rufbereitschaft (Nummer 1).** – § 7 Abs. 2 Nr. 1 ist zum 1.1.2004 neu gefasst worden. Der Tatbestand des § 7 Abs. 2 Nr. 1 aF enthielt neben dem Merkmal der Rufbereitschaft auch den Bereitschaftsdienst, weil das Gesetz den Bereitschaftsdienst nicht als Arbeitszeit qualifizierte. Diese Wertung des Gesetzgebers wurde mit dem Urteil des EuGH vom 9.9.2003 (vgl. Rn 20ff), das den Bereitschaftsdienst der Arbeitszeit zuordnete, hinfällig. Als Folge dieser Rechtsprechung ist der Bereitschaftsdienst aus dem Wortlaut des § 7 Abs. 2 Nr. 1 gestrichen worden. Die Rufbereitschaft ist hingegen von der EuGH-Rechtsprechung nicht betroffen

und demzufolge auch von der Neuregelung unberührt geblieben (**L:** vgl. *Bermig* BB 2004, 101 ff). Die Verantwortung für die arbeitszeitschutz- und bußgeldrechtlich wirksame Regelung der Bereitschaftsdienste werden in § 7 Abs. 2 Nr. 1 den Tarif- und Betriebspartnern übertragen (vgl. ferner § 2 Rn 35).

Rufbereitschaft ist arbeitszeitrechtlich keine Arbeitszeit (vgl. ausf. § 2 Rn 52 ff). **42** Sie ist dann anzunehmen, wenn der Arbeitnehmer sich nicht am Arbeitsplatz und auch nicht an einem vom Arbeitgeber bestimmten Ort bereithalten muss, sondern nur jederzeit erreichbar sein muss, um seine Aufgaben auf Abruf unverzüglich wahrnehmen zu können. Da der Arbeitnehmer zumindest in seiner Bewegungsfreiheit eingeschränkt ist und sich arbeitsbereit und arbeitsfähig halten muss, beeinträchtigt die Rufbereitschaft den Erholungswert der Ruhezeit. Daher kann die Rufbereitschaft der Ruhezeit nicht gleichgesetzt werden, sondern ist als eine besondere, arbeitszeitschutzrechtlich relevante Inanspruchnahme des Arbeitnehmers durch den Arbeitgeber zu behandeln.

Die Befugnis zur **Anpassung der Dauer der Ruhezeit** in § 7 Abs. 2 Nr. 1 bedeutet, **43** dass die Tarif- bzw Betriebspartner die in § 5 Abs. 1 vorgeschriebene Ruhezeit von 11 Stunden bei Vorliegen einer Rufbereitschaft reduzieren, diesen Dienst ganz oder zum Teil in die Ruhezeit legen und/oder die Ruhezeit bzw die Rufbereitschaft durch einen oder mehrere Arbeitseinsätze unterbrechen lassen können. Verkürzte Ruhezeit und Bereitschaftsdienst sollten aber zumindest zusammen 11 Stunden nicht unterschreiten, damit die in § 5 vorgesehene Unterbrechung zwischen 2 Schichten wenigstens in ihrer zeitlichen Dauer erhalten bleibt. Die Befugnis zur **Anpassung der Lage der Ruhezeit** gibt den Tarifvertragsparteien bzw den Betriebspartnern zudem die Möglichkeit, diese statt, wie § 5 Abs. 1 verlangt, unmittelbar nach Beendigung der täglichen Arbeitszeit (einschließlich Arbeitsbereitschaft) erst im Anschluss an einen Bereitschaftsdienst oder an eine Rufbereitschaft oder in besonderen Fällen erst nach einem unmittelbar auf die Bereitschaft folgenden Arbeitstag zu legen, zB 8 Stunden Arbeitszeit, 24 Stunden Rufbereitschaft, 8 Stunden Arbeitszeit, 24 Stunden Ruhezeit.

§ 7 Abs. 2 Nr. 1 enthält keine konkrete **zeitliche Grenze** für eine abweichende Re- **44** gelung (**L:** *Baeck/Deutsch/Winzer* § 7 Rn 88). Er begrenzt diese aber auf den Sonderfall der Rufbereitschaft und auf die Anpassung der Dauer und Lage der Ruhezeiten an die Besonderheiten dieses Dienstes, und zwar den dort durch die Reihenfolge der Wortwahl abgestuften Inanspruchnahmen entsprechend. Die abweichenden Regelungen müssen in einem Tarifvertrag oder in einer Betriebs- oder Dienstvereinbarung festgelegt werden und sind in jedem Fall am Zweck des ArbZG auszurichten, den Arbeitnehmer vor einer Gesundheitsschädigung zu schützen (**L:** vgl. *Gitter* ZFA 1983, 375, 406; vgl. auch § 1 Rn 3). Allerdings dürfen keine Vereinbarungen getroffen werden, die dem Arbeitnehmer ein die allgemeine menschliche Leistungsfähigkeit und Zumutbarkeit überschreitendes Arbeitspensum abverlangt (**R:** vgl. BAG 24.2.1982 NJW 1982, 2140).

45 Wegen der Bußgeldvorschrift in § 22 Abs. 1 Nr. 3 muss die **abweichende** Regelung nach § 7 Abs. 2 Nr. 1 **hinreichend bestimmt** sein. Andernfalls ist sie unwirksam mit der Folge, dass der Arbeitgeber ordnungswidrig handelt, wenn er dem Arbeitnehmer die Ruhezeit nicht wie in § 5 vorgeschrieben gewährt. Zur hinreichenden Bestimmtheit gehört insbes. genaue Bezeichnung der betreffenden Rufbereitschaft; Höchstdauer und Lage des Dienstes, Mindestdauer und Lage der Ruhezeit, Höchstzahl der Rufbereitschaften in der Woche, im Monat oder im Jahr. Empfehlen dürfte sich ferner, die Zulassung einer Rufbereitschaft davon abhängig zu machen, dass Vollarbeit während dieses Dienstes nur ausnahmsweise anfällt, zumindest, dass sie einen bestimmten Anteil an der Rufbereitschaft nicht übersteigt, ggf. sollte nach einem erfahrungsgemäß anfallenden Anteil differenziert und eine entsprechende Ersatzruhezeit bestimmt werden. Nacht- und Wochenendrufbereitschaften sollten wegen ihrer größeren Beeinträchtigung strenger behandelt werden als Tagesbereitschaften.

46 **2. Landwirtschaft (Nummer 2).** – Nach § 7 Abs. 2 Nr. 2 kann die allgemeine Regelung des § 3 und des § 6 Abs. 2 über die 8 bis 10 stündige Arbeitszeit sowie die Regelung des § 5 Abs. 1 über die 11 stündige Ruhezeit in der Landwirtschaft der Bestellungs- und Erntezeit sowie den Witterungseinflüssen angepasst werden. Diesen **Besonderheiten** entsprechend können auch über 10 Stunden hinausgehende Arbeitszeiten und kürzere als 11stündige Ruhezeiten unter der Voraussetzung des Eingangssatzes des § 7 Abs. 2 Nr. 2 (vgl. Rn 39) zugelassen werden.

47 Eine bestimmte Grenze für die Anpassung in Stunden enthält § 7 Abs. 2 Nr. 2 nicht (**L:** *Baeck/Deutsch/Winzer* § 7 Rn 94). Die Aufgabe der **Grenzziehung** ist unter Beachtung des § 7 Abs. 8 Sache der Tarifvertragsparteien bzw der Betriebspartner; es sei denn, dass dies den Gegebenheiten im Einzelfall überlassen werden muss, insbes. bei **Witterungseinflüssen**. Ein bloßer Hinweis auf § 14 dürfte der Aufgabe der Tarifvertragsparteien bzw der Betriebspartner allerdings nicht voll gerecht werden. Die Ausnahme nach § 14 kann bei nicht vorhersehbaren Witterungseinflüssen auch ohne einen solchen Hinweis in Anspruch genommen werden. Zumindest wird eine über § 14 hinausgehende Konkretisierung und eine Differenzierung zwischen vorhersehbaren und nicht vorhersehbaren Witterungseinflüssen erwartet.

48 Die Befugnis zur Anpassung ist auf die **Landwirtschaft und die zugehörigen Bereiche** (vgl. § 5 Rn 53 bis 57) beschränkt. Sie kann nicht auf die Tierhaltung außerhalb der Landwirtschaft ausgedehnt werden (vgl. § 5 Rn 58 und 59).

49 Die **Bestellungszeit** ist die Zeit, in der der Boden zur Aussaat, zum Pflanzen ua bereitet wird und in der dann das Saatgut ausgesät wird, die jungen Pflanzen gesetzt werden ua. Die Bestellungszeit richtet sich nach dem Saatgut, dem Pflanzengut ua.

50 Die **Erntezeit** kann wegen des unterschiedlichen Ernteanfalls zeitlich ebenfalls nicht generell angegeben werden (**L:** *Baeck/Deutsch/Winzer* § 7 Rn 95). Erntezeit ist die Zeit, in der die Früchte aufgrund ihres Reifegrades planmäßig vom Boden bzw von der Pflanze getrennt werden. Die Erntezeit richtet sich nach der Art der Früchte. Beim Spargel zB liegt die Erntezeit im Frühjahr, beim Getreide im Spät-

sommer, bei Kartoffeln und beim Wein im Herbst. In einem Gartenbaubetrieb kann sich die Erntezeit je nach den Früchten und der Art der Gewächshäuser über mehrere Monate hinziehen; zur Ernte gehört hier auch das Schneiden der Blumen. In der Binnenfischerei spricht man der Eigenart der Binnenfischerei entsprechend von Erntezeit, wenn die in den Teichen gezogenen Fische abgefischt werden. Entsprechendes gilt für die andere Tierhaltung.

Die Befugnis zur Abweichung nach § 7 Abs. 2 Nr. 2 ist nicht auf Arbeiten zur Bestel- **51**
lung des Bodens oder auf Arbeiten zur Einbringung der Ernte beschränkt (**L:** aA ErfK/*Wank* § 7 ArbZG Rn 15; *Neumann/Biebl* § 7 Rn 37). Hätte der Gesetzgeber die Beschränkung auf **Bestellungs- und Erntearbeiten** gewollt, hätte er dies entsprechend zum Ausdruck gebracht. Insbes. in der Erntezeit, in der alle Arbeitskräfte benötigt werden, kann sich die Notwendigkeit ergeben, auch die Arbeitszeiten für Haus- und Hofarbeiten der dafür verbleibenden Kräfte zu verlängern. Die Tarifvertragsparteien bzw die Betriebspartner können daher Abweichungen auch für andere Arbeiten als Bestellungs- und Erntearbeiten zulassen (**L:** *Baeck/Deutsch/Winzer* § 7 Rn 96).

3. Behandlung, Pflege und Betreuung von Personen (Nummer 3). – Nach § 7 **52**
Abs. 2 Nr. 3 kann die allgemeine Regelung des § 3 und des § 6 Abs. 2 über die 8 bis 10 stündige Arbeitszeit sowie die allgemeine Regelung des § 4 über die Ruhepausen und die des § 5 Abs. 1 über die 11stündige Ruhezeit bei der Behandlung, Pflege und Betreuung von Personen der Eigenart dieser Tätigkeit und dem Wohl dieser Personen entsprechend angepasst werden, wobei die Grenzen des § 7 Abs. 8 einzuhalten sind. Die Befugnis zur Anpassung ist nicht wie die Ausnahme des § 5 Abs. 2 und 3 auf Krankenhäuser und die dort genannten Einrichtungen des Pflegebereichs (vgl. § 5 Rn 35 ff) beschränkt. Die Abweichungen nach § 7 Abs. 2 Nr. 3 können daher über Krankenhäuser und Einrichtungen des Pflegebereichs hinaus zugelassen werden, zB für Altersheime sowie Kinder- und Jugendheime, aber auch für die häusliche Pflege.

4. Öffentlicher Dienst (Nummer 4). – a) Erfasste Stellen. – Bei der Fassung des **53**
§ 7 Abs. 2 Nr. 4 wurde das **Ziel** verfolgt, die tarifvertraglichen Abweichungsbefugnisse für den öffentlichen Dienst in Übereinstimmung mit dessen tariflichen Regelungsbereichen festzulegen (vgl. BT-Drucks. 12/5888 S. 27). Bei den Verwaltungen und Betrieben des Bundes, der Länder, der Gemeinden und sonstigen Körperschaften, Anstalten und Stiftungen des öffentlichen Rechts kommt es jedoch nicht darauf an, dass sie der Tarifbindung eines der für den öffentlichen Dienst geltenden Tarifverträge tatsächlich unterliegen (**L:** *Baeck/Deutsch/Winzer* § 7 Rn 106). § 7 Abs. 2 Nr. 4 gilt für diese Bereiche auch dann, wenn und soweit sie als Arbeitgeber nicht das für den öffentlichen Dienst geltende Tarifrecht anwenden.

Strittig war bei den Vorentwürfen die Fassung der 2. Alternative in § 7 Abs. 2 **54**
Nr. 4. Die Bundesregierung hatte zunächst folgende Fassung vorgeschlagen: „sowie bei anderen Arbeitgebern, die die für den öffentlichen Dienst geltenden Tarifverträge anwenden“ (vgl. BT-Drucks. 11/360 S. 5). Nachdem der Bundesrat diese Formulierung als zu unbestimmt und zu weit beanstandet hatte (vgl. BT-Drucks. 11/360

S. 30 zu Nr. 14), haben die Bundesregierung und der Deutsche Bundestag diese durch die jetzt geltende, engere Formulierung ersetzt (vgl. BT-Drucks. 12/5888 S. 27 und BT-Drucks 12/6990 S. 11) und dabei in der amtlichen Begründung zugleich klargestellt, dass die tarifvertragliche Abweichungsbefugnis des § 7 Abs. 2 Nr. 4 gemäß Art. 56 Abs. 1a des NATO-Truppenstatuts auch für die Tarifvertragsparteien gilt, die die Tarifverträge für die zivilen Arbeitskräfte bei den Stationierungskräften vereinbaren (vgl. BT-Drucks. 12/5888 S. 27).

55 **Verwaltungen** des Bundes iSd § 7 Abs. 2 Nr. 4 sind insbes. die Bundesministerien mit ihren nachgeordneten Dienststellen, der Auswärtige Dienst, die Bundesfinanz- und -vermögensverwaltung, die Bundeswehrverwaltung, die Gerichte des Bundes. Nicht zu den Verwaltungen des Bundes gehört die Deutsche Bundesbank. Neben den eigentlichen Hoheitsverwaltungen fallen unter § 7 Abs. 2 Nr. 4 auch alle **Betriebe** des Bundes, der Länder und Gemeinden. Die Frage, ob es sich im Einzelfall um einen Betrieb des Bundes, der Länder oder der Gemeinden handelt, ist nach dem formellen Kriterium der Rechtsform des Betriebs zu beurteilen. Die 1. Alternative des § 7 Abs. 2 Nr. 4 ist nur auf Betriebe mit öffentlich-rechtlicher Rechtsform anzuwenden, dh auf Betriebe, die als Arbeitgeber eine juristische Person des öffentlichen Rechts sind.

56 **Sonstige Körperschaften**, Anstalten und Stiftungen iSd § 7 Abs. 2 Nr. 4 sind alle Einrichtungen, denen die Rechtsstellung einer Körperschaft, Anstalt und Stiftung des öffentlichen Rechts durch eine in gehöriger Weise veröffentlichte Vorschrift verliehen wurde. Dabei kommt es für die Inanspruchnahme der Abweichungsbefugnis des § 7 Abs. 2 Nr. 4 nicht darauf an, ob die Körperschaft, Anstalt oder Stiftung den TVöD oder einen Tarifvertrag wesentlich gleichen Inhalts anwendet. Erfasst werden von der 1. Alternative des § 7 Abs. 2 Nr. 4 alle Verwaltungen und Betriebe der Körperschaften, Anstalten und Stiftungen mit öffentlich-rechtlicher Rechtsform.

57 Die 2. Alternative in § 7 Abs. 2 Nr. 4 gilt für **andere Arbeitgeber,** die der Tarifbindung eines für den öffentlichen Dienst geltenden oder im Wesentlichen inhaltsgleichen Tarifvertrags unterliegen, gleich welcher Art, gleich ob mittelbar oder unmittelbar. IdR sind dies Arbeitgeber,

1. die Mitglieder eines Arbeitgeberverbands sind, der den Tarifvertrag für den öffentlichen Dienst abgeschlossen hat, Mitglieder eines Arbeitgeberverbandes, der der Vereinigung der kommunalen Arbeitgeberverbände angehört, insbes. Betriebe der in der 1. Alternative des § 7 Abs. 2 Nr. 4 genannten Stellen mit privatrechtlicher Rechtsform (vgl. die Auflistung in Anlage III des Verzeichnisses des BMI vom 23. 12. 1994, GMBl. 1995 S. 186, 204);
2. die einen Firmentarifvertrag abgeschlossen haben, in dem auf einen Tarifvertrag für den öffentlichen Dienst Bezug genommen wird oder der mit einem Tarifvertrag für den öffentlichen Dienst im Wesentlichen inhaltsgleich ist;
3. für die ein für allgemeinverbindlich erklärter Tarifvertrag gilt.

– gestrichen – 58

Forschungseinrichtungen mit öffentlich-rechtlicher Rechtsform fallen unter die 59
1.Alternative des § 7 Abs. 2 Nr. 4. Forschungseinrichtungen mit privatrechtlicher Rechtsform, die überwiegend staatlich oder auf der Grundlage von Art. 91b GG finanziert werden, fallen unter die 2. Alternative des § 7 Abs. 2 Nr. 4, wenn sie durch einen Tarifvertrag für den öffentlichen Dienst, durch einen hierauf Bezug nehmenden Firmentarifvertrag oder durch eine Allgemeinverbindlicherklärung tarifgebunden sind. Sind sie nicht tarifgebunden, kann auf sie § 7 Abs. 3 Satz 3 zur Anwendung kommen.

Nach Art. 56 Abs. 1a des **NATO-Truppenstatuts** gelten die für die zivilen Be- 60
diensteten bei der Bundeswehr maßgebenden arbeitsrechtlichen Vorschriften auch für die Beschäftigungsverhältnisse der zivilen Arbeitskräfte bei einer NATO-Truppe und ihrem zivilen Gefolge. Die Arbeitszeitvorschriften des ArbZG sind solche Vorschriften und auch die Abweichungsbefugnis des § 7 Abs. 2 Nr. 4. § 7 Abs. 2 Nr. 4 gilt daher auch für die Tarifvertragsparteien, die die Tarifverträge für die zivilen Arbeitskräfte bei den Stationierungsstreitkräften vereinbaren (vgl. BT-Drucks. 12/5888 S. 27).

b) Anpassung. – Nach dem Einleitungssatz des § 7 Abs. 2 darf die nach Nr. 4 mög- 61
liche Anpassung in einem Tarifvertrag oder aufgrund eines Tarifvertrages in einer Betriebs- oder Dienstvereinbarung vorgenommen werden, wobei die Grenzen des § 7 Abs. 8 einzuhalten sind.

Angepasst werden können alle Regelungen der §§ 3, 4, 5 Abs. 1 und § 6 Abs. 2, je- 62
doch nicht nach Belieben, sondern nur unter den Voraussetzungen des Einleitungssatzes des § 7 Abs. 2 (vgl. Rn 40) und nur zu dem Zweck, die Regelungen der §§ 3, 4, 5 Abs. 1 und des § 6 Abs. 2 der **Eigenart der Tätigkeit** bei den in § 7 Abs. 2 Nr. 4 genannten Stellen anzupassen. Dabei genügt es nicht, dass sich deren Tätigkeit von der Tätigkeit anderer Bereiche unterscheidet. Diese muss vielmehr so beschaffen sein, dass die in § 7 Abs. 1 und 2 Nr. 1 vorgesehenen Abweichungsmöglichkeiten nicht ausreichen, um der besonderen Eigenart der öffentlichen Verwaltung Rechnung zu tragen. Die besondere Eigenart kann sich zB aus den dem Gemeinwohl in besonderer Weise dienenden Aufgaben dieser Verwaltungen und ihren hierauf zugeschnittenen Tätigkeiten ergeben, ferner aus den Besonderheiten der Zusammenarbeit von Arbeitnehmern und Beamten. Fragen des Schicksals der Tarifbestimmungen zum Bereitschaftsdienst und zur Arbeitsbereitschaft im öffentlichen Dienst nach der Neuregelung des ArbZG zum 1. 1. 2004 untersucht auch **L:** *Hock* ZTR 2004, 114 ff.

V. Abweichung ohne Ausgleich (Absatz 2a)

Mit dem zum 1. 1. 2004 neu geschaffenen § 7 Abs. 2a werden die Tarifvertragspar- 63
teien und unter bestimmten Voraussetzungen die Betriebspartner ermächtigt, von

den arbeitszeitrechtlichen Grundnormen der §§ 3 (werktägliche Arbeitszeit), 5 Abs. 1 (Ruhezeit) und 6 Abs. 2 (Nachtarbeit) auch **ohne Zeitausgleich** abzuweichen, wenn in die Arbeitszeit regelmäßig und in erheblichem Umfang Arbeitsbereitschaft oder Bereitschaftsdienst fällt. Damit wird auf kollektivrechtlicher Grundlage die Vereinbarung von Arbeitszeiten möglich, die erheblich über die Flexibilisierungsspielräume der §§ 3 und 7 Abs. 1 und 2 hinausgehen. Aus dem ebenfalls neu eingefügten § 7 Abs. 8, der § 7 Abs. 2a aus seinem Regelungsbefehl ausnimmt, leitet sich zudem die Erlaubnis ab, die Grenze der durchschnittlichen Wochenarbeitszeit von 48 Stunden zu überschreiten. Eine Höchstgrenze für diese Verlängerungen sieht das Gesetz nicht vor (**L:** vgl. *Bermig* BB 2004, 101). Allerdings macht das Gesetz wegen der gesundheitlichen Belastungen, die von überlangen Arbeitszeiten ausgehen, die Inanspruchnahme der Abweichungsmöglichkeiten von der Festlegung besonderer Regelungen abhängig, die sicherstellen, dass die Gesundheit der betroffenen Arbeitnehmer nicht gefährdet wird. Eine Verlängerung der Arbeitszeit ohne Zeitausgleich darf schließlich nur dann erfolgen, wenn der Arbeitnehmer eingewilligt hat, § 7 Abs. 7 (vgl. BT-Drucks. 15/1587 S. 30 f).

64 Der Gesetzgeber macht mit der Neuregelung des § 7 Abs. 2a von der in Art. 18 der EU-Arbeitszeit-Richtlinie vorgesehenen Möglichkeit Gebrauch, Ausnahmen von der auf 48 Stunden begrenzten Höchstarbeitszeit zuzulassen (sog. **opt-out**).

65 In der Praxis hängen Art und Umfang von Arbeitszeitverlängerungen im Zusammenhang mit Arbeitsbereitschaften und Bereitschaftsdiensten von branchenspezifischen Eigenheiten und betrieblichen Bedürfnissen ebenso ab wie vom Ausmaß der gesundheitlichen Belastungen für die betroffenen Arbeitnehmer. Angesichts der Vielzahl der daraus resultierenden Fallvarianten hat der Gesetzgeber darauf verzichtet, flächendeckend entsprechende Arbeitszeitregelungen vom grünen Tisch aus vorzuschreiben und mit der Delegation von Regelungsbefugnissen an die Tarifvertragsparteien bzw Betriebspartner den handelnden Akteuren vor Ort Raum gegeben, Arbeitszeitvereinbarungen an den branchen- oder betriebsspezifischen Gegebenheiten auszurichten.

66 § 7 Abs. 2a folgt der Regelungstechnik des § 7 Abs. 1 und 2. Danach ist eine Arbeitszeitverlängerung nur auf der Grundlage eines Tarifvertrages bzw einer Betriebs- oder Dienstvereinbarung möglich. Somit liegt es allein in der Verantwortung der Tarifvertragsparteien, ob sie selbst abweichende Bestimmungen treffen oder den Betriebspartnern die Aushandlung entsprechender Regelungen überantworten.

67 Zunächst setzt die Abweichungsbefugnis nach § 7 Abs. 2a wie § 7 Abs. 1 Nr. 1a und Nr. 4a voraus, dass in die Arbeitszeit regelmäßig und in erheblichen Umfang Arbeitsbereitschaft oder Bereitschaftsdienst fällt. Wann diese Merkmale erfüllt sind, beurteilt sich nach den zu § 7 Abs. 1 Nr. 1a entwickelten Grundsätzen. Daher wird auf die Kommentierung zu § 7 Abs. 1 Nr. 1a (vgl. Rn 19 ff) verwiesen.

68 Zweite Voraussetzung für eine Arbeitszeitverlängerung ist die kollektivvertragliche Sicherstellung, dass die Gesundheit der Arbeitnehmer nicht gefährdet wird. Der Gesetzgeber ist bei der Einfügung des § 7 Abs. 2a von der Erkenntnis ausgegangen, dass von überlangen Arbeitszeiten besondere Gesundheitsrisiken ausgehen (vgl. BT-Drucks. 15/1587 S. 31). Es muss deshalb angenommen werden, dass Arbeitszeitverlängerungen ohne Zeitausgleich regelmäßig Gesundheitsgefahren für die betroffenen Arbeitnehmer mit sich bringen. Insofern verpflichtet das Gesetz die Tarifvertragsparteien bzw Betriebspartner, durch geeignete Maßnahmen den Gesundheitsschutz der Arbeitnehmer zu garantieren (**R:** BAG 14.10.2004 AuR 2005, 332; **L:** vgl. *Bermig* BB 2004, 101; *Reim* DB 2004, 186). So können die Tarifvertragsparteien zB die Möglichkeit zur Arbeitszeitverlängerung auf bestimmte Personenkreise begrenzen oder verlängerte Ruhezeiten oder eine besondere arbeitsmedizinische Betreuung der Beschäftigten vereinbaren. Darüber hinaus lassen sich Gesundheitsgefahren für die Arbeitnehmer dadurch minimieren, dass der Arbeitszeit Höchstgrenzen gesetzt oder Zeiträume vereinbart werden, in denen sich die Arbeitnehmer zur Ableistung längerer Arbeitszeiten bereit erklären können. Das Gesetz legt selbst keine Standards zur Sicherstellung der Gesundheit fest. Allerdings haben die Tarifvertragsparteien bzw Betriebspartner bei der Ausgestaltung ihrer Regelungen auch § 1 Nr. 1 zu beachten, wonach die Maßnahmen so gewählt sein müssen, dass Sicherheit und Gesundheit der Arbeitnehmer gewährleistet sind. Der Gesetzgeber vertraut darauf, dass die Tarifvertragsparteien bzw Betriebspartner von den ihnen eingeräumten Befugnissen verantwortungsvoll Gebrauch machen und angemessene Schutzmaßnahmen für die Betroffenen vereinbaren (vgl. BT-Drucks. 15/1587 S. 31). Soweit Tarifverträge und uU Betriebs- bzw Dienstvereinbarungen „besondere Regelungen" enthalten, mit denen sichergestellt wird, dass die „allgemeinen Grundsätze der Sicherheit und des Gesundheitsschutzes der Arbeitnehmer" eingehalten werden, bestehen gegen die Übertragung der Verpflichtung auf die Tarif- bzw Betriebsparteien die in Art. 22 der ArbzeitRL geforderten Sicherungsgrundsätze zu vereinbaren, keine europarechtlichen Bedenken (**R:** EuGH 21.10.2010 Rs-C-227/09 Rn 55 bis 58, NZA 2011, 215; BAG 23.6.2010 DB 2010, 2109; **L:** *Baeck/Deutsch/Winzer* § 7 Rn 109; aA ErfK/*Wank* § 7 ArbZG Rn 18; *Neumann/Biebl* § 7 Rn 19a; *Buschmann/Ulber* § 7 Rn 40 ff). Das BAG hat die Übereinstimmung des § 5 Abschn. II MTV für die chemische Industrie mit den Anforderungen aus Art 22 ArbzeitRL und § 7 Abs. 2a ausdrücklich bestätigt (**R:** BAG 23.6.2010 DB 2010, 2109 = BB 2011, 506 = NZA 2010, 1081; **L:** *Neumann/Biebl* § 7 Rn 19a).

Schließlich verlangt § 7 Abs. 7 für alle Fallalternativen des § 7 Abs. 2a, dass die be- **69**
troffenen Arbeitnehmer in die Arbeitszeitverlängerungen ohne Zeitausgleich schriftlich einwilligen (vgl. dazu Rn 108 ff).

VI. Konkurrenz der Abweichungen (Absätze 1, 2 und 2a)

Keine der in § 7 Abs. 1, 2 und 2a für die **Tarifvertragsparteien** vorgesehenen Be- **70**
fugnisse zur Abweichung von den Grundnormen der §§ 3 bis 5 Abs. 1 und des § 6 Abs. 2 konkurrieren derart miteinander, dass eine Befugnis die andere ausschließen

oder beschränken würde. Die Tarifvertragsparteien haben **Wahlfreiheit** (**L:** vgl. *Baeck/Deutsch/Winzer* § 7 Rn 15). Sie können sich frei entscheiden, von welcher und von wie vielen Abweichungsbefugnissen sie in einem Tarifvertrag Gebrauch machen wollen. Wichtig ist nur, dass eine Befugnis für ihr Vorhaben in § 7 Abs. 1, 2 oder 2a vorhanden ist und sie sich untereinander hierauf verständigen. Es dürfte zweckmäßig sein, die Befugnisgrundlage, auf die sich die Tarifvertragsparteien verständigt haben, im Tarifvertrag anzugeben; sie werden hierzu vom ArbZG jedoch nicht verpflichtet.

71 Die **Betriebspartner** haben aufgrund des ArbZG keine eigene Befugnis zur Abweichung von den Grundnormen. Sie haben nach dem jeweiligen Einleitungssatz von § 7 Abs. 1, 2 und 2a nur eine Abweichungsbefugnis aufgrund eines Tarifvertrags. Sie müssen daher zunächst prüfen, ob ein Tarifvertrag ihnen eine Abweichungsbefugnis verleiht. Zwischen mehreren im Geltungsbereich liegenden abweichenden Tarifverträgen können die Betriebspartner wählen.

VII. Übernahme der Abweichungen (Absatz 3)

72 **1. Übernahme tarifvertraglicher Abweichungen (Satz 1). – a) Übernahme durch Betriebs- oder Dienstvereinbarung.** – Abweichende tarifvertragliche Regelungen nach § 7 Abs. 1, 2 und 2a gelten als Betriebsnormen normativ für alle Arbeitnehmer in Betrieben tarifgebundener Arbeitgeber (vgl. Rn 18). Sie gelten dagegen nicht unmittelbar für die Arbeitnehmer **in Betrieben nicht tarifgebundener Arbeitgeber**. Um trotzdem einheitliche Arbeitsbedingungen für alle Betriebe eines Beschäftigungszweigs zu ermöglichen, gestattet § 7 Abs. 3 Satz 1 die Übernahme der abweichenden tarifvertraglichen Regelungen nach § 7 Abs. 1, 2 und 2a in Betrieben nicht tarifgebundener Arbeitgeber durch Betriebs- oder Dienstvereinbarung (vgl. BT-Drucks. 12/5888 S. 27). Durch den Verweis auf den neuen § 7 Abs. 2a und durch Aufnahme der Dienstvereinbarung bzw des Personalrats in den Wortlaut des Absatzes 3 zum 1. 1. 2004 können auch nicht tarifgebundene Arbeitgeber die neu eröffneten Möglichkeiten des ArbZG nutzen (vgl. BT-Drucks. 15/1587 S. 31).

73 Voraussetzung für eine Übernahme durch Betriebsvereinbarung ist, dass der Arbeitgeber nicht tarifgebunden ist. Dabei richtet sich die Frage der **Tarifgebundenheit** nach § 3 Abs. 1 TVG. Dementsprechend fehlt eine Tarifgebundenheit, wenn der Arbeitgeber keinem abschließenden Verband angehört und nicht selbst Partei eines Firmentarifvertrags ist. Die Allgemeinverbindlicherklärung nach § 5 TVG dehnt die Tarifgebundenheit auf die nicht organisierten Arbeitgeber und Arbeitnehmer aus. Diese werden nach dem Wortlaut des § 5 Abs. 4 TVG tarifgebunden iSd § 3 TVG. Demzufolge besteht in diesen Fällen für die Übernahmemöglichkeiten nach § 7 Abs. 3 kein Bedarf (**L:** vgl. *Baeck/Deutsch/Winzer* § 7 Rn 119; *Roggendorff* § 7 Rn 52).

74 **Nicht tarifgebunden** iSd § 7 Abs. 3 Satz 1 ist ein Arbeitgeber **auch dann**, wenn er zwar organisiert ist, der eigene Arbeitgeberverband aber keinen Tarifvertrag nach § 7 Abs. 1, 2 oder 2a abgeschlossen hat oder dieser nicht dem Spitzenverband ange-

hört, der einen solchen Tarifvertrag abgeschlossen hat. In diesem Falle kann der Arbeitgeber mit seinem Betriebs- oder Personalrat die Übernahme eines „fremden“ Tarifvertrags vereinbaren, sofern sein Betrieb in den Geltungsbereich dieses „fremden“ Tarifvertrags fällt (**L:** vgl. *Wiedemann/Oetker* § 3 Rn 337 ff).

Die Übernahmemöglichkeit ist wegen ihrer Zwecksetzung, einheitliche Arbeitsbedingungen mit öffentlich-rechtlicher Wirkung zu schaffen, auf die Zugehörigkeit eines Betriebs zum **Geltungsbereich eines Tarifvertrags** nach § 7 Abs. 1, 2 oder 2a beschränkt. Deshalb können abweichende tarifvertragliche Regelungen durch Betriebs- oder Dienstvereinbarung gemäß § 7 Abs. 3 Satz 1 nur übernommen werden, wenn der Betrieb des nicht tarifgebundenen Arbeitgebers vom Geltungsbereich eines Tarifvertrages nach § 7 Abs. 1, 2 und 2a erfasst wird. Unter Geltungsbereich eines Tarifvertrags nach § 7 Abs. 1, 2 und 2a ist hier dessen räumlicher, betrieblicher und fachlicher Geltungsbereich zu verstehen. Der Betrieb des nicht tarifgebundenen Arbeitgebers muss dementsprechend dem räumlichen und betrieblichen Geltungsbereich des zu übernehmenden Tarifvertrags unterfallen. Der Tarifvertrag muss in Kraft sein wie der Wortlaut des § 7 Abs. 3 („Im Geltungsbereich …“) zeigt (**L:** wie hier: ErfK/*Wank* § 7 ArbZG Rn 19; nach Ansicht von *Baeck/Deutsch/Winzer* § 7 Rn 126 und *Neumann/Biebl* § 7 Rn 46 soll auch die Übernahme nachwirkender Tarifverträge möglich sein). Die zeitliche Dauer der Geltung der abweichenden tarifvertraglichen Bestimmungen wird von der Übernahme durch die Betriebs- oder Dienstvereinbarung miterfasst. 75

Die abweichende tarifvertragliche Regelung kann nach § 7 Abs. 3 Satz 1 in Betrieben mit einem Betriebs- oder Personalrat nur durch Betriebs- oder Dienstvereinbarung iSd § 77 Abs. 2 BetrVG bzw § 73 BPersVG übernommen werden. Jedoch steht es den Betriebspartnern frei, ob sie von der Übernahmemöglichkeit Gebrauch machen wollen. Folglich kann der Abschluss einer Übernahmevereinbarung nicht über die Einigungsstelle nach § 76 Abs. 5 BetrVG bzw § 71 BPersVG erzwungen werden (**L:** vgl. *Buschmann/Ulber* § 7 Rn 46; aA *Neumann/Biebl* § 7 Rn 43). Eine bloße formlose betriebliche Vereinbarung im Sinne einer Regelungsabrede oder einer Betriebsabsprache genügt nicht (**L:** *Baeck/Deutsch/Winzer* § 7 Rn 121; *Molitor/Volmer/Germelmann* § 21a Rn 27). Andererseits ist zu beachten, dass die Betriebs- oder Dienstvereinbarung nach § 7 Abs. 3 Satz 1 auf die Übernahme der abweichenden tarifvertraglichen Regelung beschränkt ist. Eine weitergehende Regelungskompetenz hat der Gesetzgeber den Betriebspartnern nicht zugebilligt. 76

Die **Betriebs- oder Dienstvereinbarung** ist **wie auch sonst** vom Betriebs- oder Personalrat und Arbeitgeber gemeinsam zu beschließen und schriftlich niederzulegen. Sie ist von beiden Seiten zu unterzeichnen. Der Gesetzgeber hat die Übernahme abweichender tarifvertraglicher Regelungen in § 7 Abs. 3 Satz 1 durch Betriebs- oder Dienstvereinbarung bestimmt, um die normative Wirkung der abweichenden tarifvertraglichen Regelung sicherzustellen. Durch das Schriftformerfordernis wird außerdem die Verpflichtung des Arbeitgebers zum Aushang (vgl. § 16 Abs. 1) sichergestellt. 77

78 Die **Zulässigkeit der Übernahme** einer abweichenden tarifvertraglichen Regelung nach § 7 Abs. 1, 2 und 2a beruht auf der gesetzlichen Legitimation in § 7 Abs. 3 Satz 1. Auf ein Einverständnis der Tarifvertragsparteien mit der Übernahme kommt es nicht an. Tarifvertrag und Übernahmevereinbarung begründen zusammen das **strafbefreiende Tatbestandsmerkmal** für die Zulässigkeit einer Überschreitung der jeweiligen Grundnorm der §§ 3 bis 6 (vgl. Rn 144).

79 Der **einbezogene Tarifvertrag** muss wegen seiner strafbefreienden Wirkung und als Prüfgrundlage für die Aufsichtsbehörden (vgl. § 17 Abs. 4) genau bestimmt, zumindest aber bestimmbar sein. Die Übernahme kann durch Bezugnahme oder durch wörtliche Wiedergabe der abweichenden tarifvertraglichen Regelung in der Übernahmevereinbarung mit genauer Bezeichnung des betreffenden Tarifvertrags erfolgen (**L:** vgl. *Palandt/Putzo* Einf. vor § 611 Rn 77 und § 622 Rn 21; *Soergel/Kraft* § 622 Rn 20ff). Dynamische **Blankettverweisungen** in einer Betriebsvereinbarung auf einen Tarifvertrag in der jeweils geltenden Fassung sind grundsätzlich unzulässig (**R:** BAG 23.6.1992 BB 1993, 289; **L:** aA *Baeck/Deutsch/Winzer* § 7 Rn 125). Die Betriebsvereinbarung bleibt allerdings rechtswirksam; die dynamische Verweisung wird in eine statische Verweisung auf den zum Zeitpunkt des Abschlusses der Betriebsvereinbarung bestehenden Zustand umgedeutet.

80 Nach dem Wortlaut des § 7 Abs. 3 Satz 1 braucht nicht der ganze Tarifvertrag übernommen zu werden; es genügt, die abweichende tarifvertragliche Regelung gemäß § 7 Abs. 1, 2 und 2a aus einem Tarifvertrag zu übernehmen. Die abweichende tarifvertragliche Regelung selbst muss jedoch als solche, dh **insgesamt übernommen** werden, da sie idR nur als Ganzes die vom Gesetzgeber erwartete, richtige und ausgewogene Lösung enthält (**L:** vgl. *Hoyningen-Huene* RdA 1974, 138, 142; *Richardi* ZfA 1971, 73, 87; *Baeck/Deutsch/Winzer* § 7 Rn 123; *Buschmann/Ulber* § 7 Rn 48; *Neumann/Biebl* § 7 Rn 45).

81 **Gegenstand der Übernahmevereinbarung** gemäß § 7 Abs. 3 Satz 1 ist die jeweilige abweichende tarifvertragliche Regelung nach § 7 Abs. 1, 2 und 2a. Enthält der Tarifvertrag mehrere Abweichungen, muss in der Vereinbarung angegeben werden, welche der Abweichungen übernommen werden soll. Die Abweichungen können grundsätzlich nur so übernommen werden, wie sie im Tarifvertrag vereinbart sind. Sie können nicht zuungunsten der Arbeitnehmer abgeändert werden, da die Betriebspartner hierzu vom Gesetzgeber keine Befugnis erhalten haben (**R:** LAG Düsseldorf 31.1.1974 DB 1974, 587; **L:** *Roggendorff* § 7 Rn 53). Möglich ist dagegen wie auch sonst eine für die Arbeitnehmer günstigere Vereinbarung (**L:** vgl. *Dietz* DB 1974, 1770, 1771).

82 Sind in einem **Tarifvertrag** keine von § 7 Abs. 1 und 2 abweichende, engere **Grenzen** angegeben, kann in der Übernahmevereinbarung der Rahmen der einzelnen Abweichungen voll ausgeschöpft werden, da anzunehmen ist, dass dies vom Gesetzgeber und von den Tarifvertragsparteien gewollt ist. Ist die Inanspruchnahme einer abweichenden tarifvertraglichen Regelung nach § 7 Abs. 1, 2 und 2a an die

Zustimmung des Betriebs- oder Personalrats gebunden, kann eine solche Bedingung nur in Betrieben mit Betriebs- oder Personalrat erfüllt werden. Eine Beschränkung der Übernahme tarifvertraglicher Abweichungen gemäß § 7 Abs. 1, 2 und 2a nur auf Betriebe tarifgebundener Arbeitgeber widerspräche dem Wortlaut und dem Sinn und Zweck des § 7 Abs. 3 Satz 1 und wäre deshalb unwirksam.

Mit der Übernahme der abweichenden tarifvertraglichen Regelung wird idR auch die **materielle Arbeitspflicht** des Tarifvertrages übernommen (**L:** vgl. *Wiedemann/Oetker* § 3 Rn 243 ff). Sie gilt in diesem Falle aber nicht kraft Tarifbindung, sondern kraft der betriebsverfassungsrechtlichen bzw personalvertretungsrechtlichen Übernahmevereinbarung. Die Regeln des Tarifvertrages werden kraft der Übernahmevereinbarung Bestandteil der Betriebsvereinbarung bzw der Dienstvereinbarung (**L:** vgl. *Wiedemann/Oetker* § 3 Rn 334 ff). Geltungsgrund für die Verbindlichkeit der abweichenden tarifvertraglichen Regelung ist die Betriebsvereinbarung oder die Dienstvereinbarung (**L:** vgl. *Dietz* DB 1974, 1770, 1771). **83**

b) Übernahme durch Einzelvereinbarung. – § 7 Abs. 3 Satz 1 gestattet in Betrieben nicht tarifgebundener Arbeitgeber die Übernahme abweichender tarifvertraglicher Regelungen gemäß § 7 Abs. 1, 2 und 2a auch durch eine arbeitsvertragliche Vereinbarung. Dies setzt allerdings voraus, dass es sich um Betriebe handelt, in denen ein Betriebs- oder Personalrat nicht besteht, und dass die Vereinbarung zwischen Arbeitgeber und Arbeitnehmer schriftlich erfolgt. Die **Schriftform** bedeutet, dass Arbeitgeber und Arbeitnehmer die Übernahmevereinbarung schriftlich fixieren und eigenhändig unterzeichnen. Im Übrigen gilt für die Schriftform die Bestimmung des § 122 Abs. 2 BGB. **Mündliche Abreden** sind **unwirksam** (**L:** vgl. *Baeck/Deutsch/Winzer* § 7 Rn 107), ebenso Vereinbarungen, die nicht von beiden Seiten unterzeichnet sind. **84**

Gegenstand der Einzelvereinbarung iSd § 7 Abs. 3 Satz 1 kann nicht nur die vollständige abweichende tarifvertragliche Regelung gemäß § 7 Abs. 1, 2 und 2a sein. Die Parteien der Einzelvereinbarung haben jedoch keine Möglichkeit zu ändern. Insbes. haben sie keine Kompetenz, eine von den Tarifvertragsparteien delegierte Normsetzungsbefugnis in Anspruch zu nehmen. Dies ist den Betriebspartnern vorbehalten. Im Übrigen gelten für die Einzelvereinbarung die gleichen Grundsätze und Beschränkungen wie für die Betriebs- oder Dienstvereinbarung (vgl. Rn 72 ff). Ein **Aushang** von Einzelvereinbarungen ist nicht vorgesehen (vgl. § 16 Abs. 1); dies erübrigt sich wegen der Art der Vereinbarung. **85**

2. Übernahme bei „Delegation" auf Betriebspartner (Satz 2). – Nach den Einleitungssätzen des § 7 Abs. 1, 2 und 2a können Abweichungen von den Grundnormen der §§ 3 bis 6 auch „aufgrund eines Tarifvertrags in einer Betriebs- oder Dienstvereinbarung" zugelassen werden. Kommt es in einem Tarifvertrag nach § 7 Abs. 1, 2 oder 2a zu einer entsprechenden Delegation auf die Betriebspartner, könnte diese ohne § 7 Abs. 3 Satz 2 nur in Betrieben eines tarifgebundenen Arbeitgebers in Anspruch genommen werden, da die Wirkungen eines Tarifvertrages Tarifgebun- **86**

denheit voraussetzen. Die Betriebspartner eines Betriebs nicht tarifgebundener Arbeitgeber werden deshalb in § 7 Abs. 3 Satz 2 von Gesetzes wegen legitimiert, tarifvertraglich auf die Betriebsebene delegierte Abweichungsbefugnisse durch den Abschluss von Betriebs- oder Dienstvereinbarungen entsprechend eventueller inhaltlicher Vorgaben auszufüllen (vgl. BT-Drucks. 12/5888 S. 27). In betriebs- oder personalratslosen Betrieben scheiden entsprechende Abweichungsbefugnisse aus. Sie können nicht durch arbeitsvertragliche Vereinbarungen ersetzt werden (**L:** vgl. *Baeck/Deutsch/Winzer* § 7 Rn 128; *Buschmann/Ulber* § 7 Rn 29).

87 Im Übrigen gelten die Ausführungen in den Rn 10 ff und Rn 72 ff sinngemäß.

88 **3. Übernahme durch Zuwendungsempfänger (Satz 3).** Eine Ausnahme vom Grundsatz der Geltung abweichender tarifvertraglicher Regelungen aufgrund schriftlicher Übernahme durch Betriebs- bzw Dienstvereinbarung oder Arbeitsvertrag (vgl. hierzu Rn 72 und 84) gemäß § 7 Abs. 3. Satz 1 und 2 sieht Satz 3 des § 7 Abs. 3 für den Bereich der Zuwendungsempfänger vor, beschränkt auf die Geltung einer nach § 7 Abs. 2 Nr. 4 getroffenen abweichenden tarifvertraglichen Regelung.

89 **Grund der Ausnahme:** Der Ausnahme liegt der Gedanke zugrunde, den Verwaltungsaufwand der überwiegend aus Bundesmitteln oder aus anderen öffentlichen Mitteln geförderten Einrichtungen (Zuwendungsempfänger) in den Grenzen zu halten, die auch für den Bund bzw die anderen öffentliche Mittel vergebende Ministerien und Behörden maßgebend sind. Die Beschäftigten der Zuwendungsempfänger sollen nicht nur in finanzieller, sondern auch in arbeitszeitrechtlicher Hinsicht nicht besser gestellt werden als vergleichbare Beschäftigte bei den die öffentlichen Mittel vergebenden Ministerien und Behörden. Durch die in § 7 Abs. 3 Satz 3 vorgesehene Ausnahme werden die Arbeitsbedingungen bei den Zuwendungsempfängern ohne weiteren Verwaltungsaufwand und folglich im Interesse einer wirtschaftlichen und sparsamen Verwendung öffentlicher Mittel geregelt. Dieser Verwaltungsaufwand würde sich unvermeidlich erhöhen, wenn spätere Tarifrechtsänderungen nur durch besondere Betriebs- oder Einzelvereinbarungen, ggf. nach Änderungskündigung, übernommen werden müssten (**L:** *Baeck/Deutsch/Winzer* § 7 Rn 129; *Neumann/Biebl* § 7 Rn 47; vgl. auch BT-Drucks. 12/5888 S. 27).

90 **Voraussetzungen der Ausnahme:** Eine nach § 7 Abs. 2 Nr. 4 getroffene abweichende tarifvertragliche Regelung gilt auch ohne Übernahmevereinbarung kraft der in § 7 Abs. 3 Satz 3 enthaltenen gesetzlichen Regelung zwischen nicht tarifgebundenen Arbeitgebern und Arbeitnehmern, wenn folgende zwei Voraussetzungen erfüllt sind:

91 **Erstens:** Zwischen den nicht tarifgebundenen Arbeitgebern und Arbeitnehmern muss die Anwendung der für den öffentlichen Dienst geltenden tariflichen Bestimmungen, zB die Anwendung des TVÖD (früher: BAT), **vereinbart** sein. Dies ist immer dann der Fall, wenn bei Begründung des Arbeitsverhältnisses die Anwendung des jeweils geltenden Tarifrechts des öffentlichen Dienstes einzelvertraglich vereinbart ist. Zur Wirksamkeit einer solchen Vereinbarung bedarf es nicht der

Schriftform. Für eine Vereinbarung spricht im Zweifel die tatsächliche Anwendung der für den öffentlichen Dienst geltenden tariflichen Bestimmungen. Statt einzelvertraglicher Vereinbarungen sind nach dem Wortlaut und dem Zweck des § 7 Abs. 3 Satz 3 auch Vereinbarungen in Form von Betriebs- bzw Dienstvereinbarungen zulässig. Zulässig ist danach ferner die gleichzeitige Vereinbarung der Anwendung der für den öffentlichen Dienst geltenden tariflichen Bestimmungen mit der Anwendung der Ausnahme des § 7 Abs. 3 Satz 3.

Zweitens: Der nicht tarifgebundene Arbeitgeber muss die Kosten seines Betriebs **überwiegend** mit Zuwendungen iSd Haushaltsrechts decken. Der Erhalt öffentlicher Mittel, zB vertraglicher Entgelte aus öffentlichen Mitteln reicht für sich allein nicht aus. **Zuwendungen** iSd § 7 Abs. 3 Satz 3, und zwar iSd Haushaltsrechts des Bundes sind solche Ausgaben und Verpflichtungsermächtigungen für Leistungen an Stellen außerhalb der Bundesverwaltung zur Erfüllung bestimmter Zwecke. Sie dürfen nur veranschlagt werden, wenn der Bund an der Erfüllung durch diese Stellen ein erhebliches Interesse hat, das ohne die Zuwendung nicht oder nicht im notwendigem Umfang befriedigt werden kann (vgl. § 23 BHO). Die zweckentsprechende Verwendung ist vom Empfänger nachzuweisen (§ 44 Abs. 1 Satz 2 BHO). Die für die Erteilung des Zuwendungsbescheides zuständige Dienststelle hat idR Prüfungsrecht (§ 44 Abs. 1 Satz 3 BHO) Der Widerruf eines Zuwendungsbescheides sowie die Erstattung und Verzinsung von Zuwendungen richtet sich nach § 49 VwVfG. Das Merkmal überwiegend ist erfüllt, wenn die Kosten des Betriebs des nicht tarifgebundenen Arbeitgebers zu **mehr als 50 % durch Zuwendungen** iSd Haushaltsrechts bestritten werden (**L:** vgl. *Baeck/Deutsch/Winzer* § 7 Rn 132; *Neumann/Biebl* § 7 Rn 47). 92

Keine Ausnahme. Die Ausnahme des § 7 Abs. 3 Satz 3 kommt nicht zum Zuge, wenn ihr Zweck (Sicherstellung einer wirtschaftlichen und sparsamen Verwendung öffentlicher Mittel) auf andere Weise erreicht wird. Dies ist insbes. der Fall, wenn der BMI auf Antrag des zuständigen Fachministeriums mit Zustimmung des BMF 93

Tarifverträge über Arbeitsbedingungen der bei Zuwendungsempfängern beschäftigten Arbeitnehmer mit dem Ziel der sinngemäßen Übernahme des für die Arbeitnehmer geltenden Tarifrechts abgeschlossen hat und wenn und soweit

– die Zuwendungsempfänger überwiegend vom Bund oder überwiegend vom Bund und anderen Gebietskörperschaften öffentliche Mittel erhalten.

Diese Möglichkeit beruht auf einer **Ermächtigung des BMI** im Kabinettbeschluss vom 2.7.1969. Von ihr wurde bisher in **17 Fällen** Gebrauch gemacht, zB für das Goethe Institut, das Deutsche Institut für Schwerionenforschung (GSI) und für die Kernforschungsanstalt Jülich. In solchen Fällen wird idR zwischen dem Zuwendungsempfänger vertreten durch den BMI und der jeweiligen Gewerkschaft die Geltung des TVöD (früher: BAT) sowie der ergänzenden Tarifverträge vereinbart, wobei die den TVöD ergänzenden Tarifverträge regelmäßig in einer Anlage zum 94

Übernahmevertrag aufgelistet werden und Abweichungen vom Tarifrecht in Form von Maßgaben ausdrücklich vereinbart werden. Solche übernehmenden Tarifverträge sind selbst abweichende tarifvertragliche Regelungen iSd § 7 Abs. 2 Nr. 4. Es bedarf weder einer Übernahmevereinbarung noch der gesetzlichen Geltungserstreckung gemäß § 7 Abs. 3.

VIII. Abweichungen durch Kirchen (Absatz 4)

95 Das ArbZG ist auch auf die Beschäftigung von Arbeitnehmern durch Kirchen und Religionsgesellschaften anzuwenden, mit Ausnahme des liturgischen Bereichs (§ 18 Abs. 1 Nr. 4). In § 7 Abs. 4 wird wegen des den Kirchen und Religionsgesellschaften verfassungsmäßig garantierten **Selbstbestimmungsrechts** gemäß Art. 140 GG iVm Art. 137 Abs. 3 WRV sowie der hierzu ergangenen Rechtsprechung des BVerfG und des BAG (**R:** BVerfG 11.10.1977 BVerfGE 46, 73, 85 und BVerfG 25.3.1980 BVerfGE 53, 366, 393; BAG 21.10.1982 NJW 1984, 826; BAG 16.3.2004 ZTR 2004, 541 = BB 2004, 1860) klargestellt, dass diese die in § 7 Abs. 1, 2 und 2a genannten Abweichungen in ihrer Regelung vorsehen können (vgl. BT-Drucks. 12/5888 S. 28). Der Verweis auf § 7 Abs. 2a ist zum 1.1.2004 neu in den Wortlaut des § 7 Abs. 4 aufgenommen worden, damit auch Kirchen und Religionsgemeinschaften die neu geschaffene Möglichkeit der Arbeitszeitverlängerung nutzen können (BT-Drucks. 15/1587 S. 31).

96 Nach § 7 Abs. 4 können die **Kirchen** die in § 7 Abs. 1, 2 und 2a genannten Abweichungen in ihren **Regelungen** vorsehen. Für die katholische Kirche vgl. zB die Grundordnung des kirchlichen Dienstes im Rahmen kirchlicher Arbeitsverhältnisse vom 22.9.1993 (vgl. NJW 1994, 1394; **L:** dazu *Dütz* NJW 1994, 1369); für die evangelische Kirche vgl. das Arbeitsrechtsregelungsgesetz der Evangelischen Kirche in Deutschland vom 10.11.1980. Durch § 7 Abs. 4 werden die kircheneigenen Arbeitsrechts-Regelungen den Tarifverträgen gleichgestellt. Es ist nunmehr Angelegenheit der Kirchen, die für sie notwendigen Abweichungen von den Grundnormen der §§ 3, 4, 5 Abs. 1 und § 6 Abs. 2 in ihren Regelungen zuzulassen. Andernfalls gelten die Grundnormen auch für die Kirchen.

97 § 7 Abs. 4 gilt nicht nur für die verfasste Kirche; diese Vorschrift findet auch auf den **karitativ-diakonischen** und **erzieherischen Bereich** der Kirchen Anwendung (vgl. BT-Drucks. 12/5888 S. 28). Wenn in § 7 Abs. 4 nur die Kirchen ausdrücklich genannt werden, kommt darin lediglich zum Ausdruck, dass die rechtlich verselbstständigten Einrichtungen der Caritas und der Diakonie sowie der Erziehung nicht selbst die abweichende Regelung nach § 7 Abs. 1, 2, 2a und 4 treffen können, sondern eine Regelung übernehmen müssen, die in einem kirchengesetzlich legitimierten Arbeitsrechtsregelungsverfahren zustande gekommen ist (**L:** vgl. ErfK/*Wank* § 7 ArbZG Rn 22; *Neumann/Biebl* § 7 Rn 50; **R:** BAG 16.3.2004 ZTR 2004, 541 = BB 2004, 1860). Diese Voraussetzung ist bei einem **Hausvertrag** zwischen einer kirchlichen Stiftung und ihrer Mitarbeitervertretung nicht erfüllt (**R:** BAG

16.3.2004 DB 2004, 1732) wenn die kirchenrechtliche Mitarbeitervertretungsordnung keine Delegation der Regelungsbefugnis für Abweichungen iSv § 7 Abs. 4 enthält.

Neben den Kirchen sind nach § 7 Abs. 4 die öffentlich-rechtlichen **Religionsgesellschaften** namentlich befugt, die Abweichungen des § 7 Abs. 1, 2 und 2a in ihren Regelungen zu treffen. Für die Religionsgesellschaften gilt im Grundsatz das gleiche wie für die Kirchen. Es genügt allerdings nicht zu behaupten, eine Gemeinschaft sei nach ihrem eigenen Verständnis eine Religionsgemeinschaft. Es muss sich nach geistigem Gehalt und äußerem Erscheinungsbild auch tatsächlich um eine Religion oder Religionsgemeinschaft handeln. Scientology zB ist keine Kirche, sondern ein Wirtschaftsunternehmen (**R:** BAG 22.3.1995 BB 1995, 727, 728). 98

Den Religionsgesellschaften sind nach Art. 140 GG iVm Art. 137 Abs. 7 WRV die Vereinigungen gleichgestellt, die sich die gemeinschaftliche Pflege einer Weltanschauung zur Aufgabe machen (BT-Drucks. 12/5888 S. 18). Hierzu gehören alle **Weltanschauungsgemeinschaften** im Geltungsbereich des GG, die sich auf einen Konsens ihrer Mitglieder über ein außermenschliches Sein, eine außermenschliche Kraft, auf einen Glauben an ein „Heiliges" gründen (**L:** HBStR/*Jurina* § 12 I 3). Bei ihnen ist wie bei kirchlichen Religionsgesellschaften der Zusammenschluss, der Konsens und das Bekenntnis wesentlich (**L:** vgl. *Maunz/Dürig* Art. 140 Rn 103 zu Art. 137 WRV). Ihre Gleichstellung mit den Religionsgesellschaften bezieht sich auch auf die dienst- und arbeitsrechtliche Selbstordnung des Art. 137 Abs. 3 WRV (**L:** vgl. *Maunz/Dürig* Art. 140 Rn 103 zu Art. 137 WRV). Deshalb können auch die Weltanschauungsgemeinschaften besondere dienst- und arbeitsrechtliche Regelungen für ihre Dienste treffen (**L:** vgl. *Zmarzlik/Anzinger* § 21a Rn 40; aA wohl *Molitor/Volmer/Germelmann* § 21a Rn 47). Eigenständige Abweichungen von den Grundnormen des ArbZG für ihren außerliturgischen Bereich können sie nach § 7 Abs. 1, 2 und 2a allerdings wirksam nur zulassen, wenn diese mit kirchenrechtlichen Regelungen vergleichbar sind, dh wenn sie ihren Arbeitnehmerdienst in ähnlichen paritätischen Arbeitsrechtsregelungsverfahren wie die Kirchen und die öffentlich-rechtlichen Religionsgesellschaften ordnen (**L:** vgl. *Zmarzlik/Anzinger* § 21a Rn 40; insoweit ebenso *Molitor/Volmer/Germelmann* § 21a Rn 47). 99

Die Kirchen und die öffentlich-rechtlichen Religionsgesellschaften können den räumlichen, sachlichen, persönlichen und zeitlichen Geltungsbereich ihrer abweichenden Regelungen gemäß § 7 Abs. 1, 2 und 2a ebenso wie Tarifvertragsparteien selbst bestimmen (vgl. Rn 125 ff). Für den Inhalt ihrer Abweichungen gilt das gleiche wie für den Inhalt der tarifvertraglichen Abweichungen (vgl. Rn 17 ff). Ihnen kommt auch die gleiche Bedeutung zu wie den tarifvertraglichen Abweichungen (vgl. Rn 137 ff). Sie ermöglichen den kirchlichen Arbeitgebern und den Arbeitgebern der Religionsgesellschaften, Arbeitnehmer in ihren Betrieben und Verwaltungen in dem in den kirchenrechtlichen Regelungen festgelegten Rahmen über die Grundnormen der §§ 3 bis 5 Abs. 1 und § 6 Abs. 2 hinaus zu beschäftigen. 100

IX. Abweichungen durch Aufsichtsbehörden (Absatz 5)

101 Nach § 7 Abs. 5 können die in § 7 Abs. 1, 2 und 2a genannten Abweichungen für **Bereiche**, in denen Regelungen durch **Tarifvertrag üblicherweise nicht** getroffen werden, als Ausnahmen durch die Aufsichtsbehörde zugelassen werden. Der zum 1.1.2004 in den Wortlaut des § 7 Abs. 5 neu aufgenommene Verweis auf § 7 Abs. 2a macht auch für tariflose Bereiche die Anwendung des Absatzes 2a durch aufsichtsbehördliche Bewilligungen möglich (BT-Drucks. 15/1587 S. 31). Bereiche, in denen Regelungen durch Tarifvertrag üblicherweise nicht getroffen werden, sind zB: Rechtsanwälte und Notare, Wirtschaftsprüfer, Unternehmens- und Steuerberater, Arbeitgeber- und Unternehmerverbände, Gewerkschaften, Industrie- und Handelskammern (vgl. BT-Drucks. 12/5888 S. 28). § 7 Abs. 5 setzt nicht voraus, dass Tarifverträge für bestimmte Wirtschaftszweige oder Sparten gänzlich fehlen. Ausreichend ist allein, dass üblicherweise keine tarifvertraglichen Arbeitszeitregelungen existieren. Dagegen reicht es nicht, wenn eine aktuelle Tarifvereinbarung ohne sofortige Anschlussregelung abgelaufen ist (**L:** vgl. *Neumann/Biebl* § 7 Rn 52).

102 Die in § 7 Abs. 1, 2 und 2a genannten Abweichungen können für die vorstehend bezeichneten Bereiche als Ausnahme bewilligt werden, wenn dies **aus betrieblichen Gründen** erforderlich ist und die Gesundheit die Arbeitnehmer nicht gefährdet wird. Betriebliche Gründe können die Ausnahme zB erfordern, wenn der übliche Arbeitsanfall eines Betriebes an bestimmten Tagen im Jahr so stark ist, dass an diesen Tagen bis zu 10 Stunden auch ohne Ausgleich gearbeitet werden muss. Eine Gesundheitsgefährdung kann verneint werden, wenn diese Arbeitsweise in vergleichbaren Betrieben längere Zeit ohne gesundheitliche Beschwerden praktiziert worden ist.

103 Die Ausnahme wird in dem bei Aufsichtsbehörden üblichen **Ausnahmebewilligungsverfahren** erteilt, das ein Verwaltungsverfahren ist (vgl. § 13 Rn 61 ff). Für den betroffenen Betrieb empfiehlt es sich, bei der örtlich zuständigen Aufsichtsbehörde einen formellen Antrag auf Bewilligung einer Ausnahme nach § 7 Abs. 5 zu stellen und in dem Antrag das Anliegen des Betriebs im Einzelnen darzulegen.

104 Die Bewilligung der Ausnahme steht im pflichtgemäßen **Ermessen** („kann bewilligen“) der Aufsichtsbehörde. Sie hat im Rahmen ihrer Ermessensentscheidung die betrieblichen Interessen mit den Belangen des Gesundheitsschutzes der Arbeitnehmer abzuwägen. Ihr Ermessensbereich beginnt, wenn alle Voraussetzungen vorliegen. (**R:** BVerwG 8.7.1964 AP JArbSchG § 38 Nr. 1). Das Ermessen darf nicht so gehandhabt werden, dass praktisch für die in § 7 Abs. 5 genannten Bereiche keine Ausnahmen erteilt werden. Dies wäre nicht im Sinne des Gesetzgebers, der die Aufsichtsbehörden mangels Tarifvertragsparteien oder fehlender Tarifbestimmungen zu den Stellen bestimmt hat, die notwendige, gesundheitlich vertretbare Ausnahmen auch tatsächlich erteilen.

X. Abweichungen durch Bundesregierung (Absatz 6)

Nach § 7 Abs. 6 kann die Bundesregierung mit Zustimmung des Bundesrates die in § 7 Abs. 1 und 2 genannten Abweichungen als Ausnahme durch Rechtsverordnung zulassen, sofern dies **aus betrieblichen Gründen** erforderlich ist und die Gesundheit der Arbeitnehmer nicht gefährdet wird. Der Geltungsbereich und der Inhalt der Ausnahme kann der gleiche sein wie der der Abweichungen in § 7 Abs. 1 und 2. **105**

In welchem **Verhältnis die Ermächtigungsnormen** zueinander stehen, wird im ArbZG nicht geregelt. In der amtlichen Begründung zu § 7 Abs. 6 heißt es, die Ermächtigung zum Erlass einer Rechtsverordnung sei für den Fall vorgesehen, dass die Regelungen in § 7 Abs. 1, 2, 3 und 5 nicht ausreichen und eine Regelung aus betrieblichen Gründen erforderlich ist (vgl. BT-Drucks. 12/5888 S. 28). Der Verordnungsgeber wird demnach bei der Abwägung, ob er eine Verordnung erlassen soll, auf jeden Fall zu berücksichtigen haben, ob die Tarifvertragsparteien in der Lage sind, Tarifverträge gemäß § 7 Abs. 1 und 2 zu vereinbaren (**L:** vgl. *Molitor/Volmer/Germelmann* § 21b Rn 13; für das Subsidiaritätsprinzip in diesem Fall: *Zmarzlik/Anzinger* § 21b Rn 8 ff). Eine Normsetzungsprärogative der Tarifvertragsparteien folgt hier nicht aus Art. 9 Abs. 3 GG; die Befugnis zu abweichenden Regelungen ist diesen erst durch § 7 Abs. 1 und 2 verliehen. Soweit der Verordnungsgeber eine Verordnung erlassen hat, geht auf jeden Fall diese etwaigen tariflichen Regelungen als höherrangiges Recht vor. **106**

Eine Rechtsverordnung kann ihrem Wesen entsprechend nur **allgemeine Regelungen** treffen. Sie kann keine Ausnahmen für einzelne Arbeitnehmer oder einzelne Betriebe zulassen. Ein im Rechtsweg durchsetzbarer Anspruch auf Erlass einer Rechtsverordnung besteht nicht (**R:** BayVerfGH 22. 7. 1987 NJW 1988, 1257; OVG Koblenz 10. 3. 1987 NJW 1988, 1684). Verfassungsrechtliche Bedenken gegen die Ermächtigungsnorm bestehen nicht (**L:** vgl. *Baeck/Deutsch/Winzer* § 7 Rn 140; *Neumann/Biebl* § 7 Rn 54; aA *Buschmann/Ulber* § 7 Rn. 54 ff). **107**

XI. Einwilligung des Arbeitnehmers (Absatz 7)

Der zum 1. 1. 2004 neu ins ArbZG eingefügt § 7 Abs. 7 normiert für die nach § 7 Abs. 2a ohne Zeitausgleich erlaubte Verlängerung der Arbeitszeit über 8 Stunden hinaus weitere Voraussetzungen. Zunächst muss der Arbeitnehmer schriftlich in die Verlängerung einwilligen. Außerdem wird die Regelung durch ein Benachteiligungsverbot flankiert, wonach dem Arbeitnehmer aus seiner Entscheidung gegen eine Arbeitszeitverlängerung keine Nachteile entstehen dürfen. Beide Bedingungen gelten gleichermaßen bei Inanspruchnahme der Fallalternativen nach § 7 Abs. 3 bis 5, sofern in diesem Zusammenhang auf Kollektivvereinbarungen nach § 7 Abs. 2a zurückgegriffen wird. Die Entstehung des § 7 Abs. 7 geht auf Art. 22 Abs. 1) der EU-Arbeitszeit-Richtlinie zurück, der den Mitgliedstaaten unter bestimmten Kon- **108** ditionen die Möglichkeit einräumt, Ausnahmen von der auf 48 Stunden begrenzten Höchstarbeitszeit zuzulassen (vgl. BT-Drucks. 15/1587 S. 31).

109 **1. Vorherige Erklärung (Satz 1).** – § 7 Abs. 7 Satz 1 fordert die Einwilligung des Arbeitnehmers in die Arbeitszeitverlängerung. Der Begriff folgt der Terminologie des § 183 BGB (Einwilligung = vorherige Zustimmung) und verlangt deshalb die vorherige Einverständniserklärung des Betroffenen (**L:** *Reim* DB 2004, 186). Die als nachträgliche Zustimmung definierte Genehmigung (vgl. § 184 BGB) genügt den Erfordernissen des ArbZG nicht (**L:** so aber wohl *Bermig* BB 2004, 101, der allgemein nur von Zustimmung spricht). Denn die Einwilligung soll den Arbeitnehmer davor schützen nicht vor vollendete Tatsachen gestellt zu werden, weil er sich gegen bereits erfolgte Beschäftigungen mit verlängerter Arbeitszeit idR kaum zur Wehr setzen kann. Fehlt die Einwilligung, ist die Arbeitszeitverlängerung unwirksam und der Arbeitnehmer insoweit nicht zur Arbeitsleistung verpflichtet (**L:** vgl. *Reim* DB 2004, 186).

110 Für die Einverständniserklärung ist die individuelle Einwilligung des Arbeitnehmers notwendig (**L:** vgl. *Boerner* NJW 2004, 1559; *Bermig* BB 2004, 101). Dabei muss sich der Betroffene höchstpersönlich mit der Arbeitszeitverlängerung einverstanden erklären. Zwar setzt der Wortlaut des ArbZG dies nicht ausdrücklich voraus, aber die Anerkennung der Einwilligung als Vorbedingung verlängerter Arbeitszeiten macht nur dann Sinn, wenn der Arbeitnehmer selbst die voraussichtlichen Auswirkungen abwägen und sich dazu äußern kann, ob und unter welchen Bedingungen er arbeiten will. Da es zum Wesen höchstpersönlicher Rechte gehört, dass ihre Ausübung eng an die Person des Berechtigten gebunden ist, sind sie weder übertragbar noch verzichtbar. Darum kann die Einwilligung auch nicht stellvertretend für die Arbeitnehmer in einem Tarifvertrag, in einer Betriebs- oder Dienstvereinbarung durch Pauschalerklärungen vorweggenommen, ersetzt oder ausgeschlossen werden (**R:** EuGH 3.10.2000 – Rs C-303/98 (*Simap*) DB 2001, 818; BAG 18.2.2003 BB 2003, 2070 = NZA 2003. 842). Gleiches gilt für vorformulierte Einverständniserklärungen oder Pauschaleinwilligungen in Arbeitsverträgen. Auch sie nehmen den Betroffenen die Möglichkeit, die konkrete Tragweite ihres Entschlusses einzuschätzen und sind somit mit § 7 Abs. 7 Satz 1 nicht vereinbar.

111 Ferner muss die Einwilligung zu ihrer Wirksamkeit auf einer freiwilligen Entscheidung des Arbeitnehmers beruhen. Die Maßgeblichkeit des Freiwilligkeitsmerkmals ist zwar dem Gesetzeswortlaut nicht zu entnehmen. Sie ergibt sich aber unmittelbar aus der Gesetzesbegründung, nach der mit § 7 Abs. 7 das Freiwilligkeitsprinzip dadurch gewährleistet wird, dass die Arbeitszeit nach § 7 Abs. 2a nur verlängert werden darf, wenn der Arbeitnehmer schriftlich eingewilligt hat (vgl. BT-Drucks. 15/1587 S. 31). In diesem Zusammenhang darf jedoch nicht außer Betracht bleiben, dass die Entscheidung des Arbeitnehmers für eine Arbeitszeitverlängerung uU von Kriterien abhängt, die seinen eigentlichen Interessen zuwiderlaufen. So besteht in diesem Fällen die Gefahr, dass sich auf Seiten der Arbeitnehmer die „Freiwilligkeit" nur deshalb einstellt, weil die Gegenseite die Bereitschaft zur Ableistung ver-

längerter Arbeitzeiten zur Voraussetzung der Einstellung oder Weiterbeschäftigung macht oder unter Hinweis auf Produktionseinschränkungen oder Unternehmensverlagerungen mit dem Verlust des Arbeitsplatzes droht (**L:** vgl. *Reim* DB 2004, 186). Man wird deshalb zur Erfüllung des Freiwilligkeitsprinzips verlangen müssen, dass sich der Arbeitnehmer „ohne Zwang" für oder gegen die Arbeitszeitverlängerung entscheiden kann. Demzufolge kann von einer freien Entscheidung des Arbeitnehmers dann nicht mehr gesprochen werden, wenn er sich Situationen gegenüber sieht, die ihn faktisch dazu nötigen, sich mit der Arbeitszeitverlängerung einverstanden zu erklären (**L:** vgl. *Reim* DB 2004, 186).

Schließlich bedarf die Einwilligung der **Schriftform**. Daher muss der Arbeitnehmer die Einwilligung nicht nur schriftlich festhalten, sondern auch eigenhändig unterzeichnen (vgl. § 126 BGB). Die besondere Formbindung hat Beweisfunktion und dient darüber hinaus dem Schutz der Arbeitnehmer gegen vorschnelle und unbedachte Entscheidungen. Erklärungen, die den Anforderungen der Schriftform nicht genügen, sind nichtig (vgl. § 125 BGB). **112**

2. Widerruf (Satz 2). – Der Arbeitnehmer kann seine einmal erteilte Einwilligung jederzeit mit einer Frist von sechs Monaten schriftlich widerrufen. Der Widerruf nach § 7 Abs. 7 Satz 2 dient dem gleichen Zweck, den auch die in § 7 Abs. 7 Satz 1 geforderte Einwilligung verfolgt, nämlich den Arbeitnehmern die Möglichkeit einzuräumen, die Folgen ihrer Einwilligung abschätzen zu können. Während die Einwilligung diesbezüglich die präventive Kontrolle sichert, garantiert der Widerruf die **nachträgliche Korrektur** der zunächst getroffenen Entscheidung. Besondere Voraussetzungen für die Ausübung dieses Widerrufsrechts kennt das ArbZG nicht. Infolgedessen bedarf die Widerrufserklärung auch keiner Begründung. Auch das Wort Widerruf braucht nicht verwandt zu werden. Es genügt eine Erklärung, aus der zweifelsfrei hervorgeht, dass der Arbeitnehmer die Einwilligung nicht mehr gelten lassen will. **113**

Ebenso wie die Einwilligung setzt der Widerruf eine höchstpersönliche, freiwillige und in schriftlicher Form abzugebende Erklärung voraus. Wegen weiterer Einzelheiten wird deshalb auf die Kommentierung zu § 7 Abs. 7 Satz 1 (vgl. Rn 109 ff) verwiesen. **114**

Der Widerruf der Einwilligung bewirkt, dass der Fortsetzung einer Beschäftigung mit verlängerter Arbeitszeit die erforderliche Rechtsgrundlage entzogen wird. Dabei wirkt der Widerruf nur **für die Zukunft**. Deswegen stellt er die Rechtmäßigkeit bisher bereits erbrachter Dienste mit verlängerten Arbeitszeiten nicht in Frage. **115**

Für die Ausübung des Widerrufs steht dem Arbeitnehmer eine Widerrufsfrist von **6 Monaten** zur Verfügung. Diese Frist soll dem Arbeitgeber ausreichend Zeit einräumen, um der veränderten Situation Rechnung tragen zu können (**L:** ErfK/*Wank* § 7 ArbZG Rn 26; *Neumann/Biebl* § 7 Rn 56, die deswegen auch die europarechtlich geforderte Freiwilligkeit der Entscheidung des Arbeitnehmers nicht beeinträchtigt sehen; aA *Buschmann/Ulber* § 7 Rn 24c). Zu beachten ist in diesem Zu- **116** sammenhang, dass der Widerruf nicht jeweils nur zum Monatsende erfolgen muss. Die Fristberechnung erfolgt nach den §§ 187, 188 BGB. Das für den Beginn der Widerrufsfrist maßgebende Ereignis iSd § 187 Abs. 1 BGB ist der Zugang des Widerrufs beim Empfänger. Nach § 187 Abs. 1 BGB wird dieser Tag nicht in die Berechnung der Widerrufsfrist einbezogen. Dementsprechend muss die Widerrufserklärung dem Arbeitgeber spätestens am 31.12. zugehen, wenn der Arbeitnehmer seine Einwilligung zum 30.6. des Folgejahres widerrufen will. Die einzuhaltende Widerrufsfrist von sechs Monaten ist zwingend. Werden in Kollektivverträgen oder arbeitsvertraglich davon abweichende Fristen vereinbart, so tritt an die Stelle dieser unwirksamen Abreden die gesetzliche Regelung.

117 **3. Benachteiligungsverbot (Satz 3).** – Arbeitnehmer, die zulässigerweise ihre Rechte ausüben, dürfen bereits nach § 612a BGB nicht benachteiligt werden. § 7 Abs. 7 Satz 3 stellt speziell für den Bereich des ArbZG ein eigenständiges Benachteiligungsverbot auf. Danach ist es dem Arbeitgeber ausdrücklich untersagt, einen Arbeitnehmer, der seine Einwilligung zu verlängerten Arbeitszeiten verweigert oder seine Einwilligung widerrufen hat, zu benachteiligen. Denn soll die Entscheidung wirklich in der Hand der Arbeitnehmer verbleiben, dann müssen sie auch tatsächlich zwischen Einwilligung und Verweigerung wählen können und dürfen bei ihrem Urteil nicht einem auf drohenden Nachteilen basierenden Zwang zur Einwilligung ausgesetzt sein.

118 Eine Benachteiligung iSd § 7 Abs. 7 Satz 3 liegt vor, wenn der betroffene Arbeitnehmer schlechter behandelt wird als andere Arbeitnehmer in vergleichbarer Situation. Dabei sind alle rechtlichen oder tatsächlichen Maßnahmen unzulässig, die sich aus objektiver Sicht als Benachteiligung darstellen. Auf eine Absicht zur Benachteiligung oder ein Verschulden des Arbeitgebers kommt es nicht an. Als denkbare Benachteiligungen kommen etwa die Kündigung oder die Versetzung auf einen geringer dotierten Arbeitsplatz in Betracht. Vom Benachteiligungsverbot erfasst sind aber auch die berufliche Entwicklung (vgl. BT-Drucks. 15/1587 S. 31). Ferner darf die Verweigerung von Arbeitszeitverlängerungen sich nicht nachteilig auf Beförderungen auswirken (**L:** vgl. *Reim* DB 2004, 186).

119 Jeder Verstoß gegen das Benachteiligungsverbot hat die Nichtigkeit des darauf beruhenden Rechtsgeschäfts zur Folge (vgl. § 134 BGB). Bei schuldhaften Verstößen können auch Schadensersatzansprüche aus § 823 Abs. 2 BGB iVm § 7 Abs. 7 Satz 3 in Frage kommen.

XII. Ausgleichszeitraum (Absatz 8)

120 Aufgrund der europäischen Rechtsprechung in den Urteilen Simap und Jaeger (vgl. Rn 19 und 20) zu Fragen des Bereitschaftsdienstes steht fest, dass jede Anwesenheit am Arbeitsort auf Veranlassung des Arbeitgebers als Arbeitszeit zu qualifizieren ist. Kommt ein Arbeitnehmer derartigen Arbeitspflichten nach, sind seine entsprechend abgeleisteten Arbeitsstunden in die Ermittlung der täglichen und wöchentlichen Höchstarbeitszeit einzubeziehen. Damit dürfen grundsätzlich alle von Gesetzes wegen zugelassenen Arbeitszeitverlängerungen (Ausnahme: § 7 Abs. 2a) nicht mehr ohne Zeitausgleich vorgenommen werden. Dem trägt die Regelung des § 7 Abs. 8 Rechnung, indem sie die Art und Weise des Ausgleichs für alle Spielarten der Arbeitszeitverlängerung einer eigenständigen Norm zur Bemessung des Zeitausgleichs unterwirft (vgl. BT-Drucks. 15/1587 S. 31).

1. Ausgleichszeitraum aufgrund Tarifvertrag (Satz 1). – Allen von § 7 Abs. 8 **121**
Satz 1 in Bezug genommenen Regelungsbereichen (Abs. 1 Nr. 1 und 4, Abs. 2 Nr. 2 bis 4, Abs. 3, Abs. 4) ist gemeinsam, dass sie Arbeitszeitverlängerungen ermöglichen, die über die in § 3 normierte Grundregel von werktäglich acht Stunden hinausgehen. Derartige Überschreitungen der gesetzlich bestimmten Grenze sind prinzipiell nur zulässig, wenn sie zu anderen Zeiten ausgeglichen werden. Für diesen Ausgleich sieht die EU-Arbeitszeit-Richtlinie in Art. 19 einen Ausgleichszeitraum von bis zu sechs Monaten vor. Nach Art. 19 EG-Arbeitszeit-Richtlinie darf dieser Zeitraum durch Vereinbarungen der Tarifvertragsparteien auf höchstens zwölf Monate erweitert werden. Das ArbZG hat für die Bemessung seines Ausgleichszeitraums die Regelung der EU-Arbeitzeit-Richtlinie übernommen. Danach sind die Tarifvertragsparteien legitimiert, bei Arbeitszeitverlängerungen einen Ausgleichszeitraum von bis zu zwölf Kalendermonaten zu vereinbaren. Zwar ist diese Befugnis nicht ausdrücklich dem Wortlaut des § 7 Abs. 8 zu entnehmen; jedoch werden von der Vorschrift nur Regelungsmöglichkeiten in Bezug genommen, die allein von Tarifvertragsparteien oder Kirchen ua in Anspruch genommen werden können.

Innerhalb des Zeitraums von zwölf Kalendermonaten muss die wöchentliche **122**
Höchstarbeitszeit von durchschnittlich 48 Stunden eingehalten werden. Den Tarifvertragsparteien ist es unbenommen, auch längere Ausgleichszeiträume auszuhandeln. Allerdings muss in jedem Fall sichergestellt sein, dass der Durchschnitt von wöchentlich 48 Stunden innerhalb eines zwölfmonatigen Zeitraums gewahrt bleibt (**R:** BAG 23.6.2010 DB 2010, 2109). Gleiches gilt für Betriebe und Arbeitsvertragsparteien, welche die tarifvertraglichen Abweichungsmöglichkeiten nach § 7 Abs. 3 durch Übernahme nutzen sowie für Kirchen und öffentlich-rechtliche Religionsgesellschaften nach § 7 Abs. 4.

2. Ausgleichszeitraum bei behördlichen Bewilligungen (Satz 2). – Die Verlänge- **123**
rung des Ausgleichszeitraums auf 12 Kalendermonate ist aufgrund des Art. 19 der EU-Arbeitszeit-Richtlinie ausdrücklich nur für Tarifvertragsparteien zugelassen. Anderen privaten Rechtsträgern oder öffentlichen Institutionen hat die EU-Arbeitszeit-Richtlinie diese Berechtigung nicht übertragen. Daher muss es im Rahmen des ArbZG für aufsichtsbehördliche Bewilligungen bei dem Ausgleichszeitraum bleiben, den die EU-Arbeitszeit-Richtlinie in Art. 19 S. 1 mit maximal sechs Monaten vorgegeben hat. Lässt deshalb die Aufsichtsbehörde Ausnahmen unter den Voraussetzungen des § 7 Abs. 5 zu, beträgt der Ausgleichszeitraum sechs Kalendermonate oder 24 Wochen.

XIII. Mindestruhezeit bei Arbeitszeiten über 12 Stunden (Absatz 9)

124 Für alle Fälle einer Verlängerung der werktäglichen Arbeitszeit über zwölf Stunden hinaus schreibt § 7 Abs. 9 vor, dass im unmittelbaren Anschluss an die Beendigung der Arbeitszeit eine **Ruhezeit** von mindestens elf Stunden gewährt werden muss. Die Regelung geht auf Vorgaben der EuGH-Rechtsprechung (**R:** EuGH 9.9.2003 – Rs C-151/02 (*Jaeger*) BB 2003, 2063) zurück, nach der eine Kürzung der täglichen **Ruhezeit** von elf zusammenhängenden Stunden im Zusammenhang mit Arbeitszeitverlängerungen nur dann vor der EU-Arbeitszeit-Richtlinie Bestand hat, wenn den betroffenen Arbeitnehmern gleichwertige Ruhezeiten im unmittelbaren Anschluss an die entsprechenden Arbeitsperioden gewährt werden (vgl. BT-Drucks. 15/1587 S. 31). Nach den Bestimmungen des ArbZG kann zB in einem Bewachungsunternehmen, in dem bei einzelnen Schichtdiensten in erheblichem Umfang Arbeitsbereitschaft und Bereitschaftsdienst anfallen, die Arbeitszeit für bestimmte Arbeitnehmer über zwölf Stunden hinaus verlängert werden. Dauert ein Schichtdienst von montags 12:00 Uhr bis dienstags 2:00 Uhr, beträgt die Arbeitszeit 14 Stunden. Die betroffenen Arbeitnehmer dürfen danach von dienstags 2:00 Uhr bis dienstags 13:00 Uhr nicht mehr beschäftigt werden.

XIV. Geltung tarifvertraglicher Abweichungen

125 **1. Räumlicher, betrieblicher, persönlicher Geltungsbereich.** – Jeder Tarifvertrag kann seinen Geltungsbereich selbst bestimmen. Mit dem **räumlichen** Geltungsbereich legen die Tarifvertragsparteien die geographischen Grenzen, das Tarifgebiet fest, in dem die Tarifnormen gelten. Dieses Tarifgebiet kann, je nach Vereinbarung, das gesamte Bundesgebiet, einzelne Bundesländer oder auch nur Teile davon umfassen. Ausschlaggebend für die Zuordnung zum räumlichen Geltungsbereich ist in aller Regel der Ort des Betriebes oder des Betriebsteils, in dem der Arbeitnehmer beschäftigt ist. Beim Firmentarifvertrag erstreckt sich der räumliche Geltungsbereich auf die Gesamtheit der zum Unternehmen gehörenden Betriebe.

126 Für den **betrieblichen** Geltungsbereich ist regelmäßig der jeweilige Wirtschaftszweig (zB Metall, Bau) maßgebend, der sich zumeist mit dem Zuständigkeitsbereich der nach dem Industrieverbandsprinzip organisierten Koalitionen deckt.

127 Mit dem **persönlichen** Geltungsbereich bestimmen die Tarifvertragsparteien, für welche Arbeitnehmergruppen der Tarifvertrag gilt. In der Vergangenheit war die Unterscheidung nach Angestellten, Arbeitern und Auszubildenden vorherrschend. Die moderne Tarifpraxis nimmt davon aber zunehmend Abstand (**L:** vgl. im Einzelnen MünchArbR/*Klumpp* § 238 Rn 39 ff).

128 Innerhalb des räumlichen, betrieblichen und persönlichen Geltungsbereichs gilt ein Tarifvertrag gemäß § 7 Abs. 1, 2 und 2a unmittelbar und zwingend für alle **Arbeit-**

geber, die **Mitglied** des den Tarifvertrag abschließenden Arbeitgeberverbandes sind, oder die selbst einen sog. Firmentarifvertrag geschlossen haben, und für alle **Arbeitnehmer** eines solchen Arbeitgebers, die Mitglied der den Tarifvertrag abschließenden Gewerkschaft sind.

Für **nichtorganisierte Arbeitnehmer** eines solchen Arbeitgebers gelten die abweichenden tarifvertraglichen Regelungen des § 7 Abs. 1, 2 und 2a aufgrund des § 3 Abs. 2 TVG. Hiervon gehen auch die Vorschriften des § 7 Abs. 1, 2 und 2a aus, die im Unterschied zur Erstreckungsmöglichkeit in § 7 Abs. 3, für diese Fälle eine Erstreckung wegen des § 3 Abs. 2 TVG nicht vorsehen. 129

In Betrieben **nicht tarifgebundener Arbeitgeber** gelten die abweichenden tarifvertraglichen Regelungen des § 7 Abs. 1, 2 und 2a, wenn sie nach § 5 TVG für allgemeinverbindlich erklärt oder unter den Voraussetzungen des § 7 Abs. 3 übernommen worden sind (**L:** zur Tarifbindung allgemein vgl. MünchArbR/*Klumpp* § 245 Rn 1 ff). 130

2. Zeitlicher Geltungsbereich, Rückwirkung, Nachwirkung. – Der zeitliche Geltungsbereich legt fest, in welchen Grenzen die Tarifnormen auf die Tarifgebundenen einwirken. Er ist zumeist mit der Dauer des Tarifvertrages identisch. 131

Der **Beginn** der Tarifwirkung der abweichenden tarifvertraglichen Regelungen des § 7 Abs. 1, 2 und 2a deckt sich regelmäßig mit dem **Inkrafttreten** des Tarifvertrags – grundsätzlich mit seinem Abschluss (Zeitpunkt der Unterzeichnung) –, wenn für die abweichenden Regelungen nichts anderes vereinbart ist. Die Tarifvertragsparteien können den Tarifvertrag insgesamt oder einzelne Regelungskomplexe auch zu einem späteren Zeitpunkt in Kraft setzen. Der Beginn der Tarifwirkung erstreckt sich auf alle unter den Geltungsbereich fallenden Arbeits- und Ausbildungsverhältnisse, die bei dessen Inkrafttreten bestehen oder nach dessen Inkrafttreten abgeschlossen werden (**L:** zur zeitlichen Geltung vgl. MünchArbR/*Klumpp* § 238 Rn 52 ff; *Wiedemann/Wank* § 4 Rn 277 ff). 132

Ein Tarifvertrag kann auch Rechtsfolgen in der Vergangenheit eintreten lassen und in diesem Sinne rückwirken. Der **Rückwirkung** von Tarifnormen sind allerdings die gleichen Grenzen gesetzt wie Gesetzen. Schon aufgrund des im Rechtsstaatsprinzip verankerten Vertrauensschutzgedankens ist eine rückwirkende Belastung nur zulässig, wenn kein Vertrauenstatbestand vorliegt (**L:** vgl. im Einzelnen MünchArbR/*Klumpp* § 237 Rn 76 ff). Bei abweichenden tarifvertraglichen Regelungen des § 7 Abs. 1, 2 und 2a ist außerdem zu beachten, dass es sich um Tarifnormen mit straf- und bußgeldrechtlicher Wirkung handelt. Ein bereits entstandener staatlicher Anspruch auf Verfolgung von Straftaten und Ordnungswidrigkeiten kann durch die Tarifvertragsparteien grundsätzlich nicht beseitigt werden. 133

Mit der **Beendigung** des Tarifvertrags endet seine Normwirkung, dh die unmittelbare und zwingende Wirkung gegenüber allen Tarifunterworfenen. Nach Ablauf des Tarifvertrags tritt grundsätzlich die Nachwirkung gemäß § 4 Abs. 5 TVG ein (**L:** vgl. MünchArbR/*Klumpp* § 261 Rn 1 ff). § 7 trifft zur Frage der Nachwirkung 134 keine eigene Regelung, ebenso wenig wie auch zu anderen tarifrechtlichen Fragen, die durch die den Tarifvertragsparteien in § 7 Abs. 1, 2 und 2a verliehene Befugnis entstehen, Abweichungen von den Grundnormen der §§ 3 bis 6 zuzulassen.

135 Es ist daher anzunehmen, dass die Frage der **Nachwirkung** des Tarifvertrags iSd § 7 Abs. 1, 2 und 2a nach allgemeinem Tarifrecht, also nach § 4 Abs. 5 TVG zu entscheiden ist. Die Tarifnormen gemäß § 7 Abs. 1, 2 und 2a wirken dementsprechend aufgrund des § 4 Abs. 5 TVG ebenso nach wie die anderen Tarifnormen. (**L:** *Neumann/ Biebl* § 7 Rn 46 ff; *Andresen* DB 1978, 1275; *Schröder* BB 1960, 53; *Knorr* RdA 1979, 201; *Prill* Diss. S. 97). Die Grundnormen der §§ 3 bis 6 leben zwischen zwei Tarifverträgen nicht auf. Die nachwirkenden Tarifnormen des § 7 Abs. 1, 2 und 2a gelten für alle Arbeitsverhältnisse, die im Nachwirkungszeitraum bestehen. Die Streitfrage aus dem allgemeinen Tarifrecht, ob das Arbeitsverhältnis, das erst im Nachwirkungszeitraum begründet wird, der modifizierten Normwirkung der tarifvertraglichen Regelungen unterfällt (dagegen **L:** MünchArbR/*Klumpp* § 261 Rn 21 ff; **R:** BAG 22.7.1998 NZA 1998, 1287; dafür **L:** *Wiedemann/Wank* § 4 Rn 356) ist im Interesse einer einheitlichen Geltung öffentlich-rechtlichen Arbeitsschutzrechts in einem Betrieb zu bejahen.

136 Nach § 4 Abs. 5 TVG sind die Tarifnormen **im Nachwirkungszeitraum** dispositiv. Von ihnen kann auch durch einzelvertragliche Abrede abgewichen werden. Es versteht sich indes aus dem Schutzweck des ArbZG von selbst, dass die einzelvertraglichen Abweichungen von den tarifvertraglichen Regelungen nur in eine Richtung erlaubt sind, nämlich zurück zu den gesetzlichen Bestimmungen (**L:** vgl. *Baeck/ Deutsch* § 7 Rn 33; *Löwisch/Rieble* § 4 Rn 721). Insoweit ist der Begriff „andere Abmachung" in § 4 Abs. 5 TVG begrenzt (**L:** zur Auslegung dieses Begriffs allgemein vgl. MünchArbR/*Klumpp* § 261 Rn 38 ff).

XV. Bedeutung der Abweichungen

137 **1. Rechtscharakter der Abweichungen.** – Zur Frage der Rechtsnatur der aufgrund des § 7 Abs. 1, 2 und 2a vereinbarten tarifvertraglichen Abweichungen kann zunächst auf den **Theorienstreit** zum Rechtscharakter der Tarifnormen zurückgegriffen werden, die das tarifdispositive Recht des § 7 AZO genutzt haben; denn die Struktur der beiden Zulassungsnormen sind eng miteinander verwandt und deshalb vergleichbar.

138 Nach der **öffentlich-rechtlichen** Theorie haben die Tarifvertragsparteien mit der Zulassung vom Gesetz abweichender, verlängerter Arbeitszeiten öffentlich-rechtliche Rechtsetzung ausgeübt und öffentlich-rechtliche, gegen jedermann im Geltungsbereich des Tarifvertrags unmittelbar und zwingend wirkende Vorschriften erlassen. Nach der **privatrechtlichen Theorie** sind diese tarifvertraglichen Regelungen Tarifnormen iSd TVG mit privatrechtlichem Charakter, die wie andere Tarifnormen unmittelbar und zwingend nur für Betriebe tarifgebundener Arbeitgeber gelten. Dabei handele es sich um Betriebsnormen iSd § 1 Abs. 1 TVG, deren

Wirkung gegenüber Außenseitern aus § 3 Abs. 2 TVG herzuleiten sei (**L:** vgl. *Neumann/Biebl* § 7 Rn 3 ff; *Meisel/Hiersemann* § 7 Rn 7 ff; *Zmarzlik* AZO § 7 Rn 4 ff).

Das **BVerfG** hat diesem Meinungsstreit praktisch die Grundlage entzogen. Es hat entschieden, dass sich die Normsetzungsbefugnis der Tarifvertragsparteien grundsätzlich nur auf ihre Mitglieder erstreckt. Der Staat darf seine Normsetzungsbefugnis nicht in beliebigem Umfang außerstaatlichen Stellen überlassen und den Bürger nicht schrankenlos der normsetzenden Gewalt autonomer Gremien ausliefern, die ihm gegenüber nicht demokratisch bzw mitgliedschaftlich legitimiert sind (**R:** vgl. BVerfG 24.5.1977 BVerfGE 44, 322, 347; BVerfG 14.6.1983 DB 1983, 2785). Dementsprechend können Außenseiter nicht allgemein der Tarifmacht von Tarifvertragsparteien ausgesetzt werden. **139**

Wie die Vorschrift des § 7 Abs. 3 belegt, ging der Gesetzgeber des **ArbZG** in Kenntnis der beiden Theorien und der Entscheidungen des BVerfG von der **privatrechtlichen Theorie** aus. Danach gelten die Normen eines Tarifvertrages gemäß § 7 Abs. 1, 2 und 2a nicht wie öffentlich-rechtliche Normen kraft der Normsetzung der Tarifvertragsparteien unmittelbar und zwingend für alle Arbeitgeber und Arbeitnehmer im Geltungsbereich des betreffenden Tarifvertrags, sondern wie sonstige Tarifnormen iSd TVG mit normativer Wirkung, dh nur für die tarifgebundenen Arbeitgeber und deren Arbeitnehmer. Im Betrieb eines nicht tarifgebundenen Arbeitgebers gelten die normativen Bestimmungen eines Tarifvertrags gemäß § 7 Abs. 1, 2 und 2a nur kraft der in § 7 Abs. 3 vorgesehenen Erstreckung durch Betriebsvereinbarung oder einzelvertragliche Vereinbarung. **140**

Da der Gesetzgeber in § 7 Abs. 1, 2 und 2a die Befugnis erteilt hat, Abweichungen von den Grundnormen der §§ 3 bis 6 in einem Tarifvertrag zuzulassen, ohne für diese tarifvertraglichen Abreden besondere Rechtsvorschriften zu erlassen, muss davon ausgegangen werden, dass er das in den **Vorschriften des TVG** zusammengefasste Tarifvertragsrecht auch für diese Tarifvertragsnormen zur Geltung bringen wollte. Dies bedeutet, dass § 3 Abs. 2 TVG auch für die tarifvertraglichen Regelungen gemäß § 7 Abs. 1, 2 und 2a gilt. Nach dieser Vorschrift gelten Rechtsnormen des Tarifvertrags über betriebliche und betriebsverfassungsrechtliche Fragen, sog. Betriebsnormen, für alle Betriebe, deren Arbeitgeber tarifgebunden ist. Sie setzen also nur eine Tarifbindung des Arbeitgebers voraus, um auch die nicht organisierten Arbeitnehmer zu erfassen. **141**

Als **Betriebsnormen** werden Tarifnormen bezeichnet, die betriebseinheitlich gelten sollen. Dazu gehören tarifvertragliche Arbeitszeitnormen, die wegen ihrer Ordnungsfunktion betriebseinheitlich gelten müssen (**L:** vgl. MünchArbR/*Klumpp* § 240 Rn 5; *Baeck/Deutsch/Winzer* § 7 Rn 23). Dies muss wegen ihrer öffentlich-rechtlichen Auswirkungen insbes. für die arbeitszeitschutzrechtlichen Vereinbarungen eines Tarifvertrags gemäß § 7 Abs. 1, 2 und 2a gelten. Für die betriebseinheitliche Geltung und die Qualifizierung dieser Normen als Betriebsnormen spricht vor allem ihre Erstreckungsmöglichkeit auf den Betrieb eines nicht tarifgebundenen **142**

Arbeitgebers gemäß § 7 Abs. 3 (**L:** zu der gleichen Vorschrift in § 21a JArbschG vgl. *Molitor/Volmer/Germelmann* § 21a Rn 9; *Zmarzlik/Anzinger* § 21a Rn 10f).

143 **2. Bedeutung der Abweichungen für Straffreiheit.** – Tarifnormen, die Abweichungen gemäß § 7 Abs. 1, 2 und 2a vorsehen, ermöglichen dem tarifgebundenen Arbeitgeber, alle Arbeitnehmer seines Betriebs in dem im Tarifvertrag vereinbarten Umfang über die Grundnormen der §§ 3 bis 6 hinaus straf- und bußgeldfrei zu beschäftigen. Der nicht tarifgebundene Arbeitgeber hat die gleiche Möglichkeit nach § 7 Abs. 3. Die Verbote und Gebote in den Grundnormen, von denen Abweichungen im Tarifvertrag zugelassen wurden, treten gegenüber den diese Abweichungen zulassenden Tarifnormen zurück (**L:** vgl. *Baeck/Deutsch/Winzer* § 7 Rn 156). Der Wille des Gesetzgebers geht von vornherein dahin, den abweichenden **tarifvertraglichen Normen** den **Vorrang vor** seinen **Grundnormen** einzuräumen. Die gesetzlichen Grundnormen treten jedoch erst dann zurück, wenn und soweit die abweichenden tarifvertraglichen Normen tatsächlich vorliegen und solange sie wirksam sind. Ihr Vorliegen und ihre Geltung ist eine Bedingung für das Zurückweichen der Grundnormen (**L:** vgl. *Herschel* RdA 1969, 211, 214; *Zmarzlik/Anzinger* § 21a Rn 27).

144 Strafrechtlich gesehen bilden die abweichenden tarifvertraglichen Normen, ähnlich wie gesetzliche Ausnahmen, ein **strafbefreiendes Tatbestandsmerkmal**. Liegen sie vor und hält sich der Arbeitgeber innerhalb der durch sie gezogenen Grenzen und der dort bestimmten Voraussetzungen und Bedingungen, kann er von den Grundnormen in dem tarifvertraglich festgelegten Rahmen straf- und bußgeldfrei abweichen. Liegen sie nicht vor oder überschreitet der Arbeitgeber die in den Tarifnormen gezogenen Grenzen, Voraussetzungen oder Bedingungen oder hält er sie nicht ein, kann er wegen eines Verstoßes gegen die jeweilige Grundnorm iVm §§ 22 oder 23 mit Strafe oder Geldbuße belegt werden. Die Aufsichtsbehörden haben die Einhaltung dieser tariflichen Grenzen, Voraussetzungen oder Bedingungen ebenso zu überwachen wie die Grenzen, Voraussetzungen oder Bedingungen gesetzlicher Ausnahmen (**L:** vgl. *Zmarzlik/Anzinger* § 21a Rn 28).

145 Die vorstehenden Ausführungen gelten für zulässige **Abweichungen** und Ausnahmen gemäß **§ 7 Abs. 4 bis 6** entsprechend.

146 Die abweichenden tarifvertraglichen Normen haben die Bedeutung, dass der tarifgebundene Arbeitgeber in dem im Tarifvertrag bestimmten Rahmen über die Grundnormen der §§ 3 bis 6 hinaus sowohl tarifgebundene wie nicht tarifgebundene Arbeitnehmer straf- und **bußgeldfrei beschäftigen** darf. In dieser Funktion sind die Tarifnormen Betriebsnormen (vgl. Rn 142).

147 Zugleich enthalten solche Tarifnormen in der tariflichen Praxis die **Verpflichtung** für die Arbeitnehmer, **Arbeit** in dem im Tarifvertrag erweiterten Rahmen **zu leisten**. Die Tarifnormen können ferner einen Anspruch des Arbeitnehmers begründen, während der abweichenden Dauer und Lage der Arbeitszeit zu arbeiten, was im Zweifel anzunehmen ist (**R:** vgl. LAG Düsseldorf 28.8.1956 BB 1956, 1140; LAG Düsseldorf 19.2.1957 BB 1957, 509). Soweit die Tarifnormen solche materielle

Arbeitspflichten oder Ansprüche auf Arbeitsleistung enthalten, sind sie Inhaltsnormen und gelten als solche nur für die beiderseits Tarifgebundenen (vgl. § 3 Abs. 1 und § 4 Abs. 1 Satz 1 TVG); es sei denn, die Tarifnormen sind für allgemeinverbindlich erklärt (vgl. § 5 TVG).

Als Tarifnormen über betriebliche Arbeitszeit gelten sie, obwohl insoweit Inhalts- 148
normen, aufgrund des § 3 Abs. 2 TVG auch für die nicht tarifgebundenen Arbeitnehmer. Diese Erstreckung auch von Inhaltsnormen über betriebliche Arbeitszeit auf **Außenseiter** ist gerechtfertigt, weil solche Normen notwendig betriebseinheitlich gelten müssen (**L:** vgl. MünchArbR/*Klumpp* § 239 Rn 14 ff; *Wiedemann/Wank* § 4 Rn 337). Einer besonderen einzelvertraglichen Vereinbarung über die Leistung betrieblicher Arbeitszeit bedarf es nicht. Dies wäre für die tarifgebundenen Betriebe ein unzumutbarer Verwaltungsaufwand (**L:** vgl. *Neumann/ Biebl* § 7 Rn 42 ff).

XVI. Verstöße gegen Abweichungen

Ein Arbeitgeber kann einen Arbeitnehmer **bis** zu den im Tarifvertrag festgelegten 149
Grenzen, ggf. iVm einer Betriebs-, Dienst- oder Einzelvereinbarung, straf- und **bußgeldfrei** beschäftigen. Einen Verstoß, der mit einer Geldbuße oder Strafe geahndet werden kann, begeht der Arbeitgeber, wenn er die im Tarifvertrag festgelegten Grenzen oder Bedingungen vorsätzlich oder fahrlässig überschreitet oder nicht einhält.

Der Verstoß ist als **Verstoß gegen die jeweilige Grundnorm** zu ahnden, zB die 150
Überschreitung der im Tarifvertrag festgelegten, von § 3 abweichenden Arbeitszeitgrenzen als Verstoß gegen § 3 iVm § 22 Abs. 1 Nr. 1, die Unterschreitung der im Tarifvertrag festgelegten, von § 4 abweichenden Mindestdauer der Ruhepausen als Verstoß gegen § 4 iVm § 22 Abs. 1 Nr. 2, die Unterschreitung der im Tarifvertrag festgelegten, von § 5 Abs. 1 abweichenden Mindestdauer der Ruhepausen als Verstoß gegen § 5 Abs. 1 iVm § 22 Abs. 1 Nr. 3.

Das **Verhältnis** einer Tarifnorm in einem Tarifvertrag gemäß § 7 Abs. 1, 2 und 2a 151
zu der **Bußgeld- bzw Strafbestimmung** der jeweiligen Grundnorm ist das Gleiche wie das Verhältnis einer Ausnahme zu der Bußgeld- bzw Strafbestimmung der jeweiligen Grundnorm, zB: das Verhältnis einer Ausnahme gemäß § 7 Abs. 5 oder 6 zu der Bußgeld- bzw Strafbestimmung der jeweiligen Grundnorm. Eine Tarifnorm in einem Tarifvertrag gemäß § 7 Abs. 1, 2 und 2a ist wie eine Ausnahme gemäß § 7 Abs. 5 oder 6 ein straf- bzw bußgeldbefreiendes Tatbestandsmerkmal der Bußgeld- bzw Strafbestimmung der jeweiligen Grundnorm. Das gleiche gilt für eine kirchenrechtliche Abweichung gemäß § 7 Abs. 4.

Die **Aufsichtsbehörde prüft,** wenn sie eine Über- oder Unterschreitung einer 152
Grundnorm im Betrieb feststellt, ob ein die Über- oder Unterschreitung rechtfertigender Tarifvertrag, ggf. ergänzt oder übernommen durch eine Betriebs-, Dienst- oder Einzelvereinbarung, vorliegt, ob der Betrieb unter den Geltungsbereich des

Tarifvertrages fällt und ob die Über- oder Unterschreitung sich innerhalb der dort festgelegten Grenzen hält. Hat die Aufsichtsbehörde Zweifel an der Wirksamkeit des Tarifvertrages bzw der ergänzenden oder übernehmenden Betriebs-, Dienst- oder Einzelvereinbarung, prüft sie auch diese, insbes. daraufhin, ob der Tarifvertrag gültig vereinbart und noch nicht abgelaufen ist. Zur Prüfung der Wirksamkeit gehört auch die Prüfung der Frage, ob die tarifvertraglichen Abweichungen mit dem Wortlaut und dem Sinn und Zweck des ArbZG offensichtlich unvereinbar sind; denn dem Tarifvertrag muss in einem solchen Fall die Wirksamkeit versagt werden (**R:** vgl. auch BAG 24.2.1982 BB 1982, 1236 = NJW 1982, 2140). Die Prüfung der Frage der Zweckmäßigkeit einer tarifvertraglichen Abweichung gehört nicht zu den Aufgaben und Befugnissen der Aufsichtsbehörde.

153 Die Tarifvertragsparteien können bei Meinungsverschiedenheiten **Feststellungsklage** (§ 256 ZPO) vor dem Arbeitsgericht (§ 2 Abs. 1 Nr. 1 ArbGG) über die Rechtsgültigkeit einer abweichenden tarifvertraglichen Regelung gemäß § 7 Abs. 1, 2 und 2a erheben. Das Arbeitsgericht prüft die abweichende tarifvertragliche Regelung nur auf ihre Gültigkeit und Rechtmäßigkeit, nicht auf ihre Zweckmäßigkeit (**R:** vgl. BAG 19.12.1958 AP TVG § 2 Nr. 3 = BB 1959, 488 = DB 1959, 28; **L:** *Löwisch/Rieble* Grundl. Rn 39). Im straf-, bußgeld- und im verwaltungsgerichtlichen Verfahren wird die Frage der Gültigkeit und Rechtmäßigkeit abweichender tarifvertraglicher Regelungen als Vorfrage geprüft.

§ 8
Gefährliche Arbeiten

Die Bundesregierung kann durch Rechtsverordnung mit Zustimmung des Bundesrates für einzelne Beschäftigungsbereiche, für bestimmte Arbeiten oder für bestimmte Arbeitnehmergruppen, bei denen besondere Gefahren für die Gesundheit der Arbeitnehmer zu erwarten sind, die Arbeitszeit über § 3 hinaus beschränken, die Ruhepausen und Ruhezeiten über die §§ 4 und 5 hinaus ausdehnen, die Regelungen zum Schutz der Nacht- und Schichtarbeitnehmer in § 6 erweitern und die Abweichungsmöglichkeiten nach § 7 beschränken, soweit dies zum Schutz der Gesundheit der Arbeitnehmer erforderlich ist. Satz 1 gilt nicht für Beschäftigungsbereiche und Arbeiten in Betrieben, die der Bergaufsicht unterliegen.

Übersicht

I. Allgemeines

1 Die Ermächtigung zum Erlass von Arbeitszeitbeschränkungen bei gefährlichen Arbeiten in § 8 ist aus **§ 9 Abs. 2 AZO 1938** übernommen und auf Ruhepausen und Ruhezeiten ausgedehnt worden. Die Beschränkung der Arbeitszeit in § 9 Abs. 1 AZO 1938 ist als weitgehend gegenstandslos aufgehoben worden (BT-Drucks. 12/5888 S. 28). Von den §§ 3 bis 5 abweichende kürzere Höchstarbeitszeiten bzw längere Mindestruhepausen und Mindestruhezeiten gelten daher bei der Beschäftigung mit gefährlichen Arbeiten nur dann, wenn sie in einer Rechtsverordnung aufgrund des § 8 Satz 1 ausdrücklich vorgeschrieben sind. Dies ist bisher nicht geschehen. Nicht übernommen wurde ferner die Sonderregelung der Arbeitszeit für den Bergbau in § 9 Abs. 3 AZO 1938. Von der Ermächtigung des § 8 Satz 1 wurden die Betriebe, die der Bergaufsicht unterliegen, ausgenommen (vgl. BT-Drucks. 12/5888 S. 28, vgl. ferner Rn 9).

2 Die **bisher** aufgrund des § 9 AZO 1938 bzw dessen Vorläufer **erlassenen Arbeitszeitvorschriften** wurden, soweit sie noch in Kraft waren, mit Ausnahme des § 21 der Druckluftverordnung vom 4. 10. 1972 (BGBl. I S. 1909) durch § 21 Abs. 1 Nr. 4 bis 8 ArbZRG **aufgehoben**. Nach § 21 Druckluftverordnung muss bei Arbeiten in **Druckluft** zwischen 2 Arbeitsschichten eine arbeitsfreie Zeit von mindestens 12 Stunden liegen. Die Arbeitszeit in Druckluft darf einschließlich der Ein- und Aus-

schleusungszeiten höchstens 8 Stunden täglich und 40 Stunden wöchentlich betragen. Wenn die Einsatzzeit 4 Stunden überschreitet, sind den Beschäftigten Pausen mit einer Gesamtdauer von mindestens 30 Minuten zu gewähren.

II. Inhalt, Zweck und Ausmaß der Ermächtigung

3 Nach Art. 80 Abs. 1 Satz 2 GG müssen Inhalt, Zweck und Ausmaß der erteilten Ermächtigung zum Erlass von Rechtsverordnungen im Gesetz bestimmt werden (**R:** vgl. hierzu BayVerfGH 27.7.1995 AuR 1995, 426). Diesen verfassungsrechtlichen Anforderungen wird in § 8 Satz 1 Rechnung getragen (vgl. Rn 4 bis 8). Aufgrund der gewählten Formulierung ist vorhersehbar, in welchen Fällen und mit welchem Ziel von der Ermächtigung ggf. Gebrauch gemacht werden wird und welchen Inhalt die Rechtsverordnung haben könnte. Für die Interpretation von Ermächtigungsnormen gelten die allgemeinen Auslegungsgrundsätze. Berücksichtigt werden können also der Sinnzusammenhang der Norm mit anderen Vorschriften und das Ziel, das die gesetzliche Regelung insgesamt verfolgt, der objektive Wille des Gesetzgebers und die Entstehungsgeschichte (**R:** BVerwG 15.12.1994 GewA 1995, 155 zu § 18 Abs. 1 GastG – Sperrzeit für Spielhallen –).

4 Die Vorschriften der §§ 3 bis 5 gelten für alle Arbeitnehmer in allen Bereichen als gesetzliche Mindestregelung aus Gründen des Gesundheitsschutzes (vgl. § 1 Rn 2 ff). Sie reichen zum Schutze der Gesundheit der Arbeitnehmer im Normalfall aus, nicht aber bei erhöhten Gefahren in bestimmten Bereichen und bei bestimmten Arbeiten. Andererseits sind die erhöhten Gefahren in einzelnen Bereichen bzw bei einzelnen Arbeiten unterschiedlich. Eine allgemeine gesetzliche Regelung wäre unter diesen Umständen wenig sinnvoll. § 8 Satz 1 ermächtigt daher die Bundesregierung, eine diesen Gefahren entsprechende Regelung der Dauer und Lage der Arbeitszeit sowie der Ruhepausen und Ruhezeiten **zum Schutz der Gesundheit** der Arbeitnehmer in bestimmten Bereichen oder bei bestimmten Arbeiten durch Rechtsverordnung zu treffen. Zugleich bringt § 8 Satz 1 schon in seinem Wortlaut deutlich zum Ausdruck, dass im Vordergrund des ArbZG der Gesundheitsschutz steht, wie dies als Hauptziel in § 1 Nr. 1 statuiert wird (vgl. § 1 Rn 2 ff).

5 Nach § 8 Satz 1 kann die Arbeitszeit über § 3 hinaus beschränkt werden. Dies bedeutet insbes., dass die Grenze für die höchstzulässige **tägliche Arbeitszeit** unter 10 und sogar unter 8 Stunden festgesetzt, dass die **Wochenarbeitszeit** auf eine bestimmte Stundenzahl beschränkt und dass sowohl die tägliche wie die wöchentliche Arbeitszeit auf eine bestimmte Lage festgelegt werden kann, zB bei Nacht- und Schichtarbeit. Die **Ruhepausen** und **Ruhezeiten** können über die §§ 4 und 5 hinaus ausgedehnt werden. Damit können die Dauer der einzelnen Ruhepause und die Gesamtdauer aller Ruhepausen verlängert und ihre zeitliche Lage genau festgelegt werden. Darüber hinaus können zusätzliche Kurzpausen von bestimmter Dauer und Lage angeordnet werden. Die Dauer der Ruhezeiten des § 5 kann verlängert und ihre Lage genau festgesetzt werden. Die **Abweichungsmöglichkeiten nach § 7**

können aufgrund des § 8 Satz 1 beschränkt werden. Dies bedeutet, dass in einer Rechtsverordnung der Befugnis der Tarifvertragsparteien und Betriebspartner zur Verlängerung der Arbeitszeit des § 3 und zur Verkürzung der Ruhepausen und Ruhezeiten der §§ 4 und 5 bestimmte Grenzen gesetzt werden können.

Dahingehende Regelungen können **für** einzelne **Beschäftigungsbereiche** (zB die chemische Industrie) oder **für** bestimmte **Arbeiten**, dh für bestimmte Arbeitsarten, zB das Schmelzen von Eisen, erlassen werden. Sie müssen für alle Betriebe derselben Art und für alle Arbeitnehmer mit derselben Beschäftigung gleichmäßig gelten (Art. 3 Abs. 1 und 2 GG). Eine Regelung durch Rechtsverordnung für einen einzelnen Betrieb ist unzulässig. Dies würde dem Wesen einer Rechtsverordnung widersprechen. 6

Voraussetzung für den Erlass einer Regelung aufgrund des § 8 Satz 1 ist, dass die Beschäftigung von Arbeitnehmern in dem betreffenden Beschäftigungsbereich oder mit der betreffenden Arbeit mit besonderen Gefahren für die **Gesundheit** der Arbeitnehmer verbunden ist und die Beschränkung der Arbeitszeit des § 3 oder die Ausdehnung der Ruhepausen und Ruhezeiten der §§ 4 und 5 zur Abwehr dieser Gefahren erforderlich und geeignet ist. Die besonderen Gesundheitsgefahren sowie die Erforderlichkeit, die Eignung und der Umfang der Arbeitszeit-, Ruhepausen- und Ruhezeitenregelung zu ihrer Abwehr müssen durch arbeitsmedizinische oder sicherheitstechnische Erkenntnisse ausreichend nachgewiesen werden. Zwischen den arbeitsbedingten Belastungsfaktoren und einer Gesundheitsgefahr für die Arbeitnehmer müssen wissenschaftlich gesicherte Zusammenhänge bestehen, wie zB bei Nachtarbeit. 7

III. Nacht und Schichtarbeitnehmer

Die Erbringung von Arbeitsleistung während der Nacht und zu wechselnden Tageszeiten ist im Regelfall für die betroffenen Arbeitnehmer mit Beeinträchtigungen ihrer Gesundheit verbunden (vgl. ausf. § 6 Rn 15 und 44 ff), weshalb auf einen besonderen gesetzlichen Schutz der Nachtarbeitnehmer nicht verzichtet werden kann (**R:** BVerfG 28.1.1992 BB 1992, Beil. 3). Diesem Auftrag des BVerfG hat der Deutsche Bundestag mit den Regelungen des § 6 Rechnung getragen (**L:** *Anzinger* BB 1994, 1492, 1494; *Dobberahn* ArbGeb 1994, 385, 386; *Hartmann* NZA 1993, 734, 736; *Sondermann* DB 1993, 1922, 1925; *Zmarzlik* BB 1993, 2009, 2011; aA *Buschmann/Ulber* § 7 Rn 7; *Oppolzer* AuR 1994, 41, 46). Sollten weitere Regelungen oder Präzisierungen erforderlich werden, so können sie gestützt auf § 8 Satz 1 durch Rechtsverordnung erlassen werden. 8

IV. Arbeitszeit im Bergbau

Die Vorschriften des ArbZG sind, wie aus § 18 zu ersehen ist, auch im Bergbau anzuwenden, § 3 iVm § 8 Satz 2 mit der Besonderheit, dass die Ruhepausen im Berg- 9 bau unter Tage zur Arbeitszeit gehören (vgl. § 2 Abs. 1 Satz 2). Die **höchstzulässige tägliche Arbeitszeit** beträgt danach nicht 8 bzw 10 Stunden, sondern abzüglich der Ruhepausen, also bei einer Arbeitszeit von mehr als 6 bis zu 9 Stunden höchstens **7½ bzw 9½ Stunden**. Die bisherige Bestimmung des § 2 Abs. 2 AZO 1938, nach der im Steinkohlenbergbau die Schichtzeit als Arbeitszeit galt und vom Beginn der Seilfahrt an zu rechnen war, ist nicht mehr anzuwenden. **Beginn und Ende der Arbeitszeit** im Bergbau sind nach den gleichen Grundsätzen zu ermitteln wie in anderen Beschäftigungsbereichen.

10 Die Vorschriften des § 4 über Ruhepausen, des § 5 über Ruhezeit und des § 7 über abweichende Regelungen gelten im Bergbau in der gleichen Weise wie in anderen Beschäftigungsbereichen. Die Ermächtigung zum Erlass strengerer Vorschriften über die Arbeitszeit, Ruhepausen und Ruhezeiten bei **gefährlichen Arbeiten** in § 8 Satz 1 gilt nach § 8 Satz 2 nicht für Beschäftigungsbereiche und Arbeiten in Betrieben, die der Bergaufsicht unterliegen. Für diese gelten von den §§ 3 bis 5 abweichende strengere Bestimmungen, wenn und soweit sie aufgrund des § 66 BBergG erlassen sind (BT-Drucks. 12/5888 S. 28). Sie gehen den §§ 3 bis 5 als Sonderregelung vor, soweit sie strengere Bestimmungen enthalten.

11 Nach der aufgrund des § 66 Satz 1 Nr. 4 BBergG erlassenen **Klima-Bergverordnung** vom 9. 6. 1983 (BGBl. I S. 685) gelten für untertägige Betriebe mit Ausnahme der Hohlraumbauten insbes. folgende **Sonderregelungen:**

§ 3 Zulässige Beschäftigungszeiten. *Wird, auch nachdem Maßnahmen nach § 61 Abs. 1 Satz 2 Nr. 1 BBergG getroffen worden sind,*

1. *außerhalb des Salzbergbaus eine Trockentemperatur von 28°C oder eine Effektivtemperatur von 25°C überschritten, so dürfen Personen innerhalb des täglichen Arbeitsablaufs nicht länger beschäftigt werden als*
   a) *6 Stunden, wenn sie täglich mehr als 3 Stunden bei Trockentemperatur über 28°C bis zu einer Effektivtemperatur von 29°C oder bei Effektivtemperaturen über 25°C bis 29°C verbringen.*
   b) *5 Stunden, wenn sie täglich mehr als 2½ Stunden bei Effektivtemperaturen über 29°C bis 30°C verbringen,*
2. *im Salzbergbau eine Trockentemperatur von 28°C überschritten, so dürfen Personen innerhalb des täglichen Arbeitsablaufs nicht länger beschäftigt werden als*
   a) *7 Stunden, wenn sie täglich mehr als 5 Stunden bei Trockentemperaturen über 28°C bis 37°C oder mehr als 4½ Stunden bei Trockentemperaturen über 37°C bis 46°C verbringen,*
   b) *6½ Stunden, wenn sie täglich mehr als 4 Stunden bei Trockentemperaturen über 46°C bis 52°C verbringen.*

§ 7 Zusätzliche Pausen. *(1) Neben den gesetzlichen Pausen sind zusätzliche Pausen zu gewähren*

1. *außerhalb des Salzbergbaus*
   a) *von 10 Minuten bei Effektivtemperaturen von mehr als 29°C bis 30°C,*

b) von 20 Minuten bei Effektivtemperaturen von mehr als 30°C,
2. im Salzbergbau
a) von 15 Minuten bei Trockentemperaturen von mehr als 37°C bis 46°C,
b) von 30 Minuten bei Trockentemperaturen von mehr als 46°C.

(2) Die Pausen sind auf die Beschäftigungszeiten anzurechnen.

Die Vorschriften der §§ 9 bis 12 über die **Sonn- und Feiertagsruhe** gelten im Bergbau wie in anderen Beschäftigungszweigen. Eine der dort zugelassenen Ausnahmen darf nur in Anspruch genommen werden, wenn deren Voraussetzungen auch im Bergbau vorliegen, zB § 10 Abs. 2 Nr. 14. Für **Jugendliche** im Bergbau gelten die Sonderregelungen des § 4 Abs. 3, § 11 Abs. 4, § 12, § 19 Abs. 2 und § 24 JArbSchG. 12

V. Verfahren bei Erlass einer Rechtsverordnung

Durch § 8 wird die **Bundesregierung** zum Erlass von Rechtsverordnungen ermächtigt; eine Delegation der Befugnis zum Erlass von Rechtsverordnungen auf die Landesregierungen ist anders als in § 13 Abs. 2 nicht vorgesehen worden. Der Entwurf einer solchen Rechtsverordnung ist nach § 15 Abs. 1 Buchst. b der Geschäftsordnung der Bundesregierung (GOBReg) dem Bundeskabinett zur Beratung und Beschlussfassung vorzulegen. Ist eine mündliche Erörterung im Kabinett nicht erforderlich, so kann der Beschluss auf schriftlichem Wege (Umlaufsache) eingeholt werden (vgl. §§ 16 und 20 GOBReg). Dieses von der Bundesregierung beim Erlass von Rechtsverordnungen praktizierte **Umlaufverfahren** steht mit der Verfassung im Einklang (**R:** vgl. BVerwG 17.10.1991 NJW 1992, 2648; **L:** aA *Epping* NJW 1992, 2605). Die Rechtsverordnungen müssen aber in einer Weise beschlossen werden, die es erlaubt, sie der Bundesregierung zuzurechnen. Für die Beschlussfassung im Umlaufverfahren gemäß § 20 Abs. 2 GOBReg folgt daraus, dass die Zustimmung nicht unterstellt oder fingiert werden darf (**R:** BVerfG 11.10.1994 NJW 1995, 1537 = GewA 1995, 106). Rechtsverordnungen können durch formelle Gesetze inhaltlich geändert werden (**L:** vgl. zu den damit verbundenen vielfältigen Fragen *Uhle* DöV 2001, 241). 13

Rechtsverordnungen nach § 8 bedürfen der **Zustimmung des Bundesrates**, da das ArbZG von den Bundesländern als eigene Angelegenheit ausgeführt wird (Art. 80 Abs. 2 und Art. 84 Abs. 1 GG). Eine Rechtspflicht zum Erlass von Rechtsverordnungen allgemein und ein Anspruch bestimmter hieran interessierter Kreise auf den Erlass einer Rechtsverordnung im speziellen besteht nicht, weshalb Einzelpersonen ein im Verwaltungsrechtsweg durchsetzbarer Anspruch auf Erlass einer Rechtsverordnung nicht zusteht (**R:** vgl. BayVerfGH 22.7.1987 NJW 1988, 1257; OVG Koblenz 10.3.1988 NJW 1988, 1684, **L:** aA *von Barby* NJW 1989, 80; wohl auch *Buschmann/Ulber* § 8 Rn 4). 14

VI. Verstöße

15 Verstöße gegen Vorschriften in einer aufgrund des § 8 Satz 1 erlassenen Rechtsverordnung werden als **Ordnungswidrigkeit** nach § 22 Abs. 1 Nr. 4 geahndet, soweit die Rechtsverordnung für den entsprechenden Tatbestand auf diese Bußgeldvorschrift verweist. Verstöße gegen Sonderregelungen im Bergbau werden nach diesen Sonderregelungen geahndet, zB gegen die in Rn 9 genannten Vorschriften nach § 15 Klima-Bergverordnung iVm § 145 Abs. 3 Nr. 2 BBergG.

16 Hinsichtlich der **privatrechtlichen Folgen** von Verstößen gelten die gleichen Grundsätze wie bei Verstößen gegen die gesetzlichen Vorschriften der §§ 3 bis 5 (vgl. § 3 Rn 88, § 4 Rn 54, § 5 Rn 87).

Dritter Abschnitt:

Sonn- und Feiertagsruhe

§ 9
Sonn- und Feiertagsruhe

(1) Arbeitnehmer dürfen an Sonn- und gesetzlichen Feiertagen von 0 bis 24 Uhr nicht beschäftigt werden.

(2) In mehrschichtigen Betrieben mit regelmäßiger Tag- und Nachtschicht kann Beginn oder Ende der Sonn- und Feiertagsruhe um bis zu sechs Stunden vor- oder zurückverlegt werden, wenn für die auf den Beginn der Ruhezeit folgenden 24 Stunden der Betrieb ruht.

(3) Für Kraftfahrer und Beifahrer kann der Beginn der 24stündigen Sonn- und Feiertagsruhe um bis zu zwei Stunden vorverlegt werden.

Übersicht

I. Allgemeines

Die Vorschriften über die Sonn- und Feiertagsruhe sind aus den **seit 1891** für Gewerbebetriebe geltenden §§ 105a bis 105j GewO übernommen, modernisiert und auf alle Arbeitnehmer in allen Betrieben und Verwaltungen im Einklang mit dem in Art. 140 GG iVm Art. 139 WRV (**L:** zum „Erbe von Weimar" vgl ausf *Düwell* RdA 2010, 129, 133) verankerten Grundsatz der Sonn- und Feiertagsruhe ausgedehnt worden: Der Sonntag und die staatlich anerkannten Feiertage bleiben als Tage der 1

Arbeitsruhe und der **seelischen Erhebung** gesetzlich geschützt (vgl. BT-Drucks. 12/5888 S. 28; 12/6990 S 2, 38; BVerfG 9.6.2004, BVerfGE 111,10). In § 1 Nr. 2 wird der Schutz des Sonn- und Feiertages zu einem besonderen Zweck des Gesetzes erklärt (vgl. 1 Rn 11 ff). Andererseits werden die Ausnahmen stärker auch auf wirtschaftliche Notwendigkeiten ausgedehnt (vgl. zB § 10 Abs. 1 Nr. 14, § 13 Abs. 5). Als Sonderregelungen bleiben: JArbSchG, SeeArbG, § 8 MuSchG, LSchlG (vgl. § 18 Abs. 2 und 3).

2 § 9 Abs. 1 verfolgt den Zweck, den Arbeitnehmern einen arbeitsfreien Sonn- und Feiertag zur Erholung, Entspannung und Freizeitgestaltung wegen seines hohen Erholungs- und Freizeitwertes sowie seines religiösen und kulturellen Wertes sicherzustellen und die Gewerbetreibenden vor gegenseitiger Konkurrenz zu schützen (**L:** vgl. *Tietje* S. 221). Zugleich soll § 9 Abs. 1 den Verfassungsauftrag aus Art. 140 GG iVm Art. 139 WRV erfüllen, den Sonntag und die staatlich anerkannten Feiertage als Tage der Arbeitsruhe und der seelischen Erhebung gesetzlich zu schützen. Die typische „werktägliche Geschäftigkeit“ soll an Sonn- und Feiertagen ruhen (**R:** vgl. zur Zwecksetzung der Art. 140 GG iVm Art. 139 WRV: BVerfG 1.12.2009, BVerfGE 125, 39; OVG MVP 7.4.2010, AuR 10, 229; BVerwG 25.8.1992 GewA 1993, 13, 15 ff; BVerwG 15.3.1988 BVerwGE 79, 118, 123 ff; BVerwG 19.4.1988 BVerwGE 79, 236, 241). Das BVerfG (aaO) hebt in seiner Entscheidung besonders den von den großen öffentlich-rechtlich verfassten christlichen Religionsgemeinschaften betonten Schutzzweck hervor, mit der Sonn- und Feiertagsruhe einen Schutz vor der weitgehenden Ökonomisierung des Menschen zu bieten (… ein Tag des Protestes gegen die „Fron der Arbeit“ und die „Vergötzung des Geldes“). Der Sonntag soll der Gesellschaft verdeutlichen, dass „Produktion und Rentabilität nicht den Sinn des Lebens ausmachen“.

2a Der inkorporierte Verfassungsartikel enthält eine **institutionelle Garantie** (**L:** so ausdrücklich *Richardi* S. 43) des Sonn- und Feiertagsschutzes und verbietet es deshalb, dass der Sonn- oder Feiertag den Charakter eines Werktages annimmt (**L:** *Richardi* AuR 2006, 381). Sichergestellt wird durch diese institutionelle Garantie der **Bestand der Institution im Wesenskern**, nicht aber die Existenz ihrer einzelnen sachlichen Ausprägungen (**L:** HBStR/*Kästner* § 51 S. 339). § 9 Abs. 1 dient vorrangig dem Arbeitnehmerschutz und dem Wettbewerb, sichert aber zugleich einen einheitlichen, umfassenden Sonn- und Feiertagsruheschutz im Interesse der Allgemeinheit (**L:** krit. hierzu *Buschmann/Ulber* § 9 Rn 3) und übt damit als Annex zu Art. 74 Nr. 11 und 12 GG eine auf Bundesebene zulässige Ordnungsfunktion aus (**R:** vgl. BVerfG 18.3.1970 BVerfGE 28, 119, 146).

2b Darüber hinaus wird die **öffentliche Ruhe und Ordnung** an Sonn- und Feiertagen durch die Sonn- und Feiertagsgesetze der Länder sichergestellt (**R:** vgl. OLG Celle 8.8.1984 GewA 1984, 397; OVG Hamburg 30.9.1986 GewA 1987, 102, 103; OLG Düsseldorf 13.4.1992 DB 1992, 2148; OVG Münster 22.4.1994 DB 1994, 1580; insbes. OVG Koblenz 11.3.1992 GewA 1993, 16, 17 ff). In den meisten Ländern werden die Sonn- und Feiertage auch in der Landesverfassung besonders geschützt,

Art. 3 Baden-Württemberg, Art. 22 Berlin, Art. 55 Bremen, Art. 31 Hessen, Art. 25 Nordrhein-Westfalen, Art. 57 Rheinland-Pfalz.

Das Verbot der Beschäftigung von Arbeitnehmern an Sonn- und Feiertagen stellt eine Berufsausübungsregelung dar, die nicht auf die Freiheit der Berufswahl zurückwirkt. Sie ist **verfassungsrechtlich** nach Art. 12 Abs. 1 Satz 2 GG **zulässig**, da sie dem Schutz der Gesundheit der Arbeitnehmer und dem durch die Verfassung gebotenen Schutz der Sonn- und Feiertagsruhe dient (**R:** vgl. BVerfG 3.5.1967 BVerfGE 22, 1 ff; BVerfG 25.2.1976 BVerfGE 41, 360, 370). Die Ausnahmen vom Verbot der Beschäftigung von Arbeitnehmern an Sonn- und Feiertagen in § 10 verstoßen nicht gegen Art. 3 Abs. 1 GG, da sie zur Befriedigung der an Sonn- und Feiertagen auftretenden Bedürfnisse der Bevölkerung notwendig sind, da die Art der Arbeiten einen ununterbrochenen Fortgang erfordert oder da die Ausnahmen aus Gründen des Gemeinwohls oder aus allgemeinwirtschaftlichen Gründen geboten sind (**R:** vgl. BVerfG 23.1.1968 BVerfGE 23, 50, 60). 3

Beschäftigungsverbot und Ausnahmen entsprechen auch dem **Verhältnismäßigkeitsgrundsatz**, da jeweils zwischen der Schwere des Verbots, der Notwendigkeit der Ausnahme und dem Gewicht und der Dringlichkeit der dieses bzw diese rechtfertigenden Gründe abgewogen und hierbei die Grenze der Zumutbarkeit gewahrt wurde (zu weiteren verfassungsrechtlichen Fragen insbes. wegen Art. 139 WRV, vgl. **R:** BVerwG 15.3.1988 BVerwGE 79, 118; BVerwG 19.4.1988 BVerwGE 79, 236; vgl. auch ausf. **L:** MünchArbR/*Koberski* § 185 Rn 1 ff; *Tietje* S. 198 ff; *Kuhr* DB 1994, 2186; vgl. ferner hier Einf. Rn 5 f, § 11 Rn 9 f, § 12 Rn 3 ff; zur arbeitswissenschaftlichen Dimension der Arbeitsruhe am Sonntag s. auch *Lorer* PERSONAL 2008, 22). 3a

II. Beschäftigungsverbot (Absatz 1)

1. Inhalt des Verbots. – § 9 Abs. 1 verbietet **jede Art der Beschäftigung** eines Arbeitnehmers über 18 Jahre (für die Beschäftigung von Personen unter 18 Jahren gilt das Jugendarbeitsschutzgesetz – § 18 Abs. 2, und hier vor allem die §§ 17 und 18 JArbSchG) in seiner Eigenschaft als Arbeitnehmer oder Auszubildender (§ 2 Abs. 2; vgl. § 2 Rn 64 ff). Er soll am Sonn- und Feiertag den Weisungen des Arbeitgebers nicht unterliegen, diesen Tag vielmehr zur eigenen freien Verfügung und Gestaltung haben. Deshalb ist am Sonn- und Feiertag nicht nur die Beschäftigung mit einer Arbeit im eigentlichen Sinn verboten, sondern mit jeder Tätigkeit im Arbeits- oder Berufsausbildungsverhältnis; verboten ist auch die Beschäftigung in einer der Formen des Bereitschaftsdienstes, auch die freiwillige Weiterbildung des Arbeitnehmers im Betrieb (**R:** vgl. BayObLG 22.1.1986 BayVBl. 1987, 313). Aus diesem Grund ist ferner die **Beschäftigung an jedem Ort** verboten, nicht nur im Betrieb, sondern auch auf Arbeitsstellen außerhalb des Betriebs und zu Hause. 4

Das Verbot besteht auch im Hinblick auf die Nutzung **moderner Informations- und Kommunikationstechnologien**. Mobiltelefone, Smartphones und Notebooks, 4a die vom Arbeitgeber zur Verfügung gestellt werden, dürfen an Sonn- und Feiertagen grundsätzlich zu dienstlichen Zwecken nicht genutzt werden. Der Arbeitgeber als Normadressat der Vorschrift des § 9 hat dies durch geeignete Maßnahmen sicherzustellen und erforderlichenfalls auch zu kontrollieren.

5 § 9 Abs. 1 verbietet am Sonn- oder Feiertag nur die Beschäftigung von Arbeitnehmern (vgl. § 2 Rn 64 ff). Die Vorschrift gilt nicht für die selbstständige Eigentätigkeit des Arbeitgebers, auch nicht für das vollautomatische **Laufen lassen von Produktionsmaschinen** (**L:** ErFK/*Wank* § 9 ArbZG Rn 2). Eine Maschine läuft vollautomatisch idS, wenn sie am Sonn- oder Feiertag selbst einer Kontrolle durch Arbeitnehmer nicht bedarf, auch nicht einer kurzzeitigen, gleich, ob mit oder ohne Monitor. Das Beschäftigungsverbot kann nicht mit der Ausnahme des § 10 Abs. 1 Nr. 13 umgangen werden. Diese Ausnahme erlaubt nur den Objektschutz durch einen Wächterdienst von Arbeitnehmern am Sonn- oder Feiertag. Die Kontrolle einer vollautomatisch laufenden Produktionsmaschine ist aber nicht dem Wächterdienst, sondern der Produktion zuzuordnen. In mehrschichtigen Betrieben, die von der Möglichkeit zur Verlegung der Sonn- oder Feiertagsruhe nach § 9 Abs. 2 Gebrauch machen, ist das vollautomatische Laufen lassen von Produktionsmaschinen auch ohne Arbeitnehmer unzulässig. § 9 Abs. 2 ordnet eine objektive Betriebsruhe an (vgl. § 9 Rn 46).

6 Das Verbot des § 9 Abs. 1 richtet sich, wie aus § 22 Abs. 1 zu ersehen ist, **gegen Arbeitgeber**, dh gegen jede natürliche oder juristische Person des privaten oder öffentlichen Rechts, die einen anderen als Arbeitnehmer oder Auszubildenden beschäftigt, gleich ob gewerblich oder nicht. Der Arbeitgeber darf auch eine **freiwillig angebotene Arbeit** des Arbeitsnehmers am Sonn- oder Feiertag nicht annehmen, da dieser auf den öffentlich-rechtlichen Arbeitsschutz nicht wirksam verzichten kann (vgl. § 1 Rn 24), nicht zuletzt auch wegen der Ordnungsfunktion des Beschäftigungsverbots (vgl. § 9 Rn 2). Eine unzulässige Beschäftigung liegt selbst dann vor, wenn der Arbeitgeber eine Betätigung des Arbeitnehmers für Zwecke des Betriebes zulässt oder duldet, statt sie zu verhindern (**R:** vgl. BayObLG 17.9.1981 GewA 1981, 386; **L:** *Neumann/Biebl* § 9 Rn 3; *Baeck/Deutsch/Winzer* § 9 Rn 12; *Buschmann/Ulber* § 9 Rn 12).

7 § 9 Abs. 1 ist nicht nur eine **Straf- und Bußgeldvorschrift** gemäß § 22 Abs. 1 Nr. 5 und § 23. Die Vorschrift des § 9 Abs. 1 ist, soweit sie dem Arbeitgeber verbietet, Arbeitnehmer an Sonn- und Feiertagen zu beschäftigen, ein **gesetzliches Verbot** iSd § 134 BGB. Sie beschränkt dementsprechend den möglichen Inhalt der Tarifverträge, Betriebsvereinbarungen und Einzelarbeitsverträge sowie das Weisungsrecht des Arbeitgebers. Verträge, Vereinbarungen und Weisungen, die gegen § 9 Abs. 1 verstoßen, sind nichtig (vgl. ferner § 1 Rn 20 ff). Die Tarifparteien und Betriebspartner haben keine Befugnis, vom Beschäftigungsverbot des § 9 Abs. 1 abzuweichen (**L:** vgl. MünchArbR/*Koberski* § 185 Rn 1; *Richardi* S. 44). Die Befugnis zu abweichenden Regelungen aufgrund des § 11 betrifft nicht das Beschäftigungs-

verbot des § 9 Abs. 1, sondern bestimmte in § 11 geregelte Arbeitsbedingungen bei Sonn- und Feiertagsarbeit.

Für die Anwendbarkeit des Beschäftigungsverbots des § 9 Abs. 1 auf die Sonn- oder Feiertagsarbeit eines Arbeitnehmers spielt es keine Rolle, ob diese aufgrund eines **gültigen Arbeitsvertrages** erbracht wird. Anknüpfungspunkt für die Anwendung des § 9 Abs. 1 ist die tatsächliche Arbeitsleistung eines Arbeitnehmers. 8

Zulässig ist an Sonn- und Feiertagen jede Form der **Freizeitbetätigung**, insbes. auch in und von Musik-, Sport-, Heimat- und Brauchtumsvereinen uÄ, bei denen Arbeitnehmer als deren Mitglieder teilnehmen. Es genügt allerdings nicht, dass eine Tätigkeit als Freizeitbetätigung bezeichnet wird; sie muss es tatsächlich sein. Andererseits kann eine unzulässige Beschäftigung am Sonn- oder Feiertag nicht schon dann angenommen werden, wenn Mitglieder eines Vereins oder Verbandes mit vereins- oder verbandsrechtlichen Mitteln angehalten werden, ihre freiwillig übernommenen Aufgaben in und für die Gemeinschaft am Sonn- oder Feiertag zu erfüllen. Zulässig sind ferner freiwillige gemeinsame **Wochenendfreizeitfahrten** und -veranstaltungen der Arbeitnehmer eines Betriebs, nicht dagegen Wochenendausbildungen (vgl. § 9 Rn 4). 9

2. Dauer des Verbots. – Das Beschäftigungsverbot des § 9 Abs. 1 gilt für jeden Sonn- und Feiertag, und zwar für den ganzen **Kalender-Sonntag** bzw Kalender-Feiertag von **0 bis 24 Uhr**. Maßgebend ist die mitteleuropäische Zeit, im Sommer die mitteleuropäische Sommerzeit (vgl. § 2 Rn 4 und 5). Das Beschäftigungsverbot des § 9 Abs. 1 gilt für jede Beschäftigung am Sonn- oder Feiertag, gleich von welcher Dauer, auch von wenigen Minuten. 10

Das Verbot des § 9 Abs. 1 steht der **Beschäftigung** eines Arbeitnehmers bis 24 Uhr am **Samstag** bzw am vorhergehenden Werktag vor einem Feiertag und ab 0 Uhr am Montag bzw am darauf folgenden Werktag nach einem Feiertag nicht entgegen, unabhängig von der sonstigen Arbeitsweise im Betrieb. Ob dies mit dem jeweiligen Tarifvertrag, der jeweiligen Betriebsvereinbarung oder dem jeweiligen Arbeitsvertrag vereinbar ist, ist vom Arbeitgeber vor Anordnung der Beschäftigung zu diesen ungewöhnlichen Zeiten unmittelbar vor oder nach einem Sonn- oder Feiertag zu prüfen. Die Zurücklegung des Weges vom Betrieb nach Hause nach 24 Uhr bzw die von zu Hause zum Betrieb vor 0 Uhr ist keine Beschäftigung durch den Arbeitgeber; sie wird daher vom Beschäftigungsverbot nicht erfasst. 11

3. Dauer der Ruhezeit des Arbeitnehmers. – Die Dauer der Ruhezeit des einzelnen Arbeitnehmers **für einen Sonn- oder Feiertag** ergibt sich aus § 11 Abs. 4, ferner mittelbar aus der Dauer des Beschäftigungsverbots von 0 bis 24 Uhr, deckt sich mit dem Kalender-Sonntag bzw Feiertag und beträgt grundsätzlich mindestens **24 Stunden**, beim Übergang von der Winter- zur Sommerzeit 23 Stunden, von der Sommer- zur Winterzeit 25 Stunden. Bei 2 aufeinanderfolgenden Sonn- und Feiertagen beträgt die Dauer der Ruhezeit dementsprechend 2 mal 24 Stunden, also mindestens 48 Stunden, bei 3 aufeinanderfolgenden Sonn- und Feiertagen 3 mal 24 Stunden, also 72 Stunden, beginnend spätestens um 0 Uhr des ersten Sonn- bzw 12

Feiertags, endend frühestens um 24 Uhr des letzten Sonn- bzw Feiertags. Eine Verkürzung der Ruhezeit ist im Unterschied zu § 105 b Abs. 1 S. 2 GewO im ArbZG nicht mehr enthalten.

13 Die Ruhezeit für einen Sonn- oder Feiertag muss allen Arbeitnehmern eines Betriebs grundsätzlich zur selben Zeit gewährt werden, nämlich in der Zeit von 0 bis 24 Uhr. § 9 Abs. 1 hat damit ein **Ruhen des Betriebs** am Sonn- und Feiertag von 0 bis 24 Uhr zur Folge. Dass dies gewollt ist, kommt auch durch die Worte Sonn- und Feiertagsruhe in der Überschrift zu § 9 zum Ausdruck. Nach anderer Auffassung gebietet der Zweck des Gesetzes es nicht, dass der gesamte Betrieb am Sonn- oder Feiertag ruht, weshalb ein **vollautomatischer Betrieb** an Sonn- und Feiertagen zulässig sein soll (**L:** *Baeck/Deutsch/Winzer* § 9 Rn 7; ErfK/*Wank* § 9 ArbZG Rn 2).

14 Nach § 11 Abs. 4 ist die Sonn- oder Feiertagsruhe des § 9 von idR 24 Stunden unmittelbar iVm einer **Ruhezeit** nach § 5 für den Werktag davor oder danach zu gewähren (vgl. auch § 5 Rn 24 und 25). I. d. R. beträgt damit die Ruhezeit des einzelnen Arbeitnehmers im Zusammenhang mit einem Sonn- oder Feiertag (24 + 11 Stunden =) **35 Stunden**. Dies wird zudem in § 11 Abs. 4 ausdrücklich angeordnet. Zur täglichen Ruhezeit des einzelnen Arbeitnehmers bei Beschäftigung an einem Sonn- oder Feiertag vgl. § 11 Abs. 2 erster Halbsatz iVm § 5: entsprechende Geltung des § 5 über die Dauer und Lage der täglichen Ruhezeit (vgl. § 11 Rn 19).

15 **4. Feiertage. – a) Feiertagsregelungen der Länder und des Bundes.** – Das Feiertagsbeschäftigungsverbot des § 9 Abs. 1 gilt nur für gesetzliche Feiertage, nicht für sog. kirchliche oder stille Feiertage. Es hat dieselbe Bedeutung und Wirkung wie das Sonntagsbeschäftigungsverbot. Die Festsetzung und damit auch die Streichung von gesetzlichen Feiertagen bzw deren Anerkennung obliegt nach dem Grundsatz des Art. 70 GG den Ländern (**R:** vgl. im Einzelnen BayVerfGH 25.2.1982 NJW 1982, 2656 und BayVerfGH 15.1.1996 GewA 1996, 238). Die Länder haben von ihrer Kompetenz in ihren Feiertagsgesetzen Gebrauch gemacht. In den Feiertagsgesetzen haben die Länder zugleich den in Art. 140 GG iVm Art. 139 WRV garantierten Schutz der Sonn- und Feiertage in besonderer Weise ausgeformt.

16
- **Baden-Württemberg:** Gesetz über die Sonntage und Feiertage (Feiertagsgesetz – FTG) idF v. 8.5.1995 (GBl. S. 450);
- **Bayern:** Gesetz über den Schutz der Sonn- und Feiertage (Feiertagsgesetz – FTG) v. 21.5.1980 (GVBl. S. 215), zuletzt geändert durch Verordnung vom 26.3.2019 (GVBl. S. 98);
- **Berlin:** Gesetz über die Sonn- und Feiertage idF v. 17.7.1969 (GVBl. S. 1030), zuletzt geändert durch Gesetz v. 30.1.2019 (GVBl. S. 22);
- **Brandenburg:** Gesetz über die Sonn- und Feiertage (FeiertagsG – FTG) v. 21.3.1991 (GVBl. S. 44), zuletzt geändert durch Gesetz v. 30.4.2015 (GVBl. I S. 15);
- **Bremen:** Gesetz über die Sonn- und Feiertage v. 12.11.1954 (GBl. S. 115), zuletzt geändert durch Gesetz v. 26.6.2018 (GBl. S. 302);

- **Hamburg:** Gesetz über Sonntage, Feiertage, Gedenktage und Trauertage (FeiertagsG) v. 16. 10. 1953 (Sammlung des Bereinigten Hamburgischen Landesrechts 113-a), zuletzt geändert durch Gesetz v. 12. 3. 2018 (GVBl. S. 63);
- **Hessen:** Hessisches Feiertagsgesetz (HFeiertagsG) idF v. 29. 12. 1971 (GVBl. I S. 344), zuletzt geändert durch Gesetz v. 26. 11. 1997 (GVBl. I S. 296);
- **Mecklenburg-Vorpommern:** Gesetz über Sonn- und Feiertage (Feiertagsgesetz Mecklenburg-Vorpommern – FTD M-V –) idF v. 8. 3. 2002 (GVBl. S. 145); zuletzt geändert durch Gesetz v. 15. 11. 2012 (GVOBl. S.502);
- **Niedersachsen:** Niedersächsisches Gesetz über die Feiertage (NFeiertagsG) idF v. 7. 3. 1995 (GVBl. S. 50) zuletzt geändert durch Gesetz v. 22. 6. 2018 (GVBl. S. 122);
- **Nordrhein-Westfalen:** Gesetz über Sonn- und Feiertage (Feiertagsgesetz NW) idF der Bek. v. 23. 4. 1989 (GV. NW. S. 222), zuletzt geändert durch Gesetz v. 20. 12. 1994 (GV. NW. S. 1114); das Feiertagsgesetz NW ist abgedruckt in **Teil D Anh. Nr. 3**;
- **Rheinland-Pfalz:** Landesgesetz über den Schutz der Sonn- und Feiertage (Feiertagsgesetz – LFtG) v. 15. 7. 1970 (GVBl. S. 225), zuletzt geändert durch Gesetz v. 27. 10. 2009 (GVBl. S. 358);
- **Saarland:** Gesetz Nr. 1040 über die Sonn- und Feiertage (Feiertagsgesetz – SFG) v. 18. 2. 1976 (ABl. S. 213), zuletzt geandert durch Gesetz v. 13. 10. 2015 (ABl. S. 790);
- **Sachsen:** Gesetz über Sonn- und Feiertage im Freistaat Sachsen (SächsSFG) v. 10. 11. 1992 (GVBl. S. 536) zuletzt geändert durch Gesetz v. 30. 1. 2013 (GVBl. S. 2);
- **Sachsen-Anhalt:** Gesetz über die Sonn- und Feiertage (FeiertG LSA) idF der Bekanntmachung v. 25. 8. 2004 (GVBl. S. 538), zuletzt geändert durch Gesetz v. 22. 11. 2006 (GVBl. S. 528);
- **Schleswig-Holstein:** Gesetz über Sonn- und Feiertage v. 29. 6. 2004 (GVOBl. S. 213); zuletzt geändert durch Gesetz v. 21. 3. 2018 (GVOBl S. 69);
- **Thüringen:** Thüringer Feiertagsgesetz (ThürFtG) v. 21. 12. 1994 (GVBl. S. 1221), zuletzt geändert durch Gesetz v. 26. 3. 2019 (GVBl. S. 22).

Durch das Gesetz über den Tag der Deutschen Einheit vom 4. 8. 1953 (BGBl. I 17
S. 778) war der **17. Juni** zum gesetzlichen Feiertag für das Gebiet der alten Bundesländer erklärt worden. Die Verfassungsmäßigkeit dieses Gesetzes war umstritten; es ist durch Anlage I, Kapitel II, Sachgebiet A, Abschnitt II Nr. 3 zum Einigungsvertrag mit Wirkung zum 3. 10. 1990 aufgehoben worden. Gleichzeitig ist durch Art. 2 Abs. 2 Einigungsvertrag der **3. Oktober** als **Tag der Deutschen Einheit** zum gesetzlichen Feiertag für das gesamte Bundesgebiet erklärt worden.

Die Feiertagsregelungen des Bundes und der Länder sind öffentlich-rechtlicher Na- 18
tur. Ihre Einhaltung ist bußgeldrechtlich abgesichert. Nach den Grundsätzen des **interlokalen Verwaltungsrechts** ist für Feiertage, die nicht in allen Bundesländern einheitlich zu gesetzlichen Feiertagen bestimmt worden sind, immer das **Recht des**

Arbeitsortes maßgebend (**R:** BAG 13.4.2005 NZA 2005, 882; BAG 14.6.2006 ZTR 2006, 592; **L:** vgl. ausf. *Neumann/Biebl* § 9 Rn 13; *Baeck/Deutsch/Winzer* § 9 Rn 10). Wird am Arbeitsort ein gesetzlicher Feiertag begangen, so dürfen dort auch Arbeitnehmer aus anderen Bundesländern, in denen dieser Tag kein gesetzlicher Feiertag ist, nicht beschäftigt werden; wohl aber dürfen Arbeitnehmer des Bundeslandes, in dem ein gesetzlicher Feiertag begangen wird, in einem anderen Bundesland, das diesen Feiertag nicht begeht, beschäftigt werden. Auch tarifliche Feiertagszuschläge knüpfen grundsätzlich an die gesetzlichen Feiertage am Beschäftigungsort an; zumindest müssen abweichende Regelungen deutlich erkennbar sein (**R:** BAG 13.4.2005 DB 2005, 1523). Sehen tarifvertragliche Vereinbarungen Zeitzuschläge für Arbeit an Feiertagen vor, so gelten derartige Zuschlagsregeln nur für die Arbeit an **gesetzlichen Feiertagen** (**R:** BAG 17.8.2011 – 10 AZR 347/10. Im entschiedenen Fall wurde allerdings die Zahlung von Feiertagszuschlägen abgelehnt, weil in Sachsen-Anhalt Ostersonntag und Pfingstsonntag – an denen hier gearbeitet wurde – nicht als gesetzliche Feiertage bestimmt sind). Ein im Schichtdienst beschäftigter Arbeitnehmer, der aufgrund der Schichtpläne an Sonn- und gesetzlichen Feiertagen zur Arbeit eingeteilt wird, hat keinen Anspruch darauf, dass in seinen Urlaub fallende Sonn- und gesetzliche Feiertage nicht als Urlaubstage angerechnet werden. Das gilt jedenfalls dann, wenn er nach dem Schichtplan an diesen Sonn- und gesetzlichen Feiertagen zur Arbeit eingeteilt war. **Sein** Urlaubsanspruch wird damit auch durch Freistellung an Sonn- und gesetzlichen Feiertagen erfüllt, an denen er ohne Urlaub hätte arbeiten müssen (vgl. **R:** BAG 15.1.2013 – 9 AZR 430/11).

19 Nach § 2 Entgeltfortzahlungsgesetz (EFZG) hat der Arbeitgeber für Arbeitszeit, die infolge eines gesetzlichen Feiertages ausfällt, das Arbeitsentgelt weiterzuzahlen, und zwar das Entgelt, das der Arbeitnehmer ohne den Arbeitsausfall erhalten hätte (**Lohnausfallprinzip**). Der Anspruch besteht allerdings nur dann, wenn der Feiertag die einzige Ursache für den Arbeitsausfall ist (**R:** vgl. BAG 20.9.2000 DB 2001, 1510; BAG 24.1.2001 NZA 2001, 1026; BAG 16.10.2019 BB 2019, 2612; **L:** *Kaiser/Dunkl/Hold/Kleinsorge* § 2 EFZG Rn 11). Für Arbeitszeit, die an einem gesetzlichen Feiertag gleichzeitig infolge von **Kurzarbeit** ausfällt, gilt die Sonderregelung des § 2 Abs. 2 EFZG. Die Feiertagsbezahlung der in Heimarbeit Beschäftigten bestimmt sich nach § 11 EFZG (**L:** ausf. zur Entgeltfortzahlung an Feiertagen § 10 Rn 17 ff; s. auch *Neumann/Biebl* § 9 Rn 11 bis 23).

19a Eine Verpflichtung zur unentgeltlichen Vor- und Nacharbeit der durch den Feiertag ausgefallenen Arbeitszeit besteht nicht. Kürzungen bzw Negativbuchungen auf einem Zeitkonto wegen feiertagsbedingten Arbeitsausfalls sind ebenfalls nicht zulässig (**R:** BAG 14.8.2002, ZTR 2003, 248). Keinen Anspruch auf Bezahlung für diese Feiertage haben nach § 2 Abs. 3 EFZG solche Arbeitnehmer, die entweder am letzten Arbeitstag vor oder am ersten Arbeitstag nach Feiertagen unentschuldigt fehlen (**L:** ausf. ErfK/*Reinhard* § 2 EFZG Rn 20 ff).

20 Anspruch auf den Feiertagslohn haben auch die Arbeitnehmer, die regelmäßig am sog. langen Samstag arbeiten müssen, wenn dieser auf einen gesetzlichen Feiertag fällt. Dies gilt auch dann, wenn der Arbeitnehmer an dem darauf folgenden langen Samstag arbeiten muss (**R:** vgl. BAG 10.7.1996 BB 1996, 2521). Das EFZG enthält keine Regelungen über die Zahlung von **Zuschlägen** an Sonn- und Feiertagen. Soweit Zeitzuschläge gezahlt werden, basieren diese vor allem auf tarifvertraglichen Vereinbarungen (**R:** BAG 18.4.1996 NZA 1996, 1222; BAG 30.5.2001 DB 2002, 1058; BAG 29.9.2004 NZA 2005, 532 = DB 2005, 1064; BAG 13.4.2005 NZA 2005, 882; BAG 14.6.2006 NZA 2006, 1064; **L:** *Kaiser/Dunkl/Hold/Kleinsorge* § 2 EFZG Rn 29).

Neben den gesetzlichen Feiertagen werden in den Feiertagsgesetzen der Länder (außer Saarland) auch die sog. **kirchlichen oder stillen Feiertage** festgelegt. Kirchliche Feiertage im Sinne der Feiertagsgesetze sind Feiertage, die von den Kirchen und Religionsgemeinschaften als solche begangen werden (**R:** vgl. LAG Düsseldorf 14.2.1963 DB 1963, 522) und nicht gesetzliche Feiertage sind, zB Josefstag (19. März), Gründonnerstag, Peter und Paul (29. Juni), Mariä Himmelfahrt (15. August) und Mariä Empfängnis (8. Dezember). An diesen Tagen haben die in einem Beschäftigungs- oder Ausbildungsverhältnis stehenden Angehörigen der Kirchen und anerkannten Religionsgemeinschaften nach den Feiertagsgesetzen der Länder zumeist das Recht, zum Besuch des Gottesdienstes ihres Bekenntnisses der Arbeit fernzubleiben, soweit nicht betriebliche Notwendigkeiten dem entgegenstehen (vgl. zB § 4 Feiertagsgesetz Baden-Württemberg, § 9 Feiertagsgesetz Bremen). 21

Die **Bezahlung** der ausgefallenen Arbeitszeit **an kirchlichen** oder stillen Feiertagen richtet sich nach der vertraglichen Vereinbarung, ggf. nach der betrieblichen Übung (zur betrieblichen Übung vgl. **R:** BAG 12.1.1994 BB 1994, 724 = DB 1994, 2034 = NZA 1994, 694; LAG Düsseldorf 3.9.1993 NZA 1994, 696). Zur bezahlten Freistellung für Heiligabend, Silvester, **Rosenmontag** ohne Arbeitszeitausgleich vgl. **R:** BAG 6.9.1994 BB 1994, 1863 = DB 1994, 1931; BAG 12.1.1994 BB 1994, 724 = DB 1994, 2034. 22

b) Sonn- und Feiertagsarbeitsverbot der Länder. – In Ergänzung des Sonn- und Feiertagsbeschäftigungsverbots des Bundes in § 9 Abs. 1 verbieten die Feiertagsgesetze der Länder an Sonn- und Feiertagen alle öffentlich bemerkbaren Arbeiten, die geeignet sind, die äußere Ruhe dieser Tage zu stören, sofern sie nicht besonders erlaubt sind, vgl. zB § 3 Feiertagsgesetz NRW (vgl. Teil D Anh. Nr. 3). Dieses Verbot ist **umfassend** (**R:** vgl. VGH Mannheim 22.9.1987 NJW 1988, 2258 = GewA 1989, 64). Es richtet sich **gegen jedermann**. Es ist jedoch **nicht drittschützend** (**R:** vgl. OVG Münster 15.4.1987 NJW 1987, 2603; OVG Mannheim 15.11.1990 und OVG Lüneburg 25.3.1994 GewA 1994, 239, 240). Gerechtfertigt wird es wegen der Unvereinbarkeit der verbotenen Arbeiten mit der Zweckbestimmung des Sonn- und Feiertags gemäß Art. 140 GG iVm Art. 139 WRV (**R:** vgl. BVerwG 15.3.1988 BVerwGE 79, 118; zur verfassungsrechtlichen Rechtfertigung vgl. ferner BayVerfGH 25.5.1982 NJW 1982; 2656). Das Verbot der Länder verstößt nicht gegen Art. 2 Abs. 1, Art. 3 Abs. 1 oder Art. 12 Abs. 1 GG (**R:** vgl. BVerfG 24.11.1986 GewA 1988, 188; BVerwG 19.4.1988 BVerwGE 79, 236, 238 ff). 23

24 **Öffentlich bemerkbar** ist eine Arbeit, die die Aufmerksamkeit einer unbestimmten Anzahl von Menschen erregen kann. Dabei kommt es nicht darauf an, ob der Arbeitsvorgang als solcher optisch oder akustisch wahrgenommen werden kann. Ausschlaggebend ist allein, dass der Arbeitsvorgang bemerkt werden kann (**R:** vgl. OLG Düsseldorf 12. 12. 1986 NJW 1987, 2595; OVG Münster 9. 5. 1984 NJW 1985, 449). Die Grenze zur Öffentlichkeit ist schon bei einer Wahrnehmung durch die Mitbewohner eines Mietshauses oder die Bewohner des Nachbarhauses überschritten (**R:** vgl. OLG Düsseldorf 16. 9. 1987 GewA 1988, 66, Mitfahrzentrale), ferner durch den Zu- und Abgangsverkehr (**R:** vgl. BVerwG 19. 4. 1988 BVerwGE 79, 236, 240; OVG Koblenz 11. 3. 1992 GewA 1992, 16; OLG Düsseldorf 13. 4. 1992 DB 1992, 2148).

25 **Störung der äußeren Ruhe.** Die Eignung zur Störung der äußeren Ruhe ist bei jeder Arbeit gegeben, die ihrem äußeren Erscheinungsbild nach üblicherweise an Werktagen stattfindet, insbes. weil sie dem werktäglichen Gelderwerb zuzurechnen ist. Denn jedes werktägliche Tätigsein, das sich in der Öffentlichkeit abspielt, kann den Eindruck, dass die Arbeit allgemein ruhe, zerstören und birgt deshalb die Gefahr, dass die Bereitschaft anderer sinkt, dem Bedürfnis nach sonntäglicher Ruhe zu entsprechen. Mit dem Zustand der äußeren Ruhe bezeichnet das Gesetz nicht lediglich eine Dämpfung des Alltagslärms, sondern eine im öffentlichen Leben spürbare Unterbrechung des werktäglichen Arbeitsprozesses (**R:** vgl. OLG Köln 8. 11. 1991 GewA 1992, 396, 397; OVG Saarl 23. 7. 1992 GewA 1992, 398 mwN). Dadurch soll gewährleistet werden, dass der einzelne Werktätige ungestört von äußeren Einflüssen und inneren Skrupeln sich von den Anstrengungen des werktäglichen Gelderwerbs und Konkurrenzdrucks entspannen kann (**R:** vgl. BayVGH 19. 2. 1991 GewA 1991, 197).

26 **c) Einzelfälle.** – Öffentlich bemerkbare Arbeiten, die unter das Sonn- und Feiertagsarbeitsverbot der Länder fallen, wenn sie an Sonn- und Feiertagen durchgeführt werden:

27 **Autowaschen.** Das gewerbliche Autowaschen ist an Sonn- und Feiertagen nicht erlaubt (**R:** vgl. **für Baden-Württemberg:** OLG Stuttgart 12. 12. 1989 GewA 1990, 187 und OLG Stuttgart 14. 11. 1988 GewA 1989, 144; **für Bayern:** BayObLG 8. 2. 1990 GewA 1988, 67 und GewA 1991, 197, 197; **für Hessen:** VGH Kassel 28. 4. 1988 NJW 1988, 2257; **für Nordrhein-Westfalen:** OLG Köln 8. 11. 1991 GewA 1992, 396; **für das Saarland:** OVG Saarland 23. 7. 1992 GewA 1992, 398; **für Rheinland-Pfalz:** OLG Zweibrücken 11. 12. 1997 GewA 1998, 126). Dies gilt auch für eine automatische (Münz-)Autowaschanlage in einem Gewerbegebiet, die an einen Verein zur Nutzung an Sonn- und Feiertagen weitervermietet wird (**R:** vgl. **für Schleswig-Holstein:** SH VG 16. 1. 1997 GewA 1997, 262 ff). In Sachsen-Anhalt ist dagegen das Betreiben von Autowaschanlagen an Sonn- und Feiertagtagen durch § 3 Abs. 3 FeiertG LSA zugelassen. Gewerbliche **Waschsalons** dürfen an Sonn- und Feiertagen auch für Wäsche von Privaten nicht geöffnet sein (**R:** vgl. VGH Kassel 28. 4. 1992 GewA 1992, 355; VGH Kassel 24. 11. 1993 GewA 1994, 160, OVG NRW 22. 2. 1994 DB 1994, 1580).

Bräunungsstudio/Sonnenstudio. Durch Urteil vom 17.7.1990 (GewA 1990, 335) hat der VGH Mannheim für Baden-Württemberg entschieden, dass der gewerbliche Betrieb eines Bräunungsstudios nicht gegen das Sonn- und Feiertagsarbeitsverbot des § 6 Abs. 1 BaWüFTG verstößt, weil dieser Betrieb trotz seines gewerblichen Charakters den „Schutz der Sonn- und Feiertage" nicht tangiert und damit die Ruhe dieser Tage nicht beeinträchtigt. Das BVerwG hat in seinem Urteil vom 25.8.1992 (GewA 1993, 13) diese Auslegung des § 6 Abs. 1 BaWüFTG als für das BVerwG bindend anerkannt, weil sie mit der Zweckbestimmung der Sonn- und Feiertage in Art. 140 GG iVm Art. 139 WRV vereinbar ist (im Ergebnis ebenso **R:** OLG Frankfurt 16.6.1988 NJW 1988, 2250; OLG Hamm 16.2.1989 GewA 1989, 206; OLG Koblenz 4.10.1990 – Az: 1 Ss 188/90 –; aA OLG Düsseldorf 12.12.1986 NJW 1987, 2595). 28

Märkte. Die Frage der Zulässigkeit von Märkten an Sonn- und Feiertagen ist bundesrechtlich nicht geregelt, weder durch § 10 Abs. 1 Nr. 9 (nur Erlaubnis für die Beschäftigung von Arbeitnehmern bei Märkten) noch durch §§ 68 ff GewO (**L:** vgl. *Hahn*, GewA 1995, 89, 94). Die Durchführung von Märkten an Sonn- und Feiertagen lässt die zuständige Landesbehörde aufgrund der §§ 69 ff GewO auf Antrag des Veranstalters zu. Nach § 69a Abs. 1 Nr. 3 GewO ist ein Festsetzungsantrag abzulehnen, wenn die Durchführung der Veranstaltung dem öffentlichen Interesse widerspricht, zB gegen eine Norm des Sonn- und Feiertagsschutzes des Bundes- oder Landesrecht verstößt, zB gegen § 10 Abs. 1 Nr. 9 oder gegen das Sonn- und Feiertagsarbeitsverbot im Feiertagsgesetz des betreffenden Landes. Das Landesrecht kann auch – muss es aber nicht – bestimmen, dass ein grundsätzliches Sonn- und Feiertagsarbeitsverbot in einem Feiertagsgesetz auf die behördliche Festsetzung von Marktveranstaltungen keine Anwendung findet (**R:** vgl. BVerwG 17.5.1991 GewA 1989, 302 mwN). 29

Rechtsprechung zur **Durchführung** von Märkten an **Sonn- und Feiertagen:** 30
BVerwG: Ein Gebrauchtwagenmarkt für nichtgewerbliche Anbieter und Nachfrager ist eine Veranstaltung zur Ermöglichung typisch werktäglicher Lebensvorgänge und daher mit der Zweckbestimmung der Sonn- und Feiertage gemäß Art. 140 GG iVm Art. 139 WRV nicht vereinbar (**R:** vgl. BVerwG 15.3.1988 BVerwGE 79, 118, 126 ff = GewA 1988, 188, 190 f; **L:** *Scholtissek* GewA 1991, 250). Zu Flohmärkten vgl. **R:** BVerwG 17.5.1991 GewA 1989, 302.

Baden-Württemberg: Märkte dürfen an Sonn- und Feiertagen nur veranstaltet werden, wenn eine Ausnahme vom Sonn- und Feiertagsarbeitsverbot des § 6 Abs. 1 BWFTG allgemein zugelassen oder eine Befreiung in einem besonderen Ausnahmefall nach § 12 BWFTG bewilligt ist (**R:** vgl. VGH Mannheim 22.9.1987 NJW 1988, 2258 = GewA 1989; 64). Eine „Sammlertauschbörse für altes Spielzeug", ein Flohmarkt, fällt unter das Arbeitsverbot des § 6 Abs. 1 BWFTG, wenn auf ihr bzw auf ihm der An- und Verkauf von Sammlergegenständen stattfindet und auch gewerbliche Aussteller und Besucher beteiligt sind. Eine Ausnahmebewilligung kann nach § 12 BWFTG erteilt werden, wenn die gewerbliche Beteiligung an der Veran- 31 staltung gering ist und die Veranstaltung überörtlich Bedeutung hat (**R:** vgl. VGH Mannheim 29.5.1990 GewA 1990, 301; VGH Mannheim 13.2.1991 GewA 1991, 279).

32 **Bayern:** Das Abhalten eines Gebrauchtwagenmarktes an Sonn- und Feiertagen verstößt gegen das Arbeitsverbot des Art. 2 Abs. 1 Bay. FTG, weil es geeignet ist, die Sonn- und Feiertagsruhe zu beeinträchtigen. Gebrauchtwagenmärkte sind nach Herkommen und allgemeiner Verkehrsauffassung zumindest für die Aussteller und Anbieter als Arbeit zu bewerten und nicht der Muße, dem Vergnügen, der Freizeitgestaltung zuzurechnen (**R:** vgl. BayVGH 12.12.1986 GewA 1987, 71 = NJW 1787, 2604). Ein regelmäßiger gewerblich veranstalteter und vom Betreiber als „Flohmarkt" bezeichneter Markt, auf dem Hunderte von Anbietern ein umfangreiches Sortiment von Neu- und Gebrauchtwagen anbieten, ist an Sonn- und Feiertagen nach Art. 2 Abs. 1 FTG verboten, weil er mit dem Charakter dieser Tage als Tage der Arbeitsruhe und der seelischen Erhebung unvereinbar ist (**R:** vgl. BayVGH 19.12.1988 GewA 1989, 142; BayVGH 11.5.1992 GewA 1992, 356).

33 **Hamburg:** Dem Verkauf von Trödel und anderen Waren auf Flohmärkten, die von Gewerbetreibenden beschickt werden, unterfallen an Sonn- und Feiertagen dem Feiertagsschutz. Für eine solche Marktveranstaltung an einem Sonntag besteht wegen des nach § 69a GewO zu beachtenden verfassungsrechtlichen Feiertagsschutzes kein Anspruch auf Festsetzung gemäß § 69 Abs. 1 GewO. Die Behörde kann aus Erwägungen des Feiertagsschutzes einen solchen Jahrmarkt nur im Abstand von einem Vierteljahr festsetzen (**R:** vgl. OVG Hamburg 5.2.1991 DöV 1992, 220).

34 **Niedersachsen:** Die Durchführung von Trödelmärkten an Sonn- und Feiertagen verstößt auch als Jahrmarkt iSd § 68 GewO gegen das Arbeitsverbot des Art. 4 Abs. 1 Nds. FTG, weil sie im Widerspruch zum Wesen der Sonn- und Feiertage stehen und der Bundesgesetzgeber Jahrmärkte durch §§ 68 und 69a GewO nicht generell vom Sonn- und Feiertagsschutz ausnehmen wollte. Die Veranstalterin der Trödelmärkte, die Gegenstand der Entscheidung waren, erzielt durch die entgeltliche Zurverfügungstellung der Standplätze Gewinn. Die Anbieter, die Standgebühren zahlen müssen, verfolgen mit ihrer Teilnahme an den Trödelmärkten vorrangig ein auf Gewinn gerichtetes wirtschaftliches Interesse. Beides kennzeichnet den werktäglichen, im Widerspruch zum Wesen der Sonn- und Feiertagsruhe stehenden Charakter der Märkte. Dadurch, dass Schaulustige Trödelmärkte zur Freizeitgestaltung besuchen, wird ein Trödelmarkt nicht wie eine Kirmes zur Volksbelustigung (**R:** vgl. OVG Lüneburg 17.6.1992 GewA 1993, 201, 102; VG Hannover 17.8.1995 GewA 1996, 25 ff). Zur neuen durch § 10 Abs. 1 Nr. 9 geschaffenen Rechtslage vgl. § 10 Rn 71 ff.

35 **Nordrhein-Westfalen:** § 3 FTGNW steht der Festsetzung eines gewerblichen Trödelmarktes nach §§ 69 und 69a GewO an Sonn- und Feiertagen nicht entgegen. Zwar handelt es sich bei der Durchführung von Trödelmärkten an Sonn- und Feiertagen grundsätzlich um öffentlich bemerkbare Arbeiten, die geeignet sind, die äu-

ßere Ruhe dieser Tage zu stören. Bei den nach § 69 GewO festgesetzten Märkten handelt es sich jedoch um Arbeiten, die iSd § 3 Satz 1 FTGNW „besonders erlaubt sind" und deshalb nicht unter das Arbeitsverbot des FTGNW fallen (**R:** vgl. OVG Münster 12.1.1990 GewA 1990, 279). Die Durchführung privater Trödelmärkte an Sonn- und Feiertagen verstößt gegen das Arbeitsverbot des § 3 FTGNW (**R:** vgl. OVG Münster 15.4.1987 NJW 1987, 2602).

Schleswig-Holstein: Das Arbeitsverbot an Sonn- und Feiertagen nach § 5 Abs. 1 FTG SH findet auf Flohmärkte und sonstige Jahrmärkte iSd § 68 Abs. 2 GewO keine Anwendung, weil die Beschäftigung von Arbeitnehmern auf diesen Märkten nach der GewO erlaubt ist (**R:** vgl. im Einzelnen OVG Lüneburg 25.3.1994 GewA 1994, 239). 36

Videotheken. Das Verbot in den Feiertagsgesetzen der Länder, Videotheken an Sonn- und Feiertagen zu betreiben, – zB in Art. 4 Abs. 1 Nds. FTG, § 5 Abs. 1 Schl. FTG – verstößt nicht gegen Art. 2 Abs. 1, Art. 3 Abs. 1, Art. 5 Abs. 3,Art. 12 Abs. 1 GG (**R:** vgl. BVerfG 24.11.1986 GewA 1988, 188). Der gewerbliche Betrieb einer Videothek ist eine werktägliche Tätigkeit und gehört nicht zu den Tätigkeiten, ohne deren Vornahme an Sonn- und Feiertagen ein an diesen Tagen bestehender Bedarf nicht oder nur unter unzumutbaren Erschwernissen befriedigt werden kann. Das Sonn- und Feiertagsarbeitsverbot der Länder begrenzt deshalb in Konkretisierung des durch Art. 140 GG iVm Art. 139 WRV gewährleisteten Schutzes der Sonn- und Feiertage mit Recht die in Art. 12 und 14 GG gewährleistete Eigentumsnutzung und berufliche Betätigung der Videothekeninhaber (**R:** vgl. BVerwG 19.4.1988 BVerwGE 79, 236, 241 ff). 37

Hamburg: Das Offenhalten einer **Videothek** an Sonn- und Feiertagen verstößt auch dann gegen das Arbeitsverbot des § 2 Abs. 1 Nr. 4 HH FTG und des § 1 HH FSchVO, wenn sie einem Verein überlassen wird, dessen Vorstand sich überwiegend aus Angestellten der Videothek zusammensetzt und an Sonn- und Feiertagen nur solche Personen Zutritt haben, die zuvor dem Verein für einen Jahresbeitrag von 10 DM beigetreten sind (**R:** vgl. OVG Hamburg 30.9.1986 GewA 1987, 102). **Niedersachsen:** Der öffentliche Betrieb einer Videothek an Sonn- und Feiertagen verstößt gegen § 4 Abs. 1 Nds. FTG (**R:** vgl. OVG Lüneburg 27.7.1984 NJW 1985, 448). **Nordrhein-Westfalen:** Der Verleih von Videokassetten an Sonn- und Feiertagen verstößt auch dann gegen das Arbeitsverbot des § 3 NWFTG, wenn die Kassetten ausschließlich im Rahmen eines Kinobesuches ausgeliehen werden können (**R:** vgl. OVG Münster 10.12.1990 GewA 1991, 239). Bei der im Verfahren nach § 80 Abs. 5 VwGO erforderlichen Interessenabwägung ist der Einhaltung der Sonn- und Feiertagsruhe gegenüber dem Interesse am Betrieb einer Videothek an Sonn- und Feiertagen der Vorrang einzuräumen (**R:** vgl. OVG Münster 9.5.1984 NJW 1985, 449). 38

Aus- und Fortbildungsveranstaltungen. Die Durchführung beruflicher Aus- und Fortbildungsveranstaltungen an Sonn- und Feiertagen verstößt gegen das Sonn- und 39

Feiertagsarbeitsverbot der Länder, weil die Durchführung eine öffentlich bemerkbare Arbeit ist, geeignet, die äußere Ruhe der Sonn- und Feiertage zu stören, und weil diese Arbeit an Sonn- und Feiertagen weder in einem Bundes- noch in einem Landesgesetz besonders erlaubt ist (**R:** vgl. im Einzelnen OVG Koblenz 11.3.1992 GewA 1992, 16 Friseurseminare). Schon der Zu- und Abgangsverkehr zum Ort der Veranstaltung ist eine öffentlich bemerkbare Arbeit idS (**R:** vgl. BVerwG 19.4.1988 BVerwGE 79, 236, 240; OLG Düsseldorf 13.4.1992 DB 1992, 2148). Darüber hinaus fällt die Beschäftigung von Arbeitnehmern auf solchen Veranstaltungen unter das Beschäftigungsverbot des § 9 Abs. 1 (vgl. § 9 Rn 4).

III. Mehrschichtige Betriebe (Absatz 2)

40 **1. Begriff.** – Mehrschichtig ist ein Betrieb, dessen Belegschaft oder zumindest ein bedeutender Teil der Belegschaft in mehreren Gruppen von Arbeitnehmern arbeitet und diese Gruppen sich auf ihren Arbeitsplätzen oder bei ihrer übereinstimmenden Arbeitsaufgabe in zeitlicher Reihenfolge ablösen (**R:** vgl. BAG 14.12.1993 NZA 1994, 804, 805). Die Voraussetzung mit **regelmäßiger** Tag- und Nachtschicht kann bejaht werden, wenn in der Regel, üblicherweise, durchweg, fast immer (Gegensatz: vorübergehend, gelegentlich, hin und wieder) mindestens eine Tagschicht und eine Nachtschicht einander ablösen (**L:** vgl. *Tietje* S. 231 ff). Die Dauer der Tag- und Nachtschicht (6, 8, 12 oder 16 Stunden) und die Zahl der Tage in der Woche, an denen mit mindestens einer Tag- und einer Nachtschicht gearbeitet wird, ist in § 9 Abs. 2 nicht vorgeschrieben, auch die Gründe für die Tag- und Nachtarbeit sind es nicht. Sie sind deshalb für die Inanspruchnahme des § 9 Abs. 2 ohne Bedeutung.

41 Die Auffassung, die die Möglichkeit zur Verlegung der Sonn- und Feiertagsruhe auf Wechselschichtbetriebe mit regelmäßiger Tag- und Nachtschicht an allen 6 Werktagen der Woche beschränkt, hat im ArbZG keine Stütze. Der Wortlaut des § 9 Abs. 2 enthält keinen dahingehenden Hinweis. Nach der amtlichen Begründung zum ArbZG kann die Verlegung der Sonn- und Feiertagsruhe wie bisher nach § 105b Abs. 1 Satz 4 GewO erfolgen. Die Verlegung der Sonn- und Feiertagsruhe nach § 105 b Abs. 1 Satz 4 GewO war aber nicht auf den **6-Werktage-Betrieb** beschränkt (**L:** vgl. *Junker* ZfA 1998, 105, 125). § 13 Abs. 5 zeigt ferner, dass das ArbZG, wenn es den Betrieb an allen 6 Werktagen der Woche zur Voraussetzung für eine Abweichung von der Sonn- und Feiertagsruhe von 0 bis 24 Uhr macht, dies auch im Gesetzestext zum Ausdruck bringt. Andererseits muss – schon im Hinblick auf die neue Zwecksetzung des ArbZG in § 1 Nr. 2 – einem Missbrauch des § 9 Abs. 2 zur Ermöglichung von Sonn- und Feiertagsarbeit ab 18 Uhr am Sonn- oder Feiertag durch § 9 Abs. 2 ohne eine im Wechselschichtbetrieb begründete Notwendigkeit vorgebeugt werden.

42 **2. Verlegung der Sonn- und Feiertagsruhe.** – Die Möglichkeit, von der kalendermäßigen Berechnung der Sonn- und Feiertagsruhe abzuweichen und deren Beginn oder Ende **um 6 Stunden** vor- oder zurückzuverlegen, bedeutet: In einem Betrieb

mit zweischichtiger Arbeitsweise kann am Sonn- und Feiertag bis 6 Uhr gearbeitet werden, wenn mit der Arbeit am darauf folgenden Montag bzw Werktag erst um 6 Uhr begonnen wird; oder: mit der Arbeit am Sonn- und Feiertag kann um 18 Uhr begonnen werden, wenn die Arbeit am Samstag bzw am Werktag davor bereits um 18 Uhr beendet wurde. In einem Betrieb mit dreischichtiger Arbeitsweise kann am Sonn- und Feiertag mit der Nachtschicht bis 6 Uhr gearbeitet werden, wenn die Arbeit am darauf folgenden Montag bzw Werktag erst mit der Frühschicht, und zwar um 6 Uhr begonnen wird; oder: die Arbeit kann am Sonn- oder Feiertag mit der Nachtschicht um 22 Uhr begonnen werden, wenn die Arbeit am Samstag bzw Werktag davor spätestens mit der Spätschicht, und zwar um 22 Uhr beendet wurde. In einem Betrieb mit vierschichtiger Arbeitsweise gelten die Ausführungen entsprechend. Die vom Kalendertag abweichende Feiertagsruhezeit ist auch für die – tarifvertraglich festgelegten – Feiertagszuschläge maßgeblich (**R:** BAG 29.9.2004 NZA 2005, 532 = DB 2005, 1064); es sei denn, der Tarifvertrag regelt ausdrücklich und eindeutig etwas anderes.

§ 9 Abs. 2 hat den **Zweck**, mehrschichtigen Betrieben die üblichen Schichtwechselzeiten weiterhin zu ermöglichen: 6 und 18 Uhr in zweischichtig, 6, 14 und 22 Uhr in dreischichtig arbeitenden Betrieben (vgl. BT-Drucks. 12/5888 S. 28). Die Vorschrift gestattet lediglich eine Abweichung von der starren kalendermäßigen Lage des Beschäftigungsverbotes an Sonn- und Feiertagen. Ihre Mindestdauer von 24 Stunden für jeden Sonn- und Feiertag bleibt die Gleiche (vgl. § 9 Rn 10). 43

An demselben Sonn- oder Feiertag ist nur **eine Alternative** möglich, entweder den Beginn der Sonn- und Feiertagsruhe um bis zu 6 Stunden vorzuverlegen, also von 0 auf bis zu 6 Uhr, oder deren Ende um bis zu 6 Stunden zurückzuverlegen, also von 24 Uhr auf bis zu 18 Uhr. Eine Kombinierung der Vor- und Zurücklegung an demselben Sonn- oder Feiertag ist unzulässig. Die Formulierung „um bis zu 6 Stunden“ und das Wort „kann“ zeigen, dass die 6 Stunden ausgeschöpft werden können, nicht müssen. 44

Gründe. Würde das Sonntagsbeschäftigungsverbot des § 9 Abs. 1 auch auf mehrschichtige Betriebe strikt kalendermäßig zur Anwendung kommen, also von 0 bis 24 am Sonntag, müsste der Schichtwechsel in diesen Betrieben entweder um 24 Uhr stattfinden oder die Betriebe müssten auf die Produktionszeit von 22 bis 24 Uhr am Samstag und von 0 bis 6 Uhr am Montag verzichten. Das ArbZG wollte weder den Arbeitnehmern den unangenehmen Schichtwechsel um 24 Uhr, noch den Arbeitgebern einen Produktionsverlust von 8 Stunden zumuten. Für das Feiertagsbeschäftigungsverbot des § 9 Abs. 1 gilt im Prinzip das Gleiche. Bei einer Produktionsunterbrechung infolge eines Beschäftigungsverbots von 0 bis 24 Uhr an einem in die Woche fallenden Feiertag wären allerdings die Folgen für die Produktion der mehrschichtigen Betriebe noch gravierender. 45

3. Betriebsruhe. – Von der Möglichkeit zur Verlegung der Sonn- und Feiertagsruhe darf der mehrschichtige Betrieb gemäß § 9 Abs. 2 nur Gebrauch machen, „wenn für die auf den Beginn der Ruhezeit folgenden 24 Stunden der Betrieb ruht“. Damit ist 46 eine **objektive Betriebsruhe** angeordnet, zur Bedingung gemacht (**L:** ErfK/*Wank* § 9 ArbZG Rn 7). Verboten ist während der verlegten Sonn- und Feiertagsruhe – abgesehen von den gesetzlich vorgesehenen Ausnahmen, zB in § 10Abs. 2 – nicht nur die Beschäftigung von Arbeitnehmern, sondern auch die selbstständige Eigentätigkeit des Arbeitgebers. Auch ein automatisches weiterlaufen lassen einer am Werktag in Gang gesetzten Produktionsmaschine ohne einen Menschen ist nicht zulässig (**L:** vgl. *Zmarzlik* BB 1991, 901, 903; *Junker* ZfA 1998, 105, 125 vgl. ferner hier § 9 Rn 5, auch zum sog. Objektschutz).

47 **Schlussfolgerung:** Aus der Regelung des § 9 Abs. 2 folgt, dass das ArbZG den mehrschichtigen Betrieben wegen des Sonn- und Feiertags eine Produktionsunterbrechung von 24 Stunden zumutet, von ihnen aber auch nicht mehr erwartet. Mit der Möglichkeit zur Verschiebung der Lage der 24-stündigen sonn- und feiertäglichen Ruhezeit bietet das ArbZG den mehrschichtigen Betrieben eine Lösung an, die es ihnen gestattet, die Produktionsunterbrechung auf 24 Stunden zu begrenzen. Damit trägt das ArbZG einerseits der Institution des Sonn- und Feiertags (vgl. § 1 Nr. 2) ausreichend Rechnung, wahrt aber auch den Grundsatz der Verhältnismäßigkeit gegenüber den Betrieben, damit sie ihre Konkurrenzfähigkeit gegenüber ausländischen Schichtbetrieben ohne kalendermäßige Sonn- und Feiertagsruhe wahren können (**L:** krit. hierzu *Buschmann/Ulber* § 9 Rn 13; vgl. auch § 1 Nr. 1).

IV. Kraftfahrer und Beifahrer (Absatz 3)

48 **1. Verlegung der Sonn- und Feiertagsruhe.** – Für Kraftfahrer und Beifahrer kann die Lage der Sonn- und Feiertagsruhe von 0 bis 24 Uhr am Sonn- oder Feiertag nach § 9 Abs. 3 ebenfalls verlegt werden. Diese Verlegung kann allerdings im Unterschied zu der Verlegung in mehrschichtigen Betrieben (§ 9 Abs. 2) nur **vorverlegt** werden und nur **um bis zu 2 Stunden**, dh Sonn- und Feiertagsruhe für Kraftfahrer von 22 Uhr am Samstag bis 22 Uhr am Sonntag und statt von 0 bis 24 Uhr am „Werktagsfeiertag" von 22 Uhr am vorangehenden Werktag bis 22 Uhr am Feiertag. Die Formulierung „um bis zu 2 Stunden" und das Wort „kann" zeigen ähnlich wie im Falle des § 9 Abs. 2, dass die für die Vorverlegung zur Verfügung gestellten „2 Stunden" ausgeschöpft werden können, nicht müssen.

49 Mit der Einführung der Möglichkeit zur Vorverlegung des Beginns der Sonn- und Feiertagsruhe für Kraftfahrer und Beifahrer wird dem Sonntagsfahrverbot in § 30 Abs. 3 Satz 1 StVO insoweit Rechnung getragen, als **Kraftfahrer und Beifahrer**, die vom ArbZG erfasst werden (Arbeitnehmer), an Sonn- und Feiertagen abweichend von § 9 Abs. 1 bereits ab 22 Uhr beschäftigt werden dürfen (vgl. BT-Drucks. 12/5888 S. 28). Dementsprechend sollte die Anwendung des § 9 Abs. 3 trotz seines weitergehenden Wortlauts auf Kraftfahrer und Beifahrer der in § 30 Abs. 3 StVO genannten Lastkraftwagen mit einer zulässigen Gesamtmasse über 7,5 t sowie Anhänger hinter Lastkraftwagen beschränkt werden (**L:** Deinert/*Heuschmid* § 28 Rn 207; aA *Neumann/Biebl* § 9 Rn 7; *Baeck/Deutsch/Winzer* § 9 Rn 29). Andererseits gilt § 9

Abs. 3 im Unterschied zB zu § 10 Abs. 1 Nr. 10 nicht nur für Kraftfahrer und Beifahrer **in Verkehrsbetrieben**, sondern auch wie § 30 Abs. 3 StVO für Kraftfahrer und Beifahrer im Werkverkehr (zur Unterscheidung „Verkehrsbetrieb" „Werkverkehr" vgl. § 5 Rn 47).

Macht ein Verkehrsbetrieb von der Ausnahme in **§ 10 Abs. 1 Nr. 10** Gebrauch, kann er die Uhrzeit der Sonn- und Feiertagsruhe bei Beschäftigung von Kraftfahrern und Beifahrern nach § 9 Abs. 1 oder nach § 9 Abs. 3 berechnen, ein mehrschichtiger Verkehrsbetrieb auch nach § 9 Abs. 2. 50

2. Ruhezeit an Sonn- und Feiertagen. – ArbZG. Für eine Beschäftigung an Sonn- und Feiertagen aufgrund der Ausnahmen in § 30 Abs. 3 Satz 2 StVO und in § 10 Aus. 1 Nr. 10 müssen den davon betroffenen Kraftfahrern und Beifahrern die in § 11 Abs. 2 iVm § 5 bestimmten Ruhezeiten gewährt werden. Für eine Beschäftigung an Sonn- und Feiertagen ab 22 Uhr bei Inanspruchnahme der Möglichkeit zur Vorverlegung des Beginns der Sonn- und Feiertagsruhe um bis zu zwei Stunden gemäß § 9 Abs. 3 brauchen diese Ruhezeiten nicht gewährt zu werden, auch nicht die in § 11 Abs. 3 bestimmten Ersatzruhetage. Bei Inanspruchnahme der Möglichkeit des § 9 Abs. 3 geht die Sonn- und Feiertagsruhe nicht von 0 bis 24 Uhr (§ 9 Abs. 1), sondern von 22 Uhr am Samstag bis 22 Uhr am Sonntag bzw von 22 Uhr am vorangehenden Werktag bis 22 Uhr am Feiertag. 51

EG-VO 561/2006. Bei Beförderungen im Straßenverkehr innerhalb der EU-Gemeinschaft oder zwischen der EU-Gemeinschaft, der Schweiz und den Vertragsstaaten des Abkommens über den europäischen Wirtschaftsraum (vgl. Art. 2 Abs. 2 EG-VO 561/206) haben die Fahrer tägliche und wöchentliche Ruhezeiten einzuhalten (vgl. Art. 8 Abs. 1 EG-VO 561/2006). Nach Art. 8 Abs. 6 EG-VO 561/2006 hat der Fahrer in zwei jeweils aufeinanderfolgenden Wochen mindestens zwei regelmäßige wöchentliche Ruhezeiten (Dauer: mindestens jeweils 45 Stunden) oder eine regelmäßige wöchentliche Ruhezeit (Dauer: 45 Stunden) und eine reduzierte wöchentliche Ruhezeit von mindestens 24 Stunden einzuhalten. Jede Reduzierung ist vor dem Ende der dritten Woche nach der betreffenden Woche durch eine gleichwertige Ruhepause auszugleichen. Als Woche im Sinne dieser Vorschriften gilt der Zeitraum zwischen Montag 00:00 Uhr und Sonntag 24:00 Uhr (vgl. Art. 4 Buchst. i EG-VO 561/2006 und § 21a Abs. 2; **L:** vgl. ausf. *Didier* NZA 2007, 120). 52

V. Verkaufsstellen, Apotheken

§ 17 LSchlG über den Arbeitszeitschutz der Arbeitnehmer in Verkaufsstellen stellt im Verhältnis zum ArbZG eine **Sonderregelung** für die Beschäftigung von Arbeitnehmern an Sonn- und Feiertagen während den nach dem LSchlG zugelassenen Öffnungszeiten von **Verkaufsstellen** dar. Die Vorschriften des § 17 LSchlG enthalten insbes. hinsichtlich der zulässigen Höchstarbeitszeiten an Sonn- und Feiertagen, der beschäftigungsfreien Sonntage und der Ersatzruhezeiten überwiegend günstigere Arbeitszeitschutzregelungen als das ArbZG (**L:** vgl. im Einzelnen *Zmarzlik/Rog-* 53 *gendorff*, § 17 Rn 1 ff). Eine Streichung des § 17 LSchlG mit Ausnahme des § 17 Abs. 6 LSchlG (vgl. zur Streichung BT-Drucks. 12/5888 S. 34) ist vom Gesetzgeber abgelehnt worden, um den Arbeitnehmern in Verkaufsstellen die darin enthaltenen, gegenüber dem ArbZG günstigeren Regelungen zu erhalten (**R:** vgl. OVG Rheinland-Pfalz 14. 10. 1994 GewA 1995, 36, 37).

54 Mit der Föderalismusreform vom 28. 8. 2006 (BGBl. I S. 2634) ist die Gesetzgebungskompetenz zum Ladenschlussrecht auf die Länder übertragen worden. Das zur konkurrierenden Gesetzgebung zählende „Recht der Wirtschaft" in Art. 74 Abs. 1 Nr. 11 GG ist zu diesem Zweck um die Worte „... ohne das Recht des Ladenschlusses ..." ergänzt worden. Zuvor schon hatte das **BVerfG** entschieden, dass eine **bundesrechtliche Regelung** des Ladenschlusses für die Herstellung gleichwertiger Lebensverhältnisse im Bundesgebiet **nicht erforderlich** (sei) und dem Bund nach Art. 125a Abs. 2 Satz 1 GG deshalb eine Neukonzeption des Ladenschlusses verwehrt sei (**R:** BVerfG 9. 6. 2004 NJW 2004, 2363 = DB 2004, 1504 = AuR 2004, 270).

54a Zwischenzeitlich haben die Bundesländer – bis auf Bayern – eigene Ladenöffnungsgesetze erlassen und § 17 LSchlG entsprechende Vorschriften in ihre Landesgesetze integriert. Die Sonderregelung des § 17 LSchlG hat demzufolge nur noch Bedeutung für das Bundesland Bayern, in dem die bundesgesetzlichen Ladenschlussregelungen so lange fortgelten, bis auch der Freistaat eine eigene Ladenschlussregelung trifft.

54b Durch die Übertragung der Gesetzgebungskompetenz zum Recht des Ladenschlusses auf die Länder ist auch die Kompetenz zur Regelung des Arbeitszeitrechts im Einzelhandel auf die Länder übergegangen (**L:** ebenso *Kingreen/Pieroth* NVwZ 2006, 1221, 1224; vgl. auch die Stellungnahme des BMAS vom 14. 10. 2006 [IIIa7-37251]). Diese Frage wird allerdings sehr kontrovers im Schrifttum diskutiert; überwiegend wird die Auffassung vertreten, dass die Kompetenz zur Regelung der Arbeitszeiten im Einzelhandel nicht mit auf die Länder übertragen wurde (**L:** vgl. *Buschmann/Ulber* § 9 Rn 8; *Horstmann* NZA 2006, 1246; *Kühling* AuR 2006, 384; *Kühn* AuR 2006, 418; *Kämmerer/Thüsing* GewA 2006, 266).

VI. Jugendliche, Mütter

55 Jugendliche dürfen an Sonn- und Feiertagen grundsätzlich nicht beschäftigt werden (§ 17 Abs. 1 und § 18 Abs. 1 JArbSchG). Ausnahmen sind nur in wenigen, auf Dienstleistungen und die Landwirtschaft beschränkten Ausnahmefällen zugelassen (§ 17 Abs. 1 und § 18 Abs. 1 JArbSchG). Eine dem § 9 Abs. 2 oder 3 entsprechende Verlegung der Sonn- und Feiertagsruhe ist für Jugendliche nicht zugelassen (**L:** vgl. im Einzelnen *Zmarzlik/Anzinger* § 17 Rn 5 ff).

56 Werdende und stillende Mütter dürfen an Sonn- und Feiertagen grundsätzlich ebenfalls nicht beschäftigt werden (§ 6 Abs. 1 Satz 1 MuSchG). Ausnahmen sind nur in wenigen, auf Dienstleistungen beschränkten Ausnahmefällen zugelassen (§ 8 Abs. 1 Satz 2 MuSchG).

VII. Beteiligung des Betriebsrats

Nach Art. 140 GG iVm Art. 139 WRV ist der Schutz des Sonn- und Feiertags Aufgabe und Sache des Staates (**L:** vgl. *Richardi* S. 99, 101), nicht des Betriebsrats. Der Staat entscheidet allein darüber, ob und ggf. unter welchen Voraussetzungen Sonn- und Feiertagsarbeit eingeführt werden darf. In § 9 Abs. 2 und 3 hat der Staat für alle verbindlich und abschließend geregelt, ob, um bis zu wie viel Stunden, unter welchen Voraussetzungen Beginn oder Ende der von ihm in § 9 Abs. 1 auf 0 bis 24 Uhr festgelegten Sonn- und Feiertagsruhe in einem Betrieb vor- oder zurückverlegt werden und damit Sonn- und Feiertagsarbeit für einige Stunden entweder am Beginn oder am Ende der allgemeinen gesetzlichen Sonn- und Feiertagsruhe geleistet werden darf. Bei der Regelung in § 9 Abs. 2 und 3 handelt es sich um eine gesetzliche Regelung iSd § 87 Abs. 1 Einleitungssatz BetrVG. Entsprechendes gilt von den Ausnahmen in § 10 und in den anderen Vorschriften. Der Betriebsrat hat bezüglich des Sonn- und Feiertagsschutzes **kein Mitbestimmungsrecht** nach § 87 Abs. 1 BetrVG (**L:** so wohl auch *Kappus* DB 1990, 478, 479 ff; aA wohl *Wlotzke* § 87 Anm. 2a). Das ArbZG sieht für ihn auch in § 12 keine Befugnis vor, von der in § 9 Abs. 2 und 3 zugelassenen Möglichkeit zur Verlegung von Beginn oder Ende der Sonn- und Feiertagsruhe abzuweichen. 57

Dagegen hat der Betriebsrat ein **Mitbestimmungsrecht** gemäß § 87 Abs. 1 Nr. 2 BetrVG bei der näheren Regelung der Verlegung von Beginn oder Ende der Sonn- und Feiertagsruhe und bei der Durchführung der für einige Stunden durch § 9 Abs. 2 und 3 zugelassenen Sonn- und Feiertagsarbeit, soweit die entsprechenden Vorschriften eine abschließende Regelung nicht getroffen haben. Im Vordergrund müssen immer Arbeitsbedingungen stehen. So hat der Betriebsrat ein Mitbestimmungsrecht darüber, ob eine Vor- oder Zurückverlegung von Beginn oder Ende der Sonn- und Feiertagsruhe eingeführt werden und um wie viel Stunden sie erfolgen soll, wie viele und welche Arbeitnehmer von der Vor- oder Zurückverlegung betroffen werden sollen, in welchem Rhythmus uÄ. Die Ausübung des Mitbestimmungsrechts kann weder direkt noch indirekt den gesetzlichen Sonn- und Feiertagsschutz beeinträchtigen (vgl. zur Beteiligung des Betriebsrats § 1 Rn 61 ff). 58

VIII. Verstöße

Ein Arbeitgeber, der vorsätzlich oder fahrlässig **entgegen § 9 Abs. 1** einen Arbeitnehmer (vgl. § 2 Rn 64 ff) an Sonn- und Feiertagen beschäftigt (vgl. § 9 Rn 4 ff), handelt ordnungswidrig nach § 22 Abs. 1 Nr. 5; es sei denn, dass eine Ausnahme nach § 9 Abs. 2 oder 3, eine Ausnahme nach § 10, eine Ausnahme nach § 13, ein außergewöhnlicher Fall nach § 14 oder eine Ausnahmebewilligung nach § 15 59

Abs. 2 vorliegt. Der Arbeitgeber verstößt auch dann gegen § 22 Abs. 1 Nr. 5 iVm § 9 Abs. 1, wenn er die ordnungsgemäße Einhaltung der vorgeschriebenen Sonn- und Feiertagsruhe schuldhaft nicht überwacht, selbst wenn der Arbeitnehmer mit der Sonn- und Feiertagsarbeit einverstanden ist (vgl. § 1 Rn 24). Ein Arbeitgeber handelt ebenso ordnungswidrig nach § 22 Abs. 1 Nr. 5 iVm § 9 Abs. 1, wenn er die Voraussetzungen des **§ 9 Abs. 2 oder 3** vorsätzlich oder fahrlässig nicht erfüllt (**R:** zur Erkundigungspflicht des Arbeitgebers vgl OLG Düsseldorf 13.4.1992 DB 1992, 2148).

60 Der Arbeitnehmer kann die Arbeitsleistung an Sonn- und Feiertagen **verweigern**, wenn der Arbeitgeber sich nicht auf eine der in der obigen Rn 59 genannten Ausnahmen berufen kann (vgl. § 1 Rn 43). Erleidet der Arbeitnehmer durch die unzulässige Sonn- und Feiertagsbeschäftigung einen Schaden, kann er einen **Schadenersatzanspruch** geltend machen. Der Verlust an bloßer Freizeit reicht für den Schadenersatzanspruch nicht aus (vgl. § 4 Rn 40). Eine nach § 9 Abs. 1 zustehende, nicht gewährte Sonn- und Feiertagsruhe kann nicht mit Geld abgegolten werden (vgl. § 4 Rn 38 und 39). Ein Ersatzruhetag für die Sonn- und Feiertagsbeschäftigung ist nach § 11 Abs. 3 zu gewähren. Durch die Gewährung des Ersatzruhetages wird jedoch ein bereits entstandener Bußgeldanspruch des Staates gegen den Arbeitgeber nicht beseitigt.

§ 10
Sonn- und Feiertagsbeschäftigung

(1) Sofern die Arbeiten nicht an Werktagen vorgenommen werden können, dürfen Arbeitnehmer an Sonn- und Feiertagen abweichend von § 9 beschäftigt werden

1. in Not- und Rettungsdiensten sowie bei der Feuerwehr,
2. zur Aufrechterhaltung der öffentlichen Sicherheit und Ordnung sowie der Funktionsfähigkeit von Gerichten und Behörden und für Zwecke der Verteidigung,
3. in Krankenhäusern und anderen Einrichtungen zur Behandlung, Pflege und Betreuung von Personen,
4. in Gaststätten und anderen Einrichtungen zur Bewirtung und Beherbergung sowie im Haushalt,
5. bei Musikaufführungen, Theatervorstellungen, Filmvorführungen, Schaustellungen, Darbietungen und anderen ähnlichen Veranstaltungen,
6. bei nichtgewerblichen Aktionen und Veranstaltungen der Kirchen, Religionsgesellschaften, Verbände, Vereine, Parteien und anderer ähnlicher Vereinigungen,
7. beim Sport und in Freizeit-, Erholungs- und Vergnügungseinrichtungen, beim Fremdenverkehr sowie in Museen und wissenschaftlichen Präsenzbibliotheken,
8. beim Rundfunk, bei der Tages- und Sportpresse, bei Nachrichtenagenturen sowie bei den der Tagesaktualität dienenden Tätigkeiten für andere Presseerzeugnisse einschließlich des Austragens, bei der Herstellung von Satz, Filmen und Druckformen für tagesaktuelle Nachrichten und Bilder, bei tagesaktuellen Aufnahmen auf Ton- und Bildträger sowie beim Transport und Kommissionieren von Presseerzeugnissen, deren Ersterscheinungstag am Montag oder am Tag nach einem Feiertag liegt,
9. bei Messen, Ausstellungen und Märkten im Sinne des Titels IV der Gewerbeordnung sowie bei Volksfesten,
10. in Verkehrsbetrieben sowie beim Transport und Kommissionieren von leichtverderblichen Waren im Sinne des § 30 Abs. 3 Nr. 2 der Straßenverkehrsordnung,
11. in den Energie- und Wasserversorgungsbetrieben sowie in Abfall- und Abwasserentsorgungsbetrieben,
12. in der Landwirtschaft und in der Tierhaltung sowie in Einrichtungen zur Behandlung und Pflege von Tieren,
13. im Bewachungsgewerbe und bei der Bewachung von Betriebsanlagen,
14. bei der Reinigung und Instandhaltung von Betriebseinrichtungen, soweit hierdurch der regelmäßige Fortgang des eigenen oder eines fremden Betriebs bedingt ist, bei der Vorbereitung der Wiederaufnahme des vollen

werktägigen Betriebs sowie bei der Aufrechterhaltung der Funktionsfähigkeit von Datennetzen und Rechnersystemen,

15. zur Verhütung des Verderbens von Naturerzeugnissen oder Rohstoffen oder des Misslingens von Arbeitsergebnissen sowie bei kontinuierlich durchzuführenden Forschungsarbeiten,

16. zur Vermeidung einer Zerstörung oder erheblichen Beschädigung der Produktionseinrichtungen.

(2) Abweichend von § 9 dürfen Arbeitnehmer an Sonn- und Feiertagen mit den Produktionsarbeiten beschäftigt werden, wenn die infolge der Unterbrechung der Produktion nach Absatz 1 Nr. 14 zulässigen Arbeiten den Einsatz von mehr Arbeitnehmern als bei durchgehender Produktion erfordern.

(3) Abweichend von § 9 dürfen Arbeitnehmer an Sonn- und Feiertagen in Bäckereien und Konditoreien für bis zu drei Stunden mit der Herstellung und dem Austragen oder Ausfahren von Konditorwaren und an diesem Tag zum Verkauf kommenden Bäckerwaren beschäftigt werden.

(4) Sofern die Arbeiten nicht an Werktagen vorgenommen werden können, dürfen Arbeitnehmer zur Durchführung des Eil- und Großbetragszahlungsverkehrs und des Geld-, Devisen-, Wertpapier- und Derivatehandels abweichend von § 9 Abs. 1 an den auf einen Werktag fallenden Feiertagen beschäftigt werden, die nicht in allen Mitgliedstaaten der Europäischen Union Feiertage sind.

Übersicht

I. Allgemeines

1 **1. Entstehung.** – Das mit den Ausnahmen vom Verbot der Beschäftigung von Arbeitnehmern an Sonn- und Feiertagen verfolgte Ziel hat sich im Laufe der Gesetzgebung zum Arbeitszeitgesetz **gewandelt**. Im Vorentwurf wurden die Ausnahmen noch auf den bis dahin geltenden Umfang beschränkt (vgl. BT-Drucks. 11/360 S. 16, 20). Dementsprechend heißt es auf Seite 20 dieser Drucksache: „Aus wirtschaftlichen Gründen ist demzufolge die Sonn- und Feiertagsarbeit nicht zulässig." In der amtlichen Begründung des letzten Gesetzentwurfs heißt es zwar unter weitgehender Übernahme des Wortlauts der vorhergehenden Begründung weiterhin: „Ziel des Gesetzentwurfs ist, die Vorschriften . . . unter grundsätzlicher Aufrechterhaltung des geltenden Sonn- und Feiertagsschutzes zu modernisieren", ferner „Ausnahmen . . . sind . . . im bisherigen Umfang zulässig. Sie werden in einem Katalog zusammengefasst" (vgl. BT-Drucks. 12/5888 S. 21, 29). Der Satz mit den wirtschaftlichen Gründen für Sonn- und Feiertagsarbeit wird jedoch nicht wiederholt. Tatsächlich wird Sonn- und Feiertagsarbeit, insbes. in § 13 Abs. 5, aus rein wirtschaftlichen Gründen zugelassen. Darüber hinaus sind Klarstellungen von Ausnahmevorschriften zugunsten der Betriebe im Schriftlichen Bericht erfolgt (vgl. BT-Drucks. 12/6990 S. 40).

2 **2. Zweck.** – Der Zweck des § 10 besteht darin, die notwendigen Befreiungen vom Verbot der Beschäftigung von Arbeitnehmern an Sonn- und Feiertagen des § 9 zur Aufrechterhaltung eines funktionsfähigen Gemeinwesens und einer wettbewerbsfähigen Wirtschaft zuzulassen. Der Umfang der Sonn- und Feiertagsarbeit ist seit Inkrafttreten des ArbZG weitgehend unverändert geblieben. Im Jahr 2014 arbeiteten 14% der Arbeitnehmer regelmäßig an Sonn- und Feiertagen (**L:** Tagesspiegel v. 4.8.2015).

3 Von **Absatz 1** dient Nr. 1 der Beseitigung von Notlagen, Nr. 2 der öffentlichen Sicherheit und Ordnung, Nr. 3 der menschlichen Gesundheit und Pflege, Nr. 4 bis 10 der sonn- und feiertagsgemäßen Betätigung der von Sonn- und Feiertagsarbeit befreiten Arbeitnehmer, Nr. 8 zugleich der allgemeinen Unterrichtung der Bevölkerung, Nr. 11 der Versorgung der Allgemeinheit mit täglich notwendigen Gütern – Strom, Wasser uä – und der allgemeinen Entsorgung, Nr. 12 der Landwirtschaft sowie der Gesundheit und Pflege von Tieren. Nr. 13 lässt den Wächterdienst – Bewachung – zu. Nr. 13 bis 16 dienen der Funktionsfähigkeit der Gewerbebetriebe und der Erhaltung ihres Standortes in der Bundesrepublik.

4 Mit **Absatz 2** soll die Zahl der Sonntagsarbeiter verringert werden. Abs. 1 Nr. 15 und 16 sowie Abs. 2 sollen auch die kontinuierliche Arbeitsweise ermöglichen, so-

fern sie einen unterbrochenen Fortgang an Sonn- und Feiertagen erfordert. Abs. 1 Nr. 14 soll den ununterbrochenen Betrieb von Großrechnern ermöglichen (vgl. BT-Drucks. 12/5888 S. 29). Über den Ausnahmekatalog in § 10 bestand ein breiter gesellschaftlicher Konsens (**L:** vgl. *Anzinger* RdA 1994, 11, 19 ff mit Gegenüberstellung der Gesetzentwürfe der Bundesregierung und der SPD-Bundestagsopposition; zur Zwecksetzung vgl. auch § 1 Rn 11 ff).

§ 10 ist mit Wirkung vom 1.11.1996 um einen neuen **Absatz 3** ergänzt worden. Durch das Gesetz zur Änderung des Gesetzes über den Ladenschluss und zur Neuregelung der Arbeitszeit in Bäckereien und Konditoreien vom 30.7.1996 (BGBl. S. 1186) ist das Gesetz über die Arbeitszeit in Bäckereien und Konditoreien (Bäckerarbeitszeitgesetz) und die hierzu ergangene Durchführungsverordnung aufgehoben worden und die Arbeitnehmer, die in Bäckereien und Konditoreien beschäftigt werden, sind in den Geltungsbereich des ArbZG einbezogen worden. 5

Mit dem Euro-Einführungsgesetz (EuroEG) vom 9.6.1998 (BGBl. I S. 1242) ist mit Wirkung vom 1.1.1999 ein neuer **Absatz 4** in § 10 eingeführt worden. Mit dieser Regelung soll die Konkurrenzfähigkeit des Finanzplatzes Deutschland dadurch sichergestellt werden, dass bestimmte Finanzgeschäfte abweichend von § 9 Abs. 1 auch an auf einen Werktag fallenden Feiertagen durchgeführt werden dürfen (**L:** vgl. *Neumann/Biebl* § 10 Rn 3, *Baeck/Deutsch/Winzer* § 10 Rn 156, *Anzinger* NZA 1998, 845 f). 6

3. Konzeption. – Die Regelung der Sonn- und Feiertagsruhe im ArbZG besteht in einem Verbot der Beschäftigung von Arbeitnehmern an Sonn- und Feiertagen, allerdings für alle Bereiche (§§ 9 und 18). Die Ausnahmen vom Verbot werden in einem Katalog von **16 Generalklauseln** zusammengefasst (§ 10 Abs. 1). Sie werden durch Ausnahmen – ebenfalls genereller Art – erweitert (§ 10 Abs. 2 bis 4). Bei Auslegungszweifeln über Inhalt und Umfang dieser generellen Ausnahmen ist eine Klarstellung durch Rechtsverordnung nach § 13 Abs. 1 oder Verwaltungsakt nach § 13 Abs. 3 vorgesehen (**L:** vgl. im Einzelnen *Anzinger* BB 1994, 1492, 1496; *Zmarzlik* BB 1993, 2009, 2013). Weder Art. 140 GG iVm Art. 139 WRV noch das gesetzgeberische Regel-Ausnahme-Verhältnis der §§ 9 und 10 gebieten es, die Ausnahmen zusätzlich durch ungeschriebene Voraussetzungen einzuengen (**R:** vgl. BVerwG 14.11.1989, GewA 1990, 66). 7

Eine enumerative Regelung der Ausnahmen für industrielle Sonn- und Feiertagsarbeit wäre im Jahr 1994 und danach im Unterschied zu den Jahren 1891/1895 wegen der Vielzahl der Verfahren und Produkte, die heute Sonn- und Feiertagsarbeit erfordern, und wegen des schnellen technischen Wandels unpraktikabel gewesen. Dies zeigt die Tatsache, dass das Enumerationsprinzip der GewO in den letzten Jahrzehnten vor seiner Aufhebung nicht mehr funktioniert hat und durch Aus- und Überdehnung des § 105c Abs. 1 Nr. 3 und 4 GewO ersetzt wurde (**L:** vgl. *Zmarzlik* BB 1991, 901, 906; *ders.* RdA 1988, 257, 258, 262 ff). 8

4. Abschließender Katalog. – Der Katalog der von den Ausnahmen in § 10 begünstigten Beschäftigungsbereiche und der in den Ausnahmen genannten Arbeiten 9 ist **nicht beispielhaft sondern abschließend**. In dem Katalog sind die notwendigen Ausnahmen vom Sonn- und Feiertagsarbeitsverbot des § 9 Abs. 1 generalklauselartig zusammengefasst, dem Wissens- und Bewertungsstand von 1994 entsprechend. Der Bestellservice ist im Katalog des § 10 in keiner der Nummern aufgeführt. Die telefonische Annahme von Bestellungen inklusive Beratung, zB der Versandhäuser – anders dagegen bei Gaststätten im Rahmen des § 7 GastG – ist daher aufgrund des § 10 nicht zulässig. Ausnahmen kommen aufgrund einer Rechtsverordnung gemäß § 13 Abs. 1 Nr. 2a im Rahmen des Bedürfnisgewerbes und aufgrund einer behördlichen Genehmigung gemäß § 15 Abs. 2 in Betracht, bei der behördlichen Genehmigung allerdings nur, soweit diese im öffentlichen Interesse dringend nötig wird. Im öffentlichen Interesse aufgrund des bisherigen § 28 AZO erteilte Ausnahmen gelten fort, soweit der sie erteilende Verwaltungsakt bestandskräftig ist (zum Party-Service vgl. Rn 37).

10 Über § 10 hinausgehende Ausnahmen sind (zB Stahlindustrie, Papierindustrie) zulässig bzw können zugelassen werden **durch Rechtsverordnung** nach § 13 Abs. 1 Nr. 2 oder Abs. 2 sowie durch Ausnahmebewilligung nach § 13 Abs. 3 Nr. 2, Abs. 4 oder Abs. 5 und § 15 Abs. 2. Zum Übertragungsakt im öffentlichen Dienst vgl. § 19; zu Ausnahmen in außergewöhnlichen Fällen vgl. § 14 Abs. 1.

11 Die Zulassung von Ausnahmen vom Sonn- und Feiertagsarbeitsverbot des § 9 Abs. 1 **durch Tarifvertrag** ist im ArbZG wegen des Gesetzesvorbehalts in Art. 140 GG iVm Art. 139 WRV im Unterschied zu anderen EG-Mitgliedstaaten – zB Frankreich, Belgien – nicht vorgesehen. Die Tarifparteien und Betriebspartner haben noch nicht einmal die Befugnis, Inhalt und Umfang der Ausnahmen des § 10 mit öffentlich-rechtlicher Wirkung zu klären (vgl. hierzu § 13 Abs. 1 Nr. 1 und Abs. 2 Nr. 1). Eine Vereinbarung über eine beschränkte Inanspruchnahme der Ausnahmen des § 10 ist zwar zulässig, sie hat jedoch nur privatrechtliche Wirkung. Die Abweichungsbefugnis für Tarifparteien und Betriebspartner in § 12 ist auf eine Abweichung von gesetzlichen Arbeitsbedingungen bei Sonn- und Feiertagsbeschäftigung des § 11 innerhalb des durch Art. 9 Abs. 3 GG gezogenen Rahmens beschränkt worden.

12 **5. Hilfs- und Nebenbetriebe, Drittbetriebe.** Ein **Nebenbetrieb** ist ein selbstständiger Betrieb, der für einen anderen Betrieb, den Hauptbetrieb, eine Hilfsfunktion ausübt. Der Nebenbetrieb verfolgt einen vom Hauptbetrieb verschiedenen Zweck. Zum Nebenbetrieb wird er dadurch, dass er in seiner Aufgabenstellung auf eine reine Hilfeleistung für den Hauptbetrieb ausgerichtet ist und den dort erstrebten Betriebszweck unterstützt. Beispiele: Ein selbstständig organisiertes Landgut deckt ausschließlich den Lebensmittelbedarf eines Krankenhauses (**L:** vgl. MünchArbR/*Richter* § 24 Rn 24 ff). Ferner: Reinigungsbetrieb im Verhältnis zum Krankenhaus oder zum Verkehrsbetrieb, Reparaturbetrieb im Verhältnis zum Verkehrsbetrieb, Kartoffelschälbetrieb im Verhältnis zum Gaststättenbetrieb, Schlaf- und Speisewagengesellschaft im Verhältnis zur Bundesbahn (**R:** vgl. OVG Berlin 31.7.1961 AP AZO 1938 § 19 Nr. 1; OLG Karlsruhe 14.1.1983 AP JArbSchG § 16 Nr. 1; **L:** *Zmarzlik/Anzinger* § 16 Rn 26 f).

Die Ausnahmen des § 10 umfassen auch die dazugehörigen Hilfs- und Nebentätigkeiten („unmittelbar verbundene Tätigkeiten"). Dabei spielt es keine Rolle, ob diese Tätigkeiten durch rechtlich selbstständige Betriebe oder rechtlich unselbstständige Betriebsabteilungen vorgenommen werden. Dies gilt für Hilfs- und Nebenbetriebe, deren Ruhen am Sonn- und Feiertag den zugehörigen Hauptbetrieb verhindern, erheblich stören oder seinen Ertrag erheblich mindern würde. Solche Hilfs- und Nebenbetriebe dürfen sich wie der Hauptbetrieb auf die Ausnahmen des § 10 berufen, wenn und soweit sie die in § 10 genannten Arbeiten für den Hauptbetrieb ausführen und wenn und soweit diese Arbeiten nicht an Werktagen vorgenommen werden können (**L:** *Neumann/Biebl* § 10 Rn 6; vgl. hierzu auch Rn 19 ff). **13**

Unter **Drittbetrieb** ist ein Betrieb zu verstehen, der sich darauf spezialisiert hat, mit seinen Arbeitnehmern bestimmte Arbeiten aufgrund eines Vertrages regelmäßig in anderen Betrieben durchzuführen, zB ein Reinigungsunternehmen, das mit seinen Arbeitnehmern Reinigungsarbeiten in Krankenhäusern, Büros, Fabriken uä durchführt, ferner zB ein Wartungs- und Reparaturunternehmen, das Wartungs- und Reparaturarbeiten an Heizungsanlagen, an Produktionsanlagen uä in anderen Betrieben durchführt (**R:** vgl. LAG Niedersachsen 10. 10. 1989 NZA 1990, 568; **L:** *Zmarzlik/Zipperer/Viethen* § 8 Rn 5), ferner bei der sog. just-in-time-production. **14**

Zur Frage der **Anwendung der Ausnahmen des § 10 auf Drittbetriebe** gelten die Ausführungen in § 10 Rn 13 entsprechend. Die Ausnahmen des § 10 sind nicht auf die Beschäftigung betriebseigener Arbeitnehmer beschränkt, auch nicht auf bestimmte Betriebe. Sie gelten für den jeweiligen, in den Nummern 1 bis 16 umschriebenen Beschäftigungsbereich, beschränkt auf die dort genannten Arbeiten. Im Übrigen wird jedem Betrieb bzw Unternehmen überlassen, die an Sonn- und Feiertagen notwendigen Arbeiten mit eigenen Arbeitnehmern durchzuführen oder die Durchführung dieser Arbeiten einem Drittbetrieb mit dessen Arbeitnehmern zu übertragen. Im letzteren Fall ist für die Einhaltung der Vorschriften des ArbZG der Arbeitgeber des Drittbetriebes verantwortlich, wenn und soweit er seine eigenen Arbeitnehmer beschäftigt. Bei einem Verstoß gegen das Sonn- und Feiertagsbeschäftigungsverbot kann sich jedoch der Arbeitgeber des Auftragsbetriebes einer Ordnungswidrigkeit nach § 22 Abs. 1 Nr. 5 oder 6 als Mittäter schuldig machen (**R:** im Ergebnis ebenso zu § 8 Abs. 4 MuSchG: LAG Nds. 10. 10. 1989 NZA 1990, 568; aA BAG 12. 12. 1990 DB 1991, 2143 = NZA 1991, 505; **L:** *Zmarzlik/Zipperer/Viethen* § 8 Rn 5 gegen das BAG). **15**

6. Verpflichtung zur Sonntagsarbeit. – § 10 regelt ähnlich wie § 105c GewO nur die Zulässigkeit der Beschäftigung von Arbeitnehmern an Sonn- und Feiertagen durch den Arbeitgeber. Die Regelung der **privatrechtlichen Verpflichtung** des Arbeitnehmers zur Arbeitsleistung an Sonn- und Feiertagen wird ebenso wie die Regelung der Dauer der Arbeitsleistung an Sonn- und Feiertagen dem Tarifvertrag, der Betriebsvereinbarung sowie dem Arbeits- und Ausbildungsvertrag überlassen. Tarifverträge beschränken sich regelmäßig auf Regelungen, die den Inhalt der Ar- **16**

beitsverhältnisse betreffen, und zwar immer nur soweit, als Sonn- und Feiertagsarbeit öffentlich rechtlich zulässig ist. Tarifverträge, die abweichend von den gesetzlichen Bestimmungen Sonn- und Feiertagsarbeit zulassen, wären gesetzeswidrig und daher nichtig (**L:** vgl. *Richardi* S. 96). Dagegen können im Tarifvertrag der Umfang und die Modalitäten der gesetzlich zulässigen Sonn- und Feiertagesarbeit bestimmt werden (**L:** vgl. *Däubler* DB 1988, Beil. 7, S. 13). Eine Verpflichtung zur Arbeitsleistung an Sonn- und Feiertagen in einer **Betriebsvereinbarung** setzt voraus, dass die Sperrwirkung des § 77 Abs. 3 S. 2 BetrVG aufgehoben ist, also der Tarifvertrag einer Öffnungsklausel für Betriebsvereinbarungen vorsieht. Eine entsprechende Verpflichtung in einer Betriebsvereinbarung setzt außerdem voraus, dass diese nicht bereits in einem Tarifvertrag geregelt ist oder üblicherweise in einem Tarifvertrag geregelt wird. Aus den dargestellten Einschränkungen folgt, dass üblicherweise die Verpflichtung zur Arbeitsleistung an Sonn- und Feiertagen im **Arbeitsvertrag** festgelegt wird. Angesichts des vom BVerfG (**R:** vgl. zuletzt BVerfG v. 1. 12. 2009) erneut betonten Schutzes des Sonntags als eines für alle verbindlichen Tages der Arbeitsruhe an dem „die typische werktägliche Geschäftigkeit" zu ruhen hat, geht es zu weit, dem Arbeitgeber das Recht einzuräumen, mangels entgegenstehender gesetzlicher, kollektivrechtlicher oder einzelvertraglicher Beschränkungen Sonntagsarbeit kraft seines Direktionsrechts anordnen zu können (so aber **R:** BAG v. 15. 9. 2009 – AP Nr. 7 zu § 106 GewO; ablehnend wie hier: **L:** *Neumann/Biebl* § 10 Rn 61; *Buschmann/Ulber* § 10 Rn 22). Treffen die Vertragsparteien Regelungen, die dem Verbot der Beschäftigung von Arbeitnehmern an Sonn- und Feiertagen widersprechen, sind diese nichtig (§ 134 BGB). Wird von einem Arbeitnehmer eine Arbeitsleistung an Sonn- und Feiertagen verlangt, die gesetzlich nicht zulässig ist, so kann der Arbeitnehmer diese Arbeit verweigern selbst dann, wenn er sich ursprünglich dazu bereit erklärt hatte (**R:** vgl. LAG Düsseldorf 21. 1. 1964 DB 1964, 628). Das ArbZG sieht keinen gesetzlichen Anspruch der Sonn- und Feiertagsarbeiter auf **Umsetzung auf Werktagsarbeit** vor. Ein dahingehender Vorschlag des Bundesrates ist nicht Gesetz geworden (vgl. BT-Drucks. 12/5888 zu Nr. 29 auf S. 43).

17 Die Verpflichtung des Arbeitgebers zur **Zahlung des Entgelts** und **der Zuschläge** für Sonn- und Feiertagsarbeit wird im Tarifvertrag und im Arbeitsvertrag geregelt. Für das Ableisten von Sonntagsarbeit erhalten 51 % der Arbeitnehmer Zuschläge in Zeit oder Geld (**L:** *Bauer/Groß/Lehmann/Munz* S. 75). Im Zweifel gelten die orts- oder branchenüblichen Entgelte für Sonn- und Feiertagsarbeit als vereinbart. Die Zuschläge für Sonn- und Feiertagsarbeit sind – anders als die Nachtarbeitszuschläge des § 6 Abs. 5 – mindestlohnwirksam und damit nicht zusätzlich zum Mindestlohn geschuldet (**R:** BAG 24. 5. 2017 BB 2017, 2484).

18 **An Feiertagen.** Für Arbeitszeit, die infolge eines gesetzlichen Feiertags ausfällt, hat der Arbeitgeber dem Arbeitnehmer das Arbeitsentgelt zu zahlen, das er ohne den Arbeitsausfall erhalten hätte (§ 2 Abs. 1 EFZG; **R:** BAG 16. 10. 2019 BB 2019, 2612). Prüfmaßstab ist, welche Arbeitszeit für den Arbeitnehmer gegolten hätte, wenn der betreffende Tag kein Feiertag gewesen wäre. Hätte der Arbeitnehmer ohne den Feiertag an diesem Tag gearbeitet, so ist der Arbeitgeber zur Entgeltzahlung verpflichtet. Etwas anderes gilt dann, wenn der Arbeitnehmer durch eine entsprechende dienstplanmäßige Einteilung von der Arbeitsleistung am Feiertag freigestellt ist, das Dienstplanschema aber unabhängig von etwaiger Feiertagsruhe aufgestellt ist (**R:** vgl. BAG 9.10.1996 DB 1997, 480). Arbeitnehmer, die am letzten Arbeitstag vor oder am ersten Arbeitstag nach Feiertagen unentschuldigt der Arbeit fernbleiben, haben keinen Anspruch auf Bezahlung für diese Feiertage (§ 2 Abs. 3 EFZG). Unentschuldigt in diesem Sinne bleibt der Arbeitnehmer der Arbeit auch dann fern, wenn er zwar erscheint, aber weniger als die Hälfte der für ihn maßgebenden Arbeitszeit ableistet (**R:** vgl. BAG 16.6.1965 BB 1965, 749, 991 = NJW 1965, 1980).

Wird ein Arbeitskampf nur während gesetzlicher Feiertage „ausgesetzt“, so besteht kein Anspruch auf Feiertagslohnzahlung, weil die Arbeit nicht nur wegen des gesetzlichen Feiertages ausgefallen ist, vielmehr der Streik nicht unterbrochen wurde, um die Arbeit wieder aufzunehmen (**R:** vgl. BAG 1.3.1995 BB 1995, 566 für Streikaussetzung an den Pfingstfeiertagen). Anspruch auf Feiertagslohnzahlung besteht dagegen, wenn ein Streik am letzten Arbeitstag vor einem Feiertag **beendet** wird und die Arbeitnehmer nach dem gesetzlichen Feiertag die Arbeit wieder aufnehmen. Dies gilt selbst dann, wenn der Streik einen Tag nach Wiederaufnahme der Arbeit erneut fortgesetzt wird (**R:** vgl. BAG 11.5.1993 NJW 1993, 2829; **L:** *Kaiser/Dunkl/Hold/Kleinsorge* § 2 EFZG Rn 20). Eine Streik**beendigung** vor einem gesetzlichen Feiertag löst den Feiertagslohnzahlungsanspruch nur aus, wenn die Beendigung dem Arbeitgeber, bei Konflikten um einen Verbandstarifvertrag dem Arbeitgeberverband, mitgeteilt wird. Eine öffentliche Verlautbarung reicht nur dann aus, wenn sie zur Kenntnis des Arbeitgebers gelangt, sowie hinreichend und vollständig über die Beendigung der Kampfmaßnahmen informiert und den Urheber des Beschlusses deutlich erkennen lässt (**R:** vgl. BAG 23.10.1996 DB 1997, 479). Bei Arbeitnehmern mit monatlicher Entgeltzahlung ist grundsätzlich das monatliche Entgelt weiterzuzahlen. Bei Arbeitnehmern mit täglicher oder wöchentlicher Entgeltzahlung ist für den Feiertag der effektive Entgeltausfall zu vergüten (vgl. **L:** *Kaiser/Dunkl/Hold/Kleinsorge* § 2 Rn 30). **18a**

II. Auf Werktage verlegbar (Absatz 1 Einleitungssatz)

1. Zweck. – Nach dem Einleitungssatz des § 10 Abs. 1 setzt die Inanspruchnahme jeder der im Ausnahmekatalog aufgeführten Ausnahmen voraus, dass die darin zugelassenen Arbeiten nicht an Werktagen vorgenommen werden können. Dieser Einleitungssatz hat folgenden Zweck: Zum einen sollen durch diese **Beschränkung** alle Arbeiten, die nicht dem im jeweiligen Ausnahmetatbestand umschriebenen Zweck dienen, ausgeschlossen werden. Zum anderen soll erreicht werden, dass die erlaubten Arbeiten auf ein Mindestmaß beschränkt werden, sowohl hinsichtlich der **19**

Zahl der eingesetzten Arbeitnehmer als auch hinsichtlich ihrer Arbeitszeit am Sonn- und Feiertag (**L:** vgl. *Anzinger* RdA 1994, 11, 21).

20 **2. Entstehung, bisherige Handhabung.** – Die Voraussetzung „sofern die Arbeiten nicht an Werktagen vorgenommen werden können" ist mit diesem Wortlaut in die Ausnahme vom Verbot der Sonn- und Feiertagsarbeit des § 105c Abs. 1 Nr. 3 und 4 GewO durch das Gesetz betreffend die Abänderung der Gewerbeordnung vom 1. 6. **1891** (RGBl. S. 261) **eingefügt** worden. Zur Klarstellung wurde in der amtlichen Begründung zum Gesetzentwurf von damals und in dem Bericht der VIII. Kommission des Reichstages ausgeführt, dass dies Arbeiten sind, deren „Vornahme an Werktagen … vom Gewerbetreibenden nicht wohl würde verlangt werden können", Arbeiten, die „bei einer zweckmäßigen Betriebseinteilung ohne Unzuträglichkeiten auch in der Woche verrichtet werden können", Arbeiten, deren „Vornahme an Werktagen ohne unverhältnismäßige Opfer nicht möglich ist" (vgl. Stenographische Berichte über die Verhandlungen des Reichstages, 8. Legislaturperiode, I. Session 1890/91, Erster Anlageband, Aktenstück Nr. 4 S. 14 und Zweiter Anlageband, Aktenstück Nr. 190 S. 1434).

21 Schon aus diesem Formulierungen ergibt sich, dass eine Beschränkung auf eine rein technische Unmöglichkeit der Vornahme der Arbeiten an Werktagen nicht gewollt war. Tatsächlich ließ der Wortlaut der Vorschrift die Gründe, aus denen die Arbeiten nicht an Werktagen vorgenommen werden „können", offen und gestattete damit an Sonn- und Feiertagen auch solche Arbeiten, die aus **wirtschaftlichen Gründen** nicht an Werktagen vorgenommen werden können, soweit sie andernfalls unverhältnismäßige Opfer zur Folge hätten. Auch das ist ein „Nichtkönnen" (so auch die überwiegende Auffassung, zum Meinungsstand in der Literatur zur Verlegbarkeit bzw Nichtverlegbarkeit von Arbeiten auf Werktage gemäß § 105c Nr. 3 und 4 letzter Halbsatz GewO (**L:** im Einzelnen vgl. *Zmarzlik* RdA 1988, 257, 262; ebenso *Richardi* S. 77; *Loritz* S. 118; *Zmarzlik* BB 1991, 901, 904, 905). Die **Verwaltungspraxis** der Aufsichtsbehörden der Länder ließ erhebliche wirtschaftliche Gründe ebenfalls gelten.

22 **3. Bedeutung der Voraussetzung der Verlegbarkeit.** – Der Einleitungssatz des § 10 Abs. 1 „sofern die Arbeiten nicht an Werktagen vorgenommen werden können" gilt schon aufgrund seiner Stellung für **alle Ausnahmen** des § 10 Abs. 1. Es handelt sich um eine gemeinsame Voraussetzung für die Inanspruchnahme aller nachfolgenden Ausnahmen, auch für die, für die er bisher nicht galt. Die Voraussetzung hat für alle Ausnahmen dieselbe Bedeutung.

23 Diese für alle Ausnahmen des § 10 Abs. 1 **gemeinsame Voraussetzung** ist aus § 105c Nr. 3 und 4 GewO in Kenntnis ihrer Entstehungsgeschichte, ihrer Auslegung durch Literatur und Verwaltungspraxis übernommen und auf alle Ausnahmen ausgedehnt worden (**L:** vgl. *Zmarzlik* BB 1993, 2009, 2013). Aus dem seit 1891 geltenden Wortlaut der Voraussetzung sind keine Hinweise auf eine beabsichtigte Änderung, auch keine Hinweise auf eine Deutung aus neuer, heutiger Sicht zu entneh-

men. Eine Änderung ist nur insofern durchgeführt worden, als die Voraussetzung auf alle Ausnahmen ausgedehnt worden ist. Diese Ausdehnung hat aber keine Änderung des Inhalts der Voraussetzung zur Folge gehabt. Sie kann daher **wie bisher ausgelegt und angewandt** werden, und zwar jede Ausnahme; es sei denn, dass sich aus dem jeweils speziellen Zweck etwas anderes ergibt.

Danach ist die Voraussetzung „sofern die Arbeiten nicht an Werktagen vorgenommen werden können" trotz ihres Wortlauts (nicht können) nicht auf eine technische **Unmöglichkeit** der Vornahme einer der in § 10 genannten Arbeit an Werktagen beschränkt. Das Vorliegen der Voraussetzung kann auch dann bejaht werden, wenn die Verlegung der betreffenden Arbeit vom Sonn- und Feiertag auf Werktage für den Betrieb unverhältnismäßige **wirtschaftliche** oder soziale **Nachteile** zur Folge hätte, zB durch wesentliche Einschränkung der Produktion, durch erhebliche Erhöhung der Produktionskosten, durch Erhöhung der Unfallgefahr, durch erhebliche Nachteile für die Arbeitsbedingungen der betroffenen Arbeitnehmer uä (**L:** ErFK/*Wank* § 10 ArbZG Rn 2; *Roggendorff* § 10 Rn 16; *Schliemann* § 10 Rn 8; aA *Buschmann/Ulber* § 10 Rn 5). **24**

Andererseits ist vom Betrieb im Rahmen der Zumutbarkeit und im Hinblick auf die Bedeutung des Sonn- und Feiertags zu verlangen, dass er die allgemein gebräuchlichen und **zumutbaren** Möglichkeiten zur **Vermeidung** der Sonn- und Feiertagsarbeit ergreift. So dürfte das Vorliegen der Voraussetzung für die am Sonntag in § 10 Abs. 1 Nr. 14 zugelassene Wiederaufnahmearbeit zu verneinen sein, wenn das Heranschaffen der am Montag benötigten Rohstoffe durch Bevorratung am Freitag und/oder Samstag möglich und zumutbar ist und die Rohstoffe durch eine über 24 Stunden hinausgehende Lagerung keine erhebliche Qualitätseinbuße erleiden. Das Gleiche gilt im Falle des § 10 Abs. 1 Nr. 15, wenn das Verderben von Naturerzeugnissen durch Einfrieren, Erhitzen, Trocknen, Begasen uä an den Werktagen vor dem Sonn- oder Feiertag vermieden werden kann, dies sinnvoll und lebensmittelrechtlich zulässig ist und die Kosten für das Haltbarmachen zumutbar sind (**L:** vgl *Zmarzlik* BB 1991, 901, 905). **25**

„Sofern" bedeutet „wenn und soweit". „Wenn" steht für eine **Bedingung**. Der Arbeitgeber muss die Voraussetzung „sofern die Arbeiten nicht an Werktagen vorgenommen werden können" erfüllen, andernfalls darf er eine der nachfolgenden Ausnahmen der Nummern 1 bis 16 nicht in Anspruch nehmen, gleich welche dieser Ausnahmen. „Soweit" zeigt an, dass die Erlaubnis zur Beschäftigung von Arbeitnehmern an Sonn- und Feiertagen bei jeder der Ausnahmen der Nummern 1 bis 16 dem **Umfang** nach beschränkt ist. Es darf jeweils nur die Arbeit an Sonn- und Feiertagen ausgeführt werden, die nicht an Werktagen vorgenommen werden kann. Die Arbeit darf ferner an Sonn- und Feiertagen nur für die Dauer ausgeführt werden, für die sie nicht auf den Werktag vor oder nach dem Sonn- und Feiertag verlegbar ist. Entsprechendes gilt für die Zahl und die Dauer der am Sonn- oder Feiertag einzusetzenden Arbeitnehmer. Im Zweifel ist eine Gesamtschau vorzunehmen. In Gaststätten (§ 11 Abs. 1 Nr. 4) zB dürfen an Sonn- und Feiertagen nur die Arbeiten und mit dem Personal ausgeführt **26** werden, die nach der Natur des Gaststättenbetriebes einen Aufschub oder eine Unterbrechung an Sonn- und Feiertagen nicht gestatten, und mit den Arbeitnehmern, die zu einem ordnungsgemäß geführten Gaststättenbetrieb notwendig sind.

27 Zur Darlegungs- und Beweislast: vgl. § 13 Rn 43, § 13 Rn 122 f und § 13 Rn 133.

III. Die Ausnahmen des § 10 Abs. 1

28 Bei den Ausnahmen des § 10 Abs. 1 handelt es sich um Ausnahmen **kraft Gesetzes**. Der Arbeitgeber kann die Ausnahmen ohne behördliche Bewilligung in Anspruch nehmen (**R:** BVerwG 19.9.2000 AP ArbZG § 10 Nr. 1 = NZA 2000, 1232), jedoch nicht nach Belieben. Er muss vielmehr vor Inanspruchnahme einer der Ausnahmen des § 10 Abs. 1 **in eigener** straf- und bußgeldrechtlichen **Verantwortung prüfen**, ob die in ihr bestimmten Tatbestandsmerkmale (Voraussetzungen) für die Zulässigkeit der Sonn- und Feiertagsarbeit vorliegen (**L:** hM vgl. *Baeck/Deutsch/Winzer* § 10 Rn 3; ErfK/*Wank* § 10 ArbZG Rn 1; *Neumann/Biebl* § 10 Rn 4; *Schliemann* § 10 Rn 4; *Schütt/Schulte* § 10 Rn 2). Von seiner straf- und bußgeldrechtlichen Verantwortung können ihn weder die Zustimmung des Betriebsrats noch die der betroffenen Arbeitnehmer befreien, obwohl diese für die Gesamtbeurteilung von Bedeutung sind. Die Zustimmung des Betriebsrats nach § 87 Abs. 1 Nr. 2 BetrVG hat nur betriebsverfassungs- und privatrechtliche, aber keine öffentlich-rechtliche Bedeutung. Bei Zweifeln über die Rechtmäßigkeit der Inanspruchnahme einer der Ausnahmen des § 10 Abs. 1 kann der Arbeitgeber eine verbindliche Klärung bei der zuständigen Aufsichtsbehörde gemäß § 13 Abs. 3 Nr. 1 beantragen.

29 Liegen die Voraussetzungen einer der Ausnahmen des § 10 Abs. 1 vor, so sind damit nicht nur die in dieser Ausnahme ausdrücklich genannten Arbeiten, sondern **zugleich** auch die **Hilfs- und Nebenarbeiten** – auch die eines Drittunternehmens – an Sonn- und Feiertagen zulässig, die im unmittelbaren Zusammenhang mit dem zugelassenen Betrieb oder mit der zugelassenen Arbeit stehen oder ohne diese nicht durchführbar wären. Hierzu gehört auch die Beaufsichtigung, Betreuung und Beförderung der an Sonn- und Feiertagen beschäftigten Arbeitnehmer (vgl. ausf. Rn 12 bis 15).

30 **1. Notdienste, Feuerwehr (Nummer 1).** – Not- und Rettungsdienste sind öffentliche und private, gewerbliche und gemeinnützige Dienste zur Verhinderung von und zur Hilfeleistung **in Not- und Unglücksfällen**, zB der ärztliche, zahnärztliche, tierärztliche Notdienst, der Malteser-, Johanniter-Hilfsdienst, die Dienste der DLRG, des ADAC, des AvD, die Dienste der Flugwacht, Straßenwacht, Bergwacht, die Dienste des Bestattungswesens, der Tierkörperbeseitigung, aber auch die Schlüssel- und Reparaturnotdienste, die zentralen Sperrannahmedienste der Banken und Sparkassen, ferner die Notdienste (Wochenenddienste) in Betrieben und Verwaltungen. Mit den Worten Not- und Rettungsdienste sind **nicht nur Institutionen**, sondern auch **Dienstleistungen** gemeint (**L:** hM vgl. *Baeck/Deutsch/Winzer* § 10 Rn 20; *Buschmann/Ulber* § 10 Rn 6; ErfK/*Wank* § 10 ArbZG Rn 4; *Neumann/Biebl* § 10

Rn 7). Entscheidend ist die helfende Funktion der Dienste, nicht deren Bezeichnung. Vorübergehende Nothilfe in Einzelfällen ist nach § 14 Abs. 1 zulässig.

Neben den Not- und Rettungsdiensten ist die **Feuerwehr** ohne Einschränkung ausdrücklich aufgeführt. Zulässig ist damit die Beschäftigung bei allen Feuerwehren, bei der Feuerwehr der Städte und Gemeinden, bei der freiwilligen Feuerwehr, aber auch bei der Werksfeuerwehr. Zulässig sind alle Tätigkeiten zur **Aufrechterhaltung der** notwendigen **Funktionsfähigkeit** der Not- und Rettungsdienste sowie der Feuerwehren an Sonn- und Feiertagen. Zulässig sind ferner unaufschiebbare Arbeiten zur Versorgung Kranker und Verletzter, zur Betreuung und Beratung von Personen in gefährlicher Lage, zur Erfüllung sanitäts-polizeilicher Vorschriften, zur Wiederherstellung der Verkehrs- und Betriebssicherheit von Fahrzeugen, zur Beseitigung von Störungen an Heizungs- und Klimaanlagen sowie an Gas-, Wasserleitungs- und Elektroinstallationen, ferner ähnliche unaufschiebbare Arbeiten. **30a**

Apotheken-Notdienst: Die Zulässigkeit von Apotheken-Notdiensten an Sonn- und Feiertagen richtet sich für das Bundesland **Bayern** nach den § 4 und 17 LSchlG, die insoweit eine Sonderregelung zu den §§ 9 bis 13 enthalten (**L:** *Zmarzlik/Roggendorff* § 4 Rn 1 ff, § 17 Rn 10). Für **alle anderen Bundesländer** kommen die Regelungen in ihren neu erlassenen Landesgesetzen über die Ladenöffnungszeiten zur Anwendung, zB in Baden-Württemberg die §§ 4 und 12 LadÖG BW, in Nordrhein-Westfalen die §§ 7 und 11 LÖG NRW).Im Unterschied zu § 1 Abs. 1 Nr. 3 AZO sind die pharmazeutisch vorgebildeten Arbeitnehmer vom Geltungsbereich des ArbZG nicht ausgenommen (vgl. § 18). Daher kann § 11 über den Ausgleich für Sonn- und Feiertagsbeschäftigung neben § 17 LSchlG auf pharmazeutisch vorgebildete Arbeitnehmer als günstigere Regelung Anwendung finden. Für den pharmazeutischen Großhandel gilt das nur noch für den Einzelhandel in Bayern geltende LSchlG nicht (**L:** vgl. *Zmarzlik/Roggendorff* § 1 Rn 9). Aufgrund des umfassenden Geltungsbereichs des ArbZG (vgl. § 18) findet das Verbot der Sonn- und Feiertagsbeschäftigung des § 9 Anwendung. Nach § 10 Abs. 1 Nr. 1 ist jedoch die Beschäftigung im pharmazeutischen Großhandel insoweit zulässig, als dies zur Sicherstellung der medizinischen Versorgung der Bevölkerung unerlässlich ist und nicht auf Werktage verlegt werden kann. **31**

2. Öffentliche Sicherheit (Nummer 2). – Die Aufrechterhaltung der öffentlichen Sicherheit ist im Sinne einer auch an Sonn- und Feiertagen notwendigen Gefahrenabwehr für die Unverletzlichkeit der objektiven Rechtsordnung, der subjektiven Rechte und Rechtsgüter des einzelnen sowie der Einrichtungen und Veranstaltungen des Staates und der sonstigen Träger der Hoheitsgewalt zu verstehen. Die Aufrechterhaltung der **öffentlichen Ordnung** ist im Sinne einer auch an Sonn- und Feiertagen notwendigen Gefahrenabwehr für die Gesamtheit der ungeschriebenen Regeln für das Verhalten des einzelnen in der Öffentlichkeit zu verstehen, deren Beachtung nach den jeweils herrschenden Anschauungen als unentbehrliche Voraussetzung für ein gedeihliches Miteinanderleben der Menschen angesehen wird. **32**

Es handelt sich um Aufgaben der **Polizei und Ordnungsverwaltung**, soweit sie auch an Sonn- und Feiertagen erfüllt werden müssen.

33 Der Aufrechterhaltung der **Funktionsfähigkeit von Gerichten und Behörden** dienen die Bereitschafts- und Eildienste dieser Stellen, bei Gerichten zB zum Erlass von Haftbefehlen und einstweiligen Verfügungen. Zwecken der Verteidigung dient die Beschäftigung von Arbeitnehmern (auf Beamte, Richter und Soldaten findet das ArbZG keine Anwendung; **L:** vgl. MünchArbR/*Koberski* § 185 Rn 18) beim Sonn- und Feiertagsdienst der Soldaten, insbes. beim Flugbetrieb, beim Schiffsbetrieb in Marinestützpunkten, bei Manövern und Übungen im Rahmen der technischen Betriebsdienste sowie der Verwaltungs- und Schreibdienste. Dies gilt auch wenn die Beschäftigung nicht unmittelbar bei der Bundeswehr erfolgt, sondern bei einem Arbeitgeber, dessen Arbeiten dem Zwecke der Verteidigung dienen.

34 **3. Krankenhäuser (Nummer 3).** – Dieser Regelung lag bei den Vorarbeiten der umfassende Begriff des § 2 Nr. 1 des Krankenhausfinanzierungsgesetzes, später § 107 SGB V zugrunde. Danach sind **Krankenhäuser** Einrichtungen in denen durch ärztliche und pflegerische Hilfeleistung Krankheiten, Leiden oder Körperschäden festgestellt, geheilt oder gelindert werden sollen oder Geburtshilfe geleistet wird und in denen die zu versorgenden Personen untergebracht und verpflegt werden können. Unter anderen Einrichtungen sind **Anstalten**, **Heime** und andere **gleichartige Einrichtungen** zur Behandlung, Pflege oder Betreuung von Personen zu verstehen, dazu gehören auch die ambulanten Pflegedienste (vgl. BT-Drucks. 12/5888 S. 29). Die Erfüllung einer dieser Funktionen genügt für die Inanspruchnahme dieser umfassend gemeinten Ausnahme (vgl. ferner § 5 Rn 35 ff).

35 Unter § 10 Abs. 1 Nr. 3 fallen außer Krankenhäusern **Anstalten** zum Vollzug einer gerichtlich angeordneten Freiheitsentziehung, Einrichtungen der Jugendhilfe, Einrichtungen zur Eingliederung Behinderter, Einrichtungen der Wohlfahrtspflege, **Heime** für Nichtsesshafte, Säuglings-, Kinder- und Jugendheime sowie **Internate**, Alten- und Pflegeheime, Sozialstationen, Frauenhäuser ua Einrichtungen, bei denen die Behandlung, Pflege oder Betreuung von Personen im Vordergrund steht. Für Einrichtungen, bei denen die Bewirtung und Beherbergung im Vordergrund steht und ihnen das Gepräge gibt, kommt die Ausnahme des § 10 Abs. 1 Nr. 4 in Betracht (**L:** *Neumann/Biebl* § 10 Rn 10).

36 **Zulässig** sind an Sonn- und Feiertagen **Arbeiten** zur Aufrechterhaltung der auch an diesen Tagen notwendigen Funktionsfähigkeit des Krankenhauses bzw der Einrichtung. Zulässig sind ferner alle unaufschiebbaren Arbeiten zur Einleitung oder Fortführung einer Behandlung, Pflege oder Betreuung der im Krankenhaus bzw in der Einrichtung untergebrachten oder ambulant zu versorgenden Personen. Zulässig sind hierbei alle üblichen Leistungen mit dem „werktäglichen Standard“, und nicht nur etwa eine „Minimalpflege“ (**L:** *Neumann/Biebl* § 10 Rn 11; *Baeck/Deutsch/Winzer* § 10 Rn 31; *Schliemann* § 10 Rn 16). Notdienste des Krankenhauses bzw

der Einrichtung sind nach § 10 Abs. 1 Nr. 1 zulässig (vgl. zu Neben- und Drittbetrieben Rn 12 ff; zur Verlegbarkeit von Arbeiten auf Werktage Rn 19 ff).

4. Gaststätten, Haushalt (Nummer 4). – Unter Gaststätten sind Einrichtungen zu verstehen, die Getränke oder zubereitete Speisen an Ort und Stelle an jedermann oder an bestimmte Personenkreise verabreichen oder Gäste beherbergen. Dabei kommt es nicht darauf an, ob sie dies gewerblich tun, da in § 7 Abs. 2 Nr. 4 mit Absicht nicht das Wort „Gaststättengewerbe" des § 1 GastG, sondern der allgemeine Ausdruck „Gaststätten" benutzt wird. Darüber hinaus wird die Ausnahme ausdrücklich auf andere **Einrichtungen zur Bewirtung und Beherbergung** ausgedehnt. Sie kann daher nicht nur von Schank- und Speisewirtschaften und Beherbergungsbetrieben iSd § 1 GastG in Anspruch genommen werden, sondern von allen Einrichtungen, deren Aufgabe es ist, Personen zu bewirten oder zu beherbergen (vgl. ferner § 5 Rn 40 ff). Zu den Einrichtungen zur Bewirtung gehören auch die Einrichtungen des **Party-Service** (vgl. BT-Drucks. 12/6990 S. 40; vgl. ferner Rn 9). 37

Zulässig sind an Sonn- und Feiertagen **Arbeiten** zur Aufrechterhaltung des Betriebs der Gaststätte bzw Einrichtung sowie zur Bewirtung, Beherbergung und Betreuung der Gäste, auch im Rahmen des § 7 GastG über Nebenleistungen und damit auch als **Party-Service**. Zulässig sind auch unaufschiebbare Arbeiten in den Hilfs- und Nebenbetrieben der Gaststätte bzw Einrichtung, ferner Arbeiten anderer Betriebe, soweit ohne sie der reibungslose Betrieb der Gaststätte bzw Einrichtung unzumutbar beeinträchtigt wäre, zB unaufschiebbare Arbeiten in Kartoffelschälbetrieben, nicht dagegen die Belieferung mit Getränken, da diese normalerweise an Werktagen erfolgen kann. Zulässig ist dagegen die Beseitigung von Störungen an Musik- und Unterhaltungsautomaten in Gaststätten ua, selbst wenn sie dort durch betriebsfremde Automatenaufsteller auf eigene Rechnung betrieben werden (**R:** vgl. BVerwG 7. 10. 1965 GewA 1966, 34). Dies gilt auch für Warenautomaten im Rahmen des Zubehörhandels gemäß § 7 GastG (vgl. ferner zu Neben- und Drittbetrieben Rn 12 ff; zur Verlegbarkeit der Arbeiten auf Werktage Rn 19 ff). 38

Haushalt. Das ArbZG gilt auch für den Haushalt, soweit er nicht durch § 18, insbes. § 18 Abs. 1 Nr. 3 (vgl. hierzu § 18 Rn 19 ff), von der Geltung des ArbZG ausgenommen ist. Die Ausnahme für den Haushalt wurde in § 10 Abs. 1 Nr. 4 eingefügt, nachdem statt der zunächst vorgesehenen generellen Befreiung des Haushalts von der Geltung des ArbZG die eingeschränktere Befreiung in § 18 Abs. 1 Nr. 3 Gesetz geworden ist (vgl. BT-Drucks. 12/5888 S. 18 und 32; BT-Drucks. 1276990 S. 13 und 43). 39

Unter Haushalt wird idR der Familienhaushalt verstanden. **Familienhaushalt** ist die nicht auf Erwerb ausgerichtete, auf eine gewisse Dauer abgestellte Einrichtung einer Familie in einer Wohnung für ihren privaten Lebensbereich zur Befriedigung ihrer persönlichen Bedürfnisse, insbes. zum Wohnen, Essen, Schlafen, zur Pflege und Erziehung der Kinder. Für andere Haushalte, zB von Krankenhäusern, Sanatorien, Altersheimen, Gaststätten, Erholungsheimen ua gilt idR die Ausnahme für 40

Sonn- und Feiertagsbeschäftigung des Hauptbetriebes. Diese Haushalte können sich aber auch auf die Ausnahme in § 10 Abs. 1 Nr. 4 berufen, weil diese Ausnahme nicht auf bestimmte Haushalte beschränkt ist.

41 **Zulässig** ist die Beschäftigung von Arbeitnehmern an Sonn- und Feiertagen entsprechend dem Einleitungssatz in § 10 Abs. 1 mit allen **Arbeiten**, die im Haushalt notwendig sind und nicht an Werktagen vorgenommen werden können (vgl. ferner zu Neben- und Drittbetrieben Rn 12 ff; zur Verlegbarkeit von Arbeiten auf Werktage vgl. Rn 10 ff).

42 **5. Musikaufführungen, andere Veranstaltungen (Nummer 5).** – Musikaufführungen sind öffentliche Instrumental- und Gesangsdarbietungen, soweit sie keine Theatervorstellungen sind, zB Orchesterkonzerte, Chorkonzerte, Solokonzerte. **Theatervorstellungen** sind öffentliche Aufführungen von Schauspielen, Tragödien, Komödien und anderen Dramen, von Opern, Operetten, Musicals und anderen Sing- und Sprechspielen. **Filmvorführungen** sind öffentliche Aufführungen von Filmen, insbes. in Lichtspieltheatern, in Autokinos ua **Schaustellungen** sind Veranstaltungen, Aufführungen oder Darbietungen, bei denen Menschen, Tiere oder Gegenstände zum Zwecke der Unterhaltung, Zerstreuung, Bildung uä zur Schau gestellt werden. Schaustellungen sind zB Darstellungen lebender Bilder, Modellstehen, aber auch Gemälde-, Bilder- uä Ausstellungen. Keine Schaustellungen sind die unter das LSchlG fallenden Verkaufsausstellungen (**R:** vgl. OLG Karlsruhe 22. 5. 1981 GewA 1981, 268, 269), auch Modeschauen nicht, sofern diese nicht der Unterhaltung, sondern dem Verkauf oder der Werbung dienen. **Darbietungen** sind öffentliche Auftritte, Darstellungen, Vorführungen, Vorträge uä vor einem Publikum zu dessen Zerstreuung, Entspannung, Vergnügen, auch solche der ernsten Unterhaltung, wissenschaftlicher oder bildender Art, zB Ballett- und Tanzvorführungen, artistische Darbietungen, Puppenspiele, Vorträge mit und ohne Lichtbilder.

43 **Andere ähnliche Veranstaltungen** sind alle anderen Bemühungen einzelner oder mehrerer Personen mit oder ohne Hilfsmittel vor einem Publikum, sofern sie wie die davor aufgezählten Aufführungen, Vorführungen, Darbietungen der Unterhaltung, Zerstreuung, Entspannung, Bildung uä des Publikums dienen. Auf die kulturelle, wissenschaftliche oder künstlerische Bedeutung der Veranstaltung kommt es nicht an. Deshalb gehören hierzu zB auch die Schau-, Belustigungs-, Fahr-, Schieß- und Spielgeschäfte (zB Verlosungen) des Schaustellergewerbes; bei Volksfesten zugelassen auch in § 10 Abs. 1 Nr. 9. Nicht entscheidend ist ferner, ob die Unterhaltung, Zerstreuung uä des Publikums durch Personen, Tiere oder Automaten erfolgt, durch besondere Automatenaufstellbetriebe oder durch Gaststätten, Vergnügungsbetriebe uä, die die Automaten mieten (**R:** vgl. auch BVerwG 7. 10. 1965 BVerwGE 22, 144). Zu den anderen ähnlichen Veranstaltungen gehören dagegen **Werbeveranstaltungen nicht**, da diese in erster Linie nicht der Unterhaltung, Zerstreuung uä des Publikums, sondern der Werbung für ein bestimmtes Produkt oder für eine bestimmte Dienstleistung dienen.

Vorausgesetzt wird bei allen Veranstaltungen des § 10 Abs. 1 Nr. 5 ferner, dass sie **vor einem Publikum** stattfinden. **Proben**, die nicht vor einem Publikum stattfinden, und andere Vorbereitungen für die Aufführung sind daher an Sonn- und Feiertagen nicht zulässig; es sei denn, dass ohne ihre Durchführung am Sonn- und Feiertag die Veranstaltung an diesem Tag nicht möglich wäre, mit der Sonn- und Feiertagsaufführung also ein besonderer Zusammenhang besteht, zB dann, wenn eine am Werktag vorgesehene Probe durch Krankheit, Unfall, Streik, Verkehrsbehinderung uä nicht abgehalten werden konnte. Der Terminkalender der Künstler ist dagegen idR kein zwingender Grund für eine Probe an Sonn- und Feiertagen. Die Frage, ob eine Veranstaltung gewerblich ist, ist bei der Ausnahme des § 10 Abs. 1 Nr. 5 unerheblich; zulässig sind demzufolge auch **Laienaufführungen** vor einem Publikum (**L:** ebenso *Neumann/Biebl* § 10 Rn 14), sofern sie nicht ohnehin schon von dem Ausnahmetatbestand des § 10 Abs. 1 Nr. 6 (vgl. Rn 46 ff) erfasst werden. **44**

Zulässig ist am Sonntag- oder Feiertag nicht nur die Beschäftigung mit einer gestaltenden Mitwirkung bei der Veranstaltung, sondern mit allen Arbeiten, die nicht an Werktagen vorgenommen werden können, die aber zur Vorbereitung und Durchführung der Veranstaltung am Sonn- und Feiertag und **zur Betreuung der Teilnehmer** unbedingt erforderlich sind. Zulässig ist zB die Beschäftigung mit dem Kartenverkauf, der Kartenkontrolle, dem Platzanweisen, dem Sanitätsdienst, dem Katastrophenschutz, ferner zB mit den Arbeiten eines Beleuchters, Bühnenarbeiters, Maskenbildners oder eines anderen Berufes des technischen oder verwaltungstechnischen, an Sonn- und Feiertag erforderlichen Dienstes eines Theater-, Musik-, Vergnügungsbetriebes uä. Zu den an Sonn- und Feiertagen gemäß § 10 Abs. Nr. 5 zulässigen Arbeiten gehört auch das Betreiben von Musik- und Unterhaltungsautomaten sowie die Beseitigung von Störungen an diesen Automaten, gleich ob in besonderen Spielhallen oder in Gaststätten (**R:** BVerwG 7.10.1965 BVerwGE 22, 144; **L:** *Roggendorff* § 10 Rn 20). Zu Neben- und Drittbetrieben vgl. Rn 12 ff; zur Verlegbarkeit von Arbeiten auf Werktage vgl. Rn 19 ff. **45**

6. Nichtgewerbliche Sonntagsaktionen (Nummer 6). – Dies ist eine Sammelausnahme für Kirchen, **Vereinigungen**, die bisher nicht unter das Sonntagsarbeitsverbot für Gewerbetriebe des § 105b GewO fielen, die also nicht mit der Absicht auf Gewinnerzielung tätig sind. Mit ihr wird dem vielfältigen religiösen, kulturellen, musikalischen, karitativen, gewerkschaftlichen, politischen Leben uä gerade an Sonn- und Feiertagen in und von den in § 7 Abs. 2 Nr. 6 genannten Vereinigungen Rechnung getragen, insbes. auch von den dort namentlich nicht erwähnten Wohlfahrtsverbänden, in und von den zahlreichen Sport-, Schützen-, Karnevals-, Heimat-, Brauchtumsvereinen, -verbänden, -gruppen, -gesellschaften, Spielmannszügen, Musikkapellen, Chören, in und von Theater-, Tanz-, Ballett-, Freizeit-, Hobbyvereinigungen uä. **46**

Zulässig ist an Sonn- und Feiertagen in und von diesen Vereinigungen die Beschäftigung von Arbeitnehmern bei deren **nichtgewerblichen,** dh nicht auf Gewinnerzielung ausgerichteten Aktionen und Veranstaltungen. Dabei kommt es auf die **47**

Zielrichtung und das Gesamtgepräge der Aktion oder Veranstaltung an. Aufwandsentschädigungen, Zahlungen zur Unterstützung des Vereinszwecks uä für oder aus Anlass einer Aktion oder Veranstaltung machen diese noch nicht zu einer gewerblichen, selbst die Erzielung eines erheblichen Reinerlöses nicht, solange ein gemeinnütziger Zweck im Vordergrund steht. So ist zB der Weihnachtsbasar einer Kirchengemeinde eine nichtgewerbliche Veranstaltung in diesem Sinne, wenn der Reinerlös für die Dritte Welt, für Kranke, Behinderte oder einen anderen gemeinnützigen Zweck bestimmt ist.

48 **Einzelfälle:** Aus- und Fortbildung sowie Betreuung von Mitarbeitern, ehrenamtlichen Helfern und Mitgliedern, Gemeindefeste, Pfarrfeste, Weihnachtsbasare, Veranstaltung von Schulungen, Meditationen, Exerzitien, Unterhaltungen und Freizeiten der Kirchen, gewerkschaftliche und politische Veranstaltungen, Demonstrationen, Sozialdienste gemeinnütziger Einrichtungen, zB der Sozialstationen, gegenüber Personen, die auch an Sonn- und Feiertagen der Betreuung bedürfen, ferner pastorale und karitative Dienste der Religionsgesellschaften, Ausleihe in Pfarrbüchereien (**R:** vgl. OVG Hamburg 30.9.1986 GewA 1987, 102, 103). Zulässig ist jedoch die Beschäftigung von Arbeitnehmern auch hier nur mit Arbeiten, die zur Durchführung der Aktion oder Veranstaltung gerade am Sonn- oder Feiertag erforderlich sind. In vielen Fällen wird es sich jedoch hier um vom ArbZG nicht erfasste ehrenamtliche Tätigkeit handeln (**L:** vgl. MünchArbR/*Koberski* § 185 Rn 22; *Baeck/Deutsch/Winzer* § 10 Rn 47; *Neumann/Biebl* § 10 Rn 16).

49 **7. Sport, Freizeit, Museen, Bibliotheken (Nummer 7).** – Der Begriff Sport ist umfassend. Arbeitnehmer können am Sonn- und Feiertag **bei jeder Sportart** mit allen dabei anfallenden Arbeiten, die nicht auf einen Werktag verlegt werden können, beschäftigt werden, bei der eigenen oder fremden Sportausübung, bei der professionellen oder nichtprofessionellen, bei der Sportausübung im Freien oder in Räumen, bei der Sportveranstaltung (auch Schauturnen, Schaulaufen oder bei der bloßen Sportausübung (zB beim Wettkampf) mit der sportlichen Betätigung selbst oder mit Hilfs- oder Nebentätigkeiten, zB als Berufsfußballspieler, Berufsreiter, Jockey, Pferdewirt, Pferdepfleger, Berufsfahrer, Mechaniker, Verkäufer, Ordner, Betreuer, Gehilfe, Raumpfleger ua (**L:** zu Sportlern als Arbeitnehmer vgl. Münch ArbR/*Giesen* § 168 Rn 1 ff).

50 Zum **Sport- und Erholungsbereich** gehören zB Sportplätze, Sporthallen, Freibäder, Hallenbäder, Saunabetriebe, Wannen- und Brausebäder, sanitäre Anlagen, Sportbetriebe wie Bootsvermietung, Sportgeräteverleih, Eislaufplätze, Skischulen, Golf- und Minigolfplätze, Tennisplätze, Tennishallen, Tischtennisanlagen, Kegelbahnen, Rennbahnen ua Zulässig sind: Beaufsichtigung der Gäste und Kunden, Wartung und Reinigung der Anlagen, Verleih von Sportgeräten, Badewäsche, Liegestühlen, ua.

51 Zum **Freizeit- und Erholungsbereich** gehören zB Parkanlagen, Zoo, Tierpark, Safaripark, Freizeitpark, Erholungszentrum, Campingplatz, Spielhallen, Sehens-

würdigkeiten. Zum Freizeit- und **Vergnügungsbereich** gehören zB Spielbanken, Buchmacher, Zirkus, Varieté, Kabarett, Tanzlokale und ähnliche Betriebe, die ihren Gästen eine ähnliche Art der Unterhaltung bieten, also in erster Linie der leichten Unterhaltung, der Schaulust und dem Sensationsbedürfnis dienen, zB Vergnügungsbars, Revuetheater, Spielsalons. Zulässig sind alle Arbeiten, die zur Aufrechterhaltung des Betriebs der Freizeit, Erholungs- und Vergnügungsanlage sowie zur Betreuung der Gäste und Besucher gerade am Sonn- und Feiertag erforderlich sind.

Zu den an Sonn- und Feiertagen zulässigen Arbeiten im **Fremdenverkehr** gehören, 52
soweit nicht insbes. § 10 Abs. 1 Nr. 4 oder 10 zur Anwendung kommt, zB Auskunfterteilung, Beratung, Bewirtung, Beherbergung, Betreuung und Abfertigung von Reisenden (in- und ausländische), Zimmervermittlung an Reisende, Reisebetreuung, persönliche Dienstleistungen wie Gepäckträger, Fremdenführer, Parkplatzbewacher.

Museen. Dies sind Sammlungen von künstlerischen und wissenschaftlichen Ge- 53
genständen und die sie bergenden Bauten. An Sonn- und Feiertagen ist die Beschäftigung von Arbeitnehmern in Museen mit Arbeiten zulässig, die zur ordnungsgemäßen Offenhaltung des Museums für Besucher oder zur ordnungsgemäßen Durchführung der dort am Sonn- und Feiertag stattfindenden Veranstaltungen, Ausstellungen ua geboten sind.

Bibliotheken. Für Bibliotheken gilt grundsätzlich das Verbot der Beschäftigung 54
von Arbeitnehmern an Sonn- und Feiertagen gemäß § 9 Abs. 1. Eine Ausnahme ist in § 10 Abs. 1 Nr. 7 nur für wissenschaftliche Präsenzbibliotheken vorgesehen, zB die Präsenzbibliotheken der Universitäten (**L:** vgl. ErfK/*Wank* § 10 ArbZG Rn 10; *Neumann/Biebl* § 10 Rn 23; *Roggendorff* § 10 Rn 21); zu den Pfarrbüchereien vgl. § 10 Rn 48.

8. Rundfunk, Presse (Nummer 8). – a) Allgemeine Erläuterung, GG. – Die Aus- 55
nahme des § 10 Abs. 1 Nr. 8 gilt für den Rundfunk und die Presse. Aus dem Bereich der Presse werden in § 10 Abs. 1 Nr. 8 die Tages- und Sportpresse, die Nachrichtenagenturen und bestimmte, der Aktualität dienende Tätigkeiten zugelassen. In die Ausnahme werden auch Aufnahmen auf Ton- und Bildträger, die sowohl beim Rundfunk als auch bei der Presse von Bedeutung sein können, einbezogen. Darüber hinaus werden bestimmte, in Nr. 8 im Einzelnen genannte Tätigkeiten sowie der Transport und das Kommissionieren von Presseerzeugnissen an Sonn- und Feiertagen zugelassen. Zugelassen ist auch das Verteilen kostenloser Sonntagsausgaben mit einem Nachrichtenteil über lokale (Wochenend-)Ereignisse und einem sehr ausgeprägten Anzeigenteil (**R:** vgl. Hess VGH 10. 2. 1993 GewA 1994, 26).

Über allem steht der notwendige Bezug der Arbeiten zur Tagesaktualität als Vo- 56
raussetzung der Sonn- und Feiertagsarbeit im Bereich des § 10 Abs. 1 Nr. 8 und die allgemeine Einschränkung gemäß § 10 Abs. 1 Einleitungssatz – Verlegen von Arbeiten vom Sonn- und Feiertag auf den Werktag – entsprechend der allg. dem

Art. 140 GG iVm Art. 139 WRV entnommenen Zwecksetzung des § 1 Nr. 2 (**L:** vgl. auch *Dobberahn* Rn 103; *Buschmann/Ulber* § 10 Rn 8). Damit hat der Gesetzgeber zugleich die notwendige Abwägung zwischen der Meinungsäußerungs-, der Informations- sowie der **Pressefreiheit** des Art. 5 GG und dem Schutzauftrag der Gewährleistung der **Sonn- und Feiertagsruhe** in Art. 140 GG iVm Art. 139 WRV im Rahmen seines gesetzgeberischen Ermessens getroffen (**R:** vgl. BVerfG 15.3.1967; BVerfGE 21, 239, 243; BVerwG 15.3.1988 BVerwGE 79, 118, 122f und BVerwG 14.11.1989 NJW 1990, 1059, 1060 = GewA 1990, 64, 66; **L:** vgl. *Berger-Delhey* BB 1994, 2199, 2201 mwN).

57 **b) Rundfunk. – Unter Rundfunk** ist der Hörfunk (Radio) und das Fernsehen zu verstehen. Die Ausnahme für den Rundfunk in § 10 Abs. 1 Nr. 8 ist nicht auf bestimmte Bereiche, Tätigkeiten oder Arbeitnehmer beschränkt, insbes. nicht wie in § 17 Abs. 1 Nr. 5 JArbSchG auf Direktsendungen. Eine Beschränkung ergibt sich lediglich aus dem Einleitungssatz des § 10 Abs. 1 (sofern die Arbeiten nicht an Werktagen vorgenommen werden können), der auch für den Rundfunk Anwendung findet: Danach gilt:

58 **Zulässig** ist beim Rundfunk an Sonn- und Feiertagen die Beschäftigung von Arbeitnehmern, rundfunkeigenen und fremden, insbes. mit Arbeiten zur Gestaltung, Produktion, Abwicklung und Ausstrahlung von Sonn- und Feiertagsprogrammen einschließlich der Arbeiten, die zur Aufrechterhaltung des Rundfunkbetriebs am Sonn- oder Feiertag erforderlich sind. Zulässig ist ferner am Sonn- oder Feiertag die Vorbereitung des Montagsprogramms bzw des Nachfeiertagprogramms, soweit sie nicht auf Werktage verlegt werden kann (zu Neben- und Drittbetrieben vgl. Rn 12ff; zur Verlegbarkeit von Arbeiten auf Werktage vgl. Rn 19ff). Typisch für Rundfunkanstalten ist die Sonn- und Feiertagsarbeit zB für Berichterstatter, Sportreporter, Musiker, Redakteure, Moderatoren, Techniker, Regisseure, Kameraleute, Beleuchter.

59 **Proben** und Studioproduktionen sind an Sonn- und Feiertagen ähnlich wie in den Fällen des § 10 Abs. 1 Nr. 5 nicht zugelassen; es sei denn, dass sie an Sonn- und Feiertagen vor einem Publikum durchgeführt werden, weil sie dann eine Veranstaltung iSd § 10 Abs. 1 Nr. 5 sind (vgl. Rn 44).

60 **c) Bereich Presse. – aa) Begriff Presse.** – Der Begriff Presse, der auch in Art. 5 Abs. 1 Satz 2 und in Art. 75 Nr. 2 GG verwendet wird, ist ein Sammelbegriff. Er umfasst nicht nur Zeitungen und Zeitschriften, sondern das Pressewesen in seiner Gesamtheit. Das Produkt der Presse ist das Druckwerk bzw sind Druckwerke. Der Begriff Druckwerk ist ebenfalls ein Sammelbegriff. Er umfasst mittels Markenvervielfältigungsverfahren hergestellte und zur Verbreitung bestimmte Schriften sowie bildliche Darstellungen (**L:** im Einzelnen *Berger-Delhey* BB 1994, 2199, 2201, vgl. zur Entstehung, zur Auslegung und zu verfassungsrechtlichen Fragen des Ausnahmetatbestandes Rn 56; ausf. zu den Arbeitsverhältnissen der Pressejournalisten MünchArbR/*Giesen* § 167 Rn 1ff).

bb) Tagespresse. – Zur Tagespresse gehören **Tages- und Sonntagszeitungen**, dh Druckwerke, die in tagebuchartiger Weise fortlaufend über das tagesaktuelle Geschehen aus allen Lebensbereichen in Wort und Schrift berichten und es erörtern. Die Sonntagszeitung kann eine reine Sonntagszeitung sein oder als siebte Ausgabe einer Tageszeitung erscheinen (vgl. BT-Drucks. 12/5888 S. 29). Die Tagespresse und die Sportpresse werden in § 10 Abs. 1 Nr. 8 zur Sonn- und Feiertagsbeschäftigung ausdrücklich zugelassen (**L:** zum Begriff Tagesaktualität vgl. *Berger-Delhey* BB 1994, 2199, 2200 mwN). 61

Von der Tagespresse sind **Zeitschriften** zu unterscheiden. Sie sind periodisch erscheinende Druckwerke, die idR nur eine periodenhafte Aktualität, nicht jedoch eine Tagesaktualität aufweisen und die mehr erörternden als berichtenden Charakter haben. Zeitschriften sind in § 10 Abs. 1 Nr. 8 zur Sonn- und Feiertagsbeschäftigung nicht ausdrücklich, sondern nur mittelbar zugelassen, zB durch die Zulassung des Transports und des Kommissionierens von Presseerzeugnissen, deren Erscheinungstag am Montag oder am Tag nach einem Feiertag liegt (**L:** krit. hierzu *Buschmann/Ulber* § 10 Rn 9). 62

cc) Andere Druckerzeugnisse, Anzeigenblätter. – Andere Druckerzeugnisse, wie Anzeigenblätter, Werbeblätter und -schriften, Werbezettel, Flugblätter, Wurfsendungen ua, die nicht in erster Linie der laufenden **Information** des Bürgers über das **aktuelle Geschehen** dienen, sondern vorwiegend für bestimmte Ideen, Parteien, Ideologien, Produkte werben, sind weder Zeitungen noch Zeitschriften iSd Ausnahme. Werbeblätter, -schriften und -zettel, die nur Werbung enthalten, dürfen an Sonn- und Feiertagen weder gedruckt noch ausgetragen werden (**L:** vgl. *Roggendorff* § 10 Rn 22; *Neumann/Biebl* § 10 Rn 26; ErfK/*Wank* § 10 ArbZG Rn 11). 63

Bei den periodisch erscheinenden **Anzeigenblättern** (wie Zeitungen aufgemachte Druckwerke mit einem ausgeprägten Anzeigenteil und einem redaktionellen Teil), Ortsparteizeitungen ua kommt es darauf an, ob sie überwiegend der Werbung für Produkte oder Dienstleistungen bzw der Werbung für eine Partei, für eine Vereinigung ua dienen oder ob sie den Bürger in erheblichem Umfang zumindest auch informieren und diese Informationen keine bloße Alibifunktionen hat (**R:** vgl. zu Anzeigenblättern vor Inkrafttreten des ArbZG: BVerwG 17.12.1985 NJW 1986, 2003 = GewA 1986, 93; Hess VGH 10.2.1993 GewA 1994, 26; zum Verteilen eines Anzeigenblattes als Verstoß gegen § 1 UWG: BGH 26.11.1987 NJW 1988, 2243 = GewA 1988, 94). Wegen ihrer aktuellen Informationen, nicht zuletzt auch wegen ihrer aktuellen Sportberichterstattung vom Wochenende sind im Gesetzgebungsverfahren in § 10 Abs. 1 Nr. 8 das Wort „journalistischen" gestrichen und die Worte „einschließlich des Austragens" eingefügt worden (vgl. BT-Drucks. 12/6990 S. 13 und 43). Damit sollte das Austragen von Anzeigenblättern und anderen Presseerzeugnissen mit Informationen über aktuelle Ereignisse zugelassen werden (**R:** vgl. Hess VGH 10.2.1993 GewA 1994, 26; **L:** *Anzinger* BB 1994, 1492, 1496; *Roggendorff* § 10 Rn 22). Das Austragen solcher Anzeigenblätter und anderer solcher Presseerzeugnisse ist allerdings nur mit der allg. Einschränkung gemäß § 10 Abs. 1 Ein- 64 leitungssatz und unter Berücksichtigung der allg. Zwecksetzung des § 1 Nr. 2 zugelassen worden (vgl. ferner Rn 3).

65 **dd) Tages- und Sportpresse.** – Zur **Tagespresse** gehören Zeitungen, dh Druckwerke, die in tagebuchartiger Weise fortlaufend über das tagesaktuelle Geschehen aller Lebensbereiche in Wort und Schrift berichten und es erörtern. Zeitschriften sind periodisch erscheinende Druckwerke, die allenfalls eine Periodenaktualität, zB Wochen-, nicht jedoch eine Tagesaktualität haben und die mehr erörternden als berichtenden Charakter haben. Druckerzeugnisse wie Anzeigenblätter, Werbeschriften, Werbezettel, Flugblätter und Wurfsendungen jeder Art, die nicht in erster Linie der laufenden Information des Bürgers über das aktuelle Geschehen dienen, sondern vorwiegend für bestimmte Ideen, Ideologien, Produkte oder Dienstleistungen werben, sind weder Zeitungen noch Zeitschriften.

66 Von den Zeitungen können sich wegen des Ausdrucks Tagespresse auf die Ausnahme des § 10 Abs. 1 Nr. 8 diejenigen berufen, die täglich, zumindest werktäglich, erscheinen, dh die **Tageszeitungen,** und zwar für die Herstellung und den Vertrieb der Sonn- und Feiertagsausgabe sowie der Montag- und Nachfeiertags-Morgenausgabe für das sog. Tagesaktuelle, nicht dagegen für die Herstellung anderer Ausgaben oder für die Herstellung der vom Tagesgeschehen getrennten Beilagen. Auf die Ausnahme können sich nicht die Zeitungen berufen, die in größeren Zeitabständen erscheinen, mit Ausnahme der ausdrücklich genannten **Sportzeitungen**, die an Sonn- und Feiertagen ähnlich wie Tageszeitungen wegen ihrer aktuellen Berichterstattung hergestellt und vertrieben werden dürfen. Sportzeitungen in diesem Sinne sind Zeitungen, denen die Berichterstattung über aktuelle sportliche Ereignisse vom Wochenende das Gepräge gibt.

67 **ee) Satz, Filme, Druckformen.** – Zulässig ist an Sonn- und Feiertagen ferner die **Herstellung** von Satz, Filmen und Druckformen, allerdings nur **für tagesaktuelle** Nachrichten und Bilder, andernfalls kann deren Herstellung auch an Werktagen erfolgen. Mit dem Wort Herstellung ist nicht nur deren technische, sondern auch deren geistig-redaktionelle Seite gemeint.

68 Die Ausnahme ist nicht auf bestimmte Betriebe beschränkt. Sie kann zB auch in einem Betrieb mit Sonn- und Feiertagszeitungen oder mit Zeitschriften für die Sonn- und Feiertags- bzw Montagsausgabe in Anspruch genommen werden, sofern dies die aktuelle Berichterstattung erfordert, dem Sinn entsprechend auch für das Drucken.

69 **ff) Ton- und Bildträger, Aufnahmen.** – Ton- und Bildträger sind Vorrichtungen zur wiederholbaren Wiedergabe von Ton- oder Bildfolgen (vgl. § 16 Abs. 2 Urheberrechtsgesetz), zB Schallplatten, Tonbänder, Bildplatten. Eine **Filmaufnahme** ist das Anfertigen von Laufbildern auf jedem dafür geeigneten Material. Eine **Fotoaufnahme** ist das Anfertigen von Standfotos.

70 Zulässig ist jeweils nur die Aufnahme, Bild- und Tonaufnahme, sofern sie nur am Sonn- und Feiertag, nicht aber, sofern sie auch am Werktag gemacht werden kann.

Kann die Aufnahme am Sonn- und Feiertag nicht gemacht werden, ohne dass an diesem Tag die Szenenbilder auf- und abgebaut oder die Filme entwickelt, zusammengestellt und vorgeführt werden müssen, sind auch diese Arbeiten zulässig. Die Art der Aufnahme und die Art der Betriebe, in denen Aufnahmen gemacht werden können, ist nicht ausdrücklich beschränkt. Eine solche Beschränkung kann sich jedoch aus dem grundsätzlichen Gebot der Sonn- und Feiertagsruhe und der allgemeinen Zwecksetzung des § 1 Nr. 2 ergeben (vgl. Rn 56).

9. Messen, Ausstellungen, Märkte, Volksfeste (Nummer 9). – Eine **Messe** ist eine zeitlich begrenzte, im Allgemeinen regelmäßig wiederkehrende Veranstaltung, auf der eine Vielzahl von Ausstellern das wesentliche Angebot eines oder mehrerer Wirtschaftszweige ausstellt und überwiegend nach Muster an gewerbliche Wiederverkäufer, gewerbliche Verbraucher oder Großabnehmer vertreibt (§ 64 Abs. 1 GewO). Eine **Ausstellung** ist eine zeitlich begrenzte Veranstaltung, auf der ebenfalls eine Vielzahl von Ausstellern ein repräsentatives Angebot eines oder mehrerer Wirtschaftszweige oder Wirtschaftsgebiete ausstellt und vertreibt oder über dieses Angebot zum Zweck der Absatzförderung informiert (§ 65 GewO). **Zu den Märkten** zählen nach § 66 GewO die Großmärkte, nach § 67 GewO die Wochenmärkte und nach § 68 die Spezialmärkte, zB die Lebensmittelgroßmärkte in den Markthallen der Städte für Wiederverkäufer, und Jahrmärkte. 71

Ein **Volksfest** ist eine im Allgemeinen regelmäßig wiederkehrende Veranstaltung, auf der eine Vielzahl von Anbietern, Schaustellungen, Musikaufführungen, unterhaltende Vorstellungen oder sonstige Lustbarkeiten iSd § 55 Abs. 1 Nr. 3 GewO darbietet (zugelassen auch in § 10 Abs. 1 Nr. 5) und Waren feilbietet, die üblicherweise auf Veranstaltungen dieser Art angeboten werden (§ 60b Abs. 1 GewO). Veranstalter solcher Volksfeste sind idR private Vereinigungen, zB Schützenvereine, Bürgervereine, Vereine zur Pflege örtlicher Traditionen. Insoweit kommt auch eine Ausnahme nach § 10 Abs. 1 Nr. 6 in Betracht, allerdings nur bei einer Veranstaltung nichtgewerblicher Art. 72

Die Ausnahme des § 10 Abs. 1 Nr. 9 gilt nicht für Verkaufsveranstaltungen und **Musterschauen** von Handelsvertretern, Einkaufszentralen und Großhändlern, insbes. nicht für die sog. Hausmessen; für sie kommt eine Ausnahmegenehmigung vom Verbot des § 9 Abs. 1 gemäß § 13 Abs. 3 Nr. 2a in Betracht. 73

Bei den **Hausmessen** handelt es sich um Veranstaltungen des Großhandels und der Einkaufsverbände. Diesen Veranstaltungen fehlt für deren Genehmigung an Sonn- und Feiertagen idR die in §§ 64 und 65 GewO bestimmte Voraussetzung „Vielzahl von Anbietern". Eine Vielzahl von Anbietern ist erst dann auf einer Messe oder Ausstellung iSd §§ 64 und 65 GewO vertreten, wenn mehr als die Hälfte der Unternehmen eines Wirtschaftszweiges ihre Waren anbieten bzw ausstellen. Außerdem sind die Hausmessen nicht, wie § 70 GewO es verlangt, für jedermann zugänglich (**L:** vgl. ebenso *Dobberahn* Rn 106). 74

75 Auf den für Sonn- und Feiertage genehmigten Messen, Ausstellungen und Märkten gilt das Beschäftigungsverbot des § 9 Abs. 1 nicht für die eigentliche Verkaufstätigkeit, ferner nicht für zusätzliche Arbeiten, soweit sie an Sonn- und Feiertagen erforderlich sind, um die Verkaufstätigkeit zu ermöglichen, zB das Auf- und Abbauen der Stände, das Herbeischaffen der Ware. Zu beachten ist, dass auch hier § 10 Abs. 1 Einleitungssatz gilt. Nach § 69 GewO festgesetzte Messen, Ausstellungen, Märkte und Volksfeste sind aufgrund der sog. **Marktprivilegien** seit jeher vom Verbot der Beschäftigung von Arbeitnehmern an Sonn- und Feiertagen befreit gewesen (**R:** OVG SH 25.3.1994 GewA 1994, 239; vgl. auch BT-Drucks. 12/5888 S. 29 zu Nr. 9). Aufgrund des § 10 Abs. 1 Nr. 9 sind sie nunmehr ausdrücklich vom Verbot des § 9 Abs. 1 ausgenommen. Durch das vorangestellte Wort „bei" wurde außerdem klargestellt, dass das Verbot auch während der notwendigen Auf- und Abbauzeiten nicht gilt. Für Volksfeste kann zugleich eine Befreiung nach § 10 Abs. 1 Nr. 5 und 6 in Betracht kommen, soweit es sich um Aufführungen, Darbietungen, Schaustellungen handelt.

76 **10. Verkehrsbetriebe, Kommissionieren (Nummer 10). – a) Begriff Verkehrsbetriebe.** – Unter die Ausnahme des § 10 Abs. 1 Nr. 10 (vgl. auch § 105i GewO – alt –) fallen alle gewerblichen und nichtgewerblichen Betriebe des Güternah- und Güterfernverkehrs sowie alle gewerblichen und nichtgewerblichen Betriebe des Personennah- und Personenfernverkehrs, alle öffentlichen und privaten Betriebe, deren Betriebszweck darin besteht, Güter, Personen oder Nachrichten anderer und für andere zu befördern (**R:** vgl. BAG 4.5.1993 NZA 1993, 856, 858). Unter die Ausnahme des § 10 Abs. 1 Nr. 10 fällt **nicht** der **Werkverkehr**, da er lediglich Teil eines auf andere Zwecke als die der Beförderung gerichteten Betriebs ist und da dessen Zweck ist, Güter oder Personen nur für diesen Betrieb zu befördern, zB der Werkverkehr als Teil eines Maschinenbaubetriebs. Nicht unter die Ausnahme des § 10 Abs. 1 Nr. 10 fällt ferner der Transport von Nachrichten und Presseerzeugnissen, soweit der Transport unter die Ausnahme des § 10 Abs. 1 Nr. 8 fällt, weil diese Ausnahme als Spezialregelung für die Presse der allgemeineren Regelung des § 10 Abs. 1 Nr. 10 vorgeht, nicht zuletzt aber auch wegen des abschließenden Charakters der Regelung für die Presse in § 10 Abs. 1 Nr. 8. Im Übrigen vgl. zum Begriff des Verkehrsbetriebs § 5 Rn 46 f; zur Luftfahrt vgl. § 20 Rn 14; zur Binnenschifffahrt vgl. § 21 Rn 1 ff.

77 **b) Transport, Kommissionieren verderblicher Waren.** – Nach § 10 Abs. 1 Nr. 10 ist der Transport und das Kommissionieren von leicht verderblichen Waren iSd § 30 Abs. 3 Nr. 2 StVO an Sonn- und Feiertagen zulässig. Damit wird sichergestellt, dass Frischwaren wegen des durch den Verderb bedingten zeitlich kurzen Weges von der Herstellung (Ernte) bis zum Verbraucher nicht nur abweichend vom Sonn- und Feiertagsfahrverbot der StVO an Sonn- und Feiertagen befördert, sondern auch kommissioniert werden dürfen. Damit werde das Verderben bzw der Qualitätsverlust bei Frischwaren verhindert und zugleich dem Bedürfnis des Verbrauchers nach Frischwaren schon am Montagmorgen Rechnung getragen (vgl. BT-Drucks. 12/6990 S. 43 zu Nr. 10). Zur alten Rechtslage vgl. Vorauflage § 10 Rn 27.

78 Zur Klarstellung der Worte **leicht verderbliche Waren** verweist § 10 Abs. 1 Nr. 10 auf § 30 Abs. 3 Nr. 2 StVO. Danach gehören zu den leicht verderblichen Waren frische Milch und Milcherzeugnisse (**R:** vgl. OVG Nds 20.6.1997 GewA 1997, 498 – insbes. zur Frage leicht verderblicher Lebensmittel von geringer Haltbarkeit), frisches Fleisch und frische Fleischerzeugnisse, frischer Fisch und frische Fischerzeugnisse, leicht verderbliches Obst und Gemüse (vgl. **Teil D** Anh. **Nr. 12**). Zum leicht verderblichen Obst und Gemüse zählen ua Erdbeeren, Pfirsiche, Weintrauben, Salat, Tomaten, frische Pilze, Blumenkohl, Spargel, Spitzkohl (**R:** vgl. auch OVG Münster 7.10.1993 GewA 1994, 170). Zu den leicht verderblichen Waren zählen nicht gefrostete Waren.

79 **Zum Transport und Kommissionieren** (Aufbereiten, Verpacken, Versandfertigmachen) **gehören** das Ausladen der am Sonntag vom Erzeuger eintreffenden frischen Ware, das Sortieren, das Abpacken, das Verladen der Ware, der Transport und die Auslieferung der kommissionierten Ware zu den und an die Kunden (**L:** zur Früchtekommissionierung vgl. *Roggendorff* § 10 Rn 24). Zu den Abnehmern des Früchteimports und -großhandels gehören auch die Unternehmen des Lebensmittel-Einzelhandels.

80 **c) Vornahme an Werktagen.** – § 10 Abs. 1 **Einleitungssatz** gilt auch bei Anwendung der Nr. 10 (vgl. hierzu Rn 19ff). Jedoch können die Betroffenen zur Vermeidung von Sonn- und Feiertagsarbeit nicht mit Hilfe des § 10 Abs. 1 Einleitungssatz wie bisher auf die Möglichkeit des Frostens verwiesen werden. Bei der Anwendung des Einleitungssatzes kommt es nicht nur auf das technisch Machbare, sondern auch auf die Zumutbarkeit des technisch Machbaren an. Ein großer Teil der Personen, die frische Waren auch am Montag einkauft, lehnt gefrostete Ware aus Prinzip ab. Zudem stünde diese Handhabung im Widerspruch zur Intention des Gesetzgebers bei der Ergänzung der Ausnahme des § 10 Abs. 1 Nr. 10. Deshalb dürfen leicht verderbliche Waren, zB Obst und Gemüse, im Verbund mit anderen Frischeprodukten einheitlich transportiert und **kommissioniert** werden, nicht zuletzt auch aus Gründen der Zumutbarkeit (vgl. Rn 25).

81 **d) Hilfs- und Nebenbetriebe.** – Hilfs- und Nebenbetriebe von Verkehrsbetrieben dürfen sich auf die Ausnahme des § 10 Abs. 1 Nr. 10 berufen, wenn und soweit deren Ruhen an Sonn- oder Feiertagen den Hauptbetrieb an diesen Tagen erheblich stören oder dessen Ertrag erheblich mindern würde (**R:** vgl. OLG Karlsruhe 14.1.1983 AP JArbSchG § 16 Nr. 1), zB Autobahn- und Garagenbetriebe, Tankstellen und Reparaturwerkstätten der Verkehrsbetriebe, Schlaf- und Speisewagenbetriebe der Deutschen Bahn. Zu der Ausnahme können auch **Tätigkeiten** von Betrieben gerechnet werden, die zwar selbst keine Verkehrsbetriebe oder keine Hilfs- oder Nebenbetriebe dieser Betriebe sind, die jedoch **zum reibungslosen Ablauf des Verkehrs** an Sonn- und Feiertagen erforderlich und auf eine gewisse Dauer angelegt sind (**R:** vgl. OLG Karlsruhe 14.1.1983 AP JArbSchG § 16 Nr. 1), zB die Reparaturnothilfe in Kfz-Reparaturwerkstätten, die Reinigung auf einem Flughafen durch ein betriebsfremdes Reinigungsunternehmen zur Sicherstellung eines reibungslosen Ablaufs des Flugverkehrs (**R:** OVG Berlin 31.7.1961 AP AZO 1938 § 19 Nr. 1). Der Begriff des Verkehrswesens umfasst die mit dem Verkehrsablauf notwendigerweise zusammenhängenden Tätigkeiten ohne Rücksicht darauf, welchem Betrieb diese Tätigkeiten jeweils zugeordnet sind (**R:** vgl. BVerwG 7.4.1983 GewA 1983, 225; vgl. ferner § 10 Rn 12ff).

82 **Zulässig** sind an Sonn- und Feiertagen alle **Arbeiten zur Aufrechterhaltung des** an diesen Tagen üblichen **Verkehrs** einschließlich der notwendigen Überwachungs-, Wartungs- und Sicherungsarbeiten sowie des Abschlepp- und Personenrückholdienstes. In der Güterbeförderung sind zB zulässig: Fortsetzung der Fahrt bis zur Erreichung des Fahrtzieles in unvorhergesehenen Fällen, Beförderung, Lagerung sowie damit zusammenhängende Speditionstätigkeit und Transitabfertigung von Express, Luftfracht, Reisegepäck, leichtverderblichen Gütern, Schlacht-, Steck- und Lebendvieh. Arbeiten, die am Werktag vor oder am Werktag nach dem Sonn- und Feiertag vorgenommen werden können, ohne dass die übliche oder notwendige Beförderung von Personen, Gütern oder Nachrichten gefährdet oder unzumutbar beeinträchtigt wird, sind am Sonn- und Feiertag nicht zulässig (**R:** vgl. BAG 4.5.1993 NZA 1993, 856, wonach Wartungstechniker von Flugsimulatoren nur dann zur Sonntagsarbeit verpflichtet werden können, wenn für die Arbeit am Sonntag eine besondere Dringlichkeit besteht. Dies wurde vom BAG im vorliegenden Fall mit dem zutreffenden Hinweis verneint, dass in Luftverkehrsunternehmen Sonntagsarbeit nicht aus jeglichen wirtschaftlichen Gründen zulässig sei).

83 **11. Energie, Wasser, Abfall, Abwasser (Nummer 11). – Energieversorgungsbetriebe** sind alle öffentlichen, gemischt-wirtschaftlichen und privaten Betriebe, die Haushalte, Betriebe und Verwaltungen mit elektrischer Energie, Gas und Wärme versorgen, zB Elektrizitäts- und Gaswerke, Fernheizwerke, Fernleitungssysteme zum Transport von Gas und Erdöl. **Wasserversorgungsbetriebe** sind alle Betriebe zur Deckung des Wasserbedarfs der Wohn- und Arbeitsstätten mit Trinkwasser, zB Wasserwerke, Fernleitungssysteme für die Wasserversorgung.

84 **Zulässig sind** an allen Sonn- und Feiertagen **Arbeiten,** die zum kontinuierlichen Betrieb der Energie- und Wasserversorgungsanlagen erforderlich sind, insbes. Arbeiten, die für die durchgängige Versorgung der Allgemeinheit, des eigenen oder fremden Betriebs unerlässlich sind und nicht an Werktagen vorgenommen werden können, einschließlich der auch an Sonn- und Feiertagen notwendigen Energieerzeugung und Wassergewinnung. Dazu gehört auch die kontinuierliche Zulieferung von Rohstoffen durch Hilfs- und Neben- sowie Drittbetriebe zur Ermöglichung des kontinuierlichen Betriebs der Energie- und Wasserversorgungsbetriebe (**L:** ebenso *Dobberahn* Rn 105; *Roggendorff* § 10 Rn 25; vgl. auch BT-Drucks. 12/6990 S. 40; vgl. ferner Rn 12ff); ferner die Entnahme und Kontrolle gesetzlich vorgeschriebener Trinkwasserproben.

85 **Abfallentsorgungsbetriebe** sind Betriebe, die Abfallstoffe, Abfälle, Abgänge der Haushalte, der Industrie, des Handwerks, des Dienstleistungsgewerbes, der Kran-

kenhäuser ua sammeln, abnehmen und/oder beseitigen, zB die Müllabfuhr-, Müllverbrennungs-, Tierkörperverwertungs-Betriebe, aber auch die Abfallentsorgungsanlagen in den Industriebetrieben. **Wasserentsorgungsbetriebe** sind alle Betriebe zur Sammlung und zur Klärung des häuslichen und gewerblichen Abwassers, auch auf biologischer Basis.

An Sonn- und Feiertagen sind die Arbeiten zur Abfallentsorgung zulässig, die aus gesundheitlichen oder hygienischen Gründen, aus Gründen des Umweltschutzes oder wegen der Eigenart eines kontinuierlich betriebenen Abfallentsorgungsprozesses erforderlich sind und nicht auf Werktage verlegt werden können. An Sonn- und Feiertagen sind ferner alle unaufschiebbaren Arbeiten zum Bedienen und Überwachen der Kanalsysteme und Kläranlagen sowie zur Beseitigung von Störungen in diesen Systemen und Anlagen gestattet (vgl. Rn 84). **86**

12. Landwirtschaft, Tierhaltung, Tierpflege (Nummer 12). – Zur **Landwirtschaft** (vgl. ausf. § 5 Rn 53 bis 57) gehören alle Unternehmen, die der landwirtschaftlichen Unfallversicherung unterliegen, insbes. Unternehmen der Land- und Forstwirtschaft einschließlich des Garten- und Weinbaus, Unternehmen der Binnenfischerei, Unternehmen der Imkerei, Land- und forstwirtschaftliche Lohnunternehmen, Jagden, Unternehmen der Park- und Gartenpflege sowie Friedhöfe (BT-Drucks. 12/5888 S. 27). **87**

Unter **Tierhaltung** (vgl. ausf. § 5 Rn 58, 59) ist die Haltung von Tieren außerhalb der Landwirtschaft gemeint, insbes. die gewerbliche Tierhaltung zur Fleisch- und Eierversorgung, zur Zucht und zum Verkauf (Tierhandlung), zur Betreuung und Pflege (Tierheime, -hotels) sowie die sonstige Haltung von Tieren, vor allem zu sportlichen (zB Rennpferde), wissenschaftlichen (Zoo, Versuchstiere), bildenden (Zoo, Tierpark) oder unterhaltenden (Safaripark) Zwecken. **88**

Zulässig sind an Sonn- und Feiertagen alle **naturnotwendigen Arbeiten**, zB das Füttern und Pflegen der Tiere, das Ein- und Austreiben der Tiere auf die Weide, das Melken, das Bewässern der Pflanzen, **und alle anderen Arbeiten**, die nicht ohne erhebliche Schäden auf Werktage verlegt werden können. Hierzu gehört auch das Ernten der Früchte und Blumen, wenn diese andernfalls verderben oder erheblich an Wert verlieren würden (**R:** vgl. AG Hamburg-Bergedorf 13.11.1980, – Az: Js 1407/80 nv –). Bei der sportlichen Tierhaltung ist an Sonn- und Feiertagen auch die Verwendung der Tiere für sportliche Zwecke, bei der wissenschaftlichen auch die Fortführung der Tierversuche zulässig usw. **89**

Unter **Einrichtungen zur Behandlung und Pflege von Tieren** (vgl. ausf. § 5 Rn 60) sind Tierkliniken, Tierarztpraxen, Tierheime zu verstehen (**L:** ErFK/*Wank* § 10 ArbZG Rn 17). Zulässig sind an Sonn- und Feiertagen alle Arbeiten, die bei einer an diesen Tagen notwendigen Operation sowie zur Einleitung oder Fortführung einer Behandlung auch an diesen Tagen erforderlich sind, ferner die auch an Sonn- und Feiertagen notwendigen Arbeiten zur Aufrechterhaltung des Betriebs **90** der Einrichtung sowie die notwendige Fütterung und Pflege der Tiere. Notdienste sind nach § 10 Abs. 1 Nr. 1 zulässig (vgl. ferner § 5 Rn 58 bis 61).

91 **13. Bewachungsgewerbe, Bewachung (Nummer 13).** – Zum **Bewachungsgewerbe** zählen alle Unternehmen, die gewerbsmäßig Personen- oder Objektschutz betreiben, zB die Wach- und Schließgesellschaften (vgl. § 34a GewO). Durch die Bewachungstätigkeit sollen beim Objektschutz Diebstähle, Beschädigungen, Sabotage oder Spionage verhindert werden. Der Personenschutz soll im Allgemeinen jegliche Gewalteinwirkung von den zu schützenden Personen fernhalten.

92 **Zulässig** sind an Sonn- und Feiertagen alle im Bewachungsgewerbe vorkommenden Arbeiten, die nicht an Werktagen vorgenommen werden können, zB Kontrollgänge, Bildschirm- und Telefonüberwachung oder die Begleitung von Personen, und zwar unabhängig davon, ob die Bewachungstätigkeit als erforderlich angesehen werden muss oder nicht. **Nicht zulässig** sein dürften zB Arbeiten in der Buchhaltung des Bewachungsunternehmens oder die Ausbildung der Wachmannschaft, soweit diese Arbeiten auch an Werktagen vorgenommen werden können. Nicht zum Bewachungsgewerbe zählt die Tätigkeit von **Detekteien und Auskunfteien** (**L:** ebenso *Baeck/Deutsch/Winzer* § 10 Rn 94; *Neumann/Biebl* § 10 Rn 36).

93 Zulässig ist nach der zweiten Alternative des § 10 Abs. 1 Nr. 13 die **Bewachung von Betriebsanlagen** auch durch andere als im Bewachungsgewerbe beschäftigte Personen. Sie kann zB durch das Betriebspersonal oder durch eigens hierfür eingestellte bzw beschäftigte Personen, auch betriebsfremde, geschehen. Von Bedeutung ist auch hier nur allein der Zweck der vorgenommenen Tätigkeit. Zulässig ist jede Tätigkeit innerhalb oder außerhalb eines Betriebes, die der Bewachung der Betriebsanlagen dient.

94 Auch hier handelt es sich nur um einen **Objektschutz,** um einen Wächterdienst über die und in den Betriebsanlagen, zB durch Werkschutz, Werkswachen, Werksfeuerwehren, Hausmeister und ähnliche Gruppen von Arbeitnehmern, betriebseigene oder betriebsfremde. Die Überwachung, Kontrolle vollautomatisch laufender Produktionsvorgänge oder vollautomatisch betriebener EDV-Anlagen ist **kein** bloßer Objektschutz, auch nicht, wenn sie nur über einen Monitor erfolgt (**L:** vgl. auch *Buschmann/Ulber* § 10 Rn 12). Es handelt sich vielmehr um eine der Produktion dienende Tätigkeit, um eine Tätigkeit, deren Zweck in erster Linie auf die Produktherstellung gerichtet ist (**L:** vgl. auch *Roggendorff* § 10 Rn 27; *Zmarzlik* BB 1991, 901, 903). Kein bloßer Objektschutz ist ferner das Einschalten, das Überwachen und die Kontrolle durch einen Reparaturmechaniker einer von ihm instand gesetzten Maschine (**R:** insoweit ebenso OVG Münster 16.12.1993 GewA 1994, 241).

95 Davon zu unterscheiden ist die Überwachung und Kontrolle sog. **gefährlicher Anlagen** in besonderen Fällen, zB von Kernkraftanlagen, von explosionsgefährlichen oder explosionsgefährdeten Anlagen, bei Gefahr des Austretens giftiger Gase. Erfolgt diese Überwachung und Kontrolle zur Aufrechterhaltung der öffentlichen Sicherheit und Ordnung, ist sie nach § 10 Abs. 1 Nr. 2 zulässig (**L:** vgl. auch *Busch-*

mann/Ulber § 10 Rn 12), ggf. auch über einen längeren Zeitraum. Erfolgt diese in den außergewöhnlichen Fällen des § 14 Abs. 1, ist sie nach dieser Vorschrift zulässig, allerdings nur vorübergehend.

Die nach früherem Recht gemäß § 105c Abs. 1 Nr. 2 GewO aF kraft Gesetzes an einem Sonntag im Jahr zulässige **Inventur** ist nur noch aufgrund einer Ausnahmebewilligung der zuständigen Aufsichtbehörde nach § 13 Abs. 3 Nr. 2 Buchst. c möglich (vgl. § 13 Rn 82 und 83). **96**

14. Instandhaltung, Wiederaufnahme, Datennetze (Nummer 14). – a) Reinigung, Instandhaltung von Betriebseinrichtungen (erste Alternative). – Nach § 10 Abs. 1 Nr. 14 erste Alternative dürfen in Anlehnung an den bisherigen § 105c Abs. 1 Nr. 3 erste Alternative GewO Arbeitnehmer bei der Reinigung und Instandhaltung von Betriebseinrichtungen an Sonn- und Feiertagen beschäftigt werden, soweit hierdurch der regelmäßige Fortgang des eigenen oder fremden Betriebs bedingt ist. Bei dieser Ausnahme geht es vor allem um Wartung, Pflege und Reparatur der Arbeitsstätte, der Betriebsmittel und anderer Betriebseinrichtungen an Sonn- und Feiertagen. **97**

Arbeiten zur **Reinigung** sind insbes. Arbeiten zur Säuberung der Arbeitsstätte einschließlich der Maschinen, Werkzeuge und Geräte sowie der Fahrzeuge von Schmutz, Staub, Abfällen und sonstigen Fremdkörpern, zB von Keimen, Bazillen. Nicht dazu gehört die Reinigung des zu verarbeitenden Materials, der Zwischen- oder Endprodukte. **98**

Zu den Arbeiten zur **Instandhaltung** gehören Arbeiten, durch die die Arbeitsstätte einschließlich der Maschinen, Werkzeuge und Geräte sowie der Fahrzeuge verwendungs- und einsatzbereit gehalten wird, insbes. durch Warten und Pflegen der Betriebseinrichtungen, zB durch Schmieren, Abdichten, Filterwechseln, ferner durch Beseitigen von Störungen an und durch Auswechseln von Maschinen- und Anlageteilen mit abgelaufener Einsatzzeit sowie durch Reparaturarbeiten (**R:** OVG Hamburg 22.2.1963 GewA 1964, 59). Zur Instandhaltungsarbeit gehört auch das Einschalten instand gesetzter Maschinen zur Überprüfung der zuvor durchgeführten Instandhaltungsarbeit (**R:** insoweit ebenso OVG Münster 16.12.1993 GewA 1994, 241, 242). Keine bloße Instandhaltungsarbeit ist das Aufstellen neuer Maschinen, erst recht nicht das Auswechseln ganzer Betriebseinrichtungen (**L:** vgl. auch *Roggendorff* § 10 Rn 28; *Zmarzlik* BB 1991, 901, 904). **99**

Von den Arbeiten zur Reinigung und Instandhaltung sind an Sonn- und Feiertagen nach § 10 Abs. 1 Nr. 14 erste Alternative nur Arbeiten zugelassen, soweit hierdurch der regelmäßige **Fortgang des** eigenen oder fremden **Betriebs** bedingt ist. Regelmäßiger Fortgang des Betriebs bedeutet die unveränderte Wiederaufnahme des Betriebs nach Ablauf des Sonn- oder Feiertags oder die unveränderte Fortführung des Betriebs am Sonn- und Feiertag selbst, wenn und soweit dieser am Sonn- und Feiertag nach den gesetzlichen Vorschriften zulässig ist (**R:** vgl. OVG Hamburg 22.2.1963 GewA 1964, 59; BVerwG 7.10.1965 BVerwGE I C 61.63; **L:** *Apel* **100**

GewA 1966, 75 ff). Vom Werktagsbetrieb aus gesehen: Die Unterlassung der Reinigung und Instandhaltung am Sonn- und Feiertag muss zur Folge haben, dass der betreffende Betrieb am nächsten Werktag nicht in der regelmäßigen Art oder nicht im regelmäßigen Umfang fortgeführt werden kann. Maßgebend ist allerdings wegen der Worte „des Betriebs" nicht allein der Fortgang eines einzelnen Betriebsmittels, sondern der Fortgang aller wesentlichen Betriebsmittel (**L:** ebenso *Roggendorff* § 10 Rn 30), der sog. Hauptbetriebsmittel.

101 An Sonn- und Feiertagen sind darüber hinaus nach § 10 Abs. 1 Einleitungssatz Reinigungs- und Instandhaltungsarbeiten nur erlaubt, sofern, dh wenn und soweit sie **nicht an Werktagen** vorgenommen werden können. Diese Voraussetzung kann idR bejaht werden, wenn die Reinigungs- oder Instandhaltungsarbeit während des Produktionsprozesses nicht oder nur unter erheblichen Gefahren durchführbar sind und eine Unterbrechung des Produktionsprozesses einen erheblichen Produktionsausfall zur Folge hätte. Es genügen aber auch andere ähnlich schwerwiegende erhebliche Unzuträglichkeiten durch Behinderung des Betriebs oder durch erhebliche Vermehrung der Produktionskosten, es sei denn, dass die Reinigungs- und Instandhaltungsarbeiten bei einer zweckmäßigen Betriebseinteilung ohne Unzuträglichkeiten auch in der Woche verrichtet werden können (**L:** vgl. *Stückmann* DB 1998, 1462).

102 **b) Wiederaufnahme des vollen werktätigen Betriebs (zweite Alternative). – aa) Gesetzestexte. – ArbZG:** Nach § 10 Abs. 1 Nr. 14 zweite Alternative dürfen Arbeitnehmer an Sonn- und Feiertagen bei der Vorbereitung der Wiederaufnahme des vollen werktägigen Betriebs beschäftigt werden. Nach § 10 Abs. 1 Einleitungssatz darf jedoch die Beschäftigung an Sonn- und Feiertagen bei der Vorbereitung der Wiederaufnahme nur mit Arbeiten erfolgen, sofern diese nicht an Werktagen vorgenommen werden können.

103 **GewO:** Nach dem Wortlaut des bisherigen § 105c Abs. 1 Nr. 3 letzte Alternative GewO durften Arbeitnehmer an Sonn- und Feiertagen mit Arbeiten beschäftigt werden, von denen die Wiederaufnahme des vollen werktägigen Betriebs abhängig ist, sofern nicht diese Arbeiten an Werktagen vorgenommen werden können.

104 **bb) Handhabung der GewO.** – Zu den **Wiederaufnahmearbeiten** wurden bisher von Rspr. und Lit. entsprechend dem damaligen Stand der Produktionstechnik genannt: Anfeuern, Warmhalten von Öfen, Inbetriebnahme von Förder- und Aufzugsanlagen, Ingangsetzen von Maschinen im Leerlauf. Dem Warmhalten von Öfen wurde das Beschicken von Öfen mit Rohmaterialien gleichgestellt (**L:** vgl. im Einzelnen *Zmarzlik* BB 1991, 901, 904 mwN).

105 Nach Umstellung der Produktion auf hochmechanisierte, vollautomatisierte Produktionsmaschinen wurde von der neueren Literatur auch das Ingangsetzen hochmechanisierter, vollautomatisierter Maschinen zur Produktion zu den zulässigen Wiederaufnahmearbeiten gezählt, wenn das Ingangsetzen technologisch bedingt mit der Funktionsprüfung der Maschine zusammenfällt (**L:** vgl. im Einzelnen *Zmarzlik* BB 1991, 901, 904; *ders.* DB 1989, 526 ff mwN).

cc) Entstehung. – In Kenntnis dieser Entwicklung wurden die Worte „Arbeiten, von welchen die Wiederaufnahme des vollen werktägigen Betriebs anhängig ist" durch die Worte „bei der Vorbereitung der Wiederaufnahme des vollen werktägigen Betriebs" ersetzt. Damit sollte eine individuellere Handhabung der Ausnahme ermöglicht und auch die neueste technische Entwicklung berücksichtigt werden. **106**

Nachdem bekannt wurde, dass das OVG Münster die Zulässigkeit des Ingangsetzens vollautomatisierter Rotorspinnmaschinen zur Funktionsprüfung bei gleichzeitigem Ingangsetzen der Produktion als zulässige Wiederaufnahmearbeit nicht zuletzt unter Berufung auf den Gesetzentwurf zum ArbZG vom 5. 7. 1993 verneint hatte (**R:** vgl. OVG Münster 16. 12. 1993 GewA 1994, 241, 243 f), ist noch im schriftlichen Bericht des Deutschen Bundestages vom 8. 3. 1994 eine Klarstellung erfolgt. Danach zählt nach dem Willen des Gesetzgebers zur Vorbereitung der Wiederaufnahme des werktägigen Betriebs auch das Ingangsetzen von Maschinen zur Produktion, wenn damit technologisch bedingt eine Funktionsprüfung der Maschine verbunden ist (vgl. BT-Drucks. 12/6990 S. 40). **107**

Das Ingangsetzen einer Rotorspinnmaschine zur Funktionsprüfung bei gleichzeitigem Ingangsetzen der Produktion vor jeder Wiederaufnahme der Produktion nach der Sonntagsunterbrechung ist technologisch zwingend Bestandteil der Vorbereitung des vollen werktägigen Betriebs. Funktionsüberprüfung und Ingangsetzen einer Rotorspinnmaschine zur Produktion fallen technologisch notwendig zusammen. Selbst wenn eine Funktionsprüfung nach einer Reparatur schon im Laufe des Sonntags erfolgt war, muss diese vor Wiederaufnahme des vollen werktägigen Betriebs aus technologischen Gründen wiederholt werden. **108**

Ferner ging man bei der Entscheidung des OVG wohl von der nicht ganz zutreffenden Vorstellung aus, der Beginn der Garnherstellung des ersten von 216 Einzelrotoren sei schon der Wiederaufnahme des vollen werktägigen Betriebs der „ganzen Rotorspinnmaschine" gleichzusetzen. Jeder Spinnautomat ist aber eine Einheit für sich; jeder Spinnautomat ist gleichsam eine Maschine für sich. Die 216 Einzelrotoren sind zwar auf „einer Rotorspinnmaschine" hintereinander geschaltet. „Eine Rotorspinnmaschine" bildet jedoch nur einen Verbund von 216 Einzelrotoren. Alle 216 Einzelrotoren stellen unabhängig voneinander Garn her. Der volle werktägige Betrieb des Verbundes ist erst wieder voll aufgenommen, wenn der Anspinnwagen alle Rotoren des Verbunds angefahren und „nahezu alle" Rotoren zumindest in Gang gesetzt hat. Schon hierfür werden etwa 2 Stunden nach dem Anspinnen des ersten Einzelrotors benötigt. **109**

dd) Inhalt. – Die Ausnahme gilt für Arbeiten bei der Vorbereitung der Wiederaufnahme des werktägigen Betriebs. Art und Umfang dieser Vorbereitungsarbeiten werden in der Ausnahme nicht ausdrücklich bestimmt. Es heißt „bei", nicht „zur". Art und Umfang der Arbeiten richten sich nach dem Wortlaut „bei der Vorbereitung …" und dem Zweck der Ausnahme, alle notwendigen, auf Werktage nicht verlegbaren Vorbereitungen (§ 10 Abs. 1 Einleitungssatz) für die Wiederaufnahme des vol- **110**

len werktägigen Betriebs bereits am Sonn- und Feiertag zu ermöglichen. Sie werden durch das Wort „**Vorbereitung**" und durch die Worte „**Wiederaufnahme** des vollen werktägigen Betriebs" in § 10 Abs. 1 Nr. 14 zweite Alternative sowie durch das Erfordernis der „**Nichtverlegbarkeit**" im Einleitungssatz zu § 10 Abs. 1 auf das gebotene, notwendige Maß beschränkt, ferner durch den Zweck des § 10 Abs. 1 Nr. 14 zweite Alternative und die allgemeine Zwecksetzung des § 1.

111 **Vorbereitungsarbeiten** sind Arbeiten, die nach der Sonntags- oder Feiertags-(Produktions-)Unterbrechung die Aufgabe haben, die Werktags-Produktion zu ermöglichen, Arbeiten, von denen der Werktags-Betrieb (Produktion) abhängt, technologisch und wirtschaftlich sinnvoll und zumutbar. Bei Produktionsanlagen **älterer Bauart** sind die bekanntesten Vorarbeiten die Arbeiten, die seit 1891 beispielhaft genannt werden und die dem eigentlichen Werktagsbetrieb vorgelagert sind, vgl. die Beispiele in Rn 104 (**R:** wohl nur für Differenzierung nach vorgelagerten Vorbereitungsarbeiten OVG Münster 16.12.1993 GewA 1994, 241, 243 mwN, allerdings zu § 105c Abs. 1 Nr. 3 GewO; **L:** dem OVG folgend *Roggendorff* § 10 Rn 33).

112 Bei Produktionsanlagen **neuerer Bauart** kann die Differenzierung nach vorgelagerten Arbeiten versagen, zB dann, wenn die Funktionsüberprüfung und das Ingangsetzen der Maschine zur Produktion technologisch bedingt zusammenfallen (so BT-Drucks. 12/6990 S. 40; **L:** ebenso *Fiedler/Schelter* § 10 Anm. zu Nr. 14; *Dobberahn* Rn 109; bereits zu § 105c Abs. 1 Nr. 3 GewO: *Loritz* S. 105 f; *Zmarzlik* BB 1991, 901, 904 f mwN). Dies folgt aus dem Wortlaut „bei der Vorbereitung", der nicht danach differenziert, ob eine Arbeit der Werktagsproduktion vorgelagert ist, sondern danach, ob eine Arbeit bei der Wiederaufnahme des werktägigen Betriebs vorgenommen werden muss, technologisch und wirtschaftlich sinnvoll und zumutbar. Dies ist aber beim Zusammenfallen der Funktionsüberprüfung und des technologisch bedingten Ingangsetzens der Maschinen zur Produktion zu bejahen, weil eine andere Vorbereitung technologisch nicht möglich ist. Auch hier handelt es sich jedoch nur um ein Beispiel. Letztlich hängt die Art und der Umfang der jeweiligen Vorbereitungsarbeit von den Erfordernissen des **Einzelfalles** nach den genannten Kriterien ab.

113 Ein entscheidendes Kriterium für den Umfang der zulässigen Vorbereitungsarbeiten sind die Worte „**voller werktägiger Betrieb**". Mit diesen Worten ist das Ingangsein aller regelmäßig betriebenen Maschinen in einer Art und Weise gemeint, die eine ausreichende Beschäftigungsmöglichkeit für die volle Zahl der Arbeitnehmer, die die Maschinen an Werktagen bedienen, gestattet (**R:** so schon PrOVG 9.5.1910, PrOVGE 58, 385, 388; **L:** insoweit ebenso *Roggendorff* § 10 Rn 32). Es genügt nicht, dass die Arbeitnehmer irgendwie beschäftigt werden können (**L:** so mit Recht *Loritz* S. 105 f). Die Beschäftigungsmöglichkeit für die volle Zahl der Arbeitnehmer des Betriebs ist idR erst möglich, wenn alle Maschinen nicht nur im Leerlauf, sondern zu ihrer bestimmungsgemäßen Funktion in Gang sind (**L:** vgl. im Einzelnen *Zmarzlik* DB 1989, 526 f; **R:** aA OVG Münster 16.12.1993 GewA 1994, 241, 243: „nur zum Teil", und damit gegen den Wortlaut, jedenfalls der Nr. 14).

Heute zählt zu den Vorbereitungsarbeiten zur Wiederaufnahme des vollen werktägigen Betriebs nach der Sonntagsunterbrechung ferner die Erstellung von **EDV-gesteuerten** Logistik- und Produktionskonzepten am Sonntag, wenn und soweit anderenfalls am Montag die Wiederaufnahme der vollen Produktion nicht möglich oder nicht gesichert ist. (**L:** vgl. auch *Roggendorff* § 10 Rn 31: zu EDV-gesteuerte Verbundsysteme; vgl. im Einzelnen *Loritz* S. 101 ff mit eingehender, überzeugender Begründung gegen *Ulber* AuR 1987 S. 249, 251 f). Auch hier handelt es sich nicht um eine abschließende, sondern nur um eine beispielhafte Aufzählung. Letztlich hängt die Art der jeweiligen Vorbereitungsarbeit auch von den Erfordernissen des Einzelfalles ab. **114**

ee) Zweck. – Art und Umfang der Vorbereitungsarbeiten zur Wiederaufnahme des vollen werktägigen Betriebs nach der Sonntagsunterbrechung richten sich nach dem vorstehend erläuterten Wortlaut und dem Zweck der Ausnahme, dem Arbeitgeber zu gestatten, mit seinen Arbeitnehmern am Sonn- oder Feiertag die notwendigen Vorbereitungen für die Wiederaufnahme seines vollen werktägigen Betriebs zu treffen (vgl. ferner Rn 110 ff und Rn 118). Der Arbeitgeber braucht kein unzumutbares Sonderopfer zu bringen. Er soll wie alle anderen Arbeitgeber die Möglichkeit haben, die vom Gesetz zur Verfügung gestellten 144 Werktagsstunden für seinen Betrieb voll zu nutzen, mit allen üblicherweise betriebenen Maschinen und allen üblicherweise beschäftigten Arbeitnehmern. **115**

Einerseits ist die **allgemeine Zwecksetzung** des ArbZG, den Sonntag und die Feiertage als Tage der Arbeitsruhe und der seelischen Erhebung der Arbeitnehmer zu schützen (§ 1 Nr. 2). Andererseits ist die allgemeine Zwecksetzung des ArbZG, die Rahmenbedingungen für flexible Arbeitszeiten zu verbessern (§ 1 Nr. 1 zweiter Halbsatz), nicht nur gegenüber der bisherigen AZO, sondern auch gegenüber den bisherigen §§ 105b ff GewO. Diesen zwei allgemeinen Zwecksetzungen entsprechend verbietet § 9 Abs. 1 dem Arbeitgeber, Arbeitnehmer an Sonn- und Feiertagen zu beschäftigen, begrenzt auf 24 Stunden in der Zeit von 0 bis 24 Uhr. Dem Arbeitgeber mehrschichtiger Betriebe mutet § 9 Abs. 1 jedoch nicht zu, auf die mögliche Produktionszeit von 0 bis 24 Uhr am Samstag und die mögliche Produktionszeit von 0 bis 6 Uhr am Montag zu verzichten (vgl. § 9 Rn 41, 43). Deshalb erlaubt es ihm in § 9 Abs. 2 den Beginn oder das Ende der allgemeinen Sonn- und Feiertagsruhe um bis zu 6 Stunden vor- oder zurückzuverlegen (vgl. § 9 Rn 40). **116**

Zugleich begrenzt das ArbZG damit den **allgemeinen Zumutbarkeitsrahmen** für den Produktionszeitverlust wegen des Sonntags auf wöchentlich 24 Stunden. Von den 168 Stunden einer Woche verbleiben als zulässige wöchentliche Betriebszeit 144 Stunden. Dies wird in § 13 Abs. 5 dadurch bestätigt, dass dort die Zeit von 144 Stunden von Montag bis Samstag als die nach dem ArbZG zulässige wöchentliche Betriebszeit bezeichnet wird. Den mehrschichtigen Betrieben mutet das ArbZG weder den Verlust der wöchentlich zulässigen Betriebszeit von 6 Stunden am Montag noch den Verlust von 2 Stunden am Samstag zu. In § 10 Abs. 1 Nr. 14 zweite Alternative erlaubt das ArbZG aus diesen Gründen dem Arbeitgeber, die Vorbereitung **117** der Wiederaufnahme des vollen werktägigen Betriebs auf den Sonn- oder Feiertag – idR in die letzten Stunden des Sonn- oder Feiertags – zu legen, damit er die allgemein zulässige wöchentliche Betriebszeit von Montag bis Samstag von 144 Stunden für die Produktion nutzen kann. Beim Übergang vom Samstag auf den Sonntag erlaubt das ArbZG dem Arbeitgeber in § 10 Abs. 1 Nr. 15 am Sonn- oder Feiertag Abschlussarbeiten vorzunehmen, um ein Verderben von Naturerzeugnissen oder Rohstoffen oder ein Misslingen von Arbeitserzeugnissen vornehmen zu können.

118 **ff) Auf Werktage nicht verlegbare Vorbereitung.** – Von den Vorbereitungsarbeiten zur Wiederaufnahme des vollen werktägigen Betriebs nach der Sonntagsunterbrechung sind an Sonn- und Feiertagen nach § 10 Abs. 1 Einleitungssatz (bisher nach § 105c Abs. 1 Nr. 3 GewO) nur solche Arbeiten zugelassen, die **nicht an Werktagen** vorgenommen werden können. Dies ist der Fall, wenn die Wiederaufnahmearbeit aus technologisch bedingten Gründen nicht schon am Samstag vorgenommen werden kann oder wenn die Vorwegnahme der Wiederaufnahmearbeit am Samstag für den Betrieb unverhältnismäßige Opfer zur Folge hätte (**L:** ebenso *Richardi* S. 77 und S. 83 im Einklang mit der herrschenden Literatur und Verwaltungspraxis; vgl. auch *Kappus* BB 1988, 120; vgl. ferner Rn 22).

119 **Beispiele.** So ist die Bevorratung der für die Produktion am Montag benötigten Rohstoffe am Samstag idR möglich und zumutbar. Muss dagegen der Vorbereitung der Wiederaufnahme des vollen Werktagbetriebs am Montag aus technologisch bedingten Gründen eine Wartung und *Funktionsprüfung* der Produktionsanlage unmittelbar vorangehen, zB Warten und Starten einer Rotorspinnmaschine zur Funktionsprüfung und damit zum Anspinnen von Garn, dem Beginn der Produktion (vgl. Rn 108 f), ist diese Wartung und Funktionsprüfung vor Beginn der ersten Werktagsschicht während der dafür benötigten Zeit mit den dafür benötigten Arbeitnehmern am Sonntag zulässig (**L:** vgl. im Einzelnen *Zmarzlik* DB 1989, 526, 528 mit weiteren Beispielen).

120 **c) Datennetze, Rechnersysteme (dritte Alternative). – aa) Entstehung, Verfassungsmäßigkeit.** – Bei der Nutzung elektronischer Zahlungsverkehrssysteme, zB bei der Bargeldversorgung an **Geldausgabeautomaten**, bei den erleichterten Zahlungsmöglichkeiten im electronic-cash-System (POS) mit der **EC-Karte**, der EUROCARD und der dazugehörigen Geheimzahl an den sog. POS-Kassen in Gaststätten, in Tankstellen, auf Flughäfen ua haben sich in den vergangenen Jahren ganz erhebliche Änderungen ergeben. Inzwischen sind durch die modernen Kredit- und Zahlungskarten die Zahlungsgewohnheiten breiter Bevölkerungskreise, aber auch der Betriebe und Verwaltungen geprägt, europaweit, und erfordern den ununterbrochenen Betrieb ua von Großrechnern. Der Gesetzgeber konnte an dieser rasanten Entwicklung nicht vorbeigehen.

121 Aus diesen Gründen sah bereits der Regierungsentwurf zum ArbZG Sonn- und Feiertagsarbeit bei der Kontrolle der Funktionsfähigkeit von Datennetzen vor (vgl. BT-Drucks. 12/5888 S. 8 und 29). Der Deutsche Bundestag hat sich für die darüber hi-

nausgehende, geltende Fassung: „… bei der **Aufrechterhaltung** der Funktionsfähigkeit von Datennetzen und Rechnersystemen" entschieden (vgl. BT-Drucks. 12/6990 S. 14 und 43).

Die Einfügung der neuen Ausnahme ist wegen des enorm angestiegenen bargeldlo- **122**
sen Zahlungsverkehrs **verfassungsgemäß** (**L:** insoweit ebenso *Kuhr* DB 1994, 2186, 2187), aber auch im Übrigen wegen des enorm angestiegenen Bedarfs an Datennetzen und Rechnersystemen und zur Vermeidung erheblicher Wettbewerbsnachteile des deutschen Standorts gegenüber den konkurrierenden ausländischen Standorten. Die Einfügung liegt im Rahmen des dem Gesetzgeber gemäß Art. 140 GG iVm Art. 139 WRV verbliebenen Ermessens (**R:** vgl. hierzu BVerwG 15.3.1988 BVerwGE 79, 118, 122f; BVerwG 19.4.1988 BVerwGE 79, 236, 238f).

bb) Inhalt. – Zu den **Datennetzen** gehören die mit ihnen verbundenen Einzelkom- **123**
ponenten, zB die Geldausgabeautomaten, die Bildschirmtext-Systeme der Banken und Sparkassen, ferner die Grenzübergangszweigstellen der Banken und Sparkassen. Zu den **Rechnersystemen gehören** ebenfalls die mit ihnen verbundenen Einzelkomponenten (**L:** vgl. auch *Dobberahn* Rn 109; *Roggendorff* § 10 Rn 34), zB die elektronischen Großrechner, die elektronische Datenverarbeitungszentrale, die zentralen Sperrannahmedienste für EC-Karten und Kreditkarten zum Schutz der Kunden vor Missbräuchen sowie die Autorisierungszentrale zur Kontrolle der Echtheit der Karten und zur Prüfung der Legitimation des Benutzers.

Keine Beschränkung. Die Ausnahme in Nr. 14 dritte Alternative ist weder ihrem **124**
Wortlaut noch ihrem Zweck nach auf die vorstehend genannten Beispiele beschränkt, auch nicht auf den Zahlungsverkehr der Banken und Sparkassen. In der dritten Alternative stehen die Worte „Datennetze und Rechnersysteme" ohne Zusatz. Die Ausnahme in Nr. 14 dritte Alternative ist daher auch auf Jahresabschlussarbeiten durch elektronische Datenverarbeitungsanlagen in den Rechenzentren der Kreditinstitute am Neujahrstag anwendbar. Eine Ausnahmebewilligung nach § 13 Abs. 3 Nr. 2c ist insoweit nicht erforderlich. Die Ausnahme in Nr. 14 dritte Alternative unterliegt ferner nicht der Beschränkung in der ersten Alternative der Nr. 14, „soweit hierdurch der regelmäßige Fortgang des eigenen oder fremden Betriebs bedingt ist". Die Ausnahme in Nr. 14 dritte Alternative ist eine **eigenständige Regelung,** wenn und soweit es um die Aufrechterhaltung der Funktionsfähigkeit von Datennetzen und Rechnersystemen auch an Sonn- und Feiertagen geht.

Zugelassen sind Arbeiten bei der **Aufrechterhaltung der Funktionsfähigkeit** von **125**
Datennetzen und Rechnersystemen. Im Wortlaut heißt es „bei" der Aufrechterhaltung, nicht „zur" Aufrechterhaltung. Zugelassen werden damit vorbehaltlich des § 10 Abs. 1 Einleitungssatz alle Arbeiten, die im Rahmen der Aufrechterhaltung der Funktionsfähigkeit von Datennetzen und Rechnersystemen anfallen.

Dazu gehört in erster Linie die Kontrolle und Überwachung sowie deren Gewähr- **126**
leistung der im Normalbetrieb weitgehend automatisch laufenden EDV-Anlagen in den Räumen der Rechenzentren, in denen sich die zentralen Schalttische befinden,

einschließlich der hierzu notwendigen Bereitschaftsdienste, der eigenen und der fremden. Hierzu gehört auch die Kontrolle und Überwachung der Funktionserfordernisse sowie deren Gewährleistung, zB die Kontrolle und Überwachung der Leitungsnetze, der eigenen und der fremden, der Klimatisierung der Räume, der Strom- und Wasserversorgung ua Zur Aufrechterhaltung der Funktionsfähigkeit gehört ferner schon vom Sinn der Worte „Aufrechterhaltung der Funktionsfähigkeit" her die Wiederinstandsetzung der Datennetze und Rechnersysteme bei Störungen, allerdings nur unter den Voraussetzungen des § 10 Abs. 1 Einleitungssatz.

127 An **Feiertagen,** an denen ein Arbeitsverbot nur für das Bundesland in der Bundesrepublik gilt, in dem der Standort der Rechenzentrale eines national oder international verbundenen Unternehmens liegt, die ausländischen Unternehmensteile bzw die Unternehmensteile in den anderen Bundesländern aber normalen Werktagsbetrieb haben, ist die elektronische Datenverarbeitung in der Rechenzentrale insoweit zugelassen, als sie zur Ermöglichung des Werktagsbetriebs der anderen Unternehmensteile erforderlich ist (**L:** vgl. auch *Roggendorff* § 10 Rn 34).

128 Die Kontrolle und Überwachung umfasst auch die Reinigung und Instandhaltung der EDV-Anlage im Rechenzentrum, wenn und soweit sie bei der Aufrechterhaltung der Funktionsfähigkeit des Datennetzes bzw des Rechnersystems noch am Sonn- oder Feiertag erforderlich und durchführbar sind (**L:** vgl. auch *Roggendorff* § 10 Rn 34).

129 **cc) Auf Werktage nicht verlegbare Arbeiten.** – Von den in Rn 123 bis 128 beispielhaft genannten Arbeiten sind an Sonn- und Feiertagen nach § 10 Abs. 1 Einleitungssatz nur solche Arbeiten zugelassen, die **nicht an Werktagen** vorgenommen werden können. Dies ist der Fall, wenn die Arbeiten aus technologisch bedingten Gründen nicht schon am Samstag bzw die Verschiebung der Arbeiten auf den Montag für den Betrieb unverhältnismäßige Opfer zur Folge hätte (vgl. ferner Rn 22 ff und Rn 118).

130 **15. Verderben, Misslingen, Forschung (Nummer 15). – a) Wortlaut, Entstehung, Auswirkung.** – Nach § 10 Abs. 1 Nr. 15 dürfen Arbeitnehmer an Sonn- und Feiertagen mit Arbeiten beschäftigt werden

- zur Verhütung des Verderbens von Naturerzeugnissen oder Rohstoffen oder
- zur Verhütung des Misslingens von Arbeitserzeugnissen sowie
- bei kontinuierlichen durchzuführenden Forschungsarbeiten, sofern nicht diese Arbeiten an Werktagen vorgenommen werden können.

131 **Entstehung.** Die ersten zwei Alternativen sind aus § 105c Abs. 1 Nr. 4 GewO übernommen worden (**L:** zum bisherigen Recht vgl. *Zmarzlik* BB 1991, 901, 905 ff). In den allgemeinen Ausführungen der amtlichen Begründung wird ausgeführt: „Ziel des Gesetzentwurfs ist, die Vorschriften (ergänze: zur Sonntagsarbeit) … einzubeziehen und unter grundsätzlicher Aufrechterhaltung des geltenden Sonn- und Feiertagsschutzes zu modernisieren"; „… im bisherigen Umfang … in einem Katalog (ergänze: nur noch) zusammengefasst" (vgl. BT-Drucks. 12/5888 S. 21, 29, vgl. ferner Rn 6 ff).

Tatsächlich ist in der ersten Alternative neben dem Begriff „Rohstoffe" der Begriff „Naturerzeugnisse" zusätzlich aufgeführt worden. In der zweiten Alternative ist der Begriff „Arbeitserzeugnisse" durch den weiteren Begriff „Arbeitsergebnisse" ersetzt worden. Die Ausnahme der zweiten Alternative ist damit über die Herstellung von Erzeugnissen hinaus auch auf andere Bereiche ausgedehnt worden, zB auf Dienstleistungen und auf die Forschung (**L:** vgl. auch *Dobberahn* Rn 110; *Roggendorff* § 10 Rn 37). In § 13 Abs. 5 sind Sonn- und Feiertagsarbeit aus wirtschaftlichen Gründen zugelassen worden. In § 1 Nr. 1 ist die allgemeine Zwecksetzung der Regelung für Sonn- und Feiertagsarbeit um die Zwecksetzung der Verbesserung der Rahmenbedingungen für flexible Arbeitszeiten erweitert worden. Die dritte Alternative des § 10 Abs. 1 Nr. 15 ist in das ArbZG neu eingeführt worden. **132**

Diese Änderungen, Ergänzungen und Einfügungen können auf die Auslegung und Anwendung der Ausnahmen nicht ohne Auswirkung bleiben; sie müssen vielmehr bei der Auslegung und Anwendung entsprechend berücksichtigt werden; sie können nicht so restriktiv wie bisher gehandhabt werden (**L:** zum Wandel bei der Sonn- und Feiertagsarbeit vgl. auch *Wlotzke* in: Sozialstaat im Wandel (1994) S. 121, 136 f). **133**

b) Verfassungsmäßigkeit. – In der amtlichen Begründung wird klargestellt: „Die Nummer 15 und 16 gelten auch für die **kontinuierliche** Arbeitsweise, sofern die dort zugelassenen Arbeiten einen ununterbrochenen Betrieb an Sonn- und Feiertagen erfordern" (vgl. BT-Drucks. 12/5888 S. 29). Die **Klarstellung** erfolgt im Anschluss an die Rechtsprechung, die überwiegende Auffassung in der Literatur und die einheitliche Verwaltungspraxis der Aufsichtsbehörden der Länder zu dem insoweit gleichlautenden § 105c Abs. 1 Nr. 4 GewO (**L:** vgl. im Einzelnen *Zmarzlik* BB 1993, 2009, 2014; *ders.* BB 1991, 901, 906; **R:** BVerwG 19.9.2000 GewA 2001, 39; BayVGH 14.5.2004 GewA 2004, 428). **134**

Buschmann/Ulber meinen, diese Klarstellung fände entgegen der amtlichen Begründung im Gesetz keine Stütze. Die Nummern 15 und 16 würden nur für die diskontinuierliche, nicht für die kontinuierliche Sonntagsarbeit gelten. Für diese sei eine Rechtsverordnung im Rahmen des § 13 Abs. 1 Nr. 1 unter Berücksichtigung der verfassungsrechtlichen Grenzen erforderlich (**L:** *Buschmann/Ulber* § 10 Rn 17). *Kuhr* hält zwar eine Auslegung des § 10 Abs. 1 Nr. 15 iSd Klarstellung ebenfalls für möglich; ihm erscheint jedoch die darin genannte **5 %-Grenze** verfassungsrechtlich problematisch (**L:** vgl. *Kuhr* DB 1994, 2186, 2178 f; zur Rechtfertigung der 5 %-Grenze vgl. *Zmarzlik* BB 1991, 901, 907 mwN; zum Ermessen des Gesetzgebers vgl. ferner Rn 122). **135**

Für die Rechtsprechung, die Verwaltungspraxis der Aufsichtsbehörden der Länder und die überwiegende Auffassung in der Literatur war der insoweit inhaltlich gleiche **Wortlaut** des § 105c Abs. 1 Nr. 4 GewO schon bisher zumindest insoweit **136**

eindeutig genug, als er nicht nur die diskontinuierliche, sondern auch die kontinuierliche Sonntagsarbeit zulässt (**L:** vgl. im Einzelnen *Zmarzlik* BB 1991, 901, 906ff mwN). Darüber hinaus zeigt die neue dritte Alternative des § 10 Abs. 1 Nr. 15, dass die Generalklausel als solche auch für die kontinuierliche Arbeitsweise gilt, also auch für die beiden anderen Alternativen in § 10 Abs. 1 Nr. 15. Der Gesetzgeber konnte sich daher zu den beiden anderen Alternativen des § 10 Abs. 1 Nr. 15 mit einer Klarstellung in der amtlichen Begründung begnügen, zumal die Gesamttendenz des ArbZG in diese Richtung geht (**R:** vgl. BVerwG 19.9.2000 NZA 2000, 1232, 1234; vgl. ferner Rn 132). Eine Einzelbewilligung wie sie § 13 Abs. 5 vorsieht, wäre zB für die chemische Industrie wegen der Vielzahl der Verfahren und Produkte praktisch undurchführbar. Auch eine Rechtsverordnung aufgrund des § 13 Abs. 2 Nr. 2 wäre praktisch nicht realisierbar, wie die in den 60iger Jahren nicht weiter verfolgten Bemühungen der Bundesregierung um Rechtsverordnungen aufgrund der ähnlichen Ermächtigung in § 105d GewO zeigen (**L:** vgl. *Zmarzlik* RdA 1988, 257, 258), nicht zuletzt ferner die ebenfalls nicht weiter verfolgten, vom BMA unterstützten Bemühungen der obersten Durchführungsbehörden der Länder um eine ländereinheitliche Richtlinie zu der insoweit gleichlautenden Generalklausel in § 105c Abs. 1 Nr. 4 GewO Ende der 80iger/Anfang der 90iger Jahre.

137 **c) Gestaltungspflicht des Unternehmers.** – Der **Bundesrat** hatte im Laufe des Gesetzgebungsverfahrens vorgeschlagen, nach § 10 Abs. 2 einen Absatz 3 einzufügen. Danach sollte bei der Einführung neuer Technologien oder bei technischen Änderungen von Produktionsverfahren grundsätzlich die Sonn- und Feiertagsruhe berücksichtigt werden. Hierdurch sollten die Unternehmen verpflichtet werden, bei der Einführung neuer Technologien und Produktionsverfahren nach Alternativen zu suchen, um Sonn- und Feiertagsbeschäftigung zu vermeiden (**L:** vgl. *Ulber* CR 1988, 399, 402; vgl. auch BT-Drucks. 12/5888 S. 42;). Die **Bundesregierung** lehnte diesen Vorschlag mit der Begründung ab, hierdurch könnte der technische und wirtschaftliche Fortschritt behindert werden (vgl. BT-Drucks. 12/5888 S. 53 zu Nr. 28). Der Vorschlag des Bundesrates ist daraufhin nicht Gesetz geworden. Eine dahingehende Verpflichtung des Unternehmers **kann** daher in § 10 nicht hineininterpretiert werden (**L:** aA wohl *Kuhr* DB 1994, 2186, 2188).

138 In der Begründung zur Ablehnung des Vorschlags des Bundesrats hat die Bundesregierung auf das Urteil des *BayObLG* (**R:** BayObLG 10.1.1963 AP GewO § 105e Nr. 1) hingewiesen. Danach ist der Arbeitgeber **beim Übergang** zu einer anderen Art der Herstellung, die im Gegensatz zu der bisherigen Produktionsweise die Sonn- und Feiertagsarbeit erforderlich macht, zu der **Abwägung** verpflichtet, ob nicht ein Verzicht auf die durch die neue Methode erzielbaren Vorteile, im Hinblick auf die sozialen Nachteile der Sonn- und Feiertagsarbeit, zumutbar ist.

139 Zum Urteil des *BayObLG* ist nach Inkrafttreten des ArbZG zu bemerken, was **einerseits** aus der allgemeinen Zwecksetzung des § 1 Nr. 2 und dem Einleitungssatz zu § 10 Abs. 1 folgt: Die Inanspruchnahme der Ausnahme des § 10 Abs. 1 Nr. 15

setzt voraus, dass der Arbeitgeber vor Beginn der kontinuierlichen Arbeitsweise zu prüfen hat, ob das andernfalls zu befürchtende Verderben von Naturerzeugnissen oder Rohstoffen oder das Misslingen von Arbeitsergebnissen bzw ob der andernfalls zu befürchtende Misserfolg von Forschungsarbeiten iSd § 10 Abs. 1 Nr. 15 nicht durch allgemein gebräuchliche und zumutbare **betriebstechnische** und organisatorische **Möglichkeiten** zur Verhütung dieses Verderbens oder Misslingens bzw dieses Misserfolgs vermieden werden kann. **Andererseits** ist die allgemeine Zwecksetzung des § 1 Nr. 1 zweiter Halbsatz und die insbes. in der völlig neuartigen Ausnahme des § 13 Abs. 5 zum Ausdruck gekommene Absicht des Gesetzgebers zu beachten, mit dem ArbZG die Rahmenbedingungen für den **Wirtschaftsstandort** Deutschland zu verbessern (vgl. ferner BT-Drucks. 12/6990 S. 2).

d) Nichtverschiebbarkeit der Arbeiten auf Werktage. – An Sonn- und Feiertagen sind nach § 10 Abs. 1 Einleitungssatz bei allen drei Alternativen nur Arbeiten erlaubt, die nicht an Werktagen vorgenommen werden können. Im Zweifel ist dies bei jeder in Betracht kommenden Arbeit zu prüfen (vgl. Rn 22 ff). **140**

e) Naturerzeugnisse, Rohstoffe, Verderben. – aa) Begriffe. – Naturerzeugnisse sind tierische und pflanzliche Erzeugnisse, die in naturbelassenem Zustand verbraucht oder zu anderen Produkten verarbeitet werden (**L:** ebenso *Roggendorff* § 10 Rn 35). **141**

Rohstoffe sind Ausgangsstoffe für die Produktion, insbes. alle aus der Natur gewonnenen mineralischen, pflanzlichen und tierischen Erzeugnisse, aber auch die daraus hergestellten Zwischenprodukte. **142**

Verderben. Naturerzeugnisse oder Rohstoffe gelten als verdorben, wenn sie wegen der Sonn- oder Feiertagsunterbrechung sich so verändern, dass sie nicht oder nicht mehr bestimmungsgemäß verwandt werden können. Das Verderben wird durch Fäulnis, Oxydation, Schimmelbildung, Austrocknung und andere Zersetzungsprozesse verursacht. In der chemischen Industrie ist auch das Verlorengehen eines Rohstoffes wegen der Sonn- oder Feiertagsunterbrechung als Verderben anzusehen. Die **Grenze** von der ab ein Verderben iSd § 10 Abs. 1 Nr. 15 erheblich ist, ist aus diesen Gründen schwierig zu ermitteln. Sie wird durch chemische, biologische und physikalische Maßstäbe bestimmt, aber auch durch Marktanforderungen. Die Grenze kann generell nicht präzise festgelegt werden. **143**

bb) Voraussetzungen. – Sonn- und Feiertagsarbeit zur Vermeidung des Verderbens von Naturerzeugnissen oder Rohstoffen gemäß § 10 Abs. 1 Nr. 15 ist gerechtfertigt, wenn andernfalls das **Verderben** der Naturerzeugnisse oder Rohstoffe nach allgemeiner Anschauung **nicht vertretbar** ist. Verbindlich ist dies im Zweifel aufgrund des § 13 Abs. 3 durch Verwaltungsakt zu entscheiden. Das Erreichen der 5%-Grenze uä kann wegen der Besonderheiten beim naturbedingten Verderben nicht verlangt werden. So wäre die Anwendung einer 5%-Grenze bei Frischobst zB wohl nicht verständlich zu machen. Bei Frischobst ist idR schon eine Qualitätsminderung infolge beginnender Fäulnis als Verderben iSd § 10 Abs. 1 Nr. 15 anzusehen, weil **144**

der naturbedingte Zersetzungsprozess bei Frischobst in einer Verpackungseinheit sich unaufhaltsam, oft verhältnismäßig schnell fortsetzt (**L:** im Ergebnis ebenso *Roggendorff* § 10 Rn 35). Hinzu kommt, dass Naturerzeugnisse und Rohstoffe oft als hohe Güter des Menschen angesehen werden, die man nicht „verkommen lassen" darf.

145 Zu beachten ist ferner: Der **Wortlaut** des § 10 Abs. 1 Nr. 15 setzt für die Inanspruchnahme der Ausnahme nicht das völlige Verderben eines Naturerzeugnisses oder Rohstoffes voraus. Es heißt dort nur allgemein „Verderben von Naturerzeugnissen oder Rohstoffen". Es **genügt** daher auch das **teilweise** Verderben, auch die Qualitätsverschlechterung, sofern das Naturerzeugnis oder der Rohstoff nicht mehr bestimmungsgemäß verwandt werden kann. Als Verderben in diesem Sinne ist auch anzusehen, wenn der Rohstoff wegen der Sonn- oder Feiertagsunterbrechung sich so verändert, dass dessen Rückführung in den vorherigen, die Fortführung der Produktion bedingenden Zustand nur mit einem unverhältnismäßigen Zeit- und Kostenaufwand möglich ist, zB das Wiedereinschmelzen der wegen der Sonn- oder Feiertagsunterbrechung abgeleiteten, erkalteten und erhärteten Glasmasse (**R:** vgl. BayOblG 10. 1. 1963 AP GewO § 105c Nr. 1; **L:** *Zmarzlik* RdA 1988, 257, 262 mwN). Die Bestimmung der Verwendung ist grundsätzlich eine unternehmerische Entscheidung. Extremfälle können mit Hilfe der in § 10 Abs. 1 Einleitungssatz zum Ausdruck gekommenen „Zumutbarkeit" bzw „Vertretbarkeit" vermieden werden, ferner durch die Zwecksetzung in § 1. Aus dem Zweck des § 10 Abs. 1 Nr. 15 folgt nichts Gegenteiliges (vgl. ferner Rn 137 f).

146 **cc) Einzelfall, Arbeiten.** – Im Einzelfall ist zu **prüfen, ob** das Verderben von Naturerzeugnissen oder Rohstoffen mit einem zumutbaren Aufwand vermieden werden kann, zB durch Einfrieren, Erhitzen, Trocknen, Begasen, Verpacken, schnellen Transport (vgl. zum Transport auch Rn 77 ff). Beim Beginn bzw beim Einsetzen des Verderbens von Naturerzeugnissen ist zu prüfen, ob diese wegen der naturbedingten, schnell fortschreitenden Zersetzungsprozesse schon von diesem Zeitpunkt an nicht mehr verwendbar sind. Dieselbe oder eine ähnliche Frage wird sich der Arbeitgeber stellen müssen, wenn das Verderben zunächst nur bei einem Stück bzw bei einigen Stücken aus einer Verpackungseinheit einsetzt. Für Naturerzeugnisse, Rohstoffe oder Produkte, die ohne Qualitätseinbuße lagerfähig sind oder bei denen eine Veränderung keine Qualitätseinbuße zur Folge hat, kommt die Ausnahme nicht in Betracht.

147 Maßgebend ist der jeweilige **Stand der Technik** und der jeweilige Qualitätsstandard, wie er in dem betroffenen Betrieb verwirklicht werden kann. Die Subsumtion der Voraussetzungen des § 10 Abs. 1 Nr. 15 ist grundsätzlich anhand der tatsächlichen Gegebenheiten des bestehenden Betriebs vorzunehmen (**R:** vgl. BayObLG 10. 1. 1963 AP GewO § 105c Nr. 1 = BB 1963, 627; vgl. ferner Rn 137 f).

148 Naturerzeugnisse oder Rohstoffe waren und sind nach allgemeiner Anschauung grundsätzlich vor dem Verderben zu bewahren. Stellt sich am Sonn- oder Feiertag oder am Werktag davor heraus, dass Naturerzeugnisse oder Rohstoffe ohne Sonn- oder Feiertagsarbeit in erheblichem Umfang und nach allgemeiner Anschauung in nicht vertretbarem Umfang verderben würden, dürfen am Sonn- oder Feiertag bei Vorliegen auch der anderen Voraussetzungen alle Arbeiten durchgeführt werden, die notwendig sind, um das Verderben der gefährdeten Naturerzeugnisse oder Rohstoffe zu verhüten, und solange dies notwendig ist. **Kurzformel: Erforderlich sind Arbeiten** zur Verhütung des Verderbens von Rohstoffen am Sonn- oder Feiertag, wenn ohne ihre Vornahme am Sonn- oder Feiertag die Rohstoffe verderben oder die Arbeitserzeugnisse misslingen. Ungeeignete Rohstoffe oder Fehler im Herstellungsprozess sind keine unterbrechensbedingten Ursachen. Sie können die Inanspruchnahme des § 10 Abs. 1 Nr. 15 nicht rechtfertigen.

Die Inanspruchnahme der Ausnahme setzt ferner voraus, dass die Gefahr des Verderbens von Naturerzeugnissen oder von Rohstoffen **nicht absichtlich** herbeigeführt wurde, um in den Genuss der Sonn- oder Feiertagsarbeit zu kommen. **149**

f) Arbeitsergebnisse, Misslingen. – aa) Begriffe. – Arbeitsergebnisse sind die Ergebnisse einer Arbeit, eines Arbeitsverfahrens, eines Arbeitsprozesses, einer Produktion uä. Anders ausgedrückt: Arbeitsergebnis ist alles, was durch Arbeit erzielt, hergestellt wird. Der bisherige Begriff „Arbeitserzeugnis" wurde durch den Begriff „Arbeitsergebnis" ersetzt, um hierdurch über die die Arbeitserzeugnisse produzierenden Beschäftigungsbereiche hinaus auch die anderen Bereiche zu erfassen (**L:** ebenso *Anzinger* BB 1994, 1492, 1497). Die Ausnahme des § 10 Abs. 1 Nr. 15 zweite Alternative gilt damit nicht nur wie die bisherige Ausnahme des § 105c Abs. 1 Nr. 4 zweite Alternative GewO für Beschäftigungsbereiche zur Herstellung bestimmter Arbeitserzeugnisse, End- und Zwischenprodukte, sondern darüber hinaus auch für alle anderen Beschäftigungsbereiche, zB für den Dienstleistungsbereich, den Forschungsbereich (**L:** ebenso *Dobberahn* Rn 110; *Roggendorff* § 10 Rn 37). **150**

Misslingen. Arbeitsergebnisse misslingen, wenn sie wegen der Unterbrechung der Arbeit am Sonn- oder Feiertag **nicht gelingen oder Fehler** aufweisen, die ihre Verwendung als bestimmungsgemäßes Arbeitsergebnis ausschließen oder wesentlich beeinträchtigen (**L:** ebenso *Roggendorff* § 10 Rn 37). Das Nichtgelingen ist die gravierendste Form des Misslingens. Für den Betrieb absetzbare Arbeitsergebnisse **minderer Qualität** gelten entsprechen ihrer tatsächlichen Minderung als misslungen. Unter Arbeitsergebnissen minderer Qualität sind nicht nur Arbeitsergebnisse minderer Qualität im herkömmlichen Sinne zu verstehen. Arbeitsergebnisse minderer Qualität können zB auch 1-Megabit-Speicherbausteine sein, deren Langzeitzuverlässigkeit infolge der Unterbrechung der Produktion am Sonn- oder Feiertag erheblich verringert wird (**L:** vgl. im Einzelnen *Loritz* S. 111 f; *Zmarzlik* RdA 1988, 257, 262 jeweils mwN). Letztlich wird das zu erarbeitende End- oder Zwischen-Arbeitsergebnis im Wesentlichen durch die Ausgangsstoffe, das Arbeitsverfahren, den Herstellungsprozess und die Arbeitsergebnisvorgabe des Unternehmers bestimmt. Sonn- und Feiertagsarbeit kann allerdings nicht auf § 10 Abs. 1 Nr. 15 gestützt wer- **151**

den, wenn damit die Produktion gesteigert, die Produktionskosten verringert oder zumutbare Modernisierungsmaßnahmen vermieden werden sollen (**R:** vgl. BVerwG 19.9.2000 NZA 2000, 1232).

152 **bb) Voraussetzungen.** – Der Wortlaut des § 10 Abs. 1 Nr. 15 zweite Alternative setzt nur ein **Misslingen „von"** Arbeitsergebnissen infolge der Unterbrechung der Arbeit am Sonn- oder Feiertag voraus, nicht dagegen ein Misslingen „der" Arbeitsergebnisse schlechthin. Ein Misslingen liegt daher nicht nur dann vor, wenn alle Arbeitsergebnisse ihr Herstellungsziel nicht oder nicht **völlig** erreichen, sondern auch dann, wenn ein Teil von ihnen es nicht erreicht oder wenn sie es **teilweise** nicht erreichen. Ein teilweises Nichterreichen ist auch die Qualitätseinbuße infolge der Sonn- oder Feiertagsunterbrechung, wenn sie erheblich ist. Die Vorschrift verlangt nicht ein totales Misslingen. Auch ein teilweises Nichtgelingen ist ein Misslingen, gleich welcher Art (vgl. ferner Rn 151).

153 Voraussetzung für die Anwendung des § 10 Abs. 1 Nr. 15 zweite Alternative ist insbes., dass die Unterbrechung der Arbeit, des Arbeitsverfahrens uä wegen des Sonn- oder Feiertags die **Ursache des Misslingens** darstellt; dh wenn ein Misslingen bei ununterbrochenem Fortgang der Arbeit am Sonn- oder Feiertag nicht eintreten würde. Ein Ausschuss, ein Ausfall oder eine Minderung ist nicht zu berücksichtigen, wenn der Arbeitsprozess auch aus anderen Gründen unterbrochen werden muss, zB aus technologisch bedingten Gründen oder wegen fehlender Aufträge. Dann sind diese Gründe vorrangig kausal. Ungeeignete Ausgangsstoffe oder Fehler im Arbeitsverfahren oder in der Herstellung rechtfertigen die Anwendungen des § 10 Abs. 1 Nr. 15 zweite Alternative ebenfalls nicht. Dies folgt aus dem Wortlaut und dem Zweck dieser Vorschrift sowie der allgemeinen Zwecksetzung des § 1 Nr. 2.

154 Die Inanspruchnahme der Ausnahme des § 10 Abs. 1 Nr. 15 zweite Alternative setzt wie bei den anderen Alternativen voraus, dass die allgemein gebräuchlichen und zumutbaren **betriebstechnischen** und organisatorischen **Möglichkeiten** zur Verhütung des Misslingens von Arbeitserzeugnissen ausgeschöpft werden; zumutbare Maßnahmen der Modernisierung eines Betriebsablaufs müssen Vorrang vor der Beschäftigung an Sonn- und Feiertagen haben (**R:** so ausdrücklich BVerwG 19.9.2000 AP ArbZG § 10 Nr. 1 = NZA 2000, 1232; vgl. ferner Rn 137 ff).

155 **An Werktagen** können diese Arbeiten iSd § 10 Abs. 1 Einleitungssatz **nicht** vorgenommen werden, wenn dies technisch, technologisch nicht möglich ist oder wenn die Verschiebung dieser Arbeiten vom Sonntag auf Werktage für den Betrieb unverhältnismäßige Nachteile zur Folge hätte, gleich welcher Art, auch wirtschaftliche Nachteile, auch Umweltnachteile, Arbeitsschutznachteile, zB dadurch, dass wegen der Unterbrechung der Produktion am Sonntag mehr Reinigungs- und Reparatur- als Produktionsarbeiter beschäftigt werden müssten (vgl. Rn 22 ff).

156 Die Inanspruchnahme der Ausnahme des § 10 Abs. 1 Nr. 15 zweite Alternative setzt ferner – wie die bei den anderen Alternativen – voraus, dass die Gefahr des Misslingens von Arbeitserzeugnissen **nicht schuldhaft** (vorsätzlich oder fahrlässig) **herbeigeführt** wurde, um in den Genuss der Sonn- und Feiertagsarbeit zu kommen.

g) Diskontinuierliche Arbeitsweise. – Arbeiten und Herstellungsverfahren, die **an** 157
den **Werktagen** vor einem Sonn- oder Feiertag **begonnen** worden sind, dürfen an Sonn- oder Feiertagen bei Vorliegen der Tatbestandsmerkmale und Voraussetzungen unter e und/oder f (vgl. Rn 141 ff und Rn 150 ff) zu Ende geführt werden, wenn sie bei Beginn des Sonn- oder Feiertags nicht unterbrochen werden können, ohne dass der Rohstoff verdirbt oder das Arbeitserzeugnis misslingt. (**L:** insoweit ebenso *Buschmann/Ulber* § 10 Rn 16; *Dobberahn* Rn 110; *Roggendorff* § 10 Rn 40; zum bisherigen Recht vgl. *Zmarzlik* BB 1991, 901, 905 mwN).

Bei der **Auslegung und Anwendung** der Ausnahme ist die allgemeine Zwecksetzung des § 1 Nr. 1 letzte Alternative – flexible Arbeitszeit – und die Tendenz des ArbZG zur Erweiterung der Möglichkeiten zur Sonn- und Feiertagsbeschäftigung, zB in § 10 Abs. 1 Nr. 10, Nr. 14, Nr. 15 jeweils letzte Alternative, nicht zuletzt auch wegen der Verbesserung der Rahmenbedingungen des Standorts Deutschland in § 13 Abs. 5 zu berücksichtigen (vgl. auch Rn 7, vgl. ferner Rn 133 ff und Rn 163 f). Ferner ist zu berücksichtigen, dass heute werktags 12-Stunden-Schichten idR nicht mehr verfahren werden, die letzte 8-Stunden-Schicht am Werktag also idR um 22 Uhr begonnen wird. Andererseits ist allerdings wegen der allgemeinen Zwecksetzung des § 1 Nr. 2 und des § 10 Abs. 1 Einleitungssatz zu prüfen, ob es für den Betrieb nicht zumutbar ist, eine neue Charge ab 22 Uhr am Samstag nicht mehr anzusetzen. 158

Die Zulässigkeit des Zuendeführens einer am Werktag begonnenen Arbeit oder eines am Werktag begonnenen Herstellungsverfahrens am Sonn- oder Feiertag ist nach dem Wortlaut des § 10 Abs. 1 Nr. 15 weder in seiner ersten noch in seiner zweiten Alternative davon abhängig, ob **voraussehbar** war bzw ist, dass die Arbeit oder das Herstellungsverfahren nicht ohne Sonn- oder Feiertagsarbeit zu Ende geführt werden kann (**L:** ebenso *Roggendorff* § 10 Rn 40). Der Wortlaut enthält weder das Wort „voraussehbar" noch die Worte „nicht voraussehbar". Der Zweck des § 10 Abs. 1 Nr. 15 verlangt ebenfalls keine einengende Auslegung. Mit der Ausnahme des Zuendeführens eines Produktionsverfahrens will das Gesetz dem Betrieb im Gegenteil ermöglichen, die zugelassene Produktionszeit an Werktagen von 144 Stunden voll zu nutzen (**L:** vgl. im Einzelnen zum bisherigen § 105c Abs. 1 Nr. 4 GewO *Zmarzlik* BB 1991, 901, 906 mwN). 159

h) Kontinuierliche Arbeitsweise. – aa) Entstehung. – Zu § 105c Abs. 1 Nr. 4 160
GewO, der vergleichbar mit **§ 10 Abs. 1 Nr. 15 ArbZG** erste und zweite Alternative ist, war strittig, ob diese Ausnahme nur die diskontinuierliche oder auch die kontinuierliche Sonntagsarbeit erlaubt (**L:** vgl. im Einzelnen *Zmarzlik* BB 1991, 901, 906 f mwN; zum Streitstand auch MünchArbR/*Koberski* § 185 Rn 35). Diese Streitfrage ist in der amtlichen **Begründung** zu § 10 Abs. 1 Nr. 14 und 15 ArbZG dahin geklärt worden, dass beide Vorschriften auch für die kontinuierliche Arbeitsweise

gelten, sofern die dort zugelassenen Arbeiten einen ununterbrochenen Fortgang an Sonn- und Feiertagen erfordern (vgl. BT-Drucks. 12/5888 S. 29 zu § 10 Abs. 1 letzter Absatz). Bestätigt wird diese Klarstellung durch die Ergänzung des § 10 Abs. 1 Nr. 15. Im hinzugefügten letzten Halbsatz wird das Wort „kontinuierlich" ausdrücklich eingeführt.

161 **bb) Wortlaut, Auslegung.** – Der Wortlaut des § 10 Abs. 1 Nr. 15 enthält weder in der ersten noch in der zweiten Alternative das Wort „diskontinuierlich" oder „kontinuierlich". **Im Wortlaut** ist auch **kein Hinweis** darauf zu finden, dass die Zulassung der Sonn- und Feiertagsarbeit nur für die diskontinuierliche Arbeitsweise gelten soll (**R:** vgl. BVerwG 19.9.2000 AP ArbZG § 10 Nr. 1 = NZA 2000, 1232; **L:** aA *Buschmann/Ulber* § 10 Rn 15). Nach dem Wortlaut dürfen vielmehr Arbeitnehmer an Sonn- und Feiertagen beschäftigt werden, wenn die in dieser Ausnahme bestimmten Voraussetzungen vorliegen, insbes.: Notwendigkeit der Sonn- und/oder Feiertagsarbeit zur Verhütung des Verderbens von Naturerzeugnissen oder Rohstoffen oder zur Verhütung des Misslingens von Arbeitserzeugnissen, Nichtverlegbarkeit der Arbeiten auf Werktage. Dauer und Umfang der zugelassenen Sonn- und Feiertagsarbeit und die Art der zulässigen Arbeiten bzw Arbeitsweise (kontinuierlich oder diskontinuierlich) richten sich nach der Dauer und dem Umfang der zur Verhütung des Verderbens oder Misslingens am Sonn- und Feiertag notwendigen Arbeiten (**L:** im Ergebnis ebenso *Dobberahn* Rn 110; *Roggendorff* § 10 Rn 38, 40).

162 Eine Beschränkung des Wortlauts auf die diskontinuierliche Arbeitsweise ergibt sich nicht aus dem Zweck des § 10 Abs. 1 Nr. 15 erste und/oder zweite Alternative, auch nicht aus der Systematik oder dem Gesamtzusammenhang der Regelung der Sonn- und Feiertagsarbeit, ferner nicht aus der Hinzufügung der dritten Alternative in § 10 Abs. 1 Nr. 15 (vgl. hierzu Rn 204 ff). Nach zutreffender Auffassung des BVerwG spricht namentlich nichts dafür, „dass durch die Verwendung des Wortes ‚kontinuierlich' in der dritten Alternative der Vorschrift (des § 10 Abs. 1 Nr. 15) zum Ausdruck kommen soll, dass bei den ersten beiden Alternativen nur diskontinuierliche Sonn- und Feiertagsarbeit gemeint ist" (**R:** BVerwG 19.9.2000 AP ArbZG § 10 Nr. 1 = NZA 2000, 1232; **L:** aA *Buschmann/Ulber* § 10 Rn 15).

163 Mit § 10 Abs. 1 Nr. 15 erste und/oder zweite Alternative wird der **Zweck** verfolgt, Sonn- und Feiertagsarbeit zu erlauben, um das Verderben von Naturerzeugnissen oder Rohstoffen oder das Misslingen von Arbeitserzeugnissen zu verhüten, gleich mit welcher Arbeitsweise, sofern (wenn und soweit) diese im jeweiligen Einzelfall erforderlich ist. Hinzu kommt die neue **allgemeine Zwecksetzung** des § 1 Nr. 1 zweite Alternative, die Rahmenbedingungen für flexible Arbeitszeit zu verbessern, wozu auch die Sonn- und Feiertagsarbeit gehört. Die neue allgemeine Zwecksetzung verlangt eine neue, über die bisherige Sichtweise hinausgehende Auslegung und Anwendung (vgl. auch Rn 7 und Rn 158).

164 Die **Systematik** der Regelung der Sonn- und Feiertagsarbeit in § 10 ArbZG beruht auf dem **Generalklauselprinzip** mit Klarstellungsmöglichkeit aufgrund des § 13

Abs. 1 Nr. 1 oder Abs. 3 Nr. 1, die anstelle der bisherigen auf dem Enumerationsprinzip beruhenden, heute nicht mehr realisierbaren Fallregelung durch detaillierte Benennung der Betriebe und Industriezweige in der Sonntagsarbeits-Bekanntmachung vom 5.2.1895 (RGBl. S. 12) sowie in der Bekanntmachung vom 3.4.1901 (RGBl. S. 117) getreten ist (vgl. Rn 6ff und Rn 136). Gleichzeitig wurden diese Bekanntmachungen in Art. 21 Nr. 17 und 18 außer Kraft gesetzt, obwohl sie in der Praxis zum Teil noch angewandt wurden. Dies war nur vertretbar, weil der Gesetzgeber mit Recht davon ausging, dass die Betriebe an Sonn- und Feiertagen aufgrund des § 10 nahtlos im bisherigen Umfang weiterarbeiten können, diskontinuierlich und/oder kontinuierlich (vgl. BT-Drucks. 12/5888 S. 36 zu Art. 19 letzter Absatz des ArbZRG).

Der **Gesamtzusammenhang** der neuen Regelung der Sonn- und Feiertagsarbeit spricht nicht für Einschränkung, sondern für Ausdehnung und für flexiblere Handhabung der neuen Regelung der Sonn- und Feiertagsarbeit durch das ArbZG, zB in § 10 Abs. 1 Nr. 10, Nr. 14 und 15 jeweils letzte Alternative. Nr. 16, vor allem aber in § 13 Abs. 4 und 5, unter Beachtung der neuen allgemeinen Zwecksetzung des § 1 (vgl. auch Rn 136, Rn 139, Rn 158, Rn 161). **165**

i) 5%-Grenze. – Zur 5%-Grenze wird in der **amtlichen Begründung** zum ArbZG ausgeführt: „Bei kontinuierlicher Sonntagsarbeit liegt ein Misslingen von Arbeitsergebnissen iSd § 10 Abs. 1 Nr. 14 idR dann vor, wenn wegen der Unterbrechung am Sonn- oder Feiertag nicht oder fehlerhaft gelungene (misslungene) Arbeitserzeugnisse in Höhe von 5% einer Wochenproduktion an fehlerfreien Arbeitserzeugnissen anfallen, bezogen auf die 6 Werktage von Montag bis Samstag mit 144 Arbeitsstunden. Im Einzelfall kann auch eine Unterschreitung der 5%-Grenze ein Misslingen von Arbeitsergebnissen darstellen“ (vgl. BT-Drucks. 12/5888 S. 29 zu Nr. 15). **166**

Keine starre Grenze. Die amtliche Begründung spricht sich mit Recht gegen eine starre 5%-Grenze aus (**L:** ebenso *Dobberahn* Rn 110; *Roggendorff* § 10 Rn 39). Eine starre 5%-Grenze als Voraussetzung für die Zulässigkeit der Sonntagsarbeit würde auch den unterschiedlichen Industriezweigen und damit dem Gleichheitssatz (Regelung entsprechend den jeweiligen Besonderheiten) nicht gerecht. Zum Stand der Meinungen zur 5%-Grenze im bisherigen Sonn- und Feiertagsrecht vgl. **L:** *Zmarzlik* BB1991, 901, 907. Wo die zumutbare Opfergrenze liegt, ist anhand der Umstände des Einzelfalles zu entscheiden (**R:** vgl. auch VG Münster 17.9.1991 – Az: 4 K 190/90 –, das sich einerseits an die damalige 5%-Ausschussquote nicht gebunden fühlte, andererseits eine Misslingensquote von 2% als nicht ausreichend ansah, um eine Ausnahme vom Sonntagsarbeitsverbot zu rechtfertigen). **167**

In die Berechnung können nicht nur fehlerhafte, sondern auch **in der Qualität geminderte Produkte** einbezogen werden, sofern diese für den Betrieb einen unterbrechensbedingten Schaden darstellen, allerdings nur entsprechend der tatsächlichen Minderung der Produkte. Ferner kann nicht nur der unterbrechensbedingte **168**

Produktionsausschuss und die unterbrechensbedingte Produktminderung, sondern auch der totale und teilweise unterbrechensbedingte Produktionsausfall, auch das unterbrechensbedingte Verlorengehen von Stoffen, zB bei der Herstellung von Dimethylphosphit, berücksichtigt werden. Das Nichtgelingen ist die gravierendste Form des Misslingens. Die 5%-Grenze kann ferner nur auf fehlerfreie Produkte bezogen werden. Der verfahrensbedingte Ausschuss bleibt bei der Ermittlung des sonntagsbedingten Ausschusses außer Betracht. Er kann daher auch nicht für die Ermittlung des Umfangs der 5%-Grenze herangezogen werden.

169 Bei dem Maßstab der 5%-Grenze für den unterbrechensbedingten Schaden als Voraussetzung für die Zulässigkeit der Sonn- und Feiertagsarbeit handelt es sich nicht um eine Verlegenheitslösung statt einer (nicht mehr realisierbaren) Einzelfallregelung. Es handelt sich vielmehr um eine **bundeseinheitliche Richtschnur** aufgrund jahrelanger praktischer Erfahrungen für die Inanspruchnahme der bisherigen Ausnahme in § 105c Abs. 1 Nr. 4 GewO, nunmehr in § 10 Abs. 1 Nr. 15.

170 Der **Maßstab** der 5%-Grenze ist auch **nicht willkürlich**. Er ergibt sich aus § 9 Abs. 2 wie folgt: 5% der Werktagsproduktion entsprechen 7,2 Arbeitsstunden und damit etwa einer 8-stündigen Schicht. Indem der Gesetzgeber mehrschichtigen Betrieben in § 9 Abs. 2 ermöglicht, Beginn oder Ende der Sonn- bzw Feiertagsruhe um bis zu 6 Stunden zu verschieben, erspart er ihnen bei den üblichen Schichtwechselzeiten um 6 Uhr, 14 Uhr und 22 Uhr einen werktäglichen Produktionszeitverlust von 8 Stunden in der Woche (**L:** vgl. zum bisherigen § 105b Abs. 1 Satz 4 GewO: *Zmarzlik* RdA 1988, 257, 265; *Albrecht* AuR 1989, 97, 116 Fn 207). Ein solcher Maßstab hat auch schon bei den Vorarbeiten für die Verordnungen über die Sonn- und Feiertagsarbeit in der Stahlindustrie sowie in der Papierindustrie eine Rolle gespielt.

171 Der **Maßstab** der 5%-Grenze findet ferner nur **beim berechenbaren Misslingen** von Arbeitserzeugnissen Anwendung, nicht dagegen in anderen Fällen, insbes. nicht beim unberechenbaren Verderben von Rohstoffen. Rohstoffe lassen sich idR wegen des naturgegebenen, schnell fortschreitenden Zersetzungsprozesses nicht ohne Weiteres in schon verdorbene und noch nicht verdorbene Rohstoffe aufteilen.

172 In zeitlicher Hinsicht ist der Bezug auf die Produktion von 144 Stunden (6 × 24) im ArbZG **systemgerecht**, weil das ArbZG von 6 Werktagen ausgeht und weil sich so für alle Betriebe, gleich wie viele Tage in der Woche sie bis dahin tatsächlich arbeiten, ein einheitlicher Maßstab ergibt.

173 Aus dem Gesichtspunkt des **Rechtsstaatsprinzips** lassen sich gegen die amtliche Begründung keine entscheidenden Bedenken herleiten (**L:** aA *Kuhr* DB 1994, 2186, 2188 unter Berufung auf *Benda* S. 48, 76 und *Natter* NZA 1992, 15, 17, beide zu § 105c Abs. 1 Nr. 4 GewO). Durch die amtliche Begründung erfährt die Vorschrift des § 10 Abs. 1 Nr. 15 in der von ihr vorgenommenen Klarstellung die bisher bei § 105c Abs. 1 Nr. 4 GewO vermisste rechtsstaatlich gebotene Normenklarheit, nicht zuletzt durch den bundeseinheitlichen Maßstab der 5%-Grenze für die Beantwortung der in dieser Vorschrift gestellten Zumutbarkeitsfrage, auch für die Ermittlung der bisher umstrittenen Zumutbarkeitsgrenze für den unterbrechensbedingten Schaden bei der Herstellung von 1-Megabit-Chips (vgl. auch Rn 151).

j) Zusammentreffen von zwei Alternativen der Nummer 15. – Die Ausnahme des § 10 Abs. 1 Nr. 15 enthält zwei Alternativen für die Zulassung zur Sonn- und Feiertagsarbeit, also zwei Ausnahmen, erstens zur Verhütung des **Verderbens** von Naturerzeugnissen oder Rohstoffen, zweitens zur Verhütung des **Misslingens** von Arbeitsergebnissen. Die zwei Alternativen sind nicht so zu verstehen, dass das Vorliegen der einen die Inanspruchnahme der anderen ausschließt. Vielmehr bleibt es der Verantwortung des Betriebs überlassen, welche der beiden Alternativen oder ob er beide zusammen in Anspruch nehmen will. **174**

In den Fällen, in denen keine der beiden Alternativen die in § 10 Abs. 1 Nr. 15 vorausgesetzte **Zumutbarkeitsgrenze** überschreitet, jedoch beide zusammen es tun, kann der Betrieb beide Alternativen zusammen in Anspruch nehmen. Bei der Prüfung der Zumutbarkeitsfrage sind allerdings die Unterschiede in den Voraussetzungen zu beachten. So ist bei Ermittlung der Zumutbarkeitsgrenze des unterbrechensbedingten Schadens dieser nicht wie beim Misslingen von Arbeitsergebnissen gemäß den zur 5%-Grenze entwickelten Grundsätzen zu errechnen, sondern wie beim Verderben von Naturerzeugnissen oder Rohstoffen zu gewichten (**L:** vgl. *Zmarzlik* NZA 1989, 537, 542; vgl. auch Rn 144). **175**

k) Chargenbetrieb. – Herstellungsprozesse, die sich nicht in den **6-Werktage-Rhythmus** einfügen lassen, dürfen wie kontinuierliche Herstellungsprozesse auch an Sonn- und Feiertagen verfahren werden, wenn durch deren Unterbrechung an Sonn- und Feiertagen oder deren Nichtansetzen am Samstag bzw am Werktag davor werktägliche Produktionsausfälle von 8 und mehr als 8 Stunden wegen des Sonn- und Feiertagsarbeitsverbots entstehen würden. Produktionsausfälle von 8 und mehr als 8 Stunden entsprechen einem Produktionsverlust von 5% und mehr als 5% der Wochenproduktion wie bei Unterbrechung eines kontinuierlichen Betriebs und erfordern daher schon aus Gründen der Gleichbehandlung eine den nach § 10 Abs. 1 Nr. 15 zulässigen, kontinuierlichen Herstellungsprozessen vergleichbare Behandlung. Bei dem in der Eisen- und Stahlverordnung vom 31.7.1968 (s. **Teil D** Anh. **Nr. 4**) an Sonn- und Feiertagen zugelassenen Betrieb von Öfen und Konvertern handelt es sich ebenfalls nur um einen Chargenbetrieb (Fortgeltung der VO aufgrund des Art. 13 ArbZRG). Die vom Bundesrat vorgeschlagenen Einschränkungen des Chargenbetriebs haben die Bundesregierung und der Deutsche Bundestag abgelehnt (vgl. BT-Drucks. 12/5888 S. 42 und S. 53 jeweils zu Nr. 27). **176**

Kann der 8 und mehr als 8-stündige Produktionsausfall durch **Zuendeführen** des Verfahrens am Sonn- oder Feiertag vermieden werden, so ist nur dieses Zuendeführen, jedoch nicht das Ansetzen neuer Chargen am Sonn- oder Feiertag zulässig (**L:** insoweit ebenso *Roggendorff* § 10 Rn 40). Eine **andere Beurteilung** greift Platz, wenn ein reibungsloser Werktagschargenbetrieb nur mit Hilfe von durchgehender **177**

Sonn- und Feiertagsarbeit verfahren werden kann und/oder erhebliche Gründe aus § 10 Abs. 1 Nr. 16 und/oder aus § 10 Abs. 2 ähnlich wie bei der Eisen- und Stahlindustrie hinzukommen. So ist der kontinuierliche Betrieb zulässig, wenn die dazu notwendige chargenmäßig herzustellende Emulsion, zB für Filme oder Fotopapiere, andernfalls verdirbt. Zum Zuendeführen eines am Werktag vor einem Sonn- oder Feiertag begonnenen Herstellungsprozesses vgl. im Übrigen Rn 157 ff.

178 **l) Chemische Industrie, Besonderheiten. – aa) Nummer 15 erste Alternative.** – In der chemischen Industrie sind die **Voraussetzungen** des § 10 Abs. 1 Nr. 15 erste Alternative idR erfüllt, wenn das Naturerzeugnis, der Rohstoff, das weiter zu verarbeitende unbeständige oder nicht über den Sonn- oder Feiertag lager- oder stapelfähige Zwischenprodukt verdirbt oder verloren geht oder die für seine bestimmungsgemäße Verwendung erforderlichen Eigenschaften nicht erreicht oder behält. Die Voraussetzung in § 10 Abs. 1 Einleitungssatz ist wie auch sonst zu beachten.

179 **Fehlreaktionen.** Während der Unterbrechung eines chemischen Prozesses können sich seiner Eigenart entsprechend bei den im Prozess befindlichen Stoffen Veränderungen ergeben, die beim Wiederanfahren der Anlage fehlerhafte Produkte in Höhe von 5 % und mehr als 5 % der Wochenproduktion zur Folge haben. Ferner: Unbeständige Zwischenprodukte reagieren während der Unterbrechung ihrer chemischen Natur entsprechend weiter. Die Moleküle des betreffenden chemischen Stoffes, insbes. ungesättigte Verbindungen, lagern sich unter Freiwerden von Wärme zusammen, zB beim Stehen lassen von Acrylsäure. Hier tritt eine unkontrollierte „wilde" Polymerisation ein und führt zur Wärmestauung, die ihrerseits den Fortgang der Polymerisation beschleunigt und eine Explosion auslöst.

180 **Nicht lagerfähig.** Das Zwischenprodukt kann zB den Behälter stark angreifen. Das Zwischenprodukt kann bei der Lagerung in seiner Beschaffenheit durch die Einwirkung der Behälterwand so verändert werden, dass man es nicht weiterverarbeiten kann.

181 **Nicht stapelfähig.** Bei der Herstellung von Gasen für großtechnische Prozesse fallen Gase in so großen Mengen an, dass es technisch unmöglich ist, sie über den Sonn- oder Feiertag zu stapeln, zB bei der Ammoniak-Synthese. Bei dieser Synthese beträgt der Tagesbedarf eines Betriebs mehrere Millionen Kubikmeter Gas. Die größten in der Bundesrepublik vorhandenen Gasometer fassen aber nur wenige 100.000 cbm.

182 **Verdirbt, geht verloren.** In der Hochtemperatur-Pyrolyse wird Benzin bei etwa 2.000° gekrackt, wobei stündlich ca. 30.000 cbm Spaltgas anfallen. Beim Abstellen der Anlage muss innerhalb von 24 Stunden die Einlaufmenge zu Abkühlungszwecken langsam reduziert werden, so dass während dieser 24 Stunden eine Stapelgasmenge von stündlich 10.000 cbm die Apparatur verlässt. Dieses Spaltgas, das in seiner Zusammensetzung entsprechend dem Heruntergehen der Temperatur innerhalb der 24 Stunden variiert, ist nicht verwendbar und kann nur abgefackelt werden.

Beim Wiederanfahren der Anlage geht über einen ebenso großen Zeitraum die Produktion verloren.

bb) Nummer 15 zweite Alternative. – Misslingen. In der chemischen Industrie ist das Arbeitsergebnis idR misslungen, wenn es im Herstellungsverfahren wegen der Sonn- und Feiertagsunterbrechung nicht bestimmungsgerecht erzielt werden kann. Bestimmungsgerecht ist ein Arbeitsergebnis, wenn es die für seine bestimmungsgemäße Verwendung erforderlichen Eigenschaften erreicht, erhält und behält (vgl. auch Rn 151). Die wesentlichen Merkmale eines bestimmungsgerechten chemischen Produkts sind Produktreinheit, Mischungsverhältnis (Isomerengemisch, Lösungsmittel, Füllstoffe, Additive ua), ferner physikalische Daten, sicherheitstechnische Daten. Ein chemisches Massenprodukt kann in entsprechender Qualität nur bei genauer Einhaltung dieser Prozessparameter erzeugt werden. Dies lässt sich idR nur im kontinuierlichen Betrieb erreichen **183**

Lange Dauer der An- und Abfahrvorgänge. Betragen in einem chemischen Herstellungsverfahren die An- und Abfahrvorgänge 8 und mehr als 8 Stunden ist eine vertretbare Arbeitsweise nicht gegeben, wenn das kontinuierliche Herstellungsverfahren wegen der Sonn- und Feiertage unterbrochen werden muss. In der chemischen Industrie betrifft dies vor allem Herstellungsverfahren, bei denen sich erst nach längerer Zeit konstante Prozessbedingungen einstellen (Temperatur, Druck). Das Gleiche gilt für chemische Herstellungsverfahren, die erst bei hohen Temperaturen in Gang kommen. **184**

Ausschuss bei An- und Abfahrvorgängen. Muss das kontinuierliche Herstellungsverfahren wegen der Sonn- und Feiertage unterbrochen werden, können während der Abfahrphase beim Abschalten und der Anfahrphase beim Wiederanfahren der Anlage nach der Unterbrechung fehlerhafte Produkte von 5 % und mehr als 5 % der Wochenproduktion entstehen. Dies ist insbes. dann der Fall, wenn sich fehlerfreie Produkte erst bei konstanten Prozessbedingungen erzeugen lassen. **185**

cc) Verbund von Prozess-Schritten. – Werden mehrere Verfahrensschritte, auch Chargen, hintereinander geschaltet, die zeitlich aufeinander abgestimmt sein müssen, können die Voraussetzungen des § 10 Abs. 1 Nr. 15 erste und zweite Alternative erfüllt sein, wenn sich aus den einzelnen Verfahrensschritten, auch Chargen, **kein** stabiles **Zwischenprodukt** ergibt oder wenn die Unterbrechung eines Verfahrensschrittes die Unterbrechung des gesamten Verfahrens zur Folge hätte. **186**

Weiterverarbeiten. An Sonn- und Feiertagen dürfen Arbeitnehmer aufgrund des § 10 Abs. 1 Nr. 15 erste und zweite Alternative idR beschäftigt werden, wenn andernfalls bestimmungsgemäße Arbeitsergebnisse (Zwischenprodukte) mangels einer sofortigen Weiterverarbeitung nicht zu erzielen sind, insbes. wenn die Arbeitsergebnisse deswegen nicht die für ihre bestimmungsgemäße Verwendung erforderlichen Eigenschaften erreichen oder behalten. Beispiel: Indanthren-Blaugrün-FFB, bei dem der Farbstoff infolge der unbeständigen Natur des Zwischenprodukts die **187**

bestimmungsgemäße Echtheit, Farbstärke ua nicht erreicht, wenn das Zwischenprodukt nicht sofort weiterverarbeitet wird.

188 **Zunächst nicht feststellbare Änderungen.** Beim Verbundverfahren kann man beim Wiederanfahren der Produktion nach einer 24-stündigen Unterbrechung in dem Anlauferzeugnis oft Veränderungen in den chemischen und physikalischen Eigenschaften zunächst überhaupt nicht feststellen. In solchen Fällen wird bei der Auslauf- und Anlaufproduktion nur nicht verwertbarer Abfall erzeugt. Beispiel: Bunapolymerisation, bei dem die Monomeren in wässriger Emulsion in stetigem Durchfluss durch eine Batterie hintereinander geschalteter, großer Rührwerke polymerisiert werden. Die Durchflusszeit der Emulsion durch die Apparatur beträgt 12 bis 24 Stunden. Jede Abweichung von der kontinuierlichen Arbeitsweise bringt in Bezug auf Druck, Temperatur, Durchflussgeschwindigkeit und Umsetzungsgrad zunächst nicht feststellbare Änderungen im Endprodukt mit sich.

189 **dd) Zulässige Arbeiten. – Grundsatz:** § 10 Abs. 1 Einleitungssatz gilt auch in der chemischen Industrie. Dies bedeutet: An Sonn- und Feiertagen dürfen grundsätzlich nur die zur Aufrechterhaltung eines ununterbrochenen Betriebs erforderlichen Arbeitnehmer beschäftigt werden. Aufschiebbare Reinigungs-, Wartungs- und Instandhaltungsarbeiten sind an Werktagen auszuführen (vgl. Rn 19 ff). Für den ununterbrochenen Betrieb einer chemischen Produktionsanlage sind an Sonn- und Feiertagen aufgrund des § 10 Abs. 1 Nr. 15 erste und zweite Alternative idR insbes. folgende Arbeiten zugelassen:

190 **Arbeiten:** Beobachtung und Steuerung des Betriebsablaufs, Kontrollgänge in der Anlage, Kontrolle des Prozessablaufs durch regelmäßige Probenentnahmen und Analysen der Einsatzstoffe, Zwischen- und Endprodukte, Sicherstellung der Funktion von Energieversorgungs- und Entsorgungsanlagen, Entstörungsdienste für Energie- und Betriebsmittelversorgung für die Maschinen- und Apparatetechnik sowie für die Mess-, Steuer- und Regelungstechnik, notwendiger An- und Abtransport, soziale Dienste zur Versorgung und Betreuung der Sonn- und Feiertagsarbeitnehmer, Bereitschaftsdienste zum Schutz der an Sonn- und Feiertagen im Betrieb Tätigen und der Betriebsanlagen.

191 Zur Sonn- und Feiertagsarbeit aufgrund von § 10 Abs. 1 Nr. 16 vgl. Rn 223 ff.

192 **m) Andere Industriezweige.** – Als weitere Beispiele für Sonn- und Feiertagsarbeit aufgrund des § 10 Abs. 1 Nr. 15 unter der Voraussetzung des § 10 Abs. 1 Einleitungssatz (vgl. hierzu Rn 19 ff) lassen sich ohne Anspruch auf Vollständigkeit anführen: Herstellung von Magnetbändern, Herstellung von **Chemiefasern** im Spinnverfahren, Herstellung von Kunststoff-Folien, Herstellung von Vliesstoffen, Texturierung von Kunststoff-Fasern.

193 Herstellung von **Zement** in Drehrohröfen, Herstellung von Aluminiumoxid, Herstellung von Mineralfasern, Brennen **keramischer Erzeugnisse** wie Ziegel (**R:** BayVGH 14.5.2004 GewA 2004, 428), Klinker, Porzellan. Herstellung von Dachziegeln im Heisspressverfahren (**R:** vgl. hierzu BVerwG 19.9.2000 AP ArbZG § 10

Nr. 1 = BB 2001, 367 = NZA 2000, 1232). Zerschmelzen und Verarbeiten von Glas, Herstellung von Glasfasern, Herstellung von Lichtwellenleitern, Herstellung von sphärisch gebogenem Einscheibensicherheitsglas. **Glasschmelzanlagen** zB, in denen die Rohstoffe bis auf über 1.500°C erhitzt werden, damit sie sich zum Werkstoff Glas verbinden, machen eine kontinuierliche Rohmaterial- und Energiezuführung sowie einen stetigen Glasdurchsatz zur Erzielung und Erhaltung einer konstanten Glasqualität aus technologisch bedingten Gründen chemischer, technischer und physikalischer Art erforderlich. Glasschmelzwannen haben je nach Anlagengröße eine Tageskapazität von bis zu 800 t. Die Inbetriebnahme der Anlage ist nur in einem mehrere Wochen umfassenden, technisch aufwendigen Verfahren möglich, mit misslungenen Arbeitsergebnissen weit über 5 % einer Wochenproduktion.

Betrieb von Wärmebehandlungsanlagen, Langzeitglühen in **Warmwalzwerken**, **194**
Betrieb von Anodenbrennofenanlagen, Aluminiumherstellung durch Elektrolyse, Betrieb von Härteanlagen, Betrieb von Beschichtungsanlagen, elektrolytische Verzinkung von Feinblech, Herstellung von Hartmetallen und Magnetwerkstoffen, Herstellung von Elektroden, **Isolieren** von Drähten.

Herstellung von Holzspanplatten, Herstellung von **Zellstoff**, Herstellung von elasti- **195**
schen Garnen, Herstellung von Flockgarn, Fadenpräparation mit Latex.

Herstellung von Zucker (vgl. Rn 202), Herstellung von **Obst-** und Gemüsekonser- **196**
ven, Trocknen von Obst und Gemüse durch Erwärmung oder durch Gefrieren, Entkoffeinierung von **Kaffee**, Herstellung von Malz, Brauen von **Bier**, Gewinnung von Alkohol, Spirituosen.

Bei **Gleitschalung** für Bauten ist Sonn- und Feiertagsarbeit aufgrund des § 10 **197**
Abs. 1 Nr. 15 zulässig, wenn die Gleitbauschalung mehr als 6 Tage erfordert oder besondere Anforderungen an Beanspruchung, Wasser- oder Gasdichte oder Maßgenauigkeit zu stellen sind; **Kletterschalung** ist kein ausreichender Grund für durchgehende Sonn- und Feiertagsarbeit (vgl. Erlass NRW vom 31. 3. 1969 – MBl. NRW 1969 S. 744 –). Zulässig ist auch die Verarbeitung von Transportbeton für den Gleitschalungsbau (ur diskontinuierlichen Arbeitsweise vgl. Rn 157 ff).

Zulässig ist Sonn- und Feiertagsarbeit aufgrund des § 10 Abs. 1 Nr. 15 ferner beim **198**
kontinuierlichen Betrieb von **Kokereien**.

Im Zweifel entscheidet über die Zulässigkeit der Sonn- und Feiertagsarbeit im Ein- **199**
zelfall die **Aufsichtsbehörde** gemäß § 13 Abs. 3 Nr. 1 (vgl. § 13 Rn 28), bei mehreren Beschäftigungsbereichen die Bundesregierung mit Zustimmung des Bundesrates aufgrund des § 13 Abs. 1 Nr. 1 (vgl. § 13 Rn 6 ff).

n) Kampagne- und Saisonbetriebe. – aa) Begriffe. – Kampagnebetriebe sind **200**
Betriebe, die ihrer Natur nach auf bestimmte Jahreszeiten beschränkt sind, zB Zuckerfabriken, Zichorienfabriken, Fischräuchereien (vgl. den bisherigen § 105d Abs. 1 GewO und BT-Drucks. 12/5888 S. 36).

201 **Saisonbetriebe** sind Betriebe, die ihrer Natur nach in gewissen Zeiten des Jahres zu einer außergewöhnlich verstärkten Tätigkeit genötigt sind. Beispiele: Betriebe zur Herstellung von Schokoladen- und Zuckerwaren, von Honigkuchen und Biskuit (Lebkuchenfabriken), Betriebe zur Herstellung von Spielwaren, Chemische Wäschereien (vgl. den bisherigen § 105d Abs. 1 GewO). Heute gehören zu den Saisonbetrieben auch Gaststätten, insbes. in Urlaubsorten.

202 **bb) Zuckerindustrie, Beispiel.** – Während der Kampagne in der Zuckerindustrie muss der Produktionsprozess zur Verhütung des Verderbens von Naturergebnissen (Zuckerrüben) und zur Verhütung des Misslingens von Arbeitsergebnissen (Endprodukt Zucker, Zwischenprodukte Schnitzel, Saft) sowie zur Vermeidung einer erheblichen Beschädigung der Produktionseinrichtungen (Behälter, Rohrleitungen, Armaturen, Pumpen) aufgrund des § 10 Abs. 1 Nr. 15 und 16 **ununterbrochen** auch an Sonn- und Feiertagen laufen (vgl. auch BT-Drucks. 12/5888 S. 36 letzter Absatz).

203 **Folgen der Unterbrechung.** Als lebender Organismus veratmen Zuckerrüben den gespeicherten Zucker während der Lagerung. Die Zwischenprodukte Rohsaft und Schnitzel bei der Saftgewinnung sowie Dünnsaft bei der Saftreinigung unterliegen bei Prozessunterbrechung einem sofortigen Zersetzungsprozess. Ein Leerfahren und Reinigen dieser Station erfordert einen Zeitraum von ca. 2 Tagen. Für das Anfahren dieser Station muss der gleiche Zeitraum in Ansatz gebracht werden. Bedingt durch Schädigung der Zwischenprodukte (Infektion, Farbverschlechterung) ist eine Qualitätsminderung der Endprodukte nicht zu vermeiden. Durch Prozessunterbrechung ist auch mit Folgestörungen wie Verkrustungen von Behältern, Rohrleitungen, Armaturen und Pumpen zu rechnen.

204 **o) Forschungsarbeiten. – Entstehung.** § 10 Abs. 1 Nr. 15 dritte Alternative hat kein Vorbild im bisherigen Recht. Die Ausnahme ist neu, nicht zuletzt wegen des Grundrechts der Freiheit der Forschung aus Art. 5 Abs. 3 GG und wegen der in Art. 17 Abs. 2 2.1 Buchst. c) vi) EU-Arbeitszeit-Richtlinie zugelassenen Abweichungsmöglichkeiten (vgl. **Teil D** Anh. **Nr. 1**). Darüber hinaus ist die Ausnahme nach Abwägung des Grundrechts der Freiheit der Forschung aus Art. 5 Abs. 3 GG mit der durch Art. 140 GG iVm Art. 139 WRV verfassungsrechtlich geschützten Sonn- und Feiertagsruhe wegen der Eigenart und Eigengesetzlichkeit der Forschungsarbeit als einem Prozess der Gewinnung und Vermittlung wissenschaftlicher Erkenntnisse, die sich nicht auf bestimmte Tage, auch nicht auf die 5- oder 6-Tage-Woche beschränken lässt, ins ArbZG eingefügt worden. Kontinuierlich durchzuführende Forschungsarbeiten sollten wegen ihrer Besonderheiten nicht wie gewerbliche Arbeiten an die strengen Voraussetzungen des § 10 Abs. 1 Nr. 15 erste und zweite Alternative gebunden werden, zumal die Forschung im Wesentlichen von selbstständig arbeitenden Forschern durchgeführt wird.

205 **Inhalt.** Nach § 10 Abs. 1 Nr. 15 dritte Alternative dürfen Arbeitnehmer an Sonn- und Feiertagen bei **kontinuierlich** durchzuführenden Forschungsarbeiten beschäf-

tigt werden, dh bei Forschungsarbeiten, die nicht anders als ununterbrochen durchgeführt werden können, insbes. **ohne Unterbrechung durch die Sonn- und Feiertagsruhe**. Solche Forschungsarbeiten dürfen an Sonn- und Feiertagen nicht nur die Forscher selbst durchführen. Auch andere Personen dürfen bei solchen Forschungsarbeiten an Sonn- und Feiertagen mitwirken, vor allem das sog. Infrastrukturpersonal der betreffenden Forschungseinheit. Andere als kontinuierlich durchzuführende Forschungsarbeiten dürfen dagegen an Sonn- und Feiertagen nur bei Vorliegen der Voraussetzungen des § 10 Abs. 1 Nr. 15 erste und/oder zweite Alternative durchgeführt werden.

Das **Wort „kontinuierlich"** in der neu eingefügten dritten Alternative des § 10 **206**
Abs. 1 Nr. 15 hat nicht dieselbe Bedeutung wie die in der gewerblichen Wirtschaft übliche Bezeichnung „kontinuierliche Arbeitsweise". In der gewerblichen Wirtschaft wird mit dieser Bezeichnung die Arbeitsweise in Kurzform umschrieben, bei der der Betrieb als solcher von Montag bis Sonntag jeweils 24 Stunden pro Tag, also 168 Stunden pro Woche (= 7 × 24 Stunden) idR mit drei 8-stündigen Schichten pro Tag betrieben wird, oft das ganze oder fast das ganze Jahr über. Statt der Kurzform „kontinuierliche Arbeitsweise" ist in der gewerblichen Wirtschaft auch die Kurzform „Durchfahrbetrieb" geläufig. Die Wendung „bei kontinuierlich durchzuführenden Forschungsarbeiten" ist dagegen keine Bezeichnung für eine bei der Forschung übliche Arbeitsweise. Sie hat vielmehr den Zweck, die nur mit Hilfe von Sonn- und Feiertagsarbeit – gleich von welcher Dauer und in welchem Umfang – durchführbaren Forschungsarbeiten von den anderen zu differenzieren und die neue Ausnahme auf diese zu beschränken. Die Bezeichnung hat nicht etwa den Zweck, die bisher aufgrund des Vorläufers des § 10 Abs. 1 Nr. 15 erste und zweite Alternative praktizierte Sonn- und Feiertagsarbeit zu beseitigen (**L:** aA *Buschmann/Ulber* § 10 Rn 15).

Gründe. Die Notwendigkeit, Forschungsarbeiten kontinuierlich – auch an Sonn- **207**
und Feiertagen – durchzuführen, hängt insbes. von der Eigenart der betreffenden Forschungsarbeit und von deren Randbedingungen ab. Unvermeidbar ist die kontinuierliche Durchführung von Forschungsarbeiten zB idR bei der Durchführung, Auswertung und Beobachtung von biologischen, bio- und veterinärmedizinischen **Experimenten über längere Zeiträume** hinweg. Weitere Beispiele für kontinuierlich durchzuführende Forschungsarbeiten sind: Über längere Zeiträume sich erstreckende Arbeiten und Versuche der Grundlagenforschung, aber auch der angewandten Forschung an Großanlagen, insbes. im physikalischen, chemischen und biotechnischen Bereich; ferner an Bord von Forschungsschiffen, bei Expeditionen, in Forschungsstationen bei Forschungsarbeiten im internationalen Verbund.

Kontinuierlich, also ohne Unterbrechung durch die Sonn- und Feiertagsruhe, sind **208**
Forschungsarbeiten ferner im Rahmen der **Beobachtungszyklen** der Astronomie und Astrophysik durchzuführen, insbes. wenn Beobachtungen über längere Zeiträume oder unter bestimmten Witterungsbedingungen durchgeführt werden müssen; ferner für die Aufnahme und Auswertung der von Satellitenstationen gesendeten

Daten. Die Notwendigkeit zur Sonn- und Feiertagsarbeit kann sich bei Forschungsarbeiten auch aus dem Zwang zur Nutzung von großen, vor allem externen, **Datenverarbeitungsanlagen** ergeben, wenn diese der Forschung nur außerhalb der werktäglichen Arbeitszeiten zur Verfügung stehen, falls diese Arbeit nicht schon gemäß § 10 Nr. 14 letzte Alternative zulässig ist.

209 **16. Zerstörung von Produktionseinrichtungen (Nummer 16). – a) Entstehung.** Die meisten Ursachen und deren Folgen, die Sonn- und Feiertagsarbeit – kontinuierliche und/oder diskontinuierliche – erfordern, sind in der Generalklausel für die Zulassung der Sonn- und Feiertagsarbeit des § 10 Abs. 1 Nr. 15 enthalten (vgl. Rn 130 ff). Einige Ursachen und Folgen wegen einer Sonn- und Feiertagsarbeitsunterbrechung werden jedoch nicht erfasst. Im bisherigen Recht waren diese Ursachen und Folgen entsprechend dem industriellen Stand von 1895 in der Sonntagsarbeits-Bekanntmachung vom 5. 2. 1895, RGBl. S. 12 erfasst, insbes. in der zugehörigen Tabelle Buchst. A bis C, zT auch in Buchst. D, in neuerer Zeit auch in der Eisen- und Stahlverordnung (s. **Teil D** Anh. **Nr. 4**). Die Bekanntmachung ist gemäß Art. 21 Nr. 18 ArbZRG am 1. 7. 1994 außer Kraft getreten. Die Eisen- und Stahlverordnung gilt mit der Änderung des Art. 13 ArbZRG fort. Anstelle der Bekanntmachung war schon am Anfang der Reform des Arbeitszeitrechts eine Generalklausel geplant, die die Generalklausel des § 10 Abs. 1 Nr. 15 ergänzen und abrunden sollte.

210 Nach § 7 Abs. 2 Nr. 19 des **Vorentwurfs** sollte die Bekanntmachung durch die Zulassung von Sonn- und Feiertagsarbeit für Arbeiten abgelöst werden, die aus chemischen, biologischen, technischen oder physikalischen Gründen einen ununterbrochenen Fortgang auch an Sonn- und Feiertagen erfordern (vgl. BT-Drucks. 11/360 S. 6, 20). Dieser Vorschlag war besonders umstritten. Er erschien ohne Bindung an eine vorherige behördliche Bewilligung als **zu weitgehend**, vorwiegend an den Bedürfnissen der chemischen Industrie orientiert. Außerdem fügte er sich nicht in das durch die Hauptausnahme des § 10 Abs. 1 Nr. 15 vorgezeichnete, der bisherigen Regelung entsprechende **Rechtssystem** ein; denn er orientierte sich nicht in erster Linie an den Folgen einer Sonn- und Feiertagsarbeitsunterbrechung, sondern an den Gründen für einen ununterbrochenen Fortgang von Arbeiten an Sonn- und Feiertagen.

211 Im letzten Gesetzentwurf wurde er daher an dieser Stelle durch die nunmehr geltende Generalklausel in § 10 Abs. 1 Nr. 16 **ersetzt**; der Vorschlag selbst wurde als **§ 13 Abs. 4** in das ArbZG eingefügt (vgl. BT-Drucks. 12/5888 S. 8, 29, 30 und BT-Drucks. 12/6990 S. 16, 41 dritter Abs. und S. 44). Diese Vorschriften sind daher bei der Auslegung und Anwendung zusammen zu betrachten.

212 **b) Zweck, Vollständigkeit der Ausnahmen ua** – § 10 Abs. 1 Nr. 16 verfolgt den Zweck, den Betrieben die **Beschäftigung** von Arbeitnehmern an Sonn- und Feiertagen zur Vermeidung einer Zerstörung oder erheblichen Beschädigung der Produktionseinrichtungen zu **ermöglichen**, die durch eine Unterbrechung der Arbeit wegen des Sonn- oder Feiertagsarbeitsverbots entstehen könnte. Die Erhaltung funktionsfähiger Produktionseinrichtungen liegt im Interesse der Arbeitgeber und der Arbeitnehmer, aber auch der Gesamtwirtschaft. **Zugleich** sollen mit dieser Ausnahme die Ausnahmen des § 10 Abs. 1 Nr. 15 in einem wesentlichen Punkt der Konzeption des ArbZG (vgl. hierzu Rn 6 ff) entsprechend ergänzt und vervollständigt werden.

Ausnahmen vollständig. Der Gesetzgeber geht davon aus, dass mit der Einfügung des § 10 Abs. 1 Nr. 16 die kraft Gesetzes notwendigen Ausnahmen für die derzeit bekannten Produktionsmöglichkeiten geschaffen worden sind. Als „Option für die Zukunft" hat das ArbZG die Ausnahme in § 13 Abs. 4 vorgesehen (vgl. BT-Drucks. 12/6990 S. 16, 41 und 44). Es handelt sich um eine Ausnahme anderer Art. Bei ihr stehen bei der Prüfung der Frage der Zulassung von Sonn- oder Feiertagsarbeit nicht die Rohstoffe und Produktionsmittel, sondern die dort genannten Gründe und der ununterbrochene Fortgang von Arbeiten im Vordergrund der Betrachtung. Außerdem dient die Ausnahme in § 13 Abs. 4 als Auffangtatbestand insbes. für kontinuierliche Betriebe. **213**

Verfassung, Gestaltung, Arbeiten ua Zur Verfassungsmäßigkeit der Ausnahme der § 10 Abs. 1 Nr. 16 vgl. Rn 134, zur Gestaltungspflicht des Unternehmers bei Inanspruchnahme der Ausnahme vgl. Rn 137, zu an Sonn- und Feiertagen zulässigen Arbeiten vgl. Rn 189 f, zur Nichtverschiebbarkeit der Arbeiten auf Werktage vgl. Rn 137, zur Auswirkung der Einführung des § 10 Abs. 1 Nr. 16 auf die Auslegung und Anwendung vgl. Rn 133. **214**

c) Inhalt. – Nach § 10 Abs. 1 Nr. 16 dürfen Arbeitnehmer an Sonn- und Feiertagen mit Arbeiten zur Vermeidung einer Zerstörung oder erheblichen Beschädigung der Produktionseinrichtungen beschäftigt werden, sofern diese Arbeiten nicht an Werktagen vorgenommen werden können. **215**

aa) Begriffe. – Produktionseinrichtungen sind Öfen, Maschinen, Werkzeuge, Geräte und alle anderen Produktionsmittel, Produktionsanlagen, Fertigungsstraßen, Produktionslinien ua, auf und mit denen aus Naturerzeugnissen und/oder Rohstoffen Arbeitserzeugnisse, Produkte hergestellt werden. Mit dem Wort „Produktionseinrichtung" ist nicht nur die Produktionsanlage als Ganzes, sondern auch deren Teilen gemeint. **216**

Produktionseinrichtungen werden **zerstört** oder erheblich **beschädigt**, wenn sie wegen der Arbeitsunterbrechungen an Sonn- und Feiertagen sofort oder im Laufe der Zeit unbrauchbar oder in ihrer Haltbarkeit erheblich beschädigt, beeinträchtigt werden. Die Zerstörungen und/oder Beschädigungen sind idR die Folge der unterbrechungsbedingten, stark wechselnden thermischen, mechanischen oder chemischen Beanspruchungen bei und während der Arbeitsunterbrechung sowie beim Wiederanfahren der Produktion nach der Arbeitsunterbrechung. So entstehen durch häufiges Abkühlen und Aufheizen von Öfen (Wannen ua) erfahrungsgemäß Risse und andere Schäden in der Ofenausmauerung bzw Ofenauskleidung, bisweilen so- **217** gar Ofendurchbrüche mit ihren besonders großen Gefahren für Leben und Gesundheit der Arbeitnehmer, zB bei Hochöfen.

218 **bb) Erheblichkeit.** – Nach dem Wortlaut des § 10 Abs. 1 Nr. 16 rechtfertigt die Zerstörung einer Produktionseinrichtung die Inanspruchnahme der Ausnahme ohne einschränkende Zusätze, die Beschädigungen einer Produktionseinrichtung dagegen nur, wenn sie **erheblich** ist. Im Hinblick auf die Bedeutung der Sonn- und Feiertagsruhe gemäß Art. 140 GG iVm Art. 139 WRV, die allgemeine Zwecksetzung des § 1 Nr. 2 und den Zusammenhang der Ausnahme in Nr. 16 mit der Regelung der Sonn- und Feiertagsbeschäftigung in § 10 Abs. 1 insgesamt dürfte jedoch nicht schon die Zerstörung eines einzelnen, verhältnismäßig leicht ersetzbaren Teils einer Produktionseinrichtung die Inanspruchnahme der Ausnahme des § 10 Abs. 1 Nr. 16 rechtfertigen.

219 Auch die **Zerstörung** einer Produktionseinrichtung muss wegen der besonderen Bedeutung der Sonn- und Feiertagsruhe erheblich sein, wenn sie die Inanspruchnahme der Ausnahme rechtfertigen soll. Die Erheblichkeit dürfte auch bei Zerstörung idR nur zu bejahen sein, wenn die Produktionseinrichtung insgesamt oder zumindest ein bedeutender Teil von ihr wegen der Arbeitsunterbrechungen an Sonn- und Feiertagen sofort oder im Laufe der Zeit unbrauchbar wird. Dies gilt umso mehr für die Beschädigung einer Produktionseinrichtung. Mit dem Wortlaut ist diese Auslegung auch bei Zerstörung vereinbar; denn beim ersten Anschein erweckt die Vorschrift ohnehin den Eindruck, als ob mit ihr die Zerstörung der Produktionseinrichtung als solcher gemeint wäre.

220 **cc) Maßstab.** – Einen Maßstab für die Beurteilung der **Erheblichkeit** einer Zerstörung oder Beschädigung einer Produktionseinrichtung enthält das ArbZG in seinem Wortlaut nicht. Der zum Misslingen von Arbeitsergebnissen von der Praxis entwickelte Maßstab der 5%-Grenze (vgl. hierzu Rn 166 ff) ist wegen seiner Besonderheiten speziell für das Misslingen nicht übertragbar. Bei einer Zerstörung oder Beschädigung einer Produktionseinrichtung ist vielmehr wie beim Verderben von Naturerzeugnissen (vgl. Rn 144) zwischen der Bedeutung der Sonn- und Feiertagsruhe als solcher und der Bedeutung der Schädigung für den Betrieb abzuwägen und zu gewichten.

221 Letztlich wird es auf die **Zumutbarkeit** eines Schadens für den Betrieb ankommen. Die glaubhafte Darlegung der Gefahr einer erheblichen, nicht zumutbaren Zerstörung oder Beschädigung einer Produktionseinrichtung durch regelmäßig wiederkehrende Arbeitsunterbrechungen an Sonn- und Feiertagen dürfte im Rahmen des dann einzusetzenden Verwaltungsverfahrens aufgrund des § 13 Abs. 3 Nr. 1 genügen. Dabei wird auch danach zu **differenzieren** sein, ob der Betrieb die kontinuierliche oder diskontinuierliche Arbeitsweise erstrebt. Bei der kontinuierlichen Arbeitsweise dürfte der Maßstab höher anzusetzen sein als bei der diskontinuierlichen Arbeitsweise, ähnlich wie bei der Inanspruchnahme des § 10 Abs. 1 Nr. 15 (vgl. hierzu Rn 157).

d) Zusammentreffen der Nummern 15 und 16. – Sonn- und Feiertagsarbeit nach § 10 Abs. 1 Nr. 15 und Nr. 16 kann ähnlich wie bei den ersten beiden Alternativen des § 10 Abs. 1 Nr. 15 (vgl. hierzu Rn 174 f) auch dann zulässig sein, wenn die in den vorstehenden Nummern genannten Voraussetzungen zwar nicht für sich allein, aber zusammen genommen die Zumutbarkeitsgrenze überschreiten. Eine Voraussetzung kann aber hierbei nur mitberücksichtigt werden, wenn sie schon für sich allein ins Gewicht fällt. Dies folgt insbes. aus dem Anlass und dem mit der Einfügung verfolgten Zweck des § 10 Abs. 1 Nr. 16 (vgl. Rn 210 und Rn 213 f). **222**

e) Chemische Industrie. – aa) Besonderheiten. – In Betrieben der chemischen Industrie kann durch die Arbeitsunterbrechungen an Sonn- und Feiertagen die Produktionseinrichtung als solche, vor allem die Apparatur und/oder der Kontakt (Katalysator) geschädigt werden, ferner die Öfen, Heizkanäle, Rohrleitungen, Düsen, Ventile, Armaturen. **Über** diese **Schädigungen hinaus** können durch die Arbeitsunterbrechungen Naturerzeugnisse und Rohstoffe verderben, Arbeitsergebnisse misslingen, darüber hinaus Gefährdungen und/oder erhebliche Belästigungen der Arbeitnehmer und der Umwelt eintreten. Hinzu kommt, dass in Betrieben der chemischen Industrie das Abstellen und Wiederanfahren der Herstellungsprozesse infolge der Notwendigkeit, automatische Regelanlagen ab- und wiedereinzuschalten, idR zu einer übermäßigen physischen und psychischen Beanspruchung der dabei beschäftigten Arbeitnehmer führt. **223**

bb) Beispiele. – Bei der Herstellung von **Butanol** durch Hydrieren von Crotonaldehyd in Gegenwart eines Katalysators bei Temperaturen von etwa 200°C strömt Crotonaldehyd-Dampf im Gemisch mit Wasserstoff durch einen so genannten Fischerofen (Kontaktofen). Das Gasgemisch wird durch die besondere Konstruktion dieses Ofens (Lamellen) in innigste Berührung mit dem Kontakt gebracht. Eine Abstellung schädigt den Kontakt in seiner Wirksamkeit um 40%. Außerdem bildet der Crotonaldehyd-Dampf beim häufigen Abstellen und Wiederanfahren Verharzungen des Ofens. Ihre Beseitigung führt zu solchen Beschädigungen des Kontaktofens, dass der Kontaktofen unbrauchbar wird. **224**

Beim Diaphragmaverfahren zur **Chlorgewinnung** durch Elektrolyse führt das häufige Abstellen und Wiederanfahren zu einem schnellen Verbrauch der Diaphragmazellen (1 bis 2 Wochen). Während des Abstellens und Wiederanfahrens muss mit gefährlichen Chlor- und Wasserstoffemissionen in Verbindung mit Luft und Stickstoff gerechnet werden. **225**

Das häufige Abstellen und Wiederanfahren der Anlage zur Herstellung von **Ethylenoxid** „vergiftet" den zur Herstellung notwendigen Katalysator. Beim Abstellen und Wiederanfahren tritt ein hohes Sicherheitsrisiko auf, weil jeweils der Explosionsbereich des Gemisches von Ethylen und Luft durchfahren werden muss. **226**

Durch das Abstellen eines Turmes zur Herstellung von **Festpolymerisaten** würde das Produkt vernetzen und nicht mehr löslich und aufschmelzbar sein. Der Turm müsste verschrottet werden. **227**

228 Durch Stillstände der Produktionsanlagen für **Hydrazin** tritt Luft in die Anlage ein. Dies führt zu Korrosion auch an Edelstahlteilen. Die dabei in die Lösung gehenden Schwermetallspuren führen zu heftigen Zersetzungen des Hydrazins und zu Explosionsgefahren.

229 **cc) Arbeiten.** – In Betrieben der chemischen Industrie sind an Sonn- und Feiertagen insbes. die in Rn 189 f genannten Arbeiten zulässig.

230 **f) Andere Industriezweige.** – In anderen Industriezweigen kann durch die Arbeitsunterbrechungen an Sonn- und Feiertagen die Produktionseinrichtung als solche, es können aber auch wesentliche Teile der Produktionseinrichtung zerstört oder beschädigt werden. So führt bei der Herstellung von **Zement** in Drehrohöfen und von zementähnlichen Bindemitteln in Schachtöfen häufiges Aufheizen und Abkühlen zu erheblichen Schäden an der Schamottauskleidung der Öfen und an den Ofenanlageteilen. Außerdem treten erhöhte Korrosionsschäden infolge der Taupunktunterschreitungen und erhöhte Risiken von Kohlenmonoxid-Verpuffungen auf. Ähnliche Schäden infolge von Produktionsunterbrechungen treten beim Brennen keramischer Erzeugnisse auf, vor allem an der Ofenauskleidung.

231 Wird das kontinuierliche Zerschmelzen und Verarbeiten von **Glas** an Sonn- und Feiertagen unterbrochen, entstehen beim Abkühlen der Wanne Risse in der Ausmauerung. Die Erstarrung der Glasmasse hat erhebliche Beschädigungen der Maschinen und Fertigungsautomaten zur Folge. Bei der Herstellung von **Glasfasern** werden durch den Temperaturwechsel beim Ab- und Wiederanfahren der Produktionsanlage darüber hinaus die Düsen zerstört.

232 Zerstörungen der Ofenausmauerung und der Produktionsanlage infolge von Produktionsunterbrechungen an Sonn- und Feiertagen treten mit erheblichen Gefahren für die betroffenen Arbeitnehmer vor allem in den Betrieben der **Eisen- und Stahlindustrie** auf. Durch die hierdurch bedingten Wärmespannungen kommt es ferner zu Elektrodenbrüchen und Kühlwassereinbrüchen. Die wöchentlichen Anfahrvorgänge der Öfen verursachen ferner erhebliche Emissionen. Im Anfahrbetrieb herrscht erhöhte Verpuffungs- und Explosionsgefahr. Verbundbetriebe, die Hochofengas und Konvertergas als Heizgas benutzen, können ihre Produktionsanlage am Werktag danach oft noch nicht in Gang setzen, abgesehen davon, dass sie beim Wiederanheizen der Öfen mehrere Stunden dreimal soviel Gas benötigen wie beim Kontibetrieb. Ähnliche Folgen und Schäden treten in Betrieben der Metallindustrie auf, die zur Produktion Öfen benötigen.

233 Bei der Herstellung von **Aluminiumoxid** aus Bauxit nach dem Bayer-Verfahren haben Produktionsunterbrechungen Zerstörungen wesentlicher Teile der Produktionsanlage (Rohraufschlussanlage, Ausrührerei) zur Folge. Bereits Temperaturabsenkungen von wenigen °C haben ein Ausfallen des Hydroxids aus der Suspension zur Folge. Es muss aus den Anrührern bergmännisch abgebaut werden, was mehrere Tage in Anspruch nimmt, bevor die Produktionsanlage wieder in Betrieb genommen werden kann.

In **Ölmühlen** besteht bei jeder Betriebsunterbrechung erhebliche Korrosionsgefahr durch Kondensatentwicklung an Maschinen und in Rohrleitungen. Die Verwendung von Hexan als Lösungsmittel in der Extraktionsanlage führt in der An- und Abstellphase zur Bildung explosiver Luft/Gasgemische mit Gefahren für Menschen und Produktionsanlage. Bei der Fetthärtung wird Wasserstoffgas verwendet, wobei ähnliche Explosionsgefahren entstehen. **234**

Die **Beispiel-Aufzählung** für die chemische Industrie und die anderen Industriezweige ließe sich fortsetzen. Zu den an Sonn- und Feiertagen zulässigen Arbeiten vgl. auch Rn 189 f. Zur Aufsichtsbehörde vgl. Rn 199. **235**

17. § 13 Abs. 4 und 5. – IdR dürften die Ausnahmen in § 10 Abs. 1 Nr. 15 und Nr. 16 für den derzeitigen, technologisch bedingten Bedarf an kontinuierlicher und diskontinuierlicher Sonn- und Feiertagsarbeit zur Verhütung und Vermeidung der dort genannten Schäden und Folgen wegen des Sonn- und Feiertagsarbeitsverbots in der Industrie ausreichen, auch in der chemischen Industrie. § 13 Abs. 4, dessen Inhalt von der chemischen Industrie vor Schaffung des § 10 Abs. 1 Nr. 16 vorgeschlagen wurde, ist vom Gesetzgeber als „Option für die Zukunft" gedacht (vgl. BT-Drucks. 12/6990 S. 41), nicht zuletzt für die chemische Industrie. **236**

Die Anwendung des § 13 Abs. 4 auf schon praktizierte Herstellungsverfahren oder zur Zeit schon ausgeführte Arbeiten, die nicht unter die Tatbestande in § 10 Abs. 1 Nr. 15 und Nr. 16 subsumiert werden können, ist durch den Gesetzgeber nicht ausgeschlossen worden. Eine solche Absicht kann ihm auch nicht unterstellt werden. Ein Gesetzgeber kann nicht alle Herstellungsverfahren und Arbeiten in der Bundesrepublik im Einzelnen kennen. Der Gesetzgeber von 1994 wollte nach den Erfahrungen der letzten Jahrzehnte mit der auf den industriellen Stand von 1891 ausgerichteten Regelung der Sonn- und Feiertagsarbeit in den und aufgrund der §§ 105b ff GewO nicht die gleichen Mängel und Lücken wie der Gesetzgeber von 1891 hinterlassen. § 13 Abs. 4 ist unter diesen Umständen als Auffangtatbestand sowohl für den gegenwärtigen als auch für den künftigen, technologisch bedingten Bedarf an kontinuierlicher und diskontinuierlicher Sonn- und Feiertagsarbeit anzusehen, der nicht mit Hilfe des § 10 Abs. 1 Nr. 15 und/oder Nr. 16 sichergestellt werden kann (vgl. ferner § 13 Rn 89). **237**

§ 13 Abs. 5 soll demgegenüber die Ausnahmen in § 10 Abs. 1 Nr. 15 und Nr. 16 aus den in § 13 Abs. 5 genannten Gründen ergänzen. Mit § 28 AZO 1938 konnte dieses Problem in rechtsstaatlich einwandfreier Weise nicht zufrieden stellend gelöst werden (**L:** vgl. zu § 28 AZO 1938 *Zmarzlik* BB 1991, 901, 909 f mwN; vgl. auch § 13 Rn 91). **238**

IV. Die Ausnahmen des § 10 Abs. 2

1. Entstehung. – Die der Regelung des § 10 Abs. 2 zugrunde liegende Zielsetzung der Verringerung der Zahl der Sonn- und Feiertagsarbeiter ist von **Aufsichtsbehör-** **239**

den und vom **Schrifttum** aus dem Sinn und Zweck des Sonn- und Feiertagsarbeitsverbots des § 105b GewO sowie aus dem sich aus dem Rechtsstaatsprinzip ergebenden Grundsatz der Verhältnismäßigkeit der Mittel entwickelt worden (**L:** vgl. *Zmarzlik* BB 1991, 901, 907; *ders.* BB 1993, 2009, 2015 mwN). Die vereinzelt vorgebrachten Bedenken (**L:** vgl. *Natter* NZA 1992, 15 ff; ihm folgend *Kuhr* DB 1994, 2186, 2187, irrtümlich wie bei § 10 Abs. 1 Nr. 14 von der Zumutbarkeit für Arbeitgeber ausgehend) sind vom Gesetzgeber nicht geteilt worden (vgl. BT-Drucks. 12/5888 S. 29). Die Vorschrift ist im ganzen Gesetzgebungsverfahren im Unterschied zu anderen Vorschriften zumindest vom Prinzip her nicht umstritten gewesen (vgl. BT-Drucks. 12/5888 S. 41 ff; BT-Drucks. 12/6990 S. 14 und 37 ff).

240 **2. Zweck.** – Mit § 10 Abs. 2 wird der Zweck verfolgt, die Zahl der von Sonn- und Feiertagsarbeit betroffenen Arbeitnehmer zu verringern (so die amtliche Begründung in BT-Drucks. 12/5888 S. 29 zu Absatz 2), und zwar dadurch, dass in dieser Vorschrift Produktionsarbeiten an Sonn- und Feiertagen anstelle von Reparatur- und Wiederaufnahmearbeiten zugelassen werden, wenn dadurch Sonn- und Feiertagsarbeiter eingespart werden. Dieser Zweck liegt im Interesse der in Art. 140 GG iVm Art. 139 WRV geschützten Sonn- und Feiertagsruhe, da aufgrund des § 10 Abs. 2 die Möglichkeit besteht, an Sonn- und Feiertagen **weniger Menschen im Betrieb** zu beschäftigen. Außerdem sind Produktionsarbeiten an Sonn- und Feiertagen nicht verwerflicher als Reparatur- und Wiederaufnahmearbeiten.

241 Produktionsarbeiten sind wegen des hohen Automatisierungs- und Mechanisierungsgrads der Produktionsanlagen für die Arbeitnehmer idR weniger belastend und weniger unfallgefährdend als Reparaturarbeiten und Wiederaufnahmearbeiten, die von Hand erledigt werden müssen. Mit § 10 Abs. 2 wird damit **zugleich** der Zweck verfolgt, die **Arbeitsbedingungen** der Sonn- und Feiertagsarbeiter zu **verbessern**. § 10 Abs. 2 dient demnach nicht, zumindest nicht in erster Linie, den wirtschaftlichen Interessen der Arbeitgeber, sondern dem Sonn- und Feiertagsschutz als solchem sowie dem Arbeitsschutz der Arbeitnehmer (**L:** aA *Buschmann/Ulber* § 10 Rn 19; aA wohl auch *Kuhr* DB 1994, 2186, 2187).

242 **3. Verfassungsmäßigkeit.** – § 10 Abs. 2 entspricht dem Sinn und Zweck des Art. 140 GG iVm Art. 139 WRV sowie dem Verhältnismäßigkeits- und Rechtsstaatsprinzip des GG (vgl. Rn 239 f).

243 **4. EU-Arbeitszeit-Richtlinie.** § 10 Abs. 2 verstößt nicht gegen Art. 17 Abs. 3 Buchst. c) v) EU-Arbeitszeit-Richtlinie, wie *Buschmann/Ulber* meinen (**L:** vgl. *Buschmann/Ulber* § 10 Rn 19). In der EU-Arbeitszeit-Richtlinie wird ein Sonn- und Feiertagsarbeitsverbot von den EU-Mitgliedstaaten nicht verlangt; deshalb werden dort auch keine Ausnahmen von diesem Verbot geregelt. Art. 5 der Richtlinie, von dem ua im Art. 17 Ausnahmen zugelassen werden, ordnet nur die dort bestimmte wöchentliche Ruhezeit für Arbeitnehmer an, aber kein Sonn- und Feiertagsarbeitsverbot und keine Betriebsruhe für Betriebe. Art. 5 iVm Art. 17 Abs. 3 Buchst. c) v) der Richtlinie steht daher § 10 Abs. 2 nicht entgegen (vgl. **Teil D** Anh.

Nr. 1). Die wöchentliche Ruhezeit der Arbeitnehmer wird im ArbZG in § 11 geregelt.

5. Inhalt. Nach § 10 Abs. 2 dürfen Arbeitnehmer an Sonn- und Feiertagen mit Pro- **244**
duktionsarbeiten beschäftigt werden, wenn die während der Unterbrechung der Produktion gemäß § 10 Abs. 1 Nr. 14 zulässigen Arbeiten (Reparatur, Wiederaufnahme des Betriebs, Funktionskontrolle) den Einsatz von mehr Arbeitnehmern erfordern als die durchgehende Produktion. Zugelassen wird durch § 10 Abs. 2 die Beschäftigung mit Produktionsarbeiten, nicht mit anderen Arbeiten. Produktionsarbeiten sind Arbeiten, die bestimmungsgemäß zur Produktion gehören, einschließlich der sie notwendigerweise begleitenden Arbeiten, zB der Entnahme von Proben und deren Prüfung im Labor. Der **Einleitungssatz** des § 10 Abs. 1 gilt nach dem Wortlaut des § 10 nur für Arbeiten nach Absatz 1.

Nach dem Wortlaut des § 10 Abs. 2 bezieht sich die Ausnahmeregelung nur auf die **245**
gemäß § 10 Abs. 1 Nr. 14 zulässigen **Arbeiten**, also nicht auf Arbeiten, die nach anderen Nummern des Abs. 1 zulässig sind, obwohl auch diese Arbeiten den Zweck des § 10 Abs. 2 erfüllen können, darunter insbes. die nach Nr. 15 und Nr. 16 zulässigen Abschlussarbeiten, die die Arbeitnehmer beim und nach Abstellen der hochmechanisierten und automatisierten Regelanlagen erheblich mehr belasten können als Produktionsarbeiten. Damit stellt sich die Frage, ob solche Arbeiten von der Ausnahmeregelung ausgeschlossen bleiben können (**L:** die Frage bejahend wohl: *Roggendorff* § 10 Rn 44; verneinend wohl: *Dobberahn* Rn 112; vgl. ferner *Zmarzlik* BB 1993, 2009, 2015). Eine sachgerechte Entscheidung wird man wohl erst nach Prüfung aller Umstände im Einzelfall, ggf. gemäß § 13 Abs. 3 Nr. 1, treffen können. Hierbei sollte auch der Grundsatz in § 10 Abs. 1 Einleitungssatz berücksichtigt werden, der für Arbeiten nach § 10 Abs. 1 unmittelbar gilt, auch im Rahmen der Inbezugnahme in § 10 Abs. 2.

Voraussetzung für die Inanspruchnahme der Ausnahme ist nach dem Wortlaut ein **246**
Vergleich zwischen der Zahl der Arbeitnehmer, die für die Erledigung der gemäß § 10 Abs. 2 Nr. 14 zulässigen Arbeiten erforderlich ist, und der **Zahl der Arbeitnehmer**, die bei durchgehender Produktion erforderlich ist. Ergibt dieser Vergleich, dass die erste Zahl die zweite überwiegt, darf die Produktion an Sonn- und Feiertagen ohne Unterbrechung fortgesetzt werden. Rein rechnerisch genügt, dass die erste Zahl die zweite um einen Arbeitnehmer überwiegt. Dieser Vergleich ergibt aber wohl kein zutreffendes Bild, wenn zB nur auf einer der beiden Seiten des Vergleichs mehr als 8-stündige Schichten verfahren werden. Zutreffender und dem Zweck des § 10 Abs. 2 entsprechender dürfte es sein, als Vergleichsmaßstab die Summe der jeweils zu leistenden Arbeitsstunden (Mann-Stunden) aller Beschäftigten auf beiden Seiten des Vergleichs zugrunde zu legen. Dann besteht auch nicht die Gefahr, dass die betroffenen Arbeitnehmer künftig genötigt werden, andere Schichten als bisher zu verfahren (**L:** im Ergebnis insoweit ebenso ErfK/Wank, § 10 ArbZG Rn 25; *Roggendorff* § 10 Rn 44; vgl. das Beispiel bei *Anzinger* BB1994, 1492, 1497 Fn 68).

V. Die Ausnahme des § 10 Abs. 3

247 Für die Beschäftigung von Arbeitnehmern in **Bäckereien und Konditoreien** galt früher anstelle des ArbZG das Bäckerarbeitszeitgesetz (BAZG; vgl. hierzu 3. Auflage § 9 Rn 55 ff). Das BAZG ist mit Wirkung vom 1. 11. 1996 außer Kraft gesetzt worden (**L:** vgl. *Anzinger* BuW 1996, 831). Damit gilt seit diesem Zeitpunkt das ArbZG auch für in Bäckereien und Konditoreien beschäftigte Arbeitnehmer.

248 Nach § 10 Abs. 3 dürfen an Sonn- und Feiertagen für bis zu drei Stunden Konditorwaren hergestellt, ausgetragen oder ausgefahren werden. Arbeitnehmer dürfen an Sonn- und Feiertagen auch für bis zu drei Stunden mit dem Verkauf von Bäckerwaren beschäftigt werden. Damit wird auch die bisherige Unterscheidung in leicht verderbliche Konditorwaren, sonstige Konditorwaren und Bäckerwaren aufgegeben. Nicht nur die Bäckerwaren, sondern auch die Konditorwaren müssen am Sonn- oder Feiertag zum Verkauf kommen; insoweit liegt ein Redaktionsversehen des Gesetzgebers vor (**L:** allgemeine Auffassung vgl. *Neumann/Biebl* § 10 Rn 58; *Baeck/Deutsch/Winzer* § 10 Rn 153; *Buschmann/Ulber* § 10 Rn 20). Die Beschränkung des § 10 Abs. 3 auf 3 Stunden wird hinfällig, wenn der Bäckerei oder der Konditorei eine Räumlichkeit zum Verzehr oder angebotenen Waren (Cafe) angegliedert ist. Die Zulässigkeit dieser Tätigkeit richtet sich dann nach § 7 Abs. 2 Nr. 1 GastG (**R:** BGH 17. 10. 2019 – I ZR 44/19 nv).

VI. Die Ausnahme des § 10 Abs. 4

249 Nach § 10 Abs. 4 (**L:** zur verfassungsrechtlichen Bewertung dieser Vorschrift vgl. *Tietje* S. 250; *Richardi/Annuß* S. 30 ff halten § 10 Abs. 4 nur dann für verfassungsrechtlich unbedenklich, wenn in Anlehnung an § 13 Abs. 5 ohne die Sonn- und Feiertagsarbeit die Konkurrenzfähigkeit unzumutbar beeinträchtigt wäre. Für diese Auslegung findet sich im Gesetz jedoch kein Anhaltspunkt) dürfen Arbeitnehmer zur Durchführung des Eil- und Großbetragszahlungsverkehrs und des Geld-, Devisen-, Wertpapier- und Derivatehandels abweichend von § 9 Abs. 1 an den auf einen Werktag fallenden Feiertagen beschäftigt werden, die nicht in allen Mitgliedstaaten der Europäischen Union Feiertage sind, sofern die Arbeiten nicht an Werktagen vorgenommen werden können.

250 Die Ausnahmetatbestand des § 10 Abs. 4 ist durch das **Euro-Einführungsgesetz** (EuroEG) eingefügt worden und am 1. 1. 1999 in Kraft getreten (EuroEG vom 9. 6. 1998 – BGBl. I S. 1242). Er geht zurück auf das Eil- und Großbetragszahlungssystem TARGET, mit dessen Einführung der bargeldlose Zahlungsverkehr der Euro-Währung in den Mitgliedstaaten der EU sichergestellt werden soll. Die Einfügung dieses Ausnahmetatbestandes soll im Wettbewerb der europäischen Finanzstandorte den Finanzplatz Deutschland stärken. Inländische Marktteilnehmer sollen gegenüber Benachteiligungen durch ausländische Konkurrenten geschützt werden (**L:** ausf. zur Entstehungsgeschichte dieses Ausnahmetatbestandes *Anzinger* NZA

1998, 845; vgl. auch *Neumann/Biebl* § 10 Rn 59 und 60; **R:** zum Feststellungsinteresse des Betriebsrats im Beschlussverfahren bei Feiertagsarbeit an Wertpapierbörsen vgl auch BAG 27.1.2004 NZA 2004, 941 = AuR 2004, 106). Zugelassen sind – ohne betragsmäßige Begrenzung – alle Arbeiten, die zur Durchführung des **Eil- und Großbetragszahlungsverkehrs** und des **Geld-, Devisen-, Wertpapier- und Derivatehandels** erforderlich sind, einschließlich der dazu gehörigen Hilfs- und Nebentätigkeiten (vgl. Rn 12 ff). Nicht erfasst wird dagegen der gewöhnliche Massenzahlungsverkehr, da er nicht mit eng gesetzten Abwicklungszeitvorgaben verbunden ist (**L:** vgl. MünchArbR/*Koberski* § 185 Rn 43).

VII. Beaufsichtigung des Sonn- und Feiertagsbetriebs

Bisher war nach § 105c Abs. 1 Nr. 5 GewO die Beaufsichtigung des Betriebs, soweit er nach der Ausnahmeregelung der GewO an Sonn- und Feiertagen stattfand, ausdrücklich zugelassen. Diese Beaufsichtigung war und ist von der **Bewachung von Betriebsanlagen** (jetzt in § 10 Abs. 1 Nr. 13) zu unterscheiden. Die Bewachung von Betriebsanlagen war und ist während des ganzen Sonn- und Feiertags gestattet, unabhängig davon, ob im Betrieb an Sonn- und Feiertagen gearbeitet wird oder nicht. Die Beaufsichtigung erstreckte und erstreckt sich nur auf den laufenden Betrieb. Sie dient nicht der Bewachung von Betriebsanlagen, sondern der Überwachung (Prüfung, Kontrolle) laufender Betriebsvorgänge und der dabei tätigen Personen. Es handelt sich um **Aufsichtspersonal**, wie zB Betriebsleiter, Werkmeister oder Vorarbeiter. **251**

Im ArbZG ist die Beaufsichtigung des Betriebs, soweit er nach der Ausnahmeregelung des ArbZG an Sonn- und Feiertagen stattfinden darf, nicht ausdrücklich geregelt. Der Gesetzgeber des ArbZG hielt die Zulässigkeit der **Beaufsichtigung des Betriebs** für selbstverständlich. Sie ist mit jeder Ausnahme unter denselben Voraussetzungen automatisch mit zugelassen. **252**

VIII. Besondere Regelungen

Weitere Ausnahmen für die Beschäftigung von Arbeitnehmern an Sonn- und Feiertagen in besonderen **Einzelfällen** erteilt die Aufsichtsbehörde nach § 13 Abs. 3 bis 5, im öffentlichen Interesse nach § 15 Abs. 2. In Notfällen und anderen außergewöhnlichen Fällen darf an Sonn- und Feiertagen gemäß § 14 Abs. 1 kraft Gesetzes gearbeitet werden. **253**

Abweichungen durch **Tarifvertrag** oder Betriebsvereinbarung sind von der Sonn- und Feiertagsruhe des § 9 wegen des Gesetzesvorbehalts in Art. 140 GG iVm 139 WRV nicht vorgesehen (vgl. auch § 12 Rn 6). Die in § 12 zugelassene Abweichung betrifft nur die in § 11 geregelten Arbeitsbedingungen der Arbeitnehmer an Sonn- und Feiertagen (**L:** ebenso *Roggendorff* § 10 Rn 46). **254**

255 Im **öffentlichen Dienst** gelten bei einer Übertragung der für Beamte geltenden Bestimmungen über die Arbeitszeit auf die Arbeitnehmer diese Bestimmungen anstelle der §§ 3 bis 13, auch für die Beschäftigung an Sonn- und Feiertagen (vgl. § 19 Rn 11).

256 **Verkehrsgewerbe.** Für Kraftfahrer und Beifahrer gelten die Sonderregelungen in § 9 Abs. 2 und § 10 Abs. 1 Nr. 10 (vgl. hierzu § 9 Rn 48 ff und Rn 76 ff). In der Luftfahrt gelten anstelle der §§ 9 bis 13 die entsprechenden Vorschriften der 2. DVLuftBO (vgl. § 20 Rn 14). Zu Binnenschiffen vgl. § 21, zu Kauffahrteischiffen (Seeschiffen) vgl. § 18 Abs. 3. Für Verkaufsstellen und Apotheken vgl. § 9 Rn 53 f.

257 Für **Jugendliche** vgl. § 9 Rn 58, für **Mütter** vgl. § 9 Rn 59. Ein **Umsetzungsanspruch** für von Sonn- und Feiertagsarbeit betroffene Arbeitnehmer und Arbeitnehmerinnen wurde vom Bundesrat vorgeschlagen (vgl. BT-Drucks. 12/5888 S. 43 zu Nr. 29). Bundesregierung und Bundestag haben diesen Vorschlag geprüft, jedoch abgelehnt (vgl. BT-Drucks. 12/5888 S. 53 zu Nr. 29 und BT-Drucks. 12/6990 S. 14). § 3 der Freizeitanordnung über die Befreiung von **Frauen** mit Kindern von Sonn- und Feiertagsarbeit ist ersatzlos aufgehoben worden (vgl. Art. 21 Nr. 9). Zu Ausnahmen vom Sonn- und Feiertagsarbeitsverbot der **Länder** vgl. § 9 Rn 23 ff.

258 **Arbeitgeber.** Zur privatrechtlichen Anordnung der Sonn- und Feiertagsarbeit durch den Arbeitgeber und andere damit zusammenhängende Fragen vgl. Rn 16 ff. Zum Direktionsrecht des Arbeitgebers vgl. § 1 Rn 19 f.

IX. Beteiligung des Betriebsrats

259 Nach § 87 Abs. 1 Nr. 2 BetrVG hat der Betriebsrat bei der Verteilung der Arbeitszeit auf die einzelnen Wochentage mitzubestimmen. Damit hat er darüber mitzubestimmen, ob und inwieweit die wöchentliche tarifliche bzw betriebliche Arbeitszeit auch auf Sonn- und Feiertage verteilt werden soll, nicht zuletzt auch darüber, ob an Sonn- und Feiertagen 8- oder, bei Vorliegen der Voraussetzungen des § 12 Satz 1 Nr. 4 (vgl. hierzu § 12 Rn 24 ff), 12-Stunden-**Schichten** verfahren werden sollen.

260 Von der betriebsverfassungsrechtlichen und **privatrechtlichen** Seite der Sonn- und Feiertagsarbeit ist die öffentlich-rechtliche Seite zu unterscheiden. Über die öffentlich-rechtliche Seite der Sonn- und Feiertagsarbeit hat der Gesetzgeber in Ausführung seines Gesetzgebungsauftrags gemäß Art. 140 GG iVm 139 WRV in § 10 entschieden. Von dieser Entscheidung können weder die Betriebspartner noch die Tarifvertragsparteien abweichen (vgl. ferner § 9 Rn 60 f).

X. Aufsichtsbehörde

261 Die Aufsichtsbehörde hat die Einhaltung der Vorschriften des § 10 gemäß § 17 zu überwachen (vgl. § 17 Rn 8 f). Nach § 13 hat sie darüber hinaus die besondere Aufgabe festzustellen, ob eine Beschäftigung nach § 10 zulässig ist (vgl. § 13 Rn

30 ff).Gegen einen ablehnenden Feststellungsbescheid nach § 13 Abs. 3 Nr. 1 kann der Arbeitgeber **Widerspruch** einlegen (vgl. § 13 Rn 51) und – wenn dem Widerspruch nicht abgeholfen wird – **Klage** erheben (vgl. § 13 Rn 50 und 52). Auch Arbeitnehmer, die arbeitsvertraglich an Sonn- und Feiertagen beschäftigt werden dürfen, sind befugt, gegen eine auf Antrag des Arbeitgebers ergangene behördliche Feststellung klage zu erheben (**R:** BVerwG 19.9.2000 AP ArbZG § 10 Nr. 1 = NZA 2000, 1232 = BB 2001, 367).

XI. Verstöße

Ein Arbeitgeber, der sich bei der Beschäftigung von Arbeitnehmern an Sonn- und Feiertagen nicht in dem in § 10 bestimmten Rahmen hält, ihn überschreitet, handelt ordnungswidrig nach § 22 Abs. 1 Nr. 5 iVm § 9 Abs. 1 bzw handelt strafbar nach § 23 Abs. 1 (vgl. ferner § 9 Rn 62 f). Die Überschreitung einer Betriebsvereinbarung oder eines Tarifvertrags kann nicht nach diesen Vorschriften mit Bußgeld oder Strafe verfolgt werden. **262**

§ 11
Ausgleich für Sonn- und Feiertagsbeschäftigung

(1) Mindestens 15 Sonntage im Jahr müssen beschäftigungsfrei bleiben.

(2) Für die Beschäftigung an Sonn- und Feiertagen gelten die §§ 3 bis 8 entsprechend, jedoch dürfen durch die Arbeitszeit an Sonn- und Feiertagen die in den §§ 3, 6 Abs. 2, §§ 7 und 21a Abs. 4 bestimmten Höchstarbeitszeiten und Ausgleichszeiträume nicht überschritten werden.

(3) Werden Arbeitnehmer an einem Sonntag beschäftigt, müssen sie einen Ersatzruhetag haben, der innerhalb eines den Beschäftigungstag einschließenden Zeitraums von zwei Wochen zu gewähren ist. Werden Arbeitnehmer an einem auf einen Werktag fallenden Feiertag beschäftigt, müssen sie einen Ersatzruhetag haben, der innerhalb eines den Beschäftigungstag einschließenden Zeitraums von acht Wochen zu gewähren ist.

(4) Die Sonn- oder Feiertagsruhe des § 9 oder der Ersatzruhetag des Absatzes 3 ist den Arbeitnehmern unmittelbar in Verbindung mit einer Ruhezeit nach § 5 zu gewähren, soweit dem technische oder arbeitsorganisatorische Gründe nicht entgegenstehen.

Übersicht

I. Allgemeines

1 **1. Entstehung. – § 11** über den Ausgleich für Sonn- und Feiertagsbeschäftigung ist aus § 7 Abs. 3 und 4 der Vorentwürfe hervorgegangen, die ebenfalls Bestimmungen

über den Ausgleich für Sonn- und Feiertagsbeschäftigung enthielten (vgl. den letzten Vorentwurf in BT-Drucks. 11/360 S. 7 und 20). Diese Bestimmungen der Vorentwürfe sind aus Gründen der Übersichtlichkeit und Rechtsklarheit in § 11 des letzten Entwurfs (vgl. BT-Drucks. 12/5888 S. 8, 29, 43 und BT-Drucks. 12/6990 S. 14, 43) und des nunmehr geltenden ArbZG zu einer selbstständigen Vorschrift umgeformt worden. Dabei sind diese Bestimmungen auch inhaltlich geändert und ergänzt worden.

Absatz 1: Die besonders umstrittene Regelung über Zahl und Lage arbeitsfreier Sonntage ist in § 11 Abs. 1 des letzten Gesetzentwurfs auf einen beschäftigungsfreien Sonntag im Monat reduziert worden, weil mehr als ein arbeitsfreier Sonntag im Monat nicht in allen Sonntagsarbeitsbereichen erfüllbar ist, zB nicht im Bereich der Daseinsfürsorge (vgl. BT-Drucks. 12/5888 S. 8, 29, 43, 53). Der Deutsche Bundestag hat die strittige Frage im Rahmen seines gesetzgeberischen Ermessens (**R:** vgl. zu diesem Ermessen: BVerwG 15.3.1988 BVerwGE 79, 118, 122f; BVerwG 19.4.1988 BVerwGE 79, 236, 238f) durch die Vorschrift des § 11 Abs. 1 über mindestens 15 arbeitsfreie Sonntage im Jahr durch eine generelle Regelung verbindlich entschieden, nicht zuletzt deswegen, weil eine starre Regelung insbes. in Bereichen, in denen typischerweise sonntags gearbeitet wird, zB in der Sonntagsberichterstattung (Sport-, Feuilleton-Redakteure), in Krankenhäusern, im Personennahverkehr, in Saisonbetrieben nicht durchgeführt werden kann (vgl. BT-Drucks. 12/6990 S. 14, 43). 2

Absatz 2: § 11 Abs. 2 ist aus § 7 Abs. 3 Satz 2 des Vorentwurfs übernommen und im letzten Gesetzentwurf nur rechtsförmlich angepasst worden (vgl. BT-Drucks. 11/360 S. 7 und 20; BT-Drucks. 12/5888 S. 8 und 29). 3

Absatz 3: § 11 Abs. 3 ist aus § 7 Abs. 4 Satz 1 des Vorentwurfs hervorgegangen. Danach sollte der Ersatzruhetag für Sonn- und/oder Feiertagsarbeit einheitlich innerhalb von 4 Wochen ausgeglichen werden (vgl. BT-Drucks. 11/360 S. 7 und 20). Nach Erlass der EU-Arbeitszeit-Richtlinie, die keinen Ersatzruhetag für Feiertagsarbeit verlangt (vgl. Teil D Anh. Nr. 1), wurde die Regelung über den Ersatzruhetag überdacht. Dabei wurden auch Einwände der Arbeitgeber gegen einen Ersatzruhetag für Feiertagsarbeit (vgl. § 12 Rn 15) berücksichtigt. § 7 Abs. 4 Satz 1 des Vorentwurfs wurde in § 11 Abs. 3 in zwei Sätze umgeformt, Satz 1 für Sonntage, Satz 2 für Werktagsfeiertage. Die für kurzzeitige Sonn- und/oder Feiertagsarbeit in § 7 Abs. 4 Satz 2 und 3 des Vorentwurfs vorgesehene, abgestufte Ersatzfreizeitregelung wurde gestrichen, jedoch in § 12 Satz 1 Nr. 2 Halbsatz 1 die Möglichkeit geschaffen, die Ersatzfreizeit für kurzzeitige Arbeit an Werktagsfeiertagen ganz oder zeitweise wegfallen zu lassen. 4

Absatz 4: § 11 Abs. 4 ist im Hinblick auf Art. 5 EU-Arbeitszeit-Richtlinie (vgl. Teil D Anh. Nr. 1) eingefügt worden (vgl. BT-Drucks. 12/5888 S. 8, 30, 43). Danach ist eine wöchentliche Ruhezeit von mindestens 24 Stunden zuzüglich der 11-stündigen täglichen Ruhezeit zu gewähren, pro Siebentageszeitraum zusammen 35 Stun- 5 den. Bei technischen oder arbeitsorganisatorischen Umständen kann eine Mindestruhezeit von 24 Stunden gewählt werden.

6 **2. Zweck.** – § 11 **Abs. 1** verfolgt den Zweck, möglichst allen an Sonntagen beschäftigten Arbeitnehmern **15 arbeitsfreie Sonntage im Jahr** sicherzustellen (vgl. BT-Drucks. 12/5888 S. 29 und BT-Drucks. 12/6990 S. 43 zu Nr. 13). § 11 **Abs. 2** soll den Sonn- und Feiertagsarbeitern dem allgemeinen Zweck des § 1 Nr. 1 entsprechend einen ausreichenden Gesundheitsschutz durch Begrenzung der Dauer der Arbeitszeit sowie durch Gewährung von Mindestruhepausen und Mindestruhezeiten auch an Sonn- und Feiertagen gewährleisten, ferner einen ausreichenden Schutz bei Nacht- und Schichtarbeit.

7 § 11 **Abs. 3** Satz 1 will den Sonntagsarbeitern für jede Beschäftigung an einem Sonntag einen arbeitsfreien Tag in der Woche aus Gründen des Arbeitsschutzes sicherstellen, und zwar dem allgemeinen Zweck des § 1 Nr. 1 entsprechend – Rahmenbedingungen für flexible Arbeitszeiten – innerhalb von 2 Wochen (vgl. BT-Drucks. 12/5888 S. 30). Zugleich soll mit dieser Vorschrift Art. 5 und Art. 16 EG-Arbeitszeit-Richtlinie für die Beschäftigung an einem Werktagsfeiertag umgesetzt werden, jedoch innerhalb eines auf 8 Wochen verlängerten Zeitraums.

8 § 11 **Abs. 4** verfolgt den Zweck, die Sonn- und Feiertagsruhe und den Ersatzruhetag von 24 Stunden um je 11 Stunden auf 35 Stunden aus sozialen Gründen zu verlängern; zugleich soll damit Art. 5 EU-Arbeitszeit-Richtlinie erfüllt werden (**L:** *Junker*, ZfA 1998, 165, 125).

9 **3. Verfassungsmäßigkeit.** – Die bisher gegen § 11 Abs. 1 und 3 aus **Art. 140 GG** iVm Art. 139 WRV hergeleiteten Bedenken (**L:** so *Buschmann/Ulber* § 11 Rn 3; *Kuhr* DB 1994, 2186, 2188), sind nicht überzeugend. Der in diesen Verfassungsbestimmungen enthaltene Schutzauftrag zur Erhaltung der Sonn- und Feiertage wird im Rahmen des dem Gesetzgeber verbliebenen Ermessens (**R:** vgl. zu diesem Ermessen: BVerwG 15.3.1988 BVerwGE 79, 118, 122f; BVerwG 19.4.1988 BVerwGE 79, 236, 238f) durch die Vorschriften der §§ 9 und 10 dem allgemeinen Zweck des § 1 Nr. 2 entsprechend erfüllt (**L:** ebenso *Baeck/Deutsch/Winzer* § 11 Rn 11). Bei § 11 Abs. 1 und 3 handelt es sich um eine generelle, für alle Betriebe, auch Saison- und Kampagnebetrieb sowie die Forschung, idR erfüllbare arbeitsschutzrechtliche Maßnahme zum Ausgleich für die gemäß § 10 zulässig geleistete Sonn- und Feiertagsarbeit (vgl. ferner § 12 Rn 3ff).

10 Der **Vorwurf,** durch § 11 Abs. 1 würde der bislang vorgesehene **Mindestschutz** bezüglich der arbeitsfreien Sonn- und Feiertage (bisher § 105c Abs. 3 GewO iVm § 105b: arbeitsfrei nur entweder jeden dritten Sonntag 36 Stunden oder jeden zweiten Sonntag in der Zeit von 6 Uhr morgens bis 6 Uhr abends) weiter **verschlechtert** (**L:** so *Buschmann/Ulber* § 11 Rn 2), geht schon insofern fehl, als diese Vorschriften für die meisten Sonntagsarbeitsbereiche nicht galten. Die Geltung dieser Vorschriften war auf das produzierende Gewerbe beschränkt. Bei einer Arbeitsweise mit 3 Schichtbelegschaften und 12-stündigen Sonntagsschichten, die damals dort üblich

war und heute noch insbes. in gewerblichen Kampagne- und Saisonbetrieben des produzierenden Gewerbes üblich ist (vgl. § 12 Rn 19), ergab und ergibt sich eine der beiden zur Wahl gestellten Alternativen des bisherigen § 105c Abs. 3 GewO bereits aus dem Schichtplan. Arbeitsfreie Feiertage oder Ersatzfreizeiten für Sonn- und Feiertagsarbeiten sind im bisherigen § 105c Abs. 3 GewO nicht vorgeschrieben gewesen, noch nicht einmal eine Begrenzung der Dauer der Arbeitszeit an Sonn- und Feiertagen.

II. Beschäftigungsfreie Sonntage (Absatz 1)

1. Rechtscharakter. – Bei der Vorschrift des § 11 Abs. 1 handelt es sich im Unterschied zu § 9 Abs. 1 nicht um Zulassung oder Nichtzulassung der Beschäftigung an Sonntagen, auch nicht um eine Bedingung, Einschränkung oder Voraussetzung hierfür, sondern um eine reine, eigenständige, **arbeitsschutzrechtliche Ausgleichsvorschrift** für die Sonntagsbeschäftigung des einzelnen von ihr betroffenen Arbeitnehmers als öffentlich-rechtliche Verpflichtung des Arbeitgebers zur Freistellung des Arbeitnehmers von Sonntagsarbeit. Dies folgt wie auch in § 12 Satz 1 Nr. 2 aus dem Wort „beschäftigungsfrei", das nach der im sozialen Arbeitsschutz üblichen Gesetzgebungstechnik für die Freistellung eines Arbeitnehmers von der Beschäftigung durch einen Arbeitgeber steht, vgl. zB § 16 Abs. 2 Satz 2, § 17 Abs. 2 Satz 2, § 21a Abs. 1 Nr. 4 und 5 JArbSchG. Das Wort „beschäftigungsfrei" bedeutet nicht „Betriebsruhe" (**L:** so aber *Buschmann/Ulber* § 11 Rn 2). Wenn das ArbZG eine Betriebsruhe meint, dann ordnet es diese ausdrücklich an, so in § 9 Abs. 2 (**L:** vgl. im Ergebnis ebenso *Neumann/Biebl* § 11 Rn 2; *Dobberahn* Rn 119; *Junker* ZfA 1998, 105, 127; insoweit wohl auch *Kuhr* DB 1994, 2186, 2188: nur Gesundheits- und Arbeitsschutz; aA *Buschmann/Ulber* § 11 Rn 2). 11

Bestätigt wird diese Auslegung durch die zugehörige **Straf- und Bußgeldvorschrift** des § 22 Abs. 1 Nr. 6 erster Halbsatz und § 23 Abs. 1 iVm § 22 Abs. 1 Nr. 6 erster Halbsatz. Danach handelt der Arbeitgeber ordnungswidrig bzw macht sich strafbar, der vorsätzlich oder fahrlässig einen Arbeitnehmer entgegen § 11 Abs. 1 an allen Sonntagen beschäftigt. Es wäre auch **nicht sinnvoll**, zB in § 10 Abs. 1 Nr. 15 eine kontinuierliche Arbeitsweise an allen Sonntagen im Jahr zuzulassen, um diese in § 11 Abs. 1 an 15 Sonntagen im Jahr wieder zu beseitigen, ungeachtet der technologischen Durchführbarkeit einer solchen Regelung. 12

Zur Entstehung der Vorschrift des § 11 Abs. 1, die von Anfang an das Wort „beschäftigungsfrei" enthalten und mit diesem Wort allein die Freistellung jedes einzelnen Sonntagarbeitnehmers von der Beschäftigung durch einen Arbeitgeber gemeint und bezweckt hat (vgl. BT-Drucks. 11/360 S. 7 und 20; BT-Drucks. 12/5888 S. 8 und 29 sowie BT-Drucks. 12/6990 S. 14, 43; vgl. ferner Rn 1). 13

2. Inhalt. – Nach § 11 Abs. 1 müssen mindestens **15 Sonntage** im Jahr beschäftigungsfrei sein, dh der Arbeitgeber, der Arbeitnehmer an Sonntagen beschäftigt, ist öffentlich-rechtlich verpflichtet, jeden einzelnen Arbeitnehmer an mindestens 15 14

Sonntagen im Jahr von jeder Sonntagsarbeit freizustellen (**L:** hM vgl. *Neumann/Biebl* § 11 Rn 2; *Baeck/Deutsch/Winzer* § 11 Rn 4 ff; ErfK/*Wank* § 11 ArbZG Rn 1). An welchem Sonntag im Jahr der Arbeitgeber dies zu tun hat, schreibt ihm das ArbZG in Ausführung der allgemeinen Zwecksetzung des § 1 Nr. 1 (Verbesserung der Rahmenbedingungen für flexible Arbeitszeiten) nicht vor. Im Extremfall darf auch an 37 Sonntagen hintereinander gearbeitet werden (**L:** insoweit ebenso *Buschmann/Ulber* § 11 Rn 4).

15 Den Bezugszeitraum von einem Jahr für die Gewährung der 15 beschäftigungsfreien Sonntage hat der Gesetzgeber ebenfalls wegen der allgemeinen Zwecksetzung des § 1 Nr. 1 nicht auf das Kalenderjahr festgelegt. Der Arbeitgeber kann daher den Bezugszeitraum eines Jahres auch in anderer, üblicher Weise festlegen: Bezugszeitraum von 12 aufeinander folgenden Monaten, Bezugszeitraum von 52 aufeinanderfolgenden Wochen; Bezugszeitraum ist deshalb das **Beschäftigungsjahr** (**L:** *Baeck/Deutsch/Winzer* § 11 Rn 9; *Neumann/Biebl* § 11 Rn 3; *Roggendorff* § 11 Rn 5). Bei der Wahl und Änderung des Ausgleichszeitraums hat der Betriebsrat nach § 87 Abs. 1 Nr. 2 BetrVG mitzubestimmen.

16 Die Vorschläge, einen **kürzeren Bezugszeitraum** als das Jahr festzusetzen, auch den Vorschlag des Gesetzentwurfs (ein Sonntag im Monat, vgl. BT-Drucks. 12/5888 S. 8 und 29), hat der Gesetzgeber ausdrücklich abgelehnt (vgl. BT-Drucks. 12/6990 S. 14). Im schriftlichen Bericht hat er die Ablehnung mit Schwierigkeiten in Bereichen begründet, in denen typischerweise sonntags gearbeitet wird, sowie in Saisonbetrieben (vgl. BT-Drucks. 12/6990 S. 43). Diese Begrenzung hat jedoch keinen Eingang in den Gesetzestext gefunden. Sie kann daher in § 11 Abs. 1 nicht hineininterpretiert werden. Eine Begrenzung kann jedoch durch Tarifvertrag, Betriebsvereinbarung und Arbeitsvertrag vereinbart werden, jedoch nur mit privatrechtlicher, nicht mit öffentlich-rechtlicher Wirkung.

17 Bei der Mindestzahl der 15 beschäftigungsfreien Sonntage im Jahr kommt es allein auf die Zahl der **tatsächlich beschäftigungsfreien Sonntage** im Jahr an (**L:** ebenso *Neumann/Biebl* § 11 Rn 4; *Baeck/Deutsch/Winzer* § 11 Rn 7; ErfK/*Wank* § 11 ArbZG Rn 1; aA *Buschmann/Ulber* § 11 Rn 3). Ausnahmen hiervon, bis auf die außergewöhnlichen Fälle des § 14, kommen nicht in Betracht. Eine Verringerung der Mindestzahl der 15 beschäftigungsfreien Sonntage ist nur in den engen Grenzen des § 12 Satz 1 Nr. 1 zulässig (vgl. § 12 Rn 10).

18 Eine vergleichbare Vorschrift für **Feiertage** ist im ArbZG nicht enthalten. Der Arbeitgeber ist daher nicht gesetzlich verpflichtet, Arbeitnehmer von Feiertagsarbeit freizustellen. Der Arbeitgeber braucht daher Werktagsfeiertage bei der Ermittlung der 15 beschäftigungsfreien Sonntage im Jahr nicht zu berücksichtigen. Es ist den Tarifparteien, Betriebspartnern und Arbeitsvertragsparteien überlassen, den Arbeitgeber hierzu durch Tarifvertrag, Betriebsvereinbarung oder Arbeitsvertrag privatrechtlich zu verpflichten.

III. Arbeitszeiten an Sonn- und Feiertagen (Absatz 2)

Werden Arbeitnehmer an Sonn- und Feiertagen beschäftigt, gleich, ob zulässig oder unzulässig, sind entsprechend **anzuwenden: § 3** über die Höchstdauer der täglichen Arbeitszeit, **§ 4** über die Mindestdauer und -lage der Ruhepausen, **§ 5** über die Mindestdauer und -lage der Ruhezeiten, **§ 6** über die Nacht- und Schichtarbeit, **§ 7** über abweichende tarifvertragliche und betriebliche Höchstarbeitszeiten, Mindestruhepausen mit und/oder ohne Nacht- und Schichtarbeit sowie **§ 8** über diese Arbeitsbedingungen bei gefährlichen Arbeiten (§ 11 Abs. 2 Halbs. 1). § 11 Abs. 2 enthält eine **Rechtsgrundverweisung** (**R:** BAG 11. 1. 2006 AP ArbZG § 11 Nr. 2 = AuR 2006, 65); durch die Verweisung in § 11 Abs. 2 auf § 6 Abs. 5 entsteht kein Anspruch auf einen gesetzlichen Zuschlag für Sonn- oder Feiertagsarbeit. Bestehen allerdings tarifliche Regelungen über die Zahlung eines Zuschlags für die Arbeit an Feiertagen, so knüpfen diese regelmäßig an die gesetzlichen Feiertage am Beschäftigungsort an (**R:** BAG 17. 8. 2011, NZA 2012, 824). 19

Aufgrund der entsprechenden Anwendung gemäß § 11 Abs. 2 Halbs. 1 dürfen Arbeitnehmer an Sonn- und Feiertagen ebenso wie an Werktagen **bis zu 10 Stunden** beschäftigt werden. Will der Arbeitgeber an Sonn- und/oder Feiertagen 12 Stundenschichten bzw Arbeitszeiten von 12 Stunden fahren, benötigt er – abgesehen von außergewöhnlichen Fällen iSd § 14 – einen Tarifvertrag, ggf. eine Betriebsvereinbarung oder einen Arbeitsvertrag gemäß § 12 erster Satz Nr. 4 und § 12 zweiter Satz oder eine Ausnahmebewilligung der Aufsichtsbehörde gemäß § 15 Abs. 1 Nr. 1, ggf. gemäß § 7 Abs. 5. 20

Da der Arbeitgeber Arbeitnehmer mit Hilfe des § 3 Satz 2 und des § 11 Abs. 2 Halbs. 1 an allen 7 Tagen der Woche bis zu je 10 Stunden beschäftigen darf, können sich im Extremfall auch Arbeitszeiten bis zu 70 Stunden in einer Woche mit Sonntagsarbeit (7 × 10) ergeben (**L:** ebenso *Dobberahn* Rn 120; vgl. ferner die Extremfälle in § 3 Rn 41 und 57, 58). Nach § 11 Abs. 2 Halbs. 2 dürfen jedoch durch diese Höchstarbeitszeiten die in §§ 3, 6 Abs. 2 und § 7 bestimmten Ausgleichszeiträume nicht überschritten werden. Im Falle des § 3 bedeutet dies, dass die sich aus dieser Vorschrift ergebende höchstzulässige **Wochenarbeitszeit** von 48 Stunden (vgl. § 3 Rn 19 f) auch unter Einbeziehung des Sonntags und auch im Durchschnitt des höchstzulässigen Ausgleichszeitraums von 6 Kalendermonaten bzw 24 Wochen im Unterschied zur bisherigen Regelung nicht überschritten werden darf (**L:** insoweit ebenso *Buschmann/Ulber* § 11 Rn 5). § 11 Abs. 2 kann nicht so interpretiert werden, dass über ihn § 6 Abs. 5 entsprechend auf Sonn- und Feiertagsarbeit anzuwenden ist; einen gesetzlichen Anspruch auf Zuschläge zur Sonn- und Feiertagsarbeit gibt es nicht (**R:** BAG 11. 1. 2006 AP ArbZG § 11 Nr. 2; **L:** zu den aktuellen Tendenzen in der Rspr. des BAG vgl. auch *Zwanziger* DB 2007, 1356). 21

IV. Ersatzruhetage (Absatz 3)

22 **1. Entstehung.** – Zur Entstehungsgeschichte vgl. Rn 4; vgl. ferner § 12 Rn 18.

23 **2. Zweck, Gründe. – a) Gesundheitsschutz.** – Beim Ruhetag in der Woche steht der Gesundheitsschutz iSd § 1 Nr. 1 Halbs. 1 ArbZG **im Vordergrund** (vgl. BT-Drucks. 12/5888 S. 30 zu § 11 Abs. 3). Im christlichen Kulturkreis wird dieser Ruhetag entsprechend dem uralten Gebot, „am siebenten Tag sollst Du ruhen", idR auf den Sonntag gelegt. Aus Sicht des Gesundheitsschutzes ist es jedoch nicht zwingend geboten, den wöchentlichen Ruhetag auf den Sonntag zu legen.

24 Dementsprechend verlangt Art. 5 Abs. 1 der EU-Arbeitszeit-Richtlinie (vgl. Teil D Anh. Nr. 1) von den EG-Mitgliedstaaten nur, jedem Arbeitnehmer eine wöchentliche Mindestruhezeit von 24 Stunden zuzüglich der 11-stündigen täglichen Ruhezeit pro Siebentageszeitraum zu gewähren. Die insbes. auf Initiative der damaligen Bundesregierung in Art. 5 Abs. 2 der EU-Arbeitszeit-Richtlinie verankerte Aussage, wonach die wöchentliche Mindestruhezeit grundsätzlich den Sonntag einschließt, ist vom EuGH für **nichtig** erklärt worden (**R:** EuGH 12.11.1996 NZA 1997, 23 = DB 1997, 175 = AuR 1996, 500; vgl. ausf. Einf. Rn 61).

25 **b) Religiöse, kulturelle, soziale Gründe.** – Zwei Ruhetage pro Woche werden aus Gründen des Gesundheitsschutzes weder vom uralten Gebot der Sonntagsruhe noch von der heutigen Arbeitsmedizin noch von der EU-Arbeitszeit-Richtlinie verlangt, dementsprechend auch keine zwei Ersatzruhetage pro Woche. Die in der Bundesrepublik über den Sonntag hinausgehenden im Bundesdurchschnitt etwa 11 weiteren Ruhetage verteilt über das ganze Jahr – die gesetzlichen Feiertage – sind vorwiegend aus religiösen und kulturellen, wohl auch aus sozialen Gründen im Laufe der Jahrhunderte eingeführt worden, nicht aber aus Gründen des Gesundheitsschutzes.

26 **c) Gleichbehandlung.** – Aufgrund des Beschäftigungsverbots an Sonn- und Feiertagen gemäß § 9 Abs. 1 erhalten alle Arbeitnehmer, die nicht von den Ausnahmen in den §§ 10 bis 15 betroffen sind, aus Gründen des Gesundheitsschutzes (vgl. Rn 23) einen arbeitsfreien Ruhetag pro Woche, und zwar am Sonntag selbst, und einen weiteren arbeitsfreien Ruhetag je Feiertag, und zwar am Feiertag selbst, falls der Feiertag nicht auf einen Sonntag, sondern auf einen Werktag fällt. Arbeitnehmer dagegen, die von den Ausnahmen für Sonn- und Feiertagsbeschäftigung betroffen sind, erhalten aus Gründen der Gleichbehandlung statt dessen gemäß § 11 Abs. 3 einen **Ersatzruhetag** für einen Arbeitstag am Sonntag an einem anderen Tag in der Woche (im Durchschnitt). Bei Feiertagen wird der Ersatzruhetag für einen Arbeitstag an einem Werktagsfeiertag gewährt. Der Ersatzruhetag ist für jede Art der Beschäftigung zu gewähren, auf die **Dauer** der Beschäftigung am Sonn- oder Feiertag kommt es nicht an (**L:** hM *Neumann/Biebl* § 11 Rn 9; *Baeck/Deutsch/Winzer* § 11 Rn 18).

27 In einer Reihe von Sonn- und Feiertagsarbeitsbereichen kann der Ersatzruhetag aus technischen oder arbeitsorganisatorischen Gründen nicht allen Arbeitnehmern in derselben Woche gewährt werden (vgl. auch BT-Drucks. 12/5888 S. 30 zu § 12

Nr. 2). § 11 Abs. 3 gestattet daher diesen Betrieben, den Ersatzruhetag innerhalb der dort bestimmten Ausgleichszeiträume (Sonntag: 2 Wochen – Absatz 3 S. 1; Werktagsfeiertag: 8 Wochen – Absatz 3 S. 2) zu gewähren. Die Gründe für den unterschiedlichen Ausgleichszeitraum für den Sonn- und Feiertagsersatzruhetag sind gesundheitliche und arbeitsorganisatorische Gründe, also ebenfalls sachliche Gründe.

Die in § 11 Abs. 3 bestimmten Ausgleichszeiträume sind mit der EU-Arbeitszeit-Richtlinie vereinbar, insbes. mit Art. 17 Abs. 2 der EU-Arbeitszeit-Richtlinie (vgl. Teil D Anh. Nr. 1). Ein Ersatzruhetag für Feiertagsbeschäftigung wird in der EU-Arbeitszeit-Richtlinie nicht verlangt. **28**

3. Inhalt. – § 11 Abs. 3 ArbZG regelt den **Ersatzruhetag** für die Beschäftigung an einem Sonntag und für die Beschäftigung an einem Werktagsfeiertag. Satz 1 bestimmt dies für den Sonntag, Satz 2 für den Werktagsfeiertag: für den Sonntagsfeiertag ist kein zusätzlicher Ersatzruhetag vorgesehen; er ist in Satz 1 mitenthalten. Der entscheidende Unterschied zwischen Satz 1 und Satz 2 besteht, abgesehen von den Worten Sonntag und Werktagsfeiertag, in dem unterschiedlich langen Zeitraum, innerhalb dessen der Ersatzruhetag auszugleichen ist. Die **Dauer** des Ersatzruhetages ist in beiden Fällen gleich lang. Sie beträgt wie die reguläre Sonn- und Feiertagsruhe, die sie ersetzen soll, 24 aufeinander folgende Stunden. Dies folgt aus dem Wortbestandteil „Tag“ und aus dem Zweck des Ersatzruhetages. **29**

Begriff. Der Begriff „Ersatzruhetag“ ist nach seiner Wortbedeutung, vor allem aber nach seinem Sinn und Zweck ein Ersatz, ein Ausgleich für einen nicht gewährten Ruhetag, hier ein Ausgleich für einen nicht gewährten Sonn- und Feiertagsruhetag bzw ein Ausgleichstag für die Beschäftigung an einem Sonntag oder an einem Werktagsfeiertag. Seinem Rechtscharakter nach handelt es sich nicht um einen zusätzlichen freien Tag oder um eine zusätzliche Freistellung (**L:** vgl. auch *Dobberahn* Rn 122). **30**

Gewährung. Als Ersatzruhetag bzw Ausgleichstag kommt jeder Werktag, also auch ein ohnehin arbeitsfreier Samstag (**L:** ebenso *Neumann/Biebl* § 11 Rn 8; *Baeck/Deutsch/Winzer* § 11 Rn 18; ErfK/*Wank* § 11 ArbZG Rn 3; *Roggendorff* § 11 Rn 12; aA *Buschmann/Ulber* § 11 Rn 6a) oder ein schichtplanmäßig arbeitsfreier sonstiger Werktag, in Betracht (**R:** vgl. BAG 12.12.2001 AP ArbZG § 11 Nr. 1 = BB 2002, 785 = AuR 2002, 307 = NZA 2002, 505; BAG 13.7.2006 NZA 2007, 273; SächsLAG 21.4.1999 ZTR 1999, 477; vgl. auch BAG 23.3.2006 AP ArbZG § 11 Nr. 3; **L:** *Junker* ZfA 1998, 105, 127; ablehnend *Ulber* AuR 2002, 281). **31**

Ein Sonn- oder Feiertag ist als Ruhetag nicht geeignet. Falls der Sonn- oder Feiertag kein nach dem ArbZG zulässiger Arbeitstag ist, muss er kraft Gesetzes ohnehin arbeitsfrei sein. Bei Schichtarbeit muss sich der Ruhetag während der Schichtenfolge aus dem Schichtplan ergeben. (**L:** vgl. auch *Dobberahn* Rn 123); ggf. sollte eine abweichende Regelung nach § 12 Satz 1 Nr. 2 vereinbart werden. Ein **Ruhen des Betriebs** während der Gewährung des Ruhetages wird **nicht** vorausgesetzt. Wenn **31a** das ArbZG ein Ruhen des Betriebs voraussetzt, ordnet es dies ausdrücklich an, so in § 9 Abs. 2 (vgl. ferner Rn 11 ff). Ob durch die Gewährung des Ruhetages immer eine 6-Tage-Woche entsteht, hängt vom Schichtplan ab, ggf. von einer Vereinbarung nach § 12 Satz 1 Nr. 2, andernfalls nur im Durchschnitt des jeweiligen Ausgleichszeitraums des § 12 Abs. 3.

31b Das Gebot der Gewährung eines Ersatzruhetages muss **objektiv erfüllt** werden. Kann also ein Arbeitgeber, der eine Arbeitnehmerin ausschließlich sonntags mit dem Austragen eines Anzeigenblattes beschäftigt, dieser einen Ersatzruhetag deshalb nicht gewähren, weil sie an allen übrigen Tagen der Woche in einem anderen Arbeitsverhältnis (vgl. § 2 Abs. 1 S. 1 Halbs. 1) arbeitet, so kann regelmäßig eine ordentliche Kündigung aus Gründen in der Person der Arbeitnehmerin gerechtfertigt sein. Kann der Arbeitgeber nämlich mit der Beschäftigung verbundene gesetzliche Verpflichtungen nicht erfüllen, ist ihm ein Festhalten am Arbeitsverhältnis nicht zumutbar, sofern er die Gründe hierfür nicht zu vertreten hat (**R:** BAG 24.2.2005 AP KSchG 1969 § 1 Nr. 1 Verhaltensbedingte Kündigung = BB 2005, 2022 = DB 2005, 1466).

32 **Ausgleichszeitraum.** Für die Beschäftigung an einem Sonntag ist der Ersatzruhetag innerhalb von 2 Wochen auszugleichen (§ 11 Abs. 3 Satz 1). Der Ersatzruhetag für die Beschäftigung an einem Werktagsfeiertag ist innerhalb von 8 Wochen auszugleichen (§ 11 Abs. 3 Satz 2). Der Ausgleichszeitraum muss jeweils sowohl den Beschäftigungstag als auch den Ersatzruhetag einschließen. Der Ersatzruhetag kann daher zeitlich sowohl vor als auch nach der Sonn- bzw Feiertagsbeschäftigung liegen (**L:** ebenso *Dobberahn* Rn 122; *Neumann/Biebl* § 11 Rn 10; aA *Roggendorff* § 11 Rn 13). Als Woche gilt, da dieser Zeitraum im ArbZG nicht wie zB in § 4 Abs. 4 Satz 1 JArbSchG festgelegt ist, ein Zeitraum von 7 aufeinander folgenden Tagen, Siebentageszeitraum iSd Art. 5 Abs. 1 EU-Arbeitszeit-Richtlinie (vgl. Teil D Anh. Nr. 1). Die Formulierung „Siebentageszeitraum" erlaubt nach Auffassung des EuGH eine Auslegung, die es dem Arbeitnehmer ermöglicht, am Ende eines und am Anfang des darauffolgenden Bezugszeitraumes mehrere aufeinanderfolgende Ruhetage zu gewähren (**R:** EuGH 9.11.2017 BB 2017, 2803). Zum Zweck und zu den Gründen der unterschiedlichen Ausgleichregelung vgl. Rn 4 und § 12 Rn 17 f).

33 **Abweichung.** § 12 Satz 1 Nr. 2 lässt die Möglichkeit zu, von der Regelung des § 11 Abs. 3 in einem Tarifvertrag oder aufgrund eines Tarifvertrags in einer Betriebsvereinbarung mit straf- und bußgeldbefreiender Wirkung (vgl. § 7 Rn 143 ff) abzuweichen, und zwar, wie aus den Einleitungsworten in § 12 Satz 1 Nr. 2 „abweichend von § 11 Abs. 3" eindeutig hervorgeht, vom ganzen § 11 Abs. 3, nicht etwa nur von dessen Satz 2, wenn auch nur von dem jeweiligen Ausgleichszeitraum. Hätte der Gesetzgeber nur eine Abweichungsmöglichkeit von Satz 2 des § 11 Abs. 3 zulassen wollen, dann hätte er diese Möglichkeit entsprechend der sonst üblichen Gesetzgebungstechnik in den Einleitungsworten auf Satz 2 beschränkt, aber auch beschränken müssen, weil es sich hier um Straf- und Bußgeldvorschriften handelt (vgl. § 22

Abs. 1 Nr. 6 und § 23 Abs. 1), die eine besonders präzise Bezugnahme erfordern. Der Wegfall der Ersatzruhezeit darf nur für Werktagsfeiertage vereinbart werden (**L:** ebenso *Dobberahn* Rn 123; **R:** vgl. auch BAG 22.9.2005 NZA 2006, 329 = ZTR 2006, 259; BAG 23.3.2006 AP ArbZG § 11 Nr. 3). Statt des Wegfalls der Ersatzruhe kann bei kurzzeitiger Feiertagsarbeit auch eine **abgestufte Ersatzfreizeitregelung** (vgl. Rn 4) vereinbart werden. Enthält ein bei Inkrafttreten des ArbZG bestehender oder nachwirkender Tarifvertrag Regelungen, in denen abweichend von § 11 Abs. 3 für die Beschäftigung an Feiertagen anstelle der Freistellung ein Zuschlag gewährt wird, so verdrängt diese tarifliche Regelung den Anspruch auf den Ersatzruhetag gem. § 11 Abs. 3 S. 2 iVm § 25 S. 3, 1 unabhängig von der vorgesehenen Höhe des Zuschlags (**R:** vgl. BAG 12.12.2001 AP ArbZG § 11 Nr. 1 = BB 2002, 785 = AuR 2002, 307).

V. Erweiterung der Sonn-, Feiertags- und Ersatzruhe (Absatz 4)

1. Entstehung, Zweck. – § 11 Abs. 4 ist in das ArbZG im Hinblick auf Art. 5 Abs. 1 letzter Halbsatz und Abs. 3 EU-Arbeitszeit-Richtlinie (vgl. Teil D Anh. 1) eingefügt und wegen der deutschen Feiertagsruhe erweitert worden. Nach der Richtlinie ist die wöchentliche Ruhezeit von 24 Stunden zuzüglich der täglichen Ruhezeit von 11 Stunden zu gewähren; es sei denn, dass objektive technische oder arbeitsorganisatorische Gründe entgegenstehen. 34

Mit § 11 Abs. 4 soll grundsätzlich eine wöchentliche Ruhezeit von **35 Stunden** für die Arbeitnehmer **sichergestellt** (vgl. BT-Drucks. 12/5888 S. 30) und damit die wöchentliche Mindestruhezeit aus gesundheitlichen Gründen um eine soziale Komponente ergänzt werden (**R:** EuGH 7.9.2006 AuR 2006, 367). Dies kann nach Auffassung des EuGH dem Arbeitnehmer dergestalt zugutekommen, dass zwei wöchentliche Ruhezeiten von 35 Stunden zusammengelegt werden und der Arbeitnehmer somit in den Genuss einer Ruhezeit von **70 Stunden** kommt (**R:** EuGH 9.11.2017 BB 2017, 2803). 35

2. Inhalt. – a) Erweiterung der Sonn- und Feiertagsruhe. – aa) Regelfall. – Dauer der Wochenendruhezeit: Die Sonn- und Feiertagsruhe von je 24 Stunden, die sich aus dem Sonn- und Feiertagsarbeitsverbot des § 9 Abs. 1 ergibt (vgl. § 9 Rn 12), ist dem Arbeitnehmer nach § 11 Abs. 4 unmittelbar in Verbindung mit einer Ruhezeit nach § 5 zu gewähren. Die Dauer der Wochenendruhezeit beträgt somit für den Sonn- und Feiertag je 24 Stunden, zusammen mit der 11-stündigen Ruhezeit des § 5 Abs. 1 idR 35 Stunden. 36

Lage der Wochenendruhezeit: Die Sonn- und Feiertagsruhe des § 9 Abs. 1 von je 24 Stunden fällt im Regelfall mit dem Kalender-Sonntag bzw Kalender-Feiertag zusammen (vgl. § 9 Rn 12). Die Ruhezeit des § 5 Abs. 1 von 11 Stunden ist nach Beendigung der täglichen Arbeitszeit zu gewähren. Dies bedeutet jedoch nicht, dass Ruhezeit des § 5 Abs. 1 unmittelbar im Anschluss an die Arbeitszeit zu gewähren ist (**L:** aA *Buschmann/Ulber* § 11 Rn 8; vgl. dagegen hier § 5 Rn 22). Die in § 11 Abs. 4 37 angeordnete Gewährung „unmittelbar in Verbindung mit einer Ruhezeit nach § 5" kann daher auch so erfüllt werden, dass die Ruhezeit nach § 5 zB für die Samstagsarbeit unmittelbar vor 24 Uhr am Samstag oder unmittelbar nach 0 Uhr am Montag liegt. Die Ruhezeit für die Samstagsarbeit kann dann im Extremfall sowohl in die Zeit von 13 bis 24 Uhr am Samstag als auch von 0 bis 11 Uhr am Montag gelegt werden.

38 § 11 Abs. 4 muss somit nicht zwingend die Samstagsarbeit beschränken, aber auch nicht zwingend die Montagsarbeit, zB wenn die Ruhezeit für die Samstagsarbeit, einem Teil der Arbeitnehmer am Samstag von 13 bis 24 Uhr und einem Teil der Arbeitnehmer am Montag von 0 bis 11 Uhr gewährt wird (**L:** aA *Buschmann/Ulber* § 11 Rn 8). Diese Wortinterpretation widerspricht nicht dem Zweck des § 5 (vgl. hierzu § 5 Rn 3), auch nicht der allgemeinen Zwecksetzung des § 1 Nr. 1 erster Halbsatz (Sicherheit und Gesundheitsschutz), da der Arbeitnehmer von zB 0 Uhr am Sonntag bis 11 Uhr am Montag ausreichend Gelegenheit zur Ruhe und Erholung von der Arbeit hat. Andererseits entspricht diese Wortinterpretation der allgemeinen Zwecksetzung des § 1 Nr. 1 letzter Halbsatz (Verbesserung der Rahmenbedingungen für flexible Arbeitszeiten).

39 **bb) Ausnahmefall.** – Die Erweiterung der Sonn- und Feiertagsruhe durch § 11 Abs. 4 gilt nicht nur beim Regelfall des § 5 Abs. 1, sondern auch bei den Ausnahmefällen des § 5 Abs. 2 bis 4, da § 11 Abs. 4 den ganzen § 5 einbezieht. Dies ist aufgrund der Abweichungsmöglichkeiten in Art. 17 EU-Arbeitszeit-Richtlinie EU-rechtlich zulässig.

40 Liegt demnach ein Ausnahmefall des § 5 Abs. 2 bis 4 vor, dann verändert sich mit der Dauer und Lage der täglichen Ruhezeit auch die wöchentliche Ruhezeit entsprechend.

41 **cc) Verlegung der Sonn- und Feiertagsruhe.** – Ebenso wie bei der täglichen Ruhezeit die Grundvorschrift des § 5 in § 11 Abs. 4 ganz einbezogen ist, so ist auch bei der Sonn- und Feiertagsruhe die Grundvorschrift des § 9 ganz einbezogen.

42 Bei der Verlegung der 24-stündigen Sonn- und Feiertagsruhe gemäß § 9 Abs. 2 um bis zu 6 Stunden nach vorn oder zurück in **mehrschichtigen Betrieben** (vgl. hierzu § 9 Rn 40 ff) ist die danach verlegte Sonn- und Feiertagsruhe unmittelbar in Verbindung mit einer Ruhezeit nach § 5 zu gewähren. Die in § 9 Abs. 2 angeordnete Betriebsruhe von 24 Stunden (vgl. hierzu § 9 Rn 46 ff) wird dadurch nicht verlängert.

43 Bei der Verlegung der 24-stündigen Sonn- und Feiertagsruhe für **Kraftfahrer und Beifahrer** gemäß § 9 Abs. 3 um bis zu 2 Stunden (vgl. hierzu § 9 Rn 48 ff) ist die zurückverlegte Sonn- und Feiertagsruhe grundsätzlich unmittelbar in Verbindung mit einer Ruhezeit nach § 5 zu gewähren.

44 **b) Erweiterung der Ersatzruhe.** – Der Ersatzruhetag von 24 Stunden (vgl. § 11 Rn 29) ist gemäß § 11 Abs. 4 wie die reguläre Sonn- und Feiertagsruhe von 24 Stunden unmittelbar in Verbindung mit einer Ruhezeit nach § 5 zu gewähren. Die Dauer der Gesamtruhezeit beträgt wie die Dauer der Wochenendruhezeit idR 35 Stunden. Im Übrigen gelten die Ausführungen in Rn 36 ff sinngemäß.

c) Technische oder arbeitsorganisatorische Gründe. – Die Sonn- und Feiertagsruhe und/oder der Ersatzruhetag brauchen gemäß § 11 Abs. 4 letzter Halbsatz nicht unmittelbar in Verbindung mit einer Ruhezeit nach § 5 gewährt zu werden, soweit der Erweiterung der Ruhezeit von 24 Stunden **technische oder arbeitsorganisatorische Gründe entgegenstehen**. In allen Fällen müssen die Gründe – Art. 5 Abs. 3 EU-Arbeitszeit-Richtlinie entsprechend – **objektiv** vorliegen. Die Erledigung eiliger Aufträge zB ist idR kein zwingender Grund. **45**

Technische Gründe sind vor allem solche, die durch die Produktionsmittel, die Produktion oder den Produktionsablauf bedingt sind. Sie stehen der Erweiterung der Sonn-, Feiertags- oder Ersatzruhe über 24 Stunden hinaus entgegen, soweit insbes. die Art des Rohstoffs oder des Produktionsablaufs eine Erweiterung über 24 Stunden hinaus nicht zulassen oder ist nicht zumutbar. **46**

Arbeitsorganisatorische Gründe sind vor allem solche, die sich aus dem Einsatz der Arbeitskräfte zwangsläufig ergeben. Typisches Beispiel sind schichtplanbedingte Gründe, insbes. der am Wochenende übliche Schichtwechsel, zB von der Spätschicht am Samstag von 14 bis 22 Uhr in die Frühschicht am Montag von 6 Uhr bis 14 Uhr (**L:** ebenso *Dobberahn* Rn 97; *Tietje* S. 223). In diesen Fällen sind nur 32 Stunden Wochenendruhezeit (2 Stunden am Samstag, 24 Stunden am Sonntag, 6 Stunden am Montag) möglich, aber auch zu gewähren („soweit"), allerdings nur im Regelfall. Bei Produktionsarbeitern, die Abschlussarbeiten am Samstag nach 22 Uhr oder die Wiederaufnahmearbeiten am Montag vor 6 Uhr erledigen müssen, sind diesem Einsatz entsprechende weitere Einschränkungen der Wochenendruhezeit zulässig. **47**

VI. Beteiligung des Betriebsrats

Der Betriebsrat hat bei der Festsetzung der Lage der Arbeitszeit, der Ruhepausen und der Ruhezeiten an Sonn- und Feiertagen sowie bei der Lage der erweiterten Sonn-, Feiertags- oder Ersatzruhe ein Mitbestimmungsrecht nach § 87 Abs. 1 Nr. 2 BetrVG (**R:** vgl. LAG Köln 24.9.1998 AiB 1999, 467). Zur Beteiligung des Betriebsrats vgl. ferner § 1 Rn 40 ff, § 3 Rn 65 ff, § 4 Rn 30, 37, § 9 Rn 51 (**L:** zu den aktuellen Tendenzen in der Rspr. des BAG vgl. auch *Zwanziger* DB 2007, 1356). **48**

VII. Verstöße

Ein Arbeitgeber, der vorsätzlich oder fahrlässig entgegen **§ 11 Abs. 1** einen Arbeitnehmer an allen Sonntagen beschäftigt, dh an mehr als an den erlaubten 37 Sonntagen im Jahr, handelt ordnungswidrig nach § 22 Abs. 1 Nr. 6 Halbs. 1. Der Bußgeldanspruch entsteht nicht erst, wenn der Arbeitgeber den Arbeitnehmer an allen 52 **49**

Sonntagen im Jahr beschäftigt, da die Zahl 52 nicht im Wortlaut des § 22 Abs. 1 Nr. 6 steht. Zudem bestünde dann ein Widerspruch zum Sinn und Wortlaut des § 11 Abs. 1.

50 Verstöße gegen **§ 11 Abs. 2** werden als Verstöße gegen die jeweilige in § 11 Abs. 2 einbezogene Vorschrift geahndet (vgl. § 22 Abs. 1 Nr. 1 Halbs. 2). Überschreitet ein Arbeitgeber durch die Arbeitszeit an Sonn- und Feiertagen vorsätzlich oder fahrlässig die in den §§ 3, 6 Abs. 2 oder § 7 bestimmten Höchstarbeitszeiten und/oder Ausgleichszeiträume, handelt er ordnungswidrig nach § 22 Abs. 1 Nr. 1.

51 Ein Arbeitgeber, der vorsätzlich oder fahrlässig entgegen **§ 11 Abs. 3** einen Ersatzruhetag nicht oder nicht rechtzeitig gewährt, handelt ordnungswidrig nach § 22 Abs. 1 Nr. 6 Halbs. 2.

52 **§ 11 Abs. 4** über die erweiterte Sonn-, Feiertags- oder Ersatzruhe ist in den Bußgeldvorschriften nicht als eigenständiger Tatbestand aufgeführt. Verstöße können daher nach § 5 iVm § 22 Abs. 1 Nr. 3 verfolgt werden. Die Einhaltung der Bestimmung unmittelbar kann ggf. durch Verwaltungszwang sichergestellt werden.

53 Zu weiteren Fragen vgl. § 9 Rn 60 f, insbes. zum Leistungsverweigerungsrecht, zum Schadensersatzanspruch und zur Abgeltung.

§ 12
Abweichende Regelungen

In einem Tarifvertrag oder auf Grund eines Tarifvertrags in einer Betriebs- oder Dienstvereinbarung kann zugelassen werden,

1. **abweichend von § 11 Abs. 1 die Anzahl der beschäftigungsfreien Sonntage in den Einrichtungen des § 10 Abs. 1 Nr. 2, 3, 4 und 10 auf mindestens zehn Sonntage, im Rundfunk, in Theaterbetrieben, Orchestern sowie bei Schaustellungen auf mindestens acht Sonntage, in Filmtheatern und in der Tierhaltung auf mindestens sechs Sonntage im Jahr zu verringern,**
2. **abweichend von § 11 Abs. 3 den Wegfall von Ersatzruhetagen für auf Werktage fallende Feiertage zu vereinbaren oder Arbeitnehmer innerhalb eines festzulegenden Ausgleichszeitraums beschäftigungsfrei zu stellen,**
3. **abweichend von § 11 Abs. 1 bis 3 in der Seeschifffahrt die den Arbeitnehmern nach diesen Vorschriften zustehenden freien Tage zusammenhängend zu geben,**
4. **abweichend von § 11 Abs. 2 die Arbeitszeit in vollkontinuierlichen Schichtbetrieben an Sonn- und Feiertagen auf bis zu zwölf Stunden zu verlängern, wenn dadurch zusätzliche freie Schichten an Sonn- und Feiertagen erreicht werden.**

§ 7 Abs. 3 bis 6 findet Anwendung.

Übersicht

I. Allgemeines

1. Entstehung, Zweck. – Die Vorschriften des § 12 betreffen die abweichenden Re- 1
gelungen von den Vorschriften des ArbZG über Arbeitsbedingungen an Sonn- und Feiertagen und über den Ausgleich für Sonn- und Feiertagsbeschäftigungen des § 11. Sie waren von Anfang an vorgesehen (vgl. BT-Drucks. 11/360 S. 7 zu § 8).

Neu hinzugekommen ist § 12 Satz 1 Nr. 4 für vollkontinuierliche Schichtbetriebe auf Vorschlag des Bundesrates (vgl. BT-Drucks. 11/360 S. 31 zu § 8). Die Änderung in § 12 Satz 1 Nr. 2 – Wegfall von Ersatzruhetagen für Feiertagsarbeit – beruht insbes. auf der EU-Arbeitszeit-Richtlinie. § 12 Satz 1 Nr. 1 und 3 ist der Entwicklung entsprechend geringfügig ergänzt (Rundfunk) oder geändert worden (vgl. im Einzelnen BT-Drucks. 12/5888 S. 30, S. 43 zu Nr. 33 und Nr. 34 sowie S. 53; BT-Drucks. 12/6990 S. 15 und 43 zu Nr. zu Nr. 13). Mit dem Gesetz zu Reformen am Arbeitsmarkt vom 24.12.2003 (BGBl. 2003, 3002, 3005) ist die Abweichungsbefugnis auch auf **Dienstvereinbarungen** ausgedehnt worden.

2 § 12 verfolgt den **Zweck**, die Dauer der Arbeitszeit an Sonn- und Feiertagen sowie die Zahl der arbeitsfreien Sonntage und die Gewährung von Ersatzruhetagen bei und für Sonn- und Feiertagsbeschäftigungen entsprechend den betrieblichen Erfordernissen in einem Tarifvertrag oder aufgrund eines Tarifvertrags in einer Betriebs- oder Dienstvereinbarung zu variieren (vgl. BT-Drucks. 12/5888 S. 30); zur Übertragung von Befugnissen zur Abweichung von arbeitsschutzrechtlichen Vorschriften im Einzelnen vgl. § 7 Rn 3).

3 **2. Verfassungsmäßigkeit.** – § 12 verstößt durch die Delegierung öffentlich-rechtlicher Befugnisse auf Tarifvertragsparteien und Betriebspartner **nicht gegen das Grundgesetz**, insbes. nicht gegen Art. 9 Abs. 3 oder Art. 3 Abs. 1 GG. Die Delegierung nur von Aspekten der Sozial-, nicht der Schutzfunktion des § 11 ist kein unzulässiger Tarifabschluss- oder Koalitionszwang, keine Verletzung des allg. Gleichheitssatzes und kein unzulässiger Eingriff in die negative Koalitionsfreiheit. § 12 verstößt auch nicht gegen Grundprinzipien, insbes. nicht gegen das Sozialstaatsprinzip oder das Prinzip des Vorrangs des Tarifvertrags vor der Betriebsvereinbarung (vgl. im Einzelnen § 7 Rn 6 ff).

4 § 12 verstößt ferner nicht gegen den Gesetzesvorbehalt oder den Verfassungsauftrag in **Art. 140 GG** iVm **Art. 139 WRV** (**L:** vgl. im Ergebnis ebenso *Loritz* S. 58 ff; *Neumann/Biebl* § 12 Rn 2; *Baeck/Deutsch/Winzer* § 12 Rn 4; *Zmarzlik* RdA 1988, 257, 269 f; aA *Richardi* 107 ff; *Buschmann/Ulber* § 12 Rn 1; *Kuhr* DB 1994, 2186, 2188), auch nicht gegen das Rechtstaats- und Demokratieprinzip (**L:** vgl. hierzu und zur Notwendigkeit gesetzlicher Regelung *Benda* S. 64 ff). Die Gegenmeinung sieht wohl nicht, dass das ArbZG den Schutz der Sonn- und Feiertage nicht auf die Tarifvertragsparteien delegiert. Der Schutz der Sonn- und Feiertage als solcher wird vielmehr, wie Art. 140 GG iVm Art. 139 WRV und das Rechtsstaats- und Demokratieprinzip es verlangen, durch das ArbZG selbst gewährleistet. Das Regel-Ausnahme-Verhältnis der bisherigen GewO zwischen Verbot und Ausnahmen bleibt auch im ArbZG im Grundsatz erhalten.

5 **Regelung durch ArbZG.** – Das Verbot der Sonn- und Feiertage wird in § 9 geregelt. Die notwendigen Ausnahmen für die Sonn- und Feiertagsbeschäftigung werden im Rahmen des gesetzgeberischen Ermessens (**R:** BVerwG 15.3.1988 BVerwGE 79, 118, 122 f; BVerwG 19.4.1988 BVerwGE 79, 236, 238 f) in § 10 zugelas-

sen. Auf die Tarifvertragsparteien werden insoweit überhaupt keine Befugnisse delegiert. Sie werden noch nicht einmal an der Aufgabe beteiligt, Inhalt und Umfang der Ausnahmen des § 10 mit öffentlich-rechtlicher Wirkung zu klären. Selbst diese bloße Klarstellung wird im ArbZG dem Staat vorbehalten, und zwar unserer Verfassung entsprechend generell auf Bundesebene durch Rechtsverordnung der Bundesregierung gemäß § 13 Abs. 1 Nr. 1, im Einzelfall auf Landesebene durch Verwaltungsakt der Aufsichtsbehörde gemäß § 13 Abs. 3 Nr. 1 (**L:** vgl. im Einzelnen *Zmarzlik* RdA 1988, 257, 269 f).

Den Tarifvertragsparteien wird in § 12 lediglich die Befugnis im Rahmen des Art. 9 6
Abs. 3 GG verliehen, einige **Arbeitsbedingungen** bei ausnahmsweise zugelassener Sonn- und Feiertagsarbeit abweichend von § 11 mit öffentlich-rechtlicher Wirkung **zu regeln**, und selbst dies lediglich in ihrer Sozialfunktion, nicht in ihrer Gesundheitsschutzfunktion, erst recht nicht abweichend vom Kernbereich der Sonn- und Feiertagsgarantie des Art. 140 GG iVm Art. 139 WRV. Zum Gesundheitsschutz iSd der Zwecksetzung des § 1 Nr. 1 gehört eine Begrenzung der Dauer der Arbeitszeit am Sonn- und Feiertag im Durchschnitt eines Ausgleichzeitraums von 6 Kalendermonaten oder 24 Wochen auf 8 Stunden pro Tag; ferner die Festlegung von Mindestruhepausen während der Sonn- und Feiertagsarbeit sowie die Festlegung von Mindestruhezeiten zwischen zwei Schichten. Dies erfolgt in § 11 Abs. 2. Zum Gesundheitsschutz gehört ferner die Sicherstellung eines Ruhetages innerhalb von 7 Tagen, zumindest im Durchschnitt eines bestimmten Ausgleichszeitraums (§ 11 Abs. 1 und Abs. 2 Satz 1). Die Betriebspartner haben nur eine von den Tarifvertragsparteien abgeleitete Befugnis (aufgrund eines Tarifvertrags).

Inhalt und Umfang des vorstehend umschriebenen Gesundheitsschutzes sind im 7
ArbZG entsprechend dem Standard in Westeuropa (**L:** vgl. hierzu *Zmarzlik* RdA 1988, 257, 258) zwingend sichergestellt. Mehr Gesundheitsschutz wird auch in Art. 3 bis 6 iVm Art. 17 Abs. 3 der EU-Arbeitszeit-Richtlinie vom 23. 11. 1993 über bestimmte Aspekte der Arbeitszeitgestaltung von den EU-Mitgliedstaaten nicht verlangt (vgl. **Teil D Anh. 1**). Bei der Übertragung von Befugnissen zur abweichenden Regelung in § 12 Satz 1 Nr. 1, bei der Art. 140 GG iVm Art. 139 WRV möglicherweise eine konkrete **Grenzziehung** erfordert, wird eine solche Grenze im Rahmen des gesetzgeberischen Ermessens durch Festlegung einer Mindestzahl arbeitsfreier Sonntage gezogen. Im Übrigen ergibt sich der Zwang zur Grenzziehung auch für Tarifvertragsparteien und Betriebspartner aus § 1.

Dem Vorwurf gegenüber, „den Tarifvertragsparteien wird in § 12 ermöglicht …, 8
die im ArbZG im Vergleich zur … geltenden Gesetzeslage schon verminderte Mindestsonntagsruhe noch weiter einzuschränken" (**L:** so *Kuhr* DB 1994, 2186, 2188), ist darauf hinzuweisen, dass die Zahl arbeitsfreier Sonntage durch die Tarifvertragsparteien abweichend von § 11 Abs. 1 nur aufgrund des § 12 Satz 1 den tatsächlichen Erfordernissen angepasst werden darf. Diese Befugnis zur Anpassung ist aber in § 12 Satz 1 Nr. 1 auf Sonderfälle beschränkt, für die es eine öffentlich-rechtliche

Regelung über Sonntagsruhe bisher nicht gab. Dies zeigt schon ein Blick auf den bisherigen § 105b und § 105i GewO.

II. Abweichungen (§ 12 Satz 1)

9 Nach dem Einleitungssatz des § 12 Satz 1 können die dort genannten Abweichungen in einem **Tarifvertrag** oder aufgrund eines Tarifvertrags in einer **Betriebsvereinbarung** zugelassen werden. Mit dem Gesetz zu Reformen am Arbeitsmarkt vom 24.12.2003 (BGBl. 2003, 3002, 3005) sind aus Anlass des *Jaeger*-Urteils des EuGH (**R:** EuGH 9.9.2003 BB 2003, 2063) Neuregelungen in das ArbZG eingefügt worden. Diese Neuregelungen hat der Gesetzgeber genutzt, um klarzustellen, dass abweichende Regelungen aufgrund eines Tarifvertrages nicht nur in einer Betriebsvereinbarung, sondern seitdem auch in einer **Dienstvereinbarung** getroffen werden können.

10 **1. Verringerung arbeitsfreier Sonntage (Nummer 1).** – Nach § 12 Satz 1 Nr. 1 kann in einem Tarifvertrag oder aufgrund eines Tarifvertrags in einer Betriebs- oder Dienstvereinbarung abweichend von § 11 Abs. 1 zugelassen werden, die **Mindestzahl arbeitsfreier Sonntage** (vgl. BT-Drucks. 12/6990 S. 43 zu § 12 in Nr. 13) **von 15** arbeitsfreien Sonntagen im Jahr zu **verringern**.

- **bis auf 10 Sonntage** im Jahr in den Einrichtungen des § 10 Abs. 1 Nr. 2, 3, 4 und 10, dh im Bereich der öffentlichen Sicherheit uä (vgl. § 10 Rn 32f), im Bereich der Krankenhäuser uä (vgl. § 10 Rn 34ff), im Bereich der Gaststätten uä, im Haushalt (vgl. § 10 Rn 39ff), und in Verkehrsbetrieben (vgl. § 10 Rn 34ff).
- **bis auf 8 Sonntage** im Jahr beim Rundfunk (vgl. § 5 Rn 48, § 10 Rn 58), in Theaterbetrieben und Orchestern (vgl. § 10 Rn 42) sowie bei Schaustellungen (vgl. § 10 Rn 42f),
- **bis auf 6 Sonntage** im Jahr in Filmtheatern (vgl. § 10 Rn 42) und in der Tierhaltung (vgl. § 5 Rn 54, § 10 Rn 88).

11 Bei den vorstehend aufgezählten Befugnissen handelt es sich um Befugnisse betreffend sog. **verfassungsimmanenter Ausnahmen** für Sonntagsarbeit („bleiben gesetzlich geschützt"), zumindest von Ausnahmen für Sonntagsarbeit aus so gewichtigen Gründen, dass sie die Interessen des Gemeinwohls im Rahmen der Sonntagsruhe überwiegen (**L:** vgl. insoweit auch *Kuhr* DB 1994, 2186, 2187). Hinzu kommt, dass es sich um Betriebe handelt, denen die Sonntagsarbeit kraft Herkommens ein typisches Gepräge gibt. Erfahrungsgemäß ist es diesen Betrieben wegen der auf den Sonntag eingestellten Arbeitsweise tatsächlich auch nicht ohne Weiteres möglich, 15 beschäftigungsfreie Sonntage im Jahr einzuhalten (vgl. auch BT-Drucks. 12/6990 S. 43 zu Nr. 13 Abs. 1). Die Mindestzahl von arbeitsfreien Sonntagen ist „im Jahr" einzuhalten; dies ist das Kalenderjahr und nicht etwa ein beliebiger Zeitraum von 12 Monaten (**L:** ebenso *Neumann/Biebl* § 12 Rn 4).

Die Befugnis zur Abweichung von § 11 Abs. 1 für den **Rundfunk** (vgl. § 10 Rn 58) ist auf Vorschlag des Bundesrates (vgl. BT-Drucks. 12/5888 S. 43 und 53 zu Nr. 33) wegen seines verfassungsrechtlich geschützten Programm- und Informationsauftrags in § 12 Satz 1 Nr. 1 eingefügt worden (vgl. BT-Drucks. 12/6990 S. 15 und S. 43 zu § 12 in Nr. 13). **12**

Übergangszeit: Regelungen aus Tarifverträgen oder aufgrund eines Tarifvertrages zugelassene Betriebs- oder Dienstvereinbarungen, die am 1. 1. 2004 bestanden oder nachgewirkt haben und den Rahmen des § 12 Satz 1 nicht einhalten, bleiben bis zum **31. 12. 2006** unberührt (vgl. Beschlussempfehlung des VermA, BT-Drucks. 15/2245). Zuvor hatte der Bundestag noch beschlossen, die Übergangsregelung des § 25 aufzuheben (Bericht des Ausschusses für Wirtschaft und Arbeit, BT-Drucks. 15/1587, S. 16, 32 vgl. auch § 25 Rn 2). **13**

2. Ersatzruhetage, Wegfall, Ausgleichszeitraum (Nummer 2). – Nach § 12 Satz 1 Nr. 2 kann in einem Tarifvertrag oder aufgrund eines Tarifvertrags in einer Betriebs- oder Dienstvereinbarung abweichend von § 11 Abs. 3, also von Satz 1 **und** Satz 2 des § 11 Abs. 3 (Satz 1: Ersatzruhetage für Sonntage – Ausgleichzeitraum 2 Wochen; Satz 2: Ersatzruhetage für Werktagsfeiertage – Ausgleichzeitraum 8 Wochen) zugelassen werden, **14**

– den Wegfall von Ersatzruhetagen für auf Werktage fallende Feiertage zu vereinbaren – ganz oder teilweise – (§ 12 Satz 1 Nr. 2 Halbs. 1),

– Arbeitnehmer an ihrem Ersatzruhetag statt innerhalb des in § 11 Abs. 3 vorgeschriebenen Ausgleichzeitraums innerhalb eines anderen von den Tarifvertragsparteien oder aufgrund eines Tarifvertrags von den Betriebspartnern festzulegenden Ausgleichszeitraums beschäftigungsfrei zu stellen, zB für Sonntage statt innerhalb des gesetzlichen Ausgleichzeitraums von 2 Wochen bzw für Feiertage statt innerhalb des gesetzlichen Ausgleichzeitraums von 8 Wochen innerhalb eines tarifvertraglich vereinbarten Ausgleichzeitraums jeweils von zB 6 Monaten sowohl für Sonntage als auch für Feiertage, im Falle von auf Werktage fallenden Feiertagen anstelle des Wegfalls von Ersatzruhetagen, dh als Alternative zum Wegfall (§ 12 Satz 1 Nr. 2 Halbs. 2).

Wirksamkeit: Der Ausgleichzeitraum ist im Tarifvertrag oder aufgrund eines Tarifvertrags in der Betriebs- oder Dienstvereinbarung festzulegen (§ 12 Satz 1 Nr. 2 Halbs. 2). Eine zeitliche Grenze für die Verlängerung des Ausgleichszeitraums ist nicht vorgesehen; die äußerste gesundheitlich vertretbare Grenze für den festzulegenden Ausgleichzeitraum ergibt sich auch für die Tarifvertragsparteien und für die Partner einer Betriebs- oder Dienstvereinbarung aus dem Zweck des Gesetzes in § 1 (**L:** im Ergebnis ebenso *Neumann/Biebl* § 12 Rn 6; *Baeck/Deutsch/Winzer* § 12 Rn 14; krit. hierzu *Buschmann/Ulber* § 12 Rn 5). Die Einhaltung dieser Grenze ist durch das Tarifvertrags-System sicherzustellen (vgl. BT-Drucks. 12/5888, zB S. 1, 20, 21, 26), im Zweifel durch die zuständigen Gerichte. Solange ein bestimmter Ausgleichszeitraum nicht festgelegt ist, ist der Tarifvertrag bzw die Betriebs- oder **15**

Dienstvereinbarung nicht wirksam. Die Vorschriften des ArbZG sind strikt einzuhalten.

16 Der **Grund** für die Zulassung der vorstehend dargestellten Abweichungsmöglichkeiten besteht darin, dass die in § 11 Abs. 3 bestimmten Ausgleichszeiträume und die dort bestimmte Gewährung von Ersatzruhetagen in einigen Bereichen nicht für alle Arbeitnehmer eingehalten werden können (vgl. BT-Drucks. 12/5888 S. 30 zu § 12). Sie sind mit der EU-Arbeitszeit-Richtlinie vereinbar, insbes. mit Art. 17 Abs. 2 EU-Arbeitszeit-Richtlinie (vgl. **Teil D Anh. 1**), sowohl für Sonntage als auch für Feiertage.

17 **Grund für Wegfall von Ersatzruhetagen:** Ein Ruhetag pro Woche bzw innerhalb eines bestimmten Ausgleichszeitraums ist aus Gründen des Gesundheitsschutzes iSd § 1 Nr. 1 geboten. Dies entspricht dem EU-Standard (**L:** vgl. BArbBl. 2/1989 S. 27). Deshalb wird ein zweiter Ruhetag in der Woche auch von der EU-Arbeitszeit-Richtlinie nicht verlangt (vgl. **Teil D Anh. 1**). Haben die Tarifvertragsparteien eine Regelung dahingehend getroffen, dass je Kalenderwoche nur ein Tag dienstfrei ist, so haben sie damit zugleich ausgeschlossen, dass für Kalenderwochen, in die ein Wochenfeiertag fällt, zwei dienstfreie Tage zu gewähren sind (**R:** BAG 22.9.2005 NZA 2006, 329 = ZTR 2006, 259; **L:** krit. hierzu *Buschmann/Ulber* § 12 Rn 5).

18 **Entstehung:** Deshalb wurde in § 12 Satz 1 Nr. 2 die Möglichkeit für einen Wegfall von Ersatzruhetagen für Werktagsfeiertage eingefügt, und zwar als Halbs. 1 gleichzeitig mit der Neufassung der Regelung über Ersatzruhetage in § 11 Abs. 3 gegenüber den Vorentwürfen (vgl. § 11 Rn 4). Die bis dahin auf den Ausgleichszeitraum beschränkte Möglichkeit zur Abweichung (vgl. BT-Drucks. 11/360 S. 7 und 21) – geltend für Sonn- und Feiertage – ist in § 12 Satz 1 Nr. 2 als Halbs. 2 ohne inhaltliche Änderung und ohne Änderungsabsicht aus den Vorentwürfen wörtlich übernommen worden (vgl. BT-Drucks. 12/5888 S. 30 zu § 12 dritter Abs.: „Ausgleichszeit**räume** und … Ersatzruhetage …“).

19 **Beispiele** für Beschäftigungsbereiche, in denen die in § 11 Abs. 3 bestimmten Ausgleichszeiträume und/oder die dort bestimmte Gewährung von Ersatzruhetagen nicht für alle Arbeitnehmer eingehalten werden können, sind

- **Kampagnebetriebe**, dh Betriebe, die ihrer Natur nach auf bestimmte Jahreszeiten beschränkt sind wie Zuckerrübenfabriken, Zichorienfabriken, Fischräuchereien;
- **Saisonbetriebe**, dh Betriebe, die ihrer Natur nach in gewissen Zeiten des Jahres zu einer außergewöhnlich verstärkten Tätigkeit genötigt sind wie Betriebe zur Herstellung von Schokoladen- und Zuckerwaren, Honigkuchen und Biskuit (Lebkuchenfabriken), Betriebe zur Herstellung von Spielwaren, chemische Wäschereien. Heute gehören zu den Saisonbetrieben auch Gaststätten, insbes. in den Urlaubsorten an der See.

Arbeitsweise: Während der Zuckerrübenkampagne zB müssen die Zuckerfabriken wegen des technologisch bedingten ununterbrochenen Verfahrensablaufs rund um die Uhr gefahren werden (vgl. § 10 Rn 202), idR mit einer Früh-, Spät- und Nachtschicht zu je 8 Stunden. Zu diesem Zweck wird die Stammbelegschaft eines Werkes in 3 Schichten aufgeteilt. Um den Arbeitnehmern während der Zuckerrübenkampagne trotzdem einen arbeitsfreien Tag zu ermöglichen, wird jeden dritten Sonntag ein Schichtwechsel durchgeführt. Eine Schicht hat am Schichtwechseltag arbeitsfrei, die anderen beiden Schichten arbeiten jeweils 12 Stunden und wechseln dabei in einen anderen Schichtrythmus. **20**

Zweck: § 12 Satz 1 Nr. 2 verfolgt den Zweck, den Betrieben, die nach wie vor nicht anders arbeiten können, zu ermöglichen, ihre bisherige Arbeitsweise aufgrund eines Tarifvertrags beizubehalten, nicht nur an Feiertagen, sondern auch an Sonntagen, ggf. auch mit Hilfe des § 12 Satz 1 Nr. 4. **21**

Übergangszeit:. Regelungen aus Tarifverträgen oder aufgrund eines Tarifvertrages zugelassene Betriebs- oder Dienstvereinbarungen, die am 1. 1. 2004 bestanden oder nachgewirkt haben und den Rahmen des § 12 Satz 1 nicht einhalten, blieben bis zum **31. 12. 2006** unberührt (vgl. Beschlussempfehlung des VermA, BT-Drucks. 15/2245). Zuvor hatte der Bundestag noch beschlossen, die Übergangsregelung des § 25 aufzuheben (Bericht des Ausschusses für Wirtschaft und Arbeit, BT-Drucks. 15/1587, S. 16, 32 vgl. auch § 25 Rn 2). **22**

3. Seeschifffahrt (Nummer 3). – Für die Seeschifffahrt gilt grundsätzlich das Seearbeitsgesetz (SeeArbG) v. 20. 4. 2013 (BGBl. I S. 868). § 12 Satz 1 Nr. 3 trägt den Besonderheiten bei der Beschäftigung auf Seeschiffen Rechnung, die nicht unter den Anwendungsbereich des Seearbeitsgesetzes fallen, zB Fischereischutzboote oder Forschungsschiffe des Bundes (vgl. BT-Drucks. 12/5888 S. 30). **23**

4. Schichtbetriebe (Nummer 4). Entstehung, Zweck. § 12 Satz 1 Nr. 4 ist § 5 Abs. 1 Satz 2 der Verordnung über Ausnahmen vom Verbot der Beschäftigung von Arbeitnehmern an Sonn- und Feiertagen in der Eisen- und Stahlindustrie nachgebildet (vgl. auch § 6 Buchst. b Papierindustrie-VO in Teil D Anh. Nr. 5). 12-Stunden-Schichten zur Erzielung von mehr beschäftigungsfreien Sonn- und Feiertagen wurden seit Jahren auch in anderen Konti-Betrieben gefahren, so zB in der chemischen Industrie. Nachteilige Auswirkungen auf die Gesundheit der Arbeitnehmer sind durch diese Arbeitsweise bisher nicht eingetreten. Deshalb gestattet § 12 Satz 1 Nr. 4 den Tarifvertragsparteien und aufgrund eines Tarifvertrags den Betriebspartnern weiterhin, in vollkontinuierlichen Schichtbetrieben den Arbeitnehmern mit Hilfe von 12-Stunden-Schichten mehr beschäftigungsfreie Sonn- und Feiertage zu erreichen; für andere Betriebe wurde diese Möglichkeit neu eröffnet (vgl. BT-Drucks. 12/5888 S. 30). **24**

Eine tarifvertragliche Regelung gemäß § 12 Satz 1 Nr. 4 ist nur für **vollkontinuierliche Schichtbetriebe** zugelassen, dh für Betriebe, die 168 Betriebsstunden in der Woche mit mindestens 3 Schichtbelegschaften in zeitlicher Reihenfolge einander **25** ablösend, in einem bestimmten Schichtsystem und Schichtrhythmus fahren (**L:** hM vgl. *Baeck/Deutsch* § 12 Rn 17; *Neumann/Biebl* § 12 Rn 8; *Buschmann/Ulber* § 12 Rn 9; *Schliemann* § 12 Rn 14; *Roggendorff* § 12 Rn 13).

26 Die Abweichungsbefugnis ist auf eine Verlängerung der Dauer der **Höchstarbeitszeit** an Sonn- und Feiertagen beschränkt. Sie kann abweichend von § 11 Abs. 2 von 8 bis auf **12 Stunden** verlängert werden, unter der Voraussetzung, dass hierdurch die in §§ 3, 6 Abs. 2 und § 7 bestimmten Ausgleichszeiträume nicht überschritten werden.

27 Bedingung für die Wirksamkeit der abweichenden tarifvertraglichen Regelung ist („wenn"), dass durch die Regelung **zusätzliche freie** Schichten an Sonn- und Feiertagen ermöglicht werden. Da der ursprüngliche, auf Sonntage und Sonntagsfreischichten beschränkte Vorschlag (vgl. BT-Drucks. 11/360 S. 31 Nr. 24 und S. 38) auch auf Feiertage ausgedehnt wurde, ist davon auszugehen, dass die Tarifvertragsparteien die Möglichkeit haben, die Verlängerung der **Höchstarbeitszeit** an Sonn- **und** Feiertagen zu vereinbaren oder zwischen Sonn- **und** Feiertagen zu wählen.

28 **Übergangszeit:** Regelungen aus Tarifverträgen oder aufgrund eines Tarifvertrages zugelassene Betriebsvereinbarungen, die am 1. 1. 2004 bestanden oder nachgewirkt haben und dem Rahmen des § 12 Satz 1 nicht einhalten, blieben bis zum **31.12. 2006** unberührt (vgl. Beschlussempfehlung des VermA, BT-Drucks. 15/2245). Zuvor hatte der Bundestag noch beschlossen (vgl. Rn 22), die Übergangsregelung des § 25 aufzuheben (Bericht des Ausschusses für Wirtschaft und Arbeit, BT-Drucks. 15/1587, S. 16, 32 vgl. auch § 25 Rn 2).

III. Anwendung des § 7 Abs. 3 bis 6 (§ 12 Satz 2)

29 **1. Übernahme von Abweichungen durch Vereinbarung.** – Nach § 12 Satz 2 iVm § 7 Abs. 3 Satz 1 können im Geltungsbereich eines Tarifvertrags nach § 12 Satz 1 abweichende tarifvertragliche Regelungen im Betrieb eines nicht tarifgebundenen Arbeitgebers durch Betriebs- oder Dienstvereinbarung übernommen werden (vgl. Rn 9).

30 Zur Übernahme durch Betriebs- oder Dienstvereinbarung im Einzelnen vgl. § 7 Rn 72 ff.

31 Zur Übernahme durch Einzelvereinbarung im Einzelnen vgl. § 7 Rn 84 f.

32 Zur Übernahme bei Delegation auf die Betriebspartner durch Betriebsvereinbarung im Einzelnen vgl. § 7 Rn 86 f.

33 Zur Übernahme bei Zuwendungsempfängern im Einzelnen vgl. § 7 Rn 88 ff.

34 **2. Abweichungen durch Kirchen.** – Die Kirchen und die öffentlich-rechtlichen Religionsgesellschaften können den räumlichen, sachlichen, persönlichen und zeitlichen Geltungsbereich ihrer abweichenden Regelungen aufgrund des § 12 Satz 2 iVm § 7 Abs. 4 ebenso wie die Tarifvertragsparteien selbst bestimmen. Die Vorschriften des § 12 Satz 2 iVm § 7 Abs. 4 findet auch auf den **karitativ-diakonischen** und **erzieherischen Bereich** (vgl. § 7 Rn 97) **der Kirchen** Anwendung (**L:** ebenso *Baeck/Deutsch* § 12 Rn 22; aA *Buschmann/Ulber* § 12 Rn 15). Für den Inhalt ihrer Abweichungen gilt das Gleiche wie für den Inhalt der tarifvertraglichen Abweichungen. Ihnen kommt auch die gleiche Bedeutung zu wie den tarifvertraglichen Abweichungen. Sie ermöglichen den kirchlichen Arbeitgebern und den Arbeitgebern der Religionsgesellschaften, Arbeitnehmer in ihren Verwaltungen und Betrieben in dem in den kirchenrechtlichen Regelungen festgelegten Rahmen zu beschäftigen. Die Grenzen des § 12 Satz 1 müssen auch sie beachten. Auch die abweichenden Regelungen von Kirchen oder öffentlich-rechtlichen Religionsgesellschaften unterliegen der zeitlich begrenzten Übergangsregelung (vgl. § 25 Rn 2, 15).

3. Abweichungen durch Aufsichtsbehörde, Bundesregierung. – Die Aufsichtsbehörden können aufgrund des § 12 Satz 2 iVm § 7 Abs. 4 die in § 12 Satz 1 genannten Abweichungen für Bereiche, in denen Regelungen durch Tarifvertrag üblicherweise nicht getroffen werden (vgl. zu diesen Bereichen § 7 Rn 101), als Ausnahme aus betrieblichen Gründen zulassen (vgl. im Einzelnen § 7 Rn 102 ff). 35

Die Bundesregierung kann aufgrund des § 12 Satz 2 iVm § 7 Abs. 5 die in § 12 Satz 1 genannten Abweichungen als Ausnahme aus betrieblichen Gründen zulassen (vgl. im Einzelnen § 7 Rn 105 ff). 36

IV. Geltung und Bedeutung der Abweichungen

Die Ausführungen in § 7 Rn 125 ff zur räumlichen, betrieblichen, persönlichen und zeitlichen Geltung sowie zur Rück- und Nachwirkung tarifvertraglicher Abweichungen gelten für die tarifvertraglichen Abweichungen aufgrund des § 12 Satz 1 sinngemäß. 37

Die Ausführungen in § 7 Rn 137 ff zum privatrechtlichen **Rechtscharakter** tarifvertraglicher Abweichungen gelten für die tarifvertraglichen Abweichungen aufgrund des § 12 Satz 1 sinngemäß. Danach finden die Vorschriften des TVG auch auf die tarifvertraglichen Abweichungen aufgrund des § 12 Satz 1 ebenso wie auf diejenigen aufgrund des § 7 Abs. 1 und 2 Anwendung (vgl. vor allem § 7 Rn 141). 38

Die Ausführungen in § 7 Rn 143 ff zur Bedeutung tarifvertraglicher Abweichungen für Straffreiheit und für die tatsächliche Arbeitsleistung der Arbeitnehmer an Sonn- und Feiertagen gelten für die tarifvertraglichen Abweichungen aufgrund des § 12 Satz 1 sinngemäß. Danach darf der tarifgebundene Arbeitgeber in dem im Tarifvertrag bestimmten Rahmen über die Vorschriften des § 11 Abs. 1 bis 3 hinaus Arbeitnehmer **straf-** und **bußgeldfrei** beschäftigen, tarifgebundene und nichttarifgebundene Arbeitnehmer, weil die Tarifnormen in dieser Funktion Betriebsnormen sind (vgl. § 7 Rn 141 f). 39

40 Die Ausführungen in § 7 Rn 147 f zur **Verpflichtung** der Arbeitnehmer, **Arbeit** in dem im Tarifvertrag erweiterten Rahmen **zu leisten,** gelten hier sinngemäß, beschränkt auf §§ 11 und 12. Einen Anspruch auf Befreiung von Sonn- und Feiertagsarbeit enthält das ArbZG nicht. § 3 Abs. 1 Freizeitanordnung über die Freistellung von Frauen mit Kindern von Sonn- und Feiertagsarbeit ist aufgehoben worden (Art. 21 Nr. 9 ArbZRG). Für werdende und stillende Mütter gilt § 8 Abs. 1 und 4 MuSchG (vgl. § 9 Rn 57).

V. Verstöße gegen Abweichungen

41 Die Ausführungen in § 7 Rn 149 ff zu Verstößen gegen Abweichungen gelten hier sinngemäß, bezogen auf § 22 Abs. 1 Nr. 6 und § 23 Abs. 1 iVm § 11. Danach darf ein Arbeitgeber einen Arbeitnehmer **bis** zu den im Tarifvertrag festgelegten Grenzen, ggf. iVm einer Betriebs- oder Einzelvereinbarung, straf- und bußgeldfrei beschäftigen.

§ 13
Ermächtigung, Anordnung, Bewilligung

(1) Die Bundesregierung kann durch Rechtsverordnung mit Zustimmung des Bundesrates zur Vermeidung erheblicher Schäden unter Berücksichtigung des Schutzes der Arbeitnehmer und der Sonn- und Feiertagsruhe

1. die Bereiche mit Sonn- und Feiertagsbeschäftigung nach § 10 sowie die dort zugelassenen Arbeiten näher bestimmen,
2. über die Ausnahmen nach § 10 hinaus weitere Ausnahmen abweichend von § 9
   a) für Betriebe, in denen die Beschäftigung von Arbeitnehmern an Sonn- oder Feiertagen zur Befriedigung täglicher oder an diesen Tagen besonders hervortretender Bedürfnisse der Bevölkerung erforderlich ist,
   b) für Betriebe, in denen Arbeiten vorkommen, deren Unterbrechung oder Aufschub
      aa) nach dem Stand der Technik ihrer Art nach nicht oder nur mit erheblichen Schwierigkeiten möglich ist,
      bb) besondere Gefahren für Leben oder Gesundheit der Arbeitnehmer zur Folge hätte,
      cc) zu erheblichen Belastungen der Umwelt oder der Energie- oder Wasserversorgung führen würden,
   c) aus Gründen des Gemeinwohls, insbesondere auch zur Sicherung der Beschäftigung,

   zulassen und die zum Schutz der Arbeitnehmer und der Sonn- und Feiertagsruhe notwendigen Bedingungen bestimmen.

(2) Soweit die Bundesregierung von der Ermächtigung des Absatzes 1 Nr. 2 Buchstabe a keinen Gebrauch gemacht hat, können die Landesregierungen durch Rechtsverordnung entsprechende Bestimmungen erlassen. Die Landesregierungen können diese Ermächtigung durch Rechtsverordnung auf oberste Landesbehörden übertragen.

(3) Die Aufsichtsbehörde kann

1. feststellen, ob eine Beschäftigung nach § 10 zulässig ist,
2. abweichend von § 9 bewilligen, Arbeitnehmer zu beschäftigen
   a) im Handelsgewerbe an bis zu zehn Sonn- und Feiertagen im Jahr, an denen besondere Verhältnisse einen erweiterten Geschäftsverkehr erforderlich machen,
   b) an bis zu fünf Sonn- und Feiertagen im Jahr, wenn besondere Verhältnisse zur Verhütung eines unverhältnismäßigen Schadens dies erfordern,
   c) an einem Sonntag im Jahr zur Durchführung einer gesetzlich vorgeschriebenen Inventur,

   und Anordnungen über die Beschäftigungszeit unter Berücksichtigung der für den öffentlichen Gottesdienst bestimmten Zeit treffen.

(4) Die Aufsichtsbehörde soll abweichend von § 9 bewilligen, dass Arbeitnehmer an Sonn- und Feiertagen mit Arbeiten beschäftigt werden, die aus chemischen, biologischen, technischen oder physikalischen Gründen einen ununterbrochenen Fortgang auch an Sonn- und Feiertagen erfordern.

(5) Die Aufsichtsbehörde hat abweichend von § 9 die Beschäftigung von Arbeitnehmern an Sonn- und Feiertagen zu bewilligen, wenn bei einer weitgehenden Ausnutzung der gesetzlich zulässigen wöchentlichen Betriebszeiten und bei längeren Betriebszeiten im Ausland die Konkurrenzfähigkeit unzumutbar beeinträchtigt ist und durch die Genehmigung von Sonn- und Feiertagsarbeit die Beschäftigung gesichert werden kann.

Übersicht

I. Allgemeines

1. Entstehung. – In § 13 Abs. 1 Nr. 2 und Abs. 2 sowie Abs. 3 Nr. 2 sind die bisherigen **Ermächtigungen** zur Zulassung von Ausnahmen von der Sonn- und Feiertagsruhe des § 105b Abs. 1 und 2 Satz 1 GewO aF durch Rechtsverordnung und Verwaltungsakt (Ausnahmegenehmigung) aus § 105b Abs. 2 sowie aus §§ 105d, 105e und 105f GewO aF übernommen und den heutigen Erfordernissen entsprechend näher konkretisiert und erweitert worden (vgl. BT-Drucks. 12/5888 S. 30 zu Abs. 1). Die Ermächtigung für den BMA zur Ausdehnung des Sonn- und Feiertagsarbeitverbots auf andere Gewerbe in § 105g GewO aF und die Ermächtigung für die Landesregierungen zur Abweichung vom Sonn- und Feiertagsarbeitsverbot für Wochenfeiertage in § 105h Abs. 2 GewO aF sind, weil inzwischen gegenstandslos, nicht übernommen worden. Die Ermächtigungen in § 13 Abs. 1 Nr. 1 und Abs. 3 Nr. 1 sowie in Abs. 4 und 5 haben im bisherigen Sonn- und Feiertagsrecht kein Vorbild (vgl. ferner Rn 126). 1

ArbZG. Die Ausnahmen in § 10 von der Sonn- und Feiertagsruhe des § 9 sind von Anfang an generalklauselartig und umfassend konzipiert worden (vgl. § 10 Rn 6 ff). Der Gesetzgeber hielt es zur **Klarstellung** der neuen Generalklauseln für zweckmäßig, die bisherigen Ermächtigungen – in Anlehnung an § 4 Abs. 4 Nr. 1 und Abs. 5 Satz 1 MuSchG sowie an § 26 Nr. 1 und § 27 Abs. 1 Satz 1 JArbSchG – um die Ermächtigungen in § 13 Abs. 1 Nr. 1 und Abs. 3 Nr. 1 zu ergänzen. 2

Zu beachten ist, dass Bundesregierung und Aufsichtsbehörde abweichend von § 4 Abs. 4 und Abs. 5 MuSchG sowie von §§ 26 und 27 Abs. 1 JArbSchG in § 13 Abs. 1 und Abs. 3 nur zwei Möglichkeiten haben: erstens: die Ausnahmen in § 10 näher zu bestimmen und/oder zweitens: über diese Ausnahmen hinaus weitere Ausnahmen, wie in der jeweiligen Ermächtigung vorgeschrieben, zuzulassen. Sie können dagegen diese Ausnahme nicht beschränken. Die Ermächtigungen sind dementsprechend auszulegen und anzuwenden. 3

2. Zweck. – Zweck der Ermächtigungen in § 13 ist es, dem Gemeinwohl, den Bedürfnissen der Bevölkerung und den **berechtigten Belangen** der jeweiligen Beschäftigungsbereiche unter Berücksichtigung des Schutzes der Arbeitnehmer und der Sonn- und Feiertagsruhe Rechnung zu tragen (**L:** zur verfassungsrechtlichen Beurteilung vgl. *Tietje* S. 251). Die Ermächtigungen in § 13 Abs. 1 Nr. 1 und Abs. 3 Nr. 1 verfolgen den Zweck, **Missbräuche** bei der Inanspruchnahme und Anwendung der generalklauselartigen, umfassenden Ausnahmen zu verhindern sowie durch die Benennung und Konkretisierung der ausgenommenen Beschäftigungsbereiche, Betriebe und Arbeiten zur **Rechtssicherheit** sowie zum Schutz der Arbeitnehmer und der Sonn- und Feiertagsruhe beizutragen (vgl. BT-Drucks. 12/5888 S. 22). 4

In allen Fällen wird vorausgesetzt, dass eine Regelung **zur Vermeidung** erheblicher **Schäden** erforderlich ist. Bei einer Rechtsverordnung müssen die Schäden in Betrieben gleicher Art generell auftreten oder zu befürchten sein. Bei einem Ver- 5 waltungsakt (Ausnahmegenehmigung) muss es sich um Vermeidung konkret auftretender Schäden im betreffenden Betrieb handeln. Die Bundesregierung, die Landesregierung bzw die Aufsichtsbehörde brauchen aber vor Erlass einer Rechtsverordnung bzw eines Verwaltungsaktes nicht eine tatsächliche Schädigung abzuwarten. Die Möglichkeit einer Schädigung, bei einer Rechtsverordnung einer abstrakten Schädigung genügt. Ihr Eintritt muss jedoch im hohen Grade wahrscheinlich sein (**L:** krit. hierzu *Baeck/Deutsch/Winzer* § 13 Rn 10: je gravierender der bevorstehende Schaden zu werden droht, desto geringere Anforderungen seien an die Wahrscheinlichkeit seines Eintritts zu stellen).

II. Sonntagsarbeit durch Rechtsverordnung der Bundesregierung (Absatz 1)

6 **1. Bestimmungsverordnung zu § 10 (Nummer 1).** – Nach § 13 Abs. 1 Nr. 1 kann die Bundesregierung durch Rechtsverordnung die Bereiche mit Sonn- und Feiertagsbeschäftigung nach § 10 sowie die dort zugelassenen Arbeiten näher bestimmen. Die Entscheidung über die Frage, ob sie eine Rechtsverordnung erlässt, liegt in ihrem **Ermessen** („kann"). Bei der näheren Bestimmung ist sie an den im § 10 bestimmten Rahmen gebunden. Will sie über diesen Rahmen hinausgehen, muss sie die Rechtsverordnung auch auf die Ermächtigung in § 13 Abs. 1 Nr. 2 stützen, falls auch deren Voraussetzungen vorliegen. Im Zweifel ist dies zu empfehlen. Lässt auch die Rechtsverordnung Interpretationsfragen im Einzelfall offen, kann der Arbeitgeber eine Klärung bei der zuständigen Aufsichtsbehörde gemäß § 13 Abs. 3 Nr. 1 beantragen.

7 Bei der Entscheidung der Bundesregierung allein aufgrund des § 13 Abs. 1 Nr. 1 handelt es sich um eine für alle **verbindliche Konkretisierung** der Ausnahmen des § 10 zu den Fragen, ob bestimmte Beschäftigungsbereiche bzw bestimmte Arten von Betrieben unter einen der in § 10 genannten Ausnahmetatbestände fallen, ggf. auch, ob bestimmte Arten von Arbeiten mit der in § 10 genannten, bestimmten Ausnahme für Sonn- und Feiertagsbeschäftigung zugelassen sind, ferner wie § 10 Abs. 1 Einleitungssatz in der betreffenden Ausnahme auszulegen und anzuwenden ist. Die Konkretisierung muss vom Wortlaut, insbes. von Sinn und Zweck der jeweiligen Ausnahmevorschrift in § 10 gedeckt sein. Die Einbeziehung oder der Ausschluss bestimmter Beschäftigungsbereiche bzw bestimmter Arten von Betrieben oder bestimmter Arten von Arbeiten muss dem Charakter einer Rechtsverordnung entsprechend allgemeiner Art sowie zur Vermeidung erheblicher Schäden für den betreffenden Beschäftigungsbereich bzw die betreffende Art von Betrieben unter Berücksichtigung des Schutzes der Arbeitnehmer und der Sonn- und Feiertagsruhe bundesweit erforderlich und geeignet sein. Zweifel im Einzelfall sind von der Aufsichtsbehörde gemäß § 13 Abs. 3 Nr. 1 zu entscheiden.

8 Bloße **Meinungsverschiedenheiten** zwischen Arbeitgeber und Aufsichtsbehörde **zu Rechtsfragen** reichen zum Erlass einer Rechtsverordnung nicht aus. Zur ver-

bindlichen Entscheidung von Rechtsfragen sind in erster Linie die hierfür zuständigen Gerichte berufen. Einem Arbeitgeber ist zu empfehlen, zunächst einen Feststellungsantrag gemäß § 13 Abs. 3 Nr. 1 bei der zuständigen Aufsichtsbehörde zu stellen und ggf gegen deren Entscheidung den Verwaltungsrechtsweg zu beschreiten. Aufgabe der Bundesregierung ist in erster Linie, politische Entscheidungen zu treffen. Sie braucht erst tätig zu werden, wenn ein entsprechender politischer Handlungsbedarf besteht, zB andernfalls eine Gefahr für ein bundeseinheitliches Verwaltungshandeln zu befürchten ist (vgl. auch Art. 72 Abs. 2 GG).

2. Weitere Sonntagsarbeit durch Rechtsverordnung (Nummer 2) – a) Allgemeines. Die Ermächtigung in § 13 Abs. 1 Nr. 2 ist aus §§ 105d und 105e GewO übernommen und den heutigen rechtsstaatlichen Erfordernissen entsprechend näher konkretisiert worden. Während für den Erlass von Verfügungen nach § 105e GewO bisher die Aufsichtsbehörden der Länder zuständig waren und der BMA durch Rechtsverordnung lediglich nähere Bestimmungen über die Voraussetzungen und Bedingungen der Zulassung von Ausnahmen erlassen konnte, ist es nunmehr der Bundesregierung vorbehalten, eine allgemeine Regelung über die Sonn- und Feiertagsbeschäftigung in den sog. Bedürfnisbetrieben zu treffen, soweit nicht der Gesetzgeber eine solche Regelung ohnehin schon getroffen hat, zB in § 10 Abs. 1 Nr. 7, 8, 11. Die Landesregierungen können nach § 13 Abs. 2 für sog. Bedürfnisbetriebe nur dann eine Rechtsverordnung erlassen, soweit die Bundesregierung von ihrer Ermächtigung in § 13 Abs. 1 Nr. 2 keinen Gebrauch gemacht hat. 9

Fortgeltung, Außerkraftsetzung. Bis zum Erlass einer Rechtsverordnung für sog. Bedürfnisbetriebe aufgrund des § 13 Abs. 1 Nr. 2 oder Abs. 2 gelten die bisher aufgrund des § 105e GewO erteilten Ausnahmen weiter, sofern sie bestandskräftig und noch nicht widerrufen worden sind (vgl. § 43 Abs. 2 und § 49 Abs. 2 Nr. 4 VwVfG). Rechtsverordnungen, die bisher aufgrund des § 105d GewO erlassen worden sind und noch heute Bedeutung haben, und zwar die VO über die Sonn- und Feiertagsarbeit in der Eisen- und Stahlindustrie (s. Teil D Anh. Nr. 4) und die VO über die Sonn- und Feiertagsarbeit in der Papierindustrie (s. Teil D Anh. Nr. 5), bleiben nach Art. 13 und 14 ArbZRG in Kraft. Die Bekanntmachung betreffend Ausnahmen von den Bestimmungen über die Sonntagsruhe gemäß § 105e GewO und die Bekanntmachung betreffend Ausnahmen von dem Verbot der Sonntagsarbeit im Gewerbebetrieb gemäß § 105d GewO sind am 1.7.1994 aufgrund des Art. 21 Nr. 17 und 18 ArbZRG außer Kraft getreten. Am 1.7.1994 ist aufgrund des Art. 21 Nr. 16 ArbZRG ferner die VO über Sonntagsruhe im Handelsgewerbe und in Apotheken außer Kraft getreten. 10

b) Besondere Bedürfnisse der Bevölkerung. – Nach § 13 Abs. 1 Nr. 2a kann die Bundesregierung durch Rechtsverordnung Sonn- und Feiertagsbeschäftigung für Betriebe zulassen, in denen die Beschäftigung von Arbeitnehmern an Sonn- und Feiertagen zur Befriedigung täglicher oder an diesen Tagen **besonders hervortretender Bedürfnisse** der Bevölkerung erforderlich ist. Eine Reihe solcher Betriebe sind bereits generell durch § 10 vom Beschäftigungsverbot ausgenommen, vgl. zB 11

§ 10 Abs. 1 Nr. 7, 8, 11. Diese Betriebe bedürfen weder einer Zulassung der Sonn- und Feiertagsbeschäftigung durch Rechtsverordnung noch durch Verwaltungsakt.

12 Ein **Bedürfnis** iSd § 13 Abs. 1 Nr. 2a ist gegeben, wenn Waren oder Dienstleistungen von einem wesentlichen Teil der Bevölkerung als täglich wichtig in Anspruch genommen werden, deren Fehlen als Mangel empfunden wird. Es genügt nicht, dass viele Verbraucher ein vorhandenes Waren- oder Dienstleistungsangebot begrüßen und nutzen (**R:** vgl. BVerwG 14.11.1989 GewA 1990, 66, 67 f; OVG München 7.10.1993 GewA 1994, 170 f, verlangt wohl mehr als 50 % der Verbraucher).

13 Die Bedürfnisse der Bevölkerung müssen täglich oder am betreffenden Sonn- oder Feiertag besonders hervortreten. Die ausnahmsweise zugelassenen Betriebe und Tätigkeiten müssen **geeignet** sein, das betreffende Bedürfnis am betreffenden Sonn- oder Feiertag unverzüglich zu befriedigen. Vorsorgliche Tätigkeiten für nachfolgende Werk-, Sonn- oder Feiertage können nicht aufgrund des § 13 Abs. 1 Nr. 2a zugelassen werden. Das Herstellen von Waren auf Vorrat, die später – zB Ostern, Weihnachten uä – verzehrt werden, kann nicht aufgrund dieser Ermächtigung zugelassen werden.

14 Weitere Ausnahmen zur Versorgung der Bevölkerung an Sonn- und Feiertagen sind in der fortgeltenden Verordnung über den **Verkauf** bestimmter **Waren an Sonn- und Feiertagen** zugelassen. Dort ist die Abgabe von frischer Milch, Konditorwaren, Blumen, Zeitungen abschließend geregelt. Sowohl das Ladenschlussgesetz als auch die oa Rechtsverordnung gelten nur noch im Bundesland **Bayern**. Alle **anderen Bundesländer** haben eigene Ladenöffnungsgesetze beschlossen. Dies ist möglich geworden durch die Föderalismusreform vom 28.8.2006 (BGBl. I S. 2634), die durch eine Änderung von Art. 74 Abs. 1 Nr. 11 GG das Recht des Ladenschlusses aus der konkurrierenden Gesetzgebung des Bundes ausgenommen hat.

15 **c) Sonntagsarbeit aus anderen Gründen.** In § 13 Abs. 1 Nr. 2b wird die Bundesregierung ermächtigt, durch Rechtsverordnung Sonn- und Feiertagsbeschäftigung für Betriebe zuzulassen, in denen Arbeiten vorkommen, deren Unterbrechung oder Aufschub aus technisch bedingten Ursachen nicht möglich oder aus den anderen dort genannten Ursachen erforderlich ist. Die Rechtsverordnung kann auf eine, aber auch auf alle in Nr. 2b aufgeführten Ermächtigungen gestützt werden.

16 Die Ermächtigung in § 13 Abs. 1 Nr. 2b Buchst. aa ist aus dem bisherigen § 105d Abs. 1 GewO erste Alternative übernommen. Im Gegensatz zur bisherigen Ermächtigung sind die in Betracht kommenden Betriebsarten (ganzjährig technisch bedingte Konti-Betriebe) abschließend genannt. Als aufgrund des § 13 Abs. 1 Nr. 2b Buchst. aa erlassen gelten fort die in Art. 13 und 14 ArbZRG genannte Verordnung über die Sonn- und Feiertagsarbeit in der **Eisen- und Stahlindustrie** und die Verordnung über die Sonn- und Feiertagsarbeit in der **Papierindustrie** (vgl. Teil D Anh. 4 und 5). Regelungen für Saison- und **Kampagnebetriebe** können im Unterschied zu § 105d Abs. 1 zweite und dritte Alternative GewO nur erlassen werden,

wenn sie eine der in § 13 Abs. 1 Nr. 2b bestimmten Voraussetzungen erfüllen. Sie können sich jedoch wie andere Betriebe auf die Ausnahmen in § 10 Abs. 1 und 2 berufen, sofern sie deren Voraussetzungen erfüllen (vgl. insbes. § 10 Rn 200ff). Wirtschaftliche Gründe können im Rahmen des Gemeinwohls in § 13 Abs. 1 Nr. 2c Bedeutung erlangen, insbes. aber im Rahmen des § 13 Abs. 5.

Ausnahmeregelungen aufgrund der neuen Ermächtigung in § 13 Abs. 1 Nr. 2b 17
Buchst. bb können getroffen werden, wenn die Unterbrechung oder der Aufschub von Arbeiten an Sonn- und Feiertagen **besondere Gefahren** für Leben oder Gesundheit zur Folge hätte, zB wenn der Produktionsprozess wegen einer Unterbrechung außer Kontrolle gerät, die notwendigen Sicherungsmaßnahmen nicht getroffen werden können oder nicht oder nicht voll greifen.

Besteht die dringende Gefahr, dass die Unterbrechung oder der Aufschub von Ar- 18
beiten (gleich welcher Art) wegen des Sonn- oder Feiertagsarbeitsverbots in § 9 zu erheblichen Belastungen der **Umwelt** führt, kann aufgrund des § 13 Abs. 1 Nr. 2b Buchst. cc die zur Beseitigung dieser Gefahr erforderliche Sonn- oder Feiertagsarbeit zugelassen werden. Erhöhte Umweltbelastungen können insbes. durch die Unterbrechung und/oder das Wiederanfahren bestimmter Produktionsverfahren entstehen, zB durch die Belastungen der Kläranlage durch die wöchentliche, unterbrechungsbedingte Reinigung der Produktionsanlage, ferner zB durch zusätzliche, erhebliche Emissionen beim Wiederanfahren der Produktionsanlage. Zusätzliche Umweltbelastungen können auch durch Unterbrechung des Betriebs von Umweltschutzeinrichtungen an Sonn- oder Feiertagen entstehen, zB durch die Unterbrechung der betrieblichen Kläranlage. Unerheblich ist, ob die Schadstoffe, die die Umwelt belasten, in festem, flüssigem oder gasförmigem Zustand emittiert werden. Entscheidend ist, dass die Unterbrechung oder der Aufschub von Arbeiten zu einer erheblichen Belastung der Umwelt führen würde, selbst wenn dies nur langfristig zu befürchten ist.

Hat die Unterbrechung oder der Aufschub von Arbeiten erhebliche Belastungen der 19
Energie- oder Wasserversorgung zur Folge, kann die Bundesregierung aufgrund des § 13 Abs. 1 Nr. 2b Buchst. cc die zur Beseitigung dieser Belastungen erforderliche Sonn- oder Feiertagsarbeit ebenfalls zulassen. Solche Belastungen können ua entstehen, wenn zur Wiederaufnahme des werktägigen Betriebs unverhältnismäßig große Mengen Energie und/oder Wasser benötigt werden, zB wenn jeden Montag Öfen wiederaufgeheizt werden, wenn jeden Montag das zur bestimmungsgemäßen Produktion notwendige Klima wiederhergestellt werden muss und dafür große Mengen Kühlwasser benötigt werden.

d) Sonntagsarbeit aus Gründen des Gemeinwohls. – Aufgrund des § 13 Abs. 1 20
Nr. 2c kann die Bundesregierung durch Rechtsverordnung Sonn- und Feiertagsarbeit aus Gründen des Gemeinwohls zulassen, insbes. auch zur **Sicherung der Beschäftigung**. Gründe des Gemeinwohls in diesem Sinne umfassen auch gesamt-

wirtschaftliche Gründe, zB die Existenzgefährdung von Betrieben und den damit verbundenen drohenden Verlust von Arbeitsplätzen sowie die angespannte internationale Wettbewerbsituation in einer Branche (**L:** so ausdrücklich die Begründung der Bundesregierung in BT-Drucks. 12/5888 S. 30). Damit kann die Bundesregierung lebenswichtigen Interessen der einzelnen Beschäftigungszweige und der damit gekoppelten notwendigen Sicherung der dort gefährdeten Arbeitsplätze gebührend Rechnung tragen. Dies wird im Insbes.-Halbsatz deutlich herausgestellt. Die Zulassung der Sonn- und Feiertagsarbeit kann ua zur Erhaltung der internationalen Wettbewerbsfähigkeit eines einzelnen Beschäftigungszweiges beitragen, sofern die Zulassung zu den notwendigen Rahmenbedingungen eines erfolgreichen Wettbewerbs des betreffenden Beschäftigungszweigs gehört.

21 Zugleich wird mit dem Insbes.-Halbsatz der **Maßstab** für andere Gründe vorgegeben, mit denen man den Erlass einer Rechtsverordnung aufgrund des § 13 Abs. 1 Nr. 2 erstreben kann. Sie müssen ähnlich gewichtig sein wie die Sicherung der Beschäftigung (vgl. **L:** *Heenen* FS Wlotzke S. 513, 517; *Tietje* S. 251, 252; aA *Richardi/Annuß* S. 34, die § 13 Abs. 1 Nr. 2c wegen Verletzung des Bestimmtheitsgebotes für verfassungswidrig halten).

22 Beim Begriff **Gemeinwohl** handelt es sich um einen unbestimmten, durch den Verordnungsgeber ausfüllungsbedürftigen Begriff, im Hinblick auf den gesetzgeberischen Akt des Erlasses einer Rechtsverordnung mit einem dementsprechenden Beurteilungsspielraum, der auch politischen Erwägungen offen ist. Eine gewisse Konkretisierung des Begriffs Gemeinwohl ist auch in § 13 Abs. 5 erfolgt. Der Begriff Gemeinwohl ist vom Begriff öffentliches Interesse in § 15 Abs. 2 zu unterscheiden, der in erster Linie auf die Versorgung der Bevölkerung mit lebenswichtigen Gütern und auf die Beseitigung von Notständen gerichtet ist (vgl. § 15 Rn 27 ff). Das Vorliegen von Gründen des Gemeinwohls iSd § 13 Abs. 1 Nr. 2 kann zB bei einer angespannten internationalen Wettbewerbsituation in einem bestimmten Industriezweig bejaht werden, wenn durch Zulassung der Sonn- und Feiertagsarbeit der Beschäftigungsstand in diesem Industriezweig ganz oder zu einem erheblichen Teil gehalten werden kann. Eine angespannte internationale Wettbewerbsituation birgt erfahrungsgemäß die Existenzgefährdung von Betrieben und den damit drohenden Verlust von Arbeitsplätzen in sich (**L:** aA *Kuhr* DB 1994, 2186, 2188; *Buschmann/Ulber* § 13 Rn 8).

23 **e) Bestimmung der Bedingungen.** – Die §§ 11 und 12 enthalten keine Bestimmung darüber, ob die in diesen Vorschriften vorgeschriebenen Bedingungen zum Ausgleich für Sonn- und Feiertagsarbeit nur auf die durch das ArbZG oder auch auf die durch Rechtsverordnung zugelassene Sonn- und Feiertagsarbeit Anwendung finden. Dies muss deshalb in der aufgrund des § 13 Abs. 1 Nr. 2 erlassenen Rechtsverordnung geschehen, insbes. aufgrund des § 13 Abs. 1 Nr. 2 letzter Halbsatz.

24 Die Bundesregierung kann in der Rechtsverordnung die **Bedingungsregelung** darauf beschränken, die Anwendung der §§ 11 und 12 vorzuschreiben. Im Hinblick auf die Worte Sonn- und Feiertagsruhe in der Ermächtigung muss die Bundesregierung besondere Bedingungen unter dem Gesichtspunkt ua der religiösen Sonn- und Feiertagsruhe bestimmen, den Arbeitnehmern zB einen Anspruch auf Freistellung für die Teilnahme am Sonntagsgottesdienst geben, soweit hierdurch nicht der Fortgang der in der Rechtsverordnung zugelassenen Arbeiten gefährdet wird. Die Bundesregierung kann auch unter Berücksichtigung von Zweck, Inhalt und Ausmaß der Ermächtigung sowie unter Berücksichtigung der Umstände der betreffenden Rechtsverordnung über die Bedingungen der §§ 11 und 12 hinausgehen oder sie unterschreiten. Sie kann aber nicht mit den Bedingungen im Ergebnis das wieder wegnehmen, was sie durch Rechtsverordnung zulässt.

3. Verfahren beim Erlass einer Rechtsverordnung. – Das Verfahren zum Erlass 25
einer Rechtsverordnung der Bundesregierung aufgrund des § 13 Abs. 1 kann aus der Mitte des Deutschen Bundestages, des Bundesrates, der Länder, aber auch vom Bürger, vom Betrieb, vom Industriezweig angestoßen bzw angeregt werden. Niemand hat jedoch einen förmlichen Rechtsanspruch auf Entscheidung. Insbes. hat der Bürger keinen gerichtlichen verfolgbaren Rechtsanspruch auf Erlass einer Rechtsverordnung (**R:** vgl. BayVerfGH 22.7.1987 NJW 1988, 1257; OVG Koblenz 10.3.1988 NJW 1988, 1684; vgl. ferner § 8 Rn 14). Der Erlass einer Rechtsverordnung aufgrund des § 13 Abs. 1 liegt **im Ermessen der Bundesregierung**. Zum weiteren Verfahren innerhalb der Bundesregierung und gegenüber dem Bundesrat vgl. § 8 Rn 13 f.

III. Sonntagsarbeit durch Rechtsverordnung der Landesregierung (Absatz 2)

Die Landesregierungen können aufgrund des § 13 Abs. 2 durch Landesverordnung 26
Sonn- und Feiertagsarbeit zur Befriedigung täglicher oder an Sonn- und Feiertagen besonders hervortretender **Bedürfnisse der Bevölkerung** zulassen, soweit die Bundesregierung von ihrer dahingehenden Ermächtigung in § 13 Abs. 1 Nr. 2a keinen oder keinen erschöpfenden Gebrauch gemacht hat. Eine Landesverordnung kommt insbes. in Frage, wenn das Regelungsbedürfnis regionaler Art ist (vgl. BT-Drucks. 12/5888 S. 30 zu Abs. 2), zB aus örtlichem Brauchtum, aus örtlichen religiösen Festen erwachsen.

Der Bund hat bisher keine Rechtsverordnung erlassen. Die zuständigen obersten 27
Landesbehörden sind übereingekommen, um eine Harmonisierung des Verwaltungsvollzuges zu erreichen und Wettbewerbsverzerrungen zu vermeiden, eine **einheitliche Bedürfnisgewerbeverordnung** zu erlassen. Der Länderausschuss für Arbeitsschutz und Sicherheitstechnik (LASI) hat daraufhin einen Musterentwurf erarbeitet. Nach diesem Musterentwurf dürfen Arbeitnehmer, soweit die Arbeiten nicht an Werktagen durchgeführt werden können, an Sonn- und Feiertagen in den folgenden Bereichen beschäftigt werden:

- in Blumengeschäften, Kranzbindereien und Gärtnereien mit dem Zusammenstellen und Binden von Blumen und Pflanzen bis zu 2 Stunden außerhalb der zulässigen Ladenöffnungszeiten und mit Arbeiten zur Ausschmückung für Fest- und Feierlichkeiten, die an Sonn- und Feiertagen stattfinden,
- im Bestattungsgewerbe,
- in Garagen und Parkhäusern,
- in Brauereien, Betrieben zur Herstellung alkoholischer Erfrischungsgetränke sowie Betrieben des Großhandels zur Belieferung der Kundschaft vom 1. April bis 31. Oktober,
- in Roh- und Speiseeisfabriken und Betrieben des Großhandels, die deren Erzeugnisse vertreiben, mit der Herstellung und zur Belieferung der Kundschaft vom 1. April bis 31. Oktober,
- in Lotto- und Totogeschäften mit Auswertungsarbeiten von 8 bis 17 Uhr an Feiertagen, die auf eine Ausspielung folgen,
- im Immobiliengewerbe mit der Begleitung und Beratung von Kunden bei der Besichtigung von Häusern und Wohnungen für bis zu 4 Stunden,
- in Musterhaus-Ausstellungen mit gewerblichem Charakter für bis zu 6 Stunden,
- im Buchmachergewerbe für bis zu 6 Stunden,
- mit der telefonischen Entgegennahme von Aufträgen, der Auskunftserteilung und Beratung per Telefon durch Kreditkartenunternehmen, im Bankgewerbe sowie im Versandhandel,
- im telefonischen Lotsendienst.

27a Gestützt auf den Musterentwurf des LASI sind bislang neue Bedürfnisgewerbeverordnungen, die allerdings nicht in allen Ausnahmetatbeständen deckungsgleich sind, in den folgenden Ländern (**L:** vgl. *Ricardi/Annuß* NZA 1999, 953 ff, die diese Bedürfnisgewerbeverordnungen wegen Überschreitung der Verordnungskompetenz als verfassungsrechtlich zumindest bedenklich ansehen) erlassen worden:

- **Baden-Württemberg:** Bedarfsgewerbeverordnung (BedGVO) vom 16.11.1998 (GBl. S. 616); zuletzt geändert am 14.2.2007 (GBl S. 135);
- **Bayern:** Bedürfnisgewerbeverordnung (BedV) vom 29.7.1997 (GVBl. S. 395); zuletzt geändert durch Gesetz v. 9.5.2006 (GVBl. S. 190);
- **Berlin:** Bedürfnisgewerbeverordnung vom 3.4.1997 (GVBl. S. 270); geändert durch VO vom 23. Juli 2002 (GVBl. S. 236);
- **Brandenburg:** Bedarfsgewerbeverordnung vom 13.11.1998 (GVBl. II S. 622);
- **Bremen:** Bedarfsgewerbeverordnung (BedGewV) vom 18.11.1997 (GBl. S. 577);
- **Hamburg: Bedarfsgewerbeverordnung** vom 9.8.2005 (HmbGVBl. S. 349);

- **Hessen:** Hessische Verordnung über die Beschäftigung von Arbeitnehmerinnen und Arbeitnehmern an Sonn- und Feiertagen (Bedarfsgewerbeverordnung) vom 12.10.2011 (GVBl. 2011, 664), zuletzt geändert durch VO vom 29.11.2016 (GVBl. 2016, 222);
- **Mecklenburg-Vorpommern:** Bedarfsgewerbeordnung (BedGewVO M–V) vom 31.8.1998 (GVOBl. S. 802);
- **Niedersachen:** Niedersächsische VO über die Beschäftigung an Sonn- und Feiertagen (SFB-VO) vom 12.7.1999 (GVBl. S. 161), geändert durch VO vom 28.8.2002 (GVBl. S. 373)
- **Nordrhein-Westfalen:** Bedarfsgewerbeverordnung vom 5.5.1998 (GVNRW S. 381); zuletzt geändert durch VO v. 21.10.2014 (GV NRW S. 676); die Verordnung ist abgedruckt in **Teil D** Anh. 6;
- **Rheinland-Pfalz:** Bedarfsgewerbeverordnung vom 30.6.1999 (GVBl. S. 147);
- **Saarland:** Bedürfnis-Gewerbeverordnung vom 4.9.1997 (Abl. S. 890);
- **Sachsen-Anhalt:** Bedarfsgewerbeverordnung – BedGWV vom 4.5.2000 (GVBl. LSA S. 230), geändert durch G vom 22.11.2006 (GVBl. LSA S. 528):
- **Schleswig-Holstein:** Bedarfsgewerbeverordnung vom 9.3.1999 (GVOBl. S. 82), zuletzt geändert durch VO vom 25.11.2004 (GVOBl. S. 447);
- **Thüringen:** Thüringer Bedarfsgewerbeverordnung vom 8.4.1998 (GVBl. S. 140).

Der Hessische Verwaltungsgerichtshof hat mit Urteil vom 12.9.2013 (8 C 1776/12.N) wesentliche Bestimmungen der hessischen Bedarfsgewerbeverordnung für unwirksam erklärt. Der HessVGH stützt sich bei seiner Entscheidung darauf, dass es für die Ausnahmebestimmungen vom Verbot der Sonn- und Feiertagsarbeit an einer ausreichenden Verordnungsermächtigung im ArbZG fehle. Bei Eingriffen in die Grundrechte (hier: Gebot der Sonn- und Feiertagsruhe) müsse der Gesetzgeber die wesentlichen Grundentscheidungen selbst treffen und dürfe diese nicht der Exekutive überlassen. **27b**

Nach dieser Entscheidung des HessVGH ist die Beschäftigung von Personal in Callcentern, zB im Versandhandel, beim Online-Banking, im Reisegewerbe, in Brauereien und anderen Betrieben der Getränkewirtschaft sowie in Fabriken zur Herstellung von Roh- und Speiseeis an Sonn- und Feiertagen unzulässig.

Auch die Beschäftigung an Sonn- und Feiertagen in Videotheken und Bibliotheken in kommunaler oder kirchlicher Trägerschaft sowie für Lotto- und Totogesellschaften mit elektronischer Geschäftsabwicklung hat der HessVGH für unzulässig erklärt. Hierfür bedürfe es wegen der geringen Auswirkungen zwar keiner Grundentscheidung des Gesetzgebers, es fehle jedoch an der Erfüllung des Kriteriums „zur Vermeidung erheblicher Schäden“ (vgl. Abs. 1 S. 1). Die Ausnahme vom Verbot der Sonn- und Feiertagsarbeit setze aber voraus, dass diese Voraussetzung erfüllt sei. Bei Bibliotheken und Videotheken sei die Verlagerung der Arbeiten auf Werktage zumutbar.

Auch die Ausnahmeregelung für „Buchmachergewerbe zur Annahme von Wetten für Veranstaltungen für bis zu sechs Stunden" hat der Senat für unwirksam erklärt, da nicht hinreichend bestimmt sei, für welche Art von Veranstaltungen die Ausnahmeregelung greifen solle.

Die Entscheidung des HessVGH dürfte auf alle Bedarfsgewerbeverordnungen übertragbar sein, die vergleichbare Regelungen enthalten. Die hess. Bedarfsgewerbeverordnung ist zwischenzeitlich geändert worden.

IV. Sonntagsarbeit durch Verwaltungsakt der Aufsichtsbehörde (Absatz 3)

28 **1. Feststellungsbescheid zu § 10 (Nummer 1). – a) Entstehung, Zweck.** – Die Frage der Zulässigkeit feststellender Verwaltungsakte ohne spezielle gesetzliche Grundlage **ist umstritten** (vgl. zB aus der **R:** bejahend: VGH München 18.8.1980 NJW 1981, 2076 = GewA 1981, 18; verneinend: BVerwG 29.11.1985 NJW 1986, 1120). Das ArbZG hat daher der Aufsichtsbehörde in § 13 Abs. 3 Nr. 1 eine Ermächtigung zum Erlass eines feststellenden Verwaltungsakts erteilt, und zwar in Anlehnung an § 4 Abs. 5 Satz 1 MuSchG und § 27 Abs. 1 Satz 1 JArbSchG (vgl. Rn 2 f).

29 § 13 Abs. 3 Nr. 1 verfolgt den **Zweck,** bei Auslegungszweifeln, ob eine bestimmte Beschäftigung von Arbeitnehmern an Sonn- und Feiertagen unter eine der in § 10 zugelassenen Ausnahmen fällt, eine schnelle und rechtsverbindliche **Klärung** in einem einfachen und kostengünstigen Verfahren herbeizuführen (vgl. BT-Drucks. 12/5888 S. 30 zu Abs. 3), im Interesse der Funktionsfähigkeit der auf die Ausnahmen angewiesenen Betriebe und Verwaltungen, insbes. vor Investitionen (**R:** vgl. auch VGH München 18.8.1980 NJW 1981, 2076, 2077 = GewA 1981, 18, 21; vgl. auch Rn 36 und 37)

30 **Öffentliches Interesse:** Mit dem Instrument des Feststellungsbescheides sollen aus Gründen der Rechtssicherheit die Generalklauseln des § 10 in der Praxis leichter handhabbar gemacht werden. Mit diesem Instrument soll aber auch Missbräuchen bei der Anwendung der Generalklauseln im Interesse der Sonn- und Feiertagsruhe (§ 1 Nr. 2) rechtzeitig begegnet werden (vgl. BT-Drucks. 12/5888 S. 22 zweite Spalte letzter Absatz). Die Aufsichtsbehörde erhält die weniger belastende Möglichkeit, einen Feststellungsbescheid zu erlassen statt sofort mit einer Untersagungsverfügung gegen einen Arbeitgeber vorzugehen, wenn zwischen Behörde und Arbeitgeber lediglich Meinungsverschiedenheiten darüber bestehen, ob eine Arbeit an Sonn- und Feiertagen nach § 10 zulässig ist.

31 **b) Inhalt, Bedeutung.** – Aufgrund des § 13 Abs. 3 Nr. 1 kann die Aufsichtsbehörde **feststellen, ob** die Beschäftigung eines Arbeitnehmers in einem bestimmten Betrieb mit einer bestimmten Arbeit an Sonn- und Feiertagen **zulässig** ist. Die Feststellung trifft die Aufsichtsbehörde durch Verwaltungsakt. Es handelt sich um einen sog. Mischtatbestand. Die Aufsichtsbehörde darf die vorgesehene Feststellung nur

treffen, wenn die Voraussetzungen der betreffenden Vorschrift vorliegen. Liegen sie vor, ist die Aufsichtsbehörde ermächtigt, über die beantragte oder angeregte Feststellung im Rahmen der Zwecksetzung des § 1 Nr. 1 und 2 nach pflichtgemäßem **Ermessen** („kann") zu entscheiden. Grundrechte sind besonders zu berücksichtigen, zB bei § 10 Abs. 1 Nr. 8 (vgl. § 10 Rn 56, 260; **R:** zur Ermessensreduzierung bei Grundrechten vgl. BVerwG 14.11.1989 NJW 1990, 1059, 106 = GewA 1990, 64, 66).

Aus dem Verwaltungsakt muss für den betroffenen Arbeitgeber zu entnehmen sein, ob und inwieweit er Arbeitnehmer an Sonn- und Feiertagen gemäß einer bestimmten Vorschrift des § 10 in seinem Betrieb mit welchen Arbeiten, zu welchen Zeiten beschäftigen darf, es sei denn, dass sich dies aus den Umständen von selbst ergibt. Zweifel gehen wegen des Über- und Unterordnungsverhältnisses im öffentlichen Recht und wegen des straf- und bußgeldrechtlichen Grundsatzes „in dubio pro reo", aber auch wegen des Zwecks des § 13 Abs. 3 Nr. 1 zu Lasten der Aufsichtsbehörde. In dem Verwaltungsakt (Feststellungsbescheid) werden Feststellungen zur Zulässigkeit einer Sonn- und Feiertagsbeschäftigung nach § 10 getroffen. **Einschränkungen** können in diesem Zusammenhang **nicht** vorgenommen werden; so dürfen zB einem solchen Bescheid keine Anordnungen über die Beschäftigungszeit unter Berücksichtigung der für den öffentlichen Gottesdienst bestimmten Zeiten beigefügt werden (**R:** BVerwG 19.9.2000 AP ArbZG § 10 Nr. 1 = NZA 2000, 1232 = BB 2001, 367). 32

Der Feststellungsbescheid ist ein Verwaltungsakt der Aufsichtsbehörde, mit dem diese gegenüber einem bestimmten Arbeitgeber im Rahmen des Über- und Unterordnungsverhältnisses des öffentlichen Rechts mit dem Anspruch auf Verbindlichkeit für die Beteiligten und mit dem Ziel einer abschließenden, der Bestandskraft fähigen Klärung feststellt, dass die sich aus dem Inhalt des Verwaltungsakts ergebende tatsächliche oder beabsichtigte Beschäftigung der darin bezeichneten Arbeitnehmer gesetzesgemäß ist. Die Arbeitnehmer, die arbeitsvertraglich an Sonn- und Feiertagen beschäftigt werden dürfen, sind im Falle einer solchen auf Antrag des Arbeitgebers ergangenen Feststellung iSv § 42 Abs. 2 VwGO befugt, Klage zu erheben, ob diese Beschäftigung von Arbeitnehmern an Sonn- und Feiertagen tatsächlich zulässig ist (**R:** BVerwG 19.9.2000 AP ArbZG § 10 Nr. 1 = NZA 2000, 1232 = BB 2001, 367). Die Klagebefugnis wäre nur dann zu verneinen, wenn nach keiner Betrachtungsweise die Rechte der von Sonn- oder Feiertagsarbeit betroffenen Arbeitnehmer verletzt wären. Dies ist natürlich nicht der Fall, da das grundsätzliche Verbot der Sonn- und Feiertagsarbeit auch den Individualinteressen der Arbeitnehmer dient. Der Feststellungsbescheid entspricht nach Voraussetzung und Wirkung grundsätzlich einem verwaltungsgerichtlichen Feststellungsurteil (**L:** vgl. *Kopp/Ramsauer* VwVfG § 43 Rn 15, Rn 26ff). 33

Der Feststellungsbescheid ist von einer bloßen Meinungsäußerung, aber auch von einer bloßen Auskunft der Aufsichtsbehörde zu **unterscheiden**. Die bloße **Meinungsäußerung** ist letztlich unverbindlich; der Feststellungsbescheid hingegen hat 34 den Zweck, die Zulässigkeit einer Sonn- und/oder Feiertagsarbeit in einem bestimmten Einzelfall für jedermann verbindlich festzustellen. Ein feststellender Verwaltungsakt iSd § 13 Abs. 3 Nr. 1 liegt vor, wenn der betroffene Arbeitgeber unter Berücksichtigung aller ihm bekannten oder erkennbaren Umstände nach Treu und Glauben bei objektiver Auslegung die Erklärung der Aufsichtsbehörde als verbindliche Regelung auffassen konnte oder musste (**L:** vgl. *Kopp/Ramsauer* VwVfG § 35 Rn 50 ff).

35 Die bloße **Auskunft** ist nur eine Wissenserklärung im Zeitpunkt ihrer Abgabe; der Feststellungsbescheid hingegen ist eine bindende Willenserklärung, die wie andere Willenserklärungen auslegungsfähig ist (**L:** vgl. *Kopp/Ramsauer* VwVfG § 35 Rn 91 und 92).

36 **c) Wirkung.** – Die Wirkung des unanfechtbar gewordenen Feststellungsbescheids besteht vor allem in der für alle Beteiligten **verbindlichen Klärung,** was im Rahmen des § 10 im betreffenden Einzelfall rechtens ist. Er enthält zwar keine gestaltende Wirkung; er klärt jedoch die Reichweite einer der Generalklauseln des § 10 im betreffenden Einzelfall und stellt die Rechtslage in diesem Einzelfall außer Zweifel (**R:** vgl. VGH München 18. 8. 1980 NJW 1981, 2076, 2077). Außerdem hat der unanfechtbar gewordene Feststellungsbescheid wie andere unanfechtbar gewordene Verwaltungsakte eine für alle Beteiligten verbindliche formelle und materielle **Bestandskraft** (**L:** vgl. im Einzelnen *Kopp/Ramsauer* VwVfG § 43 Rn 29 ff). Kein Beteiligter, auch nicht ein Gericht kann die unanfechtbar gewordene Feststellung in Frage stellen. In nachfolgenden Entscheidungen derselben Aufsichtsbehörde ist diese bei gleich bleibender Sach- und Rechtslage an die von ihr getroffene Feststellung gebunden (**L:** vgl. *Kopp/Ramsauer* VwVfG § 43 Rn 18 ff).

37 Der betreffende Arbeitgeber braucht nicht, selbst wenn die Feststellung unrichtig sein sollte, zu befürchten, dass er mit einer Geldbuße nach § 22 belegt wird, sofern er sich an den gegen oder für ihn ergangenen Feststellungsbescheid hält. Auch eine eventuelle gesetzliche Änderung des § 10 oder des § 13 berührt die Verbindlichkeit des Feststellungsbescheids nicht; es sei denn, dass der Feststellungsbescheid einen entsprechenden Vorteil enthält oder das Änderungsgesetz sich ausdrücklich Geltung auch gegenüber schon vorher ergangenen Feststellungsbescheiden beilegt. Jedoch kann die Aufsichtsbehörde den Feststellungsbescheid nach § 49 Abs. 2 Nr. 4 oder nach § 51 Abs. 1 Nr. 1 VwVfG **widerrufen** oder abändern (**L:** vgl. *Kopp/Ramsauer* VwVfG § 49 Rn 25 ff).

38 **d) Feststellungsverfahren.** – Der Erlass eines Feststellungsbescheids durch die zuständige Aufsichtsbehörde aufgrund des § 13 Abs. 3 Nr. 1 ist zulässig, wenn er zur verbindlichen Klärung der Zulässigkeit der Beschäftigung von Arbeitnehmern an Sonn- und Feiertagen nach § 10 erforderlich ist und wenn an seinem Erlass ein privates oder öffentliches Interesse besteht: **Erfordernis eines** objektiven **Entscheidungsinteresses**. Die bloße Klärung abstrakter Rechtsfragen kann aufgrund des § 13 Abs. 3 Nr. 1 nicht verlangt werden. Eine Klärung ist erforderlich, wenn es

zweifelhaft ist, ob und inwieweit ein bestimmter Arbeitgeber eine bestimmte Ausnahme des § 10 für die Beschäftigung von Arbeitnehmern an Sonn- und Feiertagen mit Recht in Anspruch nehmen darf, insoweit also ein Klarstellungsbedarf besteht (**R:** vgl. BVerwG 27.5.1993 NJW 1994, 401, 402; OVG Berlin 13.7.1992 NZA 1993, 1083, 1085).

Arbeitgeber-Interesse: Ein Arbeitgeber hat ein berechtigtes Feststellungsinteresse, wenn er durch einen Feststellungsbescheid Sicherheit darüber erlangen will, dass eine von ihm durchgeführte oder beabsichtigte Beschäftigung von Arbeitnehmern an Sonn- und Feiertagen unter eine der Ausnahmen des § 10 fällt, er also mit der Beschäftigung keine Ordnungswidrigkeit nach § 22 Abs. 1 Nr. 5 begeht. Ihm ist nicht zuzumuten, auf die Inanspruchnahme der Ausnahme zu verzichten oder sich der Gefahr einer Ahndung nach § 22 Abs. 1 Nr. 5 iVm § 9 Abs. 1 oder einer Verwaltungszwangsmaßnahme auszusetzen. Hat der Arbeitgeber dagegen mit dem ordnungswidrigen Verhalten vorsätzlich oder grob fahrlässig bereits begonnen, ist für einen Feststellungsbescheid kein Raum mehr. Hier hat die Aufsichtsbehörde ihre gesetzlichen Befugnisse zu prüfen und einzusetzen: Untersagung, Verwaltungszwang, Ahndung durch Bußgeldbescheid. 39

Interesse der Aufsichtsbehörde: Die Aufsichtsbehörde kann vom Amts wegen nach ihrem Ermessen durch Erlass eines Feststellungsbescheides Klarheit und Rechtssicherheit für ihr eigenes Handeln wie auch für die Arbeitgeber und Arbeitnehmer schaffen, wenn sie die Klärung der Rechtslage für zweckmäßig hält und ein öffentliches Interesse an der Feststellung besteht. 40

Für das Verfahren zum Erlass eines Feststellungsbescheides ist ein förmliches Verwaltungsverfahren (zum Begriff Verwaltungsverfahrens vgl. § 9 VwVfG) nicht vorgeschrieben. Auf dieses Verfahren finden daher die Vorschriften über das allgemeine oder **nichtförmliche Verwaltungsverfahren** der §§ 10 bis 34 VwVfG Anwendung. 41

Beginn: Das Verfahren zum Erlass eines Feststellungsbescheides wird von Amts wegen oder auf **Antrag** eingeleitet (vgl. § 22 VwVfG), idR auf Antrag des Arbeitgebers. Einen Antrag kann aber auch ein betroffener Arbeitnehmer stellen, wenn er ein berechtigtes Feststellungsinteresse hat (zur Beratung vgl. § 25 VwVfG). Der Antrag kann schriftlich, aber auch mündlich gestellt werden. Eine schriftliche Begründung des Antrags ist nicht vorgeschrieben, ist zur Beschleunigung des Verfahrens aber zweckmäßig. Auch die Beifügung einer Stellungnahme des Betriebsrats ist empfehlenswert. 42

Untersuchungsgrundsatz: Die Aufsichtsbehörde ermittelt den Sachverhalt, auch die Frage, ob die Voraussetzungen für die begehrte Ausnahme nach § 10 vorliegen, **von Amts wegen** (vgl. im Einzelnen § 24 VwVfG; vgl. ferner BT-Drucks. 12/6990 S. 41). Zu den Beweismitteln vgl. § 26 VwVfG, zur Anhörung Beteiligter vgl. § 28 VwVfG, zur Mitwirkungspflicht des Arbeitgebers bei der Ermittlung des Sachverhalts vgl. § 26 Abs. 2 VwVfG. 43

44 Der Arbeitgeber, der einen Antrag auf Erlass eines Feststellungsbescheides gestellt hat, hat bei Vorliegen der übrigen Voraussetzungen dem Zweck des § 13 Abs. 3 Nr. 1 entsprechend (vgl. § 13 Rn 29) einen **Anspruch auf Entscheidung** über seinen Antrag (**R:** vgl. VGH München 18.8.1980 NJW 1981, 2076, 2077 = GewA 1981, 18, 21).

45 **Bekanntgabe:** Der Feststellungsbescheid wird, da er ein Verwaltungsakt ist, in dem Zeitpunkt **wirksam**, in dem er dem Arbeitgeber bekannt gegeben wird (vgl. § 43 VwVfG). Er wird mit dem Inhalt wirksam, mit dem er bekannt gegeben wird. Zur Begründung eines Verwaltungsaktes vgl. § 39 VwVfG; zur Bekanntgabe eines Verwaltungsaktes vgl. § 41 VwVfG.

46 **Durchführung:** Die im Feststellungsbescheid enthaltenen Ausführungen, ob ein bestimmter Betrieb oder eine bestimmte Arbeit unter einen der Ausnahmetatbestände in § 10 fällt, sind keine bloßen Meinungsäußerungen oder Auskünfte, sondern für alle Betroffenen verbindliche Feststellungen (vgl. auch § 10 Rn 35 ff). Der Arbeitgeber muss den Feststellungsbescheid in seiner vollen Konsequenz beachten, **befolgen**, auch wenn er die von der Aufsichtsbehörde vertretene Auffassung nicht teilt.

47 Der Arbeitgeber darf Arbeitnehmer an Sonn- und Feiertagen nicht beschäftigen, wenn sein Betrieb nach der Feststellung der Aufsichtsbehörde nicht zu den in § 10 ausgenommenen Beschäftigungsbereichen gehört. Er darf Arbeitnehmer an Sonn- und Feiertagen auch nicht mit Arbeiten beschäftigen, die nach der Feststellung der Aufsichtsbehörde nicht zu den in § 10 an Sonn- und Feiertagen zugelassenen Arbeiten gehören. Für den Ausgleich für Sonn- und Feiertagsbeschäftigung gelten § 11 und § 12.

48 Kommt der Arbeitgeber dem Feststellungsbescheid nicht nach, so ist die Aufsichtsbehörde grundsätzlich berechtigt, den Feststellungsbescheid **zwangsweise durchzusetzen**, zu vollstrecken, ggf. gegen den Arbeitgeber eine Anordnung nach § 17 Abs. 2 (**R:** vgl. VGH München 27.10.1981 GewA 1982, 87, 88) und/oder einen Bußgeldbescheid unter Bezugnahme auf § 22 Abs. 1 Nr. 5 iVm § 9 Abs. 1 zu erlassen. Bußgeldbescheid und Anordnung einschließlich Verwaltungszwang sind nebeneinander zulässig; eine Reihenfolge ist nicht festgelegt (**R:** BVerwG 24.6.1976 NJW 1977, 72; VGH München 27.10.1981 GewA 1982, 87, 88). Voraussetzung für Vollstreckungsmaßnahmen ist grundsätzlich, dass der zu vollstreckende Feststellungsbescheid unanfechtbar oder gemäß § 80 Abs. 2 VwGO sofort vollziehbar ist (vgl. ferner § 17 Rn 37).

49 **Kosten:** Der Feststellungsbescheid ist als Verwaltungsakt **gebührenpflichtig**, wenn er auf Antrag erfolgt. Die Kosten des Verwaltungsverfahrens im Einzelnen sind in den Verwaltungskostengesetzen der Länder geregelt.

50 **Rechtsschutz:** Wurde der **vom Arbeitgeber beantragte** Feststellungsbescheid abgelehnt oder nicht so erlassen, wie er von ihm beantragt worden war, kann der Arbeitgeber gemäß § 42 und § 113 Abs. 1 VwGO **Verpflichtungsklage** erheben (**L:** vgl.

Roggendorff § 13 Rn 15; *Neumann/Biebl* § 13 Rn 12). Die rechtswidrige Ablehnung des beantragten Feststellungsbescheids verletzt den Arbeitgeber in seinen Rechten, schon deswegen, weil dieser einen Anspruch auf den beantragten Feststellungsbescheid hat. Die Ermächtigung des § 13 Abs. 3 Nr. 1 dient mit ihrer dem Gedanken der Rechtssicherheit verpflichteten Konkretisierungs-, Klarstellungs- und Stabilisierungsfunktion nicht nur dem von der Aufsichtsbehörde verfolgten öffentlichen Interesse an rechtlicher Fixierung einer für spätere behördliche Verfahren vorgreiflichen Frage, sondern auch dem Interesse des Arbeitgebers an der Stabilisierung einer unsicheren, für seine Berufsausübung maßgeblichen Rechtslage (**R:** vgl. VGH München 18.8.1980 NJW 1981, 2076, 2077 = GewA 1981, 18, 21). Andererseits sind die Arbeitnehmer, die aufgrund eines Feststellungsbescheides arbeitsvertragsrechtlich am Sonn- und Feiertagen beschäftigt werden dürfen, befugt, gegen einen auf Antrag des Arbeitgebers ergangenen Feststellungsbescheid zu klagen (**R:** vgl. BVerwG 19.9.2000 AP ArbZG § 10 Nr. 1 = BB 2001, 367 = NZA 2000, 1232 = AuR 2000, 468; vgl. auch Rn 33).

Vor Erhebung der Verpflichtungsklage ist der ablehnende Bescheid im **Widerspruchsverfahren** nach Maßgabe der §§ 68 ff VwGO nachzuprüfen. Die Verwaltungsgerichte haben die Aufgabe, eine nachfolgende Rechtskontrolle auszuüben, wenn ein Antrag abschlägig beschieden wird oder wenn eine Feststellung ergeht, die der Arbeitgeber für rechtlich nicht zutreffend hält. 51

Ergeht ein Feststellungsbescheid **ohne vorausgegangenen Antrag des Arbeitgebers**, also von Amts wegen, so kann der Arbeitgeber gemäß § 42 und § 113 Abs. 1 VwGO **Anfechtungsklage** erheben, mit dem Ziel seiner Aufhebung oder Ersetzung durch eine inhaltliche andere Feststellung (vgl. § 113 Abs. 2 VwGO). Vor Erhebung der Anfechtungsklage ist der Feststellungsbescheid auch hier im Widerspruchsverfahren nach Maßgabe der §§ 68 VwGO nachzuprüfen. 52

2. Bewilligung von Sonntagsarbeit in Einzelfällen (Nummer 2). – a) Handelsgewerbe. – Nach § 13 Abs. 3 Nr. 2a kann die Aufsichtsbehörde die Beschäftigung von Arbeitnehmern im Handelsgewerbe an **bis zu 10 Sonn- und Feiertagen im Jahr**, an denen besondere Verhältnisse einen erweiterten Geschäftsverkehr erforderlich machen, bewilligen. Diese Ermächtigung ist aus den ersten beiden Halbsätzen des § 105b Abs. 2 Satz 2 GewO übernommen worden. Von der Übernahme des dritten Halbsatzes wurde wegen § 35 Satz 2 VwVfG (Allgemeinverfügung) und wegen §§ 11 und 12 (Ausgleich für Sonn- und Feiertagsbeschäftigung) abgesehen. Die Berücksichtigung der für den öffentlichen Gottesdienst bestimmten Zeit ist nach § 13 Abs. 3 letzter Halbsatz möglich. 53

§ 13 Abs. 3 Nr. 2a verfolgt den **Zweck,** den Handelsgewerbebetrieben, insbes. den Großhandelsbetrieben, die Waren an Großverbraucher und Wiederverkäufer verkaufen, zu ermöglichen, bei Vorliegen besonderer Verhältnisse, Arbeitnehmer an Sonn- und Feiertagen zu beschäftigen, um ihre Chancen durch einen erweiterten Geschäftsverkehr nutzen zu können. 54

55 **Geltung:** Der Begriff Handelsgewerbe in § 13 Nr. 2a ist wie bisher in § 105b Abs. 2 Satz 2 GewO **weit auszulegen**. Er umfasst den Umsatz von Waren aller Art und von Geld. Zum Handelsgewerbe gehören neben dem Groß- und Einzelhandel der Geld- und Kredithandel, die Leihanstalten, die Hilfsgewerbe des Handels wie Spedition, Kommission, Handelslager (**R:** vgl. BVerwG 17.12.1985 GewA 1986, 93; BVerwG 14.11.1989 GewA 1990, 64).

56 **Sonderregelungen.** Für die Beschäftigung von Arbeitnehmern an Sonn- und Feiertagen bei **Musik-** und **Spielautomaten** gilt inzwischen vorrangig die Sonderregelung in § 10 Abs. 1 Nr. 5. Bei der Tages- und Sportpresse sowie beim Transport und Kommissionieren von anderen **Presseerzeugnissen** gilt die Sonderregelung in § 10 Abs. 1 Nr. 8. Bei Messen, Ausstellungen und **Märkten** gilt die Sonderregelung in § 10 Abs. 1 Nr. 9. Beim Transport und Kommissionieren **leichtverderblicher Waren** gilt die Sonderregelung in § 10 Abs. 1 Nr. 10 und Abs. 1 Nr. 1 Nr. 14.

57 **Besondere Verhältnisse:** Voraussetzung für die Bewilligung der Beschäftigung von Arbeitnehmern an Sonn- und Feiertagen aufgrund des § 13 Abs. 3 Nr. 2a ist, dass besondere Verhältnisse einen Geschäftsverkehr an diesen Tagen im antragstellenden Betrieb erforderlich machen, und zwar einen um den Sonn- und Feiertagsbetrieb erweiterten Geschäftsbetrieb. Die besonderen Verhältnisse müssen so gewichtig sein, dass sie trotz der Zwecksetzung in § 1 Nr. 2, eine Ausnahme von der Sonn- und Feiertagsruhe rechtfertigen. Dabei dürfen grundsätzlich nur **außerbetriebliche Verhältnisse** berücksichtigt werden. Besonderheiten, die aus dem betrieblichen Geschehen erwachsen, wie Umsatzrückgang oder nicht erledigte Aufträge ua, erfüllen die Voraussetzung idR nicht, insbes. nicht die Umstände, die der Arbeitgeber selbst verursacht hat (**R:** vgl. VGH Mannheim 23.3.1977 GewA 1979, 24; VerwG Düsseldorf 18.10.1977 GewA 1978, 93; **L:** ebenso *Dobberahn* Rn 129; *Roggendorff* § 13 Rn 19; *Neumann/Biebl* § 13 Rn 15; ErfK/*Wank* § 13 ArbZG Rn 4). *Baeck/Deutsch/Winzer* wollen auch unternehmensinterne Umstände, wie Umsatzrückgänge oder Absatzschwierigkeiten, als Sonn- und Feiertagsarbeit rechtfertigende Gründe gelten lassen (**L:** *Baeck/Deutsch/Winzer* § 13 Rn 37). Ob diese sehr weit gehende Auslegung mit dem verfassungsrechtlichen Schutz des Sonn- und Feiertages in Einklang zu bringen ist, erscheint zumindest zweifelhaft, ganz davon abgesehen, dass idR bei Absatzschwierigkeiten und Umsatzrückgang eher eine Drosselung denn eine Ausweitung der Produktion in Frage kommen dürfte.

58 **Beispiele:** Besondere Verhältnisse können vorliegen, wenn eine oder mehrere Firmen aus Anlass von Messen, Ausstellungen und Märkten iSd § 10 Abs. 1 Nr. 9 (vgl. § 10 Rn 71 ff) eine Veranstaltung für gewerbliche Wiederverkäufer durchführen oder an ihr teilnehmen, die zu der Messe, zu der Ausstellung bzw zu dem Markt in einem zeitlichen und sachlichen Zusammenhang steht, zB in Form von Hausmessen, Ordermessen, Musterungen ua Die besonderen Verhältnisse ergeben sich in solchen Fällen aus der Verbindung der jeweiligen Fachmesse, der jeweiligen Ausstellung, dem jeweiligen Markt mit den sich daran anschließenden Hausmessen, Ordermessen, Musterungen ua Besondere Verhältnisse können auch dann vorlie-

gen, wenn zu den branchenüblichen Orderterminen des Großhandels ein repräsentatives Angebot einer größeren Zahl von Wiederverkäufern in einer entsprechenden Veranstaltung erfolgt.

In der **Rechtsprechung** sind die Unvorhersehbarkeit politischer und wirtschaftlicher Entwicklungen und die hiermit verbundenen Kursschwankungen an internationalen Börsen als besondere Verhältnisse anerkannt worden zB für Broker-Firmen (**R:** OVG Münster 30. 6. 1980 DB 1980, 2088). Der Umstand, dass eine von einem deutschen Unternehmen im Bundesgebiet zentral betriebene elektronische Datenverarbeitungsanlage den daran angeschlossenen ausländischen Unternehmen an deutschen Feiertagen nicht zur Verfügung steht, begründen besondere Verhältnisse, wenn im Falle des Stillstands der Anlage an deutschen Feiertagen die ausländischen Märkte nicht ausreichend bedient werden können und hierdurch bei den ausländischen Unternehmen schwere unzumutbare Störungen auftreten (**R:** vgl. VG Düsseldorf 18. 10. 1977 GewA 1978, 93; vgl. jetzt auch § 10 Rn 127). Der Umstand, dass ein Sonn- oder Feiertag für den beabsichtigten Geschäftsverkehr ein günstigerer Tag ist, reicht für die Bewilligung einer Ausnahme nicht aus. Voraussetzung ist vielmehr, dass – unabhängig von den jeweiligen betrieblichen Gegebenheiten – an bestimmten Sonn- und Feiertagen im Vergleich zu anderen Sonn- und Feiertagen besondere Verhältnisse bestehen (**R:** vgl. VGH Mannheim 23. 3. 1977 GewA 1978, 24). 59

Der **unbestimmte Rechtsbegriff** besondere Verhältnisse ist durch die Gerichte voll **nachprüfbar**. Er erfährt im jeweiligen Einzelfall seine Prägung durch die Art und Intensität der Verflechtung des betreffenden Betriebs in das Wirtschaftsleben. Bei ortsbezogenen Betrieben können Gesichtspunkte mit örtlich begrenzter Bedeutung im Vordergrund stehen. Bei überregionalen Betrieben sind in erster Linie überregionale und gesamtwirtschaftliche Aspekte zu berücksichtigen. Unabhängig von ihrer örtlichen oder überregionalen Bedeutung sind nur solche Umstände als besondere Verhältnisse berücksichtigungsfähig, die nicht ausschließlich betriebsbezogen sind, dh von außen auf den Betrieb einwirken und diesen im Kernbereich seiner Tätigkeit entscheidend beeinflussen (**R:** OVG Münster 30. 6. 1980 DB 1980, 2088). 60

Ablauf des Bewilligungsverfahrens: Die Ausnahmebewilligung aufgrund des § 13 Abs. 3 Nr. 2a setzt zwar keinen formellen **Antrag** voraus. Die Aufsichtsbehörde wird jedoch idR erst auf Antrag tätig. Es empfiehlt sich daher, im Antrag alle Angaben zu machen, die die Aufsichtsbehörde zur Beurteilung des Sachverhalts benötigt. Dies sind insbes. Namen und Anschrift des Antragstellers, Art, Ort, Zeitpunkt und Dauer der zu bewilligenden Beschäftigung sowie Anzahl und Alter der zu beschäftigenden Personen. Der Antrag sollte auch eine ausführliche Begründung der Notwendigkeit der zu bewilligenden Beschäftigung enthalten. 61

Zuständige Aufsichtsbehörde: Der Antrag sollte an die Aufsichtsbehörde gerichtet werden, in deren Aufsichtsbezirk sich der Betriebssitz des Unternehmens befindet, das die Arbeitnehmer beschäftigt. Sind an einer Veranstaltung mehrere Unter- 62 nehmen beteiligt, sollte jeder einzelne Betrieb für seine Arbeitnehmer einen Antrag stellen.

63 **Regelverlauf** für raschen Ablauf: Der Veranstalter stellt für seine Arbeitnehmer einen Antrag bei der für seinen Betriebssitz zuständigen Aufsichtsbehörde. Er leitet den beteiligten Ausstellern Kopien der ihm erteilten Ausnahmebewilligung zu. Die an der Veranstaltung teilnehmenden Aussteller beantragen bei der für ihren Betriebssitz zuständigen Aufsichtsbehörde eine Ausnahmebewilligung für deren Arbeitnehmer unter Vorlage der vom Veranstalter übersandten Kopien.

64 Die Aufsichtsbehörde entscheidet über den Antrag nach pflichtgemäßem **Ermessen** (kann bewilligen). Dabei ist zwischen den vorrangigen Interessen der Arbeitnehmer an der Erhaltung ihrer Sonn- und Feiertagsfreizeit, an der Erhaltung der Sonn- und Feiertagsruhe als solcher sowie zwischen dem Gewicht der „besonderen Verhältnisse" abzuwägen. Dabei ist der Umstand zu berücksichtigen, dass der Gesetzgeber in § 13 Abs. 3 Nr. 2a eine Ausnahmebewilligung für bis zu 10 Sonn- und Feiertag im Jahr zugelassen hat. Die Aufsichtsbehörde kann die Zulassung weder direkt noch indirekt korrigieren. Bei der Beurteilung des Sachverhalts, ob „besondere Verhältnisse" vorliegen, hat sie kein Ermessen.

65 Die Aufsichtsbehörde darf einem **Betrieb** Ausnahmebewilligungen für bis zu 10 Sonn- und Feiertage im Jahr erteilen. Unter Betrieb ist entsprechend dem Zweck der Zulassung jede selbstständig handelnde organisatorische Einheit eines Unternehmens zu verstehen. Außerhalb des Unternehmenssitzes liegende Verkaufsbüros können zB als selbstständige organisatorische Einheit angesehen werden, wenn diese ihren Arbeitseinsatz selbstständig bestimmen können. Unter **Jahr** ist das Kalenderjahr zu verstehen (**L:** vgl. *Neumann/Biebl* § 12 Rn 4) und nicht etwa ein beliebiger Jahreszeitraum, der mit dem ersten Tag der ausnahmsweise zulässigen Beschäftigung beginnt (**L:** so aber *Baeck/Deutsch/Winzer* § 13 Rn 38).

66 Auf das Verfahren zur Erteilung einer Ausnahmebewilligung finden die Vorschriften über das **nichtförmliche** Verwaltungsverfahren der §§ 10 bis 34 VwVfG Anwendung. Vgl. daher im Übrigen die Ausführungen in Rn 41 ff.

67 **b) Unverhältnismäßiger Schaden.** – Nach § 13 Abs. 3 Nr. 2b kann die Aufsichtsbehörde die Beschäftigung von Arbeitnehmern in Betrieben und Verwaltungen an **bis zu 5 Sonn- und Feiertagen im Jahr** bewilligen, wenn besondere Verhältnisse zur Verhütung eines unverhältnismäßigen Schadens dies erfordern. Diese Ermächtigung ist im Kern aus § 105f Abs. 1 GewO übernommen worden. Das bisherige, kaum über den Tatbestand des § 14 Abs. 1 hinausgehende Tatbestandsmerkmal „bei einem nicht vorhersehbaren Bedürfnis" ist durch das Tatbestandsmerkmal „besondere Verhältnisse" ersetzt worden. Die damit verbundene **Erweiterung** machte die Begrenzung der hierfür in Betracht kommenden Sonn- und Feiertage auf 5 Sonn- und Feiertage im Jahr erforderlich (vgl. BT-Drucks. 12/6999 S. 44 in Nr. 15). § 105f Abs. 2 Satz 2 GewO über den Aushang ist nicht übernommen worden, jedoch ist § 16 Abs. 2 über Arbeitszeitaufzeichnungen zu beachten.

§ 13 Abs. 3 Nr. 2b verfolgt den **Zweck**, den Betrieben in besonderen Situationen über die Ausnahme in § 14 Abs. 1 hinaus Sonn- und Feiertagsarbeit zur Verhütung eines unverhältnismäßigen Schadens bei sich und anderen zu ermöglichen. Zur Güterabwägung vgl. § 14 Rn 10. **68**

Besondere Verhältnisse: Eine Bewilligung nach § 13 Abs. 3 Nr. 2b setzt das Vorliegen besonderer Verhältnisse voraus. Besondere Verhältnisse in diesem Sinne **liegen vor,** wenn Situationen auftreten, die vom üblichen Betriebsverlauf oder Arbeitsablauf erheblich abweichen. Eine Situation weicht vom üblichen Betriebsverlauf oder Arbeitsablauf erheblich ab, wenn sie so gewichtig ist, dass sie trotz der Zwecksetzung in § 1 Nr. 2 eine Ausnahme von der Sonn- und Feiertagsruhe rechtfertigt, zB wenn sie kurzfristig nicht anderweitig als durch Sonntagsarbeit in dem betreffenden Betrieb behoben werden kann. Die besonderen Verhältnisse müssen im Hinblick auf die Erweiterung des bisherigen Tatbestandes durch das ArbZG nicht unvorhersehbar sein. Sie können ferner auch aus einem Ereignis außerhalb des Beschäftigungsbetriebs erwachsen, zB Explosion im Hauptwerk – Sonntagsarbeit deswegen im Zweigwerk oder umgekehrt. Wortlaut und Gesetzeszusammenhang des § 13 Abs. 3 Nr. 2b lassen diese Auslegung zu, trotz der Betriebsbezogenheit des Verbots in § 9 und der hierauf bezüglichen Ausnahmen (**R:** vgl. im Einzelnen BVerwG 23.6.1992 GewA 1992, 383 f; **L:** ebenso *Roggendorff* § 13 Rn 22 ff). **69**

Beispiele: Besondere Verhältnisse liegen zumindest in den Fällen vor, die schon unter den bisherigen, engeren Tatbestand fielen wie **Explosionen**, **Brände**, **Überschwemmungen** und andere **Notfälle** wie Erkrankung eines erheblichen Teils der Arbeitnehmer, Erkrankung kurzfristig nicht ersetzbarer Arbeitnehmer, Unterbrechung der Produktion durch andere Schadensfälle an Maschinen, baulichen Anlagen, ferner durch äußere Einflüsse bedingter Mangel an Rohmaterial, Ausgangsprodukten (**R:** vgl. zB BVerwG 29.4.1983 GewA 1983, 338; BVerwG 23.6.1992 GewA 1992, 383; OVG Mannheim 23.3.1977 GewA 1978, 24; OVG Münster 30.6.1980 GewA 1981, 132; OVG Münster 14.5.1990 GewA 1991, 35), auch nach Ausschöpfung der Ausnahme in § 14 Abs. 1. **70**

Darüber hinaus können nach der Erweiterung des Tatbestandes in § 13 Abs. 3 Nr. 2a als besondere Verhältnisse – bei entsprechendem Gewicht – auch in Betracht kommen: **saisonaler Spitzenbedarf**, **Erledigung eiliger Aufträge** (**L:** insoweit ebenso *Roggendorff* § 13 Rn 22), ferner plötzlich überhöhter Formaldehydgehalt in der Spanplattenproduktion, aber auch Organisations- und Dispositionsmängel mit erheblichen Folgen. **71**

Ein **Streik** verursacht zwar idR besondere Verhältnisse im betroffenen Betrieb. Der Staat ist jedoch bei Arbeitskämpfen aufgrund des Art. 9 Abs. 3 GG zur Neutralität verpflichtet, vgl. zB § 146 SGB III (keine Beeinflussung von Arbeitskämpfen durch Arbeitslosengeldgewährung). Die Aufsichtsbehörde kann daher eine Bewilligung nach § 13 Abs. 3 Nr. 2a zur Verhütung eines durch einen Arbeitskampf verursachten unverhältnismäßigen Schadens während des Arbeitskampfes **nicht erteilen**. Mit **72**

Beendigung des Arbeitkampfes endet die Neutralitätspflicht des Staates. Von diesem Zeitpunkt ab, ist daher eine Ausnahmebewilligung wieder möglich (**L:** vgl. ausf. *Dommermuth-Alhäuser* NZA 2016, 522).

73 Der **unbestimmte Rechtsbegriff** besondere Verhältnisse ist durch die Gerichte voll **nachprüfbar.** Er erfährt im Einzelfall seine Prägung durch Art und Intensität der Verflechtung des antragstellenden Betriebs in die Sondersituation sowie in die drohenden Folgen.

74 **Unverhältnismäßiger Schaden:** Eine Bewilligung nach § 13 Abs. 3 Nr. 2b setzt ferner einen unverhältnismäßigen Schaden infolge der besonderen Verhältnisse voraus. Schaden in diesem Sinne ist jeder Vermögensnachteil, den der antragstellende Arbeitgeber infolge der besonderen Verhältnisse erleidet, dh jeder in Geld oder geldwerten Gütern ausdrückbare **Vermögensschaden** (**L:** vgl. *Neumann/Biebl* § 13 Rn 17; *Baeck/Deutsch/Winzer* § 13 Rn 41). Zum Schaden ist sowohl die Vermögensminderung als auch der entgehende Gewinn zu rechnen. Beispiele: drohende Erhöhung der Betriebskosten, drohende Erhöhung der Materialkosten, drohender Verlust eines guten Kunden, drohende hohe Vertragsstrafen.

75 **Unverhältnismäßig** ist der Schaden, wenn er für den betroffenen Betrieb nicht tragbar bzw nicht zumutbar ist (Betriebsbezogenheit des Schadens). Die Unverhältnismäßigkeit des Schadens kann ferner nur bejaht werden, wenn er durch eine nach § 13 Abs. 3 Nr. 2b zu bewilligende Sonn- und Feiertagsarbeit tatsächlich verhütet, zumindest erheblich gemildert werden kann; diese somit das einzig wirksame Mittel ist, den drohenden Schaden abzuwenden oder zu mildern. Außerdem muss der Schaden im Hinblick auf das Gewicht der durch Art. 140 iVm Art. 139 WRV geschützten Sonn- und Feiertagsruhe und der Zwecksetzung in § 1 Nr. 2 unverhältnismäßig schwer wiegen (**R:** vgl. BVerwG 23.6.1992 GewA 1992, 383, 384). Der Begriff unverhältnismäßiger Schaden ist ein unbestimmter, durch die Gerichte voll nachprüfbarer **Rechtsbegriff**.

76 **Drittschaden:** IdR liegen die Voraussetzungen unverhältnismäßiger Schaden und besondere Verhältnisse beim antragstellenden Arbeitgeber vor. Dies wird jedoch in § 13 Abs. 3 Nr. 2b nicht zwingend vorausgesetzt, da in dieser Vorschrift nicht bestimmt wird, in welchem Betrieb diese Voraussetzungen vorliegen müssen. Sinn und Zweck der durch das ArbZG erweiterten Ausnahmeregelung (vgl. Rn 67f) erfordern ferner eine einengende Auslegung des Gesetzeswortlauts nicht, auch nicht der in Art. 140 iVm Art. 139 WRV garantierte Schutz der Sonn- und Feiertagsruhe. Art, Umfang, Intensität und nähere inhaltliche Ausgestaltung dieses Schutzes obliegen dem gesetzgeberischen Ermessen (**R:** vgl. BVerwG 15.3.1988 BVerwGE 79, 118, 122f; BVerwG 19.4.1988 BVerwGE 79, 236, 238f). Es liegt kein Anhaltspunkt für eine Ermessensüberschreitung vor.

77 Entscheidend für die Anwendung des § 13 Abs. 3 Nr. 2b ist insoweit demnach, ob besondere Verhältnisse Sonn- und Feiertagsarbeit zur Verhütung eines unverhältnismäßigen Schadens erfordern. Dagegen ist nicht entscheidend, ob die Möglichkeit

zur Sonn- und Feiertagsarbeit und die übrigen Voraussetzungen in demselben Betrieb oder in **unterschiedlichen Betrieben** erfüllt werden. § 13 Abs. 3 Nr. 2b ist auch anwendbar, wenn die besonderen Verhältnisse im Hauptwerk vorliegen, eine die Produktion lahm legende Explosion zB sich dort ereignet, die Sonn- und Feiertagsarbeit dagegen nur im Zweigwerk möglich ist, jedenfalls dann, wenn Hauptwerk und Zweigwerk demselben Unternehmen angehören. In einem solchen Falle gilt dies selbst dann, wenn das Hauptwerk im Ausland gelegen ist, das Zweigwerk dagegen in Deutschland, da der Schaden letztlich auch das Zweigwerk trifft (**R:** so BVerwG 23.6.1992 GewA 1992, 383 ff; im entschiedenen Fall wurden Spanplatten sowohl im britischen Hauptwerk als auch im deutschen Zweigwerk produziert).

Verschiedene Betriebe: Dies muss auch gelten, wenn die beiden Betriebe nicht 78
demselben Unternehmen angehören, jedenfalls dann, wenn beide Betriebe ihren Sitz in der Bundesrepublik haben, da der Gesetzgeber in § 13 Abs. 3 Nr. 2b die Möglichkeit zur gegenseitigen Hilfe nicht auf bestimmte Betriebe beschränkt hat. Darüber hinaus ist eine am insoweit offenen Gesetzeswortlaut orientierte Auslegung wegen der zunehmenden Verflechtung und Aufgabenteilung der Betriebe geboten.

Ablauf des Bewilligungsverfahrens: Die Ausnahmebewilligung aufgrund des 79
§ 13 Abs. 3 Nr. 2b setzt – wie die aufgrund des § 13 Abs. 3 Nr. 2a – **keinen formellen Antrag** voraus. Die Aufsichtsbehörde wird jedoch auch hier erst auf Antrag tätig, durch ihn wird sie zur Einleitung des Verwaltungsverfahrens veranlasst. Es empfiehlt sich, im Antrag alle Angaben zu machen, die die Aufsichtsbehörde zur Beurteilung des Sachverhalts benötigt, auch die Beifügung einer Stellungnahme des Betriebsrats.

Dies sind außer den in § 13 Rn 61 genannten Angaben insbes. **Angaben** zum auslö- 80
senden Ereignis sowie über Art und Umfang der aufgrund des § 13 Abs. 3 Nr. 2b erforderlichen Sonn- und Feiertagsarbeit. In eiligen Fällen genügt ein fernmündlicher Antrag. Die Ausnahmebewilligung von der Sonn- und Feiertagsruhe des § 9 ist dem Arbeitgeber zu erteilen, dessen Arbeitnehmer zur Sonn- und Feiertagsarbeit herangezogen werden sollen; die Aufsichtsbehörde muss die Ausnahmebewilligung auf einzelne Arbeitnehmer beschränken, wenn diese zur Durchführung der beantragten Sonn- und Feiertagsarbeit genügen (**R:** vgl. BVerwG 23.6.1992 GewA 1992, 383).

Vgl. im Übrigen Rn 41 ff, Rn 61 ff. Hervorzuheben ist hier, dass der **Unternehmer,** 81
der die Ausnahmebewilligung beantragt hat, bei der Ermittlung des Sachverhalts **mitwirken** soll, insbes. soll er den drohenden Schaden im Einzelnen darlegen (**R:** vgl. BerwG 23.6.1992 GewA 1992, 383, 384). Nach § 24 Abs. 2 kann die Aufsichtsbehörde den Arbeitgeber auffordern, ihm bekannte Tatsachen und Beweismittel anzugeben. Entspricht er einer solchen Aufforderung nicht, kann er später nicht mit Erfolg einwenden, die Aufsichtsbehörde habe sein Beteiligungsrecht verletzt (**L:** vgl. *Kopp/Ramsauer* VwVfG § 26 Rn 43/44).

82 **c) Inventur.** – Nach der bisherigen Regelung in § 105c Abs. 1 Nr. 2 GewO aF konnte eine gesetzlich vorgeschriebene Inventur, zB nach § 240 Abs. 2 HGB, § 153 Abs. 1 InsO, an einem Sonntag im Jahr kraft Gesetzes durchgeführt werden. Dies ist jetzt nur noch nach einer Ausnahmebewilligung aufgrund des § 13 Abs. 3 Nr. 2c zulässig. Eine Ausnahmebewilligung für einen Feiertag ist in § 13 Abs. 3 Nr. 2c nicht vorgesehen.

83 **Antrag:** Es empfiehlt sich die Erteilung der Ausnahmebewilligung rechtzeitig vor dem Inventurtermin, zB zum Jahresabschluss, bei der zuständigen Aufsichtsbehörde zu beantragen. In dem Antrag sollte wegen der Zwecksetzung in § 1 Nr. 2 zu der Frage Stellung genommen werden, ob eine Inventur an Werktagen nicht oder nur unzumutbar schwer durchführbar ist, zB weil an Werktagen der Warenbestand durch Verkauf und Kauf erheblich schwankt und die Schließung des Betriebs an einem Werktag nicht zumutbar ist (vgl. im Übrigen Rn 61 ff, 79 ff). Maßgebend ist auch hier das Kalenderjahr (**L:** aA *Baeck/Deutsch/Winzer* § 13 Rn 47; *Neumann/Biebl* § 12 Rn 4 und § 11 Rn 3).

V. Sonntagsarbeit durch Verwaltungsakt aus chemischen Gründen ua (Absatz 4)

84 **1. Auffangtatbestand.** – Nach § 13 Abs. 4 soll die Aufsichtsbehörde die Beschäftigung von Arbeitnehmern an Sonn- und Feiertagen mit Arbeiten bewilligen, die aus chemischen, biologischen, technischen oder physikalischen Gründen einen ununterbrochenen Fortgang auch an Sonn- und Feiertagen erfordern. § 13 Abs. 4 wahrt wegen der dort begründeten engen Voraussetzungen die Grenzen des gesetzgeberischen Gestaltungsspielraums, Zweifel an der **Verfassungskonformität** bestehen nicht, weshalb eine Vorlage an das BVerfG nach Art. 100 Abs. 1 GG unterbleiben kann (**R:** BAG 15. 9. 2009 NZA 2009, 1333 = BB 2010, 707 = DB 2009, 2551).

85 Bei § 13 Abs. 4 handelt es sich um einen **Auffangtatbestand**, insbes. für Betriebe, die nicht schon aufgrund des § 10 Abs. 1 Nr. 15 und/oder Nr. 16 an Sonn- und Feiertagen ununterbrochen arbeiten können. Können sie dagegen schon nach diesen Ausnahmen arbeiten, kommt eine Ausnahmebewilligung nach § 13 Abs. 4 nicht in Betracht (**L:** ebenso *Roggendorff* § 13 Rn 33; vgl. ferner § 10 Rn 236 f).

86 Eine größere Bedeutung wird § 13 Abs. 4 wahrscheinlich in Zukunft erlangen. Er ist vom Gesetzgeber in erster Linie als **Option für die Zukunft** vorgesehen (vgl. BT-Drucks. 12/6990 S. 41).

87 In **anderen Fällen** kommt eine Ausnahmebewilligung nach § 13 Abs. 5 in Betracht (vgl. ferner § 10 Rn 238). Wird Sonn- und Feiertagsarbeit in einem ganzen Industriezweig erforderlich, sollte § 13 Abs. 1 Nr. 2 geprüft werden.

88 **2. Gründe für die Bewilligung von Sonntagsarbeit. – Chemische** Gründe iSd § 13 Abs. 4 liegen vor, wenn zur Herstellung eines Stoffes chemische Reaktionen notwendig sind, die über längere Zeit unter konstanten Bedingungen wie Druck,

Temperatur, Stromzufuhr uä ablaufen müssen, also nicht unterbrochen werden können, ohne dass die Herstellung des Stoffes unmöglich gemacht oder wesentlich erschwert wird (**L:** *Zmarzlik* RdA 1988, 257, 268).

Technische Gründe iSd § 13 Abs. 4 liegen vor, wenn die Unterbrechung der Produktion am Sonn- oder Feiertag die Zerstörung oder Beschädigung der Produktionseinrichtungen oder Produktionsmittel zur Folge hätte, insbes. durch stark wechselnde thermische oder mechanische Beanspruchung wie beim Aufheizen und Abkühlen von Öfen (**L:** *Zmarzlik* RdA 1988, 257, 268). **89**

Biologische Gründe iSd § 13 Abs. 4 erfordern einen ununterbrochenen Fortgang, wenn bei Unterbrechung eines biologischen Prozesses am Sonn- oder Feiertag dieser unkontrolliert ablaufen oder sein erneutes Ingangsetzen unmöglich gemacht würde, zB bei der Herstellung von Antibiotika durch Fermentation mittels Mikroorganismen (**L:** *Zmarzlik* RdA 1988, 257, 268). **90**

Physikalische Gründe iSd § 13 Abs. 4 können bei Arbeiten vorliegen, die gleich bleibende, starke Magnetfelder erfordern, zB bei Langzeitmessungen analytischer Proben, die auch an Sonn- oder Feiertagen kontrolliert und justiert werden müssen. Physikalische bzw technisch-physikalische Gründe spielen zB bei Schmelzvorgängen eine Rolle, die eine kontinuierliche Rohmaterial- und Energiezugabe erfordern, wie bei der Herstellung von keramischen Isolierfasern, bei der Herstellung von Glas, Zement (**L:** *Zmarzlik* RdA 1988, 257, 268). **91**

3. Ununterbrochener Fortgang. – Der Begriff „ununterbrochener Fortgang" ist dem gleichlautenden Begriff in § 12 Abs. 2 Satz 3 AZO nachgebildet. Er ist bei der Anwendung des § 13 Abs. 4 im Zusammenhang mit der Sonn- oder Feiertagsarbeitsregelung des ArbZG wie folgt auszulegen: Die Bewilligung der Sonn- oder Feiertagsarbeit aufgrund des § 13 Abs. 4 setzt voraus, dass die zu bewilligenden Arbeiten ihrer Natur bzw ihrer Art nach aus den in § 13 Abs. 4 genannten Gründen einen ununterbrochenen Fortgang an allen Tagen der Woche erfordern. Es handelt sich somit um Arbeiten, die **ohne Unterbrechung** auch an Sonn- und Feiertagen fortgeführt werden müssen, und zwar in der vom jeweiligen Verfahrensablauf bestimmungsgemäß gebotenen Weise. **92**

Im Hinblick auf die Zwecksetzung in § 1 Nr. 2 wird ferner vorausgesetzt, dass die zu bewilligenden Arbeiten am Sonn- oder Feiertag **arbeitstechnisch notwendig** sind und nicht an Werktagen vorgenommen werden können (vgl. zu dieser Voraussetzung § 10 Rn 19 ff). **93**

4. Ablauf des Bewilligungsverfahrens. – Auf den Ablauf des Bewilligungsverfahrens gemäß § 13 Abs. 4 finden die Vorschriften der §§ 10 bis 34 VwVfG über das allgemeine Verwaltungsverfahren Anwendung. Die Ausnahmebewilligung setzt zwar **keinen formellen Antrag** voraus. Die Aufsichtsbehörde wird jedoch idR erst auf Antrag tätig, dh wird zur Einleitung des Verwaltungsverfahrens erst durch einen Antrag veranlasst. Vgl. im Übrigen die Erläuterungen zu Rn 61 ff, 79 ff, die hier der **94**

Ermächtigung in § 13 Abs. 4 entsprechend zu verstehen sind. Auf die Obliegenheit zur Mitwirkung eines Antragstellers wird besonders hingewiesen.

95 An dieser Stelle ist hervorzuheben, dass § 13 Abs. 4 bestimmt: „Die Aufsichtsbehörde **soll** … bewilligen“. Dies besagt, die Aufsichtsbehörde **muss** idR die Sonn- und Feiertagsbeschäftigung bewilligen; sie wird zur Ausnahmebewilligung verpflichtet, wenn die gesetzlichen Voraussetzungen vorliegen. Ihr freies Ermessen wird insoweit ausgeschlossen (vgl. BT-Drucks. 12/6990 S. 44 zu Nr. 16; **L:** ebenso *Neumann/Biebl* § 13 Rn 19).

96 Bei der Bewilligung hat die **Aufsichtsbehörde** zu beachten, dass die nach § 13 Abs. 4 zu bewilligende Arbeit häufig nur einen Teil der betrieblichen Gesamttätigkeit ausmacht. Die Bewilligung ist daher auf diese Arbeit und die damit unmittelbar zusammenhängenden Arbeiten zu beschränken. Die nach § 13 Abs. 4 bewilligte Ausnahme ist auf Dauer angelegt. Es ist daher ein Widerrufsvorbehalt gemäß § 49 Abs. 2 Nr. 1 VwVfG für den Fall vorzusehen, dass die Notwendigkeit der Sonn- und Feiertagsbeschäftigung nachträglich entfällt.

VI. Sonntagsarbeit durch Verwaltungsakt zur Sicherung der Beschäftigung (Absatz 5)

97 **1. Entstehung, Zweck.** § 13 Abs. 5 ist in den letzten Gesetzentwurf von der Bundesregierung im Hinblick auf die zunehmende Ausdehnung der Sonn- und Feiertagsarbeit in Westeuropa (**L:** vgl. ausf. *Zmarzlik* RdA 1988, 257, 259) und zur Sicherung der Beschäftigung in der Bundesrepublik eingefügt worden (vgl. BT-Drucks. 11/360 S. 8; BT-Drucks. 12/5888 S. 9, 31). Der Bundesrat hatte vorgeschlagen, die Einfügung zu streichen. Sie sei zur Sicherung der Beschäftigung nicht geeignet (vgl. BT-Drucks. 12/5888 S. 44 zu Nr. 36). Die Bundesregierung hat dieser Auffassung entschieden widersprochen (vgl. im Einzelnen BT-Drucks. 12/5888 S. 54 zu Nr. 36). Der Deutsche Bundestag hat nach eingehender Erörterung der Vorschläge und Einwendungen die Fassung der Ausnahme präzisiert und § 13 Abs. 5 in der nunmehr geltenden Fassung verabschiedet (vgl. im Einzelnen BT-Drucks. 12/6990 S. 17, 41 und 44 zu Nr. 17). Der Rechtsausschuss hatte gegen diese Fassung verfassungsrechtliche oder rechtsförmliche Bedenken nicht erhoben (vgl. BT-Drucks. 12/6990 S. 37; **L:** vgl. ausf. *Anzinger* BB 1994, 1492, 1497).

98 **Zweck.** Mit § 13 Abs. 5 wird in erster Linie der Zweck verfolgt, den Wettbewerbsvorteil, den ausländische Konkurrenten des Antragstellers durch Sonn- und Feiertagsarbeit haben, auszugleichen. Der **Wettbewerbsvorteil** besteht schon allein in der zeitlich besseren und damit kostengünstigeren Ausnutzung der Produktionsanlagen, und zwar zumindest um 24 Stunden in der Woche: Betriebsnutzungszeit 168 Stunden statt nur 144 Stunden. Mit dem Ausgleich aufgrund des § 13 Abs. 5 soll die Beeinträchtigung der Konkurrenzfähigkeit der Betriebe im Inland durch den Vorteil der Sonn- und Feiertagsarbeit der Konkurrenzbetriebe im Ausland vermieden werden. Zugleich soll damit ein wesentlicher Beitrag zur Erhaltung der Arbeitsplätze im Inland geleistet werden.

Zur **Vermeidung von Missbräuchen** kann von dieser Ausnahme nicht wie von den Ausnahmen in § 10 kraft Gesetzes, sondern nur nach erteilter Ausnahmebewilligung Gebrauch gemacht werden, und auch dann nur in dem in der Ausnahmebewilligung bestimmten Umfang. Die Ermächtigung zur Bewilligung der Sonn- und Feiertagsarbeit durch Verwaltungsakt in § 13 Abs. 5 ist neben der Ermächtigung zur Zulassung der Sonn- und Feiertagsarbeit in § 13 Abs. 1 Nr. 2c notwendig, weil man mit § 13 Abs. 5 schneller handeln und Einzelfällen besser gerecht werden kann. Außerdem kann man mit Ausnahmebewilligungen die notwendigen Erfahrungen für den eventuell späteren Erlass einer Rechtsverordnung sammeln. **99**

2. Verfassungsmäßigkeit. – Art, Umfang und inhaltliche Ausgestaltung der in Art. 140 GG iVm Art. 139 WRV garantierten Sonn- und Feiertagsruhe unterliegen dem gesetzgeberischen Ermessen (**R:** vgl. BVerwG 15.3.1988 BVerwGE 79, 118, 123; BVerwG 19.4.1988 BVerwGE 79, 236, 238). Anhaltspunkte für eine Ermessensüberschreitung sind nicht ersichtlich. Es besteht auch kein Grund für die Annahme einer Verletzung der Grundsätze der Verhältnismäßigkeit und der Bestimmtheit gesetzlicher Vorschriften, die sich aus dem Rechtsstaatsprinzip des Art. 20 Abs. 2 und 3 GG ergeben (**L:** hM *Neumann/Biebl* § 13 Rn 22; *Baeck/Deutsch/Winzer* § 13 Rn 67; *Tietje* S. 258, 261; aA *Buschmann/Ulber* § 13 Rn 22; *Kuhr* DB 1994, 2186, 2189). Auch das BAG hat keine Zweifel an der Verfassungsmäßigkeit von § 13 Abs. 5 (**R:** BAG 15.9.2009 NZA 2009, 1333 = BB2010, 707 = DB 2009, 2551). **100**

Die Verwendung unbestimmter Rechtsbegriffe ist in unserer Gesetzgebung üblich und stellt nicht schon für sich allein eine Verletzung der Grundsätze der Verhältnismäßigkeit und der Bestimmtheit dar. Hier kommt hinzu, dass es sich bei § 13 Abs. 5 um eine Ermächtigung an die Aufsichtsbehörde zur Regelung eines Einzelfalles handelt, bei deren Gebrauchmachen die Aufsichtsbehörde den Besonderheiten des Einzelfalles und dem Grundsatz der Verhältnismäßigkeit Rechnung tragen muss. Zweck, Inhalt und Ausmaß der **Ermächtigung** in § 13 Abs. 5 sind **ausreichend bestimmt** (vgl. Rn 2). **101**

Hat die Aufsichtsbehörde **Zweifel**, kann sie diese mit ihrer vorgesetzten Dienstbehörde klären. Zweifel mehrerer Aufsichtsbehörden im selben Land kann der jeweilige Arbeitsminister bzw Arbeitssenator durch Erlass klären. Der Gefahr einer unterschiedlichen Genehmigungspraxis in den Ländern, kann durch ländereinheitliche Richtlinien begegnet werden. Ggf. kann der Bund mit Zustimmung der Länder eine Richtlinie erlassen. Dem Arbeitgeber bleibt der Verwaltungsrechtsweg. **102**

3. Inhalt, Voraussetzungen. – Nach § 13 Abs. 5 hat die Aufsichtsbehörde die Beschäftigung von Arbeitnehmern an Sonn- und Feiertagen zu bewilligen, **103**

- wenn der antragstellende Betrieb die gesetzlich zulässigen wöchentlichen Betriebszeiten weitgehend ausnutzt,

- wenn die Konkurrenzbetriebe im Ausland längere Betriebszeiten haben,
- wenn der antragstellende Betrieb in seiner Konkurrenzfähigkeit beeinträchtigt wird, dies unzumutbar ist und
- wenn durch die Bewilligung der Sonn- und Feiertagsarbeit die Beschäftigung im antragstellende Betrieb gesichert werden kann.

104 **a) Ausnutzung der zulässigen wöchentlichen Betriebszeiten.** – Unter **gesetzlich zulässig** ist nach dem Wort- und Sinnzusammenhang **nach dem ArbZG zulässig zu** verstehen. Nach dem ArbZG darf an allen Werktagen einer Woche gearbeitet werden, idR an 6 Werktagen. Verboten ist die Beschäftigung von Arbeitnehmern nur an Sonn- und Feiertagen, und zwar durch das Beschäftigungsverbot in § 9. Gesetzlich zulässig sind somit **wöchentliche Betriebszeiten** von idR **144 Stunden** (6 Tage zu je 24 Stunden).

105 **Wöchentlich:** Mit dem Ausdruck wöchentlich wird die Bezugsgröße für die Berechnungen und Ermittlungen im Rahmen des § 13 Abs. 5 bestimmt. Der Begriff wöchentliche Betriebszeiten steht zur Unterscheidung von den Begriffen monatliche Betriebszeiten und jährliche Betriebszeiten. Wenn das ArbZG als Bezugsgröße den Monat oder das Jahr zulässt, wird dies ausdrücklich bestimmt, vgl. zB § 3 Satz 2, § 7 Abs. 1 Nr. 1c. Wöchentlich heißt hier nicht jede der 52 Wochen im Jahr. Gemeint ist damit wie auch sonst die **Regel-Betriebswoche**, und zwar als Bezugsgröße. In die Berechnungen und Ermittlungen sind deshalb Zeiten, die normalerweise nicht in die Regel-Betriebswoche fallen, auch nicht einzubeziehen, zB nicht der Betriebsstillstand, der Betriebsurlaub, der Arbeitskampf ua (**L:** im Ergebnis ebenso *Dobberahn* Rn 136; *Roggendorff* § 13 Rn 37; *Neumann/Biebl* § 13 Rn 23). Im schriftlichen Bericht werden Stillstandszeiten, zB Betriebsurlaub, Umrüstungsarbeiten, ebenfalls nicht als Betriebszeiten angesehen (vgl. BT-Drucks. 12/6990 S. 41).

106 **Wöchentlich zulässige Betriebszeiten** sind nicht immer nur Produktionszeiten. Zu den Betriebszeiten zählen auch Zeiten für Abschlussarbeiten, Reinigungsarbeiten, Wiederaufnahmearbeiten und für andere Arbeiten, ohne deren Vornahme nicht produziert werden kann. Das Gegenteil von Betriebszeiten ist im ArbZG die Betriebsruhe (vgl. § 9). Gesetzlich zulässige wöchentliche Betriebszeiten sind idR alle 144 Stunden einer Kalenderwoche (6 Tage zu je 24 Stunden). Die 24 Stunden des Sonntags sind nach § 9 die Zeit der Sonntagsruhe. Die Zahl 144 ergibt sich rein rechnerisch. Sie steht zwar auch im schriftlichen Bericht des Ausschusses (vgl. BT-Drucks. 12/6990 S. 41), hat jedoch keinen Eingang in den Gesetzestext gefunden. Man kann sie daher nicht nachträglich hineininterpretieren, zumal im Gesetzestext nur eine weitgehende Ausnutzung der gesetzlich zulässigen wöchentlichen Betriebszeiten verlangt wird.

107 Die Worte **weitgehende Ausnutzung** besagen nicht, dass alle in der Woche zulässigen Betriebszeiten ausgenutzt werden müssen, insbes. nicht allein für die Produk-

tion (**L:** *Junker* ZfA 1998, 105, 129; vgl. auch Rn 106). Andererseits ist auch die gegenteilige extreme Position abzulehnen, eine 5-Tage-Woche von Montag bis Freitag genüge zur Erfüllung der Voraussetzung einer „weitgehenden Ausnutzung der gesetzlich zulässigen wöchentlichen Betriebszeiten". Bei der 5-Tage-Woche handelt es sich zwar auch um eine Arbeitswoche, einer tariflichen und/oder betrieblichen Arbeitswoche. Dem ArbZG liegt jedoch nicht, wie in § 15 JArbSchG, die 5-Tage-Woche, sondern die 6-Tage-Woche zugrunde, und zwar von Montag bis Samstag. Erst die Einbeziehung des sechsten Werktags, des Samstags, als Arbeits- und Produktionstag macht daher die Woche zu einer 6-Tage-Woche iSd ArbZG. Außerdem bedeutet schon der Begriff „weitgehend" nicht nur mehr als die Hälfte, sondern weit mehr als die Hälfte. Er tendiert nach seiner Wortbedeutung in die Richtung „nahezu", „fast vollständig". Zu berücksichtigen ist bei der Auslegung ferner, dass es sich in § 13 Abs. 5 um eine Regelung für Schichtbetriebe mit bestimmten Schichtwechselzeiten – 6 Uhr, 14 Uhr und 22 Uhr – handelt.

Meinungsverschiedenheiten sind unter diesen Umständen nur bezüglich des **Samstags** sachlich berechtigt, und zwar wegen der Zeitspanne von 14 Uhr bis 24 Uhr oder von 22 Uhr bis 24 Uhr und wegen dieser Zeitspanne. Vor der Entscheidung zwischen den Alternativen sind die Folgen der Entscheidung zu bedenken. Müssten zB die Betriebe die Zeit von Montag 6 Uhr bis 22 Uhr am Samstag (136 Stunden) voll als Produktionszeit nutzen, würde dies für eine Reihe von Betrieben bedeuten, dass sie erhebliche Schwierigkeiten mit der Erledigung aller Folgearbeiten bis 24 Uhr am Samstag bekämen, unter Umständen allein schon mit der Erledigung der Abschlussarbeiten. Es erscheint deshalb sachgerechter, ihnen genügend Raum für eine Anpassung an oft unterschiedliche Verhältnisse zu lassen. 108

Unter diesen Umständen sollte als Erfüllung der zwingenden Voraussetzung „weitgehende Ausnutzung der gesetzlichen zulässigen wöchentlichen Betriebszeiten" auch die Nutzung der Zeit von **Montag 6 Uhr bis Samstag 14 Uhr** als reine Produktionszeit (128 Stunden) anerkannt werden. Die Zeit von 0 Uhr bis 6 Uhr am Montag sollte ihnen für Wiederaufnahmearbeiten, die Zeit von 14 Uhr bis 24 Uhr am Samstag sollte ihnen für Abschlussarbeiten, Reinigungsarbeiten, Umrüstarbeiten ua verbleiben, zumal die Zeiten für diese Arbeiten ebenfalls zu den Betriebszeiten zählen (vgl. Rn 106). Der Sonntag könnte dann arbeitsfrei sein, zumindest weitgehend. Zur Vermeidung von Missbräuchen sollte vom antragstellenden Arbeitgeber im Rahmen der ihm nach § 26 Abs. 2 obliegenden Aufgaben verlangt werden, die Gründe für eine Abweichung von den nach dem ArbZG möglichen 144 Betriebsstunden als Produktionsstunden darzulegen. 109

Der Wortlaut des § 13 Abs. 5 schreibt ferner nicht ausdrücklich einen bestimmten **Mindestzeitraum für die Ausnutzung** der gesetzlich zulässigen wöchentlichen Betriebszeit vor. Der Praktikabilität wegen sollte man der in solchen Fällen üblichen Genehmigungspraxis der Aufsichtsbehörden folgen. Danach ist als Mindestzeitraum in solchen Fällen der Zeitraum zugrunde zu legen, für den die Ausnahme beantragt ist. Diese gegenwarts- und zukunftsorientierte Betrachtungsweise dürfte 110 hier deswegen angebracht sein, weil der Arbeitgeber den Antrag nach § 13 Abs. 5 im Regelfall erst stellt, wenn der bzw die ausländischen Konkurrenten zur Sonn- und Feiertagsarbeit übergehen und der Antragsteller aus diesem Grunde Beeinträchtigungen seiner Konkurrenzfähigkeit befürchtet oder dies unmittelbar bevorsteht, ferner aber auch deswegen, weil die Ausnahmebewilligung selbst zukunftsbezogen ist. Auf jeden Fall ist die zukunftsorientierte Betrachtungsweise geboten, wenn der Arbeitgeber einen Antrag gemäß § 13 Abs. 5 für eine noch zu bauende Produktionsanlage stellt.

111 **b) Längere Betriebszeiten im Ausland.** – Länger sind die Betriebszeiten im Ausland, wenn sie die höchstmögliche Zahl der in der Bundesrepublik gesetzlich zulässigen wöchentlichen Betriebszeiten (Werktags-Regel-Wochen) übersteigen, dh **mehr als 144 Stunden wöchentlich** betragen (vgl. Rn 104). Dies folgt aus dem Wortlaut, dem Sinn und Zweck sowie dem Regelungszusammenhang des § 13 Abs. 5.

112 **Betriebe im Ausland:** Bei der Ausnahmebewilligung aufgrund des § 13 Abs. 5 geht es um die Bewilligung einer Ausnahme für einen bestimmten Betrieb, den antragstellenden Betrieb im Inland, dessen Konkurrenzfähigkeit und deren Beeinträchtigung durch längere Betriebszeiten des oder der ausländischen Konkurrenzbetriebe. Es brauchen daher nur die Betriebszeiten dieses Konkurrenzbetriebes bzw dieser Konkurrenzbetriebe im Ausland ermittelt werden, nach dem Untersuchungsgrundsatz des § 24 VwVfG von der Aufsichtsbehörde unter Mitwirkung des Antragstellers im Rahmen des § 26 Abs. 2 VwVfG, zB durch Bekanntgabe seines Wissens. Zu den Konkurrenzbetrieben im Ausland können auch Betriebe desselben Unternehmens oder des Konzerns gehören, wenn sie miteinander konkurrieren und die Gefahr besteht, dass Arbeitsplätze im antragstellenden inländischen Betrieb verloren gehen (**R:** vgl. VG Arnsberg 11.12.1998 DB 1997, 580; **L:** *Schliemann* § 13 ArbZG Rn 81).

113 Die Aufsichtsbehörde braucht nicht die Betriebszeiten aller gleichartigen Betriebe im Ausland zu ermitteln, sondern nur soweit dies zur Feststellung einer Beeinträchtigung der Konkurrenzfähigkeit des antragstellenden Betriebs notwendig ist. Ob die Feststellung der Betriebszeiten **eines einzelnen** ausländischen Betriebs ausreicht, hängt davon ab, ob dieser der Marktführer der betreffenden Branche im Ausland ist bzw ob dieser allein oder überwiegend die Konkurrenzfähigkeit des antragstellenden Betriebs unzumutbar beeinträchtigt (**L:** vgl. *Roggendorff* § 13 Rn 38; *Baeck/Deutsch/Winzer* § 13 Rn 77; *Neumann/Biebl* § 13 Rn 25).

114 Dabei kommt es nicht allein auf die gesetzlichen Betriebszeiten im Ausland oder auf Vereinbarungen der Sozial- bzw Betriebspartner für den Konkurrenzbetrieb bzw für die Konkurrenzbetriebe gleicher Art an (**L:** vgl. den Überblick des BMA Westeuropäischer Vergleich im BArbBl. 2/1989 S. 27). In ihrem Überblick vom 24.5.1993 über die Sonn- und Feiertagsruhe in Westeuropa kommt die Bundesregierung zur Schlussfolgerung, dass die Ausnahmen für Sonn- und Feiertagsarbeit in Westeuropa Einfluss auf die Maschinenlaufzeiten haben (vgl. BT-Drucks. 12/5005

S. 13 ff). Im übrigen Westeuropa bestehen tendenziell großzügigere Ausnahmen als in der Bundesrepublik Deutschland (**L:** *Roggendorff* § 13 Rn 39). Nach Art. 5 Abs. 2 EU-Arbeitszeit-Richtlinie schließt die dort bestimmte wöchentliche Mindestruhezeit den Sonntag nur grundsätzlich ein. Abweichungen von diesem Grundsatz sind in Art. 17 der EU-Arbeitszeit-Richtlinie zugelassen (vgl. **Teil D Anh. 1**). Entscheidend für die Beeinträchtigung der Konkurrenzfähigkeit der inländischen Betriebe – und nur das ist Schutzzweck von § 13 Abs. 5 – ist vielmehr die Frage, ob die ausländischen Konkurrenzbetriebe tatsächlich längere Betriebszeiten als die inländischen 144 Wochenstunden haben (**L:** vgl. MünchArbR/*Koberski* § 185 Rn 53; *Neumann/Biebl* § 13 Rn 24; *Baeck/Deutsch/Winzer* § 13 Rn 75, 77; *Buschmann/Ulber* § 13 Rn 26).

Die **tatsächlichen Betriebszeiten im Ausland** werden sich allerdings schon wegen des auch dort üblichen Betriebsgeheimnisses idR nicht oder nicht zuverlässig ermitteln lassen. Jedoch ist zu vermuten, dass auch die Betriebe im Ausland von den ihnen zur Verfügung stehenden günstigeren Produktionsmöglichkeiten Gebrauch machen (**L:** zustimmend *Junker* ZfA 1998, 105, 129). Die Bewilligung kann unter Vorbehalt eines Widerrufs für den Fall ergehen, dass die Vermutung nicht zutrifft. Auf keinen Fall kann schon wegen des Wortlauts „weitgehend", aber auch wegen der betrieblichen Planung nicht der Nachweis verlangt werden, dass die ausländischen Konkurrenzbetriebe von der dort bestehenden gesetzlichen Möglichkeit zum Durchfahrbetrieb ständig Gebrauch machen. **115**

Betriebe im Inland: Die Feststellung der Betriebszeiten der Konkurrenten bzw anderer gleichartiger Betriebe in der Bundesrepublik schreibt § 13 Abs. 5 nicht vor. Die Feststellung von Betriebszeiten ist in § 13 Abs. 5 insoweit ausdrücklich auf „Betriebszeiten im Ausland" beschränkt. § 13 Abs. 5 schreibt ferner die Feststellung einer Beeinträchtigung der Konkurrenzfähigkeit des antragstellenden Betriebs durch inländische Betriebe nicht vor (**L:** im Ergebnis ebenso *Neumann/Biebl* § 13 Rn 25; *Baeck/Deutsch/Winzer* § 13 Rn 77; *Erasmy* NZA 1995, 97, 101). Die Gleichbehandlung gleichartiger inländischer Betriebe ist in erster Linie Aufgabe der Bundesregierung im Rahmen der Ermächtigung des § 13 Abs. 1 Nr. 2b Buchst. cc. **116**

Drittbetrieben steht gegen erteilte Ausnahmebewilligungen die Anfechtungsklage nach § 42 Abs. 1 VwGO als mögliche Klageart zwar offen (zum Verfahren vgl. §§ 68 ff VwGO). Diese Klageart setzt aber die besondere Klagebefugnis gemäß § 42 Abs. 2 VwGO voraus. Sie ist mit der Erteilung einer Ausnahmebewilligung gemäß § 13 Abs. 5 für sich allein schon deswegen nicht gegeben, weil der Gesetzgeber mit § 13 Abs. 5 eine dahingehende drittschützende Wirkung nicht bezweckte. § 13 Abs. 5 soll inländische Betriebe vor Beeinträchtigung ihrer Konkurrenzfähigkeit durch ausländische Betriebe schützen bzw diese ausgleichen. Der gleichartige inländische Drittbetrieb hat dieselbe Möglichkeit wie der Betrieb, zu dessen Gunsten die Ausnahmebewilligung erteilt worden ist. Er kann ebenfalls einen Antrag nach § 13 Abs. 5 stellen. **117**

118 **c) Beeinträchtigung der Konkurrenzfähigkeit. – Kosten und Sonntagsarbeit:** Die Käufer bevorzugen bei gleichwertigen Waren derselben Art die billigeren Waren. Billiger können Waren verkauft werden, wenn sie kostengünstiger hergestellt werden. Kostengünstiger können Waren ua hergestellt werden, wenn die inzwischen sehr teuer gewordenen modernen Produktionsanlagen, insbes. die hochmechanisierten und automatisierten Produktionsanlagen, nicht nur an 6, sondern an allen 7 Tagen der Woche für die Produktion genutzt werden können, also zumindest um **1/7 länger** als Produktionsanlagen, die nicht am Sonntag betrieben werden dürfen. Hinzu kommen zusätzliche Kosten für sonst nicht notwendige Aufwendungen für Stillstandszeiten am Sonntag, für das Wiederanfahren der Produktionsanlagen am Montag und für das Abstellen der Produktionsanlagen am Samstag, für Wiederaufnahmearbeiten und für Abschlussarbeiten sowie für sonst nicht notwendige Reinigungsarbeiten, insbes. bei Nahrungsmittelherstellern, nicht zuletzt wegen der Hygienevorschriften. Besonders gewichtig können Kosten sein, die durch das Nichtgelingen und das Misslingen von Arbeitsergebnissen wegen der Sonntagsarbeitunterbrechung am Montag entstehen.

119 **Beispiel:** In den hochmechanisierten und automatisierten Produktionsanlagen der Rotorspinnereien in der Textilindustrie beträgt die Fertigungskosteneinsparung bei ununterbrochenem 7-Tage-Betrieb, insbes. beim Verbund der Spinnerei mit der Weberei, bis zu 7,5%. Beim Kapitaleinsatz betragen die Einsparungen zwischen 1,15 und 2,7 Mio. Euro. Bezogen auf den gesamtnotwendigen Kapitaleinsatz bedeutet dies eine „Kapitalschonung" zwischen 10,5% und 17,0%. Die Zulassung der Sonntagsarbeit festigt damit die Wettbewerbsposition solcher kapitalintensiven Unternehmen und hilft Produktionsverlagerungen und damit die Verlegung der Arbeitsplätze ins kostengünstigere Ausland zu vermeiden (**L:** vgl. im Einzelnen *Gherzi Textil Organisation*, Sonntagsarbeit in Europa – eine vergleichende Untersuchung ihres Einflusses in der Textilindustrie, Frankfurt/Main 1988 S. 45 ff).

120 **Andere Kosten:** Die Konkurrenzfähigkeit eines Betriebs kann auch durch andere Kosten als die, die wegen Sonntagsarbeitunterbrechungen entstehen, beeinträchtigt werden, zB durch kostengünstigere Arbeitsbedingungen im Ausland. Diese Kosten spielen jedoch nach der ausdrücklichen Streichung der Worte „anderer Arbeitsbedingungen im Ausland" im Regierungsentwurf durch den Deutschen Bundestag (vgl. im Einzelnen BT-Drucks. 12/6990 S. 17 und S. 41 dritter Spiegelstrich) keine entscheidende Rolle. Die Konkurrenzfähigkeit ist jedoch dann unzumutbar beeinträchtigt, wenn Auftragsverluste drohen, weil Großkunden an einer Teilerfüllung von Aufträgen nicht interessiert sind (**R:** vgl. VG Arnsberg 11.12.1996 DB 1997, 580).

121 **Begründete Vermutung:** Aufgrund der Ausführungen in Rn 111 bis 120, ggf. unter Hinzuziehung einschlägiger Statistiken, auch branchenspezifischer Statistiken ua über Produktionsrückgänge, Rückgang der Zahl der Beschäftigten in einer Branche, Importzunahmen, kann die Aufsichtsbehörde bei der ihr obliegenden Feststellung der Voraussetzungen des § 13 Abs. 5 im Zweifel von der begründeten Vermu-

tung ausgehen, dass bei gesetzlich zulässigen Betriebszeiten an Sonn- und Feiertagen im betreffenden Ausland dort die ausländischen Konkurrenzbetriebe des Antragstellers von dieser Möglichkeit Gebrauch machen und dadurch die Konkurrenzfähigkeit des Antragstellers beeinträchtigen (**L:** im Ergebnis ebenso *Dobberahn* § 13 Rn 138).

Ein **Kausalitätsbeweis** braucht von der Aufsichtsbehörde nicht geführt zu werden, **122**
zumal, da es im Wortlaut nur heißt „**bei**" längeren Betriebszeiten im Ausland, nicht aber „durch" (**L:** hM *Baeck/Deutsch/Winzer* § 13 Rn 82; *Neumann/Biebl* § 13 Rn 26; ErfK/*Wank* § 13 ArbZG Rn 14; *Heenen* FS Wlotzke 1996 S. 513, 524; aA *Buschmann/Ulber* § 13 Rn 27). Außerdem ist das ursprünglich in § 13 Abs. 5 zu Beginn des zweiten Halbsatzes des Regierungsentwurfs stehende Wort „nachweisbar" vom Deutschen Bundestag mit dahingehender Absicht gestrichen worden (vgl. BT-Drucks. 12/6990 S. 17 und S. 41). Vom Antragsteller kann nach der Streichung des Wortes „nachweisbar" ein Nachweis erst recht nicht verlangt werden (vgl. im Übrigen Rn 112). Aufsichtsbehörde und Antragsteller wären bei deren Möglichkeiten und Aufgaben zu einer strengen Beweisführung auch nicht in der Lage. Eine strenge Beweisführung, die erfahrungsgemäß längere Zeit in Anspruch nimmt, würde auch dem Zweck der Vorschrift, Möglichkeiten zum raschen Reagieren auf längere Betriebszeiten in ausländischen Konkurrenzbetrieben zu geben, zuwiderlaufen.

Bis zu einer zumindest **glaubhaften Entkräftung** einer begründeten Vermutung **123**
kann die Aufsichtsbehörde feststellen, dass die entsprechenden bestrittenen Voraussetzungen des § 13 Abs. 5 vorliegen. Eine bloße gegenteilige Behauptung Dritter reicht zur Entkräftung einer begründeten Vermutung nicht aus, nicht zuletzt auch wegen der mit § 13 Abs. 5 bezweckten raschen Erteilung der Ausnahmegenehmigung (**L:** zum Anscheinsbeweis und zu sog. tatsächlichen Vermutungen im Verwaltungsverfahren sowie im Verwaltungsgerichtsverfahren vgl. *Kopp/Schenke* VwGO § 108 Rn 12, 18; *Kopp/Ramsauer* VwVfG § 24, Rn 52, 53; zu den Beweismitteln vgl. § 26 VwVfG;).

d) Unzumutbarkeit. – Hervorzuheben ist, dass eine Beeinträchtigung der Konkur- **124**
renzfähigkeit für sich allein nicht genügt. Sie muss auch unzumutbar sein. Unzumutbar ist sie auf jeden Fall dann, wenn der antragstellende Betrieb durch die Beeinträchtigung **Gefahr** läuft, entscheidende Marktanteile und damit auf Dauer **Arbeitsplätze zu verlieren** (**L:** vgl. *Neumann/Biebl* § 13 Rn 27; MünchArbR/*Koberski* § 185 Rn 54; *Rose* DB 2000, 1662). Er braucht auch nicht zu warten, bis seine Existenz gefährdet ist (**L:** aA wohl *Roggendorff* § 13 Rn 41). Dies könnte zu spät sein. Der Gesetzgeber erwartet nicht, dass der Arbeitgeber für sich und seine Arbeitnehmer ein solches Risiko eingeht. Im Interesse der Sicherung der Arbeitsplätze soll der Arbeitgeber vielmehr rechtzeitig und rasch handeln können.

In aller Regel kann die Aufsichtbehörde davon ausgehen, dass die Sonntagsarbeits- **125**
unterbrechung im Betrieb des Antragstellers bei längeren Betriebszeiten, also bei Sonntagsarbeit, in den ausländischen Konkurrenzbetrieben durch die hierdurch ent-

stehende Beeinträchtigung der Konkurrenzfähigkeit des Antragstellers schon wegen der in § 13 Rn 118 dargestellten Folgen unzumutbar ist. Der Wortlaut des § 13 Abs. 5 deckt diese Fälle ab. Auch der Zweck der Vorschrift verlangt nicht, dass der Antragsteller diese Folgen im Hinblick auf das hohe Gut des Sonntags hinzunehmen hat, jedenfalls dann nicht, wenn diese Folgen auf Dauer seine Konkurrenzfähigkeit und damit seine Arbeitsplätze gefährden. Die ungefährdete Erhaltung der Konkurrenzfähigkeit deutscher Betriebe und der Beschäftigung der Arbeitnehmer in ihnen war im Gegenteil Sinn und Ziel der Einfügung der im Sonntagsarbeitsrecht völlig neuartigen Ermächtigung (**L:** im Ergebnis ebenso *Dobberahn* § 13 Rn 138).

126 Eine **begründete Vermutung** bei einem Kostenvergleich zwischen dem Antragsteller ohne Sonntagsarbeit und seinen Konkurrenzbetrieben im Ausland mit Sonntagsarbeit zur Feststellung der Unzumutbarkeit muss vor allem für solche Betriebe zugrunde gelegt werden, bei denen über die Kosten wegen der bloßen Sonntagsarbeitsunterbrechung hinaus erhebliche weitere Kosten entstehen, insbes. für Betriebe, bei denen zusätzliche Kosten wegen des Nichtgelingens bzw Misslingens von Arbeitserzeugnissen nachzuweisen sind. Auch wenn diese Kosten die von den Aufsichtsbehörden zu § 10 Abs. 1 Nr. 15 praktizierte 5%-Grenze nicht erreichen (vgl. hierzu § 10 Rn 166ff), so können sie bei der Feststellung der Unzumutbarkeit im Rahmen des § 13 Abs. 5 eine erhebliche Rolle spielen, insbes. wenn die Kosten 2% der Wochenproduktion übersteigen.

127 Über den Tatbestand des § 13 Abs. 5 hinaus können **weitere Schranken** aus Art. 140 GG iVm Art. 139 WRV oder aus der allgemeinen Zwecksetzung in § 1 Nr. 1 nicht hergeleitet werden (**L:** aA wohl *Roggendorff* § 13 Rn 39f). Der Gesetzgeber hat von seinem gesetzgeberischen Ermessen im Rahmen des Art. 140 GG iVm Art. 139 WRV bei der Festlegung der Grenzen in § 13 Abs. 5 Gebrauch gemacht (**R:** zum gesetzgeberischen Ermessen im Rahmen der Sonntagsruhe vgl. BVerwG 15.3.1988 BVerwGE 79, 118, 122 ff; BVerwG 19.4.1988 BVerwGE 79, 236, 238) und sich für die aus § 13 Abs. 5 ersichtliche Lösung entschieden.

128 **e) Sicherung der Beschäftigung.** – Letzte Voraussetzung für eine Ausnahmebewilligung gemäß § 13 Abs. 5 ist die Sicherung der Beschäftigung durch die Genehmigung von Sonn- und Feiertagsarbeit. Unter Sicherung der Beschäftigung ist die **Erhaltung** der bisherigen und die **Schaffung** neuer **Arbeitsplätze** durch den jeweiligen Antragsteller zu verstehen (**R:** OVG Münster 10.4.2000 – NZA-RR 2000, 491; **L:** hM vgl. *Roggendorff* § 13 Rn 41; *Schliemann* § 13 Rn 89; *Baeck/Deutsch/Winzer* § 13 Rn 86; *Rose* DB 2000, 1662). Bei neu zu errichtenden Betrieben geht es demgemäß immer um die Schaffung neuer Arbeitsplätze. Der Ausnahmetatbestand zielt auf eine dauerhafte Sicherung der Arbeitsplätze ab, gleichwohl kommt eine Befristung der Ausnahmebewilligung oder eine Beschränkung auf eine bestimmte Anzahl von Sonn- und Feiertagen im Betracht (**L:** vgl. MünchArbR/*Koberski* § 185 Rn 54).

129 **Vermutung:** Eine nicht oder nicht rechtzeitig beseitigte Beeinträchtigung der Konkurrenzfähigkeit eines Betriebs führt auf Dauer erfahrungsgemäß zum Verlust der Arbeitsplätze dieses Betriebs. Hier lässt sich deshalb die begründete Vermutung (vgl. Rn 121, 122 und 125) aufstellen, dass eine unzumutbare Beeinträchtigung der Konkurrenzfähigkeit des Antragstellers durch den Vorteil der Sonn- und Feiertagsarbeit der ausländischen Konkurrenzbetriebe auf Dauer den Verlust der Arbeitsplätze des Antragstellers zur Folge hat. Zur weiteren Erhärtung der Vermutung können von der Aufsichtsbehörde die branchenbezogenen Statistiken der Bundesagentur für Arbeit und des Statistischen Bundesamtes hinzugezogen werden (vgl. ferner § 13 Rn 121 f, 125).

4. Ablauf des Bewilligungsverfahrens. – Auf den Ablauf des Verfahrens zur Erteilung einer Ausnahmebewilligung gemäß § 13 Abs. 5 finden die Vorschriften der §§ 10 bis 34 VwVfG über das allgemeine Verwaltungsverfahren Anwendung, da ein bestimmtes anderes Verfahren nicht vorgeschrieben ist. Die Ausnahmebewilligung setzt danach keinen formellen **Antrag** voraus. Die Aufsichtsbehörde wird jedoch erfahrungsgemäß erst auf Antrag tätig, dh sie wird zur Einleitung des Verwaltungsverfahrens erst durch einen Antrag veranlasst. Vgl. im Übrigen die Erläuterungen zu Rn 41 ff, 61 ff, 79 ff, 94, die hier der Ermächtigung in § 13 Abs. 5 entsprechend zu verstehen sind. **130**

Mitwirkung des Antragstellers: Der Antragsteller muss der Aufsichtsbehörde nicht nachweisen, dass die Voraussetzungen für die Erteilung der Ausnahmebewilligung vorliegen (**L:** ebenso *Schliemann* § 13 Rn 90). Dies ist deren Aufgabe im Rahmen des Untersuchungsgrundsatzes gemäß § 24 VwVfG (vgl. BT-Drucks. 12/6990 S. 41 dritter Spiegelstrich). Außerdem ist das ursprünglich in § 13 Abs. 5 zu Beginn des zweiten Halbsatzes des Regierungsentwurfs stehende Wort „nachweisbar" vom Deutschen Bundestag ausdrücklich gestrichen worden (vgl. BT-Drucks. 12/6990 S. 17 und S. 41 dritter Spiegelstrich, vgl. ferner hier § 13 Rn 122). Jedoch „soll" der Antragsteller gemäß § 26 Abs. 2 VwVfG bei der Ermittlung des Sachverhalts mitwirken, insbes. ihm bekannte Tatsachen und Beweismittel der Aufsichtsbehörde mitteilen. Aus dem Wort „soll" folgt, dass es sich nicht um eine erzwingbare Rechtspflicht des Antragstellers handelt, sondern um dessen Obliegenheit (**L:** zu den Folgen der Verletzung einer Obliegenheit vgl. *Kopp/Ramsauer* VwVfG § 26 Rn 43 f). **131**

Gutachten: Die Aufsichtsbehörde kann die notwendigen Auskünfte gemäß § 26 Abs. 1 Nr. 2 VwVfG einholen, zB von der Industrie- und Handelskammer. Im Rahmen des § 26 Abs. 1 Nr. 2 und Abs. 3 VwVfG kann sie Gutachten in Auftrag geben. Danach kann sie jedoch die Erteilung eines Gutachten nicht vom Antragsteller verlangen (**L:** *Kopp/Ramsauer* VwVfG § 26 Rn 45). Privatgutachten des Antragstellers stellen keinen Sachverständigenbeweis iSd § 26 Abs. 1 Nr. 2 VwVfG dar (**L:** vgl. *Kopp/Ramsauer* VwVfG § 26 Rn 28). **132**

Obwohl der Antragsteller nur eine **Obliegenheit zur Mitwirkung** hat, so ist ihm doch wegen der Folgen der Verletzung dieser Obliegenheit, aber auch im Interesse der Beschleunigung des Verfahrens zu empfehlen, zuvor Kontakt mit der Aufsichtsbehörde aufzunehmen und nach Möglichkeit folgende Angaben schon im Antrag zu machen: Darlegung der Gründe, die die Ausnahme erforderlich machen, insbes. **133**

Hinweise auf Konkurrenten und deren Betriebszeiten im Ausland, Beeinträchtigung der Konkurrenzfähigkeit des Antragstellers, Zeitpunkt des Beginns der Sonn- und Feiertagsarbeit, Zahl der benötigten Sonn- und Feiertage, betroffene Betriebe und Betriebsteile, Zahl der betroffenen Arbeitnehmer, Jugendliche sowie werdende und stillende Mütter gesondert, Dauer und Lage der Arbeitszeit, Ersatzruhetag, Schichtpläne, Hinweise auf Zahl und Art der zu erhaltenden bzw neu zu schaffenden Arbeitsplätze, Stellungnahme des Betriebsrats, falls sie sich nicht schon aus seiner Zustimmung zum Schichtplan ergeben sollte (**L:** vgl. auch *Dobberahn* Rn 142; *Reinders* Rn 340). Zur Verdeutlichung empfiehlt sich für den Antragsteller ferner, eine konkrete betriebliche Konkurrenzsituation, soweit möglich, zu schildern.

134 **Ausnahmebewilligung;** Liegen die Voraussetzungen des § 13 Abs. 5 vor, „**hat**" die Aufsichtsbehörde die Ausnahme nach dieser Vorschrift zu bewilligen. Die Aufsichtsbehörde hat eine zwingende Rechtspflicht zur Entscheidung, bei Vorliegen der Voraussetzungen eine zwingende Rechtspflicht zur Bewilligung; der Antragsteller hat einen entsprechenden einklagbaren Rechtsanspruch. Die Aufsichtsbehörde hat kein Ermessen. Bei den unbestimmten Rechtsbegriffen in § 13 Abs. 5 hat sie nur einen Beurteilungsspielraum. Liegen die gesetzlichen Voraussetzungen vor, so hat die Aufsichtsbehörde die Beteiligung zu erteilen, wobei sie nicht zwischen hohen Feiertagen (zB Karfreitag) und normalen Sonn- und Feiertagen zu unterscheiden hat (**R:** vgl. OVG NRW 10.4.2000 DB 2000, 1671; **L:** zustimmend *Rose* DB 2000, 1662 unter Hinweis darauf, dass das ArbZG in den §§ 9 und 13 Abs. 5 einen einheitlichen Feiertagsbegriff verwendet; ebenso *Schiefer* DB 1997, 580). Die hier in der 1. Auflage (vgl. dort § 13 Rn 140) vertretene Auffassung, wegen deren besonderer Bedeutung dürfe die Aufsichtsbehörde die hohen Feiertage von der Bewilligung ausnehmen, wird aufgegeben.

135 Die Ausnahmebewilligung wird nur dem Arbeitgeber erteilt, der zur Zeit der Antragstellung Inhaber des betreffenden Betriebs ist: sie geht nicht auf den Erwerber über, da sie kein dinglicher Verwaltungsakt ist.

136 **Befristung, Auflagen, Widerrufsvorbehalt:** Die Ausnahmebewilligung nach § 13 Abs. 5 kann mit einer Befristung versehen werden. Sie kann auch auf bestimmte Sonn- und Feiertage beschränkt werden. Dies ist jedenfalls dann zulässig, wenn zu erwarten ist, dass die tatbestandlichen Voraussetzungen zu einem bestimmten Zeitpunkt entfallen. Auch ist ein Widerrufsvorbehalt für den Fall möglich, dass der für die Erteilung der Ausnahmebewilligung ausschlaggebende Sachverhalt sich nachträglich entscheidend ändert (vgl. § 49 Abs. 2 Nr. 1 VwVfG). Ferner ist eine Auflage zulässig, die sicherstellen soll, dass die gesetzlichen Voraussetzungen für die Ausnahmebewilligung auch weiterhin vorliegen, zB eine angemessene Berichtspflicht (vgl. BT-Drucks. 12/6990 S. 41; **L:** vgl. auch *Anzinger* BB 1994, 1492, 1498; *Dobberahn* Rn 142; *Erasmy* NZA 1995, 97, 102). Unzulässig ist es dagegen, die Bewilligung mit einer Bedingung zu verknüpfen, zB keine betriebsbedingten Kündigungen aussprechen zu dürfen (**L:** vgl. *Rose* DB 2000, 1662, 1664; *Schiefer*

DB 1997, 580; *Baeck/Deutsch* § 13 Rn 91; ErfK/*Wank* § 13 ArbZG Rn 16; aA *Buschmann/Ulber* § 13 Rn 33; **R:** OVG NRW 10.4.2000 DB 2000, 1671).

Arbeitspflicht, **Arbeitszeiten, freie Sonntage:** Sofern die Aufsichtsbehörde eine Ausnahmebewilligung nach § 13 Abs. 4 oder 5 erteilt hat, kann der Arbeitgeber kraft seines Direktionsrechtes dem Arbeitnehmer Sonn- und Feiertagsarbeit zuweisen, es sei denn, dieses Recht des Arbeitgebers ist gesetzlich, kollektivrechtlich oder einzelvertraglich eingeschränkt (**R:** BAG 15.9.2009 – 9 AZR 757/08). Diese Auffassung ist bedenklich, allein aus der Ausnahmebewilligung lässt sich eine Verpflichtung des Arbeitnehmers zur Sonn- und Feiertagsarbeit gestützt auf das Weisungsrecht des Arbeitgebers nicht herleiten. Das BAG verkennt den unterschiedlichen Charakter des Weisungsrechtes bezogen auf Ort und Inhalt der Arbeit und im Unterschied dazu die verfassungsrechtlich besonders geschützte Sonn- und Feiertagsruhe (**R:** zuletzt erneut BVerfG 1.12.2009, BVerfGE 125,39). Im letzteren Fall ist eine entsprechende ausdrückliche Vereinbarung an Sonn- und Feiertagen zur Arbeit verpflichtet zu sein, erforderlich. Für die gesetzlichen Arbeitszeiten der an Sonn- und Feiertagen beschäftigten Arbeitnehmer gilt § 11 Abs. 2. Mindestens 15 Sonntage im Jahr müssen beschäftigungsfrei bleiben (§ 11 Abs. 1). Die Ersatzruhetage für eine Beschäftigung an Sonn- und Feiertagen sind in § 11 Abs. 3 und 4 geregelt. Abweichungen von den gesetzlich in § 11 vorgeschriebenen Arbeitsbedingungen können in einem Tarifvertrag oder aufgrund eines Tarifvertrags in einer Betriebs- oder Dienstvereinbarung zugelassen werden (§ 12). Die Aufsichtsbehörde ist in § 13 Abs. 5 nicht ermächtigt, von diesen gesetzlichen Vorschriften abzuweichen. Die einzige Möglichkeit, die sie in diesem Zusammenhang hat, ist die in § 12 Satz 2 iVm § 7 Abs. 5. **137**

Zum Ablauf des Verfahrens vgl. ferner Rn 41, Rn 61, Rn 79, Rn 94. Zum Widerspruch gegen eine **Ablehnung** des Antrags und zum Verwaltungsgerichtsverfahren vgl. § 17 Rn 36 ff. **138**

VII. Beteiligung des Betriebsrats

Eine Beteiligung des Betriebsrats bzw des Personalrats ist in § 13 gesetzlich nicht vorgesehen, weder beim Erlass einer Rechtsverordnung nach Abs. 1 oder 2 noch beim Erlass eines Verwaltungsakts nach Abs. 3, 4 oder 5. Vor dem Erlass einer Rechtsverordnung ist es üblich, dass die Bundesregierung bzw die Landesregierung die an der Rechtsverordnung beteiligten Gewerkschaften und Arbeitgeberverbände anhört. Vor dem Erlass eines Verwaltungsakts ist es üblich, dass die Aufsichtsbehörde den Betriebsrat bzw den Personalrat anhört, zumindest kann die Aufsichtsbehörde beim Betriebsrat bzw Personalrat Auskünfte einholen, insbes. wegen seiner Sachkunde. Die Wirksamkeit einer Rechtsverordnung bzw eines Verwaltungsakts wird jedoch durch eine Nichtanhörung oder mangelhafte Anhörung nicht berührt. **139**

Dagegen hat der Betriebsrat nach § 87 Abs. 1 Nr. 2 und 3 BetrVG und der Personalrat nach § 78 Abs. 3 Nr. 1 BPersVG ein Mitbestimmungsrecht bei der **Verteilung der Arbeitszeit** auch an Sonn- und Feiertagen sowie nach welchem **Schichtplan** **140** an Sonn- und Feiertagen gearbeitet werden soll. Zum Mitbestimmungsrecht des Betriebsrats bzw des Personalrats an Sonn- und Feiertagen vgl. ferner § 9 Rn 54 und § 10 Rn 257.

VIII. Verstöße

141 Verstöße des Arbeitgebers in einer aufgrund des **§ 13 Abs. 1 oder 2** erlassenen **Rechtsverordnung** werden als Ordnungswidrigkeiten gemäß § 22 Abs. 1 **Nr. 4** geahndet, soweit die Rechtsverordnung für einen bestimmten Tatbestand auf diese Bußgeldvorschrift verweist. Verweist eine aufgrund des § 13 Abs. 1 Nr. 1 erlassene klarstellende Rechtsverordnung nicht auf diese Bußgeldvorschrift, überschreitet aber der Arbeitgeber vorsätzlich oder fahrlässig den in der Rechtsverordnung klargestellten Rahmen einer Ausnahme nach § 10 Abs. 1 oder 2, verstößt er gegen das Sonn- und Feiertagsbeschäftigungsverbot in § 9 Abs. 1 und handelt ordnungswidrig gemäß § 22 Abs. 1 Nr. 5 (vgl. § 9 Rn 56).

142 Verstöße des Arbeitgebers gegen eine **vollziehbare Anordnung** der Aufsichtsbehörde nach **§ 13 Abs. 3 Nr. 2** werden gemäß § 22 Abs. 1 **Nr. 7** als Ordnungswidrigkeit geahndet. Vollziehbar ist eine Anordnung, wenn sie unanfechtbar geworden ist, dh wenn sie mit den förmlichen Rechtsmitteln wie Widerspruch, Anfechtungsklage (vgl. § 17 Rn 36 ff) nicht angefochten werden kann oder wenn sie gemäß § 80 Abs. 2 Nr. 4 VwGO für sofort vollziehbar erklärt und ihre Vollziehbarkeit auch nicht ausgesetzt worden ist. Macht ein Arbeitgeber von einer Ausnahmebewilligung nach § 13 Abs. 3 Nr. 2 Gebrauch, bevor die Rechtsmittelfrist abgelaufen ist, kann die Aufsichtsbehörde dieses Verhalten als Einverständnis mit der gesamten Ausnahmebewilligung deuten, also auch mit deren Auflagen. Überschreitet der Arbeitgeber **im Übrigen** den Rahmen der Ausnahmebewilligung, verstößt er gegen das Sonn- und Feiertagsbeschäftigungsverbot in § 9 Abs. 1 und handelt ordnungswidrig gemäß § 22 Abs. 1 Nr. 5, und zwar im Umfang der jeweiligen Überschreitung (vgl. § 9 Rn 56).

143 Ein auf Feststellung gerichteter Verwaltungsakt der Aufsichtsbehörde gemäß **§ 13 Abs. 3 Nr. 1** ist in § 22 nicht gesondert bußgeldbewehrt. Ist jedoch die vom Arbeitgeber in Anspruch genommene Ausnahme des § 10 nur in dem von der Aufsichtsbehörde festgestellten Rahmen anwendbar und überschreitet der Arbeitgeber diesen Rahmen, handelt er ordnungswidrig gemäß § 22 Abs. 1 Nr. 5 iVm § 9 Abs. 1.

144 Die Ausnahmebewilligungen aufgrund des **§ 13 Abs. 4 oder 5** ist in § 22 nicht gesondert bußgeldbewehrt. Überschreitet der Arbeitgeber den Rahmen der Ausnahmebewilligung, verstößt er gegen Sonn- und Feiertagsbeschäftigungsverbot in § 9 Abs. 1 und handelt ordnungswidrig gemäß § 22 Abs. 1 Nr. 5, jedenfalls im Umfang der jeweiligen Überschreitung (vgl. § 9 Rn 56).

145 Hinsichtlich der **privatrechtlichen Folgen** der Verstöße gelten die gleichen Grundsätze wie für die Folgen der Verstöße gegen das Sonn- und Feiertagsbeschäftigungsverbot in § 9 Abs. 1 (vgl. § 9 Rn 57).

Vierter Abschnitt:
Ausnahmen in besonderen Fällen

§ 14
Außergewöhnliche Fälle

(1) Von den §§ 3 bis 5, 6 Abs. 2, §§ 7, 9 bis 11 darf abgewichen werden bei vorübergehenden Arbeiten in Notfällen und in außergewöhnlichen Fällen, die unabhängig vom Willen der Betroffenen eintreten und deren Folgen nicht auf andere Weise zu beseitigen sind, besonders wenn Rohstoffe oder Lebensmittel zu verderben oder Arbeitsergebnisse zu misslingen drohen.

(2) Von den §§ 3 bis 5, 6 Abs. 2, §§ 7, 11 Abs. 1 bis 3 und § 12 darf ferner abgewichen werden,

1. wenn eine verhältnismäßig geringe Zahl von Arbeitnehmern vorübergehend mit Arbeiten beschäftigt wird, deren Nichterledigung das Ergebnis der Arbeiten gefährden oder einen unverhältnismäßigen Schaden zur Folge haben würden,
2. bei Forschung und Lehre, bei unaufschiebbaren Vor- und Abschlussarbeiten sowie bei unaufschiebbaren Arbeiten zur Behandlung, Pflege und Betreuung von Personen oder zur Behandlung und Pflege von Tieren an einzelnen Tagen,

wenn dem Arbeitgeber andere Vorkehrungen nicht zugemutet werden können.

(3) Wird von den Befugnissen nach Absatz 1 oder 2 Gebrauch gemacht, darf die Arbeitszeit 48 Stunden wöchentlich im Durchschnitt von sechs Kalendermonaten oder 24 Wochen nicht überschreiten.

Übersicht

I. Allgemeines

1 § 14 Abs. 1 und § 14 Abs. 2 Nr. 1 sind aus **§ 14 AZO 1938** übernommen worden. § 14 Abs. 2 Nr. 2 geht auf die Regelung für Vor- und Abschlussarbeiten in **§ 5 Abs. 3 AZO 1938** zurück. Wegen der Einbeziehung der Ärzte, Krankenhäuser und der Landwirtschaft in den Geltungsbereich des ArbZG ist § 14 Abs. 2 Nr. 2 auf die Behandlung, Pflege und Betreuung von Personen und die Behandlung und Pflege von Tieren ausgedehnt worden (vgl. BT-Drucks. 12/5888 S. 31). § 14 Abs. 3 wurde neu eingefügt durch das Gesetz zu Reformen am Arbeitsmarkt vom 24.12.2003 (BGBl. I S. 3002, 3005). § 14 Abs. 2 Nr. 2 trägt ebenfalls den besonderen Belangen der Forschung Rechnung (vgl. BT-Drucks. 12/5888 S. 31). Die Voraussetzungen des § 14 gelten nur **für Abweichungen von** den Arbeitszeitvorschriften des **ArbZG**, nicht für Abweichungen von den privatrechtlichen Arbeitszeitbestimmungen in Tarifverträgen, Betriebsvereinbarungen und Arbeitsverträgen. Handelt es sich jedoch bei diesen Arbeitszeitbestimmungen um abweichende Regelungen iSd §§ 7 oder 12, gilt die Ausnahme des § 14 auch für solche abweichende Regelungen, die von der Grundnorm abweichen, da abweichende Regelungen keine stärkere Geltung beanspruchen können als die Grundnorm. § 7 wird deshalb im Einleitungssatz des § 14 ausdrücklich genannt; die Nichtnennung des § 12 ist wohl ein redaktionelles Versehen. Für **Jugendliche** gilt § 21 JArbSchG, der eine Beschäftigung nur in Notfällen zulässt und dies auch nur, soweit Erwachsene nicht zur Verfügung stehen (vgl. § 18 Rn 26f).

2 § 14 verfolgt den **Zweck**, dem Arbeitgeber die Beschäftigung von Arbeitnehmern in außergewöhnlichen Fällen ohne Bindung an die §§ 3 bis 5, 6 Abs. 2, §§ 7, 9 bis 11 in eigener strafrechtlicher Verantwortung zu ermöglichen, um erhebliche Schäden zu vermeiden. Im Hinblick auf die Zielsetzung des ArbZG, die Arbeitskraft und Gesundheit der Arbeitnehmer zu schützen (vgl. § 1 Rn 4), ist diese sehr weitgehende Möglichkeit an bestimmte Voraussetzungen gebunden. Wegen dieser Zielsetzung und der Gefahr von Missbräuchen bei einer so weitgehenden Ausnahme sind an das Vorliegen der Voraussetzung besonders **strenge Anforderungen** zu stellen (**R:** BAG 28.2.1958 AP AZO 1938 § 14 Nr. 1). § 14 hat dagegen nicht die Aufgabe, dem Arbeitgeber zu ermöglichen, einen konjunkturbedingt wechselnden Anfall von Aufträgen zu meistern, Arbeitsausfälle infolge fehlerhafter Entscheidungen und Mängel in seinem Verantwortungsbereich infolge üblicher Fehlzeiten der Arbeitnehmer oder infolge rechtmäßiger Streiks (**R:** zum Anwendungsbereich des § 14 AZO 1938 im Fall von Streiks vgl. OLG Celle 8.10.1986 NZA 1987, 283) auszugleichen.

II. Ausnahmen nach Absatz 1

3 **1. Notfälle.** – Ein Notfall liegt vor, wenn ein **ungewöhnliches**, nicht vorhersehbares, vom Willen des Betroffenen unabhängiges **Ereignis** eintritt, das die Gefahr ei-

nes unverhältnismäßigen Schadens zur Folge hat und ein sofortiges Eingreifen zur Abwehr dieser Gefahr erfordert (**R:** vgl. OLG Hamburg 24.10.1962 BB 1963, 898) und die Abweichung von den §§ 3 bis 5, 6 Abs. 2, §§ 7, 9 bis 11 zur Gefahrenabwehr die ultima ratio ist. Ungewöhnlich ist ein Ereignis, wenn es selten vorkommt und aus den anderen Ereignissen ganz offensichtlich herausragt. Nicht vorhersehbar ist das Ereignis, wenn es auch ein sorgfältig handelnder Arbeitgeber nicht hätte voraussehen können. Eine allgemeine, unbestimmte Voraussehbarkeit, zB Unwetter im Sommer oder Sturmflut im Herbst, steht der Annahme eines Notfalls nicht entgegen; anders dagegen bei konkreten, ausreichend langen Vorwarnungen, zB vor Auslösung eines Smog-Alarms. Ein Ereignis tritt unabhängig vom Willen des Betroffenen ein, wenn es von ihm weder vorsätzlich noch fahrlässig herbeigeführt wird. Ereignisse, die vom Arbeitgeber bei gehöriger Sorgfalt hätten vorausgesehen werden können, begründen keinen Notfall, es sei denn, dass sie, nachdem sie eingetreten sind, eine dringende, nicht anders abwendbare Gefahr für Leben und Gesundheit von Menschen oder Tieren oder für erhebliche Sachwerte zur Folge haben.

Notfälle sind alle **Fälle höherer Gewalt**, insbes. Naturereignisse wie Erdbeben, 4
Überschwemmungen, Stürme, Brände, extreme klimatische Veränderungen mit plötzlichem Unwetter, Hagelschlag, Frost, andere **elementare Ereignisse**, insbes. Explosionen, Wassereinbrüche, andere **unabwendbare Zufälle**, insbes. Einsturz von Gebäuden, Rohrbruch, plötzlicher Maschinenausfall, unerwartete erhebliche Verkehrsstörungen. Nicht erforderlich ist, dass durch das Ereignis das Gemeinwohl betroffen wird. Entscheidend ist, dass sich das Ereignis auf den einzelnen Betrieb als Notfall auswirkt. Als Notfall können den Betrieb auch ungewöhnliche Todesfälle, Erkrankungen und Unfälle treffen.

Keine Notfälle sind nach der Rspr. idR Ereignisse, die als Folge von fehlerhaften 5
Entscheidungen des Arbeitgebers und von Organisationsmängeln in dessen Verantwortungsbereich auftreten (**R:** vgl. BAG 28.2.1958 DB 1958, 558); vermehrter Arbeitsanfall vor Feiertagen (**R:** vgl. OLG Bremen 16.2.1955 BB 1955, 225); verspätetes Eintreffen von Transportmitteln (**R:** vgl. LAG Hamm 17.2.1956 BB 1956, 500), es sei denn als Folge unerwarteter erheblicher Verkehrsstörungen; dringender Wunsch der Belegschaft nach Mehrarbeit (**R:** vgl. OLG Hamburg 4.7.1956 BB 1956, 818); Auftragshäufung wegen mangelnder Kapazität (**R:** vgl. OLG Düsseldorf 30.7.1959 BB 1959, 994; OLG Düsseldorf 13.4.1992 DB 1992, 2148); üblicher Ausfall von Arbeitskräften durch Tod oder Krankheit (**R:** vgl. OLG Karlsruhe 22.5.1981 GewA 1981, 268). Keine Notfälle sind idR ferner Streik und Aussperrung (vgl. Rn 7). Kein Notfall ist auch eine im gewöhnlichen Betrieb einer EDV-Anlage auftretende Störung (**R:** vgl. VG Köln 5.9.1989 GewA 1990, 360). Ist die Tätigkeit des Betriebes derart, dass es mit gewisser Regelmäßigkeit immer wieder zu größeren oder kleineren „Notsituationen" kommt, so sind diese für den Arbeitgeber vorhersehbar und müssen organisatorisch vorausplanend bewältigt werden, ohne dass deshalb der gesetzliche Schutz der Arbeitnehmer vor übermäßiger Belastung abgeschwächt werden darf (**R:** BayVGH 28.10.1993 GewA 1994, 192, 193);

ein Rückgriff auf § 14 Abs. 1 scheidet in diesen Fällen aus. Bei der Durchführung von Krankentransporten ist das, was im Verhältnis zum Patienten durchaus als Notlage anzusehen ist, im Verhältnis zwischen Arbeitgeber und Arbeitnehmer ein vorhersehbares und bis zu einer gewissen Grenze einplanbares Ereignis und dementsprechend kein Notfall iSd § 14 Abs. 1 (**R:** LAG BW 23.11.2000 AuR 2001, 512).

6 **2. Außergewöhnliche Fälle.** – Ein außergewöhnlicher Fall ist zwar nicht wie der Notfall ein ungewöhnliches, jedoch immerhin ein besonderes, und ebenso wie der Notfall ein nicht vorhersehbares, unabhängig vom Willen des Betroffenen eintretendes Ereignis (vgl. Rn 3), dessen Folgen nicht auf andere Weise als durch Abweichung von den §§ 3 bis 5, 6 Abs. 2, §§ 7, 9 bis 11 zu beseitigen sind. Als Beispiel hebt § 14 Abs. 1 das drohende Verderben von Rohstoffen oder Lebensmitteln und das drohende Misslingen von Arbeitsergebnissen (zum Begriff vgl. § 10 Rn 150 f) hervor. Treten jedoch die Umstände, die eine Abweichung erfordern, immer wieder, mit einer gewissen Regelmäßigkeit oder in gewissen Abständen auf, können sie nicht als außergewöhnlich und unvermeidbar angesehen werden. Im Hinblick auf den Wortlaut „deren Folgen nicht auf andere Weise zu beseitigen sind" ist vom Arbeitgeber zu verlangen, dass er einer Auftrags- und Arbeitsanhäufung, soweit zumutbar, auf andere Weise als durch Abweichung von den §§ 3 bis 5, 6 Abs. 2, §§ 7, 9 bis 11 begegnet, zB durch Umdisponierung von Arbeitnehmern, durch Neueinstellungen, durch Ablehnung von Aufträgen (**R:** vgl. BAG 28.2.1958 BB 1958, 558). Andererseits setzt § 14 Abs. 1 nicht voraus, dass das Schadensereignis beim Arbeitgeber auftritt; es kann auch bei Dritten, insbes. beim Kunden auftreten (**R:** BVerwG 23.6.1992 GewA 1992, 383).

7 **Fehlerhafte Entscheidungen** des Arbeitgebers und Organisationsmängel in dessen Verantwortungsbereich schließen die Anwendung des § 14 Abs. 1 aus. So kann sich der Arbeitgeber auf die Ausnahme nicht berufen, wenn er Aufträge hereingenommen hat, obwohl er bei gehöriger Sorgfalt hätte wissen müssen, dass er sie mit der vorhandenen Kapazität und den vorhandenen Arbeitskräften in der zugesagten Zeit nicht erledigen kann (**R:** vgl. OLG Düsseldorf 13.4.1992 DB 1992, 2148), ferner wenn er Material, Werkzeug oder Transportmittel zu spät bestellt, die Arbeit nicht rechtzeitig verteilt. **Keine außergewöhnlichen Fälle** sind ferner Ereignisse, die zur Eigenart des Betriebes gehören (zB Erkrankungen und Unfälle von Patienten in Krankenhäusern, Gästeandrang in Ausflugslokalen), auch nicht Ereignisse, mit denen jeder Betrieb rechnen muss (zB Arbeitsausfälle durch Krankheit und Urlaub im üblichen Rahmen). **Streik und Aussperrung** sind, soweit sie rechtmäßig sind, die üblichen Maßnahmen des Arbeitskampfes und idR schon deswegen keine außergewöhnlichen Fälle. Die durch sie bedingten Arbeitsausfälle sind zudem bewusst gewollt bzw in Kauf genommen; etwas anderes gilt nur für sog. **Notstands- und Erhaltungsarbeiten** (**L:** vgl. MünchArbR/*Ricken* § 278 Rn 1; **R:** BAG 31.1. 1995 BB 1996, 214 = NZA 1995, 958 = NJW 1995, 2869 = DB 1995, 1817). Dem Arbeitgeber steht es frei, welche Arbeitnehmer er für den **Notdienst** einteilt (**R:** LAG Hamm 1.3.1995 DB 1995, 1818).

3. Umfang und Grenzen. – In Notfällen und in außergewöhnlichen Fällen dürfen Arbeitnehmer nach § 14 Abs. 1 über die Grenzen der §§ 3 bis 5, 6 Abs. 2, §§ 7, 9 bis 11 hinaus nur mit **vorübergehenden Arbeiten** beschäftigt werden, dh mit Arbeiten, die nicht allzu viel Zeit in Anspruch nehmen, allenfalls einige Tage, auf keinen Fall mehrere Wochen. Bei länger anhaltenden Arbeiten kann sich der Arbeitgeber auf die Ausnahme des § 14 Abs. 1 nicht mehr berufen, allenfalls für die ersten Tage. Liegen keine abweichenden Regelungen nach §§ 7 und 12 und keine Ausnahmegenehmigungen nach § 13 Abs. 3 oder § 15 Abs. 2 vor und ist mit ihnen in überschaubar kurzer Zeit nicht zu rechnen, muss er sich um zusätzliche Arbeitskräfte bemühen, sobald erkennbar ist, dass die Arbeiten längere Zeit in Anspruch nehmen werden. Können Arbeitskräfte nicht eingestellt werden, muss der Arbeitgeber ggf. seinen Betrieb verkleinern. So muss zB eine Firma zum Ankauf, zur Aufzucht oder zur Schlachtung von Hühnern und Enten die Tierlieferung stoppen oder erheblich einschränken, wenn der Notfall bzw der außergewöhnliche Fall längere Zeit anhält (**R:** vgl. BayObLG 17.4.1980 – Az: 3 Ob OWi 241/79 nv –). 8

Auf **unaufschiebbare Arbeiten** ist die Ausnahme des § 14 Abs. 1 im Unterschied zu der des § 14 Abs. 2 Nr. 2 nicht ausdrücklich beschränkt. Eine solche Beschränkung ergibt sich jedoch aus dem Zweck der Ausnahmeregelung (vgl. Rn 2), aber auch aus den Worten „deren Folgen nicht auf andere Weise zu beseitigen sind". Unaufschiebbar sind Arbeiten in Notfällen und in außergewöhnlichen Fällen, wenn sie nicht auf einen späteren Zeitpunkt verschoben werden können, sie vielmehr sofort vorgenommen werden müssen, um das drohende Ereignis – zB den Dammbruch durch Heckwasser –, den drohenden Schaden – zB die Vernichtung der Ernte durch ein Unwetter – oder die drohende Verschlimmerung des Schadens – zB durch das Stehen lassen von Tieren in überfluteten Stallungen – abzuwenden. Die Beschäftigung von Arbeitnehmern nach § 14 Abs. 1 kann, nicht zuletzt wegen der nicht begrenzten Möglichkeit, immer nur die ultima ratio, der einzige und letzte Ausweg aus der besonderen Situation sein, sowohl hinsichtlich der Art der Arbeiten wie hinsichtlich der Dauer des Einsatzes des einzelnen Arbeitnehmers. 9

IdR wird der Arbeitgeber eine **Güterabwägung vornehmen** müssen, ob und inwieweit eine Abweichung von den §§ 3 bis 5, 6 Abs. 2, §§ 7, 9 bis 11 gegenüber den durch das schädigende Ereignis bedrohten Rechtsgütern oder rechtlich geschützten Interessen das geringere Übel ist. Bei Schädigung absoluter Rechtsgüter wie Leben, Gesundheit und Eigentum wird eine über diese Vorschriften hinausgehende Beschäftigung eher zu rechtfertigen sein, insbes. wenn sie nur selten und nicht unbegrenzt erfolgt. Bei Schädigung rein wirtschaftlicher Interessen, vor allem Dritter, ist ein besonders strenger Maßstab anzulegen. Die Gesundheit und Arbeitskraft der Arbeitnehmer darf auf keinen Fall geschädigt werden. Zumindest muss den Arbeitnehmern ausreichend Gelegenheit zum Essen und Schlafen sowie zu einer längeren zusammenhängenden Ruhezeit in der Woche gegeben werden. Für das Vorliegen der Voraussetzungen des § 14 Abs. 1 ist der Arbeitgeber **beweispflichtig** (**R:** BAG 28.2.1958 AP AZO 1938 § 4 Nr. 1). 10

III. Ausnahmen nach Absatz 2

11 Im Gegensatz zu § 14 Abs. 1 erlaubt § 14 Abs. 2 keine Abweichung vom grundsätzlichen Verbot der Beschäftigung von Arbeitnehmern an Sonn- und Feiertagen des § 9. In jedem Fall sind die Arbeiten werktags abzuschließen; eventuell kann der Arbeitgeber eine Genehmigung zur Arbeit an Sonn- und Feiertagen nach § 13 Abs. 3 Nr. 2b einholen. Ist die Arbeit an Sonn- und Feiertagen nach § 10 gesetzlich zulässig, so darf in den Fällen des § 14 Abs. 2 von den Vorschriften des § 11 Abs. 1 bis 3 (Mindestzahl, Arbeitszeit, Ersatzruhetag) abgewichen werden.

12 **1. Fälle der Nummer 1.** – § 14 Abs. 2 ermöglicht dem Arbeitgeber, unter bestimmten Voraussetzungen abweichend von den §§ 3 bis 5, 6 Abs. 2, §§ 7 und 11 Abs. 1 bis 3 und § 12 eine während der normalen Arbeitszeit **begonnene Arbeit** am selben Tag zu **beenden**. Im Unterschied zu § 14 Abs. 1 auch dann, wenn bei Beginn der Arbeit voraussehbar ist, dass sie nicht ohne Abweichung beendet werden kann. Die aus dem Jahre 1927 stammende Vorschrift beruht auf vorwiegend wirtschaftlichen Gründen: Vermeidung von Gefahren für das Arbeitsergebnis, Vermeidung unverhältnismäßiger Schäden.

13 **Erste** Voraussetzung ist, dass zur Beendigung der Arbeit nur eine **verhältnismäßig geringe Zahl von Arbeitnehmern** benötigt wird. Dies ist idR der Fall, wenn es in Kleinbetrieben nur 2 bis 5 Arbeitnehmer sind. Bei größeren Betrieben wird man eine darüber hinaus notwendige Zahl von Arbeitnehmern dann als gering ansehen können, wenn diese Zahl im Verhältnis zur gesamten Betriebsbelegschaft gering ist. Man wird darüber streiten können, ob der Wortlaut der Vorschrift geglückt ist oder nicht, *Baeck/Deutsch/Winzer* ist jedenfalls darin zuzustimmen, dass bei Kleinbetrieben auf die absolute Zahl der Arbeitnehmer (etwa 2 bis 5) und bei Großbetrieben dagegen auf das Verhältnis der eingesetzten Arbeitnehmer zur Gesamtbelegschaft abzustellen ist (**L:** *Baeck/Deutsch/Winzer* § 14 Rn 25; *Neumann/Biebl* § 14 Rn 7; ErfK/*Wank* § 14 ArbZG Rn 5; aA *Dobberahn* Rn 154; wohl auch *Roggendorff* § 14 Rn 20).

14 **Zweite** Voraussetzung ist, dass die Arbeitnehmer nur **vorübergehend** beschäftigt werden (vgl. Rn 8). Die im Regierungsentwurf vorgesehene Formulierung „an einzelnen Tagen" (vgl. BT-Drucks. 12/5888 S. 9) ist durch dieses Merkmal im parlamentarischen Verfahren ersetzt worden (vgl. BT-Drucks. 12/6990 S. 17 und 44). Die zulässigen Beschäftigungstage müssen bei einem längeren Zeitraum nicht einzeln, dh getrennt voneinander, in Anspruch genommen werden. Bei einem längeren Zeitraum sind wenige hintereinander liegende Tage ebenfalls nur vorübergehend (**L:** ebenso *Roggendorff* § 14 Rn 20). Die Voraussetzung braucht, da das ArbZG kein arbeitsmarktpolitisches, sondern ein Arbeitsschutzgesetz ist, nur in der Person des einzelnen betroffenen Arbeitnehmers erfüllt zu werden. Nur er muss davor geschützt werden, allzu oft über die Grenzen der §§ 3 bis 5, 6 Abs. 2, §§ 7 und 11 Abs. 1 bis 3 und § 12 hinaus beschäftigt zu werden, nicht der Betrieb als solcher.

15 **Dritte** Voraussetzung ist, dass ohne die Erledigung der begonnenen Arbeit über die Grenzen des ArbZG hinaus entweder das Ergebnis der Arbeit gefährdet wäre oder

ein unverhältnismäßiger Schaden eintreten würde. Das **Ergebnis der Arbeit wäre gefährdet**, wenn der mit ihr verfolgte Zweck bei Nichtbeendigung am selben Tag nicht erreicht werden könnte. So muss das Gießen einer Betondecke über die in § 3 zugelassene Arbeitszeit hinaus fortgeführt werden, wenn die Decke haltbar sein soll. **Unverhältnismäßig** ist ein Schaden, wenn er so erheblich ist, dass es der Billigkeit entspricht, den Arbeitszeitschutz seinetwegen zurücktreten zu lassen. Unverhältnismäßig ist es zB, vorbereitetes kostspieliges Material, das am nächsten Tag nicht mehr verwendungsfähig ist, am selben Tag jedoch in vertretbarer Zeit verarbeitet werden kann, wegen Erreichen der Arbeitszeitgrenze des ArbZG stehen zu lassen. Das Gleiche gilt, wenn bei auswärtigen Arbeiten die Wegekosten für eine wiederholte Anfahrt in keinem rechten Verhältnis zur Dauer der noch zu erledigenden Arbeit stehen. Unter dem Gesichtspunkt der Unverhältnismäßigkeit kann § 14 Abs. 2 Nr. 1 im Unterschied zu § 14 Abs. 1 auch zur Erledigung eines eiligen Auftrags herangezogen werden (zur Notwendigkeit anderer Vorkehrungen vgl. Rn 22).

Der unverhältnismäßige Schaden, auf den es im Rahmen des § 14 Abs. 2 Nr. 1 ankommt, muss nicht in einer durch Augenschein wahrnehmbaren Zerstörung bestehen. Entscheidend ist vielmehr, welche **wirtschaftlichen Auswirkungen** – zB ein Produktionsausfall mit der Folge von Vertragsstrafen oder Kundenverlust – das Ereignis hat (**R:** BVerwG 23.6.1992 GewA 1992, 383). Diesen wirtschaftlichen Gegebenheiten entspricht es auch, § 14 Abs. 2 Nr. 1 auch dann zur Anwendung kommen zu lassen, wenn sich das Schadensereignis und die Notwendigkeit zur Überschreitung bestimmter Arbeitsschutzvorschriften auf verschiedene Betriebsstätten des gleichen Produktionsprogramms beziehen (**R:** vgl. BVerwG 23.6.1992 GewA 1992, 383), und zwar auch dann, wenn sich eine der Betriebsstätten im Ausland befindet. **16**

2. Fälle der Nummer 2. – a) Forschung und Lehre. – Die im Regierungsentwurf vorgesehene Formulierung „bei Forschungsarbeiten" (vgl. BT-Drucks. 12/5888 S. 9 und 31) ist im parlamentarischen Verfahren durch den Begriff „bei Forschung und Lehre" ersetzt worden, wodurch ein ausgewogenes Verhältnis zwischen den spezifischen Belangen der Forschung und dem Gesundheitsschutz der Arbeitnehmer gewährleistet werden soll (vgl. BT-Drucks. 12/6990 S. 44). Arbeiten bei Forschung und Lehre sind eigenständige, kreative Tätigkeiten mit dem Ziel, neue Erkenntnisse zu gewinnen oder zu verwerten, die nicht ohne Gefahr für ihr Ergebnis unterbrochen oder auf einen späteren Zeitpunkt verschoben werden können. Die Ausnahme gilt idR nur für die Arbeitnehmer einer Forschungseinrichtung, die als **Denker**, **Experimentierer** und **Rechnende** kreativ tätig sind, insbes. an Tagen, an denen sich besonders günstige Forschungsbedingungen einstellen oder Forschungsergebnisse kurzfristig gewonnen werden müssen (**L:** ebenso ErfK/*Wank* § 14 ArbZG Rn 7; *Buschmann/Ulber* § 14 Rn 18; aA *Neumann/Biebl* § 14 Rn 16; *Baeck/Deutsch/Winzer* § 14 Rn 33; *Schliemann* § 14 Rn 19, wonach die Ausnahme auch für andere Arbeitnehmer im Bereich von Forschung und Lehre zur Anwendung kommen soll). Für technische Hilfskräfte kommt § 14 Abs. 2 Nr. 1 in Betracht (vgl. ferner § 10 Rn 204ff). **17**

18 **b) Vor- und Abschlussarbeiten.** – Dies sind Arbeiten, die ihrer Art nach zu einem bestimmten Zeitpunkt vor Beginn bzw nach Beendigung des vollen regelmäßigen Betriebs durchgeführt werden müssen und nicht auf einen anderen Zeitpunkt verlegt werden können, ohne ihren Sinn zu verlieren (vgl. ausf. § 10 Rn 97 ff), also in erster Linie Arbeiten zur Reinigung und Instandhaltung sowie Arbeiten zur Wiederaufnahme oder Aufrechterhaltung des vollen Betriebs. Hierzu zählt auch das Zuendebedienen der Kundschaft (vgl. BT-Drucks. 12/5888 S. 31).

19 **c) Behandlung, Pflege und Betreuung von Personen.** – Arbeiten zur **Behandlung, Pflege und Betreuung** von Personen sind Arbeiten, die diesem Zweck unmittelbar dienen, unabhängig davon, wo sie durchgeführt werden (vgl. auch § 5 Rn 35 ff und § 7 Rn 52 ff). Unaufschiebbar sind sie, wenn sie nicht ohne Gefährdung ihres Zwecks auf einen anderen Zeitpunkt verlegt werden können.

20 **d) Behandlung und Pflege von Tieren.** – Dies sind Arbeiten, die unmittelbar diesem Zweck dienen (vgl. auch § 5 Rn 53 ff und § 7 Rn 48 ff); und zwar auch dann, wenn die Arbeiten – anders als in Notfällen oder außergewöhnlichen Fällen (vgl. Rn 9) – nicht nur der Gefahrenabwehr dienen. Dies entspricht der gewandelten Auffassung im Bereich des Tierschutzes.

21 **e) An einzelnen Tagen.** – Die Beschäftigung mit allen in § 14 Abs. 2 Nr. 2 genannten Arbeiten ist nur an einzelnen Tagen zulässig, also nicht allzu oft. Einen Bezugszeitraum enthält die Vorschrift nicht. Auch die frühere im Schrifttum vertretene Auslegung, wonach im Hinblick auf § 7 Abs. 1 Nr. 1 Buchst. c aF die Ausnahme nur an weniger als 60 Tagen im Jahr in Anspruch genommen werden dürfe, ist nach Wegfall dieser Vorschrift nur noch schwerlich aufrecht zu erhalten. Ein Teil des Schrifttums folgert daraus, dass die Ausnahme auch häufiger als an 60 Tagen in Anspruch genommen werden könne (**L:** *Baeck/Deutsch/Winzer* § 14 Rn 43; *Neumann/Biebl* § 14 Rn 17). Eine solch weitgehende Interpretation der Vorschrift ist angesichts der Zwecksetzung des ArbZG (Gesundheitsschutz der Arbeitnehmer) abzulehnen, zumal dem Arbeitgeber bei einer derart häufigen Inanspruchnahme des Ausnahmetatbestandes andere Vorkehrungen zugemutet werden könnten. Stellt man dagegen stärker auf die Außergewöhnlichkeit ab, so könnte als Orientierung dienen, dass ein außergewöhnlicher Fall über ein Jahr gesehen allenfalls einmal in der Woche vorkommen sollte. Die Vorschrift müsste demzufolge so ausgelegt werden, dass die Ausnahme in aller Regel nur an **weniger als 52 Tagen im Jahr** in Anspruch genommen werden darf. was im Hinblick auf § 7 Abs. 1 Nr. 1 so auszulegen ist, dass diese Ausnahme idR nur an weniger als 60 Tagen im Jahr in Anspruch genommen werden darf (vgl. auch Rn 14).

22 **3. Andere Vorkehrungen.** – Der letzte Halbsatz gilt für alle in § 14 Abs. 2 zugelassenen Ausnahmen. Eine Abweichung sowohl nach Nr. 1 als auch nach Nr. 2 ist immer nur dann zulässig, wenn dem Arbeitgeber andere Vorkehrungen nicht zugemutet werden können. Die Abweichungsmöglichkeit nach § 14 Abs. 2 muss im Unterschied zu der des § 14 Abs. 1 nicht die ultima ratio sein. Sie darf aber auch nicht

über Gebühr ausgenutzt werden. Die anderen **Vorkehrungen** können **technischer oder personeller** Art sein, zB Einsatz weiterer oder anderer Maschinen oder Arbeitskräfte.

Der Aufwand für die anderen Vorkehrungen braucht zu der Belastung der Arbeitnehmer durch die Abweichung nicht außer Verhältnis zu stehen. So ist es für den Arbeitgeber idR **nicht zumutbar**, zusätzliche Maschinen anzuschaffen oder zusätzliche Arbeitnehmer einzustellen, wenn sie nach Erledigung der Arbeit nicht gebraucht werden. Dem Arbeitgeber ist es zB auch nicht zumutbar, auf eine Montagestelle mehr Monteure zu schicken, als dort üblicherweise gebraucht werden. Ggf. muss die Arbeit von diesen zu Ende geführt werden. **23**

4. Umfang und Grenzen. – Unter den Voraussetzungen des § 14 Abs. 2 kann der Arbeitgeber **von den §§ 3 bis 5, 6 Abs. 2, §§ 7 und 11 Abs. 1 bis 3 und § 12 abweichen**. Er kann also Arbeitnehmer straffrei über die erlaubten 8 bzw 10 Stunden Arbeitszeit am Tage (§ 3) ohne Ausgleich beschäftigen und braucht die in §§ 4 und 5 vorgeschriebenen Ruhepausen und Ruhezeiten nicht einzuhalten. Bei einer Beschäftigung am Sonn- oder Feiertag braucht der Arbeitgeber die in § 11 Abs. 1 und 3 vorgeschriebenen freien Tage und Ersatzruhezeiten nicht zu gewähren. § 14 Abs. 2 erlaubt aber im Unterschied zu § 14 Abs. 1 nicht die Beschäftigung am Sonn- oder Feiertag. Ob sie zulässig ist, beurteilt sich nach § 10. Die Vorschriften, von denen abgewichen werden kann, sind in § 14 Abs. 2 erschöpfend und abschließend aufgezählt. **24**

Um **wie viel Stunden** die Arbeitszeit verlängert, um wie viel Stunden die Ruhepausen und Ruhezeiten sowie die freien Tage und Ersatzruhezeiten gekürzt werden können, hängt von der Gewichtigkeit der Gründe für die Abweichung und vom Gesundheitszustand der betroffenen Arbeitnehmer ab. Der Arbeitgeber muss dies in eigener strafrechtlicher Verantwortung prüfen und entscheiden und auf das unbedingt notwendige Maß beschränken. Die Gesundheit und Arbeitskraft des Arbeitnehmers darf auf keinen Fall geschädigt werden (vgl. Rn 10). **25**

IV. Absatz 3

Abs. 3 wurde neu eingefügt durch das Gesetz zu Reformen am Arbeitsmarkt vom 24.12.2003 (BGBl. I S. 3002, 3005). Durch Abs. 3 wird klargestellt, dass auch in den außergewöhnlichen Fällen der Abs. 1 und 2 eine Arbeitszeit von 48 Stunden wöchentlich (im Durchschnitt von 6 Kalendermonaten oder 24 Wochen) nicht überschritten werden darf (vgl. Ausschussdruck. 15(9)637 S. 8). **26**

V. Verpflichtung zur Arbeit, Mehrarbeitsvergütung

§ 14 befreit den Arbeitgeber von der Einhaltung der jeweils genannten Vorschriften. **27**
Ob und inwieweit der Arbeitnehmer **verpflichtet** ist, in diesen Fällen **zu arbeiten**,

ergibt sich nicht aus dieser Vorschrift, sondern entweder aus Tarifvertrag, Betriebsvereinbarung oder Arbeitsvertrag (vgl. § 3 Rn 8), im Zweifel aus der dem Arbeitnehmer obliegenden **Treuepflicht**. Sie wird ihm idR gebieten, den ihm zumutbaren Beitrag zur Verhütung oder Verringerung eines Schadens zu leisten, auch in den Fällen des § 14 Abs. 2.

28 Das ArbZG enthält keine Regelung über die **Vergütung** der Arbeitsleistung, auch nicht eine § 15 AZO 1938 vergleichbare Vorschrift zur Mehrarbeitsvergütung. Ein Anspruch des Arbeitnehmers auf Vergütung ergibt sich aus Tarifvertrag, Betriebsvereinbarung oder Arbeitsvertrag, im Zweifel aus der dem Arbeitgeber obliegenden Fürsorgepflicht; dies gilt auch für einen eventuellen Anspruch auf Ersatzfreizeit. Für Auszubildende gilt § 10 Abs. 3 BBiG. Danach ist diesen eine über die vereinbarte regelmäßige Ausbildungszeit hinausgehende Beschäftigung besonders zu vergüten. Bei jugendlichen Auszubildenden ist allerdings eine Beschäftigung nur im Rahmen des § 21 JArbSchG zulässig (**L:** vgl. dazu *Zmarzlik/Anzinger* § 21 Rn 4 ff).

VI. Beteiligung des Betriebsrats

29 Die Frage, ob und inwieweit der Betriebsrat in den Fällen des § 14 zu beteiligen ist, ist **nach der Art der Abweichung** zu beurteilen. Betrifft sie die Lage der Arbeitszeit oder die Pausen, ist die Zustimmung des Betriebsrats nach § 87 Abs. 1 Nr. 2 BetrVG (§ 75 Abs. 3 Nr. 1 BPersVG) erforderlich. So ist eine Abweichung von den §§ 3, 4 und 10 idR mitbestimmungspflichtig. Bei einer Abweichung von der Ruhezeit des § 5 sowie von den freien Tagen und Ersatzruhezeiten des § 11 ist eine Mitwirkung des Betriebsrats im BetrVG (BPersVG) nicht vorgesehen. Eine Abweichung von § 3 wird idR zugleich Beginn und Ende der täglichen Arbeitszeit betreffen und daher nach § 87 Abs. 1 Nr. 2 BetrVG (§ 75 Abs. 3 Nr. 1 BPersVG) mitbestimmungspflichtig sein. Dies gilt allerdings nur für **generelle betriebliche Abweichungen**, nicht aber für spezielle, auf einzelne Arbeitnehmer beschränkte Abweichungen und hat keine Auswirkungen auf die Zulässigkeit oder Strafbarkeit einer Abweichung (vgl. ausf. § 1 Rn 61 ff).

30 Eine **vorübergehende Verlängerung** der betriebsüblichen Arbeitszeit aufgrund des § 14 ist nach § 87 Abs. 1 Nr. 3 BetrVG auch dann mitbestimmungspflichtig, wenn sie nicht zugleich die Lage der Arbeitszeit betrifft. Dies gilt allerdings nur bei einer vorübergehenden Arbeitszeitverlängerung für alle Arbeitnehmer des Betriebs oder zumindest für eine Gruppe von Arbeitnehmern, nicht dagegen für einzelne, individuell bestimmte Arbeitnehmer (vgl. ausf. § 1 Rn 75 ff).

31 Das **Mitbestimmungsrecht** des Betriebsrats gilt grundsätzlich auch in Eilfällen (vgl. § 1 Rn 63). Es entfällt jedoch **in Notfällen**, wenn zur Vermeidung großer Schäden plötzlich und unvorhersehbar unaufschiebbare Arbeiten durchgeführt werden müssen und keine Zeit bleibt, mit dem Betriebsrat eine Regelung zu treffen (**R:** BAG 13.7.1977 AP BetrVG 1972 § 87 Nr. 2 Kurzarbeit). Bei der Durchführung von Krankentransporten sind Notfälle für Patienten für den Arbeitgeber nicht unvorhersehbar und deshalb kein mitbestimmungsfreier Notfall (**R:** LAG BW 23.11.2000 AuR 2001, 512). Der Arbeitgeber muss den Betriebsrat in diesen Fällen unverzüglich über die getroffenen Maßnahmen unterrichten. Im öffentlichen Dienst kann der Leiter der Dienststelle bei Maßnahmen, die der Natur der Sache nach keinen Aufschub dulden, nach § 72 Abs. 6 iVm § 69 Abs. 5 BPersVG vorläufige Regelungen treffen.

VII. Verstöße

Der Arbeitgeber muss in eigener strafrechtlicher Verantwortung prüfen, ob einer der Ausnahmefälle des § 14 vorliegt und ob sich die von ihm angeordnete Beschäftigung im zulässigen Umfang hält (vgl. Rn 8 und 24 ff). Ist dies nicht der Fall, handelt er ordnungswidrig gemäß § 22 Abs. 1 Nr. 1 bis 6 iVm der jeweiligen verletzten Vorschrift. Ist dies der Fall, schließt § 14 die Rechtswidrigkeit seines Handelns ähnlich wie der rechtfertigende Notstand nach § 16 OWiG oder § 34 StGB aus. Ein Irrtum über das Vorliegen einer der Voraussetzungen des § 14 schließt den Vorsatz aus; die Möglichkeit der Ahndung wegen fahrlässigen Handelns bleibt unberührt (§ 16 Abs. 1 StGB, § 11 Abs. 1 OWiG). Zur Erkundigungspflicht des Arbeitgebers **R:** vgl. OLG Düsseldorf 13.4.1992 DB 1992, 2148; vgl. ferner § 3 Rn 88 f. **32**

§ 15
Bewilligung, Ermächtigung

(1) Die Aufsichtsbehörde kann

1. eine von den §§ 3, 6 Abs. 2 und § 11 Abs. 2 abweichende längere tägliche Arbeitszeit bewilligen
   a) für kontinuierliche Schichtbetriebe zur Erreichung zusätzlicher Freischichten,
   b) für Bau- und Montagestellen,
2. eine von den §§ 3, 6 Abs. 2 und § 11 Abs. 2 abweichende längere tägliche Arbeitszeit für Saison- und Kampagnebetriebe für die Zeit der Saison oder Kampagne bewilligen, wenn die Verlängerung der Arbeitszeit über acht Stunden werktäglich durch eine entsprechende Verkürzung der Arbeitszeit zu anderen Zeiten ausgeglichen wird,
3. eine von den §§ 5 und 11 Abs. 2 abweichende Dauer und Lage der Ruhezeit bei Arbeitsbereitschaft, Bereitschaftsdienst und Rufbereitschaft den Besonderheiten dieser Inanspruchnahmen im öffentlichen Dienst entsprechend bewilligen,
4. eine von den §§ 5 und 11 Abs. 2 abweichende Ruhezeit zur Herbeiführung eines regelmäßigen wöchentlichen Schichtwechsels zweimal innerhalb eines Zeitraums von drei Wochen bewilligen.

(2) Die Aufsichtsbehörde kann über die in diesem Gesetz vorgesehenen Ausnahmen hinaus weitergehende Ausnahmen zulassen, soweit sie im öffentlichen Interesse dringend nötig werden.

(2a) Die Bundesregierung kann durch Rechtsverordnung mit Zustimmung des Bundesrates

1. Ausnahmen von den §§ 3, 4, 5 und 6 Abs. 2 sowie von den §§ 9 und 11 für Arbeitnehmer, die besondere Tätigkeiten zur Errichtung, zur Änderung oder zum Betrieb von Bauwerken, künstlichen Inseln oder sonstigen Anlagen auf See (Offshore-Tätigkeiten) durchführen, zulassen und
2. die zum Schutz der in Nummer 1 genannten Arbeitnehmer sowie der Sonn- und Feiertagsruhe notwendigen Bedingungen bestimmen.

(3) Das Bundesministerium der Verteidigung kann in seinem Geschäftsbereich durch Rechtsverordnung mit Zustimmung des Bundesministeriums für Arbeit und Soziales aus zwingenden Gründen der Verteidigung Arbeitnehmer verpflichten, über die in diesem Gesetz und in den auf Grund dieses Gesetzes erlassenen Rechtsverordnungen und Tarifverträgen festgelegten Arbeitszeitgrenzen und -beschränkungen hinaus Arbeit zu leisten.

(3a) Das Bundesministerium der Verteidigung kann in seinem Geschäftsbereich durch Rechtsverordnung im Einvernehmen mit dem Bundesminister für Arbeit und Soziales für besondere Tätigkeiten der Arbeitnehmer bei den

Streitkräften Abweichungen von in diesem Gesetz sowie von in den auf Grund dieses Gesetzes erlassenen Rechtsverordnungen bestimmten Arbeitszeitgrenzen und -beschränkungen zulassen, soweit die Abweichungen aus zwingenden Gründen erforderlich sind und die größtmögliche Sicherheit und der bestmögliche Gesundheitsschutz der Arbeitnehmer gewährleistet werden.

(4) Werden Ausnahmen nach Absatz 1 oder 2 zugelassen, darf die Arbeitszeit 48 Stunden wöchentlich im Durchschnitt von sechs Kalendermonaten oder 24 Wochen nicht überschreiten.

Übersicht

I. Ausnahmen in besonderen Fällen (Absatz 1)

1. Allgemeines. – Die Ermächtigung zur Verlängerung der Arbeitszeit in **§ 15 Abs. 1 Nr. 1 und 2** ist aus § 4 Abs. 3 Satz 2 AZO 1938 und § 8 Abs. 2 AZO 1938 übernommen worden, einerseits beschränkt auf bestimmte Beschäftigungsbereiche, andererseits ausgedehnt auch auf andere Fälle als die der anderen Verteilung der Arbeitszeit und die der Arbeitsbereitschaft. Der **Zweck** der Ermächtigung besteht darin, in den in § 15 Abs. 1 Nr. 1 und 2 genannten Beschäftigungsbereichen eine Verlängerung der täglichen Arbeitszeit über 10 Stunden hinaus auch in anderen als den in § 7 Abs. 1 Nr. 1 und Abs. 2 genannten Fällen zu ermöglichen (vgl. BT-Drucks. 12/5888 S. 31). 1

2 Die Ermächtigung in **§ 15 Abs. 1 Nr. 3** ist in dieser Form **neu**. Sie hat den **Zweck**, im öffentlichen Dienst flexible Regelungen der Lage und Dauer der Arbeitszeit über § 7 Abs. 2 Nr. 1 hinaus durch Verwaltungsakt zu ermöglichen (vgl. BT-Drucks. 12/5888 S. 31), zB für Winterdienste.

3 Die Ermächtigung zur Kürzung der Ruhezeit in **§ 15 Abs. 1 Nr. 4** ist an § 10 Satz 2 AZO 1938 angelehnt (vgl. BT-Drucks. 12/5888 S. 31). **§ 15 Abs. 2a** wurde neu eingefügt durch das Gesetz zur Umsetzung des Seearbeitsübereinkommens 2006 der Internationalen Arbeitsorganisation vom 20.4.2013 (BGBl. I S. 868). **§ 15 Abs. 4** wurde eingefügt durch das Gesetz zu Reformen am Arbeitsmarkt vom 24.12.2003 (BGBl. I S. 3002, 3006).

4 **2. Schichtbetriebe.** – Die Arbeitszeitverlängerung nach § 15 Abs. 1 **Nr. 1 Buchst. a** ist für kontinuierliche Schichtbetriebe zulässig, dh für Betriebe, die **in mehreren Schichten rund um die Uhr** arbeiten, als teilkontinuierliche Betriebe idR von Montag 6 Uhr bis Samstag 14 oder 22 Uhr, als vollkontinuierliche Betriebe idR von Montag 0 Uhr bis Sonntag 24 Uhr (vgl. ausf. § 2 Rn 90). Die Zulässigkeit der Sonn- und Feiertagsarbeit ist nach §§ 10 und 13 zu beurteilen (vgl. ausf. § 10 Rn 160 ff sowie § 13 Rn 84 ff und 104 ff).

5 Die Arbeitszeitverlängerung ist abweichend von §§ 3, 6 Abs. 2 und § 11 Abs. 2 zulässig, dh **über 10 Stunden**, nicht nur an Werktagen und während der Nachtzeit, sondern auch an Sonn- und Feiertagen, falls Sonn- und Feiertagsarbeit zulässig ist, und ferner abweichend von dem in §§ 3, 6 Abs. 2 und § 11 Abs. 2 vorgeschriebenen Ausgleich. Eine Stundengrenze, bis zu der die tägliche Arbeitszeit verlängert werden kann, ist im ArbZG nicht ausdrücklich vorgeschrieben. Sie ergibt sich mittelbar aus dem Schichtsystem des jeweiligen Betriebs. Beim 12-Stunden-Schichtsystem ist die Arbeitszeitverlängerung auf höchstens **12 Stunden** pro Schicht zu begrenzen (vgl. auch § 12 Satz 1 Nr. 4). Beim 8-Stunden-Schichtsystem kann sich die Notwendigkeit ergeben, eine Schicht innerhalb von 3 Wochen bis zu **16 Stunden** zuzulassen, um im Betrieb einen regelmäßigen Schichtwechsel (vgl. Rn 19) zu ermöglichen (**L:** ablehnend: *Buschmann/Ulber* § 15 Rn 3). Im Übrigen ist § 15 Abs. 4 zu berücksichtigen (vgl. Rn 48), wonach auch in diesen Fällen sichergestellt sein muss, dass eine Arbeitszeit von 48 Stunden in der Woche (im Durchschnitt von 6 Kalendermonaten bzw 24 Wochen nicht überschritten wird.

6 Die Ermächtigung zur Verlängerung der Arbeitszeit ist auf einen bestimmten Zweck beschränkt. Von der Ermächtigung kann **nur zur Erreichung zusätzlicher Freischichten** Gebrauch gemacht werden. Der Arbeitgeber, der den Antrag auf Arbeitszeitverlängerung stellt, muss nachweisen, dass, wie und wie viel zusätzliche Freischichten in seinem Betrieb durch eine über 8 Stunden hinausgehende Arbeitszeit erreicht werden können. Eine bestimmte Zahl zusätzlicher Freischichten wird nicht ausdrücklich vorgeschrieben. Sie muss jedoch nach dem Sinn der zweckgebundenen Verlängerungsmöglichkeit in einem angemessenen Verhältnis zur Dauer und Häufigkeit der längeren Arbeitszeit stehen. Der Grundsatz der 8-stündigen

werktäglichen Arbeitszeit des § 3 sollte zumindest nicht im Jahresdurchschnitt überschritten werden. Die Verlängerung der Arbeitszeit ist unter den dargestellten Voraussetzungen möglich für **Werktage** (abweichend von § 3), bei Zulässigkeit der Arbeit nach § 10 für **Sonn- und Feiertage** (abweichend von § 11 Abs. 2) und auch für **Nachtarbeitnehmer** (abweichend von § 6 Abs. 2). Eine Verlängerung der Nachtschicht (= Dauer der Arbeitszeit) führt dazu, dass insgesamt weniger Nachtschichten anfallen (vgl. § 6 Rn 30), weshalb in Einzelfällen auch die 10-Stunden-Grenze überschritten werden kann (**L:** ebenso *Baeck/Deutsch/Winzer* § 15 Rn 12; ablehnend: *Buschmann/Ulber* § 15 Rn 4 unter Hinweis auf die Vorgaben des BVerfG zur Gestaltungspflicht des Gesetzgebers bei Nachtarbeit und die Entscheidung des EuGH v. 25.11.2010 – Rs C-429/09, NZA 2011, 53).

Verhältnis zu § 7 Abs. 1 Nr. 1 und § 12 Satz 1 Nr. 4: Nach der Zwecksetzung des 7
ArbZG, den Tarifvertragsparteien und Betriebspartnern mehr Befugnisse als bisher zu übertragen (vgl. BT-Drucks. 12/5888 S. 20 und 26), haben Arbeitszeitverlängerungen durch diese Vorrang vor Arbeitszeitverlängerungen durch die Aufsichtsbehörden. Die Aufsichtsbehörden können eine längere Arbeitszeit nach § 15 Abs. 1 Nr. 1 Buchst. a **erst dann bewilligen**, wenn feststeht, dass die Tarifvertragsparteien und Betriebspartner nicht bereit oder in der Lage sind, die Arbeitszeit zu verlängern, obwohl dies aus betrieblichen Gründen oder im Interesse der betroffenen Arbeitnehmer erforderlich ist. Auf keinen Fall darf die Aufsichtsbehörde in laufende Verhandlungen über einen Tarifvertrag oder eine Betriebsvereinbarung eingreifen, diese Verhandlungen unterlaufen und auch ihr Ergebnis nicht vorwegnehmen (**L:** insgesamt krit. zu § 15 Abs. 1: *Buschmann/Ulber* § 15 Rn 4).

3. Bau- und Montagestellen. – Die Arbeitszeitverlängerung nach § 15 Abs. 1 **Nr. 1** 8
Buchst. b ist nur zulässig für Bau- und Montagestellen. Die im Regierungsentwurf ursprünglich vorgesehene Beschränkung auf Montagestellen (vgl. BT-Drucks. 12/5888 S. 10) ist im parlamentarischen Verfahren auf Bau- und Montagestellen (vgl. BT-Drucks. 12/6990 S. 17 und 44) erweitert worden. **Baustellen** sind zeitlich begrenzte oder ortsveränderliche Arbeitsstellen, an denen Hoch- oder Tiefbauarbeiten ausgeführt werden (vgl. Art. 2 Buchst. a) der Richtlinie 92/57/EWG des Rates vom 24.6.1992 über die auf zeitlich begrenzte oder ortsveränderliche Baustellen anzuwendenden Mindestvorschriften für die Sicherheit und den Gesundheitsschutz der Arbeitnehmer, ABl. EG 26.8.1992 Nr. L 245 S. 6), insbes. also Aushub- und Erdarbeiten, Umbau-, Renovierungs- und Reparaturarbeiten, Wartungs- und Sanierungsarbeiten, Abbau- und Abbrucharbeiten, Instandhaltungs-, Maler- und Reinigungsarbeiten, Errichtung und Abbau von Fertigbauteilen usw. **Montagestellen** sind Arbeitsstellen, auf denen idR vorgefertigte Teile oder Baugruppen zu einem fertigen Endergebnis montiert, also zusammengesetzt werden (vgl. auch § 2 Abs. 1 Bauordnung NRW).

Die Arbeitszeitverlängerung für Bau- und Montagestellen ist ebenso wie die für 9
Schichtbetriebe (vgl. Rn 4ff) **über 10 Stunden** hinaus zulässig, nicht nur an Werktagen und während der Nachtzeit, sondern auch an Sonn- und Feiertagen, falls

Sonn- und Feiertagsarbeit auf der betreffenden Bau- und Montagestelle zulässig ist. Eine Grenze, bis zu der die tägliche Arbeitszeit verlängert werden kann, ist auch für Bau- und Montagestellen nicht vorgeschrieben. Im Unterschied zu § 15 Abs. 1 Nr. 1 Buchst. a fehlt eine eindeutige mittelbare Begrenzung. Sie muss daher von der zuständigen Aufsichtsbehörde ausdrücklich getroffen werden, wobei insbes. die Art und Schwere der Arbeit sowie die sonstigen Maßnahmen zur Sicherstellung des Gesundheitsschutzes der Arbeitnehmer auf der Bau- und Montagestelle den Maßstab bilden sollten. Arbeitszeiten über 12 Stunden an einem Tag sollten allenfalls bei erheblicher Arbeitsbereitschaft zugelassen werden, ansonsten nicht. Für Arbeitszeitverlängerungen im öffentlichen Interesse gilt die Sonderregelung des § 15 Abs. 2 (vgl. Rn 23 ff).

10 Die Ermächtigung zur Verlängerung der Arbeitszeit nach § 15 Abs. 1 Nr. 1 Buchst. b ist im Unterschied zu der in § 15 Abs. 1 Nr. 1 Buchst. a nicht ausdrücklich auf einen bestimmten Zweck beschränkt worden. Jedoch sollte hier berücksichtigt werden, dass ein entscheidender Anlass für diese Ermächtigung darin zu sehen ist, dass Bau- und Montagestellen häufig weit entfernt vom Wohnort des Arbeitnehmers gelegen sind und er daher von der Freizeit zwischen zwei Schichten am Bau- bzw Montageort idR nicht den gleichen Nutzen hat wie von Freizeiten am Wohnort. Ob ein Montagearbeiter nach einem Montagetarifvertrag **Nah- oder Fernauslösung** erhält, hängt davon ab, ob ihm die tägliche Rückkehr zu seiner Wohnung zumutbar ist. Dies ist dann der Fall, wenn bei Benutzung öffentlicher Verkehrsmittel der Zeitaufwand für Hin- und Rückweg 3 1/2 Stunden nicht übersteigt (**R:** BAG 13.12. 1994 BB 1995, 884). Dem Montagearbeiter sollte daher zum **Ausgleich** für die verlängerte Arbeitszeit auf der Bau- oder Montagestelle eine entsprechend längere Ruhezeit am Wohnort sichergestellt werden.

11 Auch in den Fällen des § 15 Abs. 1 Nr. 1 Buchst. b ist der neu eingefügte Abs. 4 zu berücksichtigen (vgl. Rn 48), wonach sichergestellt sein muss, dass eine Arbeitszeit von 48 Stunden in der Woche (im Durchschnitt von 6 Kalendermonaten bzw 24 Wochen) nicht überschritten wird. Zum **Verhältnis** der Arbeitszeitverlängerung nach § 15 Abs. 1 Nr. 1 Buchst. b zu der nach § 7 Abs. 1 Nr. 1 und § 12 Satz 1 Nr. 4 vgl. die Ausführungen in Rn 7.

12 **4. Saisonbetriebe.** – Die Arbeitszeitverlängerung nach § 15 Abs. 1 **Nr. 2** ist nur für Saison- und Kampagnebetriebe zulässig. **Saisonbetriebe** sind Betriebe, die ihrer Art nach zu gewissen Zeiten des Jahres zu einer außergewöhnlich verstärkten Tätigkeit genötigt sind, zB Schokoladen-, Zucker-, Honigkuchen- und Spielwarenfabriken, Fremdenverkehrsbetriebe. **Kampagnebetriebe** sind Betriebe, die ihrer Art nach auf bestimmte Jahreszeiten beschränkt sind, zB Rübenzucker- und Fruchtkonservenfabriken, Fischräuchereien (vgl. ferner § 10 Rn 200 ff).

13 Die Arbeitszeitverlängerung für Saison- oder Kampagnebetriebe ist nur für die Zeit der Saison oder Kampagne zulässig, dh für eine bestimmte Jahreszeit bzw für die

Zeiten außergewöhnlicher oder außergewöhnlich verstärkter Tätigkeit. Andererseits ist die Arbeitszeitverlängerung in jedem Jahr möglich.

Die Arbeitszeitverlängerung nach § 15 Abs. 1 Nr. 2 ist ebenso wie die nach § 15 Abs. 1 Nr. 1 über 10 Stunden an allen Wochentagen zulässig, allerdings nur für die Zeit der Saison oder der Kampagne. Arbeitszeiten von mehr als 12 Stunden pro Schicht sollten idR auch hier nicht zugelassen werden (vgl. Rn 9). **14**

Voraussetzung für die Verlängerung der Arbeitszeit nach § 15 Abs. 1 Nr. 2 ist ein **Ausgleich** der Verlängerung der Arbeitszeit durch eine entsprechende **Verkürzung der Arbeitszeit** zu anderen Zeiten. Zweck dieser Voraussetzung ist sicherzustellen, dass die Arbeitszeitverlängerung „die durchschnittliche werktägliche Arbeitszeit von 8 Stunden nicht überschreitet" (BT-Drucks. 12/5888 S. 31). Maßgebend ist auch hier jetzt der Zeitraum des neu eingefügten Absatz 4 von 6 Kalendermonaten bzw 24 Wochen (vgl. Rn 48). **15**

5. Bereitschaftsdienste. – Nach § 15 Abs. 1 **Nr. 3** kann eine von §§ 5 und 11 Abs. 2 abweichende **Dauer und Lage der Ruhezeit** bewilligt werden. Im Extremfall könnte somit die vorgeschriebene Dauer der Ruhezeit von mindestens 11 Stunden auf bis zu 0 Stunden **verkürzt** werden. Danach kann ferner die in § 5 Abs. 1 und § 11 Abs. 2 vorgeschriebene Lage der Ruhezeit unmittelbar nach Beendigung der täglichen Arbeitszeit und die in § 9 Abs. 1 vorgeschriebene Lage und Dauer der Ruhezeit von 0 bis 24 Uhr bzw von 6 bis 6 Uhr ganz oder teilweise **verändert** werden (vgl. zur ähnlichen Regelung § 7 Rn 33 ff und 40 ff). **16**

Die sehr weitgehende Ausnahmemöglichkeit des § 15 Abs. 1 Nr. 3 ist auf die Sonderfälle der Arbeitsbereitschaft, des Bereitschaftsdienstes und der Rufbereitschaft (vgl. hierzu § 2 Rn 30 ff) und darüber hinaus auf deren Besonderheiten **im öffentlichen Dienst** (vgl. § 7 Abs. 2 Nr. 4 und § 19) beschränkt. **17**

Zum Verhältnis der abweichenden Regelung der Dauer und Lage der Ruhezeit nach § 15 Abs. 1 Nr. 3 zu der nach **§ 7 Abs. 1 Nr. 3 und Abs. 2 Nr. 4** gelten die Ausführungen zu Rn 7 entsprechend. Erfordert das öffentliche Interesse eine Ausnahme, sind die Voraussetzungen des § 15 Abs. 2 zu prüfen. In beiden Fällen entscheidet die in § 17 Abs. 3 bestimmte Stelle, soweit es sich um den öffentlichen Dienst des Bundes handelt. Bei einer Ausnahmebewilligung von § 9 Abs. 1 gelten dagegen die Ausführungen in Rn 7 nicht, da den Tarifvertragsparteien Befugnisse zur Abweichung von § 9 Abs. 1 nicht zustehen (vgl. § 12 Rn 4 und 6). **18**

6. Wöchentlicher Schichtwechsel. – Die Belegschaft der verschiedenen Schichten (Früh-, Spät- und Nachtschicht) wird idR an einem Tag in der Woche ausgewechselt, häufig am Wochenende. In kontinuierlichen Schichtbetrieben kann ein solcher wöchentlicher Wechsel nach § 15 Abs. 1 Nr. 1 Buchst. a durch eine Verlängerung der Schichtzeit ermöglicht werden, und zwar dadurch, dass die zuständige Aufsichtsbehörde für jeden Schichtarbeitnehmer innerhalb von zwei Wochen zweimal eine Schicht von 12 Stunden zulässt. Dies kann auch dadurch geschehen, dass die Aufsichtsbehörde für jeden Schichtarbeitnehmer jeden dritten Sonntag eine **Dop-** **19**

pelschicht von 16 Stunden zulässt. Voraussetzung für die Zulassung einer verlängerten Schichtzeit in beiden Fällen ist der Nachweis, dass durch die Verlängerung der Schichtzeit zusätzliche Freischichten erreicht werden.

20 **§ 15 Abs. 1 Nr. 4** bietet den Betrieben eine dritte Möglichkeit zur Herbeiführung eines regelmäßigen Schichtwechsels an, und zwar die **Verkürzung der Ruhezeit** zweimal innerhalb eines Zeitraums von drei Wochen durch Bewilligung der zuständigen Aufsichtsbehörde. Dies bedeutet: Die Aufsichtsbehörde kann zulassen, dass jeder Schichtarbeitnehmer innerhalb von drei Wochen zweimal seine neue Schicht nach einer Ruhezeit – statt wie sonst im dreischichtigen Betrieb üblich nach 16 Stunden – schon nach 8 Stunden beginnen kann. Eine **Befristung** der Ausnahmegenehmigung – so noch vorgeschrieben in den Nummern 11, 13 und 14 AVAZO 1938 – ist **nicht mehr zwingend** erforderlich. Ob und ggf. mit welchen Nebenbestimmungen die Ausnahmegenehmigung erteilt wird, ist nach pflichtgemäßem Ermessen unter Berücksichtigung der Zweckbestimmung des ArbZG (vgl. § 1 Rn 19) zu entscheiden.

21 Welche der drei Möglichkeiten zur Herbeiführung eines regelmäßigen wöchentlichen Schichtwechsels vorzuziehen ist, ist strittig. Die Möglichkeit, auf die sich Arbeitgeber und Betriebsrat einigen, verdient deshalb den Vorzug. Der **Betriebsrat** hat ohnehin ein Mitbestimmungsrecht nach § 87 Abs. 1 Nr. 2 BetrVG, da der Schichtwechsel Beginn und Ende der täglichen Arbeitszeit und zugleich auch die Verteilung der Arbeitszeit auf die einzelnen Wochentage betrifft.

22 **7. Verfahren.** – Die nach § 15 Abs. 1 möglichen Ausnahmen werden idR nur auf Antrag des jeweiligen Arbeitgebers bei der zuständigen Aufsichtsbehörde erteilt. Zum Antragsverfahren vgl. die Ausführungen zu § 13 Rn 41, 61 und 62, 79 bis 81, 94 bis 96, 130 ff. Die für die Erteilung von Ausnahmen nach § 15 Abs. 1 **zuständige Aufsichtsbehörde** ist die in den landesrechtlichen Zuständigkeitsgesetzen bzw Zuständigkeitsverordnungen festgelegte Behörde, idR sind dies die Gewerbeaufsichtsämter bzw Ämter für Arbeitsschutz. Für den öffentlichen Dienst des Bundes gilt § 17 Abs. 3.

II. Ausnahmen im öffentlichen Interesse (Absatz 2)

23 **1. Allgemeines.** – § 15 Abs. 2 ist **aus § 28 AZO 1938** übernommen, jedoch aus rechtsstaatlichen Gründen auf Ausnahmen von den Vorschriften des ArbZG beschränkt worden. Es handelt sich, wie zB auch bei § 23 LSchlG, um eine **Ermächtigung** zur Erteilung von **Ausnahmen im Einzelfall** von allgemeinen, unbedingten Verboten mit repressivem Charakter, deren tatbestandsmäßige Voraussetzungen uneingeschränkter gerichtlicher Nachprüfung unterliegen, einschließlich des unbestimmten, dem Wandel der Zeit unterworfenen Rechtsbegriffs des öffentlichen Interesses (**R:** vgl. BVerwG 15.5.1974 GewA 1974, 277; BVerwG 5.2.1980 GewA 1980, 237).

§ 15 Abs. 2 hat den **Zweck**, dringend erforderliche Ausnahmen im öffentlichen Interesse zu ermöglichen, wenn die ansonsten im ArbZG vorgesehenen Ausnahmen und Abweichungen unzureichend sind. In der amtlichen Begründung zum ArbZG wird hervorgehoben, dass unter § 15 Abs. 2 auch Arbeiten aus Anlass von Dienst-, Werk- und Sachleistungen fallen, die im Rahmen notstandsrechtlicher Regelungen zu erbringen sind (BT-Drucks, 12/5888 S. 31). 24

2. Voraussetzungen. – a) Keine andere Ausnahme. – Nach § 15 Abs. 2 kommt eine Ausnahmebewilligung nur in Betracht, wenn für den in Frage stehenden Fall eine Ausnahme oder Abweichungsmöglichkeit im ArbZG nicht vorgesehen ist oder die vorgesehenen Ausnahmen nicht ausreichen. Dies folgt daraus, dass die Behörde nach § 15 Abs. 2 nur **weitergehende Ausnahmen** zulassen kann, die über die in diesem Gesetz vorgesehenen Ausnahmen hinausgehen. Dies folgt ferner aus der im ArbZG vorgenommenen Aufgabenteilung zwischen den Tarifvertragsparteien, dem Verordnungsgeber und der Bewilligungsbehörde. Soweit zB dem öffentlichen Interesse an einer Abweichung von den Grundnormen der §§ 3 bis 5 durch einen Tarifvertrag nach § 7 Abs. 1 oder 2 oder dem öffentlichen Interesse an einer Abweichung vom Sonntagsarbeitsverbot des § 9 Abs. 1 durch eine Rechtsverordnung nach § 13 Abs. 1 Rechnung getragen werden kann, ist für eine Ausnahmebewilligung nach § 15 Abs. 2 kein Raum (**R:** vgl. BVerwG 5.2.1980 GewA 1980, 237; **L:** aA *Baeck/Deutsch/Winzer* § 15 Rn 31, für die die Ausführungen in Rn 25 „unklar" sind). Dies erfordert auch das Gebot der Gleichbehandlung des Art. 3 Abs. 1 GG, das idR nicht bei einer Einzelfallentscheidung, sondern nur bei einer für alle Betriebe gleicher Art in gleicher Weise geltenden allgemeinen Regelung gewahrt werden kann. 25

Eine andere Beurteilung kommt allenfalls in außergewöhnlichen **Ausnahmesituationen** in Betracht, in denen die Tarifvertragsparteien oder der Verordnungsgeber nicht oder nicht rechtzeitig handeln können, die Ausnahmesituation aber eine sofortige Ausnahmebewilligung zur Vermeidung sonst nicht abwendbarer, besonders erheblicher Nachteile für die Allgemeinheit erfordert. Denkbar sind solche Situationen zB im Spannungs- oder Verteidigungsfall. Auf keinen Fall darf die Bewilligungsbehörde die Befugnisse der Tarifvertragsparteien bzw des Verordnungsgebers nach dem ArbZG in normalen Zeiten unterlaufen oder diese Stellen in Zugzwang bringen. 26

b) Öffentliches Interesse. – Die Zulassung einer Ausnahme nach § 15 Abs. 2 setzt ferner voraus, dass sie im öffentlichen Interesse nötig wird, dh im **Interesse der Allgemeinheit** und nicht nur im privaten Interesse eines Betriebs liegt. Die Frage, ob im Einzelfall ein öffentliches Interesse an einer Ausnahme besteht, ist aus der Zweckbestimmung des § 1 und der Gesetzessystematik, insbes. also aus dem Regel-Ausnahme-Verhältnis des ArbZG, zu beurteilen. Anhaltspunkte für die Bewertung können aus den zahlreichen Abweichungs- und Ausnahmetatbeständen entnommen werden (**R:** vgl. zu § 23 LSchlG: BVerwG 23.3.1982 NJW 1982, 2513; BVerwG 15.5.1974 GewA 1974, 277; VGH BW 25.7.1979 GewA 1979, 391), in denen das öffentliche Interesse als Versorgungsinteresse bezeichnet wird, 27 und zwar als das Interesse der Allgemeinheit an der Versorgung der Bevölkerung mit Waren durch Verkauf über die im LSchlG zugelassenen Ladenöffnungszeiten hinaus, nicht dagegen zB als das Interesse der Allgemeinheit an der Aufrechterhaltung von Sicherheit und Ordnung, an der Schaffung von Arbeitsplätzen.

28 Zielsetzung des ArbZG ist in erster Linie der Gesundheitsschutz der Arbeitnehmer, in einigen Vorschriften (§§ 9 bis 13) auch der Schutz der Sonn- und Feiertagsruhe (vgl. BT-Drucks. 12/5888 S. 21). Die Fassung der einzelnen Vorschriften des ArbZG beruht auf der Abwägung des öffentlichen Interesse an der Gesundheit der Arbeitnehmer einerseits und an der Funktionsfähigkeit der Betriebe und Verwaltungen andererseits. Dabei ist davon auszugehen, dass hierfür der in §§ 3 bis 14 bestimmte, ggf. durch Tarifvertrag, Betriebsvereinbarung, Rechtsverordnung oder Verwaltungsakt auszufüllende oder zu ergänzende Rahmen ausreichend, aber auch notwendig ist. Es muss demzufolge schon ein dieses öffentliche Interesse **übersteigendes öffentliches Interesse** auftreten, wenn dieser ausgewogene Rahmen durchbrochen werden soll. Eine Richtschnur gibt insbes. die Vorschrift des § 14 Abs. 1, die zeigt, wann das öffentliche Interesse am Gesundheitsschutz der Arbeitnehmer gegenüber einem anderen öffentlichen Interesse ausnahmsweise zurücktreten muss.

29 In Betracht kommt § 15 Abs. 2 im Spannungs- und Verteidigungsfall, **bei** einem anderen **Notstand** mit nicht nur vorübergehenden Arbeiten iSd § 14 Abs. 1, zur Verhütung des drohenden **Verderbens von Rohstoffen**, Lebensmitteln oder Arbeitsergebnissen, wenn § 10 Abs. 1 oder § 14 Abs. 1 nicht ausreicht, ein überragendes öffentliches Interesse dies aber erfordert. In Betracht kommt eine Ausnahme nach § 15 Abs. 2 ferner, wenn sie **zur Versorgung der Bevölkerung** oder zumindest eines erheblichen Teils der Bevölkerung mit Waren oder Dienstleistungen erforderlich ist. Als erheblich ist dabei ein Bevölkerungsteil anzusehen, wenn dessen Versorgung gemessen an dem Zweck der Verbote des ArbZG als schutzwürdig und im Interesse der Allgemeinheit liegend angesehen werden muss (**R:** vgl. OVG Hamburg 17.8.1982 GewA 1982, 28; BayVGH 8.9.1978 GewA 1979, 23); auch ausländische Volksgruppen, wie zB die in Deutschland lebenden Türken, können als erheblicher Bevölkerungsteil in Betracht kommen. Bloße Konsumerwartung der Bevölkerung oder größere Annehmlichkeit für sie sind noch kein überragendes öffentliches Interesse (**R:** vgl. BayVGH 18.8.1980 GewA 1981, 22, 24). Ob die drohende **Existenzgefährdung** eines Betriebs ein öffentliches Interesse an einer Ausnahme zu begründen vermag, ist zumindest zweifelhaft (**R:** BayVGH 18.8.1980 GewA 1981, 22, 24), jedoch nicht von vornherein völlig auszuschließen, zB im Gebiet der neuen Bundesländer. Die Existenzgefährdung eines Industriezweigs ist bei § 13 Abs. 1 Nr. 2c zu berücksichtigen.

30 Sind schutzwürdige, im öffentlichen Interesse liegende Gründe iSd ArbZG an einer **Ausnahme** zu bejahen, kommt es darauf an, ob die Ausnahme nach § 15 Abs. 2 das **geeignete Mittel** ist und ob sie – wie diese Vorschrift es verlangt – **dringend** nötig wird. Diese Voraussetzung wird man idR nur bejahen können, wenn ohne eine unverzüglich erteilte Ausnahmebewilligung ganz erhebliche, für die Allgemeinheit nicht hinnehmbare Nachteile entstehen würden, sie aber durch die Ausnahme vermieden werden können.

3. Inhalt und Umfang der Ausnahmen. – Nach § 15 Abs. 1 kann die Behörde nur **Ausnahmen** von den Verboten und Geboten zulassen, die in dem jeweiligen Ausnahmetatbestand ausdrücklich bezeichnet worden sind. **31**

Nach § 15 Abs. 2 können **weitergehende Ausnahmen** zugelassen werden, dh Ausnahmen, die nach Art, Inhalt oder Umfang über die im ArbZG vorgesehenen Ausnahmen hinausgehen. Die Aufsichtsbehörde darf Ausnahmen in der Art, mit dem Inhalt und in dem Umfang erteilen, wie sie im öffentlichen Interesse dringend nötig werden. Die zur Erfüllung des öffentlichen Interesses gebotenen Grenzen muss die Bewilligungsbehörde ermitteln und im Bewilligungsbescheid genau angeben. Kommt die Aufsichtsbehörde zB zu dem Ergebnis, dass zur Herstellung eines von der Bevölkerung dringend benötigten Produkts 12-Stunden-Schichten notwendig, aber auch ausreichend sind, muss sie die höchstzulässige Arbeitszeit zB auf 11 Stunden pro Tag begrenzen und die Mindestdauer der Pausen auf insgesamt eine Stunde festsetzen (vgl. ferner § 14 Rn 10). **32**

Die Zulassung einer Ausnahme nach § 15 Abs. 1 steht im **Ermessen** der Behörde („kann zulassen"). Ihr Ermessensbereich beginnt erst, wenn alle tatbestandlichen Voraussetzungen vorliegen. Das Ermessen muss die Behörde **pflichtgemäß** ausüben. Sie muss vor allem abwägen zwischen dem Interesse der Allgemeinheit an der Gesundheit der Arbeitnehmer und dem Interesse der Allgemeinheit an der Durchbrechung der vom ArbZG festgesetzten Grenzen des Arbeitszeitschutzes im konkreten Fall. Im Zweifel ist dem Gesundheitsschutz der Arbeitnehmer bei der Ermessensentscheidung der Vorrang einzuräumen (vgl. auch § 1 Rn 19). **33**

Eine **Ausnahme** nach § 15 Abs. 2 muss nicht **widerruflich** erlassen werden. Eine Ausnahmebewilligung ohne Widerrufsvorbehalt ist daher wirksam. Eine **Befristung** ist in § 15 Abs. 2 nicht zwingend vorgeschrieben. Sie ist jedoch nach § 36 Abs. 2 Nr. 1 VwVfG möglich, wegen des einschneidenden Eingriffs dieser Ausnahme in das Arbeitsschutzrecht sogar geboten, damit die Aufsichtsbehörde nach Ablauf der Befristung prüfen kann, ob das öffentliche Interesse an der Ausnahme fortbesteht. Die Ausnahmebewilligung kann nach § 36 Abs. 2 Nr. 4 VwVfG mit einer **Auflage** verbunden werden. Sie muss darauf gerichtet sein, die für die Arbeitnehmer durch die Ausnahme entstehenden Nachteile auszugleichen und Gefährdungen der Arbeitnehmer auszuschließen. Für die **Form** der Ausnahmebewilligung gilt § 37 VwVfG. Die Ausnahme nach § 15 Abs. 2 kann nur im **Einzelfall** erteilt werden, dh für einzelne Arbeitnehmer bzw für einzelne Betriebe. Eine Allgemeinverfügung iSd § 35 Satz 2 VwVfG ist möglich. **34**

4. Verfahren. – § 15 Abs. 2 dient ausschließlich dem öffentlichen Interesse und räumt niemandem ein subjektiv-öffentliches Recht ein. Die Vorschrift gibt dem einzelnen Arbeitgeber insbes. **keinen Rechtsanspruch** gegen die Bewilligungsbehörde auf Zulassung einer Ausnahme (**L:** hM vgl. *Neumann/Biebl* § 15 Rn 10; *Baeck/* **35**

Deutsch § 15 Rn 37; ErfK/*Wank* § 15 ArbZG Rn 9; *Buschmann/Ulber* § 15 Rn 16). Der Antragsteller hat einen Anspruch auf eine **ermessensfehlerfreie Entscheidung**. Ein Wettbewerber kann gegen eine dem Konkurrenten erteilte Ausnahmebewilligung nur vorgehen, wenn er durch sie in seinen Rechten iSd § 113 Abs. 1 Satz 1 VwGO verletzt wird (**R:** BVerwG 23.3.1982 NJW 1982, 2513; vgl. auch OVG Koblenz 28.2.1993 NVwZ 1993, 645 = NJW 1993, 2699).

36 Ausnahmen nach § 15 Abs. 2 werden idR nur auf Antrag des Arbeitgebers erteilt (vgl. Rn 22; zum Antragsverfahren vgl. § 13 Rn 41, 61 und 62, 79 bis 81, 94 bis 96 und 130 bis 138). Die für die Erteilung von Ausnahmen nach § 15 Abs. 2 **zuständige Aufsichtsbehörde** ergibt sich aus den landesrechtlichen Zuständigkeitsgesetzen bzw Zuständigkeitsverordnungen. In diesen Zuständigkeitsregelungen ist die Befugnis zur Erteilung von Ausnahmen idR nicht auf die Gewerbeaufsichtsämter bzw Ämter für Arbeitsschutz delegiert worden. In aller Regel ist zuständig für die Erteilung von Ausnahmen nach § 15 Abs. 2 die **oberste** für den Arbeitschutz zuständigen Behörde (Arbeitsminister bzw Arbeitssenator), in NRW und Hess die jeweiligen Regierungspräsidenten (für den öffentlichen Dienst des Bundes gilt § 17 Abs. 3).

III. Ausnahmen im Bereich der Seeschifffahrt (Absatz 2a)

37 **1. Allgemeines** – § 15 Abs. 2a wurde eingefügt durch das Gesetz zur Umsetzung des Seearbeitsübereinkommens 2006 der Internationalen Arbeitsorganisation vom 20.4.2013 (BGBl. I S. 868). Das Gesetz tritt am 1.8.2013 in Kraft. Ziel des Gesetzes ist es, die Voraussetzungen für eine Ratifizierung des Seearbeitsübereinkommens der Internationalen Arbeitsorganisation (ILO) zu schaffen und damit die weltweite Geltung und Durchsetzung von Mindeststandards der Arbeits- und Lebensbedingungen für Seeleute an Bord von Handelsschiffen zu unterstützen und zu fördern. Kern dieses Umsetzungsgesetzes ist das neue Seearbeitsgesetz, das das Seemannsgesetz aus dem Jahre 1957 ablöst.

38 **2. Rechtsverordnungsermächtigung** – Die Bundesregierung kann durch Rechtsverordnung, die der Zustimmung des Bundesrates bedarf, Ausnahmen von den Bestimmungen der §§ 3, 4, 5, 6 Abs. 2 sowie von den §§ 9 und 11 zulassen (§ 15 Abs. 2a S. 1 Nr. 1). Damit wird die Möglichkeit eröffnet, die Regelungen des ArbZG den besonderen Verhältnissen im Zusammenhang mit Offshore-Tätigkeiten anzupassen. Unter Offshore-Tätigkeiten sind dabei Tätigkeiten zu verstehen, die der Errichtung, Änderung oder dem Betrieb von Bauwerken, künstlichen Inseln oder sonstigen Anlagen auf See dienen. Anders als zB in § 14 sind die zulässigen Ausnahmeregelungen nicht auf nur vorübergehende Tätigkeiten beschränkt, sondern lassen Ausnahmen für die gesamte Zeitdauer der Offshore-Tätigkeit zu.

39 Macht die Bundesregierung von der Rechtsverordnungsermächtigung zur Zulassung von Ausnahmen Gebrauch, so hat sie gleichzeitig („.... und ...“) die zum

Schutze der Arbeitnehmer sowie der Sonn- und Feiertagsruhe notwendigen Bedingungen festzulegen (§ 15 Abs. 2a S. 1 Nr. 2).

Die Bundesregierung hat von der Rechtsverordnungsermächtigung des § 15 Abs. 2a Gebrauch gemacht und am 24.4.2013 die Verordnung über die Arbeitszeit bei Offshore-Tätigkeiten (Offshore – Arbeitszeitverordnung – Offshore-ArbZV) erlassen. Die Verordnung ist am 1.8.2013 – zeitgleich mit dem neuen SeeArbG und den Änderungen des ArbZG in Kraft getreten (BGBl. I S. 2228). Bestandteil dieser Offshore-ArbZV sind auch Regelungen für Besatzungsmitglieder von Schiffen, von denen aus Offshore-Tätigkeiten durchgeführt werden. Dieser Teil der Offshore-ArbZV ist gestützt auf § 55 S.1 Nr. 3 SeeArbG. **40**

Für die Arbeitnehmerinnen und Arbeitnehmer, die Offshore-Tätigkeiten iSv § 15 Abs. 2a ArbZG durchführen, bestimmt die Offshore-ArbZV zunächst die Anwendung des ArbZG (§ 2 Offshore-ArbZV), lässt dann aber abweichend von §§ 3, 6 Abs. 2 und § 11 Abs. 2 ArbZG eine Verlängerung der täglichen Arbeitszeit auf bis zu 12 Stunden und abweichend von § 9 ArbZG Sonn- und Feiertagsarbeit zu. Dies gilt auch für Besatzungsmitglieder von Schiffen, von denen aus Offshore-Tätigkeiten ausgeführt werden (§ 12 Offshore-ArbZV). **41**

Gleichzeitig enthält die Offshore-ArbZV Regelungen zur Sicherheit und zum Gesundheitsschutz der Arbeitnehmerinnen und Arbeitnehmer. Hierzu zählen: **42**

- eine zeitliche Begrenzung der Offshore-Tätigkeiten auf 21 Tage (§ 6 Abs. 1 Offshore-ArbZV),
- Ausgleich von Mehrarbeit (§ 7 Offshore-ArbZV),
- Ausgleich für Sonn- und Feiertagsbeschäftigung (§ 7 Offshore-ArbZV),
- weitere Arbeitsschutzmaßnahmen (§ 10 Offshore-ArbZV),
- Ruhepausen von mindestens 60 Minuten bei einer Arbeitszeit von mehr als 10 Stunden (§§ 4, 13 Offshore-ArbZV),
- Ausgleich von Mehrarbeit und für Sonn- und Feiertagsbeschäftigung für Besatzungsmitglieder (§ 14 Offshore-ArbZV);

3. Verstöße – Wird gegen die abweichenden Arbeitszeitvorschriften, die die Rechtsverordnung festlegt, verstoßen, so ist dies als Verstoß gegen die entsprechenden Grundnormen des ArbZG bußgeld- bzw strafbewehrt (vgl. § 22). Wird gegen die Vorschriften verstoßen, die in der Rechtsverordnung zum Schutz der Arbeitnehmer bei Offshore-Tätigkeiten sowie zum Schutz der Sonn- und Feiertagsruhe festgelegt sind, so sind derartige Verstöße als Ordnungswidrigkeiten zu ahnden. **43**

IV. Ausnahmen im Geschäftsbereich des Bundesministeriums der Verteidigung (Absätze 3 und 3a)

1. Allgemeines. – Die Ermächtigung in § 15 Abs. 3 ist **aus § 14a AZO 1938** übernommen, auf alle Vorschriften des ArbZG ausgedehnt und redaktionell angepasst worden. Die Rechtsverordnungsermächtigung des Abs. 3a ist durch Art. 15 des Ge- **44**

setzes zur Begleitung der Reform der Bundeswehr (Bundeswehrreform-Begleitgesetz – BwRefBeglG) vom 21. Juli 2012 (BGBl. I 2012, 1583, 1599) in das ArbZG eingefügt worden. Eine Rechtsverordnung ist bisher weder aufgrund des § 14a AZO 1938 noch aufgrund des § 15 Abs. 3 bzw Abs. 3a erlassen worden. Die Ermächtigungen in **§ 15 Abs. 2, 3 und 3a** gelten nebeneinander. Es ist dem Ermessen des BMVg überlassen, ob es bei Vorliegen der entsprechenden Voraussetzungen von der Ermächtigung des § 15 Abs. 2 **oder der** Absätze 3 bzw 3a Gebrauch machen will. Mit der Ermächtigung des § 15 Abs. 3 können im Unterschied zu § 15 Abs. 2 und § 15 Abs. 3a die Arbeitnehmer zugleich zur Arbeitsleistung verpflichtet werden.

45 **2. Geltungsbereich.** – Die Ermächtigung des § 15 Abs. 3 und Abs. 3a gilt für **Arbeitnehmer** (zum Begriff vgl. § 2 Rn 61 ff), nach § 18 Abs. 2 für Arbeitnehmer über 18 Jahre. Für **Beamte** gilt nicht das ArbZG sondern die Verordnung über die Arbeitszeit der Bundesbeamten (vgl. Teil D Anh. 23). Für **Soldaten** gibt es keine gesetzliche Arbeitszeitregelung (vgl. § 2 Rn 74).

Die Ermächtigung gilt für Arbeitnehmer im Geschäftsbereich des BMVg (**L:** ebenso *Fiedler/Schelter* § 15 S. 121). Hierzu gehören das BMVg, die Streitkräfte, die territoriale Bundeswehrverwaltung und der Rüstungsbereich.

46 Nach Art. 56 Abs. 1 Buchst. a des Zusatzabkommens zum NATO-Truppenstatut gelten die für die zivilen Bediensteten bei der Bundeswehr maßgebenden arbeitsrechtlichen Vorschriften auch für die Beschäftigungsverhältnisse der zivilen Arbeitskräfte bei den **Stationierungsstreitkräften**. Wenn das BMVg nach § 15 Abs. 3 oder 3a für die Arbeitnehmer in seinem Geltungsbereich eine Rechtsverordnung erlässt, so gelten die Rechtsnormen dieser Verordnung nach Art. 56 Abs. 1 Buchst. a des Zusatzabkommens ohne Weiteres auch für die Arbeitsverhältnisse der zivilen Beschäftigten bei den Stationierungsstreitkräften in der Bundesrepublik Deutschland (vgl. BT-Drucks. 12/5888 S. 31).

47 **3. Rechtsverordnung nach § 15 Abs. 3 – a) Zweck.** – Eine Rechtsverordnung nach § 15 Abs. 3 kann aus **zwingenden Gründen der Verteidigung** erlassen werden. Solche Gründe liegen stets in einem Verteidigungsfall nach Art. 115a GG und in einem Spannungsfall nach Art. 80a Abs. 1 oder 3 GG vor. Zwingende Gründe der Verteidigung können auch während einer dem Verteidigungs- oder Spannungsfall vorangehenden Spannungszeit bejaht werden, insbes. zur Herstellung eines erhöhten Bereitschaftsstandes der Bundeswehr. Solche Gründe können ferner für Übungen zur Erprobung der Einsatzbereitschaft und der Einsatzfähigkeit der Bundesswehr bejaht werden, wenn die Teilnahme von Arbeitnehmern zwingend erforderlich ist (**L:** hM vgl. *Neumann/Biebl* § 15 Rn 12; ErfK/*Wank* § 15 ArbZG Rn 10; *Baeck/Deutsch/Winzer* § 15 Rn 42; aA *Buschmann/Ulber* § 15 Rn 19).

48 **b) Inhalt und Umfang der Ausnahmen.** – Zulässig sind in einer Rechtsverordnung nach § 15 Abs. 3 **alle Arbeitszeitregelungen**, die für die Sicherstellung der Einsatz- und Verteidigungsbereitschaft der Bundeswehr im Verteidigungsfall notwendig sind. Während einer vorangehenden **Spannungszeit** sind auch Arbeitszeitregelungen zulässig, die zu einer erheblichen Verkürzung des Übergangs zur Einsatz- und Verteidigungsbereitschaft der Bundeswehr notwendig sind. Für Übungen sind Arbeitszeitregelungen zulässig, die notwendig sind, um die Einsatzbereitschaft und Einsatzfähigkeit der Bundeswehr zuverlässig erproben zu können.

In der Rechtsverordnung nach § 15 Abs. 3 sind die höchstzulässigen Abweichungen 49
von den öffentlich-rechtlichen Arbeitszeitgrenzen des ArbZG sowie der aufgrund des ArbZG erlassenen Rechtsverordnungen und der aufgrund des ArbZG vereinbarten Tarifverträge so konkret wie möglich festzulegen. Zugleich können die Arbeitnehmer auch privatrechtlich verpflichtet werden, während der dort bestimmten höchstzulässigen Arbeitszeit Arbeit zu leisten. Wird eine solche **Arbeitsverpflichtung** in der Rechtsverordnung festgelegt, kann der jeweilige Leiter der betreffenden Dienststelle oder dessen Vertreter oder Beauftragter die Arbeitsleistung innerhalb des festgelegten höchstzulässigen Rahmens anordnen. Eine Mitbestimmung des Personalrats nach § 75 Abs. 3 BPersVG scheidet aus, weil in diesem Falle eine gesetzliche Arbeitszeitregelung besteht.

4. Rechtsverordnung nach § 15 Abs. 3a. – a) Zweck. – Während der Erlass einer 50
Rechtsverordnung nach Abs. 3 nur aus zwingenden Gründen der Verteidigung möglich ist, geht die Rechtsverordnungsermächtigung des Abs. 3a weiter. Sie verlangt nicht zwingende Gründe der Verteidigung, sondern lässt alle zwingenden Gründe ausreichen, ohne hierzu Ausführungen zu machen. Als weitere Voraussetzungen müssen „die größtmögliche Sicherheit" und der „bestmögliche Gesundheitsschutz" der Arbeitnehmer gewährleistet sein. Eine Aneinanderreihung unbestimmter Rechtsbegriffe, die erhebliche Zweifel an der Einhaltung des Bestimmtheitsgrundsatzes des Art. 80 GG aufkommen lassen (**L:** *Neumann/Biebl* § 15 Rn 13). Nach der Gesetzesbegründung wollte die Bundesregierung mit dieser Verordnungsermächtigung sicherstellen, dass Arbeitnehmer des BMVg an Mandatseinsätzen oder vergleichbaren Einsätzen der Bundeswehr im Ausland oder auf See teilnehmen können. Zugleich sollten damit die Bündnisverpflichtungen abgesichert werden (vgl. BT-Drucks. 17/9340 S. 53).

b) Inhalt und Umfang der Ausnahmen. – Anders als bei der Rechtsverordnung 51
nach § 15 Abs. 3 wird durch eine Rechtsverordnung nach § 15 Abs. 3a **keine** Arbeitsverpflichtung des Arbeitnehmers begründet. Diese bestimmt sich weiterhin nach dem Arbeitsvertrag oder ggf. nach einem auf das Arbeitsverhältnis anwendbaren Tarifvertrag. Mit einer auf § 15 Abs. 3a gestützten Rechtsverordnung können nur Abweichungen von Arbeitszeitgrenzen und -beschränkungen, die im ArbZG oder in einer aufgrund des ArbZG erlassenen Rechtsverordnung festgelegt sind, zugelassen werden.

5. Verfahren bei Erlass einer Rechtsverordnung nach § 15 Abs. 3 und Abs. 3a. 52
– Zuständig für den Erlass einer Rechtsverordnung nach § 15 Abs. 3 ist das **BMVg**. Das **BMAS** muss der Rechtsverordnung nach Abs. 3 **zustimmen**. Bei einer Rechts-

verordnung nach Abs. 3a ist Einvernehmen mit dem BMAS herzustellen. Der Rechtsverordnungsentwurf ist dem **Bundeskabinett** zur Beschlussfassung vorzulegen (vgl. ausf. § 8 Rn 13). Rechtsverordnungen nach § 15 Abs. 3 und Abs. 3a bedürfen **nicht** der **Zustimmung des Bundesrates**, allerdings bedarf die Feststellung des Verteidigungsfalls bei einer Rechtsverordnung nach § 15 Abs. 3 (vgl. Rn 42) nach Art. 115a Abs. 1 GG der Zustimmung des Bundesrates.

V. Arbeitszeithöchstgrenze (Absatz 4)

53 § 15 Abs. 4 wurde neu eingefügt durch das Gesetz zu Reformen am Arbeitsmarkt vom 24.12.2003 (BGBl. I S. 3002, 3005). Mit dem neu eingefügten Abs. 4 wird klargestellt, dass auch bei den Bewilligungen nach den Abs. 1 und 2 immer eine Arbeitszeit von 48 Stunden (im Durchschnitt von 6 Kalendermonaten oder 24 Wochen) einzuhalten ist (vgl. Ausschussdrucks. 15(9)637 S. 8).

VI. Verstöße

54 Arbeitgeber, die Arbeitnehmer über die in §§ 3, 6 Abs. 2 und § 11 Abs. 2 festgesetzte tägliche Arbeitszeit von 8 bzw 10 Stunden hinaus ohne Vorliegen einer Ausnahmebewilligung nach **§ 15 Abs. 1 Nr. 1 oder 2** oder über die dort zugelassene Arbeitszeit hinaus beschäftigen, handeln ordnungswidrig nach § 22 Abs. 1 Nr. 1. Arbeitgeber, die den Arbeitnehmern die in § 5 oder in § 11 Abs. 3 vorgeschriebene Dauer oder Lage der Ruhezeit ohne Vorliegen einer Ausnahmebewilligung nach **§ 15 Abs. 1 Nr. 3 oder 4** nicht gewähren oder die dort bestimmten Ruhezeiten nicht einhalten, handeln ordnungswidrig nach § 22 Abs. 1 Nr. 3 oder Nr. 6.

55 Arbeitgeber, die gegen eine Vorschrift des ArbZG verstoßen, ohne dass eine Ausnahmebewilligung nach **§ 15 Abs. 2** vorliegt, handeln ordnungswidrig nach der jeweiligen Grundvorschrift in § 22 Abs. 1.

56 Verstöße des Arbeitgebers gegen Vorschriften in einer aufgrund des § 15 Abs. 2a oder Abs. 3 erlassenen Rechtsverordnung können nicht als Ordnungswidrigkeiten geahndet werden. Hält ein Arbeitgeber die Vorschriften der §§ 3 oder 5 oder des § 9 Abs. 1 nicht ein, ohne dass er sich auf eine Ausnahme in einer Rechtsverordnung nach § 15 Abs. 2a oder Abs. 3 berufen kann, handelt er ordnungswidrig nach der betreffenden Grundvorschrift in § 22 Abs. 1.

Fünfter Abschnitt:
Durchführung des Gesetzes

§ 16
Aushang und Arbeitszeitnachweise

(1) Der Arbeitgeber ist verpflichtet, einen Abdruck dieses Gesetzes, der auf Grund dieses Gesetzes erlassenen, für den Betrieb geltenden Rechtsverordnungen und der für den Betrieb geltenden Tarifverträge und Betriebs- oder Dienstvereinbarungen im Sinne des § 7 Abs. 1 bis 3, §§ 12 und 21a Abs. 6 an geeigneter Stelle im Betrieb zur Einsichtnahme auszulegen oder auszuhängen.

(2) Der Arbeitgeber ist verpflichtet, die über die werktägliche Arbeitszeit des § 3 Satz 1 hinausgehende Arbeitszeit der Arbeitnehmer aufzuzeichnen und ein Verzeichnis der Arbeitnehmer zu führen, die in eine Verlängerung der Arbeitszeit gemäß § 7 Abs. 7 eingewilligt haben. Die Nachweise sind mindestens zwei Jahre aufzubewahren.

Übersicht

I. Allgemeines

§ 16 Abs. 1 ist **aus § 24 Abs. 1 Nr. 1 AZO 1938** übernommen und auf Rechtsverordnungen, Tarifverträge und Betriebsvereinbarungen ausgedehnt worden. Angesichts der weiten Verbreitung von flexiblen und individuellen Arbeitszeitformen ist eine § 24 Abs. 1 Nr. 2 AZO 1938 vergleichbare Regelung über den Aushang von Beginn und Ende der regelmäßigen täglichen Arbeitszeit und der Ruhepausen im neuen ArbZG nicht mehr vorgesehen worden. Nicht verzichtet wurde, anders als in den Gesetzentwürfen der 10. und 11. Legislaturperiode (vgl. BT-Drucks. 11/360 S. 9), auf die Pflicht des Arbeitgebers zur Führung von Arbeitszeitnachweisen. Die in **§ 24 Abs. 1 Nr. 3 AZO 1938** normierte Verpflichtung wurde jedoch insoweit entbürokratisiert, als nach § 16 Abs. 2 Satz 1 nur noch die über 8 Stunden hinausgehende Arbeitszeit aufzeichnungspflichtig ist. Die Aufbewahrungspflicht der Arbeitszeitnachweise gemäß § 16 Abs. 2 Satz 2 entspricht Nr. 27 Satz 3 AVAZO 1938, allerdings ist die Aufbewahrungsfrist auf Vorschlag des Bundesrates (vgl. BT-Drucks. 12/5888 S. 45 – Nr. 40) von einem auf zwei Jahre verlängert worden, was 1 im Hinblick auf die Verjährungsfrist von Ordnungswidrigkeiten (vgl. § 22 Rn 14) auch geboten ist.

2 **Zweck des § 16 Abs. 1** ist es, den Arbeitnehmern die Möglichkeit zu geben, sich über die für sie geltenden Arbeitsschutzbestimmungen im Betrieb zu informieren und sich davon zu überzeugen, dass sie vom Arbeitgeber eingehalten werden. Der Arbeitgeber wird durch die Aushangverpflichtung dazu angehalten, die Arbeitsschutzbestimmungen zu beachten. Betriebs- und Personalrat werden durch den Aushang auf ihre Aufgaben nach § 80 Abs. 1 Nr. 1 und § 89 BetrVG bzw § 68 Abs. 1 Nr. 2 und § 81 BPersVG aufmerksam gemacht. Kommt der Arbeitgeber seiner Verpflichtung aus § 16 Abs. 1 nicht nach, so kann der Betriebs- oder Personalrat ihn hierzu im Rahmen seiner Aufgaben veranlassen. Nach § 40 BetrVG bzw § 44 Abs. 1 BPersVG haben Betriebs- und Personalrat Anspruch darauf, dass der Arbeitgeber ihnen auf seine Kosten einen Text des ArbZG zur Verfügung stellt. In größeren Betrieben kann sich hieraus ein Anspruch auf einen kommentierten Text ergeben (vgl. auch § 1 Rn 52 ff).

3 **Zweck des § 16 Abs. 2** ist es, der Aufsichtsbehörde die ihr nach § 17 Abs. 1 obliegende Aufsicht über die Einhaltung des ArbZG zu ermöglichen. Ohne die Führung von Arbeitszeitnachweisen wäre im Hinblick auf die Erweiterung des Ausgleichzeitraums zur Erreichung der durchschnittlichen täglichen Höchstarbeitszeit (vgl. § 3 Rn 27 ff) und der umfangreichen Möglichkeiten, durch Tarifvertrag und Betriebsvereinbarung abweichende Regelungen festzulegen (vgl. § 7 Rn 10 ff) eine Überwachung der Vorschriften des ArbZG nicht zu gewährleisten (vgl. BT-Drucks. 12/5888 S. 31). Die Ergänzung durch das Gesetz zu Reformen am Arbeitsmarkt vom 27. Dezember 2003 soll sicherstellen, dass bei Arbeitszeiten, die dauerhaft über 48 Stunden wöchentlich liegen (**L:** vgl. *Bermig* BB 2004, 101, 104), die Aufsichtsbehörde jederzeit das Verzeichnis der betroffenen Arbeitnehmer vorgelegt bekommen kann. Da nach § 16 Abs. 2 Satz 1 nur die **über 8 Stunden** hinausgehende Arbeitszeit und das Verzeichnis der Arbeitnehmer, die in eine Verlängerung der Arbeitszeit gemäß § 7 Abs. 7 eingewilligt haben, aufzeichnungspflichtig sind, wird unnötiger Verwaltungsaufwand vermieden. Auch die zweijährige Aufbewahrungsfrist des § 16 Abs. 2 Satz 2 trägt hierzu bei.

II. Auslage/Aushang

4 Die Verpflichtung aus § 16 Abs. 1 gilt für **jeden Arbeitgeber**, nicht nur für Betriebe und Verwaltungen. Auf die Zahl der beschäftigten Arbeitnehmer kommt es nicht an, so dass auch der Arbeitgeber, der zB nur einen Arbeitnehmer im Familienhaushalt beschäftigt, die Verpflichtung zu erfüllen hat. Auch die im Familienhaushalt Beschäftigten sollen grundsätzlich den gleichen Schutzanspruch wie andere Arbeitnehmer haben (**L:** aA *Baeck/Deutsch/Winzer* § 16 Rn 16). Diese Auslegung entspricht im Übrigen dem Willen des Gesetzgebers, der die im Regierungsentwurf vorgesehene Nichtanwendung des ArbZG auf im Haushalt Beschäftigte (vgl.

BT-Drucks. 12/5888 S. 11) gestrichen hat, was zur Folge hat, dass das gesamte ArbZG auch für diese Arbeitnehmergruppe Anwendung findet (vgl. ausf. § 18 Rn 3). Den besonderen Verhältnissen im Haushalt kann zB dadurch Rechnung getragen werden, dass dem Arbeitnehmer der Gesetzestext bei Aufnahme der Beschäftigung ausgehändigt wird.

Nebenbetriebe und **Betriebsteile** trifft eine eigene Aushangverpflichtung, wenn sie vom Hauptsitz des Unternehmens oder des Betriebs räumlich soweit entfernt sind, dass eine Einsichtnahme in den Aushang oder die Auslage während der üblichen Arbeitszeit nicht möglich ist (**L:** ebenso *Neumann/Biebl* § 16 Rn 2). **5**

Auszulegen oder auszuhängen ist ein **kompletter Abdruck des ArbZG**. Eine inhaltliche Zusammenfassung des ArbZG reicht als Auslage bzw Aushang nicht aus. Der Abdruck muss die jeweils gültige Fassung, wie sie sich aus dem Bundesgesetzblatt ergibt, enthalten, und zwar **in deutscher Sprache** und **in lesbarem Zustand**. Eine Sammlung von Bundesgesetzblättern in der Bücherei des Betriebs reicht nicht aus. Geeignet sind idR die von den Verlagen eigens zum Aushang oder zur Auslage hergestellten Druckwerke. Aus § 16 Abs. 1 ergibt sich für den Arbeitgeber keine Verpflichtung, das ArbZG in fremder Sprache auszulegen oder auszuhängen (**L:** zu den aushangpflichtigen Arbeitsschutzgesetzen im Betrieb vgl. *Kollmer* DB 1995, 1662; *Pulte* BB 2008, 2569). Beschäftigt der Arbeitgeber jedoch dauernd **ausländische Arbeitnehmer** und sind entsprechende fremdsprachige Texte zum ArbZG bei Behörden, Verbänden oder im Handel erhältlich, sollte sie der Arbeitgeber anschaffen und den ausländischen Arbeitnehmern zur Verfügung stellen. **6**

Neben dem Abdruck des ArbZG muss der Arbeitgeber die aufgrund des ArbZG erlassenen, für den Betrieb geltenden **Rechtsverordnungen** auslegen oder aushängen, das sind **derzeit** für Betriebe der **Eisen- und Stahlindustrie** mit kontinuierlicher Arbeitsweise die Verordnung über Ausnahmen vom Verbot der Beschäftigung von Arbeitnehmern an Sonn- und Feiertagen vom 31.7.1968 (s. **Teil D** Anh. **4**, vgl auch Art. 13 ArbZRG) und für Betriebe der **Papierindustrie** mit kontinuierlicher Arbeitsweise die Verordnung über Ausnahmen vom Verbot der Beschäftigung von Arbeitnehmern an Sonn- und Feiertagen vom 20.7.1963 (s. **Teil D** Anh. **5**; vgl. auch Art. 14 ArbZRG). Bei Rechtsverordnungen, die in Zukunft gestützt auf § 7 Abs. 6, § 8, § 12 Satz 2, § 13 Abs. 1 und 2, § 15 Abs. 2a und Abs. 3 sowie § 24 für mehrere Beschäftigungsbereiche erlassen werden können, genügt die Auslage bzw der Aushang der **für den Betrieb einschlägigen Rechtsvorschriften** (vgl. BT-Drucks. 12/5888 S. 31). Das Gleiche gilt für Tarifverträge und Betriebs- oder Dienstvereinbarungen iSd § 7 Abs. 1 bis 3 und § 12 sowie § 25, die nach § 16 Abs. 1 ebenfalls auszulegen oder auszuhängen sind. **7**

Der Arbeitgeber kann den Abdruck des ArbZG, der Rechtsverordnung, des Tarifvertrages, der Betriebs- oder Dienstvereinbarung **auslegen** oder **aushängen**. Neben dieser herkömmlichen Art des Aushangs kommen auch im Betrieb vorhandene Informations- und Kommunikationstechniken, zB Intranet, in Betracht, wenn **alle** Ar- **8** beitnehmer über einen Zugang verfügen (**L:** *Fitting* § 2 WO 2001 Rn 11). In neueren Gesetzen wird zunehmend auf diese Bekanntmachung durch den Einsatz der im Betrieb oder der in Dienststelle üblichen **Informations- und Kommunikationstechnik** Bezug genommen (vgl. § 12 Abs. 5 des Allgemeinen Gleichbehandlungsgesetzes vom 14. 8. 2006 (BGBl. I S. 1897, zuletzt geändert durch Gesetz vom 12. 12. 2007 – BGBl. I S. 2840). Bei passender Gelegenheit sollte auch der Gesetzeswortlaut des § 16 Abs. 1 entsprechend angepasst werden.

9 Der Aushang oder die Auslage muss an einer **geeigneten Stelle** im Betrieb erfolgen. Geeignet ist eine Stelle, die dem Arbeitnehmer während seiner Anwesenheit im Betrieb, zumindest während der Pausen, frei zugänglich ist und an der er den Text ohne Inanspruchnahme Dritter lesen kann. Für den Aushang kommen die Arbeitsräume, die dazugehörigen Treppen und Flure, der Aushangkasten, das schwarze Brett, die Umkleideräume, die Pausenräume und die Kantine in Betracht, für die Auslage darüber hinaus die Bücherei des Betriebs und das Betriebsratszimmer. Nicht geeignet ist das Zimmer des Arbeitgebers oder des Vorgesetzten, da Arbeitnehmer zum Lesen der Auslage dort idR erfahrungsgemäß nicht hingehen oder sich überwacht fühlen (**L:** ebenso *Neumann/Biebl* § 16 Rn 1; *Buschmann/Ulber* § 16 Rn 1; ErfK/*Wank* § 16 ArbZG Rn 1; aA *Baeck/Deutsch/Winzer* § 16 Rn 18).

III. Nachweise

10 **1. Arbeitszeitnachweise.** – Die Aufzeichnungspflicht des § 16 Abs. 2 Satz 1 soll die Aufsichtsbehörde in die Lage versetzen, die Einhaltung der Vorschriften des ArbZG in den Betrieben zu kontrollieren (vgl. Rn 3). Anhand dieser Zwecksetzung ist im jeweiligen Einzelfall zu beurteilen, ob die vom Arbeitgeber gewählte Aufzeichnung diesen Anforderungen entspricht oder nicht. Der Gesetzgeber hat dem Arbeitgeber insoweit, insbes. durch den Verzicht auf formalistische Festlegungen, einen sehr weitgehenden Gestaltungsspielraum eröffnet (**L:** krit. *Baeck/Deutsch/Winzer* § 16 Rn 22, die es nahe liegend gefunden hätten, bei der Aufzeichnung allein auf eine Überschreitung der Wochenarbeitszeit von 48 Stunden abzustellen). Eine bestimmte **Form** ist für die Arbeitszeiterfassung nicht vorgeschrieben.

11 Aufzeichnungspflichtig ist die über die werktägliche Arbeitszeit des § 3 Satz 1 hinausgehende Arbeitszeit, dh jede **8 Stunden überschreitende Arbeitszeit** an Werktagen und jede Arbeitszeit an Sonn- und Feiertagen, und zwar auch dann, wenn diese Arbeitszeit nur eine kurze Zeitspanne umfasst (**L:** ebenso *Neumann/Biebl* § 16 Rn 5; *Baeck/Deutsch/Winzer* § 16 Rn 23; ErfK/*Wank* § 16 ArbZG Rn 4; *Buschmann/Ulber* § 16 Rn 7; aA *Roggendorff* § 16 Rn 7; *Dobberahn* Rn 165). Wird die 8-Stunden-Grenze nicht überschritten, zB bei einem 4-Schicht-Modell mit Schichtlängen von jeweils 6 Stunden oder bei der Beschäftigung von Teilzeitarbeitnehmern, so besteht keine Verpflichtung zur Aufzeichnung der Arbeitszeit. Die Aufzeichnungspflicht besteht nur für solche Werktage, an denen **tatsächlich** die 8-Stunden-Grenze überschritten wird. So genügt es, zB bei einem 3-Schicht-Modell

mit Schichtlängen von jeweils 8 Stunden, nur solche Arbeitszeiten zu erfassen, bei denen die 8-Stunden-Grenze ausnahmsweise überschritten wird. Wird dagegen der Schichtplan eingehalten, ist eine Arbeitszeiterfassung nicht erforderlich.

Zulässig sind auch andere Formen der **Negativerfassung**, bei der nur die Abweichung der Arbeitszeit vom Arbeitszeitplan bzw Schichtplan erfasst werden. Ist die Betriebszeit mit der Arbeitszeit aller oder bestimmter Gruppen von Arbeitnehmern identisch, so genügt es, wenn diese Zeit erfasst wird (vgl. hierzu auch § 7 Abs. 1 Satz 4 der 2. DVLuftBO, wonach die Aufsichtsbehörde auf die Aufzeichnung von Ruhezeiten verzichten kann, wenn sich aus anderen fortlaufenden Aufzeichnungen die Ruhezeiten zweifelsfrei ergeben). **11a**

Für die Erfüllung der Verpflichtung aus § 16 Abs. 2 Satz 1 ist gegenüber der Aufsichtsbehörde der Arbeitgeber verantwortlich. Ihm obliegt die Realisierung dieser Verpflichtung. Dies schließt jedoch nicht aus, dass der Arbeitgeber die Führung der Arbeitszeitnachweise den **Arbeitnehmern überträgt**, sofern er bzw die von ihm bestellten verantwortlichen Personen durch gelegentliche, stichprobenartige Kontrollen die Einhaltung der Verpflichtung sicherstellen (**L:** allg. Auffassung vgl *Neumann/Biebl* § 16 Rn 7; *Baeck/Deutsch/Winzer* § 16 Rn 28; ErfK/*Wank* § 16 ArbZG Rn 5). Werden Missbräuche bekannt, so sind diese abzustellen. Die in der betrieblichen Praxis vielfach bei gleitender Arbeitszeit vorgenommene **Selbstaufschreibung** der Arbeitszeit durch die Arbeitnehmer ist auch in Zukunft durch die Verpflichtung des § 16 Abs. 2 Satz 1 nicht ausgeschlossen. (**L:** vgl. auch *Schlottfeldt/Hoff* NZA 2001, 530). **12**

Auch von den Arbeitnehmern ausgefüllte **Stundenzettel**, aus denen die täglich geleistete Arbeitszeit ersichtlich ist, reichen grundsätzlich als Arbeitszeitnachweis aus (**R:** OLG Hamm 25.11.1958 BB 1959, 38), ebenso **Lohnlisten**, **Arbeitszeitkarten**, **Stempeluhrkarten** und sonstige Nachweise, sofern aus ihnen die täglich geleistete Arbeitszeit ersichtlich ist. Auch durch elektronische Datenverarbeitungsanlagen und sonstige Zeiterfassungssysteme erstellte Aufzeichnungen sind zulässig; die dort gespeicherten Daten müssen aber für die Aufsichtsbehörde jederzeit abrufbar sein. Werden aufgrund anderer Vorschriften bereits Aufzeichnungen über die Arbeitszeit geführt, zB die Aufzeichnung der Lenkzeiten und Arbeitszeiten bei der Personen- und Güterbeförderung im Straßenverkehr aufgrund der EG-Verordnung Nr. 3821/85 des Rates der EU vom 20.12.1985 über das Kontrollgerät im Straßenverkehr (zuletzt geändert durch VO (EG) Nr. 561/2006 vom 15.3.2006 – ABl. EG Nr. L 102 S. 1; s. **Teil D** Anh. **14**), so können diese auch als Arbeitszeitnachweise iSd § 16 Abs. 2 Satz 1 herangezogen werden. **12a**

Nicht ausreichend als Arbeitszeitnachweise sind Aufzeichnungen mit Hilfe eines sog. **Zeitsummenzählers**, in denen die Arbeitszeiten aufaddiert werden, wenn sich daraus nicht die täglich geleistete Arbeitszeit ermitteln lässt. Nicht zulässig sein dürften auch sog. **Fingerscanner**, die im Rahmen einer biometrischen Zeiterfassung zur Feststellung der Kommens- und Gehenszeiten zum Einsatz kommen, da **13** sie die Persönlichkeitsrechte der Arbeitnehmer verletzen (**R:** vgl. hierzu OGH (Österreich) 20.12.2006 AuR 2007, 398; so jetzt auch ArbG Berlin, 16.10.2019, BB 2020, 115, wonach ein Zeiterfassungssystem mittels Fingerprint nur mit Einwilligung der betroffenen Arbeitnehmer möglich ist).

14 Wird der Arbeitnehmer von **mehreren Arbeitgebern** beschäftigt (vgl. § 2 Rn 12 und 13), so ist der Arbeitgeber zur Führung der Arbeitszeitnachweise verpflichtet, bei dem die 8-Stunden-Grenze überschritten wird. Der Zweitarbeitgeber ist nicht verpflichtet, einen Datenaustausch mit dem Erstarbeitgeber durchzuführen (so ein Vorschlag des Bundesrates im Gesetzgebungsverfahren, vgl. BT-Drucks. 12/5888 S. 45). Es reicht grundsätzlich aus, dass die täglichen Vorarbeitszeiten bei der Arbeitszeitgestaltung im Zweitarbeitsverhältnis berücksichtigt werden.

15 Ist die Aufsichtsbehörde anhand der vorgelegten Arbeitszeitnachweise nicht in der Lage, die Einhaltung der Arbeitszeitvorschriften des ArbZG zu kontrollieren, so kann sie nach § 17 Abs. 2 die **Anordnungen** treffen, die der Arbeitgeber zur Erfüllung der Aufzeichnungspflicht vorzunehmen hat. Solche Anordnungen können im Verwaltungsrechtsweg überprüft werden (vgl. § 17 Rn 36 ff). Beschäftigt ein Arbeitgeber zB häufig Aushilfskräfte – neben deren Hauptarbeitsverhältnis bei einem anderen Arbeitgeber – und besteht dabei die konkrete Gefahr der Überschreitung der höchstzulässigen Arbeitszeit (§ 2 Abs. 1 Satz 1), so kommt als behördliche Abwehrmaßnahme ua die Anordnung in Betracht, dass der Zweitarbeitgeber die Anschriften der Hauptarbeitgeber seiner Aushilfskräfte aufzulisten und die Liste auf Verlangen der Behörde zugänglich zu machen hat (**R:** BVerwG 4.7.1989 GewA 1990, 25). § 16 Abs. 2 Satz 1 verpflichtet zwar nicht zur Führung von Arbeitszeitnachweisen im Hinblick auf die Zusammenrechnungspflicht des § 2 Abs. 1 Satz 1 ArbZG, doch schließt dies nicht aus, dass die Behörde solche Maßnahmen im Einzelfall zur Abwendung einer konkreten Gefahr anordnen dürfte.

15a Mit Urteil vom 14.5.2019 hat der EuGH (**R:** EuGH 14.5.2019 Rs C-55/18 BB 2019, 1978; vgl. auch Einf. Rn 76a) eine richtungsweisende Entscheidung zur Erfassung der täglichen Arbeitszeit getroffen: Um die praktische Wirksamkeit der von der EU-Arbeitszeit-Richtlinie vorgesehenen Rechte und des in Art. 31 Abs. 2 der Charta (Höchstarbeitszeit) verankerten Grundrechts zu gewährleisten, „müssen die Mitgliedstaaten die Arbeitgeber daher verpflichten, ein **objektives**, **verlässliches** und **zugängliches System** einzuführen, mit dem die von einem jeden Arbeitnehmer geleistete **tägliche Arbeitszeit gemessen** werden kann“ (**R:** EuGH 14.5.2019 Rs C-55/18 BB 2019, 1978 (Rn 60)). In der EU-Arbeitszeit-Richtlinie findet sich allerdings keine Regelung zur Erfassung bzw Aufzeichnung der täglichen Arbeitszeit der Arbeitnehmer. Der EuGH kreiert diese Pflicht vielmehr im Wege **eigener Rechtsschöpfung** (**L:** *Bayreuther* EuZW 2019, 446, 447).

15b Das deutsche Arbeitszeitrecht kannte bis zur Neuregelung im ArbZG im Jahr 1994 eine weitergehende Verpflichtung zur Aufzeichnung der täglichen Arbeitszeit (vgl. § 24 Abs. 1 Nr. 3 AZO 1938). Sie ist im Zuge der Neuordnung aus Gründen der

Entbürokratisierung auf eine Aufzeichnungspflicht der über 8 Stunden hinausgehenden werktäglichen Arbeitszeit reduziert worden. Ob das damit 1994 im deutschen Arbeitszeitrecht geschaffene System zur Messung der Arbeitszeit der Arbeitnehmer den im Jahr 2019 aufgestellten Erfordernissen des EuGH entspricht, muss wohl in Frage gestellt werden, wird aber im bisher veröffentlichten Schrifttum unterschiedlich beantwortet (**L:** einen Änderungsbedarf des deutschen Arbeitszeitrechts **bejahend**: *Heuschmid* NJW 2019, 1853; *Ulber* NZA 2019, 677; einen Änderungsbedarf des deutschen Arbeitszeitrechts **verneinend**: *Schrader* NZA 2019, 1035; **unentschieden**: *Bayreuther* EuZW 2019, 446; ErfK/*Wank* § 16 ArbZG Rn 10; *Hahn* öAT 2019, 202; *Ubber* BB 2019, 1984).

Das deutsche System zur Erfassung der Arbeitszeit (alles über 8 Stunden) ist durchaus vergleichbar mit dem in Rede stehenden spanischen Recht (Überstunden sind aufzuzeichnen), das der EuGH für unzureichend erachtet. Es kann (und muss wohl) davon ausgegangen werden, dass im Falle einer Überprüfung des deutschen Rechts durch den EuGH die Regelung des § 16 Abs. 2 Satz 1 für **unzureichend** erachtet wird, um die Arbeitnehmerrechte der EU-Arbeitszeit-Richtlinie wirksam durchzusetzen. Der deutsche Gesetzgeber wäre also gut beraten, eine Neuregelung des § 16 Abs. 2 Satz 1 ins Auge zu fassen. Die Meinungsbildung ist bislang wohl noch nicht abgeschlossen. Als Orientierungshilfe für eine Neuregelung des deutschen Rechts könnte § 17 Abs. 1 Satz 1 MiLoG und vor allem § 26 des **österreichischen** Arbeitszeitgesetzes dienen. **15c**

2. Arbeitnehmer-Verzeichnisse. – Nach § 16 Abs. 2 Satz 1 Halbs. 2 ist der Arbeitgeber darüber hinaus verpflichtet, ein Verzeichnis der Arbeitnehmer zu führen, die in eine Verlängerung der Arbeitszeit gemäß § 7 Abs. 7 eingewilligt haben. Diese Verpflichtung zur Führung eines **Arbeitnehmer-Verzeichnisses** wurde neu eingefügt durch das Gesetz zu Reformen am Arbeitsmarkt vom 24. 12. 2003. Nach § 7 Abs. 2a kann seit dem 1. 1. 2004 in einem Tarifvertrag oder aufgrund eines Tarifvertrages in einer Betriebs- oder Dienstvereinbarung abweichend von den §§ 3 und 6 Abs. 2 zugelassen werden, die werktägliche Arbeitszeit auch **ohne Ausgleich über 8 Stunden** zu verlängern, wenn in die Arbeitszeit regelmäßig und in erheblichem Umfang Arbeitsbereitschaft oder Bereitschaftsdienst fällt und durch besondere Regelungen sichergestellt wird, dass die Gesundheit der Arbeitnehmer nicht gefährdet wird (vgl. ausf. § 7 Rn 108 ff). Eine dieser „besonderen Regelungen“ ist das Erfordernis, dass der Arbeitnehmer nach § 7 Abs. 7 hierzu schriftlich eingewilligt hat. Bei dieser Arbeitszeitverlängerung mit Individualzustimmung nutzt der Gesetzgeber eine Befugnis des Art. 18 Abs. 1 der EU-Arbeitszeit-Richtlinie, die für dieses sog. opt-out ua den Arbeitgeber verpflichtet, aktuelle Listen über alle Arbeitnehmer zu führen, die eine solche Arbeit leisten (**L:** vgl. ausf. *Bermig* BB 2004, 101, 104). **16**

IV. Aufbewahrungsfrist

17 Die Nachweise (Aufzeichnungen) nach § 16 Abs. 2 Satz 1 sind mindestens **zwei Jahre** aufzubewahren (§ 16 Abs. 2 Satz 2). Die Frist von zwei Jahren ist gewählt worden (vgl. BT-Drucks. 12/5888 S. 45), weil die Ordnungswidrigkeiten des ArbZG nach § 31 Abs. 2 Nr. 2 OWiG iVm § 22 Abs. 2 nach zwei Jahren verjähren (vgl. § 22 Rn 14). Solange die Verjährungsfrist nicht abgelaufen ist, soll die Aufsichtsbehörde die Möglichkeit haben, die Aufzeichnungen einzusehen, um eventuell noch nicht verjährte Verstöße feststellen zu können. Die Zweijahresfrist wird nach § 187 Abs. 1 und § 188 Abs. 2 BGB von dem Tag an gerechnet, der auf den Tag der letzten Eintragung folgt (**L:** zu den Aufbewahrungsfristen im Arbeits- und Sozialrecht vgl. *Kreizberg* AuA 1995, 338).

18 Die Art und Weise der **Aufbewahrung** der einschlägigen Aufzeichnungen ist im ArbZG nicht festgelegt worden. Der Arbeitgeber kann die für ihn günstigste Form wählen, also auch die Speicherung auf **elektronischen Datenträgern**. Der Arbeitgeber hat bei der Wahl der Aufbewahrung zu beachten, dass er nach § 17 Abs. 4 Satz 2 in der Lage sein muss, die Aufzeichnungen der Aufsichtsbehörde auf Verlangen jederzeit vorzulegen oder zur Einsicht einzusenden.

V. Aufgaben des Betriebs- und Personalrats

19 Zu den Aufgaben des Betriebs- und Personalrats bei der Überwachung des ArbZG, insbes. zur Vorlage der hierzu erforderlichen Unterlagen vgl. § 1 Rn 52 ff. Lässt der Arbeitgeber den Zeitaufwand für bestimmte Arbeitsabläufe mit manuell betätigten Stoppuhren messen (Arbeitsablaufstudium), so hat darüber der Betriebsrat nach § 87 Abs. 1 Nr. 6 BetrVG nicht mitzubestimmen (**R:** BAG 8.11.1994 BB 1995, 517 = RDV 1995, 128). **Mitbestimmungspflichtig** nach § 87 Abs. 1 Nr. 1 BetrVG (Ordnung des Betriebes) ist dagegen jede Form der **Einführung biometrischer Verfahren** (**R:** vgl. hierzu auch BAG 27.1.2004 BB 2004, 1389 = DB 2004, 1733 = NZA 2004, 556 = AuR 2004, 238 zur Anwendung und Benutzung eines biometrischen Zugangskontrollsystems). Eine bestimmte technische Erfassung der Arbeitszeit kann der Betriebsrat nicht erzwingen (**L:** vgl. ausf. *Wiesenecker* BB 2020, 564).

VI. Verstöße

20 Ein Arbeitgeber, der vorsätzlich oder fahrlässig entgegen § 16 Abs. 1 die Auslage oder den Aushang nicht vornimmt, handelt ordnungswidrig gemäß § 22 Abs. 1 Nr. 8. Der Verstoß gegen die Aushangverpflichtung kann mit einer Geldbuße bis zu **2.500** Euro geahndet werden (§ 22 Abs. 2). Die Reduzierung der Höhe der Geldbuße auf ein Sechstel des für andere Ordnungswidrigkeiten angedrohten Höchstbetrages ist unter dem Gesichtspunkt des Grundsatzes der Verhältnismäßigkeit geboten (vgl. BT-Drucks. 12/5888 S. 55). **Zivilrechtliche Ansprüche** kann der Arbeitneh-

mer aus einem Verstoß des Arbeitgebers gegen § 16 Abs. 1 **nicht** herleiten, da § 16 Abs. 1 kein Schutzgesetz iSd § 823 Abs. 2 BGB, sondern eine bloße Ordnungsvorschrift ist und eine Pflicht des Arbeitgebers zur Auslage oder zum Aushang auch nicht aus seiner allgemeine Fürsorgepflicht hergeleitet werden kann.

Ein Arbeitgeber, der vorsätzlich oder fahrlässig entgegen § 16 Abs. 2 Aufzeichnungen nicht oder nicht richtig erstellt oder nicht für die vorgeschriebene Dauer aufbewahrt, handelt ordnungswidrig gemäß § 22 Abs. 1 Nr. 9. In diesen Fällen kann der Verstoß mit einer Geldbuße bis zu **15.000** Euro geahndet werden (§ 22 Abs. 2). Die bußgeldrechtliche Gleichbehandlung dieses formellen Verstoßes gegen die Führung von Arbeitszeitnachweisen mit den sonstigen materiellen Verstößen gegen das ArbZG ist sachgerecht, da formelle Verstöße idR eine Verschleierung von materiellen Verstößen bezwecken (vgl. BT-Drucks. 12/5888 S. 33). **21**

§ 17
Aufsichtsbehörde

(1) Die Einhaltung dieses Gesetzes und der auf Grund dieses Gesetzes erlassenen Rechtsverordnungen wird von den nach Landesrecht zuständigen Behörden (Aufsichtsbehörden) überwacht.

(2) Die Aufsichtsbehörde kann die erforderlichen Maßnahmen anordnen, die der Arbeitgeber zur Erfüllung der sich aus diesem Gesetz und den auf Grund dieses Gesetzes erlassenen Rechtsverordnungen ergebenden Pflichten zu treffen hat.

(3) Für den öffentlichen Dienst des Bundes sowie für die bundesunmittelbaren Körperschaften, Anstalten und Stiftungen des öffentlichen Rechts werden die Aufgaben und Befugnisse der Aufsichtsbehörde vom zuständigen Bundesministerium oder den von ihm bestimmten Stellen wahrgenommen; das Gleiche gilt für die Befugnisse nach § 15 Abs. 1 und 2.

(4) Die Aufsichtsbehörde kann vom Arbeitgeber die für die Durchführung dieses Gesetzes und der auf Grund dieses Gesetzes erlassenen Rechtsverordnungen erforderlichen Auskünfte verlangen. Sie kann ferner vom Arbeitgeber verlangen, die Arbeitszeitnachweise und Tarifverträge oder Betriebs- oder Dienstvereinbarungen im Sinne des § 7 Abs. 1 bis 3, §§ 12 und 21a Abs. 6 vorzulegen oder zur Einsicht einzusenden.

(5) Die Beauftragten der Aufsichtsbehörde sind berechtigt, die Arbeitsstätten während der Betriebs- und Arbeitszeit zu betreten und zu besichtigen; außerhalb dieser Zeit oder wenn sich die Arbeitsstätten in einer Wohnung befinden, dürfen sie ohne Einverständnis des Inhabers nur zur Verhütung von dringenden Gefahren für die öffentliche Sicherheit und Ordnung betreten und besichtigt werden. Der Arbeitgeber hat das Betreten und Besichtigen der Arbeitsstätten zu gestatten. Das Grundrecht der Unverletzlichkeit der Wohnung (Artikel 13 des Grundgesetzes) wird insoweit eingeschränkt.

(6) Der zur Auskunft Verpflichtete kann die Auskunft auf solche Fragen verweigern, deren Beantwortung ihn selbst oder einen der in § 383 Abs. 1 Nr. 1 bis 3 der Zivilprozessordnung bezeichneten Angehörigen der Gefahr strafgerichtlicher Verfolgung oder eines Verfahrens nach dem Gesetz über Ordnungswidrigkeiten aussetzen würde.

Übersicht

I. Allgemeines

In § 17 werden die Überwachungsaufgaben der Aufsichtsbehörden und deren hierzu notwendigen Befugnisse geregelt. Die Regelungen wurden weitgehend aus **§ 27 AZO 1938** übernommen und der modernen Rechtsentwicklung im Arbeitsschutzrecht angepasst. **1**

Der **Zweck** des § 17 besteht vor allem darin, die Aufsicht über die Ausführung des ArbZG staatlichen Behörden zu übertragen, den Vorschriften des ArbZG damit einen zwingenden öffentlich-rechtlichen Charakter zu verleihen und die Behördenzuständigkeit klarzustellen. Außerdem werden in dieser Vorschrift die Aufgaben und Befugnisse der Aufsichtsbehörden festgelegt. Eine bestimmte Behörde konnte der Bundesgesetzgeber wegen der Verwaltungskompetenz der Länder in Art. 84 Abs. 1 GG nicht bestimmen. Dies musste nach der Kompetenzverteilung des Grundgesetzes dem Landesrecht überlassen bleiben. **2**

II. Aufsichtsbehörde (Absatz 1)

3 **1. Zuständige Behörde. – a) Sachliche Zuständigkeit.** – § 17 Abs. 1 überträgt die Aufsicht über die Ausführung des ArbZG und der auf dem ArbZG beruhenden Rechtsverordnungen den nach Landesrecht zuständigen Behörden und definiert zur Vermeidung von Wiederholungen zugleich den Begriff der Aufsichtsbehörde. Die Vorschrift entspricht inhaltlich § 51 Abs. 1 Satz 1 JArbSchG und § 20 Abs. 1 MuSchG. Die Länder, denen gemäß Art. 83 GG die Ausführung des ArbZG als eigene Angelegenheit obliegt, haben in Ausführung dieser Verfassungsbestimmung in ihren Zuständigkeitsgesetzen bzw -verordnungen als sachlich zuständige Aufsichtsbehörde überwiegend die staatlichen **Gewerbeaufsichtsämter** bzw **Ämter für Arbeitsschutz** bestimmt, für bergbauliche Betriebe das Bergamt. Sachlich zuständige Behörden sind in den Ländern Baden-Württemberg, Bayern, Bremen, Rheinland-Pfalz, Saarland und Sachsen die Staatlichen Gewerbeaufsichtsämter. In Niedersachsen sind zurzeit zuständig die Bezirksregierungen, künftig die Staatlichen Gewerbeaufsichtsämter. In Sachsen-Anhalt ist zurzeit zuständig das Landesamt für Arbeitsschutz, künftig sind es die Staatlichen Gewerbeaufsichtsämter. In Berlin ist zuständig das Landesamt für Arbeitsschutz, Gesundheitsschutz und technische Sicherheit, in Brandenburg, Hamburg und Thüringen das Amt für Arbeitsschutz bzw das Amt für Arbeitsschutz und Sicherheitstechnik; in Hessen und Nordrhein-Westfalen das Staatliche Amt für Arbeitsschutz und Sicherheitstechnik bzw das Staatliche Amt für Arbeitsschutz; in Mecklenburg-Vorpommern das Amt für Arbeitsschutz und technischer Sicherheit. Die Aufsichtsbehörde ist im Verwaltungsaufbau der Länder eine **untere Behörde**, ein besonderer Zweig der Verwaltungs- und Ordnungspolizei mit polizeiähnlichen Befugnissen.

4 Der Aufsichtsbehörde wird in § 17 Abs. 1 ein **eigenständiger Aufgabenbereich** zugewiesen, den nur sie wahrnehmen kann, nämlich die Aufsicht über die Ausführung des ArbZG. Die mittleren und obersten Landesbehörden sind nicht befugt, die der Aufsichtsbehörde durch § 17 Abs. 1 zugewiesenen Aufgaben an sich zu ziehen und zB die von der Aufsichtsbehörde abgelehnte Ausnahme auf eine Aufsichtsbeschwerde hin selbst zu bewilligen. Die mittleren und obersten Landesbehörden können jedoch die Tätigkeit der Aufsichtsbehörden durch **Weisungen** genereller Art, zB durch Verwaltungsvorschriften, allgemeine Verwaltungsanweisungen, Erlasse oder durch Weisungen im Einzelfall steuern. Das BMAS und die Bundesregierung können den Behörden der Länder keine Weisungen erteilen. Die Bundesregierung hat nach Art. 84 Abs. 2 GG nur die Möglichkeit, allgemeine Verwaltungsvorschriften mit Zustimmung des Bundesrates zu erlassen.

5 Das Gewerbeaufsichtsamt bzw Amt für Arbeitsschutz ist – mit Ausnahme der Betriebe und Verwaltungen des Bundes und der Kirchen sowie der dort beschäftigten Arbeitnehmer – **für alle Betriebe und Verwaltungen** und die dort beschäftigten Arbeitnehmer die sachlich zuständige Aufsichtsbehörde. Für den Bund gilt die Sonderregelung des § 17 Abs. 3. Die Kirchen bestimmen aufgrund des ihnen in

Art. 140 GG iVm Art. 137 Abs. 3 WRV garantierten Selbstbestimmungsrechts eigene Stellen als Aufsichtsbehörden.

b) Örtliche Zuständigkeit. – Die örtliche Zuständigkeit bestimmt sich nach den allgemeinen Verwaltungsverfahrensgesetzen der Länder, wenn diese selbst oder in Verbindung mit anderen Vorschriften, auf die sie verweisen, eine abschließende Regelung für das Verfahren in dem zu entscheidenden Fall enthalten. Soweit die Landesverwaltungsverfahrensgesetze zur Bestimmung der örtlichen Zuständigkeit auf das Verwaltungsverfahrensgesetz des Bundes (VwVfG) Bezug nehmen, ist nach § 3 VwVfG iVm der landesrechtlichen Verweisungsnorm zu entscheiden. Nach § 3 Abs. 1 Nr. 2 VwVfG ist in Angelegenheiten, die sich auf den Betrieb eines Unternehmens oder eine seiner Betriebsstätten, auf die Ausübung eines Berufs oder auf eine andere dauernde Tätigkeit beziehen, diejenige **Behörde** örtlich zuständig, **in deren Bezirk das Unternehmen** oder die Betriebsstätte betrieben oder der Beruf oder die Tätigkeit ausgeübt wird oder ausgeübt werden soll. Handlungen der zuständigen Behörde zum Vollzug des ArbZG beziehen sich stets auf den Betrieb eines Unternehmens oder eine seiner Betriebsstätten bzw auf die Ausübung des Berufs des betreffenden Arbeitgebers. 6

Ist die örtliche **Zuständigkeit mehrerer Behörden** gegeben (zB wenn die für die Entscheidung eines konkreten Sachverhalts relevante Beschäftigung von Arbeitnehmern an mehreren Orten stattfindet), entscheidet diejenige Behörde, die zuerst mit der Sache befasst worden ist (§ 3 Abs. 2 Satz 1 VwVfG). Die gemeinsame fachlich zuständige Aufsichtsbehörde kann jedoch bestimmen, dass eine andere örtlich zuständige Behörde zu entscheiden hat. Die Aufsichtsbehörde kann also nur eine Auswahlentscheidung unter mehreren örtlich zuständigen Behörden treffen; sie kann jedoch keine örtlich unzuständige Behörde bestimmen. 7

2. Aufgaben und Pflichten der Aufsichtsbehörde. – Der Aufsichtsbehörde obliegt nach § 17 Abs. 1 die Aufsicht über die Ausführung des ArbZG und der aufgrund dieses Gesetzes erlassenen Rechtsverordnungen. Hierzu zählen auch die in Art. 13 und 14 ArbZRG aufgeführten Rechtsverordnungen, die zwar längst vor Inkrafttreten dieses Gesetzes Rechtsgültigkeit erlangt haben, aber als aufgrund der Ermächtigungsnorm des § 9 Abs. 1 erlassen fortgelten. Die Aufsichtsbeamten haben zu kontrollieren, ob die Beschäftigung der Arbeitnehmer in Einklang mit den Vorschriften des ArbZG erfolgt. Durch Beratung und Unterrichtung der Betriebe, aber auch durch die Anordnung von Maßnahmen sollen sie Gesetzesverstöße verhindern. Bereits eingetretene Gesetzesverletzungen müssen entsprechend den Grundsätzen des Ordnungswidrigkeitenrechts verfolgt werden. Die Überwachungstätigkeit der Aufsichtsbehörde setzt nicht den Verdacht auf das Vorliegen von Rechtsverstößen voraus. Im Einzelfall muss **kein besonderer Anlass** zur Prüfung gegeben sein. Die Überwachung dient nämlich auch dem Zweck, Nachlässigkeiten und Mängel gar nicht erst aufkommen zu lassen (**R:** BVerwG 5.6.1959 BVerwGE 8, 336; BVerwG 28.2.1969 GewA 1969, 207; VG Berlin 3.11.1978 GewA 1979, 203). Neben der 8

Überwachungs- und Beratungstätigkeit hat die Aufsichtsbehörde die Aufgabe, Ausnahmen zu erteilen, Anzeigen entgegenzunehmen und Anordnungen zu treffen.

9 Die Aufsichtsbehörde hat die **Pflicht**, das ArbZG richtig auszulegen und anzuwenden. Ein Ermessen steht ihr nur zu, wenn das Gesetz es vorsieht, insbes. also dort, wo es heißt, die Aufsichtsbehörde **kann** bewilligen, zB in § 7 Abs. 5, § 13 Abs. 3. Von ihrem Ermessen kann die Aufsichtsbehörde jedoch erst Gebrauch machen, wenn die gesetzlichen Voraussetzungen für ein Handeln der Aufsichtsbehörde vorliegen. Sie muss dann ihr **Ermessen pflichtgemäß ausüben**. Dabei sind die in der Zweckbestimmung des § 1 zum Ausdruck gekommenen gesetzgeberischen Wertentscheidungen zu beachten (vgl. ausf. § 1 Rn 19). Die Aufsichtsbehörde muss sich vom Sinn des Gesetzes leiten lassen, das ihr das Ermessen einräumt (**R:** BVerwG 18.8.1960 BVerwGE 11, 95, 97). Andernfalls wird ihre Entscheidung ebenso rechtswidrig (Ermessensmissbrauch) wie bei Verkennung der Grenzen des eingeräumten Ermessensspielraums (Ermessensüberschreitung oder Nichtgebrauch des Ermessens). Ein **Ermessensfehler** liegt insbes. vor, wenn die Aufsichtsbehörde allgemeine Grundsätze der Rechtsordnung nicht beachtet, zB den Grundsatz der **Gleichbehandlung**, und bei gleicher Sachlage in verschiedenen Betrieben unterschiedliche Ausnahmen erteilt oder unterschiedliche Einschränkungen anordnet. Ein Ermessensfehler liegt ferner vor, wenn die Aufsichtsbehörde den **Grundsatz der Verhältnismäßigkeit** missachtet (**R:** VG Berlin 3.11.1978 GewA 1979, 203).

III. Anordnung von Maßnahmen (Absatz 2)

10 **1. Anordnung und Verwaltungszwang.** – Werden von der Aufsichtsbehörde Zuwiderhandlungen gegen das ArbZG festgestellt, so wird sie den Arbeitgeber zunächst über die Rechtslage zu belehren und zu gesetzmäßigem Handeln aufzufordern haben. Je nach Schwere des Gesetzesverstoßes ist außerdem die Einleitung eines Ordnungswidrigkeitenverfahrens zu prüfen. Sind diese Maßnahmen nicht ausreichend, besteht insbes. aktuelle Wiederholungsgefahr, so kann die Behörde von der Anordnungsbefugnis des § 17 Abs. 2 Gebrauch machen und durch Einzelfallverfügung die erforderlichen Maßnahmen anordnen, die der Arbeitgeber zur Erfüllung der ihm nach dem ArbZG und den darauf gestützten Rechtsverordnungen obliegenden Pflichten zu treffen hat. Abs. 2 ist als **Generalklausel** formuliert, die keine Einschränkung des behördlichen Handlungsspielraums vorsieht; Anhaltspunkte, Abs. 2 eröffne der zuständigen Behörde auf der Rechtsfolgenseite ein so genanntes intendiertes Ermessen, sind – auch nach der Entstehungsgeschichte der Norm – nicht ersichtlich (**R:** BVerwG 8.5.2019 8 C 3.18). Die Zielrichtung der Norm ist darin zu sehen, „der Behörde auf Rechtsfolgenseite umfängliche Handlungsmöglichkeiten zu eröffnen und – etwa bei geringfügigen Verstößen oder auch bei freiwilliger Herstellung rechtmäßiger Zustände aufgrund behördlicher Hinweise – ein Absehen von Maßnahmen mit Regelungswirkung zuzulassen, ohne dass der Entscheidungs-

spielraum auf eine grundsätzliche Obliegenheit zum Einschreiten eingeengt wäre" (**R:** BVerwG 8.5.2019 8 C 3.18). Es handelt sich hierbei um einen **Verwaltungsakt** iSd § 35 VwVfG, der in vollem Umfang der verwaltungsgerichtlichen Überprüfung unterliegt. In aller Regel wird es sich bei der Anordnung um die Untersagung der Beschäftigung eines oder mehrerer Arbeitnehmer über den gesetzlich zulässigen Arbeitszeitrahmen hinaus handeln.

Zur verbindlichen Durchsetzung einer Ge- oder Verbotsnorm des ArbZG sind aber auch **gesetzeswiederholende** – im Sicherheitsrecht als unselbstständige Verfügungen bezeichnete – Anordnungen mit Zwangsgeldandrohung zulässig (**R:** VGH München 28.10.1993 GewA 1994, 192). Sie sollen das zukünftige Verhalten des Adressaten bestimmen und sind deshalb von jeher als Verwaltungsakte anerkannt (**R:** VGH München 27.10.1981 GewA 1992, 87, 88). Beschäftigt ein Arbeitgeber häufig Aushilfskräfte neben deren Hauptarbeitsverhältnis bei einem anderen Arbeitgeber und besteht dabei die konkrete Gefahr der Überschreitung der höchstzulässigen Arbeitszeit iSd § 2 Abs. 2 Satz 1 Halbs. 2 (vgl. § 2 Rn 8), so kommt als aufsichtsbehördliche Abwehrmaßnahme ua die **Anordnung** in Betracht, dass der Zweitarbeitgeber die Anschriften der Hauptarbeitgeber seiner Aushilfskräfte aufzulisten und die Liste auf Verlangen der Behörde zugänglich zu machen hat (**R:** BVerwG 4.7.1989 GewA 1990, 25). **10a**

Bei Meinungsverschiedenheiten über die Auslegung gesetzlicher Vorschriften sind auch sog. **feststellende Verwaltungsakte** zulässig, mit denen die Behörde ihre Auffassung verbindlich für sich selbst und für den, den es angeht, festlegt (**R:** VGH München 18.8.1980 NJW 1981, 2076); einer ausdrücklichen gesetzlichen Ermächtigung bedarf es hierzu nicht. **10b**

Die Durchsetzung der Anordnung erfolgt – wenn der Arbeitgeber ihr nicht freiwillig nachkommt – im Wege des Verwaltungszwangsverfahrens. Die Länder haben hierzu Verwaltungs-Vollstreckungsgesetze erlassen. Zwangsmittel sind **Ersatzvornahme**, **Zwangsgeld** und **unmittelbarer Zwang** (vgl. hierzu beispielhaft §§ 9 ff des Verwaltungs-Vollstreckungsgesetzes des Bundes – VwVG). Maßgebend ist die Sachlage im Zeitpunkt der letzten Verwaltungsentscheidung (**R:** BVerwG 16.6.1995 GewA 1996, 24). Das Zwangsmittel muss in einem angemessenen Verhältnis zu seinem Zweck stehen (§ 9 Abs. 2 Satz 1 VwVG). Bei der Durchsetzung einer Untersagungsverfügung, bei der eine Ersatzvornahme ohnehin ausscheidet, wird daher zunächst auf das Mittel des Zwangsgeldes zurückgegriffen werden müssen. Erst wenn das Zwangsgeld nicht zum Ziel führt oder – in seltenen Fällen – von vornherein untunlich ist, kann die Vollzugsbehörde den Pflichtigen zur Unterlassung zwingen. Die Vollzugsbehörde kann dabei Zwangsmittel **wiederholt** androhen und ggf. auch anwenden (**R:** OVG SH 23.10.1995 GewA 1996, 24). Sie kann – wenn Widerstand des Vollstreckungsschuldners zu erwarten ist – die Vollstreckungshilfe der Polizeivollzugsbehörden in Anspruch nehmen. Wenn keine andere Möglichkeit besteht, kann im Wege des unmittelbaren Zwangs auch eine Betriebseinstellung durchgesetzt werden. **11**

12 **2. Ordnungswidrigkeitenverfahren.** – Ist der Aufsichtsbehörde durch landesrechtliche Bestimmung zugleich auch die Rolle der Verwaltungsbehörde nach § 35 OWiG zugewiesen, so kann sie bei Zuwiderhandlungen gegen die in § 22 Abs. 1 aufgeführten Tatbestände auch eine Geldbuße allein oder neben dem Zwangsmittel verhängen. Verwaltungszwangsverfahren und Bußgeldverfahren verfolgen verschiedene gesetzgebungspolitische Zwecke und schließen sich daher gegenseitig nicht aus (**R:** VG Oldenburg 25.2.1972 GewA 1972, 212). Das Bußgeldverfahren beginnt mit dem Ermittlungsverfahren, für das nach § 46 OWiG die Vorschriften über das Strafverfahren sinngemäß gelten. Dem betroffenen Arbeitgeber ist nach § 55 OWiG Gelegenheit zu geben, sich zu dem behaupteten Verstoß zu äußern. Soweit notwendig, sind von der Aufsichtsbehörde Zeugen zu vernehmen, Sachverständige zu hören und Beweismittel sicherzustellen. Stellt die Aufsichtsbehörde als Ergebnis ihrer Untersuchungen fest, dass der Arbeitgeber eine Ordnungswidrigkeit begangen hat, ahndet sie dies durch eine Verwarnung oder einen Bußgeldbescheid. Stellt die Aufsichtsbehörde Anhaltspunkte für das Vorliegen einer Straftat fest, ist sie nach § 41 Abs. 1 OWiG verpflichtet, dies der Staatsanwaltschaft anzuzeigen und ihr die Akten zu übersenden.

IV. Aufsichtsbehörde im öffentlichen Dienst (Absatz 3)

13 **1. Zuständige Behörde.** – § 17 Abs. 3 enthält Zuständigkeitsbestimmungen für den öffentlichen Dienst des Bundes sowie für die bundesunmittelbaren Körperschaften, Anstalten und Stiftungen des öffentlichen Rechts. Für diesen Bereich werden die Aufgaben und Befugnisse der Aufsichtsbehörde vom zuständigen Bundesministerium oder den von ihm bestimmten Stellen wahrgenommen. Mit **Bundesministerium** soll die Spitze der jeweiligen Verwaltung bezeichnet werden; erfasst werden also auch die einem Bundesministerium entsprechenden Stellen, selbst wenn sie anders bezeichnet werden (zB Chef des Bundespräsidialamtes oder auch der Direktor beim Deutschen Bundestag). Die **Deutsche Bundesbank** ist eine bundesunmittelbare juristische Person des öffentlichen Rechts (§ 2 Satz 1 Bundesbankgesetz – BBankG). Sie hat nach § 29 BBankG eine Sonderstellung: Der Zentralbankrat und das Direktorium der Deutschen Bundesbank haben die Stellung von obersten Bundesbehörden (§ 29 Abs. 1 Satz 1 BBankG) und nehmen daher die Aufgaben und Befugnisse der Aufsichtsbehörde nach § 17 Abs. 3 selbst wahr.

13a Für den übrigen Bereich der öffentlichen Verwaltung – also insbes. für den öffentlichen Dienst der Länder und der Gemeinden – ist in § 17 Abs. 3 keine Regelung getroffen. Insoweit bleibt es hinsichtlich der Aufsichtsbehörden bei der allgemeinen Bestimmung des § 17 Abs. 1 (wegen der für den öffentlichen Dienst geltenden arbeitszeitrechtlichen Bestimmungen und insbes. der Möglichkeit, die für die Beamten geltenden Regelungen auch auf Arbeitnehmer zu übertragen, wird auf die Erläuterungen zu § 19 verwiesen). § 17 Abs. 3 entspricht weitgehend der früheren Regelung in § 27 Abs. 6 AZO 1938, allerdings nur hinsichtlich des öffentlichen Dienstes des Bundes und nicht der Länder und Gemeinden.

2. Öffentlicher Dienst des Bundes. – Die Regelung in § 17 Abs. 3 ist weit gefasst und erfasst zunächst den gesamten **öffentlichen Dienst des Bundes** (vgl. zum Begriff der Verwaltung des Bundes auch § 7 Rn 55). Hinsichtlich des Bereichs der Bahn ist zu unterscheiden: Nach der am 1. 1. 1994 wirksam gewordenen Neuorganisation der Deutschen Bundesbahn und der Deutschen Reichsbahn durch das Eisenbahnneuordnungsgesetz vom 27. 12. 1993 (BGBl. I S. 2378) können die Beschäftigten nunmehr bei der Deutschen Bahn AG, beim Bundesbahnvermögen oder beim Eisenbahnbundesamt tätig sein. Die **Deutsche Bahn AG** gehört nicht mehr zum öffentlichen Dienst des Bundes, die Regelung des § 17 Abs. 3 ist insoweit nicht anwendbar. Das Eisenbahnbundesamt als Bundesoberbehörde im Geschäftsbereich des BMV und das Bundeseisenbahnvermögen, das als Sondervermögen des Bundes mit zweistufigem Behördenaufbau geführt wird, zählen weiterhin zum öffentlichen Dienst des Bundes. Die Aufgaben der Aufsichtsbehörde werden vom BMV oder der von ihm bestimmten Stelle wahrgenommen. Nicht mehr zum öffentlichen Dienst zählen auch die privatisierten Bereiche der ehemaligen Deutschen Bundespost, also **Telekom AG**, **Deutsche Post AG** und **Deutsche Post Bank AG** (**L:** ebenso *Baeck/Deutsch/Winzer* § 17 Rn 14). 14

3. Aufgaben der Aufsichtsbehörde. – Zu den **Aufgaben** der Aufsichtsbehörde gehört insbes. die Überwachungstätigkeit (vgl. Rn 8 f). Dies bedeutet, dass das jeweilige Bundesministerium darüber wachen muss, dass in seinem Ministerium und in den zu seinem Geschäftsbereich gehörenden öffentlich-rechtlichen Stellen das ArbZG und die aufgrund des ArbZG erlassenen Rechtsverordnungen eingehalten werden. Das jeweilige Bundesministerium kann seine Aufgabe auf eine von ihm zu bestimmende Stelle delegieren. Hierzu bedarf es eines **förmlichen Übertragungsaktes**. 15

4. Befugnisse der Aufsichtsbehörde. – Zu den **Befugnissen** der Aufsichtsbehörde gehören insbes. die Befugnisse nach § 7 Abs. 5, § 13 Abs. 3 bis 5 sowie nach § 15 Abs. 1 und 2. Das Bundesministerium oder die von ihm benannte Stelle tritt an die Stelle der Aufsichtsbehörde. Dies bedeutet, dass das jeweilige Bundesministerium bzw die von ihm bestimmte Stelle die in diesen Vorschriften vorgesehenen Feststellungen und Maßnahmen treffen, aber auch die dort vorgesehenen Ausnahmen in seinem Geschäftsbereich selbst bewilligen kann. Dazu bedarf es wie bei der Aufsichtsbehörde eines rechtsmittelfähigen Verwaltungsaktes, den die betroffenen Arbeitnehmer ggf. anfechten können. Soweit das ArbZG der Aufsichtsbehörde besondere Rechte einräumt, wie zB das Zugangsrecht zu den Arbeitsstätten, kann dies im jeweiligen Zuständigkeitsbereich innerhalb des öffentlichen Dienstes auch von diesen Stellen ausgeübt werden. 16

5. Bundesunmittelbare Körperschaften, Anstalten und Stiftungen des öffentlichen Rechts. – Die Ausnahmeregelung des § 17 Abs. 3 gilt auch für bundesunmit- 17 telbaren Körperschaften, Anstalten und Stiftungen des öffentlichen Rechts (vgl. hierzu § 7 Rn 56). Auszugehen ist hierbei von den entsprechenden Begriffen des Staats- und Verwaltungsrechts. Körperschaften, Anstalten und Stiftungen des öffentlichen Rechts sind alle Einrichtungen, denen die Rechtsstellung einer bundesunmittelbaren Körperschaft, Anstalt oder Stiftung des öffentlichen Rechts durch eine entsprechende Vorschrift **verliehen** worden ist. **Private Verwaltungen** und **Betriebe des Bundes** oder der bundesunmittelbaren öffentlich-rechtlichen Stellen fallen unter § 17 Abs. 1. Dies gilt unabhängig von einer finanziellen Beteiligung des Bundes. Auch wenn ein in einer Gesellschaftsform des bürgerlichen Rechts oder des Handelsrechts geführter Betrieb wirtschaftlich ausschließlich dem Bund gehört (zB bei alleinigem Aktienbesitz des Bundes an einer Aktiengesellschaft) ergibt sich damit die zuständige Aufsichtsbehörde aus § 17 Abs. 1 (**L:** vgl. auch *Baeck/Deutsch/Winzer* § 17 Rn 14). Gleiches gilt für den Bereich der **Zuwendungsempfänger** (vgl. hierzu § 7 Rn 88 ff). Auch hier führt allein eine überwiegende oder ausschließliche Finanzierung durch den Bund nicht dazu, dass sich die Aufsichtsbehörde nach § 17 Abs. 3 bestimmt.

18 **6. Aufsichtsbehörde in den Fällen des § 19.** – § 17 Abs. 3 regelt ausschließlich, welche Stelle für den öffentlichen Dienst des Bundes die Befugnisse der Aufsichtsbehörde wahrnimmt. Es handelt sich hierbei nur um eine Bestimmung der Zuständigkeit, nicht um eine Erweiterung der Aufgaben und Befugnisse. § 17 Abs. 1 sieht hinsichtlich der Aufsichtsbehörde vor, dass sie die Einhaltung des ArbZG und der aufgrund des ArbZG erlassenen Rechtsverordnungen überwacht. Soweit solche Aufgaben im öffentlichen Dienst des Bundes anfallen, dh wenn die Arbeitszeitregelungen der Beamten nicht übertragen sind, werden sie von den in § 17 Abs. 3 aufgeführten Stellen wahrgenommen. Hat jedoch eine Übertragung nach § 19 stattgefunden und sind also die für die Beamten geltenden Regelungen anzuwenden, wird die Einhaltung dieser beamtenrechtlichen Bestimmungen von den im Beamtenbereich hierfür vorgesehenen Stellen auch für die Arbeitnehmer wahrgenommen. Die zuständige Aufsichtsbehörde ergibt sich dann nicht aus § 17 Abs. 3 (vgl. hierzu § 19 Rn 13). Dies gilt sowohl für den öffentlichen Dienst des Bundes als auch für den der Länder und Kommunen.

V. Auskunftspflicht und Geheimhaltung (Absatz 4)

19 **1. Auskunft durch Arbeitgeber. – a) Pflicht zur Erteilung von Auskünften.** – Die Pflicht zur Erteilung von Auskünften nach § 17 Abs. 4 Satz 1 erstreckt sich auf **alle Vorgänge und Tatsachen**, die die Aufsichtsbehörde zur Erfüllung ihrer Aufgaben (Anordnungen) benötigt. Die Auskunftspflicht wird erst dann wirksam, wenn die Aufsichtsbehörde eine bestimmte Auskunft verlangt; der Verdacht eines Gesetzesverstoßes muss nicht bestehen (vgl. Rn 8), es muss **kein besonderer Anlass** zur Prüfung bestehen, schon gar nicht müssen konkrete Anhaltspunkte für mögliche Gesetzesverstöße bestehen (**L:** ebenso *Neumann/Biebl* § 17 Rn 3; ErfK/*Wank*

§ 17 ArbZG Rn 4; aA *Baeck/Deutsch/Winzer* § 17 Rn 25). Die allgemeine, ungezielte Ausforschung des Arbeitgebers, die nur die behördliche Aufsicht erleichtern soll, ist unzulässig (**R:** OVG Berlin 18.3.1982 GewA 1982, 279). Von sich aus muss der Arbeitgeber keine Auskünfte erteilen; er kann auch nicht zur fortlaufenden Auskunftserteilung verpflichtet werden. Kommt es zu einem tatsächlich geäußerten Auskunftsverlangen, müssen die Angaben vollständig sein.

Eine zur Entscheidung im konkreten Fall bedeutsame Tatsache muss auch dann vom Arbeitgeber mitgeteilt werden, wenn die Aufsichtsbehörde nicht ausdrücklich danach gefragt hat, der Sachzusammenhang mit der zu entscheidenden Frage aber klar erkennbar ist. Aus der Begrenzung der Auskunftspflicht auf die Mitteilung der für die Gesetzesdurchführung erforderlichen Auskünfte ergibt sich umgekehrt die Berechtigung des Arbeitgebers zur Auskunftsverweigerung, wenn die verlangten Angaben mit den Aufgaben der Aufsichtsbehörde nach dem ArbZG nicht in Zusammenhang stehen. Das Auskunftsverlangen muss **nicht zwingend in Form einer Anordnung** (= Verwaltungsakt) erfolgen; die Auskunft kann schriftlich, mündlich oder auch telefonisch (vgl. BT-Drucks. 12/5888 S. 32) verlangt werden (**L:** ebenso *Neumann/Biebl* § 17 Rn 3; *Buschmann/Ulber* § 17 Rn 7; ErfK/*Wank* § 17 ArbZG Rn 4; aA *Baeck/Deutsch/Winzer* § 17 Rn 25, die zwingend in jedem Auskunftsverlangen einen Verwaltungsakt iSd § 35 VwVfG sehen). Die in § 17 Abs. 4 Satz 1 normierte Auskunftspflicht umfasst nicht die Verpflichtung zur Vorlage von Unterlagen (**R:** OVG Rh-P 16.1.1986 GewA 1986, 136). Die Verpflichtung zur Vorlage von Unterlagen ist abschließend und umfassend in § 17 Abs. 4 Satz 2 geregelt (vgl. Rn 20). 19a

b) Pflicht zur Vorlage von Unterlagen. – Der Arbeitgeber ist verpflichtet, die in § 17 Abs. 4 Satz 2 genannten Unterlagen der Aufsichtsbehörde auf Verlangen vorzulegen oder einzusenden. Unterlagen, zu deren Führung er nicht verpflichtet ist, muss er nicht nachträglich erstellen, wenn die Aufsichtsbehörde ihre Vorlage verlangt. Handelt es sich um Unterlagen, die unbedingt im Original ausgewertet werden müssen und die der Arbeitgeber zur Fortführung seines Betriebs laufend braucht, dann wird die Aufsichtsbehörde die Übersendung der Unterlagen nur in besonders gelagerten Ausnahmefällen verlangen können und die Unterlagen so bald als möglich zurückschicken müssen, da sie die Bedürfnisse des Betriebs nicht außer Acht lassen darf. Der Arbeitgeber muss dann aber eine Möglichkeit für die Aufsichtsbehörde schaffen, die Unterlagen im Betrieb einzusehen und zu überprüfen (**R:** vgl. auch VG Oldenburg 12.12.1995 GewA 1997, 345 zur Einsichtsnahme in Geschäftsunterlagen bei Betriebsbesichtigung). Die Kosten der Übersendung von Unterlagen trägt der Arbeitgeber. 20

c) Verpflichtete Personen. – Die Pflicht zur Auskunft, Vorlage, Einsendung und Aufbewahrung obliegt dem **Arbeitgeber** oder dessen Vertreter. Im **Leiharbeitsverhältnis** gehen nach § 11 Abs. 6 AÜG die Pflichten für den Arbeitgeber, die aus den öffentlich-rechtlichen Vorschriften des Arbeitsschutzrechts resultieren, grundsätzlich auf den **Entleiher** über, der – unbeschadet der Pflichten des Verleihers – in ers- 21 ter Linie zur Auskunft verpflichtet ist. Daneben ist aber auch der **Verleiher** zur Auskunft gegenüber der Aufsichtsbehörde in bestimmten Fällen verpflichtet (**L:** *Roggendorff* § 17 Rn 17; *Baeck/Deutsch/Winzer* § 17 Rn 24).

21a Der **Arbeitnehmer** kann zwar von der Gewerbeaufsicht befragt werden; er ist jedoch **zur Auskunft nicht verpflichtet**. Er muss jedoch als Zeuge in einem Ordnungswidrigkeitenverfahren aussagen, wenn er kein Zeugnis- oder Aussageverweigerungsrecht geltend machen kann (§§ 52, 55 StPO iVm § 46 Abs. 1 OWiG). Eine Auskunftspflicht des Betriebs- bzw Personalrats ergibt sich nur aus § 89 Abs. 1 BetrVG bzw § 81 Abs. 1 BPersVG, nicht aber aus dem ArbZG.

22 **d) Befugnisse des Betriebs- und Personalrats.** – Betriebs- und Personalrat sind berechtigt, vom Arbeitgeber die Vorlage der Unterlagen zu verlangen, die zur Durchführung ihrer Aufgaben nach § 80 BetrVG bzw § 68 BPersVG erforderlich sind (vgl. hierzu ausf. § 1 Rn 52 ff). **Nicht auskunftspflichtig** gegenüber der Aufsichtsbehörde sind die Mitglieder des Betriebsrates und des Personalrates. Eine **Mitwirkungspflicht** könnte sich aus §§ 80 Abs. 1 Nr. 1 und 89 Abs. 1 BetrVG für den Betriebsrat und aus § 81 Abs. 1 BPersVG für den Personalrat ergeben, wonach es zu ihren Aufgaben zählt darüber zu wachen, dass die zugunsten der Arbeitnehmer geltenden Gesetze durchgeführt werden (**L:** ebenso *Neumann/Biebl* § 17 Rn 7; *Baeck/Deutsch/Winzer* § 17 Rn 24; vgl. auch § 1 Rn 52 bis 97).

23 **e) Verstöße.** – Ein Arbeitgeber, der vorsätzlich oder fahrlässig eine Auskunft **nicht, nicht richtig** oder **nicht vollständig** erteilt oder Unterlagen nicht oder nicht vollständig vorlegt oder nicht einsendet, begeht eine Ordnungswidrigkeit nach § 22 Abs. 1 Nr. 10 (vgl. hierzu § 22 Rn 3 ff). Die Zuwiderhandlung gegen die behördliche Aufforderung zur Auskunftserteilung ist nicht schon mit dem Erlass der behördlichen Anordnung, sondern erst dann bußgeldbewehrt, wenn dieser Verwaltungsakt für den Arbeitgeber verbindlich ist (**R:** OLG Hamm 7.6.1994 GewA 1994, 471).

24 **2. Geheimhaltungspflicht.** – Der Regelung einer besonderen Geheimhaltungsverpflichtung in § 17 bedurfte es nicht. Die von der Aufsichtsbehörde mit der Überwachung beauftragten Personen sind nach § 23 Abs. 2 Satz 1 ArbSchG und § 139b Abs. 1 Satz 3 GewO, die bei Überwachungstätigkeiten im Rahmen des ArbZG Anwendung finden, verpflichtet, die ihnen dabei zur Kenntnis gelangenden Geschäfts- und Betriebsgeheimnisse grundsätzlich nicht zu offenbaren (**L:** ausf. hierzu Münch ArbR/*Kohte* § 174 Rn 88; *Berg* GewA 1996, 177). Die Geheimhaltungspflicht besteht nicht gegenüber der vorgesetzten Dienstbehörde und auch nicht gegenüber anderen Behörden, die Aufgaben im Bereich des Arbeitsschutzes wahrnehmen, da diese selbst zur Geheimhaltung verpflichtet sind (**L:** vgl. *Zmarzlik/Zipperer/Viethen* § 20 Rn 12). Die Verletzung der Geheimhaltungspflicht kann ein Disziplinarverfahren und eine zivilrechtliche Haftung nach sich ziehen (**L:** *Zmarzlik/Anzinger* § 51 Rn 14). Die strafrechtliche Verantwortung bestimmt sich nach § 203 Abs. 2 Nr. 1 StGB.

VI. Besichtigungsrecht (Absatz 5)

1. Umfang. – Nach § 17 Abs. 5 haben die Beauftragten der Aufsichtsbehörde das Recht, die Arbeitsstätte zu betreten und zu besichtigen. Beauftragte in diesem Sinne sind in erster Linie die Gewerbeaufsichtsbeamten und Gewerbeärzte. Die Aufsichtsbehörde kann aber auch, wenn besonderes Fachwissen erforderlich ist, eine andere fachkundige Person bei der Besichtigung hinzuziehen. Der Begriff der Arbeitsstätte ist in § 2 ArbStättV definiert, hierauf aber nicht beschränkt. **Arbeitsstätte** kann nach dem allgemeinen Sinn dieses Wortes jeder einzelne Arbeitsplatz sein. Wohnungen dürfen die Aufsichtsbeamten grundsätzlich nicht betreten und nicht besichtigen. Nach Art. 13 GG ist die Wohnung unverletzlich. Der Begriff **Wohnung** in Art. 13 Abs. 1 GG ist weit auszulegen; er umfasst auch Arbeits-, Betriebs- und Geschäftsräume (**R:** BVerfG 13.10.1971 BVerfGE 32, 54 = NJW 1971, 2299). Dieses Grundrecht ist nach § 17 Abs. 5 nur für den Fall eingeschränkt, dass sich in der Wohnung eine Arbeitsstätte befindet und dass das Betreten und Besichtigen der Wohnung durch die Aufsichtsbeamten zur Verhütung von dringenden Gefahren für die öffentliche Sicherheit und Ordnung erforderlich ist. Das ist jedenfalls dann der Fall, wenn eine konkrete Gesundheitsgefahr für Arbeitnehmer besteht. Das Besichtigungsrecht berechtigt nicht zu einer **Durchsuchung** iSd §§ 102 ff StPO. Das Betreten von Betriebsräumen zum Zweck der routinemäßigen Nachschau ist allerdings keine Durchsuchung (**R:** BVerwG 5.11.1987 NJW 1988, 1278 = DVBl. 1988, 440). 25

2. Zeit. – Nach § 17 Abs. 5 Satz 1 dürfen die Aufsichtsbeamten bzw die Beauftragten der Aufsichtsbehörde die Arbeitsstätten – abgesehen von dringenden Gefahren für die öffentliche Sicherheit und Ordnung (vgl. Rn 25) – **während der Betriebs- und Arbeitszeit** betreten und besichtigen. Die ursprünglich im Regierungsentwurf enthaltene Einschränkung auf die **üblichen** Betriebs- und Arbeitszeiten (vgl. BT-Drucks. 12/5888 S. 10 und 32) ist auf Vorschlag des Bundesrates gestrichen worden. Diese Änderung stellt sicher, dass eine Besichtigung immer dann erfolgen kann, wenn in der Arbeitsstätte **tatsächlich gearbeitet** wird oder der Betrieb tatsächlich betrieben wird, also auch dann, wenn der Betrieb zB ausnahmsweise an Sonn- oder Feiertagen arbeitet (vgl. BT-Drucks. 12/6990 S. 44). 26

3. Ankündigung. – § 17 Abs. 5 sieht **keine Verpflichtung zur Ankündigung** der Besichtigung vor (**R:** KG Berlin 16.4.1987 GewA 1987, 305). Bei Beginn der Besichtigung sind die Aufsichtsbeamten nach den landesrechtlichen Dienstanweisungen verpflichtet, den Arbeitgeber oder einen Beauftragten von der Besichtigung in Kenntnis zu setzen (s. auch Rn 34). 27

4. Gestattung. – Der Arbeitgeber hat das Betreten und Besichtigen der Arbeitsstätten zu gestatten; zugleich wird sein Hausrecht eingeschränkt (**R:** BVerwG 6.9. 1974 BVerwGE 47, 31; BVerwG 5.11.1987 NJW 1988, 1278 = DVBl. 1988, 440; OVG Münster 25.4.1978 GewA 1978, 366). Als Nebenpflicht kann sich nach den Umständen des Einzelfalls ergeben, dass der Arbeitgeber oder ein von ihm Beauf- 28 tragter den Vertreter der Aufsichtsbehörde begleitet, um ihm evtl. notwendige Auskünfte zu erteilen. Eine Beteiligung des Betriebs- bzw Personalrats ist im Rahmen des § 89 Abs. 2 BetrVG bzw des § 81 Abs. 2 BPersVG zu veranlassen (s. Rn 34).

29 Verweigert der Arbeitgeber den Zutritt zur Arbeitsstätte, kann gestützt auf § 17 Abs. 2 eine sog. Duldungsverfügung erlassen werden, die im Wege des Verwaltungszwangs durchgesetzt werden kann (vgl. auch Rn 11). Hierzu kann nach § 12 VwVG oder den entsprechenden Vorschriften der Landesvollstreckungsgesetze **unmittelbarer Zwang** gegen Personen oder Sachen angewendet werden, erforderlichenfalls kann das Betreten des Betriebsgeländes mit Hilfe der örtlich zuständigen Polizeidienststellen erzwungen werden. Werden die Vertreter der Aufsichtsbehörde am Betreten der Betriebsräume beharrlich gehindert, so kann die Aufsichtsbehörde ausnahmsweise auch die **Übergabe von Schlüsseln** zu den Betriebsräumen im Wege einer Anordnung durchsetzen (**R:** OVG Hamburg 9.4.1991 GewA 1991, 432 = DöV 1992, 221).

30 **5. Verstöße.** – Die Behinderung des Aufsichtsbeamten beim Betreten oder Besichtigen der Arbeitsstätte durch den Arbeitgeber kann nach § 22 Abs. 1 Nr. 10 und Abs. 2 mit einem Bußgeld bis zu 15.000 Euro geahndet werden.

VII. Auskunftsverweigerungsrecht (Absatz 6)

31 **1. Umfang.** – § 17 Abs. 6 sieht ein Auskunftsverweigerungsrecht des zur Auskunft Verpflichteten vor. Damit trägt das ArbZG dem rechtsstaatlichen Anliegen Rechnung, eine Verpflichtung zur Selbstbelastung durch eigene Aussagen auszuschließen. Dieses Auskunftsverweigerungsrecht ist jedoch nicht derart umfassend, dass damit jedes Auskunftsverlangen der Aufsichtsbehörde abgewehrt werden könnte. Nur bei **einzelnen Fragen**, deren Beantwortung ihn selbst oder einen der in § 17 Abs. 6 abschließend genannten Angehörigen der Gefahr strafrechtlicher oder ordnungswidrigkeitenrechtlicher Verfolgung aussetzen würde, kann der Auskunftspflichtige die Antwort verweigern. Die Pflicht zur Auskunftserteilung ist unabdingbar für eine wirksame Kontrolle, da ansonsten nur noch derjenige zu einer Auskunft verpflichtet wäre, der sich in jeder Hinsicht an die Vorschriften hält, deren Einhaltung Gegenstand der behördlichen Kontrolle ist (**R:** BVerfG 7.9.1984 VkBI. 1985, 303 – Az: 2 BvR 159/84 –). Hier liegt ein entscheidender Unterschied zu dem umfassenden Aussageverweigerungsrecht des § 136 StPO. Die Aufsichtsbehörde ist nicht verpflichtet, den Auskunftspflichtigen auf sein Auskunftsverweigerungsrecht hinzuweisen (**R:** BayObLG 11.10.1968 GewA 1969, 41).

32 Das Aussageverweigerungsrecht besteht auch dann, wenn die Beantwortung der Frage zwar nicht den Auskunftspflichtigen, wohl aber einen der in § 383 Abs. 1 Nr. 1 bis 3 ZPO bezeichneten **Angehörigen** der Gefahr strafrechtlicher oder ordnungswidrigkeitenrechtlicher Verfolgung aussetzen würde. Bei diesen Angehörigen handelt es sich um den Verlobten, den Ehegatten, auch wenn die Ehe nicht mehr besteht, ferner diejenigen, die mit dem Auskunftspflichtigen in gerader Linie ver-

wandt oder verschwägert, in der Seitenlinie bis zum 3. Grad verwandt oder bis zum 2. Grad verschwägert sind oder waren.

2. Herausgabe von Unterlagen. – Keine Auswirkungen hat das Auskunftsverweigerungsrecht auf die Pflicht zur **Herausgabe von Unterlagen** nach § 17 Abs. 4 Satz 2. Diese Herausgabepflicht besteht unter den dort genannten Voraussetzungen, ohne dass die Frage nach der Gefahr strafrechtlicher oder ordnungswidrigkeitenrechtlicher Verfolgung eine Rolle spielt (**R:** in einem Verfahren nach dem Fahrpersonalgesetz: OLG Stuttgart 18.9.1978 SiS 1979, 411). Diese Regelung ist verfassungskonform. Ein Recht, die Einsichtnahme in Unterlagen nach § 17 Abs. 4 zu verweigern, lässt sich dem Grundgesetz nicht entnehmen (**R:** zur in § 31a Abs. 2 und Abs. 3 Binnenschifffahrtsgesetz geregelten Mitwirkungspflicht bei der Überwachung vgl. BVerfG 22.10.1980 BVerfGE 55, 144, 151 = NJW 1981, 1087). So erfasst zB auch das Auskunftsverweigerungsrecht des § 4 Abs. 4 FPersG nicht die Verpflichtung, Unterlagen auszuhändigen oder einzusenden, die erforderlich sind, um die Einhaltung der Vorschriften über Lenkzeiten und Ruhezeiten zu Überprüfen (**R:** BVerfG 7.9.1984 VkBI. 1985, 303). 33

VIII. Beteiligung des Betriebs- und Personalrats

Nach § 89 Abs. 2 BetrVG bzw § 81 Abs. 2 BPersVG sind Arbeitgeber und Aufsichtsbehörde verpflichtet, den Betriebs- bzw Personalrat **bei der Besichtigung** des Betriebs durch die Aufsichtsbehörde hinzuzuziehen. Unterlässt der Arbeitgeber die Benachrichtigung, so ist der Aufsichtsbeamte berechtigt, direkt mit dem Betriebs- oder Personalrat Kontakt aufzunehmen. Mit der Besichtigung kann begonnen werden, wenn der Betriebs- bzw Personalrat eine Beteiligung ablehnt oder kein Mitglied des Betriebs- bzw Personalrats anwesend ist (**R:** zur Beteiligungspflicht bei Unfalluntersuchungen vgl. BVerwG 8.12.1961 AP PersVG § 68 Nr. 2). Erstellt der Aufsichtsbeamte eine **Niederschrift** über die Besichtigung oder leitet er dem Arbeitgeber ein **Revisionsschreiben** zu, so ist dem Betriebs- bzw Personalrat nach § 89 Abs. 4 BetrVG bzw § 81 Abs. 4 BPersVG ein Abdruck zuzusenden, und zwar unabhängig von einer Teilnahme. **Auflagen und Anordnungen** der Aufsichtsbehörde hat der Arbeitgeber dem Betriebs- bzw Personalrat unverzüglich nach § 89 Abs. 2 Satz 2 BetrVG bzw § 81 Abs. 2 Satz 2 BPersVG mitzuteilen (**L:** *Baeck/Deutsch/Winzer* § 17 Rn 40). 34

Die Mitbestimmungsrechte des Betriebsrats nach § 87 BetrVG sind ausdrücklich auf das Verhältnis zwischen Arbeitgeber und Arbeitnehmer beschränkt. Wird dem Arbeitgeber durch eine aufsichtsbehördliche Anordnung eine verbindliche Regelung aufgegeben, zB in Bezug auf die Ordnung des Betriebs und das Verhalten der Arbeitnehmer im Betrieb oder in Bezug auf den Gesundheitsschutz der Arbeitnehmer im Betrieb, so ist kein Raum für die Ausübung der betrieblichen Mitbestimmung, es sei denn, dass die behördliche Anordnung dem Arbeitgeber Gestaltungsspielraum lässt. Handelt der Arbeitgeber in Erfüllung einer Pflicht, die ihm durch 35 eine hoheitliche Maßnahme auferlegt worden ist (hier: atomrechtliche Anordnung), so ist dem Betriebsrat von Verfassungs wegen kein Mitbestimmungsrecht einzuräumen (**R:** BVerfG 22.8.1994 RDV 1995, 168). Der Betriebsrat kann auch nicht geltend machen, durch die aufsichtsbehördliche Anordnung in seinen Rechten verletzt zu sein, weswegen er gemäß § 42 Abs. 2 VwGO auch nicht klagebefugt ist (**R:** BVerwG 9.7.1992 BVerwGE 90, 304).

IX. Rechtsmittel

36 Verfügungen, Beschränkungen und sonstige Anordnungen der Aufsichtsbehörde sind **Verwaltungsakte** (zur gesetzeswiederholenden Anordnung vgl. Rn 10), ebenso das Verlangen des Aufsichtsbeamten, eine Arbeitsstätte zu betreten und zu besichtigen. Verwaltungsakte sind ferner alle Ausnahmebewilligungen der Aufsichtsbehörde nach dem ArbZG. Gegen einen Verwaltungsakt kann der Arbeitgeber innerhalb eines Monats nach dessen Bekanntgabe Widerspruch bei der Aufsichtsbehörde erheben (vgl. §§ 68 ff VwGO). Wird dem **Widerspruch** nicht abgeholfen, so ergeht ein Widerspruchsbescheid, der möglicherweise sogar eine Verschärfung (reformatio in peius) enthalten kann (**R:** VGH München 19.11.1987 GewA 1988, 276). Die Zuständigkeit für den Erlass von Widerspruchsbescheiden ist in den Ländern unterschiedlich geregelt; es sind zum Teil die Gewerbeaufsichtsämter bzw Ämter für Arbeitsschutz (zB in Mecklenburg-Vorpommern), zum Teil die Mittelbehörden (zB in NRW und Hessen) oder die obersten Landesbehörden (zB in Bremen und Hamburg).

37 Gegen einen Widerspruchsbescheid kann innerhalb eines Monats nach Zustellung (vgl. jedoch auch § 75 VwGO) **Klage** beim örtlich zuständigen Verwaltungsgericht erhoben werden (§ 74 VwGO). Widerspruch und Anfechtungsklage haben nach § 80 Abs. 1 VwGO **aufschiebende Wirkung**, es sei denn, dass die Aufsichtsbehörde die sofortige Vollziehung angeordnet hat (§ 80 Abs. 1 und Abs. 2 Nr. 4 VwGO). Bereits vor Erhebung der Anfechtungsklage kann der Arbeitgeber beim Gericht der Hauptsache beantragen, die aufschiebende Wirkung ganz oder teilweise wiederherzustellen (§ 80 Abs. 5 VwGO). Gegen die Entscheidung des Verwaltungsgerichts kann Beschwerde beim Oberverwaltungsgericht eingelegt werden (§ 146 Abs. 1 VwGO); die Beschwerde hat allerdings keine aufschiebende Wirkung (§ 149 Abs. 1 VwGO).

38 Die Gerichte können Ermessensentscheidungen der Aufsichtsbehörde gemäß § 114 VwGO nur darauf überprüfen, ob die Aufsichtsbehörde die gesetzlichen Grenzen des Ermessens überschritten oder von dem Ermessen in einer dem Zweck der Ermächtigung (vgl. hierzu auch § 1 Rn 19) nicht entsprechenden Weise Gebrauch gemacht hat (**R:** BVerwG 18.8.1960 BVerwGE 11, 95; VGH BW 26.5.1977 GewA 1977, 310).

Sechster Abschnitt:
Sonderregelungen

§ 18
Nichtanwendung des Gesetzes

(1) Dieses Gesetz ist nicht anzuwenden auf

1. leitende Angestellte im Sinne des § 5 Abs. 3 des Betriebsverfassungsgesetzes sowie Chefärzte,
2. Leiter von öffentlichen Dienststellen und deren Vertreter sowie Arbeitnehmer im öffentlichen Dienst, die zu selbstständigen Entscheidungen in Personalangelegenheiten befugt sind,
3. Arbeitnehmer, die in häuslicher Gemeinschaft mit den ihnen anvertrauten Personen zusammenleben und sie eigenverantwortlich erziehen, pflegen oder betreuen,
4. den liturgischen Bereich der Kirchen und der Religionsgemeinschaften.

(2) Für die Beschäftigung von Personen unter 18 Jahren gilt anstelle dieses Gesetzes das Jugendarbeitsschutzgesetz.

(3) Für die Beschäftigung von Arbeitnehmern auf Kauffahrteischiffen als Besatzungsmitglieder im Sinne des § 3 des Seearbeitsgesetzes gilt anstelle dieses Gesetzes das Seearbeitsgesetz.

Übersicht

I. Allgemeines

Entstehungsgeschichte, Zweck. § 18 ersetzt weitgehend § 1 AZO 1938 und trägt 1
den Besonderheiten bei der Arbeitszeit bestimmter Personengruppen Rechnung (vgl. BT-Drucks. 12/5888 S. 32). Auf eine § 1 Abs. 1 AZO 1938 entsprechende Vor-

schrift ist verzichtet worden, da sich der Anwendungsbereich des ArbZG hinreichend bestimmt aus der gesetzlich festgelegten Begriffsbestimmung des § 2 Abs. 2 und der Vorschrift des § 18 ergibt. Das ArbZG gilt für **alle Arbeitnehmer** in **allen Beschäftigungsbereichen**, insbes. in allen Betrieben und Verwaltungen (**L:** *Zmarzlik* DB 1994, 1082; *Anzinger* BB 1994, 1491, 1493) mit Ausnahme der in § 18 aufgelisteten Personengruppen.

2 Das ArbZG gilt im Gegensatz zu § 1 Abs. 1 Satz 2 Nr. 1 AZO 1938 für Arbeitnehmer in der **Landwirtschaft** (zum Begriff der Landwirtschaft vgl. BT-Drucks. 12/5888 S. 27; s. auch § 5 Rn 53 bis 57), im Gegensatz zu § 1 Abs. 1 Satz 2 Nr. 2 AZO 1938 auch für in der **Fischerei** eingesetzte Arbeitnehmer und im Gegensatz zu § 1 Abs. 2 Nr. 3 AZO 1938 auch für pharmazeutisch vorgebildete **Arbeitnehmer in Apotheken**. Eine Herausnahme dieser Arbeitnehmergruppen aus dem Anwendungsbereich des ArbZG ist aus heutiger Sicht im Hinblick auf die Schutzpflichten des Staates, insbes. in Bezug auf das Recht auf körperliche Unversehrtheit des Art. 2 Abs. 2 Satz 1 GG, nicht mehr gerechtfertigt, auch wenn insoweit ein weiter Wertungs- und Gestaltungsfreiraum für den Gesetzgeber besteht. Aus heutiger Sicht erscheinen auch Regelungen, die die Nichtanwendung des Gesetzes davon abhängig machen, dass eine bestimmte Verdienstgrenze überschritten wird oder eine bestimmte Anzahl von Untergebenen vorhanden ist, als willkürlich und liegen wohl nicht mehr innerhalb der Bandbreite möglicher Entscheidungen des Gesetzgebers. Auf § 1 Abs. 2 Nr. 2 AZO 1938 vergleichbare Regelungen ist deshalb im ArbZG verzichtet worden.

3 Das ArbZG findet anders als die AZO 1938 auch Anwendung auf die Beschäftigung von Arbeitnehmern im **Haushalt**. Die im Regierungsentwurf noch vorgesehene Regelung des § 18 Abs. 1 Nr. 3 zur Nichtanwendung des Gesetzes auf diese Arbeitnehmergruppe (vgl. BT-Drucks. 12/5888 S. 11 und 32) ist in den parlamentarischen Beratungen des ArbZG auf Vorschlag des Bundesrates nicht übernommen worden. Das neue ArbZG sei so flexibel konzipiert, dass auch den besonderen Verhältnissen im Haushalt ausreichend Rechnung getragen werden könne (vgl. BT-Drucks. 12/6990 S. 44).

3a **Mithelfende Familienangehörige**, die Arbeitsleistungen allein aufgrund familienrechtlicher Beziehungen und nicht aufgrund privatrechtlicher Vereinbarungen erbringen, sind nach allgemeiner Auffassung (**L:** vgl. MünchArbR/*Schneider* § 19 Rn 65) keine Arbeitnehmer und werden deshalb vom Anwendungsbereich des ArbZG nicht erfasst (vgl. BT-Drucks. 12/5888 S. 32 f).

II. Nichtanwendung des ArbZG

4 In § 18 Abs. 1 werden bestimmte Arbeitnehmergruppen von der Anwendung des ArbZG ausgenommen. Für diese Arbeitnehmergruppen bestehen keine öffentlichrechtlichen Arbeitszeitschutzvorschriften, deren Einhaltung von staatlichen Stellen überwacht wird (**L:** zu deren Schutz vgl. *Däubler* FS Klebe 2018, 89). Der Arbeitgeber ist somit lediglich aufgrund der ihm obliegenden Fürsorgepflicht gehalten, diese Arbeitnehmergruppen nicht in einer die Gesundheit missachtenden Weise zu Arbeitsleistungen heranzuziehen. Die Zulässigkeit einzelvertraglicher und kollektivrechtlicher Regelungen findet ihre Grenze in § 138 BGB, was sich nach einer Gesamtwürdigung der Umstände des Einzelfalles bestimmt. Im Übrigen können sowohl Arbeitsverträge als auch Tarifverträge, die vom Arbeitnehmer ein die allgemeine menschliche Leistungsfähigkeit und die Zumutbarkeit übersteigendes Arbeitsvolumen verlangen, wegen Verstoßes gegen den Rechtsgedanken des § 306 BGB (unmögliche Leistung) und ggf. wegen Verstoßes gegen Art. 1 Abs. 1 GG (Schutz der Menschenwürde) unwirksam sein (**R:** BAG 24.2.1982 AP BAT § 17 Nr. 7).

1. Leitende Angestellte. – a) Leitende Angestellte iSd § 5 Abs. 3 BetrVG. – Das ArbZG ist nicht anzuwenden auf leitende Angestellte iSd § 5 Abs. 3 BetrVG. Durch die Verweisung auf die verfassungsrechtlich nicht zu beanstandende, insbes. dem rechtsstaatlichen Bestimmtheitsgebot genügende Vorschrift des § 5 Abs. 3 BetrVG (**R:** BVerfG 24.11.1981 AP BetrVG 1972 § 5 Nr. 27; BAG 29.1.1980 AP BetrVG 1972 § 5 Nr. 22) ist es möglich, auch im Bereich des öffentlich-rechtlichen Arbeitszeitschutzes auf die von Rspr. und Lehre zum Begriff des leitenden Angestellten entwickelten Grundsätze zurückzugreifen (**L:** ausf. MünchArbR/*Richter* § 20 Rn 1 ff; *Löwisch* § 5 Rn 13 ff; *Richardi* AuR 1991, 33). Dies dient der Rechtssicherheit und Normklarheit (vgl. BT-Drucks. 12/5888 S. 32). 5

Durch das Gesetz zur Änderung des BetrVG, über Sprecherausschüsse der leitenden Angestellten und zur Sicherung der Montan-Mitbestimmung vom 20.12.1988 (BGBl. I S. 2312) ist der Begriff des leitenden Angestellten in **§ 5 Abs. 3 BetrVG** wie folgt präzisiert worden: 6

„(3) Dieses Gesetz findet, soweit in ihm nicht ausdrücklich etwas anderes bestimmt ist, keine Anwendung auf leitende Angestellte. Leitender Angestellter ist, wer nach Arbeitsvertrag und Stellung im Unternehmen oder im Betrieb

1. *zur selbstständigen Einstellung und Entlassung von im Betrieb oder in der Betriebsabteilung beschäftigten Arbeitnehmern berechtigt ist oder*
2. *Generalvollmacht oder Prokura hat und die Prokura auch im Verhältnis zum Arbeitgeber nicht unbedeutend ist oder*
3. *regelmäßig sonstige Aufgaben wahrnimmt, die für den Bestand und die Entwicklung des Unternehmens oder eines Betriebs von Bedeutung sind und deren Erfüllung besondere Erfahrungen und Kenntnisse voraussetzt, wenn er dabei entweder die Entscheidungen im Wesentlichen frei von Weisungen trifft oder sie maßgeblich beeinflusst; dies kann auch bei Vorgaben insbesondere auf Grund von Rechtsvorschriften, Plänen oder Richtlinien sowie bei Zusammenarbeit mit anderen leitenden Angestellten gegeben sein."*

7 Der in § 5 Abs. 3 Satz 2 BetrVG enthaltenen Legaldefinition des Begriffs des leitenden Angestellten sind in § 5 Abs. 4 BetrVG **Auslegungsregeln** angefügt worden, die an formale, schnell feststellbare Merkmale anknüpfen, um die Anwendung des § 5 Abs. 3 Nr. 3 BetrVG zu erleichtern (vgl. BT-Drucks. 11/2503 S. 30). § 5 Abs. 4 BetrVG lautet wie folgt:

„(4) Leitender Angestellter nach Abs. 3 Nr. 3 ist im Zweifel, wer

1. *aus Anlass der letzten Wahl des Betriebsrats, des Sprecherausschusses oder von Aufsichtsratsmitgliedern der Arbeitnehmer oder durch rechtskräftige gerichtliche Entscheidung den leitenden Angestellten zugeordnet worden ist oder*
2. *einer Leitungsebene angehört, auf der in dem Unternehmen überwiegend leitende Angestellte vertreten sind, oder*
3. *ein regelmäßiges Jahresarbeitsentgelt erhält, das für leitende Angestellte in dem Unternehmen üblich ist, oder*
4. *falls auch bei der Anwendung der Nr. 3 noch Zweifel bleiben, ein regelmäßiges Jahresarbeitsentgelt erhält, das das Dreifache der Bezugsgröße nach § 18 des Vierten Buches Sozialgesetzbuch überschreitet."*

Aufgrund der ununterbrochenen Verweisungskette können auch diese Auslegungsregeln im Bereich des öffentlich-rechtlichen Arbeitszeitschutzes herangezogen werden (**L:** ebenso *Neumann/Biebl* § 18 Rn 4; *Baeck/Deutsch* § 18 Rn 17).

8 Ist ein Arbeitnehmer leitender Angestellter iSd § 5 Abs. 3 BetrVG, so ist dieser Arbeitnehmer auch leitender Angestellter iSd § 18 Abs. 1 Nr. 1 mit der Folge, dass die Vorschriften des ArbZG auf ihn keine Anwendung finden. Die gesetzliche Verweisung in § 18 Abs. 1 Nr. 1 auf § 5 Abs. 3 BetrVG soll im Interesse der Rechtsklarheit ausschließen, dass im öffentlich-rechtlichen Arbeitszeitschutz andere Unterscheidungsmerkmale entwickelt werden, die zur Folge haben könnten, dass Arbeitnehmer leitende Angestellte iSd ArbZG, nicht aber iSd BetrVG oder umgekehrt sein könnten. Die mit einer solchen Verweisung verbundenen Probleme waren im Gesetzgebungsverfahren bekannt. Von der Möglichkeit einer anderen oder abweichenden Definition ist kein Gebrauch gemacht worden, so dass im Bereich des ArbZG kein Grund besteht, von den in § 5 Abs. 3 BetrVG festgelegten Merkmalen abzuweichen (**R:** zu der Verweisung in § 3 Abs. 3 Nr. 2 MitbestG auf § 5 Abs. 3 BetrVG: BAG 23.1.1986 AP BetrVG 1972 § 5 Nr. 32). So wie die Frage, ob ein Arbeitnehmer, der mehreren Betrieben desselben Unternehmens angehört, leitender Angestellter iSd § 5 Abs. 3 BetrVG ist, für alle Betriebe des Unternehmens einheitlich zu beurteilen ist (**R:** BAG 25.10.1980 AP BetrVG 1972 § 5 Nr. 42), soll auch die Frage, ob ein Arbeitnehmer leitender Angestellter iSd Betriebsverfassungsrechtes und/oder des Arbeitszeitschutzrechtes ist, nach Auffassung des Gesetzgebers einheitlich entschieden werden.

9 Die Heranziehung eines für das Betriebsverfassungsrecht entwickelten Begriffs zur Abgrenzung im Arbeitszeitschutzrecht ist auch **verfassungsrechtlich nicht zu be-**

anstanden. Nach den von der Rspr. des BAG entwickelten Grundsätzen zählt ein Arbeitnehmer zu den leitenden Angestellten, wenn er spezifische unternehmerische Aufgaben wahrnimmt, die im Hinblick auf Gesamttätigkeit des Arbeitnehmers und die Gesamtheit der Unternehmeraufgaben weit reichend sind und bei deren Erfüllung der Arbeitnehmer einen eigenen erheblichen Entscheidungsspielraum hat. Eines der maßgeblichen Abgrenzungsmerkmale ist die **Unternehmerfunktion**. Wenn aber der Gesetzgeber auf die Festlegung von Arbeitszeitgrenzen für selbstständige Unternehmer und Gewerbetreibende im Rahmen seiner Gestaltungsfreiräume verzichten kann, so ist es unbedenklich, diesem Personenkreis Arbeitnehmer gleichzustellen, die vorwiegend Unternehmeraufgaben wahrnehmen. Im Übrigen hat die Rspr. des BAG zu § 5 Abs. 3 BetrVG in den vergangenen Jahren gezeigt, dass es nicht zu einer weit reichenden Herausnahme von Angestellten aus dem Anwendungsbereich des BetrVG gekommen ist. Nimmt ein **Prokurist** bedeutende unternehmerische Leitungsaufgaben wahr, kann er leitender Angestellter iSd § 5 Abs. 3 BetrVG sein (**R:** BAG 11.1.1995 AP BetrVG 1972 § 5 Nr. 55 mit Anm. *Wlotzke*).

b) Chefärzte. – In Anlehnung an die Vorschrift des § 1 Abs. 2a TVöD (früher: § 3 Buchst. i BAT) werden Chefärzte in § 18 Abs. 1 Nr. 1 vom Anwendungsbereich des ArbZG ausgenommen. Anders als der TVöD, der unmittelbare und zwingende Wirkung nur bei beiderseitiger Tarifgebundenheit entfaltet, gilt § 18 Abs. 1 Nr. 1 für **Chefärzte** in **allen Krankenhäusern** (zum Begriff des Krankenhauses vgl. § 5 Rn 35), und zwar unabhängig davon, ob sie in öffentlich-rechtlicher oder privater Form oder als kirchliches Krankenhaus betrieben werden. **10**

Als Chefarzt wird überwiegend der ärztliche Leiter einer Krankenhausabteilung bezeichnet, der innerhalb dieser Abteilung die ärztliche Gesamtverantwortung für die Patientenversorgung trägt und Vorgesetzter des ärztlichen und nichtärztlichen Personals seiner Abteilung ist (**L:** MünchArbR/*Nebendahl* § 170 Rn 31 ff). Die besondere Erwähnung der Chefärzte in § 18 Abs. 1 Nr. 1 ist erforderlich, weil nur in privatrechtlich betriebenen Krankenhäusern, die dem BetrVG unterliegen, der Chefarzt zu den leitenden Angestellten iSd § 5 Abs. 3 BetrVG zählen kann. Ein Chefarzt ist jedoch nur dann leitender Angestellter i. S. von § 5 Abs. 3 BetrVG, wenn er nach der konkreten Ausgestaltung und Durchführung des Vertragsverhältnisses maßgeblichen Einfluss auf die Unternehmensführung ausüben kann. Hierfür ist erforderlich, dass er nach dem Arbeitsvertrag und der tatsächlichen Stellung in der Klinik der Leitungs- und Führungsebene zuzurechnen ist und unternehmens- oder betriebsleitende Entscheidungen entweder selbst trifft oder maßgeblich vorbereitet. Ausdruck einer solchen Stellung können zB die selbstständige Verwaltung eines nicht ganz unerheblichen Budgets oder die zwingende Mitsprache bei Investitionsentscheidungen sein (**R:** BAG 5.5.2010, NZA 2010 S. 955 ff). In öffentlich-rechtlich betriebenen Krankenhäusern, die dem BPersVG bzw den einschlägigen Landespersonalvertretungsgesetzen unterliegen, zählen die Chefärzte regelmäßig zu den Arbeitnehmern, es sei denn, der Chefarzt ist zugleich Leiter der Dienststelle oder Vertreter des Dienststellenleiters (vgl. Rn 16). **11**

12 Nicht zu den Chefärzten zählen **Oberärzte, Assistenzärzte** und **Ärzte im Praktikum** (**L:** MünchArbR/*Nebendahl* § 170 Rn 52 ff), für die die Vorschriften des ArbZG Anwendung finden (**L:** ebenso ErfK/*Wank* § 18 ArbZG Rn 3). **Werksärzte** sind weder Chefärzte noch leitende Angestellte iSd BetrVG (**R:** LAG BW 31.3.1977 AP BetrVG 1972 § 5 Nr. 17).

13 **2. Öffentlicher Dienst. – a) Dienststellenleiter.** – Das ArbZG ist nicht anzuwenden auf Leiter von öffentlichen Dienststellen, und zwar nur soweit sie in einem privatrechtlichen Vertragsverhältnis stehen. Personen, die in einem öffentlich-rechtlichen Dienstverhältnis stehen, also insbes. Beamte, Richter und Soldaten, sind keine Arbeitnehmer (vgl. § 2 Rn 74). Für sie findet das ArbZG generell keine Anwendung.

14 Das ArbZG verwendet den Dienststellenbegriff iSd BPersVG bzw der entsprechenden Vorschriften der Landespersonalvertretungsgesetze. Nach § 6 Abs. 1 BPersVG sind **Dienststellen** die einzelnen Behörden, Verwaltungsstellen und Betriebe des Bundes und der bundesunmittelbaren Körperschaften, Anstalten und Stiftungen des öffentlichen Rechts sowie die Gerichte (**L:** ausf. MünchArbR/*Germelmann* § 360 Rn 2 ff).

15 Für die Dienststelle handelt nach § 7 Satz 1 BPersVG ihr **Leiter** (Dienststellenleiter). Wer Leiter einer Dienststelle ist, bestimmt sich nach der Organisation der Verwaltung und dem Behördenaufbau. Bei den Körperschaften, Anstalten und Stiftungen des öffentlichen Rechts ergibt sich der Dienststellenleiter regelmäßig aus Gesetz, Hoheitsakt oder Satzung (**L:** MünchArbR/*Germelmann* § 360 Rn 14 ff).

16 **b) Vertreter.** – Nicht anzuwenden ist das ArbZG ebenfalls auf den Vertreter des Dienststellenleiters (vgl. Rn 14 und 15). Dies richtet sich grundsätzlich nach der jeweiligen Behördenorganisation. Der Dienststellenleiter wird in der Regel durch seinen ständigen Vertreter vertreten (§ 7 Satz 2 BPersVG). Dies sind die Personen, die nach dem Organisationsplan der Dienststelle mit der **ständigen Vertretung** des Dienststellenleiters beauftragt sind und deshalb die Befugnis haben, in Vertretung zu zeichnen (**R:** BAG 7.2.1958 NJW 1958, 843).

17 Bei **obersten Dienstbehörden**, dies können nach § 3 BBG Ministerien, Vorstände der Sozialversicherungsträger bzw der Körperschaften, Anstalten und Stiftungen des öffentlichen Rechts sein, kann auch der Leiter der Abteilung für Personal- und Verwaltungsangelegenheiten Vertreter des Dienststellenleiters sein (§ 7 Satz 3 BPersVG). Bei Bundesoberbehörden ohne nachgeordnete Dienststellen und bei Behörden der Mittelstufe kommt auch der Abteilungsleiter, der dem Leiter der Abteilung für Personal- und Verwaltungsangelegenheiten bei obersten Dienstbehörden entspricht, als Vertreter des Dienststellenleiters in Betracht (§ 7 Satz 3 BPersVG).

18 **c) Arbeitnehmer mit selbstständiger Entscheidungsbefugnis.** – Das ArbZG ist ferner nicht anzuwenden auf Arbeitnehmer im öffentlichen Dienst, die zu selbstständigen Entscheidungen in Personalangelegenheiten befugt sind. Die Formulierung entspricht § 14 Abs. 3 BPersVG, der diese Personengruppe von der Wählbar-

keit für die Personalvertretung ausnimmt. Als **Personalangelegenheiten** iSd § 18 Abs. 1 Nr. 2 sind die im Katalog des § 75 Abs. 1 BPersVG aufgelisteten Personalangelegenheiten anzusehen, für die ein Mitbestimmungsrecht des Personalrats besteht. Eine **selbstständige Entscheidungsbefugnis** haben in der Regel nur die Leiter der Personalstellen (**L:** MünchArbR/*Germelmann* § 360 Rn 14 ff).

3. Arbeitnehmer in häuslicher Gemeinschaft. – Nach § 18 Abs. 1 Nr. 3 werden vom Anwendungsbereich des ArbZG Arbeitnehmer ausgenommen, die in **häuslicher Gemeinschaft** mit den ihnen anvertrauten Personen zusammenleben und sie eigenverantwortlich erziehen, pflegen oder betreuen. Die Nichtanwendung des ArbZG auf diese Arbeitnehmergruppe ist in den parlamentarischen Beratungen des ArbZG an die Stelle der ursprünglich im Regierungsentwurf vorgesehenen Ausnahme für im Haushalt beschäftigte Arbeitnehmer (vgl. Rn 3) gesetzt worden, weil die besonderen Lebens- und Arbeitsbedingungen dieser Arbeitnehmer, zB von Kinderdorfeltern in SOS-Kinderdörfern, eine durch das öffentlich-rechtliche Arbeitszeitrecht zwingend vorgeschriebene Unterscheidung zwischen Freizeit und Arbeitszeit nicht zulassen (vgl. BT-Drucks. 12/6990 S. 44). **19**

Die Nichtanwendung des ArbZG für diese Arbeitnehmergruppe ist gerechtfertigt, da ansonsten bewährte pädagogische Zielsetzungen, die zB im Bereich der **SOS-Kinderdörfer** auf einer familiennahen Lebens- und Erziehungsform aufbauen, kaum noch weiterverfolgt hätten werden können. Durch das ArbZG sollen aber nicht Betreuungsmodelle unmöglich gemacht werden, in denen hilfsbedürftigen Menschen in **Wahlfamilien** und Lebensgemeinschaften eine besondere Form von Integration und Lebensgestaltung ermöglicht werden soll. So erfolgt zwar die Tätigkeit einer SOS-Kinderdorfmutter im Rahmen eines Arbeitvertrages, doch ist die Kinderdorfmutter aufgrund Arbeitsvertrag, Mutterstatut und Tarifordnung verpflichtet, mit ihrer Kinderdorffamilie in ihrem Familienhaus wie jede andere Hausfrau und Mutter zu leben und zu handeln, wobei sie für alle von ihr getroffenen erzieherischen und wirtschaftlichen Maßnahmen verantwortlich ist. Derartige Lebensgemeinschaften lassen eine geregelte Arbeits- und Freizeit iSd ArbZG nicht zu; sie sind eher mit den Rahmenbedingungen einer Pflegefamilie vergleichbar, die öffentlich-rechtlichen Arbeitszeitvorschriften nicht unterliegen. **20**

Die Arbeitnehmer müssen im Fall der Nichtanwendung des ArbZG mit den ihnen anvertrauten Personen, zB mit Kindern, Behinderten, Pflegebedürftigen, älteren Menschen, Alkohol- oder Drogenabhängigen, in häuslicher Gemeinschaft **zusammenleben**, in aller Regel also gemeinsam wohnen und wirtschaften (**L:** ebenso *Neumann/Biebl* § 18 Rn 7; ErfK/*Wank* § 18 ArbZG Rn 5; *Buschmann/Ulber* § 18 Rn 4; aA *Baeck/Deutsch/Winzer* § 18 Rn 22, die ein gemeinsames Wirtschaften nicht für erforderlich halten; vgl. auch § 6 Rn 72 ff). Die an Art. 17 Abs. 1 der EU-Arbeitszeit-Richtlinie anknüpfende Vorschrift des Abs. 1 Nr. 3 ist eng auszulegen (**R:** BVerwG 8. 5. 2019 8 C 3.18): Das Zusammenleben in häuslicher Gemeinschaft setzt nach § 18 Abs. 1 Nr. 3 „ein **gemeinsames Wohnen und Wirtschaften auf längere Zeit** voraus, das auf personelle Kontinuität sowie nahezu permanente Ver- **21** fügbarkeit des Arbeitnehmers angelegt und davon geprägt ist, dass sich Arbeits- und Ruhezeiten nicht voneinander trennen lassen" (**R:** BVerwG 8.5.2019 8 C 3.18). Ein Betreuungsmodell für Kinder und Jugendliche, bei dem sich 3 Erzieher wie in einem Schichtmodell abwechseln (ein Erzieher hat tagsüber Dienst, ein Erzieher wohnt durchgehend für zwei bis sieben Tage in der Wohngruppe, ein Erzieher hat frei – WaB-Modell), erfüllt diese Voraussetzungen nicht, mit der Folge, dass das ArbZG Anwendung findet. Für Arbeitnehmer, die bei Erziehung, Pflege oder Betreuung dieser Menschen lediglich mitwirken, zB im Bereich der SOS-Kinderdörfer als pädagogische Mitarbeiter, Dorfleiter, Erzieherin, Dorfmeister, Dorfsekretärin, Wirtschafterin oder Familienhelferin, aber nicht Mitglied der häuslichen Gemeinschaft sind, finden die Vorschriften des ArbZG dagegen uneingeschränkt Anwendung.

22 **4. Liturgischer Bereich.** – Nach § 18 Abs. 1 Nr. 4 ist das ArbZG auf den **liturgischen Bereich** der Kirchen und Religionsgemeinschaften (vgl. § 7 Rn 95 ff) nicht anzuwenden (**L:** vgl. ausf. *Eder* ZTR 1997, 354). Dies bedeutet, dass die Vorschriften des ArbZG auf die Beschäftigung der Arbeitnehmer durch die Kirchen und die Religionsgemeinschaften keine Anwendung finden, wenn und soweit sie im liturgischen Bereich eingesetzt werden. Die Tätigkeit der Geistlichen und der Laien in Ausübung ihres Amtes bzw ihrer Religion wird vom ArbZG ohnehin nicht erfasst, da das ArbZG nur für die Beschäftigung von Arbeitnehmern im Rahmen ihres Arbeitsverhältnisses gilt (**R:** ausf. zur Glaubensfreiheit BVerfG 16.5.1995 NJW 1995, 2477).

23 § 18 Abs. 1 Nr. 4 ist in das ArbZG eingefügt worden, weil der Gesetzgeber in die durch Art. 4 Abs. 2 GG gewährleistete ungestörte Religionsausübung auch insofern nicht eingreifen wollte, als die Kirchen und die Religionsgemeinschaften bei der Religionsausübung Arbeitnehmer einsetzen, zB als Küster, Organisten, Pastoralassistenten. Es handelt sich nicht um eine konstitutive Ausnahme, sondern um eine gesetzliche Klarstellung (vgl. BT-Drucks. 12/5888 S. 33). Die Befreiung von der Einhaltung der zwingenden, öffentlich-rechtlichen Vorschriften des ArbZG geht daher nach deren Zwecksetzung soweit, wie die Gewährleistung der zeitlich ungestörten Religionsausübung durch Art. 4 Abs. 2 GG reicht. Nach dem Wortlaut des § 18 Abs. 1 Nr. 4 ArbZG unterliegt den Beschränkungen des ArbZG auf keinen Fall der liturgische Bereich der Kirchen und der Religionsgemeinschaften. Zu ihm gehören nach dem Selbstverständnis der Kirchen und der Religionsgemeinschaften insbes. die Verkündigung des Wort Gottes, die Gottesdienste, das gemeinschaftliche Gebet, die Austeilung der Sakramente, die Seelsorge (**L:** *Zmarzlik/Anzinger* § 21a Rn 34 ff; MünchArbR/*Reichold* §§ 158 bis 162).

III. Besondere Gesetze

24 In § 18 Abs. 2 und 3 wird klargestellt, dass bestimmte Personen- bzw Arbeitnehmergruppen vom Anwendungsbereich des ArbZG nicht erfasst werden, da hierfür

abschließende Regelungen in Spezialgesetzen bestehen, die auch weiterhin dem ArbZG vorgehen sollen.

Durch das Gesetz zur Änderung des Gesetzes über den Ladenschluss und zur Neuregelung der Arbeitszeit in Bäckereien und Konditoreien (ÄndG 1996) ist das Gesetz über die Arbeitszeit in Bäckereien und Konditoreien (Bäckerarbeitszeitgesetz) und die hierzu ergangene Durchführungsverordnung mit Wirkung zum 1.11.1996 **außer Kraft** gesetzt worden (**L:** *Anzinger* BuW 1996, 831). Seit diesem Zeitpunkt gilt auch für Arbeitnehmer, die in Bäckereien und Konditoreien beschäftigt werden, das ArbZG uneingeschränkt. Die bis dahin in § 18 Abs. 4 enthaltene Sonderregelung konnte daher entfallen. Durch Art. 2 Nr. 2 des ÄndG 1996 ist § 10 um einen neuen Abs. 3 ergänzt worden, wonach abweichend von § 9 Arbeitnehmer an Sonn- und Feiertagen in Bäckereien und Konditoreien für bis zu 3 Stunden mit der Herstellung und dem Austragen oder Ausfahren von Konditorwaren und an diesem Tag zum Verkauf kommenden Backwaren beschäftigt werden dürfen (vgl. § 10 Rn 247). **25**

1. Jugendarbeitsschutzgesetz. – Anstelle des ArbZG gilt für die Beschäftigung von **Personen unter 18 Jahren** das JArbSchG (§18 Abs. 2). Anders als das ArbZG, das für Arbeitnehmer gilt, verfolgt das JArbSchG den Zweck, Personen unter 18 Jahren, das sind Kinder und Jugendliche, **in allen Bereichen abhängiger Beschäftigung** zu schützen, und zwar unabhängig davon, in welcher Form sich die Beschäftigung vollzieht (**L:** *Zmarzlik/Anzinger* § 1 Rn 6). Neben dem Alter ist die tatsächliche Beschäftigung der zentrale und grundlegende Begriff des JArbSchG (s. **Teil D** Anh. **Nr. 7**). Vom JArbSchG wird jedes denkbare Beschäftigungsverhältnis erfasst, unabhängig von seiner vertraglichen oder tatsächlichen Ausgestaltung (**L:** ausf. MünchArbR/*Kolbe* § 194), in erster Linie allerdings die Beschäftigung von Kindern und Jugendlichen in der Berufsausbildung. **26**

Für Berufsausbildungsverhältnisse von **Personen über 18 Jahre** gilt das ArbZG (vgl. § 2 Rn 68). Sind diese Personen allerdings noch berufsschulpflichtig, was sich nach den Schulgesetzen der Länder bestimmt, so gelten für sie gemäß § 9 Abs. 4 JArbSchG auch die Vorschriften über die Freistellung zum Berufsschulunterricht, über die Anrechnung des Berufsschulunterrichts und über das Verbot eines Entgeltausfalls des § 9 Abs. 1 bis 3 JArbSchG (**L:** *Zmarzlik/Anzinger* § 9 Rn 62 ff). **27**

2. Seearbeitsgesetz. – Anstelle des ArbZG gilt für die Beschäftigung von Arbeitnehmern **auf Kauffahrteischiffen als Besatzungsmitglieder**, das sind nach § 3 Abs. 1 SeeArbG alle Personen, die an Bord eines Schiffes tätig sind und zwar unabhängig davon, ob sie vom Reeder oder einer anderen Person beschäftigt werden oder als Selbstständige tätig sind, das Seearbeitsgesetz. Zu den Besatzungsmitgliedern zählen auch die zu ihrer Berufsbildung Beschäftigten (**L:** vgl. ausf. *Bubenzer/Noltin/Peetz/Mallach* § 3 Rn 10). § 3 Abs. 1 SeeArbG geht über die Definition des früheren § 3 SeemG hinaus. Danach sind Besatzungsmitglieder der Kapitän, die Schiffsoffiziere und die anderen Arbeitnehmerinnen und Arbeitnehmer, unabhän- **28**

gig davon, ob sie Arbeitnehmer des Reeders oder eines anderen Arbeitgebers sind. Dazu gehören insbesondere Arbeitnehmer, die der Reeder von einem anderen Reeder oder von einem Verleiher im Rahmen eines Arbeitnehmerüberlassungsvertrages überlassen hat, sowie Arbeitnehmer eines selbstständigen Unternehmers, die an Bord Dienstleistungen erbringen.

28a Besatzungsmitglieder im Sinne des Gesetzes sind auch zu ihrer **Berufsbildung Beschäftigte**. Zu ihrer Berufsbildung beschäftigt sind Auszubildende im Ausbildungsberuf Schiffsmechaniker oder in anderen Ausbildungsberufen, wenn die Berufsausbildung an Bord des Schiffes stattfindet. Zu ihrer Berufsbildung beschäftigt sind auch Personen, die außerhalb eines Berufsausbildungsverhältnisses und eines Heuerverhältnisses an einer Maßnahme zum Erwerb beruflicher Fertigkeiten, Kenntnisse, Fähigkeiten oder beruflicher Erfahrungen an Bord des Schiffes teilnehmen, insbesondere Praktikanten. Dazu gehören jedoch **nicht Schüler** (vgl. Rn 29), die im Rahmen landesrechtlicher Vorschriften ein Praktikum an Bord absolvieren. Besatzungsmitglieder im Sinne des Gesetzes sind ebenfalls Selbstständige, zum Beispiel freiberuflich Tätige oder Gewerbetreibende, soweit sie nicht zu den in Absatz 3 genannten Personengruppen gehören. Für die zu ihrer Berufsausbildung Beschäftigten und Praktikanten gelten grundsätzlich die gleichen Regelungen dieses Gesetzes, die für Besatzungsmitglieder gelten, die als abhängig Beschäftigte in einem Heuerverhältnis stehen (§ 3 Abs. 2 SeeArbG). § 3 Abs. 3 SeeArbG enthält eine abschließende Definition für an Bord befindliche Personen, die jedoch nicht als Besatzungsmitglieder zu behandeln sind.

29 Der öffentlich-rechtliche Arbeitszeitschutz der Besatzungsmitglieder ist in den §§ 42 bis 55 SeeArbG geregelt. Obwohl keine Besatzungsmitglieder, gelten auch für in § 3 S. 1 Nr. 8, 9 und 10 genannten Personengruppen die Arbeitszeit- und Ruhezeitvorschriften der §§ 42 bis 55 SeeArbG (vgl. § 3 Abs. 4 SeeArbG). Bei den in den Nr. 8, 9 und 10 genannten Personengruppen handelt es sich um:

Fachschülerinnen oder **-schüler** und **Hochschul-** oder **Fachhochschulstudentinnen oder -studenten**, die an nach Landesrecht eingerichteten Ausbildungsstätten ausgebildet werden und zu diesem Zweck eine praktische Ausbildung und Seefahrtszeit auf einem Schiff durchführen (§ 3 Abs. 3 S. 1 Nr. 8),

Schülerinnen oder **Schüler**, die im Rahmen von landesrechtlichen Vorschriften ein Praktikum an Bord leisten (§ 3 Abs. 3 S.1 Nr. 9) und

Schülerinnen oder **Schüler**, denen durch Vermittlung des Verbandes Deutscher Reeder auf vertraglicher Grundlage während der Schulferien Einblick in die Praxis der Seefahrtberufe gewährt wird, ohne dass diese Personen an Bord tätig sind (§ 3 Abs. 3 S. 1 Nr. 10).

29a Eine § 89a SeemG entsprechende **Tariföffnungsklausel** findet sich nunmehr in § 49 SeeArbG. Für den Kapitän, der nunmehr zu den Seeleuten gehört, gelten grundsätzlich die Arbeitszeit- und Ruhezeitregelungen der §§ 42 bis 55 SeeArbG, allerdings wegen seiner besonderen Stellung nur insoweit als dies durch das Seearbeitsübereinkommen geboten ist. Ansonsten soll er sich bei seiner Arbeitszeit soweit wie möglich an den Arbeitszeitvorschriften der §§ 42 bis 55 SeeArbG orientieren (vgl. § 42 Abs. 4 S. 1 SeeArbG).

3. Ladenschlussgesetze. – Mit der Föderalismusreform vom 28.8.2006 (BGBl. I 30
S. 2634) ist die Gesetzgebungskompetenz zum Ladenschlussrecht auf die Länder übertragen worden. Das zur konkurrierenden Gesetzgebung zählende >Recht der Wirtschaft< in Art. 74 Abs. 1 Nr. 11 GG ist zu diesem Zweck um die Worte „... ohne das Recht des Ladenschlusses ...“ ergänzt worden. Zuvor schon hatte das **BVerfG** entschieden, dass eine **bundesrechtliche Regelung** des Ladenschlusses für die Herstellung gleichwertiger Lebensverhältnisse im Bundesgebiet **nicht erforderlich** (sei) und dem Bund nach Art 125a Abs. 2 Satz 1 GG deshalb eine Neukonzeption des Ladenschlusses verwehrt sei (**R:** BVerfG 9.6.2004 NJW 2004, 2363 = DB 2004, 1504 = AuR 2004, 270).

15 Bundesländer haben eigene **Ladenöffnungsgesetze** erlassen: 31

- **Baden-Württemberg:** Gesetz über die Ladenöffnung in Baden-Württemberg (LadÖG) vom 14.2.2007 (GBl. S. 135); zuletzt geändert durch Gesetz v. 28.11.2017 (GBl. S. 631);
- **Bayern:** *Noch keine eigenständige gesetzliche Regelung, es gilt nach wie vor das Bundes-Ladenschlussgesetz*;
- **Berlin:** Berliner Ladenöffnungsgesetz (BerlLadÖffG) vom 14.11.2006 (GVBl. S. 1045); idF v. 16.11.2007 (GVBl. S. 580). Gegen die darin vorgesehenen Öffnungsmöglichkeiten an Sonn- und Feiertagen hatten die Katholische und die Evangelische Kirche Verfassungsbeschwerden eingelegt. (**L:** vgl. hierzu de *Wall* NVwZ 2000, 857; *Strobach* AiB 2000, 275; *Dribbusch* WSI-Mitt. 1999, 523). Das BVerfG (**R:** BVerfG v. 1.12.2009, BVerfGE 125, 39) hat daraufhin die Regelung über die Öffnung von Verkaufsstellen an den Adventssonntagen in § 3 Abs. 1 Alternative 2 des Berliner Ladenöffnungsgesetzes (BerlLadÖffG) v. 14.11.2006 (Gesetz- und Verordnungsblatt für Berlin S. 1045) in der Fassung des Ersten Gesetzes zur Änderung des Berliner Ladenöffnungsgesetzes v. 16.11.2007 (Gesetz und Verordnungsblatt für Berlin S. 580) als **mit Art. 4 Abs. 1 und Abs. 2** in Verbindung mit Art. 140 des GG und Art. 139 der Weimarer Reichsverfassung **unvereinbar** beurteilt. Der Landesgesetzgeber hat daraufhin reagiert. Es gilt jetzt das Berliner LadenöffnungsG idF v. 13.10.2010 (GVBl. Nr. 467).
- **Brandenburg:** Brandenburgisches Ladenöffnungsgesetz (BbgLöG) vom 27.11.2006 (GVBl. I S. 158); zuletzt geändert durch Gesetz v. 25.4.2017 (GVBl. Nr. 8);
- **Bremen:** Bremisches Ladenschlussgesetz vom 22.3.2007 (BremGBl. S. 221);
- **Hamburg:** Hamburgisches Gesetz zur Regelung der Ladenöffnungszeiten (Ladenöffnungsgesetz – LÖffG) vom 22.12.2006 (GVBl. S. 611); zuletzt geändert durch Gesetz vom 15.12.2009 (GVBl. S. 444, 449);

- **Hessen:** Hessisches Ladenöffnungsgesetz (HLöG) vom 23.11.2006 (GVBl. I S. 606); zuletzt geändert durch Gesetz vom 13.12.2012 (GVBl. S. 622);
- **Mecklenburg-Vorpommern:** Gesetz zur Neuregelung der Ladenöffnungszeiten vom 18.6.2007 (GVBl. S. 226);
- **Niedersachsen:** Niedersächsisches Gesetz über Ladenöffnungs- und Verkaufszeiten (NLöffVZG) vom 8.3.2007 (Nds. GVBl. S. 111); zuletzt geändert durch Gesetz v. 15.5.2019 (GVBl. S. 80);
- **Nordrhein-Westfalen:** Gesetz zur Regelung der Ladenöffnungszeiten (Ladenöffnungsgesetz – LÖG NRW) vom 16.11.2006 (GV NRW S. 516); zuletzt geändert durch Gesetz vom 22.3.2018 (GV NRW S. 172);
- **Rheinland-Pfalz:** Ladenöffnungsgesetz Rheinland-Pfalz (LadöffnG) vom 21.11.2006 (GVBl. S. 351); zuletzt geändert durch Gesetz vom 22.12.2015 (GVBl. S. 461);
- **Saarland:** Gesetz Nr. 1606 zur Regelung der Ladenöffnungszeiten (Ladenöffnungsgesetz – LÖG-Saarland) vom 15.11.2006 (ABl. S. 1974); zuletzt geändert durch Gesetz vom 4.12.2017 (ABl. I S. 1014);
- **Sachsen:** Sächsisches Ladenöffnungsgesetz vom 1.12.2010 (GVBl. S. 338); zuletzt geändert durch Gesetz vom 5.12.2017 (GVBl. S. 658);
- **Sachsen-Anhalt:** Gesetz über die Ladenöffnungszeiten im Land Sachsen-Anhalt (Ladenöffnungszeitengesetz Sachsen-Anhalt – LÖffZeitG LSA) vom 22.11.2006 (GVBl. S. 528); geändet durch Gesetz vom 20.1.2015 (GVBl. S. 28, 31);
- **Schleswig-Holstein:** Gesetz über die Ladenöffnungszeiten (Ladenöffnungszeitengesetz – LÖffZG) vom 29.11.2006 (GVOBl. S. 243);
- **Thüringen:** Thüringer Ladenöffnungsgesetz (ThürLadÖffG) vom 24.11.2006 (GVBl. S. 541), zuletzt geändert durch Gesetz vom 21.12.2011 (GVBl. S. 540).

32 Durch die Übertragung der Gesetzgebungskompetenz zum Recht des Ladenschlusses auf die Länder ist allerdings die Kompetenz zur Regelung des Arbeitszeitrechts im Einzelhandel **nicht** mit auf die Länder übergegangen (**R:** BVerfG 14.1.2015 NJW 2015, 2869; die in der Vorauflage vertretene Auffassung wird aufgegeben). Der Bund bleibt auch für die Regelung der Arbeitszeit im Einzelhandel gemäß Art. 74 Abs. 1 Nr. 12 GG im Rahmen seiner konkurrierenden Gesetzgebungskompetenz zuständig. Von dieser Kompetenz hat der Bund aber nicht abschließend im Sinne von Art. 72 Abs. 1 GG Gebrauch gemacht (**R:** BVerF 14.1.2015 NJW 2015, 2869). Der Bund hat die Arbeitszeiten nicht erkennbar erschöpfend geregelt. Damit ist den Bundesländern die Regelungskompetenz derzeit auch durch den weiterhin geltenden § 17 Abs. 4 LSchlG nicht vollständig entzogen.

IV. Überwachung/Streitigkeiten/Verstöße

33 Im Rahmen der Überwachung der Einhaltung des ArbZG nach § 17 Abs. 1 hat die zuständige Aufsichtsbehörde im Rahmen ihres pflichtgemäßen Ermessens auch zu prüfen, ob der Arbeitgeber die Vorschrift des § 18 über die Nichtanwendung des

ArbZG nicht rechtsmissbräuchlich anwendet. Eine derartige Überwachungsmaßnahme setzt einen Verdacht auf das Vorliegen von Rechtsverstößen nicht voraus (**R:** BVerwG 28.2.1969 GewA 1969, 208). Nach § 17 Abs. 4 kann die Aufsichtsbehörde in Ausübung ihrer Überwachungsaufgabe zB vom Arbeitgeber Auskunft darüber verlangen, ob und ggf. mit welcher Begründung bestimmte Personen von der Anwendung des ArbZG ausgenommen worden sind.

Stellt sich im Rahmen einer solchen Überprüfung heraus, dass bestimmte Personen **34** zu Unrecht von der Anwendung des ArbZG ausgenommen worden sind, so kann dies als Verstoß gegen die jeweilige Grundnorm geahndet und durch Anordnungen nach § 17 Abs. 2 für die Zukunft durchgesetzt werden.

Die Aufsichtsbehörde ist bei Maßnahmen zur Überwachung der Vorschrift des § 18 **35** Abs. 1 Nr. 1 an die Entscheidungen der Arbeitsgerichte gebunden, die diese in einem besonderen Beschlussverfahren über die Frage getroffen haben, ob Arbeitnehmer zu dem in § 5 Abs. 3 BetrVG aufgeführten Personenkreis der leitenden Angestellten gehören oder nicht (**R:** vgl. hierzu auch BAG 10.6.1974 AP BetrVG 1972 § 80 Nr. 8).

§ 19
Beschäftigung im öffentlichen Dienst

Bei der Wahrnehmung hoheitlicher Aufgaben im öffentlichen Dienst können, soweit keine tarifvertragliche Regelung besteht, durch die zuständige Dienstbehörde die für Beamte geltenden Bestimmungen über die Arbeitszeit auf die Arbeitnehmer übertragen werden; insoweit finden die §§ 3 bis 13 keine Anwendung.

Übersicht

I. Allgemeines

1 Das ArbZG gilt nur für Arbeitnehmer und die zu ihrer Berufsausbildung Beschäftigten über 18 Jahre (vgl. § 2 Abs. 2 und § 18 Abs. 2), nicht jedoch für Beamte. Für sie gilt, soweit sie beim Bund beschäftigt werden, die Verordnung über die Arbeitszeit der **Beamtinnen** und **Beamte** des **Bundes** (Arbeitszeitverordnung – AZV – vom 23. 2. 2006 (BGBl. I S. 427), zuletzt geändert durch Gesetz vom 29. 3. 2017 (BGBl. I S. 626). Für die **Landes- und Kommunalbeamten** gelten entsprechende landesrechtliche Arbeitszeitverordnungen. § 19 eröffnet die Möglichkeit, die jeweiligen für Beamte geltenden Arbeitszeitvorschriften auf die Arbeitnehmer des öffentlichen Dienstes zu übertragen. § 19 entspricht inhaltlich der bisherigen Sonderregelung für öffentliche Betriebe und Verwaltungen in § 13 Abs. 1 AZO 1938.

2 **Zweck**: Im öffentlichen Dienst arbeiten Beamte vielfach mit Arbeitnehmern zusammen. Der in Art. 33 Abs. 4 GG verfassungsrechtlich vorgegebene Funktionsvorbehalt lässt es als Ausnahme sogar zu, dass Arbeitnehmer im hoheitlichen Bereich tätig werden. Diese Zusammenarbeit kann dazu führen, dass im Interesse einer geordneten öffentlichen Verwaltung oder eines geordneten öffentlich-rechtlichen Betriebs eine **einheitliche Arbeitszeit für Beamte und Arbeitnehmer** geboten oder zumindest zweckmäßig ist (**R:** vgl. BAG 8. 7. 1959 AP AZO 1938 § 13 Nr. 1). Diesem Erfordernis trägt § 19 Rechnung (**L:** vgl. auch *Maneke* ZTR 1993, 499, 505). Die Vorschrift räumt deshalb der zuständigen Dienstbehörde die Möglichkeit ein, die für Beamte geltenden Bestimmungen über die Arbeitszeit auf Arbeitnehmer zu übertragen, soweit eine tarifvertragliche Regelung nicht besteht.

Eine Erstreckung der Arbeitszeitvorschriften für Beamte auf Arbeitnehmer **kraft Gesetzes**, wie sie bisher nach § 13 Abs. 2 AZO 1938 für Angestellte erfolgte, die von Körperschaften des öffentlichen Rechts gemeinsam mit Beamten beschäftigt wurden, sieht das ArbZG nicht vor. Hierdurch soll die Möglichkeit eröffnet werden, in bestimmten Bereichen, soweit entsprechende Gründe vorliegen, auch unterschiedliche Arbeitszeitbestimmungen für Beamte einerseits und Arbeitnehmer andererseits zulassen zu können (zB für kommunale Eigenbetriebe, Bauhöfe, Streudienste oder auch Krankenhäuser). 3

§ 13 Abs. 2 AZO 1938 sah vor, dass für Angestellte, die von Körperschaften des öffentlichen Rechts gemeinsam mit Beamten beschäftigt wurden, die für Beamten geltenden Dienstvorschriften über die Arbeitszeit auch ohne ausdrückliche Übertragung galten, soweit keine abweichende Regelung getroffen worden war. Das ArbZG hat diese Regelung nicht übernommen. Es gibt also keine automatische Geltung der beamtenrechtlichen Regelung mehr; **erforderlich** ist stets ein **Übertragungsakt**. Für Dienststellen, in denen bislang für die Angestellten nach § 13 Abs. 2 AZO 1938 die beamtenrechtlichen Bestimmungen über die Arbeitszeit galten, ist auch keine besondere Übergangsregelung getroffen worden. Das bedeutet, dass in diesen Dienststellen jetzt grundsätzlich das ArbZG gilt. Soweit ein Bedürfnis gesehen wird, in diesen Dienststellen auch für Arbeitnehmer oder für bestimmte Gruppen von Arbeitnehmern das Arbeitszeitrecht der Beamten anzuwenden, muss eine Übertragung nach § 19 ArbZG erfolgen. 4

II. Arbeitszeitübertragung durch die Dienstbehörde

1. Geltungsbereich. – § 19 gilt bei der Wahrnehmung hoheitlicher Aufgaben im öffentlichen Dienst. Zum **öffentlichen Dienst** gehören die Verwaltungen und Betriebe des Bundes, der Länder und der Gemeinden sowie die sonstigen Körperschaften, Anstalten und Stiftungen des öffentlichen Rechts. **Nicht** zum öffentlichen Dienst gehören die Kirchen und die öffentlich-rechtlichen Religionsgesellschaften (vgl. hierzu auch § 7 Abs. 4). Ebenfalls nicht von § 19 erfasst werden die in § 7 Abs. 2 Nr. 4 genannten anderen Arbeitgeber, die der Tarifbindung eines für den öffentlichen Dienst geltenden oder eines im Wesentlichen inhaltsgleichen Tarifvertrags unterliegen. Dies folgt aus dem unterschiedlichen Wortlaut des § 7 Abs. 2 Nr. 4 und dem des § 19, ferner aber auch daraus, dass die genannten anderen Arbeitgeber keine Beamten beschäftigen können. Soweit Einrichtungen des öffentlichen Dienstes privatisiert worden sind, ist § 19 auf sie nicht mehr anwendbar. 5

Die **Einschränkung des Anwendungsbereichs** auf die Wahrnehmung hoheitlicher Aufgaben im öffentlichen Dienst ist erst im Laufe des Gesetzgebungsverfahrens eingefügt worden. Ziel der Änderung war, die Möglichkeit der Übertragung der für Beamte geltenden Bestimmungen über die Arbeitszeit für solche Fälle auszuschließen, in denen privatwirtschaftliche Aufgaben durch den öffentlichen Dienst wahrgenommen werden (vgl. BT-Drucks. 12/6990 S. 45). Zur Vermeidung von Wettbe- 6 werbsverzerrungen soll die Übertragungsmöglichkeit im öffentlichen Dienst auf die Wahrnehmung hoheitlicher Tätigkeiten beschränkt werden. Die Vorschrift ist jedoch nicht dahingehend zu verstehen, dass die für Beamte geltenden Regelungen nur auf solche Arbeitnehmer übertragen werden, die hoheitliche Aufgaben wahrnehmen. § 19 geht grundsätzlich von einer Übertragung im Bereich einer gesamten Behörde aus (zu der Möglichkeit, nur für Teilbereiche zu übertragen, vgl. Rn 14).

7 Die Beschränkung des Anwendungsbereichs auf die Bereiche des öffentlichen Dienstes, in denen **hoheitliche Aufgaben** wahrgenommen werden, ist deshalb dahingehend zu verstehen, dass eine Übertragung der für Beamte geltenden Bestimmungen möglich ist, wenn in der Behörde, Dienststelle oder in den von der Übertragung betroffenen Teilbereichen jedenfalls auch hoheitliche Aufgaben wahrgenommen werden. Nicht erforderlich ist hierbei, dass auch die von der Übertragung betroffenen Arbeitnehmer selbst hoheitliche Aufgaben wahrnehmen. Die Übertragung ist dagegen ausgeschlossen in solchen Behörden oder Dienststellen, die keine hoheitlichen Aufgaben wahrnehmen und ausschließlich privatrechtlich tätig werden (**L:** vgl. *Neumann/Biebl* § 19 Rn 1). Bei privatrechtlichem Handeln von Behörden wird auf diese Weise die Gleichheit im Wettbewerb mit anderen privaten Anbietern gewährleistet.

8 § 19 gilt wie die anderen Arbeitszeitvorschriften des ArbZG nur für **Personen über 18 Jahre** (§ 18 Abs. 2). Für Personen unter 18 Jahren gelten anstelle der Arbeitszeitvorschriften des ArbZG, zu denen auch § 19 gehört, die Arbeitszeitvorschriften des **JArbSchG**. Eine § 19 vergleichbare Regelung ist dort nicht vorgesehen.

9 § 19 gilt für **alle Arbeitnehmer** im öffentlichen Dienst, dh auch für die dort beschäftigten Mütter, die unter den Geltungsbereich des MuSchG fallen. Eine Übertragung der für Beamte geltenden Bestimmungen über die Arbeitszeit ist daher auch auf sie möglich, allerdings nur, soweit sie strenger sind und somit einen noch stärkeren Schutz der werdenden und stillenden Mutter vorsehen. Dies folgt aus § 19 Abs. 1 Halbs. 2, wonach bei einer Übertragung nur die Vorschriften der §§ 3 bis 13 ersetzt werden können, nicht jedoch andere Vorschriften.

10 § 19 ist nicht anzuwenden auf die **Leiter** von öffentlichen **Dienststellen** und deren Vertreter sowie auf diejenigen Arbeitnehmer im öffentlichen Dienst, die zu selbstständigen Entscheidungen in Personalangelegenheiten befugt sind. Dieser Personenkreis ist gemäß § 18 Abs. 1 Nr. 2 generell vom Geltungsbereich des ArbZG ausgenommen.

11 **2. Regelungsumfang.** – Im Falle einer Übertragung der für Beamte geltenden Bestimmungen finden die **§§ 3 bis 13** keine Anwendung, auch nicht die Vorschriften der §§ 9 bis 13 über die Sonn- und Feiertagsruhe. Die Anwendung der §§ 14 und 15 brauchte für den Fall der Übertragung nach § 19 nicht ausdrücklich ausgeschlossen zu werden. Bei diesen Vorschriften handelt es sich um Ausnahmebestimmungen zu den im Falle einer Übertragung für diesen Bereich des öffentlichen Dienstes ohnehin nicht anwendbaren Vorschriften. Hinsichtlich der für Beamte geltenden zeitli-

chen Obergrenzen bei Notfällen ist auf § 44 Abs. 1 Satz 1 BRRG (bzw für Bundesbeamte auf § 72 Abs. 2 Satz 1 BBG) hinzuweisen. Danach ist der Beamte verpflichtet, ohne Vergütung über die regelmäßige Arbeitszeit hinaus Dienst zu tun, wenn zwingende dienstliche Verhältnisse dies erfordern und sich die Mehrarbeit auf Ausnahmefälle beschränkt. Diese Regelung beinhaltet unabhängig von der Frage eines Ausgleichs auch die Verpflichtung zur Dienstleistung. Wenn die für Beamte geltenden Bestimmungen übertragen sind, gilt diese Verpflichtung auch für die hiervon betroffenen Arbeitnehmer. Der Ausgleich für die Mehrarbeit richtet sich allerdings nach den jeweiligen tarifvertraglichen Bestimmungen.

§ 16 Abs. 1 über den **Aushang** eines Gesetzesabdrucks ist im öffentlichen Dienst unabhängig von einer Übertragung zu beachten. Aufgrund des ArbZG erlassene Rechtsverordnungen, die für den jeweiligen Betrieb gelten, sind ebenfalls auszuhängen. Soweit eine Übertragung erfolgt ist, dürfte dieser Vorschrift nur hinsichtlich etwaiger vom BMVg nach **§ 15 Abs. 3** erlassener Rechtsverordnungen praktische Bedeutung zukommen. Die dort vorgesehene Verordnungsermächtigung geht inhaltlich über den Regelungsgehalt des § 19 hinaus, so dass sie auch neben einer etwaigen Übertragung nach § 19 Bedeutung erlangen kann. Nach § 16 Abs. 2 ist der Arbeitgeber verpflichtet, die über die werktägliche Arbeitszeit des § 3 Satz 1 hinausgehende Arbeitszeit der Arbeitnehmer aufzuzeichnen und diese Aufzeichnungen mindestens zwei Jahre aufzubewahren. Im Fall einer Übertragung der für Beamte geltenden Regelungen geht diese Verpflichtung ins Leere. Für den Arbeitgeber besteht keine Verpflichtung, die Arbeitszeit nach § 16 Abs. 2 aufzuzeichnen, da in diesem Fall § 3 Satz 1 für die Arbeitnehmer in diesem Bereich nicht gilt (**R:** vgl. auch VG Potsdam 15. 1. 1999 NZA-RR 2000, 33). **12**

Die in **§ 17** getroffenen Regelungen über die **Aufsichtsbehörde** gelten ebenfalls nicht, soweit eine Übertragung der Arbeitszeitregelungen erfolgt ist. § 17 Abs. 3 enthält zwar eine besondere Vorschrift, welche Stelle für den öffentlichen Dienst des Bundes die Befugnisse der Aufsichtsbehörde wahrnimmt. Es handelt sich hier jedoch nur um eine Bestimmung der Zuständigkeit, nicht um eine Erweiterung der Aufgaben und Befugnisse. § 17 Abs. 1 sieht hinsichtlich der Aufsichtsbehörde vor, dass sie die Einhaltung dieses Gesetzes und der aufgrund des Gesetzes erlassenen Rechtsverordnungen überwacht. Soweit solche Aufgaben im öffentlichen Dienst des Bundes anfallen – dh wenn die Arbeitszeitregelungen der Beamten nicht übertragen sind –, werden sie von den in § 17 Abs. 3 aufgeführten Stellen wahrgenommen. Soweit eine Übertragung nach § 19 stattgefunden hat, wird die Einhaltung der dann geltenden beamtenrechtlichen Bestimmungen von den im Beamtenbereich hierfür vorgesehenen Stellen auch für die Arbeitnehmer wahrgenommen. Dies gilt sowohl für den öffentlichen Dienst des Bundes als auch für den öffentlichen Dienst der Länder und Kommunen. **13**

§ 19 eröffnet lediglich die Möglichkeit, die für die Beamten geltenden Bestimmungen über die Arbeitszeit auf die Arbeitnehmer zu übertragen. Der zuständigen Dienstbehörde steht es frei, ob und ggf. in welchem Umfang sie hiervon Gebrauch **14** macht. Sie kann zB die Übertragung auf **alle oder** nur auf **bestimmte Gruppen** von Arbeitnehmern eines Betriebs oder einer Verwaltung bzw auf den ganzen Betrieb, die ganze Verwaltung oder nur jeweils auf bestimmte Bereiche erstrecken (**L:** ebenso *Schliemann* § 19 Rn 5). Im Hinblick darauf, dass die Übertragung nur zulässig ist bei der Wahrnehmung hoheitlicher Aufgaben, müssen die Teilbereiche der Verwaltung, für die eine Übertragung vorgenommen wird, zumindest auch hoheitliche Aufgaben wahrnehmen (vgl. Rn 7).

15 Bei einer nur **teilweisen Übertragung** muss sich dies auf eine abgrenzbare Gruppe von Arbeitnehmern beziehen. Nicht zulässig ist es, die Übertragung einzelfallbezogen nur für bestimmte Arbeitnehmer vorzunehmen. Allerdings wird für die Fälle der nur teilweisen Übertragung zu fordern sein, dass hierfür ein sachlicher Grund vorliegt und der arbeitsrechtliche Gleichbehandlungsgrundsatz oder die Fürsorgepflicht des Arbeitgebers nicht verletzt werden. Ein solcher sachlicher Grund muss sich darauf beziehen, dass gerade für eine bestimmte Gruppe von Beschäftigten eine Übertragung vorgenommen wird und für eine andere nicht. Der unterschiedliche Status der Beschäftigten (Beamte, Angestellte und Arbeiter) ist für sich genommen kein sachlicher Grund für eine unterschiedliche Behandlung.

16 Die Dienstbehörde kann ferner **alle oder** nur **einen Teil** der für Beamte geltenden **Bestimmungen** über die Arbeitszeit auf die Arbeitnehmer übertragen. Bei einer nur teilweisen Übertragung hat das zur Folge, dass entsprechend auch nur ein Teil der Vorschriften der §§ 3 bis 13 keine Anwendung findet. Die Vorschriften des ArbZG werden nur insoweit durch die beamtenrechtlichen Regelungen verdrängt, als diese infolge der Übertragung auch Geltung erlangen. Im Interesse der Rechtssicherheit muss jede Begrenzung oder Beschränkung der Übertragung eindeutig vorgenommen werden. Wegen der Schutzfunktion des Arbeitszeitrechts, aber auch im Hinblick auf die Bußgeld- und Strafvorschriften der §§ 22 und 23 muss stets unzweifelhaft sein, welche Vorschriften auf das Arbeitsverhältnis anzuwenden sind. In **Zweifelsfällen** ist bei einer dem Grunde nach wirksamen Übertragung anzunehmen, dass die Übertragung aller beamtenrechtlichen Arbeitszeitvorschriften für alle Arbeitnehmer gewollt ist.

17 **3. Zuständige Dienstbehörde.** – **Dienstbehörden** sind die im Rahmen der Organisationsgewalt eines Trägers der öffentlichen Verwaltung für die bestmögliche Verwirklichung der Aufgaben der Verwaltung geschaffenen selbstständigen Vertretungsorgane, die zur Erfüllung ihrer Aufgaben mit den notwendigen sachlichen und personellen Mitteln ausgestattet sind.

18 Während nach § 13 Abs. 1 AZO 1938 die Übertragung durch die vorgesetzte Dienstbehörde erfolgte, geschieht dies nun durch die **zuständige Dienstbehörde**. Der Begriff der Dienstbehörde entspricht dem der Behörde und ist also weiter zu verstehen als der der Dienststelle. Die Übertragung erfolgt durch den Leiter der Dienstbehörde, der diese Aufgabe allerdings auch delegieren kann. Welche Dienstbehörde im Einzelfall zuständig ist, ergibt sich, sofern keine ausdrückliche Regelung getroffen worden ist, aus dem allgemeinen Aufbau der jeweiligen Verwaltung. Grundsätzlich wird es sich um die Behörde handeln, die generell für die betroffenen Arbeitnehmer über die sich aus dem Arbeitsverhältnis ergebenden Fragen entscheidet.

Maßgeblich ist die **Entscheidungsbefugnis** über **personalrechtliche** Fragen; auf eine etwaige fachliche Weisungsbefugnis kommt es in diesem Zusammenhang nicht an. Im Hinblick auf die allgemein gehaltene Formulierung des § 19 ist es jedoch auch zulässig, die Zuständigkeit für eine Übertragung der beamtenrechtlichen Bestimmungen auf eine andere Dienstbehörde zu übertragen. Es muss sich jedoch um eine Behörde handeln, die Teil der Verwaltung ist, und nicht um eine außerhalb der Verwaltung stehende Institution. Die Dienstbehörde steht deshalb grundsätzlich in Gegensatz zur Aufsichtsbehörde, die über die Gesamtheit der Verwaltung bestimmte Aufsichtsrechte hat und damit idR außerhalb des eigentlichen Verwaltungskörpers steht (**R:** vgl. BAG 14.4.1966 AP AZO 1938 § 13 Nr. 2). Dies ist zB der Fall bei einem Gewerbeaufsichtsamt im Verhältnis zu den anderen Landesbehörden. **19**

Wegen der allgemein gehaltenen Formulierung „zuständige Dienstbehörde" ist es ferner zulässig, dass sich die **vorgesetzte Dienstbehörde** im Interesse einer einheitlichen Handhabung die Entscheidung über die Übertragung der beamtenrechtlichen Vorschriften über die Arbeitszeit für die ihr nachgeordneten Behörden im Rahmen ihrer Organisationsgewalt vorbehält. Soweit Aufgaben und Befugnisse der Aufsichtsbehörde in bestimmten Bereichen der öffentlichen Verwaltung vom zuständigen Bundesministerium wahrgenommen werden (§ 17 Abs. 3), kann dieses gleichwohl zuständige Behörde iSd § 19 sein. Dieses wird in einem solchen Fall dann nicht in seiner Eigenschaft als Aufsichtsbehörde, sondern als zuständige Behörde tätig. **20**

4. Fehlen einer tarifvertraglichen Regelung. – Die Übertragung ist nur möglich, soweit keine tarifvertragliche Regelung besteht oder nach § 25 fort gilt. Sie ist unzulässig, wenn und soweit es zu einer tarifvertraglichen Regelung zwischen den Tarifvertragsparteien gekommen ist. Für die Arbeitnehmer des öffentlichen Dienstes enthalten die §§ 6ff TVöD (früher: §§ 15 bis 17 BAT) eine **abschließende Regelung der Arbeitszeit** (**R:** vgl. BAG 19.5.1992 AuR 1993, 307; **L:** MünchArbR/*Koberski* § 186 Rn 38). Der TVöD entfaltet insofern eine Sperrwirkung mit der Folge, dass zuungunsten der Arbeitnehmer vom TVöD abweichende arbeitszeitliche Vorschriften für Beamte nach § 19 nicht übertragen werden können. Einer Übertragung stehen die unmittelbare und zwingende Wirkung der Tarifnorm iSd § 4 Abs. 1 TVG und das Günstigkeitsprinzip des § 4 Abs. 3 TVG entgegen. Diese **Sperrwirkung** einer **tarifvertraglichen** Regelung besteht allerdings nur für die Arbeitszeitfragen, die tatsächlich im Tarifvertrag geregelt sind. **21**

Die Sperrwirkung tritt nur ein, wenn eine **einschlägige tarifvertragliche Regelung** getroffen worden ist. Liegt lediglich eine Dienstvereinbarung über die Verteilung **22** der Arbeitszeit vor, kann gleichwohl eine Übertragung der beamtenrechtlichen Regelungen vorgenommen werden.

23 In einem Tarifvertrag kann auch vereinbart werden, dass für alle Arbeitnehmer im Geltungsbereich des Tarifvertrages die Vorschriften des ArbZG gelten sollen, und zwar mit öffentlich-rechtlicher und privatrechtlicher Wirkung (vgl. Rn 29 ff). In diesem Fall liegt eine **abschließende** tarifvertragliche **Regelung** vor, so dass für eine Übertragung der für Beamte geltenden Vorschriften über die Arbeitszeit im Geltungsbereich des Tarifvertrages kein Raum mehr bleibt. Dabei ist zu beachten, dass die für Beamte geltenden Vorschriften über die Arbeitszeit die Bedeutung sowohl einer Höchstarbeitszeitregelung als auch einer Regelung der Verpflichtung zur Leistung der Arbeit haben.

24 **5. Form der Übertragung, Rechtscharakter.** – Das Gesetz sieht die Möglichkeit der Übertragung der beamtenrechtlichen Vorschriften vor, ohne näher zu konkretisieren, welchen Rechtscharakter dieser Übertragungsakt hat. Die eingeräumte Übertragungsmöglichkeit ist rechtlich jedenfalls nicht dahingehend zu verstehen, dass die zuständige Dienstbehörde ermächtigt wird, die Vorschriften des Gesetzes durch Rechtsverordnung zu ändern, einzuschränken oder zu ergänzen. Wäre dies gewollt gewesen, wäre – wie auch an anderen Stellen des Gesetzes – eine Verordnungsermächtigung erteilt worden (vgl. zB § 13 Abs. 1 und 2, § 15 Abs. 3). Aus ähnlichen Gründen scheidet die Übertragung durch Verwaltungsakt aus. In diesem Zusammenhang ist auch zu beachten, dass die Möglichkeit zur Übertragung der zuständigen **Behörde** in ihrer Eigenschaft **als Arbeitgeber** eingeräumt wird, nicht hingegen als Verordnungsgeber oder als Verwaltungsbehörde.

25 Für die Übertragung genügt deshalb eine **Verwaltungsanordnung**, ein Erlass oder eine ähnliche Maßnahme. Im Interesse der Rechtssicherheit ist es allerdings erforderlich, dass der Inhalt des Übertragungsaktes ausreichend klar ist. Es muss unzweifelhaft feststehen, welche beamtenrechtlichen Bestimmungen über die Arbeitszeit auf die Arbeitnehmer anzuwenden sind. Weiterhin ist erforderlich, dass die Übertragung allgemein erfolgt und den Betroffenen bekannt gegeben wird. Besondere Formerfordernisse bestehen hierbei nicht. Veröffentlichungen in Hausmitteilungen, Aushang am Schwarzen Brett oder (deklaratorische) Mitteilung (zB bei einer späteren Einstellung) reichen aus.

26 Eine Übertragung ist auch durch **Tarifvertrag** möglich (**R:** vgl. BAG 14.4.1966 AP AZO 1938 § 13 Nr. 2; **L:** MünchArbR/*Koberski* § 186 Rn 38; *Neumann/Biebl* § 19 Rn 2). Kann die zuständige Behörde die Arbeitszeitregelungen der Beamten durch Erlass oder Dienstvereinbarung übertragen, so kann sie auch mit dem jeweiligen Tarifpartner eine entsprechende tarifliche Regelung treffen.

27 Grundsätzlich möglich ist eine Übertragung durch eine mit der zuständigen Dienstbehörde abgeschlossene **Dienstvereinbarung**, soweit die jeweiligen Personalvertretungsgesetze eine Dienstvereinbarung dieses Inhalts zulassen. Wenn die zuständige Behörde allein handeln kann und dabei nicht an eine bestimmte Form gebun-

den ist, muss es ihr auch möglich sein, die Übertragung der für Beamte geltenden Bestimmungen über die Arbeitszeit mit dem Personalrat zu vereinbaren. Allerdings kommt der Übertragung durch Dienstvereinbarung nicht die in § 19 für tarifvertragliche Regelungen vorgesehene Sperrwirkung zu. Trifft also ein Arbeitgeber eine von einer in diesem Bereich bestehenden Dienstvereinbarung abweichende Übertragungsanordnung, ist zu prüfen, ob diese im Hinblick auf die Dienstvereinbarung nicht rechtswirksam ist.

Rechtscharakter. Die Übertragung ist ein gestaltender Akt besonderer Art. Die als Folge des Übertragungsaktes eintretende Geltung der beamtenrechtlichen Vorschriften auch für Arbeitnehmer hat ihre Grundlage nicht in der Erklärung durch die zuständige Dienstbehörde, sondern in der gesetzlichen Vorschrift des § 19. Die Übertragungserklärung erfolgt in Ausführung des Gesetzes und stellt – zusammen mit den übertragenen beamtenrechtlichen Vorschriften – keine eigenständige arbeitszeitrechtliche Regelung für Arbeitnehmer im öffentlichen Dienst dar. Die beamtenrechtlichen Bestimmungen gelten für die Arbeitnehmer nach der Übertragung nicht originär, sondern in das ArbZG integriert. Im Rahmen der Straf- und Bußgeldvorschriften der §§ 22 und 23 ist eine wirksame Übertragung gemäß § 19 ein strafbefreiende Tatbestandsmerkmal. **28**

6. Inhalt, Folge, Dauer der Übertragung. – Zu den für Beamte geltenden Bestimmungen über die Arbeitszeit sind sowohl **Arbeitszeitverordnungen** (vgl. insbes. die Verordnung über die Arbeitszeit der Beamtinnen und Beamte des Bundes) als auch Dienstvereinbarungen über Arbeitszeit zu zählen, zB solche über Beginn und Ende der täglichen Arbeitszeit und der Pausen, über die Verteilung der Arbeitszeit auf die einzelnen Wochentage, über gleitende Arbeitszeit. Diese Bestimmungen beschränken sich anders als die des ArbZG nicht darauf, öffentlich-rechtliche Höchstgrenzen über die Dauer der täglichen Arbeitszeit festzulegen. Sie enthalten zugleich die Verpflichtung zur Leistung von Arbeit während dieser Zeit, Regelungen zur Wochenarbeitszeit, in vielen Fällen auch Regelungen zur Verteilung der wöchentlichen Arbeitszeit auf die einzelnen Arbeitstage und zur Lage der täglichen Arbeitszeit. Soweit diese Bestimmungen auch zugleich Regelungen über ihre Umsetzung in die Praxis enthalten (zB eine Dienstvereinbarung über gleitende Arbeitszeit, die zugleich die Einhaltung der Arbeitszeit durch Stechuhren oder Selbstaufschreibung regelt), werden diese von der Übertragung miterfasst. **29**

Nach dem Wortlaut des Gesetzes können die für Beamte geltenden Bestimmungen über die Arbeitszeit **generell übertragen** werden. Die Übertragung ist nicht dahingehend eingeschränkt, dass lediglich eine Befreiung von den öffentlich-rechtlichen Schranken des ArbZG erfolgen soll. Eine insofern eingeschränkte Befreiungsmöglichkeit wäre auch im neuen ArbZG nicht geboten gewesen, da das Gesetz für den öffentlichen Dienst auch ohne eine Übertragung nach § 19 eine ausreichende Freistellung von der öffentlich-rechtlichen Begrenzung zulässt (zB §§ 5, 7, 10, 13 und 15). Es ist daher davon auszugehen, dass nach § 19 die beamtenrechtlichen Vorschriften insgesamt übertragen werden können, auch **soweit** sie eine **Verpflichtung** **30**

zur Dienstleistung und besondere Bedingungen zur Lage und zeitlichen Verteilung der täglichen und wöchentlichen Arbeitszeit enthalten. Demgegenüber wird im Schrifttum weit überwiegend die Auffassung vertreten, dass sich auch im Falle einer Übertragung die privatrechtliche Verpflichtung der Arbeitnehmer zur Dienstleistung nur aus Arbeitsvertrag, Dienstvereinbarung oder dem Tarifvertrag ergeben könne (**L:** *Neumann/Biebl* § 19 Rn 3; *Baeck/Deutsch/Winzer* § 19 Rn 26; *Schliemann* § 19 Rn 9; *Buschmann/Ulber* § 19 Rn 6).

31 Zu beachten ist, dass eine Übertragung nur **zulässig** ist, **soweit** keine tarifvertragliche Regelung besteht (vgl. auch Rn 21). Sie kann deshalb keine Änderung der arbeitsvertraglich geschuldeten Arbeitszeit zum Inhalt haben, da diese in den manteltariflichen Bestimmungen geregelt ist. Sehen deshalb die für Beamte geltenden Bestimmungen eine längere regelmäßige Wochenarbeitszeit vor, als dies für Arbeitnehmer in den Tarifverträgen vorgesehen ist, hat eine Übertragung nicht zur Folge, dass nunmehr auch die Arbeitnehmer ebenso wie die Beamten länger arbeiten müssen. Eine reine Beschränkung der Übertragungsmöglichkeit des § 19 auf die Befreiung von den öffentlich-rechtlichen Schranken des ArbZG – soweit hierfür neben den auch ohne Übertragung im Gesetz vorgesehenen Möglichkeiten, speziellen Bedürfnissen des öffentlichen Dienstes Rechnung zu tragen – wäre wenig sinnvoll gewesen, da mangels einer Verpflichtung zur Dienstleistung im Rahmen der nach § 19 vorgenommenen Übertragung der Zweck dieser Vorschrift, im Interesse der optimalen Funktionsfähigkeit der öffentlichen Verwaltung einheitliche Arbeitszeiten für Beamte und Arbeitnehmer zu ermöglichen, nicht ohne Weiteres hätte realisiert werden können.

32 Übertragen werden die jeweils für Beamte geltenden Bestimmungen über die Arbeitszeit (**R:** vgl. BAG 14.4.1966 AP AZO 1938 § 13 Nr. 2). Eine **Änderung der beamtenrechtlichen Vorschriften** erfordert keinen neuen Übertragungsakt. Die geänderten Vorschriften gelten für die Arbeitnehmer grundsätzlich aufgrund des alten Übertragungsaktes, es sei denn, dass sich aus diesem Übertragungsakt etwas anderes ergibt. Eine erneute Entscheidung über die Übertragung wird allerdings dann zu fordern sein, wenn es sich nicht um eine Änderung der beamtenrechtlichen Bestimmungen über die Arbeitszeit handelt, sondern um eine grundlegende Neuregelung dieser Vorschriften.

33 Die Übertragung der für Beamte geltenden Bestimmungen über die Arbeitszeit gilt für die sich aus dem Übertragungsakt ergebende **Dauer**. Ist die Dauer dort nicht bestimmt oder ist dort eine Übertragung auf unbestimmte Zeit ausgesprochen, gilt die Übertragung so lange, bis und soweit deren Geltung durch Gesetz, Rechtsverordnung, Aufhebungs- oder (*neuen*) Übertragungsakt der zuständigen Behörde oder eine Dienstvereinbarung beseitigt wird. Möglich ist auch eine Aufhebung durch einen Tarifvertrag. Aus der Einschränkung in § 19 (*soweit keine tarifvertragliche Regelung besteht*) ergibt sich, dass der Abschluss eines Tarifvertrages zu arbeitszeitzeitrechtlichen Fragen insoweit eine entgegenstehende Übertragung der beamtenrechtlichen Vorschriften verdrängt.

34 **7. Beteiligung des Personalrats.** – Die Wirksamkeit einer Übertragung der für Beamte geltenden Bestimmungen über die Arbeitszeit ist nicht von einer Beteiligung des Personalrats abhängig. In § 19 ist eine solche Beteiligung nicht vorgeschrieben. Ein **Mitbestimmungsrecht** ergibt sich im Personalvertretungsrecht des Bundes auch **nicht** aus § 75 Abs. 3 Nr. 1 BPersVG (**L:** vgl. MünchArbR/*Koberski* § 186 Rn 38; *Neumann/Biebl* § 19 Rn 3 *Baeck/Deutsch/Winzer* § 19 Rn 24). Nach dieser Vorschrift hat der Personalrat nur ein Mitbestimmungsrecht über Beginn und Ende der täglichen Arbeitszeit und der Pausen sowie über die Verteilung der Arbeitszeit auf die einzelnen Wochentage, nicht aber über die Übertragung der für Beamte geltenden Bestimmungen über die Arbeitszeit auf die Arbeitnehmer. Außerdem betrifft das Mitbestimmungsrecht nur die privatrechtliche Seite der Arbeitszeit, nicht aber die Fragen, welche öffentlich-rechtlichen Vorschriften über die Arbeitszeit gelten sollen.

35 Soweit im Zusammenhang mit der Übertragung das Mitbestimmungsrecht nach § 75 Abs. 3 Nr. 1 BPersVG über Beginn und Ende der täglichen Arbeitszeit und der Pausen sowie über die Verteilung der Arbeitszeit auf die einzelnen Wochentage unmittelbar oder mittelbar betroffen ist, ist zu beachten, dass dieses Mitbestimmungsrecht nur besteht, **soweit keine** gesetzliche oder tarifvertragliche **Regelung** vorliegt. Gesetze iSd Vorschrift sind nicht nur formelle Gesetze, sondern auch Rechtsverordnungen (**R:** vgl. Hess VGH 29.10.1980 Hess Verwaltungsrechtsprechung 1981, 45, 46). So schließen die Vorschriften des § 3 AZV über die abweichende Einteilung der regelmäßigen Arbeitszeit ein Mitbestimmungsrecht auf diesem Gebiet aus (**R:** vgl. Hess VGH 17.7.1984 – Az: II OE 81/82 –). Handelt es sich dagegen bei den beamtenrechtlichen Bestimmungen nicht um ein Gesetz oder eine Rechtsverordnung und liegt ein Fall des § 75 Abs. 3 Nr. 1 BPersVG vor, so besteht für diese Regelung ein Mitbestimmungsrecht des Personalrats. Aber auch dieses Mitbestimmungsrecht bezieht sich nur auf die privatrechtliche Seite der Arbeitszeitregelung, nicht auf den hiervon getrennt zu sehenden Übertragungsakt.

III. Verstöße

36 § 19 ist in den **Bußgeldvorschriften** des § 22 nicht aufgeführt. Ein Verstoß gegen §19 ist daher weder eine Ordnungswidrigkeit, noch ist er durch die Strafvorschriften des § 23 erfasst. Soweit eine wirksame Übertragung nach § 19 vorliegt, kommt somit eine Anwendung der Straf- und Bußgeldvorschriften des ArbZG hinsichtlich eines Verstoßes gegen die infolge der Übertragung nicht mehr anzuwendenden Vorschriften der §§ 3 bis 13 nicht in Betracht. Die Übertragung ist strafbefreiendes Tatbestandmerkmal (vgl. Rn 28). Dies gilt auch, wenn es sich um einen Verstoß gegen eine infolge der Übertragung anzuwendende und an die Stelle der §§ 3 bis 13 tretende beamtenrechtliche Vorschrift handelt. Für den Fall, dass eine Behörde Anordnungen oder Auflagen der jeweiligen Aufsichtsbehörde nicht folgt, kann diese die Durchsetzung mit den Mitteln des VwVfb erzwingen.

37 Eine **Ordnungswidrigkeit** nach § 22 kann im öffentlichen Dienst in Betracht kommen, wenn es sich um den in § 22 bußgeldbewehrten Verstoß gegen eine der durch die Übertragung nach § 19 nicht ausgeschlossene Bestimmung handelt (zB § 22 Abs. 1 Nummern 8 und 9). Dies gilt auch, wenn die zuständige Dienstbehörde nur einen Teil der für Beamte geltenden Bestimmungen übertragen hat (vgl. Rn 14). Hinsichtlich des von der Teilübertragung nicht erfassten Bereichs gelten die Vorschriften des Gesetzes unmittelbar, dh bei einem Verstoß sind die Bußgeld- und Strafvorschriften der §§ 22 und 23 anzuwenden. Die Bußgeld- und Strafvorschriften der §§ 22 und 23 gelten ferner uneingeschränkt in den Bereichen der öffentlichen Verwaltung, in denen von der Übertragungsmöglichkeit des § 19 kein Gebrauch gemacht oder die Übertragung ganz oder teilweise unwirksam ist.

§ 20
Beschäftigung in der Luftfahrt

Für die Beschäftigung von Arbeitnehmern als Besatzungsmitglieder von Luftfahrzeugen gelten anstelle der Vorschriften dieses Gesetzes über Arbeits- und Ruhezeiten die Vorschriften über Flug-, Flugdienst- und Ruhezeiten der Zweiten Durchführungsverordnung zur Betriebsordnung für Luftfahrtgerät in der jeweils geltenden Fassung.

Übersicht

I. Allgemeines, Geltungsbereich

1 Nach § 1 Abs. 1 Satz 2 Nr. 2 AZO 1938 war die **Luftfahrt**, ausschließlich der Bodenbetriebe, vom Geltungsbereich der AZO 1938 ausgenommen. Regelungen über die Arbeitszeit fanden sich in Tarifverträgen und in der zur Betriebsordnung für Luftfahrtgerät vom 4.3.1970 (BGBl. I S. 262) erlassenen 2. Durchführungsverordnung (2. DVLuftBO).

2 Das ArbZG gilt grundsätzlich auch für Arbeitnehmer in der Luftfahrt. § 20 nimmt jedoch diejenigen vom Geltungsbereich der Vorschriften über Arbeits- und Ruhezeiten aus, die Besatzungsmitglieder von Luftfahrzeugen sind. Für diesen Personenkreis gelten die Vorschriften der 2. DVLuftBO in der jeweils geltenden Fassung (vgl. **Teil D** Anh. **Nr. 20** – idF vom 6.4.2009 – BAnz. Nr. 56 S. 1327). Durch diesen Vorrang der Spezialregelungen für das fliegende Personal soll den Besonderheiten in der Luftfahrt Rechnung getragen werden (vgl. BT-Drucks. 12/5888 S. 33). Diese auch aus Gründen der Verkehrssicherheit erlassenen **Mindestvorschriften für Sicherheit und Gesundheitsschutz** des fliegenden Personals bleiben unberührt und gehen den allgemeinen arbeitsschutzrechtlichen Regelungen vor. Soweit die 2. DVLuftBO keine Regelungen enthält, gelten die Bestimmungen des ArbZG. Für Arbeitnehmer aus der Luftfahrt, die nicht Besatzungsmitglieder von Luftfahrzeugen sind (dh also für das Bodenpersonal oder für das Verwaltungspersonal) gilt das ArbZG ohne Einschränkungen (**L:** ebenso *Schliemann* § 20 Rn 2; *Baeck/Deutsch/Winzer* § 20 Rn 6).

II. Sonderregelungen der 2. DVLuftBO

3 Für Arbeitnehmer in der Luftfahrt, die Besatzungsmitglieder von Luftfahrzeugen sind, gehen die Vorschriften der 2. DVLuftBO (Teil D Anhang Nr. 20) als Sonderregelungen den Vorschriften des ArbZG über Arbeits- und Ruhezeiten vor. Die Vorschriften der 2. DVLuftBO gelten gemäß § 20 anstelle der Vorschriften des ArbZG über Arbeits- und Ruhezeiten, und zwar nicht nur anstelle der §§ 3 bis 8 für Werktage sondern auch anstelle der §§ 9 bis 13 für Sonn- und Feiertage (**L:** *Baeck/Deutsch/Winzer* § 20 Rn 7; *Neumann/Biebl* § 20 Rn 1; aA *Buschmann/Ulber* § 20 Rn 3; vgl. auch Rn 20). Die Vorschriften der 2. DVLuftBO verpflichten den Arbeitgeber zu einer Einsatzplanung, mit der gewährleistet wird, dass der Arbeitnehmer die vorgeschriebenen Ruhezeiten tatsächlich erhält (**R:** BAG 24. 3. 1998 DB 1998, 2376).

4 Die Vorschriften der 2. DVLuftBO gelten für das **fliegende Personal** der Zivilluftfahrt; dazu zählen die Mitglieder der Besatzung an Bord eines Zivilluftfahrzeugs (= Besatzungsmitglieder), die von einem Unternehmen mit Sitz in der Bundesrepublik Deutschland eingesetzt werden (§ 1 Abs. 1 2. DVLuftBO).

5 Die 2. DVLuftBO unterscheidet zwischen Dienstzeit (§ 2 Abs. 1), Flugdienstzeit (§ 2 Abs. 3), Blockzeit (§ 2 Abs. 4), Positionierung (§ 2 Abs. 5), Reisezeit (§ 2 Abs. 6), Bereitschaftszeit (§ 2 Abs. 7), Ruhezeit (§ 2 Abs. 8), Tagesrhythmus-Tief (§ 2 Abs. 9) und Ortstagen (§ 2 Abs. 11).

6 **1. Dienstzeit (§ 2 Abs. 1).** – Nach § 2 Abs. 1 2. DVLuftBO ist Dienstzeit jede Zeitspanne, während der ein Besatzungsmitglied arbeitet, dem Arbeitgeber zur Verfügung steht und seine Tätigkeit ausübt oder Aufgaben wahrnimmt. Keine Dienstzeit ist dagegen die Zeit, in der das Besatzungsmitglied ständig erreichbar sein muss, ohne jedoch zur Anwesenheit auf einem Flugplatz oder in den Räumen des Unternehmens verpflichtet zu sein (§ 2 Abs. 1 S. 2 2. DVLuftBO). Nach § 5 Abs. 2 2. DVLuftBO beträgt die **höchstzulässige Dienstzeit** der Besatzungsmitglieder einschließlich der in der VO geregelten Bereitschaftszeit **2.000 Stunden im Kalenderjahr** (**L:** vgl. hierzu ausf. *Fischer* NZA 2001, 1064). Die höchstzulässige Dienstzeit soll so gleichmäßig, wie dies in der Praxis möglich ist, über das Kalenderjahr verteilt werden (§ 5 Abs. 2 S. 3 2. DVLuftBO).

7 **2. Blockzeit (§ 2 Abs. 4).** – Als Blockzeit zählt nach § 2 Abs. 4 2. DVLuftBO die Zeit zwischen dem erstmaligen Abrollen eines Luftfahrzeugs aus seiner Parkposition zum Zweck des Startens bis zum Stillstand an der zugewiesenen Parkposition und bis alle Triebwerke abgestellt sind. Die so definierte **Blockzeit** jedes Besatzungsmitgliedes darf **900 Stunden im Kalenderjahr** nicht überschreiten (§ 12 2. DVLuftBO).

8 **3. Flugdienstzeit (§ 2 Abs. 3 und § 7).** – Die Flugdienstzeit umfasst nach § 7 Abs. 1 2. DVLuftBO

– die Zeiten für **Vorarbeiten** vom angeordneten Antritt des Flugdienstes bis zum Beginn der Blockzeit, mindestens jedoch eine halbe Stunde (Nummer 1),

- die **Blockzeit** (Nummer 2),
- mindestens 15 Minuten für **Abschlussarbeiten** nach dem Ende der Blockzeit (Nummer 3),
- die auf Anordnung im **Flugübungsgerät** verbrachte Zeit einschließlich der Zeiten für Vor- und Abschlussarbeiten (Nummer 4) (**R:** vgl. auch BAG 9.12.2015 BB 2016, 756),
- die Zeit, die nach §§ 13 und 14 als Flugdienstzeit **anzurechnen** ist (Nummer 5).

Dauer der Flugdienstzeit: Die uneingeschränkte Flugdienstzeit zwischen zwei Ruhezeiten beträgt für jedes Besatzungsmitglied **10 Stunden** (§ 8 Abs. 1 Satz 1 2. DVLuftBO). Innerhalb von 7 aufeinander folgenden Tagen ist eine viermalige Verlängerung der Flugdienstzeit um bis zu 4 Stunden zulässig, wobei die Summe der Verlängerungen in diesem Zeitraum 8 Stunden nicht überschreiten darf. In bestimmten Fällen, in denen von einer besonderen Belastung auszugehen ist, wird diese Verlängerungsmöglichkeit eingeschränkt. So entfällt sie vollständig bei einem Luftfahrzeugführer, der während der Flugdienstzeit ganz oder teilweise ohne Unterstützung durch ein anderes Flugbesatzungsmitglied als Luftfahrzeugführer tätig wird (§ 8 Abs. 3 2. DVLuftBO). Die höchstzulässige Zeitverlängerung von 4 Stunden verringert sich, wenn die Flugdienstzeit im Tagesrhythmus-Tief beginnt um 100 Prozent der Überschneidung, höchstens jedoch um zwei Stunden; endet die Flugdienstzeit im Tagesrhythmus-Tief, so verringert sie sich um 50 Prozent der Überschneidung (§ 8 Abs. 4 und 5 2. DVLuftBO). Eine nach Absätzen 4 und 5 verringerte Zeitverlängerung ist nochmals je nach der Zahl der Landungen zu verringern (bei mehr als 3 Landungen um 1 Stunde, bei mehr als 5 Landungen um weitere 2 Stunden). **9**

Sofern die Belastung der Besatzungsmitglieder durch eine Verstärkung der vorgeschriebenen Mindestbesatzung und durch Schlafgelegenheiten gemindert wird, kann die Aufsichtsbehörde eine zweimalige **Verlängerung** der Flugdienstzeit zulassen (§ 9 2. DVLuftBO), wobei die mit der Führung und Bedienung des Luftfahrzeugs verbrachte Zeit jedes Flugbesatzungsmitgliedes **12 Stunden** nicht überschreiten darf. Ist es aufgrund besonderer Umstände zu einer besonderen Ermüdung der Flugbesatzung gekommen, die Zweifel an der weiteren sicheren Flugdurchführung rechtfertigt, hat der verantwortliche Flugzeugführer für eine vorzeitige Beendigung des Flugdienstes zu sorgen (§ 11 2. DVLuftBO). Es ist in diesem Fall unerheblich, worauf die vorzeitige Ermüdung der Flugbesatzung zurückzuführen ist. **10**

Insgesamt dürfen die Flugdienstzeiten innerhalb von 30 aufeinander folgenden Tagen **210 Stunden** und innerhalb eines Kalenderjahres **1.800 Stunden** nicht überschreiten (§ 8 Abs. 8 2. DVLuftBO). **11**

4. Ortstage (§ 2 Abs. 11 und § 6). – Den Besatzungsmitgliedern sind nach § 6 Abs. 1 2. DVLuftBO unbeschadet des gesetzlich geregelten Jahresurlaubs im Voraus bekannt zu gebende Ortstage (= arbeitsfreie und bereitschaftsfreie Tage am **12**

dienstlichen Wohnsitz) zu gewähren, und zwar mindestens **7 Ortstage pro Kalendermonat** und **96 Ortstage pro Kalenderjahr** (§ 6 Abs. 2 2. DVLuftBO).

13 **5. Positionierungszeit (§ 2 Abs. 5 und § 13).** – Nach § 2 Abs. 5 2. DVLuftBO ist Positionierungszeit (= Dead-Head-Zeit) eine Zeit, die ein Besatzungsmitglied auf Anordnung des Unternehmers ohne eigene Dienstleistung an Bord eines Luftfahrzeuges verbringt, um zum Antritt eines Flugdienstes an einem anderen als dem Flugplatz, an dem der vorhergehende Flugdienst beendet wurde, befördert zu werden; das gleiche gilt für die entsprechende Beförderung mit einem anderen Verkehrsmittel. Die Positionierungszeit gilt nach § 13 2. DVLuftBO als Dienstzeit.

14 **6. Bereitschaftszeit (§ 2 Abs. 7 und § 14).** – Als Bereitschaftszeit gilt nach § 2 Abs. 7 2. DVLuftBO eine Zeit, in der sich ein Besatzungsmitglied auf Anordnung des Unternehmers zum Flugdienst bereithält. Die Bereitschaftszeit ist nach § 14 Abs. 1 2. DVLuftBO als Flugdienstzeit anzurechnen, wenn Bereitschaftszeit und Flugdienstzeit nicht durch eine Ruhezeit nach § 15 2. DVLuftBO unterbrochen werden und dem Besatzungsmitglied kein ruhiger Raum mit Schlafgelegenheit zur Verfügung steht oder ein solcher Raum zwar zur Verfügung steht, jedoch die nicht im Anschluss an eine Ruhezeit abzuleistende Bereitschaftszeit weniger als 2 Stunden beträgt.

15 **7. Ruhezeit (§ 2 Abs. 8 und § 15).** – Als Ruhezeit gilt eine zusammenhängende Zeit von mindestens **10 Stunden**, während der ein Besatzungsmitglied von Dienstleistungen jeglicher Art befreit ist (§ 2 Abs. 8 2. DVLuftBO). Eine Bereitschaftszeit, in der das Besatzungsmitglied in der eigenen Wohnung oder einer entsprechenden Unterkunft Gelegenheit zur Bettruhe hat, kann als Ruhezeit angerechnet werden (§ 14 Abs. 3 2. DVLuftBO). Ruhezeit und Erholungsurlaub dienen der Erholung des Arbeitnehmers und schließen daher einander nicht aus (**R:** BAG 23.5.2018 BB 2018, 2228).

16 **Dauer der Ruhezeit:** Innerhalb einer 24-Stundenperiode ist dem Besatzungsmitglied eine Ruhezeit von mindestens **10 Stunden** zu gewähren (§ 15 Abs. 1 2. DVLuftBO). Die 24-Stundenperiode ist vom Ende der vorausgegangenen Ruhezeit an zu rechnen. Mindestens einmal innerhalb von 7 aufeinander folgenden Tagen ist eine zusammenhängende Ruhezeit von **36 Stunden** zu gewähren. Eine Beförderung der Besatzungsmitglieder an ihre Heimatbasis ohne Anrechnung auf die Ruhezeit ist zulässig. Wird die Ruhezeit an einem Ort außerhalb der Heimatbasis der Besatzungsmitglieder gewährt, müssen ruhige Räume mit Schlafgelegenheit zur Verfügung gestellt werden. Die Beförderung vom Flughafen zum Hotel ist grundsätzlich Ruhezeit, wenn und soweit das Besatzungsmitglied während des **Transfers** keine Dienstleistungen für den Arbeitgeber zu erbringen hat (**R:** BAG 21.1.2003 DB 2003, 1123).

17 In Fällen eines verlängerten Flugdienstes von mehr als 11 Stunden ist die Mindestruhezeit der Besatzungsmitglieder auf 12 Stunden, in Fällen eines verlängerten Flugdienstes von mehr als 12 Stunden auf 14 Stunden, von mehr als 14 Stunden auf

16 Stunden und von mehr als 16 Stunden auf 18 Stunden zu verlängern (§ 15 Abs. 2 2. DVLuftBO).

Besondere Regelungen gelten, um die sich aus den **Zeitzonenunterschieden** erge- **18**
benden Belastungen auszugleichen (§ 16 2. DVLuftBO). Besteht zwischen den Orten des Antritts und der Beendigung des Flugdienstes ein Zeitunterschied von 4 oder mehr Zeitzonen, ist die Mindestruhezeit auf 14 Stunden zu erhöhen. Nach Rückkehr zur Heimatbasis (auch als nicht diensttuendes Besatzungsmitglied) ist die Ruhezeit nach einem besonderen Verfahren zu berechnen. Die Anzahl der als Ruhezeit zu gewährenden Stunden ist in diesen Fällen zu ermitteln durch Multiplikation der Zahl 8 mit dem Zeitzonenunterschied, der zwischen der Heimatbasis und dem Einsatzort mit dem größten Zeitzonenunterschied besteht. Unterschiede von mehr als 12 Zeitzonen sind hierbei nicht zu berücksichtigen. Die Besatzungsmitglieder sind nach § 15 Abs. 5 2. DVLuftBO **schriftlich anzuweisen**, während der Ruhezeit Tätigkeiten zu unterlassen, die dem Zweck der Ruhezeit entgegenstehen.

8. Tagesrhythmus-Tief (§ 2 Abs. 9). – § 2 Abs. 9 2. DVLuftBO definiert das Ta- **19**
gesrhythmus-Tief als den Zeitraum zwischen 2 Uhr und 6 Uhr. Innerhalb einer Bandbreite von drei Zeitzonen bezieht sich das Tagesrhythmus-Tief auf die Zeit der Heimatbasis. Bei mehr als drei Zeitzonen Unterschied bezieht sich das Tagesrhythmus-Tief während der ersten 48 Stunden nach Verlassen der Heimatbasis-Zeitzone auf die Heimatbasiszeit und danach auf die Ortszeit.

9. Ruhepausen. – In § 2 Abs. 2 der 2. DVLuftBO wird eine Pause definiert als ein **20**
als Dienstzeit geltender Zeitraum, der jedoch frei von allen dienstlichen Verpflichtungen und kürzer als eine Ruhezeit ist. In § 9 Satz 3 2. DVLuftBO heißt es, dass für die Flugbegleiter angemessene Arbeitspausen während des Fluges vorzusehen sind. In § 10 Abs. 1 2. DVLuftBO ist geregelt, dass die Dienstzeit auf 18 Stunden verlängert werden kann, wenn die Flugdienstzeit durch eine Pause am Boden von mindestens drei Stunden unterbrochen wurde. Auch wenn Ruhepausen somit in der 2. DVLuftBO nicht ausdrücklich geregelt werden, muss die VO als abschließende Regelung für die arbeitszeitrechtliche Verteilung von Arbeits- und Ruhezeiten angesehen werden, die eine Anwendung des § 4 ArbZG ausschließt. Dies folgt schon daraus, dass § 8 Abs. 3 2. DVLuftBO davon ausgeht, dass ein Luftfahrzeugführer eine uneingeschränkte Flugdienstzeit von bis zu 10 Stunden ohne Unterstützung durch ein weiteres Besatzungsmitglied als möglich voraussetzt. Diese Regelung wäre gegenstandslos, wenn die Vorschriften des ArbZG über die Ruhepausen anzuwenden wären.

10. Sonn- und Feiertage. – Die Vorschriften der 2. DVLuftBO sind nicht nur als **21**
Spezialregelung zu den §§ 3 bis 8 über werktägliche Arbeitszeit und arbeitsfreie Zeiten, sondern auch zu den §§ 9 bis 13 über Sonn- und Feiertagsruhe anzusehen. Sie schließen daher nicht nur die Anwendung der Vorschriften der §§ 3 bis 8, sondern auch die der §§ 9 bis 13 aus. Die Regelung der Dauer und Verteilung der Arbeits- und Ruhezeiten für die Besatzungsmitglieder von Luftfahrzeugen in der

2. DVLuftBO ist damit dort abschließend geregelt. Dafür spricht nicht zuletzt der weit gefasste Wortlaut des § 20 „anstelle der Vorschriften dieses Gesetzes über Arbeits- und Ruhezeiten", der die Regelung nicht auf werktägliche Arbeits- und Ruhezeiten beschränkt, sondern auch die Arbeits- und Ruhezeiten an Sonn- und Feiertagen miterfasst (**L:** ebenso *Baeck/Deutsch/Winzer* § 20 Rn 7; *Neumann/Biebl* § 20 Rn 1; aA *Buschmann/Ulber* § 20 Rn 3; vgl. auch Rn 3).

22 **11. Ausnahmen.** – Die 2. DVLuftBO lässt in verschiedenen Ausnahmefällen eine Verlängerung der Flugdienstzeit oder eine Verkürzung der Ruhezeit zu: So kann die Aufsichtsbehörde auf schriftlichen Antrag eine **zweimalige Verlängerung der Flugdienstzeit** bis zu einer höchstzulässigen Flugdienstzeit von 18 Stunden innerhalb 7 aufeinander folgender Tage zulassen, wenn die vorgeschriebene Mindestflugbesatzung verstärkt ist und Schlafgelegenheiten in einem abgetrennten Raum vorhanden sind. Die mit der Führung und Bedienung des Luftfahrzeugs verbrachte Zeit darf hierbei 12 Stunden nicht überschreiten (§ 9 2. DVLuftBO).

23 Die Aufsichtsbehörde kann ebenfalls auf schriftlichen Antrag Abweichungen von den Vorschriften der §§ 8, 9, 10, 15 und 16 2. DVLuftBO zulassen, wenn wichtige Gründe für die Verlängerung der Flugdienstzeit oder für die Verkürzung der Ruhezeit vorliegen. Die Abweichung darf jeweils **höchstens 2 Stunden** betragen (§ 18 Abs. 1 2. DVLuftBO), d.h. die Flugdienstzeit kann um höchstens 2 Stunden verlängert und die Mindestruhezeit um höchstens 2 Stunden verkürzt werden.

24 Die Aufsichtsbehörde kann bei Flügen zum Zwecke der **Forschung** und für Arbeits- sowie Wettbewerbsflüge Ausnahmen von den Vorschriften der 2. DVLuftBO zulassen (§ 19 2. DVLuftBO).

25 Wenn aus **unvorhersehbaren Gründen** eine Überschreitung der höchstzulässigen Flugzeit um nicht mehr als zwei Stunden notwendig wird, entscheidet der verantwortliche Luftfahrzeugführer nach Anhörung der betroffenen Besatzungsmitglieder über die Durchführung des Fluges. Beträgt die Zeitüberschreitung mehr als eine Stunde, hat der Unternehmer dies der Aufsichtsbehörde innerhalb von 30 Tagen schriftlich mitzuteilen (§ 17 Abs. 4 2. DVLuftBO).

26 In bestimmten Fällen **besonderer Belastung** der Flugbesatzungsmitglieder kann die Aufsichtsbehörde geringere Flugdienstzeiten oder längere Ruhezeiten festlegen, soweit dies aus Gründen der Sicherheit des Luftverkehrs erforderlich ist (§ 20 2. DVLuftBO).

III. Verstöße

27 Während die 2. DVLuftBO idF von 2006 in ihrem § 13 eine Sanktionenregel enthielt, wonach zB ordnungswidrig handelte, wer als Unternehmer, als Halter von Luftfahrzeugen oder als Besatzungsmitglied die höchstzulässige Arbeitszeit, die höchstzulässige Blockzeit oder die vorgeschriebenen Ruhezeiten nicht einhielt, ist eine vergleichbare Regelung in der aktuell gültigen 2. DVLuftBO idF vom 6. April 2009 nicht mehr enthalten.

Nun werden derartige Verstöße aber nicht völlig sanktionenfrei gestellt. Zunächst gilt § 2 Abs. 1 der Betriebsordnung für Luftfahrtgerät (LuftBO) vom 4. 3. 1970 (BGBl. I S. 262), geändert durch Art. 3 der VO vom 15. 2. 2013 (BGBl. I S. 293). Danach trägt der Halter des Luftfahrtgerätes die Verantwortung für die Einhaltung der Vorschriften der LuftBO und der zu ihrer Durchführung erlassenen Verordnungen und damit auch für die Einhaltung der Vorschriften der 2. DVLuftBO. **28**

Hinzu tritt die Verordnung (EU) Nr. 965/2012 vom 5. Oktober 2012 zur Festlegung technischer Vorschriften und von Verwaltungsverfahren in Bezug auf den Flugbetrieb gemäß der Verordnung (EG) Nr. 216/2008 des Europäischen Parlaments und des Rates (ABl. L 296 vom 25. 10. 2012 S. 1). Die VO Nr. 965/2012 gilt für den gewerblichen Luftverkehrsbetrieb, findet ab 28. Oktober 2013 Anwendung und verlangt von den Mitgliedstaaten, dass diese Regelungen für Ordnungswidrigkeiten und Straftatbestände treffen. Deutschland hat von einer „Opt-Out-Klausel" Gebrauch gemacht, so dass die VO in Deutschland erst ab dem 28. Oktober 2014 Anwendung findet. Spätestens zu diesem Zeitpunkt sind auch für Deutschland Sanktionen festzulegen. **29**

Für den nichtgewerblichen Luftverkehr gilt die Verordnung (EU) Nr. 800/2013 vom 14. August 2013 (ABl. L 227 vom 24. 8. 2013 S. 1). Auch hier hat Deutschland von einer „Opt-Out-Klausel" Gebrauch gemacht, mit der Folge, dass diese VO in Deutschland erst ab dem 25. August 2016 Anwendung findet. **30**

§ 21
Beschäftigung in der Binnenschifffahrt

(1) Die Bundesregierung kann durch Rechtsverordnung mit Zustimmung des Bundesrates, auch zur Umsetzung zwischenstaatlicher Vereinbarungen oder Rechtsakten der Europäischen Union, abweichend von den Vorschriften dieses Gesetzes die Bedingungen für die Arbeitszeltgestattung von Arbeitnehmern, die als Mitglied der Besatzung oder des Bordpersonals an Bord eines Fahrzeugs in der Binnenschifffahrt beschäftigt sind, regeln, soweit dies erforderlich ist, um den besonderen Bedingungen an Bord von Binnenschiffen Rechnung zu tragen. Insbesondere können in diesen Rechtsverordnungen die notwendigen Bedingungen für die Sicherheit und den Gesundheitsschutz im Sinne des § 1, einschließlich gesundheitlicher Untersuchungen hinsichtlich der Auswirkungen der Arbeitszeitbedingungen auf einem Schiff in der Binnenschifffahrt, sowie die notwendigen Bedingungen für den Schutz der Sonn- und Feiertagsruhe bestimmt werden. In Rechtsverordnungen nach Satz 1 kann ferner bestimmt werden, dass von den Vorschriften der Rechtsverordnung durch Tarifvertrag abgewichen werden kann.

(2) Soweit die Bundesregierung von der Ermächtigung des Absatzes 1 keinen Gebrauch macht, gelten die Vorschriften dieses Gesetzes für das Fachpersonal auf Binnenschiffen, es sei denn, binnenschifffahrtsrechtliche Vorschriften über Ruhezeiten stehen dem entgegen. Bei Anwendung des Satzes 1 kann durch Tarifvertrag von den Vorschriften dieses Gesetzes abgewichen werden, um der Eigenart der Binnenschifffahrt Rechnung zu tragen.

Übersicht

I. Allgemeines

1 Durch Artikel 12a des 6. Gesetzes zur Änderung des Vierten Buches Sozialgesetzbuch vom 11.11.2016 (BGBl. 1 S. 2005) wurde § 21 vollständig neu gefasst. Die Bundesregierung ist nunmehr ermächtigt, mit Zustimmung des Bundesrates die Arbeitszeitgestaltung der Arbeitnehmer in der Binnenschifffahrt durch Rechtsverordnung neu zu regeln. Die Bundesregierung hat von der Ermächtigung in § 21 Gebrauch gemacht und am 19.7.2017 die Verordnung über die Arbeitszeit in der Bin-

nenschifffahrt (BinSchArbZV) beschlossen. Die Verordnung ist am 1.8.2017 in Kraft getreten (BGBl. 1 S. 2659). Die BinSchArbZV ist abgedruckt in Teil D Anh. 17a.

II. Arbeitszeitschutz in der Binnenschifffahrt

Für den Arbeitszeitschutz in der Binnenschifffahrt gilt nunmehr die BinSchArbZV 2 (Verordnung über die Arbeitszeit in der Binnenschifffahrt vom 19.7.2017 – BGBl. I S. 2659). Mit dieser VO wird die Richtlinie 2014/112/EU des Rates vom 14.12.2014 (Richtlinie 2014/112/EU des Rates vom 19.12.2014 zur Durchführung der von der Europäischen Binnenschifffahrts-Union (EBU), der Europäischen Schifferorganisation (ESO) und der Europäischen Transportarbeiter-Föderation (ETF) geschlossenen Europäischen Vereinbarung über die Regelung bestimmter Aspekte der Arbeitszeitgestaltung in der Binnenschifffahrt (ABl. L 267 v. 23.12.2014, 86) umgesetzt. Die BinSchArbZV gilt für Arbeitnehmer und Arbeitnehmerinnen, die als Besatzungsmitglieder (nationales Personal) oder als Mitglieder des Bordpersonals an Bord eines Schiffes der gewerblichen Binnenschifffahrt beschäftigt sind und dient in erster Linie deren Gesundheitsschutz.

Ein Binnenschiff ist ein zur Schifffahrt auf Flüssen oder sonstigen Binnengewäs- 3 sern bestimmtes und hierzu verwendetes Schiff (§ 1 BinSchG), wobei die subjektive Bestimmung des zur Verwendung des Schiffes Berechtigten und die regelmäßige Verwendung des Schiffes maßgebend sind (**L:** vgl. hierzu ausf. *Nagel* Arbeitszeitschutz in der Binnenschifffahrt, Diss. 1996). Befährt ein regelmäßig in der Binnenschifffahrt verwendetes Schiff gelegentlich auch die See, so verliert es nicht seinen Charakter als Binnenschiff. Bei Grenzflüssen und bei Binnenseen, die an andere Staaten grenzen, sind die zwischenstaatlichen Verträge zu beachten, beim Rhein die revidierte Rheinschifffahrtsakte und das Abkommen über die Arbeitsbedingungen der Rheinschiffer (vgl. Teil D Anh. 16).

Die BinSchArbZV enthält vom ArbZG abweichende Regelungen hinsichtlich der 4 täglichen Arbeitszeit, der Ruhepausen, der Ruhezeiten, der Arbeits- und Ruhetage und der Aufzeichnungspflichten sowie Sonderregelungen für die Saisonarbeit auf Fahrgastschiffen. Die Sonderregelungen sollen den Besonderheiten an Bord von Binnenschiffen Rechnung tragen. Abgesehen von den genannten Sonderregelungen gilt für die Besatzungsmitglieder und das Bordpersonal gem. § 2 BinSchArbZV das Arbeitszeitgesetz.

1. Rhein. – Für die Rheinschifffahrt besteht zwischen der Bundesrepublik Deutsch- 5 land, Belgien, Frankreich, den Niederlanden und der Schweiz das Abkommen über die Arbeitsbedingungen der Rheinschiffer (Abk. vom 21.5.1954; BGBI. II 1957 S. 217); Gesetz zum Abkommen vom 28.4.1957 (BGBI. II S. 216); für die Bundesrepublik Deutschland in Kraft getreten am 1.12.1959 (vgl. Bek. v. 21.3.1960 – BGBl. II S. 1504). Dieses Abkommen wird umgesetzt durch die VO über das Schiffspersonal auf dem Rhein (SchiffspersonalVO Rhein) – RheinSchPersVO v.

16.12.2011 (BGBl. II S. 1300 und Anlageband, zuletzt geändert durch Art. 1 Nr. 2 iVm Anlage 3 der VO vom 8.11.2019 (BGBl. II S. 907).

Zielsetzung von Abkommen und RheinSchPersVO ist vor allem die Sicherheit des Schiffsverkehrs. Nach Art. 9 Abs. 2 des Abkommens darf die regelmäßige Arbeitszeit grundsätzlich 48 Stunden wöchentlich und 8 Stunden täglich nicht überschreiten. Jedem Rheinschiffer steht nach Art. 16 des Abkommens im Durchschnitt ein Ruhetag auf je 6 Arbeitstage zu, der innerhalb einer Zeitspanne von höchstens 3 Monaten zu gewähren ist. Als Ruhetag gilt nur eine Ruhezeit von mindestens 24 aufeinanderfolgenden Stunden, die unmittelbar im Anschluss an die Nachtruhe gewährt wird. Nach § 3.10 Nr. 1 RheinSchPersVO Teil II Kapitel 3 werden die drei folgenden Betriebsformen unterschieden:

- Fahrt bis zu 14 Stunden (A 1),
- Fahrt bis zu 18 Stunden (A 2) und
- Fahrt bis zu 24 Stunden (B).

Nach § 3.11 RheinSchPersVO Teil II Kapitel 3 hat jedes Besatzungsmitglied in der Betriebsform A 1 Anspruch auf eine ununterbrochene Ruhezeit von 8 Stunden außerhalb der Fahrt und dies innerhalb von jeweils 24 Stunden, die mit dem Ende jeder Ruhezeit zu laufen beginnen; in der Betriebsform A 2 hat jedes Besatzungsmitglied Anspruch auf eine Ruhezeit von 8 Stunden, wovon 6 ununterbrochene Stunden außerhalb der Fahrt liegen müssen; in der Betriebsform B hat jedes Besatzungsmitglied Anspruch auf eine Ruhezeit von 24 Stunden innerhalb eines Zeitraumes von 48 Stunden, wobei die 24-stündige Ruhezeit mindestens zwei mal 6 ununterbrochene Stunden beinhalten muss. Regelungen arbeitsrechtlicher Art und tarifvertragliche Bestimmungen für eine längere Ruhezeit bleiben unberührt (§ 3.11 Nr. 5 RheinSchPersVO Teil II Kapitel 3). Die Vorschrift des § 21 ArbZG führt zur Subsidiarität des § 5 ArbZG.

6 **2. Übrige Wasserstraßen des Bundes.** – Ebenfalls zur Sicherheit des Schiffsverkehrs gilt für die Binnenschifffahrt außerhalb des Rheins die Binnenschiffsuntersuchungsordnung (Verordnung über die Schiffssicherheit in der Binnenschifffahrt – Binnenschiffsuntersuchungsordnung – BinSchUO vom 21.9.2018, BGBl. I S. 1398, 2032 zuletzt geändert durch Art. 7 der VO vom 31.10.2019, BGBl. I S. 1518). Die BinSchUO sieht in § 3.03 Anh. XI Kap. 3 vier Betriebsformen vor:

- die Tagesfahrt von höchstens 16 Stunden (A),
- die verkürzte halbständige Fahrt von höchstens 18 Stunden (B),
- die halbständige Fahrt von höchstens 20 Stunden (C) und
- die ständige Fahrt von höchstens 24 Stunden (D),

jeweils innerhalb eines Zeitraumes von 24 Stunden.

7 Nach § 3.04 Nr. 1 Anh. XI Kap. 3 BinSchUO darf kein Mitglied der vorgeschriebenen Besatzung während der Fahrt mehr als 16 aufeinanderfolgende Stunden beschäftigt werden. Innerhalb eines Zeitraumes von 24 Stunden ist eine ununterbro-

chene Ruhezeit von 8 Stunden zu gewähren. Hat ein Mitglied der Besatzung Arbeit beim Laden oder Löschen geleistet, so verkürzt sich seine Arbeitszeit während der Fahrt um diese Arbeitszeit. Als Arbeit gilt auch der Zeitraum, in welchem ein Mitglied der vorgeschriebenen Besatzung zur Aufnahme der Fahrt oder der Lade- oder Löschtätigkeit zur Verfügung stehen muss. Nach § 3.04 Nr. 5 Anh. XI Kap. 3 BinSchUO soll in Abhängigkeit von der jeweils gewählten Betriebsform die Ruhezeit zwischen 20 und 6 Uhr (Betriebsform A), zwischen 22 und 5 Uhr (Betriebsform B) bzw. zwischen 23 und 3 Uhr (Betriebsform C) liegen. Nach § 3.04 Nr. 6 Anh. XI Kap. 3 BinSchUO bleiben abweichende Regelungen arbeitsrechtlicher Art, insbes. tarifvertragliche Beschränkungen der Fahrzeit, sowie die Regelungen des JArbSchG, des ArbZG und der BinSchArbZV unberührt.

III. Bedeutung der Regelung in § 21

1. Gesetzliche Regelung. – Beim § 21 handelt es sich um die Bestimmung des **Vorrangs** schifffahrtspolizeilicher Vorschriften gegenüber arbeitsschutzrechtlichen Vorschriften des ArbZG, und zwar für die Binnenschifffahrt einschl. der Rheinschifffahrt, bezüglich der schifffahrtspolizeilichen Vorschriften über die Ruhezeiten und bezüglich der Beschäftigung von Fahrpersonal auf den Binnenschiffen (**L:** vgl. hierzu ausf. *Nagel* Arbeitszeitschutz in der Binnenschifffahrt, Diss. 1996), nicht bezüglich der Beschäftigung anderer Arbeitnehmer in der Binnenschifffahrt, insbes. nicht in den zugehörigen Landbetrieben, zB in Büros, Kontoren, Dockanlagen, Werften, Lagerhäusern. In den zur Binnenschifffahrt gehörenden Landbetrieben gelten die Vorschriften des ArbZG uneingeschränkt (**L:** hM *Schliemann* § 21 Rn 2). 8

Bis zum 21.7.2009 galten a**uf dem Rhein** die Vorschriften über die Ruhezeiten der Rheinschiffs-Untersuchungsordnung. Durch Art. 7 des Gesetzes zur Änderung des Vierten Buches Sozialgesetzbuch zur Errichtung einer Versorgungsausgleichskasse und anderer Gesetze gilt jetzt auch für die Rheinschifffahrt die BinSchUO. 9

Auf den **Binnengewässern** der Bundesrepublik gelten somit, sofern keine abweichenden internationalen Verträge bestehen, die Vorschriften des ArbZG für die Beschäftigung von Arbeitnehmern als Fahrpersonal auf allen Binnenschiffen, soweit die Vorschriften über die Ruhezeiten der Binnenschiffsuntersuchungsordnung nicht entgegenstehen. Im Hinblick auf die Bestimmung des § 2.06 Nr. 5 Anhang XI über das Unberührtbleiben längerer arbeitsschutzrechtlicher Ruhezeiten ist § 5 über die Ruhezeit aufgrund des Vorrangeinräumens bzw des Zurücktretens nicht „existent“. 10

§ 3.04 Anhang XI regelt auch **Dienstzeiten**. Danach darf kein Mitglied der vorgeschriebenen Besatzung während der Fahrt mehr als 16 aufeinander folgende Stunden Dienst tun. Diese schifffahrtspolizeirechtliche Vorschrift ist neben den arbeitsschutzrechtlichen Vorschriften des ArbZG über die Arbeitszeit und die Nachtarbeit, insbes. in den §§ 3, 6 und 7 anzuwenden, da die Vorschriften unterschiedliche Aufgaben erfüllen. 11

12 **Sonn- und Feiertagsruhe**. § 9 Abs. 1 über die Sonn- und Feiertagsruhe ist auf allen Binnenschiffen und in den zugehörigen Landbetrieben anzuwenden (§ 18), sofern keine abweichenden internationalen Verträge bestehen. Allerdings dürfen in Verkehrsbetrieben, zu denen die Binnenschifffahrt gehört, Arbeitnehmer an Sonn- und Feiertagen beschäftigt werden, sofern die Arbeiten nicht an Werktagen vorgenommen werden können (§ 10 Abs. 1 Nr. 10, vgl. hierzu § 10 Rn 76 ff). Zum Ausgleich für Sonn- und Feiertagsbeschäftigung vgl. §§ 11 und 12.

13 **2. Anpassung durch Tarifvertrag.** – Nach § 21 Abs. 2 Satz 2 können durch Tarifvertrag die arbeitsschutzrechtlichen Vorschriften des ArbZG der Eigenart der Binnenschifffahrt angepasst werden, zB den auf Binnenschiffen üblichen Bereitschaftszeiten. Dies entspricht dem System des ArbZG, **wie** es in **§ 7 und § 12** geregelt worden ist. Dementsprechend gilt die Befugnis für die Tarifvertragsparteien auch hier nur bezüglich der Arbeitsbedingungen des ArbZG. Die Befugnis gilt wegen des Gesetzesvorbehalts in Art. 140 GG iVm 139 WRV insbes. wie auch sonst nicht bezüglich der Sonn- und Feiertagsruhe in § 9 Abs. 1 (vgl. § 12 Rn 3 ff). Im Unterschied zu § 7 und § 12 ist in § 21 Abs. 2 Satz 2 eine Delegierung der Befugnis auf Betriebspartner nicht vorgesehen.

14 Eine Anpassung der schifffahrtspolizeilichen Vorschriften ist weder im ArbZG noch in der BinSchUO vorgesehen, so dass nur tarifvertragliche Bestimmungen für eine längere Ruhezeit unberührt bleiben, in der BinSchUO auch bezüglich der dort geregelten Dienstzeit. Die davon betroffenen Tarifverträge haben jedoch nur die übliche tarifvertragliche Bedeutung.

IV. Verstöße

15 Verstöße gegen Vorschriften des ArbZG werden nach § 22 als Ordnungswidrigkeit oder nach § 23 als Straftat verfolgt. Verstöße gegen die schifffahrtspolizeilichen Vorschriften über Ruhezeiten der BinSchUO werden nach den Bußgeldvorschriften dieser Untersuchungsordnung geahndet. Der in § 21 bestimmte Vorrang der jeweiligen schifffahrtspolizeilichen Vorschriften ist dahin zu verstehen, dass er nicht nur für die Vorschriften mit regelndem Inhalt, sondern auch für die zu ihrer Durchsetzung erlassenen Bußgeldvorschriften gilt.

§ 21a
Beschäftigung im Straßentransport

(1) Für die Beschäftigung von Arbeitnehmern als Fahrer oder Beifahrer bei Straßenverkehrstätigkeiten im Sinne der Verordnung (EG) Nr. 561/2006 des Europäischen Parlaments und des Rates vom 15. März 2006 zur Harmonisierung bestimmter Sozialvorschriften im Straßenverkehr und zur Änderung der Verordnungen (EWG) Nr. 3821/85 und (EG) Nr. 2135/98 des Rates sowie zur Aufhebung der Verordnung (EWG) Nr. 3820/85 des Rates (ABl. EG Nr. L 102 S. 1) oder des Europäischen Übereinkommens über die Arbeit des im internationalen Straßenverkehr beschäftigten Fahrpersonals (AETR) vom 1. Juli 1970 (BGBl. II 1974 S. 1473) in ihren jeweiligen Fassungen gelten die Vorschriften dieses Gesetzes, soweit nicht die folgenden Absätze abweichende Regelungen enthalten. Die Vorschriften der Verordnung (EG) Nr. 561/2006 und des AETR bleiben unberührt.

(2) Eine Woche im Sinne dieser Vorschriften ist der Zeitraum von Montag 0 Uhr bis Sonntag 24 Uhr.

(3) Abweichend von § 2 Abs. 1 ist keine Arbeitszeit:

1. die Zeit, während derer sich ein Arbeitnehmer am Arbeitsplatz bereithalten muss, um seine Tätigkeit aufzunehmen,
2. die Zeit, während derer sich ein Arbeitnehmer bereithalten muss, um seine Tätigkeit auf Anweisung aufnehmen zu können, ohne sich an seinem Arbeitsplatz aufhalten zu müssen;
3. für Arbeitnehmer, die sich beim Fahren abwechseln, die während der Fahrt neben dem Fahrer oder in einer Schlafkabine verbrachte Zeit.

Für die Zeiten nach Satz 1 Nr. 1 und 2 gilt dies nur, wenn der Zeitraum und dessen voraussichtliche Dauer im Voraus, spätestens unmittelbar vor Beginn des betreffenden Zeitraums bekannt ist. Die in Satz 1 genannten Zeiten sind keine Ruhezeiten. Die in Satz 1 Nr. 1 und 2 genannten Zeiten sind keine Ruhepausen.

(4) Die Arbeitszeit darf 48 Stunden wöchentlich nicht überschreiten. Sie kann auf bis zu 60 Stunden verlängert werden, wenn innerhalb von vier Kalendermonaten oder 16 Wochen im Durchschnitt 48 Stunden wöchentlich nicht überschritten werden.

(5) Die Ruhezeiten bestimmen sich nach den Vorschriften der Europäischen Gemeinschaften für Kraftfahrer und Beifahrer sowie nach dem AETR. Dies gilt auch für Auszubildende und Praktikanten.

(6) In einem Tarifvertrag oder auf Grund eines Tarifvertrages in einer Betriebs- oder Dienstvereinbarung kann zugelassen werden,

1. nähere Einzelheiten zu den in Absatz 3 Satz 1 Nr. 1, 2 und Satz 2 genannten Voraussetzungen zu regeln,

2. abweichend von Absatz 4 sowie den §§ 3 und 6 Abs. 2 die Arbeitszeit festzulegen, wenn objektive, technische oder arbeitszeitorganisatorische Gründe vorliegen. Dabei darf die Arbeitszeit 48 Stunden wöchentlich im Durchschnitt von sechs Kalendermonaten nicht überschreiten.

§ 7 Abs. 1 Nr. 2 und Abs. 2a gilt nicht. § 7 Abs. 3 gilt entsprechend.

(7) Der Arbeitgeber ist verpflichtet, die Arbeitszeit der Arbeitnehmer aufzuzeichnen. Die Aufzeichnungen sind mindestens zwei Jahre aufzubewahren. Der Arbeitgeber hat dem Arbeitnehmer auf Verlangen eine Kopie der Aufzeichnungen seiner Arbeitszeit auszuhändigen.

(8) Zur Berechnung der Arbeitszeit fordert der Arbeitgeber den Arbeitnehmer schriftlich auf, ihm eine Aufstellung der bei einem anderen Arbeitgeber geleisteten Arbeitszeit vorzulegen. Der Arbeitnehmer legt diese Angaben schriftlich vor.

Übersicht

I. Allgemeines, Entstehung

1 § 21a wurde durch Art. 5 des Gesetzes zur Änderung personenbeförderungsrechtlicher Vorschriften und arbeitszeitrechtlicher Vorschriften für Fahrpersonal vom 14.8.2006 (BGBl. I S. 1962) in das ArbZG eingefügt. Damit ist die Richtlinie zur Regelung der Arbeitszeit von Personen, die Fahrtätigkeiten im Bereich des Straßentransports ausüben (RL 2002/15/EG vom 11.3.2002, ABl. EG Nr. L 80 S. 35 = Fahrpersonal-RL) – wenn auch verspätet – in nationales Recht umgesetzt worden. § 21a ist am 1.9.2006 in Kraft getreten, die Umsetzung der Fahrpersonal-RL hätte bis spätestens zum 23.3.2005 erfolgen müssen (vgl. Art. 14 Fahrpersonal-RL). Die

RL 2002/15/EG verstößt nicht gegen Unionsrecht (**R:** EuGH 9.9.2004 RS C 184/02, 223/02 – AuR 2004, 464).

Die Fahrpersonal-RL weicht in verschiedenen Punkten von der allgemeinen EU-Arbeitszeit-RL (RL 2003/88 EG des Europäischen Parlaments und des Rates vom 4.11.2003 über bestimmte Aspekte der Arbeitszeitgestaltung – ABl. EG Nr. L 299 S. 9) ab, diese Besonderheiten werden durch § 21a in nationales Recht umgesetzt. Zunächst sollte die Fahrpersonal-RL durch die Verordnung zur Regelung der Arbeitszeit von Personen, die Fahrtätigkeiten im Bereich des Straßentransports ausüben (FahrPers ArbZV) umgesetzt werden. Der BR lehnte die VO jedoch ab (vgl. BR-Drucks. 78/05 vom 18.3.2005), weil diese zu einer Zersplitterung arbeitszeitrechtlicher Bestimmungen führe und die Transparenz der Rechtsanwendung auf dem Gebiet des Arbeitszeitrechts nicht gewährleiste. Der BR hat die Bundesregierung aufgefordert, die Fahrpersonal-RL stattdessen durch eine Änderung des Arbeitszeitgesetzes umzusetzen. 2

Die Vorschriften der VO (EG) Nr. 561/2006 (VO des Europäischen Parlaments und des Rates vom 15.3.2006 zur Harmonisierung bestimmter Sozialvorschriften im Straßenverkehr und zur Änderung der VOen (EWG) Nr. 3821/85 und (EG) Nr. 2135/98 des Rates sowie zur Aufhebung der VO (EG) Nr. 3820/85 des Rates, ABl. EG Nr. L 102 S. 1) und des AETR (Europäisches Übereinkommen über die Arbeit des im internationalen Straßenverkehr beschäftigten Fahrpersonals vom 1.7.1970 (BGBl. II 1974 S. 1475) idF der Bek. vom 31.7.1985 (BGBl. II S. 889) mit Unterzeichnungsprotokoll, zuletzt geändert durch Gesetz vom 18.8.1997 (BGBl. II S. 1550)) **bleiben unberührt** (vgl. § 21a Abs. 1 S. 2). 3

Zweck: Das ArbZG gilt grundsätzlich für alle Arbeitnehmer in allen Beschäftigungsbereichen, und damit auch für das Verkehrswesen. § 21a dient der Umsetzung europäischen Rechts auf dem Gebiet des Arbeitszeitschutzes für Beschäftigte im Straßenverkehr, soweit die Fahrpersonal-RL von der allgemeinen EU-Arbeitszeit-RL (RL 2003/88/ABl. EG Nr. L 299 S. 9) abweichende Bestimmungen enthalt. Die Regelung soll die Sicherheit im Straßenverkehr verbessern, Wettbewerbsverzerrungen vermeiden und die Sicherheit und Gesundheit des Fahrpersonals gewährleisten (vgl. Erwägungsgrund 10 und Art. 1 RL 2002/15/EG). 4

II. Geltungsbereich

§ 21a Abs. 1 S. 1 findet Anwendung auf Fahrer oder Beifahrer, die Straßenverkehrstätigkeiten iSd VO 561/2006 und des AETR ausüben. Die Vorschriften der Verordnung (EG) Nr. 561/2006 (VO (EG) Nr. 561/2006 des Europäischen Parlaments und des Rates vom 15.3.2006 zur Harmonisierung bestimmter Sozialvorschriften im Straßenverkehr und zur Änderung der VOen (EWG) Nr. 3821/85 und (EG) Nr. 2135/98 des Rates sowie zur Aufhebung der VO 8 EWG) Nr. 3820/85 des Rates (ABl. EG Nr. L 102 S. 1) sind ab dem 11.4.2007 als nach Art. 189 EG-Vertrag unmittelbar geltendes Recht bei der innergemeinschaftlichen Beförderung im Stra- 5 ßenverkehr, also im gesamten Hoheitsgebiet der EU-Mitgliedstaaten, einzuhalten (Art. 2 Abs. 1 VO (EG) Nr. 561/2006 und **R:** BAG v. 18.11.2008 – 9 AZR 737/07).

6 **Fahrer** ist nach der Verordnung jede Person, die das Fahrzeug, sei es auch nur kurze Zeit, selbst lenkt oder sich in dem Fahrzeug befindet, um es ggf. lenken zu können. Die Vorschriften gelten für Fahrzeuge (Kraftfahrzeuge, Zugmaschinen, Anhänger und Sattelanhänger – Art. 1 Nr. 2 VO (EG) Nr. 561/2006) zur Güterbeförderung, deren zulässiges Gesamtgewicht 3,5 Tonnen übersteigt (nach der Fahrpersonalverordnung auch für Fahrzeuge zur Güterbeförderung von 2,8 bis 3,5 t), sowie für Fahrzeuge zur Personenbeförderung, die nach ihrer Bauart und Ausstattung geeignet und dazu bestimmt sind, mehr als 9 Personen (einschließlich des Fahrers) zu befördern. Ausgenommen sind Fahrzeuge im Linienverkehr mit einer Linienstrecke von bis zu 50 km (**R:** BAG 13.9.2009 – 9 AZR 139/08) und besondere Fahrzeuge gem. Art. 2f der VO (EG) 561/2006, Art. 2 II Nr. 1 ff AETR, wie zB Feuerwehr, Rettungs- und Streitkräftefahrzeuge.

7 § 21a erfasste nur Arbeitnehmerinnen und Arbeitnehmer, **nicht** dagegen **Selbstständige** und **selbstfahrende Unternehmer**. Dieser Personenkreis sollte erst mit Wirkung ab dem 23.3.2009 (vgl. Art. 2 Abs. 1 S. 2 RL 2002/15/EG) in den Geltungsbereich des ArbZG einbezogen werden. Die Ausdehnung des Arbeitszeitrechtes auf selbstständige Kraftfahrer erfolgte durch das Gesetz zur Regelung der Arbeitszeit von selbstständigen Kraftfahrern (SKrfArbZG) v. 11.7.2012 (BGBl. I, 1479). Das Gesetz ist abgedruckt in Teil D Anh. 15). Seit dem 1.11.2012 gelten somit weitgehend einheitliche Arbeitszeitregelungen für Berufskraftfahrer (**L:** vgl. die umfassenden Ausführungen bei *Wiebauer* NZA 2012, 1331 ff).

8 Soweit Beschäftigte im Straßentransport nicht vom Anwendungsbereich des § 21a erfasst werden, gilt für sie die allgemeine EU-Arbeitszeit-RL (RL 2003/88/EG iVm Art. 2 Abs. 2 der RL 2002/15/EG). und die allgemeinen Bestimmungen des ArbZG. Dies ist vor allem von Bedeutung für Fahrer oder Beifahrer, die in Fahrzeugen zur Beförderung im Gütertransport bis einschließlich 3,5 Tonnen eingesetzt werden.

III. Vorrangsregelung (§ 21a Abs. 1 S. 2)

9 Der Vorrang der Verordnung 561/2006/EG sowie des Europäischen Übereinkommens über die Arbeit des im internationalen Straßenverkehr beschäftigten Fahrpersonals (AETR) vom 1. Juli 1970 (BGBl. II 1974 S. 1473) wird durch die Änderungen nicht berührt. Ihr Vorrang ist entsprechend der Fahrpersonalrichtlinie ausdrücklich in das Gesetz aufgenommen worden (vgl. § 21a Abs. 1 S. 2).

IV. Der Begriff der Woche

10 Nach § 21a Abs. 2 gilt als Woche der Zeitraum von Montag 0 Uhr bis Sonntag 24 Uhr, damit wird die Definition aus Art. 4 Buchst. i. der VO (EG) Nr. 561/2006 über-

nommen. Während als Woche im Sinne des ArbZG jeder beliebige Zeitraum von 7 aufeinander folgenden Tagen gilt, schreibt das europäische Fahrpersonalrecht die Kalenderwoche vor (**L:** *Neumann/Biebl* § 21a Rn 7):

V. Abweichungen

1. Vom Arbeitszeitbegriff. – Abweichend von § 2 Abs. 1 trifft § 21a Abs. 3 differenzierende Regelungen zur Arbeitszeit, zum Bereitschaftsdienst und zu Ruhezeiten (**L:** ausf. zur Arbeitszeit im Straßentransport: *Didier* NZA 2007, 120; *ders.* AuA 2007, 656; vgl. auch *Buschmann/Ulber* § 21a Rn 11). 11

Von der Arbeitszeit **ausgenommen** sind 12

- die Zeit, während derer sich ein Arbeitnehmer am Arbeitsplatz bereithalten muss, um seine Tätigkeit aufzunehmen (§ 21a Abs. 3 S. 1 Nr. 1)
- die Zeit, während derer sich ein Arbeitnehmer bereithalten muss, um seine Tätigkeit auf Anweisung aufnehmen zu können, ohne sich an seinem Arbeitsplatz aufhalten zu müssen (§ 21a Abs. 3 S. 1 Nr. 2).

Dies gilt zumindest jedenfalls dann, wenn der Zeitraum und dessen voraussichtliche Dauer den Beschäftigten im Voraus, spätestens unmittelbar vor Beginn des betreffenden Zeitraumes bekannt ist. *Didier* (**L:** NZA 2007, 120, 122) will hierfür realistische Schätz- und Erfahrungswerte ebenso wie Zeitangaben des Verkehrsfunks über die voraussichtliche Dauer von Behinderungen ausreichen lassen. Damit werden aber Sinn und Zweck der Vorschrift verfehlt. Derartige Zeiträume können nur dann nicht als Arbeitszeit gewertet werden, wenn der Arbeitnehmer diese Zeiten nicht nur im Voraus kennt, sondern auch über diese freie Zeiten verfügen kann (**L:** ebenso *Buschmann/Ulber* § 21a Rn 16), zB während der Fährüberfahrt eines LKW.

Die genannten Zeiten müssen zwar einerseits bei der Ermittlung der Höchstarbeitszeit nicht mitgerechnet werden, sind aber andererseits weder Ruhezeiten noch Ruhepausen. Dies schließt nicht aus, dass in den genannten Fällen entsprechend den Vorschriften der VO (EG) Nr. 561/2006 eine Ruhezeit oder Ruhepause genommen werden kann, sofern das Fahrpersonal nicht verpflichtet ist, sich zur Arbeitsaufnahme bereitzuhalten, sondern frei über seine Zeit verfügen kann. 13

Sind der Zeitraum und dessen voraussichtliche Dauer jedoch nicht im Voraus bekannt, so sind auch diese Zeiten Arbeitszeiten. Bei der Alternative der Nr. 1 (Rn 12) kann es sich um Wartezeiten beim Be- und Entladen handeln, bei der Alternative Nr. 2 (Rn 12) um Zeiten, in denen ein Fahrzeug während der Beförderung mit der Bahn oder einer Fähre begleitet wird, sowie Wartezeiten an Staatsgrenzen oder infolge von Fahrverboten. 14

Als Arbeitsplatz gelten die Haupt- und Zweigniederlassungen des Arbeitgebers, das Fahrzeug, das das Fahrpersonal bei seiner Tätigkeit benutzt und jeder andere Ort, an dem die mit der Beförderung verbundenen Tätigkeiten ausgeübt werden (vgl. Art. 3 Buchst. c Fahrpersonal-RL). 15

16 **2. Beim Bereitschaftsdienst.** – Im Gegensatz zum allgemeinen Arbeitszeitrecht (§ 2 Abs. 1) nimmt § 21a Abs. 3 S. 1 Nr. 1 Bereitschaftszeiten von der Qualifizierung als Arbeitszeit aus. Diese Regelung steht nicht im Einklang mit Art. 3 Buchst. a Nr. 1 Spiegelstrich 2 Fahrpersonal-RL (**L:** ebenso *Buschmann/Ulber* § 21a Rn 13; *Buschmann* AuR 06, 417; aA ausdrücklich *Didier* NZA 2007, 120, 121). Derartige Zeiträume können nur dann nicht als Arbeitszeit gewertet werden, wenn zum einen die Voraussetzungen des Abs. 3 S. 2 erfüllt sind **und** der Arbeitnehmer frei über seine Zeit verfügen kann (vgl. Art. 3 Buchst. a Nr. 1 Spiegelstrich 2 Fahrpersonal-RL). Deshalb sind auch Aufrückvorgänge von LKW in einem Wartesystem zum Be- und Entladen und zwar das Vorrücken selbst wie auch die Zeitintervalle des Wartens als Arbeitszeit zu werten (**L:** aA gegen den ausdrücklichen Wortlaut von Art. 3 Buchst. a Nr. 1 Spiegelstrich 2 *Didier* NZA 2007, 120, 122).

17 **3. Bei Zwei-Fahrer-Besatzungen (§ 21a Abs. 3 S. 1 Nr. 3).** – Bei Zwei-Fahrer-Besatzungen ist die Zeit die während der Fahrt neben dem Fahrer oder in einer Schlafkabine verbracht wird, keine Arbeitszeit. Diese Zeit ist allerdings auch keine Ruhezeit (**R:** EuGH 29.4.2010 – Rs-C-124/09) sondern als Bereitschaftsdienst zu vergüten (**R:** LAG Berlin-Brandenburg 4.2.2010, LAGE § 21a ArbZG Nr. 1; BAG 20.4.2011 NZA 2011,917). Die Vorschrift entspricht Art. 3 Buchst. b Spiegelstrich 2Fahrpersonal-RL. Fahrer und Beifahrer müssen sich also beim Fahren abwechseln, der jeweilige Beifahrer darf keine Tätigkeit während der Fahrt ausüben (**L:** *Buschmann/Ulber* § 21a Rn 15).

18 **4. Lenkzeiten.** – Die Mindestdauer der Lenkzeitunterbrechungen nach einer Lenkdauer von 4 § Stunden hat 45 Minuten zu betragen (Art. 7 VO (EG) Nr. 561/2006). Eine Lenkzeitenunterbrechung liegt nur dann vor, wenn der Fahrer weder eine Fahrtätigkeit ausübt noch andere Arbeiten ausführt (**R:** BAG 19.11.2009, AuA 2010, 615). Nach § 21a Abs. 3 S. 4 sind die in Satz 1 Nr. 1 und 2 genannten Zeiten keine Ruhepausen. Die Ruhepausen müssen eine Mindestdauer von 15 Minuten aufweisen (vgl. Art. 5 Abs. 2 Fahrpersonal-RL) und im Voraus feststehen (**R:** BAG 13.10.2009 – 9 AZR 139/08). Außerdem muss der Fahrer in diesem Zeitraum frei über seine Zeit verfügen können. Die Mindestdauer der Lenkzeitunterbrechung von 45 Minuten kann auch in zwei Pausen von 30 und 15 Minuten aufgeteilt werden (**L:** *Buschmann/Ulber* § 21a Rn 28).

VI. Höchstarbeitszeit

19 § 21a Abs. 4 führt ergänzend zur täglichen Höchstarbeitszeit in § 3 eine wöchentliche Höchstarbeitszeit für das Fahrpersonal ein. Die Höchstarbeitszeit darf danach 48 Stunden in der Woche nicht überschreiten. Sie darf auf bis zu 60 Wochenstunden verlängert werden (§ 21a Abs. 4 S. 2), allerdings nur wenn in einem Ausgleichszeitraum von 4 Kalendermonaten oder 16 Wochen die 48 Stunden-Grenze nicht überschritten wird. Der Ausgleichszeitraum ist also gegenüber § 3 verkürzt.

Die Verlängerungsmöglichkeit auf 60 Wochenstunden des § 21a Abs. 4 S. 2 steht im Widerspruch zu Art. 6 Abs. 2 VO (EG) Nr. 561/2006, der Vorrang vor der Fahrpersonal-RL zukommt (vgl. Art. 2 Abs. 4 Fahrpersonal-RL). Art. 6 Abs. 2 VO (EG) Nr. 561/2006 sieht eine wöchentliche Lenkzeit von 56 Stunden vor. Die Gesamtlenkzeit darf in der Doppelwoche 90 Stunden nicht übersteigen (Art. 6 Abs. 2 VO (EG) Nr. 561/2006). Aus dem Vorrang der VO (EG) Nr. 561/2006 folgt, dass § 21a Abs. 4 S. 2 nur insoweit Anwendung finden kann, als er nicht im Widerspruch zu der VO steht; damit kann die verlängerte Wochenarbeitszeit maximal 56 Stunden betragen und darf innerhalb einer Doppelwoche eine durchschnittliche wöchentliche Arbeitszeit von 45 Stunden nicht überschreiten (**L:** ebenso *Buschmann/Ulber* § 21a Rn 24, aA *Didier* NZA 2007, 120). 20

VII. Ruhezeiten

§ 21a Abs. 5 S. 1 übernimmt die bisher in § 5 Abs. 4 enthaltene Regelung und verweist hinsichtlich der Ruhezeiten auf die Vorschriften des Europäischen Rechts – hier auf die Vorschriften der VO (EG) Nr. 561/2006, der Fahrpersonal-RL – sowie auf das AETR. Entsprechend Art. 6 Fahrpersonal-RL werden die Ruhezeitenvorschriften der VO (EG) Nr. 561/2006 und des AETR für die Praktikantinnen und Praktikanten für anwendbar erklärt. Der Fahrer muss sowohl tägliche und wöchentliche Ruhezeiten einhalten (Art. 8 VO (EG) Nr. 561/2006). Die regelmäßige wöchentliche Ruhezeit darf – anders als die tägliche und die reduzierte wöchentliche Ruhezeit – **nicht im Fahrzeug** verbracht werden (**R:** EuGH 20. 12. 2017 BB 2018, 115). 21

VIII. Europäisches Übereinkommen über die Arbeit des im internationalen Straßenverkehr beschäftigten Fahrpersonals (AETR)

Anstelle der VO (EG) Nr. 561/2006 ist das strengere Vorschriften enthaltende Europäische Übereinkommen über die Arbeit des im internationalen Straßenverkehr beschäftigten Fahrpersonals (AETR vom 1. 7. 1970, BGBl. II 1974 S. 1475 idF der Bek. v. 31. 7. 1985, BGBl. II S. 889 mit Unterzeichnungsprotokoll, zuletzt geändert durch Gesetz v. 18. 8. 1997, BGBl. II S. 1550) für Beförderungen im grenzüberschreitenden Straßenverkehr anzuwenden von und/oder nach Drittländern, die Vertragsparteien dieses Übereinkommens sind, oder im Durchgang durch diese Länder auf der gesamten Fahrstrecke, wenn die Beförderungen mit Fahrzeugen durchgeführt werden, die in einem EU-Mitgliedstaat oder in einem Vertragspartnerstaat zugelassen sind (**L:** ausf. hierzu *Neumann/Biebl* § 21a Rn 2). 22

Es hängt somit von der Fahrstrecke ab, ob die Vorschriften der VO (EG) Nr. 561/2006 oder des AETR zur Anwendung kommen. Für eine Fahrt von der Bundesrepublik Deutschland über die Schweiz nach Italien gilt die VO (EG) Nr. 561/2006, da die Schweiz kein Vertragspartnerstaat ist. 23

24 Auf Fahrstrecken von EU-Mitgliedstaaten zu AETR-Drittstaaten und zurück muss der **Ein-Mann-Fahrer** im **Güterverkehr** innerhalb der letzten 24 Stunden vor Arbeitsaufnahme eine ununterbrochene Ruhezeit von mindestens **11 Stunden** gehabt haben. Sie kann höchstens zweimal in der Woche bis auf 9 Stunden **verkürzt** werden, wenn der Fahrer sie an seinem gewöhnlichen Aufenthaltsort verbringt, sie kann bis auf **8 Stunden** verkürzt werden, wenn er sie aus betrieblichen Gründen woanders verbringt (Art. 6 Abs. 1 AETR).

25 Im **Personenverkehr** gibt es für **Ein-Mann-Fahrer** zwei Möglichkeiten. Bei gleich bleibenden Ruhezeiten in einer Woche genügen Ruhezeiten von je 10 Stunden. Bei unterschiedlich langen Ruhezeiten in einer Woche gilt: Der Ein-Mann-Fahrer muss innerhalb der letzten 24 Stunden vor Arbeitsaufnahme grundsätzlich eine ununterbrochene Ruhezeit von mindestens 11 Stunden gehabt haben. Bei bestimmten fahrplanmäßigen Unterbrechungen während der Personenbeförderung kann er die Ruhezeit zweimal in der Woche bis auf 10 Stunden und zweimal in der Woche bis auf 9 Stunden verkürzen (Art. 6 Abs. 2 AETR).

26 **Zwei-Mann-Fahrer** im **Güter- und Personenverkehr:** Befinden sich zwei Fahrer in einem Fahrzeug ohne Schlafkabine, muss jeder Fahrer innerhalb der letzten 27 Stunden vor Arbeitsaufnahme eine ununterbrochene Ruhezeit von mindestens 10 Stunden gehabt haben (Art. 6 Abs. 3 AETR). Befinden sich zwei Fahrer in einem Fahrzeug **mit Schlafkabine**, muss jeder Fahrer innerhalb der letzten 30 Stunden vor Arbeitsaufnahme eine ununterbrochene Ruhezeit von mindestens **8 Stunden** gehabt haben (Art. 6 Abs. 4 AETR; **L:** vgl. im Einzelnen, auch zur wöchentlichen Ruhezeit *Zmarzlik* BB 1986, 2328, 2332).

IX. Abweichungsbefugnisse der Tarifvertragsparteien

27 Abs. 6 räumt den Tarifvertragsparteien Abweichungsbefugnisse ein. Auf der Grundlage eines Tarifvertrages können auch die Betriebsparteien in einer Betriebs- und Dienstvereinbarung von dieser Öffnungsklausel Gebrauch machen. Die Tarifvertragsparteien oder die Betriebsparteien können danach:

- Präzisierende Regelungen treffen zu den Zeiten des Bereithaltens nach § 21a Abs. 3 S. 1 Nr. 1 und 2 und zu den erforderlichen Voraussetzungen sowie zu der Form, wie diese bekannt gemacht werden (Abs. 3 S. 2).
- Abweichend von Absatz 4 sowie der §§ 3 und 6 Abs. 2 die Arbeitszeit festlegen (gemeint ist: verlängern). Diese Verlängerungsoption ist aber nur gegeben, wenn objektive, technische oder arbeitszeitorganisatorische Gründe vorliegen. Aber auch dann darf die Arbeitszeit 48 Wochenstunden im Durchschnitt von sechs Kalendermonaten nicht überschreiten (vgl. Art. 8 Fahrpersonal-RL).

28 Daneben können die Tarifvertragsparteien auch von den Abweichungsmöglichkeiten des § 7 Gebrauch machen. Dies gilt nicht für die Aufteilung der Ruhepausen in Kurzpausen und für die Zulassung von Arbeitszeitverlängerungen ohne Ausgleich mit individueller Zustimmung (vgl. § 21a Abs. 6 S. 2). Die abweichenden Regelungen nach § 21a Abs. 6 können unter den in § 7 Abs. 3 genannten Voraussetzungen im Betrieb eines nicht tarifgebundenen Arbeitgebers übernommen werden.

X. Dokumentations- und Aufzeichnungspflichten

Nach Abs. 7 muss die gesamte Arbeitszeit des Fahrpersonals vom Arbeitgeber aufgezeichnet werden. Damit geht diese Vorschrift über die Regelung des § 16 Abs. 2 hinaus, die nur eine Aufzeichnungspflicht für Arbeitszeiten voraussieht, die über 8 Stunden hinausgehen. **29**

Die Aufzeichnung muss der Arbeitgeber nicht persönlich vornehmen. Vielmehr genügt auch die Selbstaufschreibung durch die Beschäftigten (vgl. § 16 Rn) oder jede andere Form der Dokumentation. Nach Art. 9 Buchst. b Fahrpersonal-RL ist aber die Schriftform einzuhalten („… Buch geführt wird“). Geeignet sind auch Schaublätter oder die Speicherdaten der digitalen Kontrollgeräte (vgl. Gesetzesbegründung BT-Drucks. 16/1685 S. 13 linke Spalte). **30**

Zur Sicherstellung einer wirksamen **Kontrolle** der Lenk- und Ruhezeiten im Straßenverkehr enthält die VO (EG) Nr. 3821/85 (v. 20.12.1985 über das Kontrollgerät im Straßenverkehr (ABl. EG Nr. L 370 S. 8, geändert durch VO (EG) Nr. 2135/98 des Rates vom 24.9.1998 (ABl. EG Nr. L 274 S. 1) und VO (EG) Nr. 561/2006 v. 15.3.2006 (ABl. EG Nr. L 102 S. 1) Vorschriften über Bauart (Art. 4 bis 11), Einbau und Prüfung (Art. 12) sowie die Benutzung (Art. 13 bis 16) eines Kontrollgerätes. Das Kontrollgerät muss auf einem Schaublatt die vom Fahrzeug zurückgelegte Wegstrecke, die Geschwindigkeit des Fahrzeuges, die Lenkzeit, die sonstigen Arbeits- und Präsenzzeiten des oder der Mitglieder des Fahrpersonals, die Arbeitsunterbrechungen und die Tagesruhezeiten aufzeigen (vgl. Anhang II der VO). **31**

Die **Aufsicht** über die Ausführung der EU-Verordnungen und des AETR obliegt nach § 4 I Fahrpersonalgesetz (FPersG – Gesetz über das Fahrpersonal von Kraftfahrzeugen und Straßenbahnen) den von den Landesregierungen bestimmten Behörden, das sind idR die Gewerbeaufsichtsämter bzw Ämter für Arbeitsschutz. Ihnen obliegt auch die Aufsicht über die Aufsicht über die Ausführung der Vorschriften des ArbZG. Für die Verfolgung und Ahndung von Ordnungswidrigkeiten von Unternehmen, die in der Bundesrepublik Deutschland weder Sitz noch geschäftliche Niederlassung haben, ist die Bundesanstalt für den Güterfernverkehr zuständig (§ 8 II FPersG); Ahndung und Verfolgung von Verstößen gegen die Verpflichtung zur Verwendung von genehmigten Kontrollgeräten und Schaublättern ist Sache des Kraftfahrt-Bundesamtes (§ 8 III FPersG). **32**

Nach Abs. 7 S. 2 sind die Aufzeichnungen mindestens zwei Jahre aufzubewahren (vgl. Art. 9 Buchst. b S. 2 Fahrpersonal-RL. Nach Abs. 7 S. 3 ist der Arbeitgeber verpflichtet dem Arbeitnehmer auf Verlangen eine Kopie der Aufzeichnungen seiner Arbeitszeit auszuhändigen (vgl. Art. 9 Buchst. b S. 4 Fahrpersonal-RL). **33**

XI. Zweitarbeitsverhältnis

34 Nach § 21a Abs. 8 hat der Arbeitgeber dem Arbeitnehmer schriftlich aufzufordern, ihm eine Aufstellung der bei einem anderen Arbeitgeber geleisteten Arbeitszeit vorzulegen. Nach dem Wortlaut des Gesetzes ist diese Aufstellung vom Arbeitnehmer zu fertigen, nicht von einem etwaigen Zweitarbeitgeber. Die Vorschrift entspricht Art. 4 Buchst. b Fahrpersonal-RL. Mit dieser Regelung soll die Einhaltung der Höchstarbeitszeiten, die nach § 2 Abs. 1 S. 1 Halbs. 2 zusammenzurechnen sind, sichergestellt werden (vgl. § 2 Rn 12 ff).

35 Die von den Beschäftigten vorzulegenden Aufstellungen müssen schriftlich erfolgen (Art. 4 Buchst. b S. 3 Fahrpersonal-RL). Sie sind nicht beschränkt auf Arbeitszeiten im Verkehrsbereich, sondern müssen alle Arbeitszeiten bei anderen Arbeitgebern unabhängig vom jeweiligen Tätigkeitsbereich umfassen.

XII. Verstöße

36 Nach § 22 Abs. 1 Nr. 1 handelt ein Arbeitgeber ordnungswidrig, wenn er vorsätzlich oder fahrlässig entgegen § 21a Abs. 4 einen Arbeitnehmer über die Grenzen der Arbeitszeit hinaus beschäftigt.

37 Nach § 22 Abs. 1 Nr. 9 handelt der Arbeitgeber ordnungswidrig, wenn er vorsätzlich oder fahrlässig entgegen § 21a Abs. 7 Aufzeichnungen nicht oder nicht richtig erstellt oder nicht für die vorgeschriebene Dauer aufbewahrt.

38 Ein Arbeitgeber, der einen Arbeitnehmer auf erneute Fernfahrt schickt, ohne sich davon zu überzeugen, ob dieser die vorgeschriebene Ruhezeit seit der Rückkunft von der letzten Fahrt gehabt hat, handelt ordnungswidrig, selbst wenn der Arbeitnehmer mit der erneuten Fernfahrt einverstanden ist (**R:** OLG Hamm 30. 8. 1956 AP Nr. 2 zu § 12 AZO).

39 Zusagen des Arbeitgebers über die Erstattung von etwaigen Geldbußen für Verstöße der Arbeitnehmer gegen Vorschriften über **Lenkzeiten im Güterfernverkehr** sind **sittenwidrig** und daher nach § 138 BGB unwirksam (**R:** BAG 25. 1. 2001, BB 2001, 1154 = NZA 2001, 653), weil sie dem Zweck von Straf- und Bußgeldvorschriften zuwiderlaufen und geeignet sind, die Hemmschwelle des Arbeitnehmers, Straftaten oder Ordnungswidrigkeiten zu begehen, herabzusetzen. Hat der Arbeitnehmer im Zusammenhang mit seiner Fahrtätigkeit ein Bußgeld erhalten, so ist der Arbeitgeber nicht verpflichtet, im Wege des Aufwendungsersatzes dem Arbeitnehmer das Bußgeld zu erstatten, im Einzelfall kann allerdings wegen einer betrieblichen Übung eine Erstattungspflicht des Arbeitgebers gegeben sein (**R:** LAG SH 30. 3. 2000 DB 2000, 1769).

Siebter Abschnitt:
Straf- und Bußgeldvorschriften

§ 22
Bußgeldvorschriften

(1) Ordnungswidrig handelt, wer als Arbeitgeber vorsätzlich oder fahrlässig

1. entgegen §§ 3, 6 Abs. 2 oder § 21a Abs. 4, jeweils auch in Verbindung mit § 11 Abs. 2, einen Arbeitnehmer über die Grenzen der Arbeitszeit hinaus beschäftigt,
2. entgegen § 4 Ruhepausen nicht, nicht mit der vorgeschriebenen Mindestdauer oder nicht rechtzeitig gewährt,
3. entgegen § 5 Abs. 1 die Mindestruhezeit nicht gewährt oder entgegen § 5 Abs. 2 die Verkürzung der Ruhezeit durch Verlängerung einer anderen Ruhezeit nicht oder nicht rechtzeitig ausgleicht,
4. einer Rechtsverordnung nach § 8 Satz 1, § 13 Abs. 1 oder 2, § 15 Abs. 2a Nr. 2 oder § 24 zuwiderhandelt, soweit sie für einen bestimmten Tatbestand auf diese Bußgeldvorschrift verweist,
5. entgegen § 9 Abs. 1 einen Arbeitnehmer an Sonn- oder Feiertagen beschäftigt,
6. entgegen § 11 Abs. 1 einen Arbeitnehmer an allen Sonntagen beschäftigt oder entgegen § 11 Abs. 3 einen Ersatzruhetag nicht oder nicht rechtzeitig gewährt,
7. einer vollziehbaren Anordnung nach § 13 Abs. 3 Nr. 2 zuwiderhandelt,
8. entgegen § 16 Abs. 1 die dort bezeichnete Auslage oder den dort bezeichneten Aushang nicht vornimmt,
9. entgegen § 16 Abs. 2 oder § 21a Abs. 7 Aufzeichnungen nicht oder nicht richtig erstellt oder nicht für die vorgeschriebene Dauer aufbewahrt oder
10. entgegen § 17 Abs. 4 eine Auskunft nicht, nicht richtig oder nicht vollständig erteilt, Unterlagen nicht oder nicht vollständig vorlegt oder nicht einsendet oder entgegen § 17 Abs. 5 Satz 2 eine Maßnahme nicht gestattet.

(2) Die Ordnungswidrigkeit kann in den Fällen des Absatzes 1 Nr. 1 bis 7, 9 und 10 mit einer Geldbuße bis zu 15.000 Euro, in den Fällen des Absatzes 1 Nr. 8 mit einer Geldbuße bis zu 2.500 Euro geahndet werden.

Übersicht

I. Allgemeines

1 § 22 übernimmt weitgehend die Bußgeldvorschriften des § 25 Abs. 1 bis 3 AZO 1938, die in ihrer bis zum 30. 6. 1994 geltenden Form auf Art. 243 des Einführungsgesetzes zum Strafgesetzbuch vom 2. 3. 1974 (BGBl. I S. 469), mit dem die Straf- und Bußgeldvorschriften der AZO 1938 neu gefasst wurden, zurückgehen. Die Differenzierung zwischen Bußgeldtatbeständen einerseits und Straftatbeständen andererseits wird im ArbZG, anders als zB im JArbSchG, durch eine Trennung in zwei eigene Vorschriften deutlicher als bisher zum Ausdruck gebracht, was allgemeinen Entwicklungen in der Gesetzgebungstechnik entspricht.

2 § 22 beinhaltet einen **Katalog** von Bußgeldvorschriften zur Ahndung von Verstößen gegen das ArbZG und gegen auf das ArbZG gestützte Rechtsverordnungen. Der Katalog des § 22 ist abschließend; er wird für schwere Zuwiderhandlungen durch die Strafvorschrift des § 23 ergänzt. Die im ArbZG festgelegten Geldbußen haben repressiven Charakter. Durch sie soll anhand der Ahndung vergangener Handlungen die Durchsetzung und Befolgung des Gesetzes für die Zukunft sichergestellt werden. Dabei liegt es im pflichtgemäßen Ermessen der Aufsichtsbehörden, ob sie im Wege des Bußgeldverfahrens oder im Wege eines Anordnungsverfahrens (vgl. § 17 Rn 10), das ebenfalls die Einhaltung des Gesetzes für die Zukunft gewährleisten soll, vorgehen.

II. Ordnungswidrigkeit (Absatz 1)

3 Eine Ordnungswidrigkeit ist eine **tatbestandsmäßige** (vgl. Rn 4 ff) **rechtswidrige** (vgl. Rn 10) und **vorwerfbare** (vgl. Rn 11) Handlung, die den Tatbestand eines Gesetzes verwirklicht, das die Ahndung mit einer Geldbuße zulässt (§ 1 Abs. 1 OWiG). Werden also Vorschriften des ArbZG verletzt, die eine Ahndung mit einer Geldbuße nicht vorsehen, zB § 6 Abs. 1, wonach die Arbeitszeit der Nacht- und Schichtarbeitnehmer nach den gesicherten arbeitswissenschaftlichen Erkenntnissen über die menschengerechte Gestaltung der Arbeit festzulegen ist, so kann die Beachtung der Vorschrift von den Aufsichtsbehörden nur im Wege des Verwaltungszwangs (vgl. § 17 Rn 11) durchgesetzt werden, da die Einleitung eines Bußgeldverfahrens ausgeschlossen ist.

1. Tatbestand, Täter, Teilnehmer. – Ordnungswidrig nach § 22 Abs. 1 handelt, wer **als Arbeitgeber** den dort bezeichneten Vorschriften zuwiderhandelt. Eine Zuwiderhandlung liegt vor bei jedem aktiven Tun, regelmäßig aber auch im Unterlassen eines aktiven Tuns, da der Arbeitgeber rechtlich für die Einhaltung der Vorschriften des ArbZG einzustehen hat und das Unterlassen der Verwirklichung des Tatbestandes durch ein Tun entspricht (vgl. § 8 OWiG). Irrt der Arbeitgeber über das Vorliegen bestimmter Tatbestandsvoraussetzungen, hält er sich zB nicht für einen Arbeitgeber iSd ArbZG, so handelt er nicht vorsätzlich (§ 11 Abs. 1 Satz 1 OWiG). Regelmäßig ist dann aber eine Ahndung wegen fahrlässigen Handelns (vgl. Rn 11) möglich (§ 11 Abs. 1 Satz 2 OWiG). 4

Arbeitgeber iSd § 22 ist jede natürliche Person, die einen Arbeitnehmer iSd § 2 Abs. 2 beschäftigt (vgl. auch § 1 Rn 22). Ist der Arbeitgeber eine juristische Person, eine Personenhandelsgesellschaft oder eine natürliche, nicht geschäftsfähige Person, so erstreckt § 9 Abs. 1 OWiG die bußgeldrechtliche Verantwortung auf **gesetzliche Vertreter**, die anstelle des eigentlichen Normadressaten handeln, zB der Prokurist für den Arbeitgeber. **§ 9 Abs. 1 OWiG** hat folgenden Wortlaut: 5

„(1) Handelt jemand

1. *als vertretungsberechtigtes Organ einer juristischen Person oder als Mitglied eines solchen Organs,*
2. *als vertretungsberechtigter Gesellschafter einer Personenhandelsgesellschaft oder*
3. *als gesetzlicher Vertreter eines anderen,*

so ist ein Gesetz, nach dem besondere persönliche Eigenschaften, Verhältnisse oder Umstände (besondere persönliche Merkmale) die Möglichkeit der Ahndung begründen, auch auf den Vertreter anzuwenden, wenn diese Merkmale zwar nicht bei ihm, aber bei dem Vertretenen vorliegen.“

Nach § 30 OWiG kann neben der handelnden natürlichen Person, die die Ordnungswidrigkeit begangen hat, die – insofern schuldlose – **juristische Person** oder die **Personenvereinigung** mit einer Geldbuße belegt werden. **§ 30 Abs. 1 OWiG** hat folgenden Wortlaut: 6

„(1) Hat jemand als vertretungsberechtigtes Organ einer juristischen Person oder als Mitglied eines solchen Organs, als Vorstand eines nicht rechtsfähigen Vereins oder als Mitglied eines solchen Vorstandes oder als vertretungsberechtigter Gesellschafter einer Personenhandelsgesellschaft eine Straftat oder Ordnungswidrigkeit begangen, durch die

1. *Pflichten, welche die juristische Person oder die Personenvereinigung treffen, verletzt worden sind, oder*
2. *die juristische Person oder die Personenvereinigung bereichert worden ist oder werden sollte,*

so kann gegen diese eine Geldbuße festgesetzt werden.“

7 Die sich aus dem ArbZG ergebenden Pflichten können in mittleren und größeren Betrieben idR vom Arbeitgeber allein nicht mehr erfüllt werden. Die Leitung des Betriebs wird daher oftmals in der betrieblichen Praxis vollständig oder teilweise auf andere verantwortliche Personen übertragen (**L:** vgl. ausf. zur Pflichtenübertragung im Arbeitsschutzrecht *Schorn* BB 2010, 1345). Auf solche **beauftragte Personen** wird durch § 9 Abs. 2 OWiG die bußgeldrechtliche Verantwortung erstreckt.

§ 9 Abs. 2 OWiG hat folgenden Wortlaut:

„(2) Ist jemand von dem Inhaber eines Betriebes oder einem sonst dazu Befugten

1. *beauftragt, den Betrieb ganz oder zum Teil zu leiten, oder*
2. *ausdrücklich beauftragt, in eigener Verantwortung Aufgaben wahrzunehmen, die dem Inhaber des Betriebes obliegen,*

und handelt er auf Grund dieses Auftrages, so ist ein Gesetz, nach dem besondere persönliche Merkmale die Möglichkeit der Ahndung begründen, auch auf den Beauftragten anzuwenden, wenn diese Merkmale zwar nicht bei ihm, aber bei dem Inhaber des Betriebes vorliegen. Dem Betrieb im Sinne des Satzes 1 steht das Unternehmen gleich. Handelt jemand auf Grund eines entsprechenden Auftrages für eine Stelle, die Aufgaben der öffentlichen Verwaltung wahrnimmt, so ist Satz 1 sinngemäß anzuwenden."

8 Die Beauftragung mit der Betriebsleitung (§ 9 Abs. 2 Nr. 1 OWiG) braucht nicht ausdrücklich zu erfolgen; schlüssiges Verhalten genügt. Die Beauftragung mit der Erfüllung bestimmter Pflichten (§ 9 Abs. 2 Nr. 2 OWiG) muss demgegenüber **ausdrücklich** erfolgen. Schriftform ist für die Beauftragung nicht erforderlich, allerdings insbes. im Hinblick auf § 130 OWiG (vgl. Rn 17) zweckmäßig (**L:** *Göhler* § 9 Rn 29). Die Wirksamkeit der Rechtshandlung, welche die Vertretungsbefugnis oder das Auftragsverhältnis begründen sollte, ist für die bußgeldrechtliche Verantwortung des gesetzlichen Vertreters oder des Beauftragten grundsätzlich ohne Belang (§ 9 Abs. 3 OWiG). Maßgeblich ist das faktisch bestehende Vertretungs- oder Auftragsverhältnis. Neben einem beauftragten Arbeitnehmer des Betriebs kann auch ein **Dritter** die bußgeldrechtliche Verantwortung tragen, so zB der Konkursverwalter oder der gesetzliche Vertreter eines minderjährigen Arbeitgebers (**L:** *Neumann/Biebl* § 22 Rn 6).

9 Beteiligen sich mehrere an einer Ordnungswidrigkeit – gleich ob als Mittäter, mittelbare Täter, Anstifter oder Gehilfen – so handelt nach § 14 OWiG jeder von ihnen ordnungswidrig, und zwar auch dann, wenn die besonderen persönlichen Merkmale, also die Arbeitgeber-, Vertreter- oder Beauftragteneigenschaft, welche die Möglichkeit der Ahndung begründen, nur bei einem der Beteiligten vorliegen. Der von der Verletzung gesetzlicher Pflichten des ArbZG betroffene Arbeitnehmer ist bußgeldrechtlich nicht verantwortlich, da er als Betroffener notwendig in das Handlungsgeschehen einbezogen ist und die **notwendige Beteiligung** keine Beteiligung iSd § 14 OWiG ist (**L:** *Göhler* § 14 Rn 8 ff). Ebenso wie andere Arbeitnehmer kön-

nen Mitglieder des Betriebs- oder Personalrats nur dann als Täter oder Beteiligte bußgeldrechtlich zur Verantwortung herangezogen werden, wenn sie zu den Beauftragten iSd § 9 OWiG (vgl. Rn 7, 8) zählen. Verstöße gegen die allgemeine Pflicht aus § 80 BetrVG bzw § 68 BPersVG, über die Einhaltung der Vorschriften des ArbZG zu wachen, rechtfertigen eine Sanktionierung nach den §§ 22 und 23 nicht.

2. Rechtswidrigkeit. – Die tatbestandsmäßige Verwirklichung der Bußgeldvorschriften des § 22 Abs. 1 ist idR rechtswidrig, es sei denn, dass ausnahmsweise ein Rechtfertigungsgrund vorliegt, zB Notwehr oder rechtfertigender Notstand iSd §§ 15 und 16 OWiG. Der **Notfall** des § 14 Abs. 1 kann je nach den Umständen des Einzelfalles als rechtfertigender Notstand iSd § 16 OWiG angesehen werden (vgl. hierzu § 14 Rn 3 ff). Die **Einwilligung** des betroffenen Arbeitnehmers schließt die Rechtswidrigkeit des Arbeitgeberverhaltens nicht aus. Voraussetzung hierfür wäre, dass der einwilligende Arbeitnehmer Inhaber des verletzten Rechtsgutes ist und dieses seiner Disposition unterliegt. Dies ist nicht der Fall. Die Vorschriften des ArbZG dienen dem Schutz der Gesundheit und der Arbeitskraft (vgl. § 1 Rn 4 ff) im Interesse eines geordneten sozialen Zusammenlebens. Diesem Zweck des ArbZG „hat sich der einzelne Arbeitnehmer unterzuordnen, so dass es nicht in seinem Belieben steht, auf die Einhaltung der Arbeitszeitbestimmungen zu verzichten" (**R:** OLG Hamburg 4.7.1956 BB 1956, 818; OLG Karlsruhe 11.7.1963 AP AZO 1938 § 25 Nr. 6; OLG Hamm 26.7.1963 AP AZO 1938 § 25 Nr. 5). 10

3. Verschulden. – Verstöße gegen Vorschriften des ArbZG können als Ordnungswidrigkeit nur geahndet werden, wenn die Handlung oder Unterlassung dem Täter vorwerfbar ist, dh wenn er vorsätzlich oder fahrlässig gehandelt hat (vgl. § 10 OWiG). **Vorsätzlich** handelt der Arbeitgeber oder sonst Verantwortliche (vgl. Rn 5 ff), wenn ihm alle Tatumstände bekannt sind und er die Tatbestandsverwirklichung will (Kurzformel: Wissen und Wollen der Tat). Bedingter Vorsatz genügt. **Fahrlässig** handelt, wer entweder die Sorgfalt außer acht lässt, zu der er nach den Umständen und seinen persönlichen Verhältnissen verpflichtet und fähig ist, und deshalb die Tatbestandsverwirklichung nicht erkennt oder vorhersieht – unbewusste Fahrlässigkeit – oder wer die Tatbestandsverwirklichung für möglich hält, jedoch pflichtwidrig und vorwerfbar im Vertrauen darauf handelt, dass sie nicht eintreten werde – bewusste Fahrlässigkeit (**L:** ausf. *Göhler* § 10 Rn 6 ff). 11

Ein Irrtum des Arbeitgebers oder der sonst verantwortlichen Person über die Bedeutung der Einwilligung eines Arbeitnehmers in die gesetzeswidrige Beschäftigung ist ein **Verbotsirrtum** iSd § 11 Abs. 2 OWiG, solange er glaubt, die Einwilligung mache sein Handeln rechtmäßig (zum Tatbestandsirrtum vgl. Rn 4). Beim Verbotsirrtum ist ein vorwerfbares Handeln nur dann ausgeschlossen, wenn dieser Irrtum unvermeidbar war. Unvermeidbar ist der Verbotsirrtum allerdings nur dann, wenn der Täter trotz der ihm zumutbaren Anspannung des Gewissens die Einsicht in die Unrechtmäßigkeit seines Tuns nicht zu gewinnen vermochte (**R:** BGH 18.3.1952 BGHSt 2, 194, 202). Ein Arbeitgeber, der regelmäßig Arbeitnehmer beschäftigt, hat sich über Inhalt und Umfang der öffentlich-rechtlichen Arbeitsschutz- 12 bestimmungen zu informieren, ggf. kann er Zweifel durch Rückfrage bei der zuständigen Aufsichtsbehörde klären (**R:** vgl. zur Erkundigungspflicht OLG Düsseldorf 13.4.1992 DB 1992, 2148). Der Irrtum des Arbeitgebers über die Vorschriften des ArbZG ist daher in aller Regel vermeidbar. Das Vorliegen eines vermeidbaren Verbotsirrtums kann mildernd bei der Festsetzung der Geldbuße (vgl. Rn 16) Berücksichtigung finden (**L:** *Göhler* § 11 Rn 29).

13 **4. Versuch.** – Der Versuch einer Ordnungswidrigkeit des § 22 Abs. 1 (das unmittelbare Ansetzen zur Tatbestandsverwirklichung – § 13 Abs. 1 OWiG) kann **nicht geahndet** werden, da das ArbZG den Versuch nicht ausdrücklich mit Bußgeld bedroht, was nach § 13 Abs. 1 OWiG Voraussetzung zur Ahndung ist.

14 **5. Verjährung.** – Die Verfolgung einer Ordnungswidrigkeit nach § 22 Abs. 1 verjährt, wenn die Verjährung nicht ruht oder unterbrochen wird, nach § 31 Abs. 1 Nr. 2 OWiG in **2 Jahren**.

III. Höhe der Geldbuße (Absatz 2)

15 Die Höhe der Geldbuße ergibt sich aus § 22 Abs. 2. Sie kann in den Fällen des § 22 Abs. 1 Nr. 1 bis 7, 9 und 10 bis zu **15.000 Euro** (vgl. Art. 35 des 4. Euro-Einführungsgesetzes vom 21.12.2000 – BGBl. I S. 1963, 2011) und in den Fällen des § 22 Abs. 1 Nr. 8 bis zu **2.500 Euro** (vgl. Art. 35 des 4. Euro-Einführungsgesetzes) betragen. Anlässlich der Beratungen des Gesetzentwurfs hat der Bundesrat beantragt, die Bußgeldhöhe von seinerzeit 20.000 DM auf 30.000 DM zu erhöhen, um die abschreckende Wirkung zu verstärken. Die Bundesregierung hat dem zugestimmt (vgl. BT-Drucks. 12/5888 S. 47 und 55), allerdings hinsichtlich der Bußgeldhöhe bei Verstößen gegen die Auslage- bzw Aushangpflicht die Reduzierung auf 5.000 DM vorgeschlagen.

16 Da das ArbZG im Höchstbetrag der angedrohten Geldbuße nicht zwischen vorsätzlichem und fahrlässigem Handeln unterscheidet, ermäßigt sich nach § 17 Abs. 2 OWiG die höchstzulässige Geldbuße **bei fahrlässigen Verstößen** auf die **Hälfte** des angedrohten Höchstbetrages, in den Fällen des § 22 Abs. 1 Nr. 1 bis 7, 9 und 10 auf **7.500 Euro**, in den Fällen des § 22 Abs. 1 Nr. 8 auf **1.250 Euro**.

17 Bei der **Bemessung** der Höhe der Geldbuße können nach § 17 Abs. 3 Satz 2 OWiG die wirtschaftlichen Verhältnisse des Täters in Betracht gezogen werden; in jedem Fall soll aber die Geldbuße nach § 17 Abs. 4 Satz 1 OWiG den wirtschaftlichen Vorteil, den der Täter aus der Ordnungswidrigkeit gezogen hat, übersteigen. Ist der wirtschaftliche Vorteil höher als der in § 22 Abs. 1 gesetzlich angedrohte Höchstbetrag, so kann die Geldbuße das gesetzliche Höchstmaß überschreiten (§ 17 Abs. 4 Satz 2 OWiG).

IV. Aufsichtspflichtverletzung

Der Arbeitgeber kann durch organisatorische Maßnahmen für die Einhaltung der sich aus dem ArbZG ergebenden Pflichten dergestalt sorgen, dass die ihm obliegenden Pflichten von anderen verantwortlichen Personen wahrgenommen werden (zu deren bußgeldrechtlicher Verantwortung vgl. Rn 7ff). Damit hat der Arbeitgeber den zunächst erforderlichen Beitrag zur Erfüllung der Pflichten aus dem ArbZG geleistet. Ihm obliegt aber die sich aus diesen organisatorischen Maßnahmen ergebende **Aufsichtspflicht** über die beauftragten Personen. Für den Fall, dass der insoweit bußgeldrechtlich frei gewordene Arbeitgeber seine ihm obliegende Aufsichtspflicht verletzt, ermöglicht § 130 OWiG eine bußgeldrechtliche Ahndung (**L:** vgl. ausf. zur kumulativ verbleibenden Verantwortung des Arbeitgebers *Schorn* BB 2010, 1345, 1349). Der Täterkreis ist allerdings begrenzt auf den Inhaber des Betriebs und die ihm gleichgestellten Personen. **§ 130 OWiG** – Verletzung der Aufsichtspflicht in Betrieben und Unternehmen – hat folgenden Wortlaut: 18

„(1) Wer als Inhaber eines Betriebes oder Unternehmens vorsätzlich oder fahrlässig die Aufsichtsmaßnahmen unterlässt, die erforderlich sind, um in dem Betrieb oder Unternehmen Zuwiderhandlungen gegen Pflichten zu verhindern, die den Inhaber als solchen treffen und deren Verletzung mit Strafe oder Geldbuße bedroht ist, handelt ordnungswidrig, wenn eine solche Zuwiderhandlung begangen wird, die durch gehörige Aufsicht hätte verhindert werden können. Zu den erforderlichen Aufsichtsmaßnahmen gehören auch die Bestellung, sorgfältige Auswahl und Überwachung von Aufsichtspersonen.

(2) Dem Inhaber eines Betriebes oder Unternehmens stehen gleich

1. *sein gesetzlicher Vertreter,*
2. *die Mitglieder des zur gesetzlichen Vertretung berufenen Organs einer juristischen Person sowie die vertretungsberechtigten Gesellschafter eines Personenhandelsgesellschaft,*
3. *Personen, die beauftragt sind, den Betrieb oder das Unternehmen ganz oder zum Teil zu leiten, soweit es sich um Pflichten handelt, für deren Erfüllung sie verantwortlich sind.*

(3) Betrieb oder Unternehmen im Sinne der Absätze 1 und 2 ist auch das öffentliche Unternehmen.

(4) Die Ordnungswidrigkeit kann, wenn die Pflichtverletzung mit Strafe bedroht ist, mit einer Geldbuße bis zu einer Million Deutsche Mark geahndet werden. Ist die Pflichtverletzung mit Geldbuße bedroht, so bestimmt sich das Höchstmaß der Geldbuße wegen der Aufsichtspflichtverletzung nach dem für die Pflichtverletzung angedrohten Höchstmaß der Geldbuße."

§ 130 OWiG ist bei der Verletzung betriebsbezogener Pflichten lediglich ein Auf- 19
fangtatbestand. Er greift nur ein, wenn Handlungen oder das ihnen gleichgestellte

Unterlassen der Aufsichtspflichtigen nicht selbst bereits als Verstoß gegen betriebsbezogene Pflichten zu werten sind (**R:** KG Berlin 30.1.1997 – Az: 2 Ss 10/97 –).

V. Verfahren

20 Die Verfolgung von Ordnungswidrigkeiten obliegt den Verwaltungsbehörden (§ 35 Abs. 1 OWiG). Sachlich zuständig ist nach § 36 Abs. 1 Nr. 1 OWiG die Verwaltungsbehörde, die durch Gesetz bestimmt wird. In § 17 Abs. 1 ist bestimmt worden, dass die Einhaltung des ArbZG von den nach Landesrecht zuständigen Behörden (Aufsichtsbehörden) überwacht wird, das sind je nach Zuständigkeitsverordnung der Bundesländer idR die **Gewerbeaufsichtsämter** bzw **Ämter für Arbeitsschutz**. Diesen Ämtern obliegt damit auch die Verfolgung der Ordnungswidrigkeiten aufgrund des ArbZG, auch die Verfolgung und Ahndung von Aufsichtspflichtverletzungen nach § 130 OWiG.

21 Für die Verfolgung von Ordnungswidrigkeiten gilt grundsätzlich das **Opportunitätsprinzip**. Die Verfolgungsbehörde entscheidet über die Einleitung und Durchführung eines Bußgeldverfahrens im Rahmen ihres pflichtgemäßen Ermessens. In Fällen von geringerer Bedeutung kann nach § 56 Abs. 2 OWiG anstelle einer Geldbuße eine schriftliche gebührenpflichtige Verwarnung treten, wenn der Betroffene damit einverstanden ist (**L:** vgl. *Neumann/Biebl* § 22 Rn 8); zur Möglichkeit von **Verfallsanordnungen** nach § 29a OWiG bei Verstößen gegen das ArbZG vgl. ausf. *Fromm* NZA 2017, 693).

§ 23
Strafvorschriften

(1) Wer eine der in § 22 Abs. 1 Nr. 1 bis 3, 5 bis 7 bezeichneten Handlungen

1. vorsätzlich begeht und dadurch Gesundheit oder Arbeitskraft eines Arbeitnehmers gefährdet oder

2. beharrlich wiederholt,

wird mit Freiheitsstrafe bis zu einem Jahr oder mit Geldstrafe bestraft.

(2) Wer in den Fällen des Absatzes 1 Nr. 1 die Gefahr fahrlässig verursacht, wird mit Freiheitsstrafe bis zu sechs Monaten oder mit Geldstrafe bis zu 180 Tagessätzen bestraft.

Übersicht

I. Allgemeines

§ 22 übernimmt die Strafvorschriften des § 25 Abs. 4 und 5 AZO 1938. Auch der Gesetzgeber des Jahres 1994 hielt es für erforderlich, bestimmte Handlungen des Arbeitgebers als **Straftaten** zu qualifizieren, wenn besondere tatbestandliche Erschwerungsmerkmale hinzutreten. Er brachte damit zum Ausdruck, dass auch im Bereich des öffentlich-rechtlichen Arbeitszeitschutzes auf Strafen als härteste Form staatlicher Reaktion nicht verzichtet werden kann. Dies belegen auch die Jahresberichte der Aufsichtsbehörden der Bundesländer, die Jahr für Jahr gravierende Verstöße aufzeigen, die eine Bestrafung des Arbeitgebers zum Schutz der Gesundheit der Arbeitnehmer erforderlich erscheinen lassen. 1

Wie bisher stehen Ordnungswidrigkeit und Straftat in einem **Stufenverhältnis**. Verstöße gegen die Arbeitszeitbestimmungen sind idR Ordnungswidrigkeiten. Wird bei einem Verstoß gegen bestimmte in § 23 Abs. 1 genannte Vorschriften allerdings die Gesundheit oder Arbeitskraft eines Arbeitnehmers gefährdet oder werden die Verstöße beharrlich wiederholt, so liegt eine Straftat nach § 23 Abs. 1 vor. Die in § 23 Abs. 1 in Bezug genommenen Verstöße nach § 22 Abs. 1 Nr. 1 bis 3 und 5 bis 7 sind sog. **unechte Mischtatbestände**. Ob ein Verstoß gegen diese Vorschriften als Ordnungswidrigkeit zu ahnden oder als Straftat anzusehen ist, entscheidet sich danach, ob ergänzend noch die zusätzlichen tatbestandlichen Erschwerungsmerk- 2 male der Gefährdung der Gesundheit oder Arbeitskraft des Arbeitnehmers oder die beharrliche Wiederholung vorliegen. Nach den allgemeinen Grundsätzen der Gesetzeskonkurrenz geht dann die Ordnungswidrigkeit in der Straftat auf (**L:** *Göhler* § 21 Rn 10).

II. Straftaten

3 § 23 Abs. 1 und 2 enthalten qualifizierte Verstöße gegen die in den Einleitungsworten genannten Bestimmungen als Straftaten, und zwar als Vergehen iSd § 12 Abs. 2 StGB. Die Straftatbestände setzen eine **vorsätzliche Zuwiderhandlung** gegen die genannten Bestimmungen voraus. Bedingter Vorsatz genügt (zum Begriff des Vorsatzes vgl. § 22 Rn 11). Als Täter einer Straftat kommt nur der **Arbeitgeber** in Betracht, insofern ist die Arbeitgebereigenschaft Bestandteil des Straftatbestandes. In **§ 14 StGB** ist eine § 9 OWiG entsprechende wortgleiche Erweiterung des Täterkreises für den Fall der Vertretung und Beauftragung vorgesehen. Die Ausführungen zu § 9 OWiG können entsprechend herangezogen werden (vgl. § 22 Rn 5 ff).

4 **1. Gefährdung der Gesundheit oder der Arbeitskraft.** – Eine Straftat nach § 23 Abs. 1 Nr. 1 begeht, wer vorsätzlich einer in den Einleitungsworten genannten Bestimmung zuwiderhandelt und dadurch einen Arbeitnehmer in seiner Gesundheit oder Arbeitskraft gefährdet (konkrete Gefährdung). Zwischen der Zuwiderhandlung und der Gefährdung muss ein **Kausalzusammenhang** im strafrechtlichen Sinne bestehen. Die Gefährdung ist Tatbestandsmerkmal, auf das sich der Vorsatz erstrecken muss.

5 Unter **Gesundheit** ist der intakte körperliche, geistige und seelische Zustand eines Arbeitnehmers (vgl. auch § 1 Rn 4 ff), unter **Arbeitskraft** die von Natur aus vorhandene oder durch Ausbildung oder Übung erworbene oder zu erwerbende Fähigkeit eines Arbeitnehmers, Arbeit zu leisten, zu verstehen.

6 § 23 Abs. 1 Nr. 1 verlangt nicht eine Schädigung der Gesundheit oder Arbeitskraft, eine **konkrete Gefährdung** reicht aus (**L:** *Neumann/Biebl* § 23 Rn 2; *Baeck/Deutsch/Winzer* § 23 Rn 9; ErfK/*Wank* § 23 ArbZG Rn 2; *Schliemann* § 23 Rn 4). Durch die Zuwiderhandlung müssen also so regelwidrige Arbeitsbedingungen entstanden sein, dass nach allgemeinen Erfahrungssätzen mit einer nicht unerheblichen Beeinträchtigung der Gesundheit oder Arbeitskraft der zu schützenden Person zu rechnen ist, die früher oder später zu objektivierbaren Krankheitsbefunden führen kann. Nach der Lebenserfahrung muss der Eintritt eines nicht unerheblichen Schadens an der Gesundheit oder der Arbeitskraft wahrscheinlich sein; ein hoher Wahrscheinlichkeitsgrad ist nicht zu verlangen. Bei der Feststellung einer Gesundheitsgefährdung sollte im Hinblick darauf, dass es sich um ein Vergehen, also um kriminelles Unrecht handelt, nicht von einem übersteigerten Wertbegriff Gesundheit, sondern von einem Begriff ausgegangen werden, bei dem zumindest wissenschaftlich weitgehend gesicherte Zusammenhänge zwischen arbeitsbedingten Belastungsfaktoren und der Gesundheit der Arbeitnehmer nachgewiesen sind.

2. Beharrliche Wiederholung. – Eine Straftat nach § 23 Abs. 1 Nr. 2 begeht, wer einer in den Einleitungsworten genannten Bestimmung vorsätzlich zuwiderhandelt und diese Zuwiderhandlung beharrlich wiederholt. Die Vorschrift verlangt eine Wiederholung der Zuwiderhandlung, also zumindest einen zweimaligen vorsätzlichen Verstoß gegen dieselbe Vorschrift, wobei die Tatbestände nicht völlig identisch sein müssen (**L:** hM statt vieler *Baeck/Deutsch/Winzer* § 23 Rn 13; aA *Schliemann* § 23 Rn 6). Eine **beharrliche Wiederholung** ist idR anzunehmen, wenn der Arbeitgeber oder die sonst verantwortliche Person durch die erneute Zuwiderhandlung eine so rechtsfeindliche Einstellung gegen die jeweilige Vorschrift erkennt lässt, dass eine Bestrafung mit den Mitteln des Strafrechts gerechtfertigt erscheint. 7

3. Fahrlässige Gefährdung. – Eine Straftat nach § 23 Abs. 2 begeht, wer vorsätzlich einer der in den Einleitungsworten des § 23 Abs. 1 genannten Bestimmung zuwiderhandelt und dadurch **fahrlässig** einen Arbeitnehmer in seiner Gesundheit oder Arbeitskraft **gefährdet**. Für die Zuwiderhandlung genügt bedingter Vorsatz, für die Gefährdung der Gesundheit oder Arbeitskraft einfache Fahrlässigkeit. 8

4. Rechtswidrigkeit, Verschulden, Versuch, Verjährung. – Zur Rechtswidrigkeit vgl. § 22 Rn 10; zum Verschulden vgl. § 22 Rn 11. Der Versuch einer Straftat nach § 23 Abs. 1 und 2 ist nicht strafbar (§ 23 Abs. 1 StGB). Bei Straftaten beträgt die **Verjährungsfrist 3 Jahre** (§ 78 Abs. 3 Nr. 5 StGB). 9

III. Strafmaß

Straftaten nach § 23 Abs. 1 können mit **Freiheitsstrafe bis zu einem Jahr** oder mit **Geldstrafe bis zu 360 Tagessätzen** (Höchstmaß – § 40 Abs. 1 Satz 2 StGB), Straftaten nach § 23 Abs. 2 mit **Freiheitsstrafe bis zu 6 Monaten** oder mit **Geldstrafe bis zu 180 Tagessätzen** bestraft werden. Eine Freiheitsstrafe unter 6 Monaten soll nur verhängt werden, wenn besondere Umstände diese unerlässlich machen (§ 47 StGB). 10

Die Höhe des Tagessatzes wird vom Gericht unter Berücksichtigung der persönlichen und wirtschaftlichen Verhältnisse des Täters festgelegt. Dabei geht es idR von dem **Nettoeinkommen** aus, das der Täter durchschnittlich an einem Tag hat oder haben könnte. Ein Tagessatz ist auf mindestens einen Euro und höchstens 5.000 Euro festzusetzen (§ 40 Abs. 2 StGB). Eine Bestrafung erfolgt entweder durch Urteil aufgrund einer Hauptverhandlung (§ 260 StPO) oder durch schriftlichen Strafbefehl (§ 407 StPO). An die Stelle einer uneinbringlichen Geldstrafe tritt Freiheitsstrafe. Einem Tagessatz entspricht ein Tag Freiheitsstrafe (§ 43 StGB). 11

IV. Verfahren

Zuständig für die Verfolgung von Straftaten sind die Staatsanwaltschaften und die Strafgerichte. Grundsätzlich gilt das **Legalitätsprinzip**. Die Staatsanwaltschaft ist 12 verpflichtet, wegen aller verfolgbaren Straftaten einzuschreiten, sofern zureichende tatsächliche Anhaltspunkte vorliegen (§ 152 Abs. 2 StPO); sie kann Ermittlungen jeder Art entweder selbst vornehmen oder durch die Behörden vornehmen lassen (§ 161 StPO).

13 Die Gewerbeaufsichtsbeamten sind aufgrund von Landesregelungen sog. **Hilfsbeamte der Staatsanwaltschaft**. In der behördlichen Praxis wird in der Mehrzahl der Fälle die Aufsichtsbehörde bei ihren Überprüfungen vor Ort von den Umständen erfahren, die den Verdacht einer Straftat nahe legen. Sie hat dann die Staatsanwaltschaft einzuschalten.

Achter Abschnitt:
Schlussvorschriften

§ 24
Umsetzung von zwischenstaatlichen Vereinbarungen und Rechtsakten der EG

Die Bundesregierung kann mit Zustimmung des Bundesrates zur Erfüllung von Verpflichtungen aus zwischenstaatlichen Vereinbarungen oder zur Umsetzung von Rechtsakten des Rates oder der Kommission der Europäischen Gemeinschaften, die Sachbereiche dieses Gesetzes betreffen, Rechtsverordnungen nach diesem Gesetz erlassen.

Übersicht

I. Allgemeines

Im ArbZG ist eine Reihe von Ermächtigungen zum Erlass von Rechtsverordnungen enthalten, so in § 7 Abs. 6, § 8, § 12 Satz 2, § 13 Abs. 1, § 24. Eine § 24 vergleichbare Rechtsverordnungsermächtigung fehlte in den Rechtsvorschriften des sozialen Arbeitsschutzes, während es im Bereich des technischen Arbeitsschutzes seit Jahren üblich war, derartige Ermächtigungen vorzusehen, so zB in § 25 ChemG. 1

Wie kaum ein anderes Rechtsgebiet wird das Arbeitsschutzrecht seit mehr als drei Jahrzehnten durch EU-weite Regelungen beeinflusst. Der Rat der Arbeits- und Sozialminister hat mehrere Richtlinien verabschiedet, die den Bereich des sozialen Arbeitsschutzes betreffen, so vor allem die Richtlinie 92/85/EWG des Rates vom 19.10.1992 über die Durchführung von Maßnahmen zur Verbesserung der Sicherheit und des Gesundheitsschutzes von **schwangeren Arbeitnehmerinnen**, Wöchnerinnen und stillenden Arbeitnehmerinnen am Arbeitsplatz (ABl. EG Nr. L 348 vom 28.11.1992 S. 1; **L:** vgl. ausf. *Hanau/Steinmeyer/Wank* § 18 Rn 364 ff), die Richtlinie 93/104/EG des Rates vom 23.11.1993 über bestimmte Aspekte der **Arbeitszeitgestaltung** (ABl. EG Nr. L 307 vom 13.12.1992 S. 18; **L:** vgl. ausf. *Hanau/Steinmeyer/Wank* § 18 Rn 292 ff) und die Richtlinie 94/33/EG des Rates vom 2

22.6.1994 über den **Jugendarbeitsschutz** (ABl. EG Nr. L 216 S. 12; **L:** vgl. *Zmarzlik/Anzinger* Einf. Rn 40 f).

II. Inhalt, Zweck und Ausmaß der Ermächtigung

3 Nach Art. 80 Abs. 1 Satz 2 GG müssen Inhalt, Zweck und Ausmaß der erteilten Ermächtigung zum Erlass von Rechtsverordnungen im Gesetz bestimmt werden. § 24 entspricht diesem verfassungsrechtlichen Erfordernis. Die gewählte Formulierung stellt sicher, dass von der Ermächtigung nur in den gesetzlich festgelegten Fällen Gebrauch gemacht werden kann (vgl. auch § 8 Rn 3 bis 7).

4 Da Inhalt und Umfang der zukünftigen zwischenstaatlichen Vereinbarungen oder der Rechtsakte der EG nicht vorhersehbar ist, können möglicherweise auch die im ArbZG enthaltenen Verordnungsermächtigungen unzureichend sein, die insbes. von der EG noch zu erwartenden Richtlinien und Entscheidungen in innerstaatliche Rechtsvorschriften umzusetzen. § 24 hat demzufolge vor allem den Zweck, für diesen Fall eine **ergänzende Verordnungsermächtigung** dem Verordnungsgeber zur Verfügung zu stellen.

5 Die Ermächtigung zum Erlass einer Rechtsverordnung nach § 24 kann nur zur Erfüllung von Verpflichtungen aus zwischenstaatlichen Vereinbarungen (vgl. Rn 6) oder zur Umsetzung von **EG-Rechtsakten** (vgl. Rn 7 ff) genutzt werden, und zwar auch nur dann, wenn Art. 59 Abs. 2 GG nicht zwingend die Form eines Bundesgesetzes vorschreibt. Eine weitere Begrenzung möglicher auf § 24 gestützter Rechtsverordnungen ergibt sich daraus, dass zwischenstaatliche Vereinbarungen oder EG-Rechtsakte **Sachbereiche des ArbZG** betreffen müssen. Zu diesen Sachbereichen des ArbZG zählen Regelungen zur höchstzulässigen Arbeitszeit, zur Mindestdauer von Ruhepausen und Ruhezeiten, zur arbeitsmedizinischen und sozialpolitischen Flankierung von Nacht- und Schichtarbeit, zur Arbeitsruhe der Arbeitnehmer an Sonn- und Feiertagen sowie zur Durchführung dieser Vorschriften durch die zuständigen Aufsichtsbehörden der Länder.

III. Zwischenstaatliche Vereinbarungen

6 Als zwischenstaatliche Vereinbarungen kommen in erster Linie **multilaterale Übereinkommen und Abkommen**, aber durchaus auch bilaterale Übereinkommen und völkerrechtliche Verträge in Betracht. Da derartige Vereinbarungen allerdings idR nach Art. 59 Abs. 2 GG der Zustimmung oder der Mitwirkung der jeweils für die Bundesgesetzgebung zuständigen Körperschaften in Form von Bundesgesetzen bedürfen, dürfte insoweit die praktische Bedeutung des § 24 gering bleiben. Übereinkommen der Internationalen Arbeitsorganisationen (IAO), denen im Bereich des Arbeitsschutzes große Bedeutung zukommt, bedürfen jedenfalls nach Art. 59 Abs. 2 GG der Ratifikation, weshalb hier eine Umsetzung nach § 24 nicht zum Zuge kommen kann.

IV. Rechtsakte des Rates oder der Kommission der EG

Die Rat und Kommission der EU zur Verfügung stehenden rechtlichen Instrumente sind abschließend in Art. 288 AEUV aufgeführt (**L:** ausf. *Schaub* NZA 1994, 769, 772 noch zu Art. 249 EGV): Verordnung, Richtlinie, Beschluss, Empfehlung und Stellungnahme. 7

Die **Verordnung** (**L:** vgl. ausf. ErfK/*Wißmann/Schlachter* AEUV Vorbem. Rn 23) hat allgemeine Geltung (Art. 288 Abs. 2 AEUV); sie ist in allen Teilen verbindlich und gilt unmittelbar in jedem Mitgliedstaat der EU. In nationales Recht müssen EU-Verordnungen, wie zB die Verordnung (EWG) Nr. 3820/85 des Rates vom 20. 12. 1985 über die Harmonisierung bestimmter Sozialvorschriften im Straßenverkehr (ABl. EG Nr. L 370 S. 1), nicht umgesetzt werden, im Gegenteil, sie verdrängen entgegenstehendes nationales Recht. 8

Die **Richtlinie** (**L:** vgl. ausf. ErfK/*Wißmann/Schlachter* AEUV Vorbem. Rn 21) ist für jeden Mitgliedstaat, an den sie gerichtet wird, hinsichtlich des zu erreichenden Zieles verbindlich, überlässt jedoch den innerstaatlichen Stellen die Wahl der Form und der Mittel (Art. 288 Abs 3 AEUV). Im Bereich des Arbeitsschutzrechts (vgl. Rn 2) kommen insbes. Richtlinien nach Art. 114 AEUV zur technischen Harmonisierung bei Geräten und Maschinen sowie Richtlinien nach Art. 153 AEUV über Mindestvorschriften zum Schutz von Sicherheit und Gesundheit der Arbeitnehmer als umsetzungspflichtige Rechtsakte iSd § 24 in Betracht, da hier das Schwergewicht der Aktivitäten von Rat und Kommission der EU liegt (**L:** zu den europäischen Einflüssen auf das nationale Arbeits- und Arbeitsschutzrecht vgl. ausf. *Birk* RdA 1992, 68; *Blomeyer* NZA 1994, 633; *Koll* DB 1989, 1234; *Rabe* NJW 1993, 1; *Schaub* NZA 1994, 769; *Wlotzke* NZA 1990, 417; *Wlotzke* RdA 1992, 85). 9

Kommt ein Mitgliedstaat seiner Pflicht zur Umsetzung von EU-Richtlinien nicht, nur unvollständig oder nicht innerhalb der idR in der Richtlinie vorgeschriebenen Umsetzungsfrist nach, so kann die Richtlinie nach der Rspr. des EuGH gleichwohl Wirkung entfalten (**L:** vgl. hierzu ausf. Erfk/*Wißmann/Schlachter* AEUV Vorbem. 24 ff). Der EuGH vertritt dabei seit 1986 in stRspr. die Auffassung, dass Richtlinien nicht selbst Verpflichtungen für einen Bürger begründen, dh **keine unmittelbare Wirkung zwischen Privatleuten** entfalten können (**R:** EuGH 26. 2. 1986 (*Marshall*) Slg. 1986, 723; vgl. auch BAG 23. 6. 1994, AuR 1994, 307; **L:** *Litschen* ZTR 2004, 619). 10

Etwas anderes gilt nur im Verhältnis zum Staat, und zwar unabhängig davon, ob der Staat als Hoheitsträger oder privatrechtlich als Arbeitgeber handelt: Im Verhältnis **Staat zu Privatpersonen** sind arbeitsrechtliche Richtlinien unmittelbar anwendbar (**R:** LAG Hamm 27. 7. 1995 ZTR 1995, 511 zur EU-Nachweisrichtlinie; **L:** ErfK/*Wißmann/Schlachter* AEUV Vorbem. Rn 24). Es muss nämlich verhindert werden, dass der Staat – gleich in welcher Funktion er auch handelt – aus der Nichtbeachtung des Gemeinschaftsrechts Nutzen ziehen kann (**R:** EuGH 12. 7. 1990 EuGHE 1990, 3313). 11

12 Kommt ein Mitgliedstaat seiner Verpflichtung zur Umsetzung von EU-Richtlinien nicht oder nicht ordnungsgemäß nach, so können sich daraus auch **Schadensersatzansprüche** der Arbeitnehmer gegen den Mitgliedstaat ergeben (**L:** vgl. ausf. ErfK/*Wißmann/Schlachter* AEUV Vorbem. Rn 32 ff).

13 Der Beschluss ist in allen Teilen für diejenigen verbindlich, die er bezeichnet (Art. 288 Abs. 4 S. 2 AEUV). Auch solche Beschlüsse könnten durch Rechtsverordnung nach § 24 in nationales Recht umgesetzt werden, nicht dagegen wohl **Empfehlungen** und **Stellungnahmen**, die nicht verbindlich sind (Art. 249 Satz 6 EGV).

V. Verfahren bei Erlass einer Rechtsverordnung

14 Rechtsverordnungen nach § 24 sind von der Bundesregierung zu beschließen (vgl. ausf. § 8 Rn 13). Rechtsverordnungen nach § 24 bedürfen – wie alle anderen gestützt auf das ArbZG zu erlassende Rechtsverordnungen (ausgenommen § 15 Abs. 3) – der Zustimmung des Bundesrates (vgl. ausf. § 8 Rn 14). Auf den Erlass einer Rechtsverordnung nach § 24 besteht kein verwaltungsrechtlich durchsetzbarer Anspruch (vgl. ausf. § 8 Rn 14). Rechtsverordnungen können durch formelle Gesetze inhaltlich geändert werden (**L:** vgl. ausf. *Uhle* DöV 2001, 241).

VI. Verstöße

15 Verstöße gegen Vorschriften in einer aufgrund des § 24 erlassenen Rechtsverordnung werden als Ordnungswidrigkeit nach § 22 Abs. 1 Nr. 4 geahndet, soweit in der Rechtsverordnung für diesen Tatbestand auf diese Bußgeldvorschrift verwiesen wird.

16 Hinsichtlich der privatrechtlichen Folgen derartiger Verstöße gelten die gleichen Grundsätze wie bei Verstößen gegen die gesetzlichen Grundnormen der §§ 3 bis 5 (vgl. ausf. § 3 Rn 88, § 4 Rn 54, § 5 Rn 87).

§ 25
Übergangsregelung für Tarifverträge

Enthält ein am 1. Januar 2004 bestehender oder nachwirkender Tarifvertrag abweichende Regelungen nach § 7 Abs. 1 oder 2 oder § 12 Satz 1, die den in diesen Vorschriften festgelegten Höchstrahmen überschreiten, bleiben diese tarifvertraglichen Bestimmungen bis zum 31. Dezember 2006 unberührt. Tarifverträgen nach Satz 1 stehen durch Tarifvertrag zugelassene Betriebsvereinbarungen sowie Regelungen nach § 7 Abs. 4 gleich.

Übersicht

I. Allgemeines

1. Entstehung, Zweck. – § 25 des am 1. 7. 1994 in Kraft getretenen ArbZG enthielt eine unbefristete Übergangsvorschrift für Tarifverträge. Diese Übergangsvorschrift regelte das Verhältnis des (damals) neuen Arbeitszeitrechts zu kollektivvertraglichen Regelungen. Sie räumte tarifvertraglichen Regelungen oder durch Tarifvertrag zugelassenen Betriebsvereinbarungen, die in Bezug auf Höchstarbeitszeiten, Mindestruhepausen und Mindestruhezeiten von den im ArbZG vorgesehenen Regelungen abweichen, den Vorrang ein (zu Zweck und Entstehung der bisherigen Übergangsvorschrift vgl. die Vorauflage § 25 Rn 1 bis 9). 1

Bei den Beratungen des Gesetzes zu Reformen am Arbeitsmarkt vom 24. 12. 2003 (BGBl. 2003, 3002, 3005) hatte der Deutsche Bundestag zunächst beschlossen, die Übergangsvorschrift ersatzlos zu streichen, da die Tarifvertragsparteien ausreichend Zeit gehabt hätten, Neuregelungen zu vereinbaren (vgl. Bericht des Ausschusses für Wirtschaft und Arbeit in BT-Drucks. 15/1587 S. 16 und S. 32). Entsprechend der Beschlussempfehlung des Vermittlungsausschusses (vgl. BT-Drucks. 15/2245) hat der Gesetzgeber jedoch eine modifizierte Übergangsregelung vorgesehen. Danach bleiben Regelungen aus Tarifverträgen, die am 1. 1. 2004 bestanden oder nachgewirkt haben und die den in § 7 Abs. 1 oder Abs. 2 und § 12 Satz 1 festgelegten Höchstrahmen überschreiten bis zum **31. 12. 2005** unberührt. Dies gilt auch für aufgrund eines Tarifvertrages zugelassene Betriebsvereinbarungen und für 2 entsprechende Regelungen von Kirchen oder öffentlich-rechtlichen Religionsgesellschaften. Durch Art. 5 des Fünften Gesetzes zur Änderung des Dritten Buches Sozialgesetzbuch und anderer Gesetze vom 22. 12. 2005 (BGBl. I S. 3676, 3678) ist die Übergangsfrist um ein weiteres Jahr vom 31. 12. 2005 auf den **31. 12. 2006** verlängert worden.

3 **2. Übergangszeitraum.** – Während der Wortlaut der bisherigen Übergangsvorschrift (§ 25 aF) keine ausdrückliche Bestimmung darüber enthielt, bis zu welchem Zeitpunkt die Geltung der bei Inkrafttreten des ArbZG bestehenden oder nachwirkenden Kollektivverträge andauern sollte, ist jetzt festgelegt, dass entsprechende kollektivrechtliche Regelungen nur noch bis längstens zum 31. 12. 2006 Bestand haben.

4 Mit Ablauf des Übergangszeitraumes beanspruchen die tarifdispositiven Normen der §§ 7 und 12 volle Geltung. Den Tarifvertragsparteien und ggf. den Betriebspartnern steht demzufolge bei einer Neugestaltung der Arbeitszeitbedingungen nur der gesetzlich vorgeschriebene Handlungsrahmen zur Verfügung. Etwaige Zuwiderhandlungen haben straf- bzw bußgeldrechtliche Konsequenzen.

5 **3. Geltungsdauer der Übergangsvorschrift.** – Die Übergangsregelung bleibt auch **nach Ablauf** des Übergangszeitraums bedeutsam. Denn die Vorschrift ist unverzichtbar, wenn es später um die Beurteilung und Entscheidung von Rechtslagen geht, die in die Übergangszeit hineinreichen. Praktisch wird dies beispielsweise im Zusammenhang mit der Verfolgung von Ordnungswidrigkeiten und Straftaten im Rahmen der §§ 22 und 23 (vgl. hierzu auch Rn 20).

II. Sachlicher Anwendungsbereich

6 **1. Tarifverträge nach § 25 Satz 1.** – Die Rechtsvorschrift des § 25 Satz 1 bezieht sich auf am 1. 1. 2004 bestehende oder nachwirkende Tarifverträge, die abweichende Regelungen iSd § 7 Abs. 1 oder 2 bzw des § 12 Satz 1 treffen, dabei aber die in den angeführten Vorschriften jeweils festgelegten Höchstgrenzen überschreiten. Solchen Tarifvertragsbestimmungen verschafft die Übergangsregelung weiterhin Rechtsverbindlichkeit in den Betrieben, die dem Geltungsbereich derartiger Regelungen unterfallen.

7 Mit **bestehenden Tarifverträgen** meint das Gesetz rechtswirksam zustande gekommene, dh den Erfordernissen des TVG genügende Tarifvereinbarungen.

8 Unter **nachwirkenden Tarifverträgen** sind Tarifverträge mit Tarifnormen zu verstehen, deren Rechtsnormen nach § 4 Abs. 5 TVG zu beurteilen sind. Danach gelten die Tarifnormen zwar nicht mehr normativ, bleiben aber bis zur Ersetzung durch andere Abmachungen wirksam. Während der Dauer dieses Nachwirkzeitraums bleibt also die Ersetzung der gesetzlichen Höchstgrenzen durch den abweichenden tarifvertraglichen Regelungsrahmen bestehen, denn die Abweichung beruht immer

noch auf tarifvertraglicher Grundlage (zu nachwirkenden Tarifverträgen vgl. auch § 7 Rn 135 ff).

Die Privilegien des Übergangsrechts nach § 25 genießen nur solche tarifvertraglichen Regelungen, die ausdrücklich von den Höchstarbeitszeitgrenzen des § 7 Abs. 1 oder 2 oder des § 12 Satz 1 **nach oben abweichen** (zu den Einzelheiten dieser Höchstgrenzen wird auf die Ausführungen zu den jeweiligen Vorschriften verwiesen). **9**

Von § 25 Satz 1 **nicht erfasst** sind tarifvertragliche Vereinbarungen, die lediglich mit ihrem Regelungsgefüge auf den bislang geltenden Arbeitszeitvorschriften basieren. Dafür findet sich im Wortlaut des Gesetzes keine Stütze. **10**

Praxisrelevanz kommt dem Übergangsrecht des § 25 Satz 1 vor allem in den Fällen zu, in denen die Tarifvertragsparteien durch eigene Regelungen von der tarifdispositiven Vorschrift des § 7 Abs. 1 und 2 des § 12 Satz 1 Gebrauch gemacht haben. Die Tarifvertragsparteien erhalten bis zum 31.12.2006 Zeit und Gelegenheit die notwendigen Veränderungen vorzunehmen, um ihre tarifrechtlichen Regelungen der neuen Gesetzeslage anzupassen. Allerdings ist zweifelhaft, ob die Übergangsregelung geeignet sein kann, vorübergehende Abweichungen von den Vorgaben der EU-Arbeitszeit-Richtlinie zu rechtfertigen (**L:** ebenso *Bermig* BB 2004, 101, 105; *Litschen* ZTR 2004, 119; aA *Hock* ZTR 2004, 114; *Wahlers* ZTR 2004, 446 für Tarifverträge aus dem Bereich des öffentlichen Dienstes, weil dieser unmittelbar an die Bestimmungen der EU-Arbeitszeit-Richtlinie gebunden sei). **11**

Eine privatrechtlich verfasste **Einrichtung des DRK**, zu deren Gesellschaftern keine Gebietskörperschaften gehören, ist auch bei Durchführung des Rettungsdienstes nach einem Landesrettungsdienstgesetz keine öffentliche Stelle, der gegenüber die EU-Arbeitszeit-Richtlinie unmittelbar gilt (**R:** LAG Brandenburg 25.2.2004 ZTR 2004, 465). **12**

2. Betriebsvereinbarungen nach § 25 Satz 2. – Nach der Vorschrift des § 25 Satz 2 bleiben auch betriebliche Regelungen, die am 1.1.2004 bestanden oder nachgewirkt haben und die Höchstarbeitszeiten nach § 7 Abs. 1 oder 2 oder § 12 Satz 1 überschreiten, wirksam, sofern sie auf einem bestehenden Tarifvertrag beruhen. Wie in der Regelung des § 25 Satz 1 kommt auch in § 25 Satz 2 der faktische Primat der Tarifvertragsparteien gegenüber dem Gesetzgeber zum Ausdruck, von denen die Betriebspartner ihre Regelungsbefugnis ableiten. Denn eine Vereinbarung über die Dauer der Arbeitszeit ist üblicherweise eine Angelegenheit des Tarifvertrags. Infolgedessen können Regelungen über die Arbeitszeit nicht Gegenstand von Betriebsvereinbarungen sein (vgl. § 77 Abs. 3 Satz 1 BetrVG). Diese Sperrwirkung des § 77 Abs. 3 BetrVG kann allerdings durch eine tarifvertragliche **Öffnungsklausel** aufgehoben werden, um Betriebspartnern eine Flexibilisierung der Arbeitszeitbedingungen zu eröffnen (§ 4 Abs. 3 TVG, § 77 Abs. 3 Satz 2 BetrVG). **13**

Betriebsvereinbarungen, die sich nicht auf eine tarifvertragliche Legitimation stützen können, haben dagegen ihre Wirksamkeit verloren (**L:** ebenso *Roggendorff* **14**

§ 25 Rn 5; *Dobberahn* Rn 146). Gleiches gilt für **sonstige Arbeitszeitregelungen**, die nicht durch Tarifvertrag oder aufgrund eines Tarifvertrags getroffen worden sind, wie zB aufgrund einer Regelungsabrede.

15 Soweit die **Kirchen** und die öffentlich-rechtlichen Religionsgesellschaften Abweichungen in ihren Regelungen vorgesehen haben, die den in § 7 Abs. 1 oder 2 oder in § 12 Satz 1 festgelegten Höchstrahmen überschreiten, gilt auch für diese abweichenden Regelungen die bis zum 31.12.2006 beschränkte Übergangsregelung.

16 **3. Arbeitsvertragliche Vereinbarungen.** – § 25 ist nicht anwendbar auf arbeitsvertragliche Vereinbarungen, die die Höchstarbeitszeitgrenzen des ArbZG überschreiten (**L:** ebenso Roggendorff § 25 Rn 5). Die den Arbeitnehmer schützenden gesetzlichen Arbeitszeitbestimmungen sind als so wichtig anzusehen, dass der Einzelvertrag keine hinreichende Legitimationsgrundlage für abweichende Vereinbarungen sein kann.

17 Anderes gilt jedoch für arbeitsvertragliche Vereinbarungen, die die gesetzlichen Rahmenbedingungen respektieren bzw **unterschreiten**. In diesen Fällen hat der Arbeitsvertrag Vorrang, denn die Zulässigkeit günstigerer Abreden ist bei arbeitsrechtlichen Gesetzen generell als gegeben zu betrachten, allerdings nur mit arbeitsvertragsrechtlicher Wirkung.

III. Rechtslage ab dem 1.1.2007

18 Die – einmal verlängerte – Frist zur Anpassung von Tarifverträgen (Satz 1) und Betriebsvereinbarungen (Satz 2), die den in den §§ 7 Abs. 1 oder 2 oder § 12 Satz 1 festgelegten Höchstrahmen des ArbZG überschreiten, ist zum 31.12.2006 abgelaufen. Seit dem 1.1.2007 gibt es für derartige abweichende Regelungen keine gesetzliche Grundlage mehr (**L:** *Buschmann/Ulber* § 25 Rn 2; *Neumann/Biebl* § 25 Rn 3). Regelungen, die also bis zu diesem Zeitpunkt nicht angepasst wurden, verstoßen gegen das ArbZG und sind nach § 134 BGB nichtig. Anstelle der unanwendbaren Tarifnormen gelten uneingeschränkt die Vorschriften des ArbZG (**L:** vgl. ausf. *Buschmann/Ulber* § 25 Rn 2 mwN).

IV. Bedeutung von Straf- und Bußgeldvorschriften

19 Verstöße des Arbeitgebers gegen die Vorschriften des ArbZG können (vgl. § 22 Rn 21) nach den §§ 22 und 23 als Ordnungswidrigkeit oder als Straftat geahndet werden. Dies gilt ebenso für die Verletzung von Tarifnormen, die Abweichungen iSd § 7 Abs. 1 oder 2 sowie des § 12 Satz 1 vorsehen. Gleiches muss für die von § 25 erfassten kollektivvertraglichen Regelungen gelten, da sie für eine Übergangszeit anstelle der in § 7 Abs. 1 und 2 sowie § 12 Satz 1 festgelegten Höchstgrenzen treten. Arbeitnehmer können infolgedessen weiterhin sanktionslos bis zur Ablösung der übergangsweise geltenden Kollektivregelungen bis zu den abweichend festgelegten Höchstarbeitszeitgrenzen beschäftigt werden (**L:** ebenso *Roggendorff* § 25 Rn 4).

Da ab dem 1. 1. 2007 eine gesetzliche Grundlage für abweichende Regelungen iSd § 25 fehlt, handelt der Arbeitgeber ordnungswidrig, und zwar nach § 22 Abs. 1 Nr. 1, der Arbeitnehmer weiterhin entsprechend der unanwendbar gewordenen Bestimmungen über die Höchstgrenzen des ArbZG hinaus beschäftigt (zum Verbotsirrtum vgl. § 22 Rn 12). **20**

§ 26
Übergangsvorschriften für bestimmte Personengruppen

aufgehoben

§ 26 enthielt eine Übergangsvorschrift, wonach § 5 für Ärzte und das Pflegepersonal in Krankenhäusern und anderen Einrichtungen zur Behandlung, Pflege und Betreuung von Personen erst ab dem 1. Januar 1996 anzuwenden war.

Der durch Zeitablauf gegenstandslos gewordene § 26 wurde durch Art. 4b Nr. 9 des Gesetzes zu Reformen am Arbeitsmarkt vom 24. 12. 2003 (BGBl. I S. 3002) aufgehoben.

Artikel 2 ArbZRG Änderung des Bundesurlaubsgesetz

nicht erläutert.

Artikel 3 bis 6 ArbZRG Änderungen des Einführungsgesetzes zum Strafgesetzbuch, des Soldatengesetzes, der Gewerbeordnung und des Gaststättengesetzes

nicht erläutert.

Artikel 7 ArbZRG Änderung des Bundesberggesetzes

Der durch Art. 7 ArbZRG im Jahr 1994 eingefügte § 64a Bundesberggesetz hatte folgenden Wortlaut:

§ 64a Beschäftigungsverbote und -beschränkungen

(1) Frauen dürfen im Bergbau unter Tage nicht beschäftigt werden.

(2) Absatz 1 gilt nicht, wenn die Frau

1. **in leitender Stelle tätig ist, wenn sie dabei keine schwere körperliche Arbeit verrichtet,**
2. **im Gesundheits- oder Sozialdienst tätig ist,**
3. **während eines Studiums oder einer anderen Ausbildung eine darin enthaltene berufspraktische Ausbildung abzuleisten hat,**
4. **gelegentlich in den in Absatz 1 genannten Bereichen in Ausübung eines Berufes tätig ist, der keine schwere körperliche Arbeit erfordert.**

Das Beschäftigungsverbot für Arbeitnehmerinnen im Bergbau unter Tage, das 1
durch Art. 7 Nr. 1 ArbZRG als § 64a in das BBergG eingefügt wurde, ging zurück auf das Beschäftigungsverbot in § 16 Abs. 1 AZO 1938 (zur Geschichte vgl. Einf. Rn 44). Das Verbot der Beschäftigung von Frauen in § 64a Abs. 1 BBergG entsprach Art. 2 des **IAO-Übereinkommens Nr. 45** über die Beschäftigung von Frauen bei Untertagearbeiten in Bergwerken jeder Art vom 21.6.1935, an das die Bundesrepublik durch Ratifikationsgesetz vom 10.6.1954 (BGBl. II S. 624) gebunden war.

Das Beschäftigungsverbot verfolgte den **Zweck**, Arbeitnehmerinnen vor Gesund- 2
heitsgefährdungen geschlechtsspezifischer Art zu schützen und eine Schädigung des werdenden Lebens durch die Berufsarbeit der Mutter zu verhindern (vgl. Einf. Rn 7 f).

3 § 64a Abs. 1 BBergG war **mit** dem Gebot der Gleichberechtigung von Frauen und Männern in **Art. 3 Abs. 2 GG vereinbar**. Dieses Gebot schloss nach der st Rspr. des BVerfG Regelungen nicht aus, die im Hinblick auf die objektiven biologischen und funktionalen (arbeitsteiligen) Unterschiede nach der Natur des jeweiligen Lebensverhältnisses zwischen Frauen und Männern differenzieren (**R:** BVerfG 13.11.1979, BVerfGE 52, 369, 374). Bei dem Beschäftigungsverbot in § 64a Abs. 1 BBergG handelte es sich um eine solche Regelung. Die für Frauen verbotenen Tätigkeiten im Bergbau unter Tage sind auch heute noch körperlich derart schwer, dass ihre Verrichtung über einen längeren Zeitraum bei nahezu allen Frauen eine Überschreitung der Grenzen der physiologischen Erträglichkeit (Dauerleistungsfähigkeit) zur Folge hat (**L:** *Schulte/Schwarz* Beschäftigung von Frauen in Bergwerken, BMA 1982, S. 107 ff).

4 In einem Urteil vom 1.2.2005 hat der EuGH (**R:** Rs C-203/03 [Kommission gegen Österreich]) festgestellt, dass die Verpflichtungen, die aus dem IAO-Übereinkommen Nr. 45 entstehen, nämlich ein Verbot der Beschäftigung von Frauen unter Tage, mit den Art. 2 und 3 der Richtlinie 76/207/EWG (Gleichbehandlung hinsichtlich des Zugangs zur Beschäftigung, zur Berufsbildung, zum beruflichen Aufstieg sowie in Bezug auf die Arbeitsbedingungen) **unvereinbar** sind. Die EU-Kommission hat die Mitgliedstaaten der EU, die das IAO-Übereinkommen Nr. 45 über die Beschäftigung von Frauen bei Untertagearbeiten in Bergwerken jeder Art aus dem Jahr 1935 ratifiziert hatten, aufgefordert, das Übereinkommen zum nächstmöglichen Termin zu kündigen. Deutschland ist dieser Aufforderung und der EuGH-Entscheidung nachgekommen und hat das **IAO-Übereinkommen Nr. 45 am 25.4. 2008 gekündigt**.

5 Durch Art. 16a des Dritten Gesetzes zum Abbau bürokratischer Hemmnisse insbesondere in der mittelständischen Wirtschaft (Drittes Mittelstandsentlastungsgesetz) vom 17.3.2009 (BGBl. 1 S. 550) ist **§ 64a BBergG** samt den dazugehörigen Straf- und Bußgeldvorschriften mit Wirkung zum 25.3.2009 ersatzlos **aufgehoben** worden. In dem Bericht des federführenden BT-Ausschusses für Wirtschaft und Technologie heißt es zur Begründung (vgl. BT-Drucks. 16/11622 S. 11): *„Das auf dem Übereinkommen Nr. 45 beruhende generelle Beschäftigungsverbot für Frauen unter Tage stellt nach dem Urteil (des EuGH) eine unzulässige unterschiedliche Behandlung dar und geht über das hinaus, was erforderlich ist, um den Schutz der Frauen im Sinne von Art. 2 Abs. 3 der EU-Richtlinie 76/207/EWG (des Rates vom 9.2.1976 zur Verwirklichung des Grundsatzes der Gleichbehandlung von Männern und Frauen hinsichtlich des Zugangs zur Beschäftigung).“* Wer will jetzt noch behaupten, dass das europäische Recht keine wirklichen Fortschritte für die Frauen in Europa mit sich bringt?

Artikel 8 ArbZRG Änderung des Ladenschlussgesetzes

nicht erläutert.

Artikel 9 ArbZRG Änderung des Bäckerarbeitszeitgesetzes

Das BAZG ist später durch Gesetz vom 30. 7. 1996 (vgl. Einf. Rn 45) aufgehoben worden.

Artikel 10 ArbZRG Änderung des Mutterschutzgesetzes

nicht erläutert.

Die §§ 7 und 8 des Mutterschutzgesetzes sind in **Teil D** Anhang **8** abgedruckt.

Artikel 11 ArbZRG Änderung des Seemannsgesetzes

nicht erläutert.

Artikel 12 ArbZRG Änderung des Fahrpersonalgesetzes

nicht erläutert.

Das Fahrpersonalgesetz ist in **Teil D** Anhang **10** abgedruckt.

Artikel 13 und 14 ArbZRG Änderungen der Verordnungen für Sonn- und Feiertage in der Eisen- und Stahlindustrie und in der Papierindustrie

nicht erläutert.

Die Verordnungen sind in **Teil D** Anhänge **4** und **5** abgedruckt.

Artikel 15 ArbZRG

nicht erläutert; aufgehoben.

Artikel 16 ArbZRG Änderung der Straßenverkehrs-Zulassungs-Ordnung

nicht erläutert.

Artikel 17 ArbZRG Änderung der Luftfahrt-Betriebsordnung

nicht erläutert.

Die Verordnung ist in **Teil D** Anhang **20** abgedruckt.

Artikel 18 ArbZRG Rückkehr zum einheitlichen Verordnungsrang

Die auf den Artikeln 13 bis 17 beruhenden Teile der dort geänderten Rechtsverordnungen können aufgrund der jeweils einschlägigen Ermächtigung durch Rechtsverordnung geändert werden.

Erläuterung

Dieser Artikel ist erforderlich, damit die durch das ArbZRG geänderten Rechtsverordnungen zu einem späteren Zeitpunkt wieder durch Rechtsverordnung geändert werden können (sog. **Entsteinerungsklausel**).

Artikel 19 ArbZRG Aufhebung von Hausarbeitstagsregelungen

nicht erläutert.

Artikel 20 ArbZRG Unanwendbarkeit von Maßgaben

nicht erläutert.

Artikel 21 ArbZRG Inkrafttreten und Ablösung

nicht erläutert.

Teil D: Anhang

Europäische Arbeitszeitregelungen

1. Richtlinie 2003/88/EG des Europäischen Parlaments und des Rates vom 4. November 2003 über bestimmte Aspekte der Arbeitszeitgestaltung

(Amtsblatt Nr. L 299 vom 18.11.2003 S. 9)

DAS EUROPÄISCHE PARLAMENT UND DER RAT DER EUROPÄISCHEN UNION –

gestützt auf den Vertrag zur Gründung der Europäischen Gemeinschaft, insbesondere auf Artikel 137 Absatz 2,

auf Vorschlag der Kommission,

nach Stellungnahme des Europäischen Wirtschafts- und Sozialausschusses,

nach Anhörung des Ausschusses der Regionen,

gemäß dem Verfahren des Artikels 251 des Vertrags,

in Erwägung nachstehender Gründe:

(1) Die Richtlinie 93/104/EG des Rates vom 23. November 1993 über bestimmte Aspekte der Arbeitszeitgestaltung, die Mindestvorschriften für Sicherheit und Gesundheitsschutz bei der Arbeitszeitgestaltung im Hinblick auf tägliche Ruhezeiten, Ruhepausen, wöchentliche Ruhezeiten, wöchentliche Höchstarbeitszeit, Jahresurlaub sowie Aspekte der Nacht- und der Schichtarbeit und des Arbeitsrhythmus enthält, ist in wesentlichen Punkten geändert worden. Aus Gründen der Übersichtlichkeit und Klarheit empfiehlt es sich deshalb, die genannten Bestimmungen zu kodifizieren.

(2) Nach Artikel 137 des Vertrags unterstützt und ergänzt die Gemeinschaft die Tätigkeit der Mitgliedstaaten, um die Arbeitsumwelt zum Schutz der Sicherheit und der Gesundheit der Arbeitnehmer zu verbessern. Richtlinien, die auf der Grundlage dieses Artikels angenommen werden, sollten keine verwaltungsmäßigen, finanziellen oder rechtlichen Auflagen vorschreiben, die der Gründung und Entwicklung von kleinen und mittleren Unternehmen entgegenstehen.

(3) Die Bestimmungen der Richtlinie 89/391/EWG des Rates vom 12. Juni 1989 über die Durchführung von Maßnahmen zur Verbesserung der Sicherheit und des Gesundheitsschutzes der Arbeitnehmer bei der Arbeit bleiben auf die durch die vorliegende Richtlinie geregelte Materie – unbeschadet der darin enthaltenen strengeren und/oder spezifischen Vorschriften – in vollem Umfang anwendbar.

(4) Die Verbesserung von Sicherheit, Arbeitshygiene und Gesundheitsschutz der Arbeitnehmer bei der Arbeit stellen Zielsetzungen dar, die keinen rein wirtschaftlichen Überlegungen untergeordnet werden dürfen.

(5) Alle Arbeitnehmer sollten angemessene Ruhezeiten erhalten. Der Begriff „Ruhezeit" muss in Zeiteinheiten ausgedrückt werden, d.h. in Tagen, Stunden und/oder Teilen da-

von. Arbeitnehmern in der Gemeinschaft müssen Mindestruhezeiten – je Tag, Woche und Jahr – sowie angemessene Ruhepausen zugestanden werden. In diesem Zusammenhang muss auch eine wöchentliche Höchstarbeitszeit festgelegt werden.

(6) Hinsichtlich der Arbeitszeitgestaltung ist den Grundsätzen der Internationalen Arbeitsorganisation Rechnung zu tragen; dies betrifft auch die für Nachtarbeit geltenden Grundsätze.

(7) Untersuchungen zeigen, dass der menschliche Organismus während der Nacht besonders empfindlich auf Umweltstörungen und auf bestimmte belastende Formen der Arbeitsorganisation reagiert und dass lange Nachtarbeitszeiträume für die Gesundheit der Arbeitnehmer nachteilig sind und ihre Sicherheit bei der Arbeit beeinträchtigen können.

(8) Infolgedessen ist die Dauer der Nachtarbeit, auch in Bezug auf die Mehrarbeit, einzuschränken und vorzusehen, dass der Arbeitgeber im Fall regelmäßiger Inanspruchnahme von Nachtarbeitern die zuständigen Behörden auf Ersuchen davon in Kenntnis setzt.

(9) Nachtarbeiter haben vor Aufnahme der Arbeit – und danach regelmäßig – Anspruch auf eine unentgeltliche Untersuchung ihres Gesundheitszustands und müssen, wenn sie gesundheitliche Schwierigkeiten haben, soweit jeweils möglich auf eine für sie geeignete Arbeitsstelle mit Tagarbeit versetzt werden.

(10) In Anbetracht der besonderen Lage von Nacht- und Schichtarbeitern müssen deren Sicherheit und Gesundheit in einem Maß geschützt werden, das der Art ihrer Arbeit entspricht, und die Schutz- und Vorsorgeleistungen oder -mittel müssen effizient organisiert und eingesetzt werden.

(11) Die Arbeitsbedingungen können die Sicherheit und Gesundheit der Arbeitnehmer beeinträchtigen. Die Gestaltung der Arbeit nach einem bestimmten Rhythmus muss dem allgemeinen Grundsatz Rechnung tragen, dass die Arbeitsgestaltung dem Menschen angepasst sein muss.

(12) Eine europäische Vereinbarung über die Regelung der Arbeitszeit von Seeleuten ist gemäß Artikel 139 Absatz 2 des Vertrags durch die Richtlinie 1999/63/EG des Rates vom 21. Juni 1999 zu der vom Verband der Reeder in der Europäischen Gemeinschaft (European Community Shipowners'Association ECSA) und dem Verband der Verkehrsgewerkschaften in der Europäischen Union (Federation of Transport Workers' Unions in the European Union FST) getroffenen Vereinbarung über die Regelung der Arbeitszeit von Seeleuten durchgeführt worden. Daher sollten die Bestimmungen dieser Richtlinie nicht für Seeleute gelten.

(13) Im Fall jener „am Ertrag beteiligten Fischer", die in einem Arbeitsverhältnis stehen, ist es Aufgabe der Mitgliedstaaten, gemäß dieser Richtlinie die Bedingungen für das Recht auf und die Gewährung von Jahresurlaub einschließlich der Regelungen für die Bezahlung festzulegen.

(14) Die spezifischen Vorschriften anderer gemeinschaftlicher Rechtsakte über zum Beispiel Ruhezeiten, Arbeitszeit, Jahresurlaub und Nachtarbeit bestimmter Gruppen von Arbeitnehmern sollten Vorrang vor den Bestimmungen dieser Richtlinie haben.

(15) In Anbetracht der Fragen, die sich aufgrund der Arbeitszeitgestaltung im Unternehmen stellen können, ist eine gewisse Flexibilität bei der Anwendung einzelner Bestim-

mungen dieser Richtlinie vorzusehen, wobei jedoch die Grundsätze des Schutzes der Sicherheit und der Gesundheit der Arbeitnehmer zu beachten sind.

(16) Je nach Lage des Falles sollten die Mitgliedstaaten oder die Sozialpartner die Möglichkeit haben, von einzelnen Bestimmungen dieser Richtlinie abzuweichen. Im Fall einer Abweichung müssen jedoch den betroffenen Arbeitnehmern in der Regel gleichwertige Ausgleichsruhezeiten gewährt werden.

(17) Diese Richtlinie sollte die Pflichten der Mitgliedstaaten hinsichtlich der in Anhang I Teil B aufgeführten Richtlinien und deren Umsetzungsfristen unberührt lassen –

HABEN FOLGENDE RICHTLINIE ERLASSEN:

Kapitel 1
Anwendungsbereich und Begriffsbestimmungen

Artikel 1 Gegenstand und Anwendungsbereich. (1) Diese Richtlinie enthält Mindestvorschriften für Sicherheit und Gesundheitsschutz bei der Arbeitszeitgestaltung.

(2) Gegenstand dieser Richtlinie sind

a) die täglichen und wöchentlichen Mindestruhezeiten, der Mindestjahresurlaub, die Ruhepausen und die wöchentliche Höchstarbeitszeit sowie

b) bestimmte Aspekte der Nacht- und der Schichtarbeit sowie des Arbeitsrhythmus.

(3) Diese Richtlinie gilt unbeschadet ihrer Artikel 14, 17, 18 und 19 für alle privaten oder öffentlichen Tätigkeitsbereiche im Sinne des Artikels 2 der Richtlinie 89/391/EWG. Diese Richtlinie gilt unbeschadet des Artikels 2 Nummer 8 nicht für Seeleute gemäß der Definition in der Richtlinie 1999/63/EG.

(4) Die Bestimmungen der Richtlinie 89/391/EWG finden unbeschadet strengerer und/oder spezifischer Vorschriften in der vorliegenden Richtlinie auf die in Absatz 2 genannten Bereiche voll Anwendung.

Artikel 2 Begriffsbestimmungen. Im Sinne dieser Richtlinie sind:

1. Arbeitszeit: jede Zeitspanne, während der ein Arbeitnehmer gemäß den einzelstaatlichen Rechtsvorschriften und/oder Gepflogenheiten arbeitet, dem Arbeitgeber zur Verfügung steht und seine Tätigkeit ausübt oder Aufgaben wahrnimmt;

2. Ruhezeit: jede Zeitspanne außerhalb der Arbeitszeit;

3. Nachtzeit: jede, in den einzelstaatlichen Rechtsvorschriften festgelegte Zeitspanne von mindestens sieben Stunden, welche auf jeden Fall die Zeitspanne zwischen 24 Uhr und 5 Uhr umfasst;

4. Nachtarbeiter:
   a) einerseits: jeder Arbeitnehmer, der während der Nachtzeit normalerweise mindestens drei Stunden seiner täglichen Arbeitszeit verrichtet;
   b) andererseits: jeder Arbeitnehmer, der während der Nachtzeit gegebenenfalls einen bestimmten Teil seiner jährlichen Arbeitszeit verrichtet, der nach Wahl des jeweiligen Mitgliedstaats festgelegt wird:

i) nach Anhörung der Sozialpartner in den einzelstaatlichen Rechtsvorschriften oder

ii) in Tarifverträgen oder Vereinbarungen zwischen den Sozialpartnern auf nationaler oder regionaler Ebene;

5. Schichtarbeit: jede Form der Arbeitsgestaltung kontinuierlicher oder nicht kontinuierlicher Art mit Belegschaften, bei der Arbeitnehmer nach einem bestimmten Zeitplan, auch im Rotationsturnus, sukzessive an den gleichen Arbeitsstellen eingesetzt werden, so dass sie ihre Arbeit innerhalb eines Tages oder Wochen umfassenden Zeitraums zu unterschiedlichen Zeiten verrichten müssen;
6. Schichtarbeiter: jeder in einem Schichtarbeitsplan eingesetzte Arbeitnehmer;
7. mobiler Arbeitnehmer: jeder Arbeitnehmer, der als Mitglied des fahrenden oder fliegenden Personals im Dienst eines Unternehmens beschäftigt ist, das Personen oder Güter im Straßen- oder Luftverkehr oder in der Binnenschifffahrt befördert;
8. Tätigkeiten auf Offshore-Anlagen: Tätigkeiten, die größtenteils auf oder von einer Offshore-Plattform (einschließlich Bohrplattformen) aus direkt oder indirekt im Zusammenhang mit der Exploration, Erschließung oder wirtschaftlichen Nutzung mineralischer Ressourcen einschließlich Kohlenwasserstoffe durchgeführt werden, sowie Tauchen im Zusammenhang mit derartigen Tätigkeiten, entweder von einer Offshore-Anlage oder von einem Schiff aus;
9. ausreichende Ruhezeiten: die Arbeitnehmer müssen über regelmäßige und ausreichend lange und kontinuierliche Ruhezeiten verfügen, deren Dauer in Zeiteinheiten angegeben wird, damit sichergestellt ist, dass sie nicht wegen Übermüdung oder wegen eines unregelmäßigen Arbeitsrhythmus sich selbst, ihre Kollegen oder sonstige Personen verletzen und weder kurzfristig noch langfristig ihre Gesundheit schädigen.

Kapitel 2
Mindestruhezeiten – sonstige Aspekte der Arbeitszeitgestaltung

Artikel 3 Tägliche Ruhezeit. Die Mitgliedstaaten treffen die erforderlichen Maßnahmen, damit jedem Arbeitnehmer pro 24-Stunden-Zeitraum eine Mindestruhezeit von elf zusammenhängenden Stunden gewährt wird.

Artikel 4 Ruhepause. Die Mitgliedstaaten treffen die erforderlichen Maßnahmen, damit jedem Arbeitnehmer bei einer täglichen Arbeitszeit von mehr als sechs Stunden eine Ruhepause gewährt wird; die Einzelheiten, insbesondere Dauer und Voraussetzung für die Gewährung dieser Ruhepause, werden in Tarifverträgen oder Vereinbarungen zwischen den Sozialpartnern oder in Ermangelung solcher Übereinkünfte in den innerstaatlichen Rechtsvorschriften festgelegt.

Artikel 5 Wöchentliche Ruhezeit. Die Mitgliedstaaten treffen die erforderlichen Maßnahmen, damit jedem Arbeitnehmer pro Siebentageszeitraum eine kontinuierliche Mindestruhezeit von 24 Stunden zuzüglich der täglichen Ruhezeit von elf Stunden gemäß Artikel 3 gewährt wird. Wenn objektive, technische oder arbeitsorganisatorische Umstände dies rechtfertigen, kann eine Mindestruhezeit von 24 Stunden gewählt werden.

Artikel 6 Wöchentliche Höchstarbeitszeit. Die Mitgliedstaaten treffen die erforderlichen Maßnahmen, damit nach Maßgabe der Erfordernisse der Sicherheit und des Gesundheitsschutzes der Arbeitnehmer:

a) die wöchentliche Arbeitszeit durch innerstaatliche Rechts- und Verwaltungsvorschriften oder in Tarifverträgen oder Vereinbarungen zwischen den Sozialpartnern festgelegt wird;

b) die durchschnittliche Arbeitszeit pro Siebentageszeitraum 48 Stunden einschließlich der Überstunden nicht überschreitet.

Artikel 7 Jahresurlaub. (1) Die Mitgliedstaaten treffen die erforderlichen Maßnahmen, damit jeder Arbeitnehmer einen bezahlten Mindestjahresurlaub von vier Wochen nach Maßgabe der Bedingungen für die Inanspruchnahme und die Gewährung erhält, die in den einzelstaatlichen Rechtsvorschriften und/oder nach den einzelstaatlichen Gepflogenheiten vorgesehen sind.

(2) Der bezahlte Mindestjahresurlaub darf außer bei Beendigung des Arbeitsverhältnisses nicht durch eine finanzielle Vergütung ersetzt werden.

Kapitel 3
Nachtarbeit – Schichtarbeit – Arbeitsrhythmus

Artikel 8 Dauer der Nachtarbeit. Die Mitgliedstaaten treffen die erforderlichen Maßnahmen, damit:

a) die normale Arbeitszeit für Nachtarbeiter im Durchschnitt acht Stunden pro 24-Stunden-Zeitraum nicht überschreitet;

b) Nachtarbeiter, deren Arbeit mit besonderen Gefahren oder einer erheblichen körperlichen oder geistigen Anspannung verbunden ist, in einem 24-Stunden-Zeitraum, während dessen sie Nachtarbeit verrichten, nicht mehr als acht Stunden arbeiten.

Zum Zweck von Buchstabe b) wird im Rahmen von einzelstaatlichen Rechtsvorschriften und/oder Gepflogenheiten oder von Tarifverträgen oder Vereinbarungen zwischen den Sozialpartnern festgelegt, welche Arbeit unter Berücksichtigung der Auswirkungen der Nachtarbeit und der ihr eigenen Risiken mit besonderen Gefahren oder einer erheblichen körperlichen und geistigen Anspannung verbunden ist.

Artikel 9 Untersuchung des Gesundheitszustands von Nachtarbeitern und Versetzung auf Arbeitsstellen mit Tagarbeit. (1) Die Mitgliedstaaten treffen die erforderlichen Maßnahmen, damit:

a) der Gesundheitszustand der Nachtarbeiter vor Aufnahme der Arbeit und danach regelmäßig unentgeltlich untersucht wird;

b) Nachtarbeiter mit gesundheitlichen Schwierigkeiten, die nachweislich damit verbunden sind, dass sie Nachtarbeit leisten, soweit jeweils möglich auf eine Arbeitsstelle mit Tagarbeit versetzt werden, für die sie geeignet sind.

(2) Die unentgeltliche Untersuchung des Gesundheitszustands gemäß Absatz 1 Buchstabe a) unterliegt der ärztlichen Schweigepflicht.

(3) Die unentgeltliche Untersuchung des Gesundheitszustands gemäß Absatz 1 Buchstabe a) kann im Rahmen des öffentlichen Gesundheitswesens durchgeführt werden.

Artikel 10 Garantien für Arbeit während der Nachtzeit. Die Mitgliedstaaten können die Arbeit bestimmter Gruppen von Nachtarbeitern, die im Zusammenhang mit der Arbeit während der Nachtzeit einem Sicherheits- oder Gesundheitsrisiko ausgesetzt sind, nach Maßgabe der einzelstaatlichen Rechtsvorschriften und/oder Gepflogenheiten von bestimmten Garantien abhängig machen.

Artikel 11 Unterrichtung bei regelmäßiger Inanspruchnahme von Nachtarbeitern. Die Mitgliedstaaten treffen die erforderlichen Maßnahmen, damit der Arbeitgeber bei regelmäßiger Inanspruchnahme von Nachtarbeitern die zuständigen Behörden auf Ersuchen davon in Kenntnis setzt.

Artikel 12 Sicherheits- und Gesundheitsschutz. Die Mitgliedstaaten treffen die erforderlichen Maßnahmen, damit:

a) Nacht- und Schichtarbeitern hinsichtlich Sicherheit und Gesundheit in einem Maß Schutz zuteil wird, das der Art ihrer Arbeit Rechnung trägt;

b) die zur Sicherheit und zum Schutz der Gesundheit von Nacht- und Schichtarbeitern gebotenen Schutz- und Vorsorgeleistungen oder -mittel denen für die übrigen Arbeitnehmer entsprechen und jederzeit vorhanden sind.

Artikel 13 Arbeitsrhythmus. Die Mitgliedstaaten treffen die erforderlichen Maßnahmen, damit ein Arbeitgeber, der beabsichtigt, die Arbeit nach einem bestimmten Rhythmus zu gestalten, dem allgemeinen Grundsatz Rechnung trägt, dass die Arbeitsgestaltung dem Menschen angepasst sein muss, insbesondere im Hinblick auf die Verringerung der eintönigen Arbeit und des maschinenbestimmten Arbeitsrhythmus, nach Maßgabe der Art der Tätigkeit und der Erfordernisse der Sicherheit und des Gesundheitsschutzes, insbesondere was die Pausen während der Arbeitszeit betrifft.

Kapitel 4
Sonstige Bestimmungen

Artikel 14 Spezifischere Gemeinschaftsvorschriften. Die Bestimmungen dieser Richtlinie gelten nicht, soweit andere Gemeinschaftsinstrumente spezifischere Vorschriften über die Arbeitszeitgestaltung für bestimmte Beschäftigungen oder berufliche Tätigkeiten enthalten.

Artikel 15 Günstigere Vorschriften. Das Recht der Mitgliedstaaten, für die Sicherheit und den Gesundheitsschutz der Arbeitnehmer günstigere Rechts- und Verwaltungsvorschriften anzuwenden oder zu erlassen oder die Anwendung von für die Sicherheit und den Gesundheitsschutz der Arbeitnehmer günstigeren Tarifverträgen oder Vereinbarungen zwischen den Sozialpartnern zu fördern oder zu gestatten, bleibt unberührt.

Artikel 16 Bezugszeiträume. Die Mitgliedstaaten können für die Anwendung der folgenden Artikel einen Bezugszeitraum vorsehen, und zwar

a) für Artikel 5 (wöchentliche Ruhezeit) einen Bezugszeitraum bis zu 14 Tagen;

b) für Artikel 6 (wöchentliche Höchstarbeitszeit) einen Bezugszeitraum bis zu vier Monaten. Die nach Artikel 7 gewährten Zeiten des bezahlten Jahresurlaubs sowie die Krankheitszeiten bleiben bei der Berechnung des Durchschnitts unberücksichtigt oder sind neutral;

c) für Artikel 8 (Dauer der Nachtarbeit) einen Bezugszeitraum, der nach Anhörung der Sozialpartner oder in Tarifverträgen oder Vereinbarungen zwischen den Sozialpartnern auf nationaler oder regionaler Ebene festgelegt wird.

Fällt die aufgrund von Artikel 5 verlangte wöchentliche Mindestruhezeit von 24 Stunden in den Bezugszeitraum, so bleibt sie bei der Berechnung des Durchschnitts unberücksichtigt.

Kapitel 5
Abweichungen und Ausnahmen

Artikel 17 Abweichungen. (1) Unter Beachtung der allgemeinen Grundsätze des Schutzes der Sicherheit und der Gesundheit der Arbeitnehmer können die Mitgliedstaaten von den Artikeln 3 bis 6, 8 und 16 abweichen, wenn die Arbeitszeit wegen der besonderen Merkmale der ausgeübten Tätigkeit nicht gemessen und/oder nicht im Voraus festgelegt wird oder von den Arbeitnehmern selbst festgelegt werden kann, und zwar insbesondere in Bezug auf nachstehende Arbeitnehmer:

a) leitende Angestellte oder sonstige Personen mit selbstständiger Entscheidungsbefugnis;

b) Arbeitskräfte, die Familienangehörige sind;

c) Arbeitnehmer, die im liturgischen Bereich von Kirchen oder Religionsgemeinschaften beschäftigt sind.

(2) Sofern die betroffenen Arbeitnehmer gleichwertige Ausgleichsruhezeiten oder in Ausnahmefällen, in denen die Gewährung solcher gleichwertigen Ausgleichsruhezeiten aus objektiven Gründen nicht möglich ist, einen angemessenen Schutz erhalten, kann im Wege von Rechts- und Verwaltungsvorschriften oder im Wege von Tarifverträgen oder Vereinbarungen zwischen den Sozialpartnern gemäß den Absätzen 3, 4 und 5 abgewichen werden.

(3) Gemäß Absatz 2 dieses Artikels sind Abweichungen von den Artikeln 3, 4, 5, 8 und 16 zulässig:

a) bei Tätigkeiten, die durch eine Entfernung zwischen dem Arbeitsplatz und dem Wohnsitz des Arbeitnehmers – einschließlich Tätigkeiten auf Offshore-Anlagen – oder durch eine Entfernung zwischen verschiedenen Arbeitsplätzen des Arbeitnehmers gekennzeichnet sind;

b) für den Wach- und Schließdienst sowie die Dienstbereitschaft, die durch die Notwendigkeit gekennzeichnet sind, den Schutz von Sachen und Personen zu gewährleisten, und zwar insbesondere in Bezug auf Wachpersonal oder Hausmeister oder Wach- und Schließunternehmen;

c) bei Tätigkeiten, die dadurch gekennzeichnet sind, dass die Kontinuität des Dienstes oder der Produktion gewährleistet sein muss, und zwar insbesondere bei
   i) Aufnahme-, Behandlungs- und/oder Pflegediensten von Krankenhäusern oder ähnlichen Einrichtungen, einschließlich der Tätigkeiten von Ärzten in der Ausbildung, Heimen sowie Gefängnissen,
   ii) Hafen- und Flughafenpersonal,

iii) Presse-, Rundfunk-, Fernsehdiensten oder kinematografischer Produktion, Post oder Telekommunikation, Ambulanz-, Feuerwehr- oder Katastrophenschutzdiensten,
iv) Gas-, Wasser- oder Stromversorgungsbetrieben, Hausmüllabfuhr oder Verbrennungsanlagen,
v) Industriezweigen, in denen der Arbeitsprozess aus technischen Gründen nicht unterbrochen werden kann,
vi) Forschungs- und Entwicklungstätigkeiten,
vii) landwirtschaftlichen Tätigkeiten,
viii) Arbeitnehmern, die im regelmäßigen innerstädtischen Personenverkehr beschäftigt sind;

d) im Fall eines vorhersehbaren übermäßigen Arbeitsanfalls, insbesondere
i) in der Landwirtschaft,
ii) im Fremdenverkehr,
iii) im Postdienst;

e) im Fall von Eisenbahnpersonal
i) bei nichtständigen Tätigkeiten,
ii) bei Beschäftigten, die ihre Arbeitszeit in Zügen verbringen, oder
iii) bei Tätigkeiten, die an Fahrpläne gebunden sind und die die Kontinuität und Zuverlässigkeit des Verkehrsablaufs sicherstellen;

f) unter den in Artikel 5 Absatz 4 der Richtlinie 89/391/EWG aufgeführten Bedingungen;

g) im Fall eines Unfalls oder der Gefahr eines unmittelbar bevorstehenden Unfalls.

(4) Gemäß Absatz 2 dieses Artikels sind Abweichungen von den Artikeln 3 und 5 zulässig:

a) wenn bei Schichtarbeit der Arbeitnehmer die Gruppe wechselt und zwischen dem Ende der Arbeit in einer Schichtgruppe und dem Beginn der Arbeit in der nächsten nicht in den Genuss der täglichen und/oder wöchentlichen Ruhezeit kommen kann;

b) bei Tätigkeiten, bei denen die Arbeitszeiten über den Tag verteilt sind, insbesondere im Fall von Reinigungspersonal.

(5) Gemäß Absatz 2 dieses Artikels sind Abweichungen von Artikel 6 und von Artikel 16 Buchstabe b) bei Ärzten in der Ausbildung nach Maßgabe der Unterabsätze 2 bis 7 dieses Absatzes zulässig.

In Unterabsatz 1 genannte Abweichungen von Artikel 6 sind für eine Übergangszeit von fünf Jahren ab dem 1. August 2004 zulässig.

Die Mitgliedstaaten verfügen erforderlichenfalls über einen zusätzlichen Zeitraum von höchstens zwei Jahren, um den Schwierigkeiten bei der Einhaltung der Arbeitszeitvorschriften im Zusammenhang mit ihren Zuständigkeiten für die Organisation und Bereitstellung von Gesundheitsdiensten und medizinischer Versorgung Rechnung zu tragen. Spätestens sechs Monate vor dem Ende der Übergangszeit unterrichtet der betreffende Mitgliedstaat die Kommission hierüber unter Angabe der Gründe, so dass die Kommission nach entsprechenden Konsultationen innerhalb von drei Monaten nach dieser Unterrichtung eine Stellungnahme abgeben kann. Falls der Mitgliedstaat der Stellungnahme der Kommission nicht folgt, rechtfertigt er seine Entscheidung. Die Unterrichtung und die Rechtfertigung des Mitgliedstaats sowie die Stellungnahme der Kommission werden im Amtsblatt der Europäischen Union veröffentlicht und dem Europäischen Parlament übermittelt.

Die Mitgliedstaaten verfügen erforderlichenfalls über einen zusätzlichen Zeitraum von höchstens einem Jahr, um den besonderen Schwierigkeiten bei der Wahrnehmung der in Unterabsatz 3 genannten Zuständigkeiten Rechnung zu tragen. Sie haben das Verfahren des Unterabsatzes 3 einzuhalten.

Die Mitgliedstaaten stellen sicher, dass die Zahl der Wochenarbeitsstunden keinesfalls einen Durchschnitt von 58 während der ersten drei Jahre der Übergangszeit, von 56 während der folgenden zwei Jahre und von 52 während des gegebenenfalls verbleibenden Zeitraums übersteigt.

Der Arbeitgeber konsultiert rechtzeitig die Arbeitnehmervertreter, um – soweit möglich – eine Vereinbarung über die Regelungen zu erreichen, die während der Übergangszeit anzuwenden sind. Innerhalb der in Unterabsatz 5 festgelegten Grenzen kann eine derartige Vereinbarung sich auf Folgendes erstrecken:

a) die durchschnittliche Zahl der Wochenarbeitsstunden während der Übergangszeit und

b) Maßnahmen, die zur Verringerung der Wochenarbeitszeit auf einen Durchschnitt von 48 Stunden bis zum Ende der Übergangszeit zu treffen sind.

In Unterabsatz 1 genannte Abweichungen von Artikel 16 Buchstabe b) sind zulässig, vorausgesetzt, dass der Bezugszeitraum während des in Unterabsatz 5 festgelegten ersten Teils der Übergangszeit zwölf Monate und danach sechs Monate nicht übersteigt.

Artikel 18 Abweichungen im Wege von Tarifverträgen. Von den Artikeln 3, 4, 5, 8 und 16 kann abgewichen werden im Wege von Tarifverträgen oder Vereinbarungen zwischen den Sozialpartnern auf nationaler oder regionaler Ebene oder, bei zwischen den Sozialpartnern getroffenen Abmachungen, im Wege von Tarifverträgen oder Vereinbarungen zwischen Sozialpartnern auf niedrigerer Ebene.

Mitgliedstaaten, in denen es keine rechtliche Regelung gibt, wonach über die in dieser Richtlinie geregelten Fragen zwischen den Sozialpartnern auf nationaler oder regionaler Ebene Tarifverträge oder Vereinbarungen geschlossen werden können, oder Mitgliedstaaten, in denen es einen entsprechenden rechtlichen Rahmen gibt und innerhalb dessen Grenzen, können im Einklang mit den einzelstaatlichen Rechtsvorschriften und/oder Gepflogenheiten Abweichungen von den Artikeln 3, 4, 5, 8 und 16 durch Tarifverträge oder Vereinbarungen zwischen den Sozialpartnern auf geeigneter kollektiver Ebene zulassen.

Die Abweichungen gemäß den Unterabsätzen 1 und 2 sind nur unter der Voraussetzung zulässig, dass die betroffenen Arbeitnehmer gleichwertige Ausgleichsruhezeiten oder in Ausnahmefällen, in denen die Gewährung solcher Ausgleichsruhezeiten aus objektiven Gründen nicht möglich ist, einen angemessenen Schutz erhalten.

Die Mitgliedstaaten können Vorschriften vorsehen

a) für die Anwendung dieses Artikels durch die Sozialpartner und

b) für die Erstreckung der Bestimmungen von gemäß diesem Artikel geschlossenen Tarifverträgen oder Vereinbarungen auf andere Arbeitnehmer gemäß den einzelstaatlichen Rechtsvorschriften und/oder Gepflogenheiten.

Artikel 19 Grenzen der Abweichungen von Bezugszeiträumen. Die in Artikel 17 Absatz 3 und in Artikel 18 vorgesehene Möglichkeit der Abweichung von Artikel 16 Buchstabe b) darf nicht die Festlegung eines Bezugszeitraums zur Folge haben, der länger ist als sechs Monate.

Den Mitgliedstaaten ist es jedoch mit der Maßgabe, dass sie dabei die allgemeinen Grundsätze der Sicherheit und des Gesundheitsschutzes der Arbeitnehmer wahren, freigestellt zuzulassen, dass in den Tarifverträgen oder Vereinbarungen zwischen Sozialpartnern aus objektiven, technischen oder arbeitsorganisatorischen Gründen längere Bezugszeiträume festgelegt werden, die auf keinen Fall zwölf Monate überschreiten dürfen.

Der Rat überprüft vor dem 23. November 2003 anhand eines Vorschlags der Kommission, dem ein Evaluierungsbericht beigefügt ist, die Bestimmungen dieses Absatzes und befindet über das weitere Vorgehen.

Artikel 20 Mobile Arbeitnehmer und Tätigkeiten auf Offshore-Anlagen. (1) Die Artikel 3, 4, 5 und 8 gelten nicht für mobile Arbeitnehmer. Die Mitgliedstaaten treffen jedoch die erforderlichen Maßnahmen, um zu gewährleisten, dass die mobilen Arbeitnehmer – außer unter den in Artikel 17 Absatz 3 Buchstaben f) und g) vorgesehenen Bedingungen – Anspruch auf ausreichende Ruhezeiten haben.

(2) Vorbehaltlich der Einhaltung der allgemeinen Grundsätze der Sicherheit und des Gesundheitsschutzes der Arbeitnehmer und sofern die betreffenden Sozialpartner konsultiert wurden und Anstrengungen zur Förderung aller einschlägigen Formen des sozialen Dialogs – einschließlich der Konzertierung, falls die Parteien dies wünschen – unternommen wurden, können die Mitgliedstaaten aus objektiven, technischen oder arbeitsorganisatorischen Gründen den in Artikel 16 Buchstabe b) genannten Bezugszeitraum für Arbeitnehmer, die hauptsächlich Tätigkeiten auf Offshore-Anlagen ausüben, auf zwölf Monate ausdehnen.

(3) Die Kommission überprüft bis zum 1. August 2005 nach Konsultation der Mitgliedstaaten sowie der Arbeitgeber und Arbeitnehmer auf europäischer Ebene die Durchführung der Bestimmungen für Arbeitnehmer auf Offshore-Anlagen unter dem Gesichtspunkt der Gesundheit und Sicherheit, um, falls erforderlich, geeignete Änderungen vorzuschlagen.

Artikel 21 Arbeitnehmer an Bord von seegehenden Fischereifahrzeugen. (1) Die Artikel 3 bis 6 und 8 gelten nicht für Arbeitnehmer an Bord von seegehenden Fischereifahrzeugen, die unter der Flagge eines Mitgliedstaats fahren.

Die Mitgliedstaaten treffen jedoch die erforderlichen Maßnahmen, um zu gewährleisten, dass jeder Arbeitnehmer an Bord von seegehenden Fischereifahrzeugen, die unter der Flagge eines Mitgliedstaats fahren, Anspruch auf eine ausreichende Ruhezeit hat, und um die Wochenarbeitszeit auf 48 Stunden im Durchschnitt während eines Bezugszeitraums von höchstens zwölf Monaten zu begrenzen.

(2) Innerhalb der in Absatz 1 Unterabsatz 2 sowie den Absätzen 3 und 4 angegebenen Grenzen treffen die Mitgliedstaaten die erforderlichen Maßnahmen, um zu gewährleis-

ten, dass unter Berücksichtigung der Notwendigkeit der Sicherheit und des Gesundheitsschutzes der betroffenen Arbeitnehmer

a) die Arbeitsstunden auf eine Höchstarbeitszeit beschränkt werden, die in einem gegebenen Zeitraum nicht überschritten werden darf, oder

b) eine Mindestruhezeit in einem gegebenen Zeitraum gewährleistet ist.

Die Höchstarbeits- oder Mindestruhezeit wird durch Rechts- und Verwaltungsvorschriften, durch Tarifverträge oder durch Vereinbarungen zwischen den Sozialpartnern festgelegt.

(3) Für die Arbeits- oder Ruhezeiten gelten folgende Beschränkungen:

a) die Höchstarbeitszeit darf nicht überschreiten:
   i) 14 Stunden in jedem Zeitraum von 24 Stunden und
   ii) 72 Stunden in jedem Zeitraum von sieben Tagen,

oder

b) die Mindestruhezeit darf nicht unterschreiten:
   i) zehn Stunden in jedem Zeitraum von 24 Stunden und
   ii) 77 Stunden in jedem Zeitraum von sieben Tagen.

(4) Die Ruhezeit kann in höchstens zwei Zeiträume aufgeteilt werden, von denen einer eine Mindestdauer von sechs Stunden haben muss; der Zeitraum zwischen zwei aufeinander folgenden Ruhezeiten darf 14 Stunden nicht überschreiten.

(5) In Übereinstimmung mit den allgemeinen Grundsätzen für die Sicherheit und den Gesundheitsschutz der Arbeitnehmer und aus objektiven, technischen oder arbeitsorganisatorischen Gründen können die Mitgliedstaaten, auch bei der Festlegung von Bezugszeiträumen, Ausnahmen von den in Absatz 1 Unterabsatz 2 sowie den Absätzen 3 und 4 festgelegten Beschränkungen gestatten. Diese Ausnahmen haben so weit wie möglich den festgelegten Normen zu folgen, können aber häufigeren oder längeren Urlaubszeiten oder der Gewährung von Ausgleichsurlaub für die Arbeitnehmer Rechnung tragen. Diese Ausnahmen können festgelegt werden

a) durch Rechts- oder Verwaltungsvorschriften, vorausgesetzt, dass – soweit dies möglich ist – die Vertreter der betroffenen Arbeitgeber und Arbeitnehmer konsultiert und Anstrengungen zur Förderung aller einschlägigen Formen des sozialen Dialogs unternommen werden, oder

b) durch Tarifverträge oder Vereinbarungen zwischen den Sozialpartnern.

(6) Der Kapitän eines seegehenden Fischereifahrzeugs hat das Recht, von Arbeitnehmern an Bord die Ableistung jeglicher Anzahl von Arbeitsstunden zu verlangen, wenn diese Arbeit für die unmittelbare Sicherheit des Schiffes, von Personen an Bord oder der Ladung oder zum Zweck der Hilfeleistung für andere Schiffe oder Personen in Seenot erforderlich ist.

(7) Die Mitgliedstaaten können vorsehen, dass Arbeitnehmer an Bord von seegehenden Fischereifahrzeugen, bei denen einzelstaatliches Recht oder einzelstaatliche Praxis während eines bestimmten, einen Monat überschreitenden Zeitraums des Kalenderjahres den Betrieb nicht erlauben, ihren Jahresurlaub gemäß Artikel 7 während dieses Zeitraums nehmen.

Artikel 22 Sonstige Bestimmungen. (1) Es ist einem Mitgliedstaat freigestellt, Artikel 6 nicht anzuwenden, wenn er die allgemeinen Grundsätze der Sicherheit und des Gesundheitsschutzes der Arbeitnehmer einhält und mit den erforderlichen Maßnahmen dafür sorgt, dass

a) kein Arbeitgeber von einem Arbeitnehmer verlangt, im Durchschnitt des in Artikel 16 Buchstabe b) genannten Bezugszeitraums mehr als 48 Stunden innerhalb eines Siebentagezeitraums zu arbeiten, es sei denn der Arbeitnehmer hat sich hierzu bereit erklärt;

b) keinem Arbeitnehmer Nachteile daraus entstehen, dass er nicht bereit ist, eine solche Arbeit zu leisten;

c) der Arbeitgeber aktuelle Listen über alle Arbeitnehmer führt, die eine solche Arbeit leisten;

d) die Listen den zuständigen Behörden zur Verfügung gestellt werden, die aus Gründen der Sicherheit und/oder des Schutzes der Gesundheit der Arbeitnehmer die Möglichkeit zur Überschreitung der wöchentlichen Höchstarbeitszeit unterbinden oder einschränken können;

e) der Arbeitgeber die zuständigen Behörden auf Ersuchen darüber unterrichtet, welche Arbeitnehmer sich dazu bereit erklärt haben, im Durchschnitt des in Artikel 16 Buchstabe b) genannten Bezugszeitraums mehr als 48 Stunden innerhalb eines Siebentagezeitraums zu arbeiten.

Vor dem 23. November 2003 überprüft der Rat anhand eines Vorschlags der Kommission, dem ein Evaluierungsbericht beigefügt ist, die Bestimmungen dieses Absatzes und befindet über das weitere Vorgehen.

(2) Für die Anwendung des Artikels 7 ist es den Mitgliedstaaten freigestellt, eine Übergangszeit von höchstens drei Jahren ab dem 23. November 1996 in Anspruch zu nehmen, unter der Bedingung, dass während dieser Übergangszeit

a) jeder Arbeitnehmer einen bezahlten Mindestjahresurlaub von drei Wochen nach Maßgabe der in den einzelstaatlichen Rechtsvorschriften und/oder nach den einzelstaatlichen Gepflogenheiten vorgesehenen Bedingungen für dessen Inanspruchnahme und Gewährung erhält und

b) der bezahlte Jahresurlaub von drei Wochen außer im Fall der Beendigung des Arbeitsverhältnisses nicht durch eine finanzielle Vergütung ersetzt wird.

(3) Sofern die Mitgliedstaaten von den in diesem Artikel genannten Möglichkeiten Gebrauch machen, setzen sie die Kommission unverzüglich davon in Kenntnis.

Kapitel 6
Schlussbestimmungen

Artikel 23 Niveau des Arbeitnehmerschutzes. Unbeschadet des Rechts der Mitgliedstaaten, je nach der Entwicklung der Lage im Bereich der Arbeitszeit unterschiedliche Rechts- und Verwaltungsvorschriften sowie Vertragsvorschriften zu entwickeln, sofern die Mindestvorschriften dieser Richtlinie eingehalten werden, stellt die Durchführung dieser Richtlinie keine wirksame Rechtfertigung für eine Zurücknahme des allgemeinen Arbeitnehmerschutzes dar.

Artikel 24 Berichtswesen. (1) Die Mitgliedstaaten teilen der Kommission den Wortlaut der innerstaatlichen Rechtsvorschriften mit, die sie auf dem unter diese Richtlinie fallenden Gebiet erlassen oder bereits erlassen haben.

(2) Die Mitgliedstaaten erstatten der Kommission alle fünf Jahre Bericht über die Anwendung der Bestimmungen dieser Richtlinie in der Praxis und geben dabei die Standpunkte der Sozialpartner an.

Die Kommission unterrichtet darüber das Europäische Parlament, den Rat, den Europäischen Wirtschafts- und Sozialausschuss sowie den Beratenden Ausschuss für Sicherheit, Arbeitshygiene und Gesundheitsschutz am Arbeitsplatz.

(3) Die Kommission legt dem Europäischen Parlament, dem Rat und dem Europäischen Wirtschafts- und Sozialausschuss nach dem 23. November 1996 alle fünf Jahre einen Bericht über die Anwendung dieser Richtlinie unter Berücksichtigung der Artikel 22 und 23 und der Absätze 1 und 2 dieses Artikels vor.

Artikel 25 Überprüfung der Durchführung der Bestimmungen für Arbeitnehmer an Bord von seegehenden Fischereifahrzeugen. Die Kommission überprüft bis zum 1. August 2009 nach Konsultation der Mitgliedstaaten und der Sozialpartner auf europäischer Ebene die Durchführung der Bestimmungen für Arbeitnehmer an Bord von seegehenden Fischereifahrzeugen und untersucht insbesondere, ob diese Bestimmungen vor allem in Bezug auf Gesundheit und Sicherheit nach wie vor angemessen sind, um, falls erforderlich, geeignete Änderungen vorzuschlagen.

Artikel 26 Überprüfung des Durchführungsstands der Bestimmungen für Arbeitnehmer, die im regelmäßigen innerstädtischen Personenverkehr beschäftigt sind. Die Kommission überprüft bis zum 1. August 2005 nach Konsultation der Mitgliedstaaten sowie der Arbeitgeber und Arbeitnehmer auf europäischer Ebene den Stand der Durchführung der Bestimmungen für Arbeitnehmer, die im regelmäßigen innerstädtischen Personenverkehr beschäftigt sind, um, falls erforderlich, im Hinblick auf die Gewährleistung eines kohärenten und angemessenen Ansatzes für diesen Sektor geeignete Änderungen vorzuschlagen.

Artikel 27 Aufhebung. (1) Die Richtlinie 93/104/EG in der Fassung der in Anhang I Teil A genannten Richtlinie wird unbeschadet der Pflichten der Mitgliedstaaten hinsichtlich der in Anhang I Teil B genannten Umsetzungsfristen aufgehoben.

(2) Bezugnahmen auf die aufgehobene Richtlinie gelten als Bezugnahmen auf die vorliegende Richtlinie und sind nach Maßgabe der Entsprechungstabelle in Anhang II zu lesen.

Artikel 28 Inkrafttreten. Diese Richtlinie tritt am 2. August 2004 in Kraft.

Artikel 29 Adressaten. Diese Richtlinie ist an alle Mitgliedstaaten gerichtet.

ANHANG I
TEIL A

Aufgehobene Richtlinie und ihre nachfolgenden Änderungen

(Artikel 27)

Richtlinie 93/104/EG des Rates	(ABl. L 307 vom 13.12.1993, S. 18)
Richtlinie 2000/34/EG des Europäischen Parlaments und des Rates	(ABl. L 195 vom 1.8.2000, S. 41)

TEIL B

Fristen für die Umsetzung und Anwendung

(Artikel 27)

Richtlinie	**Frist für die Umsetzung**
93/104/EG	23. November 1996
2000/34/EG	1. August 2003

ANHANG II

Entsprechungstabelle

Richtlinie 93/104/EG	**Diese Richtlinie**
Artikel 1–5	Artikel 1–5
Artikel 6 einleitender Teil	Artikel 6 einleitender Teil
Artikel 6 Nummer 1	Artikel 6 Buchstabe a)
Artikel 6 Nummer 2	Artikel 6 Buchstabe b)
Artikel 7	Artikel 7
Artikel 8 einleitender Teil	Artikel 8 einleitender Teil
Artikel 8 Nummer 1	Artikel 8 Buchstabe a)
Artikel 8 Nummer 2	Artikel 8 Buchstabe b)
Artikel 9, 10 und 11	Artikel 9, 10 und 11
Artikel 12 einleitender Teil	Artikel 12 einleitender Teil
Artikel 12 Nummer 1	Artikel 12 Buchstabe a)
Artikel 12 Nummer 2	Artikel 12 Buchstabe b)
Artikel 13, 14 und 15	Artikel 13, 14 und 15
Artikel 16 einleitender Teil	Artikel 16 einleitender Teil
Artikel 16 Nummer 1	Artikel 16 Buchstabe a)
Artikel 16 Nummer 2	Artikel 16 Buchstabe b)

Artikel 16 Nummer 3	Artikel 16 Buchstabe c)
Artikel 17 Absatz 1	Artikel 17 Absatz 1
Artikel 17 Absatz 2 einleitender Teil	Artikel 17 Absatz 2
Artikel 17 Absatz 2 Nummer 2.1	Artikel 17 Absatz 3 Buchstaben a) bis e)
Artikel 17 Absatz 2 Nummer 2.2	Artikel 17 Absatz 3 Buchstaben f) bis g)
Artikel 17 Absatz 2 Nummer 2.3	Artikel 17 Absatz 4
Artikel 17 Absatz 2 Nummer 2.4	Artikel 17 Absatz 5
Artikel 17 Absatz 3	Artikel 18
Artikel 17 Absatz 4	Artikel 19
Artikel 17a Absatz 1	Artikel 20 Absatz 1 Unterabsatz 1
Artikel 17a Absatz 2	Artikel 20 Absatz 1 Unterabsatz 2
Artikel 17a Absatz 3	Artikel 20 Absatz 2
Artikel 17a Absatz 4	Artikel 20 Absatz 3
Artikel 17b Absatz 1	Artikel 21 Absatz 1 Unterabsatz 1
Artikel 17b Absatz 2	Artikel 21 Absatz 1 Unterabsatz 2
Artikel 17b Absatz 3	Artikel 21 Absatz 2
Artikel 17b Absatz 4	Artikel 21 Absatz 3
Artikel 17b Absatz 5	Artikel 21 Absatz 4
Artikel 17b Absatz 6	Artikel 21 Absatz 5
Artikel 17b Absatz 7	Artikel 21 Absatz 6
Artikel 17b Absatz 8	Artikel 21 Absatz 7
Artikel 18 Absatz 1 Buchstabe a)	–
Artikel 18 Absatz 1 Buchstabe b), Ziffer i)	Artikel 22 Absatz 1
Artikel 18 Absatz 1 Buchstabe b), Ziffer ii)	Artikel 22 Absatz 2
Artikel 18 Absatz 1 Buchstabe c)	Artikel 22 Absatz 3
Artikel 18 Absatz 2	–
Artikel 18 Absatz 3	Artikel 23
Artikel 18 Absatz 4	Artikel 24 Absatz 1
Artikel 18 Absatz 5	Artikel 24 Absatz 2
Artikel 18 Absatz 6	Artikel 24 Absatz 3
–	Artikel 25
–	Artikel 26
–	Artikel 27
–	Artikel 28
Artikel 19	Artikel 29
–	Anhang I
–	Anhang II

2. Richtlinie 2002/15/EG des Europäischen Parlaments und des Rates vom 11. März 2002 zur Regelung der Arbeitszeit von Personen, die Fahrtätigkeiten im Bereich des Straßentransports ausüben

(Amtsblatt Nr. L 80 vom 23.3.2002 S. 35)

DAS EUROPÄISCHE PARLAMENT UND DER RAT DER EUROPÄISCHEN UNION –

gestützt auf den Vertrag zur Gründung der Europäischen Gemeinschaft,

insbesondere auf Artikel 71 und Artikel 137 Absatz 2,

auf Vorschlag der Kommission,

nach Stellungnahme des Wirtschafts- und Sozialausschusses,

nach Anhörung des Ausschusses der Regionen,

gemäß dem Verfahren des Artikels 251 des Vertrags,

aufgrund des vom Vermittlungsausschuss am 16. Januar 2002 gebilligten gemeinsamen Entwurfs,

in Erwägung nachstehender Gründe:

(1) Durch die Verordnung (EWG) Nr. 3820/85 des Rates vom 20. Dezember 1985 über die Harmonisierung bestimmter Sozialvorschriften im Straßenverkehr wurden gemeinsame Regeln für die Lenk- und Ruhezeiten von Fahrern festgelegt. Andere Aspekte der Arbeitszeit im Straßenverkehr werden von der genannten Verordnung nicht erfasst.

(2) Die Richtlinie 93/104/EG des Rates vom 23. November 1993 über bestimmte Aspekte der Arbeitszeitgestaltung ermöglicht die Annahme spezifischerer Vorschriften für die Arbeitszeitgestaltung. Angesichts ihres sektorspezifischen Charakters haben die Bestimmungen der vorliegenden Richtlinie nach Artikel 14 der Richtlinie 93/104/EG Vorrang vor jener Richtlinie.

(3) Trotz intensiver Verhandlungen zwischen den Sozialpartnern konnte keine Einigung hinsichtlich des im Straßenverkehr tätigen Fahrpersonals erzielt werden.

(4) Daher muss eine Reihe spezifischerer Vorschriften zur Arbeitszeit im Straßenverkehr erstellt werden, die darauf abzielen, die Straßenverkehrssicherheit sowie den Schutz von Sicherheit und Gesundheit der betreffenden Personen zu gewährleisten.

(5) Da die Ziele der in Betracht gezogenen Maßnahmen auf Ebene der Mitgliedstaaten nicht ausreichend erreicht werden können und daher wegen ihres Umfangs oder ihrer Wirkungen besser auf Gemeinschaftsebene erreicht werden können, kann die Gemeinschaft im Einklang mit dem in Artikel 5 des Vertrags niedergelegten Subsidiaritätsprinzip tätig werden. Im Einklang mit dem in demselben Artikel niedergelegten Verhältnismäßigkeitsprinzip geht diese Richtlinie nicht über das zur Erreichung dieser Ziele notwendige Maß hinaus.

(6) Der Anwendungsbereich dieser Richtlinie erfasst ausschließlich das von einem Verkehrsunternehmen mit Sitz in einem Mitgliedstaat beschäftigte Fahrpersonal, das Stra-

ßenverkehrstätigkeiten im Sinne der Verordnung (EWG) Nr. 3820/85 oder ansonsten des Europäischen Übereinkommens über die Arbeit des im internationalen Straßenverkehr beschäftigten Fahrpersonals (AETR) nachgeht.

(7) Es ist klarzustellen, dass Fahrpersonal, das vom Anwendungsbereich der vorliegenden Richtlinie ausgeschlossen ist, mit Ausnahme der selbstständigen Kraftfahrer, den Mindestschutz genießt, der in der Richtlinie 93/104/EG vorgesehen ist. Dieser Mindestschutz umfasst die bestehenden Bestimmungen über ausreichende Ruhezeiten, die durchschnittliche wöchentliche Höchstarbeitszeit, den Jahresurlaub und bestimmte grundlegende Vorschriften für Nachtarbeit, insbesondere Untersuchungen des Gesundheitszustandes.

(8) Da selbstständige Kraftfahrer vom Anwendungsbereich der Verordnung (EWG) Nr. 3820/85 erfasst, vom Anwendungsbereich der Richtlinie 93/104/EG jedoch ausgenommen sind, sollten diese Kraftfahrer gemäß den Bestimmungen von Artikel 2 Absatz 1 vom Anwendungsbereich der vorliegenden Richtlinie vorläufig ausgenommen werden.

(9) Die Begriffsbestimmungen dieser Richtlinie dürfen andere gemeinschaftsrechtliche Regelungen der Arbeitszeit nicht präjudizieren.

(10) Zur Verbesserung der Sicherheit im Straßenverkehr, zur Vermeidung von Wettbewerbsverzerrungen und zur Gewährleistung der Sicherheit und Gesundheit des unter diese Richtlinie fallenden Fahrpersonals sollten diese Personen genau wissen, welche Zeiten für Tätigkeiten im Straßenverkehr als Arbeitszeiten gelten und welche Zeiten hiervon ausgenommen sind und als Pausen, als Ruhezeiten oder als Bereitschaftszeiten gelten. Diesem Personenkreis sollten tägliche und wöchentliche Mindestruhezeiten sowie angemessene Ruhepausen gewährt werden. Ferner muss eine Höchstgrenze für die wöchentliche Arbeitszeit festgelegt werden.

(11) Untersuchungen zeigen, dass der menschliche Organismus während der Nacht besonders empfindlich auf Störungen in seiner Umgebung und auf bestimmte belastende Formen der Arbeitsorganisation reagiert und dass über lange Zeit währende Nachtarbeit für die Gesundheit der Arbeitnehmer nachteilig sein und ihre Sicherheit sowie die Straßenverkehrssicherheit ganz allgemein gefährden kann.

(12) Infolgedessen müssen die Zeiten, in denen Nachtarbeit geleistet wird, eingeschränkt werden, und es ist dafür zu sorgen, dass Berufskraftfahrer, die Nachtarbeit leisten, einen angemessen Ausgleich für ihre Tätigkeit erhalten und in ihren beruflichen Weiterbildungsmöglichkeiten nicht benachteiligt werden.

(13) Die Arbeitgeber sollten Aufzeichnungen über Überschreitungen der durchschnittlichen wöchentlichen Höchstarbeitszeit für Fahrpersonal führen.

(14) Die Bestimmungen der Verordnung (EWG) Nr. 3820/85 in Bezug auf die Lenkzeiten im innerstaatlichen und grenzüberschreitenden Personenverkehr, mit Ausnahme des Linienverkehrs, sollten weiterhin gelten.

(15) Die Kommission sollte die Umsetzung dieser Richtlinie überwachen, die Entwicklungen auf diesem Gebiet in den Mitgliedstaaten verfolgen und dem Europäischen Parlament, dem Rat, dem Wirtschafts- und Sozialausschuss und dem Ausschuss der Regionen einen Bericht über die Anwendung der Vorschriften sowie über die Auswirkungen der Bestimmungen zur Nachtarbeit vorlegen.

(16) Die Mitgliedstaaten oder, je nach Lage des Falls, die Sozialpartner müssen die Möglichkeit haben, Ausnahmen von einzelnen Bestimmungen dieser Richtlinie zu beschließen. Im Falle einer Ausnahme sollten jedoch den betroffenen Arbeitnehmern in der Regel Ausgleichsruhezeiten gewährt werden –

HABEN FOLGENDE RICHTLINIE ERLASSEN:

Artikel 1 Zweck. Zweck dieser Richtlinie ist es, Mindestvorschriften für die Gestaltung der Arbeitszeit festzulegen, um die Sicherheit und die Gesundheit der Personen, die Fahrtätigkeiten im Bereich des Straßentransports ausüben, verstärkt zu schützen, die Sicherheit im Straßenverkehr zu erhöhen und die Wettbewerbsbedingungen einander stärker anzugleichen.

Artikel 2 Anwendungsbereich. (1) Diese Richtlinie gilt für das Fahrpersonal von Unternehmen mit Sitz in einem Mitgliedstaat, das im Straßenverkehr im Sinne der Verordnung (EWG) Nr. 3820/85 oder ansonsten des AETR-Übereinkommens tätig ist.

Unbeschadet der Bestimmungen im folgenden Unterabsatz findet die vorliegende Richtlinie auf die selbstständigen Kraftfahrer ab dem 23. März 2009 Anwendung.

Spätestens 2 Jahre vor diesem Datum legt die Kommission dem Europäischen Parlament und dem Rat einen Bericht vor. Dieser Bericht untersucht die Auswirkungen des Ausschlusses selbstständiger Kraftfahrer vom Geltungsbereich der Richtlinie auf die Straßenverkehrssicherheit, die Wettbewerbsbedingungen und die Berufsstruktur sowie soziale Aspekte. Die Bedingungen in jedem einzelnen Mitgliedstaat mit Blick auf die Struktur des Transportgewerbes und Arbeitsbedingungen der im Straßentransport Tätigen werden berücksichtigt. Auf der Grundlage dieses Berichts legt die Kommission einen Vorschlag mit dem Ziel vor, um gegebenenfalls entweder

- die Bedingungen für die Einbeziehung selbstständiger Kraftfahrer in den Geltungsbereich dieser Richtlinie mit Blick auf bestimmte selbstständige Kraftfahrer festzulegen, die nicht im Straßenverkehr in anderen Mitgliedstaaten tätig sind und die aus objektiven Gründen lokalen Beschränkungen unterliegen, beispielsweise Standort in Randlage, große Inlandsentfernungen und ein besonders starker Wettbewerb, oder
- die selbstständigen Kraftfahrer nicht in den Anwendungsbereich dieser Richtlinie aufzunehmen.

(2) Für das Fahrpersonal, das vom Anwendungsbereich dieser Richtlinie ausgeschlossen ist, gilt die Richtlinie 93/104/EG.

(3) Soweit diese Richtlinie spezifischere Vorschriften für das Fahrpersonal im Straßenverkehr enthält, hat sie gemäß Artikel 14 der Richtlinie 93/104/EG Vorrang vor den einschlägigen Bestimmungen jener Richtlinie.

(4) Diese Richtlinie ergänzt die Bestimmungen der Verordnung (EWG) Nr. 3820/85 und erforderlichenfalls des AETR-Übereinkommens, die Vorrang vor den Bestimmungen dieser Richtlinie haben.

Artikel 3 Begriffsbestimmungen. Für die Zwecke dieser Richtlinie bezeichnet der Ausdruck

a) „Arbeitszeit" ist

1. bei Fahrpersonal: die Zeitspanne zwischen Arbeitsbeginn und Arbeitsende, während der der Beschäftigte an seinem Arbeitsplatz ist, dem Arbeitgeber zur Verfügung steht, und während der er seine Funktion oder Tätigkeit ausübt, d. h.

- die Zeit sämtlicher Tätigkeiten im Straßenverkehr. Diese Tätigkeiten umfassen insbesondere Folgendes:
  i) Fahren,
  ii) Be- und Entladen,
  iii) Hilfe beim Ein- und Aussteigen der Fahrgäste,
  iv) Reinigung und technische Wartung,
  v) alle anderen Arbeiten, die dazu dienen, die Sicherheit des Fahrzeugs, der Ladung und der Fahrgäste zu gewährleisten bzw. die gesetzlichen oder behördlichen Formalitäten die einen direkten Zusammenhang mit der gerade ausgeführten spezifischen Transporttätigkeit aufweisen, zu erledigen; hierzu gehören auch: Überwachen des Beladens/Entladens, Erledigung von Formalitäten im Zusammenhang mit Polizei, Zoll, Einwanderungsbehörden usw.;
- die Zeiten, während deren das Fahrpersonal nicht frei über seine Zeit verfügen kann und sich an seinem Arbeitsplatz bereithalten muss, seine normale Arbeit aufzunehmen, wobei es bestimmte mit dem Dienst verbundene Aufgaben ausführt, insbesondere während der Zeit des Wartens auf das Be- und Entladen, wenn deren voraussichtliche Dauer nicht im Voraus bekannt ist, d. h. entweder vor der Abfahrt bzw. unmittelbar vor dem tatsächlichen Beginn des betreffenden Zeitraums oder gemäß den allgemeinen zwischen den Sozialpartnern ausgehandelten und/oder durch die Rechtsvorschriften der Mitgliedstaaten festgelegten Bedingungen.

2. bei selbstständigen Kraftfahrern gilt die gleiche Definition:

Zeitspanne zwischen Arbeitsbeginn und Arbeitsende, in der sich der selbstständige Kraftfahrer an seinem Arbeitsplatz befindet, dem Kunden zur Verfügung steht, und während deren er seine Funktionen oder Tätigkeiten ausübt; dies umfasst nicht allgemeine administrative Tätigkeiten, die keinen direkten Zusammenhang mit der gerade ausgeführten spezifischen Transporttätigkeit aufweisen.

Nicht zur Arbeitszeit gerechnet werden die Ruhepausen gemäß Artikel 5, die Ruhezeiten gemäß Artikel 6 sowie unbeschadet der Rechtsvorschriften der Mitgliedstaaten oder der Vereinbarungen der Sozialpartner, nach denen derartige Zeiten ausgeglichen oder begrenzt werden, die Bereitschaftszeit gemäß Buchstabe b) des vorliegenden Artikels.

b) „Bereitschaftszeit“

- andere Zeiten als Ruhepausen und Ruhezeiten, in denen das Fahrpersonal nicht verpflichtet ist, an seinem Arbeitsplatz zu bleiben, in denen es sich jedoch in Bereitschaft halten muss, um etwaigen Anweisungen zur Aufnahme oder Wiederaufnahme der Fahrtätigkeit oder zur Ausführung anderer Arbeiten Folge zu leisten. Als Bereitschaftszeit gelten insbesondere die Zeiten, in denen das Fahrpersonal ein Fahrzeug während der Beförderung auf einer Fähre oder mit einem Zug begleitet sowie Wartezeiten an den Grenzen und infolge von Fahrverboten. Diese Zeiten und ihre voraussichtliche Dauer müssen dem Fahrpersonal im Voraus bekannt sein, d. h. entweder vor der Abfahrt bzw unmittelbar vor dem tatsächlichen Beginn des betreffenden Zeitraums oder gemäß den allgemeinen zwischen den

Sozialpartnern ausgehandelten und/oder durch die Rechtsvorschriften der Mitgliedstaaten festgelegten Bedingungen;

- für Fahrpersonal, das sich beim Fahren abwechselt, die Zeit, die während der Fahrt neben dem Fahrer oder in einer Schlafkabine verbracht wird;

c) „Arbeitsplatz“

- den Standort der Hauptniederlassung des Unternehmens, für das die Personen, die Fahrtätigkeiten im Bereich des Straßentransports ausüben, tätig sind, und seine verschiedenen Zweigniederlassungen, ob sie nun mit seinem Geschäftssitz oder seiner Hauptniederlassung zusammenfallen oder nicht;
- das Fahrzeug, das die Personen, die Fahrtätigkeiten im Bereich des Straßentransports ausüben, bei ihrer Tätigkeit benutzen und
- jeden anderen Ort, an dem die mit der Beförderung verbundenen Tätigkeiten ausgeführt werden;

d) „Fahrpersonal“ alle Arbeitnehmer, einschließlich Praktikanten und Auszubildende, die im Dienst eines Unternehmens, das auf Rechnung Dritter oder auf eigene Rechnung Fahrgäste oder Waren im Straßenverkehr befördert, eine Fahrtätigkeit ausüben;

e) „selbstständiger Kraftfahrer“ alle Personen, deren berufliche Tätigkeit hauptsächlich darin besteht, mit Gemeinschaftslizenz oder einer anderen berufsspezifischen Beförderungsermächtigung gewerblich im Sinne des Gemeinschaftsrechts, Fahrgäste oder Waren im Straßenverkehr zu befördern, die befugt sind, auf eigene Rechnung zu arbeiten, und die nicht durch einen Arbeitsvertrag oder ein anderes arbeitsrechtliches Abhängigkeitsverhältnis an einen Arbeitgeber gebunden sind, die über den erforderlichen freien Gestaltungsspielraum für die Ausübung der betreffenden Tätigkeit verfügen, deren Einkünfte direkt von den erzielten Gewinnen abhängen und die die Freiheit haben, als Einzelne oder durch eine Zusammenarbeit zwischen selbstständigen Kraftfahrern Geschäftsbeziehungen zu mehreren Kunden zu unterhalten. Für die Zwecke dieser Richtlinie unterliegen Fahrer, die diese Kriterien nicht erfüllen, den gleichen Verpflichtungen, und genießen die gleichen Rechte, wie sie diese Richtlinie für Fahrpersonal vorsieht.

f) „Personen, die Fahrtätigkeiten im Bereich des Straßentransports ausüben“ Fahrpersonal oder selbstständige Kraftfahrer;

g) „Woche“ den Zeitraum von Montag 00.00 Uhr bis Sonntag 24.00 Uhr;

h) „Nachtzeit“ jede in den einzelstaatlichen Rechtsvorschriften festgelegte Zeitspanne von mindestens vier Stunden in der Zeit zwischen 00.00 Uhr und 7.00 Uhr;

i) „Nachtarbeit“ jede Arbeit, die während der Nachtzeit ausgeführt wird.

Artikel 4 Wöchentliche Höchstarbeitszeit. Die Mitgliedstaaten treffen die erforderlichen Maßnahmen, damit Folgendes gewährleistet ist:

a) Die durchschnittliche wöchentliche Arbeitszeit darf 48 Stunden nicht überschreiten. Die wöchentliche Höchstarbeitszeit kann bis zu 60 Stunden betragen, sofern der Wochendurchschnitt in einem Zeitraum von vier Monaten 48 Stunden nicht übersteigt. Artikel 6 Absatz 1 Unterabsätze 4 und 5 der Verordnung (EWG) Nr. 3820/85 oder erforderlichenfalls Artikel 6 Absatz 1 Unterabsatz 4 des AETR-Übereinkommens haben Vorrang vor den Bestimmungen dieser Richtlinie, sofern die betroffenen Fahrer eine durchschnittliche Arbeitszeit von 48 Stunden pro Woche in einem Zeitraum von vier Monaten nicht überschreiten.

b) Die Arbeitszeiten bei verschiedenen Arbeitgebern werden zusammengerechnet. Der Arbeitgeber fordert das Fahrpersonal schriftlich auf, ihm eine Aufstellung der bei einem anderen Arbeitgeber geleisteten Arbeitszeit vorzulegen. Das Fahrpersonal legt diese Angaben schriftlich vor.

Artikel 5 Ruhepausen. (1) Unbeschadet des Schutzes, der durch die Verordnung (EWG) Nr. 3820/85 oder ansonsten durch das AETR-Übereinkommen gewährleistet wird, treffen die Mitgliedstaaten die erforderlichen Maßnahmen, damit Personen, die Fahrtätigkeiten im Bereich des Straßentransports ausüben, unbeschadet der Bestimmungen von Artikel 2 Absatz 1 auf keinen Fall länger als sechs Stunden hintereinander ohne Ruhepausen arbeiten. Die Arbeit ist durch eine Ruhepause von mindestens 30 Minuten bei einer Gesamtarbeitszeit von sechs bis neun Stunden und von mindestens 45 Minuten bei einer Gesamtarbeitszeit von mehr als neun Stunden zu unterbrechen.

(2) Die Ruhepausen können in Pausen von einer Mindestdauer von je 15 Minuten aufgeteilt werden.

Artikel 6 Ruhezeit. Für die Zwecke dieser Richtlinie unterliegen Auszubildende und Praktikanten in Bezug auf die Ruhezeit denselben Bestimmungen wie das übrige Fahrpersonal gemäß der Verordnung (EWG) Nr. 3820/85 oder ansonsten dem AETR-Übereinkommen.

Artikel 7 Nachtarbeit. (1) Die Mitgliedstaaten treffen die erforderlichen Maßnahmen, damit Folgendes gewährleistet ist:

- Wenn Nachtarbeit geleistet wird, darf die tägliche Arbeitszeit in einem Zeitraum von jeweils 24 Stunden zehn Stunden nicht überschreiten.
- Es erfolgt ein Ausgleich für Nachtarbeit nach den einzelstaatlichen Rechtsvorschriften, Tarifverträgen, Vereinbarungen zwischen den Sozialpartnern und/oder einzelstaatlichen Gepflogenheiten, sofern dieser Ausgleich die Sicherheit im Straßenverkehr nicht gefährdet.

(2) Die Kommission beurteilt bis zum 23. März 2007 im Rahmen des von ihr nach Artikel 13 Absatz 2 zu erstellenden Berichts die Auswirkungen der in Absatz 1 des vorliegenden Artikels vorgesehenen Bestimmungen. Die Kommission fügt diesem Bericht gegebenenfalls entsprechende Vorschläge bei.

(3) Die Bestimmungen über die Ausbildung der Berufskraftfahrer, einschließlich solcher, die Nachtarbeit leisten, werden Gegenstand eines Richtlinienvorschlags der Kommission sein, in dem die allgemeinen Grundsätze dieser Ausbildung festgelegt werden.

Artikel 8 Abweichende Regelungen. (1) Von Artikel 4 und 7 abweichende Regelungen können aus objektiven oder technischen Gründen oder aus Gründen im Zusammenhang mit der Arbeitsorganisation durch Tarifverträge, Vereinbarungen zwischen den Sozialpartnern, oder wenn dies nicht möglich ist, durch Rechts- oder Verwaltungsvorschriften getroffen werden, sofern die Vertreter der betroffenen Arbeitgeber und Arbeitnehmer konsultiert und Anstrengungen zur Förderung aller einschlägigen Formen des sozialen Dialogs unternommen werden.

(2) Die Möglichkeit, eine von Artikel 4 abweichende Regelung zu treffen, darf nicht dazu führen, dass für die Berechnung des Durchschnitts der wöchentlichen Höchstarbeitszeit von 48 Stunden ein Bezugszeitraum von mehr als sechs Monaten festgelegt wird.

Artikel 9 Informationspflicht und Aufzeichnungen. Die Mitgliedstaaten tragen dafür Sorge, dass

a) das Fahrpersonal unbeschadet der Bestimmungen der Richtlinie 91/533/EWG des Rates vom 14. Oktober 1991 über die Pflicht des Arbeitgebers zur Unterrichtung des Arbeitnehmers über die für seinen Arbeitsvertrag oder sein Arbeitsverhältnis geltenden Bedingungen über die maßgeblichen einzelstaatlichen Rechtsvorschriften, die Betriebsordnung und die Vereinbarungen zwischen den Sozialpartnern, insbesondere die Tarifverträge und die etwaigen Betriebsvereinbarungen, die aufgrund dieser Richtlinie festgelegt werden, unterrichtet wird;

b) über die Arbeitszeit von Personen, die Fahrtätigkeiten im Bereich des Straßentransports ausüben, unbeschadet der Bestimmungen von Artikel 2 Absatz 1 Buch geführt wird. Die Aufzeichnungen sind mindestens zwei Jahre nach Ablauf des betreffenden Zeitraums aufzubewahren. Die Arbeitgeber sind für die Aufzeichnung der Arbeitszeit des Fahrpersonals verantwortlich. Der Arbeitgeber ist gehalten, dem Fahrpersonal auf Anfrage eine Kopie der Aufzeichnung der geleisteten Stunden auszuhändigen.

Artikel 10 Günstigere Vorschriften. Diese Richtlinie berührt nicht die Befugnis der Mitgliedstaaten, die Sicherheit und die Gesundheit von Personen, die Fahrtätigkeiten im Bereich des Straßentransports ausüben, besser schützende Rechts- oder Verwaltungsvorschriften anzuwenden oder einzuführen, oder die Anwendung von Tarifverträgen oder sonstigen Vereinbarungen zwischen den Sozialpartnern, die die Sicherheit und die Gesundheit des Fahrpersonals besser schützen, zu fördern oder zu gestatten. Die Umsetzung dieser Richtlinie darf nicht als Begründung dafür herangezogen werden, das generelle Schutzniveau der Arbeitnehmer gemäß Artikel 2 Absatz 1 zu senken.

Artikel 11 Sanktionen. Die Mitgliedstaaten legen für Verstöße gegen die gemäß dieser Richtlinie erlassenen innerstaatlichen Rechtsvorschriften Sanktionen fest und ergreifen alle notwendigen Maßnahmen, um die Anwendung dieser Sanktionen zu gewährleisten. Die Sanktionen müssen wirksam, verhältnismäßig und abschreckend sein.

Artikel 12 Verhandlungen mit Drittländern. Im Hinblick auf die Anwendung einer dieser Richtlinie inhaltlich gleichwertigen Regelung auf Fahrpersonal von Unternehmen mit Sitz in einem Drittland wird die Gemeinschaft nach dem Inkrafttreten dieser Richtlinie Verhandlungen mit den betreffenden Drittländern aufnehmen.

Artikel 13 Bericht. (1) Die Mitgliedstaaten erstatten der Kommission alle zwei Jahre über die Durchführung dieser Richtlinie Bericht und teilen hierbei die Standpunkte der Sozialpartner mit. Der Bericht muss spätestens am 30. September nach Ablauf des betreffenden Zweijahreszeitraums bei der Kommission eingehen. Der Zweijahreszeitraum entspricht dem in Artikel 16 Absatz 2 der Verordnung (EWG) Nr. 3820/85 genannten Zeitraum.

(2) Die Kommission erstellt alle zwei Jahre einen Bericht über die Durchführung dieser Richtlinie durch die Mitgliedstaaten und die Entwicklung auf dem betreffenden Gebiet.

Die Kommission legt diesen Bericht dem Europäischen Parlament, dem Rat, dem Wirtschafts- und Sozialausschuss und dem Ausschuss der Regionen vor.

Artikel 14 Schlussbestimmungen. (1) Die Mitgliedstaaten erlassen die erforderlichen Rechts- und Verwaltungsvorschriften, um dieser Richtlinie bis zum 23. März 2005 nachzukommen, oder sorgen dafür, dass die Sozialpartner bis zu diesem Zeitpunkt im Wege einer Vereinbarung die erforderlichen Vorkehrungen getroffen haben; dabei haben die Mitgliedstaaten alles zu unternehmen, damit sie jederzeit gewährleisten können, dass die durch diese Richtlinie vorgeschriebenen Ergebnisse erreicht werden. Wenn die Mitgliedstaaten die Vorschriften nach Unterabsatz 1 erlassen, nehmen sie in diesen Vorschriften selbst oder durch einen Hinweis bei der amtlichen Veröffentlichung auf diese Richtlinie Bezug. Die Mitgliedstaaten regeln die Einzelheiten dieser Bezugnahme.

(2) Die Mitgliedstaaten teilen der Kommission den Wortlaut der innerstaatlichen Rechtsvorschriften mit, die sie auf dem unter diese Richtlinie fallenden Gebiet bereits erlassen haben oder noch erlassen.

(3) Die Mitgliedstaaten sorgen dafür, dass die Frachtführer, Verlader, Spediteure, Hauptauftragsunternehmer, Subunternehmer und Unternehmen, die Fahrpersonal beschäftigen, die entsprechenden Vorschriften dieser Richtlinie einhalten.

Artikel 15 Inkrafttreten. Diese Richtlinie tritt am Tag ihrer Veröffentlichung im Amtsblatt der Europäischen Gemeinschaften in Kraft.

Artikel 16 Adressaten. Diese Richtlinie ist an alle Mitgliedstaaten gerichtet.

Sonn- und Feiertagsschutz

3. Gesetz über Sonn- und Feiertage (Feiertagsgesetz NW)

vom 23.4.1989 (GV.NW. S. 222), zuletzt geändert durch Gesetz vom 20.12.1994 (GV.NW. S. 1114)

§ 1 Allgemeines. (1) Die Sonntage und die Feiertage werden nach Maßgabe dieses Gesetzes geschützt.

(2) Der Feiertagsschutz gilt von Mitternacht bis Mitternacht, soweit im Einzelnen nicht etwas Abweichendes bestimmt ist.

§ 2 Feiertage. (1) Feiertage sind:

1. der Neujahrstag,
2. der Karfreitag,
3. der Ostermontag,
4. der 1. Mai als Tag des Bekenntnisses zu Freiheit und Frieden, sozialer Gerechtigkeit, Völkerversöhnung und Menschenwürde,
5. der Christi-Himmelfahrtstag,
6. der Pfingstmontag,
7. der Fronleichnamstag (Donnerstag nach dem Sonntag Trinitatis)
8. der 3. Oktober als Tag der deutschen Einheit,
9. der Allerheiligentag (1. November),
10. der 1. Weihnachtstag,
11. der 2. Weihnachtstag.

(2) Gedenk- und Trauertage sind:

1. der Volkstrauertag (zweiter Sonntag vor dem 1. Advent),
2. der Totensonntag (letzter Sonntag vor dem 1. Advent).

§ 3 Arbeitsverbote. An Sonn- und Feiertagen sind alle öffentlich bemerkbaren Arbeiten verboten, die geeignet sind, die äußere Ruhe des Tages zu stören, sofern sie nicht besonders erlaubt sind. Bei erlaubten Arbeiten sind unnötige Störungen und Geräusche zu vermeiden. Verboten sind auch Treib-, Lapp- und Hetzjagden.

§ 4 Ausnahmen von Arbeitsverboten. An Sonn- und Feiertagen sind erlaubt:

1. Alle gewerblichen Arbeiten einschließlich des Handelsgewerbes, deren Ausführung an Sonn- oder Feiertagen nach Bundes- oder Landesrecht allgemein oder im Einzelfalle ausdrücklich zugelassen ist;
2. die Arbeiten der öffentlichen und privaten Unternehmen des Verkehrs, einschließlich der den Bedürfnissen des Verkehrs dienenden Nebenbetriebe und der Hilfseinrichtungen des Verkehrs (z. B. Tankstellen, Reparaturwerkstätten, Ersatzteillager, Fahrzeug-

bewachung); Instandsetzungsarbeiten an Verkehrsmitteln sind jedoch nur zugelassen, soweit sie für die Weiterfahrt erforderlich oder nach Ziffer 1 erlaubt sind;

3. unaufschiebbare Arbeiten, die erforderlich sind
   a) zur Verhütung eines Notstandes oder im Interesse öffentlicher Einrichtungen und Anstalten,
   b) zur Abwendung eines erheblichen Schadens an Gesundheit oder Eigentum,
   c) zur Befriedigung dringender häuslicher oder landwirtschaftlicher Bedürfnisse;
4. Gartenarbeit, die nicht gewerbsmäßig verrichtet werden, und die nicht gewerbsmäßige Säuberung von Flächen, die der Erholung dienen;
5. Arbeiten, die der Erholung im Rahmen der Freizeitgestaltung dienen. Dazu gehört insbesondere der Betrieb von Saunas, Bräunungs- und Fitnessstudios.

§ 5 Verbotene Veranstaltungen. (1) An Sonn- und Feiertagen sind während der Hauptzeit des Gottesdienstes verboten:

a) öffentliche Versammlungen unter freiem Himmel und öffentliche Auf- und Umzüge, die nicht mit dem Gottesdienst zusammenhängen,

b) alle der Unterhaltung dienenden öffentlichen Veranstaltungen, bei denen nicht ein höheres Interesse der Kunst, Wissenschaft oder Volksbildung vorliegt,

c) öffentliche Versammlungen in geschlossenen Räumen, soweit hierdurch der Gottesdienst unmittelbar gestört wird,

d) größere sportliche Veranstaltungen und solche, durch die der Gottesdienst unmittelbar gestört wird.

Dieses Verbot gilt nicht für den 3. Oktober, wenn dieser Tag auf einen Wochentag fällt. Es gilt ferner nicht für gewerkschaftliche Veranstaltungen am 1. Mai. Als Hauptzeit des Gottesdienstes gilt die Zeit von 6 bis 11 Uhr. Die örtliche Ordnungsbehörde kann im Einvernehmen mit den Kirchen festlegen, dass diese Zeit bereits vor 11 Uhr endet.

(2) Soweit Märkte an Sonn- und Feiertagen zugelassen sind, dürfen sie erst nach der ortsüblichen Zeit des Hauptgottesdienstes beginnen. Die ortsübliche Zeit des Hauptgottesdienstes wird von der örtlichen Ordnungsbehörde im Einvernehmen mit der Kirche festgelegt; sie darf zwei Stunden nicht überschreiten und muß in der Hauptzeit des Gottesdienstes liegen.

§ 6 Stille Feiertage. (1) Am Volkstrauertag sind zusätzlich verboten:

1. Märkte, gewerbliche Ausstellungen und ähnliche Veranstaltungen von 5 bis 13 Uhr,
2. sportliche und ähnliche Veranstaltungen einschließlich Pferderennen und -leistungsschauen sowie Zirkusveranstaltungen, Volksfeste und der Betrieb von Freizeitanlagen, soweit dort tänzerische oder artistische Darbietungen angeboten werden, von 5 Uhr bis 13 Uhr,
3. der Betrieb von Spielhallen und ähnlichen Unternehmen sowie die gewerbliche Annahme von Wetten von 5 Uhr bis 13 Uhr,
4. musikalische und sonstige unterhaltende Darbietungen jeder Art in Gaststätten und in Nebenräumen mit Schankbetrieb von 5 Uhr bis 18 Uhr,

5. alle anderen der Unterhaltung dienenden öffentlichen Veranstaltungen einschließlich Tanz von 5 Uhr bis 18 Uhr.

(2) Am Allerheiligentag und am Totensonntag sind zusätzlich verboten:

alle in Absatz 1 genannten Veranstaltungen von 5 Uhr bis 18 Uhr.

(3) Am Karfreitag sind zusätzlich verboten:

1. alle in Absatz 1 genannten Veranstaltungen bis zum nächsten Tag 6 Uhr, mit Ausnahme der Großmärkte, die bis zum nächsten Tag 3 Uhr verboten sind,
2. alle nicht öffentlichen unterhaltenden Veranstaltungen außerhalb von Wohnungen bis zum nächsten Tag 6 Uhr,
3. die Vorführung von Filmen, die nicht vom Kultusminister oder der von ihm bestimmten Stelle als zur Aufführung am Karfreitag geeignet anerkannt sind, bis zum nächsten Tag 6 Uhr,
4. Veranstaltungen, Theater- und musikalische Aufführungen, Filmvorführungen und Vorträge jeglicher Art, auch ernsten Charakters, während der Hauptzeit des Gottesdienstes.

(4) Bei Rundfunksendungen ist während der Zeit von 5 Uhr bis 18 Uhr (Absätze 1 und 2) und von 0 Uhr bis zum nächsten Tag 6 Uhr (Absatz 3) auf den ernsten Charakter der stillen Feiertage Rücksicht zu nehmen.

§ 7 Sonstige Verbote. (1) Am Gründonnerstag ist ab 18 Uhr öffentlicher Tanz verboten.

(2) Auf den Vorabend des Weihnachtstages finden ab 16 Uhr § 5 Abs. 1 Buchstabe a und § 6 Abs. 1 sinngemäß Anwendung.

§ 8 Kirchliche Feiertage. (1) Kirchliche Feiertage sind Feiertage, die von den Kirchen oder Religionsgemeinschaften außer den in § 2 genannten Feiertagen begangen werden.

(2) An kirchlichen Feiertagen haben die Arbeitgeber den in einem Beschäftigungs- oder Ausbildungsverhältnis stehenden Angehörigen der betreffenden Kirche oder Religionsgemeinschaft Gelegenheit zum Besuch des Gottesdienstes zu geben, sofern nicht unaufschiebbare oder im allgemeinen Interesse vordringliche Aufgaben zu erledigen sind. Weitere Nachteile als ein etwaiger Lohnausfall für die versäumte Arbeitszeit dürfen den Arbeitnehmern aus ihrem Fernbleiben nicht erwachsen.

(3) Kirchliche Feiertage werden gemäß § 5 Abs. 1 geschützt in den Gemeinden, in denen mindestens zwei Fünftel der Bevölkerung den Feiertag begehen oder in denen die allgemeine Achtung des Feiertages einer langjährigen Gewohnheit entspricht. In Zweifelsfällen entscheidet der Regierungspräsident.

§ 9 Jüdische Feiertage. (1) An den folgenden jüdischen Feiertagen:

1. am Neujahrsfest (zwei Tage),
2. am Versöhnungstag und am Vorabend dieses Tages ab 18 Uhr,

sind während der Zeit des Hauptgottesdienstes in der Nähe von Synagogen und sonstigen der jüdischen Kultusgemeinde zu gottesdienstlichen Zwecken dienenden Räumen und Gebäuden verboten:

a) alle vermeidbaren, Lärm erregenden Handlungen,

b) öffentliche Versammlungen, Auf- und Umzüge.

(2) Die ortsübliche Zeit des Hauptgottesdienstes wird durch die örtliche Ordnungsbehörde im Einvernehmen mit der jüdischen Kultusgemeinde festgesetzt.

(3) An den in Absatz 1 genannten jüdischen Feiertagen steht den bekenntniszugehörigen Beamten und Arbeitnehmern der öffentlichen und privaten Betriebe und Verwaltungen das Recht zu, von der Arbeit fernzubleiben. Weitere Nachteile als ein etwaiger Lohnausfall für die versäumte Arbeitszeit dürfen den Arbeitnehmern aus ihrem Fernbleiben nicht erwachsen.

§ 10 Ausnahmen von Verboten. (1) Beim Vorliegen eines dringenden Bedürfnisses können Ausnahmen von den Verboten der §§ 3 und 5 bis 7 zugelassen werden, sofern damit keine erhebliche Beeinträchtigung des Sonn- und Feiertagsschutzes verbunden ist. Die Ausnahmegenehmigung kann auf Dauer unter dem Vorbehalt des Widerrufs erteilt werden. Bei Veranstaltung von Märkten und gewerblichen Ausstellungen ist eine erhebliche Beeinträchtigung dann nicht anzunehmen, wenn sie nicht auch unterhaltenden Charakter hat. Das gleiche gilt für sportliche und ähnliche Veranstaltungen, soweit sie in geschlossenen Räumen stattfinden.

(2) Zuständig für die Erteilung einer Ausnahmegenehmigung ist in den Fällen der §§ 3 und 5 die Aufsichtsbehörde nach § 7 des Ordnungsbehördengesetzes, in den Fällen der §§ 6 und 7 der Regierungspräsident.

§ 11 Bußgeldvorschrift. (1) Ordnungswidrig handelt, wer

1. entgegen § 3 Satz 1 an Sonn- und Feiertagen öffentlich bemerkbare Arbeiten ausführt, die geeignet sind, die äußere Ruhe des Tages zu stören, oder entgegen § 3 Satz 2 bei erlaubten Arbeiten (§ 4) vermeidbare Störungen oder Geräusche verursacht;
2. entgegen § 3 Satz 3 an Sonn- oder Feiertagen Treib-, Lapp- oder Hetzjagden veranstaltet;
3. entgegen § 5 Abs. 1 an Sonn- oder Feiertagen während der Hauptzeit des Gottesdienstes Veranstaltungen der dort bezeichneten Art durchführt;
4. an stillen Feiertagen (§ 6) oder am Vorabend des Weihnachtstages einem Veranstaltungs- oder Gewerbeverbot nach § 6 Abs. 1 bis 3, § 7 Abs. 2 zuwiderhandelt;
5. entgegen § 7 Abs. 1 am Gründonnerstag ab 18 Uhr öffentlichen Tanz veranstaltet;
6. als Arbeitgeber entgegen § 8 Abs. 2 Satz 1 an kirchlichen Feiertagen den in einem Beschäftigungs- oder Ausbildungsverhältnis stehenden Angehörigen der betreffenden Kirche oder Religionsgemeinschaft keine Gelegenheit zum Besuch des Gottesdienstes gibt;
7. entgegen § 8 Abs. 3 an kirchlichen Feiertagen während der Hauptzeit des Gottesdienstes Veranstaltungen der in § 5 Abs. 1 bezeichneten Art durchführt;
8. entgegen § 9 Abs. 1 an jüdischen Feiertagen während der Zeit des Hauptgottesdienstes in der Nähe von Synagogen oder sonstigen der jüdischen Kultusgemeinde zu gottesdienstlichen Zwecken dienenden Räumen oder Gebäuden vermeidbaren Lärm erregt oder öffentliche Versammlungen, Auf- oder Umzüge veranstaltet.

(2) Die Ordnungswidrigkeit kann mit einer Geldbuße geahndet werden.

(3) Verwaltungsbehörde im Sinne des § 36 Abs. 1 Nr. 1 des Gesetzes über Ordnungswidrigkeiten ist die örtliche Ordnungsbehörde.

§ 12 Einschränkung von Grundrechten. Das Grundrecht der Versammlungsfreiheit (Artikel 8 Abs. 2 des Grundgesetzes) wird nach Maßgabe des § 5 Abs. 1, § 6, § 7 Abs. 2, § 8 Abs. 3 und § 9 Abs. 1 eingeschränkt.

§ 13 Verwaltungsvorschriften. Die zur Durchführung dieses Gesetzes erforderlichen Verwaltungsvorschriften erlässt der Innenminister im Einvernehmen mit dem Kultusminister und dem Minister für Arbeit, Gesundheit und Soziales.

§ 14 Inkrafttreten. Dieses Gesetz tritt am Tage nach seiner Verkündung in Kraft.

4. Verordnung über Ausnahmen vom Verbot der Beschäftigung von Arbeitnehmern an Sonn- und Feiertagen in der Eisen- und Stahlindustrie

in der Fassung vom 31. 7. 1968 (BGBl. I S. 886), zuletzt geändert durch Art. 13 des Gesetzes (ArbZRG) vom 6. 6. 1994 (BGBl. I S. 1170)

Aufgrund des § 105d der Gewerbeordnung in Verbindung mit Artikel 129 Abs. 1 des Grundgesetzes wird mit Zustimmung des Bundesrates für die Eisen- und Stahlindustrie verordnet:

§ 1 (1) In der Eisen- und Stahlindustrie dürfen Arbeitnehmer an Sonn- und Feiertagen beschäftigt werden beim Betrieb

1. von Hochöfen, Niederschachtöfen, Öfen nach dem Stürzelbergverfahren und Brennöfen während der Zeit von 0 bis 24 Uhr,
2. von Siemens-Martin-Stahlöfen mit einem Schmelzgewicht von weniger als 75 t und Elektro-Stahlöfen mit einem Schmelzgewicht von weniger als 10 t mit Ausnahme der Öfen, in denen Stahlguss erzeugt wird, sowie von Öfen nach dem Rotorverfahren während der Zeit bis 6 Uhr und ab 22 Uhr,
3. von Siemens-Martin-Stahlöfen mit einem Schmelzgewicht von mindestens 75 t und Elektro-Stahlöfen mit einem Schmelzgewicht von mindestens 10 t mit Ausnahme der Öfen, in denen Stahlguss erzeugt wird, während der Zeit von 0 bis 24 Uhr,
4. von Thomasstahl-Konvertern während der Zeit bis 6 Uhr und ab 22 Uhr,
5. von Oxygenstahl-Konvertern und von Walzenstraßen erster Hitze, die im Verbund mit diesen Konvertern betrieben werden, während der Zeit von 0 bis 24 Uhr,
6. von Walzenstraßen erster Hitze, die im Verbund mit den in den Nummern 2 und 4 bezeichneten Öfen und Konvertern betrieben werden, bis 6 Uhr und ab 22 Uhr,
7. von Walzenstraßen erster Hitze, die überwiegend im Verbund mit den in Nummer 3 bezeichneten Stahlöfen betrieben werden, während der Zeit bis 6 Uhr und ab 14 Uhr oder bis 14 Uhr und ab 22 Uhr.

Die Regelung nach den Nummern 2 bis 7 gilt nicht für die Weihnachts-, Oster- und Pfingstfeiertage, den 1. Januar und den 1. Mai.

(2) Die Beschäftigung nach Absatz 1 Nr. 1 bis 4 ist nur mit folgenden Arbeiten und den jeweils zugehörigen Hilfsverrichtungen gestattet:

1. Beistellung der Einsatzstoffe vom Betriebslager,
2. alle anderen für das Erschmelzen des Roheisens, der Luppen oder des Stahls unmittelbar erforderlichen Arbeiten,
3. Abtransport und Lagerung des Roheisens und der Schlacke, der Luppen oder des Stahls,
4. Oberflächenbearbeitung und Wärmebehandlung des Stahls, soweit sie in der ersten Hitze vorgenommen werden müssen.

Dies gilt nicht, sofern die Arbeiten oder Hilfsverrichtungen auf einen Werktag verlegt werden können.

(3) Beim Betrieb der Walzenstraßen erster Hitze ist nur die Beschäftigung mit dem Antransport der Rohstahlblöcke und Brammen und mit allen anderen für das Walzen der Blöcke und Brammen in erster Hitze unmittelbar erforderlichen Arbeiten sowie mit den jeweils zugehörigen Hilfsverrichtungen gestattet. Dies gilt nicht, sofern die Arbeiten oder Hilfsverrichtungen auf einen Werktag verlegt werden können.

§ 2 Die Beschäftigung nach § 1 Abs. 1 Nr. 2 bis 7 ist nur gestattet, wenn die in § 10 Abs. 1 Nr. 14 des Arbeitszeitgesetzes zugelassenen Arbeiten zur Reinigung und Instandhaltung entweder in der Zeit von 6 bis 14 Uhr oder in der Zeit von 14 bis 22 Uhr nicht vorgenommen werden, in den Fällen des § 1 Abs. 1 Nr. 7 während der Zeit, während der eine Beschäftigung nach dieser Verordnung nicht gestattet ist.

§ 3 Arbeitnehmer dürfen nach § 1 nur unter den in den §§ 4 bis 8 vorgesehenen Bedingungen beschäftigt werden.

§ 4 (1) Den Arbeitnehmern, die nach § 1 Abs. 1 Nr. 1 beschäftigt werden, ist in einem im Schichtplan festzulegenden Wechsel an mindestens 13 Sonntagen im Jahr eine ununterbrochene Ruhezeit von mindestens 72 Stunden zu gewähren, die den vollen Kalendersonntag umfassen muß.

(2) Den Arbeitnehmern, die nach § 1 Abs. 1 Nr. 2, 4, 6 und 7 beschäftigt werden, ist in einem im Schichtplan festzulegenden Wechsel an mindestens 26 Sonntagen im Jahr eine ununterbrochene Ruhezeit von mindestens 40 Stunden zu gewähren, die den vollen Kalendersonntag umfassen muss.

(3) Den Arbeitnehmern, die nach § 1 Abs. 1 Nr. 3 und 5 beschäftigt werden, ist an mindestens 26 Sonntagen im Jahr eine ununterbrochene Ruhezeit von mindestens 40 Stunden zu gewähren, die den vollen Kalendersonntag umfassen muss. Aufgrund eines Tarifvertrags oder, soweit eine solche Regelung nicht besteht, aufgrund einer Betriebsvereinbarung kann die Dauer der Ruhezeit für höchstens 9 Sonntage bis auf 16 Stunden verkürzt werden, wenn die Arbeitnehmer an diesen Sonntagen mindestens in der Zeit von 6 bis 22 Uhr von der Arbeit freigestellt werden. Die arbeitsfreien Sonntage sind nach Maßgabe der betrieblichen Verhältnisse und der Schichtpläne im Voraus festzulegen.

(4) Den Arbeitnehmern, die nach § 1 Abs. 1 Nr. 2 bis 7 beschäftigt werden, ist an den Weihnachtsfeiertagen eine ununterbrochene Ruhezeit von mindestens 64 Stunden, die am 24. Dezember spätestens um 14 Uhr beginnen muss, am 1. Januar eine ununterbrochene Ruhezeit von mindestens 40 Stunden, die am 31. Dezember um 18 Uhr beginnen muss, an den Oster- und Pfingstfeiertagen eine ununterbrochene Ruhezeit von jeweils mindestens 48 Stunden und am 1. Mai eine ununterbrochene Ruhezeit von mindestens 40 Stunden zu gewähren.

(5) Den Arbeitnehmern, die nach § 1 Abs. 1 Nr. 1 beschäftigt werden, ist an den Weihnachts-, Oster- und Pfingstfeiertagen eine ununterbrochene Ruhezeit von angemessener Dauer zu gewähren. Sie muss für mindestens die Hälfte dieser Arbeitnehmer mindestens 40 Stunden betragen und in der Zeit von 6 Uhr des den Feiertagen vorangehenden Tages bis 6 Uhr des auf die Feiertage folgenden Tages liegen.

§ 5 (1) Die Arbeitszeit an einem Sonn- oder Feiertag darf die Dauer von acht Stunden nicht überschreiten. Sie kann, soweit es bisher gestattet war, auf höchstens zwölf Stunden verlängert werden, wenn den Arbeitnehmern an Stelle der in § 4 Abs. 1 und 3 Satz 2 zu gewährenden freien Sonntage in einem im Schichtplan festzulegenden Wechsel an mindestens 26 Sonntagen im Jahr eine ununterbrochene Ruhezeit von mindestens 40 Stunden gewährt wird, die den vollen Kalendersonntag umfasst; § 4 Abs. 4 bleibt unberührt.

(2) Den Arbeitnehmern ist für die Beschäftigung an einem Sonntag eine ununterbrochene Ersatzruhezeit von mindestens 24 Stunden in derselben oder in der vorhergehenden Woche zu gewähren.

§ 6 (aufgehoben)

§ 7 (1) Wer Arbeitnehmer nach § 1 Abs. 1 Nr. 3 und 5 beschäftigt, hat ein Verzeichnis zu führen, in dem für jeden dieser Arbeitnehmer zu vermerken sind

a) die nach § 4 Abs. 3 und 4 gewährten arbeitsfreien Sonn- und Feiertage sowie die Dauer und Lage der an diesen arbeitsfreien Tagen gewährten Ruhezeiten,

b) die nach § 5 Abs. 2 gewährten Erstruhezeiten und deren Dauer.

(2) Das Verzeichnis ist der nach Landesrecht zuständigen Behörde auf Verlangen vorzulegen oder einzusenden. Es ist mindestens bis zum Ablauf von zwei Jahren nach der letzten Eintragung aufzubewahren. Die Landesregierungen können durch Rechtsverordnung eine einheitliche Form für das Verzeichnis vorschreiben.

§ 8 Wer Arbeitnehmer nach § 1 beschäftigt, hat einen Abdruck dieser Verordnung an geeigneter Stelle im Betrieb zur Einsicht auszulegen oder auszuhängen.

§ 9 Diese Verordnung gilt mit der Maßgabe, dass in § 1 Abs. 1 Nr. 2 und 3 die Zahl „75“ durch die Zahl „50“ ersetzt wird, auch im Land Berlin, sofern sie im Land Berlin in Kraft gesetzt wird.

5. Verordnung über Ausnahmen vom Verbot der Beschäftigung von Arbeitnehmern an Sonn- und Feiertagen in der Papierindustrie

vom 20. 7. 1963 (BGBl. I S. 491), zuletzt geändert durch Art. 14 des Gesetzes (ArbZRG) vom 6. 6. 1994 (BGBl. I S. 1170)

Auf Grund des § 105d der Gewerbeordnung in Verbindung mit Artikel 129 Abs. 1 des Grundgesetzes wird mit Zustimmung des Bundesrates für die Papierindustrie verordnet:

§ 1 (1) In der Papierindustrie dürfen Arbeitnehmer an Sonn- und Feiertagen mit Ausnahme der Weihnachts-, Oster- und Pfingstfeiertage und des 1. Mai beschäftigt werden mit Arbeiten zur Herstellung

1. von Zeitungsdruckpapier und Maschinenpappe auf Papiermaschinen mit einer Bahnlänge von mindestens 200 m,
2. von Schreib-, Druck-, Pack- und Kraftpapier sowie Sonderpapier auf Papiermaschinen mit einer Bahnlänge von mindestens 175 m,
3. von Pergamentersatz, Pergamin und ähnlichen Papieren, Zellstoffkarton und Rohpapier für geklebten Karton sowie einseitig glattem Pack- und Kraftpapier auf Papiermaschinen mit einer Bahnlänge von mindestens 110 m,
4. von Sonderpapier mit einem Flächenfertiggewicht unter 23 g/qm und technischem Zeichenpapier auf Papiermaschinen mit einer Bahnlänge von mindestens 75 m,
5. von Zellstoffwatte, Toilettenpapier und Textilersatzkrepp mit einer Arbeitsgeschwindigkeit von mindestens 350 m/min auf Yankee-Maschinen,
6. von Seidenpapier mit einer Arbeitsgeschwindigkeit von mindestens 200 m/min auf Yankee-Maschinen,
7. von Papier auf zellstoffintegrierten Papiermaschinen (Verbundmaschinen), wenn das auf der Verbundmaschine hergestellte Papier zu mehr als 75 vom Hundert des Zellstoffeintrags aus eigenerzeugtem Zellstoff besteht.

Als Bahnlänge gilt die Länge der Papierbahn vom Auflauf des Stoffes auf das Sieb bis zum Aufrollapparat, als Arbeitsgeschwindigkeit gilt die Siebgeschwindigkeit.

(2) Die Beschäftigung nach Absatz 1 ist nur mit folgenden Arbeiten und den jeweils zugehörigen Hilfsverrichtungen gestattet, sofern die Arbeiten oder Hilfsverrichtungen nicht auf einen Werktag verlegt werden können:

1. Antransport der Rohmaterialien vom Betriebslager,
2. alle anderen zur Stoffaufbereitung und Papierherstellung unmittelbar erforderlichen Arbeiten,
3. Abtransport der Rollen oder Formate zur Lagerung im Zwischenlager.

§ 2 (1) Die Beschäftigung nach § 1 ist an einem Sonn- und Feiertag in einem Betrieb nur gestattet, wenn die in § 10 Abs. 1 Nr. 14 des Arbeitszeitgesetzes zugelassenen Arbeiten zur Reinigung und Instandhaltung während des ganzen Sonn- oder Feiertags an keiner Papiermaschine des Betriebs vorgenommen werden.

(2) Absatz 1 findet keine Anwendung, wenn Arbeitnehmer an einem Sonn- oder Feiertag nach § 1 an nicht mehr als der Hälfte der Papiermaschinen des Betriebs beschäftigt werden und die in § 10 Abs. 1 Nr. 14 des Arbeitszeitgesetzes zugelassenen Arbeiten zur Reinigung und Instandhaltung

a) während des ganzen Sonn- oder Feiertags an den Papiermaschinen, die an diesem Sonn- oder Feiertag laufen, und

b) nach 10 Uhr am Sonn- oder Feiertag an den Papiermaschinen, die an diesem Sonn- oder Feiertag nicht laufen,

nicht vorgenommen werden.

§ 3 Arbeitnehmer dürfen nach § 1 nur unter den in §§ 4 bis 9 vorgesehenen Bedingungen beschäftigt werden.

§ 4 (1) Den an Sonn- und Feiertagen beschäftigten Arbeitnehmern ist an mindestens 26 Sonntagen im Jahr eine ununterbrochene Ruhezeit von mindestens 40 Stunden zu gewähren, die den vollen Kalendersonntag umfassen muß. Die arbeitsfreien Sonntage sind nach Maßgabe der betrieblichen Verhältnisse und der Schichtpläne im Voraus festzulegen.

(2) An den Weihnachtsfeiertagen ist den Arbeitnehmern eine ununterbrochene Ruhezeit von mindestens 60 Stunden, die am 24. Dezember spätestens um 18 Uhr beginnen muss, an den Oster- und Pfingstfeiertagen eine ununterbrochene Ruhezeit von jeweils mindestens 48 Stunden und am 1. Mai eine ununterbrochene Ruhezeit von mindestens 40 Stunden zu gewähren.

§ 5 (1) Die Arbeitszeit an einem Sonn- oder Feiertag darf die Dauer von acht Stunden nicht überschreiten.

(2) Den Arbeitnehmern ist für die Beschäftigung an einem Sonntag eine ununterbrochene Ersatzruhezeit von mindestens 24 Stunden in derselben oder in der vorhergehenden Woche zu gewähren.

§ 6 Auf Grund eines Tarifvertrags oder, soweit eine solche Regelung nicht besteht, aufgrund einer Betriebsvereinbarung kann

a) die in § 4 Abs. 1 Satz 1 vorgeschriebene Dauer der Ruhezeit für höchstens 5 Sonntage bis auf 16 Stunden verkürzt werden, wenn die Arbeitnehmer an diesen Sonntagen mindestens in der Zeit von 6 bis 22 Uhr von der Arbeit freigestellt werden,

oder

b) die in § 5 Abs. 1 vorgeschriebene Dauer der Arbeitszeit an Sonntagen auf höchstens 12 Stunden verlängert werden.

§ 7 (aufgehoben)

§ 8 (1) Wer Arbeitnehmer nach § 1 beschäftigt, hat ein Verzeichnis zu führen, in dem für jeden dieser Arbeitnehmer zu vermerken sind

a) die nach §§ 4 und 6 gewährten arbeitsfreien Sonn- und Feiertage sowie die Dauer und Lage der an diesen arbeitsfreien Tagen gewährten Ruhezeiten,

b) die nach § 5 Abs. 2 gewährten Ersatzruhezeiten und deren Dauer.

(2) Das Verzeichnis ist der nach Landesrecht zuständigen Behörde auf Verlangen vorzulegen oder einzusenden. Es ist mindestens bis zum Ablauf von zwei Jahren nach der letzten Eintragung aufzubewahren. Die Landesregierungen können durch Rechtsverordnung eine einheitliche Form für das Verzeichnis vorschreiben.

§ 9 Wer Arbeitnehmer nach § 1 beschäftigt, hat einen Abdruck dieser Verordnung an geeigneter Stelle im Betrieb zur Einsicht auszulegen oder auszuhängen.

§ 10 (aufgehoben)

§ 11 (1) Diese Verordnung tritt einen Monat nach ihrer Verkündung in Kraft.

(2) (aufgehoben)

(3) (aufgehoben)

6. Verordnung über die Zulassung der Beschäftigung von Arbeitnehmern an Sonn- und Feiertagen zur Befriedigung täglicher oder an diesen Tagen besonders hervortretender Bedürfnisse der Bevölkerung (Bedarfsgewerbeverordnung NW)

vom 5. 5. 1998 (GV. NW. S. 381), zuletzt geändert durch Gesetz vom 29. 10. 2019 (GV. NRW. S. 852)

§ 1 (1) Abweichend von § 9 des Arbeitszeitgesetzes dürfen Arbeitnehmerinnen und Arbeitnehmer an Sonn- und Feiertagen in den folgenden Bereichen beschäftigt werden, soweit die Arbeiten für den Betrieb unerlässlich sind und nicht an Werktagen durchgeführt werden können:

1. in Blumengeschäften, Kranzbindereien und Gärtnereien mit
   a) dem Zusammenstellen und Binden von Blumen und Pflanzen bis zu zwei Stunden außerhalb der zulässigen Ladenöffnungszeiten nach § 1 Abs. 1 Nr. 3 der Verordnung über den Verkauf bestimmter Waren an Sonn- und Feiertagen vom 21. Dezember 1957 (BGBl. I S. 1881), geändert durch Gesetz vom 30. Juli 1996 (BGBl. I S. 1186),
   b) Arbeiten zur Ausschmückung für Fest- und Feierlichkeiten, die an Sonn- und Feiertagen stattfinden,
2. im Bestattungsgewerbe,
3. in Garagen und Parkhäusern,
4. in Brauereien, Betrieben zur Herstellung alkoholfreier Erfrischungsgetränke sowie Betrieben des Großhandels, die deren Erzeugnisse vertreiben, zur Belieferung der Kundschaft vom 1. April bis 31. Oktober,
5. in Roh- und Speiseeisfabriken und Betrieben des Großhandels, die deren Erzeugnisse vertreiben, mit der Herstellung und zur Belieferung der Kundschaft vom 1. April bis 31. Oktober,
6. im Immobiliengewerbe mit der Begleitung und Beratung von Kunden bei der Besichtigung von Häusern und Wohnungen bis zu vier Stunden,
7. in Musterhaus-Ausstellungen mit gewerblichem Charakter bis zu sechs Stunden,
8. im Buchmachergewerbe bis zu sechs Stunden außer an stillen Feiertagen nach Maßgabe des Gesetzes über die Sonn- und Feiertage (Feiertagsgesetz NW) vom 23. April 1989 (GV. NW. S. 222), zuletzt geändert durch Gesetz vom 20. Dezember 1994 (GV. NW. S. 1114),
9. mit der telefonischen und elektronischen Entgegennahme von Aufträgen, der Auskunftserteilung und Beratung per Telefon und mittels elektronischer Medien,
10. im telefonischen Lotsendienst,
11. in öffentlichen Bibliotheken, soweit sie ihre Funktionen nach § 10 Absatz 1 des Kulturfördergesetzes NRW vom 18. Dezember 2014 (GV. NRW, S. 917), geändert durch Gesetz vom 23. Janaur 2018 (GV. NRW, S. 90) erfüllen, bis zu 6 Stunden.

(2) An den Feiertagen Neujahr, Ostern, 1. Mai, Pfingsten und Weihnachten (hohe Feiertage) ist im Rahmen der betrieblichen Möglichkeiten auf die besondere Bedeutung dieser Tage für die Beschäftigten Rücksicht zu nehmen. Entsprechendes gilt für die stillen Feiertage nach § 6 Feiertagsgesetz, soweit dort nicht sogar ein Verbot der Gewerbeausübung ausgesprochen wird.

§ 2 Diese Verordnung tritt am Tag nach ihrer Verkündung in Kraft.

Arbeitszeitregelungen für bestimmte Personengruppen

7. Gesetz zum Schutz der arbeitenden Jugend (Jugendarbeitsschutzgesetz – JArbSchG)

vom 12.4.1976 (BGBl. I S. 965), zuletzt geändert durch Gesetz vom 20.4.2013 (BGBl. I S. 868, 914)

(Auszug)

Erster Abschnitt. Allgemeine Vorschriften

§ 4 Arbeitszeit. (1) Tägliche Arbeitszeit ist die Zeit vom Beginn bis zum Ende der täglichen Beschäftigung ohne die Ruhepausen (§ 11).

(2) Schichtzeit ist die tägliche Arbeitszeit unter Hinzurechnung der Ruhepausen (§ 11).

(3) Im Bergbau unter Tage gilt die Schichtzeit als Arbeitszeit. Sie wird gerechnet vom Betreten des Förderkorbes bei der Einfahrt bis zum Verlassen des Förderkorbes bei der Ausfahrt oder vom Eintritt des einzelnen Beschäftigten in das Stollenmundloch bis zu seinem Wiederaustritt.

(4) Für die Berechnung der wöchentlichen Arbeitszeit ist als Woche die Zeit von Montag bis einschließlich Sonntag zugrunde zu legen. Die Arbeitszeit, die an einem Werktag infolge eines gesetzlichen Feiertags ausfällt, wird auf die wöchentliche Arbeitszeit angerechnet.

(5) Wird ein Kind oder ein Jugendlicher von mehreren Arbeitgebern beschäftigt, so werden die Arbeits- und Schichtzeiten sowie die Arbeitstage zusammengerechnet.

Zweiter Abschnitt. Beschäftigung von Kindern

§ 7 Beschäftigung von nicht vollzeitschulpflichtigen Kindern. Kinder, die der Vollzeitschulpflicht nicht mehr unterliegen, dürfen

1. im Berufsausbildungsverhältnis,
2. außerhalb eines Berufsausbildungsverhältnisses nur mit leichten und für sie geeigneten Tätigkeiten bis zu sieben Stunden täglich und 35 Stunden wöchentlich

beschäftigt werden. Auf die Beschäftigung finden die §§ 8 bis 46 entsprechende Anwendung.

Dritter Abschnitt. Beschäftigung Jugendlicher

Erster Titel Arbeitszeit und Freizeit

§ 8 Dauer der Arbeitszeit. (1) Jugendliche dürfen nicht mehr als acht Stunden täglich und nicht mehr als 40 Stunden wöchentlich beschäftigt werden.

(2) Wenn in Verbindung mit Feiertagen an Werktagen nicht gearbeitet wird, damit die Beschäftigten eine längere zusammenhängende Freizeit haben, so darf die ausfallende Arbeitszeit auf die Werktage von fünf zusammenhängenden, die Ausfalltage einschließenden Wochen nur dergestalt verteilt werden, dass die Wochenarbeitszeit im Durchschnitt dieser fünf Wochen 40 Stunden nicht überschreitet. Die tägliche Arbeitszeit darf hierbei achteinhalb Stunden nicht überschreiten.

(2a) Wenn an einzelnen Werktagen die Arbeitszeit auf weniger als acht Stunden verkürzt ist, können Jugendliche an den übrigen Werktagen derselben Woche achteinhalb Stunden beschäftigt werden.

(3) In der Landwirtschaft dürfen Jugendliche über 16 Jahre während der Erntezeit nicht mehr als neun Stunden täglich und nicht mehr als 85 Stunden in der Doppelwoche beschäftigt werden.

§ 9 Berufsschule. (1) Der Arbeitgeber hat den Jugendlichen für die Teilnahme am Berufsschulunterricht freizustellen. Er darf den Jugendlichen nicht beschäftigen

1. vor einem vor 9 Uhr beginnenden Unterricht; dies gilt auch für Personen, die über 18 Jahre alt und noch berufsschulpflichtig sind,
2. an einem Berufsschultag mit mehr als fünf Unterrichtsstunden von mindestens je 45 Minuten, einmal in der Woche,
3. in Berufsschulwochen mit einem planmäßigen Blockunterricht von mindestens 25 Stunden an mindestens fünf Tagen; zusätzliche betriebliche Ausbildungsveranstaltungen bis zu zwei Stunden wöchentlich sind zulässig.

(2) Auf die Arbeitszeit werden angerechnet

1. Berufsschultage nach Absatz 1 Nr. 2 mit acht Stunden,
2. Berufsschulwochen nach Absatz 1 Nr. 3 mit 40 Stunden,
3. im Übrigen die Unterrichtszeit einschließlich der Pausen.

(3) Ein Entgeltausfall darf durch den Besuch der Berufsschule nicht eintreten.

§ 10 Prüfungen und außerbetriebliche Ausbildungsmaßnahmen. (1) Der Arbeitgeber hat den Jugendlichen

1. für die Teilnahme an Prüfungen und Ausbildungsmaßnahmen, die aufgrund öffentlich-rechtlicher oder vertraglicher Bestimmungen außerhalb der Ausbildungsstätte durchzuführen sind,
2. an dem Arbeitstag, der der schriftlichen Abschlussprüfung unmittelbar vorangeht,

freizustellen.

(2) Auf die Arbeitszeit werden angerechnet

1. die Freistellung nach Absatz 1 Nr. 1 mit der Zeit der Teilnahme einschließlich der Pausen,
2. die Freistellung nach Absatz 1 Nr. 2 mit acht Stunden.

Ein Entgeltausfall darf nicht eintreten.

§ 11 Ruhepausen, Aufenthaltsräume. (1) Jugendlichen müssen im Voraus feststehende Ruhepausen von angemessener Dauer gewährt werden. Die Ruhepausen müssen mindestens betragen

1. 30 Minuten bei einer Arbeitszeit von mehr als viereinhalb bis zu sechs Stunden,
2. 60 Minuten bei einer Arbeitszeit von mehr als sechs Stunden.

Als Ruhepause gilt nur eine Arbeitsunterbrechung von mindestens 15 Minuten.

(2) Die Ruhepausen müssen in angemessener zeitlicher Lage gewährt werden, frühestens eine Stunde nach Beginn und spätestens eine Stunde vor Ende der Arbeitszeit. Länger als viereinhalb Stunden hintereinander dürfen Jugendliche nicht ohne Ruhepause beschäftigt werden.

(3) Der Aufenthalt während der Ruhepausen in Arbeitsräumen darf den Jugendlichen nur gestattet werden, wenn die Arbeit in diesen Räumen während dieser Zeit eingestellt ist und auch sonst die notwendige Erholung nicht beeinträchtigt wird.

(4) Absatz 3 gilt nicht für den Bergbau unter Tage.

§ 12 Schichtzeit. Bei der Beschäftigung Jugendlicher darf die Schichtzeit (§ 4 Abs. 2) 10 Stunden, im Bergbau unter Tage 8 Stunden, im Gaststättengewerbe, in der Landwirtschaft, in der Tierhaltung, auf Bau- und Montagestellen 11 Stunden nicht überschreiten.

§ 13 Tägliche Freizeit. Nach Beendigung der täglichen Arbeitszeit dürfen Jugendliche nicht vor Ablauf einer ununterbrochenen Freizeit von mindestens 12 Stunden beschäftigt werden.

§ 14 Nachtruhe.

(1) Jugendliche dürfen nur in der Zeit von 6 bis 20 Uhr beschäftigt werden.

(2) Jugendliche über 16 Jahre dürfen

1. im Gaststätten- und Schaustellergewerbe bis 22 Uhr,
2. in mehrschichtigen Betrieben bis 23 Uhr,
3. in der Landwirtschaft ab 5 Uhr oder bis 21 Uhr,
4. in Bäckereien und Konditoreien ab 5 Uhr

beschäftigt werden.

(3) Jugendliche über 17 Jahre dürfen in Bäckereien ab 4 Uhr beschäftigt werden.

(4) An dem einem Berufsschultag unmittelbar vorangehenden Tag dürfen Jugendliche auch nach Absatz 2 Nr. 1 bis 3 nicht nach 20 Uhr beschäftigt werden, wenn der Berufsschulunterricht am Berufsschultag vor 9 Uhr beginnt.

(5) Nach vorheriger Anzeige an die Aufsichtsbehörde dürfen in Betrieben, in denen die übliche Arbeitszeit aus verkehrstechnischen Gründen nach 20 Uhr endet, Jugendliche bis 21 Uhr beschäftigt werden, soweit sie hierdurch unnötige Wartezeiten vermeiden können. Nach vorheriger Anzeige an die Aufsichtsbehörde dürfen ferner in mehrschichtigen Betrieben Jugendliche über 16 Jahre ab 5.30 Uhr oder bis 23.30 Uhr beschäftigt werden, soweit sie hierdurch unnötige Wartezeiten vermeiden können.

(6) Die Aufsichtsbehörde kann bewilligen, dass Jugendliche in Betrieben, in denen die Beschäftigten in außergewöhnlichem Grade der Einwirkung von Hitze ausgesetzt sind, in der warmen Jahreszeit ab 5 Uhr beschäftigt werden.

(7) Die Aufsichtsbehörde kann auf Antrag bewilligen, dass Jugendliche bei Musikaufführungen, Theatervorstellungen und anderen Aufführungen, bei Aufnahmen im Rundfunk (Hörfunk und Fernsehen), auf Ton- und Bildträger sowie bei Film- und Fotoaufnahmen bis 23 Uhr gestaltend mitwirken. Eine Ausnahme darf nicht bewilligt werden für Veranstaltungen, Schaustellungen oder Darbietungen, bei denen die Anwesenheit Jugendlicher nach den Vorschriften des Jugendschutzgesetzes nicht gestattet werden darf. Nach Beendigung der Tätigkeit dürfen Jugendliche nicht vor Ablauf einer ununterbrochenen Freizeit von mindestens 14 Stunden beschäftigt werden.

§ 15 Fünf-Tage-Woche. Jugendliche dürfen nur an fünf Tagen in der Woche beschäftigt werden. Die beiden wöchentlichen Ruhetage sollen nach Möglichkeit aufeinander folgen.

§ 16 Samstagsruhe.

(1) An Samstagen dürfen Jugendliche nicht beschäftigt werden.

(2) Zulässig ist die Beschäftigung Jugendlicher an Samstagen nur

1. in Krankenanstalten sowie in Alten-, Pflege- und Kinderheimen,
2. in offenen Verkaufsstellen, in Betrieben mit offenen Verkaufsstellen, in Bäckereien und Konditoreien, im Friseurhandwerk und im Marktverkehr,
3. im Verkehrswesen,
4. in der Landwirtschaft und Tierhaltung,
5. im Familienhaushalt,
6. im Gaststätten- und Schaustellergewerbe,
7. bei Musikaufführungen, Theatervorstellungen und anderen Aufführungen, bei Aufnahmen im Rundfunk (Hörfunk und Fernsehen), auf Ton- und Bildträger sowie bei Film- und Fotoaufnahmen,
8. bei außerbetrieblichen Ausbildungsmaßnahmen,
9. beim Sport,
10. im ärztlichen Notdienst,
11. in Reparaturwerkstätten für Kraftfahrzeuge.

Mindestens zwei Samstage im Monat sollen beschäftigungsfrei bleiben.

(3) Werden Jugendliche am Samstag beschäftigt, ist ihnen die Fünf-Tage-Woche (§ 15) durch Freistellung an einem anderen berufsschulfreien Arbeitstag derselben Woche sicherzustellen. In Betrieben mit einem Betriebsruhetag in der Woche kann die Freistellung auch an diesem Tage erfolgen, wenn die Jugendlichen an diesem Tage keinen Berufsschulunterricht haben.

(4) Können Jugendliche in den Fällen des Absatzes 2 Nr. 2 am Samstag nicht acht Stunden beschäftigt werden, kann der Unterschied zwischen der tatsächlichen und der nach

§ 8 Abs. 1 höchstzulässigen Arbeitszeit an dem Tage bis 13 Uhr ausgeglichen werden, an dem die Jugendlichen nach Absatz 3 Satz 1 freizustellen sind.

§ 17 Sonntagsruhe.

(1) An Sonntagen dürfen Jugendliche nicht beschäftigt werden.

(2) Zulässig ist die Beschäftigung Jugendlicher an Sonntagen nur

1. in Krankenanstalten sowie in Alten-, Pflege- und Kinderheimen,
2. in der Landwirtschaft und Tierhaltung mit Arbeiten, die auch an Sonn- und Feiertagen naturnotwendig vorgenommen werden müssen,
3. im Familienhaushalt, wenn der Jugendliche in die häusliche Gemeinschaft aufgenommen ist,
4. im Schaustellergewerbe,
5. bei Musikaufführungen, Theatervorstellungen und anderen Aufführungen sowie bei Direktsendungen im Rundfunk (Hörfunk und Fernsehen),
6. beim Sport,
7. im ärztlichen Notdienst,
8. im Gaststättengewerbe.

Jeder zweite Sonntag soll, mindestens zwei Sonntage im Monat müssen beschäftigungsfrei bleiben.

(3) Werden Jugendliche am Sonntag beschäftigt, ist ihnen die Fünf-Tage-Woche (§ 15) durch Freistellung an einem anderen berufsschulfreien Arbeitstag derselben Woche sicherzustellen. In Betrieben mit einem Betriebsruhetag in der Woche kann die Freistellung auch an diesem Tage erfolgen, wenn die Jugendlichen an diesem Tage keinen Berufsschulunterricht haben.

§ 18 Feiertagsruhe.

(1) Am 24. und 31. Dezember nach 14 Uhr und an gesetzlichen Feiertagen dürfen Jugendliche nicht beschäftigt werden.

(2) Zulässig ist die Beschäftigung Jugendlicher an gesetzlichen Feiertagen in den Fällen des § 17 Abs. 2, ausgenommen am 25. Dezember, am 1. Januar, am ersten Osterfeiertag und am 1. Mai.

(3) Für die Beschäftigung an einem gesetzlichen Feiertag, der auf einen Werktag fällt, ist der Jugendliche an einem anderen berufsschulfreien Arbeitstag derselben oder der folgenden Woche freizustellen. In Betrieben mit einem Betriebsruhetag in der Woche kann die Freistellung auch an diesem Tage erfolgen, wenn die Jugendlichen an diesem Tage keinen Berufsschulunterricht haben.

§ 19 Urlaub.

(1) Der Arbeitgeber hat Jugendlichen für jedes Kalenderjahr einen bezahlten Erholungsurlaub zu gewähren.

(2) Der Urlaub beträgt jährlich

1. mindestens 30 Werktage, wenn der Jugendliche zu Beginn des Kalenderjahres noch nicht 16 Jahre alt ist,
2. mindestens 27 Werktage, wenn der Jugendliche zu Beginn des Kalenderjahres noch nicht 17 Jahre alt ist,
3. mindestens 25 Werktage, wenn der Jugendliche zu Beginn des Kalenderjahres noch nicht 18 Jahre alt ist.

Jugendliche, die im Bergbau unter Tage beschäftigt werden, erhalten in jeder Altersgruppe einen zusätzlichen Urlaub von drei Werktagen.

(3) Der Urlaub soll Berufsschülern in der Zeit der Berufsschulferien gegeben werden. Soweit er nicht in den Berufsschulferien gegeben wird, ist für jeden Berufsschultag, an dem die Berufsschule während des Urlaubs besucht wird, ein weiterer Urlaubstag zu gewähren.

(4) Im Übrigen gelten für den Urlaub der Jugendlichen § 3 Abs. 2, §§ 4 bis 12 und § 13 Abs. 3 des Bundesurlaubsgesetzes. Der Auftraggeber oder Zwischenmeister hat jedoch abweichend von § 12 Nr. 1 des Bundesurlaubsgesetzes den jugendlichen Heimarbeitern für jedes Kalenderjahr einen bezahlten Erholungsurlaub entsprechend Absatz 2 zu gewähren; das Urlaubsentgelt der jugendlichen Heimarbeiter beträgt bei einem Urlaub von 30 Werktagen 11,6 vom Hundert, bei einem Urlaub von 27 Werktagen 10,3 vom Hundert und bei einem Urlaub von 25 Werktagen 9,5 vom Hundert.

§ 20 Binnenschifffahrt. In der Binnenschifffahrt gelten folgende Abweichungen:

1. Abweichend von § 12 darf die Schichtzeit Jugendlicher über 16 Jahre während der Fahrt bis auf 14 Stunden täglich ausgedehnt werden, wenn ihre Arbeitszeit sechs Stunden täglich nicht überschreitet. Ihre tägliche Freizeit kann abweichend von § 13 der Ausdehnung der Schichtzeit entsprechend bis auf 10 Stunden verkürzt werden.
2. Abweichend von § 14 Abs. 1 dürfen Jugendliche über 16 Jahre während der Fahrt bis 22 Uhr beschäftigt werden.
3. Abweichend von §§ 15, 16 Abs. 1, § 17 Abs. 1 und § 18 Abs. 1 dürfen Jugendliche an jedem Tag der Woche beschäftigt werden, jedoch nicht am 24. Dezember, an den Weihnachtsfeiertagen, am 31. Dezember, am 1. Januar, an den Osterfeiertagen und am 1. Mai. Für die Beschäftigung an einem Samstag, Sonntag und an einem gesetzlichen Feiertag, der auf einen Werktag fällt, ist ihnen je ein freier Tag zu gewähren. Diese freien Tage sind den Jugendlichen in Verbindung mit anderen freien Tagen zu gewähren, spätestens, wenn ihnen 10 freie Tage zustehen.

§ 21 Ausnahmen in besonderen Fällen.

(1) Die §§ 8 und 11 bis 18 finden keine Anwendung auf die Beschäftigung Jugendlicher mit vorübergehenden und unaufschiebbaren Arbeiten in Notfällen, soweit erwachsene Beschäftigte nicht zur Verfügung stehen.

(2) Wird in den Fällen des Absatzes 1 über die Arbeitszeit des § 8 hinaus Mehrarbeit geleistet, so ist sie durch entsprechende Verkürzung der Arbeitszeit innerhalb der folgenden drei Wochen auszugleichen.

8. Gesetz zum Schutz von Müttern bei der Arbeit, in der Ausbildung und im Studium (Mutterschutzgesetz – MuSchG)

vom 23. 5. 2017 (BGBl. I S. 1228), zuletzt geändert durch Gesetz vom 12. 12. 2019 (BGBl. I S. 2652)

§ 4 Verbot der Mehrarbeit; Ruhezeit. (1) Der Arbeitgeber darf eine schwangere oder stillende Frau, die 18 Jahre oder älter ist, nicht mit einer Arbeit beschäftigen, die die Frau über achteinhalb Stunden täglich oder über 90 Stunden in der Doppelwoche hinaus zu leisten hat. Eine schwangere oder stillende Frau unter 18 Jahren darf der Arbeitgeber nicht mit einer Arbeit beschäftigen, die die Frau über acht Stunden täglich oder über 80 Stunden in der Doppelwoche hinaus zu leisten hat. In die Doppelwoche werden die Sonntage eingerechnet. Der Arbeitgeber darf eine schwangere oder stillende Frau nicht in einem Umfang beschäftigen, der die vertraglich vereinbarte wöchentliche Arbeitszeit im Durchschnitt des Monats übersteigt. Bei mehreren Arbeitgebern sind die Arbeitszeiten zusammenzurechnen.

(2) Der Arbeitgeber muss der schwangeren oder stillenden Frau nach Beendigung der täglichen Arbeitszeit eine ununterbrochene Ruhezeit von mindestens elf Stunden gewähren.

§ 5 Verbot der Nachtarbeit. (1) Der Arbeitgeber darf eine schwangere oder stillende Frau nicht zwischen 20 Uhr und 6 Uhr beschäftigen. Er darf sie bis 22 Uhr beschäftigen, wenn die Voraussetzungen des § 28 erfüllt sind.

(2) Die Ausbildungsstelle darf eine schwangere oder stillende Frau im Sinne von § 1 Absatz 2 Satz 2 Nummer 8 nicht zwischen 20 Uhr und 6 Uhr im Rahmen der schulischen oder hochschulischen Ausbildung tätig werden lassen. Die Ausbildungsstelle darf sie an Ausbildungsveranstaltungen bis 22 Uhr teilnehmen lassen, wenn

1. sich die Frau dazu ausdrücklich bereit erklärt,
2. die Teilnahme zu Ausbildungszwecken zu dieser Zeit erforderlich ist und
3. insbesondere eine unverantwortbare Gefährdung für die schwangere Frau oder ihr Kind durch Alleinarbeit ausgeschlossen ist.

Die schwangere oder stillende Frau kann ihre Erklärung nach Satz 2 Nummer 1 jederzeit mit Wirkung für die Zukunft widerrufen.

§ 6 Verbot der Sonn- und Feiertagsarbeit. (1) Der Arbeitgeber darf eine schwangere oder stillende Frau nicht an Sonn- und Feiertagen beschäftigen. Er darf sie an Sonn- und Feiertagen nur dann beschäftigen, wenn

1. sich die Frau dazu ausdrücklich bereit erklärt,
2. eine Ausnahme vom allgemeinen Verbot der Arbeit an Sonn- und Feiertagen nach § 10 des Arbeitszeitgesetzes zugelassen ist,
3. der Frau in jeder Woche im Anschluss an eine ununterbrochene Nachtruhezeit von mindestens elf Stunden ein Ersatzruhetag gewährt wird und

4. insbesondere eine unverantwortbare Gefährdung für die schwangere Frau oder ihr Kind durch Alleinarbeit ausgeschlossen ist.

Die schwangere oder stillende Frau kann ihre Erklärung nach Satz 2 Nummer 1 jederzeit mit Wirkung für die Zukunft widerrufen.

(2) Die Ausbildungsstelle darf eine schwangere oder stillende Frau im Sinne von § 1 Absatz 2 Satz 2 Nummer 8 nicht an Sonn- und Feiertagen im Rahmen der schulischen oder hochschulischen Ausbildung tätig werden lassen. Die Ausbildungsstelle darf sie an Ausbildungsveranstaltungen an Sonn- und Feiertagen teilnehmen lassen, wenn

1. sich die Frau dazu ausdrücklich bereit erklärt,
2. die Teilnahme zu Ausbildungszwecken zu dieser Zeit erforderlich ist,
3. der Frau in jeder Woche im Anschluss an eine ununterbrochene Nachtruhezeit von mindestens elf Stunden ein Ersatzruhetag gewährt wird und
4. insbesondere eine unverantwortbare Gefährdung für die schwangere Frau oder ihr Kind durch Alleinarbeit ausgeschlossen ist.

Die schwangere oder stillende Frau kann ihre Erklärung nach Satz 2 Nummer 1 jederzeit mit Wirkung für die Zukunft widerrufen.

§ 7 Freistellung für Untersuchungen und zum Stillen. (1) Der Arbeitgeber hat eine Frau für die Zeit freizustellen, die zur Durchführung der Untersuchungen im Rahmen der Leistungen der gesetzlichen Krankenversicherung bei Schwangerschaft und Mutterschaft erforderlich sind. Entsprechendes gilt zugunsten einer Frau, die nicht in der gesetzlichen Krankenversicherung versichert ist.

(2) Der Arbeitgeber hat eine stillende Frau auf ihr Verlangen während der ersten zwölf Monate nach der Entbindung für die zum Stillen erforderliche Zeit freizustellen, mindestens aber zweimal täglich für eine halbe Stunde oder einmal täglich für eine Stunde. Bei einer zusammenhängenden Arbeitszeit von mehr als acht Stunden soll auf Verlangen der Frau zweimal eine Stillzeit von mindestens 45 Minuten oder, wenn in der Nähe der Arbeitsstätte keine Stillgelegenheit vorhanden ist, einmal eine Stillzeit von mindestens 90 Minuten gewährt werden. Die Arbeitszeit gilt als zusammenhängend, wenn sie nicht durch eine Ruhepause von mehr als zwei Stunden unterbrochen wird.

§ 8 Beschränkung von Heimarbeit. (1) Der Auftraggeber oder Zwischenmeister darf Heimarbeit an eine schwangere in Heimarbeit beschäftigte Frau oder an eine ihr Gleichgestellte nur in solchem Umfang und mit solchen Fertigungsfristen ausgeben, dass die Arbeit werktags während einer achtstündigen Tagesarbeitszeit ausgeführt werden kann.

(2) Der Auftraggeber oder Zwischenmeister darf Heimarbeit an eine stillende in Heimarbeit beschäftigte Frau oder an eine ihr Gleichgestellte nur in solchem Umfang und mit solchen Fertigungsfristen ausgeben, dass die Arbeit werktags während einer siebenstündigen Tagesarbeitszeit ausgeführt werden kann.

9. Verordnung über Arbeiten in Druckluft (Druckluftverordnung)

vom 4. 10. 1972 (BGBl. I S. 1909), zuletzt geändert durch Verordnung vom 18. 12. 2008 (BGBl. I S. 2768)

(Auszug)

§ 1 Geltungsbereich. (1) Diese Verordnung gilt für Arbeiten in Druckluft, soweit diese von einem Arbeitgeber gewerbsmäßig ausgeführt werden.

(2) Diese Verordnung gilt nicht für Arbeiten in Taucherglocken ohne Schleusen und für Taucherarbeiten.

§ 9 Beschäftigungsverbot. (1) In Druckluft von mehr als 3,6 bar Überdruck dürfen Arbeitnehmer nicht beschäftigt werden.

(2) In Druckluft dürfen Arbeitnehmer unter 18 oder über 50 Jahren nicht beschäftigt werden.

§ 21 Ausschleusungs- und Wartezeiten. (1) Der Arbeitgeber hat dafür zu sorgen, dass die Vorschriften des Anhanges 2 eingehalten werden.

(2) Für Arbeitseinsätze, deren Dauer 50 Prozent der maximalen Aufenthaltszeit überschreiten, darf während einer Schicht nur eine Einschleusung vorgenommen werden; im Übrigen muss zwischen Aus- und Einschleusung eine Pause in Normalatmosphäre von mindestens einer Stunde eingehalten werden. Die zulässige Gesamtaufenthaltszeit darf nicht überschritten und die Ausschleusungszeit muss jeweils auf die Summe der Aufenthaltszeiten und den maximalen Arbeitsdruck bezogen werden.

(3) Zwischen 2 Arbeitsschichten muss eine arbeitsfreie Zeit von mindestens 12 Stunden liegen.

(4) Arbeitnehmer dürfen täglich höchstens 8 und wöchentlich höchstens 40 Stunden einschließlich Ein- und Ausschleusungszeiten in Druckluft beschäftigt werden.

(5) Wenn die Zeit des Aufenthalts in der Arbeitskammer 4 Stunden überschreitet, sind den Beschäftigten Pausen in der Gesamtdauer von mindestens einer halben Stunde zu gewähren.

Straßenverkehr

10. Gesetz über das Fahrpersonal von Kraftfahrzeugen und Straßenbahnen (Fahrpersonalgesetz – FPersG)

in der Fassung der Bekanntmachung vom 19. 2. 1987 (BGBl. I S. 640), zuletzt geändert durch Gesetz vom 20. 11. 2019 (BGBl. I S. 1626)

§ 1 Anwendungsbereich. (1) Dieses Gesetz gilt für die Beschäftigung und für die Tätigkeit des Fahrpersonals von Kraftfahrzeugen sowie von Straßenbahnen, soweit sie am Verkehr auf öffentlichen Straßen teilnehmen. Mitglieder des Fahrpersonals sind Fahrer, Beifahrer und Schaffner. Sofern dieses Gesetz und die auf der Grundlage von § 2 Nr. 3 erlassenen Rechtsverordnungen Regelungen zur Arbeitszeitgestaltung treffen, gehen diese dem Arbeitszeitgesetz vor.

(2) Dieses Gesetz gilt nicht für die Mitglieder des Fahrpersonals

1. von Dienstfahrzeugen der Bundeswehr, der Feuerwehr und der anderen Einheiten und Einrichtungen des Katastrophenschutzes, der Polizei und des Zolldienstes,
2. von Kraftfahrzeugen mit einem zulässigen Gesamtgewicht, einschließlich Anhänger oder Sattelanhänger, bis zu 2,8 t, es sei denn, daß sie als Fahrpersonal in einem unter den Geltungsbereich des Arbeitszeitgesetzes fallenden Arbeitsverhältnis stehen.

§ 2 Rechtsverordnungen. Das Bundesministerium für Verkehr und digitale Infrastruktur wird ermächtigt, im Einvernehmen mit dem Bundesministerium für Arbeit und Soziales mit Zustimmung des Bundesrates

1. zur Durchführung der Verordnung (EG) Nr. 2135/98 des Rates vom 24. September 1998 zur Änderung der Verordnung (EWG) Nr. 3821/85 und der Richtlinie 88/599/EWG (ABl. EG Nr. L 274 S. 1), der Verordnung (EG) Nr. 561/2006 des Europäischen Parlaments und des Rates vom 15. März 2006 zur Harmonisierung bestimmter Sozialvorschriften im Straßenverkehr und zur Änderung der Verordnungen (EWG) Nr. 3821/85 und (EG) Nr. 2135/98 des Rates sowie zur Aufhebung der Verordnung (EWG) Nr. 3820/85 des Rates (ABl. EU Nr. L 102 S. 1), der Verordnung (EU) Nr. 165/2014 des Europäischen Parlaments und des Rates vom 4. Februar 2014 über Fahrtenschreiber im Straßenverkehr, zur Aufhebung der Verordnung (EWG) Nr. 3821/85 des Rates über das Kontrollgerät im Straßenverkehr und zur Änderung der Verordnung (EG) Nr. 561/2006 des Europäischen Parlaments und des Rates zur Harmonisierung bestimmter Sozialvorschriften im Straßenverkehr (ABl. L 60 vom 28. 2. 2014, S. 1) sowie der Richtlinie 2006/22/EG des Europäischen Parlaments und des Rates vom 15. März 2006 über Mindestbedingungen für die Durchführung der Verordnungen (EWG) Nr. 3820/85 und (EWG) Nr. 3821/85 des Rates über Sozialvorschriften für Tätigkeiten im Kraftverkehr sowie zur Aufhebung der Richtlinie 88/599/EWG des Rates (ABl. EU Nr. L 102 S. 35), in der jeweils geltenden Fassung, Rechtsverordnungen
   a) über die Organisation, das Verfahren und die Mittel der Überwachung der Durchführung dieser Verordnungen,
   b) über die Gestaltung und Behandlung der Tätigkeitsnachweise und Fahrtenschreiber,

c) über Ausnahmen von den Mindestaltersgrenzen für das Fahrpersonal sowie Ausnahmen von den Vorschriften über die ununterbrochene Lenkzeit, Fahrtunterbrechungen und Ruhezeiten,
d) über die Benutzung von Fahrzeugen und,
e) soweit es zur Durchsetzung der Rechtsakte der Europäischen Gemeinschaft oder der Europäischen Union erforderlich ist, zur Bezeichnung der Tatbestände, die als Ordnungswidrigkeiten nach § 8 Abs. 1 Nr. 1 Buchstabe b, Nr. 2 Buchstabe b und Nr. 4 Buchstabe b geahndet werden können,

zu erlassen, soweit der Bundesrepublik Deutschland eine Regelung in den Artikeln 5, 6, 7, 8, 10, 11, 12, 13, 14, 15, 16, 17, 18, 19, 21 und 22 der Verordnung (EG) Nr. 561/2006, in den Artikeln 3, 21 bis 24, 26, 27, 29 und 32 bis 41 der Verordnung (EU) Nr. 165/2014 und in deren Anhängen anheimgestellt oder auferlegt wird,

1a. (weggefallen)

2. zur Durchführung des Europäischen Übereinkommens vom 1. Juli 1970 über die Arbeit des im internationalen Straßenverkehr beschäftigten Fahrpersonals (AETR) (BGBl. 1974 II S. 1473), in der jeweils geltenden Fassung, Rechtsverordnungen

a) über die Organisation, das Verfahren und die Mittel der Überwachung der Durchführung dieses Abkommens,
b) über die Ausrüstung mit Kontrollgeräten und ihre Benutzung sowie über die Gestaltung und Behandlung der Tätigkeitsnachweise,
c) über Ausnahmen von den Mindestaltersgrenzen für das Fahrpersonal,
d) über die Nichtanwendung des AETR und anderweitige Vereinbarungen und,
e) soweit es zur Durchsetzung des AETR erforderlich ist, zur Bezeichnung der Tatbestände, die als Ordnungswidrigkeiten nach § 8 Abs. 1 Nr. 1 Buchstabe b, Nr. 2 Buchstabe b und Nr. 4 Buchstabe b geahndet werden können,

zu erlassen, soweit der Bundesrepublik Deutschland eine Regelung in Artikel 2 Abs. 2, Artikel 3, 4 und 10 Abs. 1 sowie Artikel 12 Abs. 1 des AETR und in dessen Anhängen anheimgestellt oder auferlegt wird,

3. zur Gewährleistung der Sicherheit im Straßenverkehr oder zum Schutz von Leben und Gesundheit der Mitglieder des Fahrpersonals, Rechtsverordnungen

a) über Arbeitszeiten, Lenkzeiten, Fahrtunterbrechungen und Schichtzeiten,
b) über Ruhezeiten und Ruhepausen,
c) über die Ausrüstung mit Fahrtenschreibern und ihre Benutzung sowie über die Gestaltung und Behandlung der Tätigkeitsnachweise und
d) über die Organisation, das Verfahren und die Mittel der Überwachung der Durchführung dieser Rechtsverordnungen,
e) über die Zulässigkeit tarifvertraglicher Regelungen über Arbeits-, Lenk-, Schicht- und Ruhezeiten sowie Ruhepausen und Fahrtunterbrechungen,

4. zur Führung eines zentralen Registers zum Nachweis der ausgestellten, abhanden gekommenen und beschädigten Fahrer-, Werkstatt-, Unternehmens- und Kontrollkarten (Zentrales Fahrtenschreiberkartenregister) eine Rechtsverordnung zu erlassen über

a) die Speicherung der Identifizierungsdaten der Fahrer, Techniker, Unternehmen und Behörden, denen Fahrer-, Werkstatt-, Unternehmens- oder Kontrollkarten ausgestellt worden sind, und die Speicherung der Identifizierungsdaten der ausgestellten, verlorenen und defekten Fahrer-, Werkstatt-, Unternehmens- und Kontrollkarten,

b) die Übermittlung der Identifizierungsdaten, mit Ausnahme biometrischer Daten, an die öffentlichen Stellen, die für Verwaltungsmaßnahmen auf Grund, der Verordnung (EU) Nr. 165/2014 oder darauf beruhender Rechtsvorschriften oder für die Verfolgung von Straftaten oder Ordnungswidrigkeiten zuständig sind,
c) den automatisierten Abruf der Identifizierungsdaten, mit Ausnahme biometrischer Daten, durch die vorgenannten Stellen und zur Gewährleistung des Datenschutzes, insbesondere einer Kontrolle der Zulässigkeit der Abrufe, und der Datensicherheit,
d) die Löschung der Daten spätestens fünf Jahre nach Ablauf der Gültigkeit der jeweiligen Karte,

zu erlassen.

§ 3 Verbot bestimmter Akkordlöhne, Prämien und Zuschläge. Mitglieder des Fahrpersonals dürfen als Arbeitnehmer nicht nach den zurückgelegten Fahrstrecken oder der Menge der beförderten Güter entlohnt werden, auch nicht in Form von Prämien oder Zuschlägen für diese Fahrstrecken oder Gütermengen. Ausgenommen sind Vergütungen, die nicht geeignet sind, die Sicherheit im Straßenverkehr zu beeinträchtigen.

§ 4 Aufsicht. (1) Die Aufsicht über die Ausführung der Verordnungen (EG) Nr. 561/2006, (EU) Nr. 165/2014 und der Verordnung (EG) Nr. 2135/98, des AETR sowie dieses Gesetzes und der auf Grund dieses Gesetzes erlassenen Rechtsverordnungen obliegt den von den Landesregierungen bestimmten Behörden (Aufsichtsbehörden), soweit in diesem Gesetz nichts anderes bestimmt ist.

(1a) Die Aufsichtsbehörde kann die erforderlichen Maßnahmen anordnen, die der Arbeitgeber, der Verlader, der Spediteur, der Reiseveranstalter, der Hauptauftragnehmer, der Unterauftragnehmer und die Fahrervermittlungsagentur zur Erfüllung der sich aus diesem Gesetz und den auf Grund dieses Gesetzes erlassenen Rechtsverordnungen ergebenden Pflichten zu treffen haben.

(2) Unberührt bleibt die Zuständigkeit des Bundesamtes für Güterverkehr nach § 9 Abs. 2 dieses Gesetzes und nach § 11 Abs. 2 Nr. 3 Buchstabe a, § 12 Abs. 6 des Güterkraftverkehrsgesetzes.

(3) Der Unternehmer, der Fahrzeughalter und die Mitglieder des Fahrpersonals sind verpflichtet, der zuständigen Behörde innerhalb einer von ihr festzusetzenden Frist

1. die Auskünfte, die zur Ausführung der in Absatz 1 genannten Vorschriften erforderlich sind, wahrheitsgemäß und vollständig zu erteilen,
2. die Unterlagen, die sich auf diese Angaben beziehen oder aus denen die Lohn- oder Gehaltszahlungen ersichtlich sind, zur Prüfung auszuhändigen oder einzusenden; werden die Unterlagen automatisiert gespeichert, sind sie den zuständigen Behörden auf deren Verlangen nach Maßgabe von Satz 12 durch Datenfernübertragung oder auf einem von der jeweiligen Behörde zu bestimmenden Datenträger nach Satz 11 zur Verfügung zu stellen.

Mitglieder des Fahrpersonals haben die Schaublätter und andere Tätigkeitsnachweise der Vortage, die nicht mehr mitzuführen sind, unverzüglich dem Unternehmer auszuhändigen. Bei Einsatz eines digitalen Fahrtenschreibers nach der Verordnung (EU) Nr. 165/2014 hat der Unternehmer die auf der Fahrerkarte gespeicherten Daten in regelmäßigen Abständen zu kopieren. Hierzu haben ihm die Mitglieder des Fahrpersonals die jeweiligen Fahrerkarten zur Verfügung zu stellen. Der Unternehmer hat ferner die im Massenspeicher des Fahrtenschreibers gespeicherten Daten in regelmäßigen Abständen zu kopieren. Der Unternehmer hat die von den Fahrerkarten und den Massenspeichern kopierten Daten unter Berücksichtigung der Grundsätze des Satzes 12 ein Jahr ab dem Zeitpunkt des Kopierens zu speichern. Der Unternehmer hat die Schaublätter im Sinne des Artikels 33 Absatz 2 der Verordnung (EU) Nr. 165/2014 und die gemäß Artikel 35 Absatz 2 und Artikel 37 Absatz 2 der Verordnung (EU) Nr. 165/2014 sowie § 2 Abs. 3 Satz 1 und 2 der Fahrpersonalverordnung zu fertigenden Ausdrucke und handschriftlichen Aufzeichnungen ein Jahr nach dem Ablauf der Mitführpflicht nach Artikel 36 Absatz 1 und 2 der Verordnung (EU) Nr. 165/2014 aufzubewahren. Danach sind bis zum 31. März des auf das Kalenderjahr, in dem die Aufbewahrungsfrist endet, folgenden Kalenderjahres die Daten zu löschen und die Schaublätter und die gemäß Artikel 35 Absatz 2 und Artikel 37 Absatz 2 der Verordnung (EU) Nr. 165/2014 und § 2 Abs. 3 Satz 1 und 2 der Fahrpersonalverordnung zu fertigenden Ausdrucke und handschriftlichen Aufzeichnungen zu vernichten, soweit sie nicht zur Erfüllung der Aufbewahrungspflichten nach § 16 Abs. 2 und § 21a Abs. 7 des Arbeitszeitgesetzes, § 147 Abs. 1 Nr. 5 in Verbindung mit Abs. 3 der Abgabenordnung, § 28f Abs. 1 Satz 1 des Vierten Buches Sozialgesetzbuch nach § 17 Absatz 2 des Gesetzes zur Regelung eines allgemeinen Mindestlohns, nach § 19 Absatz 2 des Arbeitnehmer-Entsendegesetzes oder nach § 17c Absatz 2 des Arbeitnehmerüberlassungsgesetzes benötigt werden. Der Unternehmer hat dabei dafür Sorge zu tragen, dass eine lückenlose Dokumentation der Lenk- und Ruhezeiten gewährleistet ist und die Daten sowie die Schaublätter und die gemäß Artikel 35 Absatz 2, Artikel 37 Absatz 2 der Verordnung (EU) Nr. 165/2014 und § 2 Abs. 3 Satz 1 und 2 der Fahrpersonalverordnung zu fertigenden Ausdrucke und handschriftlichen Aufzeichnungen gegen Verlust und Beschädigung zu sichern. Er stellt den Mitgliedern des Fahrpersonals auf Verlangen eine Kopie der von ihrer Fahrerkarte kopierten Daten zur Verfügung. Artikel 10 Abs. 2 der Verordnung (EG) Nr. 561/2006 bleibt unberührt. Im Falle der Datenfernübertragung sind die erforderlichen technischen und organisatorischen Maßnahmen nach den Artikeln 24, 25 und 32 der Verordnung (EU) 2016/679 des Europäischen Parlaments und des Rates vom 27. April 2016 zum Schutz natürlicher Personen bei der Verarbeitung personenbezogener Daten, zum freien Datenverkehr und zur Aufhebung der Richtlinie 95/46/EG (Datenschutz-Grundverordnung) (ABl. L 119 vom 4.5.2016, S. 1; L 314 vom 22.11.2016, S. 72; L 127 vom 23.5.2018, S. 2) in der jeweils geltenden Fassung zur Sicherstellung des Datenschutzes und der Datensicherheit zu treffen.

(4) Der zur Auskunft Verpflichtete kann die Auskunft auf solche Fragen verweigern, deren Beantwortung ihn selbst oder einen der in § 383 Abs. 1 Nr. 1 bis 3 der Zivilprozessordnung bezeichneten Angehörigen der Gefahr strafgerichtlicher Verfolgung oder eines Verfahrens nach dem Gesetz über Ordnungswidrigkeiten aussetzen würde.

(5) Während der Betriebs- und Arbeitszeit ist den Beauftragten der Aufsichtsbehörden, soweit dies zur Wahrnehmung ihrer Aufgaben erforderlich ist, das Betreten und Besichtigen der Grundstücke, Betriebsanlagen, Geschäftsräume und Beförderungsmittel gestattet. Das Betreten und Besichtigen außerhalb dieser Zeit oder wenn die Betriebsanlagen oder Geschäftsräume sich in einer Wohnung befinden, ist ohne Einverständnis nur zur Verhütung von dringenden Gefahren für die öffentliche Sicherheit und Ordnung zulässig. Das Grundrecht der Unverletzlichkeit der Wohnung (Artikel 13 des Grundgesetzes) wird insoweit eingeschränkt. Soweit dies zur Erfüllung der Aufgaben der Beauftragten der Aufsichtsbehörden erforderlich ist, können Prüfungen und Untersuchungen

durchgeführt und die Einsicht in geschäftliche Unterlagen des Auskunftspflichtigen vorgenommen werden. Die Maßnahmen nach den Sätzen 1, 2 und 4 sind von den zu überwachenden Unternehmen und ihren Angestellten, einschließlich der Fahrer, zu dulden.

(6) (weggefallen)

(7) Zuständige Behörde im Sinne des Artikels 4 des Anhangs zum AETR und der Artikel 15, 22 Absatz 3 und Artikel 24 Absatz 5 der Verordnung (EU) Nr. 165/2014 ist das Kraftfahrt-Bundesamt.

§ 4a Zuständigkeiten. Anträge auf Erteilung von Fahrer-, Werkstatt- oder Unternehmenskarten sind an die nach Landesrecht zuständigen Behörden oder Stellen zu richten. Die Länder können Dritte mit dieser Aufgabe betrauen.

§ 4b Fahrerlaubnisrechtliche Auskünfte. Durch Abruf im automatisierten Verfahren dürfen aus dem Zentralen Fahrerlaubnisregister die nach § 49 Absatz 1 Nummer 1 bis 3, 7 bis 13 und 17 der Fahrerlaubnis-Verordnung gespeicherten Daten für Maßnahmen im Zusammenhang mit der Ausgabe und Kontrolle von Fahrerkarten nach der Verordnung (EU) Nr. 165/2014 an die hierfür zuständigen Stellen im Inland sowie in einem Mitgliedstaat der Europäischen Union oder einem Vertragsstaat des Abkommens über den Europäischen Wirtschaftsraum übermittelt werden. Die Verantwortung für die Zulässigkeit des einzelnen Abrufs trägt die Stelle, an die die Daten übermittelt werden.

§ 4c Auskünfte aus dem Fahrtenschreiberkartenregister. (1) Durch Abruf im automatisierten Verfahren dürfen aus dem Fahrtenschreiberkartenregister die nach § 12 der Fahrpersonalverordnung gespeicherten Daten für Maßnahmen im Zusammenhang mit der Ausgabe und Kontrolle von Fahrerkarten nach der Verordnung (EU) Nr. 165/2014 an die hierfür zuständigen Behörden und Stellen im Inland, in einem Mitgliedstaat der Europäischen Union, in einem Vertragsstaat des Abkommens über den Europäischen Wirtschaftsraum und in der Schweiz übermittelt werden.

(2) Die zuständigen Behörden und Stellen dürfen die nach § 12 der Fahrpersonalverordnung gespeicherten Daten im automatisierten Verfahren abrufen, soweit die Kenntnis dieser Daten für Maßnahmen im Zusammenhang mit der Ausgabe und Kontrolle von Fahrerkarten nach der Verordnung (EU) Nr. 165/2014 erforderlich ist. Die Daten dürfen nur für diese Zwecke verarbeitet werden.

(3) Die Verantwortung für die Zulässigkeit des einzelnen Abrufs tragen die Behörden und Stellen, an die die Daten übermittelt werden. Die für das Fahrtenschreiberkartenregister zuständige Stelle prüft die Zulässigkeit der Abrufe nur, wenn dazu Anlass besteht. Die für das Fahrtenschreiberkartenregister zuständige Stelle hat zu gewährleisten, dass die Übermittlung personenbezogener Daten zumindest durch geeignete Stichprobenverfahren festgestellt und überprüft werden kann.

§ 5 Anordnungsbefugnis, Sicherungsmaßnahmen, Zurückweisung an der Grenze. (1) Werden bei einer Kontrolle auf Verlangen keine oder nicht vorschriftsmäßig geführte Tätigkeitsnachweise vorgelegt oder wird festgestellt, dass vorgeschriebene Unterbrechungen der Lenkzeit nicht eingelegt oder die höchstzulässige Tageslenkzeit überschritten oder einzuhaltende Mindestruhezeiten nicht genommen worden sind, können die zuständigen Behörden die Fortsetzung der Fahrt untersagen, bis die Voraussetzungen zur Weiterfahrt erfüllt sind. Tätigkeitsnachweise oder Fahrtenschreiber, aus denen sich der Regelverstoß ergibt oder mit denen er begangen wurde, können zur Beweissicherung eingezogen werden; die Fahrerkarte darf während ihrer Gültigkeitsdauer nicht entzogen oder ihre Gültigkeit ausgesetzt werden, es sei denn, es wird festgestellt, dass die Karte gefälscht worden ist, der Fahrer eine Karte verwendet, deren Inhaber er nicht ist, oder die Ausstellung der Karte auf der Grundlage falscher Erklärungen oder gefälschter Dokumente erwirkt wurde.

(1a) Ergeben sich bei einer Kontrolle konkrete Anhaltspunkte dafür, dass der Fahrtenschreiber nicht ordnungsgemäß funktioniert, kann die zuständige Behörde eine Prüfung des Fahrtenschreibers nach Maßgabe des § 57b Absatz 1 und 3 der Straßenverkehrs-Zulassungs-Ordnung anordnen. Abweichend von § 57b Absatz 1 Satz 1 der Straßenverkehrs-Zulassungs-Ordnung fallen dem Halter die Kosten der Prüfung nur zu Last, wenn festgestellt wird, dass Einbau, Zustand, Messgenauigkeit und Arbeitsweise des Fahrtenschreibers nicht vorschriftsmäßig sind.

(2) Im grenzüberschreitenden Verkehr können Kraftfahrzeuge, die nicht in einem Mitgliedstaat der Europäischen Union oder einem anderen Vertragsstaat des Abkommens über den Europäischen Wirtschaftsraum zugelassen sind und in das Hoheitsgebiet der Bundesrepublik Deutschland einfahren wollen, in Fällen des Absatzes 1 an den Außengrenzen der Mitgliedstaaten der Europäischen Union zurückgewiesen werden.

(3) Rechtsbehelfe gegen Anordnungen nach den Absätzen 1, 1a und 2 sowie zur Durchsetzung der in § 4 Abs. 3 Satz 1 und Abs. 5 geregelten Pflichten haben keine aufschiebende Wirkung.

§ 6 Allgemeine Verwaltungsvorschriften. Das Bundesministerium für Verkehr und digitale Infrastruktur kann im Einvernehmen mit dem Bundesministerium für Arbeit und Soziales mit Zustimmung des Bundesrates zur Durchführung der in § 2 genannten oder auf § 2 beruhenden Vorschriften allgemeine Verwaltungsvorschriften erlassen, insbesondere über die Erteilung einer Verwarnung (§§ 56, 58 Abs. 2 des Gesetzes über Ordnungswidrigkeiten) wegen einer Ordnungswidrigkeit nach § 8 und darüber, in welchen Fällen eine solche Verwarnung nicht erteilt werden soll.

§ 7 Sicherheitsleistung. Wird eine angeordnete Sicherheitsleistung nicht sofort erbracht, so kann die zuständige Behörde die Weiterfahrt bis zur vollständigen Erbringung untersagen.

§ 8 Bußgeldvorschriften. (1) Ordnungswidrig handelt, wer vorsätzlich oder fahrlässig

1. als Unternehmer
   a) einer Rechtsverordnung nach § 2 Nr. 2 Buchstabe b oder Nr. 3 oder einer vollziehbaren Anordnung auf Grund einer solchen Rechtsverordnung zuwiderhandelt, soweit die Rechtsverordnung für einen bestimmten Tatbestand auf diese Bußgeldvorschrift verweist,
   b) einer Vorschrift der Verordnung (EG) Nr. 2135/98, der Verordnung (EU) Nr. 165/2014 oder des AETR zuwiderhandelt, soweit eine Rechtsverordnung nach § 2 Nr. 1 Buchstabe e oder Nr. 2 Buchstabe e für einen bestimmten Tatbestand auf diese Bußgeldvorschrift verweist,
   c) entgegen § 3 Satz 1 ein Mitglied des Fahrpersonals nach der zurückgelegten Fahrstrecke oder der Menge der beförderten Güter entlohnt,
   d) entgegen § 4 Abs. 3 Satz 1 eine Auskunft nicht, nicht richtig, nicht vollständig oder nicht rechtzeitig erteilt oder eine Unterlage nicht oder nicht rechtzeitig aus-

händigt, nicht oder nicht rechtzeitig einsendet oder nicht oder nicht rechtzeitig zur Verfügung stellt,

e) entgegen § 4 Abs. 3 Satz 6 dort genannte Daten nicht, nicht richtig oder nicht für die vorgeschriebene Dauer speichert,

f) entgegen § 4 Abs. 3 Satz 7 ein Schaublatt oder einen Ausdruck nicht oder nicht für die vorgeschriebene Dauer aufbewahrt,

g) entgegen § 4 Abs. 3 Satz 9 nicht dafür Sorge trägt, dass eine lückenlose Dokumentation oder Datensicherung erfolgt,

h) entgegen § 4 Abs. 5 Satz 5 eine Maßnahme nicht duldet oder

i) einer vollziehbaren Anordnung nach § 5 Absatz 1 Satz 1 oder Absatz 1a Satz 1 oder § 7 zuwiderhandelt,

2. als Fahrer

a) einer Rechtsverordnung nach § 2 Nr. 2 Buchstabe b oder Nr. 3 oder einer vollziehbaren Anordnung auf Grund einer solchen Rechtsverordnung zuwiderhandelt, soweit die Rechtsverordnung für einen bestimmten Tatbestand auf diese Bußgeldvorschrift verweist,

b) einer Vorschrift der Verordnung (EG) Nr. 2135/98, der Verordnung (EU) Nr. 165/2014 oder des AETR zuwiderhandelt, soweit eine Rechtsverordnung nach § 2 Nr. 1 Buchstabe e oder Nr. 2 Buchstabe e für einen bestimmten Tatbestand auf diese Bußgeldvorschrift verweist,

c) entgegen § 4 Abs. 3 Satz 1 eine Auskunft nicht, nicht richtig, nicht vollständig oder nicht rechtzeitig erteilt oder eine Unterlage nicht aushändigt,

d) entgegen § 4 Abs. 3 Satz 2 einen Tätigkeitsnachweis nicht oder nicht rechtzeitig aushändigt,

e) entgegen § 4 Abs. 3 Satz 4 die Fahrerkarte zum Kopieren nicht oder nicht rechtzeitig zur Verfügung stellt,

f) entgegen § 4 Abs. 5 Satz 5 eine Maßnahme nicht duldet oder

g) einer vollziehbaren Anordnung nach § 5 Absatz 1 Satz 1 oder Absatz 1a Satz 1 oder § 7 zuwiderhandelt oder

3. als Fahrzeughalter entgegen § 4 Abs. 3 Satz 1 eine Auskunft nicht, nicht richtig, nicht vollständig oder nicht rechtzeitig erteilt oder eine Unterlage nicht oder nicht rechtzeitig aushändigt, nicht oder nicht rechtzeitig einsendet oder nicht oder nicht rechtzeitig zur Verfügung stellt oder

4. als Werkstattinhaber oder Installateur

a) einer Rechtsverordnung nach § 2 Nr. 2 Buchstabe b oder Nr. 3 Buchstabe c oder einer vollziehbaren Anordnung auf Grund einer solchen Rechtsverordnung zuwiderhandelt, soweit die Rechtsverordnung für einen bestimmten Tatbestand auf diese Bußgeldvorschrift verweist, oder

b) einer Vorschrift der Verordnung (EU) Nr. 165/2014 oder des AETR zuwiderhandelt, soweit eine Rechtsverordnung nach § 2 Nr. 1 Buchstabe e oder Nr. 2 Buchstabe e für einen bestimmten Tatbestand auf diese Bußgeldvorschrift verweist.

(2) Die Ordnungswidrigkeit kann in den Fällen des Absatzes 1 Nr. 1 und 3 mit einer Geldbuße bis zu dreißigtausend Euro, in den übrigen Fällen mit einer Geldbuße bis zu fünftausend Euro geahndet werden.

(3) Ordnungswidrigkeiten nach Absatz 1 Nummer 1 Buchstabe b, Nummer 2 Buchstabe b oder Nummer 4 Buchstabe b, die bis zum 1. März 2016 unter Geltung der Verordnung (EWG) Nr. 3821/85 begangen wurden, können abweichend von § 4 Absatz 3 des Gesetzes über Ordnungswidrigkeiten nach den zum Zeitpunkt der Tat geltenden Bestimmungen geahndet werden.

(4) In den Fällen des Absatzes 1 Nummer 1 Buchstabe b, Nummer 2 Buchstabe b und Nummer 4 Buchstabe b kann eine Ordnungswidrigkeit wegen einer Zuwiderhandlung gegen das AETR auch dann geahndet werden, wenn die Ordnungswidrigkeit nicht im Geltungsbereich dieses Gesetzes begangen wurde.

§ 8a Bußgeldvorschriften. (1) Ordnungswidrig handelt, wer als Unternehmer gegen die Verordnung (EG) Nr. 561/2006 des Europäischen Parlaments und des Rates vom 15. März 2006 zur Harmonisierung bestimmter Sozialvorschriften im Straßenverkehr und zur Änderung der Verordnungen (EWG) Nr. 3821/85 und (EG) Nr. 2135/98 des Rates sowie zur Aufhebung der Verordnung (EWG) Nr. 3820/85 des Rates (ABl. EU Nr. L 102 S. 1), die zuletzt durch die Verordnung (EG) Nr. 1073/2009 (ABl. L 300 vom 14.11.2009, S. 88) geändert worden ist, verstößt, indem er vorsätzlich oder fahrlässig

1. einen Schaffner oder Beifahrer einsetzt, der das in Artikel 5 genannte Mindestalter nicht erreicht hat,
2. nicht dafür sorgt, dass die in Artikel 6 Abs. 1 Satz 1, Abs. 2 oder 3 genannten Lenkzeiten, die in Artikel 7 Satz 1 genannte Fahrtunterbrechung oder die in Artikel 8 Abs. 2 Satz 1, Abs. 4 bis 7 genannten Ruhezeiten vom Fahrer eingehalten werden,
3. entgegen Artikel 16 Abs. 2 Satz 1 in Verbindung mit Abs. 3 Buchstabe a Halbsatz 1 einen Fahrplan oder einen Arbeitszeitplan nicht, nicht richtig oder nicht vollständig erstellt oder
4. entgegen Artikel 16 Abs. 3 Buchstabe c einen Arbeitszeitplan nicht oder nicht mindestens ein Jahr aufbewahrt.

Im Fall von Satz 1 Nummer 2 sorgt der Unternehmer auch dann nicht dafür, dass die regelmäßige wöchentliche Ruhezeit nach Artikel 8 Absatz 6 eingehalten wird, wenn diese im Fahrzeug oder an einem Ort ohne geeignete Schlafmöglichkeit verbracht wird.

(2) Ordnungswidrig handelt, wer als Fahrer gegen die Verordnung (EG) Nr. 561/2006 verstößt, indem er vorsätzlich oder fahrlässig

1. eine in Artikel 6 Abs. 1 Satz 1, Abs. 2 oder 3 genannte Lenkzeit, die in Artikel 7 Satz 1 genannte Fahrtunterbrechung oder eine in Artikel 8 Abs. 2 Satz 1, Absatz 4, 5, 6, 6a Satz 1 oder Absatz 7 genannte Ruhezeit oder Ruhepause nicht einhält,
2. entgegen Artikel 6 Abs. 5 eine andere Arbeit oder eine Bereitschaftszeit nicht, nicht richtig oder nicht in der vorgeschriebenen Weise festhält,
3. entgegen Artikel 12 Satz 2 Art oder Grund einer Abweichung nicht, nicht richtig, nicht in der vorgeschriebenen Weise oder nicht rechtzeitig vermerkt oder
4. entgegen Artikel 16 Abs. 2 Unterabs. 2 einen Auszug auf dem Arbeitszeitplan oder eine Ausfertigung des Linienfahrplans nicht mit sich führt.

Im Fall von Satz 1 Nummer 1 wird die regelmäßige wöchentliche Ruhezeit nach Artikel 8 Absatz 6 auch dann nicht eingehalten, wenn diese im Fahrzeug oder an einem Ort ohne geeignete Schlafmöglichkeit verbracht wird.

(3) Ordnungswidrig handelt, wer als Unternehmer, Verlader, Spediteur, Reiseveranstalter oder Fahrervermittler einen Beförderungszeitplan vertraglich vereinbart und nicht sicherstellt, dass dieser Beförderungszeitplan nicht gegen eine in Absatz 2 Nr. 1 genannte Vorschrift verstößt.

(4) Die Ordnungswidrigkeit kann in den Fällen der Absätze 1 und 3 mit einer Geldbuße bis zu dreißigtausend Euro, in den übrigen Fällen mit einer Geldbuße bis zu fünftausend Euro geahndet werden.

(5) In den Fällen der Absätze 1 und 2 kann die Ordnungswidrigkeit auch dann geahndet werden, wenn sie nicht im Geltungsbereich dieses Gesetzes begangen wurde.

§ 9 Zuständigkeit für die Verfolgung und Ahndung von Ordnungswidrigkeiten. (1) Wird ein Verstoß in einem Unternehmen begangen, das im Geltungsbereich dieses Gesetzes seinen Sitz oder eine geschäftliche Niederlassung hat, ist nur die Verwaltungsbehörde örtlich zuständig, in deren Bezirk die geschäftliche Niederlassung oder der Hauptsitz des Betriebes liegt, bei dem der Betroffene tätig ist. Die §§ 38 und 39 des Gesetzes über Ordnungswidrigkeiten gelten entsprechend. Soweit nach Satz 1 oder Satz 2 eine Verwaltungsbehörde zuständig ist, die nicht auch für die Kontrolle der Bestimmungen dieses Gesetzes auf dem Betriebsgelände zuständig ist, unterrichtet diese Verwaltungsbehörde die für die Kontrollen der Bestimmungen dieses Gesetzes auf dem Betriebsgelände zuständige Behörde über begangene Ordnungswidrigkeiten.

(2) Wird ein Verstoß in einem Unternehmen begangen, das im Geltungsbereich des Gesetzes weder seinen Sitz noch eine geschäftliche Niederlassung hat, und hat auch der Betroffene im Geltungsbereich des Gesetzes keinen Wohnsitz, so ist Verwaltungsbehörde im Sinne des § 36 Abs. 1 Nr. 1 des Gesetzes über Ordnungswidrigkeiten das Bundesamt für Güterverkehr.

(3) (weggefallen)

(4) (weggefallen)

§ 10 Datenschutzbestimmungen. (1) Die nach § 9 für die Durchführung von Bußgeldverfahren zuständigen Behörden dürfen folgende personenbezogene Daten über laufende und abgeschlossene Bußgeldverfahren wegen der in § 8 Absatz 1 und der in § 8a Absatz 1 bis 3 genannten Ordnungswidrigkeiten verarbeiten, soweit dies für die Erfüllung ihrer Aufgaben oder für Zwecke der Beurteilung der Zuverlässigkeit des Unternehmens, bei dem die betroffene Person angestellt ist, erforderlich ist:

1. Name, Anschrift, Geburtsdatum und Geburtsort der betroffenen Person, Name und Anschrift des Unternehmens,
2. Zeit und Ort der Begehung der Ordnungswidrigkeit,
3. die gesetzlichen Merkmale der Ordnungswidrigkeit,
4. Bußgeldbescheide mit dem Datum ihres Erlasses und dem Datum des Eintritts ihrer Rechtskraft sowie

5. die Höhe der Geldbuße und
6. das Datum der Verwarnung oder des Erlasses des Verwarnungsgeldes.

(2) Die in Absatz 1 genannten Behörden übermitteln die Daten nach Absatz 1 für die dort genannten Zwecke

1. an öffentliche Stellen, soweit die Daten für die Entscheidung über den Zugang zum Beruf des Güter- und Personenkraftverkehrsunternehmers erforderlich sind,
2. auf Ersuchen an Gerichte und die Behörden, die in Bezug auf die Aufgaben nach diesem Gesetz Verwaltungsbehörde nach § 36 Abs. 1 Nr. 1 des Gesetzes über Ordnungswidrigkeiten sind oder
3. in den Fällen des § 9 Absatz 1 Satz 3 an die für die Kontrollen der Bestimmungen dieses Gesetzes auf dem Betriebsgelände zuständigen Verwaltungsbehörden.

(2a) Die in Absatz 1 genannten Behörden haben Zuwiderhandlungen, die Anlass geben, an der Zuverlässigkeit des Unternehmers und der Verkehrsleiter zu zweifeln, dem Unternehmen und der für das Unternehmen zuständigen Erlaubnisbehörde nach § 3 Abs. 7 des Güterkraftverkehrsgesetzes oder der Genehmigungsbehörde nach § 11 Abs. 1 des Personenbeförderungsgesetzes mitzuteilen. Zur Feststellung von Wiederholungsfällen haben sie die Zuwiderhandlungen der Angehörigen desselben Unternehmens zusammenzuführen.

(3) Eine Übermittlung unterbleibt, soweit hierdurch schutzwürdige Interessen der betroffenen Person beeinträchtigt würden und nicht das öffentliche Interesse das Geheimhaltungsinteresse der betroffenen Person überwiegt.

(4) Der Empfänger darf die nach Absatz 2 übermittelten Daten nur für den Zweck verarbeiten, zu dessen Erfüllung sie ihm übermittelt werden.

(5) Erweisen sich übermittelte Daten als unrichtig, so ist der Empfänger unverzüglich zu unterrichten, wenn dies zur Wahrung schutzwürdiger Interessen der betroffenen Person erforderlich ist.

(6) Die nach den Absätzen 1 und 2 gespeicherten Daten sind zwei Jahre nach dem Eintritt der Rechtskraft des Bußgeldbescheides zu löschen. Wurde das Bußgeld zwei Jahre nach Rechtskraft des Bußgeldbescheides noch nicht oder nicht vollständig gezahlt, so sind die nach den Absätzen 1 und 2 gespeicherten Daten erst bei Eintritt der Vollstreckungsverjährung zu löschen. Wurde die betroffene Person schriftlich verwarnt oder das Verfahren eingestellt, so sind die Daten zwei Jahre nach dem Erlaß der Verwarnung zu löschen. Daten eingestellter Verfahren sind unverzüglich zu löschen.

(7) § 25 Absatz 1 Satz 1 in Verbindung mit § 23 Absatz 1 Nummer 3 und 4 des Bundesdatenschutzgesetzes sowie die entsprechenden Vorschriften der Landesdatenschutzgesetze bleiben unberührt.

§ 11 (Inkrafttreten)

11. Verordnung zur Durchführung des Fahrpersonalgesetzes (Fahrpersonalverordnung – FPersV)

vom 27.6.2005 (BGBl. I S. 1882), zuletzt geändert durch Verordnung vom 8.8.2017 (BGBl. I S. 3158)

Abschnitt 1: Lenk- und Ruhezeit en im nationalen Bereich

§ 1 Lenk- und Ruhezeiten im Straßenverkehr. (1) Fahrer

1. von Fahrzeugen, die zur Güterbeförderung dienen und deren zulässige Höchstmasse einschließlich Anhänger oder Sattelanhänger mehr als 2,8 Tonnen und nicht mehr als 3,5 Tonnen beträgt, sowie
2. von Fahrzeugen, die zur Personenbeförderung dienen, nach ihrer Bauart und Ausstattung geeignet und dazu bestimmt sind, mehr als neun Personen einschließlich Fahrer zu befördern, und im Linienverkehr mit einer Linienlänge bis zu 50 Kilometern eingesetzt sind,

haben Lenkzeiten, Fahrtunterbrechungen und Ruhezeiten nach Maßgabe der Artikel 4, 6 bis 9 und 12 der Verordnung (EG) Nr. 561/2006 des Europäischen Parlaments und des Rates vom 15. März 2006 zur Harmonisierung bestimmter Sozialvorschriften im Straßenverkehr und zur Änderung der Verordnungen (EWG) Nr. 3821/85 und (EG) Nr. 2135/98 des Rates sowie zur Aufhebung der Verordnung (EWG) Nr. 3820/85 des Rates (ABl. EU Nr. L 102 S. 1) einzuhalten.

(2) Absatz 1 findet keine Anwendung auf

1. Fahrzeuge, die in § 18 genannt sind,
2. Fahrzeuge, die in Artikel 3 Buchstabe b bis i der Verordnung (EG) Nr. 561/2006 genannt sind,
3. Fahrzeuge, die zur Beförderung von Material, Ausrüstungen oder Maschinen, die der Fahrer zur Ausübung seiner beruflichen Tätigkeit benötigt, verwendet werden, soweit das Lenken des Fahrzeugs nicht die Haupttätigkeit des Fahrers darstellt,

3a. Fahrzeuge, die zur Beförderung von Gütern, die im Betrieb, dem der Fahrer angehört, in handwerklicher Fertigung oder Kleinserie hergestellt wurden oder deren Reparatur im Betrieb vorgesehen ist oder durchgeführt wurde, verwendet werden, soweit das Lenken des Fahrzeugs nicht die Haupttätigkeit des Fahrers darstellt,

4. Fahrzeuge, die als Verkaufswagen auf öffentlichen Märkten oder für den ambulanten Verkauf verwendet werden und für diese Zwecke besonders ausgestattet sind, soweit das Lenken des Fahrzeugs nicht die Haupttätigkeit des Fahrers darstellt, und
5. selbstfahrende Arbeitsmaschinen nach § 2 Nr. 17 der Fahrzeug-Zulassungsverordnung.

(3) Abweichend von Absatz 1 in Verbindung mit Artikel 7 der Verordnung (EG) Nr. 561/2006 haben Fahrer von Kraftomnibussen im Linienverkehr mit einer Linienlänge

bis zu 50 Kilometern Fahrtunterbrechungen nach Maßgabe der folgenden Vorschriften einzuhalten:

1. Beträgt der durchschnittliche Haltestellenabstand mehr als drei Kilometer, so ist nach einer Lenkzeit von viereinhalb Stunden eine Fahrtunterbrechung von mindestens 30 zusammenhängenden Minuten einzulegen. Diese Fahrtunterbrechung kann durch zwei Teilunterbrechungen von jeweils mindestens 20 zusammenhängenden Minuten oder drei Teilunterbrechungen von jeweils mindestens 15 Minuten ersetzt werden. Die Teilunterbrechungen müssen innerhalb der Lenkzeit von höchstens viereinhalb Stunden oder teils innerhalb dieser Zeit und teils unmittelbar danach liegen.
2. Beträgt der durchschnittliche Haltestellenabstand nicht mehr als drei Kilometer, sind als Fahrtunterbrechungen auch Arbeitsunterbrechungen ausreichend, soweit diese nach den Dienst- und Fahrplänen in der Arbeitsschicht enthalten sind (z.B. Wendezeiten). Voraussetzung hierfür ist, dass die Gesamtdauer der Arbeitsunterbrechungen mindestens ein Sechstel der vorgesehenen Lenkzeit beträgt. Nach einer ununterbrochenen Lenkzeit von viereinhalb Stunden ist eine Fahrtunterbrechung von mindestens 45 Minuten erforderlich. Arbeitsunterbrechungen unter zehn Minuten werden bei der Berechnung der Gesamtdauer nicht berücksichtigt. Durch Tarifvertrag kann vereinbart werden, dass Arbeitsunterbrechungen von mindestens acht Minuten berücksichtigt werden können, wenn ein Ausgleich vorgesehen ist, der die ausreichende Erholung des Fahrers erwarten lässt. Für Fahrer, die nicht in einem Arbeitsverhältnis stehen, kann die nach Landesrecht zuständige Behörde entsprechende Abweichungen bewilligen.

(4) Abweichend von Absatz 1 in Verbindung mit Artikel 8 Abs. 6 der Verordnung (EG) Nr. 561/2006 sind Fahrer der in Absatz 1 Nr. 2 genannten Fahrzeuge nicht zur Einlegung einer wöchentlichen Ruhezeit nach höchstens sechs 24-Stunden-Zeiträumen verpflichtet. Sie können die wöchentlich einzuhaltenden Ruhezeiten auf einen Zweiwochenzeitraum verteilen.

(5) Der Unternehmer hat dafür zu sorgen, dass die Vorschriften über die Lenkzeiten, die Fahrtunterbrechungen und die Ruhezeiten gemäß den Artikeln 4, 6 bis 9 und 12 der Verordnung (EG) Nr. 561/2006 eingehalten werden. Artikel 10 Abs. 2 der Verordnung (EG) Nr. 561/2006 findet entsprechende Anwendung.

(6) Der Fahrer eines in Absatz 1 Nr. 1 genannten Fahrzeugs hat, sofern dieses Fahrzeug nicht nach Absatz 2 ausgenommen ist, folgende Zeiten aufzuzeichnen:

1. Lenkzeiten,
2. alle sonstigen Arbeitszeiten einschließlich der Bereitschaftszeiten,
3. Fahrtunterbrechungen und
4. tägliche und wöchentliche Ruhezeiten.

Die Aufzeichnungen sind für jeden Tag getrennt zu fertigen und müssen folgende Angaben enthalten:

1. Vor- und Familienname,
2. Datum,
3. amtliche Kennzeichen der benutzten Fahrzeuge,

4. Ort des Fahrtbeginns,
5. Ort des Fahrtendes und
6. Kilometerstände der benutzten Fahrzeuge bei Fahrtbeginn und Fahrtende.

Der Fahrer hat alle Eintragungen jeweils unverzüglich zu Beginn und am Ende der Lenkzeiten, Fahrtunterbrechungen und Ruhezeiten vorzunehmen. Die Aufzeichnungen des laufenden Tages und der vorausgegangenen 28 Kalendertage sind vom Fahrer mitzuführen und den zuständigen Personen auf Verlangen zur Prüfung auszuhändigen. Hat der Fahrer während des in Satz 4 genannten Zeitraums ein Fahrzeug gelenkt, für das

1. die Verordnung (EU) Nr. 165/2014 des Europäischen Parlaments und des Rates vom 4. Februar 2014 über Fahrtenschreiber im Straßenverkehr, zur Aufhebung der Verordnung (EWG) Nr. 3821/85 des Rates über das Kontrollgerät im Straßenverkehr und zur Änderung der Verordnung (EG) Nr. 561/2006 des Europäischen Parlaments und des Rates zur Harmonisierung bestimmter Sozialvorschriften im Straßenverkehr (ABl. L 60 vom 28. 2. 2014, S. 1) in der jeweils geltenden Fassung oder
2. das Europäische Übereinkommen vom 1. Juli 1970 über die Arbeit des im internationalen Straßenverkehr beschäftigten Fahrpersonals (AETR) (BGBl. 1974 II S. 1473, 1475) in der jeweils geltenden Fassung

gilt, sind für dieses Fahrzeug Nachweise nach Maßgabe von Artikel 36 Absatz 1 und 2 der Verordnung (EU) Nr. 165/2014 oder von Artikel 12 Absatz 7 des Anhangs zum Europäischen Übereinkommen vom 1. Juli 1970 über die Arbeit des im internationalen Straßenverkehr beschäftigten Fahrpersonals (AETR) an Stelle der Aufzeichnungen mitzuführen. Der Fahrer hat dem Unternehmer alle Aufzeichnungen unverzüglich nach Ablauf der Mitführungspflicht auszuhändigen. Der Unternehmer hat

1. dem Fahrer entsprechend dem Muster der Anlage 1 geeignete Vordrucke zur Fertigung der Aufzeichnungen in ausreichender Anzahl auszuhändigen,
2. die Aufzeichnungen unverzüglich nach Aushändigung durch den Fahrer zu prüfen und unverzüglich Maßnahmen zu ergreifen, die notwendig sind, um die Beachtung der Sätze 1 bis 5 zu gewährleisten,
3. die Aufzeichnungen ein Jahr lang nach Aushändigung durch den Fahrer in chronologischer Reihenfolge und in lesbarer Form außerhalb des Fahrzeugs aufzubewahren und den zuständigen Personen auf Verlangen vorzulegen und
4. die Aufzeichnungen nach Ablauf der Aufbewahrungsfrist bis zum 31. März des folgenden Kalenderjahres zu vernichten, soweit sie nicht zur Erfüllung der Aufbewahrungspflichten nach § 16 Abs. 2 und § 21a Abs. 7 des Arbeitszeitgesetzes, § 147 Abs. 1 Nr. 5 in Verbindung mit Abs. 3 der Abgabenordnung, § 28f Abs. 1 Satz 1 des Vierten Buches Sozialgesetzbuch, § 17 Absatz 2 des Mindestlohngesetzes, § 19 Absatz 2 des Arbeitnehmer-Entsendegesetzes oder § 17c Absatz 2 des Arbeitnehmerüberlassungsgesetzes benötigt werden.

(7) Ist das Fahrzeug mit einem analogen Fahrtenschreiber nach Artikel 2 Absatz 2 Buchstabe g der Verordnung (EU) Nr. 165/2014 oder einem digitalen Fahrtenschreiber nach Artikel 2 Absatz 2 Buchstabe h der Verordnung (EU) Nr. 165/2014 oder einem Fahrtschreiber nach § 57a Absatz 1 Satz 1 der Straßenverkehrs-Zulassungs-Ordnung ausgerüstet, haben Fahrer der in Absatz 1 Nummer 1 genannten Fahrzeuge diese entsprechend

Artikel 27 Absatz 2, Artikel 32 Absatz 1 bis 4, Artikel 33 Absatz 1 Unterabsatz 3, Artikel 34 Absatz 1 bis 3 Unterabsatz 1, Absatz 4 bis 7, Artikel 35 Absatz 2 und Artikel 37 Absatz 2 der Verordnung (EU) Nr. 165/2014 oder § 57a Absatz 2 Satz 1 der Straßenverkehrs-Zulassungs-Ordnung zu betreiben. Im Falle der Verwendung eines Fahrtschreibers gemäß § 57a der Straßenverkehrs-Zulassungs-Ordnung hat der Fahrer die Schicht und die Pausen jeweils bei Beginn und Ende auf dem Schaublatt zu vermerken. Der Unternehmer hat bei Verwendung eines analogen Fahrtenschreibers oder eines Fahrtschreibers nach § 57a Absatz 1 Satz 1 der Straßenverkehrs-Zulassungs-Ordnung dem Fahrer vor Beginn der Fahrt die für das Gerät zugelassenen Schaublätter entsprechend Artikel 33 Absatz 1 Unterabsatz 2 der Verordnung (EU) Nr. 165/2014 in ausreichender Anzahl auszuhändigen, bei Verwendung eines digitalen Fahrtenschreibers dafür zu sorgen, dass entsprechend Artikel 33 Absatz 1 Unterabsatz 3 der Verordnung (EU) Nr. 165/2014 der Ausdruck von Daten aus dem Fahrtenschreiber im Falle einer Nachprüfung ordnungsgemäß erfolgen kann und entsprechend Artikel 33 Absatz 1 Unterabsatz 1 der Verordnung (EU) Nr. 165/2014 dafür zu sorgen, dass der analoge oder digitale Fahrtenschreiber oder der Fahrtschreiber nach § 57a Absatz 1 Satz 1 der Straßenverkehrs-Zulassungs-Ordnung ordnungsgemäß benutzt wird; Absatz 6 Satz 4 bis 6 und 7 Nummer 2 bis 4 gilt entsprechend. Hat der Fahrer eines mit einem digitalen Fahrtenschreiber ausgerüsteten Fahrzeugs in dem in Absatz 6 Satz 4 genannten Zeitraum ein Fahrzeug gelenkt, das mit einem analogen Fahrtenschreiber ausgerüstet ist, hat er die Schaublätter dieses Fahrtenschreibers während der Fahrt ebenfalls mitzuführen und den zuständigen Personen auf Verlangen zur Prüfung auszuhändigen.

(8) Der Unternehmer, der Fahrer mit Fahrzeugen nach Absatz 1 Nummer 2 einsetzt, hat zum Nachweis der in Absatz 1 genannten Zeiten vor Fahrtantritt Fahrpläne und Arbeitszeitpläne nach Maßgabe des Artikels 16 Absatz 2 Satz 1 und Absatz 3 Buchstabe a und b der Verordnung (EG) Nr. 561/2006 aufzustellen und ein Jahr nach Ablauf des Gültigkeitszeitraums aufzubewahren. Fahrer von Fahrzeugen nach Absatz 1 Nummer 2 haben einen Auszug aus dem Arbeitszeitplan und eine Ausfertigung des Fahrplans, der die gerade durchgeführte Fahrt betrifft, mitzuführen.

(9) Absatz 8 gilt nicht, wenn das Fahrzeug mit einem Fahrtschreiber nach § 57a Absatz 1 der Straßenverkehrs-Zulassungs-Ordnung in der bis zum 31. Dezember 2012 geltenden Fassung ausgerüstet ist. In diesem Fall findet § 57a Absatz 2 und § 57b der Straßenverkehrs-Zulassungs-Ordnung Anwendung.

(10) Absatz 8 gilt nicht, wenn das Fahrzeug mit einem analogen oder digitalen Fahrtenschreiber ausgerüstet ist. In diesem Fall findet § 57a Absatz 3 der Straßenverkehrs-Zulassungs-Ordnung Anwendung.

§ 2 Digitaler Fahrtenschreiber. (1) Ein Fahrer, der ein Fahrzeug lenkt, das in den Anwendungsbereich der Verordnung (EG) Nr. 561/2006 fällt, oder der Lenk- oder Ruhezeiten nach § 1 Absatz 1 und 3 einzuhalten hat und dabei einen digitalen Fahrtenschreiber betreibt, hat den Fahrtenschreiber entsprechend Artikel 27 Absatz 2, Artikel 32 Absatz 1 Satz 1 und Absatz 2 bis 4, Artikel 33 Absatz 1 Unterabsatz 3, Artikel 34 Absatz 1 bis 3 Unterabsatz 1, Absatz 4, 5 und 7, Artikel 35 Absatz 2 und Artikel 37 Absatz 2 der Verordnung (EU) Nr. 165/2014 zu bedienen und die Benutzerführung zu beachten.

(2) Die in Artikel 34 Absatz 5 Buchstabe b Ziffer ii bis iv der Verordnung (EU) Nr. 165/2014 genannten Zeiträume müssen bei Übernahme des Fahrzeugs auf der Fahrerkarte

unter Benutzung der im Fahrtenschreiber vorgesehenen manuellen Eingabemöglichkeiten eingetragen werden, wenn der Fahrer vor Übernahme des Fahrzeugs solche Zeiten verbracht hat.

(3) Die nach Artikel 36 Absatz 2 der Verordnung (EU) Nr. 165/2014 vorgeschriebenen Ausdrucke hat der Fahrer den zuständigen Personen auf Verlangen vorzulegen. Der Unternehmer hat die Ausdrucke in chronologischer Reihenfolge und in lesbarer Form außerhalb des Fahrzeugs aufzubewahren und den zuständigen Personen auf Verlangen vorzulegen.

(4) Bei Einsatz von Mietfahrzeugen, deren Verwendung in den Anwendungsbereich der Verordnung (EG) Nr. 561/2006 oder dieser Verordnung fällt, hat der Unternehmer, der das Fahrzeug anmietet, zu Beginn und am Ende des Mietzeitraums durch Verwendung der Unternehmenskarte sicherzustellen, dass die Daten aus dem Massenspeicher des Fahrtenschreibers über die mit den Fahrzeugen durchgeführten Fahrten übertragen und bei ihm gespeichert werden. Ist dies in begründeten Ausnahmefällen oder bei einer Mietdauer von nicht mehr als 24 Stunden nicht möglich, ist zu Beginn und am Ende des Mietzeitraums ein Ausdruck wie bei Beschädigung oder Fehlfunktion der Fahrerkarte zu fertigen. Der Fahrer hat den Ausdruck unverzüglich nach Erhalt an den Unternehmer weiterzuleiten, der ihn ein Jahr aufzubewahren hat. Nach Ablauf der Aufbewahrungsfrist sind die Ausdrucke bis zum 31. März des folgenden Kalenderjahres zu vernichten, soweit sie nicht zur Erfüllung der Aufbewahrungspflichten nach § 16 Abs. 2 und § 21a Abs. 7 des Arbeitszeitgesetzes, § 147 Abs. 1 Nr. 5 in Verbindung mit Abs. 3 der Abgabenordnung, § 28f Abs. 1 Satz 1 des Vierten Buches Sozialgesetzbuch, § 17 Absatz 2 des Mindestlohngesetzes, § 19 Absatz 2 des Arbeitnehmer-Entsendegesetzes oder § 17c Absatz 2 des Arbeitnehmerüberlassungsgesetzes benötigt werden.

(5) Der Unternehmer hat sicherzustellen, dass alle Daten aus dem Massenspeicher des Fahrtenschreibers spätestens 90 Tage nach Aufzeichnung eines Ereignisses zur Speicherung im Betrieb kopiert werden. Der Unternehmer hat sicherzustellen, dass die Daten der Fahrerkarten spätestens 28 Kalendertage nach Aufzeichnung eines Ereignisses zur Speicherung im Betrieb kopiert werden. Der Fahrer hat hierzu dem Unternehmen die Fahrerkarte und die Ausdrucke nach Absatz 3 zur Verfügung zu stellen. Der Unternehmer hat alle sowohl von den Fahrtenschreibern als auch von den Fahrerkarten kopierten Daten der zuständigen Behörde oder Stelle auf Verlangen entweder unmittelbar oder durch Datenfernübertragung oder auf einem durch die Behörde oder Stelle zu bestimmenden Datenträger zur Verfügung zu stellen. Der Unternehmer hat von allen kopierten Daten unverzüglich Sicherheitskopien zu erstellen, die auf einem gesonderten Datenträger zu speichern sind.

(6) Unternehmen, die Fahrzeuge vermieten, haben dem Mieter des Fahrzeugs diejenigen Daten aus dem Massenspeicher des Fahrtenschreibers, die sich auf die vom Mieter durchgeführten Beförderungen beziehen und auf die dieser nicht unmittelbar zugreifen kann,

1. auf dessen Verlangen,
2. spätestens 90 Tage nach Beginn des Mietverhältnisses oder der letzten Datenübermittlung und
3. nach Beendigung des Mietverhältnisses

zur Verfügung zu stellen. Dabei sind dem jeweiligen Stand der Technik entsprechende Maßnahmen zur Sicherstellung von Datenschutz und Datensicherheit zu treffen, die insbesondere die Vertraulichkeit, Unversehrtheit und Zurechenbarkeit der Daten gewährleisten; im Falle der Nutzung allgemein zugänglicher Netze sind dem jeweiligen Stand der Technik entsprechende Verschlüsselungsverfahren anzuwenden.

§ 2a Aufbewahrung von Kontrollunterlagen. Der Unternehmer bewahrt die ihm oder seinen Fahrern von den zuständigen Personen überlassenen Niederschriften, Ergebnisprotokolle und andere Unterlagen über bei ihm auf dem Gelände vorgenommene beziehungsweise bei seinen Fahrern auf der Straße vorgenommene Kontrollen ein Jahr lang auf. Die Unterlagen sind den zuständigen Personen auf Verlangen vorzulegen. Nach Ablauf der Aufbewahrungspflicht sind die Unterlagen bis zum 31. März des folgenden Kalenderjahres zu vernichten.

Abschnitt 2: Organisation

§ 3 Zertifizierungsinfrastruktur. Die Aufgaben der für die Umsetzung des Zertifizierungsverfahrens nach der Verordnung (EU) Nr. 165/2014 verantwortlichen Stellen ergeben sich aus der Anlage 2. Das Bundesministerium für Verkehr und digitale Infrastruktur nimmt die Aufgaben der Aufsichtsbehörde des Mitgliedstaates (D-Member State Authority – D-MSA) wahr. Deutsche Zertifizierungsstelle (D-Certification Authority – D-CA) ist das Kraftfahrt-Bundesamt. Die für die Fahrtenschreiberkartenausgabe zuständigen Behörden oder Stellen (D-Card Issueing Authorities – D-CIA's) werden von den Ländern bestimmt.

Abschnitt 3: Kontrollsystem nach EG-Verordnungen

§ 4 Allgemeines. (1) Die zum Betrieb des digitalen Fahrtenschreibers erforderlichen Fahrtenschreiberkarten (Fahrer-, Werkstatt-, Unternehmens- und Kontrollkarten) werden nach den Mustern nach Artikel 1 Absatz 3 der Durchführungsverordnung (EU) 2016/799 der Kommission vom 18. März 2016 zur Durchführung der Verordnung (EU) Nr. 165/2014 des Europäischen Parlaments und des Rates zur Festlegung der Vorschriften über Bauart, Prüfung, Einbau, Betrieb und Reparatur von Fahrtenschreibern und ihren Komponenten (ABl. L 139 vom 26.5.2016, S. 1) in Verbindung mit dem Anhang I B Abschnitt IV der Verordnung (EWG) Nr. 3821/85 oder nach Artikel 1 Absatz 2 der Durchführungsverordnung (EU) 2016/799 in Verbindung mit dem Anhang 1 C Abschnitt 4 der Durchführungsverordnung (EU) 2016/799 jeweils in Verbindung mit Anlage 3 hergestellt. Fahrer-, Werkstatt- und Unternehmenskarten werden auf Antrag erteilt. Antragsberechtigt sind:

1. für die Fahrerkarte
   a) Inhaber einer gültigen inländischen Fahrerlaubnis nach Muster 1 der Anlage 8 der Fahrerlaubnis-Verordnung in der jeweils geltenden Fassung,
   b) im Übrigen Inhaber einer Fahrerlaubnis eines Mitgliedstaates der Europäischen Union oder eines anderen Vertragsstaats des Abkommens über den Europäischen Wirtschaftsraum, die dazu berechtigt, Fahrzeuge zu führen, für die Lenk- und Ru-

hezeiten nach der Verordnung (EG) Nr. 561/2006 beziehungsweise § 1 dieser Verordnung zu beachten sind,

2. für die Werkstattkarte die nach § 57b der Straßenverkehrs-Zulassungs-Ordnung anerkannten oder beauftragten Werkstätten, Hersteller von Fahrtenschreibern sowie Fahrzeughersteller,

3. für die Unternehmenskarte Unternehmen, deren Fahrpersonal Beförderungen durchführt, die unter die Verordnung (EG) Nr. 561/2006 fallen, oder das Lenk- und Ruhezeiten nach § 1 dieser Verordnung einzuhalten hat.

Erfolgt der Antrag auf unpersönlichem Weg, ist eine Kopie der nach den §§ 5, 7 oder § 9 jeweils erforderlichen Unterlagen beizufügen. Im Rahmen des Antragsverfahrens hat für Fahrtenschreiberkarten nach Nummer 1 eine Überprüfung der Identität des Antragstellers sowie der Übereinstimmung der vorgelegten Kopien mit den Originalen stattzufinden.

(2) Die Fahrtenschreiberkarten werden von den nach Landesrecht zuständigen Behörden oder Stellen ausgegeben.

(3) Der Antrag auf Erneuerung der Fahrer- und Unternehmenskarte darf frühestens sechs Monate, der auf Erneuerung der Werkstattkarte frühestens einen Monat vor Ablauf der Gültigkeit der Karte gestellt werden. Den Anträgen sind die nach den §§ 5, 7 oder § 9 jeweils erforderlichen Unterlagen beizufügen. Inhaber einer Werkstattkarte haben spätestens nach drei Jahren eine aktuelle Bescheinigung über die Anerkennung oder Beauftragung der Werkstatt nach § 57b der Straßenverkehrs-Zulassungs-Ordnung und einen Nachweis über eine erneute Schulung im Sinne des § 7 Abs. 2 Nr. 5 vorzulegen. Die in Satz 3 genannten Fristen beginnen mit dem Datum des letzten Nachweises. Die in Artikel 25 Absatz 2 Satz 1 und 2 und in Artikel 29 Absatz 4 Satz 2 der Verordnung (EU) Nr. 165/2014 genannten Fristen beginnen erst mit der vollständigen Vorlage aller nach den §§ 5, 7 oder § 9 erforderlichen Antragsunterlagen und Angaben.

(4) Wird eine Fahrtenschreiberkarte wegen Beschädigung, Fehlfunktion, Verlust oder Diebstahl einer vorhandenen Karte beantragt, hat der Antragsteller der ausstellenden Behörde oder Stelle vorzulegen:

1. bei Verlust eine schriftliche Erklärung über den Verlust,

2. bei Diebstahl den Nachweis einer Anzeige,

3. bei Beschädigung oder Fehlfunktion die zu erneuernde Karte.

Dem Antrag sind die nach den §§ 5, 7 oder § 9 jeweils erforderlichen Unterlagen beizufügen. Der Inhaber der Fahrtenschreiberkarte hat auf Verlangen der Behörde oder Stelle, welche die Ersatzkarte ausstellt, eine Versicherung an Eides statt abzugeben, dass und aus welchen Gründen er die Fahrtenschreiberkarte nicht zurückgeben kann. Mit Ausstellung der Ersatzkarte verliert die ersetzte Karte ihre Gültigkeit. Eine wiederaufgefundene Karte ist der ausstellenden Behörde oder Stelle zurückzugeben. Beträgt die Restlaufzeit der zu ersetzenden Karte weniger als sechs Monate, ist die Karte zu erneuern. Absatz 3 Satz 5 gilt mit der Maßgabe, dass die Fristen erst beginnen, wenn alle erforderlichen Antragsunterlagen und Angaben vorliegen und die ausstellende Behörde oder Stelle Kenntnis von der Kartennummer erhält.

(5) Bei Verlust einer Fahrtenschreiberkarte unterrichtet der Karteninhaber unverzüglich die Behörde oder Stelle, welche die Karte erteilt hat. Die Behörde oder Stelle meldet den Verlust dem Fahrtenschreiberkartenregister beim Kraftfahrt-Bundesamt.

§ 5 Fahrerkarte. (1) Der Antragsteller hat Angaben zu seiner Muttersprache zu machen und folgende Unterlagen vorzulegen:

1. a) eine gültige inländische Fahrerlaubnis nach Muster 1 der Anlage 8 der Fahrerlaubnis-Verordnung in der jeweils geltenden Fassung
   b) im Übrigen eine Fahrerlaubnis eines Mitgliedstaates der Europäischen Union oder eines anderen Vertragsstaats des Abkommens über den Europäischen Wirtschaftsraum, die dazu berechtigt, Fahrzeuge zu führen, für die Lenk- und Ruhezeiten nach der Verordnung (EG) Nr. 561/2006 beziehungsweise § 1 dieser Verordnung zu beachten sind,
2. einen Nachweis über den Wohnsitz im Inland und Anschrift,
3. Nachweise über Geburts- und Familiennamen, Vornamen, Tag und Ort der Geburt sowie
4. ein Lichtbild vor hellem Hintergrund in der Größe 35 mm x 45 mm, das den Antragsteller ohne Kopfbedeckung in einer Frontalaufnahme zeigt; Anlage 8 der Passverordnung findet entsprechende Anwendung.

(2) Die zuständige Behörde oder Stelle prüft die Richtigkeit und Vollständigkeit der vom Bewerber mitgeteilten Daten.

(3) Jeder Fahrer erhält nur eine Fahrerkarte. Vor der Ausstellung einer Fahrerkarte erfolgen durch die zuständige Behörde oder Stelle Anfragen bei dem zentralen Fahrerlaubnisregister, dem zentralen Fahrtenschreiberkartenregister und den Fahrerkartenregistern der anderen Mitgliedstaaten der Europäischen Union und der Vertragsstaaten des Abkommens über den Europäischen Wirtschaftsraum, ob das vorgelegte Führerscheindokument gültig ist und ob dem Antragsteller bereits anderweitig eine Fahrerkarte ausgestellt wurde. Zu diesem Zweck dürfen die nach § 49 Absatz 1 Nummer 1 bis 3, Nummer 7 bis 13 und Nummer 17 der Fahrerlaubnis-Verordnung im Fahrerlaubnisregister gespeicherten Daten im automatisierten Verfahren abgerufen werden.

(4) Die Fahrerkarte darf keinem Dritten zur Nutzung überlassen werden. Der Fahrer hat die Fahrerkarte während der Fahrt mitzuführen und den zuständigen Personen auf Verlangen zur Prüfung auszuhändigen.

(5) Die Gültigkeitsdauer der Fahrerkarte beträgt bei der Erstausstellung und Erneuerung fünf Jahre. Sie beginnt mit dem Datum der Personalisierung. Bei der Erneuerung auf Grund von Beschädigung oder Fehlfunktion beginnt sie mit dem Datum der Personalisierung. Bei der Erneuerung auf Grund des Ablaufs der Gültigkeitsdauer beginnt die Gültigkeitsdauer der neuen Fahrerkarte mit dem Tag, der dem Tag des Ablaufs der Gültigkeit der vorherigen Fahrerkarte folgt. Wird eine Fahrerkarte ersetzt, entspricht die Gültigkeitsdauer der Gültigkeitsdauer der ersetzten Karte.

§ 6 Mitführen der abgelaufenen Fahrerkarte. Der Fahrer hat auch nach Ablauf der Gültigkeit die Fahrerkarte noch mindestens 28 Kalendertage im Fahrzeug mitzuführen. Bei Umtausch der Fahrerkarte entsprechend Artikel 30 Absatz 2 der Verordnung (EU)

Nr. 165/2014 hat der Fahrer die Ausdrucke seiner Tätigkeiten für die dem Umtausch vorausgehenden 28 Kalendertage ebenfalls 28 Kalendertage mitzuführen.

§ 7 Werkstattkarte. (1) Die Werkstattkarte wird nur erteilt, wenn der Antragsteller als Unternehmer oder die nach Gesetz, Satzung oder Gesellschaftsvertrag zur Vertretung berufenen Personen sowie die verantwortliche Fachkraft (Installateur) fachlich geeignet sind.

(2) Der Antragsteller hat folgende Angaben zu machen und durch Unterlagen nachzuweisen:

1. Name, Anschrift und Sitz der Werkstatt, des Herstellers von Fahrtenschreibern oder des Fahrzeugherstellers,
2. Geburts- und Familienname, Vornamen, Tag und Ort der Geburt des Unternehmers oder der nach Gesetz, Satzung oder Gesellschaftsvertrag zur Vertretung berufenen Personen,
3. Geburts- und Familienname, Vorname, Tag und Ort der Geburt, aktuelle Wohnanschrift und Muttersprache der verantwortlichen Fachkraft, für die die Werkstattkarte beantragt wird,
4. Anerkennung oder Beauftragung der Werkstatt nach § 57b der Straßenverkehrs-Zulassungs-Ordnung,
5. Schulung der verantwortlichen Fachkraft, für die die Werkstattkarte beantragt wird, entsprechend der Fahrtenschreiber- und Kontrollgeräte-Schulungsrichtlinie, sowie
6. bestehendes Arbeitsverhältnis mit der verantwortlichen Fachkraft, für die die Werkstattkarte beantragt wird.

(3) (entfällt)

(4) Die zuständige Behörde oder Stelle stellt durch Abruf beim zentralen Fahrtenschreiberkartenregister sicher, dass die verantwortliche Fachkraft nur eine Werkstattkarte pro Arbeitsverhältnis erhält.

(5) Die Werkstattkarte wird dem Unternehmen gegen Empfangsbestätigung ausgehändigt. Sie ist Eigentum des Unternehmens. Die zur Benutzung der Werkstattkarte erforderliche persönliche Identifikationsnummer wird der verantwortlichen Fachkraft an ihre Privatanschrift übersandt.

(6) Die Gültigkeitsdauer der Werkstattkarte beträgt ein Jahr. Sie beginnt mit dem Datum der Personalisierung. § 5 Abs. 5 Satz 3 bis 5 gilt entsprechend.

§ 8 Wegfall von Erteilungsvoraussetzungen. (1) Ist eine der Erteilungsvoraussetzungen nachträglich entfallen, so ist dies unverzüglich der zuständigen Behörde oder Stelle zu melden; die Werkstattkarte ist innerhalb einer von dieser festzusetzenden Frist an sie zurückzugeben. Die zuständige Behörde oder Stelle hat im Falle des Wegfalls der Erteilungsvoraussetzungen, insbesondere im Falle der missbräuchlichen Verwendung, die Rückgabe der Werkstattkarte zu verlangen. Rückgabepflichtig sind sowohl der Unternehmer, bei juristischen Personen die nach Gesetz, Satzung oder Gesellschaftsvertrag zur Vertretung berufenen Personen, als auch die verantwortliche Fachkraft. Scheidet die verantwortliche Fachkraft aus der Werkstatt aus, haben der Unternehmer oder die vertretungsberechtigten Personen die Werkstattkarte unverzüglich zurückzugeben. Ist dem

Unternehmer oder den vertretungsberechtigten Personen eine Rückgabe nicht möglich, ist die zuständige Behörde oder Stelle unverzüglich zu unterrichten.

(2) Wird die Werkstattkarte wegen missbräuchlicher Verwendung zurückgenommen, unterrichtet die zuständige Behörde oder Stelle das Zentrale Fahrtenschreiberkartenregister beim Kraftfahrt-Bundesamt.

§ 9 Unternehmenskarte. (1) Der Antragsteller hat folgende Angaben zu machen und durch Unterlagen nachzuweisen:

1. Name, Anschrift und Sitz des Unternehmens,
2. Geburts- und Familienname, Vornamen, Tag und Ort der Geburt sowie Anschrift des Unternehmers oder der nach Gesetz, Satzung oder Gesellschaftsvertrag zur Vertretung berufenen Personen.

(2) Die Unternehmenskarten werden an den Unternehmer oder die nach Gesetz, Satzung oder Gesellschaftsvertrag zur Vertretung berufenen Personen ausgegeben. Der Unternehmer sorgt für die ordnungsgemäße Verwendung der Karten.

(3) Der Unternehmer hat dafür zu sorgen, dass zu Beginn und am Ende des Fahrzeugeinsatzes für das Unternehmen die Unternehmenskarte in den Fahrtenschreiber eingegeben wird, um den Einsatz des Fahrzeugs dem Unternehmen zuzuordnen.

(4) Die Gültigkeitsdauer der Unternehmenskarte beträgt fünf Jahre. Sie beginnt mit dem Datum der Personalisierung. § 5 Abs. 5 Satz 3 bis 5 gilt entsprechend.

§ 10 Kontrollkarte. Die Kontrollkarten werden an die für die Kontrolle der Sozialvorschriften im Straßenverkehr zuständigen Behörden und Stellen ausgegeben. Die Kontrollkarte weist die Kontrollbehörde aus und ermöglicht das Lesen, Ausdrucken und Herunterladen der im Massenspeicher des Fahrtenschreibers oder auf Fahrerkarten gespeicherten Daten. Die Gültigkeitsdauer der Kontrollkarte beträgt fünf Jahre.

Abschnitt 4: Zentrales Fahrtenschreiberkartenregister

[*Vom Abdruck der §§ 11 bis 17 wurde abgesehen*]

Abschnitt 5: Ausnahmen

§ 18 Ausnahmen nach den Verordnungen (EG) Nr. 561/2006 und (EU) Nr. 165/2014. (1) Nach Artikel 13 Absatz 1 der Verordnung (EG) Nr. 561/2006 und nach Artikel 3 Absatz 2 der Verordnung (EU) Nr. 165/2014 werden im Geltungsbereich des Fahrpersonalgesetzes folgende Fahrzeugkategorien von der Anwendung der Artikel 5 bis 9 der Verordnung (EG) Nr. 561/2006 und der Anwendung der Verordnung (EU) Nr. 165/2014 ausgenommen:

1. Fahrzeuge, die im Eigentum von Behörden stehen oder von diesen ohne Fahrer angemietet oder geleast sind, um Beförderungen im Straßenverkehr durchzuführen, die nicht im Wettbewerb mit privatwirtschaftlichen Verkehrsunternehmen stehen,
2. Fahrzeuge, die von Landwirtschafts-, Gartenbau-, Forstwirtschaft- oder Fischereiunternehmen zur Güterbeförderung, insbesondere auch zur Beförderung lebender

Tiere, im Rahmen der eigenen unternehmerischen Tätigkeit in einem Umkreis von bis zu 100 Kilometern vom Standort des Unternehmens verwendet oder von diesen ohne Fahrer angemietet werden,

3. Land- und forstwirtschaftliche Zugmaschinen, die für land- oder forstwirtschaftliche Tätigkeiten in einem Umkreis von bis zu 100 Kilometern vom Standort des Unternehmens verwendet werden, das das Fahrzeug besitzt, anmietet oder least,
4. Fahrzeuge oder Fahrzeugkombinationen mit einer zulässigen Höchstmasse von nicht mehr als 7,5 Tonnen, die von Postdienstleistern, die Universaldienstleistungen im Sinne des § 1 Absatz 1 der Post-Universaldienstleistungsverordnung vom 15. Dezember 1999 (BGBl. I S. 2418), die zuletzt durch Artikel 3 Absatz 26 des Gesetzes vom 7. Juli 2005 (BGBl. I S. 1970) geändert worden ist, in der jeweils geltenden Fassung erbringen, in einem Umkreis von 100 Kilometern vom Standort des Unternehmens zum Zwecke der Zustellung von Sendungen im Rahmen des Universaldienstes verwendet werden, soweit das Lenken des Fahrzeugs nicht die Haupttätigkeit des Fahrers darstellt,
5. Fahrzeuge, die ausschließlich auf Inseln mit einer Fläche von nicht mehr als 2 300 Quadratkilometern verkehren, die mit den übrigen Teilen des Hoheitsgebiets weder durch eine befahrbare Brücke, Furt oder einen befahrbaren Tunnel verbunden sind,
6. Fahrzeuge, die im Umkreis von 100 Kilometern vom Standort des Unternehmens zur Güterbeförderung mit Druckerdgas-, Flüssiggas- oder Elektroantrieb verwendet werden und deren zulässige Höchstmasse einschließlich Anhänger oder Sattelanhänger 7,5 Tonnen nicht übersteigt,
7. Fahrzeuge, die zum Fahrschulunterricht und zur Fahrprüfung zwecks Erlangung der Fahrerlaubnis oder eines beruflichen Befähigungsnachweises dienen, sofern diese Fahrzeuge nicht für die gewerbliche Personen- oder Güterbeförderung verwendet werden,
8. Fahrzeuge, die in Verbindung mit der Instandhaltung von Kanalisation, Hochwasserschutz, Wasser-, Gas- und Elektrizitätsversorgung, Straßenunterhaltung und -kontrolle, Hausmüllabfuhr, Telegramm- und Telefondienstleistungen, Rundfunk und Fernsehen sowie zur Erfassung von Radio- beziehungsweise Fernsehsendern oder -geräten eingesetzt werden,
9. Fahrzeuge mit zehn bis 17 Sitzen, die ausschließlich zur nicht gewerblichen Personenbeförderung verwendet werden,
10. Spezialfahrzeuge, die zum Transport von Ausrüstungen des Zirkus- oder Schaustellergewerbes verwendet werden,
11. speziell für mobile Projekte ausgerüstete Fahrzeuge, die hauptsächlich im Stand zu Lehrzwecken verwendet werden,
12. Fahrzeuge, die innerhalb eines Umkreises von bis zu 100 Kilometern vom Standort des Unternehmens zum Abholen von Milch bei landwirtschaftlichen Betrieben, zur Rückgabe von Milchbehältern oder zur Lieferung von Milcherzeugnissen für Futterzwecke an diese Betriebe verwendet werden,
13. Spezialfahrzeuge für Geld- und/oder Werttransporte,

14. Fahrzeuge, die in einem Umkreis von 250 Kilometern vom Standort des Unternehmens zum Transport tierischer Nebenprodukte im Sinne des Artikels 3 Nummer 1 der Verordnung (EG) Nr. 1069/2009 des Europäischen Parlaments und des Rates vom 21. Oktober 2009 mit Hygienevorschriften für nicht für den menschlichen Verzehr bestimmte tierische Nebenprodukte und zur Aufhebung der Verordnung (EG) Nr. 1774/2002 (Verordnung über tierische Nebenprodukte) (ABl. L 300 vom 14. 11. 2009, S. 1) in der jeweils geltenden Fassung verwendet werden,
15. Fahrzeuge, die ausschließlich auf Straßen in Güterverteilzentren wie Häfen, Umschlaganlagen des Kombinierten Verkehrs und Eisenbahnterminals verwendet werden, und
16. Fahrzeuge, die innerhalb eines Umkreises von bis zu 100 Kilometern vom Standort des Unternehmens für die Beförderung lebender Tiere von den landwirtschaftlichen Betrieben zu den lokalen Märkten und umgekehrt oder von den Märkten zu den lokalen Schlachthäusern verwendet werden.

(2) Abweichend von Artikel 5 Abs. 2 Satz 1 der Verordnung (EG) Nr. 561/2006 beträgt bei Beförderungen in einem Umkreis von 50 Kilometern vom Standort des Fahrzeugs das Mindestalter der Beifahrer zum Zwecke der Berufsausbildung 16 Jahre.

Abschnitt 6: Europäisches Übereinkommen über die Arbeit des im internationalen Straßenverkehr beschäftigten Fahrpersonals (AETR)

§ 19 Fahrtenschreiber nach dem Europäischen Übereinkommen über die Arbeit des im internationalen Straßenverkehr beschäftigten Fahrpersonals (AETR). Auf Grund des Artikels 3 Absatz 1, des Artikels 10 Absatz 1 und des Artikels 13 Absatz 1 des AETR in Verbindung mit Artikel 2 Abs. 3 der Verordnung (EG) Nr. 561/2006 hat der Unternehmer in Fahrzeuge, die dem AETR unterliegen und mit denen das Hoheitsgebiet der Bundesrepublik Deutschland befahren wird, vor Antritt derartiger Fahrten Fahrtenschreiber einbauen zu lassen. Die Fahrtenschreiber nach Satz 1 sind von dem Fahrer zu benutzen. Die Fahrtenschreiber sind nach den Artikeln 10 bis 14 des Anhangs zum AETR zu betreiben. Bauart, Einbau, Benutzung und Prüfung der Fahrtenschreiber richten sich nach den Vorschriften des AETR einschließlich seines Anhangs und der Anlagen. Fahrtenschreiber im Sinne der Verordnung (EU) Nr. 165/2014 erfüllen die Anforderungen nach Satz 4.

Abschnitt 7: Sonstige Vorschriften

§ 20 Nachweis über berücksichtigungsfreie Tage. (1) Selbstfahrende Unternehmer und Fahrer, die die in dieser Verordnung, in Artikel 36 Absatz 2 der Verordnung (EU) Nr. 165/2014 oder in Kapitel III Artikel 12 Absatz 2 Satz 1 des Anhangs zum Europäischen Übereinkommen über die Arbeit des im internationalen Straßenverkehr beschäftigten Fahrpersonals (AETR) vorgeschriebenen Nachweise nicht oder nicht vollständig vorlegen können, weil sie an einem oder mehreren der vorausgegangenen 28 Kalendertage

1. ein Fahrzeug gelenkt haben, für dessen Führen eine Nachweispflicht nicht besteht,

2. erkrankt waren,
3. sich im Urlaub befanden oder
4. aus anderen Gründen kein Fahrzeug gelenkt haben,

haben diese Zeiten durch manuelle Nachträge nach den Absätzen 2 oder 3 zu belegen. Der Unternehmer hat dafür zu sorgen, dass der Fahrer die manuellen Nachträge nach den Absätzen 2 oder 3 vornimmt.

(2) Manuelle Nachträge im Sinne des Absatzes 1 Satz 1 müssen bei Verwendung eines digitalen Fahrtenschreibers vor Fahrtantritt mittels der manuellen Eingabevorrichtung des Fahrtenschreibers auf der Fahrerkarte erfolgen. Ist ein manueller Nachtrag nach Satz 1 aus technischen Gründen nicht möglich, findet Absatz 3 Anwendung.

(3) Manuelle Nachträge im Sinne des Absatzes 1 Satz 1 müssen bei Verwendung eines analogen Fahrtenschreibers, eines Nachweises nach § 1 Absatz 6 oder im Falle des Absatzes 2 Satz 2 vor Fahrtantritt lesbar unter Verwendung der in Artikel 34 Absatz 5 der Verordnung (EU) Nr. 165/2014 aufgeführten Zeichen erfolgen. Der Nachtrag ist auf der Rückseite des nächsten im Anschluss an den berücksichtigungsfreien Zeitraum verwendeten Schaublattes oder Fahrtenschreiberausdruckes (Ausdruck der Tätigkeiten des Fahrers am Fahrtag) oder auf einem Nachweis nach § 1 Absatz 6 vorzunehmen. Bei Bedarf können auch mehrere Schaublätter, Fahrtenschreiberausdrucke oder Nachweise nach § 1 Absatz 6 benutzt werden.

(4) Ist ein manueller Nachtrag nach Absatz 2 Satz 1 aus technischen Gründen nicht möglich oder besonders aufwendig, darf abweichend von den Absätzen 2 und 3 bei einer Kontrolle eine Bescheinigung des Unternehmens über die im Absatz 1 genannten Zeiten vorgelegt werden. Die Bescheinigung darf nicht handschriftlich ausgefüllt werden. Der Unternehmer hat dem betroffenen Fahrer die Bescheinigung mit den Gründen für das Fehlen von Arbeitszeitnachweisen vor Fahrtantritt auszustellen und auszuhändigen sowie dafür zu sorgen, dass der Fahrer die Bescheinigung während der Fahrt mit sich führt. Der selbstfahrende Unternehmer hat die Bescheinigung vor Fahrtantritt auszustellen und zu unterzeichnen. Im Übrigen ist die Bescheinigung vom Unternehmer oder einer von ihm beauftragten Person und vom Fahrer vor Fahrtantritt zu unterzeichnen. Der Fahrer darf die Bescheinigung nicht als beauftragte Person unterzeichnen. Im Fall einer Beauftragung hat der Unternehmer dafür zu sorgen, dass die beauftragte Person die Bescheinigung unterzeichnet. Die Bescheinigung darf von dem Fahrer bei der Kontrolle als Telefax oder Ausdruck einer digitalisierten Kopie zur Verfügung gestellt werden.

(5) Nach Ablauf des Nachweiszeitraumes nach Absatz 1 hat der Fahrer die Nachweise nach den Absätzen 3 und 4 unverzüglich im Unternehmen abzugeben. Der Unternehmer, der nicht zugleich Fahrer ist, hat die Nachweise ab dem Zeitpunkt der Rückgabe durch den Fahrer ein Jahr außerhalb des Fahrzeugs aufzubewahren und den Fahrern auf Verlangen eine Kopie auszuhändigen. Nach Ablauf der Aufbewahrungspflicht sind die Nachweise bis zum 31. März des folgenden Kalenderjahres zu vernichten.

§ 20a Verantwortlichkeiten. (1) Die Verkehrsunternehmen sind verpflichtet, ihren Betrieb nach Maßgabe von Artikel 10 Abs. 1 und 2 der Verordnung (EG) Nr. 561/2006 zu organisieren. Dies gilt auch für Fahrten im Hoheitsgebiet eines anderen Mitgliedstaates der Europäischen Union, eines Vertragsstaates des Abkommens über den Europäischen Wirtschaftsraum oder eines Drittstaates.

(2) Neben den Verkehrsunternehmen sind auch die mit diesen in geschäftlicher Verbindung stehenden Verlader, Spediteure, Reiseveranstalter, Hauptauftragnehmer, Unterauftragnehmer und Fahrervermittlungsagenturen für die Einhaltung der Vorschriften der Verordnung (EG) Nr. 561/2006 und der vorliegenden Verordnung verantwortlich. Die an der Beförderungskette beteiligten Unternehmen haben mit dem Ziel, die Einhaltung der Vorschriften zu gewährleisten, zusammenzuarbeiten und sich abzustimmen. Der jeweilige Auftraggeber hat dafür Sorge zu tragen, dass das beauftragte Verkehrsunternehmen die Vorschriften einhält. Er hat sich vor dem Vertragsabschluss mit einem Verkehrsunternehmen und während der Vertragslaufzeit in angemessenen Zeitabständen darüber zu vergewissern und darauf hinzuwirken, dass das beauftragte Verkehrsunternehmen aufgrund seiner personellen und sachlichen Ausstattung sowie seiner betrieblichen Organisation in der Lage ist, die vorgesehenen Transportaufträge unter Einhaltung der Vorschriften durchzuführen.

(3) Die Verkehrsunternehmen, Verlader, Spediteure, Reiseveranstalter, Hauptauftragnehmer, Unterauftragnehmer und Fahrervermittlungsagenturen stellen sicher, dass die vertraglich vereinbarten Beförderungszeitpläne nicht gegen die Verordnung (EG) Nr. 561/2006 verstoßen.

Abschnitt 8: Ordnungswidrigkeiten

§ 21 Ordnungswidrigkeiten. (1) Ordnungswidrig im Sinne des § 8 Abs. 1 Nr. 1 Buchstabe a des Fahrpersonalgesetzes handelt, wer als Unternehmer vorsätzlich oder fahrlässig

1. entgegen § 1 Abs. 5 Satz 1 nicht dafür sorgt, dass die dort genannten Vorschriften eingehalten werden,

1a. entgegen § 1 Absatz 6 Satz 7 Nummer 1 geeignete Vordrucke nicht, nicht rechtzeitig oder nicht in ausreichender Anzahl aushändigt,

2. entgegen § 1 Abs. 6 Satz 7 Nummer 2 oder 3, jeweils auch in Verbindung mit Absatz 7 Satz 3 zweiter Halbsatz, eine Aufzeichnung oder ein Schaublatt nicht oder nicht rechtzeitig prüft oder nicht, nicht in der vorgeschriebenen Weise oder nicht für die vorgeschriebene Dauer aufbewahrt oder nicht oder nicht rechtzeitig vorlegt oder eine Maßnahme nicht oder nicht rechtzeitig ergreift,

3. entgegen § 1 Abs. 7 Satz 3 erster Halbsatz ein Schaublatt nicht oder nicht rechtzeitig aushändigt oder nicht dafür sorgt, dass der Fahrtenschreiber oder der Fahrtschreiber benutzt wird,

3a. entgegen § 1 Absatz 8 Satz 1 einen Fahrplan oder einen Arbeitszeitplan nicht, nicht richtig, nicht vollständig oder nicht rechtzeitig erstellt oder nicht oder nicht mindestens ein Jahr aufbewahrt,

4. entgegen § 2 Abs. 4 Satz 1 nicht sicherstellt, dass die dort genannten Daten übertragen und gespeichert werden,

5. entgegen § 2 Abs. 5 Satz 1 oder 2 nicht sicherstellt, dass die dort genannten Daten kopiert werden,

6. entgegen § 2 Abs. 5 Satz 4 Daten nicht oder nicht rechtzeitig zur Verfügung stellt,

7. entgegen § 2 Abs. 5 Satz 5 eine Sicherheitskopie nicht oder nicht rechtzeitig erstellt,

8. entgegen § 2 Abs. 6 Satz 1 Daten nicht oder nicht rechtzeitig zur Verfügung stellt,

8a. entgegen § 2a Satz 1 oder Satz 2 eine dort genannte Unterlage nicht oder nicht mindestens ein Jahr aufbewahrt oder nicht oder nicht rechtzeitig vorlegt,

9. entgegen § 9 Absatz 3 nicht dafür sorgt, dass die Unternehmenskarte in den Fahrtenschreiber eingegeben wird,

10. entgegen § 19 Satz 1 einen Fahrtenschreiber nicht oder nicht rechtzeitig einbauen lässt,

11. entgegen § 20 Absatz 1 Satz 2 nicht dafür sorgt, dass der Fahrer einen dort genannten Nachtrag vornimmt,

12. entgegen § 20 Absatz 4 Satz 3 oder 4 eine dort genannte Bescheinigung nicht, nicht richtig oder nicht rechtzeitig ausstellt oder nicht dafür sorgt, dass der Fahrer die Bescheinigung mit sich führt,

13. entgegen § 20 Absatz 5 Satz 2 einen dort genannten Nachweis nicht oder nicht mindestens ein Jahr aufbewahrt oder

14. entgegen § 20a Absatz 2 Satz 3 nicht dafür Sorge trägt, dass das beauftragte Verkehrsunternehmen die Vorschriften einhält.

(2) Ordnungswidrig im Sinne des § 8 Abs. 1 Nr. 2 Buchstabe a des Fahrpersonalgesetzes handelt, wer als Fahrer vorsätzlich oder fahrlässig

1. entgegen § 1 Abs. 1 oder 3 Nr. 1 Satz 1 oder Nr. 2 Satz 2 Lenkzeiten, Fahrtunterbrechungen oder Ruhezeiten nicht einhält,

2. entgegen § 1 Abs. 6 Sätze 1 bis 6, jeweils auch in Verbindung mit Abs. 7 Satz 3, eine Aufzeichnung nicht, nicht richtig oder nicht vollständig führt oder eine Aufzeichnung oder ein Schaublatt nicht mitführt oder nicht oder nicht rechtzeitig aushändigt,

3. entgegen § 1 Abs. 7 Satz 1 einen Fahrtenschreiber oder einen Fahrtschreiber nicht oder nicht richtig betreibt,

4. entgegen § 1 Abs. 7 Satz 2 die Schicht oder die Pausen auf dem Schaublatt nicht, nicht richtig oder nicht rechtzeitig vermerkt,

5. entgegen § 1 Abs. 7 Satz 4 die Schaublätter nicht mitführt oder nicht oder nicht rechtzeitig zur Prüfung aushändigt,

5a. entgegen § 1 Absatz 8 Satz 2 einen Auszug oder eine Ausfertigung nicht mitführt,

6. entgegen § 2 Abs. 1 einen Fahrtenschreiber nicht oder nicht richtig bedient oder die Benutzerführung nicht oder nicht richtig beachtet,

7. entgegen § 2 Abs. 2 einen dort genannten Zeitraum auf der Fahrerkarte nicht, nicht richtig oder nicht rechtzeitig einträgt,

8. (weggefallen)

9. entgegen § 2 Abs. 3 Satz 1 einen Ausdruck nicht oder nicht rechtzeitig vorlegt,

10. entgegen § 2 Abs. 4 Satz 3 den Ausdruck nicht oder nicht rechtzeitig weiterleitet,

11. entgegen § 5 Abs. 4 Satz 1 die Fahrerkarte einem Dritten zur Nutzung überlässt,

12. entgegen § 5 Abs. 4 Satz 2 die Fahrerkarte nicht mitführt oder nicht oder nicht rechtzeitig zur Prüfung aushändigt,
13. entgegen § 6 die abgelaufene Fahrerkarte oder den Ausdruck nicht oder nicht mindestens 28 Kalendertage mitführt,
14. entgegen § 19 Satz 2 ein Kontrollgerät nicht benutzt,
15. entgegen § 20 Absatz 1 Satz 1 dort genannte Zeiten nicht, nicht richtig, nicht vollständig oder nicht rechtzeitig belegt,
16. entgegen § 20 Absatz 4 Satz 6 eine Bescheinigung als beauftragte Person unterzeichnet oder
17. entgegen § 20 Absatz 5 Satz 1 einen dort genannten Nachweis nicht oder nicht rechtzeitig abgibt.

(3) Ordnungswidrig im Sinne des § 8 Abs. 1 Nr. 4 Buchstabe a des Fahrpersonalgesetzes handelt, wer als Werkstattinhaber oder als verantwortliche Fachkraft (Installateur) vorsätzlich oder fahrlässig

1. entgegen § 8 Abs. 1 Satz 1 erster Halbsatz den Wegfall der Erteilungsvoraussetzungen nicht meldet oder
2. entgegen § 4 Abs. 4 Satz 5 oder § 8 Abs. 1 Satz 1 zweiter Halbsatz in Verbindung mit Satz 3 oder 5 eine Werkstattkarte nicht oder nicht rechtzeitig zurückgibt.

§ 22 Zuwiderhandlungen gegen das AETR. (1) Ordnungswidrig im Sinne des § 8 Absatz 1 Nummer 1 Buchstabe b des Fahrpersonalgesetzes handelt, wer als Unternehmer gegen das Europäische Übereinkommen über die Arbeit des im internationalen Straßenverkehr beschäftigten Fahrpersonals (AETR) in der Fassung der Bekanntmachung vom 31. Juli 1985 (BGBl. 1985 II S. 889), das zuletzt durch Artikel 1 des Gesetzes vom 2. November 2011 (BGBl. 2011 II S. 1095) geändert worden ist, verstößt, indem er vorsätzlich oder fahrlässig

1. entgegen Artikel 5 einen Fahrer einsetzt, der die dort genannten Voraussetzungen nicht erfüllt,
2. entgegen Artikel 11 Absatz 1 in Verbindung mit Artikel 6 Absatz 1 Satz 1, Absatz 2 oder Absatz 3, Artikel 7 Absatz 1 oder Artikel 8 Absatz 1, 2 Satz 1, Absatz 3, 5, 6 Buchstabe a oder Buchstabe c Satz 1, 3 oder Satz 4 oder Absatz 7 den Fahrbetrieb nicht oder nicht richtig organisiert,
3. entgegen Artikel 11 Absatz 2 Satz 2 einen festgestellten Verstoß gegen das Übereinkommen nicht oder nicht rechtzeitig abstellt oder eine dort genannte Maßnahme nicht oder nicht rechtzeitig trifft,
4. entgegen Artikel 10 des Anhangs für das einwandfreie Funktionieren oder die ordnungsgemäße Benutzung des Kontrollgerätes oder der Fahrerkarte nicht sorgt,
5. entgegen Artikel 11 Absatz 1 des Anhangs ein dort genanntes Schaublatt nicht oder nicht richtig aushändigt oder nicht dafür Sorge trägt, dass ein dort genannter Ausdruck erfolgen kann,
6. entgegen Artikel 11 Absatz 2 Buchstabe a Satz 1 des Anhangs ein Schaublatt oder eine Kopie nicht oder nicht mindestens ein Jahr aufbewahrt,

7. entgegen Artikel 11 Absatz 2 Buchstabe a Satz 3 des Anhangs ein Schaublatt nicht oder nicht rechtzeitig aushändigt,
8. entgegen Artikel 11 Absatz 2 Buchstabe b Ziffer ii des Anhangs nicht sicherstellt, dass alle Daten aus der Fahrzeugeinheit und der Fahrerkarte heruntergeladen werden oder mindestens zwölf Monate aufbewahrt werden und die Daten auf Verlangen zur Verfügung stehen,
9. entgegen Artikel 12 Absatz 8 Satz 1 des Anhangs eine Aufzeichnung auf dem Schaublatt, den Speicherinhalt des Kontrollgeräts oder der Fahrerkarte oder ein ausgedrucktes Dokument verfälscht, unterdrückt oder vernichtet oder
10. entgegen Artikel 13 Absatz 1 Unterabsatz 1 des Anhangs eine Reparatur nicht oder nicht rechtzeitig durchführen lässt.

(2) Ordnungswidrig im Sinne des § 8 Absatz 1 Nummer 2 Buchstabe b des Fahrpersonalgesetzes handelt, wer als Fahrer gegen das Europäische Übereinkommen über die Arbeit des im internationalen Straßenverkehr beschäftigten Fahrpersonals (AETR) verstößt, indem er vorsätzlich oder fahrlässig

1. entgegen Artikel 5 ein Fahrzeug führt, ohne das dort festgelegte Mindestalter erreicht zu haben oder ohne einer dort festgesetzten Anforderung zu entsprechen,
2. entgegen Artikel 6 Absatz 1 Satz 1, Absatz 2 oder Absatz 3, Artikel 7 Absatz 1 oder Artikel 8 Absatz 1, 2, 5, 6 oder 7 oder Artikel 8bis eine Lenkzeit, eine Unterbrechung oder eine Ruhezeit nicht einhält,
3. entgegen Artikel 6 Absatz 5 Satz 1 eine dort genannte Zeit nicht oder nicht richtig festhält,
4. entgegen Artikel 9 Satz 2 Art oder Grund einer Abweichung nicht, nicht richtig oder nicht rechtzeitig vermerkt,
5. entgegen Artikel 10 des Anhangs für das einwandfreie Funktionieren und die ordnungsgemäße Benutzung des Kontrollgerätes sowie der Fahrerkarte nicht sorgt,
6. entgegen Artikel 11 Absatz 1 Unterabsatz 2 des Anhangs nicht dafür Sorge trägt, dass ein dort genannter Ausdruck erfolgen kann,
7. entgegen Artikel 12 Absatz 1 Unterabsatz 1 Satz 1 oder Unterabsatz 2 des Anhangs ein angeschmutztes oder beschädigtes Schaublatt verwendet oder dem Reserveblatt das beschädigte Schaublatt nicht, nicht richtig oder nicht rechtzeitig beifügt,
8. entgegen Artikel 12 Absatz 2 Buchstabe a Satz 1 des Anhangs ein Schaublatt oder eine Fahrerkarte nicht oder nicht rechtzeitig benutzt,
9. entgegen Artikel 12 Absatz 2 Buchstabe a Satz 2 oder Satz 3 des Anhangs ein Schaublatt oder eine Fahrerkarte entnimmt oder über den dort genannten Zeitraum hinaus verwendet,
10. entgegen Artikel 12 Absatz 2 Buchstabe b oder Buchstabe c oder Absatz 5 Buchstabe e des Anhangs eine Eintragung oder eine Änderung nicht, nicht richtig, nicht vollständig, nicht in der vorgeschriebenen Weise oder nicht vor Fahrtantritt vornimmt,

10a. entgegen Artikel 12 Absatz 3 zweiter Gedankenstrich des Anhangs die Schaltvorrichtung nicht richtig betätigt,

10b. entgegen Artikel 12 Absatz 5 Buchstabe a bis c oder Buchstabe d des Anhangs eine dort genannte Angabe nicht, nicht richtig, nicht vollständig, nicht in der vorgeschriebenen Weise oder nicht rechtzeitig einträgt,

10c. entgegen Artikel 12 Absatz 5bis Satz 1 des Anhangs ein Symbol nicht richtig eingibt,

11. entgegen Artikel 12 Absatz 7 Buchstabe a oder Buchstabe b des Anhangs ein dort genanntes Schaublatt, eine Fahrerkarte oder einen dort genannten Ausdruck nicht oder nicht rechtzeitig vorlegt,

11a. entgegen Artikel 12 Absatz 8 Satz 1 des Anhangs eine Aufzeichnung auf dem Schaublatt, den Speicherinhalt des Kontrollgeräts oder der Fahrerkarte oder ein ausgedrucktes Dokument verfälscht, unterdrückt oder vernichtet,

12. entgegen Artikel 13 Absatz 2 Buchstabe a des Anhangs eine dort genannte Angabe nicht, nicht richtig, nicht vollständig, nicht in der vorgeschriebenen Weise oder nicht rechtzeitig vermerkt oder

13. entgegen Artikel 13 Absatz 2 Buchstabe b Ziffer i des Anhangs eine Angabe nicht, nicht richtig oder nicht rechtzeitig ausdruckt, den Ausdruck nicht oder nicht rechtzeitig mit der Unterschrift versieht oder eine Zeit nicht, nicht richtig oder nicht rechtzeitig einträgt.

(3) Ordnungswidrig im Sinne des § 8 Absatz 1 Nummer 4 Buchstabe b des Fahrpersonalgesetzes handelt, wer als Werkstattinhaber oder Installateur gegen das Europäische Übereinkommen über die Arbeit des im internationalen Straßenverkehr beschäftigten Fahrpersonals (AETR) verstößt, indem er vorsätzlich oder fahrlässig

1. entgegen Artikel 9 Absatz 1 Satz 1 des Anhangs ein Kontrollgerät einbaut oder repariert oder
2. entgegen Artikel 12 Absatz 8 Satz 1 des Anhangs eine Aufzeichnung auf dem Schaublatt, den Speicherinhalt des Kontrollgeräts oder der Fahrerkarte oder ein ausgedrucktes Dokument verfälscht, unterdrückt oder vernichtet.

§ 23 Zuwiderhandlungen gegen die Verordnung (EU) Nr. 165/2014. (1) Ordnungswidrig im Sinne des § 8 Absatz 1 Nummer 1 Buchstabe b des Fahrpersonalgesetzes handelt, wer als Unternehmer gegen die Verordnung (EU) Nr. 165/2014 des Europäischen Parlaments und des Rates vom 4. Februar 2014 über Fahrtenschreiber im Straßenverkehr, zur Aufhebung der Verordnung (EWG) Nr. 3821/85 des Rates über das Kontrollgerät im Straßenverkehr und zur Änderung der Verordnung (EG) Nr. 561/2006 des Europäischen Parlaments und des Rates zur Harmonisierung bestimmter Sozialvorschriften im Straßenverkehr (ABl. L 60 vom 28.2.2014, S. 1) verstößt, indem er vorsätzlich oder fahrlässig

1. entgegen Artikel 3 Absatz 1 einen Fahrtenschreiber nicht einbaut oder nicht benutzt,
2. entgegen Artikel 32 Absatz 1 für das einwandfreie Funktionieren des Fahrtenschreibers oder die ordnungsgemäße Benutzung des Fahrtenschreibers oder der Fahrerkarte oder des Schaublattes nicht sorgt,

2a. entgegen Artikel 32 Absatz 4 das Fahrzeug mit mehr als nur einem einzigen Fahrtenschreiber ausrüstet,

3. entgegen Artikel 33 Absatz 1 Unterabsatz 2 Satz 1 eine ausreichende Anzahl Schaublätter nicht aushändigt,

4. entgegen Artikel 33 Absatz 1 Unterabsatz 2 Satz 2 ein Schaublatt aushändigt, das sich für den eingebauten Fahrtenschreiber nicht eignet,

5. entgegen Artikel 33 Absatz 1 Unterabsatz 3 nicht dafür Sorge trägt, dass der dort genannte Ausdruck ordnungsgemäß erfolgen kann,

5a. entgegen Artikel 33 Absatz 2 Satz 1 ein Schaublatt oder einen Ausdruck nicht oder nicht in der vorgeschriebenen Weise aufbewahrt,

6. entgegen Artikel 33 Absatz 2 Satz 3 ein Schaublatt nicht oder nicht rechtzeitig vorlegt oder nicht oder nicht rechtzeitig aushändigt oder

7. entgegen Artikel 37 Absatz 1 Unterabsatz 1, auch in Verbindung mit Unterabsatz 2, eine Reparatur nicht, nicht richtig oder nicht rechtzeitig durchführen lässt.

(2) Ordnungswidrig im Sinne des § 8 Absatz 1 Nummer 2 Buchstabe b des Fahrpersonalgesetzes handelt, wer als Fahrer gegen die Verordnung (EU) Nr. 165/2014 verstößt, indem er vorsätzlich oder fahrlässig

1. entgegen Artikel 3 Absatz 1 einen Fahrtenschreiber nicht benutzt,

1a. entgegen Artikel 27 Absatz 2 eine andere Fahrerkarte, eine defekte Fahrerkarte oder eine Fahrerkarte, deren Gültigkeit abgelaufen ist, benutzt,

1b. entgegen Artikel 29 Absatz 5 die Fahrt ohne Fahrerkarte fortsetzt,

2. entgegen Artikel 32 Absatz 1 für das einwandfreie Funktionieren des Fahrtenschreibers oder die ordnungsgemäße Benutzung des Fahrtenschreibers oder der Fahrerkarte oder des Schaublattes nicht sorgt,

3. entgegen Artikel 33 Absatz 1 Unterabsatz 3 nicht dafür Sorge trägt, dass der dort genannte Ausdruck ordnungsgemäß erfolgen kann,

4. entgegen Artikel 34 Absatz 1 Satz 1 ein Schaublatt oder eine Fahrerkarte nicht oder nicht rechtzeitig benutzt,

5. entgegen Artikel 34 Absatz 1 Satz 2 ein Schaublatt oder eine Fahrerkarte entnimmt,

6. entgegen Artikel 34 Absatz 1 Satz 3 ein Schaublatt oder eine Fahrerkarte verwendet,

7. entgegen Artikel 34 Absatz 3 Unterabsatz 1, Absatz 4 Unterabsatz 2 oder Absatz 6 Buchstabe e eine Eintragung oder eine Änderung nicht, nicht richtig, nicht vollständig, nicht in der vorgeschriebenen Weise oder nicht vor Fahrtantritt vornimmt,

8. entgegen Artikel 34 Absatz 4 Unterabsatz 1 nicht sicherstellt, dass die Fahrerkarte im richtigen Steckplatz eingeschoben ist,

9. entgegen Artikel 34 Absatz 5 Buchstabe a nicht darauf achtet, dass die Zeitmarkierung mit der dort genannten Zeit übereinstimmt,

10. entgegen Artikel 34 Absatz 5 Buchstabe b die Schaltvorrichtung des Kontrollgeräts nicht, nicht richtig oder nicht zu Beginn der dort genannten Zeiten betätigt,
11. entgegen Artikel 34 Absatz 6 Buchstabe a bis c oder Buchstabe d eine dort genannte Angabe nicht, nicht richtig, nicht vollständig oder nicht rechtzeitig einträgt,
12. entgegen Artikel 34 Absatz 7 Unterabsatz 1 Satz 1 ein Symbol nicht, nicht richtig oder nicht rechtzeitig eingibt,
13. entgegen Artikel 35 Absatz 2 einen Ausdruck nicht oder nicht rechtzeitig fertigt oder eine dort genannte Angabe oder eine dort genannte Zeit nicht, nicht richtig, nicht vollständig oder nicht rechtzeitig einträgt oder eine Unterschrift nicht oder nicht rechtzeitig anbringt,
14. entgegen Artikel 36 Absatz 1 oder 2 ein Schaublatt, die Fahrerkarte, einen Ausdruck oder eine handschriftliche Aufzeichnung nicht oder nicht rechtzeitig vorlegt oder
15. entgegen Artikel 37 Absatz 2 eine dort genannte Angabe nicht, nicht richtig, nicht vollständig oder nicht für die vorgeschriebene Dauer vermerkt.

(3) Ordnungswidrig im Sinne des § 8 Absatz 1 Nummer 1 Buchstabe b, Nummer 4 Buchstabe b des Fahrpersonalgesetzes handelt, wer als Einbaubetriebsinhaber, Werkstattinhaber oder Fahrzeughersteller vorsätzlich oder fahrlässig entgegen Artikel 22 Absatz 1 der Verordnung (EU) Nr. 165/2014 einen Fahrtenschreiber einbaut oder repariert.

(4) Ordnungswidrig im Sinne des § 8 Abs. 1 Nr. 1 Buchstabe b, Nr. 2 Buchstabe b oder Nr. 4 Buchstabe b des Fahrpersonalgesetzes handelt, wer als Unternehmer, Fahrer, Werkstattinhaber oder als Installateur vorsätzlich oder fahrlässig entgegen Artikel 32 Absatz 3 der Verordnung (EU) Nr. 165/2014 Aufzeichnungen auf dem Schaublatt verfälscht, verschleiert, unterdrückt oder vernichtet oder Speicherinhalte des Fahrtenschreibers oder der Fahrerkarte oder die ausgedruckten Dokumente von dem Fahrtenschreiber verfälscht, verschleiert, unterdrückt oder vernichtet oder eine Einrichtung hierfür im Fahrzeug bereithält.

(5) Ordnungswidrig im Sinne des § 8 Absatz 1 Nummer 4 Buchstabe b des Fahrpersonalgesetzes handelt, wer als Werkstattinhaber vorsätzlich oder fahrlässig entgegen Artikel 23 Absatz 4 Satz 1 der Verordnung (EU) Nr. 165/2014 die Nachprüfungsberichte ab der Erstellung nicht mindestens zwei Jahre lang aufbewahrt.

§ 24 (weggefallen)

§ 24a (weggefallen)

Abschnitt 9: Übergangsvorschriften

[*Vom Abdruck des Abschnittes 9 und der Anlagen 1 bis 3 wurde abgesehen.*]

12. Straßenverkehrs-Ordnung – StVO

vom 6.3.2013 (BGBl. I S. 367), zuletzt geändert durch Verordnung vom 6.6.2019 (BGBl. I S. 756)

(Auszug)

§ 30 Umweltschutz, Sonn- und Feiertagsfahrverbot. (1) Bei der Benutzung von Fahrzeugen sind unnötiger Lärm und vermeidbare Abgasbelästigungen verboten. Es ist insbesondere verboten, Fahrzeugmotoren unnötig laufen zu lassen und Fahrzeugtüren übermäßig laut zu schließen. Unnützes Hin- und Herfahren ist innerhalb geschlossener Ortschaften verboten, wenn Andere dadurch belästigt werden.

(2) Veranstaltungen mit Kraftfahrzeugen bedürfen der Erlaubnis, wenn sie die Nachtruhe stören können.

(3) An Sonntagen und Feiertagen dürfen in der Zeit von 0.00 bis 22.00 Uhr zur geschäftsmäßigen oder entgeltlichen Beförderung von Gütern einschließlich damit verbundener Leerfahrten Lastkraftwagen mit einer zulässigen Gesamtmasse über 7,5 t sowie Anhänger hinter Lastkraftwagen nicht geführt werden. Das Verbot gilt nicht für

1. kombinierten Güterverkehr Schiene-Straße vom Versender bis zum nächstgelegenen geeigneten Verladebahnhof oder vom nächstgelegenen geeigneten Entladebahnhof bis zum Empfänger, jedoch nur bis zu einer Entfernung von 200 km,

1a. kombinierten Güterverkehr Hafen-Straße zwischen Belade- oder Entladestelle und einem innerhalb eines Umkreises von höchstens 150 Kilometern gelegenen Hafen (An- oder Abfuhr),

2. die Beförderung von
   a) frischer Milch und frischen Milcherzeugnissen,
   b) frischem Fleisch und frischen Fleischerzeugnissen,
   c) frischen Fischen, lebenden Fischen und frischen Fischerzeugnissen,
   d) leicht verderblichem Obst und Gemüse,

3. die Beförderung von Material der Kategorie 1 nach Artikel 8 und Material der Kategorie 2 nach Artikel 9 Buchstabe f Ziffer i der Verordnung (EG) Nr. 1069/2009 des Europäischen Parlaments und des Rates vom 21. Oktober 2009 mit Hygienevorschriften für nicht für den menschlichen Verzehr bestimmte tierische Nebenprodukte und zur Aufhebung der Verordnung (EG) Nr. 1774/2002 (Verordnung über tierische Nebenprodukte) (ABl. L 300 vom 14.11.2009, S. 1; L 348 vom 4.12.2014, S. 31),

4. den Einsatz von Bergungs-, Abschlepp- und Pannenhilfsfahrzeugen im Falle eines Unfalles oder eines sonstigen Notfalles,

5. den Transport von lebenden Bienen,

6. Leerfahrten, die im Zusammenhang mit Fahrten nach den Nummern 2 bis 5 stehen,

7. Fahrten mit Fahrzeugen, die nach dem Bundesleistungsgesetz herangezogen werden. Dabei ist der Leistungsbescheid mitzuführen und auf Verlangen zuständigen Personen zur Prüfung auszuhändigen.

(4) Feiertage im Sinne des Absatzes 3 sind

- Neujahr;
- Karfreitag;
- Ostermontag;
- Tag der Arbeit (1. Mai);
- Christi Himmelfahrt;
- Pfingstmontag;
- Fronleichnam, jedoch nur in Baden-Württemberg, Bayern, Hessen, Nordrhein-Westfalen, Rheinland-Pfalz und im Saarland;
- Tag der deutschen Einheit (3. Oktober);
- Reformationstag (31. Oktober), jedoch mit Ausnahme im Jahr 2017 nur in Brandenburg, Mecklenburg-Vorpommern, Sachsen, Sachsen-Anhalt und Thüringen;
- Allerheiligen (1. November), jedoch nur in Baden-Württemberg, Bayern, Nordrhein-Westfalen, Rheinland-Pfalz und im Saarland;
- 1. und 2. Weihnachtstag.

13. Verordnung (EG) Nr. 561/2006 des Europäischen Parlaments und des Rates vom 15. März 2006 zur Harmonisierung bestimmter Sozialvorschriften im Straßenverkehr und zur Änderung der Verordnungen (EWG) Nr. 3821/85 und (EG) Nr. 2135/98 des Rates sowie zur Aufhebung der Verordnung (EWG) Nr. 3820/85 des Rates

in der Fassung der Berichtigung vom 14. März 2009 (Amtsblatt der Europäischen Union L 70/19 vom 14. März 2009) zuletzt geändert durch Verordnung (EG) Nr. 1073/2009 vom 21. Oktober 2009 (Amtsblatt der Europäischen Union L 300/88 vom 14. November 2009)

DAS EUROPÄISCHE PARLAMENT UND DER RAT DER EUROPÄISCHEN UNION

. . .

HABEN FOLGENDE VERORDNUNG ERLASSEN:

KAPITEL I: EINLEITENDE BESTIMMUNGEN

Artikel 1. Durch diese Verordnung werden Vorschriften zu den Lenkzeiten, Fahrtunterbrechungen und Ruhezeiten für Kraftfahrer im Straßengüter- und -personenverkehr festgelegt, um die Bedingungen für den Wettbewerb zwischen Landverkehrsträgern, insbesondere im Straßenverkehrsgewerbe, anzugleichen und die Arbeitsbedingungen sowie die Straßenverkehrssicherheit zu verbessern. Ziel dieser Verordnung ist es ferner, zu einer besseren Kontrolle und Durchsetzung durch die Mitgliedstaaten sowie zu einer besseren Arbeitspraxis innerhalb des Straßenverkehrsgewerbes beizutragen.

Artikel 2. (1) Diese Verordnung gilt für folgende Beförderungen im Straßenverkehr:

a) Güterbeförderung mit Fahrzeugen, deren zulässige Höchstmasse einschließlich Anhänger oder Sattelanhänger 3,5 t übersteigt, oder

b) Personenbeförderung mit Fahrzeugen, die für die Beförderung von mehr als neun Personen einschließlich des Fahrers konstruiert oder dauerhaft angepasst und zu diesem Zweck bestimmt sind.

(2) Diese Verordnung gilt unabhängig vom Land der Zulassung des Fahrzeugs für Beförderungen im Straßenverkehr

a) ausschließlich innerhalb der Gemeinschaft oder

b) zwischen der Gemeinschaft, der Schweiz und den Vertragsstaaten des Abkommens über den Europäischen Wirtschaftsraum.

(3) Das AETR gilt anstelle dieser Verordnung für grenzüberschreitende Beförderungen im Straßenverkehr, die teilweise außerhalb der in Absatz 2 genannten Gebiete erfolgen,

a) im Falle von Fahrzeugen, die in der Gemeinschaft oder in Staaten, die Vertragsparteien des AETR sind, zugelassen sind, für die gesamte Fahrstrecke;

b) im Falle von Fahrzeugen, die in einem Drittstaat, der nicht Vertragspartei des AETR ist, zugelassen sind, nur für den Teil der Fahrstrecke, der im Gebiet der Gemeinschaft oder von Staaten liegt, die Vertragsparteien des AETR sind.

Die Bestimmungen des AETR sollten an die Bestimmungen dieser Verordnung angepasst werden, damit die wesentlichen Bestimmungen dieser Verordnung über das AETR auf solche Fahrzeuge für den auf Gemeinschaftsgebiet liegenden Fahrtabschnitt angewendet werden können.

Artikel 3. Diese Verordnung gilt nicht für Beförderungen im Straßenverkehr mit folgenden Fahrzeugen:

a) Fahrzeuge, die zur Personenbeförderung im Linienverkehr verwendet werden, wenn die Linienstrecke nicht mehr als 50 km beträgt;

b) Fahrzeuge mit einer zulässigen Höchstgeschwindigkeit von nicht mehr als 40 km/h;

c) Fahrzeuge, die Eigentum der Streitkräfte, des Katastrophenschutzes, der Feuerwehr oder der für die Aufrechterhaltung der öffentlichen Ordnung zuständigen Kräfte sind oder von ihnen ohne Fahrer angemietet werden, sofern die Beförderung aufgrund der diesen Diensten zugewiesenen Aufgaben stattfindet und ihrer Aufsicht unterliegt;

d) Fahrzeuge – einschließlich Fahrzeuge, die für nichtgewerbliche Transporte für humanitäre Hilfe verwendet werden –, die in Notfällen oder bei Rettungsmaßnahmen verwendet werden;

e) Spezialfahrzeuge für medizinische Zwecke;

f) spezielle Pannenhilfefahrzeuge, die innerhalb eines Umkreises von 100 km um ihren Standort eingesetzt werden;

g) Fahrzeuge, mit denen zum Zweck der technischen Entwicklung oder im Rahmen von Reparatur- oder Wartungsarbeiten Probefahrten auf der Straße durchgeführt werden, sowie neue oder umgebaute Fahrzeuge, die noch nicht in Betrieb genommen worden sind;

h) Fahrzeuge oder Fahrzeugkombinationen mit einer zulässigen Höchstmasse von nicht mehr als 7,5 t, die zur nichtgewerblichen Güterbeförderung verwendet werden;

i) Nutzfahrzeuge, die nach den Rechtsvorschriften des Mitgliedstaats, in dem sie verwendet werden, als historisch eingestuft werden und die zur nichtgewerblichen Güter- oder Personenbeförderung verwendet werden.

Artikel 4. Im Sinne dieser Verordnung bezeichnet der Ausdruck

a) „Beförderung im Straßenverkehr" jede ganz oder teilweise auf einer öffentlichen Straße durchgeführte Fahrt eines zur Personen- oder Güterbeförderung verwendeten leeren oder beladenen Fahrzeugs;

b) „Fahrzeug" ein Kraftfahrzeug, eine Zugmaschine, einen Anhänger oder Sattelanhänger oder eine Kombination dieser Fahrzeuge gemäß den nachstehenden Definitionen:

- „Kraftfahrzeug": jedes auf der Straße verkehrende Fahrzeug mit Eigenantrieb, das normalerweise zur Personen- oder Güterbeförderung verwendet wird, mit Ausnahme von dauerhaft auf Schienen verkehrenden Fahrzeugen;
- „Zugmaschine": jedes auf der Straße verkehrende Fahrzeug mit Eigenantrieb, das speziell dafür ausgelegt ist, Anhänger, Sattelanhänger, Geräte oder Maschinen zu ziehen, zu schieben oder zu bewegen, mit Ausnahme von dauerhaft auf Schienen verkehrenden Fahrzeugen;
- „Anhänger": jedes Fahrzeug, das dazu bestimmt ist, an ein Kraftfahrzeug oder eine Zugmaschine angehängt zu werden;
- „Sattelanhänger": ein Anhänger ohne Vorderachse, der so angehängt wird, dass ein beträchtlicher Teil seines Eigengewichts und des Gewichts seiner Ladung von der Zugmaschine oder vom Kraftfahrzeug getragen wird;

c) „Fahrer" jede Person, die das Fahrzeug, sei es auch nur kurze Zeit, selbst lenkt oder sich in einem Fahrzeug befindet, um es – als Bestandteil seiner Pflichten – gegebenenfalls lenken zu können;

d) „Fahrtunterbrechung" jeden Zeitraum, in dem der Fahrer keine Fahrtätigkeit ausüben und keine anderen Arbeiten ausführen darf und der ausschließlich zur Erholung genutzt wird;

e) „andere Arbeiten" alle in Artikel 3 Buchstabe a der Richtlinie 2002/15/EG als „Arbeitszeit" definierten Tätigkeiten mit Ausnahme der Fahrtätigkeit sowie jegliche Arbeit für denselben oder einen anderen Arbeitgeber, sei es inner- oder außerhalb des Verkehrssektors;

f) „Ruhepause" jeden ununterbrochenen Zeitraum, in dem ein Fahrer frei über seine Zeit verfügen kann;

g) „tägliche Ruhezeit" den täglichen Zeitraum, in dem ein Fahrer frei über seine Zeit verfügen kann und der eine „regelmäßige tägliche Ruhezeit" und eine „reduzierte tägliche Ruhezeit" umfasst;
  - „regelmäßige tägliche Ruhezeit" eine Ruhepause von mindestens 11 Stunden. Diese regelmäßige tägliche Ruhezeit kann auch in zwei Teilen genommen werden, wobei der erste Teil einen ununterbrochenen Zeitraum von mindestens 3 Stunden und der zweite Teil einen ununterbrochenen Zeitraum von mindestens 9 Stunden umfassen muss;
  - „reduzierte tägliche Ruhezeit" eine Ruhepause von mindestens 9 Stunden, aber weniger als 11 Stunden;

h) „wöchentliche Ruhezeit" den wöchentlichen Zeitraum, in dem ein Fahrer frei über seine Zeit verfügen kann und der eine „regelmäßige wöchentliche Ruhezeit" und eine „reduzierte wöchentliche Ruhezeit" umfasst;
  - „regelmäßige wöchentliche Ruhezeit" eine Ruhepause von mindestens 45 Stunden;
  - „reduzierte wöchentliche Ruhezeit" eine Ruhepause von weniger als 45 Stunden, die vorbehaltlich der Bedingungen des Artikels 8 Absatz 6 auf eine Mindestzeit von 24 aufeinander folgenden Stunden reduziert werden kann;

i) „Woche" den Zeitraum zwischen Montag 00.00 Uhr und Sonntag 24.00 Uhr;

j) „Lenkzeit“ die Dauer der Lenktätigkeit, aufgezeichnet entweder:
– vollautomatisch oder halbautomatisch durch Kontrollgeräte im Sinne der Anhänge I und I B der Verordnung (EWG) Nr. 3821/85, oder
– von Hand gemäß den Anforderungen des Artikels 16 Absatz 2 der Verordnung (EWG) Nr. 3821/ 85;

k) „Tageslenkzeit“ die summierte Gesamtlenkzeit zwischen dem Ende einer täglichen Ruhezeit und dem Beginn der darauf folgenden täglichen Ruhezeit oder zwischen einer täglichen und einer wöchentlichen Ruhezeit;

l) „Wochenlenkzeit“ die summierte Gesamtlenkzeit innerhalb einer Woche;

m) „zulässige Höchstmasse“ die höchstzulässige Masse eines fahrbereiten Fahrzeugs einschließlich Nutzlast;

n) „Personenlinienverkehr“ inländische und grenzüberschreitende Verkehrsdienste im Sinne des Artikels 2 der Verordnung (EWG) Nr. 684/92 des Rates vom 16. März 1992 zur Einführung gemeinsamer Regeln für den grenzüberschreitenden Personenverkehr mit Kraftomnibussen;

o) „Mehrfahrerbetrieb“ den Fall, in dem während der Lenkdauer zwischen zwei aufeinander folgenden täglichen Ruhezeiten oder zwischen einer täglichen und einer wöchentlichen Ruhezeit mindestens zwei Fahrer auf dem Fahrzeug zum Lenken eingesetzt sind. Während der ersten Stunde des Mehrfahrerbetriebs ist die Anwesenheit eines anderen Fahrers oder anderer Fahrer fakultativ, während der restlichen Zeit jedoch obligatorisch;

p) „Verkehrsunternehmen“ jede natürliche oder juristische Person und jede Vereinigung oder Gruppe von Personen ohne Rechtspersönlichkeit mit oder ohne Erwerbszweck sowie jede eigene Rechtspersönlichkeit besitzende oder einer Behörde mit Rechtspersönlichkeit unterstehende offizielle Stelle, die Beförderungen im Straßenverkehr gewerblich oder im Werkverkehr vornimmt;

q) „Lenkdauer“ die Gesamtlenkzeit zwischen dem Zeitpunkt, zu dem ein Fahrer nach einer Ruhezeit oder einer Fahrtunterbrechung beginnt, ein Fahrzeug zu lenken, und dem Zeitpunkt, zu dem er eine Ruhezeit oder Fahrtunterbrechung einlegt. Die Lenkdauer kann ununterbrochen oder unterbrochen sein.

KAPITEL II: FAHRPERSONAL, LENKZEITEN, FAHRTUNTERBRECHUNGEN UND RUHEZEITEN

Artikel 5. (1) Das Mindestalter für Schaffner beträgt 18 Jahre.

(2) Das Mindestalter für Beifahrer beträgt 18 Jahre. Die Mitgliedstaaten können jedoch das Mindestalter für Beifahrer unter folgenden Bedingungen auf 16 Jahre herabsetzen:

a) Die Beförderung im Straßenverkehr erfolgt innerhalb eines Mitgliedstaats in einem Umkreis von 50 km vom Standort des Fahrzeugs, einschließlich des Verwaltungsgebiets von Gemeinden, deren Zentrum innerhalb dieses Umkreises liegt,

b) die Herabsetzung erfolgt zum Zwecke der Berufsausbildung und

c) die von den arbeitsrechtlichen Bestimmungen des jeweiligen Mitgliedstaates vorgegebenen Grenzen werden eingehalten.

Artikel 6. (1) Die tägliche Lenkzeit darf 9 Stunden nicht überschreiten.

Die tägliche Lenkzeit darf jedoch höchstens zweimal in der Woche auf höchstens 10 Stunden verlängert werden.

(2) Die wöchentliche Lenkzeit darf 56 Stunden nicht überschreiten und nicht dazu führen, dass die in der Richtlinie 2002/15/EG festgelegte wöchentliche Höchstarbeitszeit überschritten wird.

(3) Die summierte Gesamtlenkzeit während zweier aufeinander folgender Wochen darf 90 Stunden nicht überschreiten.

(4) Die tägliche und die wöchentliche Lenkzeit umfassen alle Lenkzeiten im Gebiet der Gemeinschaft oder im Hoheitsgebiet von Drittstaaten.

(5) Der Fahrer muss die Zeiten im Sinne des Artikels 4 Buchstabe e sowie alle Lenkzeiten in einem Fahrzeug, das für gewerbliche Zwecke außerhalb des Anwendungsbereichs der vorliegenden Verordnung verwendet wird, als andere Arbeiten festhalten; ferner muss er die seit seiner letzten täglichen oder wöchentlichen Ruhezeit verbrachten Bereitschaftszeiten im Sinne des Artikels 15 Absatz 3 Buchstabe c der Verordnung (EWG) Nr. 3821/85 festhalten. Diese Zeiten sind entweder handschriftlich auf einem Schaublatt oder einem Ausdruck einzutragen oder manuell in das Kontrollgerät einzugeben.

Artikel 7. Nach einer Lenkdauer von viereinhalb Stunden hat ein Fahrer eine ununterbrochene Fahrtunterbrechung von wenigstens 45 Minuten einzulegen, sofern er keine Ruhezeit einlegt. Diese Unterbrechung kann durch eine Unterbrechung von mindestens 15 Minuten, gefolgt von einer Unterbrechung von mindestens 30 Minuten, ersetzt werden, die in die Lenkzeit so einzufügen sind, dass die Bestimmungen des Absatzes 1 eingehalten werden.

Artikel 8. (1) Der Fahrer muss tägliche und wöchentliche Ruhezeiten einhalten.

(2) Innerhalb von 24 Stunden nach dem Ende der vorangegangenen täglichen oder wöchentlichen Ruhezeit muss der Fahrer eine neue tägliche Ruhezeit genommen haben. Beträgt der Teil der täglichen Ruhezeit, die in den 24-Stunden- Zeitraum fällt, mindestens 9 Stunden, jedoch weniger als 11 Stunden, so ist die fragliche tägliche Ruhezeit als reduzierte tägliche Ruhezeit anzusehen.

(3) Eine tägliche Ruhezeit kann verlängert werden, so dass sich eine regelmäßige wöchentliche Ruhezeit oder eine reduzierte wöchentliche Ruhezeit ergibt.

(4) Der Fahrer darf zwischen zwei wöchentlichen Ruhezeiten höchstens drei reduzierte tägliche Ruhezeiten einlegen.

(5) Abweichend von Absatz 2 muss ein im Mehrfahrerbetrieb eingesetzter Fahrer innerhalb von 30 Stunden nach dem Ende einer täglichen oder wöchentlichen Ruhezeit eine neue tägliche Ruhezeit von mindestens 9 Stunden genommen haben.

(6) In zwei jeweils aufeinander folgenden Wochen hat der Fahrer mindestens folgende Ruhezeiten einzuhalten:

- zwei regelmäßige wöchentliche Ruhezeiten oder
- eine regelmäßige wöchentliche Ruhezeit und eine reduzierte wöchentliche Ruhezeit von mindestens 24 Stunden. Dabei wird jedoch die Reduzierung durch eine gleich-

wertige Ruhepause ausgeglichen, die ohne Unterbrechung vor dem Ende der dritten Woche nach der betreffenden Woche genommen werden muss.

Eine wöchentliche Ruhezeit beginnt spätestens am Ende von sechs 24-Stunden-Zeiträumen nach dem Ende der vorangegangenen wöchentlichen Ruhezeit.

(6a) Abweichend von Absatz 6 darf ein Fahrer, der für einen einzelnen Gelegenheitsdienst im grenzüberschreitenden Personenverkehr im Sinne der Verordnung (EG) Nr. 1073/2009 des Europäischen Parlaments und des Rates vom 21. Oktober 2009 über gemeinsame Regeln für den Zugang zum Markt des grenzüberschreitenden Personenkraftverkehrs eingesetzt wird, die wöchentliche Ruhezeit auf bis zu 12 aufeinander folgende 24-Stunden-Zeiträume nach einer vorhergehenden regelmäßigen wöchentlichen Ruhezeit unter folgenden Voraussetzungen verschieben:

a) der Dienst dauert mindestens 24 aufeinander folgende Stunden in einem anderen Mitgliedstaat oder unter diese Verordnung fallenden Drittstaat als demjenigen, in dem jeweils der Dienst begonnen wurde;

b) nach der Inanspruchnahme der Ausnahmeregelung nimmt der Fahrer
   i) entweder zwei regelmäßige wöchentliche Ruhezeiten oder
   ii) eine regelmäßige wöchentliche Ruhezeit und eine reduzierte wöchentliche Ruhezeit von mindestens 24 Stunden. Dabei wird jedoch die Reduzierung durch eine gleichwertige Ruhepause ausgeglichen, die ohne Unterbrechung vor dem Ende der dritten Woche nach dem Ende des Ausnahmezeitraums genommen werden muss;

c) ab dem 1. Januar 2014 ist das Fahrzeug mit einem Kontrollgerät entsprechend den Anforderungen des Anhangs IB der Verordnung (EWG) Nr. 3821/85 ausgestattet und

d) ab dem 1. Januar 2014, sofern das Fahrzeug bei Fahrten während des Zeitraums von 22.00 Uhr bis 6.00 Uhr mit mehreren Fahrern besetzt ist oder die Lenkdauer nach Artikel 7 auf drei Stunden vermindert wird.

Die Kommission überwacht die Inanspruchnahme dieser Ausnahmeregelung genau, um die Aufrechterhaltung der Sicherheit im Straßenverkehr unter sehr strengen Voraussetzungen sicherzustellen, insbesondere indem sie darauf achtet, dass die summierte Gesamtlenkzeit während des unter die Ausnahmeregelung fallenden Zeitraums nicht zu lang ist. Bis zum 4. Dezember 2012 erstellt die Kommission einen Bericht, in dem sie die Folgen der Ausnahmeregelung in Bezug auf die Sicherheit im Straßenverkehr sowie soziale Aspekte bewertet. Wenn sie es für sinnvoll erachtet, schlägt die Kommission diesbezügliche Änderungen der vorliegenden Verordnung vor.

(7) Jede Ruhepause, die als Ausgleich für eine reduzierte wöchentliche Ruhezeit eingelegt wird, ist an eine andere Ruhezeit von mindestens 9 Stunden anzuhängen.

(8) Sofern sich ein Fahrer hierfür entscheidet, können nicht am Standort eingelegte tägliche Ruhezeiten und reduzierte wöchentliche Ruhezeiten im Fahrzeug verbracht werden, sofern das Fahrzeug über geeignete Schlafmöglichkeiten für jeden Fahrer verfügt und nicht fährt.

(9) Eine wöchentliche Ruhezeit, die in zwei Wochen fällt, kann für eine der beiden Wochen gezählt werden, nicht aber für beide.

Artikel 9. (1) Legt ein Fahrer, der ein Fahrzeug begleitet, das auf einem Fährschiff oder mit der Eisenbahn befördert wird, eine regelmäßige tägliche Ruhezeit ein, so kann diese Ruhezeit abweichend von Artikel 8 höchstens zwei Mal durch andere Tätigkeiten unterbrochen werden, deren Dauer insgesamt eine Stunde nicht überschreiten darf. Während dieser regelmäßigen täglichen Ruhezeit muss dem Fahrer eine Schlafkabine oder ein Liegeplatz zur Verfügung stehen.

(2) Die von einem Fahrer verbrachte Zeit, um zu einem in den Geltungsbereich dieser Verordnung fallenden Fahrzeug, das sich nicht am Wohnsitz des Fahrers oder der Betriebstätte des Arbeitgebers, dem der Fahrer normalerweise zugeordnet ist, befindet, anzureisen oder von diesem zurückzureisen, ist nur dann als Ruhepause oder Fahrtunterbrechung anzusehen, wenn sich der Fahrer in einem Zug oder auf einem Fährschiff befindet und Zugang zu einer Koje oder einem Liegewagen hat.

(3) Die von einem Fahrer verbrachte Zeit, um mit einem nicht in den Geltungsbereich dieser Richtlinie fallenden Fahrzeug zu einem in den Geltungsbereich dieser Verordnung fallenden Fahrzeug, das sich nicht am Wohnsitz des Fahrers oder der Betriebsstätte des Arbeitgebers, dem der Fahrer normalerweise zugeordnet ist, befindet, anzureisen oder von diesem zurückzureisen, ist als andere Arbeiten anzusehen.

KAPITEL III: HAFTUNG VON VERKEHRSUNTERNEHMEN

Artikel 10. (1) Verkehrsunternehmen dürfen angestellten oder ihnen zur Verfügung gestellten Fahrern keine Zahlungen in Abhängigkeit von der zurückgelegten Strecke und/ oder der Menge der beförderten Güter leisten, auch nicht in Form von Prämien oder Lohnzuschlägen, falls diese Zahlungen geeignet sind, die Sicherheit im Straßenverkehr zu gefährden und/oder zu Verstößen gegen diese Verordnung ermutigen.

(2) Das Verkehrsunternehmen organisiert die Arbeit der in Absatz 1 genannten Fahrer so, dass diese die Bestimmungen der Verordnung (EWG) Nr. 3821/85 sowie des Kapitels II der vorliegenden Verordnung einhalten können. Das Verkehrsunternehmen hat den Fahrer ordnungsgemäß anzuweisen und regelmäßig zu überprüfen, dass die Verordnung (EWG) Nr. 3821/85 und Kapitel II der vorliegenden Verordnung eingehalten werden.

(3) Das Verkehrsunternehmen haftet für Verstöße von Fahrern des Unternehmens, selbst wenn der Verstoß im Hoheitsgebiet eines anderen Mitgliedstaates oder eines Drittstaates begangen wurde.

Unbeschadet des Rechts der Mitgliedstaaten, Verkehrsunternehmen uneingeschränkt haftbar zu machen, können die Mitgliedstaaten diese Haftung von einem Verstoß des Unternehmens gegen die Absätze 1 und 2 abhängig machen. Die Mitgliedstaaten können alle Beweise prüfen, die belegen, dass das Verkehrsunternehmen billigerweise nicht für den begangenen Verstoß haftbar gemacht werden kann.

(4) Unternehmen, Verlader, Spediteure, Reiseveranstalter, Hauptauftragnehmer, Unterauftragnehmer und Fahrervermittlungsagenturen stellen sicher, dass die vertraglich vereinbarten Beförderungszeitpläne nicht gegen diese Verordnung verstoßen.

(5) a) Ein Verkehrsunternehmen, das Fahrzeuge einsetzt, die unter die vorliegende Verordnung fallen und die mit einem Kontrollgerät ausgestattet sind, das dem Anhang I B der Verordnung (EWG) Nr. 3821/85 entspricht, stellt Folgendes sicher:

i) Alle Daten werden von dem Bordgerät und der Fahrerkarte so regelmäßig heruntergeladen, wie es der Mitgliedstaat vorschreibt; diese relevanten Daten werden in kürzeren Abständen heruntergeladen, damit sichergestellt ist, dass alle von dem Unternehmen oder für das Unternehmen durchgeführten Tätigkeiten heruntergeladen werden;

ii) alle sowohl vom Bordgerät als auch von der Fahrerkarte heruntergeladenen Daten werden nach ihrer Aufzeichnung mindestens zwölf Monate lang aufbewahrt und müssen für einen Kontrollbeamten auf Verlangen entweder direkt oder zur Fernabfrage von den Geschäftsräumen des Unternehmens zugänglich sein. b) Im Sinne dieses Absatzes wird der Ausdruck „heruntergeladen" entsprechend der Begriffsbestimmung in Anhang I B Kapitel I Buchstabe s der Verordnung (EWG) Nr. 3821/85 ausgelegt. c) Die Kommission entscheidet nach dem in Artikel 24 Absatz 2 genannten Verfahren über den Höchstzeitraum für das Herunterladen der relevanten Daten gemäß Buchstabe a Ziffer i.

KAPITEL IV: AUSNAHMEN

Artikel 11. Ein Mitgliedstaat kann für Beförderungen im Straßenverkehr, die vollständig in seinem Hoheitsgebiet durchgeführt werden, längere Mindestfahrtunterbrechungen und Ruhezeiten oder kürzere Höchstlenkzeiten als nach den Artikeln 6 bis 9 festlegen. In einem solchen Fall muss der Mitgliedstaat die relevanten kollektiven oder anderen Vereinbarungen zwischen den Sozialpartnern berücksichtigen. Für Fahrer im grenzüberschreitenden Verkehr gilt jedoch weiterhin diese Verordnung.

Artikel 12. Sofern die Sicherheit im Straßenverkehr nicht gefährdet wird, kann der Fahrer von den Artikeln 6 bis 9 abweichen, um einen geeigneten Halteplatz zu erreichen, soweit dies erforderlich ist, um die Sicherheit von Personen, des Fahrzeugs oder seiner Ladung zu gewährleisten. Der Fahrer hat Art und Grund dieser Abweichung spätestens bei Erreichen des geeigneten Halteplatzes handschriftlich auf dem Schaublatt des Kontrollgeräts oder einem Ausdruck aus dem Kontrollgerät oder im Arbeitszeitplan zu vermerken.

Artikel 13. (1) Sofern die Verwirklichung der in Artikel 1 genannten Ziele nicht beeinträchtigt wird, kann jeder Mitgliedstaat für sein Hoheitsgebiet oder mit Zustimmung der betreffenden Mitgliedstaaten für das Hoheitsgebiet eines anderen Mitgliedstaats Abweichungen von den Artikeln 5 bis 9 zulassen und solche Abweichungen für die Beförderung mit folgenden Fahrzeugen an individuelle Bedingungen knüpfen:

a) Fahrzeuge, die Eigentum von Behörden sind oder von diesen ohne Fahrer angemietet sind, um Beförderungen im Straßenverkehr durchzuführen, die nicht im Wettbewerb mit privatwirtschaftlichen Verkehrsunternehmen stehen;

b) Fahrzeuge, die von Landwirtschafts-, Gartenbau-, Forstwirtschafts- oder Fischereiunternehmen zur Güterbeförderung im Rahmen ihrer eigenen unternehmerischen Tätigkeit in einem Umkreis von bis zu 100 km vom Standort des Unternehmens benutzt oder ohne Fahrer angemietet werden;

c) land- und forstwirtschaftliche Zugmaschinen, die für land- oder forstwirtschaftliche Tätigkeiten eingesetzt werden, und zwar in einem Umkreis von bis zu 100 km vom Standort des Unternehmens, das das Fahrzeug besitzt, anmietet oder least;

d) Fahrzeuge oder Fahrzeugkombinationen mit einer zulässigen Höchstmasse von nicht mehr als 7,5 t,
   - die von Universaldienstanbietern im Sinne des Artikels 2 Absatz 13 der Richtlinie 97/67/EG des Europäischen Parlaments und des Rates vom 15. Dezember 1997 über gemeinsame Vorschriften für die Entwicklung des Binnenmarktes der Postdienste der Gemeinschaft und die Verbesserung der Dienstequalität zum Zweck der Zustellung von Sendungen im Rahmen des Universaldienstes benutzt werden, oder
   - die zur Beförderung von Material, Ausrüstungen oder Maschinen benutzt werden, die der Fahrer zur Ausübung seines Berufes benötigt.

   Diese Fahrzeuge dürfen nur in einem Umkreis von 50 km vom Standort des Unternehmens und unter der Bedingung benutzt werden, dass das Lenken des Fahrzeugs für den Fahrer nicht die Haupttätigkeit darstellt;

e) Fahrzeuge, die ausschließlich auf Inseln mit einer Fläche von nicht mehr als 2300 km^2 verkehren, die mit den übrigen Teilen des Hoheitsgebiets weder durch eine Brücke, eine Furt oder einen Tunnel, die von Kraftfahrzeugen benutzt werden können, verbunden sind;

f) Fahrzeuge, die im Umkreis von 50 km vom Standort des Unternehmens zur Güterbeförderung mit Druckerdgas-, Flüssiggas- oder Elektroantrieb benutzt werden und deren zulässige Höchstmasse einschließlich Anhänger oder Sattelanhänger 7,5 t nicht übersteigt;

g) Fahrzeuge, die zum Fahrschulunterricht und zur Fahrprüfung zwecks Erlangung des Führerscheins oder eines beruflichen Befähigungsnachweises dienen, sofern diese Fahrzeuge nicht für die gewerbliche Personen- oder Güterbeförderung benutzt werden;

h) Fahrzeuge, die in Verbindung mit Kanalisation, Hochwasserschutz, Wasser-, Gas- und Elektrizitätsversorgung, von den Straßenbauämtern, der Hausmüllabfuhr, den Telegramm- und Telefonanbietern, Radio- und Fernsehsendern sowie zur Erfassung von Radio- bzw. Fernsehsendern oder -geräten eingesetzt werden;

i) Fahrzeuge mit 10 bis 17 Sitzen, die ausschließlich zur nichtgewerblichen Personenbeförderung verwendet werden;

j) Spezialfahrzeuge, die Ausrüstungen des Zirkus- oder Schaustellergewerbes transportieren;

k) speziell ausgerüstete Projektfahrzeuge für mobile Projekte, die hauptsächlich im Stand zu Lehrzwecken dienen;

l) Fahrzeuge, die zum Abholen von Milch bei landwirtschaftlichen Betrieben und zur Rückgabe von Milchbehältern oder von Milcherzeugnissen für Futterzwecke an diese Betriebe verwendet werden;

m) Spezialfahrzeuge für Geld- und/oder Werttransporte;

n) Fahrzeuge, die zur Beförderung von tierischen Abfällen oder von nicht für den menschlichen Verzehr bestimmten Tierkörpern verwendet werden;

o) Fahrzeuge, die ausschließlich auf Straßen in Güterverteilzentren wie Häfen, Umschlaganlagen des Kombinierten Verkehrs und Eisenbahnterminals benutzt werden;

p) Fahrzeuge, die innerhalb eines Umkreises von bis zu 50 Kilometern für die Beförderung lebender Tiere von den landwirtschaftlichen Betrieben zu den lokalen Märkten und umgekehrt oder von den Märkten zu den lokalen Schlachthäusern verwendet werden.

(2) Die Mitgliedstaaten teilen der Kommission die Ausnahmen mit, die sie nach Absatz 1 gewähren, und die Kommission unterrichtet die übrigen Mitgliedstaaten hiervon.

(3) Sofern die Verwirklichung der in Artikel 1 genannten Ziele nicht beeinträchtigt wird und ein angemessener Schutz der Fahrer sichergestellt ist, kann ein Mitgliedstaat mit Genehmigung der Kommission in seinem Hoheitsgebiet in geringem Umfang Ausnahmen von dieser Verordnung für Fahrzeuge, die in zuvor festgelegten Gebieten mit einer Bevölkerungsdichte von weniger als 5 Personen pro Quadratkilometer eingesetzt werden, in folgenden Fällen zulassen:

- Bei inländischen Personenlinienverkehrsdiensten, sofern ihr Fahrplan von den Behörden bestätigt wurde (in diesem Fall dürfen nur Ausnahmen in Bezug auf Fahrtunterbrechungen zugelassen werden) und
- im inländischen Werkverkehr oder gewerblich durchgeführten Güterkraftverkehr, soweit sich diese Tätigkeiten nicht auf den Binnenmarkt auswirken und für den Erhalt bestimmter Wirtschaftszweige in dem betroffenen Gebiet notwendig sind und die Ausnahmebestimmungen dieser Verordnung einen Umkreis von höchstens 100 km vorschreiben.

Eine Beförderung im Straßenverkehr nach dieser Ausnahme kann eine Fahrt zu einem Gebiet mit einer Bevölkerungsdichte von 5 Personen pro Quadratmeter oder mehr nur einschließen, wenn damit eine Fahrt beendet oder begonnen wird. Solche Maßnahmen müssen ihrer Art und ihrem Umfang nach verhältnismäßig sein.

Artikel 14. (1) Sofern die Verwirklichung der in Artikel 1 genannten Ziele nicht beeinträchtigt wird, können die Mitgliedstaaten nach Genehmigung durch die Kommission Ausnahmen von den Artikeln 6 bis 9 für unter außergewöhnlichen Umständen durchgeführte Beförderungen zulassen.

(2) Die Mitgliedstaaten können in dringenden Fällen eine vorübergehende Ausnahme für einen Zeitraum von höchstens 30 Tagen zulassen, über die die Kommission sofort zu unterrichten ist.

(3) Die Kommission teilt den übrigen Mitgliedstaaten alle nach diesem Artikel gewährten Ausnahmen mit.

Artikel 15. Die Mitgliedstaaten stellen sicher, dass Fahrer der in Artikel 3 Buchstabe a genannten Fahrzeuge unter nationale Vorschriften fallen, die in Bezug auf die erlaubten Lenkzeiten sowie die vorgeschriebenen Fahrtunterbrechungen und Ruhezeiten einen angemessenen Schutz bieten.

KAPITEL V: ÜBERWACHUNG UND SANKTIONEN

Artikel 16. (1) Verfügt ein Fahrzeug nicht über ein mit der Verordnung (EWG) Nr. 3821/85 übereinstimmendes Kontrollgerät, so gelten die Absätze 2 und 3 des vorliegenden Artikels für:

a) nationale Personenlinienverkehrsdienste und

b) grenzüberschreitende Personenlinienverkehrsdienste, deren Endpunkte in der Luftlinie höchstens 50 km von einer Grenze zwischen zwei Mitgliedstaaten entfernt sind und deren Fahrstrecke höchstens 100 km beträgt.

(2) Das Verkehrsunternehmen erstellt einen Fahrplan und einen Arbeitszeitplan, in dem für jeden Fahrer der Name, der Standort und der im Voraus festgelegte Zeitplan für die verschiedenen Zeiträume der Lenktätigkeit, der anderen Arbeiten und der Fahrtunterbrechungen sowie die Bereitschaftszeiten angegeben werden.

Jeder Fahrer, der in einem Dienst im Sinne des Absatzes 1 eingesetzt ist, muss einen Auszug aus dem Arbeitszeitplan und eine Ausfertigung des Linienfahrplans mit sich führen.

(3) Der Arbeitszeitplan muss

a) alle in Absatz 2 aufgeführten Angaben mindestens für den Zeitraum der vorangegangenen 28 Tage enthalten; diese Angaben sind in regelmäßigen Abständen von höchstens einem Monat zu aktualisieren;

b) die Unterschrift des Leiters des Verkehrsunternehmens oder seines Beauftragten tragen;

c) vom Verkehrsunternehmen nach Ablauf des Geltungszeitraums ein Jahr lang aufbewahrt werden. Das Verkehrsunternehmen händigt den betreffenden Fahrern auf Verlangen einen Auszug aus dem Arbeitszeitplan aus; und

d) auf Verlangen einem dazu befugten Kontrollbeamten vorgelegt und ausgehändigt werden.

Artikel 17. (1) Die Mitgliedstaaten übermitteln der Kommission unter Verwendung des in der Entscheidung 93/173/EWG vorgesehenen Berichtsmusters die notwendigen Informationen, damit diese alle zwei Jahre einen Bericht über die Durchführung der vorliegenden Verordnung und der Verordnung (EWG) Nr. 3821/85 und über die Entwicklungen auf dem betreffenden Gebiet erstellen kann.

(2) Diese Angaben müssen bei der Kommission spätestens am 30. September des Jahres nach Ende des betreffenden Zweijahreszeitraums mitgeteilt werden.

(3) In dem Bericht wird zugleich angegeben, inwieweit von den Ausnahmeregelungen gemäß Artikel 13 Gebrauch gemacht wird.

(4) Die Kommission leitet den Bericht innerhalb von 13 Monaten nach Ende des betreffenden Zweijahreszeitraums dem Europäischen Parlament und dem Rat zu.

Artikel 18. Die Mitgliedstaaten ergreifen die zur Durchführung dieser Verordnung erforderlichen Maßnahmen.

Artikel 19. (1) Die Mitgliedstaaten legen für Verstöße gegen die vorliegende Verordnung und die Verordnung (EWG) Nr. 3821/85 Sanktionen fest und treffen alle erforderlichen Maßnahmen, um deren Durchführung zu gewährleisten. Diese Sanktionen müssen wirksam, verhältnismäßig, abschreckend und nicht diskriminierend sein. Ein Verstoß gegen die vorliegende Verordnung und gegen die Verordnung (EWG) Nr. 3821/85 kann nicht mehrmals Gegenstand von Sanktionen oder Verfahren sein. Die Mitgliedstaaten teilen der Kommission diese Maßnahmen und die Regeln bezüglich Sanktionen bis zu dem in Artikel 29 Absatz 2 genannten Datum mit. Die Kommission informiert die Mitgliedstaaten entsprechend.

(2) Ein Mitgliedstaat ermächtigt die zuständigen Behörden, gegen ein Unternehmen und/oder einen Fahrer bei einem in seinem Hoheitsgebiet festgestellten Verstoß gegen diese Verordnung eine Sanktion zu verhängen, sofern hierfür noch keine Sanktion verhängt wurde, und zwar selbst dann, wenn der Verstoß im Hoheitsgebiet eines anderen Mitgliedstaats oder eines Drittstaats begangen wurde.

Dabei gilt folgende Ausnahmeregelung: Wird ein Verstoß festgestellt,

– der nicht im Hoheitsgebiet des betreffenden Mitgliedstaats begangen wurde und
– der von einem Unternehmen, das seinen Sitz in einem anderen Mitgliedstaat oder einem Drittstaat hat, oder von einem Fahrer, der seinen Arbeitsplatz in einem anderen Mitgliedstaat oder einem Drittstaat hat, begangen wurde,

so kann ein Mitgliedstaat bis zum 1. Januar 2009, anstatt eine Sanktion zu verhängen, der zuständigen Behörde des Mitgliedstaats oder des Drittstaats, in dem das Unternehmen seinen Sitz oder der Fahrer seinen Arbeitsplatz hat, den Verstoß melden.

(3) Leitet ein Mitgliedstaat in Bezug auf einen bestimmten Verstoß ein Verfahren ein oder verhängt er eine Sanktion, so muss er dem Fahrer gegenüber angemessene schriftliche Belege beibringen.

(4) Die Mitgliedstaaten stellen sicher, dass ein System verhältnismäßiger Sanktionen, die finanzielle Sanktionen umfassen können, für den Fall besteht, dass Unternehmen oder mit ihnen verbundene Verlader, Spediteure, Reiseveranstalter, Hauptauftragnehmer, Unterauftragnehmer und Fahrervermittlungsagenturen gegen die vorliegende Verordnung oder die Verordnung (EWG) Nr. 3821/85 verstoßen.

Artikel 20. (1) Der Fahrer muss alle von einem Mitgliedstaat zu Sanktionen oder zur Einleitung von Verfahren beigebrachten Belege so lange aufbewahren, bis derselbe Verstoß gegen diese Verordnung nicht mehr in ein zweites Verfahren oder eine zweite Sanktion gemäß dieser Verordnung münden kann.

(2) Der Fahrer hat die in Absatz 1 genannten Belege auf Verlangen vorzuweisen.

(3) Ein Fahrer, der bei mehreren Verkehrsunternehmen beschäftigt ist oder mehreren Verkehrsunternehmen zur Verfügung steht, verschafft jedem Unternehmen ausreichende Informationen, um diesem die Einhaltung der Bestimmungen des Kapitels II zu ermöglichen.

Artikel 21. In Fällen, in denen ein Mitgliedstaat der Auffassung ist, dass ein Verstoß gegen diese Verordnung vorliegt, der die Straßenverkehrssicherheit eindeutig gefährden könnte, ermächtigt er die betreffende zuständige Behörde, das betreffende Fahrzeug so lange stillzulegen, bis die Ursache des Verstoßes behoben ist. Die Mitgliedstaaten können dem Fahrer auferlegen, eine tägliche Ruhezeit einzulegen. Die Mitgliedstaaten können ferner gegebenenfalls die Zulassung eines Unternehmens entziehen, aussetzen oder einschränken, falls es seinen Sitz in diesem Mitgliedstaat hat, oder sie können die Fahrerlaubnis eines Fahrers entziehen, aussetzen oder einschränken. Die Kommission entwickelt nach dem in Artikel 24 Absatz 2 genannten Verfahren Leitlinien, um eine harmonisierte Anwendung dieses Artikels zu erreichen.

Artikel 22. (1) Die Mitgliedstaaten leisten einander Beistand bei der Anwendung dieser Verordnung und bei der Überwachung ihrer Einhaltung.

(2) Die zuständigen Behörden der Mitgliedstaaten tauschen regelmäßig alle verfügbaren Informationen aus über

a) die von Gebietsfremden begangenen Verstöße gegen die Bestimmungen des Kapitels II und die gegen diese Verstöße verhängten Sanktionen;

b) die von einem Mitgliedstaat verhängten Sanktionen für Verstöße, die seine Gebietsansässigen in anderen Mitgliedstaaten begangen haben.

(3) Die Mitgliedstaaten übermitteln der Kommission regelmäßig relevante Informationen über die nationale Auslegung und Anwendung dieser Verordnung; die Kommission stellt diese Informationen den anderen Mitgliedstaaten in elektronischer Form zur Verfügung.

(4) Die Kommission unterstützt durch den in Artikel 24 Absatz 1 genannten Ausschuss den Dialog zwischen den Mitgliedstaaten über die einzelstaatliche Auslegung und Anwendung dieser Verordnung.

Artikel 23. Die Gemeinschaft wird mit Drittländern die Verhandlungen aufnehmen, die zur Durchführung dieser Verordnung gegebenenfalls erforderlich sind.

Artikel 24. (1) Die Kommission wird von dem durch Artikel 18 Absatz 1 der Verordnung (EWG) Nr. 3821/85 eingesetzten Ausschuss unterstützt.

(2) Wird auf diesen Absatz Bezug genommen, so gelten die Artikel 3 und 7 des Beschlusses 1999/468/EG unter Beachtung von dessen Artikel 8.

(3) Der Ausschuss gibt sich eine Geschäftsordnung.

Artikel 25. (1) Auf Antrag eines Mitgliedstaates oder von sich aus

a) prüft die Kommission die Fälle, in denen die Bestimmungen dieser Verordnung, insbesondere bezüglich der Lenkzeiten, Fahrtunterbrechungen und Ruhezeiten, unterschiedlich angewandt und durchgesetzt werden;

b) klärt die Kommission die Bestimmungen dieser Verordnung, um einen gemeinsamen Ansatz sicherzustellen.

(2) In den in Absatz 1 genannten Fällen trifft die Kommission eine Entscheidung über einen empfohlenen Ansatz nach dem in Artikel 24 Absatz 2 genannten Verfahren. Die Kommission übermittelt ihre Entscheidung dem Europäischen Parlament, dem Rat und den Mitgliedstaaten.

KAPITEL VI: SCHLUSSBESTIMMUGEN

Artikel 26 bis Artikel 28. [*Vom Abdruck wurde abgesehen.*]

Artikel 29. Diese Verordnung tritt am 11. April 2007 in Kraft, ausgenommen Artikel 10 Absatz 5, Artikel 26 Absätze 3 und 4 und Artikel 27, die am 1. Mai 2006 in Kraft treten.

14. Verordnung (EU) Nr. 165/2014 des Europäischen Parlaments und des Rates vom 4. Februar 2014 über Fahrtenschreiber im Straßenverkehr, zur Aufhebung der Verordnung (EWG) Nr. 3821/85 des Rates über das Kontrollgerät im Straßenverkehr und zur Änderung der Verordnung (EG) Nr. 561/2006 des Europäischen Parlaments und des Rates zur Harmonisierung bestimmter Sozialvorschriften im Straßenverkehr

(ABl. EU L 60/1)

(Auszug)

DAS EUROPÄISCHE PARLAMENT UND DER RAT DER EUROPÄISCHEN UNION

...

HABEN FOLGENDE VERORDNUNG ERLASSEN:

KAPITEL I: GRUNDSÄTZE, GELTUNGSBEREICH UND ANFORDERUNGEN

Artikel 1. Gegenstand und Grundsätze. (1) Diese Verordnung enthält die Pflichten und Vorschriften betreffend die Bauart, den Einbau, die Benutzung, die Prüfung und die Kontrolle von Fahrtenschreibern im Straßenverkehr, um die Einhaltung der Verordnung (EG) Nr. 561/2006, der Richtlinie 2002/15/EG des Europäischen Parlaments und des Rates und der Richtlinie 92/6/EWG des Rates zu überprüfen.

Fahrtenschreiber müssen hinsichtlich Bauart, Einbau, Benutzung und Prüfung den Vorschriften dieser Verordnung entsprechen.

(2) Diese Verordnung enthält die Bedingungen und Vorschriften, nach denen die Informationen und nicht personenbezogenen Daten, die von den Fahrtenschreibern aufgezeichnet, verarbeitet oder gespeichert wurden, für andere Zwecke verwendet werden können als die Überprüfung der Einhaltung der in Absatz 1 genannten Rechtsakte.

Artikel 2. Begriffsbestimmungen. (1) Im Sinne dieser Verordnung gelten die Begriffsbestimmungen des Artikels 4 der Verordnung (EG) Nr. 561/2006.

(2) Zusätzlich zu den in Absatz 1 genannten Begriffsbestimmungen gelten im Sinne dieser Verordnung folgende Begriffsbestimmungen:

a) „Fahrtenschreiber“ oder „Kontrollgerät“ ist das für den Einbau in Kraftfahrzeuge bestimmte Gerät zum vollautomatischen oder halbautomatischen Anzeigen, Aufzeichnen, Ausdrucken, Speichern und Ausgeben von Angaben über die Fahrten des Fahrzeugs, einschließlich seiner Fahrgeschwindigkeit, gemäß Artikel 4 Absatz 3 sowie von Angaben über bestimmte Tätigkeitszeiten der Fahrer;

b) „Fahrzeugeinheit“ ist der Fahrtenschreiber ohne den Bewegungssensor und ohne die Verbindungskabel zum Bewegungssensor. Die Fahrzeugeinheit kann aus einem Einzelgerät oder aus mehreren im Fahrzeug verteilten Geräten bestehen, sofern sie den Sicherheitsanforderungen dieser Verordnung entspricht; die Fahrzeugeinheit umfasst unter anderem eine Verarbeitungseinheit, einen Massenspeicher, eine Zeitmessfunktion, zwei Chipkarten-Schnittstellengeräte für Fahrer und Beifahrer, einen Drucker, eine Datenanzeige, Steckverbinder und Bedienelemente für Nutzereingaben;

c) „Bewegungssensor" ist der Bestandteil des Fahrtenschreibers, der ein Signal bereitstellt, das die Fahrzeuggeschwindigkeit und/oder die zurückgelegte Wegstrecke darstellt;

d) „Fahrtenschreiberkarte" ist eine zur Verwendung mit dem Fahrtenschreiber bestimmte Chipkarte, die die Feststellung der Rolle des Karteninhabers durch den Fahrtenschreiber und die Übertragung und Speicherung von Daten ermöglicht;

e) „Schaublatt" ist ein für die dauerhafte Aufzeichnung von Daten bestimmtes Blatt, das in den analogen Fahrtenschreiber eingelegt wird und auf dem die Schreibeinrichtung des analogen Fahrtenschreibers die zu registrierenden Angaben fortlaufend aufzeichnet;

f) „Fahrerkarte" ist eine Fahrtenschreiberkarte, die einem bestimmten Fahrer von den Behörden eines Mitgliedstaats ausgestellt wird, den Fahrer ausweist und die Speicherung von Tätigkeitsdaten des Fahrers ermöglicht;

g) „analoger Fahrtenschreiber" ist ein Fahrtenschreiber, bei dem ein Schaublatt in Einklang mit dieser Verordnung verwendet wird;

h) „digitaler Fahrtenschreiber" ist ein Fahrtenschreiber, bei dem eine Fahrtenschreiberkarte in Einklang mit dieser Verordnung verwendet wird;

i) „Kontrollkarte" ist eine Fahrtenschreiberkarte, die die Behörden eines Mitgliedstaats einer zuständigen nationalen Kontrollbehörde ausstellen, die die Kontrollbehörde, und fakultativ den Kontrolleur, ausweist und das Lesen, Ausdrucken und/oder Herunterladen der im Massenspeicher, auf Fahrerkarten, und fakultativ auf Werkstattkarten gespeicherten Daten, ermöglicht;

j) „Unternehmenskarte" ist eine Fahrtenschreiberkarte, die die Behörden eines Mitgliedstaats einem Verkehrsunternehmen ausstellen, das mit einem Fahrtenschreiber ausgerüstete Fahrzeuge betreiben muss, und die das Verkehrsunternehmen ausweist und das Anzeigen, Herunterladen und Ausdrucken der Daten ermöglicht, die in dem von diesem Verkehrsunternehmen gesperrten Fahrtenschreiber gespeichert sind;

k) „Werkstattkarte" ist eine Fahrtenschreiberkarte, die die Behörden eines Mitgliedstaats benannten Mitarbeitern eines von diesem Mitgliedstaat zugelassenen Fahrtenschreiberherstellers, Einbaubetriebs, Fahrzeugherstellers oder einer von ihm zugelassenen Werkstatt ausstellen, den Karteninhaber ausweist und das Prüfen, Kalibrieren und Aktivieren von Fahrtenschreibern und/oder das Herunterladen der Daten von diesen ermöglicht;

l) „Aktivierung" ist die Phase, in der der Fahrtenschreiber mit Hilfe einer Werkstattkarte seine volle Einsatzbereitschaft erlangt und alle Funktionen, einschließlich Sicherheitsfunktionen, erfüllt;

m) „Kalibrierung" des digitalen Fahrtenschreibers ist die mit Hilfe der Werkstattkarte vorgenommene Aktualisierung oder Bestätigung von Fahrzeugparametern einschließlich der Fahrzeugkennung und der Fahrzeugmerkmale, die im Massenspeicher zu speichern sind;

n) „Herunterladen" von einem digitalen Fahrtenschreiber ist das Kopieren eines Teils oder aller im Massenspeicher der Fahrzeugeinheit oder im Speicher der Fahrtenschreiberkarte gespeicherten Datendateien zusammen mit der digitalen Signatur, sofern hierdurch die gespeicherten Daten weder verändert noch gelöscht werden;

o) „Ereignis" ist eine vom Fahrtenschreiber festgestellte Betriebsabweichung, die möglicherweise auf einen Betrugsversuch zurückgeht;

p) „Störung" ist eine vom Fahrtenschreiber festgestellte Betriebsabweichung, die möglicherweise auf eine technische Fehlfunktion oder ein technisches Versagen zurückgeht;

q) „Einbau" ist die Montage eines Fahrtenschreibers in einem Fahrzeug;

r) „ungültige Karte" ist eine Karte, die als fehlerhaft festgestellt wurde oder deren Erstauthentisierung fehlgeschlagen oder deren Gültigkeitsbeginn noch nicht erreicht oder deren Ablaufdatum überschritten ist;

s) „regelmäßige Nachprüfung" ist ein Komplex von Arbeitsgängen zur Überprüfung der ordnungsgemäßen Funktion des Fahrtenschreibers und der Übereinstimmung seiner Einstellungen mit den Fahrzeugparametern sowie zur Kontrolle, dass keine Manipulationsvorrichtungen an den Fahrtenschreiber angeschlossen sind;

t) „Reparatur" ist die Reparatur eines Bewegungssensors oder einer Fahrzeugeinheit, wozu die Trennung von der Stromversorgung oder die Trennung von anderen Komponenten des Fahrtenschreibers oder die Öffnung des Bewegungssensors oder der Fahrzeugeinheit erforderlich ist;

u) „Typgenehmigung" ist das Verfahren, mit dem durch einen Mitgliedstaat gemäß Artikel 13 bescheinigt wird, dass der Fahrtenschreiber, seine jeweiligen Komponenten oder die Fahrtenschreiberkarte, die in Verkehr gebracht werden sollen, die Anforderungen dieser Verordnung erfüllen;

v) „Interoperabilität" ist die Fähigkeit von Systemen, Daten auszutauschen und Informationen weiterzugeben, sowie die ihnen zugrundeliegenden Geschäftsabläufe;

w) „Schnittstelle" ist eine Einrichtung zwischen Systemen, die der Verbindung und der Kommunikation zwischen den Systemen dient;

x) „Zeitmessung" ist die ununterbrochene digitale Aufzeichnung der koordinierten Weltzeit aus Kalenderdatum und Uhrzeit (UTC);

y) „Zeiteinstellung" ist die in regelmäßigen Abständen vorgenommene automatische Einstellung der aktuellen Zeit mit einer Höchsttoleranz von einer Minute oder die während der Kalibrierung vorgenommene Einstellung;

z) „offene Norm" ist eine Norm, die in einem Normenspezifikationsdokument aufgeführt ist, das kostenlos oder gegen eine Schutzgebühr zur Verfügung steht und gebührenfrei oder gegen eine Schutzgebühr kopiert, verteilt oder benutzt werden darf.

Artikel 3. Anwendungsbereich. (1) Der Fahrtenschreiber ist in Fahrzeugen einzubauen und zu benutzen, die in einem Mitgliedstaat zugelassen sind, der Personen- oder Güterbeförderung im Straßenverkehr dienen und für die die Verordnung (EG) Nr. 561/2006 gilt.

(2) Die Mitgliedstaaten können die in Artikel 13 Absätze 1 und 3 der Verordnung (EG) Nr. 561/2006 genannten Fahrzeuge von der Anwendung der vorliegenden Verordnung ausnehmen.

(3) Die Mitgliedstaaten können Fahrzeuge, die für Beförderungen eingesetzt werden, für die eine Ausnahme nach Artikel 14 Absatz 1 der Verordnung (EG) Nr. 561/2006 gewährt wurde, von der Anwendung der vorliegenden Verordnung ausnehmen.

Die Mitgliedstaaten können Fahrzeuge, die für Beförderungen eingesetzt werden, für die gemäß Artikel 14 Absatz 2 der Verordnung (EG) Nr. 561/2006 eine Ausnahme gewährt wurde, von der Anwendung der vorliegenden Verordnung ausnehmen; sie setzen die Kommission unverzüglich davon in Kenntnis.

(4) 15 Jahre nachdem neu zugelassene Fahrzeuge mit einem Fahrtenschreiber gemäß den Artikeln 8, 9 und 10 ausgerüstet sein müssen, müssen Fahrzeuge, die in einem anderen Mitgliedstaat als dem Zulassungsmitgliedstaat betrieben werden, mit einem solchen Fahrtenschreiber ausgestattet sein.

(5) Die Mitgliedstaaten können für Beförderungen im Binnenverkehr vorschreiben, dass in allen Fahrzeugen, in denen gemäß Absatz 1 nicht anderweitig ein Fahrtenschreiber eingebaut und benutzt zu werden braucht, ein Fahrtenschreiber gemäß dieser Verordnung eingebaut und benutzt werden muss.

Artikel 4. Anforderungen und zu speichernde Daten. (1) Fahrtenschreiber, einschließlich externer Komponenten, Fahrtenschreiberkarten und Schaublätter müssen strenge technische und andere Anforderungen erfüllen, so dass diese Verordnung ordnungsgemäß angewendet werden kann.

(2) Der Fahrtenschreiber und die Fahrtenschreiberkarten müssen die folgenden Anforderungen erfüllen:

- Aufzeichnung genauer und zuverlässiger Daten betreffend den Fahrer, die Tätigkeit des Fahrers und das Fahrzeug;
- Sicherheit, damit insbesondere Integrität und Ursprung der Herkunft der von Fahrzeugeinheiten und Bewegungssensoren aufgezeichneten und von ihnen abgerufenen Daten gewährleistet sind;
- Interoperabilität zwischen den verschiedenen Generationen von Fahrzeugeinheiten und Fahrtenschreiberkarten;
- Ermöglichung einer wirksamen Überprüfung der Einhaltung dieser Verordnung und anderer Rechtsakte;
- Benutzerfreundlichkeit.

(3) Der digitale Fahrtenschreiber muss folgende Daten aufzeichnen:

a) zurückgelegte Wegstrecke und Geschwindigkeit des Fahrzeugs;

b) Zeitmessung;

c) Standorte gemäß Artikel 8 Absatz 1;

d) Identität des Fahrers;

e) Tätigkeit des Fahrers;

f) Kontroll-, Kalibrierungs- und Fahrtenschreiber-Reparaturdaten, einschließlich Angaben zur Werkstatt;

g) Ereignisse und Fehler.

(4) Der analoge Fahrtenschreiber muss mindestens die in Absatz 3 Buchstaben a, b und e genannten Daten aufzeichnen.

(5) Folgenden Stellen kann jederzeit Zugang zu den im Fahrtenschreiber und auf der Fahrtenschreiberkarte gespeicherten Daten gewährt werden:

a) den zuständigen Kontrollbehörden, und

b) dem jeweiligen Verkehrsunternehmen, damit es seinen rechtlichen Verpflichtungen nachkommen kann, insbesondere jenen gemäß Artikel 32 und 33.

(6) Das Herunterladen von Daten erfolgt mit geringst möglicher zeitlicher Beeinträchtigung für Verkehrsunternehmen bzw. Fahrer.

(7) Die vom Fahrtenschreiber gespeicherten Daten, die drahtlos oder elektronisch vom oder zum Fahrtenschreiber übertragen werden können, müssen öffentlich verfügbare Protokolle sein, die in offenen Normen definiert sind.

(8) Um sicherzustellen, dass der Fahrtenschreiber und die Fahrtenschreiberkarten den Grundsätzen und Anforderungen dieser Verordnung und insbesondere dieses Artikels genügen, erlässt die Kommission im Wege von Durchführungsrechtsakten Einzelvorschriften für die einheitliche Anwendung dieses Artikels, und zwar insbesondere Bestimmungen zu den technischen Vorkehrungen zwecks Einhaltung dieser Anforderungen. Diese Durchführungsrechtsakte werden nach dem in Artikel 42 Absatz 3 genannten Prüfverfahren erlassen.

(9) Diese Einzelvorschriften gemäß Absatz 8, die gegebenenfalls auf Normen gestützt sind, gewährleisten die Interoperabilität und Kompatibilität zwischen den verschiedenen Generationen von Fahrzeugeinheiten und allen Fahrtenschreiberkarten.

Artikel 5. Funktionen des digitalen Fahrtenschreibers. Der digitale Fahrtenschreiber muss folgende Funktionen gewährleisten:

- Geschwindigkeits- und Wegstreckenmessung;
- Überwachung der Fahrertätigkeiten und des Status der Fahrzeugführung;
- Überwachung des Einsteckens und Entnehmens von Fahrtenschreiberkarten;
- Aufzeichnung manueller Eingaben der Fahrer;
- Kalibrierung;
- automatische Aufzeichnung der Standorte gemäß Artikel 8 Absatz 1;
- Überwachung von Kontrollen;
- Feststellung und Aufzeichnung von Ereignissen und Störungen;
- Auslesen von Daten aus dem Massenspeicher und Aufzeichnung und Speicherung von Daten im Massenspeicher;
- Auslesen von Daten aus Fahrtenschreiberkarten und Aufzeichnung und Speicherung von Daten auf Fahrtenschreiberkarten;

– Datenanzeige, Warnsignale, Ausdrucken und Herunterladen von Daten auf externe Geräte;

– Zeiteinstellung und Zeitmessung;

– Fernkommunikation;

– Unternehmenssperren;

– integrierte Tests und Selbsttests.

Artikel 6. Datenanzeige und Warnsignale. (1) Die im digitalen Fahrtenschreiber und auf der Fahrtenschreiberkarte gespeicherten Informationen über Fahrzeugbewegungen und über Fahrer und Beifahrer müssen klar, unzweideutig und ergonomisch angezeigt werden.

(2) Folgende Informationen müssen angezeigt werden:

a) Uhrzeit;

b) Betriebsart;

c) Fahrertätigkeit:
   – bei derzeitiger Tätigkeit „Lenken": die aktuelle ununterbrochene Lenkzeit und die aktuelle kumulierte Arbeitsunterbrechung des Fahrers,
   – bei derzeitiger Tätigkeit „Bereitschaft/andere Arbeiten/Ruhezeit oder Pause": die aktuelle Dauer dieser Tätigkeit (seit der Auswahl) und die aktuelle kumulierte Arbeitsunterbrechung;

d) Warndaten;

e) Menüzugangsdaten.

Vom Fahrtenschreiber können zusätzliche Informationen angezeigt werden, sofern sie von den gemäß dem vorliegenden Absatz vorgeschriebenen Informationen deutlich unterscheidbar sind.

(3) Bei Feststellung eines Ereignisses und/oder einer Störung sowie vor und zum Zeitpunkt der Überschreitung der höchstzulässigen ununterbrochenen Lenkzeit erhält der Fahrer vom digitalen Fahrtenschreiber ein Warnsignal, damit er die einschlägigen Rechtsvorschriften leichter einhalten kann.

(4) Warnsignale werden als optisches Signal ausgegeben; zusätzlich kann ein akustisches Signal ausgegeben werden. Die Warnsignale haben eine Dauer von mindestens 30 Sekunden, sofern sie nicht vom Nutzer durch Drücken einer Taste am Fahrtenschreiber bestätigt werden. Der Grund für die Warnung wird am Fahrtenschreiber angezeigt und bleibt so lange sichtbar, bis der Benutzer ihn mit einer bestimmten Taste oder mit einem bestimmten Befehl über den Fahrtenschreiber bestätigt.

(5) Um sicherzustellen, dass der Fahrtenschreiber die Anzeige- und Warnsignal-Anforderungen nach diesem Artikel erfüllt, erlässt die Kommission die für die einheitliche Anwendung dieses Artikels erforderlichen Einzelvorschriften. Diese Durchführungsrechtsakte werden nach dem in Artikel 42 Absatz 3 genannten Prüfverfahren erlassen.

Artikel 7. Datenschutz. (1) Die Mitgliedstaaten stellen sicher, dass die Verarbeitung personenbezogener Daten im Zusammenhang mit dieser Verordnung nur zum Zwecke der Überprüfung der Einhaltung dieser Verordnung und der Verordnung (EG) Nr. 561/

2006 sowie im Einklang mit den Richtlinien 95/46/EG und 2002/58/EG und unter der Aufsicht der in Artikel 28 der Richtlinie 95/46/EG genannten unabhängigen Kontrollstelle des Mitgliedstaats erfolgt.

(2) Die Mitgliedstaaten stellen insbesondere sicher, dass personenbezogene Daten gegen andere Verwendungen als die strikt mit dieser Verordnung und der Verordnung (EG) Nr. 561/2006 zusammenhängende Verwendung gemäß Absatz 1 in Bezug auf Folgendes geschützt werden:

- Nutzung eines globalen Satellitennavigationssystems (GNSS) für die Aufzeichnung von Standortdaten gemäß Artikel 8,
- Nutzung der Fernkommunikation zu Kontrollzwecken gemäß Artikel 9,
- Nutzung eines Fahrtenschreibers mit einer harmonisierten Schnittstelle gemäß Artikel 10,
- elektronischer Austausch von Informationen über Fahrerkarten gemäß Artikel 31 und insbesondere grenzüberschreitender Austausch dieser Daten mit Drittländern,
- Aufbewahrung von Aufzeichnungen durch Verkehrsunternehmen gemäß Artikel 33.

(3) Der digitale Fahrtenschreiber muss so konstruiert sein, dass er den Datenschutz gewährleistet. Er dürfen nur Daten verarbeitet werden, die für den Zweck des digitalen Fahrtenschreibers nach dieser Verordnung notwendig sind.

(4) Die Fahrzeugeigentümer, das Verkehrsunternehmen und sonstige betroffene Stellen halten, soweit anwendbar, die einschlägigen Bestimmungen zum Schutz personenbezogener Daten ein.

KAPITEL II: INTELLIGENTER FAHRTENSCHREIBER

Artikel 8. Aufzeichnung des Fahrzeugstandorts an bestimmten Punkten bzw. Zeitpunkten während der täglichen Arbeitszeit. (1) Um die Überprüfung der Einhaltung der einschlägigen Rechtsvorschriften zu erleichtern, wird der Standort des Fahrzeugs an folgenden Punkten bzw. Zeitpunkten oder am nächstgelegenen Ort, an dem das Satellitensignal verfügbar ist, automatisch aufgezeichnet:

- Standort zu Beginn der täglichen Arbeitszeit;
- nach jeweils drei Stunden kumulierter Lenkzeit;
- Standort am Ende der täglichen Arbeitszeit.

Dazu müssen Fahrzeuge, die 36 Monate nach Inkrafttreten der Einzelvorschriften gemäß Artikel 11 erstmals zugelassen werden, mit einem Fahrtenschreiber ausgerüstet sein, der an einen Positionsbestimmungsdienst auf der Basis eines Satellitennavigationssystems angebunden ist.

(2) Was die Anbindung des Fahrtenschreibers an einen auf ein Satellitennavigationssystem gestützten Positionsbestimmungsdienst gemäß Absatz 1 anbelangt, so dürfen nur solche Dienste genutzt werden, die kostenfrei sind. Andere Standortdaten als die – soweit möglich – in geografischen Koordinaten ausgedrückten Daten zur Bestimmung der Standorte gemäß Absatz 1 dürfen im Fahrtenschreiber nicht dauerhaft gespeichert wer-

den. Standortdaten, die vorübergehend gespeichert werden müssen, um die automatische Aufzeichnung der Punkte gemäß Absatz 1 zu ermöglichen oder um den Bewegungssensor abzugleichen, dürfen für keinen Nutzer zugänglich sein und müssen automatisch gelöscht werden, sobald sie für diese Zwecke nicht mehr benötigt werden.

Artikel 9. Früherkennung von möglicher Manipulation oder möglichem Missbrauch per Fernkommunikation. (1) Um den zuständigen Kontrollbehörden gezielte Straßenkontrollen zu erleichtern, muss der Fahrtenschreiber, der in Fahrzeugen eingebaut ist, die 36 Monate nach Inkrafttreten der Einzelvorschriften gemäß Artikel 11 erstmals zugelassen worden sind, fähig sein, mit diesen Behörden zu kommunizieren, während sich das Fahrzeug in Bewegung befindet.

(2) 15 Jahre nachdem neu zugelassene Fahrzeuge mit einem Fahrtenschreiber ausgestattet sein müssen, der dem vorliegenden Artikel und den Artikeln 8 und 10 entspricht, statten die Mitgliedstaaten ihre Kontrollbehörden in angemessenem Umfang mit den Geräten zur Früherkennung per Fernkommunikation aus, die für die Datenkommunikation gemäß dem vorliegenden Artikel benötigt werden; dabei sind ihre besonderen Durchsetzungsanforderungen und -strategien zu berücksichtigen. Bis zu diesem Zeitpunkt steht es den Mitgliedstaaten frei, ihre Kontrollbehörden mit den Fernkommunikationsgeräten für die Früherkennung auszustatten.

(3) Die Kommunikation mit dem Fahrtenschreiber gemäß Absatz 1 darf nur auf Veranlassung des Prüfgeräts der Kontrollbehörden aufgenommen werden. Sie muss gesichert erfolgen, um die Datenintegrität und die Authentifizierung des Kontrollgeräts und des Prüfgeräts sicherzustellen. Der Zugang zu den übertragenen Daten ist auf die Überwachungsbehörden beschränkt, die ermächtigt sind, Verstöße gegen die Verordnung (EG) Nr. 561/2006 und der vorliegenden Verordnung zu überprüfen, und auf Werkstätten, soweit ein Zugang für die Überprüfung des ordnungsgemäßen Funktionierens des Fahrtenschreibers erforderlich ist.

(4) Bei der Kommunikation dürfen nur Daten übertragen werden, die für die Zwecke der gezielten Straßenkontrolle von Fahrzeugen notwendig sind, deren Fahrtenschreiber mutmaßlich manipuliert oder missbraucht wurde. Diese Daten müssen sich auf folgende vom Fahrtenschreiber aufgezeichnete Ereignisse oder Daten beziehen:

- letzter Versuch einer Sicherheitsverletzung,
- längste Unterbrechung der Stromversorgung,
- Sensorstörung,
- Datenfehler Weg und Geschwindigkeit,
- Datenkonflikt Fahrzeugbewegung,
- Fahren ohne gültige Karte,
- Einstecken der Karte während des Lenkens,
- Zeiteinstellungsdaten,
- Kalibrierungsdaten einschließlich des Datums der zwei letzten Kalibrierungen,
- amtliches Kennzeichen des Fahrzeugs,
- vom Fahrtenschreiber aufgezeichnete Geschwindigkeit.

(5) Die übertragenen Daten dürfen nur dazu verwendet werden, die Einhaltung dieser Verordnung zu überprüfen. Sie dürfen nur an Behörden, die die Einhaltung der Lenk- und Ruhezeiten kontrollieren, und an Justizbehörden im Rahmen eines laufenden Gerichtsverfahrens übermittelt werden.

(6) Die Daten werden von den Kontrollbehörden nur für die Dauer einer Straßenkontrolle gespeichert und spätestens drei Stunden nach ihrer Übermittlung gelöscht, es sei denn, die Daten lassen eine Manipulation oder einen Missbrauch des Fahrtenschreibers vermuten. Bestätigt sich der Verdacht einer Manipulation oder eines Missbrauchs im Laufe der anschließenden Straßenkontrolle nicht, so werden die übertragenen Daten gelöscht.

(7) Das Verkehrsunternehmen, das das Fahrzeug betreibt, ist dafür verantwortlich, dass der Fahrer über die Möglichkeit der Früherkennung von möglicher Manipulation oder möglichem Missbrauch des Fahrtenschreibers per Fernkommunikation informiert wird.

(8) Eine Fernkommunikation zur Früherkennung der Art, wie sie in dem vorliegenden Artikel beschrieben wird, führt in keinem Fall zu automatischen Geldbußen oder Zwangsgeldern für den Fahrer oder das Unternehmen. Die zuständige Kontrollbehörde kann aufgrund der ausgetauschten Daten entscheiden, eine Überprüfung des Fahrzeugs und des Fahrtenschreibers durchzuführen. Das Ergebnis der Fernkommunikation hindert die Kontrollbehörden nicht daran, auf der Grundlage des durch Artikel 9 der Richtlinie 2006/22/EG eingeführten Risikoeinstufungssystems stichprobenartige Unterwegskontrollen durchzuführen.

Artikel 10. Schnittstelle zu intelligenten Verkehrssystemen. Fahrtenschreiber von Fahrzeugen, die 36 Monate nach Inkrafttreten der Einzelvorschriften gemäß Artikel 11 erstmals zugelassen werden, können mit genormten Schnittstellen ausgerüstet werden, die im Betriebsmodus die Nutzung der vom Fahrtenschreiber aufgezeichneten oder erzeugten Daten durch externe Geräte ermöglichen, sofern die folgenden Voraussetzungen erfüllt sind:

a) Die Schnittstelle beeinträchtigt die Authentizität und Integrität der Daten des Fahrtenschreibers nicht.

b) Die Schnittstelle entspricht den Einzelvorschriften nach Artikel 11.

c) Das an die Schnittstelle angeschlossene externe Gerät kann auf personenbezogene Daten, einschließlich Ortsbestimmungsdaten, nur zugreifen, wenn der Fahrer, auf den sich die Daten beziehen, nachweisbar seine Zustimmung erteilt hat.

Artikel 11. Einzelvorschriften für intelligente Fahrtenschreiber. Um sicherzustellen, dass der intelligente Fahrtenschreiber den Grundsätzen und Anforderungen dieser Verordnung entspricht, erlässt die Kommission die für die einheitliche Anwendung der Artikel 8, 9 und 10 erforderlichen Einzelvorschriften unter Ausschluss von Bestimmungen, in denen die Aufzeichnung zusätzlicher Daten durch den Fahrtenschreiber vorgesehen würde. Diese Durchführungsrechtsakte werden nach dem in Artikel 42 Absatz 3 genannten Prüfverfahren erlassen.

Die Einzelvorschriften nach Absatz 1 müssen:

a) Bezüglich der Ausführung der Funktionen des intelligenten Fahrtenschreibers gemäß dem vorliegenden Kapitel die notwendigen Anforderungen enthalten, um die Sicherheit, Genauigkeit und Zuverlässigkeit der Daten zu gewährleisten, die von dem satellitengestützten Positionsbestimmungsdienst und der Fernkommunikationseinrichtung gemäß den Artikeln 8 und 9 an den Fahrtenschreiber übertragen werden;

b) die verschiedenen Bedingungen und Anforderungen für den satellitengestützten Positionsbestimmungsdienst und die Fernkommunikationseinrichtung gemäß den Artikeln 8 und 9 enthalten, und zwar sowohl für externe Lösungen als auch für den Fall einer Einbettung im Fahrtenschreiber; bei externen Lösungen müssen sie auch die Bedingungen für die Nutzung des satellitengestützten Positionsbestimmungssignals als zweiter Bewegungssensor abdecken;

c) die notwendigen Normen für die Schnittstelle gemäß Artikel 10 enthalten. Hierzu kann eine Bestimmung über die Vergabe von Zugriffsrechten für Fahrer, Werkstatt und Verkehrsunternehmen und über Kontrollfunktionen für die vom Fahrtenschreiber aufgezeichneten Daten enthalten sein; den Kontrollfunktionen muss ein Authentifizierungs-/Autorisierungsmechanismus für die Schnittstelle zugrunde liegen, wie beispielsweise ein Zertifikat für jede Zugriffsebene, allerdings unter dem Vorbehalt der technischen Machbarkeit.

KAPITEL III: TYPGENEHMIGUNG

Artikel 12. Beantragung. (1) Die Hersteller oder deren Beauftragte beantragen die Typgenehmigung für die Fahrzeugeinheit, den Bewegungssensor, das Schaublatt-Muster oder die Fahrtenschreiberkarte bei den Typgenehmigungsbehörden, die hierfür von den Mitgliedstaaten benannt worden sind.

(2) Die Mitgliedstaaten teilen der Kommission bis 2. März 2015 die Namen und Kontaktangaben der benannten Behörden gemäß Absatz 1 sowie erforderlichenfalls spätere Aktualisierungen dieser Angaben mit. Die Kommission veröffentlicht die Liste der benannten Typgenehmigungsbehörden auf ihrer Website und hält diese Liste auf dem neuesten Stand.

(3) Einem Typgenehmigungsantrag müssen die entsprechenden Spezifikationen, einschließlich der erforderlichen Informationen über die Plombierung, und die Sicherheits-, Funktions- und Interoperabilitätszertifikate beigefügt sein. Das Sicherheitszertifikat muss von einer anerkannten Zertifizierungsstelle ausgestellt sein, die von der Kommission benannt ist.

Das Funktionszertifikat wird dem Hersteller von der Typgenehmigungsbehörde ausgestellt.

Ein Interoperabilitätszertifikat wird von einer einzigen Prüfstelle erteilt, die der Kommission untersteht und sich in ihrer Verantwortung befindet.

(4) In Bezug auf den Fahrtenschreiber, seine relevanten Komponenten und die Fahrtenschreiberkarte gilt Folgendes:

a) Das Sicherheitszertifikat muss für die Fahrzeugeinheit, die Fahrtenschreiberkarten, den Bewegungssensor und die Verbindung zum GNSS-Empfänger – falls das GNSS nicht in die Fahrzeugeinheiten integriert ist – Folgendes bescheinigen:

i) Einhaltung der Sicherheitsziele;
ii) Identifizierung und Authentifizierung, Autorisierung, Vertraulichkeit, Nachvollziehbarkeit, Integrität, Audit, Genauigkeit und Zuverlässigkeit des Dienstes.

b) Das Funktionszertifikat muss bescheinigen, dass das geprüfte Gerät die jeweiligen Anforderungen hinsichtlich folgender Punkte einhält: ausgeführte Funktionen, Umwelteigenschaften, elektromagnetische Verträglichkeit, Einhaltung physikalischer Anforderungen und Einhaltung anwendbarer Normen.

c) Das Interoperabilitätszertifikat muss bescheinigen, dass bei dem geprüften Gerät uneingeschränkte Interoperabilität mit den notwendigen Fahrtenschreibern oder Fahrtenschreiberkarten-Modellen gegeben ist.

(5) Änderungen an der Software oder Hardware des Fahrtenschreibers oder an den für seine Herstellung verwendeten Werkstoffen werden vor ihrer Umsetzung der Behörde gemeldet, die die Typgenehmigung für das Gerät erteilt hat. Diese Behörde bestätigt dem Hersteller die Erweiterung der Typgenehmigung oder verlangt eine Aktualisierung oder Bestätigung des entsprechenden Funktions-, Sicherheits- und/oder Interoperabilitätszertifikats.

(6) Der Typgenehmigungsantrag für ein und dieselbe Bauart von Fahrzeugeinheit, Bewegungssensor, Schaublatt-Muster oder Fahrtenschreiberkarte darf nicht bei mehreren Mitgliedstaaten gestellt werden.

(7) Die Kommission erlässt im Wege von Durchführungsrechtsakten Einzelvorschriften für die einheitliche Anwendung dieses Artikels. Diese Durchführungsrechtsakte werden nach dem in Artikel 42 Absatz 3 genannten Prüfverfahren erlassen.

Artikel 13. Erteilung der Typgenehmigung. Ein Mitgliedstaat erteilt die Typgenehmigung für eine Bauart von Fahrzeugeinheit, Bewegungssensor, Schaublatt-Muster oder Fahrtenschreiberkarte, wenn diese den Vorschriften der Artikel 4 und 11 entsprechen und der Mitgliedstaat die Möglichkeit hat, die Übereinstimmung der Produktion mit dem zugelassenen Muster zu überprüfen.

Änderungen oder Ergänzungen eines Musters, für das die Typgenehmigung bereits erteilt worden ist, bedürfen einer Nachtrags-Typgenehmigung des Mitgliedstaats, der die ursprüngliche Typgenehmigung erteilt hat.

Artikel 14. Typgenehmigungszeichen. Die Mitgliedstaaten erteilen dem Antragsteller für jede gemäß Artikel 13 und Anhang II zugelassene Bauart von Fahrzeugeinheit, Bewegungssensor, Schaublatt-Muster oder Fahrtenschreiberkarte ein Typgenehmigungszeichen entsprechend einem vorher festgelegten Muster. Diese Muster werden von der Kommission im Wege von Durchführungsrechtsakten nach dem in Artikel 42 Absatz 3 genannten Prüfverfahren genehmigt.

Artikel 15. Genehmigung oder Ablehnung. Die zuständigen Behörden des Mitgliedstaats, bei dem die Typgenehmigung beantragt wurde, übermitteln den Behörden der anderen Mitgliedstaaten für jede zugelassene Bauart von Fahrzeugeinheit, Bewegungssensor, Schaublatt-Muster oder Fahrtenschreiberkarte innerhalb eines Monats eine Kopie des Typgenehmigungsbogens sowie Kopien der erforderlichen Spezifikationen, auch in Bezug auf die Plombierung. Lehnen die zuständigen Behörden eine beantragte Typgenehmigung ab, so unterrichten sie hiervon die Behörden der anderen Mitgliedstaaten und teilen die Gründe dafür mit.

Artikel 16. Übereinstimmung des Geräts mit der Typgenehmigung. (1) Stellt ein Mitgliedstaat, der eine Typgenehmigung gemäß Artikel 13 erteilt hat, fest, dass Fahrzeugeinheiten, Bewegungssensoren, Schaublätter oder Fahrtenschreiberkarten, die das von ihm erteilte Typgenehmigungszeichen tragen, nicht dem von ihm zugelassenen Muster entsprechen, so trifft er die erforderlichen Maßnahmen, um die Übereinstimmung der Produktion mit dem zugelassenen Muster sicherzustellen. Diese Maßnahmen können nötigenfalls bis zum Entzug der Typgenehmigung reichen.

(2) Der Mitgliedstaat, der eine Typgenehmigung erteilt hat, muss diese entziehen, wenn die Fahrzeugeinheit, der Bewegungssensor, das Schaublatt oder die Fahrtenschreiberkarte, für die die Typgenehmigung erteilt wurde, dieser Verordnung nicht entspricht oder bei der Verwendung einen Fehler allgemeiner Art erkennen lässt, der es/ihn/sie für seinen/ihren bestimmungsgemäßen Zweck ungeeignet macht.

(3) Wird der Mitgliedstaat, der eine Typgenehmigung erteilt hat, von einem anderen Mitgliedstaat darüber unterrichtet, dass einer der in den Absätzen 1 oder 2 genannten Fälle vorliegt, so trifft er nach Anhörung des mitteilenden Mitgliedstaats die in diesen Absätzen vorgesehenen Maßnahmen vorbehaltlich des Absatzes 5.

(4) Der Mitgliedstaat, der einen der in Absatz 2 genannten Fälle festgestellt hat, kann das Inverkehrbringen und die Inbetriebnahme der betreffenden Fahrzeugeinheiten, Bewegungssensoren, Schaublätter oder Fahrtenschreiberkarten bis auf Weiteres untersagen. Dasselbe gilt in den in Absatz 1 genannten Fällen in Bezug auf Fahrzeugeinheiten, Bewegungssensoren, Schaublätter oder Fahrtenschreiberkarten, die von der EU-Ersteichung befreit worden sind, wenn der Hersteller nach ordnungsgemäßer Anmahnung die Übereinstimmung des Geräts mit dem zugelassenen Muster bzw. mit den Anforderungen dieser Verordnung nicht herbeigeführt hat.

Auf jeden Fall teilen die zuständigen Behörden der Mitgliedstaaten einander und der Kommission innerhalb eines Monats den Entzug einer Typgenehmigung und jedwede andere gemäß den Absätzen 1, 2 oder 3 getroffene Maßnahmen mit und legen die Gründe dafür dar.

(5) Bestreitet der Mitgliedstaat, der eine Typgenehmigung erteilt hat, dass die in den Absätzen 1 und 2 genannten Fälle, auf die er hingewiesen worden ist, gegeben sind, so bemühen sich die betreffenden Mitgliedstaaten um die Beilegung des Streitfalls und unterrichten die Kommission laufend darüber.

Haben die Gespräche zwischen den Mitgliedstaaten nicht binnen vier Monaten nach der Unterrichtung gemäß Absatz 3 zu einem Einvernehmen geführt, so erlässt die Kommission nach Anhörung von Sachverständigen sämtlicher Mitgliedstaaten und nach Prüfung aller einschlägigen Faktoren, z. B. wirtschaftlicher und technischer Faktoren, binnen sechs Monaten nach Ablauf der genannten Viermonatsfrist einen Beschluss, der den beteiligten Mitgliedstaaten bekanntgegeben und gleichzeitig den übrigen Mitgliedstaaten mitgeteilt wird. Die Kommission setzt in jedem Fall die Frist für den Beginn der Durchführung ihres Beschlusses fest.

Artikel 17. Genehmigung der Schaublätter. (1) Im Antrag auf eine Typgenehmigung für ein Schaublatt-Muster ist im Antragsformular anzugeben, für welche Typen von analogen Fahrtenschreibern dieses Schaublatt bestimmt ist; für Prüfungen des Schaublatts ist außerdem ein geeigneter Fahrtenschreiber des entsprechenden Typs zur Verfügung zu stellen.

(2) Die zuständigen Behörden eines jeden Mitgliedstaats geben auf dem Typgenehmigungsbogen des Schaublatt-Musters an, in welchen Typen von analogen Fahrtenschreibern dieses Schaublatt-Muster verwendet werden kann.

Artikel 18. Begründung der Ablehnung. Jede Entscheidung aufgrund dieser Verordnung, durch die eine Typgenehmigung für eine Bauart von Fahrzeugeinheit, Bewegungssensor, Schaublatt-Muster oder Fahrtenschreiberkarte abgelehnt oder entzogen wird, ist eingehend zu begründen. Sie wird dem Betreffenden unter Angabe der nach dem Recht des jeweiligen Mitgliedstaats vorgesehen Rechtsmittel und der Rechtsmittelfristen mitgeteilt.

Artikel 19. Anerkennung typgenehmigter Fahrtenschreiber. Die Mitgliedstaaten dürfen die Zulassung oder Inbetriebnahme oder Benutzung von mit einem Fahrtenschreiber ausgerüsteten Fahrzeugen nicht aus Gründen ablehnen bzw. verbieten, die mit diesem Gerät zusammenhängen, wenn der Fahrtenschreiber das in Artikel 14 genannte Typgenehmigungszeichen und die in Artikel 22 Absatz 4 genannte Einbauplakette aufweist.

Artikel 20. Sicherheit. (1) Die Hersteller müssen ihre produzierten Fahrzeugeinheiten, Bewegungssensoren und Fahrtenschreiberkarten so konstruieren, erproben und ständig überprüfen, um Sicherheitsschwachstellen in allen Phasen des Produktlebenszyklus festzustellen, und müssen deren mögliche Ausnutzung verhindern oder eindämmen. Der Mitgliedstaat, der die Typgenehmigung erteilt hat, legt fest, wie häufig Prüfungen durchgeführt werden, wobei der Zeitraum zwischen zwei Prüfungen zwei Jahre nicht überschreiten darf.

(2) Zu diesem Zweck übermitteln die Hersteller der in Artikel 12 Absatz 3 genannten Zertifizierungsstelle die erforderlichen Unterlagen für die Schwachstellenanalyse.

(3) Für die Zwecke des Absatzes 1 führt die in Artikel 12 Absatz 3 genannte Zertifizierungsstelle Prüfungen an Fahrzeugeinheiten, Bewegungssensoren und Fahrtenschreiberkarten durch, um zu bestätigen, dass bekannte Sicherheitsschwachstellen nicht von Personen, die über öffentlich zugängliche Kenntnisse verfügen, ausgenutzt werden können.

(4) Werden bei den in Absatz 1 genannten Prüfungen Sicherheitsschwachstellen in Systemkomponenten (Fahrzeugeinheiten, Bewegungssensoren und Fahrtenschreiberkarten) festgestellt, so werden diese Komponenten nicht in Verkehr gebracht. Werden bei den in Absatz 3 genannten Prüfungen Sicherheitsschwachstellen in Komponenten festgestellt, die bereits in Verkehr gebracht wurden, unterrichtet der Hersteller oder die Zertifizierungsstelle die zuständigen Behörden des Mitgliedstaats, der die Typgenehmigung erteilt hat. Diese zuständigen Behörden ergreifen alle erforderlichen Maßnahmen, um sicherzustellen, dass das Problem – insbesondere vom Hersteller – beseitigt wird; außerdem unterrichten sie die Kommission unverzüglich über die festgestellten Sicherheitsschwachstellen und die geplanten oder ergriffenen Maßnahmen, wozu erforderlichenfalls auch der Entzug der Typgenehmigung gemäß Artikel 16 Absatz 2 zählt.

Artikel 21. Praxiserprobungen. (1) Die Mitgliedstaaten können Praxiserprobungen mit Fahrtenschreibern, für die noch keine Typgenehmigung erteilt wurde, genehmigen. Die von den Mitgliedstaaten erteilten Genehmigungen für Praxiserprobungen werden von ihnen gegenseitig anerkannt.

(2) Fahrer und Verkehrsunternehmen, die an einer Praxiserprobung teilnehmen, müssen die Anforderungen der Verordnung (EG) Nr. 561/2006 erfüllen. Die Fahrer erbringen diesen Nachweis nach dem Verfahren gemäß Artikel 35 Absatz 2 der vorliegenden Verordnung.

(3) Die Kommission kann Durchführungsrechtsakte zur Festlegung der Verfahren für die Durchführung von Praxiserprobungen und der Formulare für deren Überwachung erlassen. Diese Durchführungsrechtsakte werden nach dem in Artikel 42 Absatz 3 genannten Prüfverfahren erlassen.

KAPITEL IV: EINBAU UND PRÜFUNG

Artikel 22. Einbau und Reparatur. (1) Einbau und Reparaturen von Fahrtenschreibern dürfen nur von Einbaubetrieben, Werkstätten oder Fahrzeugherstellern vorgenommen werden, die von den zuständigen Behörden der Mitgliedstaaten gemäß Artikel 24 dafür zugelassen worden sind.

(2) Zugelassene Einbaubetriebe, Werkstätten oder Fahrzeughersteller plombieren den Fahrtenschreiber gemäß den Spezifikationen in dem Typgenehmigungsbogen nach Artikel 15, nachdem sie überprüft haben, dass er ordnungsgemäß funktioniert und insbesondere auf eine Art und Weise, durch die sichergestellt wird, dass die aufgezeichneten Daten durch Manipulationsvorrichtungen weder verfälscht noch geändert werden können.

(3) Der zugelassene Einbaubetrieb, die zugelassene Werkstatt oder der zugelassene Fahrzeughersteller versieht die durchgeführten Plombierungen mit einem besonderen Zeichen und gibt außerdem bei digitalen Fahrtenschreibern die elektronischen Sicherheitsdaten ein, mit denen sich die Authentifizierungskontrollen durchführen lassen. Die zuständigen Behörden eines jeden Mitgliedstaats übermitteln der Kommission das Verzeichnis der verwendeten Zeichen und elektronischen Sicherheitsdaten und die erforderlichen Informationen über die verwendeten elektronischen Sicherheitsdaten. Die Kommission macht den Mitgliedstaaten diese Informationen auf Anfrage zugänglich.

(4) Durch die Anbringung einer deutlich sichtbaren und leicht zugänglichen Einbauplakette wird bescheinigt, dass der Einbau des Fahrtenschreibers den Vorschriften dieser Verordnung entsprechend erfolgt ist.

(5) Fahrtenschreiberbauteile werden gemäß den Vorgaben des Typgenehmigungsbogens plombiert. Anschlüsse an den Fahrtenschreiber, die potenziell manipulationsanfällig sind, einschließlich der Verbindung zwischen dem Bewegungssensor und dem Getriebe, sowie gegebenenfalls die Einbauplakette werden plombiert.

Eine Plombierung darf nur entfernt oder aufgebrochen werden

- durch Einbaubetriebe oder Werkstätten, die gemäß Artikel 24 von den zuständigen Behörden zugelassen sind, zwecks Reparatur, Instandhaltung oder Neukalibrierung des Fahrtenschreibers oder durch angemessen geschulte und erforderlichenfalls ermächtigte Kontrolleure für Kontrollzwecke;
- zwecks Reparaturen oder Umbauten des Fahrzeugs, die sich auf die Plombierung auswirken. In diesen Fällen ist im Fahrzeug eine schriftliche Erklärung mitzuführen, in der das Datum, die Uhrzeit und die Begründung der Entfernung der Plombierung an-

geführt sind. Die Kommission legt mittels Durchführungsrechtsakten ein Musterformular für die schriftliche Erklärung fest.

Die Plombierung ist auf jeden Fall ohne ungebührliche Verzögerung und spätestens innerhalb von sieben Tagen nach ihrer Entfernung von einem zugelassenen Einbaubetrieb oder einer zugelassenen Werkstatt zu ersetzen.

Vor der Ersetzung der Plombierung wird der Fahrtenschreiber von einer zugelassenen Werkstatt einer Prüfung und Kalibrierung unterzogen.

Artikel 23. Nachprüfung der Fahrtenschreiber. (1) Fahrtenschreiber werden regelmäßigen Nachprüfungen durch zugelassene Werkstätten unterzogen. Die regelmäßigen Nachprüfungen finden mindestens alle zwei Jahre statt.

(2) Bei den Nachprüfungen gemäß Absatz 1 wird insbesondere Folgendes überprüft:

- dass der Fahrtenschreiber ordnungsgemäß eingebaut ist und für das Fahrzeug geeignet ist,
- dass der Fahrtenschreiber ordnungsgemäß funktioniert,
- dass auf dem Fahrtenschreiber das Typgenehmigungszeichen angebracht ist,
- dass die Einbauplakette angebracht ist,
- dass alle Plombierungen unversehrt sind und ihre Funktion erfüllen,
- dass keine Manipulationsvorrichtungen an den Fahrtenschreiber angeschlossen sind und dass keine Spuren der Verwendung solcher Vorrichtungen vorhanden sind,
- die Reifengröße und der tatsächliche Umfang der Radreifen.

(3) Falls Unregelmäßigkeiten in der Funktionsweise der Fahrtenschreiber behoben werden mussten, erstellen die zugelassenen Werkstätten, die Nachprüfungen durchführen, einen Nachprüfungsbericht, und zwar unabhängig davon, ob die Nachprüfung im Rahmen einer wiederkehrenden Nachprüfung oder im besonderen Auftrag der zuständigen nationalen Behörde erfolgt ist. Sie führen eine Liste aller erstellten Nachprüfungsberichte.

(4) Die Nachprüfungsberichte werden ab der Erstellung mindestens zwei Jahre lang aufbewahrt. Die Mitgliedstaaten entscheiden, ob die Nachprüfungsberichte in dieser Zeit einbehalten oder aber der zuständigen Behörde übermittelt werden. Bewahrt eine Werkstatt die Nachprüfungsberichte auf, so macht sie auf Anfrage der zuständigen Behörde die Berichte über die in diesem Zeitraum durchgeführten Nachprüfungen und Kalibrierungen zugänglich.

Artikel 24. Zulassung der Einbaubetriebe Werkstätten und Fahrzeughersteller. (1) Die Mitgliedstaaten sorgen für die Zulassung, regelmäßige Kontrolle und Zertifizierung der Einbaubetriebe, Werkstätten und Fahrzeughersteller, die zu Einbau, Einbauprüfung, Nachprüfung und Reparatur von Fahrtenschreibern befugt sind.

(2) Die Mitgliedstaaten gewährleisten die Fachkompetenz und Zuverlässigkeit der Einbaubetriebe, Werkstätten und Fahrzeughersteller. Zu diesem Zweck erstellen und veröffentlichen sie eindeutige nationale Verfahren und sorgen dafür, dass folgende Mindestanforderungen erfüllt werden:

a) das Personal ist ordnungsgemäß geschult,

b) die Ausrüstungen, die zur Durchführung der einschlägigen Prüfungen und Aufgaben erforderlich sind, stehen zur Verfügung,

c) die Einbaubetriebe, Werkstätten und Fahrzeughersteller gelten als zuverlässig.

(3) Zugelassene Einbaubetriebe und Werkstätten werden folgendermaßen überprüft:

a) Zugelassene Einbaubetriebe und Werkstätten werden mindestens alle zwei Jahre einem Audit unterzogen, bei dem die von ihnen angewandten Verfahren für den Umgang mit Fahrtenschreibern geprüft werden. Im Mittelpunkt des Audits stehen insbesondere die getroffenen Sicherheitsmaßnahmen und der Umgang mit Werkstattkarten. Die Mitgliedstaaten können diese Audits auch ohne eine Ortsbesichtigung durchführen.

b) Ferner finden unangekündigte technische Audits der zugelassenen Einbaubetriebe und Werkstätten statt, um die durchgeführten Kalibrierungen, Nachprüfungen und Einbauten zu überwachen. Diese Audits müssen jährlich mindestens 10% der zugelassenen Einbaubetriebe und Werkstätten unterzogen werden.

(4) Die Mitgliedstaaten und ihre zuständigen Behörden ergreifen geeignete Maßnahmen, um Interessenkonflikte zwischen Einbaubetrieben oder Werkstätten mit den Verkehrsunternehmen zu vermeiden. Insbesondere bei Bestehen einer ernsthaften Gefahr eines Interessenkonflikts werden zusätzliche fallbezogene Maßnahmen ergriffen, um sicherzustellen, dass der Einbaubetrieb oder die Werkstatt diese Verordnung einhält.

(5) Die zuständigen Behörden der Mitgliedstaaten übermitteln der Kommission jährlich – möglichst elektronisch – die Verzeichnisse der zugelassenen Einbaubetriebe und Werkstätten sowie der ihnen ausgestellten Karten. Die Kommission veröffentlicht diese Verzeichnisse auf ihrer Website.

(6) Die zuständigen Behörden in den Mitgliedstaaten entziehen Einbaubetrieben, Werkstätten und Fahrzeugherstellern, die ihren Pflichten aus dieser Verordnung nicht nachkommen, vorübergehend oder dauerhaft die Zulassung.

Artikel 25. Werkstattkarten (1) Die Gültigkeitsdauer der Werkstattkarten darf ein Jahr nicht überschreiten. Bei der Erneuerung der Werkstattkarte stellt die zuständige Behörde sicher, dass der Einbaubetrieb, die Werkstatt oder der Fahrzeughersteller die Kriterien gemäß Artikel 24 Absatz 2 erfüllt.

(2) Die zuständige Behörde erneuert eine Werkstattkarte binnen 15 Arbeitstagen nach Eingang eines gültigen Antrags auf Erneuerung und aller erforderlichen Unterlagen. Bei Beschädigung, Fehlfunktion oder Verlust oder Diebstahl der Werkstattkarte stellt die zuständige Behörde binnen fünf Arbeitstagen nach Eingang eines entsprechenden begründeten Antrags eine Ersatzkarte aus. Die zuständigen Behörden führen ein Verzeichnis der verlorenen, gestohlenen und defekten Karten.

(3) Entzieht ein Mitgliedstaat einem Einbaubetrieb, einer Werkstatt oder einem Fahrzeughersteller nach Maßgabe des Artikels 24 die Zulassung, so zieht er auch die diesem/dieser ausgestellten Werkstattkarten ein.

(4) Die Mitgliedstaaten ergreifen alle erforderlichen Maßnahmen, um das Fälschen der den zugelassenen Einbaubetrieben, Werkstätten und Fahrzeugherstellern ausgestellten Werkstattkarten zu verhindern.

KAPITEL V: FAHRERKARTEN

Artikel 26. Ausstellung von Fahrerkarten. (1) Die Fahrerkarte wird dem Fahrer auf seinen Antrag von der zuständigen Behörde des Mitgliedstaats, in dem er seinen gewöhnlichen Wohnsitz hat, ausgestellt. Die Ausstellung erfolgt binnen eines Monats nach Eingang des Antrags und aller erforderlichen Unterlagen bei der zuständigen Behörde.

(2) Im Sinne dieses Artikels gilt als „gewöhnlicher Wohnsitz" der Ort, an dem eine Person wegen persönlicher und beruflicher Bindungen oder – im Falle einer Person ohne berufliche Bindungen wegen persönlicher Bindungen, die enge Beziehungen zwischen der Person und dem Wohnort erkennen lassen, gewöhnlich, d. h. während mindestens 185 Tagen im Kalenderjahr, wohnt.

Jedoch gilt als gewöhnlicher Wohnsitz einer Person, deren berufliche Bindungen an einem anderen Ort als dem seiner persönlichen Bindungen liegen und die daher veranlasst ist, sich abwechselnd an verschiedenen Orten in zwei oder mehr Mitgliedstaaten aufzuhalten, der Ort ihrer persönlichen Bindungen, sofern sie regelmäßig dorthin zurückkehrt. Letzteres ist nicht erforderlich, wenn sich die Person in einem Mitgliedstaat zur Ausführung eines Auftrags von bestimmter Dauer aufhält.

(3) Die Fahrer erbringen den Nachweis über ihren gewöhnlichen Wohnsitz anhand aller geeigneten Mittel, insbesondere des Personalausweises oder jedes anderen beweiskräftigen Dokuments. Bestehen bei den zuständigen Behörden des Mitgliedstaats, der die Fahrerkarte ausstellt, Zweifel über die Richtigkeit der Angabe des gewöhnlichen Wohnsitzes oder sollen bestimmte spezifische Kontrollen vorgenommen werden, so können diese Behörden zusätzliche Auskünfte oder zusätzliche Belege verlangen.

(4) In hinreichend begründeten Ausnahmefällen können die Mitgliedstaaten einem Fahrer ohne gewöhnlichen Wohnsitz in einem Mitgliedstaat oder in einem Staat, der Vertragspartei des AETR-Übereinkommens ist, eine befristete und nicht erneuerbare Fahrerkarte ausstellen, die für einen Zeitraum von höchstens 185 Tagen gültig ist, sofern dieser Fahrer sich in einem arbeitsrechtlichen Verhältnis mit einem im ausstellenden Mitgliedstaat niedergelassenen Unternehmen befindet und – soweit die Verordnung (EG) Nr. 1072/2009 des Europäischen Parlaments und des Rates gilt – eine Fahrerbescheinigung entsprechend der genannten Verordnung vorlegt.

Die Kommission verfolgt die Anwendung dieses Absatzes fortlaufend anhand der von den Mitgliedstaaten zur Verfügung gestellten Daten. Sie berichtet dem Europäischen Parlament und dem Rat alle zwei Jahre über ihre Erkenntnisse und geht dabei insbesondere der Frage nach, ob sich die befristeten Fahrerkarten negativ auf den Arbeitsmarkt auswirken und ob befristete Karten einem bestimmten Fahrer gewöhnlich mehrmals ausgestellt werden. Die Kommission kann einen sachdienlichen Gesetzgebungsvorschlag zur Änderung dieses Absatzes unterbreiten.

(5) Die zuständigen Behörden des ausstellenden Mitgliedstaats treffen geeignete Maßnahmen, um sicherzustellen, dass der Antragsteller nicht bereits Inhaber einer gültigen

Fahrerkarte ist, und versehen die Fahrerkarte auf sichtbare und sichere Weise mit den persönlichen Daten des Fahrers.

(6) Die Gültigkeitsdauer der Fahrerkarte darf fünf Jahre nicht überschreiten.

(7) Eine gültige Fahrerkarte darf nur entzogen oder ausgesetzt werden, wenn die zuständigen Behörden eines Mitgliedstaats feststellen, dass die Karte gefälscht worden ist, der Fahrer eine Karte verwendet, deren Inhaber er nicht ist, oder die Ausstellung der Karte auf der Grundlage falscher Erklärungen und/oder gefälschter Dokumente erwirkt wurde. Werden solche Maßnahmen zum Entzug oder zur Aussetzung der Gültigkeit der Karte von einem anderen als dem ausstellenden Mitgliedstaat getroffen, so sendet dieser Mitgliedstaat die Karte so bald wie möglich an die Behörden des ausstellenden Mitgliedstaats zurück und teilt die Gründe für den Entzug oder die Aussetzung mit. Dauert die Rücksendung der Karte voraussichtlich mehr als zwei Wochen, so teilt der Mitgliedstaat, der die Aussetzung der Gültigkeit oder den Entzug der Karte vorgenommen hat, dem ausstellenden Mitgliedstaat innerhalb dieser zwei Wochen die Gründe für die Aussetzung oder den Entzug mit.

(8) Die Mitgliedstaaten ergreifen alle erforderlichen Maßnahmen, um das Fälschen von Fahrerkarten zu verhindern.

(9) Dieser Artikel hindert die Mitgliedstaaten nicht daran, eine Fahrerkarte einem Fahrer auszustellen, der seinen gewöhnlichen Wohnsitz in einem Teil des Hoheitsgebiets dieses Mitgliedstaats hat, für den der Vertrag über die Europäische Union und der Vertrag über die Arbeitsweise der Europäischen Union nicht gelten, sofern in diesen Fällen die einschlägigen Bestimmungen dieser Verordnung zur Anwendung kommen.

Artikel 27. Benutzung von Fahrerkarten. (1) Die Fahrerkarte ist persönlich und nicht übertragbar.

(2) Ein Fahrer darf nur Inhaber einer einzigen gültigen Fahrerkarte sein und nur seine eigene persönliche Fahrerkarte benutzen. Er darf weder eine defekte noch eine abgelaufene Fahrerkarte benutzen.

Artikel 28. Erneuerung von Fahrerkarten. (1) Ein Fahrer, der die Erneuerung seiner Fahrerkarte wünscht, muss bei den zuständigen Behörden des Mitgliedstaats, in dem er seinen gewöhnlichen Wohnsitz hat, spätestens fünfzehn Arbeitstage vor Ablauf der Gültigkeit der Karte einen entsprechenden Antrag stellen.

(2) Ist bei einer Erneuerung der Mitgliedstaat, in dem der Fahrer seinen gewöhnlichen Wohnsitz hat, ein anderer als der, der die bestehende Fahrerkarte ausgestellt hat, und wurde bei den Behörden des früheren Mitgliedstaats ein Antrag gestellt, die Fahrerkarte zu erneuern, so teilt dieser den Ausstellungsbehörden der bisherigen Karte die genauen Gründe für die Erneuerung mit.

(3) Bei Beantragung der Erneuerung einer Karte, deren Gültigkeitsdauer in Kürze abläuft, stellt die zuständige Behörde vor Ablauf der Gültigkeit eine neue Karte aus, sofern sie den Antrag bis zu der in Absatz 1 genannten Frist erhalten hat.

Artikel 29. Verlorene, gestohlene und defekte Fahrerkarten. (1) Die ausstellende Behörde führt ein Verzeichnis der ausgestellten, gestohlenen, verlorenen und defekten Fahrerkarten, in dem die Fahrerkarten mindestens bis zum Ablauf ihrer Gültigkeitsdauer aufgeführt werden.

(2) Bei Beschädigung oder Fehlfunktion der Fahrerkarte gibt der Fahrer diese Karte der zuständigen Behörde des Mitgliedstaats, in dem er seinen gewöhnlichen Wohnsitz hat, zurück. Der Diebstahl einer Fahrerkarte muss den zuständigen Behörden des Staates, in dem sich der Diebstahl ereignet hat, ordnungsgemäß gemeldet werden.

(3) Der Verlust einer Fahrerkarte muss den zuständigen Behörden des ausstellenden Mitgliedstaats sowie, falls es sich nicht um denselben Staat handelt, den zuständigen Behörden des Mitgliedstaats, in dem der Fahrer seinen gewöhnlichen Wohnsitz hat, ordnungsgemäß gemeldet werden.

(4) Bei Beschädigung, Fehlfunktion, Verlust oder Diebstahl der Fahrerkarte muss der Fahrer bei den zuständigen Behörden des Mitgliedstaats, in dem er seinen gewöhnlichen Wohnsitz hat, binnen sieben Kalendertagen die Ersetzung der Karte beantragen. Diese Behörden stellen binnen acht Arbeitstagen nach Eingang eines entsprechenden begründeten Antrags bei ihnen eine Ersatzkarte aus.

(5) Unter den in Absatz 4 genannten Umständen darf der Fahrer seine Fahrt ohne Fahrerkarte während eines Zeitraums von höchstens 15 Kalendertagen fortsetzen, bzw. während eines längeren Zeitraums, wenn dies für die Rückkehr des Fahrzeugs zu seinem Standort erforderlich ist, sofern der Fahrer nachweisen kann, dass es unmöglich war, die Fahrerkarte während dieses Zeitraums vorzulegen oder zu benutzen.

Artikel 30. Gegenseitige Anerkennung und Umtausch von Fahrerkarten. (1) Von den Mitgliedstaaten ausgestellte Fahrerkarten werden von den Mitgliedstaaten gegenseitig anerkannt.

(2) Hat der Inhaber einer von einem Mitgliedstaat ausgestellten gültigen Fahrerkarte seinen gewöhnlichen Wohnsitz in einem anderen Mitgliedstaat begründet, so kann er den Umtausch seiner Karte gegen eine gleichwertige Fahrerkarte beantragen. Es ist Sache des umtauschenden Mitgliedstaats zu prüfen, ob die vorgelegte Karte noch gültig ist.

(3) Die Mitgliedstaaten, die einen Umtausch vornehmen, senden die einbehaltene Karte den Behörden des ausstellenden Mitgliedstaats zurück und begründen ihr Vorgehen.

(4) Wird eine Fahrerkarte von einem Mitgliedstaat ersetzt oder umgetauscht, so wird dieser Vorgang ebenso wie jeder weitere Ersatz oder Umtausch in dem betreffenden Mitgliedstaat erfasst.

Artikel 31. Elektronischer Austausch von Informationen über Fahrerkarten. (1) Um sicherzustellen, dass der Antragsteller nicht bereits Inhaber einer gültigen Fahrerkarte ist, wie in Artikel 26 ausgeführt, führen die Mitgliedstaaten nationale elektronische Register, in denen sie folgende Informationen über Fahrerkarten – auch über die in Artikel 26 Absatz 4 genannten Fahrerkarten – mindestens bis zum Ablauf der Gültigkeitsdauer der Fahrerkarten speichern:

- Name und Vorname des Fahrers,
- Geburtsdatum und, sofern verfügbar, Geburtsort des Fahrers,
- gültige Führerscheinnummer und Ausstellungsland des Führerscheins (falls zutreffend),
- Status der Fahrerkarte,
- Nummer der Fahrerkarte.

(2) Die Mitgliedstaaten treffen alle erforderlichen Maßnahmen, damit die nationalen elektronischen Register vernetzt werden und unionsweit zugänglich sind, und verwenden dazu das in der Empfehlung 2010/19/EU genannte Benachrichtigungssystem TACHOnet oder ein kompatibles System. Im Falle eines kompatiblen Systems muss der Austausch elektronischer Daten mit allen anderen Mitgliedstaaten über das Benachrichtigungssystem TACHOnet möglich sein.

(3) Bei jeder Ausstellung, Ersetzung und erforderlichenfalls Erneuerung einer Fahrerkarte überprüfen die Mitgliedstaaten mittels des elektronischen Datenaustauschs, ob der Fahrer nicht bereits Inhaber einer anderen gültigen Fahrerkarte ist. Dabei dürfen nur die für die Zwecke dieser Überprüfung notwendigen Daten übertragen werden.

(4) Kontrolleuren kann Zugang zu dem elektronischen Register gewährt werden, damit sie den Status der Fahrerkarte überprüfen können.

(5) Die Kommission erlässt Durchführungsrechtsakte zur Festlegung der gemeinsamen Verfahren und Spezifikationen, die für die in Absatz 2 genannte Vernetzung notwendig sind, einschließlich des Datenaustauschformats, der technischen Verfahren für die elektronische Abfrage der nationalen elektronischen Register, der Zugangsverfahren und Sicherheitsvorkehrungen. Diese Durchführungsrechtsakte werden nach dem in Artikel 42 Absatz 3 genannten Prüfverfahren erlassen.

KAPITEL VI: BENUTZUNGSVORSCHRIFTEN

Artikel 32. Ordnungsgemäße Benutzung der Fahrtenschreiber. (1) Das Verkehrsunternehmen und die Fahrer sorgen für das einwandfreie Funktionieren und die ordnungsgemäße Benutzung des digitalen Fahrtenschreibers sowie der Fahrerkarte. Die Verkehrsunternehmen und die Fahrer, die einen analogen Fahrtenschreiber verwenden, stellen das einwandfreie Funktionieren des Fahrtenschreibers und die ordnungsgemäße Benutzung des Schaublatts sicher.

(2) Der digitale Fahrtenschreiber darf nicht so eingestellt werden, dass er automatisch auf eine bestimmte Tätigkeitskategorie umschaltet, wenn der Fahrzeugmotor abgestellt oder die Zündung ausgeschaltet wird, es sei denn, der Fahrer kann die jeweilige Tätigkeitskategorie weiterhin manuell eingeben.

(3) Es ist verboten, die auf dem Schaublatt aufgezeichneten, im Fahrtenschreiber oder auf der Fahrerkarte gespeicherten oder vom Fahrtenschreiber ausgedruckten Daten zu verfälschen, zu verschleiern, zu unterdrücken oder zu vernichten. Verboten ist ebenfalls jede Manipulation am Fahrtenschreiber, am Schaublatt oder an der Fahrerkarte, durch die die Daten und/oder Ausdrucke verfälscht, unterdrückt oder vernichtet werden könnten. Im Fahrzeug darf keine Vorrichtung vorhanden sein, die zu diesem Zweck verwendet werden kann.

(4) Fahrzeuge dürfen nur mit einem einzigen Fahrtenschreiber ausgerüstet sein, außer für die Zwecke der Praxiserprobungen gemäß Artikel 21.

(5) Die Mitgliedstaaten verbieten die Herstellung, den Vertrieb, die Bewerbung und den Verkauf von Geräten, die dafür konstruiert oder bestimmt sind, Fahrtenschreiber zu manipulieren.

Artikel 33. Verantwortlichkeit des Verkehrsunternehmens. (1) Das Verkehrsunternehmen hat verantwortlich dafür zu sorgen, dass seine Fahrer hinsichtlich des ordnungsgemäßen Funktionierens des Fahrtenschreibers angemessen geschult und unterwiesen werden, unabhängig davon, ob dieser digital oder analog ist; es führt regelmäßige Überprüfungen durch, um sicherzustellen, dass seine Fahrer den Fahrtenschreiber ordnungsgemäß verwenden, und gibt seinen Fahrern keinerlei direkte oder indirekte Anreize, die zu einem Missbrauch des Fahrtenschreibers anregen könnten.

Das Verkehrsunternehmen händigt den Fahrern von Fahrzeugen mit einem analogen Fahrtenschreiber eine ausreichende Anzahl Schaublätter aus, wobei es dem persönlichen Charakter dieser Schaublätter, der Dauer des Einsatzes und der Verpflichtung Rechnung trägt, beschädigte oder von einem ermächtigten Kontrolleur eingezogene Schaublätter zu ersetzen. Das Verkehrsunternehmen händigt den Fahrern nur solche Schaublätter aus, die einem genehmigten Muster entsprechen und die sich für das in das Fahrzeug eingebaute Gerät eignen.

Ist ein Fahrzeug mit einem digitalen Fahrtenschreiber ausgerüstet, so sorgen das Verkehrsunternehmen und der Fahrer dafür, dass im Falle einer Nachprüfung der Ausdruck von Daten aus dem Fahrtenschreiber unter Berücksichtigung der Dauer des Einsatzes auf Verlangen eines Kontrolleurs ordnungsgemäß erfolgen kann.

(2) Das Verkehrsunternehmen bewahrt die Schaublätter und – sofern Ausdrucke gemäß Artikel 35 erstellt wurden – die Ausdrucke in chronologischer Reihenfolge und in lesbarer Form nach der Benutzung mindestens ein Jahr lang auf und händigt den betreffenden Fahrern auf Verlangen eine Kopie aus. Das Verkehrsunternehmen händigt den betreffenden Fahrern ferner auf Verlangen eine Kopie der von den Fahrerkarten heruntergeladenen Daten sowie Ausdrucke davon aus. Die Schaublätter, die Ausdrucke und die heruntergeladenen Daten sind jedem ermächtigten Kontrolleur auf Verlangen vorzulegen oder auszuhändigen.

(3) Ein Verkehrsunternehmen haftet für Verstöße gegen diese Verordnung, die von Fahrern des Unternehmens bzw. von den Fahrern begangen werden, die ihm zur Verfügung stehen. Die Mitgliedstaaten können diese Haftung jedoch von einem Verstoß des Verkehrsunternehmens gegen Absatz 1 Unterabsatz 1 des vorliegenden Artikels und Artikel 10 Absätze 1 und 2 der Verordnung (EG) Nr. 561/2006 abhängig machen.

Artikel 34. Benutzung von Fahrerkarten und Schaublättern. (1) Die Fahrer benutzen für jeden Tag, an dem sie lenken, ab dem Zeitpunkt, an dem sie das Fahrzeug übernehmen, Schaublätter oder Fahrerkarten. Das Schaublatt oder die Fahrerkarte wird nicht vor dem Ende der täglichen Arbeitszeit entnommen, es sei denn, eine Entnahme ist anderweitig zulässig. Schaublätter oder Fahrerkarten dürfen nicht über den Zeitraum, für den sie bestimmt sind, hinaus verwendet werden.

(2) Die Fahrer müssen die Schaublätter oder Fahrerkarten angemessen schützen und dürfen keine angeschmutzten oder beschädigten Schaublätter oder Fahrerkarten verwenden.

(3) Wenn der Fahrer sich nicht im Fahrzeug aufhält und daher nicht in der Lage ist, den in das Fahrzeug eingebauten Fahrtenschreiber zu betätigen, werden die in Absatz 5 Buchstabe b Ziffern ii, iii und iv genannten Zeiträume,

a) wenn das Fahrzeug mit einem analogen Fahrtenschreiber ausgerüstet ist, von Hand, durch automatische Aufzeichnung oder auf andere Weise lesbar und ohne Verschmutzung des Schaublatts auf dem Schaublatt eingetragen,

b) wenn das Fahrzeug mit einem digitalen Fahrtenschreiber ausgerüstet ist, mittels der manuellen Eingabevorrichtung des Fahrtenschreibers auf der Fahrerkarte eingetragen.

Die Mitgliedstaaten dürfen von den Fahrern nicht die Vorlage von Formularen verlangen, mit denen die Tätigkeit der Fahrer, während sie sich nicht im Fahrzeug aufhalten, bescheinigt wird.

(4) Befindet sich an Bord eines mit einem digitalen Fahrtenschreiber ausgerüsteten Fahrzeugs mehr als ein Fahrer, so stellt jeder Fahrer sicher, dass seine Fahrerkarte in den richtigen Steckplatz im Fahrtenschreiber eingeschoben ist.

Befindet sich an Bord eines mit einem analogen Fahrtenschreiber ausrüsteten Fahrzeugs mehr als ein Fahrer, nehmen die Fahrer auf den Schaublättern erforderliche Änderungen so vor, dass die relevanten Angaben auf dem Schaublatt des Fahrers, der tatsächlich lenkt, aufgezeichnet werden.

(5) Die Fahrer

a) achten darauf, dass die Zeitmarkierung auf dem Schaublatt mit der gesetzlichen Zeit des Landes übereinstimmt, in dem das Fahrzeug zugelassen ist,

b) betätigen die Schaltvorrichtung des Kontrollgeräts so, dass folgende Zeiten getrennt und unterscheidbar aufgezeichnet werden:

   i) unter dem Zeichen  : die Lenkzeiten,

   ii) unter dem Zeichen  : „andere Arbeiten", das sind alle anderen Tätigkeiten als die Lenktätigkeit im Sinne von Artikel 3 Buchstabe a der Richtlinie 2002/15/EG sowie jegliche Arbeit für denselben oder einen anderen Arbeitgeber, sei es innerhalb oder außerhalb des Verkehrssektors,

   iii) unter dem Zeichen  : „Bereitschaftszeit" im Sinne von Artikel 3 Buchstabe b der Richtlinie 2002/15/EG,

   iv) unter dem Zeichen  : Arbeitsunterbrechungen oder Ruhezeiten.

(6) Jeder Fahrer eines mit einem analogen Fahrtenschreiber ausgestatteten Fahrzeugs trägt auf dem Schaublatt folgende Angaben ein:

a) bei Beginn der Benutzung des Schaublatts: seinen Namen und Vornamen,

b) bei Beginn und am Ende der Benutzung des Schaublatts: den Zeitpunkt und den Ort,

c) das amtliche Kennzeichen des Fahrzeugs, das dem Fahrer zugewiesen ist, und zwar vor der ersten auf dem Schaublatt verzeichneten Fahrt und in der Folge im Falle des Fahrzeugwechsels während der Benutzung des Schaublatts,

d) den Stand des Kilometerzählers:
   i) vor der ersten auf dem Schaublatt verzeichneten Fahrt,
   ii) am Ende der letzten auf dem Schaublatt verzeichneten Fahrt,

iii) im Falle des Fahrzeugwechsels während des Arbeitstags den Zählerstand des ersten Fahrzeugs, das dem Fahrer zugewiesen war, und den Zählerstand des nächsten Fahrzeugs,

e) gegebenenfalls die Uhrzeit des Fahrzeugwechsels.

(7) Der Fahrer gibt in den digitalen Fahrtenschreiber das Symbol des Landes ein, in dem er seine tägliche Arbeitszeit beginnt, und das Symbol des Landes, in dem er seine tägliche Arbeitszeit beendet. Ein Mitgliedstaat kann jedoch den Fahrern von Fahrzeugen, die einen innerstaatlichen Transport in seinem Hoheitsgebiet durchführen, vorschreiben, dem Symbol des Landes genauere geografische Angaben hinzuzufügen, sofern der Mitgliedstaat diese genaueren geografischen Angaben der Kommission vor dem 1. April 1998 mitgeteilt hat.

Die Fahrer brauchen die Angaben nach Artikel 1 Unterabsatz 1 nicht zu machen, wenn der Fahrtenschreiber Standortdaten gemäß Artikel 8 automatisch aufzeichnet.

Artikel 35. Beschädigte Fahrerkarten und Schaublätter. (1) Wird ein Schaublatt, das Aufzeichnungen enthält, oder eine Fahrerkarte beschädigt, so müssen die Fahrer das beschädigte Schaublatt oder die beschädigte Fahrerkarte dem ersatzweise verwendeten Reserveblatt beifügen.

(2) Bei Beschädigung, Fehlfunktion, Verlust oder Diebstahl der Fahrerkarte muss der Fahrer

a) zu Beginn seiner Fahrt die Angaben über das von ihm gelenkte Fahrzeug ausdrucken und in den Ausdruck
   i) die Angaben eintragen, mit denen der Fahrer identifiziert werden kann (Name, Nummer der Fahrerkarte oder des Führerscheins), und seine Unterschrift anbringen,
   ii) die in Artikel 34 Nummer 5 Buchstabe b Ziffern ii, iii und iv genannten Zeiten eintragen,

b) am Ende seiner Fahrt die Angaben über die vom Fahrtenschreiber aufgezeichneten Zeiten ausdrucken, die vom Fahrtenschreiber nicht erfassten Zeiten vermerken, in denen er seit dem Erstellen des Ausdrucks bei Fahrtantritt andere Arbeiten ausgeübt hat, Bereitschaft hatte oder eine Ruhepause eingelegt hat, und auf diesem Dokument die Angaben eintragen, mit denen der Fahrer identifiziert werden kann (Name, Nummer der Fahrerkarte oder des Führerscheins), und seine Unterschrift anbringen.

Artikel 36. Vom Fahrer durchzuführende Aufzeichnungen. (1) Lenkt der Fahrer ein Fahrzeug, das mit einem analogen Fahrtenschreiber ausgerüstet ist, so muss er einem ermächtigten Kontrolleur auf Verlangen jederzeit Folgendes vorlegen können:

i) die Schaublätter für den laufenden Tag und die vom Fahrer an den vorherigen 28 Tagen verwendeten Schaublätter,

ii) die Fahrerkarte, falls er Inhaber einer solchen Karte ist, und

iii) alle am laufenden Tag und an den vorherigen 28 Tagen erstellten handschriftlichen Aufzeichnungen und Ausdrucke, die gemäß der vorliegenden Verordnung und der Verordnung (EG) Nr. 561/2006 vorgeschrieben sind.

(2) Lenkt der Fahrer ein Fahrzeug, das mit einem digitalen Fahrtenschreiber ausgerüstet ist, so muss er einem ermächtigten Kontrolleur auf Verlangen jederzeit Folgendes vorlegen können:

i) seine Fahrerkarte,

ii) alle am laufenden Tag und an den vorherigen 28 Tagen erstellten handschriftlichen Aufzeichnungen und Ausdrucke, die gemäß der vorliegenden Verordnung und der Verordnung (EG) Nr. 561/2006 vorgeschrieben sind,

iii) die Schaublätter für den Zeitraum gemäß Ziffer ii, falls er in dieser Zeit ein Fahrzeug gelenkt hat, das mit einem analogen Fahrtenschreiber ausgerüstet ist.

(3) Ein ermächtigter Kontrolleur kann die Einhaltung der Verordnung (EG) Nr. 561/2006 überprüfen, indem er die Schaublätter, die vom Fahrtenschreiber oder auf der Fahrerkarte gespeicherten Daten (mittels Anzeige, Ausdruck oder Herunterladen) oder anderenfalls jedes andere beweiskräftige Dokument, das die Nichteinhaltung einer Bestimmung wie etwa des Artikels 29 Absatz 2 und des Artikels 37 Absatz 2 dieser Verordnung belegt, analysiert.

Artikel 37. Verfahren bei einer Fehlfunktion des Gerätes. (1) Bei Betriebsstörung oder Fehlfunktion des Fahrtenschreibers muss das Verkehrsunternehmen die Reparatur, sobald die Umstände dies gestatten, von einem zugelassenen Einbaubetrieb oder einer zugelassenen Werkstatt durchführen lassen.

Kann die Rückkehr zum Standort des Verkehrsunternehmens erst nach mehr als einer Woche nach dem Tag des Eintritts der Betriebsstörung oder der Feststellung der Fehlfunktion erfolgen, so ist die Reparatur unterwegs vorzunehmen.

In den gemäß Artikel 41 getroffenen Maßnahmen ermächtigen die Mitgliedstaaten die zuständigen Behörden dazu, die Benutzung des Fahrzeugs zu untersagen, wenn eine Betriebsstörung oder Fehlfunktion nicht gemäß Unterabsatz 1 oder 2 des vorliegenden Absatzes behoben wird, sofern dies mit den nationalen Rechtsvorschriften des betreffenden Mitgliedstaats im Einklang steht.

(2) Während einer Betriebsstörung oder bei Fehlfunktion des Fahrtenschreibers vermerkt der Fahrer die Angaben, mit denen er identifiziert werden kann (Name, Nummer seiner Fahrerkarte oder seines Führerscheins), zusammen mit seiner Unterschrift sowie die vom Fahrtenschreiber nicht mehr ordnungsgemäß aufgezeichneten oder ausgedruckten Angaben über die verschiedenen Zeiten

a) auf dem Schaublatt bzw. den Schaublättern oder

b) auf einem besonderen Blatt, das dem Schaublatt oder der Fahrerkarte beigefügt wird.

KAPITEL VII: DURCHSETZUNG UND SANKTIONEN

Artikel 38. Kontrolleure. (1) Um die Einhaltung dieser Verordnung wirksam zu überwachen, werden die ermächtigten Kontrolleure mit ausreichender Ausrüstung und angemessenen gesetzlichen Befugnisse ausgestattet, damit sie ihren Aufgaben gemäß dieser Verordnung nachkommen können. Zu dieser Ausrüstung gehören insbesondere:

a) Kontrollkarten, die den Zugang zu Daten ermöglichen, die auf dem Fahrtenschreiber und auf den Fahrtenschreiberkarten sowie optional auf der Werkstattkarte aufgezeichnet sind,

b) die Instrumente, die erforderlich sind, um Datendateien der Fahrzeugeinheit und der Fahrtenschreiberkarten herunterzuladen und um derartige Datendateien und vom digitalen Fahrtenschreiber ausgedruckte Daten zusammen mit Schaublättern oder Tabellen vom analogen Fahrtenschreiber analysieren zu können.

(2) Wenn Kontrolleure bei einer Überprüfung genügend Hinweise feststellen, die einen begründeten Betrugsverdacht nahelegen, sind sie befugt, das Fahrzeug zu einer zugelassenen Werkstatt zu schicken, wo weitere Kontrollen vorgenommen werden, um insbesondere zu überprüfen, dass

a) der Fahrtenschreiber ordnungsgemäß funktioniert,

b) der Fahrtenschreiber die Daten korrekt aufzeichnet und speichert und die Kalibrierungsparameter korrekt sind.

(3) Die Kontrolleure sind befugt, zugelassene Werkstätten aufzufordern, die in Absatz 2 genannte Kontrolle sowie spezielle Kontrollen vorzunehmen, die darauf ausgerichtet sind, das Vorhandensein von Manipulationsgeräten festzustellen. Werden Manipulationsgeräte festgestellt, so können der Fahrtenschreiber einschließlich des Gerätes selbst, die Fahrzeugeinheit oder ihre Bestandteile sowie die Fahrerkarte aus dem Fahrzeug entfernt und entsprechend den nationalen Verfahrensregeln für die Behandlung von Beweismaterial als Beweisstücke verwendet werden.

(4) Die Kontrolleure machen gegebenenfalls von der Möglichkeit Gebrauch, während einer Kontrolle des Sitzes des Unternehmens Fahrtenschreiber und Fahrerkarten zu überprüfen, die sich vor Ort befinden.

Artikel 39. Aus- und Fortbildung der Kontrolleure. (1) Die Mitgliedstaaten stellen sicher, dass die Kontrolleure für die Analyse der aufgezeichneten Daten und die Überprüfung des Fahrtenschreibers ordnungsgemäß geschult sind, um eine effiziente und harmonisierte Kontrolle und Rechtsdurchsetzung zu erreichen.

(2) Die Mitgliedstaaten teilen der Kommission bis 2. September 2016 die für ihre Kontrolleure geltenden Aus- und Fortbildungsanforderungen mit.

(3) Die Kommission erlässt im Wege von Durchführungsrechtsakten Vorschriften, in denen der Inhalt der Grundausbildung und Fortbildung der Kontrolleure einschließlich der Ausbildung in Techniken für die gezielte Kontrolle und die Feststellung von Manipulationsgeräten und Betrug präzisiert wird. Diese Maßnahmen beinhalten Leitlinien zur Erleichterung der Durchführung der einschlägigen Bestimmungen dieser Verordnung und der Verordnung (EG) Nr. 561/2006. Diese Durchführungsrechtsakte werden nach dem in Artikel 42 Absatz 3 genannten Prüfverfahren erlassen.

(4) Die Mitgliedstaaten nehmen den von der Kommission präzisierten Inhalt in die Aus- und Fortbildung der Kontrolleure auf.

Artikel 40. Gegenseitige Amtshilfe. Die Mitgliedstaaten gewähren einander Beistand im Hinblick auf die Anwendung dieser Verordnung und die Überwachung der Anwendung.

Im Rahmen dieser Amtshilfe sind die zuständigen Behörden der Mitgliedstaaten insbesondere gehalten, sich einander regelmäßig alle verfügbaren Informationen über Verstöße gegen diese Verordnung in Bezug auf Einbaubetriebe und Werkstätten, Arten von Manipulationsverfahren und die wegen solcher Verstöße verhängten Strafen zu übermitteln.

Artikel 41. Sanktionen. (1) Die Mitgliedstaaten erlassen in Einklang mit den nationalen Verfassungsbestimmungen Vorschriften über die bei einem Verstoß gegen diese Verordnung zu verhängenden Sanktionen und treffen alle erforderlichen Maßnahmen, damit diese Sanktionen angewandt werden. Diese Sanktionen müssen wirksam, verhältnismäßig und abschreckend sein und dürfen nicht diskriminierend sein, sie müssen ferner den in der Richtlinie 2006/22/EG festgelegten Kategorien von Verstößen entsprechen.

(2) Die Mitgliedstaaten teilen der Kommission diese Maßnahmen und die Vorschriften für Sanktionen bis 2. März 2016 mit. Sie teilen der Kommission jede spätere Änderung dieser Maßnahmen mit.

KAPITEL VIII: SCHLUSSBESTIMMUNGEN

[*Vom Abdruck der Artikel 42 bis 48 und der Anhänge wurde abgesehen.*]

15. Gesetz zur Regelung der Arbeitszeit von selbständigen Kraftfahrern (KrFArbZG)

vom 11.7.2012 (BGBl. I S. 1479), geändert durch Gesetz vom 16.5.2017 (BGBl. I S. 1214)

§ 1 Anwendungsbereich. Dieses Gesetz regelt die Arbeitszeit von selbständigen Kraftfahrern im Sinne von Artikel 3 Buchstabe e der Richtlinie 2002/15/EG des Europäischen Parlaments und des Rates vom 11. März 2002 zur Regelung der Arbeitszeit von Personen, die hauptsächlich Fahrtätigkeiten im Bereich des Straßentransports ausüben (ABl. L 80 vom 23.3.2002, S. 35) bei Beförderungen im Straßenverkehr im Sinne der Verordnung (EG) Nr. 561/2006 des Europäischen Parlaments und des Rates vom 15. März 2006 zur Harmonisierung bestimmter Sozialvorschriften im Straßenverkehr und zur Änderung der Verordnungen (EWG) Nr. 3821/85 und (EG) Nr. 2135/98 des Rates sowie zur Aufhebung der Verordnung (EWG) Nr. 3820/85 des Rates (ABl. L 102 vom 11.4.2006, S. 1) oder des Europäischen Übereinkommens vom 1. Juli 1970 über die Arbeit des im internationalen Straßenverkehr beschäftigten Fahrpersonals (AETR) (BGBl. 1974 II S. 1473, 1475). Die Vorschriften der Verordnung (EG) Nr. 561/2006 und des AETR bleiben unberührt.

§ 2 Begriffsbestimmungen. (1) Arbeitszeit im Sinne dieses Gesetzes ist die Zeitspanne zwischen Arbeitsbeginn und Arbeitsende ohne Ruhepausen, in der sich der selbständige Kraftfahrer an seinem Arbeitsplatz befindet, dem Kunden zur Verfügung steht und während der er seine Funktionen und Tätigkeiten ausübt; dies umfasst nicht allgemeine administrative Tätigkeiten, die keinen direkten Zusammenhang mit der gerade ausgeführten spezifischen Transporttätigkeit aufweisen.

(2) Abweichend von Absatz 1 ist keine Arbeitszeit

1. die Zeit, während der sich der selbständige Kraftfahrer entsprechend der Vereinbarung mit dem Kunden am Arbeitsplatz bereithalten muss, um seine Tätigkeit aufzunehmen;
2. die Zeit, während der sich der selbständige Kraftfahrer nach der Vereinbarung mit dem Kunden bereithalten muss, um seine Tätigkeit aufnehmen zu können, ohne sich an seinem Arbeitsplatz aufhalten zu müssen;
3. die während der Fahrt neben dem Fahrer oder in einer Schlafkabine verbrachte Zeit, wenn sich der selbständige Kraftfahrer mit einem anderen Fahrer beim Fahren abwechselt.

Für die Zeiten nach Satz 1 Nummer 1 und 2 gilt dies nur, wenn der Zeitraum und dessen voraussichtliche Dauer im Voraus, spätestens unmittelbar vor Beginn des betreffenden Zeitraums bekannt sind. Die in Satz 1 genannten Zeiten sind keine Ruhezeiten. Die in Satz 1 Nummer 1 und 2 genannten Zeiten sind keine Ruhepausen.

(3) Nachtarbeit ist jede Arbeit zwischen 0 Uhr und 4 Uhr.

(4) Eine Woche umfasst den Zeitraum von Montag 0 Uhr bis Sonntag 24 Uhr.

§ 3 Arbeitszeit. (1) Der selbständige Kraftfahrer darf eine Arbeitszeit von 48 Stunden wöchentlich nicht überschreiten. Er kann seine Arbeitszeit auf bis zu 60 Stunden verlängern, wenn er innerhalb von vier Kalendermonaten im Durchschnitt nicht mehr als 48 Stunden wöchentlich arbeitet.

(2) Leistet der selbständige Kraftfahrer Nachtarbeit, darf er in einem Zeitraum von jeweils 24 Stunden nicht länger als zehn Stunden arbeiten.

§ 4 **Ruhezeiten**. Die täglichen und wöchentlichen Ruhezeiten bestimmen sich nach den Vorschriften der Europäischen Gemeinschaften für Kraftfahrer sowie nach dem AETR.

§ 5 **Ruhepause**. Ein selbständiger Kraftfahrer darf nicht länger als sechs Stunden hintereinander ohne Ruhepause arbeiten. Die Arbeit ist durch Ruhepausen von mindestens 30 Minuten bei einer Arbeitszeit von mehr als sechs bis zu neun Stunden und 45 Minuten bei einer Arbeitszeit von mehr als neun Stunden insgesamt zu unterbrechen. Die Ruhepausen nach Satz 2 können in Zeitabschnitte von jeweils mindestens 15 Minuten aufgeteilt werden.

§ 6 **Aufzeichnungspflicht**. Der selbständige Kraftfahrer ist verpflichtet, seine Arbeitszeit täglich aufzuzeichnen, soweit sie nicht durch einen Fahrtenschreiber nach der Verordnung (EU) Nr. 165/2014 des Europäischen Parlaments und des Rates vom 4. Februar 2014 über Fahrtenschreiber im Straßenverkehr, zur Aufhebung der Verordnung (EWG) Nr. 3821/85 des Rates über das Kontrollgerät im Straßenverkehr und zur Änderung der Verordnung (EG) Nr. 561/2006 des Europäischen Parlaments und des Rates zur Harmonisierung bestimmter Sozialvorschriften im Straßenverkehr (ABl. L 60 vom 28.2.2014, S. 1) aufgezeichnet wird. Die Aufzeichnungspflicht gilt nicht für allgemeine administrative Tätigkeiten, die keinen direkten Zusammenhang mit der gerade ausgeführten spezifischen Transporttätigkeit aufweisen. Die Aufzeichnungen sind ab Erstellung mindestens zwei Jahre aufzubewahren.

§ 7 **Aufsichtsbehörden**. (1) Die Einhaltung dieses Gesetzes wird von den nach Landesrecht zuständigen Behörden (Aufsichtsbehörden) überwacht.

(2) Die Aufsichtsbehörde kann die erforderlichen Maßnahmen anordnen, die der selbständige Kraftfahrer zur Erfüllung der sich aus diesem Gesetz ergebenden Pflichten zu treffen hat.

(3) Die Aufsichtsbehörde kann vom selbständigen Kraftfahrer die für die Durchführung dieses Gesetzes erforderlichen Auskünfte verlangen. Sie kann insbesondere vom selbständigen Kraftfahrer verlangen, die Aufzeichnungen nach § 6 vorzulegen oder zur Einsicht einzusenden.

(4) Die Beauftragten der Aufsichtsbehörde sind berechtigt, die Arbeitsstätten während der Betriebs- und Arbeitszeit zur Prüfung der Einhaltung dieses Gesetzes zu betreten; außerhalb dieser Zeit oder wenn sich die Arbeitsstätten in einer Wohnung befinden, dürfen sie ohne Einverständnis des Inhabers nur zur Verhütung von dringenden Gefahren für die öffentliche Sicherheit und Ordnung betreten werden. Der selbständige Kraftfahrer hat das Betreten der Arbeitsstätten zu gestatten. Das Grundrecht der Unverletzlichkeit der Wohnung (Artikel 13 des Grundgesetzes) wird insoweit eingeschränkt.

(5) Für die zur Auskunft verpflichtete Person gilt § 55 der Strafprozessordnung entsprechend.

§ 8 Bußgeldvorschriften. (1) Ordnungswidrig handelt, wer vorsätzlich oder fahrlässig

1. entgegen § 3 Absatz 1 Satz 1 die wöchentliche Arbeitszeit überschreitet,
2. entgegen § 3 Absatz 2 länger als zehn Stunden arbeitet,
3. entgegen § 5 Satz 1 länger als sechs Stunden hintereinander arbeitet,
4. entgegen § 5 Satz 2 die Arbeit nicht oder nicht richtig unterbricht,
5. entgegen § 6 Satz 1 oder Satz 3 eine Aufzeichnung nicht, nicht richtig, nicht vollständig oder nicht rechtzeitig erstellt oder nicht oder nicht mindestens zwei Jahre aufbewahrt,
6. einer vollziehbaren Anordnung nach § 7 Absatz 2 oder Absatz 3 zuwiderhandelt oder
7. entgegen § 7 Absatz 4 Satz 2 das Betreten der Arbeitsstätte nicht gestattet.

(2) Die Ordnungswidrigkeit kann in den Fällen des Absatzes 1 Nummer 1, 2, 3 und 4 mit einer Geldbuße bis zu zehntausend Euro und in den übrigen Fällen mit einer Geldbuße bis zu fünftausend Euro geahndet werden.

§ 9 Inkrafttreten. Dieses Gesetz tritt am 1. November 2012 in Kraft.

Binnenschifffahrt

16. Abkommen über die Arbeitsbedingungen der Rheinschiffer

vom 21.5.1954 (BGBl. II 1957 S. 217), in Kraft seit dem 1.12.1959
(Bek. 21.3.1960 – BGB1. II S. 1504)

(Auszug)

Die Bundesrepublik Deutschland, das Königreich Belgien, die französische Republik, das Königreich der Niederlande und die Schweizerische Eidgenossenschaft

haben beschlossen, ein Abkommen über die Arbeitsbedingungen der Rheinschiffer abzuschließen, zu diesem Zweck ihre Bevollmächtigten ernannt, deren Vollmachten in guter und gehöriger Form befunden wurden, und

die folgenden Bestimmungen angenommen:

Teil III: Nachtruhe während der Fahrt

Artikel 7.

1. Während der Fahrt haben die Rheinschiffer Anspruch auf eine nächtliche Ruhezeit von mindestens a) zwölf Stunden während der Monate November Dezember, Januar und Februar, b) zehn Stunden während der übrigen Monate.
2. Die im vorstehenden Absatz festgesetzten nächtlichen Ruhezeiten müssen in die Zeit zwischen 18 Uhr und 8 Uhr fallen.
3. Durch nationalen Gesamtarbeitsvertrag oder durch die nationale Gesetzgebung kann festgelegt werden, dass an Stelle der unter Ziffer 1 vorgesehenen Nachtruhe eine tägliche Ruhezeit von gleicher Dauer tritt, wobei jedoch mindestens 7 aufeinander folgende Stunden in die Zeit von 20 Uhr bis 6 Uhr fallen müssen.

Artikel 8. Abweichend von den Bestimmungen des Artikels 7 dieses Abkommens kann die Nachtruhe gekürzt werden

a) um höchstens zwei Stunden, wenn leicht verderbliche Güter befördert werden;

b) zur Verhütung des Verderbens von Gütern, jedoch nur dann, wenn solche Güter an Bord von einzeln geschleppten Fahrzeugen oder von Fahrzeugen mit eigener Triebkraft befördert werden;

c) um die zur Durchfahrt durch eine Schleuse erforderliche Zeit oder um höchstens zwei Stunden bei der Einfahrt in einen den Gezeiten ausgesetzten Hafen Belgiens oder Seelands sowie, falls das Schiff aus Belgien oder Seeland kommt, in den Hafen Dordrecht, oder bei der Ankunft in diesen Häfen;

d) bei Unfällen oder Rettungsaktionen, bei Hochwasser, Sturm oder plötzlicher Eisgefahr;

e) am Tage der Ankunft im Bestimmungshafen, unter der Bedingung, dass die Arbeitszeit der an Bord befindlichen Rheinschiffer an diesem Tag nicht über 22 Uhr verlängert wird;

f) wenn sich während der Fahrt herausstellt, dass der Anschluss an ein Seeschiff versäumt werden könnte;

g) während der Fahrt oberhalb Koblenz, bei unerwartetem und schnellem Fallen des Wasserstandes, höchstens während einer Nacht, um das Leichtern zu vermeiden.

Teil IV: Arbeitszeit im Hafen und an den Lösch- und Ladestellen

Artikel 9.

1. Befindet sich ein Schiff im Hafen oder an einer sonstigen Lösch- oder Ladestelle, so richtet sich die Arbeitszeit der Rheinschiffer auf diesem Schiff nach der örtlichen Regelung.
2. Jedoch darf die regelmäßige Arbeitszeit, vorbehaltlich der durch die örtliche Regelung vorgesehenen Abweichungen, achtundvierzig Stunden wöchentlich und acht Stunden täglich nicht überschreiten.

Artikel 10.

1. Falls ein Schiff im Laufe des gleichen Tages fährt und beladen oder gelöscht wird, darf die Gesamtarbeitszeit der Rheinschiffer zwölf Stunden nicht überschreiten, es sei denn, es handle sich um die in Artikel 13 vorgesehenen Stunden.
2. Falls ein Schiff im Laufe des gleichen Tages fährt und während mehr als acht Stunden in einem oder mehreren Häfen ladet oder löscht, so gelten die für das Laden oder Löschen verwendeten Stunden, soweit sie acht Stunden überschreiten, als Überstunden; dabei darf die Gesamtdauer der Arbeit an einem solchen Tag zwölf Stunden nicht überschreiten.
3. Aufenthalte in einem oder mehreren Zwischenhäfen von insgesamt weniger als vier Stunden im Laufe eines Tages gelten als Fahrzeit.

Teil V: Überstunden

Artikel 11. Wird die in Artikel 7 Absatz 1 vorgesehene Nachtruhe nach Artikel 8 gekürzt, so gelten die Stunden, um welche die Nachtruhe gekürzt wird, als Überstunden, für die den betroffenen Rheinschiffern eine Vergütung nach Artikel 14 Absatz 1 zusteht.

Artikel 12. Über die in Artikel 9 Absätze 1 und 2 festgelegten Grenzen hinaus geleistete Stunden gelten als Überstunden, für die den betroffenen Rheinschiffern eine Vergütung nach Artikel 14 zusteht.

Artikel 13. Befindet sich ein Schiff im Hafen oder an einer anderen Lade- oder Löschstelle, so gelten Arbeitsstunden zwischen 19 Uhr und 6 Uhr sowie an Sonntagen und an den Feiertagen, die in Artikel 15 oder in den die Rheinschiffer betreffenden Gesamtarbeitsverträgen vorgesehen sind, als Überstunden, für die den betroffenen Rheinschiffern eine Vergütung nach Artikel 14 zusteht.

Artikel 14.

1. Als Überstundenvergütung gelten der Satz oder die Sätze, die durch die Gesetzgebung vorgeschrieben oder durch Gesamtarbeitsvertrag festgesetzt sind.
2. Die Gesamtarbeitsverträge können vorsehen, dass die Barvergütung durch entsprechende Freizeit und Landgang abgegolten wird.

Teil VI: Feiertage

Artikel 15.

1. Vorbehaltlich der in den Absätzen b, d und f. des Artikels 8 angeführten Fälle darf ein Rheinschiffer im Laufe eines Jahres an wenigstens sieben Feiertagen nicht zur Arbeit angehalten werden; diese Tage sind von jedem Vertragsstaat aus der Reihe der nachstehend aufgeführten acht Tage zu bestimmen Neujahrstag, Ostersonntag, Ostermontag, 1. Mai, Pfingstsonntag, Pfingstmontag, 1. Weihnachtstag und Stephanstag (26. Dezember).
2. An solchen Tagen geleistete Arbeitsstunden gelten als Überstunden, für die den betroffenen Rheinschiffern eine Vergütung nach Artikel 14 zusteht.
3. Die Bestimmungen von Absatz 1 dieses Artikels gehen vom 1. Mai bis einschließlich 30. September nicht auf Passagierschiffen, die höchstens einhundert Tonnen Güter befördern, wenn diese Schiffe im regelmäßigen Liniendienst stehen.

Teil VII: Wöchentliche Ruhezeit

Artikel 16.

1. Jedem Rheinschiffer steht im Durchschnitt ein Ruhetag auf je sechs Arbeitstage zu, der innerhalb einer Zeitspanne von höchstens drei Monaten zu gewähren ist.
2. Als Ruhetag gilt eine Ruhezeit von mindestens vierundzwanzig aufeinanderfolgenden Stunden, die unmittelbar im Anschluss an die Nachtruhe gewährt wird.
3. Die wöchentlichen Ruhetage müssen, soweit wie möglich, sechsundzwanzig Sonntage im Jahr umfassen

Artikel 17. Bei Kündigung des Arbeitsvertrags sind die wöchentlichen Ruhetage während der Kündigungsfrist zu gewähren.

a) nach Anhang II im Falle des Rheins,

b) nach den Anhängen III bis X und XII im Falle der übrigen in Anhang I bezeichneten Wasserstraßen des Bundes,

2. die Anforderungen an die Anzahl und Qualifikation der Personen, mit denen ein Fahrzeug, eine schwimmende Anlage oder ein Schwimmkörper besetzt sein muss (Besatzung),
   a) nach Anhang II in Verbindung mit Anhang XI Kapitel 1 und 2 im Falle des Rheins,
   b) nach Anhang XI Kapitel 1 und 3 im Falle der übrigen in Anhang I bezeichneten Wasserstraßen des Bundes.

(4) bis (8) *[Vom Abdruck wurde abgesehen.]*

17. Verordnung über die Schiffssicherheit in der Binnenschifffahrt (Binnenschiffsuntersuchungsordnung – BinSchUO)

vom 21.9.2018 (BGBl. I S. 1398, 2032), geändert durch Verordnung vom 31.10.2019 (BGBl. I S. 1518)

(Auszug)

Anhang VI – Besatzungsvorschriften

[...]

§ 3.03 Betriebsformen

1. Die Untersuchungskommission setzt die Besatzung entsprechend der Betriebsform fest.
2. Es werden folgende Betriebsformen unterschieden:
   a) Betriebsform A:
      Tagesfahrt von höchstens 16 Stunden,
   b) Betriebsform B:
      verkürzte halbständige Fahrt von höchstens 18 Stunden,
   c) Betriebsform C:
      halbständige Fahrt von höchstens 20 Stunden,
   d) Betriebsform D:
      ständige Fahrt von höchstens 24 Stunden,
   jeweils innerhalb eines Zeitraums von 24 Stunden.

   Wechselt die Besatzung während der Fahrt, so ist die Zahl der Stunden maßgebend, während der sich die jeweilige Besatzung an Bord befindet, sofern nicht die Besatzung auf einem anderen Wasserfahrzeug weiterfährt. Bei wechselnder Besatzung hat der Eigentümer, Ausrüster oder Bevollmächtigte den Nachweis über die Arbeitszeit des einzelnen Besatzungsmitglieds durch besondere Anschreibung außerhalb des Fahrtenbuchs zu führen, die mindestens sechs Monate nach der letzten Eintragung aufzubewahren ist.

§ 3.04 Dienst- und Ruhezeiten

1. Kein Mitglied der vorgeschriebenen Besatzung darf während der Fahrt mehr als 16 aufeinander folgende Stunden Dienst tun.
2. Vorbehaltlich der Sondervorschriften der Nummern 4 und 6 müssen innerhalb von jeweils 24 Stunden, die mit dem Ende jeder Ruhezeit zu laufen beginnen, mindestens 8 Stunden ununterbrochener Ruhezeit liegen. Hat ein Mitglied der vorgeschriebenen Besatzung Arbeit beim Laden oder Löschen geleistet, so verkürzt sich seine Dienstzeit während der Fahrt innerhalb des gleichen Zeitraums von 24 Stunden um die Zeit, in der es hierbei gearbeitet hat. Als Arbeit gilt auch der Zeitraum, an welchem ein Mitglied der vorgeschriebenen Besatzung zur Aufnahme der Fahrt oder der Lade- und Löschtätigkeit zur Verfügung stehen muss. In Ausnahmefällen, die sich aus der

Lade- oder Löschtätigkeit ergeben, genügt es zur Erfüllung der Vorschrift des Satzes 1, wenn innerhalb eines Zeitraums von 48 Stunden, der mit dem Ende einer ununterbrochenen Ruhezeit von 8 Stunden zu laufen beginnt, 16 Ruhestunden liegen, von denen 8 Stunden ununterbrochen sein müssen.

3. Auf jedem Wasserfahrzeug, ausgenommen auf einem Wasserfahrzeug des öffentlichen Dienstes, einem Schubleichter ohne Besatzung, einem Sportfahrzeug und einem schwimmenden Gerät, hat der Schiffsführer ein Fahrtenbuch zu führen. Es sind täglich in das Fahrtenbuch einzutragen:
   a) die Betriebsform,
   b) die Besatzung und
   c) für jedes Besatzungsmitglied die Dienstzeit während der Fahrt.

   Es sind sofort in das Fahrtenbuch einzutragen:
   a) Ort und Zeit des täglichen Beginns und der täglichen Beendigung der Fahrt,
   b) für jedes Besatzungsmitglied die in den Nummern 2 Satz 2 und 3 genannten Arbeitszeiten,
   c) Änderungen während der Fahrt.

   Jedes Fahrtenbuch, dessen Seiten nummeriert sind, muss mit einer fortlaufenden Nummer versehen sein. Das Fahrtenbuch ist noch sechs Monate nach der letzten Eintragung an Bord aufzubewahren.

4. Bei den Betriebsformen B, C und D nach § 3.03 Nummer 2 gelten die Voraussetzungen der Nummer 2 Satz 1 als erfüllt, wenn die nach den §§ 3.05 bis 3.12 für diese Betriebsform jeweils vorgeschriebene Besatzung von Beginn der Fahrt an Bord ist. In diesen Fällen ist der Nachweis der Dienstzeit während der Fahrt nach Nummer 3 nur für die Schiffsführer, nicht für die übrigen Besatzungsmitglieder erforderlich. Arbeitszeiten nach Nummer 2 Satz 2 und 3 sind stets für jedes Besatzungsmitglied einzutragen.

5. In der Betriebsform A soll die Ruhezeit nach Nummer 2 Satz 1 zwischen 20:00 Uhr und 06:00 Uhr liegen. In der Betriebsform B soll die Ruhezeit die Zeit zwischen 22:00 Uhr und 05:00 Uhr einschließen. In der Betriebsform C soll die Ruhezeit zwischen 23:00 Uhr und 03:00 Uhr einschließen.

6. Abweichende Regelungen arbeitsrechtlicher Art bleiben unberührt. Hierzu zählen insbesondere tarifvertragliche Beschränkungen der Fahrzeit, die Regelungen des Jugendarbeitsschutzgesetzes, des Arbeitszeitgesetzes und der Binnenschifffahrts-Arbeitszeitverordnung.

[…]

17a. Verordnung über die Arbeitszeit in der Binnenschifffahrt (Binnenschifffahrts-Arbeitszeitverordnung – BinSchArbZV)

vom 19. 7. 2017 (BGBl. I S. 2659)

§ 1 Geltungsbereich. (1) Diese Verordnung gilt für Arbeitnehmer und Arbeitnehmerinnen, die als Mitglied der Besatzung oder des Bordpersonals an Bord eines Fahrzeugs beschäftigt sind, das in der Bundesrepublik Deutschland in der gewerblichen Binnenschifffahrt betrieben wird. Arbeitnehmer und Arbeitnehmerinnen im Sinne dieser Verordnung sind auch die zu ihrer Berufsbildung Beschäftigten sowie Schiffsführer und Schiffsführerinnen, die keine Binnenschifffahrtsunternehmer und -unternehmerinnen nach § 3 Nummer 3 sind.

(2) Die Sozialpartner können vereinbaren, mobile Arbeitnehmer und Arbeitnehmerinnen, deren Arbeitsbedingungen durch Tarifverträge geregelt sind und die an Bord eines Fahrzeugs beschäftigt sind, das in der Bundesrepublik Deutschland außerhalb der gewerblichen Binnenschifffahrt betrieben wird, in den Geltungsbereich dieser Verordnung einzubeziehen. Dies gilt nur, soweit die Bestimmungen dieser Verordnung für die mobilen Arbeitnehmer und Arbeitnehmerinnen günstiger sind.

§ 2 Anwendung des Arbeitszeitgesetzes. Für die Beschäftigung von Arbeitnehmern und Arbeitnehmerinnen im Sinne des § 1 ist das Arbeitszeitgesetz anzuwenden, soweit im Folgenden nichts anderes geregelt ist.

§ 3 Begriffsbestimmungen. Im Sinne dieser Verordnung ist

1. „Fahrzeug“ ein Schiff oder ein schwimmendes Gerät,
2. „Fahrgastschiff“ ein zur Beförderung von mehr als zwölf Fahrgästen gebautes und eingerichtetes Tagesausflugs- oder Kabinenschiff,
3. „Binnenschifffahrtsunternehmer“ oder „Binnenschifffahrtsunternehmerin“ eine Person, die weisungsunabhängig und auf eigene Rechnung zu Erwerbszwecken ein Fahrzeug betreibt,
4. „Dienstplan“ die im Voraus vom Arbeitgeber dem Arbeitnehmer oder der Arbeitnehmerin bekanntgegebene Planung von Arbeits- und Ruhetagen,
5. „Arbeitszeit“ die Zeit, während der ein Arbeitnehmer oder eine Arbeitnehmerin auf Weisung des Arbeitgebers oder seines Vertreters Arbeit auf, am und für das Fahrzeug ausübt, zur Arbeit eingeteilt ist oder sich zur Arbeit bereithalten (Bereitschaftszeit) muss,
6. „Ruhezeit“ die Zeit außerhalb der Arbeitszeit, unabhängig davon ob sie auf dem fahrenden Fahrzeug, auf dem stillliegenden Fahrzeug oder an Land verbracht wird, wobei Zeiten bis zu 15 Minuten nicht als Ruhezeiten gelten,
7. „Ruhetag“ eine ununterbrochene Ruhezeit von 24 Stunden, die der Arbeitnehmer oder die Arbeitnehmerin an einem frei gewählten Ort verbringt,
8. „Nachtzeit“ die Zeit zwischen 23 Uhr und 6 Uhr,

9. „Nachtarbeitnehmer" oder „Nachtarbeitnehmerin" ein Arbeitnehmer oder eine Arbeitnehmerin, der oder die während der Nachtzeit
   a) normalerweise mindestens drei Stunden seiner oder ihrer täglichen Arbeitszeit leistet oder
   b) mindestens 20 Prozent seiner oder ihrer jährlichen Arbeitszeit leistet,
10. „Bordpersonal" die Gesamtheit aller Beschäftigten an Bord eines Fahrgastschiffes, die nicht zur Besatzung (nautisches Personal) gehören,
11. „mobiler Arbeitnehmer" oder „mobile Arbeitnehmerin" jeder Arbeitnehmer und jede Arbeitnehmerin, der oder die als Mitglied des fahrenden Personals im Dienst eines Unternehmens beschäftigt ist, das Personen oder Güter in der Binnenschifffahrt befördert,
12. „Saison" ein Zeitraum von höchstens neun aufeinander folgenden Monaten innerhalb von zwölf Monaten, in dem Tätigkeiten aufgrund äußerer Umstände, insbesondere wegen Witterungsverhältnissen oder touristischer Nachfrage, an bestimmte Zeiten des Jahres gebunden sind.

§ 4 Arbeitszeit. (1) Der Arbeitgeber darf einen Arbeitnehmer oder eine Arbeitnehmerin abweichend von den §§ 3, 6 Absatz 2 und § 11 Absatz 2 des Arbeitszeitgesetzes länger als acht Stunden täglich beschäftigen, wenn die Arbeitszeit in jedem Zeitraum von zwölf Monaten (Bezugszeitraum) eine durchschnittliche wöchentliche Arbeitszeit von 48 Stunden nicht überschreitet. Für Arbeitsverhältnisse, deren Dauer kürzer ist als der Bezugszeitraum, hat der Arbeitszeitausgleich auf eine durchschnittliche wöchentliche Arbeitszeit von 48 Stunden innerhalb des Beschäftigungszeitraums zu erfolgen. Bei der Berechnung des Durchschnitts bleiben die gewährten Zeiten des bezahlten Jahresurlaubs, die gesetzlichen Feiertage sowie die Krankheitszeiten unberücksichtigt.

(2) Wird die tägliche Arbeitszeit nach Absatz 1 verlängert, darf die Arbeitszeit

1. 14 Stunden in jedem Zeitraum von 24 Stunden und
2. 84 Stunden in jedem Zeitraum von sieben Tagen

nicht überschreiten. Wenn es in einem Zeitraum von vier Monaten mehr Arbeits- als Ruhetage gibt, darf die Arbeitszeit eine durchschnittliche wöchentliche Arbeitszeit von 72 Stunden nicht überschreiten.

(3) Die Arbeitszeit während der Nachtzeit darf abweichend von § 6 Absatz 2 und § 11 Absatz 2 des Arbeitszeitgesetzes 42 Stunden in jedem Zeitraum von sieben Tagen nicht überschreiten.

§ 5 Ruhepausen. (1) Der Arbeitgeber hat dem Arbeitnehmer oder der Arbeitnehmerin im Voraus feststehende Ruhepausen zur Unterbrechung der Arbeitszeit zu gewähren, die abweichend von § 4 Satz 1 des Arbeitszeitgesetzes mindestens

1. 30 Minuten bei einer täglichen Arbeitszeit von mehr als sechs Stunden,
2. 45 Minuten bei einer täglichen Arbeitszeit von mehr als neun Stunden und
3. 60 Minuten bei einer täglichen Arbeitszeit von mehr als elf Stunden

betragen. Spätestens nach einer ununterbrochenen Arbeitszeit von sechs Stunden hat der Arbeitgeber dem Arbeitnehmer oder der Arbeitnehmerin eine Ruhepause zu gewähren.

(2) Die Ruhepausen können in Zeitabschnitte von jeweils mindestens 15 Minuten aufgeteilt werden.

§ 6 Ruhezeiten. (1) Der Arbeitgeber hat dem Arbeitnehmer oder der Arbeitnehmerin regelmäßige, ausreichend lange und ununterbrochene Ruhezeiten nach Maßgabe des folgenden Absatzes zu gewähren, damit sichergestellt ist, dass der Arbeitnehmer und die Arbeitnehmerin nicht wegen Übermüdung sich selbst, Kollegen oder sonstige Personen verletzen und weder kurzfristig noch langfristig ihre Gesundheit schädigen.

(2) Die Ruhezeiten betragen abweichend von den §§ 5 und 11 Absatz 2 des Arbeitszeitgesetzes mindestens:

1. zehn Stunden in jedem Zeitraum von 24 Stunden, wovon mindestens sechs Stunden ununterbrochen sein müssen, und
2. 84 Stunden in jedem Zeitraum von sieben Tagen.

(3) Sofern Unterschiede hinsichtlich der Ruhezeiten zwischen dieser Verordnung und nationalen oder internationalen Vorschriften zur Sicherheit des Schiffsverkehrs bestehen, hat diejenige Bestimmung zur Ruhezeit Vorrang, die den Arbeitnehmern und Arbeitnehmerinnen ein höheres Maß an Gesundheitsschutz und Sicherheit gewährt.

§ 7 Arbeits- und Ruhetage. (1) Der Arbeitgeber darf einen Arbeitnehmer oder eine Arbeitnehmerin abweichend von § 9 Absatz 1 und § 11 Absatz 3 des Arbeitszeitgesetzes an höchstens 31 aufeinanderfolgenden Arbeitstagen beschäftigen.

(2) Nach mehreren aufeinanderfolgenden Arbeitstagen hat der Arbeitgeber dem Arbeitnehmer oder der Arbeitnehmerin eine Mindestanzahl aufeinanderfolgender Ruhetage nach Maßgabe der Absätze 3 bis 5 zu gewähren.

(3) Enthält der Dienstplan mehr Arbeits- als Ruhetage, bestimmt sich die Mindestanzahl an aufeinanderfolgenden Ruhetagen, die im unmittelbaren Anschluss an die geleisteten aufeinanderfolgenden Arbeitstage zu gewähren sind, wie folgt:

1. für den 1. bis 10. aufeinanderfolgenden Arbeitstag: jeweils 0,2 Ruhetage,
2. für den 11. bis 20. aufeinanderfolgenden Arbeitstag: jeweils 0,3 Ruhetage,
3. für den 21. bis 31. aufeinanderfolgenden Arbeitstag: jeweils 0,4 Ruhetage.

(4) Enthält der Dienstplan höchstens die gleiche Anzahl von Arbeitstagen im Verhältnis zu Ruhetagen, muss der Arbeitgeber dem Arbeitnehmer oder der Arbeitnehmerin in unmittelbarem Anschluss an die geleisteten aufeinanderfolgenden Arbeitstage die gleiche Anzahl an aufeinanderfolgenden Ruhetagen gewähren. Von dieser Anzahl der unmittelbar zu gewährenden Ruhetage kann abgewichen werden, wenn:

1. die in Absatz 3 genannte Mindestanzahl von aufeinanderfolgenden Ruhetagen im unmittelbaren Anschluss an die geleisteten aufeinanderfolgenden Arbeitstage gewährt wird und
2. die verlängerte oder getauschte Periode von Arbeitstagen innerhalb des Bezugszeitraums nach § 4 Absatz 1 ausgeglichen wird.

(5) Anteilige Ruhetage werden bei der Berechnung der Mindestanzahl von aufeinanderfolgenden Ruhetagen addiert und sind zu gewähren, wenn die Summe der anteiligen Ruhetage einen ganzen Tag ergibt.

§ 8 Saisonarbeit in der Fahrgastschifffahrt. (1) Ein Arbeitgeber, der einen Arbeitnehmer oder eine Arbeitnehmerin während der Saison an Bord eines Fahrgastschiffes

1. bis zu zwölf Stunden in jedem Zeitraum von 24 Stunden und
2. bis zu 72 Stunden in jedem Zeitraum von sieben Tagen

beschäftigt, darf abweichend von § 7 Absatz 3 und 4 dem Arbeitnehmer oder der Arbeitnehmerin für jeden Arbeitstag 0,2 Ruhetage gewähren.

(2) In jedem Zeitraum von 31 Tagen muss der Arbeitgeber dem Arbeitnehmer oder der Arbeitnehmerin mindestens zwei Ruhetage tatsächlich gewähren. Die restlichen Ruhetage sind entsprechend einer Vereinbarung innerhalb des Bezugszeitraums nach § 4 Absatz 1 zu gewähren. Die Vereinbarung ist in einem Tarifvertrag oder auf Grund eines Tarifvertrags in einer Betriebs- oder Dienstvereinbarung zu treffen. Besteht keine tarifvertragliche Regelung, ist die Vereinbarung zwischen Arbeitgeber und Arbeitnehmer oder Arbeitnehmerin zu treffen.

§ 9 Notfälle. (1) Der Schiffsführer oder die Schiffsführerin oder eine stellvertretende Person hat das Recht, die Arbeitsstunden anzuordnen, die für die unmittelbare Sicherheit des Fahrzeugs, der Personen an Bord, der Ladung oder zur Hilfeleistung für andere, in Not befindliche Schiffe oder Personen erforderlich ist. Dies gilt, bis die normale Situation wiederhergestellt ist.

(2) Sobald es tatsächlich möglich ist, hat der Schiffsführer oder die Schiffsführerin oder die stellvertretende Person sicherzustellen, dass alle Arbeitnehmer und Arbeitnehmerinnen, die aufgrund des Absatzes 1 eine vorgeschriebene Ruhezeit nicht einhalten konnten, eine ausreichende Ruhezeit erhalten. Diese Ausgleichsruhezeit muss mindestens der Dauer der Ruhezeitunterbrechung entsprechen.

§ 10 Aufzeichnungspflichten. (1) Der Arbeitgeber ist verpflichtet, abweichend von § 16 Absatz 2 des Arbeitszeitgesetzes Aufzeichnungen nach Absatz 2 über die tägliche Arbeits- und Ruhezeit jedes Arbeitnehmers und jeder Arbeitnehmerin zu führen, um eine Kontrolle der Einhaltung der Bestimmungen dieser Verordnung zu ermöglichen.

(2) Die Aufzeichnungen nach Absatz 1 müssen mindestens folgende Angaben enthalten:

1. Name des Fahrzeugs,
2. Name des Arbeitnehmers oder der Arbeitnehmerin,
3. Name des verantwortlichen Schiffsführers oder der verantwortlichen Schiffsführerin,
4. Datum des jeweiligen Arbeits- oder Ruhetages,
5. für jeden Tag der Beschäftigung, ob es sich um einen Arbeits- oder um einen Ruhetag handelt, sowie
6. Beginn und Ende der täglichen Arbeitszeiten oder der täglichen Ruhezeiten.

(3) Die Aufzeichnungen sind in geeigneten Zeitabständen, spätestens bis zum Ende des auf die Arbeitsleistung folgenden Monats, gemeinsam vom Arbeitgeber oder einer von ihm beauftragten Person und vom Arbeitnehmer oder von der Arbeitnehmerin auf Richtigkeit zu prüfen und zu bestätigen.

(4) Die bestätigten Aufzeichnungen sind mindestens 24 Monate aufzubewahren. Abweichend von § 16 Absatz 2 des Arbeitszeitgesetzes müssen die Aufzeichnungen mindestens zwölf Monate an Bord und danach weitere zwölf Monate an Bord oder beim Arbeitgeber aufbewahrt werden; in der saisonalen Fahrgastschifffahrt müssen sie bis zum Ende der Saison an Bord und anschließend beim Arbeitgeber aufbewahrt werden.

(5) Dem Arbeitnehmer oder der Arbeitnehmerin ist eine Kopie der bestätigten Aufzeichnungen auszuhändigen. Der Arbeitnehmer oder die Arbeitnehmerin hat die Kopien nach der Aushändigung zwölf Monate bei der Arbeit mitzuführen.

§ 11 Arbeitsmedizinische Untersuchungen. (1) Arbeitnehmer und Arbeitnehmerinnen sind berechtigt, einmal jährlich an einer arbeitsmedizinischen Untersuchung teilzunehmen.

(2) Bei den arbeitsmedizinischen Untersuchungen hat der Arzt oder die Ärztin insbesondere auf die Symptome zu achten, die auf die Arbeitsbedingungen und auf die jeweiligen Arbeits- und Ruhezeiten an Bord sowie die gewährte Zahl von Ruhetagen zurückzuführen sein könnten.

(3) Die Kosten der Untersuchungen hat der Arbeitgeber zu tragen, sofern er die Untersuchungen den Arbeitnehmern und Arbeitnehmerinnen nicht kostenlos durch einen Betriebsarzt oder eine Betriebsärztin oder einen überbetrieblichen Dienst von Betriebsärzten und Betriebsärztinnen anbietet.

§ 12 Arbeitsrhythmus, Sicherheit und Gesundheitsschutz. (1) Der Arbeitgeber hat die Arbeitszeit menschengerecht zu gestalten, auch in Bezug auf die Pausen während der Arbeitszeit. Er hat eintönige Arbeit und einen maschinenbestimmten Arbeitsrhythmus unter Berücksichtigung der Art der Tätigkeit und der Erfordernisse der Sicherheit und des Gesundheitsschutzes nach Möglichkeit zu vermeiden.

(2) Arbeitnehmer und Arbeitnehmerinnen mit Nacht- oder Schichtarbeit müssen hinsichtlich Sicherheit und Gesundheit in einem Maß geschützt werden, das der Art ihrer Arbeit Rechnung trägt. Die zur Sicherheit, zur Vorsorge und zum Schutz der Gesundheit dieser Arbeitnehmer und Arbeitnehmerinnen gebotenen Leistungen und Mittel müssen mindestens den für die übrigen Arbeitnehmer und Arbeitnehmerinnen bereit stehenden Leistungen und Mitteln entsprechen und müssen jederzeit vorhanden sein.

(3) Der Arbeitgeber hat abweichend von § 6 Absatz 4 Buchstabe a des Arbeitszeitgesetzes Nachtarbeitnehmer und Nachtarbeitnehmerinnen mit gesundheitlichen Beeinträchtigungen, die nachweislich auf die zu leistende Nachtarbeit zurückzuführen sind, auf einen für sie geeigneten Tagesarbeitsplatz umzusetzen, sofern dem nicht dringende betriebliche Erfordernisse entgegenstehen.

§ 13 Abweichende Regelungen. (1) In einem Tarifvertrag oder auf Grund eines Tarifvertrags in einer Betriebs- oder Dienstvereinbarung kann zugelassen werden,

1. abweichend von § 3 Nummer 9 Buchstabe b bei der Begriffsbestimmung „Nachtarbeitnehmer“ oder „Nachtarbeitnehmerin“ einen anderen Anteil von Nachtarbeit an der jährlichen Arbeitszeit festzulegen,
2. abweichend von § 5 Regelungen zu den Voraussetzungen der Ruhepausen und eine Aufteilung in Kurzpausen von angemessener Dauer zu vereinbaren.

(2) Im Geltungsbereich eines Tarifvertrags können die vereinbarten tarifvertraglichen Regelungen nach Absatz 1 im Betrieb eines nicht tarifgebundenen Arbeitgebers durch Betriebs- oder Dienstvereinbarung oder, wenn ein Betriebs- oder Personalrat nicht besteht, durch schriftliche Vereinbarung zwischen dem Arbeitgeber und dem Arbeitnehmer oder der Arbeitnehmerin übernommen werden.

§ 14 Ordnungswidrigkeiten. Ordnungswidrig im Sinne des § 22 Absatz 1 Nummer 4 des Arbeitszeitgesetzes handelt, wer als Arbeitgeber vorsätzlich oder fahrlässig

1. entgegen § 7 Absatz 1 einen Arbeitnehmer oder eine Arbeitnehmerin beschäftigt,
2. entgegen § 7 Absatz 2 oder § 8 Absatz 2 einen Ruhetag nicht oder nicht rechtzeitig gewährt,
3. Entgegen § 10 Absatz 1 eine Aufzeichnung nicht, nicht richtig oder nicht vollständig führt oder
4. entgegen § 10 Absatz 4 eine Aufzeichnung nicht oder nicht mindestens 24 Monate aufbewahrt.

§ 15 Inkrafttreten. Diese Verordnung tritt am 1. August 2017 in Kraft.

Seeschifffahrt und Offshore-Tätigkeiten

18. Seearbeitsgesetz (SeeArbG)

vom 20.4.2013 (BGBl. I S. 868), zuletzt geändert durch Gesetz vom 20.11.2019 (BGBl. I S. 1626)

(Auszug)

Abschnitt 1
Allgemeine Vorschriften

§ 1 Anwendungsbereich. (1) Dieses Gesetz regelt die Arbeits- und Lebensbedingungen von Seeleuten an Bord von Kauffahrteischiffen, die die Bundesflagge führen. Es gilt nicht für gewerbsmäßig genutzte Sportboote unter 24 Meter Länge, wenn auf diesen nicht mehr als zwei Personen beschäftigt sind.

(2) Für Beschäftigte an Bord eines Fahrzeuges, das

1. die Wasserstraßen der Zonen 1 und 2 nach dem Anhang I der Binnenschiffsuntersuchungsordnung vom 6. Dezember 2008 (BGBl. I S. 2450), in der jeweils geltenden Fassung, seewärts nicht verlässt oder zu verlassen beabsichtigt oder
2. die in Nummer 1 bezeichneten Wasserstraßen nur auf Grund einer besonderen schiffssicherheitsrechtlichen Genehmigung seewärts verlassen darf,

gelten die in der Binnenschifffahrt anzuwendenden arbeitsrechtlichen Vorschriften.

(3) Für Seeleute auf Schiffen unter ausländischer Flagge gelten die §§ 139 bis 141 sowie für Schiffe unter ausländischer Flagge die §§ 137 und 138.

§ 2 Begriffsbestimmungen. Im Sinne dieses Gesetzes und soweit nicht ausdrücklich etwas anders bestimmt ist, sind

1. das Seearbeitsübereinkommen: das Seearbeitsübereinkommen 2006 der Internationalen Arbeitsorganisation vom 23. Februar 2006 (BGBl. 2013 II S. 763, 765),
2. das STCW-Übereinkommen: das Internationale Übereinkommen vom 7. Juli 1978 über Normen für die Ausbildung, die Erteilung von Befähigungszeugnissen und den Wachdienst von Seeleuten (BGBl. 1982 II S. 297) in der jeweils geltenden Fassung,
3. ein Schiff unter ausländischer Flagge: ein Schiff unter einer anderen Flagge als der Bundesflagge, das dem Erwerb durch die Seefahrt dient,
4. die Berufsgenossenschaft: die Berufsgenossenschaft Verkehrswirtschaft Post-Logistik Telekommunikation,
5. der seeärztliche Dienst der Berufsgenossenschaft: eine mit Ärzten ausgestattete unselbständige Arbeitseinheit der Berufsgenossenschaft, die schifffahrtsmedizinische Aufgaben wahrnimmt,
6. Arbeitszeit: die Zeit, während der ein Besatzungsmitglied Arbeit verrichten muss,

7. Ruhezeit: die Zeit außerhalb der Arbeitszeit, wobei dieser Begriff kürzere Arbeitsunterbrechungen (Ruhepausen) nach § 45 Absatz 2 und § 53 Absatz 5 nicht mit einschließt,
8. Feiertage: in Deutschland die gesetzlichen Feiertage des Liegeortes, im Ausland und auf See die Feiertage des Registerhafens des Schiffes,
9. Servicepersonal: die Besatzungsmitglieder, die zur Verpflegung, Bedienung, Betreuung, Unterhaltung oder Krankenpflege anderer Besatzungsmitglieder oder von Passagieren arbeiten oder auf dem Schiff im Verkauf tätig sind,
10. anerkannte Organisation: eine nach § 135 anerkannte Organisation.

[...]

Unterabschnitt 4
Arbeitszeiten und Ruhezeiten

§ 42 Grundsätze für die Gestaltung der Arbeitszeit. (1) Vorschriften über die Seearbeitszeit sind anzuwenden ab dem Zeitpunkt, an dem das Schiff zum Antritt oder zur Fortsetzung der Reise seinen Liegeplatz im Hafen oder auf der Reede zu verlassen beginnt. Vorschriften über die Hafenarbeitszeit sind anzuwenden ab dem Zeitpunkt, an dem das Schiff im Hafen ordnungsgemäß festgemacht oder auf der Reede geankert hat. Treffen an einem Tag Seearbeitszeit und Hafenarbeitszeit zusammen, so ist bei der Berechnung der täglichen Höchstarbeitszeit die an diesem Tag insgesamt geleistete Arbeit zu berücksichtigen.

(2) Besatzungsmitglieder mit gesundheitlichen Problemen, die laut ärztlicher Bescheinigung auf die Nachtarbeit zurückzuführen sind, müssen, sofern möglich, auf eine geeignete Stelle im Tagesdienst versetzt werden.

(3) Der Kapitän hat für die Einhaltung der Arbeitszeitvorschriften der Besatzungsmitglieder zu sorgen. Für Besatzungsmitglieder, die nicht beim Reeder beschäftigt sind, haben deren Arbeitgeber oder Ausbildender und der Kapitän gemeinsam für die Einhaltung der Arbeitszeitvorschriften zu sorgen. Für diese Besatzungsmitglieder kann anstelle des Kapitäns der Arbeitgeber oder der Ausbildende oder die ihn an Bord vertretende Person mit Zustimmung des Kapitäns Anordnungen zur Arbeitszeit treffen. Satz 3 ist in den Fällen des § 47 Absatz 1 nicht anzuwenden.

(4) Der Kapitän soll sich bei seiner Arbeitszeit so weit wie möglich an den Arbeitszeitvorschriften dieses Unterabschnitts orientieren. Die Mindestruhezeiten nach § 48 Absatz 1 Nummer 2 dürfen nicht unterschritten werden. Dies gilt nicht, soweit eine abweichende Regelung nach § 49 Absatz 1 Nummer 3 oder 4, jeweils auch in Verbindung mit Absatz 2 oder 3 besteht oder eine Arbeitszeitverlängerung in den besonderen Fällen des § 47 Absatz 1 oder 2 zulässig ist. § 50 sowie § 45 Absatz 3 und 4 sind anzuwenden, sofern keine abweichende Regelung nach § 49 Absatz 1 Nummer 2 oder 4 besteht. Die §§ 51 und 52 sind nicht anzuwenden. Wenn der Kapitän Seewache geht, sind die §§ 43 bis 49 anzuwenden.

(5) Ergänzend zu den §§ 43 bis 48 darf die Arbeitszeit von Besatzungsmitgliedern eines Fischereifahrzeugs durchschnittlich 48 Stunden wöchentlich innerhalb von zwölf Monaten nicht überschreiten.

§ 43 Seearbeitszeit. (1) Die Seearbeitszeit der zum Wachdienst bestimmten Besatzungsmitglieder darf in der Regel acht Stunden täglich nicht überschreiten. Sie wird nach dem Drei-Wachen-System eingeteilt. Besatzungsmitglieder dürfen während der Brückenwache neben dem Wachdienst keine anderen Arbeiten ausführen. Im Übrigen dürfen die Besatzungsmitglieder während der Wache an Werktagen zwischen 18 und 6 Uhr sowie an Sonntagen und Feiertagen neben dem Wachdienst nur mit gelegentlichen Instandsetzungsarbeiten sowie mit Arbeiten beschäftigt werden, die zur Sicherung des Schiffes und dessen Fahrt, zur Sicherung der Ladung oder zum Bootsdienst unbedingt erforderlich sind.

(2) Die Seearbeitszeit der nicht zum Wachdienst bestimmten Besatzungsmitglieder mit Ausnahme des Servicepersonals darf in der Regel acht Stunden werktäglich nicht überschreiten und muss zwischen 6 und 18 Uhr liegen. An Sonntagen und an Feiertagen dürfen diese Besatzungsmitglieder nur in besonderen Fällen nach § 47 beschäftigt werden.

(3) Die Seearbeitszeit des Servicepersonals darf in der Regel acht Stunden täglich nicht überschreiten. Die Arbeitszeit kann um bis zu eine Stunde verlängert werden, wenn in die Arbeitszeit regelmäßig und in erheblichem Umfang Arbeitsbereitschaft fällt. Die Arbeitszeit muss zwischen 6 und 20 Uhr liegen. Der Zeitraum darf für das Servicepersonal auf Fahrgastschiffen auf Anordnung des Kapitäns und für das Krankenpflegepersonal außerdem auf Anordnung des Schiffsarztes oder der Schiffsärztin überschritten werden. Das Servicepersonal darf an Sonntagen und Feiertagen nur mit Arbeiten beschäftigt werden, die zur Verpflegung, Bedienung oder Krankenpflege der an Bord befindlichen Personen unbedingt erforderlich sind, sowie im Verkauf und zur Betreuung oder Unterhaltung von Fahrgästen.

§ 44 Hafenarbeitszeit. (1) Die Hafenarbeitszeit der Besatzungsmitglieder mit Ausnahme des Servicepersonals darf von Montag bis Freitag in der Regel acht Stunden täglich nicht überschreiten. Am Samstag darf die Hafenarbeitszeit in der Regel fünf Stunden, bei Wachdienst acht Stunden nicht überschreiten. Die Hafenarbeitszeit muss, abgesehen vom Wachdienst, von Montag bis Freitag zwischen 6 und 18 Uhr, am Samstag zwischen 6 und 13 Uhr liegen.

(2) An Werktagen außerhalb der in Absatz 1 Satz 3 bestimmten Zeiten sowie an Sonntagen und Feiertagen dürfen die in Absatz 1 genannten Besatzungsmitglieder nur mit notwendigem Wachdienst sowie mit unumgänglichen und unaufschiebbaren Arbeiten beschäftigt werden. An Sonntagen und Feiertagen darf die Beschäftigung mit unumgänglichen und unaufschiebbaren Arbeiten in der Regel fünf Stunden nicht überschreiten.

(3) Die Hafenarbeitszeit des Servicepersonals muss zwischen 6 und 18 Uhr liegen. Im Übrigen ist § 43 Absatz 3 entsprechend anzuwenden.

§ 45 Ruhepausen und Ruhezeiten. (1) Den Besatzungsmitgliedern sind Ruhepausen und Ruhezeiten zu gewähren, die von ausreichender Dauer sein müssen, um die Sicherheit und Gesundheit der Besatzungsmitglieder zu gewährleisten.

(2) Sofern nicht spätestens nach einer Arbeitszeit von sechseinhalb Stunden eine Ruhezeit gewährt wird, muss die Arbeitszeit spätestens nach sechs Stunden durch eine Ruhepause unterbrochen werden. Die Ruhepause muss mindestens betragen:

1. 30 Minuten bei einer Arbeitszeit von mehr als sechs bis zu neun Stunden,
2. 45 Minuten bei einer Arbeitszeit von mehr als neun Stunden.

Die Ruhepausen nach Satz 2 können in Zeitabschnitte von jeweils mindestens 15 Minuten aufgeteilt werden.

(3) Die Ruhezeit nach § 48 Absatz 1 Nummer 2 Buchstabe a darf nur in höchstens zwei Zeiträume aufgeteilt werden, von denen einer eine Mindestdauer von sechs Stunden, der andere eine Mindestdauer von einer Stunde haben muss. Der Zeitraum zwischen zwei aufeinanderfolgenden Ruhezeiten darf 14 Stunden nicht überschreiten. Für das Servicepersonal muss in den Fällen des § 43 Absatz 3 Satz 4 auch in Verbindung mit § 44 Absatz 3 einer der Zeiträume für die Ruhezeit nach Satz 1 mindestens acht Stunden betragen.

(4) Hat das Besatzungsmitglied während seiner planmäßigen Ruhezeit in Bereitschaft zu sein und wird die Ruhezeit durch Aufrufe zur Arbeit gestört, ist dem Besatzungsmitglied eine angemessene Ruhezeit als Ausgleich zu gewähren. Die Ausgleichsruhezeit muss mindestens der Dauer der Ruhezeitunterbrechungen entsprechen. Eine ununterbrochene Ruhezeit von sechs Stunden muss gewährleistet sein.

§ 46 Abweichende Arbeitszeitregelungen für Zwei-Wachen-Schiffe, Bergungsfahrzeuge und Schlepper. (1) Auf Schiffen mit einer Bruttoraumzahl von bis zu 2 500 in der Fahrt in der Ostsee, in der Nordsee und entlang der norwegischen Küste bis zu 64° nördlicher Breite, im Übrigen bis zu 61° nördlicher Breite und 7° westlicher Länge sowie nach den Häfen Großbritanniens, Irlands und der Atlantikküste Frankreichs, Spaniens und Portugals ausschließlich Gibraltars sowie für Fischereifahrzeuge gleicher Größe auch über diese Fahrtgebiete hinaus darf, sofern die Reise länger als zehn Stunden dauert, die Arbeitszeit des zum Wachdienst bestimmten Deck- und Maschinenpersonals auf See abweichend von § 43 Absatz 1 auf bis zu zwölf Stunden täglich verlängert und nach dem Zwei-Wachen-System eingeteilt werden. Satz 1 ist auch auf Schiffen mit einer Bruttoraumzahl über 2 500 anzuwenden, die vor dem 1. Juli 2002 den bis dahin geltenden Grenzwert für den Raumgehalt eingehalten haben. Wird die Arbeitszeit entsprechend verlängert, haben die Besatzungsmitglieder Anspruch auf einen angemessenen Zuschlag zur Grundheuer.

(2) Auf Bergungsfahrzeugen, See- und Bergungsschleppern in der Nord- und Ostseefahrt bis zu 61° nördlicher Breite ist Absatz 1 Satz 1 für die Arbeitszeit der Wache gehenden Besatzungsmitglieder anzuwenden. Wenn das Fahrzeug an der Bergungsstätte eingesetzt ist, kann die Arbeitszeit abweichend von § 43 vom Kapitän, insbesondere unter Berücksichtigung des Tidenwechsels und der Wetterlage, festgesetzt werden.

§ 47 Arbeitszeitverlängerung in besonderen Ausnahmefällen. (1) Der Kapitän hat das Recht, für Besatzungsmitglieder die Arbeitsstunden anzuordnen, die für die unmittelbare Sicherheit des Schiffes und der Personen an Bord, bei einer unmittelbaren Gefahr für die Ladung oder zur Hilfeleistung für in Seenot befindliche Schiffe oder Personen erforderlich sind. Der Kapitän kann den Arbeitszeit- und Ruhezeitplan vorübergehend außer Kraft setzen und anordnen, dass die Besatzungsmitglieder jederzeit die erforderlichen Arbeitsstunden erbringen, bis die normale Situation wiederhergestellt ist.

(2) Sicherheits-, Feuerlösch- und Rettungsbootsübungen sowie durch innerstaatliche Rechtsvorschriften und durch internationale Vereinbarungen vorgeschriebene Übungen sind in einer Weise durchzuführen, die die Störung der Ruhezeiten auf ein Mindestmaß beschränkt und keine Übermüdung verursacht.

(3) In den Fällen der Absätze 1 und 2 sind die §§ 43 bis 46 und 48 nicht anzuwenden. Sobald es nach Wiederherstellung der normalen Situation möglich ist, hat der Kapitän sicherzustellen, dass jedes Besatzungsmitglied, das während einer planmäßigen Ruhezeit Arbeit geleistet oder an einer Übung teilgenommen hat, eine ausreichende Ruhezeit erhält. Die Ausgleichsruhezeit muss mindestens der Dauer der Ruhezeitunterbrechung entsprechen.

(4) Abgesehen von den Fällen der Absätze 1 und 2 kann der Kapitän in sonstigen dringenden Fällen eine Verlängerung der in den §§ 43, 44 und 46 bestimmten täglichen Arbeitszeit anordnen. Dasselbe gilt bei Wachdienst im Hafen. In diesen Fällen sind die Regelungen der §§ 43, 44 und 46 über die Lage der Arbeitszeit und die Beschäftigungsbeschränkungen nicht anzuwenden.

§ 48 Höchstarbeitszeiten und Mindestruhezeiten. (1) Der Reeder und der Kapitän haben dafür zu sorgen, dass auf dem Schiff folgende Arbeitszeiten und Ruhezeiten der Besatzungsmitglieder eingehalten werden:

1. die Höchstarbeitszeit darf nicht überschreiten:
   a) 14 Stunden in jedem Zeitraum von 24 Stunden und
   b) 72 Stunden in jedem Zeitraum von sieben Tagen

   und
2. die Mindestruhezeit darf nicht unterschreiten:
   a) zehn Stunden in jedem Zeitraum von 24 Stunden und
   b) 77 Stunden in jedem Zeitraum von sieben Tagen.

(2) Auf einem Schiff, das in kurzer Aufeinanderfolge mehrere Häfen anläuft, kann von der Höchstarbeitszeit nach Absatz 1 Nummer 1 Buchstabe b während der Tage der häufigen Hafenfolge abgewichen werden. Eine kurze Aufeinanderfolge von Häfen liegt dann vor, wenn zwischen den seewärtigen Lotsenversetzpositionen des zu verlassenden Reviers und des anzufahrenden Reviers weniger als 36 Stunden liegen. Nachdem das Schiff das Fahrtgebiet mit häufiger Hafenfolge wieder verlassen hat, hat der Kapitän sicherzustellen, dass alle Besatzungsmitglieder, die während dieser Zeit über die nach Absatz 1 Nummer 1 Buchstabe b zulässige Höchstarbeitszeit hinaus Arbeitsstunden geleistet haben, unverzüglich eine zusätzliche Ruhezeit in Höhe der Anzahl der zusätzlich geleisteten Arbeitsstunden erhalten. Der Ausgleich kann auch in Verbindung mit Urlaub gewährt werden.

§ 49 Abweichende Arbeitszeitregelungen durch Tarifvertrag. (1) In einem Tarifvertrag oder auf Grund eines Tarifvertrages in einer Betriebsvereinbarung oder Bordvereinbarung kann vereinbart werden,

1. die Befugnis des Kapitäns, abweichend von § 47 Absatz 4 auch in anderen Fällen eine Verlängerung der in den §§ 43 und 44 bestimmten täglichen Arbeitszeit bis zu

zwei Stunden anordnen und dabei von den Regelungen über die Lage der Arbeitszeit und die Beschäftigungsbeschränkungen abweichen zu können,

2. abweichend von § 45 Absatz 3 Satz 1 die Mindestruhezeit nach § 48 Absatz 1 Nummer 2 Buchstabe a in drei Abschnitte aufzuteilen, von denen einer eine Mindestdauer von sechs Stunden und die beiden übrigen eine Mindestdauer von jeweils einer Stunde haben müssen; diese Ausnahmeregelung kann für höchstens zwei 24-Stunden-Zeiträume in jedem Zeitraum von sieben Tagen in Anspruch genommen werden,
3. abweichende Regelungen von den §§ 43 und 44 zur See- und Hafenarbeitszeit sowie abweichende Regelungen von § 48 Absatz 1 zur Höchstarbeitszeit und zur Mindestruhezeit unter der Voraussetzung, dass die Ruhezeit nicht weniger als 70 Stunden in jedem Zeitraum von sieben Tagen beträgt; Abweichungen von der Mindestruhezeit dürfen höchstens für zwei aufeinanderfolgende Wochen zugelassen werden; zwischen zwei an Bord verbrachten Zeiträumen, für die die Ausnahmeregelung gilt, muss eine Zeitspanne liegen, die mindestens doppelt so lang ist, wie der unter die Ausnahmeregelung fallende Zeitraum, es sei denn, dass dem Zeitraum, für den die Ausnahmeregelung gilt, eine Freistellung von mindestens gleicher Dauer folgt,
4. für Besatzungsmitglieder von Fischereifahrzeugen abweichende Regelungen von § 42 Absatz 5 sowie über Nummer 2 und 3 hinaus auch abweichende Regelungen von § 45 Absatz 3 und von § 48 Absatz 1 Nummer 2 hinsichtlich der Arbeitszeit während des Fangs und seiner Verarbeitung an Bord,
5. für Besatzungsmitglieder von Fischereifahrzeugen sowie von Fahrgastschiffen und Fährschiffen auch abweichende Regelungen von § 51 hinsichtlich der Vergütung und von § 52 hinsichtlich des Ausgleichs für Sonntags- und Feiertagsarbeit.

(2) Im Geltungsbereich eines Tarifvertrages, der eine Regelung nach Absatz 1 Nummer 1 bis 5 enthält, kann diese tarifvertragliche Regelung im Betrieb eines nicht tarifgebundenen Reeders durch Betriebsvereinbarung oder Bordvereinbarung oder, wenn eine Arbeitnehmervertretung nicht besteht, durch schriftliche Vereinbarung zwischen dem Reeder und den Besatzungsmitgliedern übernommen werden, wenn die Anwendung des gesamten Tarifvertrages vereinbart ist.

(3) Für Besatzungsmitglieder von Fischereifahrzeugen sowie von Fahrgastschiffen und Fährschiffen, für die Tarifverträge üblicherweise nicht geschlossen werden, können Ausnahmen mit den in Absatz 1 Nummer 2 bis 5 vorgesehenen Regelungen allgemein oder im Einzelfall durch die Berufsgenossenschaft bewilligt werden.

(4) Die Abweichungen nach Absatz 1 Nummer 2 bis 4 sowie den Absätzen 2 und 3 müssen in Übereinstimmung mit den allgemeinen Grundsätzen für die Sicherheit und den Gesundheitsschutz der Besatzungsmitglieder stehen und aus technischen oder arbeitsorganisatorischen Gründen erforderlich sein. Sie haben so weit wie möglich den gesetzlichen Bestimmungen zu folgen, können aber häufigeren oder längeren Urlaubszeiten oder der Gewährung von Ausgleichsurlaub für die Besatzungsmitglieder Rechnung tragen.

(5) Absatz 1 ist nicht anzuwenden für Tarifverträge, die nach § 21 Absatz 4 Satz 2 des Flaggenrechtsgesetzes abgeschlossen werden.

§ 50 Übersicht über die Arbeitsorganisation, Arbeitszeitnachweise. (1) Auf jedem Schiff ist eine Übersicht über die Arbeitsorganisation an Bord zu führen, die Folgendes enthalten muss:

1. den See- und Hafendienstplan für alle an Bord beschäftigten Besatzungsmitglieder,
2. die Höchstarbeitszeiten und die Mindestruhezeiten nach § 48 sowie davon vereinbarte Abweichungen nach § 49.

Der Kapitän hat dafür zu sorgen, dass die Übersicht über die Arbeitsorganisation an einem leicht zugänglichen Ort an Bord ausgehängt wird.

(2) Auf jedem Schiff sind Arbeitszeitnachweise zu führen, aus denen gesondert für jedes Besatzungsmitglied die täglichen Arbeitszeiten und Ruhezeiten zu ersehen sind.

(3) Zum Führen der Übersicht über die Arbeitsorganisation und der Arbeitszeitnachweise ist der Kapitän verpflichtet. Er kann damit einen Schiffsoffizier oder einen anderen Vorgesetzten beauftragen.

(4) Die Besatzungsmitglieder sind verpflichtet, dem Kapitän oder seinem Beauftragten die notwendigen Angaben für die Übersicht über die Arbeitsorganisation sowie für die Arbeitszeitnachweise zu geben.

§ 51 Vergütung für Mehr- und Nachtarbeit sowie Sonntags- und Feiertagsarbeit. (1) Werden Besatzungsmitglieder über die in den §§ 43, 44 und 53 Absatz 2 bestimmten Grenzen der täglichen Arbeitszeit hinaus mit Mehrarbeit beschäftigt, so ist ihnen, abgesehen von den Fällen des § 47 Absatz 1 und 2, für jede Stunde eine Vergütung in Höhe von mindestens einem Zweihundertstel der Grundheuer sowie ein angemessener Zuschlag zu zahlen. Ist die Höhe des Zuschlages nicht durch Tarifvertrag festgelegt, so beträgt er für die ersten 60 Mehrarbeitsstunden des Monats sowie für Mehrarbeit bei Wachdienst im Hafen je ein Viertel, für die folgenden 30 je die Hälfte eines Zweihundertstels der Grundheuer und für jede weitere Mehrarbeitsstunde ein Zweihundertstel der Grundheuer. Abweichend von Satz 1 gilt in den Fällen des § 46 die dort bestimmte Grenze der täglichen Arbeitszeit.

(2) Soweit es sich bei Mehrarbeit, die in den Fällen des § 47 Absatz 1 Satz 1 geleistet wird, um gewerbsmäßige Bergung handelt, ist diese angemessen zu vergüten.

(3) Den Besatzungsmitgliedern ist, abgesehen vom Wachdienst,

1. bei Sonntags- und Feiertagsarbeit, auf See mit Ausnahme der Arbeiten nach § 43 Absatz 3 Satz 5,
2. bei Arbeiten, die an Werktagen im Falle des § 43 Absatz 1 Satz 4 zwischen 18 und 6 Uhr oder im Hafen außerhalb der in § 44 Absatz 1 Satz 3 und Absatz 3 Satz 1 bestimmten Zeiträume geleistet werden,

für jede Arbeitsstunde ein Zuschlag von mindestens einem Viertel eines Zweihundertstels der Grundheuer zu zahlen. Sind Arbeiten zugleich solche nach den Nummern 1 und 2, so ist der Zuschlag nur einmal zu zahlen. Sind diese Arbeiten zugleich Mehrarbeit im Sinne des Absatzes 1, so gelten für die Vergütung die im Tarifvertrag oder in Absatz 1 Satz 2 bestimmten Sätze mit der Maßgabe, dass sich der Mindestzuschlag bei Arbeiten nach Nummer 1 jeweils um ein Viertel eines Zweihundertstels der Grundheuer erhöht.

§ 52 Sonntags- und Feiertagsausgleich. (1) Jedem Besatzungsmitglied ist für jeden Sonntag und für jeden Feiertag, an dem es gearbeitet hat oder an dem sich das Schiff weniger als zwölf Stunden im Hafen befunden hat, ein Ausgleich durch einen arbeitsfreien Werktag zu geben. Einem Besatzungsmitglied des Servicepersonals sind im Monat mindestens zwei freie Tage zu gewähren.

(2) Der Ausgleich ist so bald wie möglich zu gewähren. Ist das innerhalb derselben Woche nicht möglich, so soll der freie Tag in einer der folgenden Wochen gegeben werden. Bis zum Urlaubsantritt nicht gewährte arbeitsfreie Tage sind mit dem Urlaub zu verbinden oder, wenn einer Verlängerung des Urlaubs zwingende betriebliche Gründe entgegenstehen, abzugelten.

(3) Freie Tage sind in einem Hafen zu gewähren, in dem Landgang zulässig und möglich ist. Auf Verlangen des Besatzungsmitglieds können freie Tage auch auf See gewährt werden.

(4) Auf arbeitsfreie Tage finden die Vorschriften des § 58 Absatz 1 Satz 1 und des § 61 Absatz 1 und 2 entsprechende Anwendung.

§ 53 Arbeitszeitregelungen für jugendliche Besatzungsmitglieder. (1) Für jugendliche Besatzungsmitglieder sind die §§ 42, 48, 50 und 51 sowie die folgenden Absätze anzuwenden. Die §§ 43 und 44 sind mit der Maßgabe der Absätze 2 bis 4 anzuwenden.

(2) Im Hafen dürfen jugendliche Besatzungsmitglieder an höchstens fünf Tagen in der Woche bis zu acht Stunden täglich und bis zu 40 Stunden wöchentlich arbeiten. Die freien Tage sollen möglichst der Samstag und der Sonntag sein.

(3) Auf See dürfen jugendliche Besatzungsmitglieder an höchstens sechs Tagen in der Woche bis zu acht Stunden täglich und bis zu 48 Stunden wöchentlich arbeiten.

(4) Im Wachdienst auf See dürfen jugendliche Besatzungsmitglieder an jedem Tag bis zu acht Stunden täglich und in der Woche ab 5 Uhr beschäftigt werden. Dies gilt jedoch nur, wenn jugendliche Besatzungsmitglieder während der Wache neben dem Wachdienst nur mit gelegentlichen Instandsetzungsarbeiten sowie mit Arbeiten beschäftigt werden, die zur Sicherung des Schiffes und dessen Fahrt, zur Sicherung der Ladung oder zum Bootsdienst unbedingt erforderlich sind. Der Arbeitsbeginn kann auf 4 Uhr gelegt werden, wenn andernfalls die wirksame Ausbildung jugendlicher Besatzungsmitglieder nach festgelegten Programmen und Zeitplänen beeinträchtigt würde.

(5) Den jugendlichen Besatzungsmitgliedern müssen im Voraus feststehende Ruhepausen von angemessener Dauer gewährt werden. Als Ruhepause gilt nur eine Arbeitsunterbrechung von mindestens 15 Minuten. Die Ruhepausen müssen insgesamt mindestens betragen:

1. 30 Minuten bei einer Arbeitszeit von mehr als viereinhalb bis zu sechs Stunden,
2. 60 Minuten bei einer Arbeitszeit von mehr als sechs Stunden.

Die Ruhepausen müssen in angemessener zeitlicher Lage gewährt werden. Länger als viereinhalb Stunden hintereinander dürfen jugendliche Besatzungsmitglieder nicht ohne Ruhepause arbeiten. Für die Einnahme aller Mahlzeiten ist genügend Zeit einzuräumen.

(6) In der Zeit zwischen 20 und 6 Uhr ist die Arbeit von jugendlichen Besatzungsmitgliedern vorbehaltlich der Regelung in Absatz 4 verboten. Außerdem dürfen jugendliche

Besatzungsmitglieder auf Fahrgastschiffen bei Aufführungen zur Unterhaltung der Fahrgäste bis 23 Uhr gestaltend mitwirken, wenn im Anschluss daran eine ununterbrochene Ruhezeit von mindestens neun Stunden gewährleistet ist. Die Berufsgenossenschaft kann Ausnahmen von dem Verbot des Satzes 1 zulassen, wenn

1. die wirksame Ausbildung der betreffenden jugendlichen Besatzungsmitglieder nach festgelegten Programmen und Zeitplänen beeinträchtigt würde oder
2. die Besonderheit der Aufgabe oder eines anerkannten Ausbildungsprogramms es erforderlich macht, dass die von der Ausnahme erfassten jugendlichen Besatzungsmitglieder Aufgaben in der Nacht verrichten und nach Beratung mit Verbänden der Reeder und der Seeleute feststeht, dass die Arbeit sich nicht nachteilig auf die Gesundheit oder das Wohlbefinden der jugendlichen Besatzungsmitglieder auswirkt.

(7) Mehrarbeit ist für jugendliche Besatzungsmitglieder nur in den Fällen des § 47 Absatz 1 und 2 zulässig, jedoch nur, soweit für die jeweilige Arbeit kein erwachsenes Besatzungsmitglied herangezogen werden kann. Die Regelungen des Absatzes 5 zu Ruhepausen und des Absatzes 6 zur Nachtruhe sind in diesem Fall nicht anzuwenden. Solche Ausnahmesituationen sind unter Angabe der Gründe schriftlich aufzuzeichnen und vom Kapitän zu unterzeichnen. Die Mehrarbeit ist durch entsprechende Verkürzung der Arbeitszeit innerhalb der folgenden drei Wochen auszugleichen. Kann der Arbeitszeitausgleich wegen Beendigung des Vertragsverhältnisses nicht mehr gewährt werden, ist die Mehrarbeit zu vergüten, wobei der Zuschlag für jugendliche Besatzungsmitglieder abweichend von § 51 Absatz 1 für jede Mehrarbeitsstunde mindestens ein Viertel eines Zweihundertstels der Grundheuer beträgt.

(8) Arbeiten jugendliche Besatzungsmitglieder an mehr als fünf Tagen, so ist ihnen für die Arbeit am sechsten und siebten Tag in der Woche je ein anderer freier Tag zu gewähren. Die Regelungen des § 52 zum Sonntags- und Feiertagsausgleich sind anzuwenden. Sofern ein freier Tag nach Satz 1 als Ausgleich für eine Beschäftigung an einem Werktag zu gewähren ist, ist § 52 Absatz 2 bis 4 entsprechend anzuwenden. Die finanzielle Abgeltung freier Tage ist nicht zulässig.

§ 54 Abweichende Arbeitszeitregelungen für jugendliche Besatzungsmitglieder durch Tarifvertrag. (1) In einem Tarifvertrag oder auf Grund eines Tarifvertrages in einer Betriebsvereinbarung oder Bordvereinbarung kann für jugendliche Besatzungsmitglieder vereinbart werden,

1. abweichend von § 53 Absatz 2 die Arbeitszeit bis zu neun Stunden täglich, 44 Stunden wöchentlich und bis zu fünfeinhalb Tagen in der Woche anders zu verteilen, jedoch nur unter Einhaltung einer durchschnittlichen Wochenarbeitszeit von 40 Stunden in einem Ausgleichszeitraum von zwei Monaten;
2. abweichend von § 53 Absatz 4 Satz 1 jugendliche Besatzungsmitglieder auch im Wachdienst im Hafen zu beschäftigen; § 53 Absatz 8 ist anzuwenden;
3. abweichend von § 53 Absatz 5 Satz 3 Nummer 2 die Gesamtdauer der Ruhepausen auf bis zu 45 Minuten zu kürzen;
4. abweichend von § 53 Absatz 6 jugendliche Besatzungsmitglieder einmal in der Woche in der Zeit von 20 bis 24 Uhr zu beschäftigen, wenn im Anschluss daran eine ununterbrochene Ruhezeit von mindestens neun Stunden gewährleistet ist; die Ruhezeit kann auf acht Stunden verkürzt werden, wenn andernfalls die wirksame Ausbil-

dung jugendlicher Besatzungsmitglieder nach festgelegten Programmen und Zeitplänen beeinträchtigt würde;

5. auf Fahrgastschiffen, Fährschiffen, Bergungsfahrzeugen und See- und Bergungsschleppern abweichende Regelungen von § 53 Absatz 2 bis 8 hinsichtlich der Arbeitszeit sowie für jugendliche Besatzungsmitglieder von Fahrgastschiffen und Fährschiffen abweichende Regelungen auch hinsichtlich der Vergütung und des Ausgleichs für Sonntags- und Feiertagsarbeit sowie sonstige Mehrarbeit; dies ist auch für jugendliche Besatzungsmitglieder von Fischereifahrzeugen sinngemäß anzuwenden; hinsichtlich der Arbeitszeit jedoch nur während des Fangs und seiner Verarbeitung an Bord.

Im Falle des Satzes 1 Nummer 5 sind zusätzlich nachstehende Anforderungen einzuhalten. Bei einer Abweichung von § 53 Absatz 6 muss mindestens ein Zeitraum von neun Stunden, der die Zeit zwischen 0 und 5 Uhr einschließt, arbeitsfrei sein. Abweichungen müssen in Übereinstimmung mit den allgemeinen Grundsätzen für die Sicherheit und den Gesundheitsschutz der jugendlichen Besatzungsmitglieder stehen und aus objektiven, technischen oder arbeitsorganisatorischen Gründen erforderlich sein. Sie haben so weit wie möglich den gesetzlichen Bestimmungen zu folgen, können aber häufigeren oder längeren Urlaubszeiten oder der Gewährung von Ausgleichsurlaub für die Besatzungsmitglieder Rechnung tragen.

(2) Im Geltungsbereich eines Tarifvertrages, der eine Regelung nach Absatz 1 Nummer 1 bis 5 enthält, kann diese tarifvertragliche Regelung im Betrieb eines nicht tarifgebundenen Reeders durch Betriebs- oder Bordvereinbarung oder, wenn eine Arbeitnehmervertretung nicht besteht, durch schriftliche Vereinbarung zwischen dem Reeder und den Besatzungsmitgliedern übernommen werden, wenn die Anwendung des gesamten Tarifvertrages vereinbart ist.

(3) Für Besatzungsmitglieder von Fahrgastschiffen, Fährschiffen oder von Fischereifahrzeugen, für die Tarifverträge üblicherweise nicht geschlossen werden, können Ausnahmen mit einer in Absatz 1 Nummer 5 vorgesehenen Regelung allgemein oder im Einzelfall durch die Berufsgenossenschaft bewilligt werden.

(4) Absatz 1 ist nicht für Tarifverträge anzuwenden, die nach § 21 Absatz 4 Satz 2 des Flaggenrechtsgesetzes abgeschlossen werden.

§ 55 Rechtsverordnungen. Das Bundesministerium für Arbeit und Soziales wird ermächtigt, im Einvernehmen mit dem Bundesministerium für Verkehr und digitale Infrastruktur durch Rechtsverordnung ohne Zustimmung des Bundesrates

1. die näheren Anforderungen zum Führen der Übersicht über die Arbeitsorganisation und die Arbeitszeitnachweise nach § 50 Absatz 1 und 2 zu bestimmen,

2. weitergehende Vorschriften zu der Übersicht über die Arbeitsorganisation und den Arbeitszeitnachweisen nach § 50 zu erlassen,

3. abweichend von den §§ 43, 44, 45 und 48 Regelungen zur Arbeitszeit sowie zu den Ruhepausen und zur Ruhezeit für Besatzungsmitglieder auf Schiffen, von denen aus besondere Tätigkeiten zur Errichtung, zur Änderung oder zum Betrieb von Bauwerken, künstlichen Inseln oder sonstigen Anlagen auf See durchgeführt werden (Offshore-Tätigkeiten), zuzulassen und die zum Schutz der Besatzungsmitglieder notwendigen Bedingungen zu bestimmen.

Rechtsverordnungen nach Satz 1 bedürfen des Einvernehmens des Bundesministeriums für Ernährung und Landwirtschaft, soweit die Seefischerei betroffen ist.

[…]

Abschnitt 11
Straf- und Bußgeldvorschriften

§ 145 Bußgeldvorschriften. (1) Ordnungswidrig handelt, wer vorsätzlich oder fahrlässig

1. entgegen § 10 Absatz 1 eine dort genannte Person beschäftigt oder arbeiten lässt,
2. entgegen § 12 Absatz 1 Satz 2 ein Besatzungsmitglied ohne gültiges Seediensttauglichkeitszeugnis beschäftigt,
3. entgegen § 22 Absatz 3 Satz 1 oder § 33 Absatz 5 Satz 1 eine Besatzungsliste, ein Seetagebuch oder eine Kopie der Dienstbescheinigung nicht oder nicht mindestens fünf Jahre aufbewahrt,
4. ohne Bescheinigung nach § 26 Absatz 3 eine Person vermittelt,
5. entgegen § 34 Satz 2 dem Besatzungsmitglied eine Erlaubnis nicht erteilt,
6. entgegen § 48 Absatz 1, auch in Verbindung mit einer Rechtsverordnung nach § 55 Satz 1 Nummer 3 nicht dafür sorgt, dass die dort genannten Arbeitszeiten und Ruhezeiten eingehalten werden,
7. entgegen § 50 Absatz 1 Satz 1 oder Absatz 2, jeweils auch in Verbindung mit einer Rechtsverordnung nach § 55 Satz 1 Nummer 1, die dort genannte Übersicht oder einen Arbeitszeitnachweis nicht, nicht richtig oder nicht vollständig führt,
8. entgegen § 58 Absatz 2 einem jugendlichen Besatzungsmitglied Urlaub nicht gewährt,
9. entgegen § 72 Absatz 1 Satz 1 ein Besatzungsmitglied im Ausland zurücklässt,

9a. entgegen § 76a Absatz 1 Satz 2 oder § 106a Absatz 1 Satz 2 einen Nachweis nicht oder nicht rechtzeitig erbringt,

10. entgegen § 94 Satz 1 dem Besatzungsmitglied den Zugang zu einer dort genannten Kommunikationseinrichtung nicht gewährt,
11. entgegen § 95 Satz 1 Nummer 1 einen Bordbesuch nicht erlaubt,
12. entgegen § 106 Absatz 1 Satz 1 eine dort genannte Sache oder ein Heuerguthaben nicht oder nicht rechtzeitig übergibt,
13. entgegen § 106 Absatz 2 Satz 1 nicht dafür sorgt, dass eine dort genannte Aufstellung erstellt wird,
14. entgegen § 109 Absatz 3 Satz 3 einen dort genannten Nachweis nicht, nicht richtig oder nicht vollständig führt oder nicht oder nicht mindestens fünf Jahre aufbewahrt,
15. entgegen § 117 Absatz 5 eine dort genannte Unterweisung nicht oder nicht rechtzeitig vornimmt oder nicht oder nicht rechtzeitig wiederholt,

16. einer vollziehbaren Anordnung nach
    a) § 117 Absatz 8 Satz 2 oder § 143 Absatz 1 Satz 1 in Verbindung mit § 117 Absatz 2 Satz 1 oder
    b) § 124 Absatz 1 Satz 2
    zuwiderhandelt,
17. entgegen § 121 Absatz 6 eine dort genannte Eintragung in das Seetagebuch nicht, nicht richtig, nicht vollständig oder nicht rechtzeitig vornimmt oder
18. einer Rechtsverordnung nach § 20 Absatz 1 Satz 1 Nummer 1, 2, 4, 5 oder Nummer 6, § 55 Satz 1 Nummer 2, § 96 Satz 1 oder § 113 Satz 1 Nummer 2, 3, 4, 5 oder Nummer 6 oder einer vollziehbaren Anordnung auf Grund einer solchen Rechtsverordnung zuwiderhandelt, soweit die Rechtsverordnung für einen bestimmten Tatbestand auf diese Bußgeldvorschrift verweist.

(2) Die Bestimmungen des Absatzes 1 Nummer 1 bis 3, 6, 8, 15, 16 Buchstabe a und Nummer 18 gelten auch für einen anderen Arbeitgeber, die Vorschriften des Absatzes 1 Nummer 5 bis 15, 16 Buchstabe a und Nummer 18 auch für den Stellvertreter des Kapitäns im Sinne des § 5 Absatz 3.

(3) Die Ordnungswidrigkeit kann in den Fällen des Absatzes 1 Nummer 1, 2, 6, 9 und 16 mit einer Geldbuße bis zu fünfzigtausend, in den Fällen des Absatzes 1 Nummer 4, 7, 8, 9a, 12, 15 und 17 mit einer Geldbuße bis zu zehntausend und in den übrigen Fällen mit einer Geldbuße bis zu fünftausend Euro geahndet werden.

(4) Verwaltungsbehörde im Sinne des § 36 Absatz 1 Nummer 1 des Gesetzes über Ordnungswidrigkeiten ist die Berufsgenossenschaft.

§ 146 Strafvorschriften

(1) Mit Freiheitsstrafe bis zu fünf Jahren oder mit Geldstrafe wird bestraft, wer eine in § 145 Absatz 1 Nummer 16 Buchstabe b bezeichnete vorsätzliche Handlung

1. gemeinschaftlich mit anderen Besatzungsmitgliedern begeht oder
2. begeht und dadurch Leben oder Gesundheit eines anderen oder fremde Sachen von bedeutendem Wert gefährdet.

(2) Mit Freiheitsstrafe bis zu drei Jahren oder mit Geldstrafe wird bestraft, wer in den Fällen des Absatzes 1 Nummer 2 die Gefahr fahrlässig verursacht.

(3) Mit Freiheitsstrafe bis zu einem Jahr oder mit Geldstrafe wird bestraft, wer

1. eine in § 145 Absatz 1 Nummer 1, 2, 6, 9 oder Nummer 16, jeweils auch in Verbindung mit § 145 Absatz 2, bezeichnete vorsätzliche Handlung beharrlich wiederholt,
2. eine in § 145 Absatz 1 Nummer 1, 2, 6, 9 oder Nummer 16 Buchstabe a, jeweils auch in Verbindung mit § 145 Absatz 2, bezeichnete vorsätzliche Handlung begeht und dadurch die betroffene Person in ihrer Gesundheit oder Arbeitskraft gefährdet oder
3. eine in § 145 Absatz 1 Nummer 16 Buchstabe b bezeichnete vorsätzliche Handlung begeht und dadurch die betroffene Person in ihrer Arbeitskraft gefährdet.

§ 147 Rechtsmittel. (1) Die Frist für den Einspruch gegen den Bußgeldbescheid gilt als gewahrt, wenn das betroffene Besatzungsmitglied den Einspruch innerhalb der Frist bei dem Kapitän schriftlich oder zur Niederschrift einlegt. Der Kapitän hat den Zeitpunkt der Einlegung unverzüglich in das Seetagebuch einzutragen und dem betroffenen Besatzungsmitglied darüber eine Bescheinigung auszustellen. Legt der Kapitän selbst den Einspruch ein, so obliegen seinem Stellvertreter (§ 5 Absatz 3) die Aufgaben nach den Sätzen 1 und 2. Die Niederschrift oder der schriftliche Einspruch ist unverzüglich der Behörde, die den Bußgeldbescheid erlassen hat, zu übersenden.

(2) Für die Einlegung der Rechtsbeschwerde gilt Absatz 1 entsprechend.

[…]

19. Verordnung über die Arbeitszeit bei Offshore-Tätigkeiten (Offshore-Arbeitszeitverordnung – Offshore-ArbZV)

vom 5.7.2013 (BGBl. I S. 2228)

Auf Grund des § 15 Absatz 2a des Arbeitszeitgesetzes, der durch Artikel 3 Absatz 6 Nummer 2 des Gesetzes vom 20. April 2013 (BGBl. I S. 868) eingefügt worden ist, verordnet die Bundesregierung und auf Grund des § 55 Satz 1 Nummer 3 des Seearbeitsgesetzes vom 20. April 2013 (BGBl. I S. 868) verordnet das Bundesministerium für Arbeit und Soziales im Einvernehmen mit dem Bundesministerium für Verkehr, Bau und Stadtentwicklung:

Abschnitt 1. Allgemeine Vorschriften

§ 1 Geltungsbereich. Diese Verordnung gilt im Küstenmeer sowie in der ausschließlichen Wirtschaftszone der Bundesrepublik Deutschland sowie auf Schiffen, von denen aus Offshore-Tätigkeiten im Sinne des § 15 Absatz 2a des Arbeitszeitgesetzes oder des § 55 Satz 1 Nummer 3 des Seearbeitsgesetzes durchgeführt werden für

1. Arbeitnehmerinnen und Arbeitnehmer, die Offshore-Tätigkeiten im Sinne des § 15 Absatz 2a des Arbeitszeitgesetzes durchführen,
2. Besatzungsmitglieder im Sinne des § 3 Absatz 1 des Seearbeitsgesetzes.

Abschnitt 2. Vorschriften für Arbeitnehmerinnen und Arbeitnehmer, die Offshore-Tätigkeiten durchführen

§ 2 Anwendung des Arbeitszeitgesetzes. Für die Beschäftigung von Arbeitnehmerinnen und Arbeitnehmern im Sinne von § 1 Nummer 1 ist das Arbeitszeitgesetz anzuwenden, soweit im Folgenden nichts anderes geregelt ist.

§ 3 Arbeitszeit. (1) Die tägliche Arbeitszeit darf abweichend von den §§ 3, 6 Absatz 2 und § 11 Absatz 2 des Arbeitszeitgesetzes auf bis zu zwölf Stunden verlängert werden.

(2) Unterfallen die an einem Tag geleisteten Tätigkeiten nicht ausschließlich dem Geltungsbereich dieser Verordnung, darf die Gesamtarbeitszeit die nach Absatz 1 zulässige Höchstarbeitszeit nicht überschreiten.

§ 4 Ruhepausen. Unbeschadet des § 4 Satz 1 des Arbeitszeitgesetzes muss die Ruhepause bei einer Arbeitszeit von mehr als zehn Stunden mindestens 60 Minuten betragen.

§ 5 Sonntags- und Feiertagsbeschäftigung. Abweichend von § 9 des Arbeitszeitgesetzes dürfen Arbeitnehmerinnen und Arbeitnehmer an Sonntagen und Feiertagen beschäftigt werden.

§ 6 Zeitraum der Offshore-Tätigkeit. (1) Arbeitgeber haben dafür zu sorgen, dass Arbeitnehmerinnen und Arbeitnehmer nicht mehr als 21 unmittelbar aufeinander folgende Tage auf See verbringen. Dabei dürfen Arbeitnehmerinnen und Arbeitnehmer an nicht mehr als an sieben Tagen, davon jeweils höchstens zwei unmittelbar aufeinander folgende Tage, mit einer verlängerten täglichen Arbeitszeit nach § 3 Absatz 1 über zehn Stunden hinaus mit Offshore-Tätigkeiten beschäftigt werden. Arbeitgeber haben sicherzustellen, dass die tägliche Arbeitszeit im Zeitraum nach Satz 1 im Durchschnitt zehn Stunden nicht überschreitet.

(2) Wird die tägliche Arbeitszeit nach § 3 Absatz 1 über zehn Stunden hinaus an mehr als sieben Tagen verlängert, dürfen Arbeitnehmerinnen und Arbeitnehmer beginnend mit dem ersten Tag der Offshore-Tätigkeit höchstens 14 unmittelbar aufeinander folgende Tage mit Offshore-Tätigkeiten beschäftigt werden.

§ 7 Ausgleich von Mehrarbeit und für Sonntags- und Feiertagsbeschäftigung. (1) Jede Arbeitszeitverlängerung bei Offshore-Tätigkeiten über acht Stunden täglich hinaus (Mehrarbeit) ist durch freie Tage auszugleichen. Für jeweils volle acht Stunden Mehrarbeit ist ein freier Tag zu gewähren.

(2) Wird die Arbeitszeit nach § 3 Absatz 1 an mehr als zwei Tagen über zehn Stunden hinaus verlängert, ist den Arbeitnehmerinnen und Arbeitnehmern unmittelbar im Anschluss an die Zeiträume nach § 6 eine ununterbrochene Freistellungsphase zu gewähren. In der Freistellungsphase sind die Ersatzruhetage für Sonntagsbeschäftigung in den Zeiträumen nach § 6 zu gewähren sowie mindestens die über zehn Stunden täglich hinausgehende Mehrarbeit als freie Tage auszugleichen.

(3) Der Beginn der Freistellungsphase nach Absatz 2 darf um bis zu zwei Tage verschoben werden, wenn an Land erforderliche Nacharbeiten erledigt werden müssen, die in unmittelbarem Zusammenhang mit der Offshore-Tätigkeit stehen.

(4) Im Übrigen ist der Ersatzruhetag für die Beschäftigung an einem Sonntag abweichend von § 11 Absatz 3 des Arbeitszeitgesetzes innerhalb von drei Wochen nach dem Beschäftigungstag zu gewähren.

(5) Freie Tage zum Ausgleich von Mehrarbeit oder Ersatzruhetage für die Beschäftigung an Sonntagen und Feiertagen sind an Land zu gewähren.

(6) Insgesamt darf die Arbeitszeit abweichend von §§ 3, 6 Absatz 2 und § 11 Absatz 2 des Arbeitszeitgesetzes wöchentlich 48 Stunden im Durchschnitt von zwölf Kalendermonaten nicht überschreiten.

§ 8 Arbeitszeitnachweise. Der Arbeitgeber ist abweichend von § 16 Absatz 2 Satz 1 des Arbeitszeitgesetzes verpflichtet, die gesamte Arbeitszeit sowie den Ausgleich der Mehrarbeit über acht Stunden und die Ersatzruhetage für Sonntags- und Feiertagsbeschäftigung täglich aufzuzeichnen.

§ 9 Transportzeiten. (1) Werden Arbeitnehmerinnen oder Arbeitnehmer von Land zu ihrem Einsatzort transportiert, beginnt die Transportzeit an dem vom Arbeitgeber festgelegten Sammelpunkt zum festgelegten Sammelzeitpunkt. Beim Rücktransport endet die Transportzeit mit der Rückkehr zum Sammelpunkt. Diese Transportzeiten sind wie Arbeitszeiten bei § 6 zu berücksichtigen sowie durch Freizeit auszugleichen und aufzuzeichnen. § 6 Absatz 1 Satz 2 und 3 und Absatz 2 sowie §§ 7 und 8 sind entsprechend anzuwenden.

(2) Arbeitgeber haben sicherzustellen, dass an einem Tag mit Transportzeit die Arbeitszeit und die Transportzeit zusammen 14 Stunden nicht überschreiten. Dieser Zeitraum darf nur überschritten werden, wenn sich die planmäßige Transportzeit bei der Rück-

fahrt zum Land auf Grund außergewöhnlicher, nicht vom Arbeitgeber zu vertretender Umstände verlängert. An Tagen nach Satz 1 darf die tägliche Ruhezeit abweichend von § 5 Absatz 1 des Arbeitszeitgesetzes um die Dauer der Transportzeit, aber höchstens um zwei Stunden verkürzt werden. Fallen an einzelnen Tagen nur Transportzeiten an, so können die Zeiträume nach § 6 um diese Tage verlängert werden.

(3) Die Absätze 1 und 2 sind nicht anzuwenden, wenn die ununterbrochene Transportzeit mindestens sechs Stunden beträgt und den Arbeitnehmerinnen oder Arbeitnehmern während der an Bord eines Schiffes verbrachten Transportzeit geeignete Schlafplätze in einer Schlafkabine zur Verfügung stehen.

§ 10 Weitere Arbeitsschutzmaßnahmen. (1) Arbeitnehmerinnen und Arbeitnehmer, die an mindestens 48 Tagen im Kalenderjahr mit Offshore-Tätigkeiten beschäftigt werden, sind berechtigt, sich vor Beginn der Beschäftigung und danach in regelmäßigen Zeitabständen von nicht weniger als drei Jahren arbeitsmedizinisch untersuchen zu lassen. Nach Vollendung des 50. Lebensjahres steht ihnen dieses Recht in Zeitabständen von einem Jahr zu. Die Kosten der Untersuchungen hat der Arbeitgeber zu tragen, sofern er die Untersuchungen nicht kostenlos durch eine Betriebsärztin oder einen Betriebsarzt oder einen überbetrieblichen betriebsärztlichen Dienst anbietet.

(2) Der Arbeitgeber hat eine Arbeitnehmerin oder einen Arbeitnehmer auf Verlangen auf einen geeigneten Arbeitsplatz an Land umzusetzen, wenn nach arbeitsmedizinischer Feststellung die weitere Beschäftigung mit Offshore-Tätigkeiten die Gesundheit der Arbeitnehmerin oder des Arbeitnehmers gefährdet, sofern dem nicht dringende betriebliche Erfordernisse entgegenstehen. Stehen der Umsetzung nach Auffassung des Arbeitgebers dringende betriebliche Erfordernisse entgegen, so ist der Betriebsrat zu hören. Der Betriebsrat kann dem Arbeitgeber Vorschläge für eine Umsetzung unterbreiten.

(3) Diese Verordnung lässt sonstige Arbeitsschutzvorschriften unberührt. Bei der Gefährdungsbeurteilung nach § 5 des Arbeitsschutzgesetzes hat der Arbeitgeber insbesondere die Belastungen durch eine Arbeitszeitverlängerung unter Einbeziehung der erschwerten Arbeitsbedingungen bei Offshore-Tätigkeiten zu berücksichtigen.

Abschnitt 3. Vorschriften für Besatzungsmitglieder von Schiffen, von denen aus Offshore-Tätigkeiten durchgeführt werden

§ 11 Anwendung des Seearbeitsgesetzes. Für die Beschäftigung von Besatzungsmitgliedern im Sinne des § 1 Nummer 2 sind die Arbeitszeitvorschriften des Seearbeitsgesetzes anzuwenden, soweit im Folgenden nichts anderes geregelt ist.

§ 12 Arbeitszeit. (1) Die Arbeitszeit darf abweichend von den §§ 43 und 48 Absatz 1 Nummer 1 des Seearbeitsgesetzes auf bis zu zwölf Stunden täglich und bis zu 84 Stunden wöchentlich verlängert werden. Dabei kann auch von den Vorschriften zur Lage der Arbeitszeit, zum Wachsystem und zur Sonntags- und Feiertagsbeschäftigung abgewichen werden. Die Sätze 1 und 2 gelten nicht für die Fahrt zum oder vom Einsatzort, sofern die Fahrt mehr als 48 Stunden beträgt.

(2) § 48 Absatz 1 Nummer 2 des Seearbeitsgesetzes ist einzuhalten.

§ 13 Ruhepausen. Unbeschadet des § 45 Absatz 2 Satz 2 des Seearbeitsgesetzes muss die Ruhepause bei einer Arbeitszeit von mehr als zehn Stunden mindestens 60 Minuten betragen.

§ 14 Ausgleich von Mehrarbeit und für Sonntags- und Feiertagsbeschäftigung. (1) Soweit Mehrarbeit nicht auf Grund des § 47 des Seearbeitsgesetzes erfolgt, ist die nach § 12 Absatz 1 über die zulässigen Arbeitszeiten nach § 43 des Seearbeitsgesetzes hinaus geleistete Mehrarbeit auszugleichen. Für jeweils volle acht Stunden Mehrarbeit ist ein freier Tag zu gewähren. Freie Tage zum Ausgleich von Mehrarbeit sind innerhalb von zwölf Kalendermonaten zu gewähren. Die Ausgleichstage sind an Land oder in einem Hafen, in dem Landgang zulässig und möglich ist, zu gewähren.

(2) Für den Sonntags- und Feiertagsausgleich ist § 52 des Seearbeitsgesetzes anzuwenden.

§ 15 Weitere Arbeitsschutzmaßnahmen. Diese Verordnung lässt sonstige Arbeitsschutzvorschriften unberührt. Bei der Gefährdungsbeurteilung nach § 114 des Seearbeitsgesetzes in Verbindung mit § 5 des Arbeitsschutzgesetzes hat der Reeder insbesondere die Belastungen durch eine Arbeitszeitverlängerung unter Einbeziehung der erschwerten Arbeitsbedingungen bei Offshore-Tätigkeiten zu berücksichtigen.

Abschnitt 4. Schlussvorschriften

§ 16 Bewilligung durch die Aufsichtsbehörde. Die Aufsichtsbehörde kann auf Antrag im Einzelfall weitergehende Ausnahmen zulassen, soweit sie auf Grund besonderer Umstände erforderlich werden, und die zur Sicherheit und zum Schutz der Gesundheit der Beschäftigten erforderlichen Maßnahmen bestimmen.

§ 17 Evaluierung. Diese Verordnung wird nach Ablauf von drei Jahren evaluiert, um zu prüfen, ob die Ausgleichsmaßnahmen für die vorgenommenen Ausnahmeregelungen nach Art und Umfang angemessen sind und ob das Niveau des allgemeinen Arbeits- und Gesundheitsschutzes, den das Arbeitszeitgesetz garantieren soll, auch tatsächlich eingehalten wird.

§ 18 Ordnungswidrigkeiten. Ordnungswidrig im Sinne des § 22 Absatz 1 Nummer 4 des Arbeitszeitgesetzes handelt, wer als Arbeitgeber vorsätzlich oder fahrlässig

1. entgegen § 6 Absatz 1 Satz 1 nicht dafür sorgt, dass eine Arbeitnehmerin oder ein Arbeitnehmer nicht mehr als 21 unmittelbar aufeinander folgende Tage auf See verbringt,
2. entgegen § 6 Absatz 1 Satz 2 oder Absatz 2, jeweils auch in Verbindung mit § 9 Absatz 1 Satz 4, eine Arbeitnehmerin oder einen Arbeitnehmer beschäftigt,
3. entgegen § 6 Absatz 1 Satz 3, auch in Verbindung mit § 9 Absatz 1 Satz 4, nicht sicherstellt, dass die tägliche Arbeitszeit zehn Stunden nicht überschreitet,
4. entgegen § 7 Absatz 1 Satz 2, Absatz 2, 4 oder Absatz 5, jeweils auch in Verbindung mit § 9 Absatz 1 Satz 4, einer Arbeitnehmerin oder einem Arbeitnehmer den vorgeschriebenen Ausgleich nicht, nicht richtig, nicht vollständig oder nicht rechtzeitig gewährt,

5. entgegen § 8, auch in Verbindung mit § 9 Absatz 1 Satz 4, eine Aufzeichnung nicht, nicht richtig oder nicht rechtszeitig erstellt oder
6. entgegen § 9 Absatz 2 Satz 1 nicht sicherstellt, dass der dort genannte Zeitraum nicht überschritten wird.

§ 19 Hinweis auf Straf- und Bußgeldvorschriften des Seearbeitsgesetzes. Zuwiderhandlungen gegen § 48 Absatz 1 des Seearbeitsgesetzes in Verbindung mit § 14 Absatz 1 Satz 2, 3 oder Satz 4 dieser Verordnung werden nach § 145 Absatz 1 Nummer 6 oder § 146 Absatz 2 Nummer 1 oder Nummer 2 des Seearbeitsgesetzes geahndet.

§ 20 Inkrafttreten. Diese Verordnung tritt am 1. August 2013 in Kraft.

Luftfahrt

20. Zweite Durchführungsverordnung zur Betriebsordnung für Luftfahrtgerät (Dienst-, Flugdienst-, Block- und Ruhezeiten von Besatzungsmitgliedern in Luftfahrtunternehmen und außerhalb von Luftfahrtunternehmen bei berufsmäßiger Betätigung) (2. DV LuftBO)

vom 6. 4. 2009 (BAnz. 2009 Nr. 56 S. 1327), zuletzt geändert durch Gesetz vom 29. 3. 2017 (BGBl. I S. 626)

Abschnitt 1
Allgemeine Vorschriften

§ 1 Anwendungsbereich. (1) Diese Verordnung gilt für Mitglieder der Besatzung an Bord eines Zivilluftfahrzeugs (Besatzungsmitglieder), die von einem Unternehmen mit Sitz in der Bundesrepublik Deutschland für die Zivilluftfahrt, mit Ausnahme der gewerbsmäßigen Beförderung in Flugzeugen, eingesetzt werden. Für Halter von Luftfahrzeugen, die berufsmäßig tätige Besatzungsmitglieder beschäftigen, gelten die Vorschriften dieser Verordnung entsprechend.

(2) Sofern Besatzungsmitglieder für die gewerbsmäßige Beförderung in Flugzeugen eingesetzt werden, gelten anstelle der §§ 2 bis 24 die Bestimmungen des Anhangs III der Verordnung (EWG) Nr. 3922/91 des Rates vom 16. Dezember 1991 zur Harmonisierung der technischen Vorschriften und der Verwaltungsverfahren in der Zivilluftfahrt (ABl. L 373 vom 31. 12. 1991, S. 4), zuletzt geändert durch die Verordnung (EG) Nr. 859/2008 der Kommission vom 20. August 2008 (ABl. L 254 vom 20. 9. 2008, S. 1) in Verbindung mit der Ersten Durchführungsverordnung zur Betriebsordnung für Luftfahrtgerät in ihrer jeweils geltenden Fassung.

(3) Sofern Besatzungsmitglieder im Geltungsbereich sowohl dieser Verordnung als auch des Anhangs III der Verordnung (EWG) Nr. 3922/91 eingesetzt werden, sind die im Geltungsbereich dieser Verordnung geleisteten Dienststunden auf die Höchstwerte gemäß OPS 1.1100 anzurechnen.

§ 2 Begriffsbestimmungen. (1) Dienstzeit ist jede Zeitspanne, während der ein Besatzungsmitglied auf der Grundlage von Rechtsvorschriften, tariflichen und betrieblichen Regelungen oder von der Aufsichtsbehörde genehmigten Verfahren arbeitet, dem Arbeitgeber zur Verfügung steht und seine Tätigkeit ausübt oder Aufgaben wahrnimmt.

(2) Eine Pause ist ein als Dienstzeit geltender Zeitraum, der frei von allen dienstlichen Verpflichtungen und kürzer als eine Ruhezeit ist.

(3) Flugdienstzeit ist die gesamte Zeitspanne, während derer eine Person in einem Luftfahrzeug oder Flugübungsgerät als Besatzungsmitglied tätig ist.

(4) Blockzeit ist die Zeit zwischen dem erstmaligen Abrollen eines Luftfahrzeugs aus seiner Parkposition zum Zweck des Startens bis zum Stillstand an der zugewiesenen Parkposition mit abgestellten Triebwerken. Für Hubschrauber bedeutet Blockzeit die Zeit zwischen dem erstmaligen Drehen der Rotorblätter bis zum Absetzen und dem nachfolgenden Stillstand des Rotors.

(5) Positionierung ist die Beförderung eines nicht diensttuenden Besatzungsmitglieds von einem Ort zum anderen auf Verlangen des Luftfahrtunternehmers. Hiervon ausgenommen ist die Reisezeit.

(6) Reisezeit ist

1. die Zeit für die Hin- und Rückfahrt zwischen dem Wohnort und der Heimatbasis;
2. die Zeit für den örtlichen Transfer vom Ruheort zum Ort des Dienstbeginns und für die Rückfahrt.

(7) Bereitschaftszeit ist ein festgelegter Zeitraum, in dem sich das Besatzungsmitglied dem Luftfahrtunternehmer zur Verfügung halten muss, um für einen Flug, eine Positionierung oder für einen anderen Dienst ohne vorhergehende Ruhezeit eingesetzt werden zu können.

(8) Ruhezeit ist eine zusammenhängende Zeit von mindestens zehn Stunden, während der ein Besatzungsmitglied von Dienstleistungen jeglicher Art befreit ist.

(9) Das Tagesrhythmus-Tief ist der Zeitraum zwischen 2 Uhr und 6 Uhr. Innerhalb einer Bandbreite von drei Zeitzonen bezieht sich das Tagesrhythmus-Tief auf die Zeit der Heimatbasis. Bei mehr als drei Zeitzonen Unterschied bezieht sich das Tagesrhythmus-Tief während der ersten 48 Stunden nach Verlassen der Heimatbasis-Zeitzone auf die Heimatbasiszeit und danach auf die Ortszeit.

(10) Eine Ortsnacht ist ein Zeitraum von acht Stunden zwischen 22 Uhr und 8 Uhr Ortszeit.

(11) Ein Ortstag ist ein Zeitraum von 24 Stunden, der um 0 Uhr Ortszeit beginnt und den die Besatzungsmitglieder an der Heimatbasis verbringen können.

Abschnitt 2
Pflichten des Luftfahrtunternehmers

§ 3 Festlegung von höchstzulässigen Dienstzeiten, Flugdienstzeiten, Blockzeiten und Ruhezeiten. (1) Der Luftfahrtunternehmer hat für alle Besatzungsmitglieder höchstzulässige Dienstzeiten, Flugdienstzeiten und Blockzeiten sowie angemessene Ruhezeiten festzulegen, die den Vorschriften dieser Verordnung entsprechen. Sie bedürfen der Anerkennung durch die nach § 61 der Luftverkehrs-Zulassungs-Ordnung zuständige Stelle.

(2) Der Luftfahrtunternehmer hat die Beziehung zwischen der Häufigkeit und der Länge und Abfolge von Flugdienstzeiten und Ruhezeiten zu beachten und die kumulativen Auswirkungen von langen Dienstzeiten, die nur von Mindestruhezeiten unterbrochen werden, angemessen zu berücksichtigen.

(3) Der Luftfahrtunternehmer hat die Dienste so zu planen, dass unerwünschte Praktiken wie abwechselnder Tag- und Nachtdienst oder die Positionierung von Besatzungsmitgliedern in einer Weise, die zu einer ernsthaften Störung etablierter Schlaf- und Arbeitszyklen führt, vermieden werden.

(4) Der Luftfahrtunternehmer hat sicherzustellen, dass die Ruhezeiten den Besatzungsmitgliedern ausreichend Zeit geben, sich von den Auswirkungen des vorangegangenen Dienstes zu erholen und zu Beginn der darauf folgenden Flugdienstzeit gut ausgeruht zu sein.

(5) Der Luftfahrtunternehmer hat sicherzustellen, dass die Flugdienstzeiten so geplant werden, dass die Besatzungsmitglieder ausreichend ermüdungsfrei bleiben können, um ihren Dienst unter allen Umständen mit befriedigendem Sicherheitsniveau ausüben zu können.

§ 4 Führung von Aufzeichnungen. (1) Der Unternehmer hat fortlaufende Aufzeichnungen über die Dienstzeiten, Flugdienstzeiten, einschließlich der Blockzeiten, und Ruhezeiten der Besatzungsmitglieder in übersichtlicher und prüfbarer Form zu führen. Die Aufzeichnungen sind mindestens 15 Monate aufzubewahren. Fortlaufende Aufzeichnungen über andere Zeiten als Flugdienst- und Ruhezeiten können als Aufzeichnungen nach Satz 1 zugelassen werden, wenn anhand der darin aufgeführten Zeiten eine Prüfung der nach dieser Verordnung zulässigen Flugdienst- und Ruhezeiten möglich ist. Die Aufsichtsbehörde kann auf die Aufzeichnung von Ruhezeiten verzichten, wenn sich aus den fortlaufenden Aufzeichnungen der Flugdienstzeiten und dem nachweislichen Fehlen jeglicher anderer Dienstleistungen außer Flugdienst die Ruhezeiten zweifelsfrei ergeben.

(2) Überschreitungen der nach dieser Verordnung zulässigen Zeiten sind in den Aufzeichnungen deutlich zu kennzeichnen oder auf einem gesonderten Formblatt anzugeben.

(3) Wird ein Besatzungsmitglied von mehreren Unternehmern beschäftigt, haben diese einen Unternehmer für die Aufzeichnung sämtlicher Zeiten zu bestimmen. Die Aufsichtsbehörde kann einen Unternehmer dazu bestimmen.

Abschnitt 3
Dienstzeiten und Ortstage

§ 5 Dienstzeiten. (1) Der Luftfahrtunternehmer benennt gegenüber dem Besatzungsmitglied einen Ort als Heimatbasis, an dem das Besatzungsmitglied regelmäßig eine Dienstzeit oder eine Abfolge von Dienstzeiten beginnt und beendet und an dem der Luftfahrtunternehmer in der Regel nicht für die Unterbringung des betreffenden Besatzungsmitglieds verantwortlich ist.

(2) Die höchstzulässige kalenderjährliche Dienstzeit beträgt 2000 Stunden. Bei nicht ganzjähriger Beschäftigung ist die höchstzulässige Dienstzeit anteilig zu kürzen. Im Übrigen soll sie möglichst gleichmäßig über das Jahr verteilt werden.

(3) Absatz 2 gilt nicht für Selbstständige.

§ 6 Ortstage. (1) Unbeschadet des gesetzlichen Jahresurlaubs erhalten die Besatzungsmitglieder Ortstage, die im Voraus bekanntzugeben sind. Die Ortstage können die vorgeschriebenen Ruhezeiten beinhalten. An Ortstagen darf kein Dienst und keine Bereitschaft angeordnet werden.

(2) Je Kalendermonat sind mindestens sieben Ortstage, je Kalenderjahr mindestens 96 Ortstage zu gewähren. Der Anspruch auf 96 Ortstage im Kalenderjahr besteht über den gesetzlich geregelten Jahresurlaub hinaus. Bei Urlaub, Krankheit oder Teilzeitbeschäftigung kann die Anzahl der Ortstage anteilig gekürzt werden.

(3) Die Absätze 1 und 2 gelten nicht für Selbstständige.

Abschnitt 4
Flugdienstzeit

§ 7 Zusammensetzung der Flugdienstzeit. (1) Die Flugdienstzeit umfasst

1. die Zeiten für Vorarbeiten vom angeordneten Antritt des Flugdienstes bis zum Beginn der Blockzeit, mindestens jedoch eine halbe Stunde,
2. die Blockzeit,
3. mindestens 15 Minuten für Abschlussarbeiten nach dem Ende der Blockzeit,
4. die auf Anordnung im Flugübungsgerät verbrachte Zeit einschließlich der Zeiten für Vor- und Abschlussarbeiten nach den Nummern 1 und 3,
5. die Zeit, die nach § 13 und § 14 als Flugdienstzeit anzurechnen ist.

(2) Überschreiten die tatsächlichen Zeiten die bei der Planung des Flugdienstes eingesetzten Zeiten, so sind die tatsächlichen Zeiten zur Ermittlung der Flugdienstzeit in Ansatz zu bringen.

(3) Wird der geplante Beginn der Flugdienstzeit kurzfristig neu festgesetzt, gilt der geänderte Zeitpunkt als geplanter Beginn der Flugdienstzeit, wenn das Besatzungsmitglied rechtzeitig vor Antritt des zunächst geplanten Flugdienstes von der Änderung in Kenntnis gesetzt wurde.

§ 8 Zulässige Flugdienstzeiten der Besatzungsmitglieder. (1) Die uneingeschränkte Flugdienstzeit jedes Besatzungsmitgliedes zwischen zwei Ruhezeiten beträgt zehn Stunden.

(2) Innerhalb von sieben aufeinanderfolgenden Tagen ist eine viermalige Verlängerung der Flugdienstzeit nach Absatz 1 bis zu vier Stunden zulässig, wobei die Summe dieser Verlängerungen acht Stunden nicht überschreiten darf. Der Zeitraum von sieben aufeinanderfolgenden Tagen beginnt jeweils um 0 Uhr Ortszeit der Heimatbasis des ersten und endet um 24 Uhr Ortszeit der Heimatbasis des siebten Tages.

(3) Bei einem Luftfahrzeugführer, der während der Flugdienstzeit nach Absatz 1 ganz oder teilweise ohne Unterstützung durch ein weiteres Flugbesatzungsmitglied als Luftfahrzeugführer tätig wird, findet Absatz 2 keine Anwendung.

(4) Beginnt die Flugdienstzeit im Tagesrhythmus-Tief, werden von der nach Absatz 2 höchstzulässigen Zeitverlängerung von vier Stunden 100 Prozent der Überschneidung, höchstens jedoch zwei Stunden, abgezogen.

(5) Endet die Flugdienstzeit im Tagesrhythmus-Tief oder umfasst sie es ganz, werden von der nach Absatz 2 höchstzulässigen Zeitverlängerung von vier Stunden 50 Prozent der Überschneidung abgezogen.

(6) Eine nach den Absätzen 4 oder 5 verringerte Zeitverlängerung ist

1. bei mehr als drei, jedoch weniger als sechs Landungen um eine weitere Stunde,
2. bei mehr als fünf Landungen um weitere zwei Stunden

zu kürzen.

(7) Beginnt eine verlängerte Flugdienstzeit in der Zeit von 22 Uhr bis 5 Uhr Ortszeit des Startflugplatzes, hat der Luftfahrtunternehmer die Flugdienstzeit auf elf Stunden und 45 Minuten zu begrenzen.

(8) Die Flugdienstzeiten dürfen innerhalb 30 aufeinanderfolgender Tage 210 Stunden, innerhalb eines Kalenderjahres 1 800 Stunden nicht überschreiten.

§ 9 Verlängerung der Flugdienstzeit bei verstärkter Besatzung. Die Aufsichtsbehörde kann auf schriftlichen Antrag eine zweimalige Verlängerung der Flugdienstzeit nach § 8 Absatz 1 bis zu einer höchstzulässigen Flugdienstzeit von 18 Stunden innerhalb jeweils sieben aufeinanderfolgender Tage zulassen, wenn die vorgeschriebene Mindestflugbesatzung verstärkt wird und Schlafgelegenheiten in einem von dem Führerraum und der Kabine abgetrennten Raum oder eine andere gleichwertige Unterbringung vorhanden sind. Jedes Flugbesatzungsmitglied darf hierbei nicht länger als zwölf Stunden ein Luftfahrzeug führen und bedienen. Für die Flugbegleiter sind angemessene Arbeitspausen während des Fluges vorzusehen. Für diesen Zweck sind Ruhesitze vorzuhalten. Im Übrigen gilt § 18 Absatz 3 und 4 entsprechend.

§ 10 Unterbrochene Flugdienstzeit. (1) Wird die Flugdienstzeit nach § 8 Absatz 1 bis 7 planmäßig durch eine Pause am Boden von mindestens drei Stunden unterbrochen und steht dem Besatzungsmitglied während der Pause in unmittelbarer Nähe des Flugplatzes ein ruhig gelegener Raum mit Schlafgelegenheit zur Verfügung, darf die zusammenhängende Dienstzeit auf bis zu 18 Stunden verlängert werden.

(2) Sofern in den Fällen des Absatzes 1 die Dienstzeiten die höchstzulässigen täglichen Flugdienstzeiten nach § 8 Absatz 1 bis 7 überschreiten, gelten folgende Maßgaben:

1. Jedes Flugbesatzungsmitglied darf nicht länger als zehn Stunden ein Luftfahrzeug führen und bedienen.
2. Innerhalb des Flugdienstes dürfen nicht mehr als zwei Landungen nach der Pause geplant werden.
3. Innerhalb jeweils sieben aufeinanderfolgender Tage dürfen nicht mehr als zwei Flugdienste nach Absatz 2 geleistet werden.
4. Flugdienste nach Absatz 2 und § 9 dürfen nicht innerhalb von sieben aufeinanderfolgenden Tagen geleistet werden.

(3) Können bei einem Flugdienst mit Unterbrechung die Voraussetzungen nach § 15 Absatz 1 nicht eingehalten werden, ist eine Ruhezeit von mindestens zwölf Stunden unmittelbar nach Beendigung des Flugdienstes zu gewähren.

§ 11 Vorzeitige Beendigung. Ist aufgrund besonderer Umstände bei den Besatzungsmitgliedern eine vorzeitige Ermüdung in einem Maße eingetreten, die nach Anhörung der Betroffenen Zweifel an der weiteren sicheren Durchführung des Fluges rechtfertigt, hat der verantwortliche Luftfahrzeugführer für eine vorzeitige Beendigung des Flugdienstes der Besatzungsmitglieder zu sorgen.

Abschnitt 5
Blockzeit, Positionierung, Bereitschaftszeit

§ 12 Blockzeit. Die Blockzeiten jedes Besatzungsmitgliedes dürfen 900 Stunden während eines Kalenderjahres nicht überschreiten.

§ 13 Positionierung. Die für die Positionierung aufgewendete Zeit gilt als Dienstzeit. Die Positionierung nach dem Ende der Ruhezeit, aber vor dem Dienst an Bord gilt als Teil der Flugdienstzeit, wird aber nicht als Flugabschnitt gezählt.

§ 14 Bereitschaftszeit. (1) Bereitschaftszeit ist als Flugdienstzeit anzurechnen, wenn Bereitschaftszeit und Flugdienstzeit nicht durch eine Ruhezeit nach § 15 unterbrochen werden und

1. entweder dem Besatzungsmitglied während der Bereitschaftszeit kein ruhig gelegener Raum mit Schlafgelegenheit zur Verfügung steht,
2. oder dem Besatzungsmitglied während der Bereitschaftszeit ein ruhig gelegener Raum mit Schlafgelegenheit zur Verfügung steht, die Bereitschaftszeit jedoch weniger als zwei Stunden beträgt, es sei denn, die Bereitschaftszeit wird im Anschluss an eine Ruhezeit abgeleistet.

(2) Steht dem Besatzungsmitglied ein ruhig gelegener Raum mit Schlafgelegenheit zur Verfügung, kann die Bereitschaftszeit als Pause gewertet werden.

(3) Bereitschaftszeit im Anschluss an eine Ruhezeit, in der das Besatzungsmitglied in der eigenen Wohnung oder einer entsprechenden Unterkunft an einem nicht durch den Unternehmer bestimmten Ort Gelegenheit zum Schlaf hat, kann vom Unternehmer als Ruhezeit angerechnet werden. Gleiches gilt für eine entsprechende Bereitschaftszeit vor einer Ruhezeit.

Abschnitt 6
Ruhezeit

§ 15 Ruhezeiten der Besatzungsmitglieder. (1) Innerhalb einer 24-Stunden-Periode ist jedem Besatzungsmitglied eine Ruhezeit von mindestens zehn Stunden zu gewähren. Eine 24-Stunden-Periode beginnt zu dem Zeitpunkt, an dem eine Ruhezeit endet. Die Ruhezeit ist bei einer nach § 9, § 10 oder § 18 Absatz 1 verlängerten Flugdienstzeit von mehr als 14 Stunden unmittelbar nach Beendigung des Flugdienstes zu gewähren. Eine

Beförderung des Besatzungsmitgliedes vom Einsatzort an seine Heimatbasis ohne Anrechnung auf die Ruhezeit ist zulässig.

(2) Die Mindestruhezeit ist nach einem nach § 8 Absatz 2 bis 7, § 9, § 10 oder § 18 Absatz 1 verlängerten Flugdienst von mehr als elf Stunden auf zwölf Stunden, von mehr als zwölf Stunden auf 14 Stunden, von mehr als 14 Stunden auf 16 Stunden und von mehr als 16 Stunden auf 18 Stunden zu erhöhen.

(3) Der Luftfahrtunternehmer hat sicherzustellen, dass die Mindestruhezeit nach Absatz 1 und 2 regelmäßig auf eine wöchentliche Ruhezeit in Form eines 36-Stunden-Zeitraums einschließlich zweier Ortsnächte in der Weise ausgedehnt wird, dass zwischen dem Ende einer wöchentlichen Ruhezeit und dem Beginn der nächsten nicht mehr als 168 Stunden liegen. Bei Vorliegen eines wichtigen Grundes kann die Aufsichtsbehörde abweichend von Satz 1 festlegen, dass die zweite dieser Ortsnächte um 20 Uhr beginnen kann, wenn die wöchentliche Ruhezeit eine Dauer von mindestens 40 Stunden hat.

(4) Bei Mindestruhezeiten außerhalb der Heimatbasis muss der Luftfahrtunternehmer dafür sorgen, dass die Möglichkeit von acht Stunden Schlaf gewährt wird, wobei die Reisezeit und andere physiologische Bedürfnisse zu berücksichtigen sind. Der Unternehmer hat an den Orten außerhalb der Heimatbasis, an denen den Besatzungsmitgliedern eine Ruhezeit zu gewähren ist, für die Bereitstellung ruhig gelegener Räume mit Schlafgelegenheit zu sorgen.

(5) Der Unternehmer hat die Besatzungsmitglieder schriftlich oder elektronisch anzuweisen, während der Ruhezeit Tätigkeiten zu unterlassen, die dem Zweck der Ruhezeit entgegenstehen.

§ 16 Ruhezeit – Berücksichtigung von Zeitzonenunterschieden. Besteht zwischen dem Ort des Antritts des Flugdienstes und dem Ort der Beendigung des Flugdienstes (Einsatzort) ein Zeitzonenunterschied von vier oder mehr Zeitzonen, erhöht sich die Mindestruhezeit auf 14 Stunden, sofern nicht nach § 15 Absatz 2 ein höherer Wert gilt. Sobald nach Flugdiensten nach Satz 1 die Zeitzone der Heimatbasis erreicht wird, ist nach dem ersten planmäßigen Ende der Flugdienstzeit eine Ruhezeit nach Maßgabe der Sätze 4 und 5 zu gewähren. Ein einzelner Flugabschnitt innerhalb der Zeitzone der Heimatbasis zur Heimatbasis oder eine Positionierung zur Heimatbasis darf dabei vor Gewährung dieser Ruhezeit stattfinden. Die Ruhezeit ist durch Multiplikation der Zahl Acht mit dem Zeitzonenunterschied, der zwischen der Heimatbasis und dem Einsatzort mit dem größten Zeitzonenunterschied zur Heimatbasis besteht, zu errechnen. Ein Zeitzonenunterschied von mehr als zwölf Zeitzonen ist nicht zu berücksichtigen. Für die Ermittlung des Zeitzonenunterschiedes ist die Winterzeit der jeweiligen Einsatzorte zugrunde zu legen. Die Sätze 2 bis 5 gelten nach einer Rückkehr zur Heimatbasis als nicht diensttuendes Besatzungsmitglied entsprechend.

§ 17 Zeitüberschreitungen, Verkürzung von Ruhezeiten. (1) Können aus unvorhersehbaren Gründen die Zeiten nach den §§ 8, 9, 10, 15 und 16 nicht eingehalten werden, entscheidet der verantwortliche Luftfahrzeugführer unter Abwägung aller Umstände und nach Anhörung der betroffenen Besatzungsmitglieder über die Durchführung des Fluges. Treten beim letzten Flugsektor innerhalb einer Flugdienstzeit nach dem Start unvorhergesehene Umstände auf, die zu einer Überschreitung der zulässigen Verlängerung führen, kann der Flug zum Bestimmungsflugplatz oder zu einem Ausweichflugplatz fortgesetzt werden.

(2) Bei einer Zeitüberschreitung nach Absatz 1 darf die gesamte Zeit zwischen dem Ende der vorausgegangenen Ruhezeit und dem Beginn der nachfolgenden Ruhezeit 16 Stunden, bei einem nach § 9 verlängerten Flugdienst sowie bei einem nach § 10 unterbrochenen Flugdienst 20 Stunden nicht überschreiten. Besteht die Flugbesatzung aus weniger als drei Mitgliedern, so darf die bei Flugantritt absehbare Überschreitung der zulässigen Flugdienstzeit nicht mehr als zwei Stunden betragen.

(3) Eine Verkürzung der Ruhezeiten ist nur zulässig, wenn dies zur Einhaltung des nächsten geplanten Beginns der Flugdienstzeit erforderlich ist. Die Ruhezeit darf höchstens um zwei Stunden verkürzt werden. Die Mindestruhezeit von zehn Stunden nach § 15 Absatz 1 bleibt unberührt.

(4) Der Kommandant hat die Gründe für seine Entscheidung schriftlich aufzuzeichnen. Eine Zeitüberschreitung oder eine Verkürzung der Ruhezeit von jeweils mehr als einer Stunde hat der Unternehmer der Aufsichtsbehörde innerhalb von 30 Tagen, unter Angabe der Gründe, schriftlich anzuzeigen. Die Aufzeichnungen sind vom Unternehmer mindestens drei Monate lang aufzubewahren.

Abschnitt 7
Ausnahmeregelungen

§ 18 Verlängerung der Flugdienstzeit und Verkürzung der Ruhezeit in besonderen Fällen. (1) Die Aufsichtsbehörde kann auf schriftlichen Antrag Abweichungen von den Vorschriften der §§ 8, 9, 10, 15 und 16 zulassen, wenn wichtige Gründe für die Verlängerung der Flugdienstzeit oder für die Verkürzung der Ruhezeit vorliegen. Die höchstzulässigen Flugdienstzeiten können höchstens um zwei Stunden verlängert werden. Die Mindestruhezeiten können höchstens um zwei Stunden verkürzt werden.

(2) Wichtige Gründe für die Verlängerung der Flugdienstzeit oder für die Verkürzung der Ruhezeit können insbesondere sein:

1. Undurchführbarkeit eines Fluges auf Grund der vorgeschriebenen Flugdienst- und Ruhezeiten und mangels geeigneter Flugplätze für Zwischenlandungen,
2. nachteilige Auswirkungen auf die Gesamtbelastung der Besatzungsmitglieder bei Einhaltung der vorgeschriebenen Flugdienst- und Ruhezeiten,
3. unverhältnismäßig hoher Mehraufwand für bestimmte Flüge bei Einhaltung der vorgeschriebenen Flugdienst- und Ruhezeiten.

(3) Verlängerungen der Flugdienstzeiten oder Verkürzungen der Ruhezeiten nach Absatz 1 sind nur zulässig, wenn die erhöhte Belastung der Besatzung ausgeglichen wird und eine Gefahr für die Sicherheit des Luftverkehrs ausgeschlossen ist.

(4) Bei Prüfung des Antrags werden berücksichtigt:

1. die Betriebsausrüstung und deren Zustand der verwendeten Luftfahrzeuge,
2. die Zusammensetzung der Besatzung und deren Flug-, Strecken- und Luftfahrzeugmustererfahrung,
3. die Anzahl von Zwischenlandungen,
4. sonstige die Belastung der Besatzung beeinflussende Faktoren.

(5) Die Abweichungen können im Einzelfall oder allgemein zugelassen, mit Auflagen verbunden und befristet werden.

§ 19 Ausnahmen für besondere Flüge. (1) Die Aufsichtsbehörde kann für Flüge zum Zwecke der Forschung, für Arbeits- und Wettbewerbsflüge Ausnahmen von den Vorschriften dieser Verordnung zulassen, wenn:

1. bei Einhaltung der Vorschriften der Zweck der Forschungs-, Arbeits- oder Wettbewerbsflüge gefährdet ist,
2. die Ausnahmen auf Flüge ohne die Beförderung von Personen, bei Arbeits- und Wettbewerbsflügen zusätzlich auf Flüge nach Sichtflugregeln beschränkt bleiben,
3. eine Gefahr für die öffentliche Sicherheit und Ordnung ausgeschlossen ist.

(2) Die Ausnahmen können im Einzelfall oder allgemein zugelassen, mit Auflagen verbunden und befristet werden.

§ 20 Abweichungen bei besonderen Belastungen. Treten besondere Belastungen auf, insbesondere wegen

1. der Betriebsausrüstung und deren Zustand oder der Betriebseigenschaften der verwendeten Luftfahrzeuge,
2. des Einsatzes von Besatzungsmitgliedern mit geringer Flug-, Strecken- oder Luftfahrzeugmustererfahrung,
3. erschwerter Flugdurchführung insbesondere auf Strecken mit fehlenden oder unzureichenden Navigationshilfen, hoher Luftverkehrsdichte oder häufigem Schlechtwetter,
4. der Verwendung neuer Luftfahrzeugmuster,
5. der Anzahl von Zwischenlandungen,

kann die Aufsichtsbehörde im Rahmen der Anerkennung der vom Unternehmer festzulegenden höchstzulässigen Flugdienstzeiten und angemessenen Ruhezeiten geringere Flugdienstzeiten oder längere Ruhezeiten für die Besatzungsmitglieder festlegen, soweit dies aus Gründen der Sicherheit des Luftverkehrs erforderlich ist.

Abschnitt 8
Abweichende Regelungen für Besatzungsmitglieder, die in Hubschraubern des Rettungsdienstes eingesetzt werden

§ 21 Begrenzung der Flugdienstzeiten im Hubschrauberrettungsdienst. (1) Auf Antrag kann die Aufsichtsbehörde für Besatzungsmitglieder, die in Hubschraubern des Rettungsdienstes eingesetzt werden, nach Maßgabe der folgenden Absätze Abweichungen von § 2 Absatz 9 und den §§ 8, 10, 12 bis 15 und 17 genehmigen. Diese Regelungen gelten nur für Flüge im Rettungsdienst und zur Sicherstellung des Rettungsdienstes.

(2) Die Blockzeiten für Besatzungen, die im Rettungsdienst eingesetzt werden, dürfen in Abweichung von § 12 600 Stunden innerhalb 365 aufeinanderfolgender Tage nicht übersteigen.

(3) Der Flugdienst darf abweichend von § 8 Absatz 2 bis 7 zwischen zwei Ruhezeiten nicht mehr als zehn Stunden Flugdienstzeit betragen.

(4) Flugdienstzeit und Bereitschaftszeit nach Absatz 6 dürfen zwischen zwei Ruhezeiten in Abweichung von § 10 nicht mehr als 15 Stunden und 30 Minuten betragen.

(5) Die Flugdienstzeiten dürfen in Abweichung zu § 8 Absatz 8 innerhalb 30 aufeinanderfolgender Tage 210 Stunden, innerhalb von zwölf aufeinanderfolgender Monate 1 800 Stunden nicht überschreiten.

(6) Bereitschaftszeit ist die Zeit, in der sich Besatzungsmitglieder an der Luftrettungsbasis zum Flugdienst bereithält. Steht dem Besatzungsmitglied ein ruhig gelegener Raum mit Schlafgelegenheit zur Verfügung, kann die Bereitschaftszeit als Pause gewertet werden. Bereitschaftszeiten von weniger als einer Stunde Dauer zwischen zwei Einsätzen sind in Abweichung zu § 14 Absatz 2 Satz 2 dabei als Flugdienstzeit anzurechnen. Bereitschaftszeit, in der dem Besatzungsmitglied kein ruhig gelegener Raum mit Schlafgelegenheit zur Verfügung steht, ist voll als Flugdienstzeit anzurechnen.

(7) Ist aufgrund besonderer Umstände eine vorzeitige sicherheitsgefährdende Ermüdung eines Besatzungsmitglieds eingetreten, hat der Hubschrauberführer über eine vorzeitige Beendigung des Bereitschaftsdienstes zu entscheiden.

(8) Wird die höchstzulässige Flugdienstzeit nach Absatz 3 erreicht, entscheidet der Hubschrauberführer unter Abwägung der Umstände über eine Verlängerung der Flugdienstzeit. Die Verlängerung der Flugdienstzeit darf in Abweichung zu § 17 zwei Stunden nicht überschreiten.

(9) Nach einer auf Grund von Absatz 8 verlängerten Flugdienstzeit von mehr als elf Stunden ist eine Ruhezeit von mindestens zwölf Stunden zu gewähren.

§ 22 Dienstperioden und Ruhezeiten im Hubschrauberrettungsdienst. (1) Sofern die Aufsichtsbehörde abweichende Flugdienstzeiten nach § 21 genehmigt hat, kann sie für diese Besatzungsmitglieder nach Maßgabe der folgenden Absätze Abweichungen von § 2 Absatz 8 und den §§ 13 und 15 genehmigen. Diese Regelungen gelten nur für Flüge im Rettungsdienst und zur Sicherstellung des Rettungsdienstes.

(2) Eine Dienstperiode umfasst mindestens zwei und höchstens acht Tage, an denen Luftrettungsdienst geleistet wird. Eine Dienstperiode, die eine Ruhezeit von weniger als zehn Stunden innerhalb von 24 Stunden enthält, darf höchstens vier Tage betragen. Die Blockzeit innerhalb von acht Tagen darf nicht mehr als 40 Stunden betragen.

(3) Die Ruhezeit darf in Abweichung zu § 2 Absatz 8 und § 15 während der gesetzlichen Sommerzeit bis zu drei Mal innerhalb vier aufeinanderfolgender Tage auf acht Stunden und 30 Minuten innerhalb 24 Stunden verkürzt werden. Von dieser Ruhezeit müssen mindestens acht Stunden, die den Zeitraum zwischen 0 Uhr Ortszeit und 5 Uhr Ortszeit einschließen, in einem ruhig gelegenen Raum mit Schlafgelegenheit in der Nähe des Einsatzortes verbracht werden können.

(4) Vor jeder Dienstperiode muss jedes Besatzungsmitglied eine zusammenhängende Ruhezeit von 24 Stunden eingehalten haben. Diese Ruhezeit darf in Abweichung zu § 13 die Positionierung zu einer anderen Luftrettungsbasis als der Regelluftrettungsbasis enthalten, sofern eine Ruhezeit von mindestens zehn Stunden vor Antritt des Flugdiens-

tes gewährleistet wird. Andernfalls ist die für die Positionierung aufgewendete Zeit voll als Flugdienstzeit anzurechnen.

(5) Nach jeder Dienstperiode ist dem Besatzungsmitglied eine zusammenhängende Ruhezeit von 48 Stunden zu gewähren. In Ausnahmefällen darf der Flugbetriebsleiter die zusammenhängende Ruhezeit auf 36 Stunden mit zwei Nächten verkürzen. Sofern die Dienstperiode kürzer als drei Tage ist, verkürzt sich die Ruhezeit nach der Dienstperiode auf 24 Stunden.

(6) Notwendige Überprüfungsflüge können Teil einer Dienstperiode sein.

Abschnitt 9
Schlussvorschriften

§ 23 Übergangsregelungen. Für einen Zeitraum von sechs Monaten nach Inkrafttreten der Verordnung kann die Aufsichtsbehörde einem Unternehmer auf Antrag Ausnahmen von § 8 Absatz 3 bis 7, § 13 und § 15 genehmigen, sofern dies zur Durchführung von Diensten oder Flügen erforderlich ist, die vor Inkrafttreten der Verordnung geplant worden sind. Eine Genehmigung darf nur erteilt werden, wenn eine erhöhte Belastung der Besatzung ausgeglichen wird und eine Gefahr für die Sicherheit des Luftverkehrs ausgeschlossen ist. Bei der Prüfung des Antrags sind die Maßgaben von § 18 Absatz 4 entsprechend zu berücksichtigen.

§ 24 Inkrafttreten, Außerkrafttreten. Diese Verordnung tritt am Tag nach der Verkündung in Kraft.

Einzelhandel

21. Gesetz zur Regelung der Ladenöffnungszeiten (Ladenöffnungsgesetz – LÖG NW)

vom 16.11.2006 (GV. NW. S. 516), geändert durch Gesetz vom 22.3.2018 (GV. NW. S. 172)

§ 1 Ziel des Gesetzes. Das Gesetz dient der Schaffung und Sicherung einer allgemeinen Ladenöffnungszeit für Verkaufsstellen sowie dem Schutz der Sonn- und Feiertagsruhe. Die Regelungen des Gesetzes über die Sonn- und Feiertage (Feiertagsgesetz NW) vom 23. April 1989 (GV. NW. S. 222), zuletzt geändert durch Gesetz vom 20. Dezember 1994 (GV. NW. S. 1114) bleiben unberührt, soweit nachfolgend nichts Abweichendes bestimmt wird.

§ 2 Geltungsbereich. Dieses Gesetz gilt für die Öffnung von Verkaufsstellen und das gewerbliche Anbieten von Waren außerhalb von Verkaufsstellen.

§ 3 Begriffsbestimmung. (1) Verkaufsstellen im Sinne dieses Gesetzes sind

1. Ladengeschäfte aller Art, Apotheken und Tankstellen,
2. sonstige Verkaufsstände, falls in ihnen ebenfalls von einer festen Stelle aus ständig Waren zum Verkauf an jedermann gewerblich angeboten werden. Dem gewerblichen Anbieten steht das Zeigen von Mustern, Proben und Ähnlichem gleich, wenn Warenbestellungen in der Einrichtung entgegengenommen werden.

(2) Feiertage im Sinne dieses Gesetzes sind die gesetzlichen Feiertage.

(3) Reisebedarf im Sinne dieses Gesetzes sind Zeitungen, Zeitschriften, Straßenkarten, Stadtpläne, Reiselektüre, Schreibmaterialien, Tabakwaren, Schnittblumen, Reisetoilettenartikel, Filme, Tonträger, Bedarf für Reiseapotheken, Reiseandenken und Spielzeug geringen Wertes, Lebens- und Genussmittel in kleinen Mengen sowie ausländische Geldsorten.

§ 4 Ladenöffnungszeit. (1) Verkaufsstellen dürfen

1. an Werktagen ohne zeitliche Begrenzung geöffnet sein (allgemeine Ladenöffnungszeit) und
2. am 24. Dezember an Werktagen bis 14 Uhr geöffnet sein, wenn in den nachfolgenden Bestimmungen keine abweichenden Regelungen getroffen werden.

(2) Außerhalb der allgemeinen Ladenöffnungszeit nach Absatz 1 ist auch das gewerbliche Anbieten von Waren zum Verkauf an jedermann außerhalb von Verkaufsstellen verboten. Soweit für Verkaufsstellen nach diesem Gesetz Ausnahmen von der allgemeinen Ladenöffnungszeit des Absatzes 1 zugelassen sind, gelten diese Ausnahmen unter denselben Voraussetzungen und Bedingungen auch für das gewerbliche Anbieten außerhalb von Verkaufsstellen.

(3) Ausnahmen aufgrund der Vorschriften der Titel III und IV der Gewerbeordnung bezüglich Volksfesten, Messen, Märkte und Ausstellungen bleiben unberührt.

§ 5 Verkauf an Sonn- und Feiertagen. (1) An Sonn- und Feiertagen dürfen geöffnet sein:

1. Verkaufsstellen, deren Kernsortiment aus einer oder mehrerer der Warengruppen Blumen und Pflanzen, Zeitungen und Zeitschriften oder Back- und Konditorwaren besteht, für die Abgabe dieser Waren und eines begrenzten Randsortiments für die Dauer von fünf Stunden. Die für Wirtschaft zuständige oberste Landesbehörde kann zur näheren Bestimmung der Begriffe Kern- und Randsortiment im Einvernehmen mit dem für Wirtschaft zuständigen Landtagsausschuss eine Rechtsverordnung erlassen.
2. Verkaufsstellen von themenbezogenen Waren oder Waren zum sofortigen Verzehr auf dem Gelände oder im Gebäude einer Kultur- oder Sport-Veranstaltung oder in einem Museum während der Veranstaltungs- und Öffnungsdauer, sofern sie der Versorgung der Besucherinnen und Besucher dienen,
3. Verkaufsstellen landwirtschaftlicher Betriebe, deren Kernsortiment aus selbst erzeugten landwirtschaftlichen Produkten besteht, für die Abgabe dieser Waren und eines begrenzten Randsortiments für die Dauer von fünf Stunden. Die für Wirtschaft zuständige oberste Landesbehörde kann zur näheren Bestimmung der Begriffe Kern- und Randsortiment im Einvernehmen mit dem für Wirtschaft zuständigen Landtagsausschuss eine Rechtsverordnung erlassen.

(2) An Sonn- und Feiertagen dürfen leichtverderbliche Waren und Waren zum sofortigen Verzehr außerhalb von Verkaufsstellen angeboten werden.

(3) Fällt der 24. Dezember auf einen Sonntag, dürfen Verkaufsstellen für die Abgabe von Weihnachtsbäumen in der Zeit von 10 bis 14 Uhr geöffnet sein. Auch Verkaufsstellen nach Absatz 1 dürfen an diesem Tag nicht länger als bis 14 Uhr geöffnet sein.

(4) Absatz 1 Nr. 1 gilt nicht für die Abgabe von Waren am Ostermontag, am Pfingstmontag und 2. Weihnachtstag.

(5) Ist eine Verkaufsstelle an Sonn- und Feiertagen geöffnet, so hat der Inhaber oder die Inhaberin an der Verkaufsstelle gut sichtbar auf die Öffnungszeiten an Sonn- und Feiertagen hinzuweisen. Die bei Ladenschluss anwesenden Kunden dürfen noch bedient werden.

§ 6 Weitere Verkaufssonntage und -feiertage. (1) An jährlich höchstens acht, nicht unmittelbar aufeinanderfolgenden Sonn- oder Feiertagen dürfen Verkaufsstellen im öffentlichen Interesse ab 13 Uhr bis zur Dauer von fünf Stunden geöffnet sein.

Ein öffentliches Interesse liegt insbesondere vor, wenn die Öffnung

1. im Zusammenhang mit örtlichen Festen, Märkten, Messen oder ähnlichen Veranstaltungen erfolgt,
2. dem Erhalt, der Stärkung oder der Entwicklung eines vielfältigen stationären Einzelhandelsangebot dient,
3. dem Erhalt, der Stärkung oder der Entwicklung zentraler Versorgungsbereiche dient,
4. der Belebung der Innenstädte, Ortskerne, Stadt- oder Ortsteilzentren dient oder
5. die überörtliche Sichtbarkeit der jeweiligen Kommune als attraktiver und lebenswerter Standort insbesondere für den Tourismus und die Freizeitgestaltung, als Wohn-

und Gewerbestandort sowie Standort von kulturellen und sportlichen Einrichtungen steigert.

Das Vorliegen eines Zusammenhangs im Sinne des Satzes 2 Nummer 1 wird vermutet, wenn die Ladenöffnung in räumlicher Nähe zur örtlichen Veranstaltung sowie am selben Tag erfolgt. Bei Werbemaßnahmen des Veranstalters müssen die jeweiligen Veranstaltungen gemäß Satz 2 Nr. 1 für die Öffnung der Verkaufsstellen im Vordergrund stehen.

(2) Verkaufsstellen in Kurorten, Ausflugs-, Erholungs- und Wallfahrtsorten mit besonders starkem Tourismus dürfen an jährlich höchstens 40 Sonn- oder Feiertagen bis zur Dauer von acht Stunden geöffnet sein. Neben den Waren, die für diese Orte kennzeichnend sind, dürfen Waren zum sofortigen Verzehr, frische Früchte, Tabakwaren, Blumen und Zeitungen verkauft werden.

(3) Die zuständige oberste Landesbehörde wird ermächtigt, die Orte nach Absatz 2 durch Rechtsverordnung zu bestimmen. Die Freigabe kann auf bestimmte Ortsteile beschränkt werden.

(4) Die zuständige örtliche Ordnungsbehörde wird ermächtigt, die Tage nach Absatz 1 und 2 durch Verordnungen freizugeben. Die Freigabe kann sich auf bestimmte Bezirke, Ortsteile und Handelszweige beschränken. Innerhalb einer Gemeinde dürfen nach Absatz 1 insgesamt nicht mehr als 16 Sonn- und Feiertage je Kalenderjahr freigegeben werden. Erfolgt eine Freigabe nach Absatz 1 für das gesamte Gemeindegebiet, darf dabei nur ein Adventssonntag freigegeben werden. Erfolgt die Freigabe nach Absatz 1 beschränkt auf bestimmte Bezirke, Ortsteile und Handelszweige, darf nur ein Adventssonntag je Bezirk, Ortsteil und Handelszweig freigegeben werden, insgesamt dürfen jedoch nicht mehr als zwei Adventssonntage je Gemeinde freigegeben werden. Bei der Festsetzung der Öffnungszeiten ist auf die Zeit des Hauptgottesdienstes Rücksicht zu nehmen. Vor Erlass der Rechtsverordnung zur Freigabe der Tage nach Absatz 1 sind die zuständigen Gewerkschaften, Arbeitgeber- und Wirtschaftsverbände und Kirchen, die jeweilige Industrie- und Handelskammer und die Handwerkskammer anzuhören.

(5) Von der Freigabe der Tage nach Absatz 1 und 4 sind ausgenommen:

1. die stillen Feiertage im Sinne des Feiertagsgesetzes NW,
2. Ostersonntag,
3. Pfingstsonntag,
4. der 1. und 2. Weihnachtstag und
5. der 1. Mai, der 3. Oktober und der 24. Dezember, wenn dieser Tag auf einen Sonntag fällt.

§ 7 Apotheken. (1) Apotheken ist an Sonn- und Feiertagen die Öffnung ihrer Verkaufsstellen zur Abgabe von Arznei-, Krankenpflege-, Säuglingspflege- und Säuglingsnährmitteln, hygienischen Artikeln sowie Desinfektionsmitteln gestattet.

(2) Die zuständige Apothekerkammer regelt, dass an Sonn- und Feiertagen abwechselnd ein Teil der Apotheken geschlossen sein muss. An den geschlossenen Apotheken ist an sichtbarer Stelle ein Aushang anzubringen, der die zur Zeit offenen Apotheken bekannt gibt. Dienstbereitschaft der Apotheken steht der Offenhaltung gleich.

§ 8 Tankstellen. Tankstellen dürfen auch an Sonn- und Feiertagen und am 24. Dezember, wenn dieser auf einen Werktag fällt, ganztägig geöffnet sein. An Sonn- und Feiertagen ist nur die Abgabe von Ersatzteilen für Kraftfahrzeuge, soweit dies für die Erhaltung oder Wiederherstellung der Fahrbereitschaft notwendig ist, sowie die Abgabe von Betriebsstoffen und von Reisebedarf gestattet.

§ 9 Verkaufsstellen auf Flughäfen und auf Personenbahnhöfen. (1) Verkaufsstellen auf Flughäfen und auf Personenbahnhöfen des Schienenverkehrs dürfen an Sonn- und Feiertagen für den Verkauf von Reisebedarf während des ganzen Tages geöffnet sein, am 24. Dezember jedoch nur bis 17 Uhr.

(2) Auf internationalen Verkehrsflughäfen dürfen an Sonn- und Feiertagen neben Waren des Reisebedarfs auch Waren des täglichen Ge- und Verbrauchs sowie Geschenkartikel verkauft werden.

(3) Die zuständige oberste Landesbehörde wird ermächtigt, durch Rechtsverordnung die internationalen Verkehrsflughäfen nach Absatz 2 und die Größe ihrer Verkaufsflächen zu bestimmen. Die Größe der Verkaufsflächen ist dabei auf das erforderliche Maß zu begrenzen.

§ 10 Arbeitszeit an Sonn- und Feiertagen. (1) Soweit Verkaufsstellen an Sonn- und Feiertagen nach diesem Gesetz für den geschäftlichen Verkehr geöffnet sein dürfen, gelten für die Beschäftigung von Arbeitnehmern die Vorschriften des § 11 des Arbeitszeitgesetzes vom 6. Juni 1994 (BGBl. I S. 1170) in der jeweils geltenden Fassung entsprechend.

(2) Während insgesamt 30 weiterer Minuten dürfen Arbeitnehmerinnen und Arbeitnehmer über die Arbeitszeiten nach Absatz 1 hinaus unter Anrechnung auf die Ausgleichszeiten mit unerlässlich erforderlichen Vorbereitungs- und Abschlussarbeiten beschäftigt werden. Die höchstzulässige Arbeitszeit nach § 3 Satz 2 des Arbeitszeitgesetzes darf dabei nicht überschritten werden.

§ 11 Aufsicht und Auskunft. (1) Die Aufsicht über die Einhaltung der Vorschriften dieses Gesetzes obliegt den örtlichen Ordnungsbehörden. Die Aufsicht über die Einhaltung der Arbeitszeitvorschriften für Arbeitnehmerinnen und Arbeitnehmer obliegt der Aufsichtsbehörde nach § 17 des Arbeitszeitgesetzes.

(2) Die am Sonn- und Feiertag geleistete Arbeit und der dafür gewährte Freizeitausgleich ist mit Namen, Tag, Beschäftigungsart und -dauer der beschäftigten Arbeitnehmerinnen und Arbeitnehmer aufzuzeichnen. Die Aufzeichnungen sind mindestens zwei Jahre aufzubewahren.

(3) Die Inhaberinnen und Inhaber von Verkaufsstellen sowie Gewerbetreibende und sonstige Personen im Sinne von § 3 Abs. 1, die Waren anbieten, sind verpflichtet, den aufsichtsführenden Behörden im Sinne von Absatz 1 auf Verlangen die erforderlichen Angaben zu machen.

§ 12 Bußgeldvorschriften. (1) Ordnungswidrig handelt, wer vorsätzlich oder fahrlässig

1. entgegen § 4 Abs. 2, § 5, § 6 Abs. 1 oder 2, § 7 Abs. 1, § 8, § 9 Abs. 1 letzter Halbsatz oder Abs. 2 Verkaufsstellen öffnet bzw. Waren zum gewerblichen Verkauf oder Waren außerhalb der genannten Warengruppen anbietet,
2. entgegen § 10 Abs. 1 in Verbindung mit § 11 Abs. 2 des Arbeitszeitgesetzes

a) gemäß §§ 3 oder 6 Abs. 2 des Arbeitszeitgesetzes einen Arbeitnehmer über die Grenzen der Arbeitszeit hinaus beschäftigt,
b) gemäß § 4 des Arbeitszeitgesetzes Ruhepausen nicht, nicht mit der vorgeschriebenen Mindestdauer oder nicht rechtzeitig gewährt,
c) gemäß § 5 des Arbeitszeitgesetzes die Mindestruhezeit nicht gewährt oder gemäß § 5 Abs. 2 des Arbeitszeitgesetzes die Verkürzung der Ruhezeit durch Verlängerung einer anderen Ruhezeit nicht oder nicht rechtzeitig ausgleicht,
d) gemäß § 9 Abs. 1 des Arbeitszeitgesetzes einen Arbeitnehmer an Sonn- und Feiertagen beschäftigt,
e) gemäß § 11 Abs. 1 des Arbeitszeitgesetzes einen Arbeitnehmer an Sonntagen beschäftigt oder gemäß § 11 Abs. 3 des Arbeitszeitgesetzes einen Ersatzruhetag nicht oder nicht rechtzeitig gewährt,

3. entgegen § 11 Abs. 2 Aufzeichnungen nicht fertigt oder aufbewahrt und entgegen § 11 Abs. 3 Auskünfte nicht erteilt.

(2) Die Ordnungswidrigkeit nach Absatz 1 Nr. 1 oder 3 kann mit einer Geldbuße bis zu 5.000 Euro, in den Fällen des Absatzes 1 Nr. 2 mit einer Geldbuße bis zu 15.000 Euro geahndet werden.

§ 13 Inkrafttreten, Übergangsregelung. (1) Dieses Gesetz tritt am Tage nach seiner Verkündung in Kraft.

(2) Auf Verordnungen der örtlichen Ordnungsbehörden zur Freigabe von verkaufsoffenen Sonn- und Feiertagen für das Jahr 2018 im Sinne von § 6, die bis zum Inkrafttreten des Gesetzes vom 22. März 2018 (GV. NRW. S 172) beschlossen sind, sind § 6 Absätze 1 und 4 in ihrer bis dahin geltenden Fassung anzuwenden.

(3) Auf Verordnungen im Sinne von Absatz 2, die nach Inkrafttreten des Gesetzes vom 22. März 2018 (GV. NRW. S 172) beschlossen werden, findet § 6 dieses Gesetzes Anwendung.

22. Verordnung über den Verkauf bestimmter Waren an Sonn- und Feiertagen (SonntVerkV)

vom 21. 12. 1957 (BGB1. I S. 1881), geändert durch Gesetz vom 30. 7. 1996 (BGBl. I S. 1186)

Auf Grund des § 12 Abs. 1 des Gesetzes über den Ladenschluss vom 28. November 1956 (BGBl. I S. 875) in der Fassung des Gesetzes vom 17. Juli 1957 (BGBl. I S. 722) wird im Einvernehmen mit den Bundesministern für Wirtschaft und für Ernährung, Landwirtschaft und Forsten mit Zustimmung des Bundesrates verordnet:

§ 1. (1) Abweichend von der Vorschrift des § 3 Abs. 1 Nr. 1 des Gesetzes über den Ladenschluss dürfen an Sonn- und Feiertagen geöffnet sein für die Abgabe

1. von frischer Milch: Verkaufsstellen, für die Dauer von zwei Stunden
2. von Bäcker- oder Konditorwaren: Verkaufsstellen von Betrieben, die Bäcker- oder Konditorwaren herstellen, für die Dauer von drei Stunden,
3. von Blumen: Verkaufsstellen, in denen in erheblichem Umfang Blumen feilgehalten werden, für die Dauer von zwei Stunden, jedoch am 1. November (Allerheiligen), am Volkstrauertag, am Buß- und Bettag, am Totensonntag und am 1. Adventssonntag für die Dauer von sechs Stunden,
4. von Zeitungen: Verkaufsstellen für Zeitungen für die Dauer von fünf Stunden.

(2) Absatz 1 Nr. 1 bis 3 gilt nicht für die Abgabe am 2. Weihnachts-, Oster- und Pfingstfeiertag.

(3) Die Vorschriften der §§ 5, 10, 11, 13 bis 15 des Gesetzes über den Ladenschluss bleiben unberührt.

§ 2. *[aufgehoben]*

§ 3. Diese Verordnung tritt am 1. Januar 1958 in Kraft.

Öffentlicher Dienst des Bundes

23. Verordnung über die Arbeitszeit der Beamtinnen und Beamten des Bundes (Arbeitszeitverordnung – AZV)

vom 23.2.2006 (BGBl. I S. 427), zuletzt geändert durch Gesetz vom 29.3.2017 (BGBl. I S. 626)

§ 1 Geltungsbereich. Diese Verordnung gilt für alle Beamtinnen und Beamten des Bundes, soweit nicht besondere Arbeitszeitregelungen gelten. Sie gilt nicht für Ehrenbeamtinnen und Ehrenbeamte. Für Beamtinnen auf Widerruf und Beamte auf Widerruf ist zu bestimmen, ob und inwieweit die Vorschriften dieser Verordnung anzuwenden sind.

§ 2 Begriffsbestimmungen. Im Sinne dieser Verordnung ist

1. die regelmäßige wöchentliche Arbeitszeit die innerhalb von zwölf Monaten durchschnittlich zu erbringende wöchentliche Arbeitszeit,
2. der Arbeitstag grundsätzlich der Werktag,
3. die Ruhepause der Zeitraum, in dem Beamtinnen und Beamte keinen Dienst leisten,
4. der Arbeitsplatz grundsätzlich die Dienststelle oder ein von der oder dem Dienstvorgesetzten bestimmter Ort, an dem Dienst zu leisten ist,
5. die gleitende Arbeitszeit oder Gleitzeit die Arbeitszeit, bei der Beamtinnen und Beamte Beginn und Ende der täglichen Arbeitszeit in gewissen Grenzen selbst bestimmen können,
6. die Kernarbeitszeit der Teil der regelmäßigen täglichen Arbeitszeit, in dem grundsätzlich alle Beamtinnen und Beamten in der Dienststelle anwesend sein müssen,
7. die Funktionszeit der Teil der regelmäßigen täglichen Arbeitszeit, in dem der Dienstbetrieb durch Absprache der Beamtinnen und Beamten sichergestellt wird,
8. der Abrechnungszeitraum bei Gleitzeit das Kalenderjahr oder ein ähnlich bestimmter Zeitraum von zwölf Monaten, in dem ein Über- oder Unterschreiten der regelmäßigen wöchentlichen Arbeitszeit auszugleichen ist,
9. der Gleittag ein mit Zustimmung der oder des unmittelbaren Vorgesetzten gewährter ganztägiger Zeitausgleich im Abrechnungszeitraum bei Gleitzeit, dabei gelten tägliche Arbeitszeiten von weniger als zwei Stunden als Gleittag,
10. das Blockmodell die Zusammenfassung der Freistellung von der Arbeit bis zu fünf Jahren bei Teilzeitbeschäftigung,
11. die Rufbereitschaft die Pflicht, sich außerhalb des Arbeitsplatzes bereitzuhalten, um bei Bedarf sofort zu Dienstleistungen abgerufen werden zu können,
12. der Bereitschaftsdienst die Pflicht, sich, ohne ständig zur Dienstleistung verpflichtet zu sein, an einer vom Dienstherrn bestimmten Stelle aufzuhalten, um im Bedarfsfall den Dienst aufzunehmen, wenn dabei Zeiten ohne Arbeitsleistung überwiegen,

13. der Schichtdienst der Dienst nach einem Schichtplan, der einen regelmäßigen Wechsel der täglichen Arbeitszeit in Zeitabschnitten von längstens einem Monat vorsieht,

14. der Nachtdienst ein Dienst, der zwischen 20 Uhr und 6 Uhr zu leisten ist.

§ 3 Regelmäßige wöchentliche Arbeitszeit. (1) Die regelmäßige wöchentliche Arbeitszeit beträgt 41 Stunden. Schwerbehinderte Beamtinnen und schwerbehinderte Beamte können eine Verkürzung der regelmäßigen wöchentlichen Arbeitszeit auf 40 Stunden beantragen. Gleiches gilt für Beamtinnen und Beamte,

1. die für ein Kind unter zwölf Jahren Kindergeld erhalten,
2. zu deren Haushalt ein Elternteil, eine Ehegattin, ein Ehegatte, eine Lebenspartnerin, ein Lebenspartner oder ein Kind gehört, bei dem oder bei der Pflegebedürftigkeit nach der Bundesbeihilfeverordnung, nach § 18 des Elften Buches Sozialgesetzbuch oder durch ein entsprechendes Gutachten festgestellt worden ist.

Die Verkürzung beginnt bei Vorliegen der Voraussetzungen mit Beginn des Monats der Antragstellung und endet mit Ablauf des Monats, in dem ihre Voraussetzungen nicht mehr vorliegen. § 116 Abs. 1 des Neunten Buches Sozialgesetzbuch bleibt unberührt. Die Beamtinnen und Beamten sind verpflichtet, jede Änderung unverzüglich anzuzeigen und auf Verlangen entsprechende Nachweise zu erbringen. Bei Teilzeitbeschäftigung wird die regelmäßige wöchentliche Arbeitszeit nach den Sätzen 1 bis 3 entsprechend dem Umfang der bewilligten Teilzeitbeschäftigung verkürzt

(2) Die regelmäßige wöchentliche Arbeitszeit wird bei Vollzeitbeschäftigung und Teilzeitbeschäftigung mit einer Ermäßigung der Arbeitszeit um weniger als 10 Prozent auf Montag bis Freitag verteilt. Aus dienstlichen Gründen kann sie auf sechs Tage verteilt werden.

(3) Die regelmäßige wöchentliche Arbeitszeit verkürzt sich für jeden gesetzlich anerkannten Feiertag sowie für Heiligabend und Silvester um die darauf entfallende Arbeitszeit. Im selben Umfang wird die Arbeitszeit für Beamtinnen und Beamte, die im Schichtdienst eingesetzt sind, verkürzt. Hierbei bleibt unberücksichtigt, ob und wie lange an diesen Tagen tatsächlich Dienst geleistet werden muss.

(4) Die regelmäßige wöchentliche Arbeitszeit kann ausnahmsweise verkürzt werden, soweit besondere Bedürfnisse dies erfordern.

(5) Ist ein Ausgleich der regelmäßigen wöchentlichen Arbeitszeit innerhalb von zwölf Monaten aufgrund zwingender dienstlicher Verhältnisse nicht möglich, darf die durchschnittliche Arbeitszeit hierbei 48 Stunden im Siebentageszeitraum nicht überschreiten.

§ 4 Regelmäßige tägliche Arbeitszeit. Die regelmäßige tägliche Arbeitszeit sowie deren Beginn und Ende sind festzulegen. Hierbei dürfen 13 Stunden einschließlich der Pausen nicht überschritten werden. Bei Teilzeitbeschäftigung ist die regelmäßige tägliche Arbeitszeit individuell festzulegen.

§ 5 Ruhepausen und Ruhezeit. (1) Die Arbeit ist spätestens nach 6 Stunden durch eine Ruhepause von mindestens 30 Minuten zu unterbrechen. Nach mehr als 9 Stunden beträgt die Ruhepause mindestens 45 Minuten. Ruhepausen können in Zeitabschnitte von jeweils 15 Minuten aufgeteilt werden.

(2) Ruhepausen werden nicht auf die Arbeitszeit angerechnet, es sei denn, dass

1. die Voraussetzungen des § 17a der Erschwerniszulagenverordnung mit der Maßgabe erfüllt sind, dass im Kalendermonat mindestens 35 Nachtdienststunden geleistet werden, oder
2. die zuständige Behörde die Anrechnung bei operativen Tätigkeiten in Einsatzbereichen, in denen die ständige Einsatzfähigkeit gewährleistet werden muss, zum Ausgleich der damit verbundenen Belastungen zulässt.

Bei Teilzeitbeschäftigung verringern sich die nach Satz 1 Nummer 1 erforderlichen Nachtdienststunden entsprechend dem Verhältnis zwischen der ermäßigten und der regelmäßigen wöchentlichen Arbeitszeit.

(3) Pro 24-Stunden-Zeitraum ist eine Mindestruhezeit von 11 zusammenhängenden Stunden zu gewähren. Pro 7-Tage-Zeitraum ist zusätzlich eine Mindestruhezeit von 24 zusammenhängenden Stunden zu gewähren. Für die Ruhezeit nach Satz 2 gilt ein Bezugszeitraum von 14 Tagen. Von den Regelungen in den Sätzen 1 bis 3 können Ausnahmen zugelassen werden, wenn dienstliche Belange im Sinne des Artikels 17 Absatz 3 Buchstabe c und e sowie Absatz 4 der Richtlinie 2003/88/EG des Europäischen Parlaments und des Rates vom 4. November 2003 über bestimmte Aspekte der Arbeitszeitgestaltung (ABl. L 299 vom 18.11.2003, S. 9) dies erfordern.

§ 6 Dienstfreie Tage. (1) Sonnabend, Heiligabend und Silvester sind grundsätzlich dienstfrei. Soweit dienstliche Gründe es erfordern, kann an diesen Tagen und an Sonntagen und gesetzlich anerkannten Feiertagen Dienst angeordnet werden.

(2) Mit Zustimmung der obersten Dienstbehörde und der oder des unmittelbaren Vorgesetzten kann die Beamtin oder der Beamte freiwillig sonnabends Dienst leisten. Die oberste Dienstbehörde kann ihre Befugnis zur Erteilung der Zustimmung auf andere Behörden übertragen.

§ 7 Gleitende Arbeitszeit. (1) Soweit dienstliche Gründe nicht entgegenstehen, kann die oberste Dienstbehörde gleitende Arbeitszeiten ermöglichen. Die zur Erfüllung der Aufgaben jeweils erforderliche dienstliche Anwesenheit der Beamtinnen und Beamten ist durch diese und ihre Vorgesetzten sicherzustellen.

(2) Die höchstzulässige tägliche Arbeitszeit sowie der früheste Dienstbeginn und das späteste Dienstende sind festzulegen.

(3) Es sind Kernarbeitszeiten oder Funktionszeiten festzulegen. Soweit dienstliche Gründe es zulassen, kann auf eine solche Festlegung verzichtet werden. Über die Kernarbeitszeit oder Funktionszeit hinaus ist die dienstliche Anwesenheit der Beamtinnen und Beamten durch diese und ihre Vorgesetzten sicherzustellen, soweit die Erfüllung der Aufgaben dies erfordert. Die Kernarbeitszeit ist bei Teilzeitbeschäftigung individuell festzulegen.

(4) Unterschreitungen der regelmäßigen wöchentlichen Arbeitszeit sind bis zu höchstens 40 Stunden zulässig. Ein Über- oder Unterschreiten der regelmäßigen wöchentlichen Arbeitszeit ist grundsätzlich innerhalb des Abrechnungszeitraums auszugleichen. In den nächsten Abrechnungszeitraum dürfen höchstens 40 Stunden übertragen werden.

(5) Bei automatisierter Zeiterfassung kommen bis zu zwölf Gleittage in Betracht. Wenn es dienstlichen Belangen förderlich oder nach den dienstlichen Verhältnissen zweckmä-

ßig ist, können bis zu 24 Gleittage zugelassen werden. Es kann festgelegt werden, dass an bestimmten Tagen allgemein kein Dienst zu leisten und die ausfallende Zeit vor- oder nachzuarbeiten ist. Für Auslandsvertretungen können Ausnahmen von der Notwendigkeit der automatisierten Zeiterfassung zugelassen werden.

(6) Ist eine Kernarbeitszeit festgelegt, können auch halbe Gleittage zugelassen werden. Außerdem können unmittelbare Vorgesetzte eine im Einzelfall aus wichtigen persönlichen Gründen erforderliche Nichteinhaltung der Kernarbeitszeit genehmigen.

(7) Die dienstliche Anwesenheit der Beamtinnen und Beamten ist unter ihrer Mitwirkung automatisiert zu erfassen. Von der automatisierten Erfassung können in Einzelfällen Ausnahmen zugelassen werden. Die Daten sind mindestens drei Monate nach Ablauf des Kalendermonats, in dem sie erhoben wurden, aufzubewahren. Die oberste Dienstbehörde legt fest, ob die Daten entweder spätestens sechs Monate nach Ablauf des Abrechnungszeitraums oder spätestens 13 Monate nach Ablauf des Kalendermonats, in dem sie erhoben wurden, zu löschen sind.

(8) Verstöße gegen Gleitzeitregelungen dürfen den jeweils zuständigen Vorgesetzten mitgeteilt werden. Darüber hinaus sind den unmittelbaren Vorgesetzten ausschließlich für Zwecke des gezielten Personaleinsatzes die Gleitzeitsalden ihrer Mitarbeiterinnen und Mitarbeiter mitzuteilen, sofern sich positive Salden von mehr als 20 Stunden oder negative Salden von mehr als zehn Stunden ergeben. Daten nach Satz 2 dürfen nicht für eine Kontrolle oder Bewertung der Leistung oder des Verhaltens der Beamtinnen und Beamten verwendet werden.

§ 7a Erprobung von Langzeitkonten. (1) Die oberste Dienstbehörde kann Dienststellen und Arbeitsbereiche bestimmen, die für die Erprobung von Langzeitkonten in Betracht kommen; sie unterrichtet das Bundesministerium des Innern über die Entscheidung. Langzeitkonten sind personenbezogene Arbeitszeitkonten zum Ansparen von Zeitguthaben, die für zusammengefasste Freistellungszeiten verwendet werden können. Langzeitkonten werden unabhängig von einer Erfassung der dienstlichen Anwesenheit nach § 7 Absatz 7 Satz 1 geführt.

(2) Für Beamtinnen und Beamte, denen die Führung eines Langzeitkontos gestattet worden ist, kann die regelmäßige wöchentliche Arbeitszeit auf ihren Antrag auf bis zu 44 Stunden verlängert werden, wenn dies für die Erfüllung ihrer dienstlichen Aufgaben angemessen und zweckmäßig ist. Die Differenz zwischen der regelmäßigen wöchentlichen Arbeitszeit nach § 3 Absatz 1 Satz 1 oder § 3 Absatz 1 Satz 7 und der tatsächlich geleisteten Arbeitszeit wird dem Langzeitkonto gutgeschrieben, soweit die tatsächlich geleistete Arbeitszeit nicht über die nach Satz 1 verlängerte Arbeitszeit hinausgeht. § 3 Absatz 5 und § 4 bleiben unberührt. Satz 1 gilt nicht für

1. Beamtinnen und Beamte auf Widerruf,
2. Beamtinnen und Beamte, die jederzeit in den einstweiligen Ruhestand versetzt werden können, sowie
3. Beamtinnen und Beamte, deren regelmäßige wöchentliche Arbeitszeit nach § 3 Absatz 1 Satz 2 oder Satz 3 verkürzt worden ist.

(3) Dem Langzeitkonto können auf Antrag auch gutgeschrieben werden:

1. Ansprüche auf Dienstbefreiung für dienstlich angeordnete oder genehmigte Mehrarbeit im Umfang von bis zu 40 Stunden im Jahr sowie
2. nach Stunden zu berechnender Erholungsurlaub bis zu dem in § 7a der Erholungsurlaubsverordnung vorgesehenen Umfang.

(4) Zeitguthaben können über einen Zeitraum von bis zu fünf Jahren und längstens bis zum 31. Dezember 2020 angespart werden. Das Zeitguthaben darf 1 400 Stunden nicht überschreiten.

(5) Der Zeitausgleich wird durch Freistellung vom Dienst unter Fortzahlung der Besoldung gewährt. Der Freistellungsantrag kann aus dienstlichen Gründen abgelehnt werden. In diesem Fall ist der Beamtin oder dem Beamten mitzuteilen, in welchem anderen Zeitraum eine Freistellung in dem beantragten Umfang möglich ist. Nach Vollendung des 60. Lebensjahres ist der Zeitausgleich nur in Form von Teilzeit möglich, wobei Teilzeit im Blockmodell ausgeschlossen ist.

(6) Abweichend von § 7 Absatz 4 Satz 3 können Beamtinnen und Beamte, denen die Führung eines Langzeitkontos gestattet worden ist, einen positiven Gleitzeitsaldo nicht in den nächsten Abrechnungszeitraum übertragen.

(7) Nähere Bestimmungen über das Langzeitkonto trifft die oberste Dienstbehörde.

§ 8 Schichtdienst. Sind die Dienststunden so festgelegt, dass die regelmäßige tägliche Arbeitszeit von Beamtinnen oder Beamten überschritten wird, sind sie durch Schichtdienst einzuhalten. Von Schichtdienst soll abgesehen werden, wenn die Überschreitung im Rahmen der gleitenden Arbeitszeit ausgeglichen werden kann.

§ 9 Zusammenfassung der Freistellung von der Arbeit bei Teilzeitbeschäftigung. (1) Wenn dienstliche Gründe nicht entgegenstehen, kann bei Teilzeitbeschäftigung die Zeit einer Freistellung bis zu drei Monaten zusammengefasst werden. Wird die Freistellung an das Ende der bewilligten Teilzeitbeschäftigung gelegt, darf sie bis zu einem Jahr zusammengefasst werden.

(2) Eine Teilzeitbeschäftigung, die sich auf die Zeit bis zum Beginn des Ruhestandes erstreckt, kann im Blockmodell bewilligt werden, wenn die Freistellung an das Ende der bewilligten Teilzeitbeschäftigung gelegt wird und zwingende dienstliche Gründe nicht entgegenstehen.

§ 10 Arbeitsplatz. Bei mobilem Arbeiten kann von der Dienstleistungspflicht am Arbeitsplatz abgewichen werden, soweit dienstliche Gründe nicht entgegenstehen.

§ 11 Dienstreisen. (1) Bei Dienstreisen ist die Zeit zur Erledigung von Dienstgeschäften außerhalb der Dienststätte Arbeitszeit. Bei ganz- oder mehrtägigen Dienstreisen gilt die regelmäßige Arbeitszeit des jeweiligen Tages als geleistet. Reisezeiten sind keine Arbeitszeit. Sie werden jedoch als Arbeitszeit berücksichtigt, soweit

1. sie innerhalb der regelmäßigen täglichen Arbeitszeit anfallen oder
2. die Arbeitszeit innerhalb eines Tages durch Dienstreisen unterbrochen wird.

(2) Bei Teilzeitbeschäftigung wird die Dauer der Dienstreise bis zur Länge der regelmäßigen täglichen Arbeitszeit für Vollzeitbeschäftigung zugrunde gelegt. Fällt eine Dienstreise bei Teilzeitbeschäftigung auf einen nach dem jeweiligen Arbeitszeitmodell dienst-

freien Montag bis Freitag, kann dieser Tag mit einem anderen Tag zeitnah getauscht werden.

(3) Überschreiten bei Dienstreisen, die über die regelmäßige tägliche Arbeitszeit hinausgehen, die nicht anrechenbaren Reisezeiten in einem Kalendermonat insgesamt 15 Stunden, ist innerhalb von zwölf Monaten auf Antrag ein Viertel der über 15 Stunden hinausgehenden Zeit bei fester Arbeitszeit als Freizeitausgleich zu gewähren. Bei gleitender Arbeitszeit wird diese Zeit dem Gleitzeitkonto gutgeschrieben. Der Antrag ist spätestens am Ende des folgenden Kalendermonats zu stellen.

§ 12 Rufbereitschaft. Zeiten der Rufbereitschaft sind keine Arbeitszeit. Hat die Beamtin oder der Beamte jedoch über die Arbeitszeit hinaus mehr als zehn Stunden im Kalendermonat Rufbereitschaft, wird innerhalb von zwölf Monaten ein Achtel der über zehn Stunden hinausgehenden Zeit bei feststehender Arbeitszeit als Freizeitausgleich gewährt und bei gleitender Arbeitszeit dem Gleitzeitkonto gutgeschrieben, soweit nicht zwingende dienstliche Gründe entgegenstehen.

§ 13 Bereitschaftsdienst. Bei Bereitschaftsdienst kann die regelmäßige tägliche Arbeitszeit und die regelmäßige wöchentliche Arbeitszeit entsprechend den dienstlichen Bedürfnissen angemessen verlängert werden. Hierbei darf in einem Bezugszeitraum von zwölf Monaten die durchschnittliche Arbeitszeit 48 Stunden im Siebentageszeitraum nicht überschreiten.

§ 14 Nachtdienst. (1) Die Gestaltung von Nachtdienst muss der besonderen Beanspruchung der Arbeitskraft Rechnung tragen. Dabei darf die Arbeitszeit in einem Bezugszeitraum von zwölf Monaten im Durchschnitt acht Stunden pro 24-Stunden-Zeitraum nicht überschreiten.

(2) Ist die Arbeit mit besonderen Gefahren oder einer erheblichen körperlichen oder geistigen Anspannung verbunden, darf in einem 24-Stunden-Zeitraum, in dem der Nachtdienst verrichtet wird, die Arbeitszeit nicht mehr als acht Stunden betragen.

§ 15 Ausnahmen bei spezifischen Tätigkeiten. Soweit Besonderheiten bestimmter spezifischer Tätigkeiten, die dem Schutz der Bevölkerung oder des Allgemeinwohls zur Abwehr schwerwiegender kollektiver Gefahrensituationen dienen, der Anwendung von Regelungen dieser Verordnung zwingend entgegenstehen, kann von dieser Verordnung abgewichen werden. In diesen Ausnahmefällen ist gleichwohl dafür Sorge zu tragen, dass unter Berücksichtigung der Ziele der Richtlinie 89/391/EWG des Rates vom 12. Juni 1989 über die Durchführung von Maßnahmen zur Verbesserung der Sicherheit und des Gesundheitsschutzes der Arbeitnehmer bei der Arbeit (ABl. EG Nr. L 183 S. 1) eine größtmögliche Sicherheit und ein größtmöglicher Gesundheitsschutz der Beamtinnen und Beamten gewährleistet ist.

§ 16 Zuständigkeit. Zuständige Behörde im Sinne dieser Verordnung ist die oberste Dienstbehörde, soweit nichts Abweichendes bestimmt ist. Die oberste Dienstbehörde kann ihre Befugnisse nach dieser Verordnung auf andere Behörden übertragen. Die für Teilzeitbeschäftigung notwendigen individuellen Festsetzungen trifft die Dienstbehörde.

Sachregister

Die fettgedruckte Zahl bezeichnet den **Paragraphen** des Arbeitszeitgesetzes, die folgenden Zahlen bezeichnen die **Randnummern** innerhalb der Kommentierung des Paragraphen. Normen anderer Gesetze werden mit der Bezeichnung des Gesetzes genannt.